आर. गुप्ता® कृत

पॉपुलर मास्टर गाइड

NABARD

राष्ट्रीय कृषि एवं ग्रामीण विकास बैंक

ऑफिसर्स

असिस्टेंट मैनेजर (ग्रेड–A) एवं मैनेजर (ग्रेड–B)

Phase I: Preliminary Exam

2027 EDITION

रमेश पब्लिशिंग हाउस, नई दिल्ली

प्रकाशक
ओ॰पी॰ गुप्ता, **रमेश पब्लिशिंग हाउस**

प्रशासनिक कार्यालय
12-H, न्यू दरियागंज रोड, ऑफिसर्स मेस के सामने,
नई दिल्ली-110002 ✆ 23275224, 23245124

E-mail: info@rameshpublishinghouse.com
For Online Shopping: www.rameshpublishinghouse.com

विक्रय केन्द्र
• बालाजी मार्किट, नई सड़क, दिल्ली-110006 ✆ 23282525 📱 9354373464
• 4457, नई सड़क, दिल्ली-110006

Book Code: R-327

ISBN: 978-93-5012-144-3

मूल्यः ₹ 590

मुद्रकः जे.पी. एन्टरप्राइजेज, दिल्ली

अनुक्रमणिका

पिछले प्रश्न-पत्र, 2024 .... **1-44**
पिछले प्रश्न-पत्र, 2023 .... **1-52**
पिछले प्रश्न-पत्र, 2022 .... **1-24**
पिछले प्रश्न-पत्र, 2020 .... **1-24**
पिछले प्रश्न-पत्र, 2019 .... **1-24**
पिछले प्रश्न-पत्र, 2018 .... **1-20**
पिछले प्रश्न-पत्र, 2017 .... **1-28**
पिछले प्रश्न-पत्र, 2016 .... **1-32**
पिछले प्रश्न-पत्र, 2015 .... **1-24**

- **English Language** **1-112**
  Comprehension Passages; Cloze Test; Synonyms; Antonyms; Spotting Errors; Sentence Improvement; Reordering Words; Reordering Sentences; Sentence Completion; Idioms, Phrases and Proverbs.
- **तर्कशक्ति (Reasoning)** **1-76**
  शृंखला (अक्षर शृंखला, संख्या शृंखला, आवर्ती शृंखला); सांकेतिक भाषा परीक्षण; प्रतीक (चिह्न) प्रतिस्थापन; दिशा ज्ञान परीक्षण; रक्त संबंधी परीक्षण; निवेश परीक्षण; प्रतीकों से निष्कर्ष ज्ञात करना; कथन एवं निष्कर्ष; कथन एवं पूर्वधारणा; कथन एवं तर्क; परिच्छेद विवेचन; कथन एवं कार्यवाही संबंधी प्रश्न; कथन की पर्याप्तता संबंधी प्रश्न; स्थान व्यवस्थीकरण; कथन विश्लेषण।
- **संख्यात्मक अभियोग्यता (Quantitative Aptitude)** **1-124**
  भिन्न; संख्या पद्धति; प्रतिशतता; अनुपात और समानुपात; घातांक और मूल (वर्गमूल, घनमूल, घात, करणी); औसत; साधारण एवं चक्रवृद्धि ब्याज; लाभ एवं हानि; साझा व्यापार; मिश्रण; समय और दूरी; समय और कार्य; करणी; क्षेत्रमिति; त्रिकोणमिति; श्रेणी; प्रायिकता; द्विघातीय समीकरण; लघुगणक; सारणी एवं ग्राफ।
- **कम्प्यूटर ज्ञान (Computer Knowledge)** **1-32**
  कम्प्यूटर : सामान्य परिचय; कम्प्यूटर का विकास; कम्प्यूटर की कार्यप्रणाली; इनपुट तथा आउटपुट डिवाइस; मेमोरी यूनिट; हार्डवेयर एवं सॉफ्टवेयर; डाटा संचार एवं नेटवर्किंग; इंटरनेट; माइक्रोसॉफ्ट विंडोज; माइक्रोसॉफ्ट ऑफिस; डिस्क ऑपरेटिंग सिस्टम।
- **1. आर्थिक एवं सामाजिक मुद्दे** **1-13**
  2. कृषि एवं ग्रामीण विकास **14-24**
- **निर्णय क्षमता (Decision Making)** **1-24**
- **सामान्य सचेतता (General Awareness)** **1-56**
  हमारा भारत; राष्ट्रीय प्रतीक; हमारी पृथ्वी; विश्व बोध; संयुक्त राष्ट्र संघ; भारत का भूगोल; रक्षा; कला एवं साहित्य; महत्वपूर्ण दिवस; खेल जगत; पुरस्कार एवं सम्मान; सामान्य विज्ञान; वस्तुनिष्ठ प्रश्नोत्तर।

SELECTION PHASE-I (PRELIMINARY EXAM)

Preliminary Examination Structure for Grade 'A' (RDBS/Rajbhasha) and Grade 'B'

Sr. No.	Name of the Test	No. of Questions	Max Marks	Time
1.	Test of Reasoning	20	20	Composite time of 120 minutes for all the tests together
2.	English Language	30	30	
3.	Computer Knowledge	20	20	
4.	Quantitative Aptitude	20	20	
5.	Decision Making	10	10	
6.	General Awareness	20	20	
7.	Eco. & Social Issues (with Focus on Rural India)	40	40	
8.	Agriculture & Rural Development with Emphasis on Rural India	40	40	
	Total	**200**	**200**	**120 min.**

(i) The above tests except the Test of English Language will be available bilingually, i.e., English and Hindi.

(ii) **Qualifying Section:** Test of Reasoning, English Language, Computer Knowledge, Quantitative Aptitude, Decision Making.

(iii) **Merit Section:** General Awareness, Eco & Soc. Issues (with focus on Rural India), Agriculture & Rural Development with Emphasis on Rural India.

(iv) Shortlisting of the candidates for the Main exam will be based on **marks scored in the Merit section only**.

पिछले प्रश्न-पत्र

NABARD—असिस्टेंट मैनेजर (GRADE A)

Phase-I, Recruitment Exam-2024

(Exam held on 01 September, 2024)

तार्किक योग्यता

निर्देश (प्रश्न संख्या 1 से 5) : *नीचे दी गई जानकारी के आधार पर प्रश्नों के उत्तर दें :*

एक चार मंजिला इमारत के प्रत्येक मंजिल पर दो प्रकार के फ्लैट अर्थात् A और B हैं। सबसे नीचे वाली मंजिल को 1 और सबसे ऊपर वाली मंजिल को 4 नंबर दिया गया है। फ्लैट A, फ्लैट B के पश्चिम में है। आठ व्यक्ति (H, I, J, K, L, N, O और P) इन फ्लैटों में इस प्रकार रहते हैं कि प्रत्येक फ्लैट में एक व्यक्ति रहता है। सभी फ्लैट समान आयामों के हैं।

नोट : यदि यह दिया गया है कि 'N', 'M' के बगल में रहता है, तो दोनों व्यक्ति एक ही मंजिल पर रहते हैं जब तक कि अन्यथा न कहा जाए। यदि यह दिया गया है कि 'N', 'M' से एक/दो मंजिल ऊपर/नीचे रहता है, तो दोनों व्यक्ति एक ही प्रकार के फ्लैट में रहते हैं जब तक कि अन्यथा न कहा जाए। K एक अभाज्य संख्या वाली मंजिल पर रहता है। H, K के बगल में रहता है। L, H से एक मंजिल नीचे रहता है। L, प्रथम मंजिल पर नहीं रहता है। N, O से कम-से-कम दो मंजिल ऊपर एक ही फ्लैट में रहता है। N फ्लैट B में नहीं रहता है। O, L के बगल में नहीं रहता है। J, I से दो मंजिल ऊपर रहता है, लेकिन उसी प्रकार के फ्लैट में नहीं।

1. बेमेल को चुनें।
1. K
2. H
3. P
4. I
5. O

2. P की मंजिल संख्या और फ्लैट का प्रकार क्या है?
1. 4-B
2. 1-B
3. 2-B
4. 3-A
5. उपरोक्त में से कोई नहीं

3. ...., ... मंजिल के फ्लैट A में रहता है।
1. J, चौथी
2. K, पहली
3. I, दूसरी
4. O, तीसरी
5. उपरोक्त में से कोई नहीं

4. निम्नलिखित में से कौन-सा कथन निश्चित रूप से सत्य है?
1. N, L से तीन मंजिल ऊपर रहता है।
2. H फ्लैट A में रहता है।
3. I तीसरी मंजिल पर रहता है।
4. L, I के बगल में रहता है।
5. P चौथी मंजिल के फ्लैट B में रहता है।

5. H .... के ऊपर रहता है (उसी प्रकार के फ्लैट में)।
1. O
2. L
3. I
4. J
5. इनमें से कोई नहीं

6. यदि संख्या 61205489 के अंकों को बाएँ से दाएँ अवरोही क्रम में व्यवस्थित किया जाए, तो नई व्यवस्था में दाएँ से चौथे और बाएँ से तीसरे अंकों के बीच क्या अंतर होगा?
1. 4
2. 3
3. 2
4. 1
5. इनमें से कोई नहीं

1. 4 **2.** 2 **3.** 3 **4.** 4 **5.** 2 **6.** 3

निर्देश (प्रश्न संख्या 7 से 8) : *निम्नलिखित जानकारी का ध्यानपूर्वक अध्ययन कीजिए और नीचे दिए गए प्रश्नों के उत्तर दीजिए।*

सात व्यक्तियों ने अलग-अलग संख्या में डिब्बे खरीदे। प्रिया ने गिन्नी से अधिक डिब्बे खरीदे लेकिन ईशान से कम, जिसने अधिकतम डिब्बे नहीं खरीदे। गिन्नी और इमरान, जिसने हेलेन से कम लेकिन जयेश से अधिक डिब्बे खरीदे, के बीच कम से कम एक व्यक्ति ने डिब्बे खरीदे। हेलेन ने दीया से कम डिब्बे खरीदे। दूसरा सबसे अधिक डिब्बे खरीदने वाले व्यक्ति ने 73 डिब्बे खरीदे जबकि तीसरा सबसे कम डिब्बे खरीदने वाले व्यक्ति ने 14 डिब्बे खरीदे। गिन्नी के बाद एक से अधिक व्यक्तियों ने डिब्बे खरीदे।

7. ईशान और जयेश के बीच कितने व्यक्तियों ने डिब्बे खरीदे?

1. एक
2. दो
3. तीन
4. तीन से अधिक
5. इनमें से कोई नहीं

8. यदि हेलेन और इमरान द्वारा खरीदे गए डिब्बों की औसत संख्या 35 है, तो ईशान और इमरान द्वारा खरीदे गए डिब्बों की संख्या में क्या अंतर है?

1. 50
2. 52
3. 55
4. 57
5. इनमें से कोई नहीं

निर्देश (प्रश्न संख्या 9 से 10) : *नीचे दिए गए प्रश्न में I और II से क्रमांकित दो कथन दिए गए हैं। आपको निर्णय करना है कि कथनों में दी गई जानकारी प्रश्न का उत्तर देने के लिए पर्याप्त है या नहीं। सभी कथनों को पढ़ें और प्रश्न का उत्तर दें।*

9. छह व्यक्ति (T, U, V, W, X और Y) एक 6 मंजिला इमारत की अलग-अलग मंजिलों पर रहते हैं, लेकिन जरूरी नहीं कि इसी क्रम में हों। सबसे निचली मंजिल को 1 और सबसे ऊपरी मंजिल को 6 से क्रमांकित किया गया है। चौथी मंजिल पर कौन रहता है?

कथन I: V, Y के ऊपर रहता है, जो U के ऊपर रहता है। W, X से 2 मंजिल ऊपर रहता है। U एक सम संख्या वाली मंजिल पर रहता है। W, Y के ऊपर नहीं रहता है। U और Y के बीच कम से कम एक व्यक्ति रहता है।

कथन II: Y, जो U से 2 मंजिल ऊपर रहता है एक सम संख्या वाली मंजिल पर रहता है। Y और X के बीच केवल दो व्यक्ति रहते हैं। T और W के बीच केवल एक व्यक्ति रहता है।

1. कथन I में दिए गए आँकड़े अकेले प्रश्न का उत्तर देने के लिए पर्याप्त हैं।
2. कथन II में दिए गए आँकड़े अकेले प्रश्न का उत्तर देने के लिए पर्याप्त हैं।
3. या तो कथन I में दिए गए आँकड़े अकेले या कथन II में दिए गए आँकड़े अकेले प्रश्न का उत्तर देने के लिए पर्याप्त हैं।
4. कथन I और कथन II दोनों में दिए गए आँकड़े एक साथ प्रश्न का उत्तर देने के लिए पर्याप्त नहीं हैं।
5. कथन I और कथन II दोनों में दिए गए आँकड़े एक साथ प्रश्न का उत्तर देने के लिए आवश्यक हैं।

10. छह व्यक्ति N, O, P, Q, R और S की ऊँचाई अलग-अलग है। S केवल दो व्यक्तियों से लंबा है। सबसे लंबा व्यक्ति कौन है?

कथन I: N, O से लंबा है, जो P से भी लंबा है। Q, P से छोटा है, लेकिन सबसे छोटा व्यक्ति नहीं है।

कथन II: O दूसरा सबसे लंबा व्यक्ति है। P, Q और R से लंबा है। P सबसे लंबा व्यक्ति नहीं है।

1. कथन I में दिए गए आँकड़े अकेले प्रश्न का उत्तर देने के लिए पर्याप्त हैं।
2. कथन II में दिए गए आँकड़े अकेले प्रश्न का उत्तर देने के लिए पर्याप्त हैं।
3. या तो कथन I में दिए गए आँकड़े अकेले या कथन II में दिए गए आँकड़े अकेले प्रश्न का उत्तर देने के लिए पर्याप्त हैं।
4. कथन I और कथन II दोनों में दिए गए आँकड़े एक साथ प्रश्न का उत्तर देने के लिए पर्याप्त नहीं हैं।
5. कथन I और कथन II दोनों में दिए गए आँकड़े एक साथ प्रश्न का उत्तर देने के लिए आवश्यक हैं।

7. 4 **8.** 4 **9.** 2 **10.** 3

निर्देश (प्रश्न संख्या 11 से 12) : *निम्नलिखित प्रत्येक प्रश्न में, कथनों में विभिन्न तत्वों के बीच संबंध दर्शाया गया है जिसके बाद दो निष्कर्ष दिए गए हैं। वह निष्कर्ष ज्ञात कीजिए जो निश्चित रूप से सत्य है।*

11. **कथन :** $A > S = B \geq I = T$; N

निष्कर्ष : I. $S \geq Z$ II. $T > R$

1. यदि केवल निष्कर्ष I सत्य है
2. यदि केवल निष्कर्ष II सत्य है
3. यदि या तो निष्कर्ष I या II सत्य है
4. यदि न तो निष्कर्ष I और न ही II सत्य है
5. यदि दोनों निष्कर्ष I और II सत्य हैं

12. **कथन :** $S \geq T \leq D > P$;

$F \geq T > J \geq Y$

निष्कर्ष : I. Y II. $F > P$

1. यदि केवल निष्कर्ष I सत्य है।
2. यदि केवल निष्कर्ष II सत्य है।
3. यदि या तो निष्कर्ष I या II सत्य है।
4. यदि न तो निष्कर्ष I और न ही II सत्य है।
5. यदि निष्कर्ष I और II दोनों अनुसरण करते हैं

निर्देश (प्रश्न संख्या 13 से 15) : *निम्नलिखित जानकारी का ध्यानपूर्वक अध्ययन कीजिए और नीचे दिए गए प्रश्नों के उत्तर दीजिए :*

कपूर और शर्मा दो परिवार हैं। दोनों परिवार किसी-न-किसी रूप में एक-दूसरे से जुड़े हुए हैं। दोनों परिवारों में एक दामाद और दो बहुएँ हैं। रमेश कपूर परिवार के दादा हैं। रमेश की पोती इशिता शर्मा की पुत्रवधू है। शर्मा के मुखिया का विवाह सविता से हुआ है। इशिता के पति राहुल हैं। इशिता की दादी श्रीमती पार्वती हैं। सविता की एक पोती और पोता आभा और अभय हैं। सुषमा इशिता की सास हैं। इशिता का कोई भाई-बहन नहीं है। उनमें से एक व्यक्ति सुरेश है। आभा के दादा सोहन हैं।

13. यदि कपूर परिवार की तीसरी पीढ़ी में एक पुरुष भाई-बहन है, तो दोनों परिवारों में कितने पुरुष सदस्य हैं?

1. छह
2. पाँच
3. सात
4. निर्धारित नहीं किया जा सकता
5. इनमें से कोई नहीं

14. सुरेश कपूर और आभा शर्मा के बीच क्या संबंध है?

1. दादा
2. नाना
3. पिता
4. दादा
5. इनमें से कोई नहीं

15. यदि रेखा अभय शर्मा की पत्नी है, तो वह सोहन से किस प्रकार संबंधित है?

1. पोती
2. पुत्रवधू
3. पोती-दामाद
4. भाई-बहन
5. इनमें से कोई नहीं

निर्देश (प्रश्न संख्या 16 से 20) : *नीचे दी गई जानकारी के आधार पर प्रश्नों के उत्तर दीजिए।*

एक निश्चित संख्या में व्यक्ति एक रेखीय पंक्ति में इस प्रकार बैठे हैं कि सभी उत्तर दिशा के सम्मुख हैं। P, R के बाएँ चौथे स्थान पर बैठा है। Q, P के दाएँ सातवें स्थान पर बैठा है। P और R के बीच बैठे व्यक्तियों की संख्या P और U के बीच बैठे व्यक्तियों की संख्या के समान है। Q और V के बीच केवल पाँच व्यक्ति बैठे हैं। U और V के बीच बैठे व्यक्तियों की संख्या V और H के बीच बैठे व्यक्तियों की संख्या के समान है। S दाएँ छोर से चौथे स्थान पर बैठा है और Q का निकटतम पड़ोसी है। H पंक्ति के बाएँ छोर से बारहवें स्थान पर बैठा है। पंक्ति में 19 से अधिक व्यक्ति नहीं हैं।

16. अंतिम व्यवस्था में H के बारे में निम्नलिखित में से कौन-सा/से कथन सही है/हैं?

1. H दाएँ छोर से दूसरे स्थान पर बैठा है
2. R, H के दाएँ तीसरे स्थान पर बैठा है
3. H दाएँ छोर से छठे स्थान पर बैठा है
4. V और H दोनों निकटतम पड़ोसी हैं
5. कोई भी सही नहीं है

11. 4 **12.** 4 **13.** 3 **14.** 2 **15.** 3 **16.** 3

17. V और S के बीच कितने व्यक्ति बैठे हैं?

1. चार
2. छह
3. पाँच
4. दो
5. एक

18. यदि T, U के दाईं ओर दूसरे स्थान पर बैठा है, तो P के सापेक्ष T का स्थान क्या है?

1. बाएँ से तीसरा
2. बाएँ से दूसरा
3. दाएँ से तीसरा
4. दाएँ से पाँचवाँ
5. इनमें से कोई नहीं

19. निम्नलिखित में से कौन Q के बाईं ओर तीसरे स्थान पर बैठा है?

1. R
2. U
3. I
4. V
5. इनमें से कोई नहीं

20. पंक्ति में कितने व्यक्ति बैठे हैं?

1. 12
2. 14
3. 16
4. 17
5. 19

ENGLISH LANGUAGE

Directions (Qs. No. 21-29): *Read the following passage and answer the questions accordingly.*

The invasive species *Corvus splendens*, with its origins in India and other parts of Asia, was first introduced in Zanzibar in the 1890s to control garbage. By 1917 they were considered pests in East Africa and a bounty was awarded to anyone who brought in a dead crow or crow egg, according to conservation group A Rocha Kenya. Now, a century later, they have firmly laid siege to Kenya: they feast on local wildlife, make off with food on tourists' buffets, attack chicks in poultry farms and pose a bird strike hazard at airports.

Kenya, which has had enough of the menace, announced earlier this month that it plans to eliminate a million crows by the end of the year. According to Down to Earth, hoteliers in the country have even been given the go-ahead to import licensed poison towards this end. Some have already started using Larsen traps (a cage-like device to live-trap birds with the help of a decoy). Others have hired staff with catapults just to keep crows away.

Mombasa, Kenya's coastal town, has become the India's crow's favourite haunt thanks to a garbage crisis. They are believed to have entered Mombasa in 1947 via ships or from neighbouring Zanzibar. The bird has also moved 700 km inland to towns such as Marigat. There are fears that it will invade the protected Arabuko Sokoke Forest, and that, by pushing out native species of birds such as babblers and sunbirds, could aid the proliferation of insects. They are now also venturing into intertidal zones during low tide, eating molluscs and other small marine organisms on the exposed reef.

The country is taking the alien species very seriously, especially as concerns rise about the potential spread of disease. An action plan was discussed at a recent meeting with the Kenya Wildlife Service, representatives from the hospitality industry, vets and A Rocha.

The organisation has opted to use Starlicide, an avicide that was designed to kill European Starlings in America. Back in India, the adaptive house crow has reached most places where human settlements are present, except the high Himalaya and deep inside forested areas, explains Ashwin Viswanathan, who works with the Bird Monitoring Team at Nature Conservation Foundation. "It remains an important species in India due to the fact that its population is ______ and that it has cultural significance."

17. 2 **18.** 2 **19.** 1 **20.** 4

Meanwhile, the Indian crow has spread to vast swathes of the world, largely via ships. "But they have also been deliberately introduced in places," says Viswanathan. The gregarious bird is now found everywhere, from Europe to West Asia, Australia to the Americas.

21. What significant action did Kenya take earlier this month regarding Corvus splendens?

1. Banned their import
2. Introduced a bounty system
3. Allowed their relocation to another country
4. Started breeding programs
5. Announced a plan to eliminate a million crows

22. What concern is associated with the potential invasion of the Arabuko Sokoke Forest by Corvus splendens?

1. Increased pollution
2. Spread of disease
3. Displacement of native bird species and proliferation of insects
4. Increased tourism
5. Decline in the local fish population

23. What is the purpose of Starlicide?

1. To attract more crows to specific areas
2. To repel crows from tourist spots
3. To kill Corvus splendens
4. To increase the population of native birds
5. To track the migration patterns of crows

24. In which areas has Corvus splendens NOT spread according to the passage?

1. High Himalayas and deep forested areas
2. Australia and the Americas
3. Europe and West Asia
4. Coastal and intertidal zones
5. Kenya and neighbouring Zanzibar

25. What can be inferred about the impact of Corvus splendens on local wildlife and ecosystems in Kenya?

1. The crow's presence has primarily led to the enrichment of local wildlife diversity.
2. Corvus splendens has caused a decline in native bird species and affected the balance of local ecosystems.
3. The crow's diet has had no significant effect on local marine organisms.
4. The crow's presence has had a positive impact on local tourism industries.
5. The birds have only impacted poultry farms and have not affected other areas.

26. What does the passage imply about the global spread of Corvus splendens?

1. It was an intentional effort to control local pest populations worldwide.
2. The bird's migration patterns are confined to natural pathways without human influence.
3. The crow has spread in a manner that is beneficial to various ecosystems.
4. The spread of the crow is mainly due to human activities, including shipping and deliberate introductions.
5. Its spread has been contained to South Asia and has not affected other continents.

27. Which of the following is the antonym of "proliferation" as used in the passage?

1. Extend
2. Growth
3. Decline
4. Inference
5. Preserve

28. Which of the following is the closest synonym for the word "invasive" as used in the passage?

1. Harmless
2. Intrusive
3. Passive
4. Protective
5. Sympathetic

21. 5 **22.** 3 **23.** 3 **24.** 1 **25.** 2 **26.** 4 **27.** 3 **28.** 2

29. "It remains an important species in India due to the fact that its population is _____ and that it has cultural significance."

1. Unstable
2. Declining
3. Stable
4. Fragile
5. Endangered

Directions (Qs. No. 30-34): *In the questions given below, a sentence has been broken down into four fragments labelled (A), (B), (C) and (D) and arranged, not necessarily in the correct order. You have to find the correct order of arrangement from the options given below. In case, the sentence is correct in its original form, please select (E) as your answer.*

30. The planet is helping people raise their standard of living and (A)/ are bringing virtually everywhere on (B)/ the access to information that mobile phones (C)/ will do so even more dramatically in the years to come (D)

1. ADCB
2. BACD
3. CBAD
4. ABDC
5. No rearrangement required

31. Causing him many spiritual doubts and joys (A)/ in Ryan's soul, revealing much to him and (B)/ but a complex and difficult process of (C)/ internal development was taking place all this time (D)

1. BACD
2. DCAB
3. CDBA
4. ACDB
5. No improvement required

32. destination for Chinese tourists (A)/ as the country is a popular (B)/ Australia confirmed its first four cases of the virus (C)/ on Saturday and expects more, its health authorities said, (D)

1. DBAC
2. CABD
3. CDBA
4. CBDA
5. No rearrangement required

33. A reflection on the weak central leadership (A)/ if issues aren't resolved soon (B)/ While the turmoil in party-ruled states is doubtless (C)/ Rajasthan is certain to erupt again (D)/ and an effective crisis management system in the Congress (E)

1. DEAEC
2. CAEDB
3. CDEAB
4. ABDCE
5. No arrangement required

34. A. The industry has not been able to recover since the floods in Kerala

B. The decline in wholesale auto numbers continued mainly due to weak consumer demand, forcing manufacturers to undertake inventory correction.

C. In the steepest fall in nearly 18 years, the domestic passenger vehicle sales declined by 20.55% in May 2019, prompting the industry to seek government support.

D. The passenger vehicle sales declined to 2.39 lakh units last month against 3.01 lakh units in May 2018, according to the data released by industry body Society of Indian Automobile Manufacturers (SIAM) on Tuesday.

E. The data also showed that this was the steepest decline in passenger vehicle sales since September 2001, when the sales were down by 21.91%.

1. EDCA
2. ADEB
3. DAEC
4. BAEC
5. CBDE

29. 3	**30.** 3	**31.** 3	**32.** 3	**33.** 2	**34.** 5

Directions (Qs. No. 35-39): *In each of the questions given below, four words are given in bold. These four words may or may not be in their correct position. The sentence is then followed by options with the correct combination of words that should replace each other in order to make the sentence grammatically and contextually correct. Find the correct combination of words that replace each other. If the sentence is correct as it is, select 'E' as your option.*

35. It is **mandatorily** (A) to see to it that the Force is not **put** (B) in a vulnerable state, and it is **required** (C) for personnel to **imperative** (D) get vaccinated.

1. Only A-B
2. Only C-D
3. A-D and B-C
4. Only A-D
5. No improvement required

36. Returning to the 19th century border **impractical** (A) as being **dispute** (B) by Mizoram may be **demarcation** (C) but a resolution can be found to the border **demanded** (D) between Assam and Mizoram.

1. Only A-D
2. A-C and B-D
3. A-B and C-D
4. A-D and B-C
5. No exchange required

37. The Bench **approach** (A) liberty to the public interest litigant to **granted** (B) the court in the meantime if it was **found** (C) that the animal faced any **difficulties** (D) in the forests and had returned to human habitation.

1. Only A-B
2. A-D and B-C
3. A-C and B-D
4. Only B-C
5. No exchange required

38. If a curriculum is being **presenting** (A) for school students, who are of an **impressionable** (B) age, educationists can **decide** (C) on the manner of **structured** (D) the subject to the students.

1. Only A-D
2. Only B-C
3. A-B and C-D
4. A-C and B-D
5. No exchange required

39. The State government will **demand** (A) the scheme to **meet** (B) solar pumps to **promote** (C) the increasing **implement** (D) for electricity for well irrigation in Tamil Nadu.

1. Only A-B
2. A-D and B-C
3. A-C and B-D
4. A-B and C-D
5. No exchange required

Directions (Qs. No. 40-44): *Read each sentence to find out whether there is any grammatical error in it. The error, if any, will be in one part of the sentence. Mark the part with the error as your answer. If there is no error, mark 'No error' as your answer (Ignore the errors of punctuation, if any).*

40. The Maoist insurgency had (A)/ by then managed to spreaded (B)/ and retain control over (C)/ several parts of interior Nepal (D).

1. The Maoist insurgency had
2. by then managed to spreaded
3. and retain control over
4. several parts of interior Nepal
5. No error

41. He will also have to deal with (A)/ the southern and northern neighbours in a far (B)/ more efficiently manner (C)/ than he ever did in the past (D).

1. He will also have to deal with
2. the southern and northern neighbours in a far
3. more efficiently manner
4. than he ever did in the past
5. No error

35. 4 **36.** 2 **37.** 1 **38.** 1 **39.** 2 **40.** 2 **41.** 3

42. His comments come amid (A)/ growing tensions within the ruling party (B)/ over the government's policies, (C)/ mainly on corruption and religious extremism (D).

1. His comments come amid
2. growing tensions within the ruling party
3. over the government's policies
4. mainly on corruption and religious extremism
5. No error

43. Accordingly to the party spokesman and legislator, (A)/ there is no imminent threat (B)/ to the party's unity, (C)/ but the differences within pose a challenge (D).

1. Accordingly to the party spokesman and legislator
2. there is no imminent threat
3. to the party's unity
4. but the differences within pose a challenge
5. No error

44. Between the four people arrested, (A)/ two were arrested in theft cases, (B)/ one in robbery and (C)/ one for violation of the Excise Act (D).

1. Between the four people arrested
2. two were arrested in theft cases
3. one in robbery and
4. one for violation of the Excise Act
5. No error

Directions (Qs. No. 45-46): *Select the correct spelling of the word.*

45. 1. Entrepreneuer 2. Entreprenuer 3. Entreprenour 4. Entrepreneu 5. Entrepreneur

46. 1. Proritize 2. Priortise 3. Prioritize 4. Priotitise 5. Priorotise

Directions (Qs. No. 47-50): *Find out which phrase should replace the phrase given in bold to correct the error, if there is any, and to make the sentence grammatically meaningful and correct. If the sentence is correct then mark 'No correction is required', as the answer.*

47. The autocratic government **call at** the army to suppress the workers' strike.

1. Call upon
2. Call on
3. Call off
4. Call out
5. No correction is required

48. Let's not **dwell with** your past deeds.

1. Dwell at
2. Dwell for
3. Dwell over
4. Dwell on
5. No correction is required

49. India **turned in** China's invite to attend Belt and Road Initiative meet for the second time.

1. turned over
2. turned down
3. turned up
4. turned on
5. No correction is required

50. India is unlikely to halt using Covishield vaccine, which has been flagged by many European countries, because **putting it across** even temporarily could disrupt the entire programme.

1. putting it through
2. putting it forward
3. putting it up
4. putting it off
5. No correction is required

42. 5 **43.** 1 **44.** 1 **45.** 5 **46.** 3 **47.** 4 **48.** 4 **49.** 2 **50.** 4

निर्णय क्षमता

51. निम्नलिखित में से कौन-सा निर्णय लेने में एक प्रबंधक की भूमिका को एक व्यवधान संचालक के रूप में वर्णित करता है?

1. संघर्षों का समाधान और अप्रत्याशित मुद्दों का समाधान
2. संगठन के लिए दीर्घकालिक रणनीतियों की योजना बनाना
3. कर्मचारियों को उच्च प्रदर्शन प्राप्त करने के लिए प्रेरित करना
4. बाहरी हितधारकों के साथ बातचीत करना
5. संसाधनों की निगरानी और नियंत्रण

52. निम्नलिखित में से कौन-सा प्रबंधकों के लिए निर्णय लेने की प्रक्रिया का एक चरण नहीं है?

1. समस्या की पहचान करना
2. वैकल्पिक समाधान उत्पन्न करना
3. निर्णय को लागू करना
4. प्रतिक्रिया को कम प्राथमिकता देना
5. निर्णय की प्रभावशीलता का मूल्यांकन करना

53. किस प्रकार का निर्णय ऐसी स्थिति में लिया जाता है जो नई, जटिल हो और जिसके कोई स्थापित दिशानिर्देश न हों?

1. नियोजित निर्णय
2. गैर-नियोजित निर्णय
3. नियमित निर्णय
4. संरचित निर्णय
5. स्वचालित निर्णय

54. निम्नलिखित में से कौन-सा एक सामान्य पूर्वाग्रह है जो प्रबंधकीय निर्णय लेने को प्रभावित कर सकता है?

1. यादृच्छिक चयन
2. संज्ञानात्मक असंगति
3. एंकरिंग पूर्वाग्रह
4. समूह सहमति पूर्वाग्रह
5. बाजार में उतार-चढ़ाव पूर्वाग्रह

55. निर्णय लेने की किस तकनीक में बिना किसी आलोचना के समूह में कई विचार उत्पन्न करना शामिल है?

1. विचार-मंथन
2. डेल्फी तकनीक
3. अनुकरण
4. SWOT विश्लेषण
5. निर्णय वृक्ष

56. किस प्रकार का निर्णय आमतौर पर नियमित और दोहराव वाला होता है, जो अक्सर नियमों और नीतियों द्वारा नियंत्रित होता है?

1. गैर-क्रमबद्ध निर्णय
2. असंरचित निर्णय
3. क्रमादेशित निर्णय
4. सहज निर्णय
5. नवोन्मेषी निर्णय

57. वर्तमान निर्णय लेने के लिए पिछले सफल निर्णयों पर निर्भर रहने वाला प्रबंधक किस पूर्वाग्रह से प्रभावित हो सकता है?

1. अति-विश्वास पूर्वाग्रह
2. पुष्टि पूर्वाग्रह
3. उपलब्धता पूर्वाग्रह
4. पश्चदृष्टि पूर्वाग्रह
5. एंकरिंग पूर्वाग्रह

58. किस निर्णय-निर्माण तकनीक में विशेषज्ञ पूर्वाग्रह से बचने के लिए गुमनाम रूप से अपनी राय देते हैं और कई दौर के बाद आम सहमति बनती है?

1. डेल्फी तकनीक
2. विचार-मंथन
3. पैरेटो विश्लेषण
4. नाममात्र समूह तकनीक
5. लागत-लाभ विश्लेषण

59. निम्नलिखित में से कौन-सा निर्णय-निर्माण मॉडल अंतर्ज्ञान और पिछले अनुभव के उपयोग पर केंद्रित है?

1. तर्कसंगत निर्णय-निर्माण मॉडल
2. सीमित तर्कसंगतता मॉडल
3. संतुष्टि मॉडल
4. कचरा पात्र मॉडल
5. सहज निर्णय-निर्माण मॉडल

60. प्रबंधन में किस पूर्वाग्रह में पहले से मौजूद मान्यताओं की पुष्टि करने वाली जानकारी को प्राथमिकता देने की प्रवृत्ति शामिल है?

1. एंकरिंग पूर्वाग्रह
2. पुष्टिकरण पूर्वाग्रह
3. फ्रेमिंग पूर्वाग्रह
4. प्रतिबद्धता में वृद्धि
5. रीसेंसी पूर्वाग्रह

51. 1 **52.** 4 **53.** 2 **54.** 3 **55.** 1 **56.** 3 **57.** 3 **58.** 1 **59.** 5 **60.** 2

कम्प्यूटर सचेतता

61. UNIX का विकास किसने किया?
1. डेनिस रिची
2. केन थॉम्पसन
3. बिल गेट्स
4. स्टीव जॉब्स
5. लिनुस टोरवाल्ड्स

62. C प्रोग्रामिंग भाषा का विकास किसने किया?
1. बजेर्न स्ट्रॉस्ट्रुप
2. जेम्स गोसलिंग
3. डेनिस रिची
4. टिम बर्नर्स-ली
5. गुइडो वैन रोसुम

63. नेटवर्क सुरक्षा में LDAP का पूर्ण रूप क्या है?
1. Lightweight Directory Access Protocol
2. Local Data Access Protocol
3. Linear Directory Application Protocol
4. Logical Data Authentication Protocol
5. Lightweight Data Authorization Protocol

64. EEPROM का पूर्ण रूप क्या है?
1. Electrically Erasable Programmable Read-Only Memory
2. Electronically Erasable Permanent Read-Only Memory
3. Electrically Enhanced Programmable Read-Only Memory
4. Electronically Erased Programmable Read-Only Memory
5. Electrically Erasable Programmable Random-Only Memory

65. एक्सेल में, किसी सेल में वर्तमान तिथि को शीघ्रता से दर्ज करने के लिए निम्नलिखित में से किस शॉर्टकट का उपयोग किया जाता है?
1. Ctrl + D
2. Ctrl + Shift + ;
3. Ctrl + ;
4. Ctrl + Alt + D
5. Ctrl + Shift + D

66. निम्नलिखित में से कौन-सी एक मजबूत पासवर्ड की एक महत्वपूर्ण विशेषता है?
1. केवल संख्याएँ होती हैं
2. कम से कम 8 वर्णों का होता है और इसमें अक्षरों, संख्याओं और प्रतीकों का मिश्रण होता है
3. आपके उपयोगकर्ता नाम के समान होता है
4. केवल छोटे अक्षरों का उपयोग करता है
5. केवल आपकी जन्मतिथि होती है

67. PNG का उपयोग मुख्यतः किसके लिए किया जाता है :
1. ऑडियो फाइलें
2. टेक्स्ट दस्तावेज
3. वीडियो फाइलें
4. पारदर्शिता वाली संपीड़ित छवियाँ
5. निष्पादन योग्य प्रोग्राम

68. एक IPv6 पता कितने बाइट्स का होता है?
1. 16 बाइट्स
2. 4 बाइट्स
3. 32 बाइट्स
4. 8 बाइट्स
5. 64 बाइट्स

69. निम्नलिखित में से कौन-सा फॉन्ट आमतौर पर MS Word में उपयोग नहीं किया जाता है?
1. टाइम्स न्यू रोमन
2. एरियल
3. विंगडिंग्स
4. वर्दाना
5. कॉमिक सैंस

70. AMD का पूर्ण रूप क्या है?
1. Advanced Micro Devices
2. Automated Micro Devices
3. Analog Micro Designs
4. Advanced Memory Devices
5. Application Memory Driver

71. एमएस वर्ड में फॉर्मेटिंग हटाने की शॉर्टकट कुंजी क्या है?
1. Ctrl + R
2. Ctrl + Shift + N
3. Ctrl + M
4. Ctrl + E
5. Ctrl + Shift + Z

61. 2 **62.** 3 **63.** 1 **64.** 1 **65.** 3 **66.** 2 **67.** 4 **68.** 1 **69.** 3 **70.** 1 **71.** 2

72. निम्नलिखित में से कौन-सा ऑपरेटिंग सिस्टम नहीं है?
1. विंडोज
2. लिनक्स
3. एमएस वर्ड
4. मैकओएस
5. एंड्रॉइड

73. कंप्यूटर में, डेटा के दीर्घकालिक भंडारण के लिए आमतौर पर किस मेमोरी का उपयोग किया जाता है?
1. कैचे मेमोरी
2. रैम
3. रोम
4. सेकेंडरी स्टोरेज
5. रजिस्टर

74. यूटिलिटी सॉफ्टवेयर का प्राथमिक उद्देश्य क्या है?
1. सिस्टम संसाधनों का प्रबंधन करना और अनुप्रयोगों के लिए एक प्लेटफॉर्म प्रदान करना
2. विशिष्ट कार्य करना जो कंप्यूटर संसाधनों के प्रबंधन, रखरखाव और नियंत्रण में मदद करते हैं
3. दस्तावेज, स्प्रेडशीट और प्रस्तुतियाँ बनाना
4. इंटरनेट पर संचार को सुगम बनाना
5. ग्राफिक्स डिजाइन और संपादित करना

75. एमएस वर्ड में तालिका बनाने के लिए आवश्यक पंक्तियों और स्तंभों की न्यूनतम संख्या कितनी है?
1. 1 पंक्ति और 1 स्तंभ
2. 1 पंक्ति और 2 स्तंभ
3. 2 पंक्तियाँ और 1 स्तंभ
4. 2 पंक्तियाँ और 2 स्तंभ
5. 3 पंक्तियाँ और 3 स्तंभ

76. बिंग सर्च इंजन किस कंपनी ने विकसित किया?
1. गूगल
2. याहू
3. माइक्रोसॉफ्ट
4. एप्पल
5. अमेजन

77. एमएस वर्ड में 'फॉन्ट' डायलॉग बॉक्स खोलने के लिए शॉर्टकट कुंजी संयोजन क्या है?
1. Ctrl + D
2. Ctrl + Shift + F
3. Ctrl + Alt + F
4. Ctrl + F
5. Alt + D

78. कंप्यूटर सिस्टम में निम्नलिखित में से कौन-सी मेमोरी सबसे तेज प्रकार की है?
1. L1 Cache
2. L2 Cache
3. DRAM
4. SRAM
5. Virtual Memory

79. एक्सेल में निम्नलिखित में से किस फंक्शन का उपयोग किसी श्रेणी में उन सेल्स की संख्या गिनने के लिए किया जाता है जो किसी विशिष्ट शर्त को पूरा करते हैं?
1. COUNT
2. COUNTA
3. COUNTIF
4. SUMIF
5. COUNTBLANK

80. निम्नलिखित में से किस स्टोरेज डिवाइस का एक्सेस टाइम सबसे तेज है?
1. हार्ड डिस्क ड्राइव (HDD)
2. सॉलिड-स्टेट ड्राइव (SSD)
3. USB फ्लैश ड्राइव
4. ऑप्टिकल डिस्क (CD/DVD)
5. मैग्नेटिक टेप

संख्यात्मक अभियोग्यता

81. यदि 35 श्रमिकों द्वारा 6 दिनों में 3/5 कार्य किया जाता है, तो शेष कार्य को अगले 2 दिनों में पूरा करने के लिए कितने और श्रमिकों की आवश्यकता होगी?
1. 20 श्रमिक
2. 25 श्रमिक
3. 15 श्रमिक
4. 35 श्रमिक
5. इनमें से कोई नहीं

82. 84 लीटर के मिश्रण में 75% दूध है। यदि इस मिश्रण में 'x' लीटर पानी मिलाया जाए, तो परिणामी मिश्रण में दूध की मात्रा पानी की मात्रा से 27 लीटर अधिक हो जाती है। 'x' का मान ज्ञात कीजिए।
1. 15 लीटर
2. 10 लीटर
3. 18 लीटर
4. 12 लीटर
5. इनमें से कोई नहीं

72. 3 **73.** 4 **74.** 2 **75.** 1 **76.** 3 **77.** 1 **78.** 1 **79.** 3 **80.** 2 **81.** 4 **82.** 1

83. एक नाविक को धारा के अनुकूल 64 किमी. और धारा के प्रतिकूल 60 किमी. की दूरी तय करने में 9 घंटे लगते हैं। यदि उसकी धारा के अनुकूल गति और धारा के प्रतिकूल गति का अनुपात 4 : 3 है, तो धारा की गति क्या है?

1. 1.5 किमी./घंटा
2. 2 किमी./घंटा
3. 1 किमी./घंटा
4. 2.5 किमी./घंटा
5. 4 किमी./घंटा

84. अरुण और बलदेव की मासिक बचत क्रमशः 8 : 5 के अनुपात में है। बलदेव का मासिक व्यय अरुण की मासिक बचत से ₹ 20,200 अधिक है। इसके अतिरिक्त, अरुण का मासिक व्यय बलदेव के व्यय से ₹ 2,200 अधिक है। यह देखते हुए कि अरुण और बलदेव का मासिक वेतन 8 : 7 के अनुपात में है, अरुण की मासिक बचत निर्धारित करें।

1. ₹ 4500
2. ₹ 5400
3. ₹ 4800
4. ₹ 5500
5. इनमें से कोई नहीं

85. एक स्कूल बैग को 10% और 20% की दो क्रमिक छूट देने के बाद ₹ 540 में बेचा जाता है। यदि स्कूल बैग का अंकित मूल्य उसके क्रय मूल्य से ₹ 500 अधिक है, तो स्कूल बैग पर लाभ/हानि ज्ञात कीजिए।

1. ₹ 300
2. ₹ 264
3. ₹ 290
4. ₹ 225
5. इनमें से कोई नहीं

निर्देश (प्रश्न संख्या 86-90) : *निम्नलिखित संख्याएँ एक शृंखला बनाती हैं। शृंखला में लुप्त संख्या ज्ञात कीजिए।*

86. 16, 35, 75, 157, ?, 657

1. 319
2. 328
3. 307
4. 323
5. 341

87. 9, 11, 26, ?, 344, 1730

1. 78
2. 84
3. 96
4. 102
5. 90

88. 64, 75, 88, 105, 124, ?

1. 107
2. 117
3. 127
4. 137
5. 147

89. 418, 429, 407, 440, ?, 451, 385

1. 390
2. 392
3. 394
4. 396
5. 391

90. 35% of 300 of 12 ÷ 10 = ?

1. 120
2. 125
3. 126
4. 128
5. इनमें से कोई नहीं

निर्देश (प्रश्न संख्या 91-94) : *नीचे दी गई जानकारी के आधार पर प्रश्नों के उत्तर दें।*

नीचे दी गई रेखा आलेख विभिन्न कंपनियों (A, B, C और D) द्वारा निर्मित और बेची गई वस्तुओं की कुल संख्या को दर्शाती है।

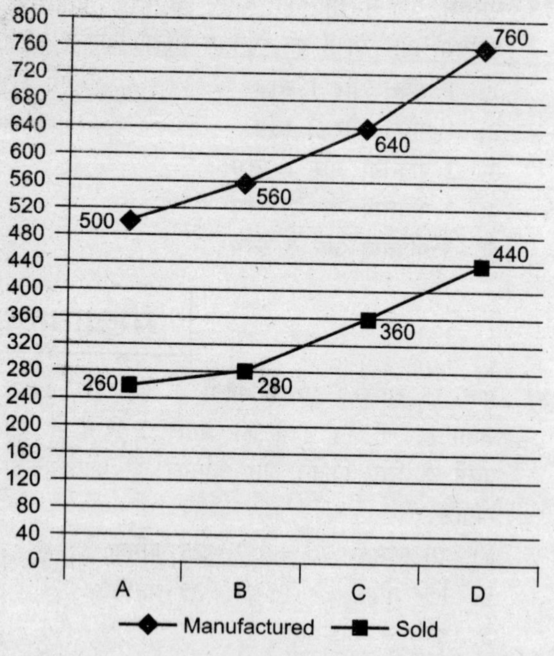

83. 2 **84.** 3 **85.** 3 **86.** 4 **87.** 2 **88.** 5 **89.** 4 **90.** 3

91. कंपनी 'A' और 'D' द्वारा निर्मित वस्तुओं की कुल संख्या का, कंपनी 'B' और 'C' द्वारा निर्मित वस्तुओं की कुल संख्या से अनुपात ज्ञात कीजिए।

1. 21 : 20
2. 11 : 10
3. 12 : 7
4. 15 : 11
5. इनमें से कोई नहीं

92. कंपनी 'B' और 'D' द्वारा बेची गई वस्तुओं की कुल संख्या, कंपनी 'C' द्वारा बेची गई वस्तुओं की कुल संख्या का कितना प्रतिशत है?

1. 200%
2. 100%
3. 300%
4. 150%
5. 250%

93. कंपनी 'A' से, बेची गई वस्तुओं की कुल संख्या का 65% और न बिकी वस्तुओं की कुल संख्या का 40% क्रमशः आर्ट गैलरी में जोड़ा जाता है। प्रतियोगिता के लिए गैलरी में जोड़ी गई वस्तुओं की कुल संख्या ज्ञात कीजिए।

1. 245
2. 315
3. 265
4. 305
5. 295

94. यदि किसी प्रतियोगिता में प्रस्तुत कंपनी 'B' और 'D' द्वारा बेची गई वस्तुओं की औसत संख्या 'a' है, तो 'a' के 90% का मान ज्ञात कीजिए।

1. 210
2. 270
3. 300
4. 240
5. इनमें से कोई नहीं

निर्देश (प्रश्न संख्या 95-97) : *दिए गए व्यंजक में प्रश्नवाचक चिन्ह (?) के स्थान पर क्या आएगा?*

95. 1800% का $(\sqrt{676} \div \sqrt{169}) = ? \div 8$

1. 280
2. 278
3. 288
4. 218
5. इनमें से कोई नहीं

96. 50 का 300% + 700 ÷ 28 = ? × 5

1. 30
2. 31
3. 35
4. 37
5. इनमें से कोई नहीं

97. (20% का 780 ÷ 13) × 13 = ?

1. 156
2. 126
3. 136
4. 176
5. इनमें से कोई नहीं

निर्देश (प्रश्न संख्या 98-100) : *नीचे दी गई जानकारी के आधार पर प्रश्नों के उत्तर दीजिए।*

दो नर्सरी A और B में गुलाब, लिली और चमेली जैसे तीन प्रकार के कुल 3600 फूल हैं। लिली के 1500 फूल हैं जो नर्सरी A में फूलों की संख्या से 100 अधिक हैं। नर्सरी A में गुलाब, लिली और चमेली के फूलों की संख्या का अनुपात क्रमशः 2 : 3 : 2 है। नर्सरी B में गुलाब की संख्या नर्सरी A में गुलाब की संख्या से दोगुनी है, जबकि नर्सरी B में चमेली के फूलों की संख्या नर्सरी A में लाल चमेली के फूलों की संख्या से 25% अधिक है।

98. नर्सरी A और नर्सरी B में चमेली के फूलों की संख्या के बीच अंतर ज्ञात कीजिए।

1. 100
2. 80
3. 60
4. 90
5. 150

99. लिली की कुल संख्या गुलाब की संख्या से कितने प्रतिशत अधिक है?

1. 22.5%
2. 15%
3. 20%
4. 25%
5. 18%

100. यदि नर्सरी A में 20% लिली और नर्सरी B में 12% लिली मर चुकी हैं, तो कितनी लिली मर चुकी हैं?

1. 228
2. 252
3. 248
4. 216
5. 204

91. 1 **92.** 1 **93.** 3 **94.** 2 **95.** 3 **96.** 3 **97.** 1 **98.** 1 **99.** 4 **100.** 1

सामान्य सचेतता

101. जून 2024 के लिए वस्तु एवं सेवा कर (GST) की वर्ष-दर-वर्ष वृद्धि दर क्या है?

1. 5.25%   2. 6.50%
3. 7.70%   4. 8.00%
5. 9.20%

102. 54वें भारतीय अंतर्राष्ट्रीय फिल्म महोत्सव (IFFI) 2024 में विशेष जुलाई पुरस्कार किसने जीता?

1. एस.एस. राजामौली   2. ऋषभ शेट्टी
3. अमिताभ बच्चन   4. शाहरुख खान
5. मनोज वाजपेयी

103. जोखिम प्रबंधन के लिए ISO मानक कोड क्या है?

1. ISO 9001   2. ISO 14001
3. ISO 31000   4. ISO 27001
5. ISO 50001

104. किस संस्था ने जहाज-से-जहाज LNG हस्तांतरण पहल शुरू की?

1. इंडियन ऑयल कॉर्पोरेशन
2. ओएनजीसी
3. गेल
4. भारत पेट्रोलियम
5. रिलायंस इंडस्ट्रीज

105. CDP सुरक्षा योजना के उद्देश्यों के संबंध में निम्नलिखित में से कौन-सा कथन गलत है?

1. CDP सुरक्षा का उद्देश्य लक्षित फसलों के निर्यात में लगभग 20% की वृद्धि करना और क्लस्टर फसलों की प्रतिस्पर्धात्मकता बढ़ाने के लिए क्लस्टर-विशिष्ट ब्रांड बनाना है।
2. यह योजना भौगोलिक विशेषज्ञता का लाभ उठाती है और बागवानी क्लस्टरों के एकीकृत और बाजार-आधारित विकास को बढ़ावा देती है।
3. CDP सुरक्षा विशेष रूप से बागवानी क्षेत्र में जैविक कृषि पद्धतियों को बढ़ावा देने पर केंद्रित है।

1. केवल कथन 1 गलत है
2. केवल कथन 2 गलत है
3. केवल कथन 3 गलत है
4. कथन 1 और 2 दोनों गलत हैं
5. कथन 2 और 3 दोनों गलत हैं

106. निम्नलिखित में से कौन-सी संस्था राष्ट्रीय पेंशन प्रणाली (NPS) में मध्यस्थ नहीं है?

1. केंद्रीय अभिलेखपाल एजेंसी (CRA)
2. पेंशन निधि प्रबंधक (PFMs)
3. NPS ट्रस्टी बैंक
4. EPFO
5. संरक्षक

107. ग्रीन टग ट्रांजिशन प्रोग्राम (GTTP) मुख्य रूप से निम्नलिखित में से किस क्षेत्र से संबंधित है?

1. कृषि और ग्रामीण विकास
2. शहरी परिवहन और अवसंरचना
3. समुद्री और बंदरगाह संचालन
4. नवीकरणीय ऊर्जा और विद्युत उत्पादन
5. पर्यावरण संरक्षण और वानिकी

108. कौन-सा देश अंतर्राष्ट्रीय सौर गठबंधन (ISA) का 100वाँ सदस्य बना?

1. बोलीविया   2. पैराग्वे
3. उरुग्वे   4. इक्वाडोर
5. वेनेजुएला

109. किसी म्यूचुअल फंड का शुद्ध परिसंपत्ति मूल्य (NAV) कितनी बार अपडेट किया जाता है?

1. साप्ताहिक
2. मासिक
3. त्रैमासिक
4. प्रत्येक कार्य दिवस के अंत में
5. वार्षिक

101. 3   **102.** 2   **103.** 3   **104.** 3   **105.** 3   **106.** 4   **107.** 3   **108.** 4   **109.** 4

110. निम्नलिखित में से कौन-सी योजना विज्ञान और प्रौद्योगिकी से संबंधित नहीं है?
1. डिजिटल इंडिया
2. मेक इन इंडिया
3. सुकन्या समृद्धि योजना (SSY)
4. अटल टिंकरिंग मिशन
5. राष्ट्रीय सुपरकंप्यूटिंग मिशन

111. दुनिया के एयरबेसों में हिंडन एयरबेस का वैश्विक रैंक क्या है?
1. 5वां 2. 8वां
3. 10वां 4. 12वां
5. 15वां

112. जमा प्रमाणपत्र (CDs) क्या हैं, और वित्तीय बाजार में इनका उपयोग कैसे किया जाता है?
1. बैंकों द्वारा धन जुटाने के लिए जारी किए जाने वाले अल्पकालिक ऋण उपकरण, जिनका उपयोग आमतौर पर संस्थागत निवेशक तरलता प्रबंधन के लिए करते हैं।
2. सरकार द्वारा जारी किए जाने वाले दीर्घकालिक बॉन्ड, मुख्य रूप से बुनियादी ढाँचे के वित्तपोषण के लिए, द्वितीयक बाजार में कारोबार किए जाते हैं।
3. कंपनियों द्वारा जारी किए जाने वाले इक्विटी शेयर, जो निवेशकों को स्वामित्व हिस्सेदारी प्रदान करते हैं, और स्टॉक एक्सचेंजों पर कारोबार किए जाते हैं।
4. वित्तीय जोखिमों से बचाव के लिए उपयोग किए जाने वाले डेरिवेटिव अनुबंध, जिनका उपयोग आमतौर पर बड़ी कंपनियों द्वारा किया जाता है।
5. केंद्रीय बैंकों द्वारा जारी डिजिटल मुद्राएँ, जिनका उद्देश्य वित्तीय प्रणाली में लेनदेन दक्षता बढ़ाना है।

113. भारत में खाद्य प्रसंस्करण क्षेत्र से संबंधित वर्तमान प्रत्यक्ष विदेशी निवेश नीति क्या है?
1. 49% 2. 74%
3. 100% 4. 51%
5. 26%

114. जून 2024 तक प्राथमिक बाजार में लेनदेन के लिए नई निपटान अवधि क्या है?
1. T+0 2. T+1
3. T+2 4. T+3
5. T+5

115. कॉयर बोर्ड की प्राथमिक भूमिका क्या है और यह किस मंत्रालय के अधीन कार्य करता है?
1. कॉयर उद्योग को बढ़ावा देना और निर्यात को नियंत्रित करना; वस्त्र मंत्रालय
2. कॉयर उद्योग का विकास और संवर्धन करना; सूक्ष्म, लघु और मध्यम उद्यम मंत्रालय (MSME)
3. कॉयर उत्पादन और ग्रामीण रोजगार की देखरेख करना; कृषि और किसान कल्याण मंत्रालय
4. लघु-स्तरीय औद्योगिक विकास और कॉयर प्रसंस्करण को सुगम बनाना; वाणिज्य और उद्योग मंत्रालय
5. ग्रामीण शिल्प और कॉयर उद्योगों को बढ़ावा देना; ग्रामीण विकास मंत्रालय

116. RBI के हालिया दिशानिर्देशों के अनुसार क्षेत्रीय ग्रामीण बैंकों (RRBs) के लिए न्यूनतम थोक जमा सीमा क्या है?
1. ₹ 50 लाख 2. ₹ 1 करोड़
3. ₹ 2 करोड़ 4. ₹ 5 करोड़
5. ₹ 10 करोड़

117. निम्नलिखित में से कौन दुनिया के शीर्ष पाँच सबसे प्रसिद्ध ब्रांडों में शामिल नहीं है?
1. एप्पल 2. गूगल
3. मेटा 4. अमेजन
5. माइक्रोसॉफ्ट

118. संयुक्त राष्ट्र विकास कार्यक्रम (UNDP) भारत के सहयोग से लॉन्च किए गए व्यापक डिजिटल बीमा प्लेटफॉर्म का नाम क्या है?
1. सुरक्षा 2. सारथी
3. रक्षा 4. शक्ति
5. सारथी

110. 3 **111.** 2 **112.** 1 **113.** 3 **114.** 2 **115.** 2 **116.** 3 **117.** 3 **118.** 2

119. भारतीय रिजर्व बैंक (RBI) द्वारा निर्धारित उद्यम पूंजीपतियों के लिए न्यूनतम लॉकिंग अवधि क्या है?

1. 3 महीने
2. 6 महीने
3. 1 वर्ष
4. 2 वर्ष
5. 18 महीने

120. ICAR-IARI द्वारा हाल ही में गेहूँ की कौन-सी किस्म लॉन्च की गई है?

1. HD 2967
2. HI 8830
3. PBW 550
4. WH 1080
5. DBW 303

आर्थिक एवं सामाजिक मुद्दे

121. समग्र शिक्षा अभियान के अंतर्गत संचालित दीक्षा (DIKSHA) प्लेटफॉर्म का प्रबंधन निम्नलिखित में से कौन-सा संगठन कर रहा है?

1. CBSE
2. NCTE
3. NCERT
4. AICTE
5. NIOS

122. कौशल विकास एवं उद्यमिता मंत्रालय, अल्पकालिक प्रशिक्षण (STT) प्रदान करने के लिए प्रधानमंत्री कौशल विकास योजना (PMKVY) का क्रियान्वयन कर रहा है, जिसकी पाठ्यक्रम अवधि है :

1. 100-200 घंटे
2. 200-400 घंटे
3. 300-600 घंटे
4. 600-800 घंटे
5. 800-1000 घंटे

123. एकीकृत बागवानी विकास मिशन (MIDH) के अंतर्गत, शीतगृहों को राज्य एवं केंद्रीय स्तर की समितियों द्वारा स्वीकृत किया जाता है। MIDH के अंतर्गत सहायता प्राप्त करने के लिए पात्र शीतगृह सीमा क्या है?

1. 1000 मीट्रिक टन
2. 2000 मीट्रिक टन
3. 5000 मीट्रिक टन
4. 10,000 मीट्रिक टन
5. 7000 मीट्रिक टन

124. निम्नलिखित में से कौन-सा कोष बैंकों द्वारा प्राथमिकता क्षेत्र ऋण (PSL) के अंतर्गत कमी को पूरा करता है?

1. CRF
2. RIDF
3. PMAY कोष
4. NHB कोष
5. SCF

125. केंद्रीय बजट 2024-25 के अनुसार, 14 बड़े शहरों के लिए पारगमन उन्मुख विकास योजनाएँ जिनकी जनसंख्या :

1. 10 लाख
2. 20 लाख
3. 30 लाख
4. 40 लाख
5. 50 लाख

126. कृषि एवं किसान कल्याण मंत्रालय ने निम्नलिखित में से किस संगठन के सहयोग से सारथी पोर्टल की स्थापना की?

1. यूएनडीपी भारत
2. एफएओ
3. विश्व बैंक
4. विश्व व्यापार संगठन
5. यूएनईपी

127. विभिन्न संस्थानों और कार्यस्थलों में सुरक्षित, स्वस्थ और टिकाऊ खाद्य वातावरण बनाने के लिए FSSAI की निम्नलिखित में से कौन-सी पहल है?

1. खाद्य सुरक्षा मिशन
2. स्वच्छ भारत अभियान
3. ईट राइट इंडिया
4. पोषण अभियान
5. फिट इंडिया मूवमेंट

128. निम्नलिखित में से कौन-सा प्रधानमंत्री मत्स्य संपदा योजना के लक्ष्यों में से एक नहीं है?

1. मछली उत्पादन बढ़ाना
2. कटाई के बाद होने वाले नुकसान को कम करना
3. बुनियादी ढांचे में सुधार
4. मछली बाजार स्थापित करना
5. अंतर्देशीय मत्स्य पालन के लिए सब्सिडी

119. 2 **120.** 5 **121.** 3 **122.** 3 **123.** 3 **124.** 2 **125.** 3 **126.** 1 **127.** 3 **128.** 5

129. निम्नलिखित में से कौन-सी योजनाएँ PM VIKAS के अंतर्गत शामिल की गई हैं?

1. सीखो और कमाओ 2. उस्ताद
3. हमारी धरोहर 4. नई मंजिल
5. उपरोक्त सभी

130. अप्रैल 2021 से मार्च 2026 के बीच नमामि गंगे कार्यक्रम के लिए बजट परिव्यय क्या है?

1. 15,000 करोड़
2. 20,000 करोड़
3. 22,500 करोड़
4. 25,000 करोड़
5. 30,000 करोड़

131. केंद्रीय बजट 2024-25 में, वित्त मंत्री ने अगले 10 वर्षों में अंतरिक्ष अर्थव्यवस्था के विस्तार के लिए ... . का एक उद्यम पूंजी कोष स्थापित करने की घोषणा की।

1. 500 करोड़ 2. 1000 करोड़
3. 1500 करोड़ 4. 2000 करोड़
5. 2500 करोड़

132. QCI सुराज्य मान्यता और रैंकिंग फ्रेमवर्क हाल ही में लॉन्च किया गया है। निम्नलिखित में से कौन-सा चार स्तंभों में से एक नहीं है?

1. समन्वय 2. प्रकाश
3. संचय 4. सुरक्षा
5. विकास

133. प्रधानमंत्री जनजातीय उन्नत ग्राम अभियान पर निम्नलिखित कथनों पर विचार करें और सही कथनों वाले विकल्प का चयन करें :

I. यह 5 करोड़ जनजातीय आबादी को कवर करेगा।
II. इस कार्यक्रम के तहत 75,000 गाँवों को कवर किया जाएगा।
III. आकांक्षी जिलों में जनजातीय आबादी को कवर करने का प्रावधान है।

1. केवल I 2. I और II
3. I और III 4. II और III
5. I, II और III

134. वित्त मंत्री ने केंद्रीय बजट 2024 के भाषण में घोषणा की कि ई-वाउचर के रूप में ब्याज सब्सिडी 1 लाख छात्रों को दी जाएगी जो अधिकतम ऋण लेंगे :

1. 5 लाख 2. 7 लाख
3. 10 लाख 4. 12 लाख
5. 15 लाख

135. वाणिज्यिक खुफिया और सांख्यिकी महानिदेशक (DGCIS) द्वारा दी गई जानकारी के अनुसार, 2023-24 के दौरान अखिल भारतीय निर्यात में MSME निर्दिष्ट उत्पादों के निर्यात का हिस्सा था :

1. 40.73% 2. 42.50%
3. 45.73% 4. 48.10%
5. 50.00%

136. निम्नलिखित में से अंडमान और निकोबार द्वीप समूह के कौन-सा पाँच PVTG में से एक नहीं है? ?

1. ग्रेट अंडमानी 2. ओंगे
3. बिरहोर 4. निकोबारी
5. सेंटिनली

137. सरकार 22 अनिवार्य कृषि फसलों के लिए न्यूनतम समर्थन मूल्य (MSP) और निम्नलिखित के लिए उचित एवं लाभकारी मूल्य (FRP) निर्धारित करती है :

1. गन्ना 2. कपास
3. धान 4. गेहूँ
5. जूट

138. निम्नलिखित में से कौन वाणिज्य मंत्रालय के अधीन एक वस्तु बोर्ड नहीं है?

1. रबर बोर्ड
2. मसाला बोर्ड
3. गोंद और राल (रेजिन) Resin बोर्ड
4. चाय बोर्ड
5. कॉफी बोर्ड

129. 5 **130.** 3 **131.** 2 **132.** 1 **133.** 3 **134.** 3 **135.** 3 **136.** 3 **137.** 1 **138.** 3

139. केंद्रीय सशस्त्र पुलिस बलों और असम राइफल्स में कांस्टेबलों/राइफलमैनों की भर्ती में पूर्व अग्निवीरों के लिए .... प्रतिशत रिक्तियाँ आरक्षित हैं।

1. 5%
2. 8%
3. 10%
4. 12%
5. 15%

140. नाबार्ड को निम्नलिखित में से किस निधि के राष्ट्रीय कार्यान्वयन एजेंसी (NIE) के रूप में कार्य करने को सौंपा गया है?

1. UNFCCC का अनुकूलन कोष
2. हरित जलवायु कोष
3. राष्ट्रीय आपदा प्रबंधन कोष
4. वैश्विक पर्यावरण कोष
5. जलवायु लचीलापन कोष

141. निम्नलिखित में से कौन-सा राज्य 7 चयनित PM MITRA पार्कों का हिस्सा नहीं है?

1. तमिलनाडु
2. उत्तर प्रदेश
3. मध्य प्रदेश
4. राजस्थान
5. गुजरात

142. सरकार ने पेट्रोल में इथेनॉल मिश्रण लक्ष्य को 2030 से बढ़ाकर 20% करने का निर्णय लिया है :

1. 2024
2. 2025-26
3. 2027
4. 2028
5. 2032

143. नवीकरणीय ऊर्जा क्षेत्र में स्वचालित मार्ग के तहत प्रत्यक्ष विदेशी निवेश (FDI) .... तक है।

1. 74%
2. 49%
3. 100%
4. 26%
5. 90%

144. RBI MPC अगस्त 2024 में, कौन-सी दर 6.75% पर अपरिवर्तित रही?

1. रिवर्स रेपो दर
2. रेपो दर
3. एमएसएफ और बैंक दर
4. नकद आरक्षित अनुपात
5. वैधानिक तरलता अनुपात

145. एमएसएमई की सार्वजनिक खरीद नीति के अनुसार, सीपीएसई, केंद्रीय मंत्रालयों और विभागों द्वारा एमएसएमई से वार्षिक खरीद का कितना प्रतिशत अनिवार्य है, जिसमें एससी/एसटी और महिला-स्वामित्व वाले एमएसएमई से 4% खरीद शामिल है?

1. 20%
2. 25%
3. 30%
4. 35%
5. 40%

146. निम्नलिखित में से कौन-सा आयु वर्ग प्रधानमंत्री श्रम योगी मान धन योजना के अंतर्गत पात्र है?

1. 21-40 वर्ष
2. 25-50 वर्ष
3. 18-40 वर्ष
4. 30-45 वर्ष
5. 35-55 वर्ष

147. निम्नलिखित में से कौन-सी एजेंसी RAMP योजना के अंतर्गत दो उप-योजनाओं - MSME हरित निवेश और परिवर्तन हेतु वित्तपोषण योजना (MSE GIFT योजना), और MSE सर्कुलर अर्थव्यवस्था में संवर्धन और निवेश हेतु योजना (MSE SPICE योजना) का कार्यान्वयन करती है?

1. नाबार्ड
2. नीति आयोग
3. सिडबी
4. सेबी
5. आरबीआई

148. नीति आयोग द्वारा शुरू किए गए संपूर्णता अभियान के अंतर्गत, निम्नलिखित में से कौन से प्रमुख निष्पादन संकेतक (KPIS) आकांक्षी जिला कार्यक्रम और आकांक्षी ब्लॉक कार्यक्रम दोनों के अंतर्गत आते हैं?

1. स्कूल का बुनियादी ढाँचा
2. स्वास्थ्य सुविधाएँ
3. मृदा स्वास्थ्य कार्ड
4. जल संरक्षण
5. बाल पोषण

149. निम्नलिखित में से कौन-सा राज्य पूर्वोदय के अंतर्गत शामिल नहीं है?

1. पश्चिम बंगाल
2. ओडिशा
3. झारखंड
4. बिहार
5. छत्तीसगढ़

139. 3 **140.** 1 **141.** 4 **142.** 2 **143.** 3 **144.** 3 **145.** 2 **146.** 3 **147.** 3 **148.** 3 **149.** 5

150. 'एक पेड़ माँ के नाम' अभियान विश्व पर्यावरण दिवस पर शुरू किया गया, जो इस दिन मनाया जाता है :

1. 10 अप्रैल
2. 1 मई
3. 5 जून
4. 22 जुलाई
5. 8 अगस्त

151. भारत सरकार ने कार्यस्थल पर महिलाओं के साथ भेदभाव को रोकने और विभिन्न आर्थिक क्षेत्रों में महिलाओं की भागीदारी बढ़ाने के लिए कई पहल की हैं। निम्नलिखित पहलों को कालानुक्रमिक क्रम में व्यवस्थित करें :

I. समान पारिश्रमिक अधिनियम
II. मजदूरी भुगतान अधिनियम
III. मातृत्व लाभ अधिनियम
IV. न्यूनतम मजदूरी अधिनियम

1. I-III-II-IV
2. II-IV-I-III
3. III-I-IV-II
4. I-II-III-IV
5. IV-I-III-II

152. केंद्रीय मंत्रिमंडल ने तीन राष्ट्रीय स्तर की बहु-राज्य सहकारी समितियों की स्थापना की है। ये निम्नलिखित में से किस क्षेत्र से संबंधित हैं?

1. स्वास्थ्य सेवा, शिक्षा, कृषि
2. प्रौद्योगिकी, पर्यावरण, शिक्षा
3. निर्यात, बीज, जैविक खेती
4. हस्तशिल्प, मत्स्य पालन, खनन
5. बैंकिंग, वस्त्र, औषधियाँ

153. वर्तमान में, भारत में सहकारी समितियाँ निम्नलिखित में से किस क्षेत्र में गतिविधियाँ संचालित करती हैं?

1. बैंकिंग
2. उर्वरक
3. हथकरघा
4. डेयरी
5. उपरोक्त सभी

154. मिशन वात्सल्य के अंतर्गत, निम्नलिखित में से किस गैर-संस्थागत देखभाल को सहायता प्रदान की जाती है?

1. गोद लेना
2. पालन-पोषण देखभाल
3. पश्चात देखभाल
4. प्रयोजन
5. उपरोक्त सभी

155. MSME मंत्रालय विभिन्न संगठनों और योजनाओं के माध्यम से युवाओं के लिए कौशल और कौशल उन्नयन कार्यक्रम संचालित करता है। सही विकल्पों की पहचान करें :

1. कॉयर बोर्ड
2. आरएसईटीआई
3. केवीआईसी
4. महात्मा गांधी ग्रामीण औद्योगीकरण संस्थान
5. उपरोक्त सभी

156. .... एक ऑनलाइन पोर्टल है जिसे बाल एवं किशोर श्रम (निषेध एवं विनियमन) अधिनियम, 1986 के प्रावधानों के प्रभावी कार्यान्वयन को सुनिश्चित करने के लिए 26-09-2017 को लॉन्च किया गया था।

1. दिशा पोर्टल
2. पेंसिल पोर्टल
3. बाल श्रम पोर्टल
4. बाल अधिकार पोर्टल
5. लेबर वॉच पोर्टल

157. आरबीआई के दिशानिर्देशों के अनुसार, क्षेत्रीय ग्रामीण बैंकों के मामले में 'थोक जमा' का अर्थ .... और उससे अधिक की एकल सावधि जमा है।

1. 50 लाख
2. 75 लाख
3. 1 करोड़
4. 2 करोड़
5. 5 करोड़

158. भारत में समावेशी विकास प्राप्त करने के लिए नाबार्ड द्वारा बनाया गया पहला सामुदायिक संस्थान निम्नलिखित में से कौन-सा है?

1. कृषक उत्पादक संगठन
2. स्वयं सहायता समूह
3. विकास स्वयंसेवी वाहिनी
4. कृषि-व्यवसाय केंद्र
5. कृषि विज्ञान केंद्र

150. 3 **151.** 2 **152.** 3 **153.** 5 **154.** 5 **155.** 5 **156.** 2 **157.** 3 **158.** 3

159. प्रधानमंत्री आवास योजना-शहरी (PMAY-U) के बारे में निम्नलिखित कथनों पर विचार कीजिए :

I. PMAY-U एक मांग-आधारित योजना है, जहाँ लाभार्थी सीधे सब्सिडी के लिए आवेदन करते हैं।

II. यह योजना राज्य आवास बोर्ड, शहरी स्थानीय निकाय और केंद्रीय नोडल एजेंसियों सहित विभिन्न एजेंसियों के माध्यम से कार्यान्वित की जाती है।

III. PMAY-U के दो घटक हैं : साझेदारी में किफायती आवास (AHP) और इन-सीटू पुनर्विकास (ISR)।

निम्नलिखित में से कौन-सा/से कथन सही है/हैं?

1. केवल I और II 2. केवल II और III
3. केवल I और III 4. उपरोक्त सभी
5. उपरोक्त में से कोई नहीं

160. निम्नलिखित में से कौन IUCN रेड लिस्ट के अंतर्गत आने वाली श्रेणियों में से एक नहीं है?

1. सुभेद्य 2. संकटग्रस्त
3. कम चिंताजनक 4. गंभीर रूप से संकटग्रस्त
5. दुर्लभ

कृषि एवं ग्रामीण विकास

161. जौ का वैज्ञानिक नाम क्या है?

1. *होर्डियम वल्गेरे* 2. *ट्रिटिकम एस्टिवम*
3. *ओराइजा सैटिवा* 4. *हेलिएंथस एनस*
5. *पिसम सैटिवम*

162. निम्नलिखित में से कौन-सी भैंस की नस्ल सबसे अधिक दूध देती है?

1. मुर्रा 2. मेहसाणा
3. गिर 4. नीली
5. रवि सुरती

163. भारत में सबसे बड़े क्षेत्र में कौन-सी मिट्टी फैली हुई है?

1. जलोढ़ मिट्टी 2. लाल मिट्टी
3. काली मिट्टी 4. लैटेराइट मिट्टी
5. रेतीली मिट्टी

164. निम्नलिखित में से कौन-सा कैल्शियम का कार्य है?

(*a*) क्लोरोफिल की संरचना में शामिल
(*b*) कोशिका झिल्ली के आकार को बनाए रखता है
(*c*) कार्बनिक अम्लों को उदासीन करता है

1. केवल (*a*) 2. केवल (*a*) और (*b*)
3. केवल (*b*) और (*c*) 4. सभी (*a*), (*b*) और (*c*)
5. इनमें से कोई नहीं

165. बागवानी उत्पादन 2023-24 के दूसरे अग्रिम अनुमान के अनुसार, निम्नलिखित को क्रम में व्यवस्थित करें।

1. सब्जियाँ > फल > मसाले > बागान फसल > फूल वाली फसलें
2. सब्जियाँ > फल > बागान फसल > मसाले > फूल
3. फल > सब्जियाँ > बागान फसल > मसाले > फूल वाली फसलें
4. फल > बागान फसल > सब्जियाँ > मसाले > फूल वाली फसलें
5. बागान फसल > सब्जियाँ > फल > मसाले > फूल वाली फसलें

166. प्रधानमंत्री फसल बीमा योजना में खरीफ फसलों के लिए प्रीमियम कितना है?

1. 1.5% 2. 2%
3. 5% 4. 2.5%
5. 3%

167. सर्ज सिंचाई किस प्रकार की सिंचाई का संशोधित रूप है?

1. चेक बेसिन 2. फरो सिंचाई
3. ड्रिप सिंचाई 4. बॉर्डर सिंचाई
5. स्प्रिंकलर सिंचाई

159. 4 **160.** 5 **161.** 1 **162.** 1 **163.** 1 **164.** 3 **165.** 2 **166.** 2 **167.** 2

168. काऊपॉक्स रोग किस जीव के कारण होता है?

1. जीवाणु
2. कवक
3. विषाणु
4. प्रोटोजोआ
5. माइकोप्लाज्मा

169. दूध उत्पादन में कौन-सा राज्य अग्रणी है?

1. मध्य प्रदेश
2. उत्तर प्रदेश
3. महाराष्ट्र
4. राजस्थान
5. आंध्र प्रदेश

170. बछड़े को अलग करना और भोजन के लिए उसे अपनी माँ से स्वतंत्र करना .... कहलाता है।

1. वध
2. दूध छुड़ाना
3. सींग हटाना
4. बधियाकरण
5. अंडजनन

171. अंगूर में बीजहीनता किस जीन द्वारा नियंत्रित होती है?

1. प्रभावी जीन
2. अप्रभावी जीन
3. सह प्रभावी जीन
4. अपूर्ण प्रभावी जीन
5. इनमें से कोई नहीं

172. प्रजनक बीज की संतति .... होती है।

1. केन्द्रक बीज
2. आधार बीज
3. प्रमाणित बीज
4. पंजीकृत बीज
5. सत्य लेबल वाला बीज

173. एक प्रकार का खरपतवार जिसमें जड़ें जलाशय की मिट्टी से जुड़ी होती हैं और अन्य पत्तियाँ जल की सतह के ऊपर होती हैं, उसे .... कहते हैं।

1. उभरे हुए खरपतवार
2. तैरते हुए खरपतवार
3. सीमांत खरपतवार
4. जलमग्न खरपतवार
5. वैकल्पिक खरपतवार

174. पौधों की बीमारियों को दबाने के लिए उपयोग किए जाने वाले सूक्ष्मजीवों को .... कहते हैं।

1. प्रतिपक्षी
2. परभक्षी
3. परजीविता
4. परजीवी
5. इनमें से कोई नहीं

175. किसानों द्वारा किस उद्देश्य के लिए गीली घास का उपयोग किया जाता है?

1. मृदा अपरदन में वृद्धि
2. मृदा से वाष्पीकरण कम करें जिससे नमी और मृदा का संरक्षण हो
3. रोगों का प्रकोप कम करें
4. कीटों की संख्या बढ़ाएँ
5. मृदा में सूक्ष्मजीवों की संख्या बढ़ाएँ

176. कटे हुए फूलों में खेत की गर्मी को हटाकर खराब होने से बचानें के लिए कटाई के बाद किया जाने वाला उपचार .... है।

1. स्पंदन
2. पूर्व-शीतलन
3. छंटाई
4. वैक्सिंग
5. सफाई

177. प्रति इकाई जल उपयोग में फसल द्वारा उत्पादित जैवभार की मात्रा को .... कहा जाता है।

1. फसल सूचकांक
2. फसल जल उपयोग दक्षता
3. उपभोग्य उपयोग दक्षता
4. सिंचाई दक्षता
5. संयुक्त उपयोग दक्षता

178. ट्रैक्टर में एक शाफ्ट जो ट्रैक्टर के इंजन से अन्य मशीनों या उससे जुड़े उपकरणों को शक्ति स्थानांतरित करता है, ... है।

1. पीटीओ
2. डिफरेंशियल
3. ड्रॉबार
4. फोर्जर
5. थ्रॉटल

179. यदि 1 यूनिट बिजली की कीमत ₹ 10 है, तो 100% दक्षता वाली इलेक्ट्रिक मोटर वाले 20 एचपी के ट्रैक्टर को 100 कार्य घंटों में चलाने की लागत की गणना कीजिए।

1. 20,000
2. 10,000
3. 15,000
4. 14,920
5. इनमें से कोई नहीं

168. 3 **169.** 2 **170.** 2 **171.** 2 **172.** 2 **173.** 1 **174.** 1 **175.** 2 **176.** 2 **177.** 2 **178.** 1 **179.** 4

180. किसानों और हितधारकों की समस्याओं के समाधान हेतु एक पोर्टल :

1. ई-नाम
2. ई-कृषि
3. ई-संवाद
4. ई-किसान
5. इनमें से कोई नहीं

181. प्रधानमंत्री श्रम योगी मान धन योजना में प्रवेश की आयु है :

1. 18 से 60
2. 18 से 70
3. 18 से 40
4. 20 से 40
5. 20 से 60

182. प्रधानमंत्री मत्स्य सम्पदा योजना के संबंध में निम्नलिखित में से कौन-सा कथन सत्य नहीं है?

1. 2018-19 के 13.75 मिलियन मीट्रिक टन से 2024-25 तक मछली उत्पादन को 22 मिलियन मीट्रिक टन तक बढ़ाना।
2. जलीय कृषि उत्पादकता को वर्तमान राष्ट्रीय औसत 3 टन से बढ़ाकर 5 टन प्रति हेक्टेयर करना।
3. कृषि जीवीए में मत्स्य पालन क्षेत्र का योगदान 2018-19 के 7.28% से बढ़ाकर 2024-25 तक लगभग 12% करना।
4. निर्यात आय को 2018-19 के 46,589 करोड़ रुपये से दोगुना करके 2024-25 तक 1,00,000 करोड़ रुपये करना।
5. कटाई के बाद होने वाले नुकसान को रिपोर्ट किए गए 20-25% से घटाकर लगभग 10% करना।

183. निम्नलिखित में से कौन प्रधानमंत्री आवास योजना ग्रामीण के लिए पात्र है?

1. पक्की छतों और/या पक्की दीवारों वाले घरों में रहने वाले परिवार
2. दो या अधिक फसलों के लिए 5 एकड़ या उससे अधिक सिंचित भूमि वाले परिवार
3. ऐसे परिवार जिनमें परिवार का कोई भी सदस्य ₹ 10,000 प्रति माह से अधिक कमाता हो
4. ऐसे परिवार जिनमें कोई भी सदस्य सरकारी कर्मचारी हो
5. कच्ची दीवारों और कच्ची छतों वाले शून्य, एक या दो कमरों वाले घरों में रहने वाले बेघर परिवार

184. किस कानून के अनुसार वन क्षेत्र का उपयोग गैर-वनीय गतिविधियों के लिए किया जा सकता है?

1. भारतीय वन अधिनियम, 1878
2. भारतीय वन अधिनियम, 1927
3. वन (संरक्षण) अधिनियम, 1980
4. वन्यजीव संरक्षण अधिनियम, 1972
5. पर्यावरण संरक्षण अधिनियम, 1986

185. पशुपालन में गैलेक्टोपोएसिस शब्द का अर्थ है :

1. मवेशी के थन में दूध का रिसाव
2. स्तनपान शुरू होने के बाद स्तनपान को बनाए रखना
3. ग्लूकोज से गैलेक्टोज का निर्माण
4. मवेशी में स्तनपान की शुरुआत
5. बछड़े द्वारा दूध चूसना

186. मंदारिन किस्म, पोंकन मंदारिन को .... के नाम से भी जाना जाता है।

1. कुर्ग
2. नागपुर
3. किन्नू
4. पुणे
5. खासी

187. विश्व पर्यावरण दिवस .... को मनाया गया।

1. 10 जून
2. 23 अप्रैल
3. 5 जून
4. 22 मार्च
5. 23 मार्च

188. TRYSEM का संबंध .... से है।

1. शहरी युवाओं के लिए रोजगार के अवसर प्रदान करना
2. ग्रामीण युवाओं के लिए रोजगार के अवसर प्रदान करना
3. ग्रामीण क्षेत्रों में घर बनाने के लिए ऋण प्रदान करना
4. शहरी गरीबों को स्वास्थ्य सुविधाएँ प्रदान करना
5. ग्रामीण लोगों को शिक्षा सुविधाएँ प्रदान करना

180. 3 **181.** 3 **182.** 3 **183.** 5 **184.** 3 **185.** 2 **186.** 2 **187.** 3 **188.** 2

189. भारतीय कृषि अनुसंधान संस्थान (IARI) ने हाल ही में गेहूँ के बीज की एक नई उच्च उपज देने वाली किस्म पेश की है जो पीले और पत्ती रतुआ रोगों के प्रति प्रतिरोधी है।

1. HD 2967
2. HD 3386
3. HD 2508
4. HD 5967
5. HD 6285

190. किस फसल के लिए FRP की घोषणा की गई है?

1. कपास
2. जूट
3. सरसों
4. गन्ना
5. मसूर

191. रबी विपणन मौसम आमतौर पर कब होता है?

1. अप्रैल से मार्च
2. सितंबर से नवंबर
3. फरवरी से मार्च
4. जून से अगस्त
5. दिसंबर से जनवरी

192. बीजों के क्रायोप्रिजर्वेशन के लिए किस रसायन का उपयोग किया जाता है?

1. ऑक्सीजन
2. नाइट्रोजन
3. हाइड्रोजन
4. सेलेनियम
5. पारा

193. द्रव नाइट्रोजन : बीजों को –196°C पर संग्रहीत करने के लिए उपयोग किया जाता है, जो चयापचय क्षरण को रोकता है और बीजों को संदूषण से बचाता है।

1. साइलो
2. कोठार
3. कैप
4. गोदाम
5. मोरई

194. कौन-सी कम दबाव वाली, उच्च दक्षता वाली सिंचाई प्रणाली है जो फसल की पानी की जरूरतों को पूरा करने के लिए दफन ड्रिप ट्यूब या ड्रिप टेप का उपयोग करती है?

1. ब्लबर प्रणाली
2. उप-सतही टपक सिंचाई
3. ऊपरी सिंचाई
4. टाइफून सिंचाई प्रणाली
5. इनमें से कोई नहीं

195. एक विधि जिसमें किसानों के समूह को बीज बोने की विधियाँ, तकनीक का उपयोग प्रदर्शित किया जाता है :

1. विधि प्रदर्शन
2. अग्रिम पंक्ति प्रदर्शन
3. परिणाम प्रदर्शन
4. बैठकें
5. सेमिनार

196. ग्रीनहाउस के लिए सब्सिडी .... के अंतर्गत दी जाती है।

1. राष्ट्रीय बागवानी मिशन
2. प्रधानमंत्री किसान संपदा योजना
3. कृषि अवसंरचना कोष
4. राष्ट्रीय कृषि विकास योजना
5. कृषि अवसंरचना कोष

197. कौन-सा बोर्ड वाणिज्य एवं उद्योग मंत्रालय के अधीन नहीं है?

1. भारतीय चाय बोर्ड
2. भारतीय कॉफी बोर्ड
3. भारतीय मसाला बोर्ड
4. भारतीय रबर बोर्ड
5. गोंद एवं राल बोर्ड

198. निम्नलिखित में से कौन-सा कृत्रिम पारिस्थितिकी तंत्र है?

1. झील
2. नदी
3. नदियाँ
4. आर्द्रभूमि
5. कृषि क्षेत्र

199. अंडे सेते समय अंडों को पलटना क्यों आवश्यक है?

1. अंडे को आसानी से तोड़ने के लिए
2. अंडों को पलटने से भ्रूण खोल से चिपककर मरने से बच जाता है
3. अंडे को पर्याप्त धूप मिलने के लिए
4. अंडे को पर्याप्त वायुसंचार मिलने के लिए
5. इनमें से कोई नहीं

200. 2011 की जनगणना के अनुसार, ग्रामीण क्षेत्र वह है जिसकी न्यूनतम जनसंख्या .... है।

1. $<10,000$
2. $<5,000$
3. $<20,000$
4. $<15,000$
5. $<25,000$

189. 2 **190.** 4 **191.** 1 **192.** 2 **193.** 1 **194.** 2 **195.** 1 **196.** 1 **197.** 5 **198.** 5 **199.** 2 **200.** 2

व्याख्यात्मक उत्तर

1. K किसी प्रमुख मंजिल (2 या 3) पर होना चाहिए।
यदि K, 2 पर होता, तो H, 2 के निकट होता।
⇒ L, H से एक मंजिल नीचे होता।
⇒ L, 1 पर होता, जो कि अस्वीकार्य है, इसलिए K, 3 पर होता।
सभी शर्तें पूरी करने पर अद्वितीय लेआउट प्राप्त होता है (पश्चिम A | पूर्व B) :
4: N | J · 3: K | H · 2: I | L · 1: O | P.
{K, H, P, I, O} में से केवल I ही सम संख्या वाली मंजिल (दूसरी) पर रहता है, इसलिए यह बेमेल है।

2. अद्वितीय व्यवस्था से : पूर्व की पहली मंजिल (फ्लैट B) पर P रहता है। इसलिए P का स्थान 1-B है।

3. I, दूसरा : "J, I से दो मंजिल ऊपर रहता है, लेकिन उसी प्रकार के फ्लैट में नहीं" शर्त का उपयोग करते हुए : I को 2-A पर रखने पर J, 4-B पर हो जाता है, जो सभी प्रतिबंधों को पूरा करता है। अतः I दूसरी मंजिल पर फ्लैट A में रहता है।

4. L, I के बगल में रहता है :
दूसरी मंजिल पर, I, A (पश्चिम) में है और L, B (पूर्व) में है, इसलिए वे एक ही मंजिल पर आसन्न हैं।
अन्य कथन अनुमानित स्थान के साथ विरोधाभासी हैं (उदाहरण के लिए, H, B में है, A में नहीं; I दूसरी मंजिल पर है, तीसरी पर नहीं; P, 1-B में है, 4-B में नहीं; N, L से तीन मंजिल ऊपर नहीं है)।

5. H, तीसरी मंजिल पर फ्लैट B में है; "समान प्रकार के फ्लैट" का अर्थ है, H के नीचे फ्लैट B।
3-B के नीचे, उसी प्रकार का 2-B है, जिसमें L रहता है; इस प्रकार H, L के ऊपर, उसी प्रकार के फ्लैट में रहता है।

6. दी गई संख्या 61205489 है।
अंकों को बाएँ से दाएँ अवरोही क्रम में व्यवस्थित करें :
9, 8, 6, 5, 4, 2, 1, 0 → नई संख्या = 98654210.
अब, दाईं ओर से गिनें :

- दाएँ से पहला → 0
- दाएँ से दूसरा → 1
- दाएँ से तीसरा → 2
- दाएँ से चौथा → 4

इस प्रकार, दाएँ से चौथा अंक = 4.
बाएँ से गिनने पर :

- बाएँ से पहला → 9
- बाएँ से दूसरा → 8
- बाएँ से तीसरा → 6

इस प्रकार, बाएँ से तीसरा अंक = 6
अभीष्ट अंतर = 6 − 4 = 2.

7. सभी बाधाओं (जिसमें 'दूसरा सबसे बड़ा = 73' और 'तीसरा सबसे छोटा = 14' शामिल हैं) को संतुष्ट करने वाली मान्य रैंकिंग है :
D > E(73) > P > G > H(14) > I > J.
ईशान P_6 पर है और जयेश P_1 पर है।
उनके बीच चार व्यक्ति हैं :
प्रिया (P_4), गिन्नी (P_5), हेलेन (P_3), इमरान (P_2)
चूँकि चार, तीन से अधिक है, इसलिए सही विकल्प तीन से अधिक है।

8. यह देखते हुए कि हेलेन और इमरान द्वारा खरीदे गए बक्सों की औसत संख्या 35 है, हमारे पास है :

$$\frac{H+I}{2} = 35 \Rightarrow H + I = 70$$

पिछली व्यवस्था से :

- ईशान अधिकतम संख्या में बक्से नहीं खरीदता है, लेकिन 73 बक्सों के साथ दूसरे सबसे ऊँचे स्थान पर है।
- इमरान < हेलेन < दीया और इमरान > जयेश।
- बक्सों की तीसरी सबसे कम संख्या = 14 (जयेश)।
- प्रिया < ईशान लेकिन > गिन्नी।
- गिन्नी के बाद एक से ज्यादा लोगों ने खरीदारी की।

अब, आइए देखें कि क्या ईशान और इमरान के बीच का अंतर 57 हो सकता है।
यदि ईशान = 73, E − I = 57
⇒ I = 73 − 57 = 16
तो, H + I = 70, H = 70 − 16 = 54

सभी शर्तों का सत्यापन :

- हेलेन और इमरान का औसत :
  $(54 + 16)/2 = 35$
- इमरान < हेलेन : 16 < 54
- इमरान > जयेश : 16 > 14
- हेलेन < दीया : 54 < दीया

(जिसके पास सबसे ज्यादा डिब्बे हैं)

ईशान = 73 (दूसरा सबसे ज्यादा) : 'ईशान सबसे ज्यादा नहीं खरीदता' के साथ संगत। दिए गए सभी संकेत पूरी तरह से संतुष्ट हैं। इसलिए, ईशान और इमरान द्वारा खरीदे गए बक्सों की संख्या में 57 का अंतर है।

9. II से, Y, U से 2 मंजिल ऊपर और एक समान मंजिल पर है; Y और X के बीच ठीक दो; T और W के बीच ठीक एक।

संभावनाओं की गणना करने पर चौथी मंजिल पर रहने वाले व्यक्ति की पहचान Y के रूप में होती है, इसलिए केवल II ही पर्याप्त है, जबकि केवल I, चौथी मंजिल के लिए कई संभावनाओं की अनुमति देता है।

10. I से, "S केवल दो व्यक्तियों से लंबा है" (S = तीसरा सबसे लंबा), हमें N सबसे लंबा होने के साथ एक अद्वितीय क्रम मिलता है।

II से (O दूसरा सबसे लंबा है; P, Q और R से लंबा है; P सबसे लंबा नहीं है) S = तीसरा सबसे लंबा होने के साथ, सबसे लंबा अभी भी N ही है (हालाँकि अन्य स्थितियाँ भिन्न हो सकती हैं)। इस प्रकार, सबसे लंबे व्यक्ति की पहचान करने के लिए कोई भी कथन अकेले पर्याप्त है।

11. कथनों $A > S = B \geq I = T$ से, हम निश्चित संबंधों को इस प्रकार पुनः लिख सकते हैं :

- $A > S$
- $S = B$
- $B \geq I$
- $I = T$

$\Rightarrow$ अतः $B \geq T$ और $S \geq T$.

कथनों में Z या R के बारे में कोई जानकारी नहीं है (खंड "N" कोई उपयोगी संबंध प्रदान नहीं करता है), इसलिए :

- निष्कर्ष I ($S \geq Z$) स्थापित नहीं किया जा सकता।
- निष्कर्ष II ($T > R$) स्थापित नहीं किया जा सकता।

चूँकि कोई भी निष्कर्ष निश्चित रूप से सत्य नहीं है, इसलिए सही विकल्प है ''यदि न तो निष्कर्ष I और न ही II सत्य है।''

12. $S \geq T \leq D > P$ और $F \geq T > J \geq Y$, से, जो निश्चित है उसे मिलाएँ :

- $T \leq S$ और $T \leq D$; साथ ही $D > P$.
- $T > J \geq Y$ और $F \geq T$.

निष्कर्ष I (Y ...) लिखित रूप में अपूर्ण है (केवल Y), इसलिए इसे निश्चित रूप से सत्य नहीं माना जा सकता।

निष्कर्ष II ($F > P$) की गारंटी नहीं है क्योंकि आँकड़े F और P के बीच कोई ठोस संबंध स्थापित नहीं करते :

- हम केवल $F \geq T$ और $T \leq D$ जानते हैं जहाँ $D > P$ है। यह संभव है कि $F \leq P$, $F = P$, या $F > P$, स्वीकार्य मानों पर निर्भर करता है।
- सभी कथनों को संतुष्ट करने वाला लेकिन $F > P$ का उल्लंघन करने वाला उदाहरण :

मान लीजिए $D = 50$, $P = 40$ (अतः $D > P$)।

मान लीजिए $T = 40$ (अतः $T \leq D$) और $F = 40$ (अतः $F \geq T$)

$J = 30$, $Y = 25$ चुनने पर (इसलिए $T > J \geq Y$)

कोई भी $S \geq T$ चुनने पर (उदाहरण : $S = 45$)

यहाँ $F = 40$ और $P = 40 \Rightarrow F > P$ असत्य है।

अतः कोई भी निष्कर्ष निश्चित रूप से अनुसरण नहीं करता है।

13. दो परिवार हैं–कपूर और शर्मा, प्रत्येक में एक दामाद और दो बहुएँ हैं।

कपूर परिवार में :

- रमेश (पुरुष) दादा हैं।
- श्रीमती पार्वती (महिला) दादी हैं।
- सुरेश (पुरुष) इशिता के पिता (रमेश के पुत्र) हैं।
- इशिता (महिला) रमेश की पोती हैं।
- 'कपूर परिवार की तीसरी पीढ़ी में एक पुरुष भाई-बहन' की शर्त का अर्थ है कि इशिता का उसी पीढ़ी में एक पुरुष चचेरा भाई (पुरुष) है।

$\rightarrow$ कपूर पुरुष = रमेश, सुरेश, पुरुष चचेरा भाई = 3 पुरुष।

शर्मा परिवार में :

- सोहन (पुरुष) परिवार का मुखिया है।
- सविता (महिला) उसकी पत्नी हैं।
- उनका पुत्र = राहुल के पिता (पुरुष), सुषमा (महिला) से विवाहित हैं।

- राहुल (पुरुष) का विवाह इशिता (शर्मा की बहन) से हुआ है।
- आभा (महिला) और अभय (पुरुष) सविता की पोती और पोता हैं।

→ शर्मा परिवार के पुरुष = सोहन,
राहुल के पिता, राहुल, अभय = 4 पुरुष।
दोनों परिवारों में कुल पुरुष सदस्य = 3 + 4 = 7।

14. सुरेश कपूर, कपूर परिवार से हैं और इशिता (रमेश की पोती) के पिता हैं। आभा, राहुल (शर्मा) और इशिता (कपूर → शर्मा परिवार में विवाहित) की पुत्री होने के नाते शर्मा परिवार से हैं। इसलिए, आभा के सापेक्ष, सुरेश (उनकी माँ इशिता के पिता) उनके नाना हैं।

15. अभय शर्मा, शर्मा परिवार में एक पोता है (सविता की एक पोती आभा और एक पोता अभय है; सोहन, आभा के दादा हैं)। यदि रेखा अभय की पत्नी है, तो वह सोहन के पोते की पत्नी है। अतः रेखा सोहन की पोती है।

16. H को बाएँ से 12वें स्थान पर स्थिर कीजिए (दिया गया है)।
मान लीजिए P = 6 (नीचे व्युत्पन्न),
तो U = 2 (P के बाएँ से चार),
R = 10 (P के दाएँ से चार),
Q = 13 (P के दाएँ से सात),
V = 7 (U का मध्यबिंदु = 2 और H = 12 ताकि U – V और V – H के अंतराल बराबर हों),
S दाएँ से चौथा और Q के निकट है। ⇒ S = 14
S = 14 दाएँ से चौथा होने के कारण कुल सीटें N = 17 हैं।

17 सीटों वाली पंक्ति में दाएँ छोर से गिनती करने पर, दाएँ से छठी सीट 12वें स्थान पर है, जो H है। अतः सत्य।

17. अंतिम स्थिति से :
17 सीटों वाली पंक्ति में V = 7 और S = 14
V और S के बीच व्यक्तियों की संख्या
= | 14 – 7 | –1 = 6.

18. U = 2A "T, U के दाईं ओर दूसरे स्थान पर बैठा है" ⇒ T = 4. P = 6.

P के सापेक्ष, 4 पर बैठा T, P के बाईं ओर दो सीट दूर है।

19. Q = 13.
Q के बाईं ओर तीसरा व्यक्ति 13 – 3 = 10 पर बैठा है।
10वीं सीट पर R है।

20. S, दाईं ओर से चौथे स्थान पर है और 14वें स्थान पर बैठा है (13वीं सीट पर बैठे Q के निकट)।
अतः सबसे दाईं सीट = 17 ⇒ कुल व्यक्ति 17।

21. Kenya declared that it aims to eliminate one million crows by the end of the year, allowing even the use of licensed poison and traps to control the invasive species.

22. The passage states that if Corvus splendens invades the Arabuko Sokoke Forest, it may push out native birds like babblers and sunbirds, resulting in increased insects due to reduced predation.

23. Starlicide is identified as an avicide, previously used to kill European starlings, now chosen to eliminate the invasive crows in Kenya.

24. According to Viswanathan, the crow has spread to nearly all human-inhabited areas in India except the high Himalaya and deep forest zones.

25. Corvus splendens has caused a decline in native bird species and affected the balance of local ecosystems. The bird attacks local wildlife, grabs food, raids farms, and threatens native species, leading to ecosystem imbalance.

26. The passage mentions the species spreading via ships and also through intentional introductions, confirming human-driven dispersal.

27. "Proliferation" means rapid increase; its opposite in context is decline, which expresses reduction rather than growth.

28. "Invasive" here refers to a species entering and disrupting a new habitat, which aligns closest with intrusive, meaning forcibly entering or encroaching.

29. The passage notes that the house crow remains important due to its stable population and cultural value, indicating it is not endangered or declining.

30. The access to information that mobile phones are bringing virtually everywhere on the planet is helping people raise their standard of living and will do so even more dramatically in the years to come.

Correct logical subject is "the access to information that mobile phones are bringing...", so the sentence must start with C.

After "that mobile phones", we need the verb phrase "are bringing virtually everywhere on" → B.

Next, we must specify where and what that access is doing, so we add "the planet is helping people raise their standard of living and" → this content is in A (ignore initial capitalization glitch; logically it functions as "the planet is helping...").

Finally, we complete the idea of future impact: "will do so even more dramatically in the years to come" → D. Thus the coherent, grammatically meaningful order is C–B–A–D.

31. but a complex and difficult process of internal development was taking place all this time in Ryan's soul, revealing much to him and causing him many spiritual doubts and joys.

The main clause must begin with "but a complex and difficult process of..." → C.

That process is further described as "internal development was taking place all this time" → D directly follows.

Where was this happening? "in Ryan's soul, revealing much to him and" → B naturally attaches after describing the process.

Finally, we describe the effect on Ryan: "causing him many spiritual doubts and joys" → A.

So the full smooth sentence is C–D–B–A.

32. Australia confirmed its first four cases of the virus on Saturday and expects more, its health authorities said, as the country is a popular destination for Chinese tourists.

The natural opening is the main news item: "Australia confirmed its first four cases of the virus" → C.

Time and added clause: "on Saturday and expects more, its health authorities said," → D continues this report.

Then comes the reason clause introduced by "as": "as the country is a popular" → B.

We finally need the completion of that phrase: "destination for Chinese tourists" → A.

Hence the correct, coherent order is C–D–B–A.

33. While the turmoil in party-ruled states is doubtless a reflection on the weak central leadership and an effective crisis management system in the Congress, Rajasthan is certain to erupt again if issues aren't resolved soon.

The sentence is clearly a complex one starting with "While the turmoil in party-ruled states is doubtless..." → C is the introductory clause.

What is it "a reflection on"? First phrase: "a reflection on the weak central leadership" → A.

The reflection extends to another aspect: "and an effective crisis management system in the Congress" → E completes the "reflection on ... and ..." structure.

Then comes the main clause after the "while" clause: "Rajasthan is certain to erupt again" → D.

Finally we add the condition: "if issues aren't resolved soon" → B.

Therefore the most logical order is C–A–E–D–B.

34. In the steepest fall in nearly 18 years, the domestic passenger vehicle sales declined by 20.55% in May 2019, prompting the industry to seek government support. The decline in wholesale auto numbers continued mainly due to weak consumer demand, forcing manufacturers to undertake inventory correction. The passenger vehicle sales declined to 2.39 lakh units last month against 3.01 lakh units in May 2018, according to the data released by industry body Society of Indian Automobile Manufacturers (SIAM) on Tuesday. The data also showed that this was the steepest decline in passenger vehicle sales since September 2001, when the sales were down by 21.91%.

A good paragraph starts with the broad, headline-type fact: "In the steepest fall in nearly 18 years, ... sales declined by 20.55% ..." → C.

Then we explain the main reason: "The decline in wholesale auto numbers continued mainly due to weak consumer demand..." → B logically follows.

After stating fall and cause, we present precise numerical data: "The passenger vehicle sales declined to 2.39 lakh units ... according to the data ..." → D.

Immediately after D, "The data also showed that this was the steepest decline..." → E clearly refers back to the "data" in D, so E must follow D.

Sentence A about floods in Kerala is extra and not needed in this tight data-based paragraph, so the best ordered set is C–B–D–E.

35. It is imperative to see to it that the Force is not put in a vulnerable state, and it is required for personnel to mandatorily get vaccinated.:

- "It is imperative to see to it..." is the natural, correct expression; so the adjective "imperative" must go to position A.
- "to mandatorily get vaccinated" correctly uses the adverb "mandatorily" with the verb phrase "get vaccinated"; so "mandatorily" fits best at D.
- "put" and "required" are already correctly placed.

Hence, swapping A (mandatorily) with D (imperative) alone makes the sentence grammatically and contextually correct.

36. Returning to the 19th century border demarcation as being demanded by Mizoram may be impractical but a resolution can be found to the border dispute between Assam and Mizoram:

- The phrase after "19th century border" must be "border demarcation" (C), not "border impractical"; so A and C need to swap.
- "as being demanded by Mizoram" is the intended meaning, not "as being dispute by Mizoram"; so B (dispute) and D (demanded) must swap.

After these swaps, "may be impractical" uses "impractical" correctly as the complement of "may be", and "border dispute" is the standard collocation.

Thus, the correct exchanges are A-C and B-D.

37. The Bench granted liberty to the public interest litigant to approach the court in the meantime if it was found that the animal faced any difficulties in the forests and had returned to human habitation.

The main verb required after "The Bench" is "granted liberty...", not "approach liberty...", so "granted" must occupy B's position after "Bench".

The infinitive phrase for the litigant must be "to approach the court...", so "approach" is correctly placed where B stood.

C ("found") and D ("difficulties") already fit: "if it was found that the animal faced any difficulties...".

Therefore, swapping A (approach) with B (granted) alone yields a correct sentence.

38. If a curriculum is being structured for school students, who are of an impressionable age, educationists can decide on the manner of presenting the subject to the students.

The passive construction "is being ..." requires a past participle: "is being structured", not "is being presenting", so D should move to A. Later, we need a gerund or present participle after "manner of": "manner of presenting the subject...", so "presenting" (originally at A) fits at D. B "impressionable" and C "decide" are already correct in their places.

Thus, swapping A (presenting) and D (structured) only is sufficient.

39. The State government will implement the scheme to promote solar pumps to meet the increasing demand for electricity for well irrigation in Tamil Nadu.:

The verb after "will" should be "implement the scheme...", not "will demand the scheme...", so "implement" (D) must go to A.

The phrase "to promote solar pumps" is natural policy language; thus "promote" (C) belongs in B's infinitive slot ("to promote").

Then "to meet the increasing..." must follow "solar pumps", so "meet" (B) fits at C.

Finally, "increasing demand for electricity" is the correct collocation, so "demand" (A) goes to D. This requires swapping A-D and B-C.

40. The verb after "managed to" must be in the base form.

"spreaded" is incorrect; it should be "spread".

Therefore, the error is in part B.

41. "Manner" is a noun and must be modified by an adjective, not an adverb.

"efficiently manner" is wrong; correct usage is "more efficient manner."

Hence, the error is in part C.

42. All parts are grammatically correct:

- "come amid" is correct usage.
- "growing tensions..." is correct.
- "over the government's policies..." is correct.
- "mainly on corruption and religious extremism" is correct.

Therefore, no error.

43. Accordingly to the party spokesman and legislator:

The correct phrase is "According to", not "Accordingly to".

Hence, the error is in part A.

44. "Between" is used for two, while "Among" is used for more than two.

Since there are four people, the correct phrase should be "Among the four people arrested".

Thus, the error is in part A.

45. The correct spelling of the word is Entrepreneur.

All other spellings contain incorrect vowel arrangements or missing letters.

46. The correct American English spelling is Prioritize (with "-ize").

The other forms are incorrect spellings.

47. The correct phrasal verb for ordering the army to take action is "call out the army".

"Call upon" means request, "call on" means visit, "call off" means cancel.

Hence, the correct replacement is call out.

48. The correct idiom is "dwell on something", meaning to think or speak at length about it.

Therefore, dwell on is the correct replacement.

49. The correct phrasal verb is "turn down an invite/invitation", meaning to refuse.

"Turn in" is incorrect here.

Hence, turned down is the correct option.

50. "Putting it across" is incorrect in this context. The intended meaning is "halt" or "delay" the use of the vaccine. The correct phrasal verb for delaying something is put off.

Hence, putting it off is the right answer.

51. एक व्यवधान प्रबंधक संकटों, संघर्षों और अप्रत्याशित परिचालन समस्याओं से निपटता है। इसलिए, सही वर्णन संघर्षों का समाधान और अप्रत्याशित व्यवधानों से निपटना है।

52. परिणामों का मूल्यांकन करने के लिए निर्णय लेने की प्रक्रिया में फीडबैक एक आवश्यक कदम है। इसे कम प्राथमिकता देना चरम दर नहीं है; जो गलत है।

इसलिए, विकल्प 4 सही है।

53. नई, असंरचित और जटिल परिस्थितियों के लिए गैर-क्रमबद्ध निर्णयों की आवश्यकता होती है।

ये स्थापित नियमों के बजाय निर्णय, रचनात्मकता और समस्या-समाधान पर निर्भर करते हैं।

54. एंकरिंग पूर्वाग्रह तब होता है जब प्रबंधक प्राप्त होने वाली पहली जानकारी पर बहुत अधिक निर्भर करते हैं।

यह निर्णय लेने में एक प्रसिद्ध संज्ञानात्मक पूर्वाग्रह है।

अन्य विकल्प स्थापित निर्णय लेने के पूर्वाग्रहों का प्रतिनिधित्व नहीं करते हैं।

55. विचार-मंथन में बिना आलोचना या मूल्यांकन के समूह में कई विचार उत्पन्न करना शामिल है।

इसमें रचनात्मकता और विचारों की मात्रा पर ध्यान केंद्रित किया जाता है।

56. नियमित, दोहराए जाने वाले निर्णय जो स्थापित नियमों, प्रक्रियाओं और नीतियों का पालन करते हैं, उन्हें क्रमादेशित निर्णय कहा जाता है।

इनमें बहुत कम निर्णय लेने की आवश्यकता होती है क्योंकि ये संरचित और पूर्वानुमानित होते हैं।

57. उपलब्धता पूर्वाग्रह तब होता है जब कोई प्रबंधक वर्तमान निर्णय लेने के लिए पिछले उदाहरणों या आसानी से याद की जा सकने वाली जानकारी, जैसे कि पिछले सफल निर्णयों, पर निर्भर करता है।

यह पूर्वाग्रह निर्णयों को वस्तुनिष्ठ विश्लेषण के बजाय आसानी से दिमाग में आने वाली बातों से प्रभावित होने का कारण बनता है।

58. डेल्फी तकनीक गुमनाम रूप से विशेषज्ञों की राय एकत्र करती है, कई चरणों के माध्यम से प्रतिक्रियाओं को परिष्कृत करती है, और पारस्परिक पूर्वाग्रह को कम करते हुए आम सहमति पर पहुँचती है। इसे विशेष रूप से विशेषज्ञों के बीच वर्चस्व या प्रभाव से बचने के लिए डिजाइन किया गया है।

59. **सहज निर्णय लेने का मॉडल :** यह मॉडल तार्किक विश्लेषण के बजाय सहज अनुभूति, अंतर्ज्ञान और संचित पिछले अनुभव पर केंद्रित है। प्रबंधक अवचेतन तर्क और अनुभवात्मक ज्ञान का उपयोग करते हैं।

60. **पुष्टिकरण पूर्वाग्रह :** यह पूर्वाग्रह प्रबंधकों को विरोधाभासी साक्ष्यों को अनदेखा करते हुए अपनी मौजूदा मान्यताओं का समर्थन करने वाली जानकारी पर ध्यान केंद्रित करने के लिए प्रेरित करता है। यह निर्णय लेने को प्रभावित करने वाला एक प्रसिद्ध संज्ञानात्मक पूर्वाग्रह है।

61. UNIX को मूल रूप से केन थॉम्पसन द्वारा बेल लैब्स में विकसित किया गया था, और बाद में डेनिस रिची ने भी इसमें योगदान दिया।

62. C प्रोग्रामिंग भाषा का विकास डेनिस रिची ने बेल लैब्स में किया था।

63. LDAP का अर्थ है लाइटवेट डायरेक्टरी एक्सेस प्रोटोकॉल, जिसका उपयोग डायरेक्टरी सूचना सेवाओं तक पहुँचने और उन्हें प्रबंधित करने के लिए किया जाता है।

64. EEPROM का अर्थ है इलेक्ट्रिकली इरेजेबल प्रोग्रामेबल रीड-ओनली मेमोरी, जो एक प्रकार की नॉन-वोलेटाइल मेमोरी है।

65. Excel में, Ctrl + ; चयनित सेल में वर्तमान तिथि सम्मिलित करता है।

66. यह कम से कम 8 वर्णों का होता है और इसमें अक्षरों, संख्याओं और प्रतीकों का मिश्रण शामिल होता है। एक मजबूत पासवर्ड लंबा होना चाहिए और इसमें बड़े + छोटे अक्षर + संख्या + विशेष प्रतीकों का संयोजन होना चाहिए।
अन्य सभी विकल्प कमजोर पासवर्ड प्रथाओं का प्रतिनिधित्व करते हैं।

67. PNG (पोर्टेबल नेटवर्क ग्राफिक्स) एक दोषरहित छवि प्रारूप है जो पारदर्शिता का समर्थन करता है, जो इसे वेब ग्राफिक्स और लोगो के लिए आदर्श बनाता है। इसका उपयोग ऑडियो, वीडियो या निष्पादन योग्य फाइलों के लिए नहीं किया जाता है।

68. एक IPv6 एड्रेस में 128 बिट्स होते हैं, जो 16 बाइट्स के बराबर होते हैं (क्योंकि 1 बाइट = 8 बिट्स)।
इसकी तुलना में, IPv4 केवल 4 बाइट्स (32 बिट्स) का उपयोग करता है।

69. विंगडिंग्स MS Word में लिखने के लिए इस्तेमाल किया जाने वाला एक सामान्य टेक्स्ट फॉन्ट नहीं है। यह एक सिंबल/डिंगबैट फॉन्ट है, जिसका उपयोग आइकन या सजावटी अक्षर डालने के लिए किया जाता है, सामान्य दस्तावेज टेक्स्ट के लिए नहीं। अन्य फॉन्ट–टाइम्स न्यू रोमन, एरियल, वर्दाना, कॉमिक सैंस–सभी मानक टेक्स्ट फॉन्ट हैं जिनका उपयोग आमतौर पर लिखने के लिए किया जाता है। इसलिए, सही उत्तर विंगडिंग्स है।

70. AMD का अर्थ एडवांस्ड माइक्रो डिवाइसेस है, जो एक प्रमुख सेमीकंडक्टर और प्रोसेसर निर्माण कंपनी है।

71. **Ctrl + Shift + N:** MS Word में यह शॉर्टकट टेक्स्ट को सामान्य शैली में वापस रीसेट कर देता है, जिससे बोल्ड, इटैलिक, फॉन्ट परिवर्तन, आकार परिवर्तन, शैलियाँ और रंग जैसे लागू फॉर्मेटिंग प्रभावी रूप से हट जाते हैं। यह डिफॉल्ट फॉर्मेटिंग को पुनर्स्थापित करने का सबसे तेज तरीका है।

72. विंडोज, लिनक्स, मैकओएस और एंड्रॉइड पूर्ण ऑपरेटिंग सिस्टम हैं जो हार्डवेयर का प्रबंधन करते हैं और एप्लिकेशन को चलने देते हैं। हालाँकि, MS Word एक एप्लिकेशन सॉफ्टवेयर है जिसका उपयोग वर्ड प्रोसेसिंग के लिए किया जाता है, न कि एक ऑपरेटिंग सिस्टम।

73. कंप्यूटर में दीर्घकालिक डेटा संग्रहण, HDD, SSD, USB ड्राइव और CD जैसे द्वितीयक संग्रहण उपकरणों द्वारा प्रदान किया जाता है। ये RAM या कैश मेमोरी के विपरीत, जो अस्थायी होते हैं, बिजली बंद होने पर भी डेटा को बनाए रखते हैं।

74. यूटिलिटी सॉफ्टवेयर में डिस्क क्लीनअप, एंटीवायरस, बैकअप, फाइल कम्प्रेशन और सिस्टम डायग्नोस्टिक्स जैसे टूल शामिल हैं। इसका उद्देश्य मुख्य ऑपरेटिंग प्लेटफॉर्म के रूप में कार्य करने के बजाय सिस्टम स्वास्थ्य को बनाए रखना और प्रदर्शन को बढ़ाना है।

75. एमएस वर्ड में एक तालिका के लिए कम-से-कम एक सेल की आवश्यकता होती है, जो 1 पंक्ति और 1 कॉलम से बना होता है। यह न्यूनतम संरचना है जो तालिका के रूप में योग्य होती है।

76. बिंग सर्च इंजन को माइक्रोसॉफ्ट ने गूगल के विकल्प के रूप में विकसित किया था, जो बिंग मैप्स, बिंग इमेज सर्च और बिंग ऐड्स जैसी एकीकृत सेवाएँ प्रदान करता है।

77. एमएस वर्ड में, Ctrl + D दबाने पर सीधे फॉन्ट डायलॉग बॉक्स खुल जाता है, जिससे फॉन्ट शैली, आकार, प्रभाव और उन्नत टाइपोग्राफी विकल्पों में बदलाव किए जा सकते हैं।

78. सूचीबद्ध सभी मेमोरी प्रकारों में, L1 कैश सबसे तेज है। यह CPU कोर के सबसे करीब स्थित होता है और सबसे तेज डेटा एक्सेस प्रदान करता है, जो L2 कैश, SRAM, DRAM या वर्चुअल मेमोरी से भी तेज है।

79. COUNTIF फंक्शन एक निर्दिष्ट श्रेणी में उन सेल की संख्या गिनता है जो एक विशिष्ट शर्त को पूरा करते हैं, जैसे किसी संख्या से बड़े मानों की गणना करना या किसी विशिष्ट टेक्स्ट से मेल खाना।

80. **सॉलिड-स्टेट ड्राइव (SSD):** SSD फ्लैश मेमोरी का उपयोग करते हैं और इनमें कोई गतिशील भाग नहीं होता, जिससे इनका एक्सेस समय HDD, USB ड्राइव, ऑप्टिकल डिस्क या चुंबकीय टेप की तुलना में काफी तेज होता है।

81. माना कुल कार्य W है।

दिया है : 35 श्रमिकों द्वारा 6 दिनों में $\frac{3}{5}$ कार्य किया जाता है

पहले 6 दिनों में किया गया कार्य

$35 \times 6 \times$ (प्रति श्रमिक प्रति दिन कार्य) $= \frac{3}{5}$W

माना 1 श्रमिक का 1 दिन का कार्य $= r$. तब,

$$35 \times 6 \times r = \frac{3}{5}\text{W}$$

$$\Rightarrow \quad r = \frac{\frac{3}{5}\text{W}}{35 \times 6}$$

$$\text{शेष कार्य} = \text{W} - \frac{3}{5}\text{W} = \frac{2}{5}\text{W}$$

$(35 + x)$ श्रमिकों द्वारा अगले 2 दिनों में शेष कार्य $\frac{2}{5}$W किया गया, जहाँ x = आवश्यक श्रमिकों की संख्या

इसलिए $(35 + x) \times 2 \times r = \frac{2}{5}$W

प्रतिस्थापन r:

$$(35 + x) \times 2 \times \frac{\frac{3}{5}\text{W}}{35 \times 6} = \frac{2}{5}\text{W}$$

सरलीकरण :

$$(35 + x) \times \frac{6}{5 \times 35 \times 6}\text{W} = \frac{2}{5}\text{W}$$

$$\Rightarrow \quad \frac{35 + x}{5 \times 35}\text{W} = \frac{2}{5}\text{W}$$

दोनों ओर 5 से गुणा करने और W हटाने पर,

$$\frac{35 + x}{35} = 2$$

$$\Rightarrow \quad 35 + x = 70$$

$$\Rightarrow \quad x = 35.$$

82. कुल मिश्रण = 84 लीटर, 75% दूध के साथ

दूध = 84 का 75%

$$\frac{75}{100} \times 84 = \frac{3}{4} \times 84$$

= 63 लीटर

इसलिए, पानी = 84 – 63

= 21 लीटर

माना x लीटर पानी मिलाया गया।

दूध की नई मात्रा = 63 लीटर (बदलाव नहीं).

पानी की नई मात्रा = 21 + x लीटर

दिया है, परिणामी मिश्रण में दूध की मात्रा पानी की मात्रा से 27 लीटर अधिक हो जाती है।

$$63 = (21 + x) + 27$$

सरलीकरण : $63 = 48 + x$

$$\Rightarrow \quad x = 63 - 48$$

= 15 लीटर।

83. माना, अनुकूल चाल = v_d किमी./घं.

प्रतिकूल चाल = v_u किमी./घं.

दिया गया अनुपात,

$$v_d : v_u = 4 : 3$$

इसलिए, माना $v_d = 4k$,

$v_u = 3k$.

समय = दूरी ÷ चाल

कुल समय 9 घंटा है।

$$\frac{64}{v_d} + \frac{60}{v_u} = 9$$

प्रतिस्थापन : $v_d = 4k$,

$v_u = 3k$:

$$\frac{64}{4k} + \frac{60}{3k} = 9$$

प्रत्येक पद का सरलीकरण :

$$\frac{64}{4k} = \frac{16}{k}, \frac{60}{3k} = \frac{20}{k}$$

इसलिए $\frac{16}{k} + \frac{20}{k} = \frac{36}{k} = 9$

k को हल करने पर,

$$\frac{36}{k} = 9 \Rightarrow k = \frac{36}{9} = 4$$

यहाँ, $v_d = 4k = 16$ किमी./घं.

$v_u = 3k = 12$ किमी./घं.

धारा की चाल = अनुकूल और प्रतिकूल चाल के अंतर का आधा

$$\text{धारा की चाल} = \frac{v_d - v_u}{2}$$

$$= \frac{16 - 12}{2} = \frac{4}{2}$$

= 2 किमी./घं.।

84. माना अरुण और बलदेव की मासिक बचत 8 : 5 के अनुपात में है।

माना अरुण की बचत = $8k$

माना बलदेव की बचत = $5k$

माना इनके मासिक वेतन का अनुपात 8 : 7 है

अरुण का वेतन = $8t$

बलदेव का वेतन = $7t$

तब, इनके व्यय हैं :

अरुण का व्यय : $E_A = 8t - 8k$

बलदेव का व्यय : $E_B = 7t - 5k$

दिया है :

1. बलदेव का मासिक व्यय अरुण की मासिक बचत से ₹ 20,200 अधिक है।

$$E_B = 8k + 20200$$
$$7t - 5k = 8k + 20200$$
$$\Rightarrow \quad 7t = 13k + 20200 \quad \ldots(1)$$

2. अरुण का मासक व्यय, बलदेव के मासिक व्यय से ₹ 2,200 अधिक है

$$E_A = E_B + 2200$$
$$8t - 8k = (7t - 5k) + 2200$$
$$8t - 8k = 7t - 5k + 2200$$
$$\Rightarrow \quad t - 3k = 2200$$
$$\Rightarrow \quad t = 3k + 2200 \quad \ldots(2)$$

(2) को (1) में प्रतिस्थापित करने पर,

$$7(3k + 2200) = 13k + 20200$$
$$21k + 15400 = 13k + 20200$$
$$21k - 13k = 20200 - 15400$$
$$\Rightarrow \quad 8k = 4800$$
$$\Rightarrow \quad k = 600$$

अरुण की बचत :

$8k = 8 \times 600 =$ ₹ 4800.

85. अंकित मूल्य उसके क्रय मूल्य से ₹ 500 अधिक है

माना क्रय मूल्य = C

तब, अंकित मूल्य = C+500

दो क्रमिक छूट 10% और 20% हैं

10% छूट के बाद,

मूल्य = 0.9 × अंकित मूल्य

20% छूट के बाद,

मूल्य = 0.8 × 0.9 × अंकित मूल्य

= 0.72 × अंकित मूल्य

दिया है, अंततः विक्रय मूल्य ₹ 540 है :

$$0.72(C + 500) = 540$$

$$C + 500 = \frac{540}{0.72}$$

गणना : $\frac{540}{0.72} = 750$

इसलिए C + 500 = 750

$\Rightarrow$ C = 250

अब लाभ/हानि,

विक्रय मूल्य = 540,

क्रय मूल्य = 250

लाभ = 540 − 250 = ₹ 290.

86. श्रृंखला : 16, 35, 75, 157, ?, 657

क्रमिक पद के बीच पैटर्न :

$16 \rightarrow 35$:

$16 \times 2 + 3 = 32 + 3 = 35$

$35 \rightarrow 75$:

$35 \times 2 + 5 = 70 + 5 = 75$

$75 \rightarrow 157$:

$75 \times 2 + 7 = 150 + 7 = 157$

इसलिए, प्रत्येक पद को 2 से गुणा और क्रमिक विषम संख्या : 3,5,7,.... को लगातार जोड़ना

नया पद :

$157 \times 2 + 9 = 314 + 9 = 323$

अंतिम पद की जाँच :

$323 \times 2 + 11 = 646 + 11 = 657$

इसलिए, लुप्त संख्या 323 है।

87. शृंखला : 9, 11, 26, ?, 344, 1730

गुणा और जोड़ के बढ़ते संख्या का पैटर्न :

$9 \rightarrow 11$: $9 \times 1 + 2 = 11$

$11 \rightarrow 26$: $11 \times 2 + 4 = 26$

इसलिए इसे इस तरह देखते हैं :

$\times 1 + 2$, $\times 2 + 4$, तब,

आगे, $26 \times 3 + 6 = 78 + 6 = 84$

जाँचने पर, $84 \times 4 + 8 = 336 + 8 = 344$

और $344 \times 5 + 10 = 1720 + 10 = 1730$

पैटर्न है : $\times 1+2$, $\times 2+4$, $\times 3+6$, $\times 4+8$, $\times 5+10$.

इसलिए, लुप्त पद 84 है।

88. शृंखला : 64, 75, 88, 105, 124, ?

पदों के बीच का अंतर :

$75 - 64 = 11$

$88 - 75 = 13$

$105 - 88 = 17$

$124 - 105 = 19$

पैटर्न अंतर : 11, 13, 17, 19

→ ये क्रमिक विषम अभाज्य हैं

अगला विषम अभाज्य 23 है

इसलिए अगला पद,

$124 + 23 = 147$.

89. शृंखला : 418, 429, 407, 440, ?, 451, 385

अंतर को देखने पर,

$418 \rightarrow 429$: $+11$

$429 \rightarrow 407$: -22

$407 \rightarrow 440$: $+33$

पैटर्न का यह सुझाव :

$+11, -22, +33, -44, +55, -66$.

लगातार : $440 - 44 = 396$

→ यह लुप्त पद है

जाँच : $396 + 55 = 451$

और $451 - 66 = 385$

पैटर्न के सभी पद सही हैं।

90. व्यंजक : 12 का 300 का 35% ÷ 10

'का' का मतलब गुणा है

इसलिए, $35\% = \frac{35}{100}$

प्रत्येक चरण की गणना करने पर,

$$\frac{35}{100} \times 300 = \frac{35 \times 300}{100}$$

$$= 35 \times 3 = 105$$

$$105 \times 12 = 1260$$

$$1260 \div 10 = 126$$

इसलिए, व्यंजक का मान 126 है।

91. निर्मित वस्तु :

कम्पनी A = 500

कम्पनी B = 560

कम्पनी C = 640

कम्पनी D = 760

$A + D = 500 + 760 = 1260$

$B + C = 560 + 640 = 1200$

अभीष्ट अनुपात = 1260 : 1200

दोनों को 60 से विभाजित करने पर →

$1260 \div 60 = 21$

$1200 \div 60 = 20$.

अतः अनुपात = 21 : 20.

92. बेची गई वस्तु :

कम्पनी B = 280

कम्पनी C = 360

कम्पनी D = 440

$B + D = 280 + 440 = 720$

कम्पनी C के साथ तुलना = 360

$$\text{प्रतिशतता} = \frac{720}{360} \times 100$$

$$= 2 \times 100 = 200\%.$$

इसलिए कम्पनी B और D द्वारा बेची गई वस्तुओं की कुल संख्या, कंपनी C द्वारा बेची गई वस्तुओं की कुल संख्या का 200% है।

93. कम्पनी A के लिए,

निर्मित = 500, बिक्री = 260

बिक्री नहीं हुआ = 500 − 260 = 240

गैलरी में जोड़ी गई वस्तु :

बिक्री का 65% = 0.65 × 260 = 169

बिक्री नहीं वस्तुओं का 40% = 0.40 × 240 = 96

कुल वस्तुओं का जोड़ = 169 + 96 = 265.

94. बिक्री नहीं होने वाली वस्तुएं :

कम्पनी B: 560 − 280 = 280

कम्पनी D: 760 − 440 = 320

B और D के बीच बिक्री नहीं वस्तुओं का औसत (a कहा गया):

$$a = \frac{280+320}{2} = \frac{600}{2} = 300$$

a का 90% = 0.90 × 300 = 270.

अतः a का 90% = 270.

95. व्यंजक :

$\left(\sqrt{676} \div \sqrt{169}\right)$ of 1800% = ? ÷ 8

$\sqrt{676} = 26$

$\sqrt{169} = 13$

इसलिए, 26 ÷ 13 = 2

आगे, 1800% = 1800 ÷ 100 = 18

इसलिए बाएं ओर,

2 × 18 = 36

अतः $36 = \frac{?}{8}$

दोनों ओर 8 से गुणा करने पर,

? = 36 × 8 = 288.

96. व्यंजक : 50 का 300% + 700 ÷ 28 = ? × 5

प्रत्येक की गणना करने पर,

300% = 3

300% of 50 = 3 × 50 = 150

आगे : 700 ÷ 28 = 25

जोड़ : 150 + 25 = 175

अतः 175 = ? × 5

इसलिए, ? = 175 ÷ 5 = 35.

97. व्यंजक : (20% का 780 ÷ 13) × 13

$$20\% = \frac{20}{100} = \frac{1}{5}$$

$$780 \times \frac{1}{5} = 156$$

तब, 156 ÷ 13 = 12

अंततः 12 × 13 = 156.

98. कुल लिली (दोनों नर्सरी में) = 1500.

यह नर्सरी A में फूलों की संख्या से 100 अधिक है

A में फूल = 1500 − 100 = 1400

इसलिए B में फूल = 3600 − 1400 = 2200.

नर्सरी A में, गुलाब : लिली : चमेली का अनुपात

= 2 : 3 : 2 (योग = 7).

प्रत्येक भाग = $\frac{1400}{7} = 200$

⇒ A में गुलाब = 2 × 200 = 400,

A में लिली = 3 × 200 = 600,

A में चमेली = 2 × 200 = 400.

B में गुलाब की संख्या A से दोगुनी है

⇒ B में गुलाब = 2 × 400 = 800.

B में चमेली A में चमेली से 25 अधिक है

B में चमेली = 400 + 25% of 400

= 400 + 100 = 500

A में चमेली और B में चमेली के बीच अंतर

= 500 − 400 = 100.

99. कुल गुलाब = A में गुलाब + B में गुलाब

= 400 + 800 = 1200.

कुल लिली = 1500

(दिया है : 600 + 900).

गुलाब के अतिरिक्त लिली = 1500 − 1200 = 300.

लिली जो गुलाब से अधिक है, का अभीष्ट प्रतिशत

$$\frac{300}{1200} \times 100 = \frac{300}{12} = 25\%.$$

100. A में लिली = 600, B में लिली = 900.

A में 20% लिली मर चुकी हैं

600 का 20% = 0.20 × 600 = 120

B में 12% लिली मर चुकी हैं :

900 का 12% = 0.12 × 900 = 108

कुल मरी हुई लिली = 120 + 108 = 228.

101. आंकड़ों के अनुसार, जून 2024 के लिए सकल जीएसटी संग्रह लगभग 1.74 लाख करोड़ रुपये था, जो जून 2023 से साल-दर-साल 7.6-7.7% अधिक है।

102. गोवा में आयोजित 54वें भारतीय अंतर्राष्ट्रीय फिल्म महोत्सव (IFFI) में, फिल्म निर्माता-अभिनेता ऋषभ शेट्टी को उनकी फिल्म कंतारा के लिए विशेष जूरी पुरस्कार से सम्मानित किया गया।

103. जोखिम प्रबंधन दिशा-निर्देशों और रूपरेखाओं के लिए अंतर्राष्ट्रीय मानक कोड ISO 31000 है।

104. जहाज-से-जहाज एलएनजी हस्तांतरण पहल शुरू करने वाली संस्था गेल (इंडिया) लिमिटेड है।

105. **कथन 1 सही है :** सीडीपी सुरक्षा का उद्देश्य लक्षित फसलों के निर्यात में लगभग 20% सुधार करना और क्लस्टर-विशिष्ट ब्रांड बनाना है।

कथन 2 सही है : यह भौगोलिक विशेषज्ञता का लाभ उठाता है और बागवानी क्लस्टरों के एकीकृत और बाजार-आधारित विकास को बढ़ावा देता है।

कथन 3 गलत है क्योंकि यह योजना केवल जैविक खेती पर केंद्रित नहीं है; यह व्यापक बागवानी क्लस्टर विकास (उत्पादन-पूर्व, कटाई-पश्चात्, विपणन आदि) को कवर करती है।

यदि आप इनमें से किसी के लिए विस्तृत विवरण या स्रोत चाहते हैं, तो मैं उन्हें उपलब्ध करा सकता हूँ।

106. EPFO (कर्मचारी भविष्य निधि संगठन) राष्ट्रीय पेंशन प्रणाली (NPS) के अंतर्गत एक मध्यस्थ नहीं है।

NPS मध्यस्थों में शामिल हैं :

- CRA (केंद्रीय अभिलेखपाल एजेंसी)
- ट्रस्टी बैंक
- पेंशन निधि प्रबंधक
- संरक्षक
- उपस्थिति बिंदु (PoPs)

EPFO, EPF का प्रबंधन करता है, NPS का नहीं।

107. ग्रीन टग ट्रांजिशन प्रोग्राम (GTTP) का उद्देश्य बंदरगाह, पोत परिवहन और जलमार्ग मंत्रालय के अंतर्गत स्थायी बंदरगाह संचालन का समर्थन करने के लिए पारंपरिक टगबोट को हरित, कम उत्सर्जन वाले टगबोट में परिवर्तित करना है।

108. इक्वाडोर अंतर्राष्ट्रीय सौर गठबंधन (ISA) का 100वाँ सदस्य बन गया।

109. म्यूचुअल फंड का NAV (नेट एसेट वैल्यू) प्रत्येक कार्य दिवस के अंत में बाजार बंद होने के आधार पर दैनिक रूप से अपडेट किया जाता है।

110. एसएसवाई बालिका कल्याण के लिए एक लघु-बचत योजना है, जो विज्ञान एवं प्रौद्योगिकी से संबंधित नहीं है।

अन्य पहल विज्ञान एवं प्रौद्योगिकी से जुड़ी हैं :

- **डिजिटल इंडिया** → प्रौद्योगिकी विस्तार
- **मेक इन इंडिया** → विनिर्माण एवं नवाचार
- **अटल टिंकरिंग मिशन** → STEM नवाचार
- **राष्ट्रीय सुपरकंप्यूटिंग मिशन** → उच्च-प्रदर्शन कंप्यूटिंग।

111. हिंडन एयरबेस को परिचालन क्षेत्र और बुनियादी ढाँचे के आकार के आधार पर दुनिया का 8वाँ सबसे बड़ा एयरबेस माना जाता है।

112. बैंकों द्वारा धन जुटाने के लिए जारी किए गए अल्पकालिक ऋण उपकरण, जिनका उपयोग आमतौर पर संस्थागत निवेशक तरलता प्रबंधन के लिए करते हैं।

जमा प्रमाणपत्र निश्चित परिपक्वता और ब्याज के साथ परक्राम्य मुद्रा-बाजार उपकरण हैं। बैंक इन्हें अल्पकालिक वित्तपोषण आवश्यकताओं को पूरा करने के लिए जारी करते हैं, और संस्थागत निवेशक इनका उपयोग सुरक्षित और कुशल तरलता प्रबंधन के लिए करते हैं।

113. खाद्य प्रसंस्करण क्षेत्र स्वचालित मार्ग के तहत 100% प्रत्यक्ष विदेशी निवेश की अनुमति देता है, जिससे वैश्विक निवेश, आधुनिक सुविधाओं और बेहतर कृषि मूल्य संवर्धन को प्रोत्साहन मिलता है।

114. प्राथमिक बाजार लेनदेन निपटान चक्र T+1 है, जो निवेशकों को प्रतिभूतियों का तेज ऋण सुनिश्चित करता है और पूंजी बाजार संचालन में दक्षता में सुधार करता है।

115. कॉयर उद्योग का विकास और संवर्धन; सूक्ष्म, लघु और मध्यम उद्यम मंत्रालय (MSME)। कॉयर बोर्ड कॉयर क्षेत्र को बढ़ावा देने, आधुनिकीकरण और समर्थन देने के लिए काम करता है, और MSME मंत्रालय के अधीन कार्य करता है।

116. RBI के हालिया दिशानिर्देशों के अनुसार, क्षेत्रीय ग्रामीण बैंक ₹ 2 करोड़ से शुरू होने वाली थोक जमाओं को वर्गीकृत करते हैं, उन्हें अद्यतन बैंकिंग जोखिम-प्रबंधन मानदंडों के अनुरूप बनाते हैं।

117. विश्व स्तर पर सर्वाधिक पहचाने जाने वाले ब्रांडों में एप्पल, गूगल, अमेजन और माइक्रोसॉफ्ट शीर्ष पांच में आते हैं, लेकिन मेटा इस सूची में नहीं आता, जिससे यह इस विशिष्ट समूह से बाहर हो जाता है।

118. सारथी, यूएनडीपी इंडिया के सहयोग से देश भर के किसानों के लिए बीमा पहुँच का विस्तार करने हेतु शुरू किया गया एक व्यापक डिजिटल बीमा प्लेटफॉर्म है। यह फसल, स्वास्थ्य, जीवन, संपत्ति और मोटर बीमा जैसी कई श्रेणियों के बीमा प्रदान करते हुए एक एकीकृत डिजिटल स्थान प्रदान करता है, जिससे यह सुनिश्चित होता है कि ग्रामीण परिवार एक ही प्रणाली के माध्यम से सुरक्षा प्राप्त कर सकें। सारथी का अर्थ है कृषि, ग्रामीण सुरक्षा, तकनीक और बीमा के लिए सैंडबॉक्स, जो कृषि क्षेत्र के लिए जोखिम सुरक्षा के साथ प्रौद्योगिकी के एकीकरण पर इसके फोकस को दर्शाता है। कृषि एवं किसान कल्याण मंत्रालय के साथ संयुक्त रूप से विकसित, इसका उद्देश्य वित्तीय सुरक्षा को मजबूत करना, बीमा प्रक्रियाओं को सरल बनाना और ग्रामीण एवं कृषक समुदायों में बीमा उत्पादों की पहुँच में सुधार करना है।

119. किसी भारतीय कंपनी में उसके आरंभिक सार्वजनिक निर्गम (IPO) से पहले निवेश करने वाले उद्यम पूंजीपतियों के लिए अनिवार्य लॉक-इन अवधि 6 महीने है, जैसा कि प्री-आईपीओ शेयरधारिता को नियंत्रित करने वाले सेबी नियमों के तहत निर्दिष्ट है। यह सभी गैर-प्रवर्तक संस्थागत निवेशकों जैसे उद्यम पूंजी कोष, निजी इक्विटी कोष और अन्य पात्र प्री-इश्यू शेयरधारकों पर लागू होता है, यह सुनिश्चित करते हुए कि वे लिस्टिंग के तुरंत बाद अपने शेयर नहीं बेच सकते। सेबी अन्य श्रेणियों के लिए अलग लॉक-इन मानदंड लागू करता है : प्रमोटरों को निर्गम-पश्चात पूँजी का कम-से-कम 20%, 18 महीनों तक अपने पास रखना होगा, किसी भी अतिरिक्त प्रमोटर होल्डिंग को 6 महीनों के लिए लॉक किया जाएगा, जबकि अन्य सभी गैर-प्रवर्तक प्री-आईपीओ शेयरधारक एक समान 6 महीने की शर्त का पालन करते हैं। ये नियम सूचीबद्धता के बाद मूल्य स्थिरता बनाए रखने और बाजार में अचानक बड़े पैमाने पर बिकवाली के दबाव को रोकने में मदद करते हैं।

120. दिए गए विकल्पों में से, DBW 303—जिसे करण वंदना के नाम से भी जाना जाता है—ICAR प्रणालियों से जुड़ी एक प्रमुख गेहूँ किस्म है और अपने मजबूत प्रदर्शन प्रोफाइल के कारण हाल की चर्चाओं में अक्सर उद्धृत की जाती है। हालाँकि ICAR-IARI ने हाल ही में HD 3385, HD 3386, और HD 3437 जैसी किस्में जारी की हैं जिनमें बेहतर ताप सहनशीलता और जंग प्रतिरोध है, DBW 303 ICAR नेटवर्क के तहत पेश की गई सबसे सफल और व्यापक रूप से खेती की जाने वाली किस्मों में से एक है। इसे इसकी उच्च उपज क्षमता, अच्छी अनुकूलनशीलता और प्रमुख गेहूँ रोगों के प्रति प्रतिरोधक क्षमता के लिए जाना जाता है, जो इसे वर्तमान कृषि अद्यतनों और संदर्भों में प्रासंगिक बनाए रखता है।

121. दीक्षा, समग्र शिक्षा अभियान के अंतर्गत कार्यरत भारत का राष्ट्रीय डिजिटल शिक्षण मंच है। इसका विकास, रखरखाव और शैक्षणिक प्रशासन NCERT द्वारा संचालित किया जाता है, जो राज्यों में डिजिटल सामग्री, शिक्षक संसाधनों और शिक्षण मॉड्यूल को एकीकृत करने वाला प्रमुख संगठन है। शिक्षा मंत्रालय के अंतर्गत सर्वोच्च पाठ्यचर्या निकाय के रूप में, NCERT इस मंच की संरचना, गुणवत्ता मानकों और राष्ट्रीय शिक्षा नीतियों के साथ सामग्री संरेखण का समन्वय करता है।

122. PMKVY के अल्पकालिक प्रशिक्षण (STT) कार्यक्रमों के अंतर्गत, कौशल विकास और उद्यमिता मंत्रालय संरचित कौशल मॉड्यूल चलाता है जो आमतौर पर 300-600 घंटे की अवधि के होते हैं। यह सीमा पर्याप्त कक्षा निर्देश, व्यावहारिक प्रशिक्षंण, सॉफ्ट-स्किल्स विकास और उद्योग-संबंधी मूल्यांकन सुनिश्चित करती है। राष्ट्रीय कौशल योग्यता ढाँचे द्वारा अनुमोदित अधिकांश नौकरी भूमिकाओं में अवधि एक समान है, जो मानकीकरण और रोजगारपरकता सुनिश्चित करती है।

123. बागवानी के एकीकृत विकास मिशन के अंतर्गत 5000 मीट्रिक टन क्षमता तक के कोल्ड स्टोरेज सुविधाओं के लिए सहायता की अनुमति है। यह सीमा मध्यम स्तर के बुनियादी ढाँचे के लिए समर्थन सुनिश्चित करती है जो कटाई के बाद के प्रबंधन को मजबूत करती है और खराब होने को कम करती है। इस सीमा के भीतर की सुविधाओं को आपूर्ति श्रृंखला के भीतर बागवानी उपज को कुशलतापूर्वक संरक्षित करने के लिए डिजाइन की गई आधुनिक भंडारण प्रणालियों के लिए वित्तीय सहायता मिल सकती है।

124. बैंकों द्वारा प्राथमिकता क्षेत्र ऋण लक्ष्यों को प्राप्त करने में कमी को अनिवार्य रूप से नाबार्ड के ग्रामीण अवसंरचना विकास कोष (RIDF) में जमा किया जाता है। इस निधि का उपयोग राज्य सरकारों द्वारा किए गए सिंचाई, सड़क, भंडारण और अन्य विकास कार्यों जैसे ग्रामीण बुनियादी ढांचे

के वित्तपोषण के लिए किया जाता है। यह तंत्र सुनिश्चित करता है कि जब बैंक पीएसएल अधिदेशों को पूरा नहीं कर पाते हैं, तब भी ग्रामीण क्षेत्रों को आवश्यक वित्तीय सहायता मिलती रहती है।

125. केंद्रीय बजट 2024-25 में 30 लाख से अधिक आबादी वाले 14 प्रमुख शहरों के लिए पारगमन उन्मुख विकास (TOD) योजनाएँ तैयार करने का प्रावधान शामिल है। इस योजना में कार्यान्वयन और वित्तपोषण रणनीति बनाना भी शामिल है, ताकि शहर व्यवस्थित रूप से पारगमन से जुड़े विकास को आवास, वाणिज्यिक स्थानों और सार्वजनिक सेवाओं के साथ एकीकृत कर सकें।

126. सारथी पोर्टल, कृषि एवं किसान कल्याण मंत्रालय और यूएनडीपी इंडिया के बीच साझेदारी के माध्यम से बनाया गया था ताकि किसानों को विविध बीमा समाधानों तक पहुँच के लिए एक एकीकृत डिजिटल प्लेटफॉर्म प्रदान किया जा सके। यह सहयोग फसल, स्वास्थ्य, जीवन और परिसंपत्ति बीमा सेवाओं को एक ही प्रणाली में एकीकृत करके ग्रामीण जोखिम-शमन को मजबूत करता है जिससे कृषक परिवारों के लिए कवरेज और पहुँच में सुधार होता है।

127. ईट राइट इंडिया, FSSAI का प्रमुख कार्यक्रम है जिसका उद्देश्य स्कूलों, कॉलेजों, अस्पतालों, कार्यालयों और कार्यस्थलों में सुरक्षित, पौष्टिक और पर्यावरणीय रूप से टिकाऊ खाद्य पारिस्थितिकी तंत्र का निर्माण करना है। यह स्वच्छता रेटिंग, स्वास्थ्यवर्धक मेनू, सुरक्षित खाद्य प्रबंधन प्रथाओं और कम खाद्य अपशिष्ट को बढ़ावा देता है, यह सुनिश्चित करते हुए कि संस्थान खाद्य सुरक्षा और कल्याण की संस्कृति को अपनाएँ।

128. प्रधानमंत्री मत्स्य संपदा योजना मछली उत्पादन का विस्तार, मछली पकड़ने के बंदरगाहों और कोल्ड चेन जैसे बुनियादी ढाँचे को मजबूत करने, कटाई के बाद होने वाले नुकसान को कम करने और मत्स्य पालन क्षेत्र के आधुनिकीकरण के लिए मछली बाजार स्थापित करने पर केंद्रित है। अंतर्देशीय मत्स्य पालन के लिए प्रत्यक्ष सब्सिडी को योजना के औपचारिक लक्ष्य के रूप में सूचीबद्ध नहीं किया गया है, जिससे यह एक ऐसा विकल्प बन गया है जो कार्यक्रम के परिभाषित लक्ष्यों से मेल नहीं खाता।

129. PM VIKAS (प्रधानमंत्री विश्वकर्मा कौशल सम्मान) ने सीखो और कमाओ, उस्ताद, हमारी धरोहर और नई मंजिल सहित कई पूर्व अल्पसंख्यक कौशल और विरासत से जुड़ी योजनाओं को समाहित कर लिया है। इन कार्यक्रमों को मिलाकर, इस योजना का उद्देश्य पारंपरिक कारीगरों और शिल्पकारों के लिए प्रशिक्षण, उद्यमिता सहायता और सांस्कृतिक संरक्षण पहलों को सुव्यवस्थित करना है।

130. नमामि गंगे कार्यक्रम को अप्रैल 2021 से मार्च 2026 की अवधि के लिए ₹ 22,500 करोड़ आवंटित किए गए हैं। यह धनराशि नदी-सफाई परियोजनाओं, सीवरेज उपचार अवसंरचना, सहायक नदियों के पुनरुद्धार, जैव विविधता संरक्षण और गंगा बेसिन के स्वास्थ्य को बहाल करने के लिए प्रदूषण नियंत्रण प्रयासों का समर्थन करती है।

131. केंद्रीय बजट 2024-25 में, वित्त मंत्री ने अगले 10 वर्षों में भारत की अंतरिक्ष अर्थव्यवस्था का विस्तार करने के लिए 1,000 करोड़ रुपये के एक समर्पित वेंचर कैपिटल फंड की स्थापना की घोषणा की। यह फंड अंतरिक्ष से संबंधित गतिविधियों जैसे लॉन्च सेवाओं, उपग्रहों, डाउनस्ट्रीम अनुप्रयोगों और नवाचार में स्टार्ट-अप और निजी खिलाड़ियों का समर्थन करने के लिए है, जिससे सरकारी कोष के शीर्ष पर बहुत बड़ा निजी निवेश आएगा।

132. QCI सुराज्य मान्यता और रैंकिंग फ्रेमवर्क चार नामित स्तंभों पर बनाया गया है : प्रकाश (पारदर्शिता और खुलापन), संचय (संसाधनों का कुशल उपयोग और संरक्षण), सुरक्षा (नागरिकों की सुरक्षा) और विकास (विकास और विकासोन्मुखी शासन)। समन्वय इन चार स्तंभों में से एक नहीं है, इसलिए यह वह विकल्प है जो आधिकारिक ढांचे से संबंधित नहीं है।

133. **कथन I:** "यह 5 करोड़ आदिवासी आबादी को कवर करेगा"—यह सही है। प्रधानमंत्री जनजातीय उन्नत ग्राम अभियान (PM-JUGA) देश भर के 5 करोड़ से अधिक जनजातीय लोगों को लाभान्वित करने के लिए डिजाइन किया गया है।

कथन II: "इस कार्यक्रम के अंतर्गत 75,000 गाँवों को शामिल किया जाएगा"—यह सही नहीं है। इस योजना में 75,000 नहीं, बल्कि लगभग 63,000 गाँवों को शामिल करने की योजना है।

कथन III: "आकांक्षी जिलों में जनजातीय आबादी को शामिल करने का प्रावधान है"—यह सही है। इस योजना में स्पष्ट रूप से जनजातीय बहुल गाँवों और आकांक्षी जिलों के गाँवों को अपने कवरेज ढाँचे में शामिल किया गया है। अतः, केवल कथन I और III सही हैं।

134. बजट 2024-25 में, यह घोषणा की गई थी कि 10 लाख रुपये तक के शिक्षा ऋण लेने वाले 1 लाख छात्रों को ई-वाउचर के रूप में ब्याज सब्सिडी प्रदान की जाएगी। इसका उद्देश्य निम्न और मध्यम आय वाले परिवारों के छात्रों के लिए ब्याज के बोझ को कम करना है, जिससे मूल ऋण सीमा में बदलाव किए बिना उच्च शिक्षा अधिक किफायती हो सके।
अतः संबंधित ऋण सीमा ₹ 10 लाख है।

135. वाणिज्यिक खुफिया एवं सांख्यिकी महानिदेशालय (DGCIS) के आंकड़ों के अनुसार, 2023-24 के दौरान भारत के कुल निर्यात में MSME-निर्दिष्ट उत्पादों के निर्यात का हिस्सा 45.73% था। इसका अर्थ है कि उस वर्ष भारत के निर्यात बास्केट का लगभग आधा हिस्सा (मूल्य के अनुसार) MSME से जुड़े उत्पादों से आया, जो भारत के निर्यात प्रदर्शन और बाह्य क्षेत्र में MSMEs की महत्वपूर्ण भूमिका को रेखांकित करता है।

136. अंडमान और निकोबार द्वीप समूह के पाँच विशेष रूप से कमजोर जनजातीय समूह (PVTG) हैं : ग्रेट अंडमानी, जरावा, ओंगे, सेंटिनली और शोम्पेन। बिरहोर एक PVTG है, लेकिन झारखंड से है, अंडमान और निकोबार द्वीप समूह का हिस्सा नहीं है।

137. गन्ना मूल्य निर्धारण नीति के तहत गन्ने के लिए उचित और लाभकारी मूल्य (FRP) तय किया जाता है। 22 अनिवार्य कृषि फसलों के लिए MSP तय किया जाता है।

138. वाणिज्य मंत्रालय के अंतर्गत कमोडिटी बोर्डों में रबर बोर्ड, मसाला बोर्ड, चाय बोर्ड, कॉफी बोर्ड आदि शामिल हैं। वाणिज्य मंत्रालय के अंतर्गत कोई अलग से 'गोंद और किशमिश बोर्ड' नहीं है।

139. केंद्रीय सशस्त्र पुलिस बलों (CAPFs) और असम राइफल्स में कांस्टेबलों/राइफलमैनों की भर्ती में 10% रिक्तियां पूर्व अग्निवीरों के लिए आरक्षित हैं।

140. नाबार्ड को UNFCCC ढांचे के तहत अनुकूलन निधि के लिए राष्ट्रीय कार्यान्वयन इकाई (NIE) के रूप में नामित किया गया है।

141. चयनित सात PM MITRA पार्क तमिलनाडु, उत्तर प्रदेश, मध्य प्रदेश, कर्नाटक, गुजरात, तेलंगाना और महाराष्ट्र में स्थित हैं। इन राज्यों का चयन कपड़ा पारिस्थितिकी तंत्र की मजबूती, कनेक्टिविटी और तैयारी जैसे कारकों के आधार पर किया गया था। राजस्थान सात अधिसूचित PM MITRA पार्क राज्यों में शामिल नहीं है।

142. भारत सरकार ने कार्बन उत्सर्जन को कम करने, ऊर्जा सुरक्षा में सुधार करने और चीनी एवं अनाज आधारित इथेनॉल उद्योग को समर्थन देने के लिए पेट्रोल में 20% इथेनॉल मिश्रण लक्ष्य को आधिकारिक तौर पर 2030 की पूर्व समय सीमा से बढ़ाकर 2025-26 कर दिया है।

143. नवीकरणीय ऊर्जा क्षेत्र में–जिसमें सौर, पवन और बायोमास शामिल हैं–स्वचालित मार्ग के तहत 100% तक प्रत्यक्ष विदेशी निवेश (FDI) की अनुमति है ताकि हरित ऊर्जा उत्पादन को प्रोत्साहित किया जा सके और भारत के स्वच्छ ऊर्जा पारिस्थितिकी तंत्र में वैश्विक निवेश को आकर्षित किया जा सके।

144. अगस्त 2024 में आरबीआई की मौद्रिक नीति समिति (MPC) की बैठक में, सीमांत स्थायी सुविधा (MSF) दर और बैंक दर 6.75% पर अपरिवर्तित रहीं, जबकि रेपो दर 6.50% पर बनी रही। MSF और बैंक दर आमतौर पर संरेखित होती हैं और समान स्तर पर बनी रहीं।

145. MSME के लिए सार्वजनिक खरीद नीति में यह अनिवार्य है कि सभी केंद्रीय सार्वजनिक क्षेत्र के उद्यम (CPSEs), केंद्रीय मंत्रालय और विभाग अपनी वार्षिक खरीद का कम से कम 25% सूक्ष्म और लघु उद्यमों से प्राप्त करें, जिसमें से 4% एससी/एसटी और महिला-स्वामित्व वाले MSME से प्राप्त किया जाना चाहिए ताकि समावेशी विकास और उद्यमिता को बढ़ावा दिया जा सके।

146. प्रधानमंत्री श्रम योगी मान धन योजना एक स्वैच्छिक और अंशदायी पेंशन योजना है जो असंगठित क्षेत्र के श्रमिकों जैसे रेहड़ी-पटरी वालों, घरेलू कामगारों, रिक्शा चालकों और मजदूरों के लिए बनाई गई है। यह योजना केवल 18 से 40 वर्ष की आयु के व्यक्तियों के लिए नामांकन की अनुमति देती है, क्योंकि यह सीमा 60 वर्ष की पेंशन आयु प्राप्त करने से पहले पर्याप्त अंशदान अवधि प्रदान करती है।

147. RAMP (MSME प्रदर्शन को बढ़ाना और तेज करना) योजना के अंतर्गत, दो प्रमुख उप-योजनाएँ–MSME हरित निवेश और परिवर्तन के लिए वित्तपोषण (MSE गिफ्ट) और सर्कुलर अर्थव्यवस्था में संवर्धन और निवेश के लिए MSE योजना (MSE स्पाइस)–भारतीय लघु उद्योग विकास बैंक (सिडबी) द्वारा कार्यान्वित की जाती हैं।

ये योजनाएँ सूक्ष्म और लघु उद्यमों के बीच ऊर्जा दक्षता, हरित वित्त और सर्कुलर अर्थव्यवस्था पहलों का समर्थन करती हैं।

148. नीति आयोग के संपूर्णता अभियान के अंतर्गत, आकांक्षी जिला कार्यक्रम (ADP) और आकांक्षी ब्लॉक कार्यक्रम (ABP) के लिए केंद्रित संतृप्ति संकेतक अलग-अलग हैं। हालाँकि, कुछ KPI दोनों में समान हैं। मृदा स्वास्थ्य कार्ड एक ऐसा KPI है जो दोनों कार्यक्रमों की केंद्रित सूचियों में मौजूद है। यह ADP में वितरित मृदा स्वास्थ्य कार्डों की संख्या के रूप में और एबीपी में मृदा नमूना संग्रह लक्ष्य के विरुद्ध सृजित मृदा स्वास्थ्य कार्डों के प्रतिशत के रूप में दिखाई देता है।

यह इसे दिए गए विकल्पों में से एकमात्र ऐसा संकेतक बनाता है जो दोनों कार्यक्रमों के लक्षित केपीआई में सीधे ओवरलैप करता है।

149. 'पूर्वोदय' भारत के पूर्वी क्षेत्र में आर्थिक विकास को गति देने पर केंद्रित एक प्रमुख विकास पहल है। यह मुख्य रूप से पश्चिम बंगाल, ओडिशा, झारखंड और बिहार राज्यों को कवर करता है। मध्य-पूर्वी भारत में स्थित होने के बावजूद छत्तीसगढ़ पूर्वोदय कवरेज का हिस्सा नहीं है।

150. 'एक पेड़ माँ के नाम' अभियान अपनी माँ को एक पेड़ समर्पित करके बड़े पैमाने पर वृक्षारोपण और पर्यावरण संरक्षण को बढ़ावा देने के लिए शुरू किया गया था। इसे आधिकारिक तौर पर 5 जून को विश्व पर्यावरण दिवस के उत्सव के साथ शुरू किया गया था, जो वैश्विक स्तर पर पर्यावरण संरक्षण और स्थिरता पर जोर देता है।

151. समय पर भुगतान सुनिश्चित करने और गैरकानूनी कटौतियों को रोकने के लिए 1936 में वेतन भुगतान अधिनियम लागू किया गया था। सभी क्षेत्रों में वैधानिक न्यूनतम वेतन की गारंटी के लिए न्यूनतम वेतन अधिनियम 1948 में पारित किया गया था। समान पारिश्रमिक अधिनियम 1976 में पारित किया गया था ताकि लिंग भेद के बिना समान कार्य के लिए समान वेतन सुनिश्चित किया जा सके। मातृत्व लाभ अधिनियम 1961 में पारित किया गया और बाद में कामकाजी महिलाओं की सुरक्षा को मजबूत करने के लिए इसमें संशोधन किया गया। सबसे पुराने से लेकर सबसे नए तक कालानुक्रमिक क्रम में रखने पर, सही क्रम इस प्रकार है : वेतन भुगतान अधिनियम (1936), न्यूनतम वेतन अधिनियम (1948), समान पारिश्रमिक अधिनियम (1976), और मातृत्व लाभ अधिनियम (1961)।

152. केंद्रीय मंत्रिमंडल द्वारा हाल ही में स्थापित तीन राष्ट्रीय स्तर की बहु-राज्य सहकारी समितियों में निर्यात संवर्धन के लिए एक राष्ट्रीय सहकारी समिति, बीज उत्पादन के लिए एक अन्य सहकारी समिति और जैविक खेती के लिए एक तीसरी सहकारी समिति शामिल है। इन सहकारी निकायों का उद्देश्य सुव्यवस्थित सहकारी संरचनाओं के माध्यम से पैमाने को बढ़ाना, किसानों की आय का समर्थन करना और अंतर्राष्ट्रीय बाजारों में भारत की उपस्थिति को मजबूत करना है।

153. भारत में सहकारी समितियाँ आर्थिक क्षेत्रों की एक विस्तृत शृंखला में कार्यरत हैं। वे शहरी और ग्रामीण सहकारी बैंकों के माध्यम से बैंकिंग में प्रमुख भूमिका निभाती हैं, IFFCO और KRIBHCO जैसी बड़ी सहकारी समितियों के माध्यम से उर्वरक क्षेत्र को सहायता प्रदान करती हैं, बुनकर सहकारी समितियों के माध्यम से हथकरघा उत्पादन में महत्वपूर्ण योगदान देती हैं, और अमूल जैसे मॉडलों के माध्यम से डेयरी क्षेत्र में अपना दबदबा बनाए रखती हैं। उनकी उपस्थिति आर्थिक गतिविधि के विविध क्षेत्रों में फैली हुई है।

154. मिशन वात्सल्य कठिन परिस्थितियों में बच्चों को व्यापक सहायता प्रदान करता है और गैर-संस्थागत विकल्पों को बढ़ावा देता है। गोद लेने की प्रक्रिया स्थायी पारिवारिक आवास प्रदान करती है; पालन-पोषण देखभाल अस्थायी परिवार-आधारित सहायता प्रदान करती है; संस्थागत देखभाल छोड़ने वाले बच्चों को स्वतंत्र जीवन में प्रवेश के लिए पश्चात्-देखभाल सहायता प्रदान करती है; प्रयोजन परिवारों को अलगाव से बचाने के लिए वित्तीय सहायता प्रदान करता है। सूचीबद्ध सभी प्रकार मिशन के दायरे में आते हैं।

155. MSME मंत्रालय संगठनों के एक विस्तृत नेटवर्क के माध्यम से कौशल विकास प्रदान करता है। कॉयर बोर्ड युवाओं को कॉयर-आधारित तकनीकों का प्रशिक्षण देता है; RSETI उद्यमिता विकास प्रशिक्षण प्रदान करता है; KVIC खादी और ग्रामोद्योग में कौशल कार्यक्रम चलाता है; महात्मा गांधी ग्रामीण औद्योगीकरण संस्थान ग्रामीण तकनीकों को बढ़ावा देता है। ये सभी संस्थान कौशल विकास और कौशल उन्नयन पहलों में योगदान देते हैं।

156. पेंसिल पोर्टल—''बाल श्रम निषेध के प्रभावी प्रवर्तन हेतु मंच''—को 26 सितंबर 2017 को बाल एवं किशोर श्रम (निषेध एवं विनियमन) अधिनियम, 1986 की निगरानी,

समन्वय और उचित कार्यान्वयन सुनिश्चित करने के लिए लॉन्च किया गया था। यह भारत के विभिन्न जिलों में बाल श्रम को समाप्त करने के लिए शिकायत पंजीकरण, ट्रैकिंग, पुनर्वास विवरण और अंतर-विभागीय समन्वय को एकीकृत करते हुए एकल-खिड़की प्रणाली के रूप में कार्य करता है।

157. भारतीय रिजर्व बैंक ने क्षेत्रीय ग्रामीण बैंकों के लिए थोक जमा की परिभाषा को संशोधित करते हुए किसी भी एकल-अवधि जमा के लिए न्यूनतम सीमा ₹ 1 करोड़ निर्धारित की है। ₹ 1 करोड़ और उससे अधिक की सभी सावधि जमाओं को आरआरबी ढांचे के भीतर ब्याज दर उद्देश्यों, जोखिम मूल्यांकन और तरलता प्रबंधन के लिए थोक जमा के रूप में माना जाता है।

158. नाबार्ड की सबसे प्रारंभिक समुदाय-आधारित पहल विकास स्वयंसेवी वाहिनी (VVV) थी, जिसे ग्रामीण क्षेत्रों में वित्तीय जागरूकता फैलाने और संस्थागत ऋण उपयोग को बढ़ावा देने के लिए बनाया गया था। बाद में SHG और FPO जैसे बड़े पैमाने के मॉडल उभरने से पहले इसने ग्रामीण समुदायों और बैंकिंग प्रणाली के बीच एक सेतु का काम किया। VVV कार्यक्रम जमीनी स्तर पर लामबंदी और समावेशी विकास पर केंद्रित था।

159. PMAY-शहरी एक मांग-आधारित मिशन के रूप में कार्य करता है जिसमें पात्र लाभार्थी सब्सिडी के लिए सीधे आवेदन जमा करते हैं—या तो आधिकारिक पोर्टल के माध्यम से ऑनलाइन या कॉमन सर्विस सेंटर के माध्यम से—पारदर्शी, नागरिक-नेतृत्व वाली भागीदारी सुनिश्चित करते हुए। इसके कार्यान्वयन ढांचे में कई कार्यकारी निकाय शामिल हैं, जिनमें राज्य आवास बोर्ड, शहरी स्थानीय निकाय और HUDCO और NHB जैसी केंद्रीय नोडल एजेंसियां शामिल हैं, जो राज्यों और शहरी क्षेत्रों में समान वितरण को सक्षम बनाती हैं।

अपने डिजाइन में, मिशन में कई कार्यक्षेत्र शामिल हैं, जिनमें इन-सीटू स्लम पुनर्विकास (ISS), साझेदारी में किफायती आवास (AHP), लाभार्थी-नेतृत्व निर्माण (BLC), और ऋण-लिंक्ड सब्सिडी योजना (CLSS) शामिल हैं, जो संदर्भित घटकों को मिशन के वैध भाग बनाते हैं।

इसलिए, तीनों कथन PMAY-U को सटीक रूप से दर्शाते हैं।

160. IUCN रेड लिस्ट प्रजातियों को सुपरिभाषित संरक्षण श्रेणियों में वर्गीकृत करती है, जैसे कि संवेदनशील, संकटग्रस्त, कम चिंताजनक और गंभीर रूप से संकटग्रस्त। इस विश्वव्यापी मान्यता प्राप्त प्रणाली में 'दुर्लभ' एक आधिकारिक श्रेणी नहीं है। इसके बजाय, रेड लिस्ट 'दुर्लभ' जैसे व्यापक वर्णनात्मक लेबल के बजाय विलुप्त होने के जोखिम पर आधारित संरचित मानदंडों का उपयोग करती है।

161. 'जौ' को वैज्ञानिक रूप से *होर्डियम* वंश के अंतर्गत वर्गीकृत किया गया है, और इसकी व्यापक रूप से खेती की जाने वाली प्रजाति होर्डियम वल्गेरे है। इस प्रजाति को भोजन, चारे और माल्टिंग उद्योगों में इसके उपयोग के लिए विश्व स्तर पर मान्यता प्राप्त है।

162. मुर्रा भैंस, भैंस की नस्लों में सबसे अधिक दूध देने वाली नस्ल के लिए जानी जाती है। यह हरियाणा से उत्पन्न होती है और अपनी बेहतर उत्पादकता और अनुकूलन क्षमता के कारण डेयरी फार्मिंग में व्यापक रूप से उपयोग की जाती है।

163. जलोढ़ मिट्टी भारत में सबसे बड़े भौगोलिक क्षेत्र में फैली हुई है, जो मुख्य रूप से सिंधु-गंगा के मैदानों में पाई जाती है। इसकी उर्वरता और व्यापक वितरण, इसे देश की सबसे विस्तृत मिट्टी बनाते हैं।

164. कैल्शियम कोशिका भित्ति में पेक्टेट को स्थिर करके कोशिका झिल्लियों की संरचनात्मक अखंडता को बनाए रखने में भूमिका निभाता है, और यह पादप ऊतकों में कार्बनिक अम्लों को बेअसर करने में भी मदद करता है। यह क्लोरोफिल का संरचनात्मक घटक नहीं है, इसलिए कथन (*a*) गलत है।

165. कृषि एवं किसान कल्याण विभाग द्वारा जारी बागवानी उत्पादन 2023-24 के दूसरे अग्रिम अनुमानों के अनुसार, देश में सब्जियों का उत्पादन सबसे अधिक है, उसके बाद फलों का स्थान है। नारियल, सुपारी, काजू और कोको जैसी बागानी फसलें कुल उत्पादन के मामले में फलों के बाद आती हैं, जबकि मसाले तुलनात्मक रूप से कम उत्पादन के साथ चौथे स्थान पर हैं।

फूलों की फसलों का वजन के मामले में योगदान सबसे कम है, क्योंकि उनका उत्पादन मुख्य रूप से मिलियन टन में मापा जाता है, लेकिन अन्य श्रेणियों की तुलना में बहुत कम रहता है।

166. प्रधानमंत्री फसल बीमा योजना के तहत खरीफ फसलों के लिए, किसान बीमित राशि का 2% निश्चित प्रीमियम देते हैं, जो खरीफ मौसम में उगाई जाने वाली सभी खाद्य और तिलहन फसलों के लिए निर्धारित मानक दर है, जबकि शेष बीमांकिक प्रीमियम केंद्र और राज्य सरकारों द्वारा संयुक्त रूप से सब्सिडी पर दिया जाता है।

167. सर्ज सिंचाई से तात्पर्य निरंतर प्रवाह के बजाय नियंत्रित उछाल में रुक-रुक कर कुंडों में पानी डालने से है। यह संशोधन अंतःस्यंदन दक्षता में सुधार करता है, अपवाह को कम करता है, और फरो प्रणालियों के भीतर जल वितरण की एकरूपता को बढ़ाता है।

168. काऊपॉक्स, काऊपॉक्स विषाणु के कारण होता है, जो ऑर्थोपॉक्सवायरस वंश का एक सदस्य है। यह मुख्यतः मवेशियों पर फुंसीदार घाव उत्पन्न करता है और कभी-कभी सीधे संपर्क के माध्यम से मनुष्यों को संक्रमित कर सकता है।

169. कुल दुग्ध उत्पादन की दृष्टि से उत्तर प्रदेश भारत का अग्रणी राज्य है। इसकी विशाल मवेशी आबादी, व्यापक डेयरी नेटवर्क, और महत्वपूर्ण सहकारी एवं निजी क्षेत्र की उपस्थिति इसके शीर्ष स्थान में योगदान करती है।

170. दूध छुड़ाना, बछड़े को उसकी माँ से अलग करने की प्रक्रिया है ताकि वह पोषण की दृष्टि से स्वतंत्र हो जाए और ठोस या वैकल्पिक दूध स्रोतों पर भोजन करना शुरू कर दे। यह डेयरी और पशुपालन में एक नियमित प्रबंधन पद्धति है।

171. अंगूरों में बीजहीनता तब व्यक्त होती है जब पौधे को इस गुण के लिए उत्तरदायी अप्रभावी एलील की दो प्रतियाँ प्राप्त होती हैं। एक प्रभावी और एक अप्रभावी एलील वाली बेल बीजयुक्त अंगूर पैदा करती है, क्योंकि प्रभावी जीन अप्रभावी जीन को ढक लेता है। केवल समयुग्मीय अप्रभावी संयोजन ही पूर्ण बीजहीनता की ओर ले जाता है। यह आनुवंशिक पैटर्न दर्शाता है कि बीजहीनता की अभिव्यक्ति प्रभुत्व, सह-प्रभुत्व या अपूर्ण प्रभुत्व का अनुसरण नहीं करती, बल्कि एक अप्रभावी वंशागति पैटर्न के अनुरूप होती है।

172. औपचारिक बीज गुणन शृंखला में, क्रम इस प्रकार है : केंद्रक बीज → प्रजनक बीज → आधार बीज → प्रमाणित/पंजीकृत बीज। प्रजनक बीज का उत्पादन पादप प्रजनक की प्रत्यक्ष देखरेख में होता है और केंद्रक बीज के बाद इसमें अधिकतम आनुवंशिक शुद्धता होती है। प्रजनक बीज की तत्काल संतान आधार बीज होती है, जिसका उत्पादन कड़े तकनीकी नियंत्रण में किया जाता है। इस आधार बीज का उपयोग प्रमाणित बीज के उत्पादन के लिए किया जाता है जो अंततः किसानों तक पहुँचता है, जिससे किस्म की आनुवंशिक शुद्धता और विश्वसनीयता सुनिश्चित होती है।

173. ये खरपतवार जलाशय की तलहटी में या तलहटी में मिट्टी में जड़ें जमा लेते हैं, जबकि इनके तने, पत्तियाँ या अन्य पत्तियाँ ऊपर निकलती हैं या पानी की सतह पर टिकी रहती हैं। इनके विशिष्ट उदाहरणों में वे प्रजातियाँ शामिल हैं जिनकी जड़ प्रणाली जलमग्न मिट्टी से जुड़ी रहती है, लेकिन उनके हवाई भाग बाहर की ओर फैले होते हैं, जिससे वे न तो पूरी तरह तैरते हैं (जिनकी जड़ें स्थिर नहीं हो सकतीं) और न ही पूरी तरह डूबे हुए (पूरी तरह से पानी के नीचे)। इसलिए, इन्हें उभरे हुए (या उभरते हुए) खरपतवारों के रूप में वर्गीकृत किया जाता है, जो तैरते हुए, सीमांत या जलमग्न प्रकारों से अलग होते हैं।

174. पौधों की बीमारियों को दबाने के लिए—रोगजनकों के साथ प्रतिस्पर्धा करके, उन्हें रोककर या नष्ट करके—प्रयुक्त सूक्ष्मजीवों को प्रतिपक्षी कहा जाता है। इनमें कवक, जीवाणु या एक्टिनोमाइसीट्स की कुछ प्रजातियाँ शामिल हो सकती हैं जो एंटीबायोटिक्स उत्पन्न करती हैं, पोषक तत्वों और स्थान के लिए रोगजनकों से प्रतिस्पर्धा करती हैं, या उन पर परजीवी होती हैं। ये पादप संरक्षण में जैविक नियंत्रण रणनीतियों का आधार बनती हैं, और सूक्ष्मजीवी रोग प्रबंधन के बजाय कीट नियंत्रण में आमतौर पर उपयोग किए जाने वाले शिकारियों, परजीवियों या परजीवियों से भिन्न होती हैं।

175. मल्चिंग में मिट्टी से पानी के सीधे वाष्पीकरण को कम करने के लिए मिट्टी की सतह को जैविक पदार्थों (भूसा, फसल अवशेष, पत्ते) या अकार्बनिक पदार्थों (प्लास्टिक, बजरी) से ढकना शामिल है। इससे मिट्टी की नमी संरक्षित रहती है, मिट्टी का तापमान नियंत्रित रहता है, कटाव और पपड़ी बनना कम होता है, खरपतवारों की वृद्धि रुकती है और समय के साथ मिट्टी की संरचना में सुधार हो सकता है। कटाव या कीटों के भार को बढ़ाने के बजाय, उचित मल्चिंग फसलों के लिए बेहतर जल-उपयोग दक्षता और अधिक स्थिर वृद्धि परिस्थितियों में योगदान करती है।

176. प्री-कूलिंग, कटाई के बाद की एक प्रक्रिया है जिसका उपयोग ताजे कटे हुए फूलों से खेत की गर्मी को तुरंत हटाने के लिए किया जाता है। कटाई के तुरंत बाद तापमान को तेजी से कम करके, यह श्वसन को धीमा कर देता है, मुरझाने और जीर्णता को विलंबित करता है, सूक्ष्मजीवों की वृद्धि को कम करता है, और स्फीति को बनाए रखता है। यह भंडारण, परिवहन और विपणन के दौरान गुणवत्ता बनाए रखने में मदद करता है, और बिना प्री-कूल्ड फूलों की तुलना में फूलदानों के जीवन को महत्वपूर्ण रूप से बढ़ाता है।

177. किसी फसल द्वारा उपयोग किए जाने वाले पानी की प्रति इकाई उत्पादित जैवभार की मात्रा को फसल जल उपयोग दक्षता कहा जाता है। इसे आमतौर पर वाष्पोत्सर्जन के माध्यम से खपत किए गए प्रति घन मीटर (या मिमी) पानी में किलोग्राम शुष्क पदार्थ (या उपज) के रूप में व्यक्त किया जाता है। एक उच्च मूल्य इंगित करता है कि फसल उपलब्ध पानी को पौधों की सामग्री में अधिक कुशलता से परिवर्तित करती है, जो पानी की कमी वाले क्षेत्रों में और सूखाग्रस्त क्षेत्रों के लिए सिंचाई की योजना बनाने, समय-सारणी और फसलों/किस्मों के चयन के लिए महत्वपूर्ण है।

178. ट्रैक्टर पर शाफ्ट जो इंजन से जुड़े उपकरणों को शक्ति स्थानांतरित करता है, पीटीओ (पावर टेक-ऑफ) शाफ्ट है। जब इसे लगाया जाता है, तो यह रोटावेटर, थ्रेशर, स्प्रेयर, पंप और कई अन्य ट्रैक्टर-संचालित उपकरणों जैसी मशीनों को घूर्णी शक्ति पहुंचाता है। इससे एक ट्रैक्टर इंजन से कई बाहरी औजार चलाए जा सकते हैं, जिससे हर मशीन के लिए अलग पावर सोर्स की जरूरत के बिना मशीन से खेती ज्यादा कई तरह से और कुशलता से हो जाती है।

179. एक इलेक्ट्रिक मोटर द्वारा संचालित 20 हॉर्सपावर के ट्रैक्टर को 100 घंटे तक चलाने की लागत की गणना पहले हॉर्सपावर को किलोवाट में परिवर्तित करके की जा सकती है। एक हॉर्सपावर 0.746 किलोवाट के बराबर लिया जाता है।

इस प्रकार,

$$20 \text{ HP} = 20 \times 0.746 \text{ kW} = 14.92 \text{ kW}.$$

100 कार्य घंटों के लिए, ऊर्जा की खपत

$$= 14.92 \text{ kW} \times 100 \text{ h}$$
$$= 1492 \text{ kWh (units)}.$$

यदि बिजली की प्रत्येक इकाई की लागत ₹ 10,

तो कुल लागत = 1492 × 10 = ₹ 14,920.

100% मोटर दक्षता मानकर, कोई अतिरिक्त हानि नहीं है, इसलिए ₹ 14,920 अंतिम परिचालन लागत है।

180. ई-संवाद एक इंटरैक्टिव ऑनलाइन पोर्टल (जिसे ई-कृषि संवाद के नाम से जाना जाता है) है, जिसे किसानों और कृषि हितधारकों के प्रश्नों और समस्याओं के समाधान के लिए बनाया गया है। इस मंच के माध्यम से, किसान फसलों, प्रौद्योगिकियों, योजनाओं, कीटों, रोगों और प्रबंधन पद्धतियों से संबंधित प्रश्न प्रस्तुत कर सकते हैं और कृषि संस्थानों से विशेषज्ञ मार्गदर्शन प्राप्त कर सकते हैं। यह किसानों और वैज्ञानिकों/अधिकारियों के बीच एक सीधे संवाद सेतु का काम करता है, जिससे क्षेत्र-स्तरीय मुद्दों को समय पर और सुलभ तरीके से हल करने में मदद मिलती है।

181. प्रधानमंत्री श्रम योगी मान धन योजना के अंतर्गत, पात्र प्रवेश आयु सीमा 18 से 40 वर्ष है।

इस अवधि के दौरान, एक अनौपचारिक कर्मचारी आयु के आधार पर एक निश्चित मासिक राशि का योगदान करके नामांकन कर सकता है, यह सुनिश्चित करते हुए कि पेंशन निधि 60 वर्ष की आयु तक जमा होती रहे, जिसके बाद ₹ 3000 की मासिक पेंशन देय हो जाती है। इस आयु सीमा के बाहर नामांकन की अनुमति नहीं है क्योंकि यह योजना सेवानिवृत्ति से पहले दीर्घकालिक अंशदान संचय प्रदान करने के लिए डिजाइन की गई है।

182. कृषि GVA में मत्स्य पालन क्षेत्र का योगदान 2018-19 के 7.28% से बढ़ाकर 2024-25 तक लगभग 12% करना : यह कथन प्रधानमंत्री मत्स्य संपदा योजना (PMMSY) के आधिकारिक रूप से घोषित लक्ष्यों के अनुरूप नहीं है। यह योजना 2024-25 तक मछली उत्पादन को उल्लेखनीय रूप से उच्च स्तर तक बढ़ाने और जलीय कृषि उत्पादकता में सुधार के लिए स्पष्ट लक्ष्य निर्धारित करती है ताकि उपज पहले के राष्ट्रीय औसत से बढ़कर प्रति हेक्टेयर बहुत अधिक उत्पादन हो सके।

यह फसल-उपरांत नुकसान को कम करने पर भी जोर देती है, जो परंपरागत रूप से अपर्याप्त बुनियादी ढाँचे के कारण अधिक रहा है, और इसका उद्देश्य कोल्ड चेन विकास और आधुनिकीकरण के माध्यम से इन नुकसानों को काफी हद तक कम करना है। इस योजना का एक प्रमुख उद्देश्य वैश्विक प्रतिस्पर्धात्मकता, गुणवत्ता और मूल्यवर्धन को बढ़ाकर मत्स्य पालन क्षेत्र में निर्यात प्रदर्शन में सुधार करना है ताकि मछली और मत्स्य उत्पादों से कुल आय में वृद्धि हो।

हालाँकि, कृषि GVA में मत्स्य पालन की हिस्सेदारी को 12% तक बढ़ाने का लक्ष्य PMMSY के तहत घोषित उद्देश्य नहीं है, जिससे यह सूचीबद्ध विकल्पों में से गलत कथन बन जाता है।

183. प्रधानमंत्री आवास योजना-ग्रामीण उन ग्रामीण गरीबों को पक्के मकान उपलब्ध कराने पर केंद्रित है जिनके पास पर्याप्त आवास नहीं है। पात्र लाभार्थियों की पहचान SECC डेटा के माध्यम से की जाती है और इसमें बेघर परिवार या कच्ची दीवारों और कच्ची छतों वाले अपर्याप्त कच्चे ढाँचों

में रहने वाले परिवार शामिल हैं। पक्के घर, बड़ी जोत, सरकारी कर्मचारी या उच्च आय वाले परिवार इस ग्रामीण आवास योजना के तहत पात्र नहीं हैं।

184. वन (संरक्षण) अधिनियम, 1980 सड़क, सिंचाई परियोजनाओं, खनन या अन्य विकासात्मक गतिविधियों जैसे गैर-वनीय उद्देश्यों के लिए वन भूमि के उपयोग को नियंत्रित करता है। यह वन संसाधनों के विनियमित उपयोग को सुनिश्चित करने, अंधाधुंध वनों की कटाई को रोकने और पारिस्थितिक और विकासात्मक आवश्यकताओं को संतुलित करने के लिए केंद्र सरकार से पूर्व अनुमोदन अनिवार्य करता है।

185. गैलेक्टोपोइजिस उस शारीरिक प्रक्रिया को कहते हैं जिसके द्वारा एक पशु स्तनपान शुरू होने के बाद भी दूध का स्राव बनाए रखता है। यह हार्मोनल संतुलन, नियमित दूध निष्कासन, पर्याप्त पोषण और अच्छी प्रबंधन पद्धतियों पर निर्भर करता है। यह दूध के रिसाव (जिसे ऑक्सीटोसिन द्वारा नियंत्रित किया जाता है) और स्तनपान की शुरुआत से अलग है, जिससे यह विशेष रूप से समय के साथ दूध उत्पादन को बनाए रखने से संबंधित है।

186. पोंकन मंदारिन को नागपुर मंदारिन के नाम से व्यापक रूप से जाना जाता है, खासकर भारत में, जहाँ इसे नागपुर सुनतारा के नाम से जाना जाता है। यह किस्म अपने मीठे स्वाद, ढीले छिलके और आसानी से छीलने के लिए जानी जाती है। इसे अंतरराष्ट्रीय स्तर पर चीनी हनी ऑरेंज और फिलीपींस में बटांगस मंदारिन जैसे नामों से भी जाना जाता है। नागपुर क्षेत्र की जलवायु और मिट्टी की स्थिति इसे इस मंदारिन के सबसे प्रमुख उत्पादन क्षेत्रों में से एक बनाती है, जिससे इसे नागपुर मंदारिन के रूप में एक सुस्थापित पहचान मिली है।

187. विश्व पर्यावरण दिवस हर साल 5 जून को मनाया जाता है, और यह पर्यावरण संरक्षण के बारे में जागरूकता बढ़ाने के लिए सबसे बड़े वैश्विक मंच के रूप में कार्य करता है। दुनिया भर के देश वृक्षारोपण, प्लास्टिक कम करने के अभियान, संरक्षण अभियान और जागरूकता कार्यक्रमों जैसी गतिविधियों में भाग लेते हैं। यह दिवस जलवायु परिवर्तन, जैव विविधता पुनर्स्थापन, भूमि क्षरण और सतत जीवन से संबंधित विषयों पर प्रकाश डालता है, और पर्यावरणीय स्थिरता के लिए जन भागीदारी और सरकारी कार्रवाई को प्रोत्साहित करता है।

188. TRYSEM का अर्थ है स्व-रोजगार के लिए ग्रामीण युवाओं का प्रशिक्षण। इस कार्यक्रम का शुभारंभ 18 से 35 वर्ष की आयु के ग्रामीण युवाओं को व्यावहारिक व्यावसायिक कौशल से लैस करने के विशिष्ट उद्देश्य से किया गया था ताकि वे स्व-रोजगार के उद्यम अपना सकें।

कृषि, उद्योग, सेवा और संबद्ध क्षेत्रों में प्रशिक्षण प्रदान किया गया, जिससे यह सुनिश्चित हुआ कि युवा अपने ग्रामीण परिवेश में आय अर्जित करने की क्षमता प्राप्त कर सकें। इसने आजीविका को बढ़ाने और ग्रामीण बेरोजगारी को कम करने में महत्वपूर्ण भूमिका निभाई।

189. भारतीय कृषि अनुसंधान संस्थान (IARI) ने हाल ही में HD 3386 नामक एक उच्च उपज देने वाली गेहूँ की किस्म जारी की है, जो पीले रतुआ और पत्ती रतुआ सहित प्रमुख रतुआ रोगों के प्रति अपनी प्रबल प्रतिरोधक क्षमता के लिए जानी जाती है। इन रोगों ने ऐतिहासिक रूप से, विशेष रूप से उत्तरी गेहूँ उत्पादक क्षेत्रों में, उपज में भारी हानि पहुँचाई है।

HD 3386 को उच्च उत्पादकता, बेहतर अनुकूलनशीलता और रोग सहनशीलता में सुधार के लिए विकसित किया गया है, जिससे यह विभिन्न जलवायु और मृदा परिस्थितियों में खेती के लिए उपयुक्त है, जिससे खाद्य सुरक्षा में वृद्धि होती है।

190. उचित और लाभकारी मूल्य (FRP) की घोषणा विशेष रूप से गन्ने के लिए की गई है। यह मूल्य निर्धारण प्रणाली यह सुनिश्चित करती है कि किसानों को अपनी गन्ने की फसल के लिए एक गारंटीकृत न्यूनतम लाभ प्राप्त हो, जो चीनी मिलों द्वारा सामना किए जाने वाले बाजार उतार-चढ़ाव से स्वतंत्र हो।

FRP केंद्र सरकार द्वारा उत्पादन लागत, मांग और आपूर्ति, वसूली दर और किसानों के लिए उचित लाभ मार्जिन जैसे कारकों के आधार पर प्रतिवर्ष तय की जाती है। यह प्रणाली गन्ना उत्पादकों की रक्षा करती है और चीनी क्षेत्र की अर्थव्यवस्था को स्थिर करती है।

191. रबी विपणन सत्र (RMS) आधिकारिक तौर पर निर्दिष्ट खरीद अवधि है, जिसके दौरान सरकारी एजेंसियों द्वारा गेहूँ, जौ, चना और सरसों जैसी फसलें खरीदी जाती हैं। रबी फसलों की कटाई मुख्यतः मार्च-अप्रैल में होती है, और उनकी खरीद वित्तीय वर्ष के दौरान अगले मार्च तक जारी रहती है।

इसलिए, विपणन चक्र अप्रैल से मार्च तक माना जाता है, जो FCI और राज्य एजेंसियों द्वारा उपयोग किए जाने वाले कृषि खरीद कैलेंडर के अनुरूप है।

192. बीजों के क्रायोप्रिजर्वेशन में सभी कोशिकीय उपापचयी गतिविधियों को रोकने के लिए अति-निम्न तापमान बनाए रखने की आवश्यकता होती है। यह तरल नाइट्रोजन का उपयोग करके प्राप्त किया जाता है, जो –196°C पर मौजूद होता है और एंजाइमी प्रतिक्रियाओं, कवक वृद्धि और आनुवंशिक क्षरण को रोककर दीर्घकालिक संरक्षण सुनिश्चित करता है।

इसलिए, नाइट्रोजन–विशेष रूप से अपने द्रवीभूत रूप में–बीजों के क्रायोजेनिक भंडारण के लिए प्रयुक्त मानक रसायन है।

193. द्रव नाइट्रोजन क्रायोजेनिक बीजों को –196°C पर संग्रहीत करने में सक्षम बनाता है, एक ऐसा तापमान जिस पर सभी उपापचयी क्रियाएँ पूरी तरह से रुक जाती हैं, जिससे यह सुनिश्चित होता है कि बीज दशकों तक बिना किसी क्षति के व्यवहार्य बने रहें। दिए गए विकल्पों में कृषि भंडारण शब्दावली में, साइलो एक संरचित भंडारण इकाई का प्रतिनिधित्व करता है जिसका उपयोग वैज्ञानिक और दीर्घकालिक संरक्षण प्रणालियों के लिए किया जाता है, जो इसे क्रायोजेनिक बीज भंडारण संदर्भ के लिए सूचीबद्ध विकल्पों में सबसे उपयुक्त बनाता है।

194. **उप-सतही ड्रिप सिंचाई :** यह प्रणाली मिट्टी की सतह के नीचे दबे ड्रिप लेटरल के माध्यम से पानी पहुँचाती है। पानी सीधे पौधे की जड़ क्षेत्र तक पहुँचता है, जिससे कम दबाव में जल-उपयोग दक्षता में सुधार होता है।

यह वाष्पीकरण को कम करता है, खरपतवार की वृद्धि को कम करता है, और इसे उच्च मूल्य वाली फसलों और सटीक मृदा नमी नियंत्रण के लिए उपयोग की जाने वाली सबसे कुशल सिंचाई तकनीकों में से एक माना जाता है।

195. **विधि प्रदर्शन :** इस दृष्टिकोण में कृषि पद्धति की चरण-दर-चरण प्रक्रिया–जैसे बीज बोना, उर्वरक का प्रयोग, या नई तकनीक का उपयोग–को सीधे किसानों के एक समूह को दिखाया जाता है। यह किसानों को सही विधि को दृष्टिगत रूप से समझने और बेहतर प्रथाओं को अपनाने में मदद करता है।

इसका ध्यान परिणामों के बजाय प्रक्रिया के प्रदर्शन पर होता है, जो इसे परिणाम या अग्रिम पंक्ति प्रदर्शनों से अलग बनाता है।

196. राष्ट्रीय बागवानी मिशन के तहत ग्रीनहाउस सब्सिडी सहायता प्रदान की जाती है क्योंकि यह मिशन उत्पादकता बढ़ाने और साल भर गुणवत्तापूर्ण उत्पादन सुनिश्चित करने के लिए पॉलीहाउस, शेडनेट हाउस और ग्रीनहाउस जैसी संरक्षित खेती तकनीकों को बढ़ावा देता है।

यह योजना किसानों को ग्रीनहाउस संरचनाओं के निर्माण के लिए वित्तीय सहायता प्रदान करके आधुनिक बागवानी अपनाने में मदद करती है, जिसके लिए अन्यथा उच्च प्रारंभिक निवेश की आवश्यकता होती है।

197. चाय बोर्ड, कॉफी बोर्ड, मसाला बोर्ड और रबर बोर्ड, सभी वाणिज्य एवं उद्योग मंत्रालय के अधीन वैधानिक वस्तु बोर्ड के रूप में कार्य करते हैं, जो विनियमन, संवर्धन और निर्यात विकास के लिए उत्तरदायी हैं। गोंद एवं राल बोर्ड इस मंत्रालय के अधीन कार्य नहीं करता है, जिससे यह वाणिज्य एवं उद्योग मंत्रालय से संबद्ध न होने वाला एकमात्र विकल्प बन जाता है।

198. कृषि क्षेत्र एक कृत्रिम पारिस्थितिकी तंत्र है क्योंकि इसे जानबूझकर मनुष्यों द्वारा निर्मित और निरंतर प्रबंधित किया जाता है। इसके लिए सिंचाई, बीज, उर्वरक और कीटनाशकों जैसे बाहरी निवेशों की आवश्यकता होती है और यह स्वयं को प्राकृतिक रूप से बनाए नहीं रख पाता है। दूसरी ओर, झीलें, नदियाँ, नाले और आर्द्रभूमियाँ आत्मनिर्भर प्राकृतिक पारिस्थितिकी तंत्र हैं।

199. ऊष्मायन के दौरान, अंडों को नियमित रूप से पलटना चाहिए ताकि भ्रूण आंतरिक खोल झिल्ली से न चिपके। यह विकृति को रोकता है, समान तापमान और पोषक तत्वों का वितरण सुनिश्चित करता है, और पूरे हैचिंग काल में स्वस्थ विकास को बढ़ावा देता है।

200. जनगणना 2011 के तहत ग्रामीण क्षेत्र को एक ऐसे आवास के रूप में परिभाषित किया गया है जो शहरी मानदंडों को पूरा नहीं करता है और जिसकी जनसंख्या सामान्यतः 5000 से कम है। यह जनसंख्या सीमा, छोटे, कृषि-उन्मुख बस्तियों को बड़ी आबादी वाले क्षेत्रों से अलग करने में मदद करती है जो शहरी के रूप में योग्य हैं।

NABARD—असिस्टेंट मैनेजर (GRADE A)

Phase-I, भर्ती परीक्षा-2023

(Exam held on 16 October, 2023)

तार्किक योग्यता

निर्देश (प्रश्न संख्या 1) : *निम्नलिखित जानकारी का ध्यानपूर्वक अध्ययन करें और नीचे दिए गए प्रश्नों के उत्तर दें।*

U, T के दक्षिण में 30 मीटर की दूरी पर है। R, P के पूर्व में 30 मीटर की दूरी पर है। U, S के पूर्व में 10 मीटर की दूरी पर है। U, Q के उत्तर में 10 मीटर की दूरी पर है। V, U के पूर्व में 20 मीटर की दूरी पर है। Q, P के पूर्व में 20 मीटर की दूरी पर है।

1. बिंदु T के संदर्भ में बिंदु S किस दिशा में है?

A. दक्षिण-पूर्व B. दक्षिण
C. उत्तर-पश्चिम D. दक्षिण-पश्चिम
E. पश्चिम

निर्देश (प्रश्न संख्या 2-3) : *नीचे दिए गए प्रश्नों के उत्तर देने के लिए दी गई जानकारी का ध्यानपूर्वक अध्ययन करें।*

एक परिवार में सात सदस्य हैं। L, W का पोता और P का बेटा है। C, U की भतीजी है जो अविवाहित है। R, T की सास है। T के दो बच्चे हैं। परिवार में केवल दो विवाहित जोड़े हैं। P की कोई बहन नहीं है।

2. परिवार में कितने पुरुष सदस्य हैं?

A. 2 B. 3
C. 4 D. 5
E. 3 या 4

3. निम्नलिखित में से कौन विवाहित जोड़ों में से एक है?

A. L और C B. W और P
C. R और T D. P और T
E. P और C

निर्देश (प्रश्न संख्या 4) : *दिए गए प्रश्न में, दिए गए कथनों को सत्य मानते हुए ज्ञात कीजिए कि दिए गए चार निष्कर्षों I, II, III और IV में से कौन-सा निश्चित रूप से सत्य है/हैं और तद्नुसार अपना उत्तर दीजिए।*

4. **कथन :**

$M > O \geq P, S < K = M, N > D \leq S$

निष्कर्ष :

I. $P = S$ II. $O < K$
III. $M > D$ IV. $N \geq M$

A. केवल II और III सत्य हैं
B. केवल II, III और IV सत्य हैं
C. केवल III और IV सत्य हैं
D. केवल II और IV सत्य हैं
E. केवल II सत्य है

5. निम्नलिखित में से कौन से प्रतीकों को रिक्त स्थानों में क्रमशः (बाएं से दाएं समान क्रम में) रखा जाना चाहिए ताकि दी गई अभिव्यक्ति इस तरह से पूरी हो कि अभिव्यक्ति '$S \geq A$' निश्चित रूप से सत्य हो और '$P < E$' निश्चित रूप से असत्य हो?

S_P_A_C_E

A. $>, <, \geq, =$ B. $>, >, =, =$
C. $<, =, =, <$ D. $\geq, =, =, \geq$
E. $\geq, =, =, \leq$

1. D	2. C	3. D	4. A	5. D

निर्देश (प्रश्न संख्या 6-9) : *नीचे एक प्रश्न दिया गया है जिसके नीचे दो कथन I और II दिए गए हैं। आपको यह तय करना है कि कथनों में दी गई जानकारी प्रश्न का उत्तर देने के लिए पर्याप्त है या नहीं। प्रश्न और दोनों कथनों को पढ़ें और उत्तर दें।*

6. अलग-अलग लंबाई वाले पाँच दोस्तों A, B, C, D और E में सबसे लंबा कौन है?

I. C केवल एक दोस्त से लंबा है। केवल एक दोस्त E से लंबा है। A सबसे छोटा नहीं है।

II. C तीन व्यक्तियों से छोटा है। केवल एक व्यक्ति E से लंबा है। A न तो समूह में सबसे लंबा है और न ही सबसे छोटा। B समूह में सबसे छोटा है।

A. कथन I अकेला पर्याप्त है लेकिन कथन II अकेला पर्याप्त नहीं है

B. कथन II अकेला पर्याप्त है लेकिन कथन I अकेला पर्याप्त नहीं है

C. या तो कथन I या II पर्याप्त है

D. कथन I और II दोनों एक साथ पर्याप्त नहीं हैं

E. कथन I और II दोनों एक साथ पर्याप्त हैं, लेकिन उनमें से कोई भी अकेले पर्याप्त नहीं है

7. एक वृत्त के चारों ओर कितने व्यक्ति बैठे हैं (सभी अंदर की ओर मुख करके बैठे हैं)?

I. G, F के दाईं ओर तीसरे स्थान पर बैठा है, जो A के दाईं ओर तीसरे स्थान पर बैठा है। C और G के बीच केवल तीन व्यक्ति बैठे हैं।

II. A और C के बीच केवल दो व्यक्ति बैठे हैं, जो G के दाईं ओर दूसरे स्थान पर बैठा है। F, A के दाईं ओर तीसरे स्थान पर बैठा है और G और F के बीच केवल तीन व्यक्ति बैठे हैं।

A. कथन I अकेला पर्याप्त है लेकिन कथन II अकेला पर्याप्त नहीं है

B. कथन II अकेला पर्याप्त है लेकिन कथन I अकेला पर्याप्त नहीं है

C. या तो कथन I या II पर्याप्त है

D. कथन I और II दोनों एक साथ पर्याप्त नहीं हैं

E. कथन I और II दोनों एक साथ पर्याप्त हैं, लेकिन उनमें से कोई भी अकेले पर्याप्त नहीं है

8. कोड भाषा में 'physics' के लिए कोड क्या है?

I. कोड भाषा में 'lv kp nt sp' का अर्थ है 'concept of the physics' और 'jl tv nt fg' का अर्थ है 'what are uses physics'।

II. उसी भाषा में 'bd yz nt hs' का अर्थ है 'sound wave is physics' और 'xt om zi nt' का अर्थ है 'physics help solve problem'।

A. कथन I अकेला पर्याप्त है, लेकिन कथन II अकेला पर्याप्त नहीं है

B. कथन II अकेला पर्याप्त है, लेकिन कथन I अकेला पर्याप्त नहीं है

C. या तो कथन I या II पर्याप्त है

D. कथन I और II दोनों एक साथ पर्याप्त नहीं हैं

E. कथन I और II दोनों एक साथ पर्याप्त हैं, लेकिन उनमें से कोई भी अकेले पर्याप्त नहीं है

9. किसी कोड भाषा में 'week' का कोड क्या है?

I. 'ja in ga' का अर्थ है 'interesting week ahead', 'ga re sa' का अर्थ है 'song was interesting' और 'po ja ka' का अर्थ है 'blocks are ahead'।

II. 'ke in pe' का अर्थ है 'after first week', 'ge in pe' का अर्थ है 'week after month' और 're sa ta' का अर्थ है 'song was disco'।

A. कथन I अकेला पर्याप्त है, लेकिन कथन II अकेला पर्याप्त नहीं है

B. कथन II अकेला पर्याप्त है, लेकिन कथन I अकेला पर्याप्त नहीं है

C. या तो कथन I या II पर्याप्त है

D. कथन I और II दोनों एक साथ पर्याप्त नहीं हैं

E. कथन I और II दोनों एक साथ पर्याप्त हैं, लेकिन उनमें से कोई भी अकेले पर्याप्त नहीं है

6. B **7.** B **8.** C **9.** A

निर्देश (प्रश्न संख्या 10 और 11) : *निम्नलिखित जानकारी का ध्यानपूर्वक अध्ययन करें और नीचे दिए गए प्रश्नों के उत्तर दें।*

दस कॉलेज मित्र J, I, H, G, F, E, D, C, B और A हैं। वे एक दूसरे के सामने दो समानांतर पंक्तियों में बैठे हैं। प्रत्येक पंक्ति में 5 सदस्य हैं। पंक्ति 1 के सदस्य उत्तर के सम्मुख हैं जबकि पंक्ति 2 के सदस्य दक्षिण के सम्मुख हैं। D, G के ठीक विपरीत बैठा है जो J के दाईं ओर तीसरे स्थान पर बैठा है। D, I के तत्काल बाईं ओर बैठा है जो दक्षिण के सम्मुख है। I, C के बाईं ओर तीसरे स्थान पर बैठा है जो E के ठीक विपरीत बैठा है। H, J और F के बीच में बैठा है और B के विपरीत है।

10. निम्नलिखित में से कौन H के बाईं ओर दूसरे स्थान पर बैठा है?

A. D
B. G
C. C
D. E
E. J

11. निम्नलिखित में से व्यक्तियों का कौन-सा समूह दक्षिण के सम्मुख है?

A. I, D, F
B. A, B, D
C. I, C, H
D. C, D, J
E. B, I, E

निर्देश (प्रश्न संख्या 12-15) : *इनमें से प्रत्येक प्रश्न में तीन कथन और उसके बाद दो निष्कर्ष I और II दिए गए हैं। आपको दिए गए कथनों को सत्य मानना है, भले ही वे सामान्य रूप से ज्ञात तथ्यों से भिन्न प्रतीत होते हों और फिर तय करना है कि दिए गए निष्कर्षों में से कौन-सा तार्किक रूप से अनुसरण करता है :*

12. कथन : सभी वार्डरोब लकड़ी हैं।
कुछ लकड़ी टेबल हैं।
कोई टेबल कुर्सी नहीं है।

निष्कर्ष :

I. सभी वार्डरोब के कुर्सियाँ होने की संभावना है।
II. सभी कुर्सियों के लकड़ी होने की संभावना है।

A. केवल निष्कर्ष I अनुसरण करता है
B. केवल निष्कर्ष II अनुसरण करता है
C. या तो निष्कर्ष I या II अनुसरण करता है
D. न तो निष्कर्ष I और न ही II अनुसरण करता है
E. दोनों निष्कर्ष I और II अनुसरण करते हैं

13. कथन : कुछ झंडे लाल हैं।
कुछ काले सफेद हैं।
सभी सफेद लाल हैं।

निष्कर्ष :

I. सभी झंडों का सफेद होना एक संभावना है।
II. कोई लाल काला नहीं है।

A. केवल निष्कर्ष I अनुसरण करता है
B. केवल निष्कर्ष II अनुसरण करता है
C. या तो निष्कर्ष I या II अनुसरण करता है
D. न तो निष्कर्ष I और न ही II अनुसरण करता है
E. दोनों निष्कर्ष I और II अनुसरण करते हैं

14. कथन : कोई फल खाद्य पदार्थ नहीं है।
कुछ फल सब्जियाँ हैं।
सभी खाद्य पदार्थ फूल हैं।

निष्कर्ष :

I. सभी खाद्य पदार्थों के सब्जियाँ होने की संभावना है।
II. कुछ फूल फल नहीं हैं।

A. केवल निष्कर्ष I अनुसरण करता है
B. केवल निष्कर्ष II अनुसरण करता है
C. या तो निष्कर्ष I या II अनुसरण करता है
D. न तो निष्कर्ष I और न ही II अनुसरण करता है
E. दोनों निष्कर्ष I और II अनुसरण करते हैं

15. कथन : केवल कुछ बॉन्ड एग्रीमेंट हैं।
कोई भी कंडीशन बॉन्ड नहीं है।
कुछ एग्रीमेंट पॉइंट हैं।

निष्कर्ष :

I. कुछ पॉइंट बॉन्ड हो सकते हैं।
II. कोई भी बॉन्ड पॉइंट नहीं है।

A. केवल निष्कर्ष I अनुसरण करता है
B. केवल निष्कर्ष II अनुसरण करता है
C. या तो निष्कर्ष I या II अनुसरण करता है
D. न तो निष्कर्ष I और न ही II अनुसरण करता है
E. दोनों निष्कर्ष I और II अनुसरण करते हैं

10. D **11.** B **12.** E **13.** A **14.** E **15.** A

निर्देश (प्रश्न संख्या 16-20) : *निम्नलिखित जानकारी का ध्यानपूर्वक अध्ययन करें और नीचे दिए गए प्रश्नों के उत्तर दें।*

सात व्यक्ति D, E, F, G, H, I और J फरवरी, मार्च, अप्रैल, मई, अगस्त, अक्टूबर और दिसंबर के महीनों में एक सेमिनार में भाग लेने वाले हैं, लेकिन जरूरी नहीं कि इसी क्रम में हों। उनमें से प्रत्येक को एक अलग रंग पसंद है, अर्थात् काला, नीला, हरा, नारंगी, लाल, सफेद और पीला, लेकिन जरूरी नहीं कि इसी क्रम में हों।

जो व्यक्ति हरा रंग पसंद करता है, वह D से ठीक पहले सेमिनार में भाग लेता है। F, D के ठीक बाद सेमिनार में भाग लेता है। जो व्यक्ति लाल रंग पसंद करता है, वह 31 दिनों से कम वाले महीने में सेमिनार में भाग लेता है। D और लाल रंग पसंद करने वाले व्यक्ति के बीच केवल एक व्यक्ति सेमिनार में भाग लेता है। J उस महीने में सेमिनार में भाग लेता है जिसमें 31 दिन से कम दिन होते हैं। I, J के तुरंत बाद सेमिनार में भाग लेता है। F और E के बीच केवल दो व्यक्ति सेमिनार में भाग लेते हैं। D और नारंगी रंग पसंद करने वाले व्यक्ति के बीच केवल एक व्यक्ति सेमिनार में भाग लेता है। J को काला रंग पसंद नहीं है। काला रंग पसंद करने वाला व्यक्ति पीला रंग पसंद करने वाले व्यक्ति से तुरंत पहले सेमिनार में भाग लेता है। H को हरा रंग पसंद नहीं है। नारंगी रंग पसंद करने वाला व्यक्ति 31 दिनों वाले महीने में सेमिनार में भाग लेता है, लेकिन अगस्त या मार्च में नहीं। सफेद रंग पसंद करने वाला व्यक्ति 30 दिनों से कम दिनों वाले महीने में सेमिनार में भाग लेता है।

16. F और नीला रंग पसंद करने वाले व्यक्ति के बीच कितने व्यक्ति सेमिनार में भाग लेते हैं?

A. कोई नहीं B. दो
C. एक D. तीन
E. पाँच

17. निम्नलिखित में से कौन-सा कथन सत्य नहीं है?

A. E को लाल रंग पसंद है और वह अप्रैल महीने में सेमिनार में भाग लेता है।
B. H दिसंबर में सेमिनार में भाग लेता है।
C. G और I के बीच केवल दो व्यक्ति सेमिनार में भाग लेते हैं।
D. F को पीला रंग पसंद है।
E. सभी सत्य हैं।

18. निम्नलिखित में से कौन-सा संयोजन सत्य है?

A. मई-G-काला B. अक्टूबर-D-पीला
C. मार्च-I-लाल D. अप्रैल-J-हरा
E. दिसंबर-H-नारंगी

19. निम्नलिखित में से कौन अगस्त में सेमिनार में भाग लेता है?

A. D B. F
C. I D. E
E. J

20. निम्नलिखित में से कौन सफेद रंग पसंद करने वाले व्यक्ति के तुरंत बाद सेमिनार में भाग लेता है?

A. E B. G
C. I D. J
E. D

ENGLISH LANGUAGE

Directions (Qs. No. 21-25): *In the question given below, some words are highlighted. Identify the wrongly spelt or inappropriate words in the context of the sentence. In case all the words are correct, then choose option 'E', i.e., none of the above as your answer.*

21. **Educating** (1) people about the need to **preserve** (2) nature and **protect** (3) animal **habitats** (4) is a naturalist's job.

A. 1 B. 2
C. 3 D. 4
E. None of the above

22. The sunrise over the **tranquil** (1) lake, with its gentle **reflection** (2) and the surrounding mountains, created a **breathtaking** (3) display of **scenic** (4) beauty

A. 1 B. 2
C. 3 D. 4
E. None of the above

16. D **17.** C **18.** E **19.** A **20.** C **21.** E **22.** E

23. The **concept** (1) of reacting **mechanically** (2) to events is not a purely **materialistic** (3) one as it is seen at the first **cite** (4)

A. 1 B. 2
C. 3 D. 4
E. None of the above

24. After receiving **unprecedented** (1) support from the government, the port **authorities** (2) have drawn up an **ambitious** (3) **expansion** (4) plan.

A. 1 B. 2
C. 3 D. 4
E. None of the above

25. Several factories had **encroached** (1) upon the forests and **whipped** (2) out several trees that had been **classified** (3) as **sensitive** (4) by the government.

A. 1 B. 2
C. 3 D. 4
E. None of the above

Directions (Qs. No. 26-30): *Read the following group of sentences numbered 1, 2, 3, 4, 5, and 6. Considering 6 as the last sentence, rearrange the remaining sentences in proper order to form a meaningful paragraph.*

26. 1. When the pressure is high, the weather tends to be clear and dry, while low pressure often brings clouds and rain.
2. Devices like barometers are used to measure and track changes in atmospheric pressure, helping us understand and predict weather conditions.
3. Atmospheric pressure is the force exerted by the air that surrounds us on Earth. It's like the weight of the air above pushing down on everything below.
4. People who live in high-altitude places experience lower atmospheric pressure, which can affect their breathing and require adaptation.
5. We often don't notice it, but it's crucial for our daily lives. Weather patterns, like high and low-pressure systems, are caused by variations in atmospheric pressure.
6. The atmospheric pressure also plays a role in making objects stick to the Earth's surface rather than floating away into space.

A. 351426 B. 145326
C. 435126 D. 534216
E. 453216

27. 1. With urbanization, there's greater emphasis on personal space and privacy, which nuclear families provide.
2. Despite these changes, nuclear families still foster strong bonds among family members and are often seen as a practical and manageable way of life.
3. This shift can be attributed to various factors. Economic independence and better career opportunities often lead couples to prefer a smaller family unit.
4. This shift reflects the evolving dynamics of modern society, where self-sufficiency and personal fulfillment are becoming more important considerations.
5. In recent decades, there has been a growing trend towards nuclear families. A nuclear family typically consists of parents and their children living together in a separate household.
6. Changing social norms and values have also influenced this trend, as people now value individual freedom and autonomy.
7. Additionally, the increasing cost of living has made it more challenging for extended families to cohabit in a single household.

A. 6574312 B. 5316724
C. 3451267 D. 7654231
E. 4325617

23. D **24.** E **25.** B **26.** D **27.** B

28. 1. It is imperative to underscore that proactively seeking assistance and fortification is emblematic of mettle, not frailty.
2. It encompasses cognitive processes, emotional resonance, and one's adaptive capacities in navigating the vicissitudes of existence.
3. The conscientious cultivation and stewardship of our mental health represent an indomitable imperative in the holistic orchestration of a harmonious and fulfilled existence.
4. On occasion, individuals encounter circumstances that may precipitate perturbations in their mental well-being, ranging from distress and bereavement to pervasive anxiety.
5. Mental health pertains to the psychoemotional equilibrium intrinsic to the human condition.
6. Analogous to physical well-being, sound mental health is paramount for the realization of a fulfilling and gratifying life.

A. 453216 B. 345126
C. 526413 D. 145326
E. 246513

29. 1. This culture can lead to a lack of collaboration and mutual support, which may hinder the overall productivity and job satisfaction within the organization.
2. Corporate wolf culture, often encountered in competitive workplaces, is a phenomenon where individuals prioritize their personal success and advancement over team cohesion and cooperation.
3. While some level of competition can be motivating, fostering a more collaborative and inclusive atmosphere tends to yield better long-term results for both the employees and the company.
4. In such environments, employees may resort to cutthroat tactics and intense rivalry to climb the corporate ladder.
5. In sum, navigating the intricacies of corporate wolf culture calls for a delicate equilibrium between personal ambition and the broader goals of the organization.
6. It's essential to strike a balance between individual ambition and collective success in a corporate setting.

A. 241635 B. 435126
C. 154326 D. 654312
E. 324561

30. 1. One pivotal ecological niche that serves as a formidable bulwark against pollution is the wetland.
2. The conservation of wetlands is imperative, as it stands as a cornerstone in our collective efforts to abate pollution and perpetuate an equilibrium in environmental sustainability.
3. Wetlands assume the mantle of nature's eminent purifiers, adeptly sieving water of noxious contaminants, while concurrently acting as a reservoir for excess precipitation, thus ameliorating the peril of inundations.
4. Pollution, a substantial environmental predicament, exerts deleterious effects on the ecological triad encompassing the atmosphere, hydrosphere, and lithosphere.
5. The pivotal role wetlands play in ameliorating water quality assumes heightened importance in view of the pivotal role of pristine water sources in human sustenance, agriculture, and multifarious industrial processes.
6. They underpin rich and multifarious ecosystems, engendering an optimal habitat for diverse flora and fauna, which, in turn, contributes to ecological robustness.

A. 413652 B. 341256
C. 645321 D. 245361
E. 356421

28. C **29.** A **30.** A

Directions (Qs. No. 31-35): *Fill in the blanks with suitable words given in the options.*

31. Success of a business is ____ on too many factors for one methodology to guarantee that any single business will ____ a winner.

A. Rest – Proven
B. Built – recognized
C. Predicted – be
D. Grounded – sure
E. Ban – produce

32. Over the years, the ___ over the financial benefit of buying gold has resulted in the identification of several ways through which one can ____ in it, other than buying it in physical form.

A. Debate - invest
B. tension - diversify
C. lack - trade
D. issues – sell
E. problem – spent

33. Job ____ was lesser and transient in the second wave and was barely ____ in the third wave of the pandemic.

A. growth - larger
B. accumulation - absence
C. market - evidence
D. loss - present
E. prospects - minimum

34. The author ____ the characters of his novels with compassion and charm but he does not ____ away from the ordinary struggles that they face.

A. writes - cast
B. discussed - stray
C. exemplifying - step
D. illustrate - move
E. treats - shy

35. Genetically modified crops have been developed to enhance ______ to pests, increase crop yields, and ______ various agricultural challenges.

A. frugal - thrift
B. dally - tether
C. aplomb - roving
D. resistance - address
E. fray - latch

Directions (Qs. No. 36-46): *Read the passage and answer the questions that follow.*

IN SEPTEMBER 1995, the presidents of the five republics which constitute the watershed of the Aral Sea - Turkmenistan, Kyrgyzstan, Tajikistan, Kazakhstan, and Uzbekistan - met in Nukus, the capital of Karakalpakstan, the autonomous republic of Uzbekistan (the worst-affected by the tragedy). This was the fourth meeting of the presidents within three years. The objective: to deal with the Aral Sea crisis and effectively try to contain the terrible after-effects of this gigantic ecological disaster. The meeting was preceded by an international conference where the presidents called upon the international community to help them save the Aral Sea. A **resolution** was taken up to formulate a regional treaty to share the waters of the rivers feeding the Aral Sea. Since these states were until recently part of the former Soviet Union, non-governmental organizations have rarely been involved in ecological work. But significantly, for the first time, on paper at least, the official Nukus Declaration stated government intent to provide space for NGOs to be involved in the revival of the Aral Sea.

The conference laid bare all the elements of the crisis - the need for humanitarian aid, the need for plans to move towards "sustainable development" and ecological restoration. But the one question uppermost in the minds of concerned environmentalists - Will the Aral Sea ever recover its former glory? - remained unanswered!

The genesis: The quest for self-sufficiency is indisputably a lofty goal, a meaningful aspiration, especially when it seeks to change the destiny of

31. C **32.** A **33.** D **34.** E **35.** D

a land and its teeming millions. But sometimes when dreams run contrary to reason, failing to take cognizance of ground realities and existing truths, the outcome can be devastating. The Aral Sea crisis is one such disaster. A colossal blunder, borne of short-sighted planning, triggered by nothing but an all-consuming concern for self-sufficiency. Ever since Lenin had decreed in 1919 that the USSR should become self-sufficient in cotton, the country's central planners concentrated on cotton production. A process that sets into motion a series of chain reactions leading to a calamitous, cul-de-sac gateway to eventual catastrophe.

The future, as perceived by the Soviet planners, lay in the development of ambitious irrigation schemes that would milk the rivers to quench the growing, almost insatiable demands of cotton production. And if at the end of it all a sea was to be sacrificed, what of it? So, the Aral Sea was made to pay for the consequences of mega planning that paid no heed to ecological considerations.

One of the most ancient lakes on earth, the Aral Sea, which is bounded by three deserts and shared by the five newly independent republics of Central Asia, had been the USSR's second largest inland water body and the world's fourth-largest inland sea. Fed mainly by two rivers - Amu Darya and Syr Darya - which collect the runoffs and glacier melts from the Pamir and Tien Shan mountains of Tajikistan and Kyrgyzstan - it had an average depth of 16 meters and a maximum depth of 68 meters with a salt content of 1 percent only. It had abundant fish resources and a busy shipping trade extending from its northern port of Aralsk in Kazakhstan to the river ports of Amu Darya, some as remote as Tajikistan. But all this was about to change. The Aral Sea and the adjoining tract of Central Asia were soon to feel the effects of these changes. More than three-quarters of the territory in Central Asia is desert lowland, part of a closed basin with no open sea or ocean outlet. Its hydrological cycle is strongly affected by the prevalent climatic features. There is very little rainfall in the lowland plains as all the monsoon-bearing winds from the Indian Ocean to the south are blocked by the high Himalayan peaks. The high temperatures, low humidity, and high solar radiation combine to create very high evaporation rates.

The fertile irrigated land between the two rivers is an ancient area of human settlement and has a history of approximately 3500 years. Sophisticated water distribution systems were in operation here, especially in the regions of Khorezm and Fergana. Archaeological research has shown that millions of hectares of water were locally managed by village councils, which allocated and controlled water use and enforced water laws. According to tradition, users of irrigation water took part in the construction and maintenance of irrigation networks.

When Russians conquered the Khanates of Turkestan (now Central Asia) in the late 19th century, they introduced technologies and began large-scale cotton cultivation. With the consolidation of Soviet power in the 20's, cotton was extensively developed in suitable areas. Sovietization led to a diminished appreciation by the inhabitants of the precious character of its water resources.

As recently as the late 50's, most surface water for irrigation came from smaller streams, and only about 15-17 percent of the Amu and Syr Darya flows were used for irrigation. Because of the low level of irrigation, the volume of the Aral Sea basin was more or less in equilibrium, with the evaporation from the surface being counterbalanced by the river inflow, groundwater aquifers, and rainfall. The volume of water fluctuated by only 100-150 cu km, and the surface area by 4000 sq km.

Sponging of a sea: When the decision to divert the waters of the two major rivers feeding the Aral Sea, the Amu Darya and Syr Darya, was implemented, the fate of the once-mighty Aral

Sea and the inhabitants of the region was sadly and irrevocably sealed. These diverted waters were to irrigate the ancient steppes (grasslands) of Central Asia, which had traditionally supported shepherds and nomads. But the Soviet planners were fully aware that this diversion would eventually starve the Aral Sea and compel it to shrink. They, therefore, had a contingency plan up their sleeves - the waters of the Siberian rivers flowing into the Central Asian region would be diverted to the Aral Sea to bolster the loss of Amu Darya and Syr Darya river flow. However, while the Central Asian irrigation plan went on stream, the plan to divert the Siberian rivers encountered stiff opposition from several ecologically concerned Soviet scientists. Struck down by the sheer vehemence of such overwhelming protest, the planners backed off, leaving the poor Aral Sea to face the brunt of a decision that was to recoil most tragically on its perpetrator and victims alike.

36. Which of the following words is same in meaning as the word 'Resolution', as used in the passage?

A. Conclusion
B. Choice
C. Ruling
D. Document
E. Decision

37. The Aral Sea serves as a stark reminder of the environmental consequences of unsustainable water management and has become a symbol of the urgent need for ecological restoration. It is surrounded by ______ deserts in the Central Asian region?

A. Three B. Four
C. Five D. Two
E. Six

38. Which of the following statement(s) is/are truly stating the objectives of the Nukus Declaration?

A. The Declaration's primary objective was to encourage private organizations to play an active role in the Aral Sea's restoration
B. A central focus of the Declaration was to foster collaboration between governmental bodies and community groups for the Aral Sea's revival
C. The Declaration was a call to action, urging environmental organizations to contribute their expertise and resources to restore the Aral Sea
D. The Declaration aimed at inviting NGOs to be involved in the revival of the Aral Sea
E. The Declaration sought to engage community groups in rejuvenating the Amu Darya and Syr Darya ecosystem

39. Which of the following crops' cultivation led to the deterioration of the Aral Sea?

A. Cotton B. Sugarcane
C. Rice D. Alfalfa
E. Maize

40. Which of the following statement(s) is/are truly stating the objectives of the September 1995 meeting of the five Central Asian countries?

A. To improve the livelihood options of nomad tribes living in the Central Asian Region
B. To deal with the Aral Sea crisis and contain the terrible after-effects of this gigantic ecological disaster
C. To enhance the connectivity options for nomadic tribes in the Central Asian region
D. To provide mobile healthcare clinics and training nomads in basic medical skills
E. To promote eco-friendly practices to preserve the fragile ecosystems where nomadic tribes reside

36. E **37.** A **38.** D **39.** A **40.** B

41. Which of the following statement(s) is/are incorrect about the geographical features of the Aral Sea?

A. It was the USSR's second largest inland water body and the world's fourth-largest inland sea

B. It is fed mainly by two rivers - Amu Darya and Syr Darya

C. The sea is made from the runoffs and glacier melts from the Pamir and Tien Shan mountains of Tajikistan and Kyrgyzstan

D. It had deficient fish resources and more than three-quarters of the territory surrounding it is desert lowland

E. It had an average depth of 16 meters and a maximum depth of 68 meters with a salt content of 1 percent only

42. Aralsk is the port in which country?

A. Uzbekistan B. Kazakhstan

C. Turkmenistan D. Tajikistan

E. Kyrgyzstan

43. What caused the contingency plan for Aral Sea to fail?

A. Strong opposition of the Soviet environmentalists

B. High costs of the conservation project

C. Insufficient funding and resources allocated to the plan

D. Political and bureaucratic obstacles within the Soviet government

E. Lack of international support and cooperation for the contingency plan

44. What is the meaning of cul-de-sac?

A. A complex, difficult, or problematic situation with no clear way out

B. A short road that is blocked off at one end

C. A situation where opposing forces or factors are evenly balanced

D. A situation in which no one involved can make any further progress because all parties are equally matched, and no one can win

E. A situation where there is no movement or activity, often due to a halt

45. Which of the following word is opposite in meaning to 'insatiable'?

A. Gratified B. Voracious

C. Ravenous D. Gluttonous

E. Avaricious

46. What is the contingency plan to save the Aral Sea from deterioration?

A. Implementing water-saving technologies and sustainable farming practices in the region

B. Promoting international cooperation and agreements on water resource management

C. Diversion of the waters of the Siberian rivers flowing into the Central Asian region to the Aral Sea

D. Restoring natural habitats and wetlands to improve the Aral Sea's ecosystem

E. Establishing desalination plants to provide fresh water to the Aral Sea region

Directions (Qs. No. 47-50): *In the sentence given below, some words have been underlined, which may or may not be correctly placed (grammatically or contextually). Rearrange the words to make the sentence grammatically correct.*

47. The dispute between the neighbors was highly **tenable** (1), and a **placable** (2) solution was reached through open **communication** (3) and **compromise** (4).

A. 2-3 B. 1-4

C. 1-2 D. 3-4

E. 2-4

41. D	42. B	43. A	44. A	45. A	46. C	47. C

48. The **harmony** (1) of various religious beliefs in the region resulted in a **diverse** (2) cultural landscape, where a **syndicate** (3) of spiritual leaders aimed to foster **syncretism** (4) among the faiths.

A. 2-3 B. 1-3
C. 2-4 D. 1-4
E. 3-4

49. The **tenacious** (1) investigative journalist **trail** (2) the **rapacious** (3) exploitation of natural resources by uncovering a **exposed** (4) of corruption and greed.

A. 1-3 B. 2-4
C. 2-3 D. 1-4
E. 1-2

50. The **fratricide** (1) decisions of the dictator led to **widespread** (2) unrest, ultimately **culminating** (3) in a tragic **capricious** (4) within the ruling family.

A. 2-4
B. 2-3
C. 1-3
D. 1-4
E. 1-2

कम्प्यूटर सचेतता

51. CD-R में 'R' का क्या अर्थ है?

A. रीराइटेबल B. रिकॉर्डेबल
C. रिपॉजिटरी D. रिमूवेबल
E. रिसोर्स

52. क्वांटम कंप्यूटिंग में सूचना की मूल इकाई निम्नलिखित में से कौन-सी है?

A. ऑक्टाबाइट B. क्यूबाइट
C. गीगाबिट D. क्यूबिट
E. बिट

53. टचस्क्रीन डिवाइस के साथ स्टाइलस का उपयोग करने का प्राथमिक लाभ क्या है?

A. उच्च स्क्रीन रिजॉल्यूशन
B. बेहतर ध्वनि गुणवत्ता
C. तेज इंटरनेट कनेक्शन
D. डिवाइस की विस्तारित बैटरी लाइफ
E. ड्राइंग और लेखन के लिए बढ़ी हुई सटीकता

54. निम्नलिखित में से कौन-सा ओपन सोर्स ऑपरेटिंग सिस्टम है?

A. MS-DOS B. iOS
C. लिनक्स D. विंडोज
E. इंटरनेट एक्सप्लोरर

55. एटीएम और पॉइंट-ऑफ-सेल (POS) मशीनों में आमतौर पर किस टचस्क्रीन तकनीक का उपयोग किया जाता है?

A. ऑप्टिकल B. सरफेस एकॉस्टिक वेव
C. इन्फ्रारेड D. रेसिस्टिव
E. कैपेसिटिव

56. इंटीग्रेटेड सर्किट (ICs) किस पीढ़ी के कंप्यूटर से संबंधित हैं?

A. पहली पीढ़ी B. दूसरी पीढ़ी
C. तीसरी पीढ़ी D. चौथी पीढ़ी
E. पाँचवीं पीढ़ी

57. डार्क वेब इंटरनेट का वह हिस्सा है जो सर्च इंजन को दिखाई नहीं देता। डार्क वेब तक पहुँचने के लिए एक विशेष ब्राउजर और VPN के उपयोग की आवश्यकता होती है ताकि आपकी ऑनलाइन गतिविधि निजी और सुरक्षित रहे। VPN का क्या मतलब है?

A. वर्चुअल पर्सनलाइज्ड नेटवर्क
B. वर्चुअल पर्सनल नेटवर्किंग
C. वर्चुअल प्राइवेट नेटवर्किंग
D. वर्चुअल पर्सनल नेटवर्क
E. वर्चुअल प्राइवेट नेटवर्क

48. E **49.** B **50.** D **51.** B **52.** D **53.** E **54.** C **55.** D **56.** C **57.** E

58. निम्नलिखित डिवाइस को गति के बढ़ते क्रम में व्यवस्थित करें :

(*a*) RAM (*b*) Hard disk
(*c*) Cache (*d*) Floppy

A. (*a*)(*b*)(*d*)(*c*) B. (*b*)(*d*)(*a*)(*c*)
C. (*d*)(*b*)(*a*)(*c*) D. (*b*)(*a*)(*d*)(*c*)
E. (*d*)(*a*)(*b*)(*c*)

59. वैक्यूम ट्यूब को ______ द्वारा प्रतिस्थापित किया गया।

A. ट्रांजिस्टर B. माइक्रोचिप्स
C. रेसिस्टर नेटवर्क D. इलेक्ट्रोमैग्नेटिक कॉइल
E. डायोड

60. POST (पावर-ऑन-सेल्फ-टेस्ट) का प्राथमिक उद्देश्य क्या है?

A. यह ऑपरेटिंग सिस्टम को बूट करने से पहले डायग्नोस्टिक्स परीक्षण करता है।
B. यह एक अस्थायी भंडारण क्षेत्र के रूप में कार्य करता है, जहाँ जटिल कार्यों को करनें के लिए सूचना तक त्वरित रूप से पहुँचा जा सकता है और उसमें हेरफेर किया जा सकता है।
C. यह रीढ़ की हड्डी के समान है जो कंप्यूटर के घटकों को एक स्थान पर एक साथ केंद्रित करती है और उन्हें एक दूसरे से अनुक्रिया करने की अनुमति देती है।
D. यह बैटरी बैकअप प्रदान करता है जब विद्युत शक्ति क्षीण हो जाती है या अपर्याप्त वोल्टेज स्तर तक गिर जाती है।
E. यह कंप्यूटर के आंतरिक घटकों के लिए मुख्य एसी को कम वोल्टेज विनियमित डीसी पावर में परिवर्तित करता है।

61. निम्नलिखित में से कौन-सा सिस्टम सॉफ्टवेयर का एक उदाहरण है?

A. माइक्रोसॉफ्ट वर्ड B. विंडोज ऑपरेटिंग सिस्टम
C. माइक्रोसॉफ्ट एक्सेल D. गूगल क्रोम
E. एडोब फोटोशॉप

62. माउस और कीबोर्ड को CPU से जोड़ने के लिए किस कनेक्टर का उपयोग किया जाता है?

A. USB-C B. USB-A
C. USB-B D. Micro-USB
E. Mini-USB

63. विंडोज ऑपरेटिंग सिस्टम पर ओपेन विंडोज के बीच स्विच करने की शॉर्टकट कुंजी क्या है?

A. Alt + Tab B. Ctrl + W
C. Shift + Esc D. Windows key + S
E. Alt + Space

64. स्टीव जॉब्स और स्टीव वोजनियाक ने वर्ष 1976 में निम्नलिखित में से कौन-सा कंप्यूटर बनाया था?

A. Apple I B. Macintosh 512k
C. Fat Mac D. iMac
E. Macintosh SE

65. निम्नलिखित में से कौन-सा एंटीवायरस सॉफ्टवेयर में 'रीयल-टाइम सुरक्षा' का सबसे अच्छा वर्णन करता है?

A. सिस्टम स्टार्टअप के दौरान ही अपने कंप्यूटर को स्कैन करना
B. सिस्टम ऑप्टिमाइजेशन टूल चलाना
C. खतरों के लिए स्वचालित, निरंतर निगरानी प्रदान करना
D. अपने इंटरनेट ब्राउजर इतिहास को साफ करना
E. अपनी हार्ड ड्राइव को डीफ्रैग्मेन्ट करना

66. ईमेल संदेश के किस फील्ड में आमतौर पर BCC विकल्प स्थित होता है?

A. Subject B. To
C. From D. CC
E. Attachments

67. माइक्रोसॉफ्ट द्वारा कौन-सा सर्च इंजन विकसित किया गया था?

A. माइक्रोसॉफ्ट एक्सप्लोरर
B. माइक्रोसॉफ्ट एज
C. मोजिला फायरफॉक्स
D. माइक्रोसॉफ्ट बिंग
E. MSN सर्च

58. C **59.** A **60.** A **61.** B **62.** B **63.** A **64.** A **65.** C **66.** B **67.** D

68. CPU का कौन-सा घटक मेमोरी से निर्देश प्राप्त करने और डिकोड करने के लिए जिम्मेदार है?

A. ALU
B. कंट्रोल यूनिट
C. कैश मेमोरी
D. RAM
E. रजिस्टर

69. कौन-सी कंट्रोल पैनल श्रेणी आपको अपने डेस्कटॉप पर विजुअल डिस्प्ले को ऑप्टिमाइज करने की अनुमति देती है?

A. ईजी ऑफ एक्सेस
B. हार्डवेयर एंड साउंड
C. नेटवर्क एंड शेयरिंग सेंटर
D. सिस्टम एंड सिक्योरिटी
E. एपियरेंस एंड पर्सनलाइजेशन

70. आप लैपटॉप ट्रैकपैड पर राइट क्लिक कैसे करते हैं?

A. 3 उंगलियों से स्क्रॉल करके
B. 2 उंगलियों से स्क्रॉल करके
C. 1 उंगली से डबल टैप करके
D. 2 उंगलियों से टैप करके
E. 3 उंगलियों से टैप करके

संख्यात्मक अभियोग्यता

निर्देश (प्रश्न संख्या 71-74) : *नीचे दी गई संख्या श्रृंखला में, एक संख्या गलत तरीके से रखी गई है जो संख्या श्रृंखला का अनुसरण नहीं करती है। गलत संख्या खोजें।*

71. 19.7, 17.3, 22.1, 14.9, 24.5, 12.2, 26.9

A. 24.5
B. 22.1
C. 17.3
D. 12.2
E. 14.9

72. 11, 9, 21, 59, 243, 1199, 7201

A. 9
B. 59
C. 243
D. 1199
E. 21

73. 19, 9, 8, 10.5, 18, 45, 132

A. 45
B. 18
C. 10.5
D. 8
E. 9

74. 6, 10, 18, 27, 54, 80, 134

A. 134
B. 54
C. 27
D. 18
E. 80

निर्देश (प्रश्न संख्या 75-78) : *दिए गए प्रश्नों में प्रश्न चिह्न (?) के स्थान पर लगभग क्या मान आएगा? (आपसे सटीक मान की गणना करने की अपेक्षा नहीं की जाती है)*

75. $\sqrt{(?+68.77)} \times 5.03 = 24.99\%$ of 541.12

A. 680
B. 640
C. 660
D. 675
E. 645

76. ? % of 1049.96 + 74.85% of 419.7889 = 749.65% of 69.9

A. 15
B. 35
C. 64
D. 20
E. 35

77. $\sqrt{(1521.28)} \div 26.019 \times 18.0032 = ? - 516.997$

A. 454
B. 464
C. 535
D. 455
E. 544

78. $(73425.001 - 33267.003 - 22417.99 - 17649.96) \times \sqrt{11024} = ?$

A. 9450
B. 9660
C. 9880
D. 8460
E. 9170

79. ₹ 10/m^2 की दर से वृत्ताकार बागवानी की राशि ₹ 3465 है। उस वर्ग का परिमाप ज्ञात कीजिए जिसकी भुजा वृत्त के व्यास के बराबर है।

A. 80 मीटर
B. 84 मीटर
C. 42 मीटर
D. 64 मीटर
E. 60 मीटर

68. B **69.** E **70.** D **71.** D **72.** C **73.** B **74.** E **75.** C **76.** D **77.** E **78.** A **79.** B

80. ₹ 26,125 की राशि को आंशिक रूप से योजना A में 4 वर्षों के लिए और आंशिक रूप से योजना B में 2 वर्षों के लिए निवेश किया जाता है। योजना A, 8% प्रति वर्ष साधारण ब्याज प्रदान करती है जबकि योजना B, 20% प्रति वर्ष चक्रवृद्धि ब्याज प्रदान करती है। दोनों योजनाओं में बराबर ब्याज मिलता है। योजना B में कितना पैसा निवेश किया गया था?

A. ₹ 12,500 B. ₹ 15,125
C. ₹ 13,625 D. ₹ 11,000
E. ₹ 10,250

81. A और B की वर्तमान आयु क्रमशः 9 : 10 के अनुपात में है। पाँच वर्ष बाद उनकी आयु का अनुपात 10 : 11 हो जाएगा। तीन वर्ष बाद C की आयु क्या होगी, यदि वह A से दो वर्ष बड़ा है।

A. 54 वर्ष B. 42 वर्ष
C. 47 वर्ष D. 45 वर्ष
E. 50 वर्ष

82. एक नाव 5 घंटे में (X + 60) किमी धारा के अनुकूल और 8 घंटे में (Y + 32) किमी धारा के प्रतिकूल दूरी तय करती है। यदि स्थिर जल में नाव की गति धारा की गति (12 किमी/घंटा) की तीन गुनी है, तो नाव द्वारा धारा के अनुकूल (X + 3Y/8) किमी दूरी तय करने में लगने वाला समय ज्ञात कीजिए।

A. 10 घंटे B. 7.5 घंटे
C. 5 घंटे D. 6 घंटे
E. 9 घंटे

83. एक दुकानदार ने एक ग्राहक को चावल की दो किस्में, किस्म P और किस्म Q बेचीं। उसने किस्म P को 15% की हानि पर और किस्म Q को 25% के लाभ पर बेचा। उसने पूरे सौदे पर कुल ₹ 12 रुपये का लाभ कमाया। यदि किस्म P की कीमत किस्म Q से ₹ 80 अधिक है, तो किस्म P का विक्रय मूल्य ज्ञात कीजिए।

A. ₹ 272 B. ₹ 240
C. ₹ 300 D. ₹ 320
E. ₹ 256

84. P, Q और R तीन मित्र हैं। P, Q से दोगुना कुशल है। P और Q मिलकर एक काम 12 दिनों में पूरा कर सकते हैं जबकि Q और R मिलकर उसी काम को 14 दिनों में पूरा कर सकते हैं। R अकेले उस काम को कितने दिनों में पूरा कर सकता है?

A. $21\frac{5}{11}$ B. $22\frac{10}{11}$
C. $23\frac{7}{11}$ D. 20
E. 24

85. एक बर्तन में 20% पानी की मात्रा के साथ स्प्रिट और पानी का 45 लीटर मिश्रण है। मिश्रण का नौवां हिस्सा बर्तन से निकाल लिया जाता है। जब शेष मिश्रण में x लीटर पानी मिलाया जाता है, तो स्प्रिट और पानी का अनुपात उलट जाता है। अब इसमें कितना स्प्रिट मिलाया जाना चाहिए ताकि स्प्रिट और पानी का अनुपात अपने मूल मान पर आ जाए? (लीटर में)

A. 340 B. 420
C. 500 D. 380
E. 480

निर्देश (प्रश्न संख्या 86-90) : *निम्नलिखित जानकारी को ध्यान से पढ़ें और इन प्रश्नों के उत्तर दें।*

पांच शहरों A, B, C, D और E में कुल 80000 लोग (पुरुष और महिला) रहते हैं। नीचे दिया गया पाई चार्ट पांच शहरों में लोगों के वितरण को दर्शाता है–

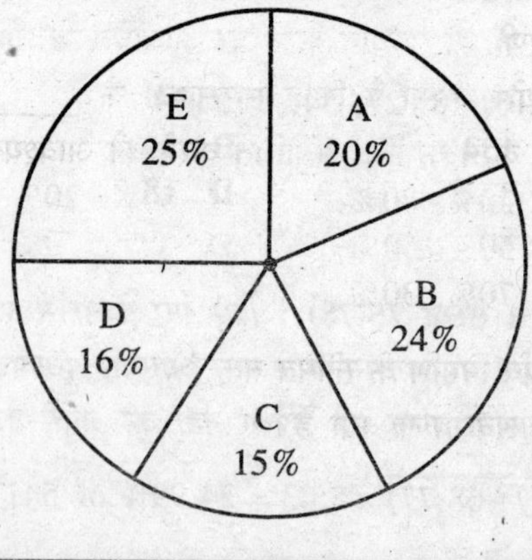

80. D **81.** E **82.** C **83.** A **84.** B **85.** E

नीचे दी गई तालिका इन पांच शहरों में पुरुषों के प्रतिशत के बारे में डेटा प्रदान करती है।

शहर	पुरुषों का प्रतिशत
A	30%
B	40%
C	55%
D	45%
E	60%

86. शहर C से महिलाओं की संख्या और शहर E से पुरुषों की संख्या का योग क्या है?
A. 12000
B. 17400
C. 14600
D. 13400
E. 18600

87. शहर A में पुरुषों की संख्या का शहर E में महिलाओं की संख्या से अनुपात क्या है?
A. 8 : 9
B. 3 : 5
C. 3 : 2
D. 3 : 10
E. 14 : 15

88. पाई चार्ट में शहर B और शहर D में कुल लोगों की संख्या से कौन-सा कोण बनता है?
A. 135°
B. 150°
C. 126°
D. 162°
E. 144°

89. शहर C और D में लोगों का प्रतिशत आपस में बदल देने पर शहर C में पुरुषों की संख्या और शहर D में महिलाओं की संख्या के बीच क्या अंतर होगा?
A. 1280
B. 1640
C. 440
D. 360
E. 240

90. पाँच शहरों में पुरुषों की संख्या का औसत क्या है?
A. 7368
B. 7240
C. 8632
D. 8000
E. 7560

निर्णय क्षमता

91. नीचे दिए गए उपयुक्त विकल्प से रिक्त स्थान भरें।

पैरेटो विश्लेषण एक सांख्यिकीय तकनीक है जिसका उपयोग निर्णय निर्माण में सीमित संख्या में कार्यों के चयन के लिए किया जाता है जो सबसे महत्वपूर्ण समग्र प्रभाव उत्पन्न करते हैं। यह उन शीर्ष _______ कारणों की पहचान करने पर आधारित अवधारणा का उपयोग करता है जिन्हें समस्याओं के _______ को हल करने के लिए संबोधित करने की आवश्यकता है।
A. 20%, 80%
B. 80%, 20%
C. 50%, 50%
D. 30%, 70%
E. 70%, 30%

92. निर्णय निर्माण के सीमित तर्कसंगतता मॉडल में 'संतुष्टि' की अवधारणा क्या है?
A. उच्चतम संभावित परिणाम वाले विकल्प को चुनना
B. न्यूनतम मानदंडों को पूरा करने वाले पहले विकल्प को स्वीकार करना
C. सहज भावनाओं और मनोविकारों पर भरोसा करना
D. विकल्पों की गहन खोज करना
E. दूसरों को निर्णय लेने का काम सौंपना

93. निम्नलिखित में से कौन-सा कथन सहज निर्णय निर्माण के मॉडल की प्राथमिक विशेषता से सही रूप से जुड़ा हुआ है?
A. इसमें गहन विश्लेषण और सचेत तर्क शामिल है।
B. यह संयोग और अवसर पर निर्भर करता है।
C. यह अच्छी तरह से सोचे-समझे विकल्पों की सूची का उपयोग करता है।
D. यह सचेत तर्क के बिना निर्णय पर पहुँचता है।
E. इसके लिए औपचारिक प्रशिक्षण और शिक्षा की आवश्यकता होती है।

86. B **87.** B **88.** E **89.** C **90.** A **91.** A **92.** B **93.** D

94. पुष्टि पूर्वाग्रह निर्णय लेने और आलोचनात्मक चिंतन को कैसे प्रभावित कर सकता है?

A. यह खुले दिमाग को प्रोत्साहित करके निर्णय लेने को बढ़ाता है।

B. यह व्यक्तियों को विभिन्न दृष्टिकोणों का निष्पक्ष मूल्यांकन करने में मदद करता है।

C. यह विविध दृष्टिकोणों के संपर्क को सीमित करके निर्णय लेने में बाधा डाल सकता है।

D. इसका निर्णय लेने या आलोचनात्मक चिंतन पर कोई प्रभाव नहीं पड़ता है।

E. यह व्यक्तियों को हमेशा सबसे लोकप्रिय विकल्प चुनने के लिए प्रेरित करता है।

95. निम्नलिखित में से कौन-सा समस्या-समाधान का दृष्टिकोण है जो अक्सर विविध अनुभव और कौशल वाले व्यक्तियों के छोटे समूहों के बीच रचनात्मक चिंतन को विकसित करने पर केंद्रित है?

A. तर्कसंगत दृष्टिकोण B. शास्त्रीय दृष्टिकोण

C. नॉन-सिनेक्टिक D. सिनेक्टिक

E. उपरोक्त में से कोई नहीं

96. नाममात्र समूह तकनीक (NGT) समूह निर्णय लेने की समस्याओं जैसे समूह-विचार के मुद्दे को कैसे संबोधित करती है?

A. मौन भागीदारी को प्रोत्साहित करके

B. चर्चाओं और स्पष्टीकरणों को समाप्त करके

C. व्यक्तिगत भागीदारी को कम करके

D. पूर्ण भागीदारी सुनिश्चित करके और समूह-विचार से बचकर

E. समूह के नेताओं की प्राथमिकताओं को वरीयता देकर

97. यहाँ इसका क्या संदर्भ है?

1. यह एक ऐसा तरीका है जो नियमित और दोहराव वाला होता है।
2. यह आमतौर पर सीमित संख्या में निर्णय चर वाली स्थिति में होता है जहाँ प्रत्येक विकल्प के परिणाम ज्ञात होते हैं।
3. इनमें से अधिकांश निर्णय समस्याएँ आदतन प्रतिक्रियाओं, मानक संचालन प्रक्रियाओं या लिपिकीय रूटीन द्वारा हल की जाती हैं।

A. अतार्किक निर्णय निर्माण

B. यंत्रवत निर्णय निर्माण

C. तर्कसंगत निर्णय निर्माण

D. सहज निर्णय निर्माण

E. चरणबद्ध निर्णय निर्माण

98. संभावना सिद्धांत के अनुसार, लोग आमतौर पर उन विकल्पों का मूल्यांकन कैसे करते हैं जिनमें जोखिम और अनिश्चितता शामिल होती है?

A. निरपेक्ष परिणामों के संदर्भ में

B. वर्तमान संपत्ति के आधार पर

C. अनुमानित उपयोगिता की तुलना बेंचमार्क से करके

D. घाटे को कम करके

E. लाभ को अधिकतम करके

99. निम्नलिखित में से कौन-सा कथन निर्णय लेने में 'प्रतिबद्धता में वृद्धि' का सही वर्णन करता है?

A. केवल वांछित परिणाम पर ध्यान केंद्रित करने की प्रवृत्ति

B. अनिश्चितता के कारण निर्णय लेने से बचने की प्रवृत्ति

C. पूर्व निवेश के आधार पर विफल कार्रवाई में अधिक संसाधनों का निवेश करने की प्रवृत्ति

D. विचार-मंथन के दौरान विचार उत्पन्न करने की प्रक्रिया

E. निर्णय लेने के लिए सूचना के एक ही पक्ष पर निर्भर रहने की प्रवृत्ति

100. गेस्टाल्ट निर्णय निर्माण से निर्णय निर्माण में अचेतन मानसिक प्रक्रियाओं की भूमिका के बारे में क्या पता चलता है?

A. उनका निर्णय निर्माण पर कोई प्रभाव नहीं पड़ता है।

B. वे केवल अत्यधिक जटिल निर्णयों के लिए प्रासंगिक हैं।

C. वे निर्णय लेने में महत्वपूर्ण भूमिका निभा सकते हैं।

D. वे सूचना के अविश्वसनीय स्रोत हैं।

E. उपरोक्त में से कोई नहीं

94. C **95.** D **96.** D **97.** B **98.** D **99.** C **100.** C

सामान्य सचेतता

101. mRNA प्रोटीन संश्लेषण में शामिल एकल-स्ट्रेंडेड RNA का एक प्रकार है। mRNA प्रतिलेखन की प्रक्रिया के दौरान DNA टेम्पलेट से बनाया जाता है। 'mRNA' में अक्षर 'm' का क्या अर्थ है? 2023 का फिजियोलॉजी या मेडिसिन का नोबेल पुरस्कार कैटालिन कारिको और ड्रयू वीसमैन को न्यूक्लियोसाइड बेस संशोधनों से संबंधित खोजों के लिए दिया गया था, जिससे COVID-19 के खिलाफ प्रभावी mRNA वैक्सीन का विकास संभव हुआ।

A. माइक्रोबियल
B. मैसेंजर
C. माइक्रोस्कोपिक
D. मिनसक्यूल
E. मिनिएचर

102. NATO, उत्तरी अटलांटिक संधि संगठन, सामूहिक रक्षा और उत्तरी अटलांटिक क्षेत्र में सुरक्षा और स्थिरता को बढ़ावा देने के लिए प्रतिबद्ध एक सैन्य गठबंधन है। 1949 में स्थापित, यह अंतर्राष्ट्रीय सुरक्षा सहयोग का एक महत्वपूर्ण स्तंभ बना हुआ है। वर्तमान में कितने देश NATO के सदस्य हैं?

A. 31
B. 26
C. 28
D. 32
E. 37

103. पहली बार, सेंट्रल रेलवे का न्यू अमरावती स्टेशन भुसावल डिवीजन का पहला स्टेशन और सेंट्रल रेलवे (CR) का तीसरा स्टेशन बन गया है जो पिंक स्टेशन है, यानी यह पूरी तरह से महिला कर्मचारियों द्वारा प्रबंधित है। भारत के सेंट्रल रेलवे जोन का मुख्यालय कहाँ स्थित है?

A. बिलासपुर
B. मुंबई
C. जयपुर
D. प्रयागराज
E. सिकंदराबाद

104. 2002 में, उद्यमी एलोन मस्क द्वारा ________ कंपनी बनाई गई थी, जिसका घोषित लक्ष्य एयरोस्पेस उद्योग में क्रांति लाना और अंतरिक्ष उड़ान को और अधिक किफायती बनाना था।

A. बीगल एयरक्राफ्ट
B. रॉकेट लैब
C. ब्लू ओरिजिन
D. स्पेसएक्स
E. वर्जिन गैलेक्टिक

105. साउंडिंग रॉकेट पृथ्वी के वायुमंडल, ध्रुवीय ज्योति और आयनमंडल पर महत्वपूर्ण डेटा एकत्र करने में सहायक होते हैं, जो मौसम, जलवायु और संचार प्रणालियों की हमारी समझ में सहायता करते हैं। तिरुवनंतपुरम के थुम्बा इक्वेटोरियल रॉकेट लॉन्चिंग स्टेशन (TERLS) से पहला साउंडिंग रॉकेट किस वर्ष लॉन्च किया गया था?

A. 1970
B. 1974
C. 1959
D. 1968
E. 1963

106. निर्मला सीतारमण भारत की एक प्रमुख राजनीतिक व्यक्ति हैं, जिन्हें राजकोषीय जिम्मेदारी और आर्थिक विकास की वकालत करने और देश की आर्थिक नीतियों को आकार देने में उनकी सक्रिय भागीदारी के लिए जाना जाता है। वर्तमान में निर्मला सीतारमण निम्नलिखित में से किस संस्था की अध्यक्षा हैं?

A. वित्तीय स्थिरता और विकास परिषद
B. कॉर्पोरेट मामलों का मंत्रालय
C. जीएसटी परिषद
D. वित्त मंत्रालय
E. उपरोक्त सभी

101. B **102.** D **103.** B **104.** D **105.** E **106.** E

107. यूनेस्को की विश्व धरोहर सूची वैश्विक महत्व के उत्कृष्ट सांस्कृतिक और प्राकृतिक स्थलों की पहचान करती है और उनकी सुरक्षा करती है, उन्हें भविष्य की पीढ़ियों के लिए संरक्षित करती है। यह पदनाम हमारी साझा मानवीय और पर्यावरणीय विरासत की सुरक्षा में अंतर्राष्ट्रीय सहयोग को बढ़ावा देता है। निम्नलिखित में से कौन-सा स्थान भारत से यूनेस्को की विश्व धरोहर सूची का हिस्सा नहीं है?

A. नंदा देवी और फूलों की घाटी राष्ट्रीय उद्यान
B. पश्चिमी घाट
C. प्रसिद्ध विद्यमान चोल मंदिर
D. धोलावीरा : एक हड़प्पा शहर
E. उपरोक्त सभी मौजूद हैं

108. महिला आरक्षण विधेयक महिलाओं के लिए लोकसभा और राज्य विधानसभाओं में 33% सीटें आरक्षित करता है। विधेयक को 2023 में लोकसभा और राज्यसभा द्वारा पारित किया गया था। राष्ट्रपति द्रौपदी मुर्मू द्वारा अपनी सहमति देने के बाद यह कानून बन गया। राजनीति में महिलाओं के आरक्षण की शुरुआत वर्ष 1992 में हुई, जब महिलाओं को भारत के पंचायती राज संस्थानों में आरक्षण प्रदान किया गया। निम्नलिखित में से किस संवैधानिक संशोधन अधिनियम ने भारत के पंचायती राज संस्थानों में एससी/एसटी महिलाओं को आरक्षण प्रदान किया?

A. 91वां B. 61वां
C. 85वां D. 73वां
E. 42वां

109. नीचे दिए गए विकल्पों में से गलत जोड़े की पहचान करें।

A. फ्रैंक वाल्टर - जर्मनी के संघीय गणराज्य के चांसलर
B. इब्राहिम रईसी - ईरान के राष्ट्रपति
C. सिरिल रामफोसा - दक्षिण अफ्रीका के राष्ट्रपति
D. श्रीथा थाविसिन - थाईलैंड के प्रधानमंत्री
E. लुइज इनासियो लूला दा सिल्वा - ब्राजील के राष्ट्रपति

110. भारत ने अन्य एशियाई देशों के साथ साझेदारी में ICC विश्व कप की मेजबानी निम्नलिखित में से किस वर्ष की?

A. 1987 B. 1992
C. 1996 D. 1999
E. 2011

111. भारत स्मार्ट सिटीज अवार्ड प्रतियोगिता (ISAC) 2022 की 'राष्ट्रीय स्मार्ट सिटीज अवार्ड्स' श्रेणी में शीर्ष 3 शहर (रैंक-वार) निम्नलिखित में से किस राज्य से हैं? शहरों की रैंक के क्रम में राज्यों को चुनें।

1. मध्य प्रदेश 2. कर्नाटक
3. गुजरात 4. छत्तीसगढ़
5. उत्तर प्रदेश

A. केवल 1, 2 और 4 B. केवल 4, 1 और 5
C. केवल 1, 3 और 5 D. केवल 3, 2 और 1
E. केवल 2, 4 और 3

112. कई ग्रैंड स्लैम विजेता लिएंडर पेस खिलाड़ी श्रेणी में अंतर्राष्ट्रीय टेनिस हॉल ऑफ फेम के लिए नामांकित होने वाले पहले एशियाई व्यक्ति के रूप में उभरे। अपने तीन दशकों के करियर के दौरान लिएंडर पेस ने युगल और मिश्रित श्रेणियों में कितने ग्रैंड स्लैम खिताब जीते हैं?

A. 24 B. 18
C. 15 D. 21
E. 14

113. एंटनी ब्लिंकन अपनी कूटनीतिक विशेषज्ञता और अंतरराष्ट्रीय संबंधों को मजबूत करने, वैश्विक चुनौतियों का समाधान करने और अमेरिकी विदेश नीति हितों को बनाए रखने की प्रतिबद्धता के लिए जाने जाते हैं। वर्तमान में अमेरिकी कैबिनेट में एंटनी ब्लिंकन किस पद पर हैं?

A. राष्ट्रीय खुफिया महानिदेशक
B. गृह सुरक्षा सचिव
C. कृषि सचिव
D. वयोवृद्ध मामलों के सचिव
E. राज्य सचिव

107. E **108.** D **109.** A **110.** C **111.** C **112.** B **113.** E

114. निम्नलिखित में से किस संगठन का भारत सदस्य है?

A. संयुक्त राष्ट्र सुरक्षा परिषद

B. क्वाड सुरक्षा वार्ता

C. उत्तरी अटलांटिक संधि संगठन

D. आर्थिक और सहयोग विकास संगठन

E. उपरोक्त सभी

115. भारत में राष्ट्रीय हरित हाइड्रोजन मिशन का उद्देश्य कार्बन उत्सर्जन को कम करने और स्थायी ऊर्जा समाधानों को बढ़ावा देने के लिए अक्षय स्रोतों से स्वच्छ हाइड्रोजन के उत्पादन को बढ़ावा देना है। इसे ध्यान में रखते हुए, निम्नलिखित में से कौन-सा कथन राष्ट्रीय हरित हाइड्रोजन मिशन के लाभ को सही ढंग से बता रहा है?

1. आयातित ईंधन की स्वतंत्रता में कमी
2. सभी आर्थिक क्षेत्रों में नवीकरणीय ऊर्जा के उपयोग में वृद्धि
3. बिजली उत्पादन में विकेंद्रीकरण

A. केवल 1

B. केवल 1 और 3

C. केवल 2 और 3

D. केवल 1, 2 और 3

E. केवल 3

116. रूस ने 1 अगस्त से भारतीयों के लिए ई-वीजा सुविधा शुरू की है, जिससे देश में आने वाले यात्रियों को नियमित वीजा प्राप्त करने की परेशानियों से छुटकारा मिलेगा। ई-वीजा सुविधा, जो 54 अन्य देशों के यात्रियों के लिए भी उपलब्ध है, के लिए वाणिज्य दूतावासों या दूतावासों में जाने की आवश्यकता नहीं है। यह सुविधा यात्रियों को रूस में _______ दिनों तक रहने की अनुमति देगी।

A. 12

B. 21

C. 16

D. 30

E. 45

117. प्रधानमंत्री ने पुराने संसद भवन के नए नाम की घोषणा की जिसे "संविधान सदन" कहा जाएगा। नया संसद भवन अब आधिकारिक भारतीय संसद है। पुराने संसद भवन को पहले _______ के नाम से जाना जाता था।

A. भारत की राष्ट्रीय सभा

B. भारत की राष्ट्रीय पीपुल्स कांग्रेस

C. भारत की संविधान सभा

D. भारत की मजिस्ट्रेट परिषद

E. भारत की शाही विधान परिषद

118. भारत सरकार की किस योजना ने नागरिक केंद्रित सेवाएँ प्रदान करने के लिए उभरती प्रौद्योगिकियों के अनुप्रयोग के लिए प्रतिष्ठित राष्ट्रीय ई-गवर्नेंस 2023 (स्वर्ण) पुरस्कार जीता है?

A. उमंग

B. स्वामित्व

C. समर्थ

D. निर्विक

E. हृदय

119. एनसीईआरटी ने किस संगठन के साथ मिलकर 'लेट्स मूव फॉरवर्ड' नामक कॉमिक बुक पेश की है, जिसका उद्देश्य किशोरों में जिम्मेदार और स्वास्थ्य के प्रति जागरूक व्यवहार को बढ़ावा देने के लिए महत्वपूर्ण जीवन कौशल विकसित करना है?

A. नीति आयोग

B. यूनेस्को

C. विश्व बैंक

D. यू.एन.डी.पी.

E. यूएसएआईडी

120. हाल ही में, किस रेलवे स्टेशन ने भारतीय ग्रीन बिल्डिंग काउंसिल - भारतीय उद्योग परिसंघ (सीआईआई) से शीर्ष रेटेड प्लेटिनम प्रमाणन प्राप्त किया है और इसे 'ग्रीन रेलवे स्टेशन' के रूप में मान्यता दी गई है?

A. चंडीगढ़ रेलवे स्टेशन

B. गुवाहाटी रेलवे स्टेशन

C. विजयवाड़ा रेलवे स्टेशन

D. वडोदरा रेलवे स्टेशन

E. मुंबई सेंट्रल रेलवे स्टेशन

114. B **115.** A **116.** C **117.** E **118.** B **119.** B **120.** C

आर्थिक एवं सामाजिक मुद्दे

121. खादी ग्रामोद्योग विकास योजना का उद्देश्य सामान्य सुविधाओं, तकनीकी आधुनिकीकरण, प्रशिक्षण आदि के माध्यम से ग्राम उद्योगों को बढ़ावा देना और विकसित करना है। इस योजना के लाभार्थियों का लक्षित आयु समूह क्या है?

A. 21-60 वर्ष B. 16-30 वर्ष
C. 20-35 वर्ष D. 18-55 वर्ष
E. 25-40 वर्ष

122. निम्नलिखित में से कौन-सी सामाजिक न्याय और अधिकारिता मंत्रालय द्वारा कार्यान्वित की जाने वाली अम्ब्रेला योजना - युवा उपलब्धि योजना (श्रेयस) की उच्च शिक्षा के लिए छात्रवृत्ति की केंद्रीय क्षेत्र की उप-योजनाएँ हैं?

1. अनुसूचित जातियों और पिछड़े वर्गों के लिए निःशुल्क कोचिंग योजना
2. अनुसूचित जातियों के लिए राष्ट्रीय विदेश योजना
3. अनुसूचित जातियों के लिए राष्ट्रीय फैलोशिप
4. अनुसूचित जातियों के लिए उच्च श्रेणी की शिक्षा
5. अनुसूचित जनजाति के छात्रों के लिए पोस्ट मैट्रिक छात्रवृत्ति

A. 1, 3, 4 और 5 B. 1, 2, 3 और 4
C. 1, 2, 3 और 5 D. 2, 3, 4 और 5
E. 1, 2, 3, 4 और 5

123. प्रधानमंत्री जन आरोग्य योजना दुनिया की सबसे बड़ी स्वास्थ्य आश्वासन योजना है जिसका उद्देश्य गरीब और कमजोर परिवारों को माध्यमिक और तृतीयक देखभाल अस्पताल में भर्ती होने के लिए स्वास्थ्य कवर प्रदान करना है। पात्र लाभार्थी को दी जाने वाली अधिकतम बीमा राशि क्या है?

A. ₹ 4,00,000 B. ₹ 7,00,000
C. ₹ 5,00,000 D. ₹ 6,00,000
E. ₹ 8,00,000

124. पेंशन और पेंशनभोगी कल्याण विभाग (कार्मिक, लोक शिकायत और पेंशन मंत्रालय) केंद्र सरकार के पेंशनभोगियों के 'जीवन की सुगमता' को बढ़ाने के लिए डिजिटल जीवन प्रमाण पत्र को बढ़ावा दे रहा है। इस प्रमाण पत्र को यह भी कहा जाता है :

A. जीवन प्रमाण पत्र B. जीवन बीमा
C. जीवन उम्मीद D. जीवन सुरक्षा
E. जीवन प्रमाण

125. प्रधानमंत्री जन धन योजना (पीएमजेडीवाइ) - वित्तीय समावेशन के लिए राष्ट्रीय मिशन के बारे में निम्नलिखित में से कौन-सा कथन गलत है?

A. इसे 2014 में लॉन्च किया गया था।
B. यह न्यूनतम कागजी कार्रवाई, आसान KYC, e-KYC, कैंप मोड में खाता खोलने, शून्य बैलेंस और शून्य शुल्क के साथ बुनियादी बचत बैंक जमा खाता खोलने की सुविधा प्रदान करता है।
C. यह ₹ 1,00,000 तक का बीमा - दुर्घटना कवर और ₹ 30,000 का जीवन कवर प्रदान करता है।
D. यह प्रत्येक पात्र वयस्क को ₹ 20,000 की ओवरड्राफ्ट सुविधा के साथ बुनियादी बचत बैंक खाते प्रदान करता है।
E. उपरोक्त में से कोई नहीं

126. औद्योगिक उत्पादन सूचकांक (IIP) एक सूचकांक है जो एक निश्चित अवधि में अर्थव्यवस्था के विभिन्न उद्योग समूहों में वृद्धि दर को दर्शाता है। निम्नलिखित में से कौन-सा IIP के व्यापक क्षेत्रों में से नहीं है?

1. खनन
2. गैस और पानी का कनेक्शन
3. विनिर्माण
4. विद्युत

A. केवल 2 B. केवल 2 और 3
C. केवल 1, 3 और 4 D. केवल 3
E. उपरोक्त सभी

121. D **122.** B **123.** C **124.** E **125.** D **126.** A

127. पीएम विश्वकर्मा योजना के तहत, पात्र कारीगरों/ शिल्पकारों को पहली किश्त में _______ का जमानत मुक्त 'उद्यम विकास ऋण' दिया जाता है। रिक्त स्थान को भरें।

A. ₹ 1 लाख
B. ₹ 2 लाख
C. ₹ 3 लाख
D. ₹ 4 लाख
E. ₹ 5 लाख

128. प्रधानमंत्री स्कूल फॉर राइजिंग इंडिया (पीएम श्री) की अवधि 2022-23 से _________ तक है। रिक्त स्थान को भरें।

A. 2025-26 B. 2026-27
C. 2027-28 D. 2028-29
E. 2029-30

129. कौशल विकास और उद्यमिता मंत्रालय ने ______ की अवधि के लिए कौशल को बढ़ावा देने के लिए राष्ट्रीय कौशल विकास सहयोग और ______ की पहल 'स्किल्स ऑन व्हील्स' शुरू की है। रिक्त स्थान को भरें।

A. बैंक ऑफ बड़ौदा, 2 वर्ष
B. यूनियन बैंक ऑफ इंडिया, 3 वर्ष
C. इंडसइंड बैंक, 5 वर्ष
D. स्टेट बैंक ऑफ इंडिया, 10 वर्ष
E. बैंक ऑफ इंडिया, 7 वर्ष

130. कृषि और किसान कल्याण मंत्रालय ने कृषि विपणन (आईएसएएम) योजना के लिए एकीकृत योजना को ______ तक जारी रखने की मंजूरी दे दी है। रिक्त स्थान को भरें।

A. 31 जनवरी, 2026
B. 31 मार्च, 2025
C. 31 अप्रैल, 2025
D. 31 मार्च, 2026
E. 31 अप्रैल, 2026

131. ग्लोबल बायोफ्यूल अलायंस (जीबीए) G20 अध्यक्ष के रूप में भारत द्वारा की गई एक पहल है। इस गठबंधन का उद्देश्य प्रौद्योगिकी उन्नति को सुविधाजनक बनाने, टिकाऊ जैव ईंधन के उपयोग को तेज करने, हितधारकों की एक विस्तृत शृंखला की भागीदारी के माध्यम से मजबूत मानक निर्धारण और प्रमाणन को आकार देने के माध्यम से जैव ईंधन के वैश्विक उपयोग में तेजी लाना है। जीबीए भारत के मौजूदा जैव ईंधन कार्यक्रमों को गति देने में मदद करेगा जैसे–

1. गोबरधन योजना 2. पीएम-जीवन योजना
3. सतत योजना 4. कुसुम योजना

A. केवल 1 और 2 B. केवल 2 और 3
C. केवल 1, 2 और 3 D. केवल 1
E. उपरोक्त सभी

132. सूक्ष्म, लघु और मध्यम उद्यम मंत्रालय द्वारा कार्यान्वित ______ योजना उद्यमिता में तेजी लाने और कृषि उद्योग में नवाचार के लिए स्टार्टअप को बढ़ावा देने के लिए प्रौद्योगिकी केंद्रों का एक नेटवर्क स्थापित करने और ऊष्मायन केंद्र स्थापित करने में सहायता करती है और आजीविका व्यवसाय इनक्यूबेटर या प्रौद्योगिकी व्यवसाय इनक्यूबेटर स्थापित करने के लिए वित्तीय सहायता प्रदान करती है। रिक्त स्थान को भरें।

A. निष्ठा (NISTHA) B. सुगम (SUGAM)
C. सक्षम (SAKSHAM) D. प्रगति (PRAGATI)
E. एस्पायर (ASPIRE)

133. सरकार ने अंत्योदय अन्न योजना (AAY) और प्राथमिक परिवार (PHH) लाभार्थियों को मुफ्त खाद्यान्न उपलब्ध कराने के लिए नई एकीकृत खाद्य सुरक्षा योजना - प्रधानमंत्री गरीब कल्याण अन्न योजना को मंजूरी दी है। इसे 1 जनवरी 2023 से शुरू किया गया है। इस योजना की अवधि क्या है?

A. 1 वर्ष B. 2 वर्ष
C. 3 वर्ष D. 4 वर्ष
E. 5 वर्ष

127. A **128.** B **129.** C **130.** D **131.** C **132.** E **133.** A

134. कृषि और किसान कल्याण मंत्रालय ने कृषि सांख्यिकी के लिए एकीकृत पोर्टल (UPAg) पोर्टल लॉन्च किया है। यह एक उन्नत कृषि डेटा प्रबंधन प्लेटफॉर्म है जिसे फसल अनुमान बनाने और कृषि सांख्यिकी बनाने वाली अन्य प्रणालियों के साथ एकीकृत करने के लिए डिजाइन किया गया है। UPAg पोर्टल की मुख्य विशेषता क्या नहीं है?

A. डेटा मानकीकरण
B. डेटा विश्लेषण
C. कणयुक्त उत्पादन अनुमान
D. कमोडिटी प्रोफाइल अनुमान
E. डेटा सर्कुलेशन

135. भारतीय रिजर्व बैंक के डिप्टी गवर्नर डॉ. माइकल देवव्रत पात्रा ने हाल ही में अपने भाषण में निम्नलिखित त्रिमूर्ति का उल्लेख किया :

1. जन धन 2. आधार
3. मोबाइल कनेक्शन 4. पैन

A. केवल 2 और 3 B. केवल 1 और 4
C. केवल 1, 2 और 3 D. केवल 1 और 2
E. उपरोक्त सभी

136. __________ एक अखिल भारतीय इलेक्ट्रॉनिक ट्रेडिंग पोर्टल है जो कृषि वस्तुओं के लिए एकीकृत राष्ट्रीय बाजार बनाने के लिए मौजूदा APMC मंडियों को नेटवर्क करता है। रिक्त स्थान को भरें।

A. e-NAM B. e-NAMO
C. e-APMC D. e-CONNECT
E. e-FARM

137. दीनदयाल अंत्योदय योजना-राष्ट्रीय ग्रामीण आजीविका मिशन (DAY-NRLM) गरीबों के मजबूत संस्थानों के निर्माण और इन संस्थानों को वित्तीय सेवाओं और आजीविका सेवाओं की एक श्रृंखला तक पहुँचने में सक्षम बनाने के माध्यम से गरीबी में कमी को बढ़ावा देने के लिए सरकार का प्रमुख कार्यक्रम है। गरीबों की भागीदारी पहचान (PIP) प्रक्रिया की जाँच __________ द्वारा किए जाने के बाद DAY-NRLM सूची को अंतिम रूप दिया जाता है। रिक्त स्थान को भरें।

A. ब्लॉक कार्यालय B. नगर पंचायत
C. ग्राम परिषद D. नगर निगम
E. ग्राम सभा

138. आजीविका माइक्रोफाइनेंस योजना के तहत निम्नलिखित में से कौन-सी संस्था अंतिम वित्तपोषक है?

A. वाणिज्यिक बैंक
B. ग्रामीण सहकारी बैंक
C. शहरी सहकारी बैंक
D. गैर-बैंकिंग वित्तीय कंपनी-सूक्ष्म वित्त संस्थान (NBFC-MFI)
E. इनमें से कोई नहीं

139. जन शिक्षण संस्थान योजना का सही उद्देश्य निम्नलिखित में से कौन-सा है?

A. इसमें सरकारी, स्थानीय निकाय और सरकारी सहायता प्राप्त स्कूलों में माध्यमिक स्तर पर पढ़ने वाले सभी बच्चे शामिल हैं, जिनमें एक या अधिक विकलांगताएं हैं।
B. यह प्राथमिक स्तर पर लड़कियों की शिक्षा के लिए अतिरिक्त घटक प्रदान करता है।
C. यह छात्रों को हमारे दैनिक जीवन में आने वाली कुछ गंभीर समस्याओं को हल करने के लिए एक मंच प्रदान करेगा।
D. इसका मुख्य लक्ष्य 15-45 वर्ष की आयु के बीच के निरक्षरों को व्यावसायिक कौशल प्रदान करना है।
E. उपरोक्त में से कोई नहीं

140. RBI ने हाल ही में विनियमन में आसानी के लिए __________ का चार-स्तरीय नियामक ढांचा पेश किया है। रिक्त स्थान को भरें।

A. यूसीबी B. आरसीबी
C. वाणिज्यिक बैंक D. आरआरबी
E. उपरोक्त सभी

134. E **135.** C **136.** A **137.** E **138.** D **139.** D **140.** A

141. स्टैंड-अप इंडिया योजना 2016 में एससी/एसटी और/या महिला उद्यमियों के जीवन को बदलकर आत्मनिर्भर भारत को बढ़ावा देने के लिए शुरू की गई थी। इसके तहत, पात्र लाभार्थियों को विनिर्माण, सेवा या व्यापार क्षेत्र में ग्रीनफील्ड उद्यमों और कृषि से संबंधित गतिविधियों के लिए 10 लाख से ________ के बीच ऋण प्रदान किया जाता है?

A. ₹ 25 लाख B. ₹ 50 लाख
C. ₹ 1 करोड़ D. ₹ 1.5 करोड़
E. ₹ 2 करोड़

142. आरटीआई अधिनियम 2005 के तहत आवेदक को सूचना प्रदान करने के लिए मानक समय सीमा क्या है?

A. 15 दिन B. 30 दिन
C. 60 दिन D. 48 घंटे
E. 70 दिन

143. ग्रामीण, शहरी और संयुक्त खंड के लिए उपभोक्ता मूल्य सूचकांक के क्या उपयोग हैं?

1. सीपीआई का उपयोग मुद्रास्फीति के एक व्यापक आर्थिक संकेतक के रूप में किया जाता है।
2. भारत सरकार और आरबीआई मुद्रास्फीति को लक्षित करने और मूल्य स्थिरता की निगरानी के लिए सीपीआई का उपयोग करते हैं।
3. इसका उपयोग राष्ट्रीय खातों में एक अपस्फीतिकारक के रूप में किया जाता है।

A. केवल 1 B. केवल 1 और 3
C. केवल 1 और 2 D. केवल 2 और 3
E. उपरोक्त सभी

144. मनरेगा योजना के तहत, काम आमतौर पर गांव के ________ किलोमीटर के दायरे में उपलब्ध कराया जाता है। यदि उससे परे काम उपलब्ध कराया जाता है, तो अतिरिक्त परिवहन और रहने के खर्चों को पूरा करने के लिए ________% की अतिरिक्त मजदूरी देय होती है। रिक्त स्थान को भरें।

A. 2 किमी और 5% अतिरिक्त
B. 3 किमी और 5% अतिरिक्त
C. 4 किमी और 5% अतिरिक्त
D. 5 किमी और 10% अतिरिक्त
E. 6 किमी और 15% अतिरिक्त

145. ________ महिला और बाल विकास मंत्रालय द्वारा मिशन मोड में कार्यान्वित की जा रही एक योजना है जिसका उद्देश्य महिला सुरक्षा, संरक्षा और सशक्तिकरण के लिए हस्तक्षेप को मजबूत करना है।

A. मिशन पार्वती B. मिशन सुविधा
C. मिशन ज्योति D. मिशन जन सुरक्षा
E. मिशन शक्ति

146. निम्नलिखित में से कौन-सा कथन स्कूल शिक्षा के लिए राष्ट्रीय पाठ्यचर्या रूपरेखा (NCFSE) के बारे में सही है?

1. सभी बोर्ड परीक्षाओं को वास्तविक अधिगम के आकलन पर किसी भी समझौते के बिना 'आसान' बनने की दिशा में आगे बढ़ना चाहिए।
2. दस वर्षों में, परीक्षा बोर्डों को मॉड्यूलर परीक्षाओं के माध्यम से प्रमाणन प्रदान करने के लिए तैयार होना चाहिए।
3. सभी छात्रों को किसी भी स्कूल वर्ष के दौरान कम से कम दो मौकों पर बोर्ड परीक्षा देने की अनुमति दी जाएगी, जिसमें केवल सबसे अच्छा स्कोर ही बरकरार रखा जाएगा।
4. ग्रेड 12 प्रमाणपत्र प्राप्त करने के लिए, छात्रों को भाषाओं में 2 परीक्षाएँ उत्तीर्ण करनी चाहिए।

A. केवल 1, 2 और 4 B. केवल 1, 3 और 4
C. केवल 1, 2 और 3 D. केवल 2, 3 और 4
E. उपरोक्त सभी

147. प्रति उधारकर्ता ₹ 100 करोड़ की कुल सीमा तक ________ के लिए बैंक ऋण प्राथमिकता क्षेत्र ऋण के तहत कृषि क्षेत्र की सहायक सेवा के रूप में वर्गीकृत होने के लिए पात्र होगा। रिक्त स्थान को भरें।

A. खाद्य और कृषि प्रसंस्करण इकाइयाँ
B. उच्च शिक्षण संस्थान
C. एसएमई के लिए उन्नत प्रौद्योगिकी
D. एफपीओ के लिए भूमि खरीदने के लिए पूंजी
E. उपरोक्त में से कोई नहीं

141. C **142.** B **143.** E **144.** D **145.** E **146.** E **147.** A

148. जुलाई 2020 के जनसंख्या प्रक्षेपण पर तकनीकी अंतर के अनुसार, 2011-36 के दौरान भारत में 31.1 करोड़ की अनुमानित जनसंख्या वृद्धि में से 17 करोड़ पाँच राज्यों में होने की संभावना है। निम्नलिखित में से कौन शीर्ष 5 राज्यों में से नहीं है?

A. उत्तर प्रदेश B. बिहार
C. आंध्र प्रदेश D. पश्चिम बंगाल
E. महाराष्ट्र

149. प्रधानमंत्री उज्ज्वला योजना (पीएमयूवाई) के विस्तार के माध्यम से कितने अतिरिक्त उपभोक्ताओं को एलपीजी कनेक्शन प्राप्त होने वाले हैं?

A. 2025-26 तक 25 लाख उपभोक्ता
B. 2025-26 तक 50 लाख उपभोक्ता
C. 2025-26 तक 75 लाख उपभोक्ता
D. 2024-25 तक 50 लाख उपभोक्ता
E. 2027-28 तक 75 लाख उपभोक्ता

150. प्रधानमंत्री ग्राम सड़क योजना के तहत निर्मित सड़कों की निम्नलिखित में से कौन-सी श्रेणियां हैं?

1. अन्य जिला सड़कें 2. ग्रामीण सड़कें
3. प्रमुख जिला सड़कें

A. केवल 1 B. केवल 1 और 3
C. केवल 2 D. केवल 1 और 2
E. उपरोक्त सभी

151. प्रधानमंत्री किसान सम्मान निधि (पीएम-किसान) देश के सभी भूमिधारक किसान परिवारों को कृषि और संबद्ध गतिविधियों के साथ-साथ घरेलू जरूरतों से संबंधित विभिन्न इनपुट की खरीद के लिए उनकी वित्तीय जरूरतों को पूरा करने के लिए आय सहायता प्रदान करने के लिए एक नई केंद्रीय क्षेत्र योजना है। PM-KISAN के बारे में निम्नलिखित में से कौन-सा कथन सही है?

A. सभी संस्थागत भूमिधारक इसके लाभार्थी हैं
B. इस मामले में, परिवार में पिता, माता, दो बच्चे, दादा और ससुराल वाले शामिल हैं, यदि वे वृद्ध हैं
C. दूसरों के खेत पर काम करने वाले काश्तकार भी इसके तहत लाभ उठाने के पात्र हैं
D. इसके तहत, सभी भूमिधारक किसानों के परिवारों को प्रति वर्ष ₹ 6000 का वित्तीय लाभ प्रदान किया जाता है
E. उपरोक्त सभी

152. आर्थिक सर्वेक्षण 2022-23 के अनुसार, __________ प्रतिशत आबादी ग्रामीण क्षेत्रों में रहती है और इस आबादी में से 47% __________ में लगी हुई है। रिक्त स्थान को भरें।

A. 55, कृषि B. 45, विनिर्माण
C. 35, सेवा D. 65, कृषि
E. 75, कृषि

153. अगस्त 2023 में दिए गए एक संबोधन में–'एक सतत भविष्य के लिए बिल्डिंग ब्लॉक्स', RBI गवर्नर ने छह महत्वपूर्ण क्षेत्रों का उल्लेख किया जो अगले 25 वर्षों में भारत को आगे बढ़ा सकते हैं। वे कृषि, विनिर्माण, सेवाएँ, प्रौद्योगिकी, जनसांख्यिकी और _______ हैं। रिक्त स्थान को भरें।

A. उच्च शिक्षा B. वित्तीय साक्षरता
C. स्टार्टअप D. पूंजी निवेश
E. महिला सशक्तिकरण

154. राष्ट्रीय पेंशन योजना (एनपीएस) एक स्वैच्छिक सेवानिवृत्ति बचत योजना है जो अपने ग्राहकों को नियोजित बचत के लिए निर्धारित अंशदान करने की अनुमति देती है जिससे पेंशन के रूप में भविष्य सुरक्षित होता है। निम्नलिखित में से कौन एनपीएस का लाभार्थी बनने के लिए पात्र नहीं है?

A. भारत का कोई भी नागरिक
B. भारत का अनिवासी
C. OCI (भारत के विदेशी नागरिक)
D. PIO (भारतीय मूल का व्यक्ति)
E. (C) और (D) दोनों

148. C **149.** C **150.** D **151.** D **152.** D **153.** C **154.** E

155. लिंग संकेतक प्रदर्शन की निगरानी, उपलब्धि को मापने और जवाबदेही निर्धारित करने के लिए सूचना प्रदान करने हेतु मात्रात्मक मीट्रिक हैं। निम्नलिखित में से कौन-सा सांख्यिकी और कार्यक्रम कार्यान्वयन मंत्रालय द्वारा लिंग प्रासंगिक संकेतकों के तहत सूचीबद्ध है?

1. किशोर प्रजनन दर
2. लिंग के आधार पर स्वयं-खाता वाले कर्मचारियों का अनुपात
3. स्वच्छ खाना पकाने के ईंधन का उपयोग करने वाले परिवारों का अनुपात

A. केवल 1 और 2 B. केवल 2 और 3
C. केवल 2 D. केवल 1
E. उपरोक्त सभी

156. हाल ही में संशोधित RBI दिशानिर्देशों के तहत प्राथमिकता क्षेत्र ऋण (PSL) के तहत शैक्षिक उद्देश्यों के लिए व्यक्तियों को उपलब्ध ऋण राशि की सीमा क्या है?

A. ₹ 15 लाख B. ₹ 20 लाख
C. ₹ 23 लाख D. ₹ 25 लाख
E. ₹ 30 लाख

157. G20 नई दिल्ली घोषणा 2023 लैंगिक समानता, महिला सशक्तिकरण और महिलाओं के नेतृत्व वाले विकास से संबंधित किस क्षेत्र पर ध्यान केंद्रित नहीं करती है?

A. आर्थिक और सामाजिक सशक्तिकरण को बढ़ाना
B. लैंगिक डिजिटल विभाजन को पाटना
C. दुनिया भर में राजनीतिक नेतृत्व में महिलाओं की भागीदारी बढ़ाना
D. लैंगिक समावेशी जलवायु कार्रवाई को बढ़ावा देना
E. महिलाओं की खाद्य सुरक्षा, पोषण और कल्याण को सुरक्षित करना

158. सार्वजनिक क्षेत्र के ऋण के तहत कृषि की सहायक गतिविधियों में निम्नलिखित में से कौन शामिल हैं?

1. सदस्यों की उपज के निपटान के लिए किसानों की सहकारी समितियों को ₹ 5 करोड़ तक का ऋण
2. कृषि क्लीनिक और कृषि व्यवसाय केंद्र स्थापित करने के लिए ऋण
3. खाद्य और कृषि प्रसंस्करण के लिए प्रति उधारकर्ता ₹ 100 करोड़ की कुल स्वीकृत सीमा तक ऋण

A. केवल 1 और 2
B. केवल 2 और 3
C. केवल 1 और 3
D. केवल 1
E. उपरोक्त सभी

159. स्वच्छ भारत मिशन (ग्रामीण) चरण II [एसबीएम (जी) चरण II] को 2024-25 तक लागू किया जा रहा है, जिसमें खुले में शौच मुक्त प्लस (ओडीएफ प्लस) पर ध्यान केंद्रित किया गया है, जिसमें ओडीएफ स्थिरता और ठोस और तरल अपशिष्ट प्रबंधन (एसएलडब्ल्यूएम) शामिल हैं। कार्यक्रम यह सुनिश्चित करने की दिशा में भी काम करेगा कि कोई भी पीछे न छूटे और हर कोई शौचालय का उपयोग करे। एसबीएमजी चरण II के परिव्यय का 5% किसके लिए आवंटित किया गया है?

1. प्रशासनिक व्यय
2. सूचना, शिक्षा और संचार
3. क्षमता निर्माण
4. एकीकृत प्रणाली का निर्माण

A. केवल 2
B. केवल 1 और 3
C. केवल 1, 2 और 3
D. केवल 2, 3 और 4
E. इनमें से कोई नहीं

160. राष्ट्रीय पिछड़ा वर्ग वित्त एवं विकास निगम (NBCFDC) द्वारा व्यक्तियों को दी जाने वाली छोटी ऋण योजनाओं के तहत लाभ उठाने के लिए छोटे किसानों की वार्षिक पारिवारिक आय निम्न से अधिक नहीं होनी चाहिए :

A. ₹ 2.5 लाख B. ₹ 3 लाख
C. ₹ 4 लाख D. ₹ 5 लाख
E. ₹ 6 लाख

155. B **156.** B **157.** C **158.** E **159.** A **160.** B

कृषि एवं ग्रामीण विकास

161. कारनेशन का वैज्ञानिक नाम क्या है?
A. रोजा रुबिगिनोसा B. बेलिस पेरेनिस
C. डायन्थस कैरीओफिलस D. हेलियन्थस एनस
E. टैगेट्स इरेक्टा

162. भारत सरकार ने कौन-सी योजना शुरू की है जो सभी NFSA लाभार्थियों, विशेष रूप से प्रवासी लाभार्थियों को देश में किसी भी उचित मूल्य की दुकान (FPS) से अपने हक वाले खाद्यान्न का पूरा या आंशिक दावा करने की अनुमति देती है?
A. ONORC
B. पीएम-गरीब कल्याण अन्न योजना
C. पीएम-स्वनिधि
D. DAY NRLM
E. DDU-GKY

163. बाजार में उच्च मूल्य प्राप्त करने के लिए फलों और सब्जियों को उनके आकार, रूप, रंग और मात्रा के अनुसार अलग-अलग समूहों में वर्गीकृत करना क्या कहलाता है?
A. ग्रेविटी सेपरेटर B. विनोइंग
C. कलर सॉर्टर D. ग्रेडिंग
E. उपरोक्त में से कोई नहीं

164. फसलों के लिए न्यूनतम समर्थन मूल्य (MSP) की सिफारिश कौन करता है?
A. एपीएमसी (APMCs)
B. कृषि लागत और मूल्य आयोग (CACP)
C. भारत सरकार
D. राज्य सरकार
E. नीति आयोग

165. जब बच्चों को माँ से अलग करके दूध पिलाया जाता है, तो उसे क्या कहते हैं?
A. कलिंग B. सर्विसिंग
C. डेहॉर्निंग D. डिस्बडिंग
E. वीनिंग

166. दक्षिण-पश्चिम मानसून की अवधि क्या है?
A. दिसंबर से मार्च B. जनवरी से मई
C. जून से सितंबर D. अक्टूबर से दिसंबर
E. नवंबर से अप्रैल

167. यह एक प्रकार की फसल है जिसमें दो फसलें, रूपात्मक रूप से भिन्न, एक साथ उगाई जाती हैं और वे एक दूसरे की पूरक होती हैं। यह ________ है।
A. सहक्रियात्मक फसल B. मिश्रित फसल
C. पूरक फसल D. पूरक गहन खेती
E. अंतर-फसल

168. भारतीय मवेशियों की नस्लें जो दोहरे उद्देश्य वाली हैं, दुधारू और भारवाही के बीच की विशेषताएँ हैं और ये नासिक और अहमदनगर में पाई जाती हैं। मवेशियों की नस्ल की पहचान करें :
A. गिर B. अमृतमहल
C. डांगी D. लाल सिंधी
E. देवनी

169. मूंगफली के बीजों में ________ तेल और ________ प्रोटीन सामग्री होती है।
A. 20, 39 B. 45, 26
C. 35, 14 D. 56, 30
E. 31, 10

170. 2000 हेक्टेयर से 10000 हेक्टेयर तक खेती योग्य कमांड क्षेत्र (CCA) वाली सिंचाई परियोजना को ________ के रूप में जाना जाता है।
A. प्रमुख सिंचाई B. वृहत सिंचाई
C. लघु सिंचाई D. मध्यम सिंचाई परियोजना
E. सूक्ष्म सिंचाई

171. सूखे जैसी आपदाओं के मामले में MGNREGA योजना के तहत कितने अतिरिक्त दिनों का काम प्रदान किया जाता है?
A. 100 दिन B. 75 दिन
C. 20 दिन D. 25 दिन
E. 50 दिन

161. C **162.** A **163.** D **164.** B **165.** E **166.** C **167.** D **168.** C **169.** B **170.** D **171.** E

172. खैर की प्रजाति क्या है?

A. फैबेसी
B. लिलियसी
C. ग्रैमिनी
D. टिलियाई
E. कैरीओफिलेसी

173. जल जीवन मिशन के तहत सरकार द्वारा कितने लीटर पानी/व्यक्ति/दिन की गारंटी दी जाती है?

A. 25 लीटर/दिन
B. 75 लीटर/दिन
C. 15 लीटर/दिन
D. 35 लीटर/दिन
E. 55 लीटर/दिन

174. गैर-फलीदार फसलों के लिए कौन-से जैव उर्वरकों का उपयोग किया जाता है?

A. नील हरित शैवाल
B. एजोटोबैक्टर/एजोस्पिरिलम
C. एजोला
D. राइजोबियम
E. फ्रैंकिया

175. 750 से 1150 मिमी के बीच वर्षा वाले क्षेत्रों में फसलों की खेती को _______ कहा जाता है।

A. शुष्क खेती
B. एकीकृत खेती
C. वर्षा आधारित खेती
D. शुष्क भूमि खेती
E. उपरोक्त में से कोई नहीं

176. अन्य चट्टानों के अपक्षय उत्पादों के जमाव और सीमेंटेशन द्वारा निर्मित चट्टानें, _______ हैं।

A. बहिर्वेधी आग्नेय चट्टानें
B. अवसादी चट्टानें
C. रूपांतरित चट्टानें
D. अंतर्वेधी आग्नेय चट्टानें
E. ये सभी

177. एक रासायनिक अपघटन प्रक्रिया जो खनिजों के साथ पानी के अणुओं के जुड़ाव को संदर्भित करती है, उसे _______ कहा जाता है।

A. ऑक्सीकरण
B. जलयोजन
C. विघटन
D. क्रोमैटोग्राफी
E. हाइड्रोलिसिस

178. किस विस्तार विधि में एक शोधकर्ता बताता है कि प्रति इकाई समय प्रति इकाई क्षेत्र में उत्पादन कैसे बढ़ाया जा सकता है।

A. वैराइटल प्रदर्शन
B. परिणाम प्रदर्शन
C. फ्रंट लाइन प्रदर्शन
D. विधि प्रदर्शन
E. उपरोक्त में से कोई नहीं

179. निम्नलिखित में से कौन-सी लागत ट्रैक्टरों की परिचालन लागत के अंतर्गत आती है?

A. ईंधन लागत
B. खरीद मूल्य
C. भवन रखरखाव
D. कर्मचारी लाभ
E. विपणन व्यय

180. ज्वालामुखी विस्फोट, पशु श्वसन, वनों की कटाई और जीवाश्म ईंधन के जलने से निम्नलिखित में से कौन-सी ग्रीनहाउस गैसें (जीएचजी) निकलती हैं?

A. जल वाष्प
B. क्लोरोफ्लोरोकार्बन
C. मीथेन
D. सल्फर
E. कार्बन डाइऑक्साइड

181. लिग्निन और पॉलीसेकेराइड का योग जो पाचन तंत्र द्वारा पचाया नहीं जाता है।

A. स्टार्च
B. लिपिड
C. एमाइड
D. पॉलीसेकेराइड
E. आहार फाइबर

182. बजट 2023-24 के तहत पशुपालन, डेयरी और मत्स्य पालन के लिए कृषि ऋण लक्ष्य कितना है?

A. 20 लाख करोड़
B. 9 लाख करोड़
C. 10 लाख करोड़
D. 30 लाख करोड़
E. 5 लाख करोड़

183. निम्न में से कौन-सी वर्षा जल संचयन तकनीक है जिसमें मिट्टी के जल संरक्षण को बढ़ाने के लिए बनाए गए फरो या टाई के भीतर लंबी, संकरी और ऊँची लकीरों को मिट्टी के बैंड द्वारा पार किया जाता है।

A. कंटूर ट्रेंचिंग
B. टाईड रिजिंग
C. कम्पार्टमेंटल बंडिंग
D. बीबीएफ (BBF)
E. कंटूर बंडिंग

172. A **173.** E **174.** B **175.** D **176.** B **177.** B **178.** C **179.** A **180.** E **181.** E **182.** A **183.** B

184. PMFBY के तहत, औसत उपज को ________ से गुणा क़रके थ्रेसहोल्ड उपज मापा जाता है।

A. फसल क्षेत्र

B. एमएसपी

C. थ्रेसहोल्ड यील्ड फैक्टर (क्षतिपूर्ति स्तर)

D. वर्षा सूचकांक

E. बाजार मूल्य

185. पानी में घुले हुए लवणों की कुल मात्रा और प्रति मीटर डेसी सीमेंस की इकाइयों को मापने के लिए किस जल गुणवत्ता पैरामीटर का उपयोग किया जाता है?

A. पीएच

B. विद्युत चालकता

C. सोडियम अवशोषण दर

D. धनायन विनिमय क्षमता

E. विनिमय योग्य सोडियम

186. आवृत्ति बदले बिना वोल्टेज बदलने के लिए किस उपकरण का उपयोग किया जाता है?

A. ट्रांजिस्टर

B. प्रतिरोधक

C. ट्रांसफार्मर

D. गैल्वेनोमीटर

E. संधारित्र

187. गुणवत्ता प्रमाणित बीजों का लेबल टैग रंग क्या है?

A. सुनहरा पीला B. ओपल हरा

C. नीला D. सफेद

E. नारंगी

188. 8 से 10 सप्ताह की आयु के किसी भी लिंग के युवा मुर्गे, जिनका वजन 1.5 से 2 किलोग्राम होता है और जिनका उपयोग नरम मांस के लिए किया जाता है, उन्हें ________ कहा जाता है।

A. पुलेट B. ब्रॉयलर

C. स्टैग D. रूस्टर

E. लेयर

189. स्वच्छ भारत मिशन-ग्रामीण (एसबीएम-जी) चरण 2 की अवधि क्या है?

A. 2017-18 से 2021-23

B. 2014-15 से 2018-19

C. 2009-10 से 2013-14

D. 2020-21 से 2024-25

E. 2018-19 से 2022-23

190. यौन परिपक्वता से पहले बधिया किए गए नर सूअर को इस नाम से जाना जाता है :

A. बैरो (Barrow) B. सो (Sow)

C. स्टैग (Stag) D. सायर (Sire)

E. गिल्ट (Gilt)

191. लेयर्स औसतन कितनी उम्र तक किफायती होते हैं :

A. 12 महीने B. 36 महीने

C. 18 महीने D. 15 महीने

E. 10 महीने

192. वानस्पतिक प्रसार के संबंध में निम्नलिखित में से कौन-सा कथन सत्य है?

A. वानस्पतिक प्रसार से बहुधा आनुवंशिक विविधताएँ उत्पन्न होती हैं।

B. यौन प्रजनन की तुलना में वानस्पतिक प्रसार प्रजनन का एक तेज तंत्र है।

C. लेयरिंग प्राकृतिक वानस्पतिक प्रसार का एक प्रकार है।

D. वानस्पतिक प्रसार जानवरों में देखा जाता है।

E. अलैंगिक प्रजनन में युग्मकों का संलयन शामिल होता है।

193. निम्नलिखित में से कौन-सा प्रूनिंग का उद्देश्य है?

A. वानस्पतिक और प्रजनन वृद्धि के बीच संतुलन बनाना।

B. फूलों और फलों को पतला करना।

C. फूल और फल लगने को नियंत्रित करना।

D. रोगग्रस्त, क्षतिग्रस्त, कीट ग्रसित और कमजोर टहनियों को हटाना।

E. पुरानी टहनियों को अधिक धूप देना।

184. C **185.** B **186.** C **187.** C **188.** B **189.** D **190.** A **191.** C **192.** B **193.** E

194. मछली तालाब में घुलित ऑक्सीजन का इष्टतम स्तर क्या है?
A. 5 mg/*l* B. 2 mg/*l*
C. 1 mg/*l* D. 2.5 mg/*l*
E. 10 mg/*l*

195. _________ बनावट वर्ग की मिट्टी में कण घनत्व सबसे कम होता है।
A. चिकनी दोमट
B. महीन रेत
C. चिकनी मिट्टी
D. दोमट
E. मोटी रेत

196. ड्रिप सिंचाई के संबंध में निम्नलिखित में से कौन-सा कथन सत्य है?
A. यह जल उपयोग दक्षता को कम करता है।
B. यह पानी की बर्बादी को बढ़ाता है।
C. यह मिट्टी के कटाव और जल अपवाह को कम करता है।
D. यह खरपतवार की आबादी को बढ़ाता है।
E. उपरोक्त में से कोई नहीं

197. DAY-NRLM के तहत SHGs को ऋण की सीमा क्या है?
A. ₹ 2 लाख B. ₹ 10 लाख
C. ₹ 1 लाख D. ₹ 0.5 लाख
E. ₹ 2.5 लाख

198. RBI का वित्त वर्ष 2023-24 के लिए छोटे और सीमांत किसानों को ऋण देने का लक्ष्य क्या है?
A. ANBC का 17% B. ANBC का 5%
C. ANBC का 20% D. ANBC का 2%
E. ANBC का 10%

199. खाद्यान्न और तिलहन को नमी के स्तर तक सुखाया जाता है :
A. 19-21% B. 7-11%
C. 4-6% D. 16-18%
E. 10-14%

200. शीट अपरदन का अगला चरण क्या है जिसमें उंगली जैसे उभार दिखाई देते हैं?
A. नाली अपरदन B. शीट अपरदन
C. स्पलैश अपरदन D. रिल अपरदन
E. उपरोक्त में से कोई नहीं

व्याख्यात्मक उत्तर

1. (D):

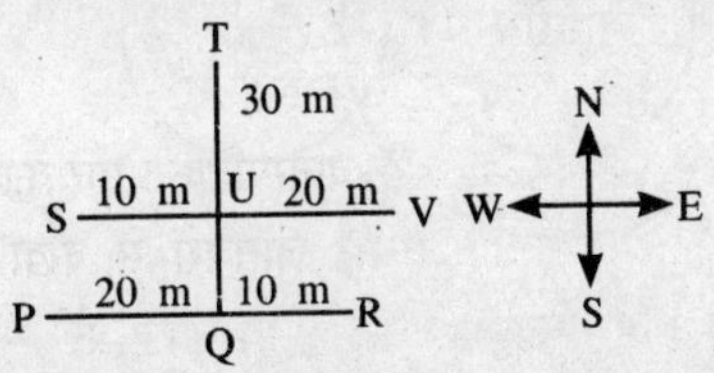

अतः बिंदु S, बिंदु T के सापेक्ष दक्षिण-पश्चिम दिशा में है।

प्रश्न संख्या 2-3 के लिए:

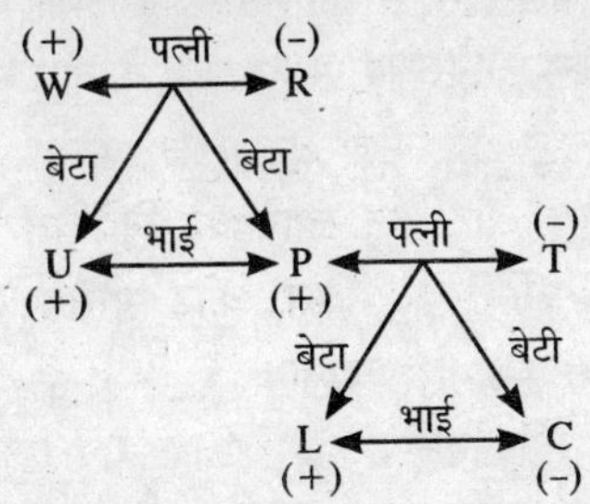

2. (C): परिवार में कुल 4 (W, U, P तथा L) पुरुष सदस्य हैं।

3. (D): P और T विवाहित जोड़ों में से एक है।

4. (A): $P \leq O < M = K > S$
P तथा S के बीच संबंध स्थापित नहीं किया जा सकता है। अतः निष्कर्ष I सत्य नहीं है।
$O < M = K$, इसलिए, $O < K$
अतः निष्कर्ष II सत्य है।
$M = K > S \geq D$, इसलिए, $M > D$
अतः निष्कर्ष III सत्य है।
$N > D \leq S < K = M$
इसीलिए, N तथा M के बीच संबंध स्थापित नहीं किया जा सकता है। अतः निष्कर्ष IV सत्य नहीं है।

194. A **195.** E **196.** C **197.** B **198.** E **199.** E **200.** D

5. (D): $S \geq P = A = C \geq E$
इसलिए, $S \geq A$
(इसलिए, $S \geq A$ निश्चित रूप से सत्य है)
तथा $P \geq E$
(इसलिए, $P < E$ निश्चित रूप से असत्य है)

6. (B): कथन I से, ___ > E > ___ C > ___
अतः कथन I अकेला पर्याप्त नहीं है।
कथन II से, D > E > A > C > B
अतः D सबसे लम्बा है।
इसलिए, कथन II अकेला पर्याप्त है।

7. (B): कथन I से,

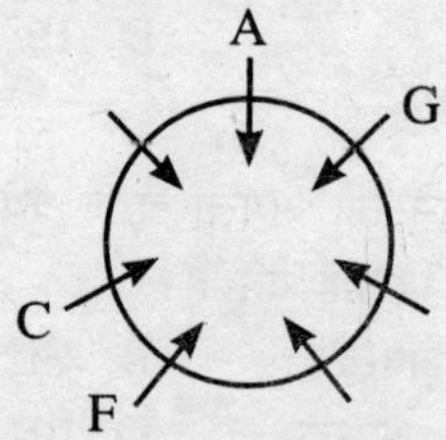

अब, G तथा A के बीच व्यक्तियों की संख्या के लिए बहुत विकल्प हैं। अतः कथन I अकेला पर्याप्त नहीं है।
कथन II से,

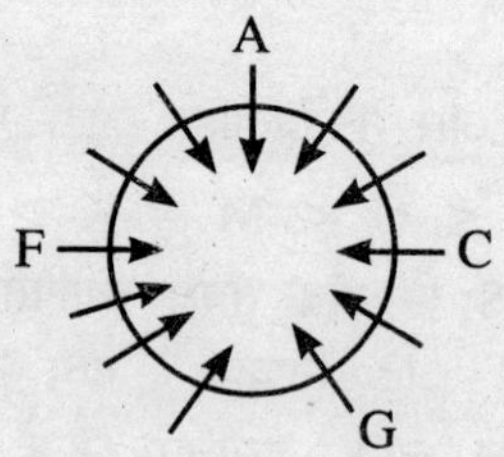

इस प्रकार वृत्त में, 12 व्यक्ति बैठे हैं। अतः कथन II अकेला पर्याप्त है।

8. (C): कथन I से, physics = nt
कथन II से,
physics = nt
अतः या तो I अकेले या II अकेले उत्तर देने में पर्याप्त है।

9. (A): कथन I से, interesting = ga
ahead = ja
week = in
इसलिए कथन I अकेले पर्याप्त है
कथन II से, 'ke in pe' का अर्थ है 'after first week'
'ge in pe' का अर्थ है 'week after month'
इसलिए, 'after week' = 'in pe'
अतः 'week' = 'in' or 'pe'
इसलिए कथन II अकेले पर्याप्त नहीं है।

प्रश्न संख्या 10-11 के लिए:

पंक्ति 2 ↓	C	A	B	I	D
पंक्ति 1 ↑	E	J	H	F	G

10. (D): E, H के बाईं ओर दूसरे स्थान पर बैठा है।

11. (B): A, B, D व्यक्तियों का समूह दक्षिण के सम्मुख है।

12. (E): आकृति इस प्रकार है :

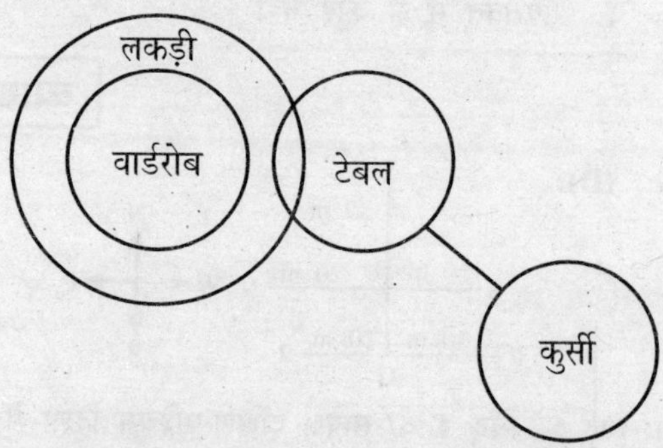

दोनों निष्कर्षों की संभावना संभव है। अतः I तथा II दोनों अनुसरण करते हैं।

13. (A): आकृति इस प्रकार है :

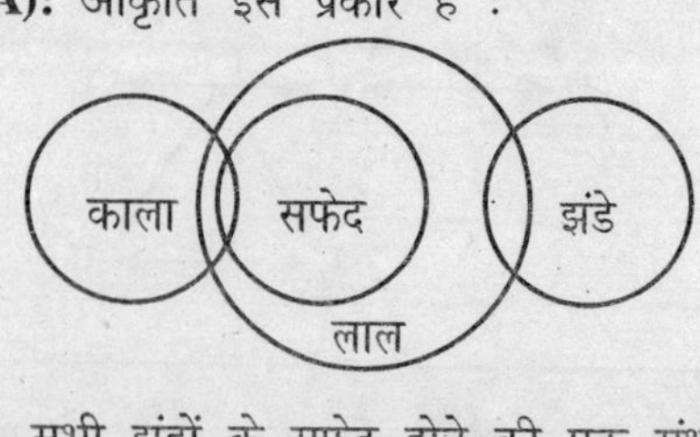

∴ सभी झंडों के सफेद होने की एक संभावना है।

14. (E): आकृति इस प्रकार है :

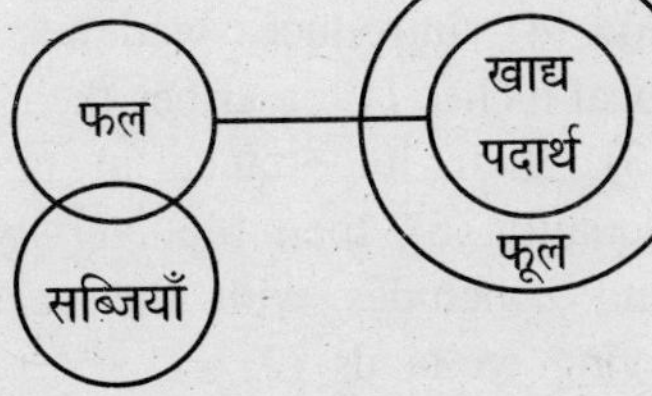

निष्कर्ष I की अनुसरण करने की संभावना है

निष्कर्ष II उन फूलों का अनुसरण करता है जो खाद्य पदार्थ कभी भी फल नहीं है।

15. (A): आकृति इस प्रकार है :

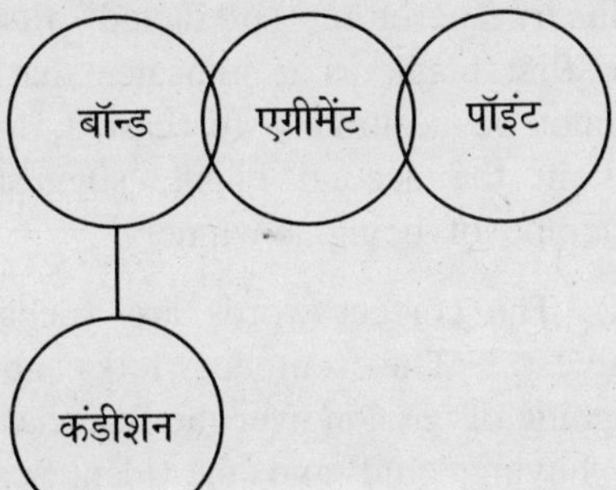

निष्कर्ष I की संभावना है। यह अनुसरण करता है कि कुछ पॉइंट बॉन्ड हो सकते हैं।

निष्कर्ष II का एक निश्चित शर्त है, इसका सत्य होना जरूरी नहीं है। अतः अनुसरण नहीं करता है।

प्रश्न संख्या 16-20 के लिए:

माह	व्यक्ति	रंग
फरवरी	J	सफेद
मार्च	I	नीला
अप्रैल	E	लाल
मई	G	हरा
अगस्त	D	काला
अक्टूबर	F	पीला
दिसम्बर	H	नारंगी

16. (D): 3 व्यक्ति F तथा I, जो नीला रंग पसंद करता है, के बीच में सेमिनार में भाग लेते हैं।

17. (C): सिर्फ दो व्यक्ति G तथा I के बीच सेमिनार में भाग लेते हैं, सत्य नहीं है। क्योंकि सिर्फ एक व्यक्ति (E) है जो सेमिनार में G तथा I के बीच भाग लेता है।

18. (E): दिसम्बर-H-नारंगी सत्य है।

19. (A): D अगस्त में सेमिनार में भाग लेता है।

20. (C): I सेमिनार में ठीक J के बाद भाग लेता है जो सफेद रंग पसंद करता है।

21. (E): All the words in the sentence are correctly spelled and appropriate in the context. "Educating" refers to the process of teaching or imparting knowledge, "preserve" means to protect or maintain, "protect" is to guard or shield, and "habitats" are natural environments for animals. Each word fits well within the context of discussing the naturalist's job in nature conservation.

22. (E): Each highlighted word in the sentence is correctly spelled and contextually appropriate. "Tranquil" means calm or peaceful, "reflection" refers to the image seen in water or a mirror, "breathtaking" is something that is astonishing or awe-inspiring, and "scenic" pertains to natural beauty. These words effectively describe the serene and picturesque scene of the sunrise over the lake.

23. (D): The correct spelling of the word should be "sight" instead of "cite." "Cite" means to quote or refer to, whereas "sight" refers to the ability to see or something that is seen. Therefore, "cite" is the incorrectly spelled word in the context of this sentence, which discusses the concept of perceiving something at first glance.

24. (E): All the words in the sentence are correctly spelled and contextually appropriate. "Unprecedented" means never done or known before, "authorities" refers to the persons or organizations in charge, "ambitious" describes something with high goals or objectives, and "expansion" refers to the act of growing or increasing in size.

Each word accurately conveys the meaning of the sentence about the port authorities' plans.

25. **(B):** The correct word should be "wiped" instead of "whipped." "Whipped" means beaten or lashed, which is incorrect in this context. "Wiped out" means to destroy or remove completely. The sentence is discussing how factories have encroached on forests and eradicated trees classified as sensitive by the government.

26. **(D):** The proper order for the sentences is 534216. This sequence logically presents the information starting from the definition of atmospheric pressure, its unnoticed importance, the devices used to measure it, the effects of high and low pressure, the impact on people living in high-altitude places, and finally, its role in keeping objects on Earth.

27. **(B):** The correct order of sentences is 5316724. The paragraph starts with the trend towards nuclear families (5), followed by the reasons behind this shift (3), the economic and social factors influencing it (1, 6), the challenges faced by extended families (7), and the concluding thoughts on the practicality and strong bonds in nuclear families (2, 4).

28. **(C):** The correct order is 526413. The paragraph starts with the definition of mental health (5), followed by its importance (2), the necessity of maintaining mental health (6), potential disturbances (4), the need for proactive support (1), and concludes with the analogy to physical health (3).

29. **(A):** The correct order is 241635. The paragraph starts with defining corporate wolf culture (2), its impact on employees (4), the resulting lack of collaboration (1), the benefits of a collaborative atmosphere (6), and concludes with the balance needed between ambition and organizational goals (3, 5).

30. **(A):** The correct order is 413652. The paragraph begins with the broad impact of pollution (4), introduces wetlands as a key ecological niche (1), describes their purifying role (3), their importance in maintaining water quality (6), their biodiversity support (5), and concludes with the necessity of conserving wetlands (2).

31. **(C):** The correct words to fill the blanks are "predicted" and "be." The sentence implies that the success of a business depends on various factors, and no single methodology can ensure that a business will become a winner. Therefore, "predicted" fits well in the first blank as it indicates that success cannot be accurately forecasted, and "be" fits in the second blank, suggesting the outcome of being a winner.

32. **(A):** The correct words are "debate" and "invest." The sentence talks about the ongoing discussion over the financial benefits of buying gold and the identification of various ways to invest in it, other than purchasing it physically. "Debate" fits the context of a discussion or argument, and "invest" is appropriate for the various ways people can put money into gold.

33. **(D):** The correct words are "loss" and "present." The sentence describes how job loss was less significant and short-lived in the second wave of the pandemic and was barely noticeable in the third wave. "Loss" accurately describes the reduction of jobs, and "present" indicates the level of job loss during the third wave.

34. **(E):** The correct words are "treats" and "shy." The author treats the characters of his novels with compassion and charm, but he does not shy away from portraying their ordinary struggles. "Treats" suggests how the author handles the characters, and "shy" means to avoid, which fits well in the context of not avoiding the characters' struggles.

35. **(D):** The correct words are "resistance" and "address." Genetically modified crops have been developed to enhance resistance to pests, increase crop yields, and address various agricultural challenges. "Resistance" is the ability to withstand pests, and "address" means to deal with or tackle challenges, both of which are suitable in this context.

36. **(E):** The word "Resolution" as used in the passage refers to a firm decision to do or not to do something. In this context, the presidents decided to take action to formulate a regional treaty to share the waters of the rivers feeding the Aral Sea. Therefore, "Decision" is the most suitable synonym, as it reflects the commitment to a particular course of action.

37. **(A):** The Aral Sea is described as being bounded by three deserts. The passage explicitly states that it is surrounded by three deserts and is shared by the five newly independent republics of Central Asia. Hence, the correct answer is three deserts.

38. **(D):** The Nukus Declaration aimed at inviting NGOs to be involved in the revival of the Aral Sea. The passage mentions that, for the first time, the official Nukus Declaration stated the government's intent to provide space for NGOs to be involved in the revival of the Aral Sea, indicating a significant policy shift towards engaging non-governmental organizations in ecological restoration efforts.

39. **(A):** The cultivation of cotton led to the deterioration of the Aral Sea. The passage describes how the Soviet planners' focus on becoming self-sufficient in cotton production led to the diversion of water from the Aral Sea for irrigation purposes, ultimately causing the ecological disaster.

40. **(B):** The primary objective of the September 1995 meeting of the five Central Asian countries was to deal with the Aral Sea crisis and contain the terrible after-effects of this gigantic ecological disaster. This is clearly stated in the passage, highlighting the urgent need to address the environmental catastrophe.

41. **(D):** The statement that it had deficient fish resources and more than three-quarters of the territory surrounding it is desert lowland is incorrect. The passage indicates that the Aral Sea had abundant fish resources before the ecological disaster. Therefore, this statement is false in the context of the passage.

42. **(B):** Aralsk is the port in Kazakhstan. The passage specifies that the Aral Sea had a busy shipping trade extending from its northern port of Aralsk in Kazakhstan to the river ports of Amu Darya.

43. **(A):** The contingency plan for the Aral Sea failed due to strong opposition from Soviet environmentalists. The passage explains that the plan to divert the Siberian rivers was struck down by the overwhelming protest of Soviet scientists concerned about ecological impacts.

44. **(A):** The term "cul-de-sac" refers to a complex, difficult, or problematic situation with no clear way out. In the passage, it is used metaphorically to describe the irreversible ecological disaster caused by the diversion of water from the Aral Sea, leading to a dead-end situation.

45. **(A):** The word opposite in meaning to "insatiable" is "gratified." "Insatiable" means an appetite or desire that cannot be satisfied, while "gratified" means being satisfied or pleased, thus representing the opposite concept.

46. **(C):** The contingency plan to save the Aral Sea from deterioration involved the diversion of the waters of the Siberian rivers flowing into the Central Asian region to the Aral Sea. The passage explains that Soviet

planners had this plan in place but it was never implemented due to opposition from environmentalists.

47. (C): The words "tenable" and "placable" need to be swapped to make the sentence grammatically and contextually correct. "Tenable" means defensible or justifiable, which does not fit the context of the dispute being highly resolvable. "Placable" means capable of being appeased or pacified, which is more appropriate for describing the nature of the solution reached through open communication and compromise. Thus, the correct sentence should be: "The dispute between the neighbours was highly placable (1), and a tenable (2) solution was reached through open communication (3) and compromise (4)."

48. (E): The words "syndicate" and "syncretism" need to be swapped to make the sentence grammatically and contextually correct. "Syndicate" refers to a group or organization, which does not fit the context of the sentence describing the blending of religious beliefs. "Syncretism" refers to the amalgamation of different religions, cultures, or schools of thought, which fits the context perfectly. Thus, the correct sentence should be: "The harmony (1) of various religious beliefs in the region resulted in a diverse (2) cultural landscape, where a syncretism (3) of spiritual leaders aimed to foster syndicate (4) among the faiths."

49. (B): The words "trail" and "exposed" need to be swapped to make the sentence grammatically and contextually correct. "Trail" refers to a path or track, which does not fit the context of uncovering corruption and greed. "Exposed" means revealed or uncovered, which fits the context of investigative journalism. Thus, the correct sentence should be: "The tenacious (1) investigative journalist exposed (4) the rapacious (3) exploitation of natural resources by uncovering a trail (2) of corruption and greed."

50. (D): The words "fratricide" and "capricious" need to be swapped to make the sentence grammatically and contextually correct. "Fratricide" refers to the act of killing one's brother, which does not fit the context of the dictator's decisions leading to unrest. "Capricious" means unpredictable or whimsical, which fits the context of the tragic events within the ruling family. Thus, the correct sentence should be: "The capricious (4) decisions of the dictator led to widespread (2) unrest, ultimately culminating (3) in a tragic fratricide (1) within the ruling family."

51. (B): CD-R में 'R' का अर्थ है 'रिकॉर्डेबल।' CD-R एक प्रकार की लिखने योग्य डिजिटल ऑप्टिकल डिस्क है जो उपयोगकर्ताओं को एक बार डेटा रिकॉर्ड करने और इसे कई बार पढ़ने की अनुमति देती है। CD-RW (कॉम्पैक्ट डिस्क रीराइटेबल) के विपरीत, जिसे मिटाया और फिर से लिखा जा सकता है, CD-R डिस्क को केवल एक बार रिकॉर्ड किया जा सकता है। यह स्थायी डेटा बैकअप बनाने या संगीत और सॉफ्टवेयर वितरित करने के लिए CD-R को उपयोगी बनाता है।

52. (D): क्वांटम कंप्यूटिंग में सूचना की मूल इकाई एक 'क्यूबिट' है। परम्परागत बिट्स के विपरीत, जो 0 या 1 हो सकते हैं, सुपरपोजिशन और उलझाव के सिद्धांतों के कारण क्यूबिट एक साथ कई अवस्थाओं में मौजूद हो सकते हैं। यह क्वांटम कंप्यूटरों को पारंपरिक कंप्यूटरों की तुलना में जटिल गणनाओं को अधिक कुशलता से संसाधित करने की अनुमति देता है, जिससे वे कुछ प्रकार की समस्याओं को हल करने के लिए संभावित रूप से शक्तिशाली उपकरण बन जाते हैं।

53. (E): टचस्क्रीन डिवाइस के साथ स्टाइलस का उपयोग करने का प्राथमिक लाभ 'ड्राइंग और लेखन के लिए बढ़ी हुई सटीकता' है। उंगलियों के इस्तेमाल की तुलना

में स्टाइलस अधिक सटीक इनपुट की अनुमति देता है, जो ड्राइंग, लेखन और विस्तृत नेविगेशन जैसे कार्यों के लिए विशेष रूप से उपयोगी है। यह एक पेन या पेंसिल के एहसास की नकल कर सकता है, जिससे यह कलाकारों, डिजाइनरों और नोट लेने वालों के लिए एक आवश्यक उपकरण बन जाता है, जिन्हें अपने इनपुट पर कुशल नियंत्रण की आवश्यकता होती है।

54. **(C):** Linux (लिनक्स) एक ओपन-सोर्स ऑपरेटिंग सिस्टम है। MS-DOS, iOS और Windows जैसे मालिकाना ऑपरेटिंग सिस्टम के विपरीत, Linux के लिए सोर्स कोड किसी के भी देखने, संशोधित करने और वितरित करने के लिए स्वतंत्र रूप से उपलब्ध है। यह खुलापन एक सहयोगी वातावरण को बढ़ावा देता है जहाँ डेवलपर्स सिस्टम के सुधार में योगदान दे सकते हैं और इसे व्यक्तिगत कंप्यूटर से लेकर सर्वर और एम्बेडेड सिस्टम तक विभिन्न अनुप्रयोगों के लिए अनुकूलित कर सकते हैं।

55. **(D):** ATM और पॉइंट-ऑफ-सेल (POS) मशीनों में आमतौर पर इस्तेमाल की जाने वाली टचस्क्रीन तकनीक 'प्रतिरोधक' है। प्रतिरोधक टचस्क्रीन स्क्रीन पर लगाए गए दबाव को महसूस करके काम करते हैं। इनमें कई परतें होती हैं जो छूने पर विद्युत प्रतिरोध में होने वाले बदलावों का पता लगाती हैं। यह तकनीक टिकाऊ और लागत प्रभावी है, जो इसे एटीएम और पीओएस सिस्टम जैसे उच्च-उपयोग वाले वातावरण के लिए उपयुक्त बनाती है, भले ही कैपेसिटिव स्क्रीन की तुलना में हल्के स्पर्श के प्रति कम प्रतिक्रियाशील हो।

56. **(C):** एकीकृत सर्किट (ICs) कंप्यूटर की 'तीसरी पीढ़ी' से संबंधित हैं। 1950 और 1960 के दशक के उत्तरार्ध में ICs के विकास ने एक महत्वपूर्ण तकनीकी उन्नति को चिह्नित किया, जिससे एक ही चिप पर कई ट्रांजिस्टर एम्बेड किए जा सकते थे। इस लघुकरण ने छोटे, अधिक कुशल और विश्वसनीय कंप्यूटरों के निर्माण को जन्म दिया, जिसने आधुनिक कंप्यूटिंग उपकरणों के लिए मार्ग प्रशस्त किया।

57. **(E):** VPN का अर्थ है 'वर्चुअल प्राइवेट नेटवर्क।' एक VPN एक सार्वजनिक नेटवर्क में एक निजी नेटवर्क का विस्तार करता है, जिससे उपयोगकर्ता डेटा भेज और प्राप्त कर सकते हैं जैसे कि उनके डिवाइस सीधे निजी नेटवर्क से जुड़े हों। यह तकनीक इंटरनेट ट्रैफिक को एन्क्रिप्ट करके और उपयोगकर्ता के IP पते को छिपाकर सुरक्षा और गोपनीयता प्रदान करती है, जिससे यह डार्क वेब तक पहुँचने और ऑनलाइन गतिविधियों को निगरानी और साइबर खतरों से बचाने के लिए आवश्यक हो जाता है।

58. **(C):** उपकरणों के लिए गति का आरोही क्रम "DBAC" है। फ्लॉपी डिस्क (D) सबसे धीमी है, उसके बाद हार्ड डिस्क (B), फिर RAM (A) और सबसे तेज कैश मेमोरी (C) है। फ्लॉपी डिस्क, एक पुरानी तकनीक होने के कारण, बहुत कम डेटा ट्रांसफर दर रखती है। हार्ड डिस्क, हालांकि तेज हैं, फिर भी RAM से पीछे हैं, जिसका उपयोग सक्रिय प्रसंस्करण के लिए किया जाता है। कैश मेमोरी, CPU के सबसे करीब होने के कारण, त्वरित डेटा एक्सेस के लिए सबसे अधिक गति रखती है।

59. **(A):** वैक्यूम ट्यूब को 'ट्रांजिस्टर' द्वारा प्रतिस्थापित किया गया था। ट्रांजिस्टर अर्धचालक उपकरण हैं जिनका उपयोग इलेक्ट्रॉनिक संकेतों और विद्युत शक्ति को बढ़ाने या स्विच करने के लिए किया जाता है। वे वैक्यूम ट्यूबों की तुलना में बहुत छोटे, अधिक कुशल और अधिक विश्वसनीय हैं, जिनका उपयोग पहली पीढ़ी के कंप्यूटरों में किया गया था। 1940 के दशक के उत्तरार्ध में ट्रांजिस्टर के आविष्कार ने इलेक्ट्रॉनिक्स में क्रांति ला दी, जिससे छोटे, तेज और अधिक कुशल कंप्यूटरों का विकास हुआ।

60. **(A):** POST (पावर-ऑन-सेल्फ-टेस्ट) का प्राथमिक उद्देश्य ऑपरेटिंग सिस्टम को बूट करने से पहले डायग्नोस्टिक्स परीक्षण करना है। जब कंप्यूटर चालू होता है, तो POST हार्डवेयर घटकों, जैसे मेमोरी, कीबोर्ड और अन्य बाह्य उपकरणों की जाँच करता है, ताकि यह सुनिश्चित हो सके कि वे सही तरीके से काम कर रहे हैं। यदि कोई समस्या पाई जाती है, तो POST उपयोगकर्ता को त्रुटि संदेश या बीप कोड के

साथ सचेत करता है, जिससे सिस्टम दोषपूर्ण हार्डवेयर के साथ बूट होने से बच जाता है।

61. (B): 'विंडोज ऑपरेटिंग सिस्टम' सिस्टम सॉफ्टवेयर का एक उदाहरण है। सिस्टम सॉफ्टवेयर को कंप्यूटर के हार्डवेयर घटकों को प्रबंधित और नियंत्रित करने और एप्लिकेशन सॉफ्टवेयर चलाने के लिए एक प्लेटफॉर्म प्रदान करने के लिए डिजाइन किया गया है। Microsoft Word, Excel, Google Chrome या Adobe Photoshop जैसे एप्लिकेशन के विपरीत, सिस्टम सॉफ्टवेयर में ऑपरेटिंग सिस्टम, डिवाइस ड्राइवर और कंप्यूटर की बुनियादी कार्यक्षमता के लिए आवश्यक उपयोगिता प्रोग्राम शामिल होते हैं।

62. (B): USB-A कनेक्टर आमतौर पर माउस और कीबोर्ड को CPU से जोड़ने के लिए उपयोग किया जाता है। USB-A या मानक USB, कंप्यूटर पर पाया जाने वाला सबसे आम प्रकार का USB पोर्ट है। यह माउस, कीबोर्ड, प्रिंटर और बाहरी स्टोरेज डिवाइस सहित कई तरह के बाह्य उपकरणों का समर्थन करता है, जिससे यह इनपुट डिवाइस को CPU से जोड़ने के लिए मानक विकल्प बन जाता है।

63. (A): विंडोज ऑपरेटिंग सिस्टम पर ओपन विंडोज के बीच स्विच करने की शॉर्टकट कुंजी Alt + Tab है। यह कीबोर्ड शॉर्टकट उपयोगकर्ताओं को सभी ओपन एप्लिकेशन और विंडोज के बीच तेजी से आवर्तन की अनुमति देता है, जिससे माउस का उपयोग किए बिना कार्यों के बीच तेजी से स्विच करने में सक्षम होने से उत्पादकता और उपयोग में आसानी बढ़ जाती है।

64. (A): स्टीव जॉब्स और स्टीव वोजनियाक द्वारा 1976 में बनाया गया कंप्यूटर Apple I है। Apple I, Apple Computer, Inc. द्वारा बेचा गया पहला उत्पाद था, और इसने व्यक्तिगत कंप्यूटिंग क्रांति की शुरुआत को चिह्नित किया। बाद के मॉडलों के विपरीत, Apple I को पूरी तरह से इकट्ठे सर्किट बोर्ड के रूप में बेचा गया था, जिसके लिए उपयोगकर्ताओं को अपना केस, बिजली की आपूर्ति, कीबोर्ड और डिस्प्ले प्रदान करने की आवश्यकता थी।

65. (C): एंटीवायरस सॉफ्टवेयर में 'रीयल-टाइम सुरक्षा' खतरों के लिए स्वचालित, निरंतर निगरानी प्रदान करने को संदर्भित करता है। यह सुविधा सुनिश्चित करती है कि एंटीवायरस प्रोग्राम शेड्यूल किए गए स्कैन की प्रतीक्षा करने के बजाय, संभावित खतरों के लिए कंप्यूटर पर फाइलों, प्रोग्रामों और गतिविधियों को सक्रिय रूप से स्कैन करता है, जिससे मैलवेयर और अन्य सुरक्षा खतरों के खिलाफ तत्काल सुरक्षा मिलती है।

66. (B): BCC विकल्प आमतौर पर ईमेल संदेश के 'To' (टू) फील्ड में 'CC' (कार्बन कॉपी) और 'From' फील्ड के साथ स्थित होता है। आप दूसरों को उनके ईमेल पते बताए बिना उन्हें ईमेल की एक प्रति भेजने के लिए BCC फील्ड में प्राप्तकर्ताओं को जोड़ सकते हैं।

67. (D): Microsoft Bing, Microsoft द्वारा विकसित सर्च इंजन है। Bing को 2009 में MSN सर्च और Windows Live सर्च के उत्तराधिकारी के रूप में लॉन्च किया गया था, और यह वेब, वीडियो, छवि और मानचित्र खोज परिणामों सहित वेब खोज सेवाएँ प्रदान करता है। Bing, Microsoft के उत्पादों और सेवाओं के सूट के साथ एकीकृत है, जो उनके पारिस्थितिकी तंत्र में समग्र उपयोगकर्ता अनुभव को बढ़ाता है।

68. (B): कंट्रोल यूनिट (CU) CPU के भीतर मेमोरी से निर्देशों को प्राप्त करने और डिकोड करने के लिए जिम्मेदार है। CU मेमोरी से निर्देश प्राप्त करके, आवश्यक कार्रवाई को डिकोड करके और फिर अंकगणितीय तर्क इकाई (ALU) और अन्य घटकों के साथ समन्वय करके निर्देश को निष्पादित करके प्रोसेसर के संचालन को निर्देशित करता है।

69. (E): कंट्रोल पैनल में उपस्थिति और वैयक्तिकरण (एपियरेंस एण्ड पर्सेनलाइजेशन) श्रेणी आपको अपने डेस्कटॉप पर दृश्य प्रदर्शन को अनुकूलित करने की अनुमति देती है। यह श्रेणी स्क्रीन रिजॉल्यूशन बदलने, डिस्प्ले सेटिंग्स को समायोजित करने और डेस्कटॉप पृष्ठभूमि, थीम और स्क्रीनसेवर को वैयक्तिकृत करने के विकल्प प्रदान करती है, जिससे उपयोगकर्ता अपने कंप्यूटर पर अपने दृश्य अनुभव को अनुकूलित कर सकते हैं।

70. (D): लैपटॉप ट्रैकपैड पर राइट-क्लिक करने के लिए, आप 2 उंगलियों से टैप करते हैं। यह इशारा माउस के राइट-क्लिक फंक्शन का अनुकरण करता है, जो अनुप्रयोगों और ऑपरेटिंग सिस्टम के भीतर संदर्भ मेनू और अतिरिक्त विकल्पों तक पहुँच प्रदान करता है। यह सुविधा आधुनिक लैपटॉप ट्रैकपैड की मल्टी-टच क्षमताओं का हिस्सा है, जिसे उपयोगकर्ता की सहभागिता और सुविधा को बढ़ाने के लिए डिजाइन किया गया है।

71. (D): दी गई संख्या श्रेणी :

19.7 → 17.3 → 22.1 → 14.9 → 24.5 → [12.5] → 26.9

(−2.4, +2.4×2, −2.4×3, +2.4×4, −2.4×5, +2.4×6)

यहाँ, $19.7 - 2.4 = 17.3$

$17.3 + 2.4 \times 2 = 17.3 + 4.8 = 22.1$

$22.1 - 2.4 \times 3 = 22.1 - 7.2 = 14.9$

$14.9 + 2.4 \times 4 = 14.9 + 9.6 = 24.5$

$24.5 - 2.4 \times 5 = 24.5 - 12 = \boxed{12.5}$

$12.5 + 2.4 \times 6 = 12.5 + 14.4 = 26.9$

अतः गलत संख्या 12.2 है तथा यहाँ पर 12.5 होना चाहिए।

72. (C): दी गई संख्या श्रेणी :

11 → 9 → 21 → 59 → [241] → 1199 → 7201

(×1−2, ×2+3, ×3−4, ×4+5, ×5−6, ×6+7)

यहाँ, $11 \times 1 - 2 = 11 - 2 = 9$

$9 \times 2 + 3 = 18 + 3 = 21$

$21 \times 3 - 4 = 63 - 4 = 59$

$59 \times 4 + 5 = 236 + 5 = \boxed{241}$

$241 \times 5 - 6 = 1205 - 6 = 1199$

$1199 \times 6 + 7 = 7194 + 7 = 7201$

अतः गलत संख्या 243 है तथा यहाँ पर 241 होना चाहिए।

73. (B): दी गई संख्या श्रेणी :

19 → 9 → 8 → 10.5 → [19] → 45 → 132

($\times\frac{1}{2}-\frac{1}{2}$, ×1−1, $\times\frac{3}{2}-\frac{3}{2}$, ×2−2, $\times\frac{5}{2}-\frac{5}{2}$, ×3−3)

यहाँ, $19 \times \frac{1}{2} - \frac{1}{2} = 9$

$9 \times 1 - 1 = 8$

$8 \times \frac{3}{2} - \frac{3}{2} = 12 - \frac{3}{2} = 10.5$

$10.5 \times 2 - 2 = 21 - 2 = \boxed{19}$

$19 \times \frac{5}{2} - \frac{5}{2} = 45$

$45 \times 3 - 3 = 132$

अतः गलत संख्या 18 है तथा यहाँ पर 19 होना चाहिए।

74. (E): दी गई संख्या श्रेणी :

6 → 10 → 18 → 27 → 54 → [70] → 134

($+2^2$, $+2^3$, $+3^2$, $+3^3$, $+4^2$, $+4^3$)

यहाँ, $6 + 2^2 = 6 + 4 = 10$

$10 + 2^3 = 10 + 8 = 18$

$18 + 3^2 = 18 + 9 = 27$

$27 + 3^3 = 27 + 27 = 54$

$54 + 4^2 = 54 + 16 = \boxed{70}$

$70 + 4^3 = 70 + 64 = 134$

अतः गलत संख्या 80 है तथा यहाँ पर 70 होना चाहिए।

75. (C): $\sqrt{?+68.77} \times 5.03$

= 541.12 का 24.99%

$\Rightarrow$ $\sqrt{?+69} \times 5$ = 540 का 25%

$$\Rightarrow \sqrt{?+69} \times 5 = 540 \times \frac{25}{100}$$

$$\Rightarrow \sqrt{?+69} = \frac{540}{5} \times \frac{1}{4}$$

$$\Rightarrow \sqrt{?+69} = 27$$

दोनों तरफ वर्ग करने पर हम पाते हैं,

$? + 69 = 729$

$$\Rightarrow ? = 729 - 69 = 660.$$

76. (D): 1049.96 का ?% + 419.7889 का 74.85%

$= 69.9$ का 749.65%

⇒ 1050 का $x\%$ + 420 का 75%

$= 70$ का 750%

$$\Rightarrow 1050 \times \frac{x}{100} + 420 \times \frac{75}{100} = 70 \times \frac{750}{100}$$

$$\Rightarrow \frac{21}{2}x + 42 \times \frac{15}{2} = 7 \times 75$$

$$\Rightarrow \frac{21}{2}x + 21 \times 15 = 525$$

$$\Rightarrow \frac{21}{2}x + 315 = 525$$

$$\Rightarrow \frac{21}{2}x = 210$$

$$\Rightarrow x = 20$$

अतः, ? = 20.

77. (E): $\sqrt{(1521.28)} \div 26.019 \times 18.0032$

$= ? - 516.997$

$$\Rightarrow \sqrt{1521} \div 26 \times 18 = ? - 517$$

$$\Rightarrow 39 \div 26 \times 18 = ? - 517$$

$$\Rightarrow \frac{3}{2} \times 18 = ? - 517$$

$$\Rightarrow 27 = ? - 517$$

$$\Rightarrow ? = 27 + 517$$

$$\Rightarrow ? = 544$$

अतः ? का सन्निकट मान = 544.

78. (A): $(73425.001 - 33267.003 - 22417.99 - 17649.96) \times \sqrt{11024} = ?$

$? = (73425 - 33267 - 22418 - 17650) \times 105$

$= (73425 - 73335) \times 105$

$= 90 \times 105 = 9450$

अतः ? का सन्निकट मान = 9450.

79. (B): वृत्त का क्षेत्रफल = $\frac{3465}{10}$

$$\Rightarrow \pi r^2 = 346.5 \text{ m}^2$$

$$\Rightarrow \frac{22}{7} r^2 = 346.5$$

$$\Rightarrow r^2 = 346.5 \times \frac{7}{22}$$

$$\Rightarrow r^2 = 31.5 \times \frac{7}{2} = 31.5 \times 3.5$$

$$\Rightarrow r^2 = 110.5 = (10.5)^2$$

$$\Rightarrow r = 10.5 \text{ मी.}$$

∴ वृत्त का व्यास = $2r = 2 \times 10.5 = 21$ मी.

⇒ वर्ग की भुजा = 21 मी.

प्रश्नानुसार,

वर्ग का परिमाप = $4 \times 21 = 84$ मी.।

80. (D): माना कि योजना B में निवेशित राशि ₹ x तब योजना A में निवेशित राशि = ₹ $(26125 - x)$

$$\therefore (26125 - x) \times \frac{8 \times 4}{100} = x\left[\left(1 + \frac{20}{100}\right)^2 - 1\right]$$

$$\Rightarrow (26125 - x) \times \frac{8}{25} = x\left[\left(\frac{6}{5}\right)^2 - 1\right]$$

$$\Rightarrow (26125 - x) \times \frac{8}{25} = x\left[\frac{36 - 25}{25}\right]$$

$$\Rightarrow (26125 - x) \times \frac{8}{25} = \frac{11}{25}x$$

$$\Rightarrow (26125 - x) \times 8 = 11x$$

$$\Rightarrow 26125 \times 8 - 8x = 11x$$

$$\Rightarrow 8 \times 26125 = 8x + 11x = 19x$$

$$\Rightarrow x = \frac{8 \times 26125}{19}$$

$$= 8 \times 1375 = 11000$$

$$\Rightarrow x = ₹\ 11000$$

अतः, योजना B में ₹ 11000 निवेशित किए गए थे।

81. (E): माना कि A की वर्तमान आयु $9y$ तथा B की वर्तमान आयु $10y$ है

तब, 5 वर्ष के बाद,

$$\frac{9y + 5}{10y + 5} = \frac{10}{11}$$

$\Rightarrow \quad 99y + 55 = 100y + 50$

$\Rightarrow \quad 100y - 99y = 55 - 50 \Rightarrow y = 5$

$\therefore$ A की वर्तमान आयु = 9y

= 9 × 5 = 45 वर्ष

$\therefore$ C की वर्तमान आयु = 45 + 2 = 47 वर्ष

अतः 3 वर्ष बाद C की आयु

= 47 + 3 = 50 वर्ष।

82. (C): दी गई धारा की गति = 12 किमी./घं.

$\therefore$ पानी में नाव की गति

= 12 × 3 = 36 किमी./घं.

अब, धारा की विपरीत दिशा में गति

= 36 – 12 = 24 किमी./घं.

तथा धारा की दिशा में गति

= 36 + 12 = 48 किमी./घं.

प्रश्नानुसार, $\frac{x+60}{5} = 48$

$\Rightarrow \quad x + 60 = 240$

$\Rightarrow \quad x = 180$

तथा $\quad \frac{y+32}{8} = 24$

$\Rightarrow \quad y + 32 = 192$

$\Rightarrow \quad y = 160$

दूरी $= x + \frac{3y}{8} = 180 + \frac{3 \times 160}{8}$

= 180 + 60 = 240 किमी.

अतः नाव द्वारा लिया गया अभीष्ट समय

$= \frac{240}{48} = 5$ घंटे।

83. (A): माना कि किस्म Q का क्रय मूल्य = ₹ x

तथा किस्म P का क्रय मूल्य = ₹ $(x + 80)$

$\because$ लाभ = विक्रय मूल्य – क्रय मूल्य

$\therefore \; 12 = (x+80) \times \frac{85}{100} + x \times \frac{125}{100} - [x + 80 + x]$

$\Rightarrow 12 = (x+80) \times \frac{17}{20} + x \times \frac{25}{20} - (2x+80)$

$\Rightarrow 12 = \frac{17(x+80) + 25x - 20(2x+80)}{20}$

$\Rightarrow 12 \times 20 = 17x + 1360 + 25x - 40x - 1600$

$\Rightarrow \quad 240 = 42x - 40x + 1360 - 1600$

$\Rightarrow \quad 240 = 2x - 240$

$\Rightarrow \quad x = 240$

$\therefore$ किस्म P का क्रय मूल्य = x + 80

= 240 + 80 = ₹ 320

अतः किस्म P का विक्रय मूल्य

$= 320 \times \frac{85}{100} = 320 \times \frac{17}{20}$

= 16 × 17 = ₹ 272.

84. (B): कुशलता का अनुपात,

P : Q = 2 : 1

तथा दिनों का अनुपात,

P : Q = 1 : 2

अब (P + Q) का 1 दिन का कार्य = $\frac{1}{12}$

$\Rightarrow \quad \frac{1}{x} + \frac{1}{2x} = \frac{1}{12}$

$\Rightarrow \quad \frac{2+1}{2x} = \frac{1}{12} \Rightarrow x = 18$

पुनः (Q + R) का 1 दिन का कार्य = $\frac{1}{14}$

$\Rightarrow \quad \frac{1}{2x} + \frac{1}{R} = \frac{1}{14}$

$\Rightarrow \quad \frac{1}{2 \times 18} + \frac{1}{R} = \frac{1}{14}$

$\Rightarrow \quad \frac{1}{R} = \frac{1}{14} - \frac{1}{36}$

$\Rightarrow \quad \frac{1}{R} = \frac{18-7}{252} = \frac{11}{252}$

अतः R अकेले इस कार्य को

$\frac{252}{11}$ दिनों में = $22\frac{10}{11}$ दिनों में पूरा करेगा।

85. (E): मिश्रण की मात्रा = 45 लीटर

नौवां हिस्सा निकालने के बाद मिश्रण की मात्रा

$$= \left(1-\frac{1}{9}\right)\times 45$$

$$= 45\times\frac{8}{9} = 40 \text{ लीटर}$$

40 लीटर में पानी की मात्रा

$$= 40\times\frac{20}{100} = 8 \text{ लीटर}$$

∴ स्प्रिट की मात्रा = 40 – 8 = 32 लीटर

अब स्प्रिट और पानी का प्रारंभिक अनुपात

= 32 : 8 = 4 : 1

प्रश्नानुसार,

$32 : (8 + x) = 1 : 4$ ...(*i*)

माना कि y लीटर स्प्रिट मिलाया गया

$(32 + y) : (8 + x) = 4 : 1$

$\Rightarrow (8 + x) : (32 + y) = 1 : 4$ ...(*ii*)

समीकरण (*i*) तथा (*ii*) के गुणनफल से, हम पाते हैं,

$$\frac{32}{32+y} = \frac{1}{16}$$

$\Rightarrow \quad 32 + y = 32 \times 16$

$\Rightarrow \quad y = 32 \times 16 - 32$

$= 512 - 32 = 480$

अतः y = 480 लीटर।

प्रश्न संख्या 86 से 90 के लिए :

दिए गए पाई चार्ट और तालिका से,

शहर	प्रतिशतता	लोगों की कुल संख्या	पुरुषों की संख्या	महिलाओं की संख्या
A	20%	16000	4800	11200
B	24%	19200	7680	11520
C	15%	12000	6600	5400
D	16%	12800	5760	7040
E	25%	20000	12000	8000
	100%	80000	36840	43160

86. (B): शहर C से महिलाओं की संख्या = 5400

शहर E से पुरुषों की संख्या = 12000

∴ अभीष्ट योग = 5400 + 12000

= 17400.

87. (B): शहर A में पुरुषों की संख्या तथा शहर E में महिलाओं की संख्या का अनुपात

= 4800 : 8000

= 48 : 80 = 3 : 5.

88. (E): पाई-चार्ट में शहर B और शहर D में एक साथ कुल लोगों की संख्या

= 24 + 16 = 40%

$$\therefore \quad \text{अभीष्ट कोण} = \frac{40}{100}\times 360 = 144°.$$

89. (C): दिया गया है, शहर C तथा शहर D में लोगों का प्रतिशत आपस में बदलने पर,

∴ शहर C में पुरुषों की संख्या

$$= 12800\times\frac{55}{100} = 7040$$

तथा शहर D में महिलाओं की संख्या

$$= 12000\times\frac{100-45}{100}$$

= 120 × 55 = 6600

∴ अभीष्ट अन्तर = 7040 – 6600 = 440.

90. (A): पाँच शहरों में पुरुषों की संख्या का औसत

$$= \frac{36840}{5} = 7368.$$

91. (A): पैरेटो विश्लेषण एक सांख्यिकीय तकनीक है जिसका उपयोग निर्णय लेने में उन सीमित संख्या में कार्यों के चयन के लिए किया जाता है जो सबसे महत्वपूर्ण समग्र प्रभाव उत्पन्न करते हैं। यह उन शीर्ष 20% कारणों की पहचान करने पर आधारित अवधारणा का उपयोग करता है जिन्हें 80% समस्याओं को हल करने के लिए संबोधित करने की आवश्यकता है। यह सिद्धांत, जिसे 80/20 नियम के रूप में भी जाना जाता है, इस बात पर प्रकाश डालता है कि कारणों

का एक छोटा प्रतिशत अक्सर प्रभावों के एक बड़े प्रतिशत को जन्म देता है, जो अधिकतम प्रभाव के लिए प्रयासों को प्राथमिकता देने में मदद करता है।

92. (B): निर्णय लेने के सीमित तर्कसंगतता मॉडल में 'संतुष्टि' की अवधारणा न्यूनतम मानदंडों को पूरा करने वाले पहले विकल्प को स्वीकार करने को संदर्भित करती है। अधिकतम करने के दृष्टिकोण के विपरीत, जहां निर्णयकर्ता सर्वोत्तम संभव विकल्प की तलाश करता है, संतुष्टि में एक विकल्प का चयन करना शामिल है जो न्यूनतम आवश्यकताओं को पूरा करने के लिए पर्याप्त अच्छा है। यह दृष्टिकोण मानव संज्ञानात्मक सीमाओं और सूचना और समय की बाधाओं को स्वीकार करता है।

93. (D): सहज निर्णय लेने वाले मॉडल की प्राथमिक विशेषता यह है कि यह सचेत तर्क के बिना निर्णय लेता है। यह मॉडल गहन विश्लेषण या व्यवस्थित मूल्यांकन के बजाय सहज प्रवृत्ति, सहज ज्ञान और अनुभवों पर निर्भर करता है। सहज निर्णय लेना अक्सर त्वरित होता है और निर्णयकर्ता द्वारा पहचाने गए अवचेतन ज्ञान और पैटर्न पर आधारित होता है।

94. (C): पुष्टिकरण पूर्वाग्रह विविध दृष्टिकोणों के संपर्क को सीमित करके निर्णय लेने में बाधा डाल सकता है। यह तब होता है जब व्यक्ति ऐसी जानकारी का पक्ष लेते हैं जो उनके पहले से मौजूद विश्वासों की पुष्टि करती है जबकि विरोधाभासी साक्ष्य को अनदेखा या कम करके आंकते हैं। यह पूर्वाग्रह सभी प्रासंगिक सूचनाओं और दृष्टिकोणों के व्यापक मूल्यांकन को रोककर असंगत निर्णय लेने और आलोचनात्मक चिंतन को जन्म दे सकता है, इस प्रकार मौजूदा पूर्वाग्रहों को मजबूत करता है।

95. (D): 'सिनेक्टिक' समस्या-समाधान के लिए एक दृष्टिकोण है जो रचनात्मक सोच को विकसित करने पर केंद्रित है, अक्सर विविध अनुभवों और कौशल वाले व्यक्तियों के छोटे समूहों के बीच। सिनेक्टिक्स का उद्देश्य प्रतिभागियों को प्रतीत होता है कि असंबंधित विचारों और अवधारणाओं के बीच संबंध बनाने के लिए प्रोत्साहित करके अभिनव समाधान उत्पन्न करना है, रचनात्मक समस्या-समाधान के लिए एक सहयोगी वातावरण को बढ़ावा देना।

96. (D): नाममात्र समूह तकनीक (NGT) समूह निर्णय लेने की समस्याओं जैसे समूह सोच के मुद्दे को पूर्ण भागीदारी सुनिश्चित करके और समूह सोच से बचकर संबोधित करती है। एनजीटी में संरचित विधियाँ शामिल हैं जहाँ व्यक्ति स्वतंत्र रूप से विचार उत्पन्न करते हैं, उसके बाद समूह चर्चा और विचारों की रैंकिंग होती है। यह तकनीक भागीदारी को संतुलित करने, विविध दृष्टिकोणों को प्रोत्साहित करने और प्रमुख व्यक्तियों के प्रभाव को कम करने में मदद करती है, जिससे समूह-विचार कम होता है।

97. (B): यंत्रवत निर्णय लेने से तात्पर्य उन निर्णयों से है जो नियमित और प्रकृति में दोहराए जाते हैं। ये निर्णय आम तौर पर सीमित संख्या में निर्णय चर वाली स्थितियों में होते हैं जहाँ प्रत्येक विकल्प के परिणाम ज्ञात होते हैं। इनमें से अधिकांश निर्णय समस्याओं को आदतन प्रतिक्रियाओं, मानक संचालन प्रक्रियाओं या लिपिक दिनचर्या द्वारा हल किया जाता है, जिससे वे पूर्वानुमानित और सीधे हो जाते हैं।

98. (D): संभावना सिद्धांत के अनुसार, लोग आम तौर पर नुकसान को कम करके जोखिम और अनिश्चितता वाले विकल्पों का मूल्यांकन करते हैं। संभावना सिद्धांत बताता है कि व्यक्ति संभावित नुकसान के प्रति समकक्ष लाभ की तुलना में अधिक संवेदनशील होते हैं, जो अक्सर उन्हें लाभ को अधिकतम करने के बजाय नुकसान से बचने के लिए निर्णय लेने के लिए प्रेरित करता है। यह नुकसान से बचने की प्रवृत्ति अनिश्चितता के तहत उनके जोखिम की धारणा और निर्णय लेने के व्यवहार को प्रभावित कर सकती है।

99. (C): पूर्व निवेश के आधार पर कार्रवाई के असफल पाठ्यक्रम में अधिक संसाधनों का निवेश करने की प्रवृत्ति को प्रतिबद्धता में वृद्धि के रूप में जाना जाता है। यह घटना तब होती है जब निर्णयकर्ता किसी

परियोजना या निर्णय के खराब परिणामों के साक्ष्य के बावजूद उसमें संसाधन लगाना जारी रखते हैं, ऐसा अक्सर पिछले निवेशों को उचित ठहराने और विफलता को स्वीकार करने से बचने की इच्छा के कारण होता है, जिसके परिणामस्वरूप संभावित रूप से हानि बढ़ जाती है।

100. (C): गेस्टाल्ट निर्णय निर्माण से पता चलता है कि अचेतन मानसिक प्रक्रियाएँ निर्णयों को आकार देने में महत्वपूर्ण भूमिका निभा सकती हैं। यह दृष्टिकोण धारणा और विचार प्रक्रियाओं की समग्र और एकीकृत प्रकृति पर जोर देता है, यह दर्शाता है कि अचेतन कारक, जैसे अंतर्ज्ञान और मन द्वारा पहचाने जाने वाले पैटर्न, निर्णय लेने को प्रभावित कर सकते हैं। ये अचेतन प्रक्रियाएँ व्यक्तियों को जटिल स्थितियों को समझने और जानबूझकर विश्लेषण किए बिना निर्णय लेने में मदद करती हैं।

101. (B): 'mRNA' में 'm' का अर्थ है 'मैसेंजर' mRNA या मैसेंजर RNA, एक प्रकार का RNA है जो DNA से आनुवंशिक जानकारी को राइबोसोम तक ले जाता है, जहाँ प्रोटीन संश्लेषित होते हैं। यह प्रक्रिया आनुवंशिक जानकारी को कार्यात्मक प्रोटीन में बदलने के लिए आवश्यक है। 2023 का फिजियोलॉजी या मेडिसिन का नोबेल पुरस्कार कैटालिन कारिको और ड्रयू वीसमैन को न्यूक्लियोसाइड बेस संशोधनों पर उनके काम के लिए दिया गया, जिसने COVID-19 के विरुद्ध प्रभावी mRNA टीकों के विकास को सक्षम किया।

102. (D): 2024 तक, नाटो, उत्तरी अटलांटिक संधि संगठन, के 32 सदस्य देश हैं। (फिनलैंड 4 अप्रैल 2023 को 32वें सदस्य के रूप में नाटो में शामिल हुआ)। नाटो की स्थापना 1949 में 12 मूल सदस्यों के साथ की गई थी और तब से इसका विस्तार उत्तरी अमेरिका और यूरोप के देशों को शामिल करने के लिए किया गया है, जो सामूहिक रक्षा और उत्तरी अटलांटिक क्षेत्र में सुरक्षा और स्थिरता को बढ़ावा देने के लिए समर्पित है। नए सदस्यों को शामिल करने से गठबंधन मजबूत होता जा रहा है।

103. (B): भारत के मध्य रेलवे जोन का मुख्यालय मुंबई में स्थित है। मध्य रेलवे भारतीय रेलवे के सबसे बड़े और सबसे पुराने जोन में से एक है, जो देश के रेल नेटवर्क के एक महत्वपूर्ण हिस्से को कवर करता है, जिसमें मुंबई के आसपास के प्रमुख मार्ग और उपनगरीय खंड शामिल हैं, जो प्रमुख यात्री और माल यातायात की सुविधा प्रदान करते हैं।

104. (D): SpaceX, 2002 में एलोन मस्क द्वारा बनाई गई एक कंपनी, एयरोस्पेस उद्योग में क्रांति लाने और अंतरिक्ष उड़ान को अधिक किफायती बनाने के लक्ष्यों के साथ स्थापित की गई थी। SpaceX ने कई उपलब्धियां हासिल की हैं, जिसमें फाल्कन और ड्रैगन अंतरिक्ष यान का विकास और अंतरराष्ट्रीय अंतरिक्ष स्टेशन (ISS) में अंतरिक्ष यात्रियों को भेजने वाली पहली निजी कंपनी बनना शामिल है।

105. (E): पहला साउंडिंग रॉकेट 1963 में तिरुवनंतपुरम में थुंबा इक्वेटोरियल रॉकेट लॉन्चिंग स्टेशन (TERLS) से लॉन्च किया गया था। साउंडिंग रॉकेट का उपयोग वैज्ञानिक प्रयोग करने और पृथ्वी के वायुमंडल, ध्रुवीय ज्योति और आयनमंडल के बारे में डेटा इकट्ठा करने के लिए किया जाता है, जो मौसम, जलवायु और संचार प्रणालियों को समझने के लिए महत्वपूर्ण जानकारी प्रदान करता है।

106. (E): निर्मला सीतारमण वर्तमान में वित्त मंत्रालय, कॉर्पोरेट मामलों के मंत्रालय, जीएसटी परिषद और वित्तीय स्थिरता और विकास परिषद सहित कई संस्थानों की प्रमुख हैं। भारत की वित्त मंत्री के रूप में, वह देश की आर्थिक नीतियों को आकार देने, राजकोषीय जिम्मेदारी की वकालत करने और आर्थिक विकास और स्थिरता को बढ़ावा देने के लिए पहल करने में महत्वपूर्ण भूमिका निभाती हैं।

107. (E): सूचीबद्ध सभी स्थान - नंदा देवी और फूलों की घाटी राष्ट्रीय उद्यान, पश्चिमी घाट, प्रसिद्ध चोल मंदिर, और धोलावीरा : एक हड़प्पा शहर - भारत की ओर से यूनेस्को की विश्व विरासत सूची का हिस्सा हैं। यह पदनाम उनके उत्कृष्ट सांस्कृतिक और प्राकृतिक महत्व

को उजागर करता है, भविष्य की पीढ़ियों के लिए उनके संरक्षण को बढ़ावा देता है और उनकी सुरक्षा के लिए अंतर्राष्ट्रीय सहयोग को प्रोत्साहित करता है।

108. (D): 73वें संवैधानिक संशोधन अधिनियम ने भारत की पंचायती राज संस्थाओं में एससी/एसटी महिलाओं को आरक्षण प्रदान किया। 1992 में पारित इस संशोधन का उद्देश्य स्थानीय शासन संरचनाओं में उनका प्रतिनिधित्व सुनिश्चित करके महिलाओं और हाशिए के समुदायों को सशक्त बनाना था, जिससे जमीनी स्तर पर समावेशी विकास और भागीदारी लोकतंत्र को बढ़ावा मिले।

109. (A): फ्रैंक-वाल्टर स्टीनमीयर चांसलर नहीं बल्कि संघीय गणराज्य जर्मनी के राष्ट्रपति हैं। जर्मनी के वर्तमान चांसलर ओलाफ स्कोल्ज हैं। सूचीबद्ध अन्य जोड़े अपने-अपने पदों के साथ सही ढंग से जुड़े हुए हैं : ईरान के राष्ट्रपति के रूप में इब्राहिम रईसी, दक्षिण अफ्रीका के राष्ट्रपति के रूप में सिरिल रामफोसा, थाईलैंड के प्रधानमंत्री के रूप में श्रीथा थाविसिन और ब्राजील के राष्ट्रपति के रूप में लुईस इनासियो लूला दा सिल्वा।

110. (C): भारत ने 1996 में अन्य एशियाई देशों के साथ साझेदारी में आईसीसी विश्व कप की मेजबानी की थी। 1996 के आईसीसी विश्व कप को विल्स विश्व कप के रूप में भी जाना जाता है, जिसकी सह-मेजबानी भारत, पाकिस्तान और श्रीलंका ने की थी। यह टूर्नामेंट कई यादगार मैचों और उपलब्धियों के लिए उल्लेखनीय था, जिसने उपमहाद्वीप में क्रिकेट की लोकप्रियता और विकास में महत्वपूर्ण योगदान दिया। भारत ने 1987 में पाकिस्तान के साथ विश्व कप की भी सह-मेजबानी की, जिसे रिलायंस कप के रूप में जाना जाता है। 2011 और 2023 में भारत ने विश्व कप की अकेले मेजबानी की।

111. (C): इंडिया स्मार्ट सिटीज अवार्ड कॉन्टेस्ट (ISAC) 2022 की 'नेशनल स्मार्ट सिटीज अवार्ड्स' श्रेणी में शीर्ष तीन शहर मध्य प्रदेश, गुजरात और उत्तर प्रदेश से हैं। विजेता शहर इंदौर (मध्य प्रदेश), सूरत (गुजरात) और आगरा (उत्तर प्रदेश) थे। इन शहरों को स्मार्ट सिटी परियोजनाओं के अभिनव और प्रभावी कार्यान्वयन, शहरी जीवन स्तर और बुनियादी ढाँचे को बढ़ाने के लिए मान्यता दी गई।

112. (B): लिएंडर पेस ने अपने शानदार करियर के दौरान युगल और मिश्रित युगल श्रेणियों में 18 ग्रैंड स्लैम खिताब जीते हैं। इसमें पुरुष युगल में 8 और मिश्रित युगल में 10 शामिल हैं। उनकी उपलब्धियों ने उन्हें टेनिस के इतिहास में सबसे सफल युगल खिलाड़ियों में से एक बना दिया है, और अंतर्राष्ट्रीय टेनिस हॉल ऑफ फेम के लिए उनका नामांकन खेल में उनके उत्कृष्ट योगदान का प्रमाण है।

113. (E): एंटनी ब्लिंकन अमेरिकी कैबिनेट में विदेश सचिव का पद संभालते हैं। विदेश सचिव के रूप में, वह संयुक्त राज्य अमेरिका की विदेश नीति और अन्य देशों के साथ संबंधों की देखरेख के लिए जिम्मेदार हैं। ब्लिंकन की भूमिका में कूटनीतिक वार्ता, अंतर्राष्ट्रीय साझेदारी और अमेरिकी विदेश नीति हितों को बनाए रखने के लिए वैश्विक चुनौतियों का समाधान करना शामिल है।

114. (B): भारत क्वाड (सुरक्षा वार्ता) का सदस्य है। क्वाड एक रणनीतिक मंच है जिसमें भारत, संयुक्त राज्य अमेरिका, जापान और ऑस्ट्रेलिया शामिल हैं, जिसका उद्देश्य एक स्वतंत्र, खुले और समावेशी हिंद-प्रशांत क्षेत्र को बढ़ावा देना है। भारत संयुक्त राष्ट्र सुरक्षा परिषद (स्थायी सदस्य) या नाटो का सदस्य नहीं है और आर्थिक सहयोग और विकास संगठन (ओईसीडी) का भी सदस्य नहीं है।

116. (C): रूस द्वारा भारतीयों के लिए शुरू की गई ई-वीजा सुविधा यात्रियों को देश में 16 दिनों तक रहने की अनुमति देती है। यह सुविधा वीजा आवेदन प्रक्रिया को सरल बनाती है, वाणिज्य दूतावासों या दूतावासों में जाने की आवश्यकता को समाप्त करती है और भारत और 54 अन्य देशों के पर्यटकों और व्यापारिक यात्रियों के लिए रूस की यात्रा को अधिक सुलभ बनाती है।

117. (E): भारत में पुराने संसद भवन को पहले भारत की शाही विधान परिषद के रूप में जाना जाता था। यह ऐतिहासिक इमारत नए संसद भवन के आधिकारिक भारतीय संसद बनने से पहले भारत के विधायी निकायों की सीट के रूप में कार्य करती थी। संविधान सदन का नाम बदलना भारत के विधायी इतिहास में भवन के निरंतर महत्व को दर्शाता है।

118. (B): स्वामित्व योजना ने नागरिक-केंद्रित सेवाएं प्रदान करने हेतु उभरती प्रौद्योगिकियों के अनुप्रयोग के लिए ई-गवर्नेंस 2023 (स्वर्ण) का प्रतिष्ठित राष्ट्रीय पुरस्कार जीता है। स्वामित्व, या गांवों का सर्वेक्षण और ग्रामीण क्षेत्रों में बेहतर तकनीक के साथ मानचित्रण, का उद्देश्य ग्रामीण संपत्ति मालिकों को अधिकारों का रिकॉर्ड प्रदान करना और भूमि रिकॉर्ड के डिजिटलीकरण का समर्थन करना, पारदर्शिता और शासन को बढ़ाना है।

119. (B): NCERT ने यूनेस्को के साथ मिलकर 'लेट्स मूव फॉरवर्ड' नामक कॉमिक बुक पेश की है। इस कॉमिक बुक का उद्देश्य किशोरों में महत्वपूर्ण जीवन कौशल विकसित करना, उत्तरदायी और स्वास्थ्य के प्रति जागरूक व्यवहार को बढ़ावा देना है। यूनेस्को के साथ सहयोग युवाओं को आकर्षक और सुलभ प्रारूप में जीवन कौशल के बारे में शिक्षित करने के महत्व को रेखांकित करता है।

120. (C): विजयवाड़ा रेलवे स्टेशन ने भारतीय हरित भवन परिषद (IGBC) - भारतीय उद्योग परिसंघ (CII) से सर्वोच्च रेटेड प्लेटिनम प्रमाणन प्राप्त किया है। 'हरित रेलवे स्टेशन' के रूप में मान्यता प्राप्त, विजयवाड़ा रेलवे स्टेशन ने पर्यावरण संरक्षण में योगदान देने और यात्री अनुभव को बढ़ाने के लिए विभिन्न स्थायी प्रथाओं और हरित पहलों को लागू किया है। IGBC भारत की अग्रणी प्रमाणन संस्था के रूप में कार्य करती है, जो हरित भवन रेटिंग कार्यक्रम, प्रमाणन और प्रशिक्षण जैसी सेवाएँ प्रदान करती है।

121. (D): खादी ग्रामोद्योग विकास योजना के लिए लाभार्थियों का लक्षित आयु समूह 18-55 वर्ष है। इस योजना का उद्देश्य सामान्य सुविधाएं, तकनीकी आधुनिकीकरण, प्रशिक्षण और अन्य सहायता प्रदान करके ग्राम उद्योगों को बढ़ावा देना और विकसित करना है ताकि उत्पादन क्षमता और उत्पादों की विपणन क्षमता में सुधार हो सके। यह इस आयु सीमा के भीतर ग्रामीण कारीगरों और उद्यमियों की आजीविका बढ़ाने पर केंद्रित है।

122. (B): सामाजिक न्याय और अधिकारिता मंत्रालय द्वारा कार्यान्वित की गई अम्ब्रेला योजना–युवा उपलब्धि योजना (श्रेयस) हेतु उच्च शिक्षा के लिए छात्रवृत्ति की केंद्रीय क्षेत्र की उप-योजनाओं में शामिल हैं :

1. एससी और ओबीसी के लिए मुफ्त कोचिंग योजना,
2. एससी के लिए राष्ट्रीय प्रवासी योजना,
3. एससी के लिए राष्ट्रीय फैलोशिप, और
4. एससी के लिए उच्च श्रेणी की शिक्षा।

इन योजनाओं का उद्देश्य अनुसूचित जाति और अन्य पिछड़ा वर्ग के छात्रों के शैक्षिक और व्यावसायिक विकास का समर्थन करना है।

123. (C): प्रधानमंत्री जन आरोग्य योजना (PM-JAY) के तहत पात्र लाभार्थियों को प्रदान की जाने वाली अधिकतम बीमा राशि ₹ 5,00,000 है। यह योजना, जिसे आयुष्मान भारत के रूप में भी जाना जाता है, का उद्देश्य गरीब और कमजोर परिवारों को माध्यमिक और तृतीयक देखभाल अस्पताल में भर्ती के लिए स्वास्थ्य कवरेज प्रदान करना, गुणवत्तापूर्ण स्वास्थ्य सेवाओं तक पहुंच सुनिश्चित करना और भयावह स्वास्थ्य व्यय के खिलाफ वित्तीय सुरक्षा प्रदान करना है।

124. (E): केंद्र सरकार के पेंशनभोगियों के लिए 'जीवन की सुगमता' को बढ़ाने के लिए पेंशन और पेंशनभोगी कल्याण विभाग द्वारा प्रचारित डिजिटल जीवन प्रमाण पत्र को जीवन प्रमाण भी कहा जाता है। यह डिजिटल प्रमाण पत्र पेंशनभोगियों को अपने जीवन प्रमाण पत्र ऑनलाइन जमा करने में मदद करता है, जिससे दैहिक उपस्थिति की आवश्यकता समाप्त हो जाती है और प्रक्रिया अधिक सुविधाजनक और कुशल हो जाती है।

126. (A): औद्योगिक उत्पादन सूचकांक (IIP) के व्यापक क्षेत्रों में, 'गैस और पानी का कनेक्शन' शामिल नहीं है।

IIP खनन, विनिर्माण और बिजली सहित विभिन्न उद्योग समूहों में विकास दरों को ट्रैक करता है। ये क्षेत्र औद्योगिक गतिविधि और समग्र आर्थिक प्रदर्शन को दर्शाते हैं, जबकि गैस और जल कनेक्शन IIP क्षेत्र का हिस्सा नहीं हैं।

127. (A): पीएम विश्वकर्मा योजना के तहत, पात्र कारीगरों और शिल्पकारों को पहली किस्त में ₹ 1 लाख का जमानत-मुक्त 'उद्यम विकास ऋण' दिया जाता है। इस योजना का उद्देश्य पारंपरिक कारीगरों और शिल्पकारों को वित्तीय सहायता प्रदान करके, उनके कौशल को बढ़ाकर और उनकी आजीविका और आर्थिक स्वतंत्रता को बढ़ावा देने के लिए उद्यमशीलता को बढ़ावा देकर उनका समर्थन करना है।

128. (B): प्रधानमंत्री स्कूल फॉर राइजिंग इंडिया (PM SHRI) की अवधि 2022-23 से 2026-27 तक है। इस योजना का उद्देश्य छात्रों को भविष्य के लिए तैयार करने के लिए समग्र विकास और समावेशी शिक्षा पर ध्यान केंद्रित करते हुए गुणवत्तापूर्ण शिक्षा और बुनियादी ढाँचा प्रदान करने के लिए पूरे भारत में 14500 से अधिक स्कूलों को विकसित और उन्नत करना है।

129. (C): कौशल विकास और उद्यमिता मंत्रालय ने इंडसइंड बैंक के साथ साझेदारी में 5 साल की अवधि के लिए 'स्किल्स ऑन व्हील्स' पहल शुरू की है। इस पहल का उद्देश्य पूरे भारत में कौशल और व्यावसायिक प्रशिक्षण को बढ़ावा देना, कौशल विकास कार्यक्रमों को उनके दरवाजे तक लाकर युवाओं के लिए रोजगार और आर्थिक अवसरों को बढ़ाना है।

130. (D): कृषि और किसान कल्याण मंत्रालय ने कृषि विपणन के लिए एकीकृत योजना (ISAM) को 31 मार्च 2026 तक जारी रखने की मंजूरी दे दी है। ISAM का उद्देश्य किसानों की आय बढ़ाने, बाजार के बुनियादी ढांचे में सुधार करने और कृषि उपज के लिए बेहतर मूल्य प्राप्ति सुनिश्चित करने के लिए कुशल कृषि विपणन प्रणालियों को विकसित और बढ़ावा देना है।

131. (C): ग्लोबल बायोफ्यूल अलायंस (GBA) भारत के मौजूदा जैव ईंधन कार्यक्रमों जैसे गोबरधन योजना, पीएम-जीवन योजना और सतत योजना को गति देने में मदद करेगा। ये पहल जैव ईंधन और टिकाऊ ऊर्जा स्रोतों के उपयोग को बढ़ावा देने, ग्रामीण आजीविका को बढ़ाने और जीवाश्म ईंधन पर निर्भरता को कम करने पर केंद्रित हैं। GBA का उद्देश्य जैव ईंधन क्षेत्र में प्रौद्योगिकी उन्नति और मानक निर्धारण को सुविधाजनक बनाना है।

132. (E): सूक्ष्म, लघु और मध्यम उद्यम मंत्रालय द्वारा कार्यान्वित एस्पायर योजना उद्यमिता में तेजी लाने और कृषि उद्योग में नवाचार के लिए स्टार्टअप को बढ़ावा देने के लिए प्रौद्योगिकी केंद्रों और ऊष्मायन केंद्रों का एक नेटवर्क स्थापित करने में सहायता करती है। यह आजीविका व्यवसाय इनक्यूबेटर या प्रौद्योगिकी व्यवसाय इनक्यूबेटर स्थापित करने के लिए वित्तीय सहायता प्रदान करता है, जिससे नवाचार और कौशल विकास को बढ़ावा मिलता है।

133. (A): प्रधानमंत्री गरीब कल्याण अन्न योजना, जो अंत्योदय अन्न योजना (AAY) और प्राथमिक घरेलू (PHH) लाभार्थियों को मुफ्त खाद्यान्न प्रदान करती है, का कार्यकाल 1 वर्ष है। 1 जनवरी 2023 से शुरू की गई इस योजना का उद्देश्य समाज के गरीब और कमजोर वर्गों को आवश्यक खाद्य आपूर्ति मुफ्त प्रदान करके खाद्य सुरक्षा सुनिश्चित करना है।

134. (E): डेटा सर्कुलेशन UPAg पोर्टल की प्रमुख विशेषता नहीं है। कृषि सांख्यिकी के लिए एकीकृत पोर्टल (UPAg) एक उन्नत कृषि डेटा प्रबंधन मंच है, जिसे फसल अनुमान लगाने और कृषि सांख्यिकी बनाने वाली अन्य प्रणालियों के साथ एकीकृत करने के लिए डिजाइन किया गया है। प्रमुख विशेषताओं में डेटा मानकीकरण, डेटा विश्लेषण, दानेदार उत्पादन अनुमान और कमोडिटी प्रोफाइल अनुमान शामिल है।

135. (C): भारतीय रिजर्व बैंक के डिप्टी गवर्नर डॉ. माइकल देवव्रत पात्रा ने जनधन, आधार और मोबाइल कनेक्शन की त्रिमूर्ति का उल्लेख किया। यह त्रिमूर्ति, जिसे अक्सर JAM (जन धन-आधार-मोबाइल) के रूप में

जाना जाता है, वित्तीय समावेशन को बढ़ावा देने और लाभार्थियों को सीधे सरकारी सब्सिडी देने में महत्वपूर्ण है, जिससे पारदर्शिता और दक्षता बढ़ती है।

136. (A): e-NAM एक अखिल भारतीय इलेक्ट्रॉनिक ट्रेडिंग पोर्टल है जो कृषि वस्तुओं के लिए एकीकृत राष्ट्रीय बाजार बनाने के लिए मौजूदा एपीएमसी मंडियों को नेटवर्क करता है। सरकार द्वारा लॉन्च किया गया, e-NAM पारदर्शी व्यापार और बेहतर मूल्य खोज की सुविधा प्रदान करता है, यह सुनिश्चित करता है कि किसानों को व्यापक बाजार से जोड़कर उनकी उपज का उचित मूल्य मिले।

137. (E): दीनदयाल अंत्योदय योजना - राष्ट्रीय ग्रामीण आजीविका मिशन (DAY-NRLM) सूची को ग्राम सभा द्वारा गरीबों की भागीदारी पहचान (PIP) प्रक्रिया की जांच के बाद अंतिम रूप दिया गया। इससे यह भी सुनिश्चित होता है कि लाभार्थियों की पहचान सटीक और समुदाय-संचालित है, जिससे विभिन्न आजीविका कार्यक्रमों के लिए गरीबों के चयन में समावेशिता और पारदर्शिता को बढ़ावा मिलता है।

138. (D): गैर-बैंकिंग वित्तीय कंपनी-माइक्रो फाइनेंस इंस्टीट्यूशन (NBFC-MFI) आजीविका माइक्रोफाइनेंस योजना (आजीविका माइक्रोफाइनेंस स्कीम) के तहत अंतिम फाइनेंसर है। ये संस्थाएँ कम आय वाले व्यक्तियों या समूहों को वित्तीय सेवाएँ प्रदान करती हैं, जिनकी पारंपरिक बैंकिंग सेवाओं तक पहुँच नहीं है, इस प्रकार सूक्ष्म उद्यमों का समर्थन करती हैं और वित्तीय समावेशन को बढ़ावा देती हैं।

139. (D): जन शिक्षण संस्थान योजना का मुख्य उद्देश्य 15-45 वर्ष की आयु के बीच के निरक्षरों को व्यावसायिक कौशल प्रदान करना है। इस योजना का उद्देश्य विभिन्न ट्रेडों में कौशल विकास और व्यावसायिक प्रशिक्षण प्रदान करके निरक्षर व्यक्तियों की रोजगार क्षमता और आजीविका के अवसरों को बढ़ाना है, जिससे आत्मनिर्भरता और आर्थिक सशक्तिकरण को बढ़ावा मिले।

140. (A): आरबीआई ने हाल ही में विनियमन में आसानी के लिए शहरी सहकारी बैंकों (UCBs) के लिए चार-स्तरीय नियामक ढांचा तैयार किया है। इस ढांचे का उद्देश्य UCB के विनियमन और पर्यवेक्षण को मजबूत करना, उनकी वित्तीय स्थिरता सुनिश्चित करना और एक मजबूत सहकारी बैंकिंग क्षेत्र को बढ़ावा देना है, जो वित्तीय समावेशन और शहरी क्षेत्रों की बैंकिंग जरूरतों को पूरा करने में महत्वपूर्ण भूमिका निभाता है।

141. (C): स्टैंड-अप इंडिया योजना के तहत, पात्र लाभार्थियों को विनिर्माण, सेवा या व्यापार क्षेत्र में ग्रीनफील्ड उद्यमों और कृषि से जुड़ी गतिविधियों के लिए ₹ 10 लाख से ₹ 1 करोड़ के बीच ऋण प्रदान किया जाता है। 2016 में शुरू की गई इस योजना का उद्देश्य एससी/एसटी और गहिला उद्यमियों के बीच उद्यमशीलता को बढ़ावा देना, आर्थिक स्वतंत्रता को बढ़ावा देना और आत्मनिर्भर भारत के लक्ष्य में योगदान देना है।

142. (B): आरटीआई अधिनियम 2005 के तहत आवेदक को सूचना प्रदान करने की मानक समय सीमा 30 दिन है। यह अवधि अनुरोध प्राप्त होने की तारीख से है। कुछ परिस्थितियों में, जैसे किसी व्यक्ति के जीवन या स्वतंत्रता से संबंधित सूचना के लिए अनुरोध, सूचना 48 घंटों के भीतर प्रदान की जानी चाहिए।

143. (E): उल्लिखित सभी उपयोग ग्रामीण, शहरी और संयुक्त वर्गों के लिए उपभोक्ता मूल्य सूचकांक (CPI) पर लागू होते हैं। CPI का उपयोग मुद्रास्फीति के एक व्यापक आर्थिक संकेतक के रूप में, भारत सरकार और आरबीआई द्वारा मुद्रास्फीति को लक्षित करने और मूल्य स्थिरता की निगरानी के लिए और राष्ट्रीय खातों में एक डिफ्लेटर के रूप में किया जाता है। ऐसे मामलों में जहां इस दायरे से बाहर काम दिया जाता है, अतिरिक्त परिवहन और जीवन-यापन के खर्चों को पूरा करने के लिए 10% अतिरिक्त मजदूरी देय होती है। यह प्रावधान सुनिश्चित करता है कि श्रमिकों को लंबी दूरी की यात्रा करने में शामिल अतिरिक्त प्रयास और लागत के लिए मुआवजा दिया जाता है।

145. (E): 'मिशन शक्ति' महिला और बाल विकास मंत्रालय द्वारा मिशन मोड में कार्यान्वित की जा रही एक योजना है जिसका उद्देश्य महिलाओं की सुरक्षा, संरक्षा और सशक्तिकरण के लिए हस्तक्षेप को मजबूत करना है। यह मिशन लैंगिक समानता, महिलाओं के खिलाफ हिंसा और महिलाओं के विकास के लिए सहायता सेवाओं से संबंधित मुद्दों के समाधान के लिए विभिन्न पहलों और कार्यक्रमों को एकीकृत करता है।

147. (A): खाद्य और कृषि प्रसंस्करण इकाइयों के लिए प्रति उधारकर्ता 100 करोड़ रुपये की कुल सीमा तक के बैंक ऋण को प्राथमिकता क्षेत्र ऋण के तहत कृषि क्षेत्र की सहायक सेवाओं के रूप में वर्गीकृत किया जा सकेगा। यह वर्गीकरण कृषि प्रसंस्करण उद्योग के विकास का समर्थन करता है, वित्तीय समावेशन सुनिश्चित करता है और कृषि मूल्य श्रृंखलाओं को बढ़ाने के लिए ऋण तक पहुंच सुनिश्चित करता है।

148. (C): आंध्र प्रदेश पाँच राज्यों में से नहीं है। बिहार, उत्तर प्रदेश, महाराष्ट्र, पश्चिम बंगाल और मध्य प्रदेश राज्यों की कुल जनसंख्या में 31.1 करोड़ की वृद्धि में 17 करोड़ की हिस्सेदारी होगी। 2011-36 के दौरान जनसंख्या वृद्धि का लगभग 19 प्रतिशत अकेले उत्तर प्रदेश में होने का अनुमान है।

149. (C): केंद्रीय मंत्रिमंडल ने वित्तीय वर्ष 2023-24 से 2025-26 तक तीन वर्षों में 75 लाख एलपीजी कनेक्शन जारी करने के लिए प्रधानमंत्री उज्ज्वला योजना (PMUY) के विस्तार को मंजूरी दी है।

150. (D): प्रधानमंत्री ग्राम सड़क योजना (PMGSY) के तहत निर्मित सड़कें अन्य जिला सड़कों और ग्राम सड़कों की श्रेणियों में आती हैं। यह योजना असंबद्ध ग्रामीण बस्तियों को बारहमासी सड़क संपर्क प्रदान करने पर केंद्रित है, जिससे आर्थिक और सामाजिक सेवाओं तक पहुंच बढ़े, जीवन की गुणवत्ता में सुधार हो और ग्रामीण क्षेत्रों में समावेशी विकास को बढ़ावा मिले।

151. (D): प्रधानमंत्री किसान सम्मान निधि (PM-KISAN) योजना के तहत, सभी भूमिधारक किसान परिवारों को प्रति वर्ष ₹ 6000 का वित्तीय लाभ प्रदान किया जाता है। यह राशि ₹ 2000 की तीन समान किस्तों में वितरित की जाती है, जो सीधे पात्र किसान परिवारों के बैंक खातों में जमा की जाती है। इस योजना का उद्देश्य कृषि और संबद्ध गतिविधियों के साथ-साथ घरेलू जरूरतों से संबंधित उत्पादक सामग्री खरीदने के लिए उनकी वित्तीय जरूरतों को पूरा करना है।

152. (D): आर्थिक सर्वेक्षण 2022-23 के अनुसार, 65% आबादी ग्रामीण क्षेत्रों में रहती है, और इस आबादी में से 47% कृषि में लगी हुई है। यह ग्रामीण आबादी की अपनी आजीविका के लिए कृषि पर महत्वपूर्ण निर्भरता को उजागर करता है और भारत के समग्र आर्थिक विकास में कृषि विकास और ग्रामीण बुनियादी ढांचे में सुधार के महत्व को रेखांकित करता है।

153. (C): अपने संबोधन 'एक सतत भविष्य के लिए निर्माण खंड' में, आरबीआई गवर्नर ने अगले 25 वर्षों में भारत के लिए छह महत्वपूर्ण क्षेत्रों पर प्रकाश डाला : कृषि, विनिर्माण, सेवाएँ, प्रौद्योगिकी, जनसांख्यिकी और स्टार्टअप। ये क्षेत्र सतत आर्थिक विकास को आगे बढ़ाने, उत्पादकता बढ़ाने और अर्थव्यवस्था के विभिन्न क्षेत्रों में नवाचार और विकास को बढ़ावा देने के लिए महत्वपूर्ण हैं।

154. (E): OCI (भारत के विदेशी नागरिक) और PIO (भारतीय मूल के व्यक्ति) राष्ट्रीय पेंशन योजना (NPS) के लाभार्थी बनने के पात्र नहीं हैं। NPS भारत के किसी भी व्यक्तिगत नागरिक के लिए खुला है, जिसमें अनिवासी भारतीय (NRI) भी शामिल हैं। यह ग्राहकों को नियोजित बचत के लिए परिभाषित योगदान करने की अनुमति देता है, जिससे सेवानिवृत्ति के बाद पेंशन के रूप में उनका भविष्य सुरक्षित हो जाता है।

155. (B): लिंग के आधार पर स्वयं-खाता वाले कर्मचारियों का अनुपात और स्वच्छ खाना पकाने के ईंधन का उपयोग करने वाले परिवारों का अनुपात सांख्यिकी और कार्यक्रम कार्यान्वयन मंत्रालय द्वारा लिंग प्रासंगिक संकेतकों के तहत सूचीबद्ध किया गया है।

156. (B): हाल ही में संशोधित आरबीआई दिशानिर्देशों के अनुसार प्राथमिकता क्षेत्र ऋण (PSL) के तहत शैक्षिक उद्देश्यों के लिए व्यक्तियों को उपलब्ध सीमा ऋण राशि ₹ 20 लाख है। इस संशोधन का उद्देश्य उच्च शिक्षा प्राप्त करने वाले छात्रों के लिए वित्त तक पहुँच बढ़ाना है और यह सुनिश्चित करना है कि शैक्षिक ऋण अधिक समावेशी और सुलभ हों, जिससे देश की शैक्षिक प्राप्ति बढ़ाने के लक्ष्य को समर्थन मिले।

157. (C): G20 नई दिल्ली नेताओं की घोषणा 2023 'आर्थिक और सामाजिक सशक्तिकरण को बढ़ाने', 'लैंगिक डिजिटल विभाजन को पाटने', 'लैंगिक समावेशी जलवायु कार्रवाई को आगे बढ़ाने' और 'महिलाओं की खाद्य सुरक्षा, पोषण और कल्याण सुनिश्चित करने' पर केंद्रित है।

158. (E): सभी उल्लिखित गतिविधियाँ सार्वजनिक क्षेत्र के ऋण के तहत कृषि की सहायक गतिविधियों में शामिल हैं। इनमें सदस्यों की उपज के निपटान के लिए किसानों की सहकारी समितियों को ₹ 5 करोड़ तक के ऋण, कृषि क्लीनिक और कृषि व्यवसाय केंद्र स्थापित करने के लिए ऋण, और खाद्य और कृषि प्रसंस्करण के लिए प्रति उधारकर्ता ₹ 100 करोड़ की कुल स्वीकृत सीमा तक के ऋण शामिल हैं। ये सहायक गतिविधियाँ व्यापक कृषि क्षेत्र का समर्थन करती हैं और इसकी उत्पादकता और मूल्य संवर्धन को बढ़ाती हैं।

160. (B): राष्ट्रीय पिछड़ा वर्ग वित्त और विकास निगम (NBCFDC) द्वारा व्यक्तियों के लिए दी जाने वाली छोटी ऋण योजनाओं के तहत लाभ उठाने के लिए, छोटे किसानों की वार्षिक पारिवारिक आय ₹ 3 लाख से अधिक नहीं होनी चाहिए। यह पात्रता मानदंड सुनिश्चित करता है कि लाभ पिछड़े वर्गों के आर्थिक रूप से कमजोर वर्गों के लिए लक्षित हों, जिससे उनके वित्तीय समावेशन और आर्थिक विकास को बढ़ावा मिले।

161. (C): कार्नेशन का वैज्ञानिक नाम डायन्थस कैरीओफिलस है। डायन्थस कैरीओफिलस भूमध्यसागरीय क्षेत्र का मूल निवासी है और सदियों से इसकी खेती की जाती रही है। कारनेशंस लोकप्रिय फूल है जो अपनी झालरदार पंखुड़ियों और रंगों की विस्तृत शृंखला के लिए जाने जाते हैं। अपने टिकाऊ स्वभाव और सुखद सुगंध के कारण इन्हें अक्सर गुलदस्ते, कॉर्सेज और विभिन्न पुष्प सज्जा में उपयोग किया जाता है।

162. (A): भारत सरकार द्वारा शुरू की गई योजना जो सभी NFSA लाभार्थियों, विशेष रूप से प्रवासी लाभार्थियों को देश में किसी भी उचित मूल्य की दुकान (FPS) से अपने हक के खाद्यान्न का पूरा या आंशिक दावा करने की अनुमति देती है, वह है 'एक राष्ट्र एक राशन कार्ड' (ONORC)। इस योजना का उद्देश्य सभी लाभार्थियों के लिए खाद्य सुरक्षा सुनिश्चित करना है, भले ही वे देश के विभिन्न हिस्सों में चले जाएं, ताकि उन्हें अपने राशन के अधिकारों तक निर्बाध रूप से पहुँच मिल सके।

163. (D): बाजार में उच्च मूल्य प्राप्त करने के लिए फलों और सब्जियों को उनके आकार, रंग और मात्रा के अनुसार विभिन्न समूहों में वर्गीकृत करना ग्रेडिंग के रूप में जाना जाता है। ग्रेडिंग बाजार के मानकों और उपभोक्ता वरीयताओं को पूरा करने के लिए उपज को वर्गीकृत करने में मदद करती है, जिससे एकरूपता और गुणवत्ता सुनिश्चित होती है। यह प्रक्रिया उच्च गुणवत्ता वाले उत्पाद प्रदान करके बाजार मूल्य और उपभोक्ता संतुष्टि को बढ़ाती है।

164. (B): फसलों के लिए न्यूनतम समर्थन मूल्य (MSP) की सिफारिश कृषि लागत और मूल्य आयोग (CACP) द्वारा की जाती है। किसानों को उचित लाभ सुनिश्चित करने के लिए कृषि वस्तुओं के लिए मूल्य निर्धारण नीतियाँ तैयार करने के लिए CACP जिम्मेदार है। भारत सरकार इन सिफारिशों पर विचार करती है और विभिन्न फसलों के लिए MSP की घोषणा करती है, जिससे किसानों के लिए मूल्य स्थिरता और आय समर्थन सुनिश्चित होता है।

165. (E): दूध छुड़ाना बच्चों को उनकी माँ से दूर करने की प्रक्रिया है, जो आम तौर पर उन्हें माँ के दूध से ठोस भोजन में बदलने के लिए किया जाता है।

यह अभ्यास पशुपालन में युवा पशुओं के स्वतंत्र आहार और विकास को बढ़ावा देने के लिए आम है। दूध छुड़ाने से माँ और बच्चे दोनों के स्वास्थ्य और पोषण का प्रबंधन करने में मदद मिलती है।

166. (C): भारत में दक्षिण-पश्चिम मानसून की अवधि जून से सितंबर तक होती है। यह मानसून का मौसम भारतीय उपमहाद्वीप में कृषि के लिए महत्वपूर्ण है क्योंकि यह वार्षिक वर्षा का अधिकांश हिस्सा लाता है, जिससे विभिन्न फसलों की खेती को बढ़ावा मिलता है। दक्षिण-पश्चिम मानसून में भारी बारिश होती है और यह क्षेत्र में जल संसाधनों को फिर से भरने के लिए महत्वपूर्ण है।

168. (C): भारतीय मवेशियों की नस्ल जो दोहरे उद्देश्य वाली है, दुधारू और भारवाही के बीच की विशेषताएँ रखती है, और नासिक और अहमदनगर में पाई जाती है, वह है डांगी। डांगी मवेशी पहाड़ी और ऊबड़-खाबड़ इलाकों के लिए अपनी अनुकूलनशीलता के लिए जाने जाते हैं, जो उन्हें दूध उत्पादन और भारवाही दोनों उद्देश्यों के लिए उपयुक्त बनाता है। वे मजबूत जानवर हैं, जो स्थानीय जलवायु परिस्थितियों के अनुकूल हैं।

169. (B): मूंगफली के बीजों में लगभग 45% तेल और 26% प्रोटीन होता है। मूंगफली, खाद्य तेल और प्रोटीन का एक महत्वपूर्ण स्रोत है, जो इसे मानव उपभोग और औद्योगिक उपयोग दोनों के लिए एक महत्वपूर्ण फसल बनाता है। उच्च तेल सामग्री मूंगफली को तेल निष्कर्षण के लिए मूल्यवान बनाती है, जबकि प्रोटीन सामग्री उसके पोषण मूल्य में योगदान देती है।

170. (D): 2000 हेक्टेयर से 10000 हेक्टेयर तक खेती योग्य कमांड क्षेत्र (CCA) वाली सिंचाई परियोजना को मध्यम सिंचाई परियोजना के रूप में जाना जाता है। मध्यम सिंचाई परियोजनाएँ सिंचाई के लिए विश्वसनीय जल आपूर्ति प्रदान करके कृषि उत्पादकता बढ़ाने में महत्वपूर्ण भूमिका निभाती हैं। वे खाद्य सुरक्षा सुनिश्चित करने और कमांड क्षेत्रों में किसानों की आजीविका का समर्थन करने के लिए महत्वपूर्ण हैं।

171. (E): मनरेगा योजना के तहत, सूखे जैसी आपदाओं के मामले में, अतिरिक्त 50 दिनों का काम प्रदान किया जाता है। यह प्रावधान सुनिश्चित करता है कि प्रभावित ग्रामीण परिवारों को ऐसी प्राकृतिक आपदाओं के कारण होने वाले वित्तीय संकट से निपटने के लिए अतिरिक्त रोजगार के अवसर मिलें, जिससे कठिन समय के दौरान उनकी आजीविका और आर्थिक स्थिरता बनी रहे।

172. (A): खैर (अकेसिया कैटेचू) का परिवार फैबेसी है। फैबेसी, जिसे लेग्यूमिनोसे के नाम से भी जाना जाता है, फूलों के पौधों का एक बड़ा और आर्थिक रूप से महत्वपूर्ण परिवार है जिसमें पेड़, झाड़ियाँ और शाकाहारी पौधे शामिल हैं। खैर को इसकी लकड़ी और कैटेचू के लिए महत्व दिया जाता है, जिसका उपयोग पारंपरिक चिकित्सा और टैनिंग प्रक्रियाओं में किया जाता है।

173. (E): जल जीवन मिशन के तहत, सरकार प्रति व्यक्ति प्रति दिन 55 लीटर पानी की गारंटी देती है। इस मिशन का उद्देश्य ग्रामीण क्षेत्रों में बेहतर स्वास्थ्य और कल्याण सुनिश्चित करते हुए, कार्यात्मक घरेलू नल कनेक्शन के माध्यम से 2024 तक भारत के प्रत्येक ग्रामीण परिवार को सुरक्षित और पर्याप्त पेयजल उपलब्ध कराना है।

174. (B): एजोटोबैक्टर और एजोस्पिरिलम गैर-फलीदार फसलों के लिए उपयोग किए जाने वाले जैव उर्वरक हैं। ये जैव उर्वरक वायुमंडलीय नाइट्रोजन को स्थिर करने, मिट्टी की उर्वरता बढ़ाने और अनाज, सब्जियों और फलों जैसी गैर-फलीदार फसलों में पौधों की वृद्धि को बढ़ावा देने में मदद करते हैं। वे रासायनिक उर्वरकों पर निर्भरता को कम करके टिकाऊ कृषि में महत्वपूर्ण भूमिका निभाते हैं।

175. (D): उन क्षेत्रों में फसलों की खेती जहाँ वार्षिक वर्षा 750 से 1150 मिमी के बीच होती है, शुष्क भूमि खेती कहलाती है। शुष्क खेती में 750 मिमी से कम वार्षिक वर्षा वाली फसलों की खेती की जाती है। उन क्षेत्रों में फसलों की खेती की जाती है जहाँ वार्षिक वर्षा 1150 मिमी से अधिक होती है, वर्षा आधारित खेती कहलाती है।

176. (B): तलछटी चट्टानें अन्य चट्टानों के अपक्षय उत्पादों के जमाव और सीमेंटेशन द्वारा बनती हैं। ये चट्टानें तलछट के संचय के माध्यम से बनती हैं जो समय के साथ संकुचित और सीमेंटेड हो जाती हैं। सामान्य उदाहरणों में बलुआ पत्थर, शेल और चूना पत्थर शामिल हैं। तलछटी चट्टानों में अक्सर जीवाश्म होते हैं और पृथ्वी के इतिहास का अध्ययन करने के लिए महत्वपूर्ण हैं।

177. (B): हाइड्रेशन एक रासायनिक अपघटन प्रक्रिया है जो खनिजों के साथ पानी के अणुओं के जुड़ाव को संदर्भित करती है। इस प्रक्रिया में खनिज संरचना में पानी को शामिल करना शामिल है, जिससे खनिज के भौतिक और रासायनिक गुणों में परिवर्तन होता है। चट्टानों के अपक्षय और मिट्टी के निर्माण में हाइड्रेशन एक महत्वपूर्ण भूमिका निभाता है।

178. (C): फ्रंट लाइन प्रदर्शन एक विस्तार विधि है जिसमें एक शोधकर्ता बताता है कि प्रति इकाई समय प्रति इकाई क्षेत्र में उत्पादन कैसे बढ़ाया जा सकता है। इस पद्धति में किसानों के खेतों में सीधे बेहतर कृषि पद्धतियों और प्रौद्योगिकियों का प्रदर्शन करना शामिल है ताकि उनकी प्रभावशीलता और लाभों को प्रदर्शित किया जा सके, किसानों को बेहतर उत्पादकता के लिए इन नवाचारों को अपनाने के लिए प्रोत्साहित किया जा सके।

179. (A): ईंधन लागत ट्रैक्टरों की परिचालन लागत के अंतर्गत आती है। परिचालन लागत में ट्रैक्टर के दैनिक कामकाज से संबंधित सभी खर्च शामिल हैं, जैसे ईंधन, तेल, रखरखाव और मरम्मत। कृषि गतिविधियों में ट्रैक्टर के कुशल संचालन और दीर्घकालिता को सुनिश्चित करने के लिए ये लागतें आवश्यक हैं।

180. (E): कार्बन डाइऑक्साइड (CO_2) ज्वालामुखी विस्फोट, पशु श्वसन, वनों की कटाई और जीवाश्म ईंधन के जलने से निकलने वाली एक ग्रीनहाउस गैस है। CO_2 ग्रीनहाउस प्रभाव में एक महत्वपूर्ण योगदानकर्ता है, जो पृथ्वी के वायुमंडल में गर्मी को अवशोषित करता है और ग्लोबल वार्मिंग और जलवायु परिवर्तन का कारण बनता है। पर्यावरणीय प्रभाव को कम करने और स्थिरता को बढ़ावा देने के लिए CO_2 उत्सर्जन को कम करना महत्वपूर्ण है।

181. (E): लिग्निन और पॉलीसेकेराइड का वह योग जो पाचन तंत्र द्वारा पचाया नहीं जाता है, उसे आहार फाइबर के रूप में जाना जाता है। आहार फाइबर एक स्वस्थ पाचन तंत्र को बनाए रखने के लिए महत्वपूर्ण हैं क्योंकि वे मल त्याग में मदद करते हैं और कब्ज को रोकते हैं। वे पौधों पर आधारित खाद्य पदार्थों जैसे फलों, सब्जियों, साबुत अनाज और फलियों में पाए जाते हैं और समग्र स्वास्थ्य को बढ़ावा देने में महत्वपूर्ण भूमिका निभाते हैं।

182. (A): बजट 2023-24 के तहत पशुपालन, डेयरी और मत्स्य पालन के लिए कृषि ऋण लक्ष्य 20 लाख करोड़ रुपये निर्धारित किया गया है। इस आवंटन का उद्देश्य इन क्षेत्रों की वृद्धि और विकास का समर्थन करना है, यह सुनिश्चित करना है कि पशुपालन, डेयरी और मत्स्य पालन में लगे किसानों और उद्यमियों के लिए पर्याप्त वित्तीय संसाधन उपलब्ध हों, जिससे उत्पादकता और आय में वृद्धि हो।

183. (B): टाईड रिजिंग एक वर्षा जल संचयन तकनीक है जिसमें मिट्टी के जल संरक्षण को बढ़ाने के लिए बनाए गए फरो या टाई के भीतर लंबी, संकरी और ऊँची लकीरों को मिट्टी की पट्टियों से पार किया जाता है। यह विधि वर्षा जल को संचित करने, अपवाह को कम करने और मिट्टी की नमी बढ़ाने में मदद करती है, इस प्रकार शुष्क अवधि के दौरान फसलों के लिए पानी की उपलब्धता में वृद्धि करती है।

184. (C): PMFBY (प्रधानमंत्री फसल बीमा योजना) के तहत, थ्रेसहोल्ड उपज को थ्रेसहोल्ड यील्ड फैक्टर (क्षतिपूर्ति स्तर) के साथ औसत उपज को गुणा करके मापा जाता है। थ्रेसहोल्ड उपज न्यूनतम उपज स्तर निर्धारित करती है जिसके नीचे बीमा दावे किए जा सकते हैं, जिससे प्रतिकूल मौसम की स्थिति या अन्य जोखिमों के कारण फसल के नुकसान के एवज में किसानों को सुरक्षा जाल प्रदान किया जा सकता है।

185. (B): विद्युत चालकता (EC) पानी की गुणवत्ता का पैरामीटर है जिसका उपयोग पानी में घुले हुए लवणों की कुल मात्रा को मापने के लिए किया जाता है, जिसे डेसी सीमेंस प्रति मीटर (dS/m) की इकाइयों में व्यक्त किया जाता है। EC पानी की गुणवत्ता का आकलन करने के लिए एक महत्वपूर्ण पैरामीटर है, खासकर कृषि सिंचाई में, क्योंकि उच्च नमक सांद्रता मिट्टी के स्वास्थ्य और फसल की वृद्धि को प्रभावित कर सकती है।

186. (C): ट्रांसफार्मर एक ऐसा उपकरण है जिसका उपयोग आवृत्ति बदले बिना वोल्टेज बदलने के लिए किया जाता है। विद्युत शक्ति वितरण प्रणालियों में ट्रांसफार्मर आवश्यक हैं क्योंकि वे वोल्टेज के स्तर को बढ़ा या घटा सकते हैं, जिससे लंबी दूरी पर बिजली का कुशल संचरण संभव होता है और विभिन्न अनुप्रयोगों के लिए उपयुक्त वोल्टेज स्तर सुनिश्चित होता है।

187. (C): गुणवत्ता प्रमाणित बीजों के लेबल टैग का रंग नीला होता है। प्रमाणित बीजों का उत्पादन और लेबल विशिष्ट मानकों के अनुसार किया जाता है ताकि उनकी गुणवत्ता, आनुवंशिक शुद्धता और प्रदर्शन सुनिश्चित हो सके। नीला लेबल दर्शाता है कि बीजों का परीक्षण और प्रमाणन अधिकृत एजेंसियों द्वारा किया गया हैं, जो किसानों को उनकी गुणवत्ता और विश्वसनीयता के बारे में आश्वासन देता है।

188. (B): किसी भी लिंग की युवा मुर्गियाँ, जिनकी आयु 8 से 10 सप्ताह होती है, जिनका वजन 1.5 से 2 किलोग्राम होता है और नरम मांस के लिए उपयोग की जाती हैं, उन्हें ब्रॉयलर कहा जाता है। ब्रॉयलर को विशेष रूप से तेजी से विकास और कुशल मांस उत्पादन के लिए पाला जाता है, जिससे वे पोल्ट्री उद्योग का एक प्रमुख घटक बन जाती हैं। वे अपने नरम मांस के लिए जानी जाती हैं और आमतौर पर वाणिज्यिक मांस उत्पादन के लिए पाली जाती हैं।

189. (D): स्वच्छ भारत मिशन-ग्रामीण (SBM-G) चरण 2 की अवधि 2020-21 से 2024-25 तक है। SBM-G चरण 2 चरण 1 के तहत प्राप्त खुले में शौच मुक्त (ODF) स्थिति को बनाए रखने पर केंद्रित है और ग्रामीण क्षेत्रों में ठोस और तरल अपशिष्ट प्रबंधन (SLWM) पर जोर देता है। मिशन का उद्देश्य ग्रामीण भारत में स्वच्छता और सफाई सुनिश्चित करना है, जिससे स्वास्थ्य और जीवन की गुणवत्ता में सुधार हो सके।

190. (A): यौन परिपक्वता से पहले बधिया किए गए नर सूअर को बैरो (Barrow) के रूप में जाना जाता है। आक्रामक व्यवहार को नियंत्रित करने और मांस की गुणवत्ता में सुधार करने के लिए बधियाकरण किया जाता है। बैरो को मुख्य रूप से मांस उत्पादन के लिए पाला जाता है, क्योंकि नर हार्मोन की अनुपस्थिति के परिणामस्वरूप सूअर का मांस अधिक नरम और स्वादिष्ट होता है। ये सुअर पालन कार्यों में एक सामान्य श्रेणी हैं।

191. (C): लेयर्स औसतन 18 महीने की उम्र तक किफायती होती हैं। इस अवधि के दौरान, मुर्गियाँ अंडे देने में सबसे अधिक उत्पादक होती हैं, जो पोल्ट्री किसानों के लिए निवेश पर सबसे अधिक रिटर्न प्रदान करती हैं। इस उम्र के बाद, अंडे का उत्पादन आम तौर पर कम हो जाता है, जिससे पक्षियों को केवल अंडे के उत्पादन के उद्देश्य से रखना कम किफायती हो जाता है।

192. (B): यौन प्रजनन की तुलना में वानस्पतिक प्रसार प्रजनन का एक तीव्र तंत्र है। इस विधि में तने, जड़ों और पत्तियों जैसे वानस्पतिक भागों से नए पौधों की वृद्धि शामिल है, जिससे यौन प्रजनन में देखी जाने वाली आनुवंशिक परिवर्तनशीलता के बिना पौधों का तेज और एकसमान उत्पादन संभव हो पाता है। इसका उपयोग आमतौर पर बागवानी और कृषि में वांछित पौधों की किस्मों के प्रजनन के लिए किया जाता है।

194. (A): मछली तालाब में घुली ऑक्सीजन का इष्टतम स्तर 5 mg/l है। पर्याप्त घुली ऑक्सीजन का स्तर मछली और अन्य जलीय जीवों के अस्तित्व और विकास के लिए महत्वपूर्ण है। यह जलीय जीवन के उचित श्वसन, चयापचय और समग्र स्वास्थ्य को सुनिश्चित करता है, जिससे संतुलित और उत्पादक तालाब पारिस्थितिकी तंत्र को बढ़ावा मिलता है।

195. (E): मोटे रेत की बनावट वाली मिट्टी में सबसे कम कण घनत्व होता है। मोटे रेत में बड़े कण और अधिक महत्वपूर्ण छिद्र स्थान होते हैं, जिससे मिट्टी या दोमट जैसी महीन बनावट वाली मिट्टी की तुलना में कम थोक घनत्व और कण घनत्व होता है। यह विशेषता मिट्टी की जल प्रतिधारण, वातन और जड़ प्रवेश क्षमताओं को प्रभावित करती है।

196. (C): ड्रिप सिंचाई मिट्टी के कटाव और पानी के बहाव को कम करती है। यह सिंचाई विधि ट्यूब और एमिटर के एक नेटवर्क के माध्यम से सीधे पौधों की जड़ों तक पानी पहुंचाती है, जिससे पानी की बर्बादी कम होती है और पानी का कुशल उपयोग सुनिश्चित होता है। यह मिट्टी की संरचना को बनाए रखने, खरपतवार की वृद्धि को कम करने और लगातार नमी की आपूर्ति प्रदान करके फसल की पैदावार में सुधार करने में भी मदद करता है।

197. (B): दीनदयाल अंत्योदय योजना - राष्ट्रीय ग्रामीण आजीविका मिशन (DAY-NRLM) के तहत स्वयं सहायता समूहों (SHGs) को ऋण सीमा ₹ 10 लाख है। इस वित्तीय सहायता का उद्देश्य स्वयं सहायता समूहों को आय-उत्पादक गतिविधियाँ करने, उनकी आजीविका में सुधार करने और ग्रामीण क्षेत्रों में वित्तीय समावेशन को बढ़ावा देने के लिए आवश्यक धनराशि प्रदान करके उन्हें सशक्त बनाना है।

198. (E): भारतीय रिजर्व बैंक (आरबीआई) का वित्त वर्ष 2023-24 के लिए छोटे और सीमांत किसानों को ऋण देने का लक्ष्य समायोजित शुद्ध बैंक ऋण (ANBC) का 10% है। इस लक्ष्य का उद्देश्य यह सुनिश्चित करना है कि बैंक ऋण का एक महत्वपूर्ण हिस्सा छोटे और सीमांत किसानों का समर्थन करने, वित्तीय संसाधनों तक उनकी पहुँच बढ़ाने और कृषि विकास को बढ़ावा देने की दिशा में निर्देशित हो।

199. (E): खाद्यान्न और तिलहन को 10-14% नमी के स्तर तक सुखाया जाता है। भंडारण के दौरान खराब होने, फफूंद लगने और कीट संक्रमण को रोकने के लिए उचित तरीके से सुखाना आवश्यक है। नमी का सही स्तर बनाए रखने से खाद्यान्नों और तिलहनों की गुणवत्ता और शेल्फ लाइफ को बनाए रखने में मदद मिलती है, जिससे यह सुनिश्चित होता है कि वे सुरक्षित और उपभोग के लिए उपयुक्त रहें।

200. (D): शीट अपरदन (इरोजन) जिसमें उंगली के आकार के उभार दिखाई देते हैं, उसे रिल इरोजन के रूप में जाना जाता है। रिल इरोजन तब होता है जब अपवाह जल मिट्टी की सतह पर छोटे चैनल बनाता है, जिससे रिल का विकास होता है। अगर इन रिल को नियंत्रित नहीं किया जाता है, तो ये आगे चलकर बड़ी खाइयों में बदल सकती हैं, जिससे मिट्टी का काफी नुकसान और भूमि क्षरण हो सकता है।

पिछले प्रश्न-पत्र (हल सहित)

NABARD—असिस्टेंट मैनेजर (Grade A) Phase-I, भर्ती परीक्षा, 2022*

तार्किक योग्यता

निर्देश (प्रश्न संख्या 1-4) : *निम्नलिखित सूचना को ध्यानपूर्वक पढ़ें और नीचे दिए गए प्रश्नों के उत्तर दें।*

आठ लोग A, B, C, D, E, F, G और H एक गोलाकार मेज के चारों ओर बैठे हैं लेकिन जरूरी नहीं कि इसी क्रम में हों। उनमें से कुछ का मुख केंद्र की ओर है जबकि कुछ का मुख केंद्र के विपरीत है। D और F के बीच तीन व्यक्ति बैठे हैं और दोनों एक दूसरे के विपरीत दिशा की ओर मुख किये हुए हैं। C, E के दायें से तीसरे स्थान पर बैठा है, जो A के विपरीत बैठा है। E, D और F के दायें से दूसरे स्थान पर बैठा है और F के मुख के विपरीत दिशा की ओर मुख किये हुए है। G, E और D दोनों का पड़ोसी है और केंद्र से विपरीत दिशा की ओर उन्मुख है। B का मुख केंद्र की ओर है। G, A के बायें से तीसरे स्थान पर है, जो H के दायें से तीसरे स्थान पर है। B और C एक दूसरे के विपरीत दिशा की ओर इस प्रकार उन्मुख हैं, कि C, B के बायीं ओर से दूसरे स्थान पर बैठता है। (नोट—विपरीत दिशाओं का मतलब है कि यदि एक व्यक्ति का मुख केंद्र की ओर है, तो दूसरे व्यक्ति का मुख केंद्र के विपरीत होगा और विलोमतः)।

1. E के सन्दर्भ में C का स्थान क्या है?
   A. दाईं ओर तीसरा
   B. बाईं ओर पाँचवाँ
   C. दाईं ओर पाँचवाँ
   D. बाईं ओर तीसरा
   E. विकल्प (A) और (B)

2. कितने व्यक्ति केंद्र से विमुख हैं?
   A. एक B. तीन
   C. चार D. दो
   E. पाँच

3. निम्नलिखित में से कौन सा जोड़ा एक दूसरे के विपरीत बैठा है और एक ही दिशा की ओर उन्मुख है?
   A. DF B. GC
   C. EA D. BE
   E. इनमें से कोई नहीं

4. C के ठीक दाएं कौन बैठा है?
   A. G B. A
   C. F D. B
   E. D

निर्देश (प्रश्न संख्या 5 एवं 6) : *निम्नलिखित सूचना को ध्यानपूर्वक पढ़ें और नीचे दिए गए प्रश्नों के उत्तर दें।*

E, F, G, H, I, J, K, L, और M एक परिवार में नौ सदस्य हैं। इनमें तीन विवाहित जोड़े हैं। G, L का नाना है जो F का इकलौता बेटा है। J, M का चाचा है जो K की इकलौती बेटी है। H, J की बहन है जो I का बेटा है। J, L का मामा है। K, G की बहू है।

5. M, L से किस प्रकार संबंधित है?
   A. चचेरी बहन B. चाची
   C. चाचा D. पिता
   E. भतीजा

6. E, H से किस प्रकार संबंधित है?
   A. पति B. चाचा
   C. पिता D. भाई
   E. माँ

निर्देश (प्रश्न संख्या 7 एवं 8) : *नीचे दिए गए प्रश्न में तीन कथन और उसके बाद तीन निष्कर्ष I, II और III दिए गए हैं। आपको दिए गए कथनों को सत्य मानना है, भले ही वे सामान्यतः ज्ञात तथ्यों से भिन्न प्रतीत होते हों। दिए गए सभी*

* *Exam held on 7 September, 2022.*

निष्कर्षों को पढ़ें और फिर निर्णय लें कि निम्नलिखित में से कौन सा निष्कर्ष सामान्यतः ज्ञात तथ्यों की उपेक्षा करते हुए दिए गए कथनों का तार्किक रूप से अनुसरण करता है।

7. कथन : केवल कुछ गाजर पत्ते हैं।
कुछ पत्ते सेब हैं।
कुछ पत्ते आम नहीं हैं।

निष्कर्ष :

I. कुछ आम के गाजर होने की संभावना है।
II. कुछ पत्तों के गाजर होने की संभावना है।
III. कुछ गाजर पत्ते नहीं हैं।

A. केवल निष्कर्ष I अनुसरण करता है
B. निष्कर्ष I और III दोनों अनुसरण करते हैं
C. केवल निष्कर्ष II अनुसरण करता है
D. निष्कर्ष II और III दोनों अनुसरण करते हैं
E. सभी निष्कर्ष अनुसरण करते हैं

8. कथन : केवल कुछ राजधानी दिल्ली हैं।
कुछ जबलपुर ग्वालियर हैं।
सभी ग्वालियर राजधानी हैं।

निष्कर्ष :

I. कुछ जबलपुर के दिल्ली होने की संभावना है।
II. कुछ दिल्ली राजधानी नहीं हैं।
III. सभी जबलपुर के राजधानी होने की संभावना है।

A. केवल निष्कर्ष I अनुसरण करता है
B. केवल निष्कर्ष II अनुसरण करता है
C. निष्कर्ष I और III दोनों अनुसरण करते हैं
D. निष्कर्ष I और II दोनों अनुसरण करते हैं
E. सभी निष्कर्ष अनुसरण करते हैं

निर्देश (प्रश्न संख्या 9-13) : *निम्नलिखित सूचना को ध्यानपूर्वक पढ़ें और नीचे दिए गए प्रश्नों के उत्तर दें।*

आठ मित्र J, K, L, M, N, O, P, Q हैं। वे सभी अलग-अलग महीनों में अलग-अलग शहरों की यात्रा कर रहे हैं लेकिन जरूरी नहीं कि इसी क्रम में। शहर दिल्ली, कोलकाता, मुंबई, कानपुर, इंदौर, ग्वालियर, नागपुर हैं, और जिन महीनों में वे यात्रा कर रहे हैं वे जनवरी, मार्च, अप्रैल, जून, सितंबर, अक्टूबर, नवंबर और दिसंबर हैं।

M कम से कम छह लोगों के बाद यात्रा कर रहा है और वह ग्वालियर जाता है। चार से अधिक लोग M और L जो O के ठीक पहले जाता है, के बीच जाते हैं। N कोलकाता जाता है लेकिन 31 दिनों वाले महीने में नहीं। कोलकाता और कानपुर की यात्रा करने वाले व्यक्ति के बीच चार व्यक्ति यात्रा कर रहे हैं। K, दिल्ली जाने वाले व्यक्ति के ठीक बाद यात्रा कर रहा है। पटना और कानपुर जाने वाले व्यक्ति के बीच केवल एक व्यक्ति यात्रा कर रहा है, L पटना और इंदौर की यात्रा नहीं कर रहा है। इंदौर की यात्रा करने वाले व्यक्ति और इंदौर के बाद यात्रा करने वाले P के बीच केवल दो व्यक्ति यात्रा कर रहे हैं। P उस महीने में नहीं गया जिसमें 31 दिन हैं। जो व्यक्ति मुंबई की यात्रा कर रहा है वह नागपुर से पहले जाता है। व्यक्ति J, Q के बाद यात्रा कर रहा है। Q जनवरी के महीने में यात्रा नहीं कर रहा है।

9. अक्टूबर में कौन यात्रा कर रहा है?

A. K
B. L
C. M
D. O
E. Q

10. नागपुर की यात्रा कौन कर रहा है?

A. L
B. K
C. Q
D. M
E. P

11. M और N के बीच कितने व्यक्ति यात्रा कर रहे हैं?

A. एक
B. दो
C. तीन
D. चार
E. कोई नहीं

12. पटना की यात्रा करने वाले व्यक्ति के ठीक पहले कौन यात्रा कर रहा है?

A. K
B. P
C. M
D. L
E. Q

13. N, मुंबई से उसी प्रकार संबंधित है जिस प्रकार M ______ शहर से संबंधित है।

A. दिल्ली
B. पटना
C. इंदौर
D. कोलकाता
E. नागपुर

14. निर्देश : *निम्नलिखित प्रश्न में दिए गए कथनों को सत्य मानते हुए, ज्ञात कीजिए कि दिए गए निष्कर्षों में से कौन सा/से निष्कर्ष निश्चित रूप से सत्य है/हैं और फिर उसके अनुसार अपना उत्तर दें :*

कथन : $R = E > F > U \leq G = T = I \leq N \leq O = K < L < S > H$

निष्कर्ष : I. $U \leq L$ II. $R > U$

A. केवल निष्कर्ष I अनुसरण करता है

B. केवल निष्कर्ष II अनुसरण करता है

C. या तो निष्कर्ष I या II अनुसरण करता है

D. निष्कर्ष I और II दोनों अनुसरण करते हैं

E. न तो निष्कर्ष I और न ही II अनुसरण करता है

15. दिए गए व्यंजक को पूरा करने के लिए निम्नलिखित में से कौन से प्रतीकों को क्रमशः रिक्त स्थानों में (बाएं से दाएं समान क्रम में) रखा जाना चाहिए ताकि $V > S$ निश्चित रूप से सत्य हो?

V __ E __ N __ U __ S

A. >, =, ≤, >   B. ≥, =, ≥, ≥

C. <, =, ≤, <   D. >, <, ≥, >

E. >, =, ≥, >

निर्देश (प्रश्न संख्या 16-20) : *निम्नलिखित सूचना का ध्यानपूर्वक अध्ययन करें और नीचे दिए गए प्रश्नों के उत्तर दें :*

एक निश्चित संख्या में व्यक्ति उत्तर दिशा की ओर मुख करके एक सीधी पंक्ति में बैठे हैं। P और Q के बीच तीन व्यक्ति बैठे हैं, जो R के बगल में बैठा है। P, R के बाएं बैठा है। Z, R के दाएं दूसरे स्थान पर बैठा है। Z और Y के बीच दो व्यक्ति बैठे हैं जो किसी एक छोर पर हैं। Y, R के बगल में नहीं बैठा है, जो A के दायें से दूसरे स्थान पर बैठा है। A पंक्ति के ठीक मध्य में बैठा है। C बाएं छोर से छठे स्थान पर बैठा है। P, C के दाईं ओर नहीं बैठा है। C और L के बीच दो व्यक्ति बैठे हैं। P और M के बीच दो व्यक्ति बैठे हैं।

16. P और Y के बीच कितने व्यक्ति बैठे हैं?

A. चार   B. तीन

C. नौ   D. ग्यारह

E. इनमें से कोई नहीं

17. पंक्ति में कितने व्यक्ति बैठे हैं?

A. 11   B. 15

C. 17   D. 19

E. इनमें से कोई नहीं

18. R के बाईं ओर कितने व्यक्ति बैठे हैं?

A. तीन   B. नौ

C. चार   D. ग्यारह

E. इनमें से कोई नहीं

19. Q के सन्दर्भ में Z का स्थान क्या है?

A. दाएं से 5वां   B. बाएं से 5वां

C. दाएँ से तीसरा   D. बाएँ से दूसरा

E. इनमें से कोई नहीं

20. A के ठीक दाएं कौन बैठा है?

A. Q   B. Z

C. P   D. C

E. M

ENGLISH LANGUAGE

Directions (Qs. No. 21-27): *Read the passage and answer the questions given below. Some words may be highlighted. Read carefully.*

The purpose of Artificial Intelligence (AI) is to aid human capabilities and help us make advanced decisions with far-reaching consequences. That's the answer from a technical standpoint. From a philosophical perspective, Artificial Intelligence has the potential to help humans live more meaningful lives devoid of hard labour, and help manage the complex web of interconnected individuals, companies, states, and nations to function in a manner that's beneficial to all of humanity.

Currently, the purpose of Artificial Intelligence is shared by all the different tools and techniques that we've invented over the past thousand years – to simplify human effort, and to help us make better decisions. Artificial Intelligence has also been touted as our Final Invention, a creation that would invent groundbreaking tools and services that would exponentially change how we lead our lives, by hopefully removing **strife**, inequality, and human suffering.

That's all in the far future though – we're still a long way from those kinds of outcomes. Currently, Artificial Intelligence is being used mostly by companies to improve their process efficiencies, automate resource heavy tasks, and to make business predictions based on hard data rather than gut feelings. As all technology that has come before this, the research and development costs need to be subsidized by corporations and government agencies before it becomes accessible to everyday laymen.

The purpose of philosophy for humans is to help us understand our actions, their consequences, and how we can make better decisions. Modern intelligent systems can be built by following the different approaches of philosophy that will enable these systems to make the right decisions, mirroring the way that an ideal human being would think and **behave**. Philosophy would help these machines think and understand about the nature of knowledge itself. It would also help them make the connection between knowledge and action through goal-based analysis to achieve desirable outcomes.

If there is a **synergy** between man and machine, if they are able to work fully in tandem, this world will undergo a sea change and our everyday lives would be completely transformed.

21. What is the purpose of AI?
A. To aid human capabilities
B. To make advanced decisions with far-reaching consequences
C. To completely remove manual interaction
D. To make better decisions and simplify human effort
E. (A), (B) and (D)

22. What has been touted as the final invention?
A. Computers
B. Data Drives
C. Artificial Intelligence
D. Mobile Phones
E. None of these

23. What should be ensured before AI reaches the masses ?
A. It is properly marketed on social media
B. More and more money is pumped into research and development
C. Government agencies and corporations subsidize the research and development costs
D. Schools start teaching it as a core subject
E. All of these

24. What is the synonym of 'behave'?
A. Function B. Control
C. Modulate D. Misbehave
E. None of these

25. How can we build modern intelligent systems?
A. Through technical overhauls
B. Through rigorous machine learning
C. Through data science
D. By making AI mirror human behaviour
E. None of these

26. What is the synonym of 'synergy'?
A. Alliance B. Divorce
C. Catapult D. Clandestine
E. Energy

27. What is the antonym of strife?
A. Dissent B. Schism
C. Discord D. Conflict
E. Concurrence

Directions (Qs. No. 28-32): *Read the sentence to find out whether there is any error in it or not. The error, if any, will be in one part of the sentence. The number of that part is the answer. If there is no error, the answer is (E). Ignore errors of punctuation, if any.*

28. She could not keep back her tears, (A)/ and the chief cause of her (B)/ pain seemed to be the fear lest (C)/ people would doubt her truthfulness.(D)/ No error
A. A B. B
C. C D. D
E. No error

29. Andhra Pradesh and Telangana have intensified the (A)/ dispute of sharing of the Krishna waters (B)/ particular in the wake of works on the Rayalaseema Lift Irrigation (C)/ Scheme (RLIS) taken up by Andhra Pradesh (D)/ No error (E)
A. A B. B
C. C D. D
E. No error

30. Last year the European Commission in Brussels (A)/ has taken bold steps (B)/ to curb Microsoft's control (C)/ over the computer software market. (D)/ No error (E)

A. A
B. B
C. C
D. D
E. No error

31. The lawyers were discussing the case when they (A)/ heard a loud bang, the floor started to shake and (B)/ the security guard yelled the evacuation order,(C)/ "Everyones out now!". Then the floor began to collapse. (D)/ No error (E).

A. A
B. B
C. C
D. D
E. No error

32. If Sally is late again I will be mad. (A)/ Punctuality has no definition in her dictionary. (B)/ She needs to understand the (C)/ value of time and its use.(D)/ No error (E)

A. A
B. B
C. C
D. D
E. No error

Directions (Qs. No. 33-37): *The questions below contain five scattered segments of a sentence. Indicate the sequence which correctly assembles the segments and completes the sentence.*

33. (*a*) of many sorts show
(*b*) both plants and animals
(*c*) growth habits and even modes
(*d*) remarkable changes in form,
(*e*) of reproduction to adapt to changing environment

A. (*b*)(*a*)(*d*)(*c*)(*e*)
B. (*a*)(*b*)(*c*)(*e*)(*d*)
C. (*c*)(*a*)(*e*)(*d*)(*b*)
D. (*b*)(*d*)(*c*)(*e*)(*a*)
E. (*c*)(*a*)(*e*)(*b*)(*d*)

34. (*a*) afternoon for a walk at Ocean Beach
(*b*) white man came running at
(*c*) It was a beautiful Sunday
(*d*) my elderly father and me
(*e*) in San Francisco when a

A. (*c*)(*a*)(*e*)(*b*)(*d*)
B. (*d*)(*a*)(*b*)(*c*)(*e*)
C. (*b*)(*e*)(*c*)(*a*)(*d*)
D. (*c*)(*a*)(*e*)(*d*)(*b*)
E. (*c*)(*e*)(*a*)(*b*)(*d*)

35. (*a*) to keep millions of Americans young and old from getting much-needed
(*b*) mental health disorder that can affect anyone at any age
(*c*) mental health stigmas, antiquated beliefs that psychotherapies are hokum
(*d*) help with depression, a common and increasingly pervasive
(*e*) and social and financial barriers to treatment combine

A. (*c*)(*e*)(*a*)(*d*)(*b*)
B. (*c*)(*e*)(*a*)(*b*)(*d*)
C. (*c*)(*d*)(*b*)(*e*)(*a*)
D. (*a*)(*b*)(*d*)(*c*)(*e*)
E. (*d*)(*c*)(*e*)(*a*)(*b*)

36. (*a*) the vocational education system
(*b*) with vigour so that
(*c*) the economy does not suffer
(*d*) from a shortage of skilled manpower
(*e*) needs to be strengthened

A. (*c*)(*b*)(*d*)(*a*)(*e*)
B. (*a*)(*b*)(*c*)(*d*)(*e*)
C. (*e*)(*d*)(*c*)(*b*)(*a*)
D. (*a*)(*e*)(*b*)(*c*)(*d*)
E. (*d*)(*e*)(*a*)(*b*)(*c*)

37. (*a*) countries such as India with
(*b*) health care and robust public health
(*c*) restore the balance between
(*d*) large out-of-pocket expenditures
(*e*) on private health care must

A. (*a*)(*b*)(*c*)(*d*)(*e*)
B. (*a*)(*e*)(*d*)(*b*)(*c*)
C. (*a*)(*d*)(*e*)(*c*)(*b*)
D. (*e*)(*c*)(*d*)(*b*)(*a*)
E. (*c*)(*a*)(*b*)(*d*)(*e*)

Directions (Qs. No. 38 & 39): *Given below is a phrase, followed by three sentences that consist of that phrase. Identify the sentence(s) that express(es) the meaning of that phrase.*

38. LAY OFF
(*a*) After her company decided to **lay off** half of the workers the workload on the remaining was extreme.
(*b*) He did not foresee the **lay off** his company decided to go through in order to survive the inflation.
(*c*) She acted like a germophobe and refused to **lay off** her purse on the restaurant floor.

A. Only (*a*)
B. Only (*b*)
C. Only (*c*)
D. Both (*a*) and (*b*)
E. Both (*a*) and (*c*)

39. UNDER THE WEATHER
(*a*) The employee will not be able to attend the meeting as she is **under the weather.**

(*b*) The police found him **under the weather** of alcohol and he was fined for driving in such a state.

(*c*) Lack of appetite is one of the symptoms of being **under the weather,** you should visit a doctor to get a diagnosis.

A. Only (*a*) B. Only (*b*)
C. Only (*c*) D. Both (*a*) and (*b*)
E. Both (*a*) and (*c*)

40. Given below is a word, followed by three sentences that consist of that word. Identify the sentence(s) that express(es) the meaning of that word.

VARIETY

(*a*) The couple had similar tastes in a **variety** of things and had an amicable relationship.

(*b*) The twins had a **variety** in clothing taste which made it difficult to tell them apart.

(*c*) The bookstore had one of two genres of books, and a great **variety** of genres was found in the store.

A. Only (*a*) B. Only (*b*)
C. Only (*c*) D. Both (*a*) and (*b*)
E. Both (*a*) and (*c*)

Directions (Qs. No. 41-45): *A passage is given below with five blanks labelled (a)-(e). Below the passage, four options are given for each blank. Choose the word that fits each blank most appropriately in the context of the passage, and mark the corresponding answer.*

Major ___(*a*)___ in photonics are changing how solar energy will power our future, how light ___(*b*)___ our lives, and how technology will connect us to each other in new ways. Currently, most commercially available PV solar panels are based on inorganic semiconductors-particularly silicon, which is the second most ___(*c*)___ material in the earth's crust.

PV systems traditionally have been so expensive that they've only been used for speciality applications, primarily in space, but recent efforts to produce lower-cost modules have allowed ___(*d*)___ into new markets.

Among the emerging types of PV cells being developed are PEC or dye-sensitized solar cells (DSSCs); organic (molecular and polymer) solar cells; hybrid organic-inorganic solar cells; and ___(*e*)___ quantum dot (QD) thin-film solar cells.

41. Which of the following words most appropriately fits the blank labelled (*a*)?

A. Breakthroughs B. Divisive
C. Preclude D. Connive
E. Overlook

42. Which of the following words most appropriately fits the blank labelled (*b*)?

A. Construe B. Bilk
C. Dearth D. Illuminates
E. Exploit

43. Which of the following words most appropriately fits the blank labelled (*c*)?

A. Edict B. Decree
C. Bane D. Antithesis
E. Abundant

44. Which of the following words most appropriately fits the blank labelled (*d*)?

A. Penetration B. Approbation
C. Constituent D. Evince
E. Manifest

45. Which of the following words most appropriately fits the blank labelled (*e*)?

A. Exacerbate B. Canny
C. Noxious D. Wily
E. Colloidal

Directions (Qs. No. 46-50): *In each of the questions given below, four words are given in bold. These four words may or may not be in their correct position. The sentence is then followed by options with the correct combination of words that should replace each other in order to make the sentence grammatically and contextually correct. Find the correct combination of words that replace each other. If the sentence is correct, then select 'All correct' as your option.*

46. The situation is not the same as it was before and has worsened a lot. We need to fight tooth and **times/** (*a*) if we want to retain our individuality in today's **nail/** (***b***) where everybody wants to **late/** (***c***) the other person with imposed beliefs and customs. Take the call until it's too **overpower/** (***d***).

A. (*a*)-(*b*)
B. (*a*)-(*c*) and (*b*)-(*d*)
C. (*a*)-(*b*) and (*c*)-(*d*)
D. (*c*)-(*d*)
E. All correct

47. The Grammy Awards have changed the name of their best world music album category to the best global music album, an **statement/** (***a***) to find a more relevant, modern and inclusive term. The Recording Academy said in a **attempt/** (***b***) that the new name "symbolizes a **connotations/** (***c***) from the **departure/** (***d***) of colonialism, folk and 'non-American' that the former term embodied."

A. (*a*)-(*b*)
B. (*a*)-(*c*) and (*b*)-(*d*)
C. (*a*)-(*b*) and (*c*)-(*d*)
D. (*c*)-(*d*)
E. All correct

48. The decision by the 73rd World Health Assembly to undertake a **'positive (*a*),** independent and comprehensive **resolution (*b*)'** of the handling of the Covid-19 pandemic is an **impartial (*c*)** move. China, despite its initial objections, has accepted and supported the **evaluation. (*d*)**

A. Only (*a*)-(*b*)
B. Both (*a*)-(*d*) and (*b*)-(*c*)
C. Both (*a*)-(*b*) and (*c*)-(*d*)
D. Both (*a*)-(*c*) and (*b*)-(*d*)
E. All correct

49. Multiple sources say China started it all. They made an **precarious/ (*a*)** from the current line of control into the Indian side. To break the **incursion/ (*b*)** balance at the border **seemed/ (*c*)** unnecessary. The loss of Indian lives is also **unwarranted./ (*d*)** As patriotic Indians, it fills us with rage.

A. (*a*)-(*b*) and (*b*)-(*d*)
B. (*b*)-(*d*)
C. (*a*)-(*c*)
D. (*a*)-(*b*)
E. All correct

50. Three years after the **reform (*a*)/** to the goods and services tax (GST), there is a strong case to **strengthen (*b*)/** the GST Council for the constitutional body to make informed decisions to **transition (*c*)/** the tax structure, rates and **broaden (*d*)/** the tax base.

A. (*a*)-(*c*)
B. (*b*)-(*d*)
C. (*a*)-(*c*) and (*b*)-(*d*)
D. (*a*)-(*d*) and (*b*)-(*c*)
E. All correct

कम्प्यूटर ज्ञान

51. निम्नलिखित में से कौन सा इंटरनेट ब्राउजर है?

A. ट्विटर
B. टिंडर
C. पिकासा
D. फ्लिकर
E. ओपेरा

52. MS-Word में चयनित टेक्स्ट को 'केंद्र में संरेखित' करने के लिए किस शॉर्टकट कुंजी का उपयोग किया जाता है?

A. Ctrl + R
B. Ctrl + J
C. Ctrl + U
D. Ctrl + E
E. Ctrl + G

53. एक कंप्यूटर वायरस जो 19 जनवरी, 1986 को जारी किया गया था और जिसे पर्सनल कंप्यूटर के लिए पहला कंप्यूटर वायरस माना जाता है वह ________ है।

A. लव लेटर (Love Letter)
B. कोड रेड (Code Red)
C. हार्टब्लीड (Heartbleed)
D. ट्रोजन होर्स (Trojan Horse)
E. ब्रेन (Brain)

54. माइक्रोसॉफ्ट पावरप्वाइंट प्रस्तुति में, स्लाइड प्रस्तुति के दौरान एक के बाद एक हाइपरलिंक का चयन करने के लिए, निम्नलिखित कीबोर्ड कुंजी दबाई जाती है

A. Alt + H
B. Ctrl + K
C. Ctrl + H
D. F1
E. Tab

55. Shift + F5 शॉर्टकट कुंजी का क्या उपयोग है?
A. प्रस्तुति समाप्त करें
B. स्वचालित प्रस्तुति को रोकें या पुनः आरंभ करें
C. प्रस्तुति को आरम्भ से शुरू करें
D. पिछला एनीमेशन निष्पादित करें
E. वर्तमान स्लाइड से स्लाइड शो प्रारंभ करें

56. पूरी पंक्ति को छुपाने की शॉर्टकट कुंजी क्या है?
A. CTRL + C
B. CTRL + 9
C. CTRL + -
D. CTRL + 0
E. CTRL + SHIFT + 0

57. माइक्रोसॉफ्ट एक्सेल में दी गई पंक्ति के ऊपर एक नई पंक्ति जोड़ने के लिए कीबोर्ड शॉर्टकट क्या है?
A. Alt + C + I
B. Shift + I + R
C. Alt + I + R
D. Shift + Spacebar
E. Alt + F11

58. माइक्रोसॉफ्ट वर्ड में फॉन्ट साइज बढ़ाने के लिए कौन सा कीबोर्ड शॉर्टकट है?
A. Ctrl + Shift +)
B. Ctrl + >
C. Ctrl +]
D. Ctrl + Shift +]
E. Ctrl + [

59. _______ MS-Word में मार्जिन के बीच सामग्री को समान रूप से वितरित करने के लिए उपयोग की जाने वाली शॉर्टकट कुंजी है।
A. Ctrl + L
B. Ctrl + E
C. Ctrl + R
D. Ctrl + J
E. Ctrl + TAB

60. HTTP द्वारा उपयोग किया जाने वाला डिफॉल्ट पोर्ट नंबर क्या है?
A. 89
B. 43
C. 21
D. 23
E. 80

61. निम्नलिखित में से किस लेख में डेटा कैश मेमोरी में संग्रहीत किया जाता है?
A. आइसोक्रोनस
B. इरेगुलर
C. रेगुलर
D. एसिंक्रोनस
E. इनमें से कोई नहीं

62. निम्नलिखित में से कौन एक नेटवर्क टोपोलॉजी है?
A. WAN
B. MAN
C. SAN
D. BUS
E. LAN

63. किसी वेबसाइट पर लौटने वाले उपयोगकर्ता की पहचान करने के लिए निम्नलिखित में से किसका उपयोग किया जाता है?
A. कुकीज
B. प्लग-इन
C. स्क्रिप्ट
D. रजिस्ट्री
E. उपरोक्त में से कोई नहीं

64. निम्नलिखित में से कौन सा वेब सर्च इंजन नहीं है?
A. Bing
B. Baidu
C. Google
D. Safari
E. DuckDuckGo

65. निम्नलिखित में से कौन सी मार्कअप भाषा है?
A. एचटीएमएल
B. पीएचपी
C. पायथन
D. जावा
E. दोनों (A) और (B)

66. _______ वह नेटवर्क था जो इंटरनेट का आधार बना।
A. HTTP
B. क्लस्टर (Clusters)
C. SSID
D. ARPANET
E. DuckDuckGo

67. डेटा प्रविष्टि निम्नलिखित में से किस विकल्प द्वारा कैप्चर नहीं की जा सकती?
A. OCR
B. OMR
C. COM
D. MICR
E. उपरोक्त में से कोई नहीं

68. _______ की सहायता से उपयोगकर्ता फाइल के प्रकार की पहचान कर सकता है।
A. फाइल का नाम
B. फाइल एक्सटेंशन
C. पाथ
D. फोल्डर
E. उपरोक्त सभी

69. निम्नलिखित में से कौन इम्पैक्ट प्रिंटर का उदाहरण नहीं है?
A. डॉट मैट्रिक्स
B. डेजी-व्हील
C. लाइन
D. लेजर
E. सभी इम्पैक्ट प्रिंटर हैं

70. कंप्यूटर शब्दावली में 'VDSL' के लिए V क्या है?
A. Very Low Resolution
B. Very High Resolution
C. Very High Speed
D. Very Low Speed
E. Verify High Speed

संख्यात्मक अभियोग्यता

71. निम्नलिखित संख्या शृंखला में प्रश्न चिह्न '?' के स्थान पर क्या आना चाहिए?

3, 7, 22, 89, 446, ?

A. 1176
B. 2677
C. 800
D. 7565
E. इनमें से कोई नहीं

72. निम्नलिखित संख्या शृंखला में प्रश्न चिह्न '?' के स्थान पर क्या आना चाहिए?

7, ?, 30, 48, 73, 107

A. 15
B. 13
C. 10
D. 11
E. 17

73. दी गई शृंखला में अगला पद ज्ञात कीजिए।

25, 50, 86, 135, ?

A. 199
B. 230
C. 175
D. 190
E. उपरोक्त में से कोई नहीं/उपर्युक्त में से एक से अधिक

निर्देश (प्रश्न संख्या 74-78) : *नीचे दी गई सूचना के आधार पर प्रश्नों के उत्तर दें।*

नीचे दिया गया पाई चार्ट पाँच अलग-अलग कॉलेजों A, B, C, D और E में छात्रों की संख्या का प्रतिशत-वार वितरण दर्शाता है।

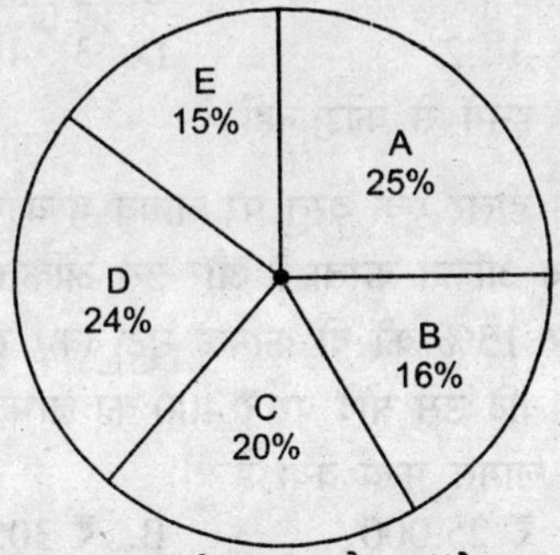

कॉलेज A, कॉलेज C और कॉलेज E में छात्रों की औसत संख्या 100 है।

74. यदि कॉलेज A में पुरुष और महिला छात्रों की संख्या का अनुपात 17 : 8 है, तो कॉलेज A में महिला छात्रों की संख्या कॉलेज E में छात्रों की कुल संख्या का कितना प्रतिशत है?

A. 33.33%
B. 43.33%
C. 53.33%
D. 63.33%
E. 73.33%

75. यदि कॉलेज F में छात्रों की कुल संख्या कॉलेज D से 41.66% अधिक है, तो कॉलेज F और कॉलेज B में छात्रों की कुल संख्या के बीच अनुपात ज्ञात करें?

A. 17 : 8
B. 17 : 9
C. 17 : 10
D. 17 : 11
E. 17 : 12

76. कॉलेज A और C में मिलाकर छात्रों की कुल संख्या कॉलेज D के छात्रों से कितने प्रतिशत अधिक है?

A. 55.55%
B. 75%
C. 80%
D. 83.33%
E. 87.5%

77. कॉलेज B और कॉलेज D में छात्रों की कुल संख्या के अनुरूप केंद्रीय कोणों के बीच क्या अंतर है?

A. 22.4°
B. 24.6°
C. 26.5°
D. 28.8°
E. इनमें से कोई नहीं

78. सभी पाँच कॉलेजों में मिलाकर छात्रों की कुल संख्या कितनी है?

A. 400
B. 500
C. 600
D. 700
E. 800

79. प्रशांत ने बैंक A में 2 वर्षों के लिए 20% प्रति वर्ष की दर से कुछ धनराशि निवेश की। चक्रवृद्धि ब्याज वार्षिक रूप से संयोजित होता है। उसने समान अवधि के लिए बैंक B में $r\%$ प्रति वर्ष की दर से उतनी ही राशि का साधारण ब्याज पर निवेश किया। उसके द्वारा बैंक A से अर्जित ब्याज बैंक B से अर्जित ब्याज का दोगुना है। बैंक B द्वारा दी जाने वाली ब्याज दर ज्ञात कीजिए?

A. 10
B. 13
C. 11
D. 12
E. 19

80. A और B एक टंकी को क्रमशः 12 घंटे और 20 घंटे में भर सकते हैं जबकि पाइप C इसे 15 घंटे में खाली कर सकता है। वे सभी एक साथ खोले गए हैं। 5 घंटे के बाद, A और B की दक्षता क्रमशः 20% और 100% बढ़ जाती है और C की दक्षता 50% कम हो जाती है। यदि टंकी प्रारंभ में पूरी तरह खाली है तो उसे भरने में लगा कुल समय ज्ञात कीजिए।

A. 6 घंटे B. 7 घंटे
C. 8 घंटे D. 9 घंटे
E. 10 घंटे

81. रवि और श्याम एक नदी में नौकायन करने के लिए गये। शांत जल में धारा की गति और रवि की नाव की गति का अनुपात 7 : 3 है। धारा की गति और शांत पानी में श्याम की नाव की गति का अनुपात 5 : 9 है। रवि और श्याम की नाव की गति का अनुपात ज्ञात कीजिए।

A. 7 : 18 B. 5 : 23
C. 3 : 23 D. 5 : 21
E. इनमें से कोई नहीं

निर्देश (प्रश्न संख्या 82-85) : *दिए गए प्रश्न में, I और II क्रमांकित दो समीकरण दिए गए हैं। दोनों समीकरणों को हल करें और उचित उत्तर चिह्नित करें।*

A. $x > y$ B. $x < y$
C. $x \geq y$ D. $x \leq y$
E. $x = y$ या x और y के बीच संबंध स्थापित नहीं किया जा सकता है।

82. I. $20x^2 - 17x + 3 = 0$
II. $8y^2 + 10y - 3 = 0$

83. I. $x^2 - 38x + 360 = 0$
II. $y^2 - 23y + 102 = 0$

84. I. $2x^2 - 22x + 36 = 0$
II. $y^2 - 8y + 15 = 0$

85. I. $x^2 + 39x - 172 = 0$
II. $y^2 + 45y + 86 = 0$

86. दो व्यक्तियों A और B ने एक व्यवसाय शुरू किया जिसमें A ने ₹ 50000 का निवेश किया और B ने ₹ 80000 का निवेश किया। 4 महीने बाद C एक निश्चित राशि के साथ उनके साथ जुड़ गया। वर्ष के अंत में ₹ 40000 का कुल लाभ दर्ज किया गया। लाभ में C का हिस्सा ₹ 15000 था, तो व्यवसाय में C का निवेश ज्ञात कीजिये।

A. ₹ 120000 B. ₹ 116000
C. ₹ 117000 D. ₹ 100000
E. ₹ 95000

87. पानी से भरा एक अर्धगोलाकार टैंक 15.4 लीटर प्रति सेकंड की दर से एक पाइप द्वारा खाली किया जाता है। यदि टैंक की आंतरिक त्रिज्या 7 मीटर है, तो टैंक का 3/4 भाग खाली करने में कितना समय (घंटों में) लगेगा?

A. 175/18 घंटे B. 125/21 घंटे
C. 145/12 घंटे D. 150/31 घंटे
E. उत्तर ज्ञात नहीं है

88. खुशी और उसकी चाची की उम्र का अनुपात 1 : 4 है और खुशी की चाची और उसके भाई की उम्र का अनुपात 9 : 1 है। यदि खुशी का भाई खुशी से 5 वर्ष छोटा है। 6 वर्ष बाद खुशी की चाची की आयु क्या होगी?

A. 36 वर्ष B. 38 वर्ष
C. 42 वर्ष D. 40 वर्ष
E. 44 वर्ष

89. दो बर्तनों में अल्कोहल और पानी का मिश्रण बराबर मात्रा में है। इन बर्तनों में अल्कोहल और पानी का अनुपात क्रमशः 2 : 3 और 4 : 1 है। राधा ने दोनों बर्तनों की सामग्री को एक साथ मिलाया। नये मिश्रण में अल्कोहल और पानी का अनुपात ज्ञात कीजिये।

A. 4 : 3 B. 2 : 3
C. 3 : 2 D. 3 : 4
E. इनमें से कोई नहीं

90. एक डीलर एक वस्तु पर लागत मूल्य से 50% अधिक मूल्य अंकित करता है और उसे अंकित मूल्य पर 20% और 15% की दो क्रमिक छूट देकर ग्राहक को बेचता है। यदि उसे सौदे पर ₹ 400 का लाभ होता है तो वस्तु का लागत मूल्य क्या है?

A. ₹ 25,000 B. ₹ 30,000
C. ₹ 20,000 D. ₹ 15,000
E. इनमें से कोई नहीं

निर्णय निर्माण

91. किस प्रकार के निर्णय निर्माण की शैली में प्रबंधक अपनी सोच में सहज होते हैं और अस्पष्टता के प्रति उच्च सहनशीलता रखते हैं?
A. निर्देशात्मक निर्णय निर्माण
B. वैचारिक निर्णय निर्माण
C. विश्लेषणात्मक निर्णय निर्माण
D. आनुभविक निर्णय-निर्माण
E. इनमें से कोई नहीं

92. निर्णय निर्माण में, आशावादी और निराशावादी निर्णय के बीच समझौता कौन सा मानदंड है?
A. निराशावादी मानदंड B. विश्वासी मानदंड
C. न्यूनीकरण मानदंड D. यथार्थवादी मानदंड
E. आशावादी मानदंड

93. निर्णय निर्माण की प्रक्रिया में निम्नलिखित में से कौन-सा दूसरा चरण है?
A. निर्णय का मूल्यांकन
B. विकल्प का चयन
C. समस्या की पहचान
D. वैकल्पिक समाधानों की पहचान
E. निर्णय का क्रियान्वयन

94. निम्नलिखित में से किस सिद्धांत में निवेशक लाभ और हानि को अलग-अलग महत्व देते हैं, कथित लाभ बनाम कथित हानि पर अधिक महत्व देते हैं?
A. महत्तम सिद्धांत
B. संभावना सिद्धांत
C. दूरदर्शी नेतृत्व शैली
D. परिबद्ध तर्कसंगतता सिद्धांत
E. इनमें से कोई नहीं

95. निम्नलिखित में से किस निर्णय निर्माण शैली में, प्रबंधक योजनाएँ बनाने और निर्णय लेने में दूसरों के कौशल का उपयोग करता है?
A. निर्देशित
B. सलाहकारी
C. सहभागी
D. प्रत्यायोजित
E. उपरोक्त में से कोई नहीं

96. यदि कार्यपालिका द्वारा दीर्घकालिक लक्ष्यों और दीर्घकालिक दृष्टिकोण के आधार पर निर्णय लिया जाता है, तो इसे कहा जाता है :
A. इनमें से कोई नहीं B. निजी
C. संगठनात्मक D. व्यक्तिगत
E. रणनीतिक

97. निर्णय निर्माण के पूर्वाग्रहों के संदर्भ में, निम्नलिखित में से कौन 'पुष्टि पूर्वाग्रह' की सबसे अच्छी व्याख्या करता है?
A. यह सूचना के प्रारंभिक आंशिक भाग पर अत्यधिक निर्भर है
B. यह इस प्रकार है कि एक निर्णय निर्माता ऐसे साक्ष्य की तलाश करता है जो उनकी पहले से निर्धारित मान्यताओं की पुष्टि करता हो
C. यह तब होता है जब कोई व्यक्ति अपने निर्णयों की विश्वसनीयता को अधिक महत्व देता है
D. यह किसी व्यक्ति, कंपनी, ब्रांड या उत्पाद के बारे में पर्यवेक्षक की समग्र धारणा है
E. उपरोक्त में से कोई नहीं

98. किस प्रकार की नेतृत्व शैली में, नेता पहले लोगों की प्राथमिक मानसिकता से सहमत होते हैं और मानते हैं कि जब टीम के सदस्य व्यक्तिगत और पेशेवर रूप से संतुष्ट महसूस करते हैं, तो वे अधिक प्रभावी होते हैं?
A. अहस्तक्षेप नेतृत्व शैली B. सेवक नेतृत्व शैली
C. दूरदर्शी नेतृत्व शैली D. लोकतांत्रिक नेतृत्व शैली
E. निरंकुश नेतृत्व शैली

99. निर्णय लेने में होने वाला पूर्वाग्रह क्या है जो तब होता है जब कोई व्यक्ति किसी विशेष स्थिति या मुद्दे को सर्वोत्तम दृष्टिकोण से देखता है?
A. पुष्टिकरण पूर्वाग्रह B. प्रतिनिधित्व पूर्वाग्रह
C. तत्काल संतुष्टि D. उत्तरजीविता पूर्वाग्रह
E. चयनात्मक धारणा

100. एयरलाइन आरक्षण के मामले में प्रतीक्षा सूची की समस्याओं का समाधान खोजने के लिए निम्नलिखित में से किस निर्णय-निर्माण की तकनीक का उपयोग किया जाता है?
A. सिमुलेशन B. गेम थ्योरी
C. डिसिजन ट्री D. लीनियर प्रोग्रामिंग
E. क्विइंग थ्योरी

सामान्य सचेतता

101. अंतर्राष्ट्रीय साक्षरता दिवस कब मनाया जाता है?

A. 5 सितम्बर B. 6 सितम्बर
C. 7 सितम्बर D. 8 सितम्बर
E. 9 सितम्बर

102. किस देश ने 21 जून, 2022 को घरेलू स्तर पर विकसित रॉकेट 'नूरी' का उपयोग करके अपना पहला सफल उपग्रह प्रक्षेपण किया है?

A. भारत B. जापान
C. फ्रांस D. रूस
E. दक्षिण कोरिया

103. निम्नलिखित में से किसे नोबेल शांति पुरस्कार - 2021 से सम्मानित किया गया?

A. मारिया रेसा और दिमित्री मुरातोव
B. बेंजामिन लिस्ट और डेविड मैकमिलन
C. विश्व खाद्य कार्यक्रम
D. अबी अहमद
E. मलाला यूसुफजई

104. जनवरी 2022 में किस देश ने G7 की अध्यक्षता संभाली?

A. नीदरलैंड B. जर्मनी
C. ऑस्ट्रिया D. फ्रांस
E. इटली

105. अगले ब्रिक्स शिखर सम्मेलन 2023 की अध्यक्षता कौन-सा देश करेगा?

A. रूस B. भारत
C. दक्षिण अफ्रीका D. ब्राजील
E. चीन

106. पीएम कृषि सिंचाई योजना के बारे में निम्नलिखित कथनों पर विचार करें और गलत कथन की पहचान करें :

A. यह मनरेगा के साथ मिल गया है
B. इसमें मरुस्थल विकास कार्यक्रम को सम्मिलित किया गया है
C. इसमें सूखा प्रवण क्षेत्र विकास कार्यक्रम को शामिल नहीं किया गया है
D. यह क्लस्टर आधारित दृष्टिकोण का अनुसरण करता है
E. कोई भी गलत नहीं है

107. निम्नलिखित में से किस केंद्रीय मंत्रालय ने 'लक्षित क्षेत्रों के उच्च विद्यालयों में छात्रों के लिए आवासीय शिक्षा योजना' (श्रेष्ठ) शुरू की?

A. गृह मंत्रालय
B. शिक्षा मंत्रालय
C. महिला एवं बाल विकास मंत्रालय
D. जनजातीय कार्य मंत्रालय
E. सामाजिक न्याय और अधिकारिता मंत्रालय

108. 2011 की जनगणना के अनुसार, निम्नलिखित में से किस राज्य में सबसे अधिक ग्रामीण आबादी है?

A. उत्तर प्रदेश B. ओडिशा
C. बिहार D. पश्चिम बंगाल
E. केरल

109. प्रधानमंत्री सुरक्षा बीमा योजना (PMSBY) के बारे में कौन सा कथन सही है?

A. नवजात शिशु को भी इस बीमा योजना में नामांकित किया जा सकता है।
B. मृत्यु लाभ प्रति पॉलिसीधारक ₹ 2 करोड़ तक है।
C. प्रत्येक पॉलिसीधारक के लिए प्रीमियम केवल ₹ 12 प्रति वर्ष है।
D. यह उत्तर-पूर्वी राज्यों तक सीमित है।
E. 18-60 वर्ष तक के लोग इसका लाभ उठा सकते हैं

110. स्वच्छ भारत मिशन (ग्रामीण) का दूसरा चरण किस समय अवधि के दौरान लागू किया जाना है?

A. 2020-21 से 2022-23 तक
B. 2020-21 से 2023-24 तक
C. 2020-21 से 2024-25 तक
D. 2020-21 से 2025-26 तक
E. उपरोक्त में से कोई नहीं

111. जल शक्ति मंत्रालय के पेयजल और स्वच्छता विभाग (DDWS) द्वारा मई 2021 में राष्ट्रीय जल जीवन मिशन (NJJM) के लिए चयनित सेक्टर भागीदारों के साथ एक वेबिनार आयोजित किया गया था। जल जीवन मिशन का आदर्श वाक्य क्या है?

A. एकता, विश्वास, अनुशासन
B. हम भगवान पर भरोसा करते हैं

C. साझेदारी बनाना और जीवन बदलना
D. दुनिया के मजदूरों, एक हो जाओ!
E. प्लस अल्ट्रा

112. हाल ही में, कृषि और प्रसंस्कृत खाद्य उत्पाद निर्यात विकास प्राधिकरण (APEDA) ने निर्यात मूल्य शृंखला (NRDC) को बढ़ावा देने के लिए _________ के साथ एक समझौता ज्ञापन (MoU) पर हस्ताक्षर किए।
A. राष्ट्रीय अनुसंधान विकास निगम
B. भारतीय कृषि अनुसंधान संस्थान
C. कृषि एवं किसान कल्याण मंत्रालय
D. भारतीय कृषि अनुसंधान परिषद
E. उपरोक्त में से कोई नहीं

113. भारत किस देश में आयोजित होने वाले मेगा वायु युद्ध अभ्यास 'पिच ब्लैक' का हिस्सा होगा?
A. न्यूजीलैंड B. ऑस्ट्रेलिया
C. संयुक्त राज्य अमेरिका D. कनाडा
E. जापान

114. 'इंडियन बैंकिंग इन रेट्रोस्पेक्ट - 75 इयर्स ऑफ इंडिपेंडेंस' नामक पुस्तक के लेखक कौन हैं?
A. जे जे सिंह B. आशुतोष राराविकर
C. ऋचा मिश्रा D. दीपम चटर्जी
E. प्रभात कुमार

115. 2021 ग्लोबल हंगर इंडेक्स में भारत की रैंक क्या है?
A. 95 B. 90
C. 101 D. 99
E. 100

116. किस खेल को राष्ट्रमंडल खेल (CWG) 2022 से बाहर रखा गया है?
A. भारोत्तोलन B. बैडमिंटन
C. टेबल टेनिस D. फुटबॉल
E. शूटिंग

117. प्रधानमंत्री मातृ वंदना योजना (PMMVY) हाल ही में खबरों में रही है। यह इसके लिए एक योजना है :
A. गर्भवती महिलाएँ और स्तनपान कराने वाली महिलाएँ
B. ग्रामीण क्षेत्रों में कृषि में लगी महिलाएँ
C. शहरी क्षेत्रों में घरेलू सहायिका के रूप में काम करने वाली महिलाएँ
D. महिला स्ट्रीट वेंडर्स
E. उपरोक्त में से कोई नहीं

118. मीराबाई चानू ने CWG 2022 में भारत के लिए पहला स्वर्ण पदक जीता है। मीराबाई चानू ने निम्नलिखित में से किस श्रेणी में भाग लिया?
A. महिलाओं के 51 किलोग्राम भार में
B. महिलाओं के 49 किलोग्राम भार में
C. महिलाओं के 53 किलोग्राम भार में
D. महिलाओं के 47 किलोग्राम भार में
E. महिलाओं के 55 किलोग्राम भार में

119. 2022-23 के लिए प्रधानमंत्री ग्राम सड़क योजना का बजट आवंटन क्या है?
A. ₹ 30,000 करोड़ B. ₹ 40,000 करोड़
C. ₹ 50,000 करोड़ D. ₹ 10,000 करोड़
E. ₹ 19,000 करोड़

120. राष्ट्रीय युवा दिवस कब मनाया जाता है?
A. 10 जनवरी B. 11 जनवरी
C. 12 जनवरी D. 13 जनवरी
E. 14 जनवरी

आर्थिक एवं सामाजिक मुद्दे

121. हाल की मौद्रिक नीति समिति की बैठक के अनुसार, मई-जून 2022 के दौरान CPI मुद्रास्फीति (वर्ष-दर-वर्ष) कम हो गई, हालाँकि यह महत्तम सह्य सीमा से ऊपर बनी हुई है। मौद्रिक नीति समिति के अनुसार महत्तम सह्य स्तर क्या है?
A. 4% B. 5%
C. 6% D. 7%
E. 8%

122. संविधान के किस अनुच्छेद के तहत, राज्य अपनी आर्थिक क्षमता और विकास की सीमा के भीतर, काम करने का अधिकार, शिक्षा का अधिकार और बेरोजगारी, बुढ़ापा, बीमारी और विकलांगता के मामलों में और अवांछित चाहत के अन्य मामलों में सार्वजनिक सहायता प्राप्त करने के लिए प्रभावी प्रावधान करेगा?
A. अनुच्छेद 41
B. अनुच्छेद 14

C. अनुच्छेद 27
D. अनुच्छेद 49
E. अनुच्छेद 21

123. संविधान के किस अनुच्छेद के तहत, राज्य किसी भी नागरिक के खिलाफ केवल धर्म, मूलवंश, जाति, लिंग, जन्म स्थान या इनमें से किसी के आधार पर भेदभाव नहीं करेगा क्योंकि यह अनुच्छेद भेदभाव पर रोक को बढ़ावा देता है?
A. अनुच्छेद 12   B. अनुच्छेद 13
C. अनुच्छेद 15   D. अनुच्छेद 16
E. अनुच्छेद 17

124. 2011 की जनगणना के अनुसार कुल जनसंख्या के सापेक्ष ग्रामीण जनसंख्या का प्रतिशत कितना है?
A. 68.84%   B. 42.22%
C. 81.65%   D. 49.55%
E. 80.70%

125. निम्नलिखित में से कौन प्रधानमंत्री श्रम योगी मान-धन योजना का फंड मैनेजर है?
A. जीवन बीमा निगम   B. पंजाब एंड सिंध बैंक
C. भारतीय स्टेट बैंक   D. यूको बैंक
E. यूनियन बैंक ऑफ इंडिया

126. कौन मंत्रालय आजादी से अंत्योदय तक अभियान को उत्सव के रूप में कार्यान्वित कर रहा है, जिसमें चिन्हित स्वतंत्रता सेनानियों, पंचायती राज संस्थानों (PRIs), महिला नेटवर्क, युवा समूहों और योजनाओं की उपलब्धियों पर प्रकाश डालने वाले छात्र सहित सभी ग्रामीण हितधारक शामिल हैं।
A. जल शक्ति   B. पृथ्वी विज्ञान
C. रसायन और उर्वरक   D. ग्रामीण विकास
E. महिला एवं बाल विकास

127. हाल ही में (जून 2022) प्रधानमंत्री जीवन ज्योति बीमा योजना के तहत प्रीमियम को बढ़ाकर कितना कर दिया गया है?
A. ₹ 436   B. ₹ 536
C. ₹ 236   D. ₹ 636
E. ₹ 936

128. निम्नलिखित में से कौन सा प्रधानमंत्री विरासत का संवर्धन (PM VIKAS) योजना के तहत घटक नहीं है?
A. USTAD   B. हमारी धरोहर
C. नई रोशनी   D. नई मंजिल
E. SATAT

129. निम्नलिखित में से कौन सा अटल वयो अभ्युदय योजना का घटक नहीं है?
A. वरिष्ठ नागरिकों के लिए एकीकृत कार्यक्रम (IPSrC)
B. वरिष्ठ नागरिकों के लिए राज्य कार्य योजना (SAPSrC)
C. राष्ट्रीय वयोश्री योजना (RVY)
D. वरिष्ठ नागरिकों के लिए आजीविका और कौशल पहल
E. उपरोक्त में से कोई नहीं

130. वैश्विक खाद्य सुरक्षा सूचकांक 2021 के अनुसार भारत का रैंक क्या है?
A. 61   B. 71
C. 11   D. 21
E. 91

131. क्षेत्रीय पहलुओं पर ध्यान देते हुए, आर्थिक सर्वेक्षण 2021-22 में कहा गया है कि कृषि और संबद्ध क्षेत्र कोविड-19 महामारी से सबसे कम प्रभावित हुए हैं। 2020-21 में इसमें _______ प्रतिशत की वृद्धि हुई है।
A. 3.6%   B. 2.9%
C. 3.1%   D. 4.5%
E. 3.9%

132. 2020 में शुरू की गई निम्नलिखित में से कौन सी पहल शिक्षा तक बहुआयामी पहुँच को सक्षम करने के लिए डिज़िटल/ऑनलाइन/ऑन-एयर शिक्षा से संबंधित सभी प्रयासों को एकीकृत करती है?
A. पीएम ई-स्कूल   B. पीएम ई-नोट्स
C. पीएम ई-एजुकेशन   D. पीएम ई-क्लास
E. पीएम ई-विद्या

133. हाल ही (जुलाई 2022) में जारी ग्लोबल जेंडर गैप इंडेक्स में भारत का स्थान क्या है?
A. 100   B. 112
C. 180   D. 168
E. 135

134. राष्ट्रीय शिक्षा नीति 2020 के बारे में निम्नलिखित में से कौन-सी विशेषताएँ गलत हैं?
(*a*) पूर्व-प्राथमिक विद्यालय से कक्षा 12 तक स्कूली शिक्षा के सभी स्तरों पर सार्वभौमिक पहुँच सुनिश्चित करना।
(*b*) 3-9 वर्ष के बीच के सभी बच्चों के लिए गुणवत्तापूर्ण शैशव देखभाल और शिक्षा सुनिश्चित करना।
(*c*) नई पाठ्यचर्या और शैक्षणिक संरचना (5 + 3 + 3 + 4)।

(*d*) 2035 तक उच्च शिक्षा में सकल और नामांकन अनुपात को 50% तक बढ़ाया जाएगा।

(*e*) मूलभूत साक्षरता और संख्यात्मकता पर राष्ट्रीय मिशन की स्थापना।

A. विकल्प (*c*) B. विकल्प (*b*)
C. विकल्प (*d*) D. विकल्प (*a*)
E. उपरोक्त सभी

135. हाल ही (मार्च 2022) में, श्रम और रोजगार मंत्रालय ने नेशनल कैरियर सर्विस पोर्टल की यात्रा पर प्रकाश डालते हुए एक ई-बुक लॉन्च की। इसे निम्नलिखित में से किस वर्ष में लॉन्च किया गया था?

A. 2020 B. 2012
C. 2022 D. 2015
E. 2021

136. स्वच्छ भारत मिशन ग्रामीण चरण 2 ______ के दौरान कार्यरत है।

A. 2021-22 से 2023-24 तक
B. 2021-22 से 2024-25 तक
C. 2020-21 से 2023-24 तक
D. 2021-22 से 2026-27 तक
E. 2021-22 से 2029-30 तक

137. नीति आयोग द्वारा जारी राष्ट्रीय बहुआयामी गरीबी सूचकांक के अनुसार निम्नलिखित में से कौन-सा राज्य तीसरा सबसे गरीब राज्य है?

A. असम B. केरल
C. पंजाब D. उत्तर प्रदेश
E. बिहार

138. आयुष्मान भारत योजना के तहत, चयनित लाभार्थियों को अस्पताल में भर्ती होने के लिए हर साल ______ का स्वास्थ्य कवर मिलेगा।

A. ₹ 10 लाख B. ₹ 2 लाख
C. ₹ 1 लाख D. ₹ 5 लाख
E. ₹ 15 लाख

139. मातृत्व लाभ के अंतर्गत महिला कर्मचारी अधिकतम कितनी छुट्टी की हकदार हैं?

A. 12 सप्ताह B. 30 सप्ताह
C. 26 सप्ताह D. 54 सप्ताह
E. 6 सप्ताह

140. कमाने वाले की मृत्यु की स्थिति में बीपीएल परिवार को कितनी एकमुश्त आर्थिक सहायता दी जाती है?

A. ₹ 20000 B. ₹ 60000
C. ₹ 10000 D. ₹ 30000
E. ₹ 70000

141. आर्थिक सर्वेक्षण के अनुसार, बेयर नेसेसिटीज इंडेक्स का डेटा निम्नलिखित में से किस कार्यालय/विभाग/संगठन से लिया गया है?

A. राष्ट्रीय सांख्यिकी कार्यालय
B. नीति आयोग
C. सांख्यिकी और कार्यक्रम कार्यान्वयन मंत्रालय
D. स्वास्थ्य एवं परिवार कल्याण विभाग
E. उपरोक्त में से कोई नहीं

142. राजस्थान और मध्य प्रदेश के अलावा निम्नलिखित में से किस राज्य में पोस्ता अफीम की खेती की अनुमति है?

A. असम B. केरल
C. पंजाब D. उत्तर प्रदेश
E. बिहार

143. जनजातीय युवाओं की डिजिटल साक्षरता के लिए जनजातीय कार्य मंत्रालय द्वारा निम्नलिखित में से कौन सा कार्यक्रम शुरू किया गया है?

A. GOAL B. ONTRIBE
C. e-Jhar D. SEWA
E. GYAN

144. जल जीवन मिशन की परिकल्पना इस वर्ष तक ग्रामीण भारत के सभी घरों में व्यक्तिगत घरेलू नल कनेक्शन के माध्यम से सुरक्षित और पर्याप्त पेयजल उपलब्ध कराने की है :

A. 2023 B. 2024
C. 2025 D. 2026
E. 2027

145. भारत का पहला 'अमृत सरोवर' किस राज्य में बनाया गया है?

A. गुजरात
B. पंजाब
C. ओडिशा
D. उत्तर प्रदेश
E. हरियाणा

146. भारत सरकार द्वारा 7500 किलोमीटर की तटीय रेखा के साथ-साथ ________ किलोमीटर अंतर्देशीय जलमार्ग की लंबाई को कवर करने के लिए सागरमाला पहल शुरू की गई है।

A. 84500 किमी B. 14500 किमी
C. 24500 किमी D. 54500 किमी
E. 44500 किमी

147. स्वतंत्रता के बाद से भारत में पानी की वार्षिक प्रति व्यक्ति उपलब्धता में कितने प्रतिशत की गिरावट आई है?

A. 68% B. 20%
C. 40% D. 70%
E. 65%

148. सेंटर फॉर मॉनिटरिंग इंडियन इकोनॉमी (CMIE) के अनुसार, जनवरी से अप्रैल 2022 के बीच ग्रामीण भारत में श्रम बल भागीदारी दर क्या थी?

A. 31.2 B. 22.3
C. 66.6 D. 55.6
E. 40.9

149. भारत के आवधिक श्रम बल सर्वेक्षण (2019-20) के अनुसार, भारत की अनुसूचित जनजाति जनसंख्या के बीच साक्षरता दर क्या है?

A. 70.10% B. 65.30%
C. 57.40% D. 83.28%
E. उपरोक्त में से कोई नहीं

150. aa एक शब्द है जिसका उपयोग व्यापक तरीके से उन भूमि और जल संसाधनों के उपयोग को प्रबंधित करके जल और अन्य प्राकृतिक संसाधनों की गुणवत्ता की रक्षा और सुधार करने के लिए भूमि उपयोग प्रथाओं और जल प्रबंधन प्रथाओं को लागू करने की प्रक्रिया का वर्णन करने के लिए किया जाता है।

A. फार्म प्रबंधन B. सिंचाई प्रबंधन
C. वाटरशेड प्रबंधन D. वन प्रबंधन
E. भूमि प्रबंधन

151. निम्नलिखित में से किसने 'कल्याण एवं पुनर्वास बोर्ड' (WARB) के माध्यम से 'CAPF पुनर्वास' लॉन्च किया है?

A. स्वास्थ्य और परिवार कल्याण मंत्रालय
B. रक्षा मंत्रालय
C. कार्मिक, लोक शिकायत और पेंशन मंत्रालय
D. गृह मंत्रालय
E. संस्कृति मंत्रालय

152. अंतरिक्ष, कृषि मौसम विज्ञान और भूमि आधारित अवलोकन (FASAL) का उपयोग करके कृषि उत्पादन का पूर्वानुमान निम्नलिखित में से किस निकाय द्वारा कार्यान्वित किया जाता है?

A. भारत मौसम विज्ञान विभाग
B. वैधानिक मापिकी संगठन
C. मेट्रोलॉजी रिसर्च सेंटर
D. भू-स्थानिक अनुसंधान संस्थान
E. अभियांत्रिकी मापन के लिए अनुसंधान संस्थान

153. जीवन सूचकांक की भौतिक गुणवत्ता निम्नलिखित में से किस कारक पर आधारित है?

A. शिशु मृत्यु दर, जीवन प्रत्याशा और वयस्क साक्षरता दर
B. अपराध दर, स्वच्छ वातावरण और आवास की गुणवत्ता
C. वायु प्रदूषण, जल प्रदूषण और स्वच्छता की स्थिति
D. स्वास्थ्य, शिक्षा एवं पर्यावरण
E. जीडीपी, राष्ट्रीय आय

154. मनरेगा के तहत 'अपना खेत, अपना काम' सबसे पहले निम्नलिखित में से किस राज्य में लागू किया गया था?

A. राजस्थान B. पंजाब
C. गुजरात D. हरियाणा
E. हिमाचल प्रदेश

155. 2020-21 में विनिर्माण क्षेत्र में MSME की हिस्सेदारी कितनी है?

A. 45.66% B. 66.66%
C. 50.99% D. 41.21%
E. 35.98%

156. भारत विशेष रूप से महिलाओं के लिए बैंक खोलने वाला दुनिया का ________ देश बन गया।

A. सातवाँ B. छठा
C. पाँचवाँ D. तीसरा
E. दसवाँ

157. PMJAY योजना निम्नलिखित में से किस वर्ष से लागू की गई है?

A. 2023 B. 2018
C. 2025 D. 2026
E. 2027

158. एक परियोजना शुरू की गई जो मधुमक्खी पालन के माध्यम से ग्रामीण महिलाओं को सशक्त बनाने पर केंद्रित थी। परियोजना का नाम क्या है?

A. मधु सशक्त
B. मधु एम्पावर
C. मधु शक्ति
D. मधु सशक्तिकरण
E. मधु भूति

159. मार्च 2022 तक विश्व बैंक ने प्रधानमंत्री ग्राम सड़क योजना में कितनी राशि का निवेश किया है?

A. 2.1 बिलियन अमेरिकी डॉलर
B. 1.1 बिलियन अमेरिकी डॉलर
C. 5.5 बिलियन अमेरिकी डॉलर
D. 3.3 बिलियन अमेरिकी डॉलर
E. 10 अरब अमेरिकी डॉलर

160. कितनी प्रतिशत जनसंख्या कृषि पर निर्भर है?

A. 24.3%
B. 47.1%
C. 65.8%
D. 35.7%
E. 54.6%

कृषि एवं ग्रामीण विकास

161. भेड़ की औसत गर्भधारण अवधि कितनी होती है?

A. 100 दिन
B. 300 दिन
C. 352 दिन
D. 252 दिन
E. 152 दिन

162. सागौन का वैज्ञानिक नाम क्या है?

A. टेक्टोना ग्रैंडिस
B. पाइरस मैलस
C. मूसा पैराडाइसिकम
D. पुनिका ग्रेनैटम
E. एजैडिरैक्टा इंडिका

163. केंद्र सरकार द्वारा केंद्र के उर्वरक सब्सिडी कार्यक्रम को प्रधान मंत्री योजना के रूप में ब्रांड करने के लिए कौन सी योजना शुरू की गई थी?

A. प्रधानमंत्री आवास योजना
B. प्रधानमंत्री जन धन योजना
C. प्रधानमंत्री भारतीय जन उर्वरक परियोजना
D. प्रधानमंत्री खनिज क्षेत्र कल्याण योजना
E. प्रधानमंत्री श्रम योगी मान-धन

164. किस राज्य ने 'मेरी फसल मेरा ब्योरा' पोर्टल लॉन्च किया है?

A. असम
B. बिहार
C. छत्तीसगढ़
D. गोवा
E. हरियाणा

165. पपीते का वाणिज्यिक प्रसार ______________ के माध्यम से किया जाता है।

A. पत्तियाँ
B. बीज
C. जड़
D. तना
E. फल

166. 2021-22 के लिए भारतीय अर्थव्यवस्था के GVA में कृषि क्षेत्र का ______ योगदान है

A. 20.0%
B. 21.2%
C. 17.6%
D. 18.8%
E. 25.5%

167. कटाई के बाद फलों की त्वचा से हरे रंग (क्लोरोफिल) को हटाने की प्रक्रिया के लिए निम्नलिखित में से किस पदार्थ का उपयोग किया जाता है?

A. तरल नाइट्रोजन
B. साइटोकिनिन
C. एथिलीन गैस
D. ऑक्सिन
E. सोडियम लवण

168. नारियल के बागान का प्रचार-प्रसार ________ द्वारा किया जाता है।

A. पत्ती की कटिंग
B. तने की कटिंग
C. सरल लेयरिंग
D. अंकुरण
E. एयर लेयरिंग

169. भू-सूचना विज्ञान का उपयोग करते हुए परियोजना चमन कृषि की किस शाखा की मदद करने के उद्देश्य से शुरू की गई थी?

A. वानिकी
B. मत्स्य पालन
C. कृषि अर्थशास्त्र
D. बागवानी
E. कृषि अभियांत्रिकी

170. निम्नलिखित में से कौन सी वायु-श्वासी मछली है?

A. पिरारुकु
B. मांगुर
C. करैचा
D. ड्वार्फ कोरिडोरस
E. हाइब्रिड बैस

171. 2022-23 के लिए खरीफ फसलों के तहत धान का न्यूनतम समर्थन मूल्य (MSP) क्या है?

A. ₹ 1,040 प्रति क्विंटल
B. ₹ 940 प्रति क्विंटल
C. ₹ 540 प्रति क्विंटल
D. ₹ 3,040 प्रति क्विंटल
E. ₹ 2,040 प्रति क्विंटल

172. वह कृषि प्रणाली जो भूमि को जोतती है और फसलें इस प्रकार उगाती है, जिससे लाभकारी रोगाणुओं के साथ-साथ जैविक अपशिष्टों और अन्य जैविक सामग्रियों का उपयोग करके मिट्टी को उपजाऊ और स्वस्थ रखा जाता है?

A. आधुनिक खेती
B. शून्य खेती
C. मिश्रित खेती
D. जैविक खेती
E. वीथिका खेती

173. एकमात्र आनुवंशिक रूप से संशोधित फसल कौन सी है जिसे भारत सरकार द्वारा वाणिज्यिक खेती के लिए अनुमोदित किया गया है?

A. बीटी सरसों
B. बीटी मक्का
C. बीटी बैंगन
D. बीटी कपास
E. बीटी आलू

174. 33% से कम ढलान वाली भूमि में मिट्टी और पानी के कटाव से बचने के लिए ढलान वाली भूमि के समोच्च के साथ किस प्रकार की खेती की जाती है?

A. मल्व फार्मिंग
B. काउंटर फार्मिंग
C. बेंच टैरेसिंग
D. इंटीग्रेटेड फार्मिंग
E. मिक्सड फार्मिंग

175. किस प्रकार की कृषि इस सिद्धांत पर आधारित है कि हमें भविष्य की पीढ़ियों की अपनी जरूरतों को पूरा करने की क्षमता से समझौता किए बिना वर्तमान की जरूरतों को पूरा करना चाहिए?

A. जैविक कृषि
B. आधुनिक कृषि
C. पारंपरिक कृषि
D. सतत कृषि
E. उपरोक्त सभी

176. भारत सरकार द्वारा कितनी फसलों के लिए न्यूनतम समर्थन मूल्य (MSPs) घोषित किया जाता है?

A. 72 फसलें
B. 52 फसलें
C. 22 फसलें
D. 32 फसलें
E. 42 फसलें

177. मृदा स्वास्थ्य और उत्पादकता में सुधार के लिए जैविक खाद और जैव उर्वरकों के संयोजन के साथ माध्यमिक और सूक्ष्म पोषक तत्वों सहित रासायनिक उर्वरकों के विवेकपूर्ण उपयोग के माध्यम से एकीकृत पोषक तत्व प्रबंधन (आईएनएम) को बढ़ावा देने के लिए निम्नलिखित में से कौन सी योजना लागू की गई है?

A. किसान हेल्पलाइन योजना
B. दीन दयाल उपाध्याय ग्रामीण कौशल्य योजना
C. मृदा स्वास्थ्य कार्ड
D. किसान क्रेडिट कार्ड
E. प्रधानमंत्री भारतीय जन उर्वरक परियोजना

178. स्थानीय आबादी के लाभ के लिए पारंपरिक वन क्षेत्र के बाहर की भूमि (सरकारी और गैर-सरकारी भूमि) पर वानिकी की प्रथा ________ है।

A. औद्योगिक वानिकी
B. वाणिज्यिक वानिकी
C. सामाजिक वानिकी
D. सामुदायिक वानिकी
E. फार्म वानिकी

179. यह पोषक तत्व पुरानी पत्तियों से नई पत्तियों पर स्थानांतरित हो जाता है। निम्नलिखित में से किस पोषक तत्व की कमी से पत्तियों पर बैंगनी धब्बे बन जाते हैं जो अंततः भूरे, नारंगी या पीले रंग में बदल जाते हैं?

A. नाइट्रोजन
B. पोटैशियम
C. फास्फोरस
D. कैल्शियम
E. मैग्नीशियम

180. भारत सरकार द्वारा निर्धारित रबी विपणन वर्ष 2022-23 के लिए मसूर का एमएसपी क्या है?

A. ₹ 1500 प्रति क्विंटल
B. ₹ 4000 प्रति क्विंटल
C. ₹ 6500 प्रति क्विंटल
D. ₹ 4500 प्रति क्विंटल
E. ₹ 5500 प्रति क्विंटल

181. वह कौन सा सूक्ष्मजीव है जो मिट्टी में पौधों के पोषक तत्वों के स्रोत के रूप में कार्य करता है?

A. जैवउर्वरक
B. एजोला
C. अमोनिया-ऑक्सीकरण करने वाले बैक्टीरिया
D. एनपीके उर्वरक
E. उपरोक्त में से कोई नहीं

182. ट्रैक्टर अर्थव्यवस्था में निम्नलिखित में से किसे निश्चित लागत माना जाता है :

A. श्रम मजदूरी
B. ईंधन लागत
C. मरम्मत एवं रखरखाव
D. मूल्यह्रास
E. स्नेहन लागत

183. निम्नलिखित में से कौन सा पोल्ट्री पक्षी लाल वॉटल्स के साथ इटली में उत्पन्न हुआ है जो भारत के मैदानी इलाकों में बहुत लोकप्रिय है?

A. कड़कनाथ
B. असील
C. लेगॉर्न चिकन
D. चटगांव
E. बुसरा

184. खेत में निवेश, सिंचाई, जनशक्ति, उर्वरक और पूंजी में वृद्धि कहलाती है?

A. फार्म प्रबंधन
B. टिकाऊ खेती
C. फार्म सघनीकरण
D. फार्म संशोधन
E. फार्म मशीनीकरण

185. अंगूर की पत्तियों, तनों और कभी-कभी फलों पर दिखाई देने वाला सफेद पाउडरयुक्त कवक क्या है?

A. एन्थ्रेक्नोज
B. कैंकर
C. डैम्पिंग ऑफ
D. पावडरी मिल्ड्यू
E. डाइबैक

186. जब मछली टैंक का पीएच स्तर बहुत अधिक या कम हो जाता है, तो मछलियाँ तनावग्रस्त हो सकती हैं और मर भी सकती हैं। अधिकांश मीठे पानी की मछलियों के लिए इष्टतम पीएच स्तर क्या है?

A. 2.5 से 4.5
B. 4.5 से 6.5
C. 6.5 से 8
D. 8 से 10
E. 10 से 14

187. निम्नलिखित में से कौन सी स्वदेशी मछली पॉलीकल्चर प्रणाली में तल और स्तंभ फीडर के साथ पालन के लिए उपयुक्त है?

A. कतला
B. जिप्सी मोथ
C. न्यूट्रिया
D. जेबरा मुसेल
E. हाइड्रिला

188. पपीते का गीलापन ________ का कारण बनता है।

A. पौधा मरने
B. विकास को रोकने
C. फूल रोकने
D. पौधे के मुरझा जाने
E. उपरोक्त सभी

189. कृषि उप मिशन योजना के बारे में निम्नलिखित कथनों पर विचार करें :

(*a*) ₹ 10 लाख की लागत वाली परियोजना के लिए परियोजना लागत का 80% सहकारी समितियों, FPO और पंचायत को प्रदान किया जाता है।

(*b*) कृषि मशीनरी की खरीद के लिए किसानों की श्रेणी के आधार पर लागत का 40% से 50% प्रदान किया जाता है।

(*c*) उत्तर पूर्वी राज्यों के लिए, फार्म मशीनरी बैंक ₹ 10 लाख तक की परियोजना लागत का 95% है।

उपरोक्त में से कौन सा कथन सत्य है?

A. केवल (*a*)
B. केवल (*a*) और (*c*)
C. केवल (*b*)
D. केवल (*b*) और (*c*)
E. (*a*), (*b*) और (*c*)

190. मध्यम सिंचाई परियोजना का कृषि योग्य कमांड क्षेत्र है :

A. 1000 - 2000 हेक्टेयर
B. 2000 - 10000 हेक्टेयर
C. 500 - 1000 हेक्टेयर
D. 10000 - 15000 हेक्टेयर
E. 100 - 500 हेक्टेयर

191. यदि भेड़ को बेचना है तो उसका बधियाकरण तब किया जाना चाहिए जब मेमनों की उम्र _______ के बीच हो।

A. 1 से 7 दिन
B. 10 से 40 दिन
C. 30 से 60 दिन
D. 50 से 70 दिन
E. 90 दिनों के बाद

192. पुष्पन पर दिन और रात की सापेक्ष लम्बाई का प्रभाव या आवश्यकता कहलाती है

A. फोटोमैकेनिक्स
B. ट्रांस्पाइरेशन
C. फोटोपीरियोडिज्म
D. फाइटोपेरिडिज्म
E. उपरोक्त में से कोई नहीं

193. एम-किसान (mKisan) किसानों के लिए एक ______ पोर्टल है जो कृषि में सरकारी संगठनों को जानकारी/सेवाएँ देने में सक्षम बनाता है।

A. एसएमएस
B. वेब
C. ऐप
D. ई-मेल
E. उपरोक्त में से कोई नहीं

194. 'भारत में पशुपालन के जनक' के रूप में किसे जाना जाता है?

A. प्रो. मेसन वॉ B. डी.एन. वालिया
C. एम.एस. स्वामीनाथन D. सी.टी. पटेल
E. डॉ. कुरियन

195. निम्नलिखित में से किस पहल का लक्ष्य 2022 तक किसानों की आय दोगुनी करना है?

A. प्रधानमंत्री फसल बीमा योजना
B. कृषि कल्याण अभियान
C. कृषि उड़ान 3.0
D. परम्परागत कृषि विकास योजना
E. सहकार मित्र - योजना

196. निम्नलिखित में से किस नाबार्ड परियोजना का उद्देश्य SHG का डिजिटलीकरण करना है?

A. ई-रूपी B. ई-शक्ति
C. ई-सम्पदा D. ई-किसान
E. ई-ग्रामीण

197. प्रमाणित बीज के थैलों पर प्रयुक्त टैग का रंग होता है :

A. नीला B. बैंगनी
C. सफेद D. सुनहरा पीला
E. लाल

198. हाल ही में, किस राज्य सरकार ने किसानों को चारा उगाने के लिए प्रोत्साहित करने और गौशालाओं की मदद के लिए 'चारा-बिजाई योजना' शुरू की?

A. हरियाणा B. उत्तर प्रदेश
C. गुजरात D. मध्य प्रदेश
E. बिहार

199. किस कार्यक्रम का उद्देश्य पशुधन में खुरपका और मुंहपका रोग (FMD) और ब्रुसेलोसिस को खत्म करना है।

A. प्रधानमंत्री मत्स्य सम्पदा योजना
B. राष्ट्रीय पशु रोग नियंत्रण कार्यक्रम (NADCP)
C. राष्ट्रीय वेक्टर जनित रोग नियंत्रण कार्यक्रम (NVBDCP)
D. पशुपालन विकास निधि
E. एकीकृत रोग निगरानी कार्यक्रम (IDSP)

200. निम्नलिखित में से कौन-सा सूखा प्रयोजन मवेशी नहीं है?

A. अमृतमहल B. मालवी
C. कंगायम D. साहीवाल
E. नागोरी

उत्तरमाला

प्रश्न संख्या 1-4 के लिए :

8 लोग एक गोलाकार मेज के चारों ओर बैठे हैं

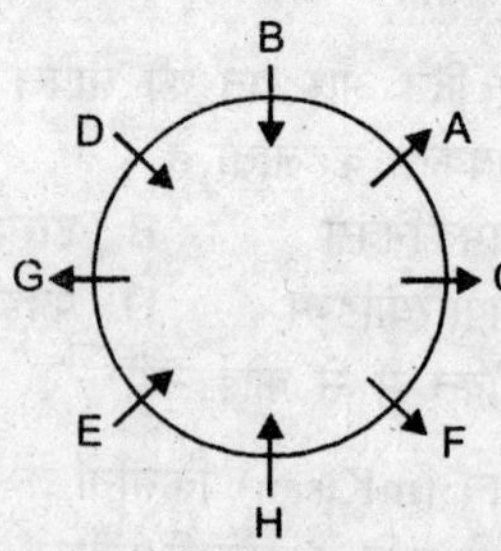

1. (E): E के संदर्भ में C का स्थान
⇒ दाईं ओर से तीसरा
⇒ बाईं ओर से पांचवां

2. (C): 4 व्यक्ति केन्द्र से विमुख है।

3. (B): GC एक-दूसरे के विपरीत बैठा है और एक ही दिशा की ओर उन्मुख है।

4. (C): C के ठीक दाईं ओर F बैठा है।

प्रश्न संख्या 5-6 के लिए :

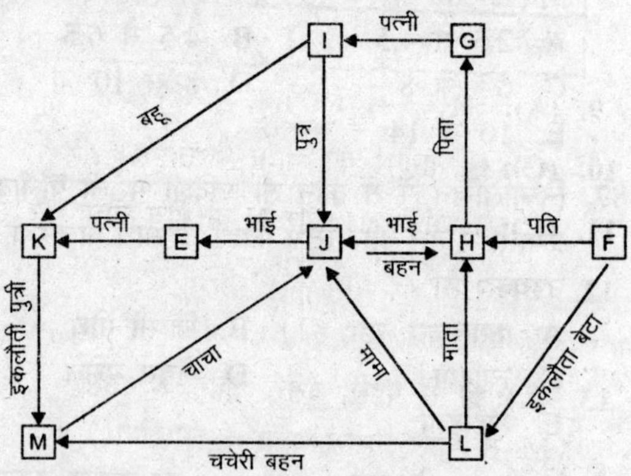

5. (A): M, L की चचेरी बहन है।

6. (D): E, H का भाई है।

7. (B)

8. (C): दिए गए कथनों से,

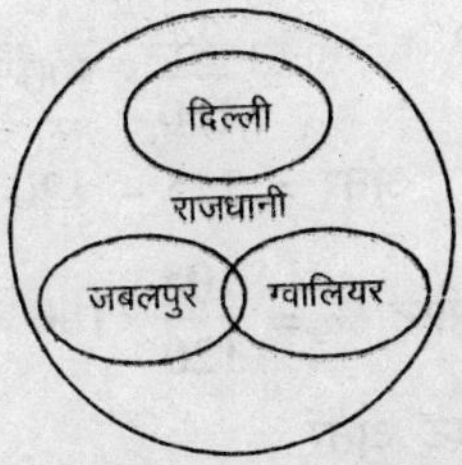

निष्कर्ष :

I. कुछ जबलपुर के दिल्ली होने की संभावना है। (सत्य)

II. कुछ दिल्ली राजधानी नहीं है। (असत्य)

III. सभी जबलपुर के राजधानी होने की संभावना है। (सत्य)

यहाँ निष्कर्ष I और III दोनों अनुसरण करते हैं।

प्रश्न संख्या 9-13 के लिए :

माह	मित्र	शहर
जनवरी	L	मुम्बई
मार्च	O	इन्दौर
अप्रैल	N	कोलकाता
जून	Q	नागपुर
सितम्बर	P	दिल्ली
अक्टूबर	K	पटना
नवम्बर	M	ग्वालियर
दिसम्बर	J	कानपुर

9. (A): अक्टूबर में K यात्रा करता है।

10. (C): Q नागपुर की यात्रा करता है।

11. (C): 3 व्यक्ति M और N के बीच यात्रा कर रहे हैं।

12. (B): पटना की यात्रा करने वाले व्यक्ति के ठीक पहले P यात्रा कर रहा है।

13. (A): N से पहले, दूसरा शहर ⇒ मुम्बई

M से पहले, दूसरा शहर ⇒ दिल्ली।

14. (B): दिए गया कथन,

$R = E > F > U \leq G = T = I \leq N \leq O = K < L < S > H$

$\Rightarrow R = E > F > U$

$\Rightarrow R > F > U \Rightarrow R > U$

निष्कर्ष :

I. $U \leq L$ (असत्य) II. $R > U$ (सत्य)

यहाँ केवल निष्कर्ष II अनुसरण करता है।

15. (E)

प्रश्न संख्या 16-20 के लिए :

दी गई जानकारी से,

16. (C): P और Y के बीच 9 व्यक्ति बैठे हैं।

17. (B): पंक्ति में 15 व्यक्ति बैठे हैं।

18. (B): R के बाईं ओर 9 व्यक्ति बैठे हैं।

19. (C): Q के संदर्भ में Z का स्थान दाएं से तीसरा है।

20. (A): A के ठीक दाएं Q बैठा है।

21. (E)	**22.** (C)	**23.** (C)
24. (A)	**25.** (D)	**26.** (A)
27. (E)	**28.** (D)	**29.** (C)
30. (B)	**31.** (D)	**32.** (E)
33. (A)	**34.** (A)	**35.** (A)
36. (D)	**37.** (C)	**38.** (D)
39. (E)	**40.** (A)	**41.** (A)
42. (D)	**43.** (E)	**44.** (A)
45. (E)	**46.** (C)	**47.** (C)
48. (D)	**49.** (D)	**50.** (A)
51. (E)	**52.** (D)	**53.** (E)
54. (E)	**55.** (E)	**56.** (B)
57. (C)	**58.** (C)	**59.** (D)
60. (E)	**61.** (D)	**62.** (D)
63. (A)	**64.** (D)	**65.** (A)
66. (D)	**67.** (C)	**68.** (B)
69. (D)	**70.** (C)	

71. (B):

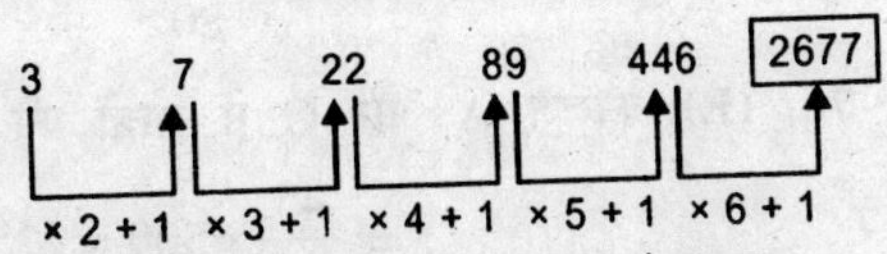

अतः प्रश्नचिह्न के स्थान पर 2677 आएगा।

72. (E): 7 [17] 30 48 73 107

+10 +13 +18 +25 +34

+3 +5 +7 +9

अतः प्रश्नचिह्न के स्थान पर 17 आएगा।

73. (A): 25 50 86 135 [199]

+25 +36 +49 +64

5^2 6^2 7^2 8^2

अतः प्रश्नचिह्न के स्थान पर 199 आएगा।

74. (C): छात्रों की कुल संख्या $= \frac{60x}{100 \times 3} = 100$

$\Rightarrow \quad x = \frac{300 \times 100}{60}$

$\Rightarrow \quad x = 500$

कॉलेज A $= \frac{25}{100} \times 500 = 125$

महिला छात्रों की संख्या $= \frac{8}{25} \times 125 = 40$

कॉलेज E $= \frac{15}{100} \times 500 = 75$

प्रश्नानुसार,

40 = 75 का $x\%$

$\therefore \quad x = \frac{40 \times 100}{75} = \frac{160}{3} = 53.33\%.$

75. (A): कॉलेज B $= \frac{16}{100} \times 500 = 80$

कॉलेज F $= 120 + \frac{4166}{10000} \times 120$

$= 120 + 49.992$

$= 120 + 50 = 170$

अभीष्ट अनुपात $= \frac{170}{80} = 17 : 8.$

76. (E): कॉलेज A और C में छात्रों की कुल संख्या

$= \frac{45}{100} \times 500 = 225$

कॉलेज D में छात्रों की कुल संख्या

$= \frac{24}{100} \times 500 = 120$

अंतर $= 225 - 120 = 105$

अभीष्ट % $= \frac{105}{120} \times 100 = \frac{175}{2} = 87.5\%.$

77. (D): अभीष्ट अंतर

$= \frac{24}{100} \times 360 - \frac{16}{100} \times 360$

$= \frac{36 \times 24 - 36 \times 16}{10} = \frac{36 \times 8}{10} = 28.8°.$

78. (B): सभी 5 कॉलेजों में छात्रों की कुल संख्या

$= \frac{100}{100} \times 500 = 500.$

79. (C): माना P = ₹ 100

$A = P\left(1 + \frac{r}{100}\right)^t$

$= 100\left(1 + \frac{20}{100}\right)^2$

$= 100 \times \frac{6 \times 6}{5 \times 5} = ₹\ 144$

चक्रवृद्धि ब्याज = मिश्रधन – मूलधन

= 144 – 100 = ₹ 44.

अब, साधारण ब्याज $= \frac{P \times r \times t}{100} = \frac{100 \times r \times 2}{100} = 2r$

प्रश्नानुसार,

$2r \times 2 = 44$

$\Rightarrow \quad r = \frac{44}{4} = 11\%.$

80. (D) **81. (D)**

82. (C): I. $20x^2 - 17x + 3 = 0$

$\Rightarrow \quad 20x^2 - 12x - 5x + 3 = 0$

$\Rightarrow \quad 4x(5x - 3) - 1(5x - 3) = 0$

$\Rightarrow \quad (5x - 3)(4x - 1) = 0$

$\Rightarrow \quad 5x = 3 \text{ or } 4x = 1$

$\Rightarrow \quad x = \frac{3}{5} \text{ or } x = \frac{1}{4}$

II. $8y^2 + 10y - 3 = 0$

$\Rightarrow 8y^2 + 12y - 2y - 3 = 0$

$\Rightarrow 4y(2y + 3) - 1(2y + 3) = 0$

$\Rightarrow (4y - 1)(2y + 3) = 0$

$4y = 1$ or $2y = -3$

$y = \frac{1}{4}$ or $y = \frac{-3}{2}$

अतः, $x \geq y$.

83. (A): I. $x^2 - 38x + 360 = 0$

$\Rightarrow x^2 - 20x - 18x + 360 = 0$

$\Rightarrow x(x - 20) - 18(x - 20) = 0$

$\Rightarrow (x - 20)(x - 18) = 0$

या तो $x = 20$ या $x = 18$

II. $y^2 - 23y + 102 = 0$

$\Rightarrow y^2 - 6y - 17y + 102 = 0$

$\Rightarrow y(y - 6) - 17(y - 6) = 0$

$\Rightarrow (y - 6)(y - 17) = 0$

या तो $y = 6$ या $y = 17$

अतः, $x > y$.

84. (E): I. $2x^2 - 22x + 36 = 0$

$\Rightarrow x^2 - 11x + 18 = 0$

$\Rightarrow x^2 - 2x - 9x + 18 = 0$

$\Rightarrow x(x - 2) - 9(x - 2) = 0$

$\Rightarrow (x - 2)(x - 9) = 0$

या तो $x = 2$ या $x = 9$

II. $y^2 - 8y + 15 = 0$

$\Rightarrow y^2 - 3y - 5y + 15 = 0$

$\Rightarrow y(y - 3) - 5(y - 3) = 0$

$\Rightarrow (y - 3)(y - 5) = 0$

या तो $y = 3$ या $y = 5$

अतः x और y के बीच संबंध स्थापित नहीं किया जा सकता।

85. (E): दिया है, समीकरण

I. $x^2 + 39x - 172 = 0$

$\Rightarrow x^2 + 43x - 4x - 172 = 0$

$\Rightarrow x(x + 43) - 4(x + 43) = 0$

$\Rightarrow (x - 4)(x + 43) = 0$

$\Rightarrow x = 4, -43$

II. $y^2 + 45y + 86 = 0$

$\Rightarrow y^2 + 43y + 2y + 86 = 0$

$\Rightarrow y(y + 43) + 2(y + 43) = 0$

$\Rightarrow (y + 2)(y + 43) = 0$

$\Rightarrow y = -2, -43$

(I) और (II) से,

$x = y$ या x और y के बीच संबंध स्थापित नहीं किया जा सकता।

86. (C): माना 4 महीने के बाद C राशि ₹ x के साथ जुड़ गया, तब निवेश का अनुपात

$A : B : C = 50000 \times 12 : 80000 \times 12 : x \times 8$

$= 75000 : 120000 : x$

दिया है, वर्ष के अंत में कुल लाभ ₹ 40000 दर्ज किया गया

$\therefore$ लाभ में C का हिस्सा = ₹ 15000

$\Rightarrow 40000 \times \frac{x}{75000 + 12000 + x} = 15000$

$\Rightarrow \frac{8x}{195000 + x} = 3$

$\Rightarrow 8x = 585000 + 3x$

$\Rightarrow 5x = 585000$

$\Rightarrow x =$ ₹ 117000

अतः व्यवसाय में C का निवेश

= ₹ x = ₹ 117000.

87. (A): एक अर्द्धगोलाकार टैंक का आयतन $= \frac{2}{3}\pi r^3$

$= \frac{2}{3} \times \frac{22}{7} \times 7^3 = \frac{2}{3} \times \frac{22}{1} \times 7^2$ मी.^{3}

$\therefore \frac{3}{4}$ भाग का आयतन $= \frac{3}{4} \times \frac{2}{3} \times 22 \times 7^2$ मी.^{3}

$= 11 \times 49 = 539$ मी.^{3}

$= 539 \times 1000$ लीटर

$= 539000$ लीटर

टंकी का 3/4 भाग खाली करने में लगा समय

$= \frac{539000}{15.4}$ सेकंड

$= \frac{5390000}{154} = \frac{490000}{14}$

$= 35000$ सेकंड

$= \frac{35000}{3600} = \frac{350}{36} = \frac{175}{18}$ घंटे

88. (C): दिया है, आयु का अनुपात

खुशी : चाची = 1 : 4 = 9 : 36

और चाची : खुशी का भाई = 9 : 1 = 36 : 4

$\therefore$ खुशी : चाची : खुशी का भाई

= 9 : 36 : 4

दिया है, खुशी का भाई खुशी से 5 वर्ष छोटा है

$\therefore \quad 9x - 4x = 5$

$\Rightarrow \quad 5x = 5 \Rightarrow x = 1$

अतः 6 वर्ष बाद खुशी की चाची की आयु

$= 36x + 6$

$= 36 \times 1 + 6 = 42$ वर्ष।

89. (C): दिया है, अल्कोहल और पानी का अनुपात पहले बर्तन में = 2 : 3 और दूसरे बर्तन में = 4 : 1

$\because$ दोनों बर्तनों की सामग्री को एक साथ मिलाया गया

$\therefore$ नए मिश्रण में अल्कोहल और पानी का अनुपात

$$= \frac{\frac{2}{5}+\frac{4}{5}}{\frac{3}{5}+\frac{1}{5}} = \frac{\frac{6}{5}}{\frac{4}{5}} = \frac{6}{4} = 3 : 2.$$

90. (C): माना एक वस्तु का लागत मूल्य = ₹ x

तब, अंकित मूल्य = ₹ $x \times \frac{150}{100} = \frac{3x}{2}$

अब विक्रय मूल्य = ₹ $\frac{3x}{2} \times \frac{100-20}{100} \times \frac{100-15}{100}$

= ₹ $\frac{3}{2}x \times \frac{80}{100} \times \frac{85}{100}$

= ₹ $\frac{3}{2}x \times \frac{4}{5} \times \frac{17}{20}$ = ₹ $\frac{3}{2}x \times \frac{1}{5} \times \frac{17}{5} = \frac{51}{50}x$

$\therefore$ लाभ = विक्रय मूल्य – क्रय मूल्य

$\Rightarrow \quad 400 = \frac{51}{50}x - x$

$\Rightarrow \quad 400 = \frac{1}{50}x \Rightarrow x = 20000$

$\therefore$ वस्तु का लागत मूल्य = ₹ x = ₹ 20000.

91. (B)	**92.** (D)	**93.** (D)
94. (B)	**95.** (B)	**96.** (E)
97. (B)	**98.** (B)	**99.** (E)

100. (E)	**101.** (D)	**102.** (E)
103. (A)	**104.** (B)	**105.** (C)
106. (D)	**107.** (E)	**108.** (A)
109. (C)	**110.** (C)	**111.** (C)
112. (A)	**113.** (B)	**114.** (B)
115. (C)	**116.** (E)	**117.** (A)
118. (B)	**119.** (E)	**120.** (C)
121. (D)	**122.** (A)	**123.** (C)
124. (A)	**125.** (A)	**126.** (D)
127. (A)	**128.** (E)	**129.** (E)
130. (B)	**131.** (A)	**132.** (E)
133. (E)	**134.** (B)	**135.** (D)
136. (B)	**137.** (D)	**138.** (D)
139. (C)	**140.** (A)	**141.** (A)
142. (D)	**143.** (A)	**144.** (B)
145. (D)	**146.** (B)	**147.** (D)
148. (E)	**149.** (A)	**150.** (C)
151. (D)	**152.** (A)	**153.** (A)
154. (A)	**155.** (E)	**156.** (D)
157. (B)	**158.** (C)	**159.** (A)
160. (E)	**161.** (E)	**162.** (A)
163. (C)	**164.** (E)	**165.** (B)
166. (D)	**167.** (C)	**168.** (D)
169. (D)	**170.** (B)	**171.** (E)
172. (D)	**173.** (D)	**174.** (C)
175. (D)	**176.** (C)	**177.** (C)
178. (D)	**179.** (C)	**180.** (E)
181. (A)	**182.** (D)	**183.** (C)
184. (C)	**185.** (D)	**186.** (C)
187. (A)	**188.** (A)	**189.** (E)
190. (B)	**191.** (A)	**192.** (C)
193. (A)	**194.** (E)	**195.** (B)
196. (B)	**197.** (A)	**198.** (A)
199. (B)	**200.** (D)	

पिछले प्रश्न-पत्र (हल सहित)

NABARD—असिस्टेंट मैनेजर (Grade A) Phase-I, ऑनलाइन परीक्षा 2020*

तार्किक योग्यता

निर्देश (प्र.सं. 1 से 4 तक) : *निम्नलिखित सूचनाओं का सावधानीपूर्वक अध्ययन करें और नीचे दिए गए प्रश्नों के उत्तर दें।*

आठ मित्र A, B, C, D, P, Q, R और S सीधी पंक्ति में बैठे हैं (लेकिन आवश्यक नहीं कि इसी क्रम में) उनमें से कुछ दक्षिण की ओर जबकि कुछ उत्तर की ओर मुँह किए हैं। (नोट–एक ही दिशा में मुँह करने का अर्थ है कि यदि एक उत्तर की ओर मुँह किए है तो दूसरा भी उत्तर की ओर ही मुँह करता है और विलोमतः। विपरीत दिशा में मुँह करने का अर्थ है कि यदि एक उत्तर की ओर मुँह करता है तो दूसरा दक्षिण की ओर मुँह करता है तथा विलोमतः।

Q पंक्ति के बिल्कुल अंतिम छोर पर बैठा है। C, Q के बायीं ओर से तीसरे स्थान पर बैठा है। B, Q का निकट पड़ोसी नहीं है। P, C के दायीं ओर से तीसरे स्थान पर बैठा है। A का मुँह उत्तर की ओर है। D, P के ठीक दायीं ओर बैठा है। D किसी भी पंक्ति के बिल्कुल अंतिम छोर पर नहीं बैठा है। R और B के बीच केवल एक व्यक्ति बैठा है। P, R के बायीं ओर दूसरे स्थान पर बैठा है। S, D के दायीं ओर दूसरे स्थान पर बैठा है। P के दोनों निकट पड़ोसी एक ही दिशा में मुँह किए हैं। C के दोनों निकट पड़ोसी एक-दूसरे के विपरीत दिशा में मुँह किए हैं। R की तरह S उसी दिशा में मुँह किए है जैसे कि D और A मुँह किए हैं।

1. D और A के बीच कितने लोग बैठे हैं?

A. एक B. कोई नहीं
C. तीन D. दो
E. इनमें से कोई नहीं

2. निम्नलिखित युग्मों में से कौन-सा जोड़ा बिल्कुल अंतिम छोर पर बैठा है?

A. S, Q B. D, Q
C. Q, R D. S, R
E. इनमें से कोई नहीं

3. कौन D के बायीं ओर तीसरे स्थान पर बैठा है?

A. R B. B
C. Q D. C
E. इनमें से कोई नहीं

4. कौन B के ठीक दायीं ओर बैठा है?

A. A B. C
C. R D. S
E. इनमें से कोई नहीं

निर्देश (प्र.सं. 5 से 8 तक) : *दी गई सूचना का सावधानीपूर्वक अध्ययन करें और दिए गए प्रश्नों के उत्तर दें।*

आठ लोग—P, Q, R, S, W, X, Y और Z एक सीधी पंक्ति में एक-दूसरे के बीच समान दूरी पर उत्तर की ओर मुँह किए बैठे हैं, लेकिन आवश्यक नहीं कि उसी क्रम में।

- Q पंक्ति के बिल्कुल अंतिम छोर पर बैठा है। केवल एक व्यक्ति Q और Z के बीच बैठा है। तीन से अधिक लोग Z और Y के बीच बैठे हैं।
- R, S के बायीं ओर तीसरे स्थान पर बैठा है। S न तो Q का न ही Y का निकट पड़ोसी है।
- R के बायीं ओर बैठे लोगों की संख्या, X के दायीं ओर बैठे लोगों की संख्या के बराबर है।
- P, S का निकट पड़ोसी नहीं है।

5. कितने लोग R के बायीं ओर बैठे हैं?

A. तीन B. दो
C. चार D. एक
E. इनमें से कोई नहीं

6. निम्नलिखित में से कौन W के संदर्भ में दी गई व्यवस्था के अनुसार सत्य है?

A. W, Y के बायीं ओर तीसरे स्थान पर बैठा है।
B. Z, W के निकट पड़ोसियों में से एक है।

* *Exam held on 25-02-2020.*

C. केवल दो लोग W और S के बीच बैठे हैं।
D. केवल एक व्यक्ति W के दायीं ओर बैठा है।
E. दिया गया कोई भी विकल्प सत्य नहीं है।

7. यदि X और P अपनी स्थितियों को आपस में बदलते हैं और S एवं Q भी ऐसा ही करते हैं, दी गई नई व्यवस्था के अनुसार Z के बायीं ओर तीसरे स्थान पर कौन बैठेगा?

A. S B. P
C. V D. X
E. Q

8. निम्नलिखित में से कौन P के दायीं ओर तीसरे स्थान पर बैठा है?

A. P के जैसा कोई नहीं पंक्ति के बिल्कुल दायीं ओर बैठा है।
B. Q C. W
D. X E. Z

निर्देश (प्रश्न संख्या 9 और 10): *नीचे दिए गए प्रत्येक प्रश्न में एक प्रश्न और उसके नीचे दो कथन I और II दिए गए हैं। आपको यह तय करना है कि कथनों में दिया गया डाटा प्रश्न का उत्तर देने के लिए पर्याप्त है या नहीं। दोनों कथनों को पढ़िए और उपयुक्त विकल्प को अपने उत्तर के रूप में चिह्नित कीजिए।*

A. यदि केवल कथन I में दिया गया डाटा प्रश्न का उत्तर देने के लिए पर्याप्त है, जबकि कथन II में दिया गया डाटा अकेले प्रश्न का उत्तर देने के लिए पर्याप्त नहीं है।
B. यदि केवल कथन II में दिया गया डाटा प्रश्न का उत्तर देने के लिए पर्याप्त है, जबकि कथन I में दिया गया डाटा अकेले प्रश्न का उत्तर देने के लिए पर्याप्त नहीं है।
C. यदि या तो कथन I या कथन II में दिया गया डाटा अकेले प्रश्न का उत्तर देने के लिए पर्याप्त है।
D. यदि कथन I और II दोनों का डाटा एक साथ प्रश्न का उत्तर देने के लिए पर्याप्त नहीं है।
E. यदि कथन I और II दोनों का डाटा एक साथ प्रश्न का उत्तर देने के लिए आवश्यक है।

9. पाँच व्यक्ति—A, B, C, D और E का जन्म 20 जनवरी को हुआ था लेकिन पाँच अलग-अलग वर्षों में–1990, 1993, 1999, 2004 और 2011। प्रत्येक वर्ष में केवल एक व्यक्ति का जन्म हुआ था। D और B के बीच कितने व्यक्तियों का जन्म हुआ था?

I. B का जन्म सम संख्या वाले वर्ष में हुआ था। B और C के बीच केवल एक व्यक्ति का जन्म हुआ था। E का जन्म C के तुरंत बाद हुआ था। A का जन्म D के बाद किसी एक वर्ष में हुआ था।
II. D का जन्म 1999 से पहले के किसी एक वर्ष में C के ठीक पहले हुआ था। C और A के बीच केवल दो व्यक्तियों का जन्म हुआ था। E का जन्म B से पहले किसी एक वर्ष में हुआ था।

10. बिंदु Q के संदर्भ में बिंदु L कितनी दूर और किस दिशा में है?

I. बिंदु P, बिंदु O के उत्तर में 15 मीटर पर है। बिंदु M, बिंदु P के पूर्व में 28 मीटर पर है। बिंदु O, बिंदु M के उत्तर में 13 मीटर पर है। बिंदु N, बिंदु O के पश्चिम में 35 मीटर पर है। बिंदु L, बिंदु N से 28 मीटर दक्षिण में है।
II. बिंदु L, बिंदु G के पूर्व में 7 मीटर पर है। बिंदु T, बिंदु G के दक्षिण में 18 मीटर पर है। बिंदु Y, बिंदु T के पूर्व में 14 मीटर पर है। बिंदु Q, बिंदु Y के उत्तर में 18 मीटर पर है।

निर्देश (प्रश्न संख्या 11 से 14): *दी गई जानकारी का ध्यानपूर्वक अध्ययन कीजिए और प्रश्नों के उत्तर दीजिए।*

परिवार में आठ सदस्य हैं—A, B, C, D, E, F, G और H. A, B की माता है। C, B की पत्नी है। C का एक बेटा और एक बेटी है। B, H का दादा है। F, D का पति है और G, E की पत्नी है। C, D और E की माता है। E की कोई संतान नहीं है, लेकिन एक भतीजा है।

11. F, B से किस प्रकार संबंधित है?

A. दामाद B. पुत्र
C. भाई D. भतीजा
E. पोता

12. G, C से किस प्रकार संबंधित है?

A. दामाद B. बहू
C. पुत्र D. पुत्री
E. पोती

13. A, E से किस प्रकार संबंधित है?

A. माता B. पुत्री
C. बहन D. दादी
E. सास

14. C, H से किस प्रकार संबंधित है?

A. माता B. दादी
C. बहन D. पुत्री
E. सास

निर्देश (प्रश्न संख्या 15 से 18): *दी गई जानकारी का ध्यानपूर्वक अध्ययन कीजिए और प्रश्नों के उत्तर दीजिए।*

सात बक्से एक दूसरे पर ढेर के रूप में रखे गए हैं। इन बक्सों में अखबारों का एक बंडल है—जैसे लोकसत्ता, मुंबई मिरर, दैनिक जागरण, द टाइम्स ऑफ इंडिया, महाराष्ट्र टाइम्स, अमर उजाला, लोकमत। प्रत्येक बॉक्स में एक विशेष समाचार-पत्र का एक बंडल होता है।

लोकमत के बक्से को लोकसत्ता के बक्से से 2 बॉक्स ऊपर रखा जाता है। महाराष्ट्र टाइम्स और अमर उजाला के बॉक्स के बीच दो बॉक्स हैं, इनमें से कोई एक ढेर के शीर्ष पर है। मुंबई मिरर का बॉक्स ढेर के नीचे नहीं है। लोकसत्ता का बॉक्स अमर उजाला के बॉक्स के ठीक नीचे रखा जाता है। दैनिक जागरण का बॉक्स लोकसत्ता के बॉक्स के नीचे नहीं रखा जाता है।

15. निम्नलिखित में से किस अखबार का बॉक्स ढेर में सबसे नीचे रखा गया है?

A. महाराष्ट्र टाइम्स B. लोकसत्ता
C. अमर उजाला D. लोकमत
E. द टाइम्स ऑफ इंडिया

16. मुंबई मिरर के बॉक्स और लोकमत के बॉक्स के बीच कितने बॉक्स हैं?

A. 4 B. 1
C. 3 D. 2
E. 5

17. महाराष्ट्र टाइम्स का बॉक्स किस अखबार के बॉक्स के ठीक ऊपर है?

A. दैनिक जागरण
B. लोकमत
C. मुंबई मिरर
D. द टाइम्स ऑफ इंडिया
E. अमर उजाला

18. समाचार-पत्र लोकसत्ता के बॉक्स के नीचे कितने बॉक्स हैं?

A. तीन B. एक
C. पाँच D. दो
E. चार

निर्देश (प्रश्न संख्या 19 एवं 20): *इन प्रश्नों में, विभिन्न तत्वों के बीच संबंध को बयानों में दिखाया गया है। कथनों के बाद निष्कर्ष निकाले जाते हैं।*

उत्तर दीजिए—

A. यदि केवल निष्कर्ष I सत्य है।
B. यदि केवल निष्कर्ष II सत्य है।
C. यदि या तो निष्कर्ष I या II सत्य है।
D. यदि न तो निष्कर्ष I और न ही II सत्य है।
E. यदि निष्कर्ष I और II दोनों सत्य हैं।

19. **कथन** : $R = S \geq Y \geq M < W > 0$
निष्कर्ष I : $Y < M$
निष्कर्ष II : $0 > S$

20. **कथन** : $F \leq C \leq V = Z < X = U$
निष्कर्ष I : $V < U$
निष्कर्ष II : $Z < F$

संख्यात्मक अभियोग्यता

निर्देश (प्रश्न संख्या 21 से 26): *दिए गए पाई चार्ट को देखें और निम्नलिखित प्रश्नों के उत्तर दीजिए।*

निम्नलिखित डाटा विभिन्न संगठनों (A, B, C, D और E) में कर्मचारियों की कुल संख्या (सभी विभागों को एक साथ मिलाकर) के वितरण और विशिष्ट संगठन के केवल मानव संसाधन विभाग (HR) में कर्मचारियों के वितरण को संदर्भित करता है।

सभी पाँच संगठनों में कर्मचारियों की कुल संख्या = 5000

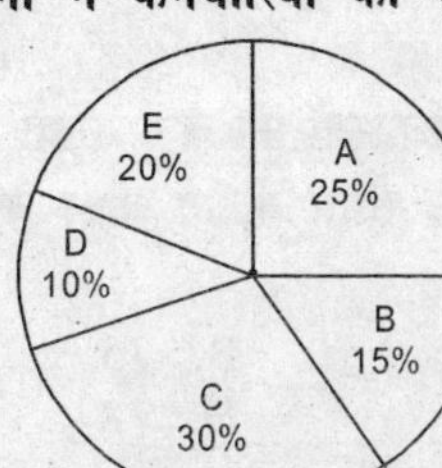

सभी संगठन में मानव संसाधन विभाग (HR) में कर्मचारियों की कुल संख्या = 400

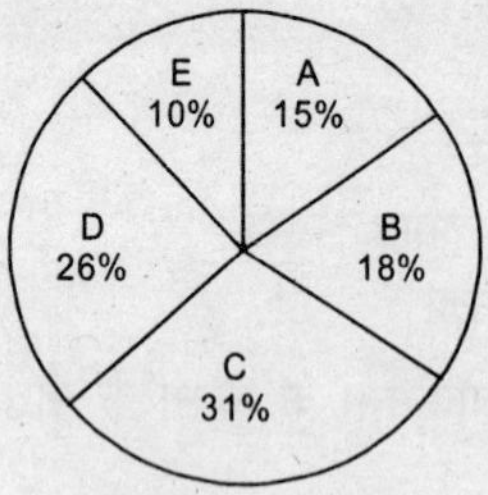

21. संगठन A में कर्मचारियों की संख्या जो मानव संसाधन विभाग (HR) में नहीं हैं, उसी संगठन में कर्मचारियों की कुल संख्या का कितना प्रतिशत है?

A. 94.5 B. 88.75
C. 86.25 D. 90.75
E. 95.2

22. संगठन B में एक साथ सभी विभागों में कर्मचारियों की संख्या और संगठन C में मानव संसाधन विभाग (HR) में कार्यरत कर्मचारियों की संख्या के बीच का अंतर कितना है?

A. 720 B. 620
C. 626 D. 636
E. 654

23. दिए गए सभी संगठनों में, एक साथ मिलाकर, महिला कर्मचारियों की कुल संख्या (सभी विभागों में एक साथ) क्या है, यदि पुरुष कर्मचारी सभी संगठनों के कर्मचारियों की कुल संख्या का 70% है?

A. 1000 B. 1200
C. 2100 D. 1800
E. 1500

24. संगठनों B, C और D के मानव संसाधन विभाग (HR) में कर्मचारियों की औसत संख्या क्या है?

A. 112 B. 100
C. 72 D. 64
E. 90

25. संगठन E में कर्मचारियों की कुल संख्या (सभी विभागों में एक साथ) के संगत केंद्रीय कोण क्या हैं? (डिग्री में)

A. 80 B. 75
C. 64 D. 78
E. 72

26. संगठन D और E में मिलाकर मानव संसाधन विभागों (HR) में कर्मचारियों की कुल संख्या, संगठन B में कर्मचारियों (सभी विभागों में मिलाकर) का कितना प्रतिशत है?

A. $19\frac{1}{5}$ B. $16\frac{1}{5}$
C. 25 D. $12\frac{2}{3}$
E. 15

27. किसी वस्तु को ₹ 730 में बेचने पर प्राप्त लाभ उसी वस्तु को ₹ 255 में बेचने पर हुई हानि का दोगुना है। वस्तु का विक्रय मूल्य क्या होगा यदि उसे 15% लाभ पर बेचा जाता है?

A. ₹ 491 B. ₹ 495
C. ₹ 477 D. ₹ 483
E. ₹ 476

निर्देश (प्रश्न संख्या 28 से 30): *इस प्रश्न में दो समीकरण I और II दिए गए हैं। आपको दोनों समीकरणों को हल करना है और उपयुक्त विकल्प को चिह्नित करना है।*

A. $x > y$
B. $x < y$
C. $x \geq y$
D. $x \neq y$
E. $x = y$ या संबंध स्थापित नहीं किया जा सकता।

28. I. $x^2 - 13x + 36 = 0$
II. $y^2 - 18y + 80 = 0$

29. I. $x^2 + 7x + 12 = 0$
II. $y^2 + 5y + 6 = 0$

30. I. $x^2 - 6x + 9 = 0$
II. $y^2 - 8y + 16 = 0$

31. एक आयत का परिमाप उस वर्ग के परिमाप के बराबर है जिसकी भुजा आयत की चौड़ाई की दोगुनी होती है। वर्ग की भुजा और आयत की लंबाई के बीच संबंधित अनुपात क्या है?

A. 1 : 4 B. 4 : 5
C. 2 : 3 D. 2 : 5
E. 1 : 3

32. ट्रेन A की गति ट्रेन B की गति की 3 गुनी है। ट्रेन A, 30 मिनट का ठहराव लेने से पहले 2 घंटे की यात्रा करती है और फिर 1.5 घंटे की यात्रा करके

अपने गंतव्य तक पहुंचती है। यदि ट्रेन B प्रत्येक 10 मिनट के लिए तीन बार रुकती है, तो ट्रेन B को अपने मूल स्थान से अपने गंतव्य तक पहुँचने में कितना समय लगेगा? (दोनों ट्रेन स्टेशन P से स्टेशन Q तक जाती हैं)

A. 6 घंटे 40 मिनट
B. 7 घंटे
C. 5 घंटे 45 मिनट
D. 11 घंटे
E. 7 घंटे 50 मिनट

33. वर्तमान में, एनी की आयु बीना से दोगुनी है। छह वर्ष बाद एनी की आयु और आठ वर्ष बाद बीना की आयु के बीच का अनुपात 3 : 2 होगा। त्रिशा की वर्तमान आयु क्या है, यदि वह बीना से 4 वर्ष बड़ी है? (वर्षों में)

A. 16
B. 12
C. 10
D. 18
E. 14

34. एक बर्तन में दूध और पानी का मिश्रण 5 : 3 के अनुपात में है। मिश्रण में से 40 लीटर मिश्रण निकाल लिया जाता है और बर्तन में 4 लीटर पानी मिला दिया जाता है। यदि परिणामी मिश्रण में 40% पानी है, तो बर्तन में मिश्रण की मूल मात्रा क्या थी? (लीटर में)

A. 119
B. 153
C. 144
D. 167
E. 136

35. एक चुनाव में मतदान करने वाले पंजीकृत मतदाताओं (पुरुष + महिला) की संख्या 6000 थी। पंजीकृत पुरुष मतदाताओं में से 70% और पंजीकृत महिला मतदाताओं में से 45% ने चुनाव में मतदान किया। यदि पंजीकृत पुरुष मतदाताओं की संख्या पंजीकृत महिला मतदाताओं की संख्या से 2000 अधिक है तो पंजीकृत मतदाताओं (पुरुष + महिला) की संख्या कितनी है?

A. 10000
B. 12000
C. 9000
D. 15000
E. 8000

36. एक नाव धारा के प्रतिकूल 60 किमी. और अनुप्रवाह में 60 किमी. की दूरी तय करने में कुल 6 घंटे 24 मिनट का समय लेती है। धारा के अनुकूल और धारा के प्रतिकूल नाव की गति का योग 40 किमी. प्रति घंटा है। धारा की गति क्या थी?

A. 2 किमी./घंटे
B. 2.5 किमी./घंटे
C. 5 किमी./घंटे
D. 4 किमी./घंटे
E. 3.5 किमी./घंटे

37. एक टैंक में 3 इनलेट A, B और C हैं। A और B एक साथ टैंक के आधे हिस्से को उतने ही समय में भरते हैं जितना कि C अकेले टैंक के छठे हिस्से को भरने में लेता है। यदि तीनों एक साथ मिलकर खाली टैंक को 9 घंटे में पूरी तरह से भर सकते हैं, तो C अकेले खाली टैंक को पूरी तरह से भरने में कितना समय लेगा? (घंटों में)

A. 42
B. 30
C. 24
D. 48
E. 36

38. एक व्यवसाय में, A, B द्वारा निवेश की गई राशि का दोगुना निवेश करता है और C, A द्वारा निवेश की गई राशि का 2/5 भाग निवेश करता है। A, B और C द्वारा किए गए निवेश की अवधि का संबंधित अनुपात 2 : 4 : 3 था। यदि बाद में निवेश अवधि के अंत में C को प्राप्त लाभ ₹ 1200 था, तो प्राप्त कुल लाभ कितना था?

A. ₹ 5000
B. ₹ 6400
C. ₹ 7200
D. ₹ 4000
E. ₹ 5200

39. हरि ने अपनी नई बाइक को 28% की छूट पर बेचा और उसे 20% की हानि हुई। यदि वह इसे 6.4% छूट पर बेचता, तो बाइक को बेचकर उसे कितना प्रतिशत लाभ होता?

A. 2%
B. 8%
C. 12%
D. 10%
E. 4%

40. 20 पुरुष किसी प्रोजेक्ट को 28 दिनों में पूरा कर सकते हैं, 32 महिलाएं इसे 24 दिनों में और 16 बच्चे 50 दिनों में पूरा कर सकते हैं। 12 महिलाओं और 20 बच्चों ने काम करना शुरू किया और 8 दिन बाद वे चले गए। बचे हुए प्रोजेक्ट को 7 आदमी कितने दिनों में पूरा करेंगे?

A. 56
B. 48
C. 45
D. 54
E. 50

ENGLISH LANGUAGE

Directions (Qs. No. 41-44): *Read the sentence to find out whether there is an error in it. The error, if any, will be in one part of the sentence. The number corresponding to that part will be your answer. If the given sentence is correct as it is, mark the answer as 'No error'. Ignore the errors of punctuation, if any.*

41. The village (1)/ in the valley (2)/ was know for (3)/ its kind and closeknit community. (4)

A. 1 B. 2
C. 3 D. 4
E. No error

42. Lest we never forget the (1)/ men and women who (2)/died for our country, we (3)/ should always honour our veterans. (4)

A. 1 B. 2
C. 3 D. 4
E. No error

43. An optimal agri-food policy (1)/ should look at issues pertinent (2)/ to not only the short run (3)/ also try to address medium to long-term challenges. (4)

A. 1 B. 2
C. 3 D. 4
E. No error

44. The only time you realize (1)/ you have way too many (2)/ belonging, furniture, and clothes (3)/ is when you're moving out. (4)

A. 1 B. 2
C. 3 D. 4
E. No error

Directions (Qs. No. 45-52): *Read the given passage carefully and answer the questions that follow. Certain words are printed in bold to help you locate them while answering some of the these.*

For decades, retirees looked to places such as Florida for the climate and leisure activities. But now many retirees are searching for something extra—a place where they can make connections and a difference. To them, a small town seems like the idyllic retirement setting after years of hustling and bustling in the cities and suburbs.

Many small towns are not waiting for retirees to discover them. Communities are actively seeking out retirees as a way to boost economic development. Ellsworth is one of ten tiny communities in Kansas offering free land to retirees and families who want to relocate.

If you treasure your anonymity, you may not want to live in a place where everyone really knows your name, as well as your business, says Frank Levering, who moved with his wife, Wanda Urbanska, from Los Angeles to rural Virginia. In a small town, people may notice a new awning on your house or whether you left 15 minutes early that day, or whether your cat was wandering down the street.

"If you ever wanted to be useful or needed, a small town is the place for you," says Levering. "There is often a bit of social pressure to become involved, and if you are not, you tend to feel what people are thinking about you."

It's difficult to stereotype small-town living. Sure, you can move into a cabin in the woods and fish all day. But you can also find many activitypacked places. In 2003, Charlene and Terry Ott left Fort Lauderdale, for Oxford, and are leading busy lives.

They lived in Florida for 25 years, while Terry was a sales manager for an airline. But they felt that even a retirement mecca like Fort Lauderdale was getting too crowded. They discovered Oxford when they took a side trip from a gambling jaunt to Tunica, about 30 miles away.

Oxford is one of 21 small towns in Mississippi that are designated as "certified retirement communities" by the state's Hometown Mississippi Retirement programme. A certified community must meet criteria that are important to retirees, such as quality medical facilities and an affordable cost of living.

As appealing as small-town life may seem, city slickers should recognize that housing choices may be limited. The Carlsens of Walla Walla had a tough time finding ____(A)____, so they bought land and had a house built. There are few flights from Walla Walla—convenient transportation is a consideration if you want to visit family or friends. If you have a medical condition, make sure you have easy access to specialists. But smaller places are building bigger hospitals, as doctors, too, escape big cities for the simpler life.

Rand's Morrison, 67, advocates spending a few weeks a year in a place before deciding to settle there. He says: "Think about what you are going to do on Monday, on Tuesday and on Wednesday—other than play golf." He knows from personal experience, having moved from Los Angeles to Nantucket, Mass.

45. Why did the Otts leave Fort Lauderdale?
  I. Increase in local population.
  II. Increase in gambling joints.
  III. Diminishing fishing industry.
  A. Only I B. Only III
  C. Both II & III D. Both I & II
  E. All are correct

46. According to the passage, which of the following is NOT a feature of "certified retirement communities"?
  A. Population of town.
  B. Availability of medical facilities.
  C. Access to coastal areas.
  D. Convenience of travel.
  E. None of the above

47. Which of the following statement(s) is/are NOT TRUE in accordance with the information provided in the passage?
  I. Retirees become a burden on the communities.
  II. Fort Lauderdale is a highly religious town.
  III. Most people in small towns do not live an idle life.
  A. Only I B. Only III
  C. Both II & III D. Both I & II
  E. All are correct

48. Which of the following statements can follow paragraph 2 to form a connection with paragraph 3?
  A. Arizona has always been a popular retirement destination because of its weather and low cost of living, Haines says.
  B. The amenities are open to everyone in the community.
  C. The golf courses, which are managed by Troon Golf, are a big draw for many residents.
  D. The couple also enjoy wine tastings with the wine club and dinners with food and wine pairings.
  E. But before you pull up stakes for the village square or the boondocks, you need to do some hard thinking.

49. Given below is a possible inference that can be drawn from the facts stated in the fifth paragraph. You have to examine the inference in the context of the passage and decide upon its degree of truth or falsity. "Communities are hostile against those who do not partake in it."
  A. Definitely true
  B. Probably true
  C. The data are inadequate
  D. Probably false
  E. Definitely false

50. What experience does Rand Morrison refer to in the sentence, "He knows from personal experience, having moved from Los Angeles to Nantucket, Mass"?
  A. Playing golf
  B. Living in a small town
  C. As a legal advisor
  D. Commuting to work
  E. Moving away from Los Angeles

51. Which of the given options can be used to complete the blank labelled (A) in the most appropriate way, contextually and grammatically?
  A. a suitable home
  B. an isolated cabin.
  C. an undisturbed vegetation.
  D. an underground villa.
  E. a nature's retreat.

52. Which of the following is/are correctly inferred from the given passage?
  I. Doctors escape big cities to avoid demanding patients.
  II. People tend to be nosey in rural areas.
  III. Golf and fishing are quite common among retirees.
  A. Only I B. Only III
  C. Both II & III D. Both I & II
  E. All are correct

Directions (Qs. No. 53-56): *Which of the following phrases (i), (ii), and (iii) given below each sentence should replace the phrase printed in bold letters to make the sentence grammatically correct? Choose the best option among the five given alternatives that reflect the correct use of phrase in the context of the grammatically correct sentence. If the sentence is correct as it is, mark (E) i.e., "No correction required" as the answer.*

53. The college authorities did not allow Miss Sullivan to read the examination papers to me; so Mr. Eugene C. Vining, one of the instructors at the Perkins Institution for the Blind, **were employed to copy the papers for myself** in American braille.

(*i*) was employed to copy the papers for myself

(*ii*) was employed to copy the papers for me

(*iii*) were employed to copy the papers for me

A. Only (*iii*) B. Only (*ii*)
C. Both (*ii*) and (*iii*) D. All (*i*), (*ii*), and (*iii*)
E. No correction required

54. The city of Leon, **found by Francisco Hernandez de Cordova on 1523,** was originally situated at the head of the western bay of Lake Managua, and was not removed to its present position till 1610.

(*i*) found by Francisco Hernandez de Cordova in 1523

(*ii*) founded by Francisco Hernandez de Cordova on 1523

(*iii*) founded by Francisco Hernandez de Cordova in 1523

A. All (*i*), (*ii*), and (*iii*)
B. Only (*i*)
C. Only (*iii*)
D. Both (*i*) and (*ii*)
E. No correction required

55. Its nauseous bitter taste may to some extent be concealed by acidifying the solution with dilute sulphuric acid, and in some cases where full doses have failed, **the repeated administration of small ones have proved effectually.**

(*i*) the repeated administration of small ones has proved effectual

(*ii*) the repeated administration of small ones has proved effectually

(*iii*) the repeated administration of small ones have proven effectual

A. Both (*i*) and (*ii*) B. All (*i*), (*ii*), and (*iii*)
C. Only (*i*) D. Only (*iii*)
E. No correction required

56. Muller brought out, at Nuremberg, a German translation of the Systema Naturae, completing it in 1776 by a Supplement containing a list of animals thus described, which had hitherto been technically anonymously, with diagnoses and names on the Linnaean model.

(*i*) that had hitherto been technically anonymously

(*ii*) which had hitherto been technically anonymous

(*iii*) which had been technically anonymous until now

A. Only (*ii*) B. Both (*ii*) and (*iii*)
C. Only (*iii*) D. All (*i*), (*ii*), and (*iii*)
E. No correction required

Directions (Qs. No. 57): *Which of the following phrases (i), (ii), and (iii) given below each sentence should replace the phrase printed in bold letters to make the sentence grammatically correct? Choose the best option among the five given alternatives that reflect the correct use of phrase in the context of the grammatically correct sentence. If the sentence is correct as it is, mark (E) i.e., "No correction required" as the answer.*

57. A group of passer-by, including an off-duty fire official, came to the aid of a 4-year-old boy and saved him from drowning.

I. The group of passer-by

II. A group of passersby

III. A group with passerby

A. Only I B. Only II
C. Only III D. Both II and III
E. Both I and II

Directions (Qs. No. 58-62): *In the given question, a statement with a blank has been given, followed by three words out of which more than one can complete the sentence grammatically and contextually. Find the word (s) which can fill the blank and choose the option accordingly.*

58. Locals and visitors love to ________ along the beautiful coastline.

I. Meander II. Stroll
III. Roam
A. Only II B. Both I and II
C. Both II and III D. All I, II, and III
E. None of the above

59. The first step in managing that diversity was being able to ________ key differences.

I. Discern II. Putrefy
III. Enjoin
A. Only II B. Only I
C. Only III D. Both I and II
E. Both I and III

60. Not allowing her to speak in her own defence was a ________ of justice.

I. Exult II. Travesty
III. Derision
A. Only I B. Both I and II
C. Only II D. Only III
E. All I, II, and III

61. His criticisms were always captious and _____, never offering constructive suggestions.

I. Frivolous II. Thoughtless
III. Flippant
A. Only I B. Only II
C. Only III D. All I, II, and III
E. Both I and II

62. It was one of those ________ events that caused a sea change in public attitudes.

I. Fictitious II. Momentous
III. Significant
A. Both II and III B. All I, II, and III
C. Both I and II D. Only III
E. Only II

Directions (Qs. No. 63-69): *Read the given passage carefully and answer the questions that follow. Certain words are printed in bold to help you locate them while answering some of the these.*

The most senior engineer/accountant/practitioner in the department is retiring today. Coworkers wish her well, buy her lunch, sign her humorous greeting card... and jot down her phone number for the moments in the near future they will need her help. They hope she'll answer when they call because if she doesn't, they'll be **sunk.** Such anxious departures happen 10,000 times a day, according to the Pew Research Centre.

A recent study from the University of North Carolina at Chapel Hill reveals that less than 40 percent of employers have taken action to address the imminent loss of detailed know-how. Adding even well-trained millennials to the workforce may not be enough to restore the balance when your company is **haemorrhaging its veteran employees.**

We're not talking the stuff of dustcollecting procedure manuals. Dorothy Leonard, a professor of business administration at Harvard Business School, says there is a big difference between information and knowledge. Information is something you can get from Google. Knowledge is the critically-important stuff in your head that has never been written down. And companies often fail to retain it.

It is critical that longtime workers transfer the knowledge they've gained from decades of experience to employees who will be taking on their responsibilities. Leonard calls it "tacit knowledge." Unlike a checklist or a binder full of procedures or reports, this knowledge is hard to identify and even harder to pass on.

Duke, the nation's largest regulated utility, has launched multiple initiatives to help transfer what seasoned workers just know to what younger workers must know. For instance, the company developed a board game called Megawatt Fever to help young engineers better understand an energy industry that has not seen a new nuclear facility come on line in nearly 20 years but where experience in maintenance is critical.

Melissa Moran, the nuclear group's manager of strategic workforce planning, asked nuclear managers to develop and submit knowledgetransfer plans for team members nearing retirement. Plan tactics include shooting videos to walk/talk newer hires through complex procedures. Of course, this video archive has the added value of being useful in training future employees.

Businesses can start by analysing their workforce to understand the scope of the problem, and then implement programmes to capture and pass on the tacit knowledge that is critical to their future success, and that of their younger employees.

63. What is described by Dorothy Leonard as "tacit knowledge"?
A. Knowledge held by longtime workers.
B. Both A & C
C. Experience held by longtime workers.
D. Procedures known only to longtime workers.
E. Experience that can't be passed down to new employees.

64. Which of the following correctly describes the tone of the passage?
A. Lighthearted B. Mournful
C. Nostalgic D. Apprehensive
E. Descriptive

65. Given below is a possible inference that can be drawn from the facts stated in the fifth paragraph. You have to examine the inference in the context of the passage and decide upon its degree of truth or falsity.

"There is no fixed strategy dedicated to the transfer of knowledge and experience from older workers to new ones."
A. Definitely true
B. Probably true
C. The data are inadequate
D. Probably false
E. Definitely false

66. What does the phrase "haemorrhaging its veteran employees", as used in paragraph 2, refer to?
A. Not providing them with proper healthcare post retirement.
B. Pressuring them into coming back to work.
C. Severing all ties with them after they retire.
D. Laying off their oldest employees.
E. Retiring of their most experienced employees.

67. Which of the following is the MOST SIMILAR in meaning to the given word as used in the passage? SUNK
A. Submerge B. Subside
C. Slump D. Succumb
E. Sag

68. According to the passage, which of the following statements is true about "knowledge", but NOT "information", with reference to the given passage?
A. Cannot be stored by physical means.
B. Accessible to all.
C. Comes only with field experience.
D. Cannot be shared with anyone.
E. Not taught in colleges.

69. Which of the following statements can follow paragraph 6 to form a connection with paragraph 7?
A. Most businesses have had this experience, and it's a perfect, smallscale example of what happens when knowledge transfer goes by the wayside.
B. Now they're poised to reshape retirement and take everything they know with them when they walk out the door.
C. Longevity and new cultural norms have caused many retirement-age employees to want and/or need to keep working.
D. Alternatives might include jobsharing, part-time schedules, flex time, telecommuting, phased retirement, and opportunities for consulting.
E. In the end, businesses must be prepared for this mega-generation to retire after decades of experience.

Direction (Qs. No. 70-75): *In the given question, a statement has been divided into five segments, each of which is denoted by (a), (b), (c), (d) and (e). Rearrange all the segments to form a coherent statement.*

70. (*a*) in California in the United States
(*b*) of the Australian wildfires have dwarfed
(*c*) the catastrophe caused by the fires in
(*d*) the extent of damages and the intensity
(*e*) Brazilian Amazon forests and
A. (*d*) (*b*) (*c*) (*e*) (*a*) B. (*b*) (*c*) (*a*) (*e*) (*d*)
C. (*e*) (*d*) (*c*) (*b*) (*a*) D. (*a*) (*b*) (*c*) (*d*) (*e*)
E. (*a*) (*b*) (*d*) (*e*) (*c*)

71. (*a*) a fever along with
(*b*) people with the virus report
(*c*) such as a cough or
(*d*) other symptoms of lower-respiratory infection
(*e*) breathing difficulties
A. (*d*) (*b*) (*c*) (*e*) (*a*) B. (*b*) (*a*) (*d*) (*c*) (*e*)
C. (*e*) (*d*) (*c*) (*b*) (*a*) D. (*a*) (*b*) (*c*) (*d*) (*e*)
E. (*a*) (*b*) (*d*) (*e*) (*c*)

72. (*a*) these global warming–induced intense fires have also
(*b*) triggered a vicious cycle,
(*c*) wherein the Australian forests may require decades to regenerate
(*d*) their cover and absorb back the carbon dioxide released,
(*e*) which, meanwhile, will keep affecting the increase in temperatures

A. (*d*) (*b*) (*c*) (*e*) (*a*) B. (*b*) (*a*) (*d*) (*c*) (*e*)
C. (*e*) (*d*) (*c*) (*b*) (*a*) D. (*a*) (*b*) (*c*) (*d*) (*e*)
E. (*a*) (*b*) (*d*) (*e*) (*c*)

73. (*a*) virus traces in swabs
(*b*) the virus's original source must be confirmed —
(*c*) something that is proving difficult but
(*d*) researchers have found
(*e*) taken from the animal market

A. (*b*) (*c*) (*d*) (*a*) (*e*) B. (*b*) (*a*) (*d*) (*c*) (*e*)
C. (*e*) (*d*) (*c*) (*b*) (*a*) D. (*a*) (*b*) (*c*) (*d*) (*e*)
E. (*a*) (*b*) (*d*) (*e*) (*c*)

74. (*a*) reportedly, the Intergovernmental Panel on Climate Change
(*b*) has warned repeatedly about the
(*c*) in its assessment reports, 2007 onwards
(*d*) increased frequency of forest fires
(*e*) due to climate change,

A. (*b*) (*c*) (*d*) (*a*) (*e*) B. (*b*) (*a*) (*d*) (*c*) (*e*)
C. (*e*) (*d*) (*c*) (*b*) (*a*) D. (*a*) (*b*) (*c*) (*d*) (*e*)
E. (*a*) (*b*) (*d*) (*e*) (*c*)

75. (*a*) what more they are uncovering
(*b*) to report what they know and
(*c*) now, they must continue
(*d*) to act more quickly than in the past,
(*e*) China's health authorities did well

A. (*b*) (*c*) (*d*) (*a*) (*e*) B. (*b*) (*a*) (*d*) (*c*) (*e*)
C. (*e*) (*d*) (*c*) (*b*) (*a*) D. (*a*) (*b*) (*c*) (*d*) (*e*)
E. (*a*) (*b*) (*d*) (*e*) (*c*)

Directions (Qs. No. 76-80): *In the given question, five words are printed in bold and are numbered (a), (b), (c), (d) and (e). The positions of some highlighted words may be incorrect and need to be exchanged with another highlighted to make the sentence correct. Find the words that need to be exchanged.*

76. India's **federal** (*a*) power structure was greatly **strengthened** (*b*) in the 1990s as a **result** (*c*) of a **realities** (*d*) accommodation of new political **grudging** (*e*).

A. (*a*)-(*d*) & (*b*)-(*e*)
B. (*a*)-(*d*)
C. (*b*)-(*c*)
D. No exchange required
E. (*d*)-(*e*)

77. It is increasingly **apparent** (*a*) that various state and local **authorities** (*b*) will soon have no **other** (*c*) choice except to shut down activities to **cope** (*d*) with this frightening **surge** of cases (*e*).

A. (*a*)-(*c*) B. (*c*)-(*d*) & (*b*)-(*c*)
C. (*c*)-(*e*) D. (*a*)-(*b*) & (*c*)-(*e*)
E. No exchange required

78. With Iran **sanctions** (*a*) that the USA should remove **insisting** (*b*) first and Washington asking Iran to take the first step by **restarting** (*c*) its compliance with the **remains** (*d*), the divide between the two sides **pact** (*e*) huge.

A. (*b*)-(*d*)
B. (*c*)-(*d*)
C. (*a*)-(*b*) & (*d*)-(*e*)
D. No exchange required
E. (*a*)-(*e*) & (*b*)-(*c*)

79. The **vacuum** (*a*) that is being created with the **departure** (*b*) of the US's military machine must be filled with **stability** (*c*) that are not **inimical** (*d*) to the peace, prosperity and **forces** (*e*) of Afghanistan and its neighbours.

A. No exchange required
B. (*c*)-(*e*)
C. (*a*)-(*c*)
D. (*c*)-(*d*) & (*b*)-(*c*)
E. (*a*)-(*b*) & (*d*)-(*e*)

80. Jonathan is **mindful** (*a*) that Shashi Tharoor has **accused** (*b*) the British of **loot** (*c*) the railways to **facilitate** (*d*) getting **building** (*e*) out of India.

A. No exchange required
B. (*c*)-(*e*)
C. (*a*)-(*c*)
D. (*c*)-(*d*) & (*b*)-(*c*)
E. (*a*)-(*b*) & (*d*)–(*e*)

कम्प्यूटर ज्ञान

81. वीजीए केबल में मौजूद पिनों की कुल संख्या ______ है।
A. 15 B. 20
C. 150 D. 10
E. 64

82. विशिष्ट कार्य करने के लिए उपयोग की जाने वाली कुंजियों को __________ के रूप में जाना जाता है।
A. टॉगल कुंजी B. मॉडिफायर कुंजी
C. फंक्शन कुंजी D. अल्फान्युमेरिक कुंजी
E. स्क्रॉल कुंजी

83. एक व्यक्ति जो सॉफ्टवेयर के लिए अपनी विशेषज्ञता का उपयोग करता है, उसे ______ के रूप में जाना जाता है।
A. डेवलपर B. सुरक्षा हैकर
C. विश्लेषक D. इनमें में से कोई नहीं
E. सॉफ्टवेयर मैनेजर

84. कम्प्यूटर नेटवर्क में फायरवॉल क्या है?
A. नेटवर्क की भौतिक सीमा
B. कम्प्यूटर नेटवर्क का एक ऑपरेटिंग सिस्टम
C. अनधिकृत पहुंच को रोकने के लिए डिजाइन की गई एक प्रणाली
D. एक वेब ब्राउजिंग सॉफ्टवेयर
E. इनमें से कोई नहीं

85. गूगल ड्राइव पर मुफ्त क्लाउड स्टोरेज की अधिकतम सीमा क्या है?
A. 2 GB B. 10 GB
C. 15 GB D. 20 GB
E. 80 GB

86. निम्न में से कौन डाटा ट्रांसफर का सबसे तेज माध्यम है?
A. सह-अक्षीय केबल B. बिना मुड़ा तार
C. टेलीफोन लाइनें D. फाइबर ऑप्टिक
E. मुड़े हुए जोड़े (Twisted pair)

87. LAN को निम्न में से किस डिवाइस से जोड़ा जा सकता है, जो डेटा लिंक लेयर पर काम करता है?
A. हब (Hub) B. ब्रिज (Bridges)
C. HDLC D. सुरंग (Tunnel)
E. इनमें से कोई नहीं

88. जावा निम्नलिखित में से किस संगठन द्वारा पेश किया गया था?
A. सन माइक्रोसिस्टम B. आईबीएम
C. इंटेल (Intel) D. माइक्रोसॉफ्ट
E. एटी एंड टी (AT&T)

89. निम्नलिखित में से कौन-सा संचार प्रोटोकॉल है जो वेब आधारित सूचना तक पहुँचने वाले प्रत्येक कम्प्यूटर द्वारा उपयोग किए जाने वाले मानक को निर्धारित करता है?
A. XML B. DML
C. HTTP D. HTML
E. इनमें से कोई नहीं

90. टेक्स्ट दस्तावेज बनाने, संपादित करने, स्वरूपित करने, संग्रहित करने, पुनर्प्राप्त करने और प्रिंट करने के लिए समग्र शब्द क्या है?
A. वर्ड प्रोसेसिंग B. स्प्रेडशीट डिजाइन
C. वेब डिजाइन D. डेटाबेस प्रबंधन
E. प्रेजेंटेशन जेनरेशन

91. वह कम्प्यूटर प्रोग्राम क्या कहलाता है, जो एक समय में एक प्रोग्राम निर्देश को मशीनी भाषा में अनुवाद करता है?
A. कम्पाइलर B. सीपीयू (CPU)
C. रोम (ROM) D. सिम्युलेटर
E. इंटरप्रेटर

92. निम्न में से कौन-सा एम.एस. विंडो में पाया जाने वाला एक इन-बिल्ट सॉफ्टवेयर एप्लिकेशन नहीं है?
A. पेंट B. सीडी प्लेयर
C. डिस्क डीफ्रेग्मेंटर D. वॉल्यूम कंट्रोल
E. एम.एस. वर्ड

93. व्यक्तिगत बैकअप के बजाय व्यक्तिगत लाभ के लिए उपयोग किए जाने वाले सॉफ्टवेयर की अनधिकृत प्रतिलिपि केलिए निम्नलिखित में से किस शब्द का उपयोग किया जाता है?
A. कार्यक्रम की चोरी B. डाटा स्नैचिंग
C. सॉफ्टवेयर पायरेसी D. प्रोग्राम लूटपाट
E. डाटा लूटपाट

94. ए (एन) __________ एक वेब पेज या ईमेल में एम्बेडेड एक वस्तु है, जो विनीत रूप से (आमतौर पर अदृश्य रूप से) यह जांचने की अनुमति देता है कि उपयोगकर्ता ने सामग्री का उपयोग किया है।
A. ईमेल B. वायरस
C. वेब बीकन D. स्पैम
E. फायरवॉल

95. व्यसनी (addictive) निर्माण का दूसरा नाम क्या है?
A. 3-D प्रिंटिंग B. 2-D प्रिंटिंग
C. सीपीयू एसेंबली D. मेमोरी प्रबंधन
E. नेटवर्क इंटरकनेक्शन

96. निर्देशों का वह समूह जो कम्प्यूटर को यह बताता है कि उसे क्या करना है, __________ कहलाता है।
A. मैटर (Matter) B. इंस्ट्रक्टर (Instructor)
C. कंपाइलर (Compiler) D. प्रोग्राम (Program)
E. डिबगर (Debugger)

97. डीबीएमएस (DBMS) में ईआर (ER) आरेख __________ का प्रतिनिधित्व करने के लिए उपयोग की जाने वाली एक ग्राफिकल विधि है।
A. प्राथमिक कुंजी और उम्मीदवार कुंजी
B. इकाई वर्ग और उनके संबंध
C. वस्तुओं और कार्यों के साथ विधियाँ
D. इकाई वर्ग और केवल विदेशी कुंजी से संबंध
E. विदेशी कुंजी और अखंड बाधाएं

98. असेम्बली भाषा के बारे में निम्नलिखित में से कौन-सा सत्य है?
A. यह एक वस्तु उन्मुख प्रोग्रामिंग भाषा है
B. यह एक उच्च स्तरीय प्रोग्रामिंग भाषा है
C. यह एक निम्न स्तरीय प्रोग्रामिंग भाषा है
D. यह कम्प्यूटर को असेंबल करने की एक भाषा है
E. यह एक नवीनतम फ्लैश मेमोरी भाषा है

99. एप्लेट्स (applets) जैसे विशेष प्रोग्राम बनाने के लिए निम्नलिखित में से कौन-सी प्रोग्रामिंग भाषा है?
A. जावा (Java) B. केबल (cable)
C. कोबोल (COBOL) D. नेट (Net)
E. डोमेन नाम (domain name)

100. डेस्कटॉप पर एकाधिक विंडो व्यवस्थित करने के दो तरीके हैं :
A. कैस्केड और टाइल B. खींचें और छोड़ें
C. बिंदु और क्लिक D. कॉपी और पेस्ट
E. कम से कम और अधिकतम करें

सामान्य सचेतता

101. निम्नलिखित में से कौन भारत की अंडर-19 विश्व कप टीम का कप्तान है?
A. ध्रुव जुरेल B. शुभांग हेगड़े
C. प्रियम गर्ग D. आकाश सिंह
E. पृथ्वी शॉ

102. अंतर्राष्ट्रीय शिक्षा दिवस हर साल 24 जनवरी को मनाया जाता है। इस वर्ष (2020) की थीम क्या है?
A. शिक्षा : समावेश और अधिकारिता के लिए एक प्रमुख चालक
B. लोगों, ग्रह, समृद्धि और शांति के लिए सीखना
C. विज्ञान में महिलाएं
D. खुला विज्ञान, किसी को पीछे नहीं छोड़ना
E. वैश्विक समझ के लिए शिक्षा

103. पल्स कॉन्क्लेव का पांचवां संस्करण भारत के निम्नलिखित में से किस राज्य में आयोजित किया जाएगा?
A. तमिलनाडु B. गुजरात
C. आंध्र प्रदेश D. महाराष्ट्र
E. उत्तर प्रदेश

104. बिम्सटेक आपदा प्रबंधन अभ्यास 2020 भारत के निम्नलिखित में से किस शहर में आयोजित किया गयाथा?
A. नागपुर, महाराष्ट्र B. पुरी, ओडिशा
C. कोहिमा, नगालैंड D. चेन्नई, तमिलनाडु
E. भोपाल, मध्य प्रदेश

105. निम्नलिखित में से किसे हाल ही में 55वें ज्ञानपीठ पुरस्कार से सम्मानित किया गया है?
A. अक्किथम B. अमिताव घोष
C. कृष्णा सोबती D. रघुवीर चौधरी
E. भालचंद्र नेमाडे

106. निम्नलिखित में से किसने ऑस्ट्रेलियन ओपन 2020 में पुरुष एकल का खिताब जीता?
A. राफेल नडाल B. एंडी मरे
C. पीट सम्प्रास D. नोवाक जोकोविच
E. जॉन इस्नेर

107. पद्म विभूषण विजेता आर.के. पचौरी, जिनका हाल ही में निधन हो गया, निम्नलिखित में से किस क्षेत्र से संबंधित हैं?
A. टेनिस B. स्टील
C. ऊर्जा D. नृत्य
E. क्रिकेट

108. 'अजेय योद्धा' हाल ही में भारत और निम्नलिखित में से किस देश के बीच आयोजित एक अभ्यास था?

A. श्रीलंका B. अफगानिस्तान
C. यूनाइटेड किंगडम D. रूस
E. यूएसए

109. बार्क (BARC) द्वारा विकसित भारत की सबसे हल्की और सस्ती बुलेटप्रूफ जैकेट _________ के रूप में जानी जाती थी।

A. एपी कवच B. भाभा कवच
C. भाभा अस्त्र D. एपी अस्त्र
E. भाभा परमाणु

110. निम्नलिखित में से किस फिल्म ने हाल ही में ऑस्कर 2020 में सर्वश्रेष्ठ फिल्म का पुरस्कार जीता है?

A. द आयरिशमैन
B. जोकर
C. वन्स अपॉन ए टाइम इन हॉलीवुड
D. पैरासाइट
E. जोजो रैबिट

111. 'अदीस अबाबा' निम्नलिखित में से किस देश की राजधानी है?

A. अजरबैजान B. इथियोपिया
C. सूडान D. नॉर्वे
E. अल्जीरिया

112. भारत ने निम्नलिखित में से किस देश के साथ स्थायी मत्स्य पालन के क्षेत्र में समझौता ज्ञापन (एमओयू) पर हस्ताक्षर किए हैं?

A. आयरलैंड B. नॉर्वे
C. आइसलैंड D. ग्रीस
E. फ्रांस

113. केंद्रीय एमएसएमई मंत्री ने हाल ही में मधुमक्खी बक्से के आसान रखरखाव और प्रवास के लिए 'अपियरी ऑन व्हील्स' नामक एक पहल जारी की है?

A. खादी और ग्रामोद्योग आयोग (KVIC)
B. नाबार्ड (NABARD)
C. हिंदुस्तान ऑर्गेनिक केमिकल्स लिमिटेड
D. राष्ट्रीय डिजाइन संस्थान
E. भारतीय खाद्य निगम

114. काम्या कार्तिकेयन हाल ही में माउंट एकांकागुआ को फतह करने वाली सबसे कम उम्र की लड़की बनीं। वह निम्नलिखित में से किस राज्य में नेवी चिल्ड्रन स्कूल की छात्रा है?

A. भोपाल, मध्य प्रदेश B. पुणे, महाराष्ट्र
C. चेन्नई, तमिलनाडु D. मुंबई, महाराष्ट्र
E. लखनऊ, उत्तर प्रदेश

115. दुनिया के सबसे सस्ते गनशॉट लोकेटर का नाम क्या है जिसे भारतीय सेना के कॉलेज ऑफ मिलिट्री इंजीनियरिंग द्वारा विकसित किया गया है?

A. अशोक B. पार्थ
C. वायु D. अग्नि
E. अर्जुन

116. यूनेस्को की विश्व धरोहर स्थल बौद्ध स्मारक 'होरियू-जी एरिया' किस देश में स्थित है?

A. चीन B. थाइलैंड
C. मालदीव D. जापान
E. मलेशिया

117. कौन-सी कंपनी तेलंगाना राज्य में दो अरब डॉलर के डाटा सेंटर स्थापित करने जा रही है?

A. फ्लिपकॉर्ट B. अमेजन
C. ईबे D. माइक्रोसॉफ्ट
E. गूगल

118. भारतीय राष्ट्रपति श्री रामनाथ कोविंद ने रेड क्रॉस सोसाइटी ऑफ इंडिया के लिए एक मोबाइल ऐप जारी किया है, जिसे तेलंगाना सेंटर फॉर गुड गवर्नेंस द्वारा किस शहर में विकसित किया गया है?

A. रांची B. रायपुर
C. नागपुर D. हैदराबाद
E. पटना

119. निम्नलिखित में से कौन यूनेस्को विरासत टैग पाने वाला पहला भारतीय शहर है?

A. गांधीनगर B. पुणे
C. भुवनेश्वर D. अहमदाबाद
E. वाराणसी

120. नाफ्टा (NAFTA) एक त्रिपक्षीय व्यापार ब्लॉक बनाने वाले विभिन्न देशों द्वारा हस्ताक्षरित एक समझौता है। नाफ्टा (NAFTA) में N का क्या अर्थ है?

A. नेशनल (National)
B. नॉर्थ (North)
C. नॉर्मल (Normal)
D. निगोशिएबल (Negotiable)
E. नैरो (Narrow)

आर्थिक एवं सामाजिक मुद्दे

121. आर्थिक विकास से जुड़े जनसांख्यिकीय संक्रमण के निम्नलिखित विशिष्ट चरणों पर विचार करें?
1. निम्न मृत्यु दर के साथ निम्न जन्म दर
2. उच्च मृत्यु दर के साथ उच्च जन्म दर
3. निम्न मृत्यु दर के साथ उच्च जन्म दर

नीचे दिए गए कूट का प्रयोग कर उपरोक्त चरणों का सही क्रम चुनिए :

A. 1, 2, 3 B. 2, 1, 3
C. 2, 3, 1 D. 3, 2, 1
E. इनमें से कोई नहीं

122. एक अर्थव्यवस्था में, यदि अर्थव्यवस्था के कुल उत्पादन में इसके प्राथमिक क्षेत्र का हिस्सा 50% या उससे अधिक है, तो इसे ________ कहा जाता है।

A. औद्योगिक अर्थव्यवस्था B. सेवा अर्थव्यवस्था
C. एग्रेरियन अर्थव्यवस्था D. कमांड अर्थव्यवस्था
E. मिश्रित अर्थव्यवस्था

123. साइबर सुरक्षा चुनौतियों से निपटने के उपायों का सुझाव देने के लिए आरबीआई द्वारा गठित समिति का नेतृत्व किसने किया?

A. मीना हेमचंद्र B. एस.एस. मुंद्रा
C. केवल कुमार शर्मा D. नंदिता चटर्जी
E. अमर सिन्हा

124. भारत की जनसंख्या का कितना प्रतिशत कृषि पर निर्भर है?

A. कुल जनसंख्या का 65%
B. कुल जनसंख्या का 53%
C. कुल जनसंख्या का 40%
D. कुल जनसंख्या का 68%
E. कुल जनसंख्या का 47%

125. 2022 तक किसानों की आय दोगुनी करने के लिए निम्नलिखित में से किस समिति का गठन किया गया है?

A. अशोक मेहता समिति B. सच्चर समिति
C. अशोक दलवई समिति D. नरेश चंद्र समिति
E. शाह नवाज समिति

126. मूंगफली की खेती में किस संवर्धन को प्राथमिकता दी जानी चाहिए?

A. माइकोराइजा B. राइजोबियम
C. फॉस्फोबैक्टीरिया D. एजोस्पिरिलम
E. इनमें से कोई नहीं

127. निम्नलिखित में से कौन भारत सरकार की एक ग्रामीण विद्युतीकरण योजना है?

A. PMJJBY B. DDUGJY
C. PRASAD D. HRIDAY
E. DDUGKY

128. निम्नलिखित में से किस फल की खेती के अंतर्गत अधिकतम क्षेत्रफल है?

A. आम B. कटहल
C. बेरी D. सेब
E. अंगूर

129. 2011 की जनगणना के अनुसार ग्रामीण जनसंख्या की कुल संख्या कितनी है?

A. 850 मिलियन B. 800 मिलियन
C. 833.5 मिलियन D. 900 मिलियन
E. 755 मिलियन

130. भारत के निम्नलिखित में से किस राज्य को 'शीरा बेसिन' के नाम से जाना जाता है?

A. केरल B. गुजरात
C. महाराष्ट्र D. मिजोरम
E. उत्तर प्रदेश

131. किसी फसल की कटाई की विधि जो जड़ और पौधे के निचले हिस्से को बिना काटे छोड़ देती है, सूक्ष्म फसल देती है, उसे ________ कहा जाता है।

A. मल्चिंग B. गहन खेती
C. राटूनिंग D. जीरो टिलेज फार्मिंग
E. मिश्रित खेती

132. कृषि शिक्षा दिवस निम्नलिखित में से किसकी वर्षगांठ के उपलक्ष्य में मनाया जाता है?

A. डॉ. बी.आर. अम्बेडकर
B. डॉ. राजेन्द्र प्रसाद
C. डॉ. सर्वपल्ली राधाकृष्णन
D. आर. वेंकटरमण
E. इनमें से कोई नहीं

133. बारानी कृषि क्षेत्रों में किस प्रकार की फसल पद्धति का उपयोग किया जाता है?

A. एकल फसल B. रिले फसल
C. राटून फसल D. अंतर्फसल
E. मिश्रित खेती

134. निम्नलिखित में से कौन-सा राज्य गेहूँ की खेती नहीं करता है?

A. कर्नाटक B. महाराष्ट्र
C. पश्चिम बंगाल D. तमिलनाडु
E. झारखंड

135. स्वर्ण क्रांति निम्नलिखित में से किससे संबंधित है?

A. तिलहन उत्पादन B. शहद बागवानी
C. जूट उत्पादन D. अंडा उत्पादन
E. कृषि उत्पादन

136. निम्नलिखित में से कौन-सी फसल लैटेराइट मिट्टी में उगाई जाती है?

A. नाशपाती B. नारियल
C. चाय D. लीची
E. कॉफी

137. ऐतिहासिक रूप से भेदभाव वाले और हाशिए के समूहों की मदद करने के लिए इस्तेमाल किए जाने वाले सकारात्मक भेदभाव को ________ कहा जाता है।

A. निवारक कार्रवाई B. उपचारात्मक कार्रवाई
C. सकारात्मक कार्रवाई D. सहायता प्राप्त कार्रवाई
E. लोकतंत्रीकरण

138. जिस खेती में किसान अपना और अन्य परिवारों का पेट भरने के लिए पर्याप्त भोजन उगाने पर ध्यान केंद्रित करते हैं, उसे ________ कहा जाता है।

A. जैविक खेती B. औद्योगिक खेती
C. ले (Lay) खेती D. व्यक्तिगत खेती
E. निर्वाह कृषि

139. अर्थव्यवस्था का निम्नलिखित में से कौन-सा कारक मुद्रास्फीतिजनित मंदी से संबंधित है?

1. कम बेरोजगारी दर 2. उच्च बेरोजगारी दर
3. उच्च मुद्रास्फीति दर 4. कम मुद्रास्फीति दर

A. 1 और 3 B. 1 और 4
C. 2 और 3 D. 2 और 4
E. इनमें से कोई नहीं

140. किसी देश में एक वर्ष में उत्पादित वस्तुओं और सेवाओं के कुल योग एवं मूल्यह्रास का अंतर ________ कहा जाता है।

A. सकल घरेलू उत्पाद B. सकल राष्ट्रीय उत्पाद
C. सकल राष्ट्रीय आय D. शुद्ध घरेलू उत्पाद
E. शुद्ध राष्ट्रीय उत्पाद

141. प्रसव के बाद की अवधि जिसमें पशु दूध पैदा करता है, उसे ________ कहा जाता है।

A. शुष्क अवधि B. कैल्विंग अवधि
C. गर्भाधान D. स्तनपान अवधि
E. इनमें से कोई नहीं

142. कृषि जनगणना प्रत्येक ______ के बाद आयोजित की जाती है।

A. 2 वर्ष B. 3 वर्ष
C. 4 वर्ष D. 5 वर्ष
E. 6 वर्ष

143. राष्ट्रीय जूट और फाइबर प्रौद्योगिकी संस्थान कहाँ स्थितहै?

A. हरियाणा B. तेलंगाना
C. आंध्र प्रदेश D. पश्चिम बंगाल
E. झारखंड

144. निम्नलिखित में से कौन कृषि विज्ञान की एक शाखा है जो मिट्टी, पानी और फसल प्रबंधन के सिद्धांतों और प्रथाओं से संबंधित है। उस शाखा का नाम क्या है?

A. फसल उत्पादन B. कृषि इंजीनियरिंग
C. गृह विज्ञान D. कृषि विज्ञान
E. बागवानी

145. 750 मिमी. की वार्षिक वर्षा वाली फसलों की खेती को ________ कहा जाता है।

A. वर्षा आधारित खेती B. सूखी खेती
C. शुष्क भूमि की खेती D. गहन खेती
E. इनमें से कोई नहीं

146. UNDP 2019 मानव विकास इंडेक्स में भारत का रैंक 129 है। इस रिपोर्ट को विकसित करने के लिए कौन-सा संकेतक नहीं था?

A. जन्म के समय जीवन प्रत्याशा
B. स्कूली शिक्षा के अपेक्षित वर्ष
C. स्कूली शिक्षा के औसत वर्ष
D. प्रति व्यक्ति सकल राष्ट्रीय आय
E. उपरोक्त सभी संकेतक हैं

147. प्रधानमंत्री आवास योजना का उद्देश्य शहरी गरीबों को किफायती आवास उपलब्ध कराना है। निम्नलिखित में से कौन-सा लक्ष्य वर्ष है?
A. 2022
B. 2025
C. 2027
D. 2029
E. 2030

148. निम्नलिखित में से कौन-सा वर्ष उपभोक्ता मूल्य सूचकांक का आधार वर्ष है?
A. 2000
B. 2002
C. 2018
D. 2005
E. 2012

149. 2018-19 के लिए राष्ट्रीय आय के अनुमान के अनुसार निम्नलिखित में से कौन-सा समग्र औद्योगिक विकास है?
A. 1.2%
B. 2.2%
C. 6.9%
D. 7.9%
E. 4.7%

150. डब्ल्यू.एच.ओ./यूनिसेफ के संयुक्त निगरानी कार्यक्रम की रिपोर्ट के अनुसार, भारतीय जनसंख्या के कितने प्रतिशत ने बुनियादी स्वच्छता तक पहुँच प्राप्त की है?
A. 29%
B. 38%
C. 43%
D. 16%
E. 52%

151. वर्ष 2019 में, केंद्र सरकार ने कहा कि वह अगले पाँच वर्षों में भारतीय निर्यात ऋण गारंटी निगम (ईसीजीसी) को ₹ ________ करोड़ का समर्थन देगी।
A. ₹ 2500
B. ₹ 4500
C. ₹ 6500
D. ₹ 8500
E. ₹ 10500

152. बजट 2020 के अनुसार स्वच्छ भारत मिशन के लिए 2020-21 में कितने करोड़ रुपये आवंटित किए गए हैं?
A. 14000
B. 12500
C. 11300
D. 14500
E. 12300

153. इनमें से किस राज्य में अटल किसान मजदूर कैंटीन शुरू की गई है?
A. बिहार
B. मध्य प्रदेश
C. हरियाणा
D. उत्तर प्रदेश
E. राजस्थान

154. हाल ही में अंतर्राष्ट्रीय कृषि विकास कोष (IFAD) की शासी परिषद की 43वीं बैठक कहाँ आयोजित की गई थी?
A. फ्रांस
B. जर्मनी
C. पोलैंड
D. इटली
E. स्वीडन

155. भारत सरकार ने आपदा और जलवायु लचीलापन के बुनियादी ढांचे के विभिन्न पहलुओं को उत्पन्न करने के लिए एक मंच बनाने के लिए आपदा प्रतिरोधी बुनियादी ढांचे के लिए अंतर्राष्ट्रीय गठबंधन के गठन को मंजूरी दी है। परियोजना के लिए कितनी राशि आवंटित की गई है?
A. ₹ 500 करोड़
B. ₹ 250 करोड़
C. ₹ 480 करोड़
D. ₹ 550 करोड़
E. ₹ 430 करोड़

156. केंद्र सरकार ने हाल ही में महत्वाकांक्षी ई-आकलन योजना को अधिसूचित किया है जिसे आयकर दाताओं के लिए ________ आकलन भी कहा जाता है।
A. प्रयासरहित
B. बाध्यकारी
C. फेसलेस
D. प्रभावी
E. सुगम

157. किस राज्य ने आवास ऋण सब्सिडी योजना शुरू की है जहाँ पाँच लाख से चालीस लाख रुपये तक की ऋण राशि के लिए दो लाख पचास हजार रुपये तक की सब्सिडी प्रदान की जाएगी?
A. बिहार
B. मध्य प्रदेश
C. उत्तर प्रदेश
D. असम
E. हरियाणा

158. इनमें से किस बैंक ने FD हेल्थ नामक एक सावधि जमा योजना शुरू की है?
A. आईसीआईसीआई
B. आईडीबीआई
C. सिंडिकेट
D. एचएसबीएसी
E. पीएनबी

159. सौभाग्य योजना के तहत पांच लाख पंद्रह हजार से अधिक घरों को बिजली उपलब्ध कराने के बाद अक्टूबर, 2019 में निम्नलिखित में से कौन-सा राज्य देश के पूर्ण विद्युतीकरण राज्यों में से एक बन गया है?
A. तेलंगाना
B. मध्य प्रदेश
C. उत्तर प्रदेश
D. बिहार
E. पश्चिम बंगाल

160. फरवरी 2020 में, निम्नलिखित में से किसने बीएसई पर बाजार पूंजीकरण द्वारा भारत की दसवीं सबसे मूल्यवान फर्म बनने के लिए एसबीआई की जगह ली है?
A. एचडीएफसी बैंक
B. बजाज फाइनेंस लिमिटेड
C. इंडियाबुल्स
D. ब्लू डार्ट
E. बैंक ऑफ इंडिया

कृषि एवं ग्रामीण विकास

161. किस समिति ने 'लोकतांत्रिक विकेंद्रीकरण' की सिफारिश की जिसे बाद में पंचायती राज के रूप में जाना जाने लगा?
A. जीवीके राव समिति
B. एल.एम. सिंघवी समिति
C. अशोक मेहता समिति
D. बलवंतराय मेहता समिति
E. वी.टी. कृष्णमाचारी समिति

162. पीएम किसान सम्मान निधि योजना के संबंध में निम्नलिखित में से कौन-सा कथन सत्य नहीं है?
A. निधि सीधे लाभार्थियों के बैंक खातों में स्थानांतरित की जाती है
B. किसानों को संबंधित राज्य सरकारों द्वारा नियुक्त एक प्रमाणित और अधिकृत व्यक्ति के साथ या पोर्टल में किसान कोटे के माध्यम से नामांकन करना होगा
C. इस योजना को केंद्र सरकार से 100% धन प्राप्त हुआ
D. योजना के तहत लाभ प्राप्त करने के लिए भूमि धारण उप मानदंड है
E. आयकर दाता परिवार भी योजना के तहत लाभ के लिए पात्र है

163. भारत में किस सब्जी की फसल का क्षेत्रफल सबसे अधिक है?
A. बैंगन
B. आलू
C. भिंडी
D. प्याज
E. टमाटर

164. दीनदयाल अंत्योदय योजना के संबंध में इनमें से कौन-सा कथन सही नहीं है?
A. सार्वभौमिक सामाजिक लामबंदी के माध्यम से स्वयं सहायता समूहों में कमजोर समुदायों को शामिल करना
B. वित्तीय समावेशन की मांग और आपूर्ति पक्षों पर कार्य करना
C. शहरी बीपीएल परिवारों के लिए आजीविका मिशन की पहचान
D. समर्पित मानव संसाधनों के माध्यम से संवेदनशील सहायक सेवाएं प्रदान करना
E. इनमें से कोई नहीं

165. नाइट्रोजन की अत्यधिक कमी वाली मिट्टी को समृद्ध करने के लिए फसल चक्र के लिए कौन-सी फसल सबसे उपयुक्त है?
A. मक्का
B. मूंगफली
C. सूरजमुखी
D. चावल
E. गेहूँ

166. गन्ने के शर्करा संश्लेषण में कौन-सा पोषक तत्व महत्वपूर्ण भूमिका निभाता है?
A. मैंगनीज
B. फॉस्फोरस
C. सल्फर
D. आयरन
E. सोडियम

167. मौसम विभाग के अनुसार 'बरसात का दिन' क्या है?
A. 2.00 मिमी. से ज्यादा बारिश के साथ एक दिन
B. 1.50 मिमी. से ज्यादा बारिश के साथ एक दिन
C. 1.00 मिमी. से ज्यादा बारिश के साथ एक दिन
D. 2.50 मिमी. से ज्यादा बारिश के साथ एक दिन
E. इनमें से कोई नहीं

168. किस योजना के तहत अकुशल काम करने के इच्छुक घरेलू वयस्क को 100 दिनों के रोजगार की गारंटी दी जाती है?
A. मनरेगा
B. जेआरवाई
C. एसजीएसवाई
D. पीएमईजीपी
E. इनमें से कोई नहीं

169. क्षारीय मिट्टी का pH मान कितना होता है?
A. 7 के बराबर
B. 7 से कम
C. 7 से अधिक
D. 8 से अधिक
E. इनमें से कोई नहीं

170. मुख्य फसल और जाल फसल की जोड़ी में से कौन क्रम में हैं?
A. कपास (मुख्य) और सरसों (जाल)
B. गोभी (मुख्य) और मटर (जाल)
C. गाजर (मुख्य) और सोया (जाल)
D. आलू (मुख्य) और टार्सी (जाल)
E. इनमें से कोई नहीं

171. 'सफेद सोना' किसे कहा जाता है?
A. चीनी
B. दूध
C. कपास
D. अंडा
E. इनमें से कोई नहीं

172. भारत में अधिकतर किस प्रकार की मिट्टी पाई जाती है?
A. जलोढ़ मिट्टी
B. लाल मिट्टी
C. काली मिट्टी
D. शुष्क मिट्टी
E. लैटेराइट मिट्टी

173. जर्सी गाय की विदेशी नस्ल का उद्‌गम देश कौन-सा है?
A. जापान
B. जर्सी द्वीप
C. यूएसए
D. न्यू जर्सी
E. न्यूजीलैंड

174. फसल चक्रण से मदद मिलती है :
A. कीटनाशकों का प्रयोग कम करें
B. अधिक फसलें पैदा करें
C. पादप उत्पादों के अधिक विकल्प का उत्पादन करें
D. उन परजीवियों को समाप्त करें जिनमें चयनात्मक मेजबान होते हैं
E. विकल्प के रूप में दिए गए विकल्पों के अलावा

175. निम्नलिखित संदर्भ की शर्तों (टीओआर) में से सीएसीपी द्वारा न्यूनतम समर्थन मूल्य तय करने में कौन अधिक महत्वपूर्ण है?
A. उत्पादन की लागत
B. मांग और आपूर्ति
C. अंतर-फसल मूल्य समता
D. उपरोक्त सभी
E. इनमें से कोई नहीं

176. मीठे पानी में रहने वाली लेकिन खारे पानी में प्रजनन करने वाली मछलियाँ क्या कहलाती हैं?
A. कैटाडोरोमस
B. एनेड्रोमस
C. ब्लूफिश
D. मिरर कार्प
E. इनमें से कोई नहीं

177. निम्नलिखित में से कौन-सी मिट्टी पानी को सबसे अच्छा बनाए रखती है?
A. चिकनी मिट्टी
B. रेतीली मिट्टी
C. दोमट मिट्टी
D. लैटेराइट मिट्टी
E. इनमें से कोई नहीं

178. बीजों को हल द्वारा बनाए गए कुंड में गिराया जाता है और अगली कुंड खोलने पर उसे बंद कर दिया जाता है या ढंक दिया जाता है। इसे इस रूप में जाना जाता है :
A. डिब्लिंग
B. ड्रिल बुवाई
C. प्रत्यारोपण
D. प्रसारण
E. इनमें से कोई नहीं

179. किस फल फसल में ग्राफ्टिंग की 'इनरचिंग' विधि का अभ्यास किया जाता है?
A. सपोटा
B. लीची
C. आम
D. अमरूद
E. अंगूर

180. निम्नलिखित में से कौन-सी घास 'हाथी घास' के नाम से प्रसिद्ध है?
A. अंजन घास
B. पैरा घास (ब्राचियारिया म्यूटिका)
C. नेपियर घास
D. मोथा धमन
E. इनमें से कोई नहीं

181. भारत में सभी भेड़ नस्लों में से कौन-सी नस्ल बेहतरीन कालीन ऊन का उत्पादन करती है?
A. छोटानागपुरी
B. भारत मेरिनो भेड़
C. चोकला
D. पुंगल
E. इनमें से कोई नहीं

182. कमोडिटी एक्सचेंज को कौन नियंत्रित करता है?
A. सेबी
B. नाबार्ड
C. आरबीआई
D. एसबीआई
E. इनमें से कोई नहीं

183. कृषि सहकारिता एवं किसान कल्याण विभाग द्वारा कंबाइन हार्वेस्टर की खरीद के लिए कितनी सब्सिडी दी जाती है?
A. परियोजना लागत का 30%, ₹ 24 लाख तक सीमित
B. परियोजना लागत का 40%, ₹ 24 लाख तक सीमित
C. परियोजना लागत का 50%, ₹ 24 लाख तक सीमित
D. परियोजना लागत का 60%, ₹ 24 लाख तक सीमित
E. इनमें से कोई नहीं

184. मूंगफली में रोसेट क्या है?
A. विषाणु रोग
B. फंगल रोग
C. जीवाणु रोग
D. निमेटोड रोग
E. इनमें से कोई नहीं

185. सूक्ष्म सिंचाई प्रणाली के अंतर्गत किस राज्य का क्षेत्रफल अधिकतम है?
A. आंध्र प्रदेश
B. तमिलनाडु
C. महाराष्ट्र
D. गुजरात
E. केरल

186. निम्नलिखित में से कौन-सा क्षेत्र ड्रिप सिंचाई के योग्य है?
A. उच्च वर्षा वाले क्षेत्र
B. गर्म और आर्द्र क्षेत्र
C. कपास मृदा क्षेत्र
D. उपरोक्त सभी
E. इनमें से कोई नहीं

187. भारत में कौन-सा राज्य सूरजमुखी फूल का सबसे बड़ा उत्पादक है?
A. कर्नाटक
B. आंध्र प्रदेश
C. ओडिशा
D. तमिलनाडु
E. केरल

188. भारत में जूट की खेती निम्नलिखित में से किस नदी के डेल्टा क्षेत्र में केंद्रित है?
A. गंगा
B. महानदी
C. ब्रह्मपुत्र
D. गोदावरी
E. कावेरी

189. इनमें से किस फसल में लांसिंग का अभ्यास किया जाता है?
A. केला
B. रबड़
C. आम
D. अफीम
E. सेब

190. पार्थेनोकार्पी निम्नलिखित में से किसमें होता है?
A. आड़ू
B. आम
C. कटहल
D. केला
E. सेब

191. मांस या ऊन के लिए मवेशी या भेड़ जैसे पशुओं को चराने की प्रथा को कहा जाता है :
A. सिल्विकल्चर
B. पर्माकल्चर
C. रैंचिंग
D. प्रजनन
E. पशुपालन

192. ''स्वस्थ धरा, खेत हरा–स्वस्थ पृथ्वी, हरा खेत।' इनमें से किस सरकारी योजना का नारा है?
A. प्रधानमंत्री कृषि सिंचाई योजना
B. मृदा स्वास्थ्य कार्ड योजना
C. सतत कृषि के लिए राष्ट्रीय मिशन
D. किसान कुशल योजना
E. इनमें से कोई नहीं

193. एक निश्चित अवधि में भूमि के एक टुकड़े पर फसलों की खेती के क्रम को ________ के रूप में जाना जाता है।
A. फसल पैटर्न
B. फसल प्रणाली
C. मोनो फसल
D. अंतर्फसल
E. मिश्रित खेती

194. 'क्रॉप लॉगिंग' ________ की विधि है।
A. मृदा उर्वरता मूल्यांकन
B. फसल उत्पादन के लिए पोषक तत्वों की आवश्यकताओं के आकलन के लिए योजना विश्लेषक
C. फसल क्षति का आकलन
D. उर्वरकों की उपयुक्तता का परीक्षण
E. इनमें से कोई नहीं

195. पीली क्रांति निम्नलिखित में से किससे संबंधित है?
A. आलू
B. उर्वरक
C. खाद्यान्न
D. तिलहन उत्पादन
E. दूध/डेयरी

196. रेगुर मिट्टी निम्नलिखित में से किसके लिए दूसरा नाम है?
A. काली मिट्टी
B. पीट मिट्टी
C. लैटेराइट मिट्टी
D. शुष्क मिट्टी
E. वन मिट्टी

197. जिस प्रक्रिया में मिट्टी की उर्वरता में गिरावट आती है, जब पोषण की स्थिति में गिरावट आती है और क्षरण और दुरुपयोग के कारण मिट्टी की गहराई कम हो जाती है, उसे ________ कहा जाता है।
A. मृदा अपरदन
B. मृदा निम्नीकरण
C. मृदा लवणता
D. मृदा संरक्षण
E. इनमें से कोई नहीं

198. झूम खेती निम्नलिखित में से किसका दूसरा नाम है?
A. स्थानांतरित खेती
B. गहन खेती
C. निर्वाह खेती
D. रोपण खेती
E. मिश्रित खेती

199. प्रतिकूल परिस्थितियों के कारण विफल हुई फसलों को प्रतिस्थापित करने के लिए उपयोग की जाने वाली फसलें ________ हैं।
A. आपातकालीन फसलें
B. आवरण फसलें
C. सहयोगी फसलें
D. मध्यावर्ती फसलें
E. इनमें से कोई नहीं

200. निम्न में से कौन-सा मिट्टी की उर्वरता कम होने का कारण है?
A. अधिक सिंचाई
B. खराब जल निकासी
C. सतत खेती
D. उर्वरकों का असंतुलित उपयोग
E. कीटनाशक

उत्तरमाला

1 C	**2** A	**3** B	**4** B	**5** D	**6** E	**7** D	**8** E	**9** B	**10** C
11 A	**12** B	**13** D	**14** B	**15** E	**16** C	**17** B	**18** D	**19** D	**20** A
21 E	**22** C	**23** E	**24** B	**25** E	**26** A	**27** D	**28** D	**29** D	**30** B
31 C	**32** D	**33** A	**34** E	**35** A	**36** C	**37** E	**38** E	**39** E	**40** D
41 C	**42** A	**43** D	**44** C	**45** A	**46** C	**47** D	**48** E	**49** D	**50** B
51 A	**52** C	**53** B	**54** C	**55** C	**56** B	**57** B	**58** D	**59** B	**60** C
61 D	**62** A	**63** A	**64** D	**65** B	**66** E	**67** C	**68** A	**69** E	**70** A
71 B	**72** D	**73** A	**74** E	**75** C	**76** E	**77** E	**78** C	**79** B	**80** B
81 A	**82** C	**83** A	**84** C	**85** C	**86** D	**87** B	**88** A	**89** C	**90** A
91 E	**92** B	**93** C	**94** C	**95** A	**96** D	**97** B	**98** C	**99** A	**100** A
101 C	**102** B	**103** D	**104** B	**105** A	**106** D	**107** C	**108** C	**109** B	**110** D
111 B	**112** C	**113** A	**114** D	**115** B	**116** D	**117** D	**118** D	**119** E	**120** B
121 C	**122** C	**123** A	**124** E	**125** C	**126** C	**127** E	**128** A	**129** C	**130** D
131 C	**132** B	**133** E	**134** D	**135** B	**136** C	**137** C	**138** E	**139** C	**140** D
141 D	**142** D	**143** D	**144** D	**145** C	**146** E	**147** A	**148** E	**149** C	**150** C
151 D	**152** E	**153** C	**154** D	**155** C	**156** C	**157** D	**158** A	**159** A	**160** B
161 D	**162** E	**163** B	**164** C	**165** B	**166** B	**167** D	**168** A	**169** C	**170** D
171 C	**172** A	**173** B	**174** B	**175** D	**176** A	**177** A	**178** B	**179** A	**180** C
181 C	**182** A	**183** B	**184** A	**185** B	**186** C	**187** A	**188** A	**189** D	**190** C
191 C	**192** B	**193** B	**194** B	**195** D	**196** A	**197** B	**198** A	**199** A	**200** D

व्याख्यात्मक उत्तर

प्रश्न संख्या 1 से 4 के लिए :

प्रश्न संख्या 5 से 8 के लिए :

एक पंक्ति में आठ व्यक्तियों के बैठने की व्यवस्था :

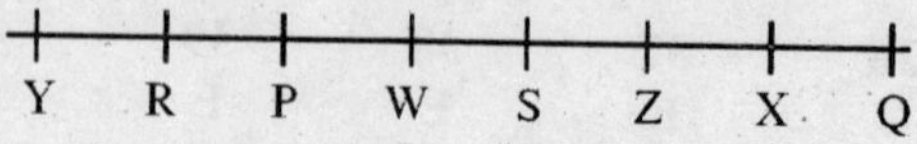

9.

वर्ष	1990	1993	1999	2004	2011
व्यक्ति	D	C	E	B	A

प्रश्न संख्या 11 से 14 के लिए :

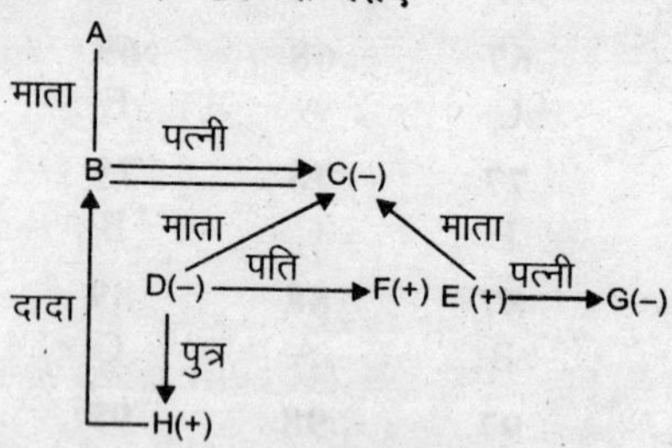

प्रश्न संख्या 15 से 18 के लिए :

महाराष्ट्र टाइम्स
लोकमत
दैनिक जागरण
अमर उजाला
लोकसत्ता
मुम्बई मिरर
द टाइम्स ऑफ इंडिया

21. संगठन A में कर्मचारियों की संख्या

$$= 5000 \times \frac{25}{100} = 50 \times 25 = 1250$$

संगठन A के मानव संसाधन विभाग में कर्मचारियों की संख्या $= 400 \times \frac{15}{100} = 60$

अतः अभीष्ट प्रतिशत

$$= \frac{1250-60}{1250} \times 100 = \frac{1190}{1250} \times 100\%$$

$$= \frac{119}{125} \times 100\% = \frac{119 \times 4}{5}\% = \frac{476}{5}\% = 95.2\%.$$

22. संगठन B में कर्मचारियों की संख्या $= 5000 \times \frac{15}{100} = 750$

संगठन C के मानव संसाधन विभाग C में कर्मचारियों की संख्या $= 400 \times \frac{31}{100} = 124$

अतः अभीष्ट अंतर = 750 – 124 = 626.

23. कर्मचारियों की कुल संख्या = 5000

पुरुष कर्मचारी = 70%

अतः महिलाओं की कुल संख्या

$$= 5000 \times \frac{100-70}{100} = 5000 \times \frac{30}{100}$$

= 50 × 30 = 1500.

24. संगठन B के मानव संसाधन विभाग में कर्मचारियों की कुल संख्या $= 400 \times \frac{18}{100} = 72$

संगठन C के मानव संसाधन विभाग में कर्मचारियों की कुल संख्या $= 400 \times \frac{31}{100} = 124$

संगठन D के मानव संसाधन विभाग में कर्मचारियों की कुल संख्या $= 400 \times \frac{26}{100} = 104$

अतः अभीष्ट औसत संख्या

$$= \frac{72+124+104}{3} = \frac{300}{3} = 100.$$

25. $\because \quad 100\% = 360°$

$\therefore \quad 1\% = \frac{360}{100}$

अतः संगठन E में कर्मचारियों की कुल संख्या का केंद्रीय संगत कोण = 20%

$$= \frac{360}{100} \times 20° = \frac{360}{5} = 72°.$$

26. संगठन D और E दोनों के मानव संसाधन विभाग में कुल कर्मचारियों की संख्या

$$= 400 \times \frac{26+10}{100}$$

= 4 × 36 = 144

और संगठन B में कर्मचारियों की कुल संख्या

$= 5000 \times \frac{15}{100}\% = 750$

अतः अभीष्ट प्रतिशत

$= \frac{144}{750} \times 100\% = \frac{144 \times 2}{15} = \frac{48}{5} \times 2$

$= \frac{96}{5} = 19\frac{1}{5}\%.$

28. I. $x^2 - 13x + 36 = 0$

$\Rightarrow x^2 - 9x - 4x + 36 = 0$

$\Rightarrow x(x - 9) - 4(x - 9) = 0$

$\Rightarrow (x - 4)(x - 9) = 0$

$\Rightarrow x = 4, 9$

II. $y^2 - 18y + 80 = 0$

$\Rightarrow y^2 - 8y - 10y + 80 = 0$

$\Rightarrow y(y - 8) - 10(y - 8) = 0$

$\Rightarrow (y - 8)(y - 10) = 0$

$\Rightarrow y = 8, 10$

अतः $x \neq y$.

29. I. $x^2 + 7x + 12 = 0$

$\Rightarrow x^2 + 3x + 4x + 12 = 0$

$\Rightarrow x(x + 3) + 4(x + 3) = 0$

$\Rightarrow (x + 3)(x + 4) = 0$

$\Rightarrow x = -3, -4$

II. $y^2 + 5y + 6 = 0$

$\Rightarrow y^2 + 2y + 3y + 6 = 0$

$\Rightarrow y(y + 2) + 3(y + 2) = 0$

$\Rightarrow (y + 2)(y + 3) = 0$

$\Rightarrow y = -2, -3$

अतः $x \neq y$.

30. I. $x^2 - 6x + 9 = 0$

$\Rightarrow x^2 - 3x - 3x + 9 = 0$

$\Rightarrow x(x - 3) - 3(x - 3) = 0$

$\Rightarrow (x - 3)(x - 3) = 0$

$\Rightarrow x = 3, 3$

II. $y^2 - 8y + 16 = 0$

$\Rightarrow y^2 - 2 \cdot y \cdot 4 + 4^2 = 0$

$\Rightarrow (y - 4)^2 = 0$

$\Rightarrow y = 4, 4$

अतः $x > y$.

31. माना लंबाई = l और चौड़ाई = b

तब, वर्ग की भुजा = $2b$

प्रश्नानुसार, आयत का परिमाप = वर्ग का परिमाप

$\Rightarrow 2(l + b) = 4(2b)$

$\Rightarrow 2l + 2b = 8b$

$\Rightarrow 2l = 8b - 2b$

$\Rightarrow 2l = 6b \Rightarrow l = 3b$

अतः (वर्ग की भुजा) : (आयत की लंबाई)

$= 2b : 3b = 2 : 3.$

32. P ——— A → $3x$ किमी. / घं. ——— x किमी. / घं. ← B ——— Q

माना ट्रेन B की गति = x किमी./घं.

तब, ट्रेन A की गति = $3x$ किमी./घं.

ट्रेन A को गंतव्य तक पहुंचने में लगा कुल समय

= 2 घंटे + 30 मिनट + 1.5 घंटे = 4 घंटे

ट्रेन A द्वारा तय की गई दूरी

= $(3x \times 2 + 3x \times 1.5)$ किमी.

= $(6x + 4.5x)$ किमी. = $10.5x$ किमी.

ट्रेन B को अपने मूल स्थान से गंतव्य तक पहुंचने में लगा कुल समय

$= \frac{10.5x}{x}$ घंटे + 30 मिनट = 10.5 घंटे + 30 मिनट

= 10.5 घंटे + $\frac{1}{2}$ घंटे = 11 मिनट

33. माना बीना की वर्तमान आयु = x वर्ष

तब, एनी की वर्तमान आयु = $2x$ वर्ष

प्रश्नानुसार,

$(2x + 6) : (x + 8) = 3 : 2$

$\Rightarrow 2(2x + 6) = 3(x + 8)$

$\Rightarrow 4x + 12 = 3x + 24$

$\Rightarrow 4x - 3x = 24 - 12 \Rightarrow x = 12$ वर्ष

अतः त्रिशा की वर्तमान आयु = बीना से 4 वर्ष बड़ी

$= x + 4 = 12 + 4 = 16$ वर्ष

34. माना एक बर्तन में दूध और पानी का मिश्रण क्रमशः $5x$ ली. और $3x$ ली. है।

तब, मिश्रण = $5x + 3x = 8x$ ली.

$$\therefore \frac{5x - 40 \times \frac{5}{8}}{3x - 40 \times \frac{3}{8} + 4} = \frac{60}{40}$$

$$\Rightarrow \quad \frac{5x-25}{3x-11} = \frac{3}{2}$$

$\Rightarrow \quad 10x - 50 = 9x - 33$

$\Rightarrow \quad x = 17$

अतः बर्तन में मिश्रण की मूल मात्रा

$= 8x = 8 \times 17 = 136$ लीटर।

35. माना पुरुष पंजीकृत मतदाताओं की संख्या $= x$ तथा महिला पंजीकृत मतदाताओं की संख्या $= y$

तब, $$x \times \frac{70}{100} + y \times \frac{45}{100} = 6000$$

$$\Rightarrow \quad \frac{7}{10}x + \frac{9}{20}y = 6000$$

$\Rightarrow \quad 14x + 9y = 120000 \quad ...(i)$

और $\quad x = y + 2000 \quad ...(ii)$

(*i*) और (*ii*), से हम पाते हैं,

$14(y + 2000) + 9y = 120000$

$\Rightarrow \quad 14y + 28000 + 9y = 120000$

$\Rightarrow \quad 23y = 120000 - 28000$

$\Rightarrow \quad 23y = 92000$

$\Rightarrow \quad y = 4000$

(*ii*) से हम पाते हैं, $x = y + 2000$

$= 4000 + 2000 = 6000$

अतः पंजीकृत मतदाताओं (पुरुष + महिला) की संख्या

$= 6000 + 4000 = 10000.$

37. माना (A + B), x घंटे में भरता है $= \frac{1}{2}$

तब, (A + B), 1 घंटे में भरेगा $= \frac{1}{2x}$

पुनः इनलेट C, x घंटे में टैंक को भरेगा $= \frac{1}{6}$

तब, इनलेट C, 1 घंटे में टैंक भरेगा $= \frac{1}{6x}$

(A + B + C) द्वारा 1 घंटे में टैंक का भरा भाग $= \frac{1}{9}$

$$\therefore \quad \frac{1}{2x} + \frac{1}{6x} = \frac{1}{9}$$

$$\Rightarrow \quad \frac{3+1}{6x} = \frac{1}{9} \Rightarrow \frac{4}{6x} = \frac{1}{9}$$

$\Rightarrow \quad 6x = 36 \Rightarrow x = 6$

$\therefore$ इनलेट C अकेले 1 घंटे में टैंक को भर सकता है

$$= \frac{1}{6 \times 6} = \frac{1}{36}$$

अतः C अकेले टैंक को 36 घंटे में भर सकता है।

38. B निवेश करता है = ₹ x, तब A का निवेश = ₹ $2x$

और C निवेश करता है = ₹ $\frac{2}{5} \times 2x$ = ₹ $\frac{4}{5}x$

$\therefore$ निवेश का अनुपात

$$A : B : C = 2 \times 2x : 4 \times x : 3 \times \frac{4}{5}x$$

$$= 4x : 4x : \frac{12}{5}x$$

$$= 20x : 20x : 12x = 5 : 5 : 3$$

माना कुल लाभ = ₹ P

$\because$ C द्वारा प्राप्त लाभ = 1200

$$\therefore \quad P \times \frac{3}{5+5+3} = P \times \frac{3}{13} = 1200$$

$$\Rightarrow \quad \frac{3P}{13} = 1200$$

$\Rightarrow \quad 3P = 13 \times 1200 \Rightarrow P = 5200$

अतः कुल प्राप्त लाभ = ₹ 5200.

40. 1 पुरुष का 1 दिन का प्रोजेक्ट $= \frac{1}{20 \times 28} = \frac{1}{560}$

1 महिला का 1 दिन का प्रोजेक्ट $= \frac{1}{32 \times 24} = \frac{1}{768}$

और 1 बच्चे का 1 दिन का प्रोजेक्ट

$$= \frac{1}{16 \times 50} = \frac{1}{800}$$

अब, (12 महिलाएं + 20 बच्चों) का 8 दिन का कार्य

$$= 8\left(\frac{12}{768} + \frac{20}{800}\right) = 8\left(\frac{1}{64} + \frac{1}{40}\right) = \frac{1}{8} + \frac{1}{5} = \frac{13}{40}$$

शेष कार्य $= 1 - \frac{13}{40} = \frac{27}{40}$

$\because$ 7 पुरुषों का 1 दिन का प्रोजेक्ट $= 7 \times \frac{1}{560} = \frac{1}{80}$

अतः 7 आदमी शेष प्रोजेक्ट को पूरा करता है

$$= \frac{27/40}{1/80} = \frac{27}{40} \times \frac{80}{1}$$ दिन = 54 दिन।

पिछले प्रश्न-पत्र (हल सहित)

NABARD—मैनेजर (Grade B)
Phase-I, ऑनलाइन परीक्षा 2019*

REASONING

Directions (Qs. No. 1-3): *Study the following information and answer the given question.*

'make your own food' is coded as 'ri fu ja tu'
'way for your bus' is coded as 'cp wy ri md'
'make way for bus' is coded as 'fu wy md cp'
'own food no way' is coded as 'md ne tu ja'
(All the codes are two letter codes only)

1. How is 'bus' coded in the given code language?
A. cp B. wy
C. 'cp' or 'wy' D. fu
E. md

2. If 'our own food' is coded as 'ja su tu', then which of the following could be the possible code for 'make our way'?
A. md tu su B. fu su cp
C. md su fu D. ri fu md
E. Other than those given as options

3. What does the code 'no' stand for in the given code language?
A. wy B. md
C. ja D. tu
E. ne

4. Decision: The authorities of cricket team of country B decided to replace the captain of the team with a relatively new player for the upcoming series to be played against country G.
I. Most of the strategies of the old captain failed to help the team with the series held in the past two years.
II. The captain of the team was found guilty of 'bad-tampering' in one of the major test series held during.
A. Both statement I and statement II weaken the decision.
B. Statement I strengthens the decision while statement II weakens the decision.
C. Both statement I and II are neutral statements.
D. Statement I weakens the decision while statement II strengthens the decision.
E. Both statements I and II strengthen the decision.

5. In which of the given expressions does the expression $S \leq H$ and $T \leq I$ definitely hold true?
A. $S \geq W \leq T, P \geq W \leq H, H \leq I$
B. $S \leq W \geq T, P \geq W < H, H \geq I$
C. $S \leq W = T, P \leq W \leq H, H \leq I$
D. $S \leq W \leq T, P \leq W \geq H, H \leq I$
E. $S < W > T, P \leq W = H, H \geq I$

Directions (Qs. No. 6): *Study the given information carefully to answer the given question.*

The "City International School (CIS)" makes all its stationary items and self-published course books available with only 'The Grand Book Store'. However, the book store has declared to remain closed in the first one and half months of this academic session due to some unavoidable circumstances.

6. Which of the following is a viable course of action to be taken by CIS?
(*a*) Delay the first term exam of all its classes by two months.
(*b*) Allow the students to attend classes without the books till it is made available.

* **Exam held on 15-06-2019.**
हमारे पास हिन्दी माध्यम के प्रश्न-पत्र उपलब्ध नहीं था।

(*c*) Arrange to set up temporary canopies in the first few days of the session where the books and the stationary can be purchased.
(*d*) Cancel the contract with 'The Grand Book Store' and join hands with some other chain of book stores.

A. Both (*b*) and (*c*) B. Only (*c*)
C. Only (*d*) D. Both (*b*) and (*d*)
E. Both (*a*) and (*c*)

Directions (Qs. No. 7-11): *In each question below are given statements followed by two conclusions numbered I and II. You have to take the statements to be true even if they seem to be at variance from commonly known facts and then decide which of the given conclusions logically follows from the statements, disregarding commonly known facts. Read the statements and give answer.*

A. If only conclusion I follows
B. If only conclusion II follows
C. If either I or II follows
D. If neither I nor II follows
E. If both I and II follows

7. Statements : All clerks are assistants.
No assistant is an officer.
All officers are managers.
Conclusion I : No manager is a clerk.
Conclusion II : All assistants being managers is a possibility.

8. Statements : All gliders are parachutes.
No parachute is an airplane.
All airplanes are helicopters.
Conclusion I : No helicopter is a glider.
Conclusion II : All parachutes being helicopters is a possibility.

9. Statements : All grasses are trees.
Only a few trees are forests.
All forests are lands.
Conclusion I : All grasses being forests is a possibility.
Conclusion II : At least some trees are lands.

10. Statements : Only a few paragraphs are stories.
No story is a movie.
All movies are videos.
Conclusion I : At least some movies are paragraphs.
Conclusion-II : All videos can never be stories.

11. Statements : No corn is a pie.
Only a few pies are biscuits.
Only a few biscuits are dumplings.
Conclusion I : All biscuits can never be corns.
Conclusion II : All dumplings being pies is a possibility.

12. In which of the given expressions does the expression E > A definitely hold true?

A. $A \leq B > C; E > D \geq C$
B. $A = B > C; E > D \geq C$
C. $A \geq B = C; E > D > C$
D. $A < B < C; E > D < C$
E. $A = B \leq C; E > D > C$

13. What should come in place of @ and # respectively in the given expression S @ R ≥ Q = P; S ≤ O # T, so that the expression P < T definitely holds true?

A. >, < B. >, >
C. =, > D. <, >
E. <, <

Directions (Qs. No. 14-18): *Study the following information and answer the following questions.*

Twelve people, namely R, S, T, U, V, W, F, G, H, I, J and K have exams in one of the months, viz March, April, May, August, September and December of the same year. In each month, the exam will be held on 12th and 27th with each person appearing on a different date.

- U has exam after August. If U's exam is in a month having odd number of days, then this exam is also on an odd-numbered date. If his exam is in a month having even number of days, his exam is on even-numbered date.
- Only three people have exams between U and K.
- H's exam is on an odd-number date in a month having even number of days. H's exam is after K.

- Only three people have exams between R and W. R has his exam before W. R neither has his exam in March nor in April. R's exam is not immediately before U. W's exam is not in September.
- As many people have an exam between R and U as between T and F. T's exam is before F. T's exam is on an even-numbered date.
- Only two people have exam between F and S. V's exam is before S but after J.
- More than three people have exam between V and I.

14. Which of the following correctly represents the date and month on which F has his exam?
A. 12th April B. 27th May
C. 12th May D. 27th December
E. None of these.

15. Who amongst the following has an exam on 27th April?
A. I B. V
C. G D. S
E. H

16. How many people have exams between J and S?
A. Five B. Four
C. one D. Three
E. Two

17. Which of the following is true regarding I?
A. Only two people have exams after I.
B. I has an exam in May.
C. I has an exam immediately before W.
D. I has his exam on 12th December.
E. None of the given options is true.

18. As per the given arrangement, four of the following five are alike in a certain way and thus form a group. Which is the one that does not belong to that group?
A. UI B. RH
C. KS D. JK
E. VR

Directions (Qs. No. 19-20): *Each of these questions below consists of a question and two statements I and II given below it. You have to decide whether the data provided in the statements are sufficient to answer the question. Read both the statements and mark the appropriate option as your answer.*

A. if the data in statement I alone are sufficient to answer the question, while the data in statement II alone are not sufficient to answer the question.
B. if the data in statement II alone are sufficient to answer the question, while the data in statement I alone are not sufficient to answer the question.
C. if the data either in statement I or in statement II alone are sufficient to answer the question.
D. if the data even in both statements I and II together are not sufficient to answer the question and
E. if the data in both statements I and II together are necessary to answer the question.

19. Five people—A, B, C, D and E are sitting around a circular table facing the centre (not necessarily in the same order). Who sits to the immediate left of E?

Statement I : A sits second to the right of B. Only one person sits between A and C (either from left or right). D is an immediate neighbour of C.

Statement II : Only two people sit between B and D (either from left or right). C sits to the immediate right of D. E sits to the immediate left of A.

20. Five boxes P, Q, R, S and T are kept one above another in a stack. Which box is kept second from the top of the stack?

Statement I : Only three boxes are kept between Q and S. Box T is kept immediately below box Q. Only one box is kept between boxes T and P.

Statement II : Only two boxes are kept between boxes P and Q. Only one box is kept between boxes Q and R. Only one box is kept between boxes R and S.

ENGLISH LANGUAGE

Directions (Qs. No. 21-25): *Each of these questions, a sentence is given, a part of which is highlighted in bold. Below the sentence options have been given. Select the option which can REPLACE the phrase given in bold without changing the meaning of the sentence. If 'None' can replace the phrase given in bold both grammatically and in terms of meaning then mark 'None of those given as options' as the answer. If 'all' can replace the phrase given in bold both grammatically and in terms of meaning then mark 'All those given as options' as the answer.*

21. The local testing agency was **complimented for** its accuracy and speed in the completion of the high stake project.
A. Found on
B. assured by
C. supported to
D. None of those given as options
E. highlighted in

22. For approximately 63 million people **in the world** Italian is the first language.
A. Worldwide
B. within the planets
C. around the globe
D. across country
E. None of those given as options

23. It is said that many new jobs **would be created,** however, most of those jobs would be low paying in nature.
A. Will be create
B. expected in
C. None of those given as options
D. is likely
E. will be transformed

24. The committee for financial reform **is made up of** representatives from the central government and the central bank.
A. Consists of
B. has
C. comprises
D. All those given as options
E. includes

25. Though the initial research on the hybrid plant is almost over, **the bigger challenge** now is in popularising it as an ingredient.
A. An ongoing question
B. the undermining
C. None of those given as options
D. the major problem
E. an ever increasing

Directions (Qs. No. 26-30): *Each of these questions has a sentence with one blank indicating that something has been omitted. Below each sentence the options have been given (A), (B) and (C). Choose the options for the blank which fits both grammatically and makes the sentence meaningfully complete. If none of the given options fits the blank to make it grammatically correct and meaningful then mark 'None' as the answer.*

26. School education must focus on all the aspects, which _______ to the development of the young minds as they step into adulthood.
(*a*) portray (*b*) contribute
(*c*) support
A. Only (*b*) B. All (*a*), (*b*) and (*c*)
C. None D. Only (*c*)
E. Only (*a*) and (*c*)

27. Globalization has broadened career opportunities and _______ a foreign language is the order of the day.
(*a*) learning (*b*) picking up
(*c*) studying
A. Only (*a*) and (*b*) B. Only (*a*) and (*c*)
C. None D. Only (*c*)
E. All (*a*), (*b*) and (*c*)

28. Due to drought conditions in the foodgrain producing region, the production of rabi crops is _______ to be lower.
(*a*) entrusted (*b*) expected
(*c*) accepted
A. Only (*a*) and (*b*)
B. Only (*b*).
C. All (*a*), (*b*) and (*c*)
D. Only (*b*) and (*c*)
E. None

29. A manufacturing revival may not necessarily _______ into increased employment as it requires improved productivity at lowered costs.
(*a*) lead (*b*) return
(*c*) translate
A. All (*a*), (*b*) and (*c*)
B. Only (*b*) and (*c*)
C. Only (*a*)
D. None
E. Only (*c*)

30. Post recession many people were worried that the new jobs ______ would not be as good as the jobs in the past.
(*a*) offer (*b*) created
(*c*) lost
A. Only (*b*) B. All (*a*), (*b*) and (*c*)
C. Only (*a*) and (*b*) D. Only (*b*) and (*c*)
E. None

31. Many manufacturers try to ______ costs by not shipping ingredients over long distances and using local substitutes.
(*a*) minimize (*b*) reducing
(*c*) cut
A. Only (*b*) B. Only (*b*) and (*c*)
C. None D. Only (*a*) and (*c*)
E. Only (*a*)

Directions (Qs. No. 32-38): *In the given passage there are blanks, each of which has been denoted by (a), (b), (c), (d), (e), (f) and (g). Against each five words have been given. Read the passage carefully and decide which of the given words will come in place of the blank in each case.*

Manufacturing is essential to maintain the (*a*) of an economy. It both fuels and results from innovation. It is natural in the course of economic activity that "factory jobs" are tradable on international labour markets. They especially follow the migration of manufacturing activity involving jobs requiring lower skills and compensation. Efforts to (*b*) high value added manufacturing will have to be based on higher productivity, not necessarily more of those good "factory jobs" of the past. They may not have the (*c*) results if the goal is to create more jobs. Germany was cited by some as a country that has pursued an enlightened strategy toward manufacturing, through its continued support of a system of (*d*) that provides the changing mix of skills demanded by today's—not yesterday's—manufacturing. German producers have (*e*) those customers who require the most exacting, high-performance, costly products. As a result, they have created some of the least tradable manufacturing jobs. Regardless of the number of jobs it can create, manufacturing activity will be (*f*) to the continued development of the world's leading economies. But will it continue to receive the (*g*) of policymakers once they conclude that it is not the creator of the "factory jobs" of our memory and imagination? What do you think?

32. What will replace (*a*) in the passage?
A. resilient B. stable
C. health D. political
E. ongoing

33. What will replace (*b*) in the passage?
A. secluded B. stall
C. obtains D. pause
E. revive

34. What will replace (*c*) in the passage?
A. assure B. any
C. important D. valuable
E. desired

35. What will replace (*d*) in the passage?
A. existed B. knowledgeable
C. apprenticeship D. interring
E. unnecessary

36. What will replace (*e*) in the passage?
A. done away B. targeted
C. randomly D. open
E. restore

37. What will replace (*f*) in the passage?
A. knowing B. newly
C. importance D. vitality
E. critical

38. What will replace (*g*) in the passage?
A. attention B. tendency
C. root D. stature
E. intrigue

Directions (Qs. No. 39-41): *Pick the correct sentence with regard to grammar, meaning and usage and mark it as your answer. If all of the given sentences are correct then mark 'All are correct' as the answer. If none of the given sentences is correct mark 'None is correct' as the answer.*

39. A. Linking product designers to manufacturers facilitated by the new technology park, has led to fast-response product development.
B. To facilitate fast-response product development, the new technology park has linked product designers to manufacturers.
C. All are correct
D. The new technology park has facilitated fast-response product development by linking product designers to manufacturers.
E. Fast-response product development has been facilitated by the new technology park which links product designers to manufacturers.

40. A. His/her best behaviour shows by a child only when exposed to other children of same age as per studies
B. Only when expose to other same age individuals, a child may learn to be at his/her best behaviours as per study
C. As per studies a child may learn to be on his /her best behaviour only when exposed to other individuals of the same age.
D. Studies suggest that children learns to be at his/her best behaviour only when exposed to other same-aged individuals.
E. None is correct

41. A. 3 year old children, up to that age, doctors recommending that they should not be exposed to touchscreens and monitors.
B. Doctors recommend that up to 3 years of age children must not be exposed regularly to touchscreens and monitors.
C. Touchscreens and monitors must be keep away from children till they reach 3 years age as per the recommendation of doctors.
D. All are correct
E. As per the recommendation of doctors, Children must not exposed to touchscreens and monitors till they turn 3 years old.

Directions (Qs. No. 42-49): *Read the given passage carefully and answer the given questions. Some words have been given in bold to help you locating them for answering some of the questions.*

Paragraph 1: Over the last century, the global population has quadrupled. In 1915, there were 1.8 billion people in the world. Today, according to the most recent estimate by the UN, there are 7.3 billion people—and we may reach 9.7 billion by 2050. This growth is obviously driving up global food demand as well. Food demand is expected to increase anywhere from 59% to 98% by 2050. This will shape agricultural markets in ways we have not seen before. Farmers worldwide will need to increase crop production, either by increasing the amount of agricultural land to grow crops or by enhancing productivity on existing agricultural lands.

Paragraph 2: However, the ecological and social trade-offs of clearing more land for agriculture are often high, particularly in the tropics. And right now, crop yields—the amount of crops harvested per unit of land cultivated—are growing too slowly to meet the predicted demand for food. Even if some regions increase their output and traders reduce the **mismatch** between supply and demand, doubling food production by 2050 will undeniably be a major challenge..

Paragraph 3: Thus the last resort for farmers would be to grow more on the land they currently operate through what is called "sustainable intensification". This means using precision farming tools, such as GPS fertilizer dispersion, **advanced** irrigation systems, and environmentally optimized crop rotations. These methods can help produce more crops, especially in parts of Africa, Latin America and Eastern Europe with large yield gaps. They can also reduce the negative environmental impacts from over-stressing resources—preventing groundwater **depletion** and the destruction of fertile lands through over-use of fertilizer.

Paragraph 4: In order to attract more investments in agriculture, the risks need to be reduced by governments. Regulators need to overhaul policies that ______ inclusion of small, rural farmers into the financial system. More supportive policies, laws and public spending on infrastructure would *help create a favourable investment climate for agriculture.*

42. Which of the given words is most similar to the word ADVANCED given in bold in the passage?

A. Detrimental B. Peculiar
C. Conventional D. Ongoing
E. Progressive

43. Which of the following pairs given in the options can conclude Paragraph 3 and start Paragraph 4 respectively?

(*a*) Over the last 30 years, investment in agriculture has declined resulting in low productivity and stagnant production.

(*b*) Thus, as banking sectors in developing countries give fewer loans to farmers, farmers are bearing huge losses.

(*c*) If we have to use such methods extensively more agricultural research is needed which further highlights the need of investments in agriculture.

A. (*c*)-(*a*) B. (*c*)-(*b*)
C. (*a*)-(*b*) D. (*b*)-(*a*)
E. None of the given sequences can conclude Paragraph 3 and start Paragraph 4

44. Which of the given words is most similar to the word MISMATCH given in bold in the passage?

A. Gap B. Harmony
C. Influence D. Compatibility
E. Drawback

45. Which of the following should replace the blank '______' in paragraph 4 both grammatically and in terms of meaning in the context of the passage?

A. output B. limit
C. allow D. interests
E. adept

46. What does the author want to convey by, 'would help create a favourable investment climate for agriculture' as mentioned in the passage in italics?

(*a*) The climatic conditions need to be improved to improve food production.

(*b*) With supportive policies and laws investments in agriculture are likely to increase.

(*c*) Lower returns in agriculture are the main reason behind low investment.

A. Only (*a*) and (*c*) B. Only (*a*) and (*b*)
C. Only (*b*) D. Only (*b*) and (*c*)
E. All (*a*), (*b*) and (*c*)

47. Which of the following is/are true according to the passage?

(*a*) Paragraph 2 only highlights how food demand can easily be met in the near future.

(*b*) Rising food demands is likely to affect developed countries more severely than the developing countries.

(*c*) Increasing land under agriculture, can impact the ecology negatively.

A. Only (*a*) and (*b*) B. Only (*b*) and (*c*)
C. Only (*c*) D. Only (*b*)
E. None of these

48. What is the author's view about 'sustainable intensification' mentioned in Paragraph 3?

A. It is only useful for countries which have small yield gaps.
B. It may increase food production to meet the rising demands.
C. It will have a tremendous negative impact on the environment.
D. It is hyped and may not work in the long run.
E. All those given as options.

49. Which of the given words is most opposite to the word **depletion** given in bold in the passage?

A. Wastage B. Augmentation
C. Decrease D. Flow
E. Lowering

Directions (Qs. No. 50-55): *Each of these questions, a sentence is divided into four parts denoted by (a), (b), (c) and (d) has been given. Read the sentence to find out whether there is any error in it. The error, if any, will be in TWO parts of the sentence. The option which reflects these parts is the answer. If there is No Error, the answer is 'No Error'.*

Please Note: *The error must be present in both parts of the answer combination.*

50. Growth of a country is parallels to (*a*)/ the future of the country and (*b*)/ it is reflected through the quality of (*c*)/ the presents education system (*d*).

A. No error
B. (*b*)-(*c*)
C. (*a*)-(*b*)
D. (*c*)-(*d*)
E. (*a*)-(*d*)

51. As per recent figures (*a*)/ apples alone constitutes (*b*)/ 54 per cent of the (*c*)/ state's fruit economies (*d*).

A. (*a*)-(*d*)
B. (*b*)-(*d*)
C. No error
D. (*b*)-(*c*)
E. (*a*)-(*b*)

52. Simply put a country's GDP is the sum of (*a*)/ several transaction in which (*b*)/ ones person's expenditure (*c*)/ becomes another person's income (*d*).

A. (*c*)-(*d*)
B. (*a*)-(*b*)
C. (*a*)-(*d*)
D. No Error
E. (*b*)-(*c*)

53. When one is exposed (*a*)/ to various cultures, (*b*)/ his/her view of the world and (*c*)/ experience becomes varied (*d*).

A. (*b*)-(*c*)
B. (*c*)-(*d*)
C. (*a*)-(*d*)
D. No Error
E. (*a*)-(*b*)

54. The allegations make (*a*)/ in court must be back by (*b*)/ evidence as the court relies (*c*)/ only on solid proof (*d*).

A. (*c*)-(*d*)
B. No Error
C. (*b*)-(*c*)
D. (*a*)-(*d*)
E. (*a*)-(*b*)

55. When a borrower receives credit, (*a*)/ he is able to increase (*b*)/ his expenditure and spending (*c*)/ thereby driving the economy (*d*).

A. (*b*)-(*c*)
B. No error
C. (*b*)-(*d*)
D. (*a*)-(*d*)
E. (*a*)-(*b*)

Directions (Qs. No. 56-60): *Read the given passage carefully and answer the given questions. Some words have been given in bold to help you locating them for answering some of the questions.*

Sleep disruption has been associated with all major psychiatric conditions, including depression, anxiety and increased suicidal ideation. Research of over the past 20 years also suggests that in most major psychiatric conditions sleep is abnormal. Science is thus proving the prophetic wisdom of Charlotte Bronte, who stated that "a ruffled mind makes a restless pillow".

Add the above physical and mental health consequences up, and a scientifically validated link becomes easier to accept: the shorter your sleep, the shorter your life. Recent findings demonstrate that individuals who routinely sleep five hours a night have a 65% increased risk of dying at any moment in time, relative to those getting seven to nine hours a night. The elastic band of sleep deprivation can stretch only so far before it snaps.

It is therefore no coincidence that countries where sleep time has declined most dramatically over the past century, such as the US, the UK, Japan and South Korea, and several countries in western Europe, are also those suffering the greatest increase in the rates of the aforementioned physical diseases and mental disorders.

Studies show that after 22 hours without sleep, human performance is **impaired** to the same level as that of someone who is legally drunk.

Young doctors themselves can become part of the compromised health-care equation caused by long hours. After a 30-hour continuous shift (the norm for most young doctors), trainee doctors are 73% more likely to accidentally stab themselves with a hypodermic needle or cut themselves with a scalpel, risking a blood-borne infectious disease, compared with their careful actions when adequately rested. And when a doctor finishes a long overnight shift and drives home, their chances of being involved in a car crash are increased by 168%

because of insufficient sleep. Sleep should therefore be considered a life-support system, a universal national healthcare plan still waiting to be fully embraced by medicine, and society at large.

_______ become the voice that educates society about sleep. Healthcare systems have launched wonderfully effective public-health campaigns concerning influenza, the need for physical activity, and optimal diet and nutrition. However, I cannot recall any government launching a national public health campaign centred on the essential importance of sleep as both disease prevention and treatment. I hope this will change, and I would be delighted to help any and all such efforts.

56. Which of the following is/are true about young doctors as mentioned in the passage?
(*a*) Sleep deprivation increases the risk of accidents among young doctors who drive home after long overnight shifts.
(*b*) Most young doctors leave their profession owing to long hours.
(*c*) A 30 hour work shift is not unheard of among young doctors.
A. Only (*a*) and (*b*) B. All (*a*), (*b*) and (*c*)
C. Only (*b*) and (*c*) D. Only (*a*) and (*c*)
E. Only (*a*)

57. Which of the following can come in place of the blank '_______' both grammatically and in the context of the passage?
(*a*) Government and health institutes must
(*b*) Rising hypocrisy in the field of medicine
(*c*) We must therefore aim to
A. Only (*c*) B. Only (*b*) and (*c*)
C. Only (*a*) and (*c*) D. All (*a*), (*b*) and (*c*)
E. Only (*b*)

58. Why has the author given the examples of some countries in the passage?
A. To negate the idea that sleep deprivation may lead to increased death rate.
B. To bring to light the fact that people in developing nations are more sleep deprived than those in developed nations.
C. To illustrate how people in those countries have a 'healthy' approach to mental illness.
D. To highlight the link between lower sleep and health problems.
E. To show how hard work and sleepless nights can positively impact nations.

59. What does the author want to convey by the prophetic wisdom of Charlotte Bronte, 'a ruffled mind makes a restless pillow' as mentioned in the passage in Italics?
A. Restless Sleep does not necessarily indicate restless mind.
B. When the mind is hassled about something, it impacts sleep.
C. All those given as options
D. Peace of mind is not obtained by those who while away their time.
E. Sleep is the only basic need which can be compromised without worrying the mind.

60. Which of the given words is most opposite to the word **impaired** given in bold in the passage?
A. Enhanced B. Despaired
C. Hysterical D. Rushed
E. None of those given as options

COMPUTER KNOWLEDGE

61. Which of the following is a search engine?
A. Searcher B. Crawler
C. Loader D. Booter
E. Finder

62. While working in MS Excel 2013 and above to open an existing workbook, you can click the Open button on the _____ toolbar.
A. Special B. Drawing
C. Standard D. Status
E. Formatting

63. Which of the following operator in MS Excel is used for Text Concatenation?
A. / (forward slash symbol)
B. ^ (Caret symbol)
C. % (percentage symbol)
D. * (asterisk symbol)
E. & (Ampersand symbol)

64. _______ is a protocol that allows an internet user to move a file from one computer to another.

A. Data Transport Protocol
B. File Transfer Protocol
C. User Datagram Protocol
D. Transport Control Protocol
E. Information Protocol

65. An Integrated Circuit (IC) used in computers contains thousands of transistor which are etched into a _______ chip.

A. Nickel B. Copper
C. Silicon D. Aluminium
E. Silver

66. In which of the following tab of MS Word 2013 and above "Insert Caption" is available?

A. Home B. View
C. References D. Page
E. Page Layout

67. _______ fetches the instruction from the memory, decodes it and then interprets it to know what task is to be executed.

A. Instruction register B. ALU
C. Control Bus D. SMPS
E. None of these

68. What does the acronym IP stand for?

A. International Protocol
B. Internal Protocol
C. Internet Protocol
D. Interesting Protocol
E. Interactive Protocol

69. The memory that provide backup storage is called _______ .

A. Cache Memory B. Associative Memory
C. Auxiliary Memory D. Main Memory
E. Register Memory

70. Which of the following statements is/are correct related to software?

I. Windows is an application software.
II. MS Office is a system software.
III. Unix is an operating system.

A. Only I and II B. Only III
C. Only II and III D. Only II & III
E. Only II

71. Which of the following order (increasing) is correct based on cost of computers (increasing order)?

A. Supercomputer < Mainframe Computers < Microcomputer
B. Mainframe computer < Supercomputer < Microcomputer
C. Microcomputer < Mainframe Computer < Supercomputer
D. Microcomputer < Supercomputer < Mainframe Computer
E. Supercomputer < Microcomputer < Mainframe Computer

72. Which of the following protocols is used by client device to retrieve email from a remote email server using the TCP/IP protocol suite?

A. HTML B. SMTP
C. FTP D. POP3
E. HTTP

73. Which of the following is true for packet sniffing?

A. Assuring the authentication of the network
B. Sending corrypted data on the network to trick a system
C. Sending new data on to the network
D. Assuring the integrity of the network
E. Intercepting packets when they are transmitted from source to destination

74. The conversion of digital to analog symbols is known as _______ .

A. Polarization B. Modulation
C. Demodulation D. Electrification
E. Digitization

75. The size of IP address in IPv4 is ______ and IPv6 is ______.

A. 16 bits, 32 bits respectively
B. 16 bits, 64 bits respectively
C. 32 bits, 128 bits respectively
D. 12 bits, 64 bits respectively
E. 64 bits, 128 bits respectively

76. Which of the following code is used to represent 128 English characters as numbers with each letter assigned a number from 0 to 127?

A. American Standard Code for International Information
B. Asian Standard Code for International Information
C. American Standard Code for Information Interchange
D. Access Standard Code for Information Interchange
E. A Standard Code for Information Inversion

77. To find text in Windows use ________ .
A. Ctrl + A
B. Ctrl + S
C. Ctrl + F
D. Ctrl + T
E. Ctrl + E

78. _______ is used by Static RAM or SRAM to store each bit.
A. Capacitor
B. Flip-flops
C. Power Chips
D. Vacuum Tube
E. Alternators

79. Which of the following is a secondary storage device?
A. CACHE
B. RAM
C. ROM
D. Motherboard
E. Flash Memory

80. A text file sent by a Web Server that is stored on the hard drive of a computer and relays back to the Web server things about the user, his or her computer, and/ or his or her computer activities is known as _______ .
A. Cache
B. Cyberspace
C. Ethernet
D. Bandwidth
E. Cookie

GENERAL AWARENESS

81. Which country has recently successfully tested the World's first armed amphibious drone boat?
A. Russia
B. Italy
C. Japan
D. Saudi Arabia
E. China

82. Recently (April 2019) which State Government requested National Disease Control to help to trace the origin of 'West Nile Virus' infection that is a mosquito-borne disease?
A. Maharashtra
B. Andhra Pradesh
C. Telangana
D. Kerala
E. Punjab

83. Which woman cricketer has recently (April 2019) been named as a goodwill ambassador of the Indian team for the street child Cricket World Cup?
A. Punam Raut
B. Smriti Mandhana
C. Harmanpreet Kaur
D. Shikha Pandey
E. Mithali Raj

84. Who won the Oscar for best actor in leading role at the 91st Academy Awards, 2019?
A. Richard E Grant
B. Sam Rockwell
C. Adam Driver
D. Rami Malek
E. Sam Eliot

85. Which country has launched its first satellite 'Ravana-1' into space recently (April, 2019)?
A. Indonesia
B. Myanmar
C. Nepal
D. Sri Lanka
E. Malaysia

86. The Book "Celestial Bodies" is written by:
A. Jokha Alharthi
B. Vineet Bajpai
C. Annie Ernaux
D. Ruchir Sharma
E. None of those given as options

87. Which IT company has partnered with Department of Posts (DoP) to transform DoP into a multi-services digital hub?
A. Tata Consultancy Services (TCS)
B. Tech Mahindra
C. Infosys
D. Wipro
E. HCL Technologies

88. Who has been recently (March, 2019) appointed as Chairman of Life Insurance Corporation of India (L1C)?
A. B. Venugopal
B. T.C. Suseel Kumar
C. M.R. Kumar
D. Hemant Bhargava
E. None of those given as options

89. 'Annadata Sukhibhava' a scheme to give economic support to farmers has been recently (February, 2019) introduced by ______ State.

A. Gujarat
B. Andhra Pradesh
C. Maharashtra
D. Uttar Pradesh
E. Karnataka

90. Which city will become the first city in the world to install wireless charging systems for electric taxis, in a bid to make a zero-emission cab system by as early as 2023?

A. Amsterdam, Netherland
B. Copenhagen, Denmark
C. Oslo, Norway
D. New York, USA
E. New Delhi, India

91. Who has issued a set of guidelines "Model Code of Conduct (MCC)" to regulate political parties and candidates prior to elections?

A. Election Commission of India
B. President of India
C. Supreme Court of India
D. Vice-President of India
E. Union Ministry of Home Affairs

92. Who amongst the following is the Current Union Minister of External Affairs?

A. Amit Shah
B. S. Jaishankar
C. Piyush Goyal
D. Sushma Swaraj
E. None of the given options

93. 'Kanyashree Prakalpa' scheme of which State in India has recently won the highest Public Service Award of United Nations (UN)?

A. West Bengal
B. Bihar
C. Uttar Pradesh
D. Assam
E. Madhya Pradesh

94. The Prime Minister of India has recently (March, 2019) declared the current year (April, 2019–March, 2020) as ______.

A. Transportation-Technology Year
B. Management-Technology Year
C. Construction-Technology Year
D. Communication-Technology Year
E. Manufacturing-Technology Year

95. The Prime Minister has recently (March, 2019) launched "______" to enable people to pay multiple kinds of transport charges including metro services and toll tax, across the country.

A. Country's Common Card
B. Nation's Mobility Card
C. One Nation One Card
D. Many Transactions One Card
E. Multiple Charges One Card

96. Who has recently (May, 2019) been appointed as India Managing Director of Truecaller?

A. Kavinder Singh
B. Anantha Narayanan
C. Kalyan Krishnamurthy
D. Sandeep Patil
E. Falguni Nayar

97. The new railway zone Southern Coast Railway in Andhra Pradesh would comprise:

A. Secunderabad, Hyderabad and Nanded
B. Guntur, Nanded and Guntakal
C. Guntakal, Guntur and Vijayawada
D. Guntakal, Hyderabad and Vijayawada
E. Nanded, Secunderabad and Guntur

98. India was ranked at 76th on a global energy transition index which was compiled by ______.

A. World Bank
B. World Economic Forum
C. United Nations Development Programme
D. Sustainable Development Solutions Network
E. United Nations Environment Programme

99. Which of the following section of the RBI act empowers the central government to consult and give instructions to the Governor of the RBI to act on certain issues?

A. Section 77
B. Section 9
C. Section 7
D. Section 1-B
E. Section 370

100. In April 2019, the cabinet has approved an agreement between India and ______ in the field of renewable energy with the focus on offshore wind energy.

A. Mauritius
B. Denmark
C. Norway
D. Bolivia
E. Afghanistan

QUANTITATIVE APTITUDE

Directions (Q. No. 101-105): *What will come in place of question mark (?) in the given question?*

101. 8 9 17 26 90 ?
A. 121 B. 109
C. 115 D. 125
E. 111

102. 96 48 72 180 ? 2835
A. 570 B. 630
C. 575 D. 612
E. 484

103. 13 14 30 93 ? 1885
A. 364 B. 388
C. 382 D. 356
E. 376

104. 1252 250 62 20 ? 7
A. 13 B. 7
C. 11 D. 12
E. 9

105. 15 21 32 48 69 ?
A. 85 B. 103
C. 100 D. 89
E. 95

Directions (Qs. No. 106-110): *Study the table and answer the given questions.*

The following data are regarding number of shoes sold by five shops—A, B, C, D and E—in five different months—July, August, September, October and November.

	Shops				
Months	**A**	**B**	**C**	**D**	**E**
July	128	133	109	113	117
August	103	115	121	87	163
September	135	126	111	121	217
October	174	168	148	173	232
November	240	257	227	307	328

106. What is the average number of shoes sold by shop A in the months of July, August and September?
A. 120 B. 125
C. 136 D. 122
E. 132

107. The number of shoes sold by shop E in September was approximately what per cent more than the number of shoes sold by Shop B in the same month?
A. 60 B. 65
C. 78 D. 72
E. 84

108. The total number of shoes sold by all the shops together in June was 30% more than the total number of shoes sold by all the shoes together in July. How many shoes were sold by all the shops together in June?
A. 760 B. 740
C. 690 D. 780
E. 820

109. What is the ratio of the total number of shoes sold by shop B in October and November together to the total number of shoes sold by shop C in the same months together?
A. 17 : 14 B. 16 : 15
C. 17 : 15 D. 14 : 13
E. 16 : 13

110. Total number of shoes sold by store D in October and November together is what per cent of the number of shoes sold by shop E in the same months together?
A. $86\frac{1}{6}$ B. $85\frac{5}{7}$
C. $90\frac{1}{8}$ D. $88\frac{3}{4}$
E. $80\frac{2}{3}$

Directions (Qs. No. 111-115): *What approximate value should come in place of question mark (?) in the following questions?*

111. $?\%$ of $\left(\sqrt{15.85} \times 25.02 + 219.85\right) = 224.11$
A. 50 B. 45
C. 80 D. 70
E. 60

112. 2171 ÷ 14 + 24.03 × 4.97 = ?

A. 175 B. 275
C. 325 D. 450
E. 225

113. $(499 \times 12.02) \div \sqrt{(443)} + 1.99^2 = ?^2$

A. 9 B. 37
C. 17 D. 13
E. 27

114. 59.98% of 599.85 × 0.801 + 92 = ?

A. 144 B. 272
C. 380 D. 108
E. 94

115. $\sqrt{(15.88 \times 7 + 52.05 + 13 \times 7.01)} = ?$

A. 40 B. 32
C. 24 D. 16
E. 8

116. Train A travelling at 63 kmph can cross a platform 199.5 m long in 21 seconds. How much time would train A take to completely cross (from the moment they meet) train B, 287 m long and travelling at 54 kmph in opposite direction of that in which Train A is travelling?

A. 16 B. 18
C. 12 D. 14
E. 10

117. A boat running downstream covers a distance of 30 km in 2 hours. While coming back the boat takes 6 hours to cover the same distance. If the speed of the current is half that of the boat, what is the speed of the boat? (in km/h)

A. 15 B. 5
C. 10 D. 20
E. None of these

118. The ratio of milk water in a mixture is 4 : 3. If 6 litres of water is added to this mixture, the ratio of milk to water becomes 8 : 7. What is the quantity of milk in the original mixture?

A. 96 litres B. 36 litres
C. 84 litres D. 48 litres
E. None of these

119. A, B and C invested ₹ 45,000, ₹ 90,000 and ₹ 90,000 respectively to start a business. At the end of two years, they earned a profit of ₹ 1,64,000. What will be B's share in the total profit?

A. ₹ 65,600 B. ₹ 36,000
C. ₹ 72,000 D. ₹ 64,000
E. ₹ 59,000

120. The ratio of the two positive numbers 'X' and Y is 4 : 7. Now, X is increased by 25% and 3 is added to it, Y is doubled and 3 is added to it. The ratio of the resultant X to resultant Y becomes 2 : 5. What is the original value of Y?

A. 24 B. 12
C. 21 D. 10
E. None of these

ECONOMIC & SOCIAL ISSUES

121. The Government of India aims to double farmers income by 2022-2023 from the level of incomes in ______ .

A. 2016-17 B. 2015-16
C. 2012-13 D. 2014-15
E. 2013-14

122. The price at which Government purchases foodgrains for maintaining the public distribution system and for building up buffer stocks are known as ______ .

A. Minimum Support Prices
B. Procurement Prices
C. Issue Prices
D. Ceiling Prices
E. None of these

123. Which of the following Cooperative Societies of India is responsible for the production of fertilizers?

A. NAFED B. IFFCO
C. NCDC D. TRIFED
E. None of these

124. In India, which of the following have the highest share in the disbursement of credit to agriculture and allied activities?
A. Microfinance Institutions
B. Regional Rural Banks
C. Cooperative Banks
D. Commercial Banks
E. None of these

125. Outcome focused schemes for vocational education and training 'SANKALP' and 'STRIVE' launched by the Government of India are supported by the ______ .
A. International Labour Organization
B. World Bank
C. UN Economic and Social Council
D. World Economic Forum
E. International Monetary Fund (IMF)

126. In agriculture census, the operational holdings are categorized in five size classes. Farmers with land holding of 4.00 to 10.00 hectare belongs to ______ category.
A. Large
B. Small
C. Marginal
D. Medium
E. Semi-medium

127. Based on the National Sample Survey Office (2011-12) estimates the recent Oxfam India report titled 'Mind the Gap-State of Employment in India' shows that ______ is NOT one of the reasons for low participation.
A. Unequal pay
B. Decline in number of rural jobs for women
C. Burden of unpaid care work
D. feminization of agriculture
E. None of those given as options

128. The 'Honey Mission' initiative of the Government of India aimed at production of healthy honey and wax is being implemented through ______ .
A. Khadi and Village Industries Commission (KVIC)
B. District Rural Development Agency (DRDA)
C. Department of Food and Public Distribution
D. Other than those given as options
E. None of these

129. 'Krushal Assistance for Livelihood and Income Augmentation' (KALIA) scheme which provides financial assistance to small and marginal farmers for cultivation support along with insurance support launched in which state?
A. Odisha
B. Andhra Pradesh
C. Telangana
D. West Bengal
E. Bihar

130. In a recently released Global Gender Gap Index-2018 by World Economic Forum, India was placed at ______ position.
A. 104
B. 98
C. 108
D. 89
E. 74

131. 'Soura Jaianidhi' scheme aims to increase use of solar energy for helping farmers in irrigating their land has been launched in which of the following states?
A. Telangana
B. Bihar
C. Andhra Pradesh
D. Odisha
E. Karnataka

132. Which of the following brings out the 'Consumer Price Index Number for Industrial Workers'?
A. The Reserve Bank of India
B. The Department of Economic Affairs
C. The Labour Bureau
D. The Department of Personnel and Training
E. None of these

133. The Pradhan Mantri Shramik Yogi Maan Dhan—will be open for unorganized sector workers entails a minimum monthly pension of ______ .
A. ₹ 5,000
B. ₹ 4,000
C. ₹ 2,000
D. ₹ 6,000
E. Other than those given as options

134. 'Per Drop More Crop' (PDMC) is a component under the ______ .
A. PMGSY Scheme
B. PMFBY Scheme
C. PKVY Scheme
D. PMKSY Scheme
E. PNKSY Scheme

135. Which State government recently launched an old age pension scheme—'Mukhyamantri Vridhajan Pension Yojana?

A. Maharashtra B. Odisha
C. Jharkhand D. Bihar
E. Chhattisgarh

136. A tax-exempt bond issued by federally qualified organizations or by municipalities for the development of brownfield sites is known as ______ .

A. Masala Bond
B. Climate Bond
C. Green Bond
D. Social Impact Bond
E. None of these

137. The purest form of the income of the nation is ______ .

A. Net National Income
B. Gross National Income
C. Gross National Product
D. Net National Product
E. Gross Domestic Income

138. 'India Vision 2020' is prepared by ______ .

A. Arvind Panagariya
B. M. Subramaniam
C. A.P. Shah
D. S.P. Gupta
E. C.K. Gupta

139. Union Agriculture Minister Radha Mohan Singh has inaugurated Global Agriculture and Food Summit 2018 in ______ .

A. Patna B. Ranchi
C. Kolkata D. Hyderabad
E. Guwahati

140. Which of the following state Government has launched an ambitious project State of SMART in 10,000 villages with an objective to achieve sustainable farming within the next three years?

A. Rajasthan
B. Madhya Pradesh
C. Gujarat
D. Maharashtra
E. Uttarakhand

141. The theme of the 4th Edition of NITI Lecture Series by NITI Aayog is ______ .

A. India and Global Economy
B. Going forward Technology and Transformation
C. AI for ALL leveraging artificial intelligence for inclusive growth
D. Make in India
E. None of these

142. 'Yuva Sahakar—Cooperative Enterprise Support and Innovation Scheme' of the National Cooperative Development Corporation (NCDC) was launched by which ministry?

A. Railways Ministry
B. Agriculture Ministry
C. Statistics and Programme Implementation Ministry
D. HRD Ministry
E. Skill Development and Entrepreneurship Ministry

143. Deendayal Antyodaya Yojana—National Rural Livelihood Mission is a flagship programme of the ______ .

A. Ministry of Rural Development
B. Ministry of Tribal Affairs
C. Ministry of Panchayati Raj
D. HRD Ministry
E. None of these

144. According to the 10th edition of Agriculture Census Data for 2015-16 released by the Ministry of Agriculture in October, 2018. Small and Marginal farmers with less than two hectares of land:

A. 71.2% of all farmers in India
B. 86.2% of all farmers in India
C. 66.2% of all farmers in India
D. 72.2% of all farmers in India
E. 79.2% of all farmers in India

145. National Adaptation Fund For Climate Change (NAFCC) is a central scheme to support ______ .

A. Adjustment to climate change impact
B. Welfare of minority communities
C. Pollution Free India
D. Welfare of Tribal
E. None of these

146. The specifications for Rural Roads being constructed, maintained and repaired are laid down as by the ________ .
A. Ministry of Environment Forest and Climate Change
B. Ministry of Rural Development
C. Ministry of Road Transport and Highways
D. Ministry of Urban Housing and Poverty Alleviation
E. Other than those given as options

147. NABARD was set up with an initial capital of ________ .
A. ₹ 200 crore B. ₹ 500 crore
C. ₹ 1500 crore D. ₹ 100 crore
E. ₹ 1000 crore

148. Which organization hold the highest/ maximum share in NABARD as on 31st March, 2016?
A. Finance Ministry
B. Reserve Bank of India
C. Government of India
D. Securities and Exchange Board of India
E. None of these

149. Which Indian State has the largest number of Cotton Textile mills?
A. Madhya Pradesh B. Gujarat
C. Maharashtra D. West Bengal
E. None of these

150. 'NABVENTURES' has recently launched a fund to back agriculture, food and rural start-ups with a proposed corpus of ₹ 500 crore NABVENTURES is a subsidiary of ______ .
A. NABARD B. RBI
C. IL&FS D. SIDBI
E. EXIM Bank

151. The government has recently (May, 2019) announced that the National Sample Survey Office (NSSO) will be merged with the central Statistics Office to form the National Statistical Office (NSO) which will be headed by the Secretary of the _______ .
A. National Survey and Mapping Organization (NSMO)
B. Ministry of Statistics and Programme Implementation (MOSPI)
C. Ministry of Corporate Affairs (MCA)
D. None of those given as options
E. National Statistical Commission (NSC)

152. Agriculture employees almost what per cent of the Indian Population?
A. 80 B. 60
C. 40 D. 70
E. 90

153. What kind of unemployment is found in the agriculture sector of India?
A. Situational B. Voluntary
C. Disguise D. Frictional
E. None of these

154. Which of the following is a direct tax?
A. Corporation Tax B. Custom Duty
C. Excise Duty D. Service Tax
E. None of these

155. The increases in procurement operations by TRIFED results in enhancement of employment generation opportunities for _______ .
A. Farmers & agriculturists
B. Micro enterprises
C. Minority communities
D. Rural youth
E. Tribal youth

156. Under KUSUM scheme, the government desires to assist as many farmers as possible to install new and improved solar pumps on their farms. The word 'S' in the 'KUSUM' stands for _______ .
A. Sujata B. Shiksha
C. Sunhera D. Suraksha
E. Sameeksha

157. 'NULM' is a scheme launched by the Ministry of Housing and Urban Poverty Alleviation (MHUPA), Government of India on 23 September, 2013. The full form of NULM is _______ .
A. National Urban Livelihoods Mission
B. Nation Urban Likelihood Mission
C. National Urban Leverage Mission
D. National Urban Labour Mission
E. Nation Urban Leverage Mission

158. As per SECC 2011, what is the number of households with no literate adult above age 25 years?

A. 4.22 crore B. 5.78 crore
C. 9.88 crore D. 1.22 crore
E. 7.34 crore

159. _______ occurs when people are willing to work, but the people searching for work are not qualified for the job.

A. Frictional Unemployment
B. Budding Unemployment
C. Structural Unemployment
D. Static Unemployment
E. Cyclical Unemployment

160. _______ recently set up Eklavya Model Residential Schools (EMRSs) for scheduled tribe students across the country.

A. Ministry of Human Resources and Development
B. Ministry of Social Justice and Empowerment
C. Ministry of Women and Child Development
D. Ministry of Tribal Affairs
E. Ministry of Home Affairs

AGRICULTURE & RURAL DEVELOPMENT

161. In context of grafting technology, which is used to improve the yield of brinjal. Which of the following statements is/are true?

A. It is a technique of propagation to enhance plant growth by increasing the uptake of nutrients and developing resistance to soil borne diseases with appropriate rootstocks.
B. The grafted plant is positioned in a mist chamber for 3 to 5 days before being transferred to shade net.
C. It will take a month-and-a-half to produce brinjal grafts.
D. Only (A) and (B)
E. All of the above

162. RIICE uses satellite technology, insurance to help rice farmers. It stands for _______ .

A. Remote Sensing-based Improvisation and Insurance for Crops in Emerging
B. Research Station-based Information and Insurance for Crops in Emerging Economies
C. Remote Sensing-based Information and Insurance for Crops in Emerging Economies
D. Reboot Sensing-based Information and Insurance for Crops in Emerging Economies
E. Remote Sensing-based Information and Intensification for Crops in Efficient Economies

163. What is the required seed rate for hybrid rice cultivation?

A. 20 kg per hectare B. 50 kg per hectare
C. 1 kg per hectare D. 300 kg per hectare
E. 5 kg per hectare

164. With reference to the production of jute crop, which of the following statements is/are correct?

A. Alluvial sandy loam, clay loamy soils are best suited for jute production.
B. The duration of crops is 120 to 140 days.
C. The crop requires 500 mm of water.
D. Fibre yield is around 2.0 to 2.5 tonnes per hectare.
E. All of the above

165. In budget 2019-20, the government set the target to distribute ______ LPG connections under the Ujjwala Yojana.

A. 6 crore B. 10 crore
C. 5 crore D. 8 crore
E. None of these

166. Which one of the following ports is not the major port of India?

A. Port Blair port B. Ennore
C. Paradeep D. Mumbai
E. None of these

167. 'Multiculturalism' refers to the social phenomenon where _______ .

A. Multiple people follow the same culture.
B. One person follows multiple culture.
C. Multiple people follows various cultures in one society.
D. Multiple cultures are used to govern the society.
E. None of the above

168. The farming in which the farmers focus on growing enough food to feed themselves and their families is called ______ .
A. Organic Farming
B. Industrial Farming
C. Levy Farming
D. Individual Farming
E. Subsistence Agriculture

169. Which of the following livestock management activities is not predominantly performed by women?
A. Fodder Collection
B. Watering of Cattle
C. Collecting farmyard manure
D. Grazing of Animals
E. Preparing dung cakes

170. CAPART is an autonomous institution under the Ministry of Rural Development, Government of India. The second 'A' in CAPART stands for ______ .
A. Action B. Advancement
C. Assistance D. Administration
E. Agreement

171. Rural areas contribute around _______ of non-farm output in the country.
A. one fourth B. one-third
C. one-sixth D. one-fifth
E. one-tenth

172. In context of NRLM, which of the following statements is/are true?
(*i*) It aims at reducing rural poverty by enabling poor households to access gainful self-employment and skilled wage employment opportunities.
(*ii*) The aim of mission is to mobilize 10-12 crore rural households into self-help groups in a time bound manner by 2020-21.
(*iii*) The central objective of the mission is to "establish efficient and effective institutional platforms of the rural poor that enable them to increase household incomes through livelihood enhancements and improved access to financial and public services".
(*iv*) It was launched in June, 2010.
A. (*i*), (*ii*) and (*iii*)
B. (*i*) and (*ii*)
C. (*i*) and (*iv*)
D. (*i*) and (*iii*)
E. (*i*), (*ii*), (*iii*) and (*iv*)

173. In which of the following districts NABARD's project E-Shakti was rolled out?
A. Dhule (Maharashtra)
B. Kanpur (Uttar Pradesh)
C. Pune (Maharashtra)
D. Ujjain (Madhya Pradesh)
E. Unnao (Uttar Pradesh)

174. Which of the following is not a type of seed priming?
A. Hydro priming
B. Halo priming
C. Osmo priming
D. Sand matric priming
E. All of the above are types of seed priming

175. Leaf blight is a disease affecting which of the following crops?
A. Maize B. Castor
C. Ground nut D. Tobacco
E. None of the above

176. _______ is a machine mainly used for harvesting grasses and forage crops.
A. Mower B. Reaper
C. Sickle D. Swath
E. Windrower

177. An unconnected Habitation is defined as population of designated size located at a distance of atleast ______ metres or more.
A. 100 B. 200
C. 500 D. 50
E. 300

178. The mission of NABARD is to promote sustainable and equitable agriculture and rural prosperity through effective credit support, related services, institution development and other innovative initiatives. What is the meaning of 'R' in NABARD?

A. Regional B. Rural
C. Reconstruction D. Revised
E.. Remittance

179. What is the use of the furrow irrigated raised-bed system (FIRBS) technology?

A. It reduces lodging owing to less physical contact of irrigation water with plant culm.
B. It provides easy air movement.
C. It reduces the population of weeds on the top of bed, probably due to faster drying and lower soil moisture compared to furrows.
D. All of the above
E. None of the above

180. What are the non-grassy weeds?

A. Bathua B. Khartua
C. Hirankhuri D. Satyanashi
E. All of the above

181. What is/are indigenous dairy breeds?

A. Sahiwal B. Gir
C. Kankrej D. Rathi
E. All of the above

182. What is growth of Dairy and Poultry Production in India in last 10 years?

A. 4-12 per cent
B. 0-4 per cent
C. 12-15 per cent
D. 16 per cent
E. None of the above

183. What is the objective of National Bee Board?

A. Overall development of Beekeeping
B. Promoting Scientific Beekeeping in the country to increase the bee productivity.
C. Apply scientific technique in pollination
D. Increase honey production for increasing income of the Beekeepers/Farmers.
E. All of the above

184. The repetitive growing of the same sole crop on the same land is known as _______ .

A. Polyculture B. Monoculture
C. Solo farming D. Uniculture
E. None of these

185. _______ is a process of irrigation before sowing of crops to reduce percolation of water?

A. Puddling B. Kor watering
C. Soaking D. Flooding
E. Inundating

186. With reference to agriculture, what are "Smother crops"?

A. Crops whose culture practices allow the infestation of weeds intensively.
B. Crops cultivated to catch the forthcoming season when main crop fails.
C. Crops grown to suppress weeds by providing dense foliage and quick growing ability.
D. Crops grown to conserve the soil moisture through their ground covering foliage.
E. Crops that are grown for grazing of harvesting for immediate or future feeding of livestock.

187. Soil Health Card was first introduced in which state of India by PM Narendra Modi?

A. Haryana B. Jharkhand
C. Rajasthan D. Bihar
E. Uttar Pradesh

188. Sucrose content in sugarcane decreases _______ .

A. If high rainfall occurs during the period of growth of the plant.
B. If frost occurs during the period of ripening.
C. If there is fluctuation in temperature during the period of growth of the plant.
D. If there is high temperature during the time of ripening.
E. None of these

189. Which of the following mobile app was launched for PMGSY roads grievances redressal?

A. Sadak Mitra B. Meri Sadak
C. My Road D. Apna Sadak
E. None of the above

190. What is the funding pattern between centre and state (except North-east and hilly states) under Integrated Watershed Management Programme (IWMP)?

A. 90 : 10 B. 60 : 40
C. 50 : 50 D. 40 : 50
E. None of the above

191. To motivate and inculcate competition among Krishi Vigyan Kendras (KVKs) a new award has been instituted at Zonal and National Level. What is the name of this award?

A. Pt. Deen Dayal Rashtriya Krishi Protsahan Puruskar
B. Pt. Deen Dayal Rashtriya Krishi Vigyan Protsahan Puruskar
C. Pt. Deen Dayal Rashtriya Krishi Pratiyogita Puruskar
D. Pt. Deen Dayal Rashtriya Krishi Grameen Protsahan Puruskar
E. None of these

192. What is the general fund sharing pattern of Pradhan Mantri Gram Sadak Yojana, between Centre and State?

A. 60 : 40 B. 65 : 45
C. 55 : 45 D. 50 : 50
E. 20 : 30

193. Name the intensified mission that Prime Minister Shri Narendra Modi has launched with an aim to reach each and every child under two years of age and all those pregnant women who have been left uncovered under the routine immunization program.

A. Mission Kamdhenu
B. Mission Balak
C. Mission Boond
D. Mission Navjeevan
E. Mission Indradhanush

194. The process of using earthworms in composting is known as _______ .

A. Aerated Windrow composting
B. In-vessel composting
C. Vermicomposting
D. Onsite composting
E. None of the above

195. Black soils are rich in which of the following?

A. Magnesium B. Organic Matter
C. Zinc D. Phosphorus
E. None of these

196. What is the edible part of mango called?

A. Stamen B. Mesocarp
C. Placenta D. Pericarp
E. Epicarp

197. PACS, an institute of NABARD works at the gram panchayat and village level. In PACS, A stands for?

A. Accredit B. Agriculture
C. Asset D. Advisory
E. Ability

198. The order in which one crops is cultivated on a piece of land over a fixed period is called _______ .

A. Cropping Pattern
B. Cropping System
C. Mono-Cropping
D. Intercropping
E. Mixed Farming

199. Which of the following feed supplements is not mineral supplement?

A. Minimix B. Milk min
C. Nutrimilk D. Aromin
E. Rovimix

200. Consider the following statements about Metzger's Theory in reference of Forest Mensuration:

1. It is also known as Girder's theory.
2. It explains the variations in taper form of trees.
3. As per the theory, the wind pressure is transferred to the bottom of the tree and hence the base is bigger.

Which of the statements given above is/are correct?

A. 1 only
B. 1 and 3 only
C. 2 and 3 only
D. 2 only
E. All of these

ANSWERS

1 C	2 C	3 E	4 E	5 C	6 A	7 B	8 B	9 B	10 B
11 A	12 E	13 A	14 A	15 B	16 D	17 E	18 C	19 A	20 A
21 D	22 A	23 C	24 D	25 D	26 A	27 E	28 B	29 E	30 A
31 D	32 C	33 E	34 E	35 C	36 B	37 E	38 A	39 C	40 E
41 B	42 E	43 A	44 A	45 C	46 C	47 C	48 B	49 B	50 E
51 B	52 E	53 B	54 E	55 D	56 D	57 C	58 D	59 B	60 A
61 C	62 C	63 E	64 B	65 C	66 C	67 A	68 C	69 C	70 B
71 B	72 D	73 E	74 B	75 C	76 C	77 C	78 B	79 E	80 E
81 E	82 D	83 E	84 D	85 D	86 A	87 A	88 C	89 B	90 C
91 A	92 B	93 A	94 C	95 B	96 D	97 C	98 B	99 C	100 B
101 C	102 B	103 E	104 E	105 E	106 D	107 D	108 D	109 C	110 B
111 D	112 B	113 C	114 C	115 D	116 D	117 C	118 D	119 A	120 C
121 A	122 B	123 B	124 D	125 B	126 D	127 D	128 A	129 A	130 C
131 D	132 C	133 E	134 D	135 D	136 C	137 D	138 D	139 B	140 D
141 C	142 B	143 A	144 B	145 A	146 B	147 D	148 C	149 C	150 A
151 B	152 D	153 C	154 A	155 E	156 D	157 A	158 A	159 C	160 D
161 E	162 C	163 A	164 E	165 D	166 E	167 C	168 E	169 D	170 A
171 B	172 D	173 A	174 E	175 A	176 A	177 C	178 B	179 D	180 E
181 E	182 A	183 E	184 B	185 A	186 C	187 C	188 A	189 B	190 B
191 B	192 A	193 E	194 C	195 A	196 B	197 B	198 B	199 E	200 E

EXPLANATORY ANSWERS

102. 96 48 72 180 [630] 2835

$\times\frac{1}{2}$ $\times\frac{3}{2}$ $\times\frac{5}{2}$ $\times\frac{7}{2}$ $\times\frac{9}{2}$

103. 13 14 30 93 [376] 1885

×1+1 ×2+2 ×3+3 ×4+4 ×5+5

104. 1252 250 62 20 [9] 7

×5+2 ×4+2 ×3+2 ×2+2 ×1+2

105. 15 21 32 48 69 [95]

+6 +11 +16 +21 +26

+5 +5 +5 +5

106. The Average number of Shoes sold by shop A in the months of July, August and September

$$= \frac{128+103+135}{3}$$

$$= \frac{366}{3} = 122.$$

107. The number of Shoes sold by Shop E in September = 217

and the number of shoes sold by Shop B in September = 126

(E per cent more than)

$$= \frac{217-126}{126}\times 100$$

$$= \frac{91}{126}\times 100$$

$$= \frac{9100}{126} = 72 \text{ (Approx.)}$$

108. The total number of Shoes sold by all the shoes together in July

= 128 + 133 + 109 + 113 + 117

= 600

∴ The total number of Shoes sold by all the shops together in June

$$= 600\times\frac{130}{100} = 780.$$

109. Ratio:

$$= \frac{\text{Sold by Shop B in October and November}}{\text{Sold by Shop C in the October and November}}$$

$$= \frac{168+257}{148+227} = \frac{425}{375} = \frac{17}{15}$$

= 17 : 15.

110. Total number of shoes sold by shop D in October and November together

= 173 + 307 = 480

and total number of shoes sold by shop E in the same months together

= 232 + 328 = 560

$$\text{Total of D} = \frac{x}{100}\times \text{total of E}$$

$$\Rightarrow \quad 480 = \frac{x}{100}\times 560$$

$$\Rightarrow \quad x = \frac{480\times 100}{560} = \frac{600}{7} = 85\frac{5}{7}.$$

111. $?\ \%\text{ of }\left(\sqrt{15.85}\times 25.02+219.85\right) = 224.11$

$$\Rightarrow ?\%\times\left(\sqrt{16}\times 25+220\right) = 225$$

$$\Rightarrow \frac{?}{100}\times(4\times 25+220) = 225$$

$$\Rightarrow \frac{?}{100}\times(100+220) = 225$$

$$\Rightarrow \frac{?}{100}\times(320) = 225$$

$$\Rightarrow ? = \frac{225\times 100}{320} = 70$$

Hence, ? = 70 (Approximate Value).

112. 2171 ÷ 14 + 24.03 × 4.97 = ?

$$\Rightarrow \frac{2171}{14}+24\times 5 = 155 + 120$$

= 275 (Approx.)

113. $(499\times 12.02)\div\sqrt{(443)}+1.99^2 = ?^2$

$$\Rightarrow (499\times 12)\div 21 + 22 = ?^2$$

$$\Rightarrow \frac{499\times 12}{21}+4 = ?^2$$

$$\Rightarrow \quad \frac{499 \times 4}{7} + 4 = ?^2$$

$$\Rightarrow \quad 71 \times 4 + 4 = ?^2$$

$$\Rightarrow \quad 284 + 4 = ?^2$$

$$\Rightarrow \quad 288 = ?^2$$

$$\Rightarrow \quad \text{Approximate } 289 = ?^2$$

$$\Rightarrow \quad (17)^2 = ?^2$$

$$\Rightarrow \quad ? = 17 \text{ (Approxi.)}$$

114. 59.98% of 599.85 × 0.801 + 92 = ?

⇒ 60% of 600 × 0.801 + 92 = ?

$$? = \frac{60}{100} \times 600 \times 0.801 + 92$$

? = 360 × .801 + 92

? = 288.360 + 92

? = 380.360

? = 380 (Approximate).

115. $\sqrt{(15.88 \times 7 + 52.05 + 13 \times 7.01)} = ?$

$= \sqrt{16 \times 7 + 52 + 13 \times 7}$

$= \sqrt{112 + 52 + 91}$

$= \sqrt{255} = \sqrt{256}$ = 16 (Approximate).

117. Let the speed of the boat = x km/h

Then, the speed of the current = $\frac{x}{2}$ km/h

∴ Downstream speed = $x + \frac{x}{2} = \frac{3}{2}$ km/h

and upstream speed = $x - \frac{x}{2} = \frac{x}{2}$ km/h

Now, $\frac{30}{\frac{3}{2}x}$ = 2 hours and $\frac{30}{\frac{x}{2}}$ = 6 hours

or, 30 = 3x, or 30 = 3x

or, $x = \frac{30}{3}$ or, $x = \frac{30}{3}$

= 10 km/h = 10 km/h

Hence, the speed of the boat = 10 km/hr.

118. Let quantity of Milk and Water in Mixture is $4x$ and $3x$ litres

Then, 6 litres of water is added to this mixture

$$\therefore \quad \frac{4x}{3x+6} = \frac{8}{7}$$

$$\Rightarrow \quad 4x \times 7 = (3x + 6) \times 8$$

$$\Rightarrow \quad 28x = 24x + 48$$

$$\Rightarrow \quad 28x - 24x = 48$$

$$\Rightarrow \quad 4x = 48$$

$$\Rightarrow \quad x = \frac{48}{4} = 12$$

∴ The quantity of milk in the original mixture

= $4x$ × 4 × 12

= 48 litres.

119. The ratio of investment of A, B and C

= 45,000 × 2 : 90,000 × 2 : 90,000 × 2

= 45 : 90 : 90

= 1 : 2 : 2

and earned profit = ₹ 1,64,000

∴ B's share in the total profit

$= 1,64,000 \times \frac{2}{5}$

= 32,800 × 2 = ₹ 65,600.

120. Let the two positive numbers 'X' and 'Y' is $4x$ and $7x$

$$\text{Then,} \quad \frac{4x \times \frac{125}{100} + 3}{2(7x) + 3} = \frac{2}{5}$$

$$\Rightarrow \quad \frac{5x+3}{14x+3} = \frac{2}{5}$$

$$\Rightarrow \quad 25x + 15 = 28x + 6$$

$$\Rightarrow \quad 28x - 25x = 15 - 6$$

$$\Rightarrow \quad 3x = 9$$

$$\therefore \quad x = \frac{9}{3} = 3$$

Now, original value of Y = $7x$

= 7 × 3 = 21.

पिछले प्रश्न-पत्र (हल सहित)

NABARD असिस्टेंट मैनेजर (Grade A) Phase-I ऑनलाइन परीक्षा 2018*

तार्किक योग्यता

निर्देश (प्र. सं. 1 से 5 तक) : *निम्नलिखित जानकारी को ध्यानपूर्वक [illegible]कर, नीचे दिए गये प्रश्नों का उत्तर दीजिए।*

सात बक्से A, B, C, D, E, F और G जिनमें 10 और [illegible] के बीच की संख्या में चॉकलेट है, एक-दूसरे के ऊपर नीचे रखे हुए हैं। A के ऊपर चार से अधिक बक्से नहीं रखे गए हैं। बक्सा A तथा एक और बक्सा जिसमें 41 चॉकलेट हैं, के बीच में दो बक्से रखे हैं जो कि बक्से A के नीचे रखा है। D बक्से में, B बक्से से तीन गुना चॉकलेट हैं, बक्से C में 50 चॉकलेट हैं और वह सबसे ऊपर नहीं रखा है। बक्से G में चॉकलेटों की संख्या एक घन संख्या है। 41 चॉकलेट वाले बक्से और 39 चॉकलेट वाले बक्से के बीच केवल एक बक्सा रखा [illegible]आ है। बक्से D में बक्से A से कम चॉकलेट हैं। एक बक्से में 78 चॉकलेट है। 64 चॉकलेट वाले बक्से और बक्से C के बीच पांच बक्से रखे हैं। बक्सा G, बक्सा E के तुरन्त ऊपर है। बक्सा D, बक्से B के तुरन्त ऊपर और नीचे नहीं रखा है। बक्से D और बक्से R के बीच तीन बक्से रखे हैं। बक्से D बक्से R के ऊपर रखा है।

1. निम्नलिखित में से कौन-सा बक्सा/बक्से, बक्सा D और बक्सा B के ठीक बीच में रखा गया है?

A. G, E B. B, C
C. B, A D. F, C
E. इनमें से कोई नहीं

2. बक्से E में कुल कितनी चॉकलेट हैं?

A. 50 B. 13
C. 78 D. 41
E. इनमें से कोई नहीं

3. निम्नलिखित बक्सों में से किस बक्से में सबसे अधिक और किस बक्से में सबसे कम चॉकलेट हैं?

A. G, E B. B, D
C. C, A D. F, B
E. इनमें से कोई नहीं

4. निम्नलिखित में से कौन-सा युग्म सत्य नहीं है?

A. 50-D B. 13-B
C. 41-E D. 64-A
E. इनमें से कोई नहीं

5. निम्नलिखित में से कौन-सा बक्सा, बक्से B के तुरन्त नीचे रखा गया है?

A. G B. C
C. A D. F
E. इनमें से कोई नहीं

निर्देश (प्र. सं. 6 से 10 तक) : *निम्नलिखित प्रश्नों में विभिन्न तत्वों के मध्य संबंध कथनों द्वारा दर्शाए गए हैं। कथनों के बाद निष्कर्ष अनुसरण करते हैं।*

उत्तर दीजिए :

A. यदि केवल निष्कर्ष I सत्य है
B. यदि केवल निष्कर्ष II सत्य है
C. यदि निष्कर्ष I अथवा II सत्य है
D. यदि निष्कर्ष I अथवा II सत्य नहीं है
E. यदि निष्कर्ष I और II दोनों सत्य हैं

6. कथन : $X \geq G = H; G > J \geq L; J \geq K < Y$
निष्कर्ष : I. $X > L$ II. $K < G$

7. कथन : $A > B = R \geq S \geq T; X < J \leq K < T$
निष्कर्ष : I. $A > X$ II. $R \geq T$

8. कथन : $M > L \geq K \leq J; N \geq R \geq S = M$
निष्कर्ष : I. $R > J$ II. $J \geq R$

9. कथन : $C \geq D = E; A = B \leq S \geq C$
निष्कर्ष : I. $C < A$ II. $D \leq B$

10. कथन : $X \geq G > H \geq I; M > H \geq L$
निष्कर्ष : I. $X > M$ II. $X > L$

---

* *Based on Memory.*

निर्देश (प्र. सं. 11 से 15 तक) : *निम्नलिखित जानकारी को ध्यानपूर्वक पढ़कर, नीचे दिए गये प्रश्नों के उत्तर दीजिए।*

8 व्यक्तियों B, C, D, E, M, N, O, J का जन्म अलग-अलग महीनों जनवरी, अप्रैल, जून, अक्टूबर को दो अलग-अलग तिथियों 16 तथा 24 को हुआ है। एक तारीख को केवल एक व्यक्ति का जन्म हुआ। वे सभी आठ अलग-अलग फूलों जैसे कि लिली, चमेली, अड़हुल (hibiscus), गेंदा, गुलाब, सूरजमुखी, कमल और नरगिस को पसन्द करते हैं लेकिन जरूरी नहीं कि इसी क्रम में हों।

B का जन्म अप्रैल में हुआ। B और कमल का फूल पसन्द करने वाले व्यक्ति के बीच केवल एक व्यक्ति का जन्म हुआ जिसका जन्म जनवरी में नहीं हुआ। कमल का फूल पसन्द करने वाले व्यक्ति और सूरजमुखी का फूल पसन्द करने वाले व्यक्ति के बीच एक व्यक्ति का जन्म हुआ। C और N के बीच पाँच व्यक्तियों का जन्म हुआ, N का जन्म C के बाद हुआ। N सबसे युवा नहीं है। E का जन्म O से पहले हुआ और दोनों एक ही महीने में जन्मे थे। दोनों में से कोई भी अड़हुल पसन्द करने वाले व्यक्ति से पहले पैदा नहीं हुआ। M से पहले जन्म लेने वाले व्यक्तियों की संख्या, कमल का फूल पसन्द करने वाले व्यक्ति के बाद जन्म लेने वाले व्यक्तियों की संख्या समान है। B और चमेली का फूल पसन्द करने वाले व्यक्ति के बीच कोई जन्म नहीं लेता। D चमेली के फूल को पसन्द नहीं करता। D का जन्म J से पहले हुआ लेकिन तुरन्त पहले नहीं। J जो गुलाब का फूल पसन्द करता है और वो गेंदे का फूल पसन्द करता है के बीच चार लोगों का जन्म हुआ। J का जन्म गेंदे का फूल पसन्द करने वाले व्यक्ति के बाद हुआ। जून में जन्म लेने वाला एक व्यक्ति लिली के फूल को पसन्द करता है।

11. निम्नलिखित में से कौन गेंदे का फूल पसन्द करता है?
A. D B. J
C. N D. B
E. इनमें से कोई नहीं

12. निम्नलिखित में से किसका जन्म गुलाब पसन्द करने वाले और M के बीच हुआ?
A. D B. J
C. B D. O
E. इनमें से कोई नहीं

13. निम्नलिखित में से D किस फूल को पसन्द करता है?
A. लिली B. गुलाब
C. नरगिस D. गेंदा
E. इनमें से कोई नहीं

14. निम्नलिखित में से कौन-सा युग्म सही नहीं है?
A. D-अप्रैल B. J-गुलाब
C. N-सूरजमुखी D. O-जून
E. इनमें से कोई नहीं

15. O से पहले कितने व्यक्तियों का जन्म हुआ?
A. दो B. छह
C. पाँच D. सात
E. इनमें से कोई नहीं

निर्देश (प्र.सं. 16-20): *दी गई सूचनाओं का सावधानीपूर्वक अध्ययन करें और इन प्रश्नों के उत्तर दें जो अनुसरण करते हैं—*

एक निश्चित कूट भाषा में, कुछ कथन निम्न प्रकार कूटबद्ध हैं:

'give solution for problem', '*N8 #R3 %M7 @E4' के रूप में कूटबद्ध किया जाता है

'pure fruit sell plants' को '@T5 %E4 *L4 #S6' के रूप में कूटबद्ध किया जाता है

'pet sensed ghostly farm' को '#M4 *D6 @Y7 %T3' के रूप में कूटबद्ध किया जाता है

'spa guards picked flake' को '%D6 @S6 #E5 *A3' के रूप में कूटबद्ध किया जाता है

16. निम्न में से कौन 'fruit picked teach game' का कूट होगा?
A. @T5 %D5 #H4 *E4
B. @T5 %D6 @H5 *E4
C. @T5 #H4 *E4 %D6
D. @T5 #H5 *E4 %D6
E. @T5 #H4 *E4 %D6

17. 'ghostly' के लिए कूट क्या होगा?
A. #Y6 B. @Y7
C. %D7 D. *E4
E. %D6

18. निम्नलिखित में से कौन-सा कूट 'pure water spa tune' के लिए होगा?
A. *A3 %E4 @R5 *E4
B. @R5 *E3 %A4 #E4
C. %A4 #E4 @R4 *E4
D. %E4 @R4 #E4 *A3
E. *A3 %E4 @R5 #E4

19. यदि 'Solution farm grain seem' को '*N8 %M4 @N5 #M4' के रूप में कूटबद्ध किया जाता है, तो 'plants means grain seem' के लिए कूट क्या होगा?
A. #S6 *S5 %M4 #N5

B. %A4 #E4 @R4 *E4
C. @N5 #S6 *S5 %M4
D. *S5 %M4 #N5 @S6
E. इनमें से कोई नहीं

20. 'problem good' के लिए कूट क्या होगा?
A. #Y6 #D4 B. %M7 @D4
C. @M7 %D4 D. %S7 @D4
E. @D4 %D6

ENGLISH LANGUAGE

Directions (Qs. Nos. 21-28) : *In the questions given below, there is a sentence in which one part is given in* **bold**. *The part given in bold may or may not be grammatically correct. Choose the best alternative among the four given which can replace the part in bold to make the sentence grammatically correct. If the part given in bold is already correct and does not require any replacement, choose option (E), i.e., "No replacement required" as your answer.*

21. Nobody can deny the fact that Indian economy is very **different than** American economy.
A. are very different than
B. is so much different than
C. are very different from
D. is very different from
E. No replacement required

22. Accurate **statistics with regards to** the area occupied in different forms of cultivation are difficult to obtain.
A. statistic with regards to
B. statistics with regard to
C. statistic with regard to
D. statistics in regards to
E. No replacement required

23. **Seldom if ever** was there any training or instructions in such tactics for either the tank crews or the infantry formations.
A. Seldom or never B. Seldom if never
C. Seldom or ever D. Seldom has ever
E. No replacement required

24. As soon as I opened the front door of my house, **than I smelled** the distinctive aroma of fresh coffee.
A. then I smelled B. that I smelled
C. I smelled D. I smell
E. No replacement required

25. Although he had fewer supporters among the governing class, **but he was able** to get the popular vote.
A. he was able B. and he was able
C. else he was able D. or he was able
E. No replacement required

26. The party explicitly **denies that they are not** involved in mainstream politics.
A. denied that they are not
B. denies that they were
C. denied that they are
D. deny that they are not
E. No replacement required

27. I would rather be a poor man in a garret with plenty of good books to read than a king **who did not loved** reading.
A. who do not loved
B. who did not love
C. whom did not loved
D. whom did not love
E. No replacement required

28. The relatively static lattice in a diamond ensures that the scattering is at a minimum and the thermal conductivity **is exceptional** good.
A. are exceptional B. was exceptional
C. are exceptionally D. is exceptionally
E. No replacement required

Directions (Qs. Nos. 29-33): *Select the phrase/connector (it must be at the start) from the given three options which can be used to form a single sentence from the two sentences given below, implying the same meaning as expressed in the statement sentences.*

29. We see ourselves repeating our ordinary routine. We realize how much wealth surrounds our life.
(*i*) When we see ourselves...
(*ii*) Our ordinary routine...
(*iii*) Realizing how much wealth...
A. Only (*i*) B. Both (*ii*) and (*iii*)

C. Only (*iii*) D. Only (*ii*)
E. None of these

30. There is a growing influence of the Indian Diaspora on Capitol Hill. Trump will certainly see the advantages of doing business with India.
(*i*) As there is a growing influence of...
(*ii*) The growing influence of the Indian...
(*iii*) With the growing influence of the Indian...
A. Only (*i*) is correct
B. Only (*iii*) is correct
C. Both (*i*) and (*ii*) are correct
D. Both (*i*) and (*iii*) are correct
E. All are correct

31. There was no democracy in British India. The rulers could take bold decisions fearlessly without bothering about repercussions.
(*i*) As there was no democracy in British India...
(*ii*) Since there was no democracy in British...
(*iii*) With the rulers taking bold decisions...
A. Only (*i*) is correct
B. Only (*ii*) is correct
C. Both (*i*) and (*ii*) are correct
D. Both (*ii*) and (*iii*) are correct
E. All are correct

32. Twelve million youth enter the Indian work force every year. Eighty per cent of these youth are unskilled.
(*i*) While eighty per cent...
(*ii*) Since twelve million....
(*iii*) Of the twelve million...
A. Only (*i*) B. Only (*iii*)
C. Only (*i*) and (*iii*) D. All (*i*), (*ii*) and (*iii*)
E. None of these

33. Scientists build climate models—computer simulations of the climate system. They are doing this to further explore the causes and effects of global warming
(*i*) To further explore...
(*ii*) Scientists are building...
(*iii*) Predicting effects of global warming...
A. Only (*i*) is correct
B. Only (*ii*) is correct
C. Only (*iii*) is correct
D. Both (*i*) and (*ii*) are correct
E. All are correct

Directions (Qs. Nos. 34-39): *Given below the sentences each of which has been divided into five parts out of which the first part has been marked bold. Each of the questions is then followed by the five options which give the sequence of the rearranged parts. You must choose the option which gives the correct sequence of the parts. If the sentence is already arranged or the correct sequence doesn't match any of the given sequence, mark (E), i.e. "None of the above" as your answer.*

34. The apex court had ordered that the/ of the biometric scheme and the enabling law(*a*)/ deadline be extended till the five-judge constitution(*b*)/ on petitions challenging the validity(*c*)/ bench delivers its judgment (*d*).
A. (*a*)(*c*)(*d*)(*b*) B. (*b*)(*c*)(*a*)(*d*)
C. (*b*)(*d*)(*c*)(*a*) D. (*c*)(*a*)(*d*)(*b*)
E. None of the above

35. Repealing the law that safeguards/ the floodgates of poaching(*a*)/ and it would lead to (*b*)/ marginalisation of the indigenous people (*c*)/the indigenous people would open (*d*).
A. (*d*)(*c*)(*b*)(*a*) B. (*d*)(*a*)(*b*)(*c*)
C. (*a*)(*c*)(*b*)(*d*) D. (*b*)(*a*)(*c*)(*d*)
E. None of the above

36. My thoughts are with the families/ in this unfortunate accident(*a*)/ recovery of the injured(*b*)/ of those who have lost their loved ones(*c*)/ I pray for the speedy(*d*).
A. (*b*)(*c*)(*a*)(*d*) B. (*d*)(*a*)(*c*)(*b*)
C. (*a*)(*c*)(*b*)(*d*) D. (*c*)(*a*)(*d*)(*b*)
E. None of the above

37. Several people became leaders/ remained where they were(*a*)/ and Ministers after that(*b*)/ rally but the people(*c*)/ belonging to the community (*d*).
A. (*a*)(*b*)(*c*)(*d*) B. (*b*)(*c*)(*d*)(*a*)
C. (*c*)(*a*)(*b*)(*d*) D. (*d*)(*a*)(*c*)(*b*)
E. None of the above

38. He also directed the department/ to develop the new schools as model(*a*)/ completion of construction work(*b*)/ construction technology for early(*c*)/ institutions and engage modern (*d*).
A. (*a*)(*d*)(*c*)(*b*) B. (*a*)(*b*)(*c*)(*d*)
C. (*d*)(*a*)(*c*)(*b*) D. (*c*)(*a*)(*d*)(*b*)
E. None of the above

39. The US is a/ to its being an open society(*a*)/ nation of immigrants(*b*)/ in the present global order(*c*)/ and owes its predominant position (*d*).

A. (*a*)(*d*)(*c*)(*b*)
B. (*a*)(*b*)(*c*)(*d*)
C. (*b*)(*d*)(*c*)(*a*)
D. (*c*)(*a*)(*d*)(*b*)
E. None of the above

Directions (Qs. Nos. 40-45): *Read the following passage carefully and answer the questions given below it. Certain words are given in bold to help you locate them while answering some of the questions.*

Have you heard that the economy is like a car? It's the most popular analogy in financial reporting and political discourse. The American people are repeatedly told by financial pundits and politicians that consumption is an 'engine' that 'drives' economic growth because it makes up 70% of GDP. One notable Nobel-winning economics pundit with a penchant for bizarre growth theories even recently noted that an economy can be 'based on purchases of yachts, luxury cars, and the services of personal trainers and celebrity chefs.' Conversely, other economists including Nobel-winner Joseph Stiglitz claim that our economy is stuck in 'first gear' due to inequality: too much income is concentrated among too few rich people who tend to save larger share of their income and thus have a lower 'marginal propensity to consume'. The Keynesian message is clear: if you want to put the economic pedal to the metal, get out there and consume!

Not so fast, Speed Racer. The systematic failure by Keynesian economists and pundits to distinguish between consuming and producing value is the single most damaging fallacy in popular economic thinking. If the economy were a car, consumer preferences would surely be the steering wheel, but real savings and investment would be the engine that drives it forward.

Economic growth (booms) and declines (bust) have always been led by changes in business and durable goods investment, while final consumer goods spending has been relatively stable through the business cycle. Booms and busts in financial markets, heavy industry and housing have always been leading indicators of recession and recovery.

As John Stuart Mill put it two centuries ago, 'the demand for commodities is not the demand for labour.' Consumer demand does not necessarily translate into increased employment. That's because 'consumers' don't employ people. Businesses do. Since new hires are a risky and costly investment with **unknown** future returns, employers must rely on their expectations about the future and weigh those decision very carefully. As economic historian Robert Higgs' pioneering work on the Great Depression suggests, increased uncertainty can depress job growth even in the face of booming consumption. As recent years have demonstrated, consumer demand that appears to be driven by temporary or unsustainable policies is unlikely to induce businesses to hire.

40. Choose the word which is MOST SIMILAR to the word given in passage:
UNKNOWN

A. Recognize
B. Perceived
C. Unpredictable
D. Unruly
E. Uncanny

41. Which of the following is the most suitable title for the passage above?

A. Recession and Recovery
B. Consumer: The driving force for Economy
C. Economy: a Distant Dream?
D. Is Consumption necessary for economic Growth?
E. None of the above

42. In the statement "consumer preferences would surely be the steering wheel, but real savings and investment would be the engine that drives it forward", what can we infer from the line "consumer preferences would surely be the steering wheel"?

A. Consumer likings regulate the economy individually.
B. If you want to regulate the economy, consumption is the only force.
C. The Penchant of the consumers controls the economy.
D. The consumer preferences are not at par with savings and economy in driving the economy.
E. None of the above

43. Which of the following statements is/are correct in context with the passage?
A. Economists fail to distinguish between consuming and producing value and form a mistaken belief.
B. Economic growth and declines have always been led by changes in business and durable goods investment.
C. Income distribution is evenly distributed among the rich and is compatible with the tendency to consume.
D. Only (A)
E. Both (A) and (B)

44. Which of the following is/are likely to induce businesses to hire?
A. Consumer Demand
B. Consumer Spending
C. Increased certainty in future returns.
D. Makeshift policies
E. Both (B) and (C)

45. Choose the word which is MOST OPPOSITE to the word given in passage:
ANALOGY
A. Similarity B. Narrative
C. Contrast D. Reciprocate
E. Variance

Directions (Qs. No. 46-50) : *In the given sentence there are two blank spaces. Below each sentence five pairs of words have been given. Find out which pair of words can be filled up in the blanks in the sentence in the same sequence to make the sentence meaningfully complete.*

46. The incident has .... severe damage to the .... of the employees.
A. resulted-optimism
B. led-emotions
C. produced-conduct
D. contributed-integrity
E. caused-morale

47. .... investing in technology, the company has been .... to compete globally.
A. For-trying B. Despite-gradual
C. While-clear D. Since-enable
E. By-able

48. The root .... of slow reduction in poverty is .... of investment in agriculture.
A. purpose-increase B. reason-hike
C. cause-lack D. effect-incidence
E. consequence-plunge

49. You have unfairly .... his success to the fact that he is well ....
A. reduced-behaved
B. doubted-adjusted
C. excused-educated
D. attributed-connected
E. rated-known

50. To .... the problems of the region it is .... to interact with the local people.
A. discover-necessity B. understand-essential
C. research-advice D. manage-needful
E. focus-better

Directions (Qs. No. 51-55) : *Read this sentence to find out whether there is any error in it. The error, if any, will be in one part of the sentence. That part is the answer. If there is no error, mark 'No error' as the answer, (ignore the error of punctuation, if any)*

51. Santosh succeed/ due to the encouragement/ of friends, relatives/ and well-wishers.
A. Santosh succeed
B. due to the encouragement
C. of friends, relatives
D. and well-wishers
E. No error

52. One of the foremost/challenges faced by/the company is that of/attracting and retaining talent,
A. One of the foremost
B. challenges faced by
C. the company is that of
D. attracting and retaining talent
E. No error

53. We aren't bothered/ as long as/ they don't interfere/ with ours freedom.
A. We aren't bothered
B. as long as
C. they don't interfere
D. with ours freedom
E. No error

54. The two-part documentary/ is a critique of the education system/ and its impacting/ on upliftment of women.

A. The two-part documentary
B. is a critique of the education system
C. and its impacting
D. on upliftment of women,
E. No error

55. All the Airlines is/ using the increased awareness/ about security to impose a new/ code of conduct among passengers.
A. All the Airlines is
B. using the increased awareness
C. about security to impose a new
D. code of conduct among passengers.
E. No error

Directions (Qs. No. 56-60) : *In the given sentences, one word has given in* ***bold****. Below the sentence five words are suggested, one of which can replace the word given in* ***bold*** *without changing the meaning of the sentence. Find out the appropriate word in the given sentence.*

56. The content of this passage **relates** to the Mughal period.
A. depicts B. shows
C. seems D. happens
E. pertains

57. Nilima's husband **compelled** her to give up her job.
A. cautioned B. forced
C. protected D. restricted
E. continued

58. Rahul played well to third **rank** in the competition.
A. finish B. find
C. number D. establish
E. get

59. It was **evident** that the gold ring was stolen by the domestic servant.
A. unknown B. reveal
C. agreed D. clear
E. proof

60. The sad tale narrated by the distressed woman **affected** everyone.
A. contacted B. realised
C. touched D. surprised
E. cautioned

कम्प्यूटर ज्ञान

61. जब आप पहली बार कंप्यूटर चालू करते हैं, तो .... में संग्रहित निर्देशों को निष्पादित करने के लिए CPU पूर्व निर्धारित होता है।
A. रैम B. फ्लैश मेमोरी
C. रोम D. द सीडी-रोम
E. द एएलयू

62. निम्नलिखित में से कौन कंट्रोल यूनिट का कार्य नहीं है?
A. निर्देशों को पढ़ना B. निर्देशों की व्याख्या करना
C. निर्देशों पर अमल करना D. प्रत्यक्ष/सीधा संचालन
E. कंट्रोल सिग्नल प्रदान करना

63. कम्प्यूटिंग के उदाहरण .bas, .doc, .htm क्या है?
A. एक्सटेंशन्स
B. प्रोटोकॉल्स
C. डेटाबेस
D. दिए गए विकल्पों के अलावा कोई अन्य
E. डोमेन्स

64. .... में डॉक्युमेंट को परिवर्तित करने पर वेब पर प्रकाशित किया जा सकता है।
A. एक doc फाइल
B. http
C. दिए गए विकल्पों के अलावा कोई अन्य
D. मशीन लैंग्युवेज
E. HTML

65. बिलिंग खाते को ट्रैक करने के लिए आप किस तरह के सॉफ्टवेयर का उपयोग करना पसंद करेंगे?
A. वेब ऑथोरिंग B. इलेक्ट्रॉनिक पब्लिशिंग
C. स्प्रेडशीट D. वर्ड प्रोसेसिंग
E. पावर प्वाइंट

66. सामान्य रूप से एक कम्प्यूटर वायरस किसी अन्य कम्प्यूटर प्रोग्राम से अपने आप को जोड़ लेता है, जाना जाता है.....
A. होस्ट प्रोग्राम B. टारगेट प्रोग्राम
C. बैकडोर प्रोग्राम D. ब्लूटूथ
E. ट्रोजन हॉर्स

67. जब एक फाइल में निर्देश समाविष्ट होता है कि वह कम्प्यूटर द्वारा पालन किया जाता है। इसे प्रायः .... फाइल कहा जाता है।

A. दिए गए विकल्पों के अलावा कोई अन्य
B. इन्फार्मेशन
C. एप्लीकेशन
D. एक्जीक्युटेबल
E. डाटा

68. डाटा द्विगुणन न सिर्फ जगह बर्बाद करता है बल्कि एक अत्यंत गंभीर समस्या को भी बढ़ावा देता है, कहलाता है—

A. पृथक् डाटा
B. डाटा विसंगति
C. दिए गए विकल्पों के अलावा कोई अन्य
D. प्रोग्राम पर निर्भरता
E. परित्यक्त डाटा

69. निम्न में से कौन कम्प्यूटर के लिए विंडोज ऑपरेटिंग सिस्टम सॉफ्टवेयर का एक संस्करण नहीं है?

A. ME   B. 98
C. XP   D. 10
E. 95

70. एक डिस्क की मुख्य निर्देशिका .... कहलाती है।

A. नेटवर्क   B. फोल्डर
C. रूट   D. फाइल
E. दिए गए विकल्पों में से कोई अन्य

71. निम्नलिखित में से कौन एप्लीकेशन सॉफ्टवेयर का उदाहरण नहीं है?

A. वर्ड प्रोसेसिंग सॉफ्टवेयर
B. स्प्रेडशीट सॉफ्टवेयर
C. ऑपरेटिंग सिस्टम सॉफ्टवेयर
D. डेटाबेस सॉफ्टवेयर
E. ग्राफिक्स सॉफ्टवेयर

72. निम्न में से कौन रैम के बारे में सही नहीं है?

A. RAM, हार्ड डिस्क स्टोरेज के समान है
B. RAM एक अस्थाई संग्रहण क्षेत्र है
C. RAM परिवर्तनशील (वोलाटाइल) है
D. RAM एक प्राइमरी मेमोरी है
E. सभी सत्य हैं

73. डाटा भंडारण में .... पदानुक्रम होते हैं।

A. बिट्स, बाइट्स, रिकॉड्र्स, फील्ड्स, फाइल्स और डेटाबेसेस
B. कैरेक्टर्स, फील्ड्स, रिकॉर्ड्स, फाइल्स और डेटाबेसेस
C. बाइट्स, बिट्स, फील्ड्स, रिकॉड्र्स, फाइल्स और डेटाबेसेस
D. बिट्स, बाइट्स, फील्ड्स, रिकॉड्र्स, फाइल्स और डेटाबेसेस
E. दिए गए विकल्पों के अलावा कोई अन्य

74. = Sum (B1, B0) .... का एक उदाहरण है।

A. फंक्शन   B. सेल एड्रेस
C. फॉर्मूला   D. वैल्यू
E. दिए गए विकल्पों के अलावा कोई अन्य

75. प्रायः .... एक ई-मेल संलग्नक के माध्यम से एक कम्प्यूटर तक पहुँचते हैं और प्रायः नुकसान करने के लिए बनाया गया है।

A. पोर्टल्स
B. स्पाम
C. वाइरस
D. दिए गए विकल्पों के अलावा कोई अन्य
E. ई-मेल संदेश

76. डाटा संग्रहण और प्रोग्राम के लिए स्थान को कम करना .... द्वारा संपादित होता है।

A. क्रैशिंग   B. डिस्क कैचिंग
C. रैड   D. फाइल कम्प्रेशन
E. दिए गए विकल्पों के अलावा कोई अन्य

77. CD-ROM और CD-RW के बीच क्या अंतर है?

A. वे समान होते हैं—सिर्फ दो अलग-अलग शब्दावलियों का उपयोग अलग-अलग निर्माताओं द्वारा किया जाता है।
B. CD-ROM में लिखा जा सकता है लेकिन CD-RW में नहीं
C. दिए गए विकल्पों के अलावा कोई अन्य
D. CD-RW की तुलना में CD-ROM अधिक जानकारी/सूचना रखती है
E. CD-RW में लिखा जा सकता है लेकिन CD-ROM से केवल पढ़ा जा सकता है

78. कम्प्यूटर प्रोग्राम एक उच्च स्तरीय प्रोग्रामिंग भाषा में लिखा जाता है, यद्यपि प्रोग्राम का मानव पठनीय संस्करण .... कहलाता है।

A. वर्ड साइज   B. सोर्स कोड
C. इंस्ट्रक्शन सेट   D. रीड एवं राइट कोड
E. इनमें से कोई नहीं

79. एक प्रोसेसर का क्लॉक रेट .... में मापी जाती है।

A. मेगाबाइट्स अथवा गीगाबाइट्स
B. मिलि सेकण्ड्स
C. मेगाहर्ट्ज अथवा गीगाहर्ट्ज
D. नैनो सेकण्ड्स
E. माइक्रो हर्ट्ज

80. कटिंग और पेस्टिंग में, कट आइटम अस्थाई रूप से .... में संग्रहित होता है।
A. डैशबोर्ड B. ROM
C. हार्ड ड्राइव D. डिस्केटी
E. क्लिपबोर्ड

सामान्य सचेतता

81. हीराकुड बाँध किस राज्य में स्थित है?
A. ओडिशा B. कर्नाटक
C. सिक्किम D. मध्य प्रदेश
E. उत्तराखंड

82. समावेशी विकास सूचकांक में भारत का कौन-सा स्थान था?
A. 82वाँ B. 62वाँ
C. 52वाँ D. 42वाँ
E. 43वाँ

83. व्यापार-संबंधित निवेश उपायों पर समझौता (TRIMS) में 'M' किसका सूचक है?
A. न्यूनतम B. अधिकतम
C. उपाय D. मस्तिष्क
E. इनमें से कोई नहीं

84. IMF (अंतर्राष्ट्रीय मुद्रा कोष) ने 2019 के लिए भारत की विकास दर का अनुमान लगाया :
A. 6.5% B. 4.8%
C. 8.2% D. 7.8%
E. 4.5%

85. दिसम्बर, 2017 में बोधि पर्व किस स्थान पर आयोजित किया गया था?
A. नई दिल्ली B. अहमदाबाद
C. जयपुर D. नागपुर
E. रांची

86. ज्ञानपीठ पुरस्कार, 2017 में किसे सम्मानित किया गया?
A. मोहन राकेश B. अरविंद मोहन
C. कृष्णा सोबती D. राकेश अस्थाना
E. ममता कालिया

87. किस क्रिकेट खिलाड़ी ने 2018 का पद्म भूषण पुरस्कार प्राप्त किया?
A. विराट कोहली B. सौरव गांगुली
C. वी.वी.एस. लक्ष्मण D. एम.एस. धोनी
E. रोहित शर्मा

88. 65वें राष्ट्रीय पुरस्कार समारोह में दादा साहेब फाल्के पुरस्कार किसे प्राप्त हुआ?
A. रेखा B. पद्मिनी कोल्हापुरी
C. विनोद खन्ना D. धर्मेन्द्र
E. प्रेम चोपड़ा

89. जलीकट्टू किस राज्य में खेला जाता है?
A. तमिलनाडु B. केरल
C. कर्नाटक D. तेलंगाना
E. आंध्र प्रदेश

90. किसानों की आय दोगुनी करने के लिए गठित समिति का अध्यक्ष कौन है?
A. राजेश शेखर B. अशोक दलवई
C. राकेश मोहन D. पृथ्वी पटेल
E. इनमें से कोई नहीं

91. शिगमो (Shigmo) महोत्सव किस राज्य में मनाया जाता है?
A. नागालैंड B. गोवा
C. अरुणाचल प्रदेश D. मिजोरम
E. त्रिपुरा

92. कुसुम (KUSUM) योजना संबंधित है :
A. नाभिकीय ऊर्जा B. हाइड्रो ऊर्जा
C. तापीय ऊर्जा D. सौर ऊर्जा
E. इनमें से कोई नहीं

93. 2018 में विश्व बैंक द्वारा महाराष्ट्र राज्य को कितनी राशि दी गई है?
A. $ 580 मिलियन B. $ 460 मिलियन
C. $ 420 मिलियन D. $ 520 मिलियन
E. $ 530 मिलियन

94. मार्च, 2018 में किस राज्य में विश्व का सबसे बड़ा सोलर पार्क स्थापित किया गया था?
A. तेलंगाना B. राजस्थान
C. कर्नाटक D. बिहार
E. पंजाब

95. राष्ट्रीय युवा महोत्सव, 2018 का विषय क्या था?
A. संकल्प से सिद्धि B. संकल्प से साधना
C. समर्थ से सिद्धि D. समर्थ से साधना
E. इनमें से कोई नहीं

96. ILTOS के न्यायाधीश के रूप में चुनी गई प्रथम भारतीय महिला कौन है?
A. मोहिनी भार्गव B. अभिलाषा कुमारी
C. रीता मिश्रा D. नीरू चड्ढा
E. विनिता वर्मा

97. भारत के किस राज्य में दूसरे FTII स्थापित की जा रही है?
A. मध्य प्रदेश B. राजस्थान
C. गोवा D. अरुणाचल प्रदेश
E. दिल्ली

98. किस टीम ने MRF टायर्स ICC, ODI रैंकिंग के अनुसार अंतर्राष्ट्रीय एकदिवसीय क्रिकेट में अपना पहला स्थान खो दिया है?
A. दक्षिण अफ्रीका B. पाकिस्तान
C. ऑस्ट्रेलिया D. भारत
E. न्यूजीलैंड

99. राशन की होम/डोरस्टेप डिलीवरी किस राज्य सरकार द्वारा प्रस्तावित है?
A. दिल्ली B. छत्तीसगढ़
C. उत्तराखंड D. हरियाणा
E. बिहार

100. राजकपूर लाइफटाइम अचीवमेंट पुरस्कार किसे मिला?
A. जितेंद्र B. हेमा मालिनी
C. धर्मेन्द्र D. आशा पारेख
E. दिलीप कुमार

संख्यात्मक अभियोग्यता

निर्देश (प्र. सं. 101 से 110 तक) : *दी गई संख्या शृंखला क्रम के अनुसार गलत संख्या क्या है?*

101. 1, 3, 9, 31, 128, 651, 3913
A. 9 B. 1
C. 128 D. 31
E. 3913

102. 291, 147, 75, 39, 22, 12, 7.5
A. 22 B. 291
C. 147 D. 75
E. 7.5

103. 26, 27, 34, 58, 106, 186, 306
A. 26 B. 34
C. 58 D. 106
E. 27

104. 5.9, 6, 6.1, 6.4, 7.9, 18.5, 112.9
A. 6 B. 5.9
C. 6.1 D. 18.5
E. 112.9

105. 330, 80, 280, 120, 250, 130, 240
A. 330 B. 130
C. 280 D. 240
E. 80

106. एक बेलन (S) और शंकु (C) के आयतन का योगफल 2190 π सेमी.^{3} और बेलन तथा शंकु दोनों की ऊँचाई 10 सेमी. है। यदि शंकु की त्रिज्या 15 सेमी. है तब बेलन (S) और शंकु (C) की त्रिज्या का अनुपात क्या है?
A. 1 : 2 B. 3 : 4
C. 2 : 5 D. 4 : 5
E. 3 : 5

107. एक बक्से में, 6 नीली गेंद, X लाल गेंद और 10 हरी गेंदें हैं। एक लाल गेंद चुनने की प्रायिकता 1/2 है तब बक्से में लाल गेंद और नीली गेंद का योग क्या होगा?
A. 20 B. 12
C. 14 D. 18
E. 16

108. 6 वर्ष पहले A और B की आयु का योग 88 था। 18 वर्ष पहले A की आयु, 6 वर्ष पहले B की आयु के बराबर है। 2 वर्ष बाद A की आयु क्या होगी?
A. 58 वर्ष B. 64 वर्ष
C. 42 वर्ष D. 52 वर्ष
E. 48 वर्ष

109. एक 120 मी. लम्बी रेलगाड़ी A, 240 मी. लम्बे प्लेटफार्म को 18 सेकेंड में पार कर सकती है। रेलगाड़ी A तथा रेलगाड़ी B की चाल का अनुपात 4 : 5 है। यदि रेलगाड़ी B एक खम्भे को 12 सेकेंड में पार करे तो रेलगाड़ी B की लम्बाई क्या होगी?
A. 280 मी. B. 300 मी.

C. 320 मी. D. 350 मी.
E. 240 मी.

110. शब्द "IMPEACH" के सभी स्वरों को एक साथ लेकर भिन्न-भिन्न शब्द बनाए जाने की प्रायिकता क्या होगी?

A. $\frac{8}{35}$ B. $\frac{1}{7}$
C. $\frac{3}{35}$ D. $\frac{17}{35}$
E. $\frac{2}{7}$

निर्देश (प्र. सं. 111 से 115 तक) : *दिए गए सन्निकटन (Approximation) प्रश्नों में (?) का मान ज्ञात कीजिए।*

111. $2^? = 32.01 \div 128.1 \times 1023.99 \div 7.99$
A. 7 B. 3
C. 4 D. 5
E. 8

112. $\frac{339.99}{?} = \sqrt{143.99} + \sqrt{64.01}$
A. 17 B. 20
C. 10 D. 34
E. 40

113. 34.02% of 55[illegible] ÷ ? = 297.07 ÷ $\sqrt{728.95}$
A. 14 B. 21
C. 8 D. 27
E. 17

114. $(? \div 9.97) \times 12.08 = 20.12\%$ of 1319.97
A. 220 B. 240
C. 260 D. 280
E. 200

115. ? % of 179.99 = $\sqrt{(24.02)^2 + (17.98)^2 + 659.98}$ का 60.01%
A. 80 B. 60
C. 40 D. 20
E. 10

निर्देश (116 और 117): *एक पुरुष छह झंडों का उपयोग करके संदेश भेज सकता है। उसके पास 4 काले झंडे, 3 नीले झंडे और 1 हरा झंडा था।*

116. किसी संदेश को कितने तरीकों से प्रेषित किया जा सकता है?
A. 108 B. 185
C. 20 D. 136
E. 110

117. तीनों रंग के झंडों का उपयोग करके किसी संदेश को कितने तरीकों से प्रेषित किया जा सकता है?
A. 150 B. 90
C. 100 D. 70
E. 125

निर्देश (118 से 120): *अभिषेक ने एक दुकानदार से कुछ कुर्सियाँ और मेजें खरीदीं। एक कुर्सी और एक मेज का अंकित मूल्य 5 : 8 के अनुपात में था। दुकानदार ने कुर्सी और मेज पर क्रमशः 20% और 25% की छूट दी। अभिषेक द्वारा खरीदी गई कुर्सियों और मेजों की संख्या का अनुपात 6 : 5 है।*

118. खरीदे हुए कुर्सी एवं मेज पर 50% बढ़ाकर मूल्य अंकित करने के बाद यदि अभिषेक कुर्सी एवं मेज को क्रमशः 25% एवं 20% के छूट पर बेचता है और ग्राहक द्वारा चार कुर्सी खरीदने पर एक मेज मुफ्त में देता है, साथ ही कुल कुर्सियों का केवल 2/3 भाग चार कुर्सियों के समूह में बेचा जाता है तो दुकानदार से खरीदे हुए सभी सामानों को बेचने के बाद अभिषेक का शुद्ध लाभ/हानि क्या है?

A. $6\frac{2}{3}\%$ B. $3\frac{1}{3}\%$
C. $2\frac{1}{2}\%$ D. $4\frac{1}{4}\%$
E. 5%

119. यदि दुकानदार द्वारा निर्धारित टेबल का अंकित मूल्य कुर्सी से ₹ 300 अधिक हो और दुकानदार से कुर्सी और मेज खरीदने में अभिषेक द्वारा किया गया कुल खर्च ₹ 108000 था, तो अभिषेक ने कुल कितनी कुर्सियाँ खरीदी थीं?
A. 150 B. 60
C. 120 D. 90
E. 80

120. एक व्यापारी चार साबुन प्रति पैक के इकोनॉमी पैक में साबुन बेचता है, प्रत्येक पैक के लिए तीन साबुनों के कुल अंकित मूल्य वसूल की जाती है। ग्राहक द्वारा खरीदे गए पांच ऐसे पैक के हर सेट के लिए, व्यापारी उसे मुफ्त उपहार के रूप में एक अतिरिक्त साबुन देता है। यदि कोई ग्राहक 12 इकोनॉमी पैक खरीदता है, तो उसे मिलने वाली छूट का प्रभावी प्रतिशत क्या है?

A. 28% B. $28\frac{4}{7}\%$
C. 4% D. $35\frac{5}{7}\%$
E. 24%

आर्थिक एवं सामाजिक मुद्दे

121. भावांतर भुगतान योजना किस राज्य की योजना है?
A. बिहार B. तमिलनाडु
C. मध्य प्रदेश D. पंजाब
E. उत्तर प्रदेश

122. राष्ट्रीय रुर्बन मिशन जो श्यामाप्रसाद मुखर्जी रुर्बन मिशन के रूप में भी जाना जाता है, लांच हुआ–
A. 2018 B. 2017
C. 2015 D. 2016
E. 2014

123. जनगणना 2011 के अनुसार, भारत में ग्रामीण जनसंख्या का प्रतिशत था–
A. 68.84% B. 75.20%
C. 31.16% D. 65.28%
E. 35.40%

124. आर्थिक सर्वेक्षण 2017-18 का गुलाबी पृष्ठ शीर्षक उजागर करता है–
A. महिला सशक्तिकरण
B. बालिका शिशु पर विशेष ध्यान की आवश्यकता
C. लिंग न्याय
D. महिलाओं के प्रति हिंसा की समाप्ति
E. इनमें से कोई नहीं

125. किसान क्रेडिट कार्ड योजना शुरू की गई–
A. 2002 B. 1998
C. 2015 D. 1996
E. 2000

126. प्रधानमंत्री कौशल विकास योजना (PMKVY) किस मंत्रालय के अंतर्गत आती है?
A. शहरी विकास मंत्रालय
B. कौशल विकास और उद्यमिता मंत्रालय
C. गृह मंत्रालय
D. कृषि मंत्रालय
E. इनमें से कोई नहीं

127. 2018-19 के बजट में प्रधानमंत्री फसल बीमा योजना के लिए आवंटित राशि थी–
A. ₹ 13,000 करोड़ B. ₹ 20,000 करोड़
C. ₹ 10,000 करोड़ D. ₹ 25,000 करोड़
E. ₹ 30,000 करोड़

128. 2017-18 के लिए उपभोक्ता मूल्य सूचकांक (CPI) शीर्षक आधारित मुद्रास्फीति की औसत लगभग रही–
A. 5.3% B. 3.3%
C. 4.3% D. 2.3%
E. 4.7%

129. भारतीय रिजर्व बैंक ने बैंकों द्वारा भारतीय लेखा मानकों के कार्यान्वयन को स्थगित कर दिया है–
A. 2 वर्ष के लिए B. एक वर्ष के लिए
C. 4 वर्ष के लिए D. 3 वर्ष के लिए
E. इनमें से कोई नहीं

130. कामगारों के कौशल और भर्तीकर्ता द्वारा अपेक्षित कौशल के मध्य असंगतता के कारण उत्पन्न बेरोजगारी को कहा जाता है–
A. प्रच्छन्न बेरोजगारी B. संरचनात्मक बेरोजगारी
C. मौसमी बेरोजगारी D. उपरोक्त सभी
E. इनमें से कोई नहीं

131. विशेष श्रेणी के राज्यों को केन्द्र प्रायोजित योजनाओं (CSS) की परियोजना लागत अनुदान के रूप में मिलती है–
A. 90% B. 75%
C. 80% D. 85%
E. 70%

132. वस्तुओं और सेवाओं की कीमतों के सामान्य स्तर में निरंतर वृद्धि को कहा जाता है–
A. मुद्रास्फीति B. अपस्फीति/अवस्फीति
C. बाजार में सुधार D. उपरोक्त सभी
E. इनमें से कोई नहीं

133. भारत में, कुल जनसंख्या का 65%, _____ उम्र से कम है।
A. 35 वर्ष B. 25 वर्ष
C. 40 वर्ष D. 15 वर्ष
E. 30 वर्ष

134. आर्थिक संवृद्धि को प्रतिशत वृद्धि के रूप में देखा जा सकता है–
A. वास्तविक जीडीपी में B. नाममात्र जीडीपी में
C. विदेश व्यापार में D. प्रति व्यक्ति आय में
E. इनमें से कोई नहीं

135. संयुक्त राष्ट्र की रिपोर्ट के अनुसार, भारत शहरी क्रांति के कगार पर है, जिसकी शहरी जनसंख्या 2031 तक अनुमानित है :

A. 600 मिलियन B. 800 मिलियन
C. 200 मिलियन D. 100 मिलियन
E. 150 मिलियन

136. आर्थिक सर्वेक्षण 2018 के अनुसार, शीर्ष 1% कम्पनियाँ ______ निर्यात के लिए उत्तरदायी हैं।

A. 72% B. 68%
C. 67% D. 38%
E. 40%

137. राष्ट्रीय आय, एफडीआई और रोजगार के योगदान के मामले में भारत में कौन-सा क्षेत्र सबसे जीवंत (उद्योगी) रहा है?

A. कृषि क्षेत्र B. विनिर्माण क्षेत्र
C. सेवा क्षेत्र D. बैंकिंग क्षेत्र
E. इनमें से कोई नहीं

138. अंतर्राष्ट्रीय श्रम संगठन (ILO) के नवीनतम रिपोर्ट के अनुसार, 2019 में भारत में बेरोजगार व्यक्तियों की संख्या होगी :

A. 18.3 मिलियन B. 18.6 मिलियन
C. 18.9 मिलियन D. 17.9 मिलियन
E. 19.5 मिलियन

139. सकल घरेलू उत्पाद (GDP) की वृद्धि केवल उपयोग के लिए उपलब्ध आगतों की मात्रा में वृद्धि के कारण हुई (बढ़ी हुई जनसंख्या, नया क्षेत्र) कहा जाता है–

A. व्यापक विकास B. तीव्र विकास
C. वास्तविक विकास D. शून्य विकास
E. इनमें से कोई नहीं

140. ग्रैंड इनोवेशन चैलेंज किसके द्वारा शुरू किया गया–

A. नीति आयोग
B. संघ लोक सेवा आयोग
C. ग्रामीण विकास मंत्रालय
D. विश्वविद्यालय अनुदान आयोग
E. इनमें से कोई नहीं

141. दीनदयाल अंत्योदय योजना–राष्ट्रीय ग्रामीण आजीविका मिशन (DAY-NRLM) किस मंत्रालय के अंतर्गत आता है?

A. ग्रामीण विकास मंत्रालय B. शहरी विकास मंत्रालय
C. वित्त मंत्रालय D. पर्यटन मंत्रालय
E. इनमें से कोई नहीं

142. ट्रिप्स (TRIPS) में आई (I) सूचक है–

A. इंटरनेशनल B. इंटेलैक्चुअल
C. इन्वेस्टमेंट D. इंफ्रास्ट्रक्चर
E. इनमें से कोई नहीं

143. $\frac{\text{नॉमिनल जीडीपी}}{\text{रियल जीडीपी}} \times 100$ जाना जाता है :

A. जीडीपी डिफ्लेटर
B. स्टैगफ्लेशन (मुद्रास्फीतिजनित मंदी)
C. आर्थिक विकास
D. मुद्रास्फीति
E. इनमें से कोई नहीं

144. मुद्रास्फीति और बेरोजगारी के बीच विपरीत संबंध को निम्न द्वारा दर्शाया गया है :

A. फिलिप्स वक्र B. गिनी गुणांक
C. रिज (Ridge) लाइन D. उपरोक्त सभी
E. इनमें से कोई नहीं

145. आर्थिक सर्वेक्षण 2018 के अनुसार, कामकाजी महिलाओं का प्रतिशत 2005-06 में 36% से घटकर 2015-16 में ______ हो गया है?

A. 30% B. 24%
C. 18% D. 27%
E. 25%

146. आर्थिक सर्वेक्षण 2018 के अनुसार, औपचारिकता सामाजिक सुरक्षा के रूप में परिभाषित करने पर 31% है, जबकि औपचारिकता जीएसटी डेटा का प्रयोग करते हुए परिभाषित किया जाए तो–

A. 48% B. 53%
C. 45% D. 57%
E. 55%

147. ट्राइबल को-ऑपरेटिव मार्केटिंग डेवलपमेंट फेडरेशन ऑफ इंडिया लिमिटेड (TRIFED) किस मंत्रालय के प्रशासनिक नियंत्रण में आता है?

A. ग्रामीण विकास मंत्रालय
B. जनजातीय मामलों का मंत्रालय
C. कृषि मंत्रालय
D. शहरी विकास मंत्रालय
E. इनमें से कोई नहीं

148. अप्रैल, 2018 में भारत सरकार, महाराष्ट्र सरकार और विश्व बैंक ने ______ परियोजना में जलवायु लचीला प्रथाओं को बढ़ाने के लिए हस्ताक्षर किए।
A. $ 420 मिलियन B. $ 380 मिलियन
C. $ 450 मिलियन D. $ 530 मिलियन
E. $ 550 मिलियन

149. जीवन का अधिकार व व्यक्तिगत स्वतंत्रता निहित है–
A. अनुच्छेद 18 B. अनुच्छेद 21
C. अनुच्छेद 28 D. अनुच्छेद 25
E. इनमें से कोई नहीं

150. निम्नलिखित में से कौन-सा क्षेत्र सबसे बड़ा रोजगार प्रदाता है परन्तु अर्थव्यवस्था में इसकी हिस्सेदारी कम होती जा रही है?
A. सेवा B. विनिर्माण
C. कृषि D. नौ-परिवहन या जहाजरानी
E. इनमें से कोई नहीं

151. MGNREGA अधिनियम, 2005 प्रदान करने के लिए अधिनियमित किया गया था :
A. काम का अधिकार B. स्वतंत्रता का अधिकार
C. सम्पत्ति का अधिकार D. न्याय का अधिकार
E. इनमें से कोई नहीं

152. कृषि बाजार अवसंरचना निधि की शुरुआत प्रारंभिक पूँजी के आवंटन से हुई थी :
A. ₹ 1550 करोड़ B. ₹ 2000 करोड़
C. ₹ 2500 करोड़ D. ₹ 3500 करोड़
E. इनमें से कोई नहीं

153. जनसांख्यिकी संक्रमण के सिद्धांत के दूसरे चरण में :
A. उच्च जन्म और मृत्यु दर
B. मृत्यु दर घटती है जबकि जन्म दर उच्च स्तर पर स्थिर रहती है
C. जन्म और मृत्यु दर दोनों निम्न स्तर पर रहती हैं
D. मृत्यु दर की तुलना में जन्म दर अधिक तेजी से घटती है
E. इनमें से कोई नहीं

154. आर्थिक मामलों की मंत्रिमंडलीय समिति (CCEA) ने 2017-18 से 2019-20 तक तीन वर्षों के लिए 12वीं पंचवर्षीय योजना से परे प्रधानमंत्री रोजगार सृजन कार्यक्रम (PMEGP) को जारी रखने की मंजूरी दी है, जिसका कुल परिव्यय–
A. ₹ 4500 करोड़ B. ₹ 5500 करोड़
C. ₹ 6500 करोड़ D. ₹ 2500 करोड़
E. ₹ 7000 करोड़

155. मानव विकास सूचकांक (HDI) स्वास्थ्य, प्रति व्यक्ति आय और ______ का माप है।
A. शिक्षा B. जीडीपी संवृद्धि
C. सुरक्षा D. सम्पत्ति
E. इनमें से कोई नहीं

156. ________ एक ऐसी घटना है जिसके द्वारा वस्तुओं और विचारों के प्रसार से प्रभावित रोजमर्रा की जिंदगी का अनुभव विश्व भर में सांस्कृतिक अभिव्यक्तियों के मानकीकरण को दर्शाता है।
A. वैश्वीकरण B. सांस्कृतिक वैश्वीकरण
C. सामाजिक वैश्वीकरण D. मूल्य वैश्वीकरण
E. इनमें से कोई नहीं

157. _________ समाज के अन्य सदस्यों की आर्थिक स्थिति के संबंध में गरीबी को परिभाषित करता है : लोग गरीब हैं यदि वे किसी दिए गए सामाजिक संदर्भ में प्रचलित मानकों से नीचे जीवनयापन करते हैं।
A. निरपेक्ष गरीबी B. सापेक्ष गरीबी
C. ग्रामीण गरीबी D. शहरी गरीबी
E. इनमें से कोई नहीं

158. स्वर्ण जयंती ग्राम स्वरोजगार योजना (SGSY) लांच की गई–
A. 1999 B. 1996
C. 1998 D. 2003
E. 2015

159. भारतीय रिजर्व बैंक ऑफ इंडिया ने 1 अप्रैल, 2014 को मुद्रास्फीति के मुख्य मापक के रूप में _____ अपनाया।
A. CPI B. WPI
C. PPI D. CPI & WPI
E. इनमें से कोई नहीं

160. 2011 के सामाजिक, आर्थिक और जातिगत जनगणना (SE CC 2011) के अनुसार, ग्रामीण परिवार के सदस्य, जो उच्च माध्यमिक स्तर की शिक्षा प्राप्त किए हैं, का प्रतिशत है–
A. 6.4% B. 4.4%
C. 5.4% D. 7.4%
E. 2.4%

कृषि एवं ग्रामीण विकास

161. सर्वाधिक वसायुक्त दूध किस पशु का होता है?
A. भेड़ B. बकरी
C. गाय D. ऊँट
E. भैंस

162. कलियों की वृद्धि के लिए किस पोषक तत्व की आवश्यकता होती है?
A. पोटैशियम B. बोरॉन
C. सल्फर D. नाइट्रोजन
E. इनमें से कोई नहीं

163. यादृच्छिक बुवाई की विधि को जाना जाता है :
A. डिब्लिंग B. ड्रिलिंग
C. ट्रांसप्लांटिंग D. ब्रॉडकॉस्टिंग
E. इनमें से कोई नहीं

164. निम्नलिखित में से कौन रबी फसल है?
A. मटर B. चावल
C. ज्वार D. मक्का
E. इनमें से कोई नहीं

165. निम्न में से कौन-सी मिट्टी अत्यधिक सरंध्रयुक्त है?
A. दोमट मिट्टी B. बलुई मिट्टी
C. क्ले मिट्टी D. काली मिट्टी
E. इनमें से कोई नहीं

166. पशु गोबर में निम्न में से कौन-सा पोषक तत्व प्रचुर मात्रा में होता है?
A. फॉस्फोरस B. पोटैशियम
C. नाइट्रोजन D. सल्फर
E. इनमें से कोई नहीं

167. निम्नलिखित में से कौन-सी फसल न्यूनतम पानी का उपयोग करती है?
A. चावल B. गेहूँ
C. चारा D. मक्का
E. इनमें से कोई नहीं

168. मृदा स्वास्थ्य कार्ड योजना किस वर्ष लागू की गई थी?
A. फरवरी, 2015 B. फरवरी, 2018
C. अक्टूबर, 2015 D. दिसम्बर, 2016
E. नवम्बर, 2017

169. प्रधानमंत्री फसल बीमा योजना के तहत खरीफ फसलों के लिए लाभांश दर है :
A. 1.5% B. 2.0%
C. 5.0% D. 2.5%
E. 5.2%

170. निम्नलिखित में कौन एक अनाज नहीं है?
A. मूँगफली B. चावल
C. मक्का D. बाजरा
E. गेहूँ

171. 2017-18 की अवधि में, भारत में कृषि क्षेत्र का वृद्धि/विकास दर था (आर्थिक सर्वेक्षण 2018 के अनुसार) :
A. 4.4% B. 2.1%
C. 8.3% D. 5.4%
E. 6.4%

172. निम्नलिखित में से सर्वाधिक उपजाऊ मिट्टी कौन है?
A. लाल मिट्टी B. काली मिट्टी
C. जलोढ़ मिट्टी D. लैटेराइट मिट्टी
E. बलुई मिट्टी

173. क्षारीय मिट्टी का pH मान कितना होता है?
A. 7 के बराबर B. 7 से कम
C. 7 से अधिक D. 8 से अधिक
E. इनमें से कोई नहीं

174. ______ में उच्चतम जल धारण क्षमता है।
A. रेतीली मिट्टी B. क्ले मिट्टी
C. दोमट मिट्टी D. लैटेराइट मिट्टी
E. इन सभी में जल धारण क्षमता समान है।

175. राष्ट्रीय ग्रामीण आजीविका मिशन (एनआरएलएम) शुरू किया गया था :
A. 2015 B. 2016
C. 2011 D. 2009
E. 2012

176. भारत में अधिकतर किस प्रकार की मिट्टी पाई जाती है?
A. जलोढ़ मिट्टी B. लाल मिट्टी
C. काली मिट्टी D. शुष्क मिट्टी
E. लैटेराइट मिट्टी

177. 2011 की जनगणना के अनुसार 2001 की तुलना में साक्षरता दर कितना अधिक बढ़ा?

A. 12% B. 10.5%
C. 9.21% D. 8.5%
E. 5.6%

178. केले की फसल बोने के बाद ______ में कटाई के लिए तैयार होती है।

A. 11-12 माह B. 7-8 माह
C. 20-21 माह D. 18-19 माह
E. 17-18 माह

179. मिट्टी में उपलब्ध पोषक तत्वों का पौधों की वृद्धि और उपज पर अलग-अलग प्रभाव होता है। निम्नलिखित में से कौन-सा पोषक तत्व पौधे की वृद्धि में आवश्यक भूमिका निभाता है और मिट्टी में सूक्ष्म जीवों का पोषण करता है?

A. पोटैशियम B. नाइट्रोजन
C. कैल्शियम D. कॉपर
E. सल्फर

180. जर्सी गाय की विदेशी नस्ल का मूल देश कौन-सा है?

A. जापान B. जर्सी द्वीप
C. यू.एस.ए. D. न्यू जर्सी
E. न्यूजीलैंड

181. सिट्रस की फसल फूल आने से लेकर परिपक्वता/फल तक कितना समय लेता है?

A. 7 माह B. 6 माह
C. 9 माह D. 4 माह
E. 5 माह

182. ड्रिप सिंचाई में पानी की उपयोगी दक्षता ______ तक जा सकती है।

A. 85% B. 95%
C. 75% D. 80%
E. 87%

183. गहरी जड़ वाली फसलों के लिए जुताई की गहराई कितनी है?

A. 30-40 से.मी. B. 5-10 से.मी.
C. 25-30 से.मी. D. 10-20 से.मी.
E. 15-20 से.मी.

184. उथली जड़ वाली फसलों के लिए जुताई की गहराई कितनी है?

A. 10-20 से.मी. B. 25-30 से.मी.
C. 30-40 से.मी. D. 5-10 से.मी.
E. 15-30 से.मी.

185. निम्नलिखित में से कौन-सी जुताई के संचालन में कार्बनिक अवशेषों को मिट्टी में उलटा नहीं किया जाता है, ताकि वे क्षरण के विरुद्ध सुरक्षात्मक आवरण के रूप में सतह पर बने रहें?

A. प्राथमिक जुताई B. खूंटी समतल जुताई
C. शून्य जुताई D. संरक्षण जुताई
E. द्वितीयक जुताई

186. निम्नलिखित में से कौन-सा एक पौधों के लिए सूक्ष्म पोषक तत्व नहीं है?

A. लोहा B. नाइट्रोजन
C. तांबा D. बोरॉन
E. पोटैशियम

187. सिंचाई की विभिन्न विधियाँ हैं। खेतों को छोटी इकाई क्षेत्रों में विभाजित किया जाता है ताकि प्रत्येक सतह लगभग समान हो। निम्नलिखित में से कौन सिंचाई की इस पद्धति को सूचित करता है?

A. ड्रिप सिंचाई B. रेला (सर्ज) सिंचाई
C. अवरोध बेसिन सिंचाई D. कुंड सिंचाई
E. इनमें से कोई नहीं

188. निम्नलिखित जुताई कार्यों में से कौन-सी ऑफ-सीजन (बेमौसमी) जुताई है?

A. जल जुताई B. द्वितीयक जुताई
C. महासागरीय जुताई D. शून्य जुताई
E. इनमें से कोई नहीं

189. बीजों को हल द्वारा बनाए गए हल-रेखा में छोड़ दिया जाता है और अगले हल-रेखा को बनाए जाने पर पहले वाले को ढंक दिया जाता है। इसे जाना जाता है—

A. डिब्लिंग B. ड्रिल बुवाई
C. ट्रांस्प्लांटिंग D. ब्रॉडकॉस्टिंग
E. इनमें से कोई नहीं

190. निम्नलिखित में से कौन-सा क्षेत्र ड्रिप सिंचाई के लिए उपयुक्त है?

A. उच्च वृष्टि क्षेत्र B. उष्ण व आर्द्र क्षेत्र
C. कपासी मृदा क्षेत्र D. उपरोक्त सभी
E. इनमें से कोई नहीं

191. भारत सरकार के अनुसार, निम्नलिखित में से कौन-सा एक लघु बचत योजना के अंतर्गत नहीं आता?

A. डाकघर बचत
B. लोक भविष्य निधि
C. जनधन खाता
D. सुकन्या समृद्धि योजना
E. कर्मचारी भविष्य निधि

192. निम्नलिखित में से किस क्षेत्र में सबसे पहले मानसून का आगमन होता है?

A. हिमालयी क्षेत्र
B. केरल का तटीय क्षेत्र
C. महाराष्ट्र का तटीय क्षेत्र
D. बंगाल की खाड़ी का क्षेत्र
E. इनमें से कोई नहीं

193. भारत में श्वेत क्रांति के शिल्पकार के रूप में कौन जाना जाता है?

A. वर्गिज कुरियन
B. लाल बहादुर शास्त्री
C. एम. स्वामीनाथन
D. जवाहरलाल नेहरू
E. इनमें से कोई नहीं

194. ______ ओडिशा की एक सहायता योजना है जिसके प्राथमिक लक्ष्य छोटे किसान, किसान और भूमिहीन खेतिहर मजदूर हैं।

A. आहार योजना
B. आजीविका और आय संवर्द्धन के लिए आशा सहायता (AALIA)
C. आजीविका और आय संवर्द्धन के लिए कृषक सहायता (KALIA)
D. खुशी योजना
E. कृषि बीमा योजना

195. कृषि बाजार के संदर्भ में नवीनतम सूचना किसके द्वारा संग्रहित और प्रकाशित किया जाता है?

A. भारतीय खाद्य निगम
B. आर्थिक और सांख्यिकी निदेशालय
C. राष्ट्रीय आर्थिक अनुप्रयोग अनुसंधान परिषद (NCAER)
D. भारतीय सांख्यिकी संस्थान (ISI)
E. इनमें से कोई नहीं

196. संघीय सरकार द्वारा किसानों की आय को किस वर्ष तक दोगुना करने का लक्ष्य रखा गया है?

A. 2018
B. 2019
C. 2020
D. 2022
E. 2024

197. कृषि के अंतर्गत किस फल का क्षेत्रफल सर्वाधिक है?

A. आम
B. कटहल
C. सेब
D. अंगूर
E. लीची

198. राष्ट्रीय ग्रामीण पेयजल कार्यक्रम के तहत, प्रतिदिन प्रति व्यक्ति पानी की आपूर्ति का लक्ष्य निर्धारित किया गया है :

A. 40 लीटर
B. 50 लीटर
C. 60 लीटर
D. 70 लीटर
E. 80 लीटर

199. निम्नलिखित में से कौन-सी नकदी फसल नहीं है?

A. जूट
B. मूंगफली
C. ज्वार
D. गन्ना
E. इनमें से कोई नहीं

200. राष्ट्रीय रुर्बन मिशन का शुभारंभ किया गया :

A. 2016
B. 2015
C. 2014
D. 2011
E. 2018

उत्तरमाला

1 A	2 D	3 D	4 A	5 D	6 E	7 E	8 C	9 D	10 B
11 D	12 D	13 C	14 A	15 C	16 D	17 B	18 E	19 C	20 B
21 D	22 B	23 E	24 C	25 A	26 C	27 B	28 D	29 A	30 E
31 C	32 B	33 D	34 C	35 B	36 D	37 B	38 A	39 C	40 E

41	42	43	44	45	46	47	48	49	50
D	C	E	C	E	E	E	C	D	B
51	52	53	54	55	56	57	58	59	60
A	E	A	D	A	E	B	C	D	C
61	62	63	64	65	66	67	68	69	70
C	D	A	E	C	E	D	B	A	C
71	72	73	74	75	76	77	78	79	80
C	A	D	C	C	D	E	B	C	E
81	82	83	84	85	86	87	88	89	90
A	B	C	D	A	C	D	C	A	B
91	92	93	94	95	96	97	98	99	100
B	D	C	C	A	D	D	D	A	C
101	102	103	104	105	106	107	108	109	110
C	A	E	D	B	D	C	A	B	B
111	112	113	114	115	116	117	118	119	120
D	A	E	A	D	B	A	B	C	A
121	122	123	124	125	126	127	128	129	130
C	D	A	A	B	B	A	B	B	B
131	132	133	134	135	136	137	138	139	140
A	A	A	A	A	D	C	C	A	A
141	142	143	144	145	146	147	148	149	150
A	B	A	A	B	B	B	A	B	C
151	152	153	154	155	156	157	158	159	160
A	B	B	B	A	B	B	A	A	C
161	162	163	164	165	166	167	168	169	170
A	B	D	A	B	C	C	A	B	A
171	172	173	174	175	176	177	178	179	180
B	C	C	B	C	A	C	A	B	B
181	182	183	184	185	186	187	188	189	190
A	A	C	B	D	B	C	D	B	C
191	192	193	194	195	196	197	198	199	200
C	B	A	C	B	D	A	A	C	A

व्याख्यात्मक उत्तर

प्र.सं. 1 से 5 के लिए

बक्से	चॉकलेटों की संख्या
A	64
D	39
G	27
E	41
B	13
F	78
C	50

प्र.सं. 11 से 15 के लिए

महीने	तारीख	
	16	24
जनवरी	C (अड़हुल)	D (नरगिस)
अप्रैल	B (गेंदा)	M (चमेली)
जून	E (कमल)	O (लिली)
अक्टूबर	N (सूरजमुखी)	J (गुलाब)

101. 1 → 3 → 9 → 31 → [129] → 651 → 3913

×1+2, ×2+3, ×3+4, ×4+5, ×5+6, ×6+7

128 के स्थान पर 129 आयेगा। अतः दी गई श्रृंखला में 128 गलत है।

102. 291 → 147 → 75 → 39 → [21] → 12 → 7.5

÷2+1.5, ÷2+1.5, ÷2+1.5, ÷2+1.5, ÷2+1.5, ÷2+1.5

22 के स्थान पर 21 आयेगा। अतः दी गई श्रृंखला में 22 गलत है।

103. 26 → [26] → 34 → 58 → 106 → 186 → 306

0, 8, 24, 48, 80, 120

↓ ↓ ↓ ↓ ↓ ↓

1^2-1, 3^2-1, 5^2-1, 7^2-1, 9^2-1, 11^2-1

27 के स्थान पर 26 आयेगा। अतः दी गई श्रृंखला में 27 गलत है।

104. 5.9 → 6.0 → 6.1 → 6.4 → 7.9 → [18.4] → 112.9

+0.1, +0.1, +0.3, +1.5, +10.5, +94.5

×1, ×3, ×5, ×7, ×9

18.5 के स्थान पर 18.4 आयेगा। अतः दी गई श्रृंखला में 18.5 गलत है।

105. 330 → 80 → 280 → 120 → 250 → [140] → 240

-250, +200, -160, +130, -110, +100

50, 40, 30, 20, 10

130 के स्थान पर 140 आयेगा। अतः दी गई श्रृंखला में 130 गलत है।

106. माना बेलन (s) की त्रिज्या = r_s

बेलन (s) का आयतन + शंकु (c) का आयतन = 2190π

$$\pi r_s^2 h_s + \frac{1}{3}\pi r_c^2 h_c = 2190\pi$$

दिया गया है, $h_s = h_c = 10$ सेमी.; $r_c = 15$ सेमी.

$$\pi\left(r_s^2 \times 10 + \frac{1}{3}(15)^2 \times 10\right) = 2190\pi$$

$$r_s^2 \times 10 + 750 = 2190$$

$$r_s^2 \times 10 = 1440$$

$$r_s^2 = 144$$

$$r_s = \sqrt{144} = 12 \text{ सेमी.}$$

अभीष्ट अनुपात $r_s : r_c = 12 : 15 = 4 : 5$.

107. दिया गया है,

एक लाल गेंद चुनने की प्रायिकता = $\frac{1}{3}$

अर्थात्, $$\frac{x}{6+x+10} = \frac{1}{3}$$

$$3x = x + 16$$

$$2x = 16 \Rightarrow x = 8$$

बक्से में लाल और नीली गेंदों का योग = 8 + 6 = 14.

108. माना A और B की वर्तमान आयु क्रमशः x वर्ष और y वर्ष है।

तब, $$x - 18 = y - 6$$

$$x - y = 12 \quad ...(i)$$

$$(x-6) + (y-6) = 88$$

$$x + y = 88 + 12$$

$$x + y = 100 \quad ...(ii)$$

समीकरण (*i*) और (*ii*) को जोड़ने पर

$$2x = 112$$

$$x = 56 \text{ वर्ष}$$

दो वर्ष पश्चात् A की आयु = 56 + 2 = 58 वर्ष।

109. माना रेलगाड़ी B की लम्बाई = x मी.

दिया गया है, रेलगाड़ी A और रेलगाड़ी B की चाल का अनुपात = $\frac{4}{5}$

तब, $$\frac{\frac{(120+240)}{18}}{\frac{x}{12}} = \frac{4}{5} \Rightarrow \frac{360 \times 12}{18 \times x} = \frac{4}{5}$$

$$x = \frac{240 \times 5}{4} = 300 \text{ मी.}$$

110. कुल शब्द बनाये जा सकते हैं = 7!

स्वरों को एकसाथ लेकर कुल शब्द बनाये जा सकते हैं = 3! × 5!

अभीष्ट प्रायिकता = $\frac{3! \times 5!}{7!} = \frac{3 \times 2}{7 \times 6} = \frac{1}{7}$.

111. $2^? = 32 \div 128 \times 1024 \div 8$

$$2^? = \frac{1}{4} \times 128 \Rightarrow 2^? = 32 \Rightarrow 2^? = 2^5 \Rightarrow ? = 5.$$

112. $$\frac{340}{?} = \sqrt{144} + \sqrt{64}$$

$$\frac{340}{?} = 12 + 8 \Rightarrow ? = \frac{340}{20} = 17.$$

113. 550 ÷ ? का 34% = $297 \div \sqrt{729}$

$$\frac{34 \times 550}{100} \div ? = 297 \div 27$$

$$187 \div ? = 11 \Rightarrow ? = \frac{187}{11} = 17.$$

114. $(? \div 10) \times 12 = 1320$ का 20%

$$(? \div 10) = \frac{\frac{20 \times 1320}{100}}{12}$$

$$? \div 10 = 22 \Rightarrow ? = 220.$$

115. 180 का $?\% = \sqrt{(24)^2 + (18)^2 + 660 \text{ का } 60\%}$

$$180 \text{ का } ?\% = \sqrt{576 + 324 + 396}$$

$$\frac{? \times 180}{100} = \sqrt{1296} \Rightarrow ? = \frac{36 \times 100}{180} = 20.$$

116. हम निम्नलिखित स्थिति पर ध्यान करेंगे–

स्थिति I : 4 समान और 2 अन्य समान

स्थिति II: 4 समान और 2 भिन्न समान

स्थिति III: 3 समान और 3 अन्य समान

स्थिति IV: 3 समान और 2 अन्य समान और 1 भिन्न

कुल प्रकार

$$= 1 \times \frac{6!}{4! \times 3!} + 1 \times \frac{6!}{4!} + 1 \times \frac{6!}{3!3!} + {}^2C_1 \times \frac{6!}{3! \times 2!}$$

$$= 15 + 30 + 20 + 120 = 185.$$

117. तीनों रंगों की आवश्यकता

1 हरा झण्डा + 2 काला झण्डा + 2 नीला झण्डा

1 हरा झण्डा + 3 काला झण्डा + 2 नीला झण्डा

1 हरा झण्डा + 4 काला झण्डा + 3 नीला झण्डा

$$= \frac{6!}{2!3!} + \frac{6!}{3!2!} + \frac{6!}{4!} = 60 + 60 + 30 = 150.$$

118. माना एक कुर्सी और एक मेज का अंकित मूल्य क्रमशः ₹ $5x$ और ₹ $8x$ है।

और, खरीदी गई कुर्सियों और मेजों की संख्या क्रमशः $6y$ और $5y$ है।

अभिषेक के लिए, एक कुर्सी का लागत मूल्य

$$= (100 - 20)\% \times 5x = ₹\ 4x$$

अभिषेक के लिए, एक मेज का लागत मूल्य

$$= (100 - 25)\% \times 8x = ₹\ 6x$$

अभिषेक के लिए, कुल लागत मूल्य

$$= 4x \times 6y + 6x \times 5y = 54xy$$

अभिषेक के लिए, एक कुर्सी का बिक्री मूल्य

$= 4x$ का $(100 + 50\%)$ का $(100 - 25\%) = 4.5x$

अभिषेक के लिए, एक मेज का बिक्री मूल्य

$= 6x$ का $(100 + 50\%)$ का $(100 - 20\%) = 7.2x$

4 के समूह में बेची गई कुर्सियों की संख्या

$$= \frac{2}{3} \times 6y = 4y$$

अतः मुफ्त में बेची गई मेजों की संख्या

$$= \frac{1}{4} \times 4y = y$$

अभिषेक के लिए कुल बिक्री मूल्य

$= 4.5x \times 6y + 7.2x \times (5y - y)$

$= 27xy + 28.8xy = 55.8xy.$

$$\% \text{ लाभ} = \frac{55.8xy - 54xy}{54xy} \times 100$$

$$= \frac{1.8xy}{54xy} \times 100 = 3\frac{1}{3}\%.$$

119. प्रश्नानुसार,

एक मेज का अंकित मूल्य = 300 + एक कुर्सी का अंकित मूल्य

$$\Rightarrow \quad 8x = 300 + 5x$$

$$3x = 300 \Rightarrow x = 100$$

अभिषेक के लिए कुल लागत मूल्य = 108000

$$\Rightarrow \quad 54xy = 108000$$

$$\Rightarrow \quad 54 \times 100 \times y = 108000 \Rightarrow y = 20$$

अभिषेक द्वारा, खरीदी गई कुर्सियों की संख्या

$$= 6y = 120.$$

120. ग्राहक द्वारा, खरीदे गए पैकों की संख्या = 12

उपहार के रूप में प्राप्त साबुनों की संख्या

$$= \left(\frac{12}{6}\right) = 2$$

ग्राहक द्वारा प्राप्त कुल साबुनों की संख्या

$$= (4 \times 12) + 2 = 50$$

ग्राहक द्वारा, चुकाया गया कुल धन

$$= 12 \times 3 \times S$$

जहाँ S प्रत्येक साबुन का अंकित मूल्य है।

50 साबुनों के लिए, अंकित मूल्य = 50S

वास्तविक चुकता राशि = 36S

अतः छूट = 14S

$$\text{छूट प्रतिशत} = \frac{14S}{50S} \times 100 = 28\%.$$

पिछले प्रश्न-पत्र (हल सहित)

नाबार्ड मैनेजर ग्रेड–B, Phase-I

ऑनलाइन परीक्षा 2017*

तार्किक योग्यता

निर्देश (प्र.सं. 1 से 4 तक): *दी गई सूचनाओं का सावधानीपूर्वक अध्ययन करें और दिए गए प्रश्नों के उत्तर दें।*

एक निश्चित कूट भाषा में,

'few organic farming techniques' को 'li gs da cr' के रूप में लिखा जाता है।

'Fertilizer products few available' को 'fo pz nb gs' के रूप में लिखा जाता है।

'Organic waste into fertilizer' को 'nb cr pt mk' के रूप में लिखा जाता है।

'Disposal of farming waste' को 'hu mk li yu' के रूप में लिखा जाता है।

(सभी कूट केवल दो शब्दों के कूट हैं)

1. दी गई कूट भाषा में 'few waste' के लिए कूट क्या होगा?

A. da mk B. Gs li
C. Pt da D. Mk gs
E. दिए गए विकल्पों के अलावा अन्य

2. दी गई कूट भाषा में 'organic' के लिए कूट क्या होगा?

A. ls B. Cr
C. Da D. Pt
E. दिए गए विकल्पों के अलावा अन्य

3. यदि दी गई कूट भाषा में 'waste management techniques' को 'ax da mk' के रूप में कूटबद्ध किया जाता है, तो 'farming fertilizer management' को कैसे कूटबद्ध किया जाएगा?

A. ax nb cr B. Li ax pt
C. Nb li ax D. Gs li nb
E. दिए गए विकल्पों के अलावा अन्य

4. दी गई कूटभाषा में 'available' के लिए कूट क्या होगा?

A. या तो 'pz' या 'fo' B. या तो 'nb' या 'mk'
C. Li D. Hu
E. दिए गए विकल्पों के अलावा अन्य

निर्देश (प्र.सं. 5 से 8 तक): *दिए गए प्रश्नों के उत्तर देने के लिए निम्नलिखित सूचनाओं का अध्ययन करें।*

S, T, U, V, W, X, Y और Z एक सीधी पंक्ति में बैठे हैं, लेकिन आवश्यक नहीं कि उसी क्रम में, उनमें से कुछ दक्षिण की ओर मुँह किए हैं जबकि कुछ उत्तर की ओर मुँह किए हैं। S, X के बायीं ओर चौथे स्थान पर बैठा है। X पंक्ति के बिल्कुल अंतिम छोर पर बैठा है। S के दोनों निकट पड़ोसी दक्षिण की ओर मुँह किए हैं। T, Z के बायीं ओर दूसरे स्थान पर बैठा है। Z, S का निकट पड़ोसी नहीं है। न तो Z, न ही U पंक्ति के बिल्कुल अंतिम छोर पर बैठा है। U के दोनों निकट पड़ोसी उत्तर की ओर मुँह किए हैं। W, Y के ठीक बायीं ओर बैठा है। V के निकट पड़ोसी विपरीत दिशाओं में मुँह किए हैं (अर्थात् यदि V का एक पड़ोसी उत्तर की ओर मुँह किए है, तो दूसरे का मुँह दक्षिण की ओर है तथा विलोमतः) T के निकट पड़ोसी विपरीत दिशाओं में मुँह किए हैं (अर्थात् T का एक पड़ोसी उत्तर की ओर मुँह किए है, तो दूसरे का मुँह दक्षिण की ओर है तथा विलोमतः) बिल्कुल अंतिम छोरों पर बैठे लोग एक ही दिशा में मुँह किए हैं (अर्थात् यदि एक व्यक्ति उत्तर की ओर मुँह किए है तो दूसरा भी उत्तर की ओर मुँह किए है तथा विलोमतः)।

5. निम्नलिखित में से कौन-सा युग्म उन लोगों का निकट पड़ोसी को प्रदर्शित करता है, जो पंक्ति के दो अंतिम छोरों पर बैठे हैं?

* *Online Exam held on 06-07-2017.*

A. Y, Z
B. T, Y
C. W, T
D. U, Z
E. S, T

6. कितने लोग T और X के बीच बैठे हैं?
A. चार
B. चार से अधिक
C. एक
D. तीन
E. दो

7. यदि प्रत्येक व्यक्ति को वर्णानुक्रम में दाएँ से बाएँ बैठाया जाता है, तो बैठने की मूल अवस्था की तुलना में कितने लोग अपरिवर्तित रहेंगे?
A. कोई नहीं
B. दो
C. चार
D. एक
E. तीन

8. निम्नलिखित में से कौन 'Z' और 'T' के ठीक बैठता है?
A. U
B. V
C. Y
D. X
E. W

निर्देश (प्र.सं. 9 से 12 तक): *दी गई सूचनाओं का सावधानीपूर्वक अध्ययन करें और दिए गए प्रश्नों के उत्तर दें।*

परिवार के आठ सदस्य S, T, U, V, W, X, Y और Z एक गोलाकार मेज के चारों ओर बैठे हैं, लेकिन आवश्यक नहीं कि उसी क्रम में। उनमें से कुछ महिलाएँ और कुछ पुरुष हैं। वे सभी एक-दूसरे से किसी प्रकार संबंधित हैं। उनमें से कुछ केन्द्र की ओर मुँह किए हैं जबकि कुछ बाहर की ओर मुँह किए हैं (अर्थात् केन्द्र के विपरीत)।

T और W के बीच केवल दो लोग बैठे हैं। T केन्द्र की ओर मुँह किए है। X, T के दायीं ओर दूसरे स्थान पर बैठा है। W, S की पत्नी है। कोई भी महिला W की पड़ोसी नहीं है।

U, T का निकट पड़ोसी नहीं है। U, W की पुत्री है। U के दोनों पड़ोसी केन्द्र की ओर मुँह किए हैं।

S और U के भाई के बीच केवल तीन लोग बैठे हैं। X, U का भाई नहीं है। न तो S, न ही U का भाई X का निकट पड़ोसी है। T की पत्नी Z, V के ठीक बाएँ बैठती है। Y और S दोनों एक दिशा की ओर मुँह किए हैं जो U के विपरीत है (अर्थात् यदि U केन्द्र की ओर मुँह किए है, तो Y और S दोनों बाहर की ओर मुँह किए हैं तथा विलोमतः)। U का पति Y के बायीं ओर दूसरे स्थान पर बैठा है। T का पिता W के ठीक दायीं ओर बैठा है।

9. कितने लोग T और S के पिता के बीच बैठते हैं, जब T के दायीं ओर से गिनती की जाती है?
A. चार
B. तीन
C. कोई नहीं
D. एक
E. दो

10. निम्नलिखित में से कौन Y और W के ठीक बीच में बैठता है, जब Y के बायीं ओर से गिनती की जाती है?
A. T
B. X
C. S
D. Z
E. U

11. निम्नलिखित में से T के बारे में कौन-सा कथन निश्चित रूप से सत्य है?
A. X और Z, T के निकट पड़ोसी हैं।
B. T, X के बायीं ओर बैठता है।
C. T, S का पुत्र है।
D. दिए गए विकल्पों के अलावा अन्य।
E. V, T का पिता है।

12. निम्नलिखित में से कौन बाहर की ओर मुँह किए है (अर्थात् केन्द्र के विपरीत)?
A. U
B. V
C. W
D. Z
E. T

निर्देश (प्र.सं. 13 से 16 तक): *इन प्रश्नों में दिए गए विभिन्न तत्वों में कथनों में एक सम्बन्ध दर्शाया गया है। दिए गए कथनों का अनुसरण निष्कर्ष I और II करते हैं। कथनों पर आधारित निष्कर्षों का अध्ययन कीजिए और उपयुक्त उत्तर दीजिए।*

उत्तर दीजिए–

A. यदि या तो निष्कर्ष I या निष्कर्ष II सत्य है।
B. यदि दोनों निष्कर्ष I या निष्कर्ष II सत्य हैं।
C. यदि न तो निष्कर्ष I न निष्कर्ष II सत्य है।
D. यदि केवल निष्कर्ष I सत्य है।
R. यदि केवल निष्कर्ष II सत्य है।

13. कथन :

$C > R \leq E = T; R < Y; U \geq E$

निष्कर्ष :

I. $C > Y$
II. $U \geq R$

14. **कथन :**

$C > R \leq E = T; R < Y; U \geq E$

निष्कर्ष :

I. $U \geq C$

II. $T \leq Y$

15. **कथन :**

$P \geq R = B \leq S; C \leq B > Z$

निष्कर्ष :

I. $S > Z$

II. $S \leq P$

16. **कथन :**

$D \leq Q < N \geq W; Q > P$

निष्कर्ष :

I. $N = W$

II. $N > W$

निर्देश (प्र.सं. 17 से 20 तक): *दी गई सूचनाओं का सावधानीपूर्वक अध्ययन करें और दिए गए प्रश्नों के उत्तर दें।*

सात व्यक्ति A, B, C, D, E, F और G की एक ही सप्ताह के सात अलग-अलग दिनों में सोमवार से प्रारंभ होकर रविवार तक (लेकिन आवश्यक नहीं कि इसी क्रम में) नियुक्ति हुई। प्रत्येक व्यक्ति अलग-अलग खेल नामतः क्रिकेट, हॉकी, फुटबॉल, स्क्वॉश, वॉलीबॉल, टेनिस और खो-खो खेलता है, लेकिन आवश्यक नहीं कि इसी क्रम में।

केवल दो लोगों की नियुक्ति उसके बाद हुई जो हॉकी खेलता है। E की नियुक्ति उसके बाद उन दिनों में से एक दिन हुई जो हॉकी खेलता है। E और G के बीच केवल तीन लोग नियुक्त हुए। G और उसके बीच जो वॉलीबॉल खेलता है, केवल एक व्यक्ति की नियुक्ति हुई। A की नियुक्ति उसके ठीक बाद हुई, जो वॉलीबॉल खेलता है। केवल तीन लोगों की नियुक्ति उसके बाद हुई, जो खो-खो खेलता है। C की नियुक्ति F के ठीक बाद हुई, लेकिन शुक्रवार को नहीं। केवल दो लोगों की नियुक्ति F और उसके बीच हुई, जो क्रिकेट खेलता है। B की नियुक्ति ठीक उसके बाद हुई जो क्रिकेट खेलता है। केवल दो व्यक्तियों की नियुक्ति D और उसके बीच हुई, जो टेनिस खेलता है। A स्क्वॉश नहीं खेलता है। E टेनिस नहीं खेलता है।

17. निम्नलिखित में से किसकी नियुक्ति बुधवार को हुई?

A. वह जो खो-खो खेलता है

B. A

C. B

D. वह जो क्रिकेट खेलता है

E. F

18. निम्नलिखित में से कौन-सा कथन दी गई व्यवस्था के अनुसार सत्य है?

A. F और उसके बीच जो स्क्वॉश खेलता है, केवल एक व्यक्ति की नियुक्ति हुई।

B. केवल तीन लोग C के पहले नियुक्त हुए।

C. A टेनिस खेलता है।

D. B की नियुक्ति शनिवार को हुई।

E. दिया गया कोई भी विकल्प सही नहीं है।

19. वह व्यक्ति जो टेनिस खेलता है, उसकी नियुक्ति निम्नलिखित में से किस दिन हुई?

A. गुरुवार B. मंगलवार

C. रविवार D. सोमवार

E. शनिवार

20. निम्नलिखित में से कौन-सा संयोजन दी गई व्यवस्था के अनुसार निश्चित रूप से सही होगा?

A. C–स्क्वॉश B. गुरुवार–D

C. शनिवार–Cricket D. सोमवार–वॉलीबॉल

E. F–खो-खो

ENGLISH

Directions (Qs. Nos. 21 to 27): *In the following questions, each sentence has two blanks, indicating that something has been omitted. Choose the set of words that best fits the meaning of the sentence as a whole.*

21. The ________ playing of loud music has led the angry residents of this vicinity to file a police complaint and move court against the organizer's lack of _____ for the people's need for a peaceful neighbourhood.

A. peaceful, thought
B. abrupt, hope
C. incessant, consideration
D. fashionable, friendliness
E. intermittent, interpretation

22. The ______ of the chronic balance of payments deficit which has ___ the finance ministry under three prime ministers is very real.
A. temptation, reviled
B. understanding, menaced
C. impact, underestimated
D. obligation, blessed
E. dilemma, plagued

23. Britain, for the present, is deeply ____ in economic troubles, and this economic future, heavily _____ looks uncertain.
A. engrossed, responsive
B. ingrained, sceptical
C. saturate, enveloped
D. mired, mortgaged
E. restrained, participative

24. Our constitution was based on the belief that the free ______ of ideas, people and cultures is essential to the ____ of a democratic society.
A. selection, concurrence
B. interchange, preservation
C. reversal, upholding
D. dissemination, congruence
E. distinction, design

25. As this country has become more _____ industrialised and internationalized, it has like all western democracies, experienced a necessary increase in the _________ of the executive.
A. urbanized, role
B. objective, wealth
C. synthesised, efficiency
D. civilized, convenience
E. concretized, vision

26. More is ______ of conditions of the tribal's in Maharashtra than _______ conditions of those in the other parts of the country.
A. certain, the
B. known, of
C. aware, of
D. favourable, those
E. uncertain, all

27. Although he is a ________ person, he occasionally loses his ______.
A. quiet, temper
B. grief, cheerful
C. balanced, temper
D. thoughtful, anxiety
E. generous, wealth

Directions (Qs. Nos. 28 to 33): *Rearrange the following six sentences/group of sentences 1, 2, 3, 4, 5 and 6 in the proper sequence to form a meaningful paragraph; then answer the questions given below them.*

1. The application of economic, environmental and consumer pressures have been on an increase in recent years.
2. As a result, our agro-food production and technology are amongst the most advanced in the world.
3. They are thus able to provide expertise and technology to satisfy the needs of agro-food production.
4. In turn, the support industries have developed to an equally advanced state.
5. They have also equipped themselves with the necessary expertise to satisfy the most exacting requirements of the overseas market.
6. These have greatly influenced the development of the agriculture and food industries in our country.

28. Which of the following should be the Second sentence after the rearrangement?
A. 6 B. 5
C. 4 D. 1
E. 2

29. Which of the following should be the THIRD sentence after the rearrangement?
A. 6 B. 5
C. 4 D. 3
E. 1

30. Which of the following should be the Fourth sentence after the rearrangement?
A. 1 B. 5
C. 4 D. 3
E. 2

31. Which of the following should be the Fifth sentence after the rearrangement?
A. 5 B. 1
C. 4 D. 3
E. 2

32. Which of the following should be the Last sentence after the rearrangement?
A. 1 B. 5
C. 4 D. 3
E. 2

33. Which of the following should be the First sentence after the rearrangement?
A. 3 B. 4
C. 5 D. 1
E. 2

Directions (Qs. Nos. 34 to 44): *Read the following passage carefully and answer the questions given. Certain words are given in* **bold** *in the passage to help you locate them while answering some of the questions.*

Since its creation in the 17th century, insurers have amassed policies in each class of risk **they cover**. Car insurers have begun to set premiums based on how actual drivers behave, with telematic tracking devices to show how often they speed or slam on the brakes. Analysis at Morgan Stanley, a bank, predict that damage to insured homes will fall by 40-60% if smart sensors are installed to monitor, say, frayed electrical wiring. Some health insurers provide digital fitness-bands to track policyholders vital signs- and give discounts if they lead a healthier life. **But the data can only go so far.** Even the safest driver can be hit by homes still fall off ladders. **But** the potential gains from smart insurance are large. First, giving people better insights into how they are managing risk should help them change their behaviour for the better. Progressive, an american car insurer, tells customers who use its trackers where they tend to drive unsafely; they crash less often as a result. Second, pricing will become keener for consumers. The insurance industry made $338 billion in profits last year. More accurate risk assessment should result in lower premiums for many policyholders. Third, insurers should be able to spot fraud more easily, by using data to verify claims.

But two worries stand out. One is a fear that insurers will go from being companies you hope never to deal with to ones that watch your every move. The other, **thornier** problem is that insurers will cherry-pick the good risks, leaving some people without a safety net or to be taken care of by the state. Forgone privacy is the price the insured pay for receiving personalised pricing. Many people are indeed willing to share their data, but individuals should always have to opt in to do so. Some worry that this safeguard may not be enough, the financial costs of not sharing data may be so great that people have no real choice over whether to sign up. The second concern is the worry that more precise underwriting will create a class of uninsurable people, selected out of insurers businesses because they are too high a risk. For some types of cover, that would be a reasonable outcome. People who choose to drive like maniacs should have a hard time getting insurance. By the same token, it makes sense to offer rewards, in the form of discounts to premiums, to customers who behave well. Incentivising people to eat better, exercise regularly, drink in moderation and avoid smoking would reap huge health dividends. Where things get harder is with risks that individuals cannot control. There are few things that people have less choice about than their genes. One option is to distort the market by requiring insurers to be blind to genetic data. In 2011, for example, Europe banned insurers from using gender to calculate annuities. Now that a man's shorter lifespans are no longer taken into account that has led to lower payments. Until the interplay between nature and nurture is better understood. It is **right** to be cautious. Insurers should be able to take note of customers behaviour, but not exploit information from genetic testing. However, as data analysis and the understanding of genetics improve, that line will only become harder **to hold**.

34. Which of the following will be said about the insurance industry?

A. It is not well regulated in Europe and America.
B. It is plagued by frauds on the part of policyholders.
C. It faces challenges about the use of personal data.
D. It requires bailouts from the government.
E. There has not been much innovation since its inception.

35. Choose the word which is opposite in meaning to the word THORNIER given in **bold** as used in the passage.

A. simpler
B. sharper
C. slower
D. pressing
E. sensible

36. Choose the word which is most nearly the same in meaning as the word HOLD given in **bold** as used in the passage.

A. maintain
B. imprison
C. store
D. convene
E. fooling

37. The insurers got their inception in the

A. 16th century
B. 17th century
C. 1870
D. 1902
E. 18th century

38. Which of the following is/are 1 outcomes of smart insurance?

1. Create awareness about one's risky behaviour.
2. Infringes on a policyholders privacy.
3. Discriminates among consumers based on their behaviour.

A. Only 3
B. Only 2 and 3
C. Only 1 and 2
D. All 1, 2, 3
E. Only 2

39. Which of the following is the central idea of the passage?

A. Today, customers have plenty of innovating insurance products to choose from.
B. Insurance companies access to and use to personal data is both promising and risky.
C. Of all insurance products, health insurance is the most innovative and controversial.
D. Using genetic data to access a customers insurance premium is immoral.
E. Other than those given as options.

40. What is the author's view of companies like progressive?

A. These exploit consumers for profit.
B. These help consumers modify their behaviour for the better.
C. These provide consumers families with reasonable settlements.
D. Their practices need to be stopped immediately.
E. Other than those given as options.

41. Choose the word which is most nearly the same in meaning as the word COVER given in **bold** as used in the passage.

A. coat
B. conceal
C. insurance
D. embrace
E. travel

42. What does the author want to convey through the phrase 'But data can only go so far'?

A. Despite medical studies people engage in unhealthy lifestyles.
B. A person's behaviour can never be predicted by our algorithms.
C. Despite data about benefits of insurance many remain uninsured.
D. Some risks cannot be predicted despite vast data available.
E. Insurers find it difficult to meaningfully use consumers personal data.

43. Choose the word which is opposite in meaning to the word RIGHT given in **bold** as used in the passage.

A. moral
B. inappropriate
C. abused
D. duty
E. accurate

44. Which of the following is true in context of the passage?
   A. Technology has made it easier to commit insurance fraud.
   B. Insurance has been around for less than a century.
   C. The insurance industry is not keen to use personal data as it lowers profits.
   D. The american insurance industry is the largest in the world.
   E. None of the given statements is true in the context of the passage.

Directions (Qs. Nos. 45 to 53): *In the following questions, one part of the sentence may have an error. Find out which part of the sentence has an error and choose the option corresponding to it. If the sentence is free from error. Choose the No error option.*

45. After staying together (A)/ for several years, actress (B)/ finally separated from her husband (C)/ for good in 2004. (D)/ No error (E).

46. The city's young women (A)/ are going out and buying (B)/ diamonds themseles, as by gifted (C)/ diamonds by men as such passed. (D)/ No error (E).

47. After swung between playing (A)/ positive and negative characters. (B)/ the actor is set to attempt comedy (C)/ for the first time on small screen. (D)/ No error (E).

48. Research shows that people (A)/ who are able to responding (B)/ more quickly to questions are (C)/ perceived as more charistmatic. (D)/ No error (E).

49. His wife's untimely death (A)/ in a plane crash and him (B)/ to the supportive actress, who (C) / lent him a shoulder to cry on. (D)/ No error (E).

50. Staying healthy (A)/ and high spirited (B)/ is not (C)/ very difficult. (D)/ No error (E).

51. Like against (A)/ a fixed interest rate loan, (B)/ a floating interest rate loan offers (C)/ flexibility to borrowers. (D)/ No error (E)

52. Despite being laid low by illness (A)/ in the run-up to the event (B)/ the sportsman intend to give his best (C)/ on the upcoming championship. (D)/ No error (E)

53. The next time you (A)/ are at the city airport (B)/ apart of shopping for the usual (C)/ you can also purchase a piece of art. (D)/ No error (E)

Directions (Qs. Nos. 54 to 60): *In each question below, four words/group of words printed in* **bold** *type are given. These are numbered 1, 2, 3 and 4. One of these words/groups of words printed in* **bold** *may either be wrongly spelt or inappropriate in the context of the sentence. Find out the word that is inappropriate or wrongly spelt, if any. The number of that word is your answer. If all the words printed in bold are correctly spelt and appropriate in the context of the sentence then mark E i.e., All correct as your answer.*

54. Birds fly south (A)/ in the winter (B)/ threw (C)/ an instinct not completely understood by scientists. (D)/ All correct (E)

55. Whom (A)/ did you talk (B)/ to at (C)/ the information desk at the airport? (D)/ All correct (E)

56. Ellen always (A)/got (B)/ into (C)/ more trouble than me. (D)/ All correct (E)

57. There isn't (A)/ scarcely (B)/ room on the front steps to pose (C)/ the entire class (D)/ for a picture. / All correct (E)

58. I found (A)/ the expensive vase broken (B)/ when I first came (C) /in the room.(D)/ All correct (E)

59. Bolivar, an idol between (A)/ his contemporaries (B)/, has been (C) the inspiration for many modern revolutions. (D)/ All correct (E).

60. If you sign up as a volunteer for the special (A)/ olympics (B)/, you will find that (C)/ you receive as much as you gave. (D)/ All correct (E)

कम्प्यूटर योग्यता

61. अगर कोई कम्प्यूटर, दूसरे को डेटाबेस सेवाएँ प्रदान करता है, तो इसे किस रूप में जाना जाएगा?
A. वेब सर्वर B. एप्लीकेशन सर्वर
C. डेटाबेस सर्वर D. एफ.टी.पी. सर्वर
E. इनमें से कोई नहीं

62. टेलीफोन नेटवर्क के तारों पर डाटा संचारित करके इंटरनेट प्रदान करने वाली तकनीक है :
A. ट्रांसमीटर B. डायोड
C. एच.एच.एल. D. डी.एस.एल.
E. इनमें से कोई नहीं

63. लिनक्स है :
A. मालवेयर B. ऑपरेटिंग सिस्टम
C. एप्लीकेशन प्रोग्राम D. फर्मवेयर
E. वेब ब्राउजर

64. भारत के पहले सुपर कम्प्यूटर की प्रकृति क्या है?
A. सागा 220 B. परम 8000
C. ई.एन.आई.ए.सी. D. परम 6000
E. इनमें से कोई नहीं

65. निम्नलिखित में से किसे कम्प्यूटर का जनक कहा जाता है?
A. विंट कर्फ B. टिम बर्नर ली
C. चार्ल्स बैबेज D. स्टीव जॉब्स
E. जेम्स गॉसलिंग

66. ______ सॉफ्टवेयर हैं जिसका उपयोग विशेष डिस्क में किया जाता है।
A. ऑपरेटिंग सिस्टम
B. प्रोग्राम
C. डाटा
D. सॉफ्टवेयर
E. इनमें से कोई नहीं

67. ________ उस तरीके को नियंत्रित करता है जिसमें कम्प्यूटर सिस्टम कार्य करता है और ऐसे माध्यम प्रदान करता है जिससे उपयोगकर्ता कम्प्यूटर के साथ इंटरैक्ट कर सकते हैं।
A. ऑपरेटिंग सिस्टम
B. मदरबोर्ड
C. प्लैटफॉर्म
D. एप्लीकेशन सॉफ्टवेयर
E. इनमें से कोई नहीं

68. कम्प्यूटर और इंटरनेट तक पहुँच वाले लोगों और बिना पहुँच वाले लोगों के बीच के अंतर को किस रूप में जाना जाता है?
A. डिजिटल डिवाइड B. इंटरनेट डिवाइड
C. साइबरवे डिवाइड D. वेब डिवाइड
E. इनमें से कोई नहीं

69. निम्न में से कौन स्प्रेडशीट प्रोग्राम है?
A. एम.एस. वर्ड B. एम.एस. पॉवर प्वाइंट
C. एम.एस. एक्सेल D. एम.एस. एक्सेस
E. एम.एस. पेंट

70. पंक्ति और स्तंभ का संयोजन ______ कहलाता है।
A. लाइन B. कॉलम
C. सेल D. रो
E. इनमें से कोई नहीं

71. गटर मार्जिन है :
A. मार्जिन जो मुद्रण के समय पृष्ठ के बाइंडिंग साइड में जोड़ा जाता है।
B. मार्जिन जो मुद्रण के समय पृष्ठ के बाहर जोड़ा जाता है।
C. मार्जिन जो मुद्रण के समय बाएँ हाशिया में जोड़ा जाता है।
D. मार्जिन जो मुद्रण के समय दाएँ हाशिया में जोड़ा जाता है।
E. दिए गए विकल्पों के अलावा अन्य

72. एक्सेल सीट पर किसके द्वारा सक्रिय सेल का संकेत दिया जाता है?
A. एक डॉटेड बॉर्डर B. डार्क वाइड बॉर्डर
C. ब्लिंकिंग बॉर्डर D. इटेलिक टेक्स्ट द्वारा
E. इनमें से कोई नहीं

73. सेल की एक श्रेणी के लिए एक सेल संदर्भ जो सेल C1 से आरंभ होता है और कॉलम एच पर जाता है और नीचे पंक्ति 10 पर जाता है।
A. C1 : 10H
B. C1 : H10
C. C1 : H-10
D. C1 : H : 10
E. दिए गए विकल्पों के अलावा अन्य

74. एक पंक्ति के स्तंभ या स्तंभ डाटा में रो डाटा क्या फंक्शन प्रदर्शित करता है?
A. ट्रांसपोज B. इंडेक्स
C. रोज D. हाइपरलिंक्स
E. इनमें से कोई नहीं

75. निम्न में से किस मैन्यू से मैक्रो निष्पादित किया जा सकता है?
A. फॉर्मेट B. होम
C. इनसर्ट D. टूल्स
E. इनमें से कोई नहीं

76. एक फंक्शन के अंदर दूसरा फंक्शन किस रूप में जाना जाता है?
A. राउंड फंक्शन
B. सैंडविच फंक्शन
C. स्विच फंक्शन
D. नेस्टेड फंक्शन
E. इनमें से कोई नहीं

77. कौन-सा एक्सेल फीचर का उपयोग हम लोग कर सकते हैं यदि हम एक समय में एक रिकॉर्ड के साथ काम करना चाहते हैं?
A. ऑटो कम्पलीट B. डाटा फॉर्म
C. सेट फॉर्म D. ऑटो टेक्स्ट
E. इनमें से कोई नहीं

78. एक सूत्र में 3-डी संदर्भ है :
A. स्पान्स वर्कशीट्स
B. संशोधित नहीं किया जा सकता
C. केवल समरी वर्कशीट्स पर प्रकट होता है
D. फॉर्मेटिंग आप्शन्स को सीमित करता है
E. इनमें से कोई नहीं

79. बिट्स का एक समूह जो विशिष्ट संचालन करने के लिए कम्प्यूटर को निर्देशित करता है, उसे इस तरह से जाना जाता है?
A. इंस्ट्रक्शन कोड B. माइक्रो-ऑपरेशन
C. एक्युमुलेटर D. रजिस्टर
E. इनमें से कोई नहीं

80. निम्न में से कौन ऑप्टिकल डिस्क का उदाहरण है?
A. डिजिटल वर्सटाइल डिस्क
B. मेमोरी डिस्क
C. मैग्नेटिक डिस्क
D. डाटा बस डिस्क
E. इनमें से कोई नहीं

सामान्य जागरूकता

81. 750 मेगावाट रीवा अल्ट्रा मेगा सौर संयंत्र निम्नलिखित में से किन राज्यों में से एक में स्थित है?
A. कानपुर, उत्तर प्रदेश
B. नागपुर, महाराष्ट्र
C. रीवा, मध्य प्रदेश
D. हैदराबाद, तेलंगाना
E. कोलकाता पश्चिम बंगाल

82. 50,000 क्षमता वाला एम.ए. चिदम्बरम स्टेडियम भारतीय राज्य .... स्थित है।
A. केरल B. गुजरात
C. आन्ध्र प्रदेश D. कर्नाटक
E. तमिलनाडु

83. राष्ट्रीय कृषि एवं ग्रामीण विकास बैंक भारत का एक शीर्ष वित्तीय संस्थान है, जिसका मुख्यालय .... में स्थित है।
A. पुणे, महाराष्ट्र
B. चेन्नई, तमिलनाडु
C. मुम्बई, महाराष्ट्र
D. नई दिल्ली, दिल्ली
E. कोलकाता, पश्चिम बंगाल

84. 'भारतीय चावल अनुसंधान केन्द्र' कहाँ पर स्थित है?
A. हैदराबाद, तेलंगाना
B. कोलकाता, पश्चिम बंगाल
C. मुम्बई, महाराष्ट्र
D. नई दिल्ली, दिल्ली
E. कानपुर, उत्तर प्रदेश

85. किस सरकार ने ग्राम पंचायतों के चिह्नित आवासीय क्षेत्रों में बेघर लोगों को आवास-पत्र प्रदान किए हैं?
A. तेलंगाना सरकार
B. आन्ध्र प्रदेश सरकार
C. पश्चिम बंगाल सरकार
D. राजस्थान सरकार
E. हरियाणा सरकार

86. मिश्रित अर्थव्यवस्था से आशय है–
A. लघु एवं वृहद् उद्योगों का सह अस्तित्व
B. कृषि एवं उद्योगों का सह-अस्तित्व
C. सार्वजनिक एवं निजी क्षेत्र का सह-अस्तित्व
D. घरेलू एवं विदेशी इण्टरप्राइजेज का सह-अस्तित्व
E. इनमें से कोई नहीं

87. राष्ट्रीय मधुमेह तथा पाचन तथा गुर्दा रोग संस्थान का मुख्यालय कहाँ पर स्थित है?
A. एरिजोना, यू.एस.ए.
B. बर्मिंघम, यू.के.
C. मैरीलैण्ड, यू.एस.ए.
D. वियना, ऑस्ट्रिया
E. शिकागो, यू.एस.ए.

88. नागपुर किस नदी के किनारे पर स्थित है?
A. गोदावरी नदी
B. नाग नदी
C. बेतवा नदी
D. बराक नदी
E. इनमें से कोई नहीं

89. Y-20 वायुयान निम्नलिखित में से किस देश का एक बड़ा सैन्य परिवहन वायुयान है?
A. जापान B. भारत
C. चीन D. फ्रांस
E. यू.एस.ए.

90. मानवाधिकार उच्चायुक्त कार्यालय का मुख्यालय स्थित है–
A. वियना, ऑस्ट्रिया
B. जेनेवा, स्विट्ज़रलैंड
C. न्यूयॉर्क, यू.एस.ए.
D. टोकियो, जापान
E. पेरिस, फ्रांस

91. चीन किस अफ्रीकन देश में, विदेश में अपना पहला सैन्य शिविर स्थापित कर रहा है?
A. जिबूती B. सोमालिया
C. युगांडा D. रवांडा
E. नाइजीरिया

92. 43वाँ G7 शिखर सम्मेलन इनमें से किस देश में आयोजित किया गया था?
A. जर्मनी B. फ्रांस
C. रूस D. इटली
E. यू.के.

93. निम्नलिखित में से किस रेलवे योजना में प्रतीक्षारत यात्रियों को अन्य ट्रेनों में बिना अतिरिक्त शुल्क के सीट प्रदान की जाएगी?
A. प्रधानमंत्री रेल विकास योजना
B. भारतीय रेलवे विकल्प योजना
C. आरपीटी मित्रा योजना
D. रेलवे मोबाइल लैपटॉप इंश्योरेंस योजना
E. इनमें से कोई नहीं

94. 'NAFTA' विभिन्न देशों द्वारा हस्ताक्षरित एक समझौता है, जिससे एक त्रिपक्षीय व्यापार संगठन अस्तित्व में आया है। 'NAFTA' में 'N' से क्या आशय है?
A. नेशनल B. नॉर्थ
C. नॉर्मल D. निगोशिएबल
E. नैरो

95. अन्तर्राष्ट्रीय युवा दिवस युवाओं से जुड़े कुछ विशिष्ट सांस्कृतिक एवं वैधानिक मुद्दों की ओर ध्यान आकर्षित करने हेतु एक जागरूकता दिवस है। इस वर्ष होने वाले 'अन्तर्राष्ट्रीय युवा दिवस' का मुख्य विषय (थीम) क्या था?

A. युवा वर्ग एवं मानसिक स्वास्थ्य
B. 2013 की ओर मार्ग : निर्धनता उन्मूलन एवं सतत् उपभोग एवं पैदावार प्राप्ति
C. शान्तिवाहक युवा वर्ग
D. युवा वर्ग एवं नागरिक जुड़ाव
E. युवा पलायन : विकास प्रगति की ओर

96. निम्नलिखित में से पहला भारतीय नगर कौन-सा है, जिसे यूनेस्को विरासत स्थल की उपाधि प्राप्त हुई है?
A. गांधीनगर B. पुणे
C. भुवनेश्वर D. अहमदाबाद
E. वाराणसी

97. वनडे क्रिकेट में 6000 रन बनाने वाली पहली महिला क्रिकेटर निम्नलिखित में से कौन थी?
A. हरमनप्रीत कौर
B. झूलन गोस्वामी
C. सुषमा वर्मा
D. मिथाली राज
E. पूनम राउत

98. विश्व बैंक का मुख्यालय स्थित है–
A. न्यूयॉर्क, यू.एस.ए. में
B. जेनेवा, स्विट्जरलैंड में
C. वाशिंगटन डीसी, यू.एस.ए. में
D. पेरिस, फ्रांस
E. बर्लिन, जर्मनी

99. डिब्रू-साईखोवा राष्ट्रीय उद्यान एक राष्ट्रीय वन्यजीव उद्यान है, जो स्थित है–
A. असम
B. अरुणाचल प्रदेश
C. मेघालय
D. मणिपुर
E. पश्चिम बंगाल

100. लोकतांत्रिक गणतंत्र कांगो की मुद्रा इनमें से कौन-सी है?
A. शिलिंग B. रियाल
C. फ्रेंक D. दीनार
E. रैण्ड

संख्यात्मक योग्यता

निर्देश (प्र.सं. 101 से 105 तक): *निम्नलिखित प्रश्नों में प्रश्नचिह्न के स्थान पर लगभग मान क्या आएगा। आपको पूर्ण मान निकालने क आवश्यकता नहीं है।*

101. $18.03 + 14.08 \div 23.89 + ? = 40.95 \times 22.01$
A. 878 B. 808
C. 898 D. 928
E. 908

102. $4860 \div 17.95 - 18.98 - \sqrt{?} = 234.95$
A. 441 B. 196
C. 256 D. 361
E. 324

103. $3201 \div 15.89 \times \sqrt{527} + 293.9 = ?$
A. 4084
B. 4194
C. 5824
D. 4294
E. 4894

104. $158.20 \times 12.9 + 13.9 \times 59.04 = ? - 24.9 \times 14.01$
A. 2940 B. 3230
C. 3940 D. 3680
E. 3730

105. $(6432.9/7.001 \times 42.05)$ का $? = 19299$
A. 75 B. 65
C. 40 D. 50
E. 35

106. एक बैंक अर्धवार्षिक आधार पर 5% चक्रवृद्धि ब्याज ऑफर करता है। एक ग्राहक वर्ष की पहली जनवरी और पहली जुलाई को प्रत्येक के लिए ₹ 1600 जमा करता है। वर्ष के अंत में, ब्याज के रूप में उसने कितना रुपये प्राप्त किये?
A. ₹ 120 B. ₹ 121
C. ₹ 123 D. ₹ 122
E. ₹ 119

निर्देश (प्र.सं. 107 से 112 तक): *निम्नलिखित सारणी का सावधानीपूर्वक अध्ययन करें और दिए गए प्रश्नों के उत्तर दें।*

विश्वविद्यालय	संकाय सदस्यों की कुल संख्या	सहायक प्रोफेसरों का प्रतिशत	महिला संकाय सदस्यों की कुल संख्या	महिला सहायक प्रोफेसरों की कुल संख्या
A	100	65	72	52
B	80	55	56	30
C	55	60	40	24
D	90	70	72	48

नोट : दिए गए विश्वविद्यालयों में संकाय सदस्यों में केवल प्रोफेसर और सहायक प्रोफेसर शामिल हैं।

107. विश्वविद्यालय A में पुरुष सहायक प्रोफेसरों की संख्या उसी विश्वविद्यालय में महिला सहायक प्रोफेसरों की संख्या का क्या प्रतिशत है?

A. 26 B. 28
C. 22 D. 15
E. 25

108. विश्वविद्यालय C और D में सम्मिलित रूप से सहायक प्रोफेसरों की औसत संख्या क्या है?

A. 54 B. 50
C. 52 D. 48
E. 46

109. विश्वविद्यालय A और C में सम्मिलित रूप से प्रोफेसरों की कुल संख्या उन्हीं विश्वविद्यालयों में सहायक प्रोफेसरों की कुल संख्या से लगभग कितना प्रतिशत कम है?

A. 32 B. 58
C. 48 D. 42
E. 28

110. विश्वविद्यालय B में महिला प्रोफेसरों की संख्या और विश्वविद्यालय D में महिला प्रोफेसरों की संख्या के बीच विशिष्ट अनुपात क्या है?

A. 17 : 11 B. 13 : 11
C. 15 : 11 D. 17 : 12
E. 13 : 12

111. विश्वविद्यालय A और B में सम्मिलित रूप से संकाय सदस्यों की कुल संख्या का कितना प्रतिशत पुरुष सहायक प्रोफेसर हैं?

A. 12 B. 14.5
C. 15 D. 13
E. 16.5

112. विश्वविद्यालय B और D में सम्मिलित रूप से पुरुष संकाय सदस्यों की कुल संख्या और विश्वविद्यालय A और C में सम्मिलित रूप से महिला संकाय सदस्यों की कुल संख्या के बीच क्या अंतर है?

A. 60 B. 69
C. 75 D. 72
E. 70

113. एक बर्तन में 120 लीटर शुद्ध दूध था। दूध की कुछ मात्रा निकाल ली गई और उसमें 23 लीटर पानी इस प्रकार डाला गया कि दूध और पानी के मिश्रण की मात्रा का परिणामी अनुपात क्रमशः 4 : 1 था। पुनः 23 लीटर मिश्रण निकाल लिया गया और उसमें 27 लीटर पानी डाल दिया गया। परिणामी मिश्रण में दूध और पानी का विशिष्ट अनुपात क्या है?

A. 58 : 37 B. 116 : 69
C. 69 : 43 D. 101 : 37
E. 368 : 227

114. 'A' ने कुछ रकम के साथ व्यापार आरंभ किया। व्यापार आरंभ होने के चार महीने बाद 'B' व्यापार में कुछ रकम के साथ शामिल हुआ जो 'A' के आरंभिक निवेश से ₹ 6,000 कम है। व्यापार आरंभ होने के सात महीने बाद 'C' व्यापार में कुछ रकम के साथ शामिल हुआ जो 'A' के आरंभिक निवेश से ₹ 2,000 कम है। वर्ष के अंत में कुल ₹ 1,42,000 निवेश का पता चला। यदि 'B' ₹ 8,000 लाभांश के रूप में प्राप्त करता है, तो लाभ में से 'A' का हिस्सा क्या होगा? (₹ में)

A. ₹ 48,000 B. ₹ 46,500
C. ₹ 46,000 D. ₹ 42,000
E. ₹ 48,500

115. मीना कुमार एक दुकान पर गयी और उसने एक साड़ी खरीदी जिसका मूल्य 12% बिक्री कर के साथ ₹ 5,225 है। दुकानदार ने उसे छूट दी जिससे मूल्य घटकर बिक्री कर के समतुल्य हो गया। कितना मूल्य कम हुआ (निकटतम मूल्य)?
A. ₹ 615 B. ₹ 650
C. ₹ 560 D. ₹ 580
E. ₹ 680

116. पाइप X एक टंकी को एक दूसरे पाइप Y से तिगुना तेजी से भर सकता है और पाइप Y, पाइप Z से तिगुना तेजी से टंकी को भर सकता है। यदि X, Y, Z एक साथ टंकी को 10 मिनट में भर देते हैं, तो X द्वारा टंकी को भरने में कितना समय लगेगा?
A. 102 मिनट B. 130 मिनट
C. 83 मिनट D. 115 मिनट
E. 95 मिनट

117. ₹ 730 में किसी वस्तु को बेचने पर प्राप्त लाभ उस हानि का दोगुना होता है जब उसी वस्तु को ₹ 255 में बेचा जाता है। 15% लाभ पर बेचने पर उस वस्तु का विक्रय मूल्य क्या होगा?
A. ₹ 491 B. ₹ 495
C. ₹ 477 D. ₹ 483
E. ₹ 476

118. डॉन ने स्कीम A में कुछ रकम निवेश किया, जो 4 वर्षों के लिए 8% प्रति वर्ष का साधारण ब्याज ऑफर करता है। उसने स्कीम B में भी ₹ 4,000 निवेश किया, जो 2 वर्षों के लिए 10% प्रति वर्ष का चक्रवृद्धि ब्याज (वार्षिक रूप से चक्रवृद्धि) ऑफर करता है। यदि स्कीम A से प्राप्त किया गया ब्याज, स्कीम B से प्राप्त ब्याज का 4/5वां भाग है, तो स्कीम A में कितना निवेश किया गया?
A. ₹ 2100 B. ₹ 2200
C. ₹ 2400 D. ₹ 2250
E. ₹ 2050

119. वस्तु A का क्रय मूल्य, वस्तु B के क्रय मूल्य से ₹ 100 अधिक है। वस्तु A, 40% लाभ पर बेचा गया और वस्तु B 40% हानि पर बेची गई। यदि दोनों वस्तुओं को बेचने के बाद कुल लाभ 5% है, तो वस्तु B का क्रय मूल्य क्या है?
A. ₹ 300 B. ₹ 400
C. ₹ 250 D. ₹ 350
E. ₹ 850

120. एक आदमी एक दूरी तय करने के लिए अपनी गति दो-तिहाई कम कर देता है जिसके परिणामस्वरूप दूरी तय करने में उसे एक घंटे का विलम्ब होता है। अपनी वास्तविक गति से वह दूरी तय करेगा :
A. ¼ घंटा B. ½ घंटा
C. 2 घंटे E. 1½ घंटे
E. इनमें से कोई नहीं

आर्थिक एवं सामाजिक मुद्दे

121. रिजर्व बैंक ऑफ इंडिया (RBI) की नवीनतम वित्तीय स्थायित्व रिपोर्ट (Financial Stability Reports 2017) के अनुसार, भारत के सकल घरेलू उत्पाद में 6.75% से कितनी वृद्धि हुई है?
A. 7.3% B. 7.5%
C. 7.8% D. 7.9%
E. 7.2%

122. सकल घरेलू उत्पाद (GDP) है—
A. देश की समस्त आर्थिक गतिविधियों का योग
B. किसी भी देश में एक वर्ष में तैयार वस्तुओं के मूल्य का योग
C. अर्थव्यवस्था के प्रत्येक क्षेत्र, उद्योग अथवा व्यावसायिक कार्यक्षेत्र में उत्पादित वस्तुओं एवं सेवाओं का कुल मूल्य
D. ऐसी पूँजी जो एक वर्ष में गृह निर्माण, वाहन अथवा मशीनरी पर खर्च की जाती है
E. उपर्युक्त में से कोई नहीं

123. भारत का मौसम विभाग निम्नलिखित में से किस/किन दायित्वों के लिए उत्तरदायी है?
A. उल्काओं की जाँच, निगरानी एवं आँकड़ों का प्रबंधन

B. मौसम एवं अन्य ग्रहों सम्बन्धी शोध कार्य करना
C. मौसम निगरानी, मौसम एवं भूकम्प की भविष्यवाणी करना
D. मौसम निगरानी, भू-सर्वेक्षण एवं अन्य ग्रहों की निगरानी
E. उपर्युक्त में से कोई नहीं

124. 'मालाबार' नौसेनिक अभ्यास निम्नलिखित किन देशों के बीच होता है?
A. चीन एवं यू.एस.ए.
B. भारत एवं यू.एस.ए.
C. चीन, ऑस्ट्रेलिया एवं यू.के.
D. भारत, जापान एवं यू.एस.ए.
E. भारत एवं चीन

125. भारत में मुद्रास्फीति (Inflation) मापन का सूचकांक क्या है?
A. थोक मूल्य सूचकांक (Whole Price Index–WPI)
B. उपभोक्ता मूल्य सूचकांक (Consumer Price Index)
C. सकल घरेलू उत्पाद (Gross Domestic Product)
D. औद्योगिक उत्पादन सूचकांक (Index of Industrial Production)
E. राष्ट्रीय घरेलू उत्पाद (National Domestic Product)

126. भारत के किस राज्य में जनसंख्या घनत्व सर्वाधिक है?
A. पश्चिम बंगाल B. केरल
C. बिहार D. महाराष्ट्र
E. उत्तर प्रदेश

127. भारत में 15-59 आयुवर्ग की जनसंख्या का प्रतिशत कितना है?
A. 62.5 B. 61
C. 66.6 D. 62.2
E. 67

128. भारत की वर्ष 2011 की सामाजिक-आर्थिक एवं जातीय जनगणना में कितने जिलों को सम्मिलित किया गया था?
A. 684 B. 640
C. 672 D. 710
E. 740

129. विश्व बैंक रिपोर्ट के अनुसार, भारत में कितने प्रतिशत महिला श्रमिक रोजगार के क्षेत्र में संलग्न हैं?
A. 27.6
B. 25.5
C. दिए गए विकल्पों के अतिरिक्त
D. 22.4
E. 24.3

130. फिनलैण्ड में 'यूनिवर्सल बेसिक इनकम स्कीम' के अन्तर्गत बेरोजगार लोगों को कितनी राशि प्राप्त करने की गारंटी प्रदान की जाती है?
A. Euro 780 B. Euro 560
C. Euro 670 D. Euro 730
E. Euro 530

131. संयुक्त राष्ट्र महासभा के नेतृत्व में संयुक्त राष्ट्र निर्वहनीय विकास समाधान नेटवर्क (UNSDSN) द्वारा जारी विश्व प्रसन्नता रिपोर्ट-2017 के अनुसार, विश्व के सबसे खुशहाल देशों की सूची में कौन-सा देश प्रथम स्थान पर है?
A. भारत
B. डेनमार्क
C. अमेरिका
D. स्विट्ज़रलैण्ड
E. नार्वे

132. निम्नलिखित में से कौन-सा बहुस्तरीय वैश्विक अभियान बालिका शिक्षा के प्रति जागरूकता उत्पन्न करने के उद्देश्य से लांच किया गया है?
A. गर्ल राइजिंग
B. मोस्ट इंपोर्टेंट पार्ट ऑफ अवर लाइफ : गर्ल्स
C. सेव गर्ल्स : एजुकेट गर्ल्स
D. एजुकेशन फॉर गर्ल्स
E. राइजिंग द गर्ल्स

133. जब मुद्रास्फीति की दर बढ़ती है तब–
A. मुद्रा की क्रय शक्ति बढ़ती है
B. मुद्रा की क्रय शक्ति घटती है
C. मुद्रा की कीमत बढ़ती है
D. मुद्रा की क्रय शक्ति अप्रभावित रहती है
E. मुद्रा की कीमत घटती है

134. ऐसी आर्थिक अवस्था जिसमें आर्थिक वृद्धि अत्यधिक धीमी एवं मूल्य वृद्धि तीव्र होती है/कहलाती है–

A. मुद्रास्फीति

B. अपस्फीति

C. अवरुद्धतामय स्फीति

D. अतिमुद्रास्फीति

E. उपर्युक्त में से कोई नहीं

135. बढ़ते रिटर्न के अन्तर्गत आपूर्ति वक्र–

A. सकारात्मक रूप से बाएँ से दाएँ ऊपर जाएगा

B. नकारात्मक रूप से बाएँ से दाएँ ऊपर जाएगा

C. अक्ष के समानांतर होगा

D. मूल्य अक्ष के समानांतर होगा

E. उपर्युक्त में से कोई नहीं

136. निवल राष्ट्रीय उत्पाद, निम्नलिखित में से किसके समतुल्य होता है?

A. सकल राष्ट्रीय उत्पाद (Gross National (Product) + मूल्य ह्रास (Depreciation)

B. सकल राष्ट्रीय उत्पाद (Gross National Product) + निर्यात (Export)

C. सकल राष्ट्रीय उत्पाद (Gross National (Product) – मूल्य ह्रास (Depreciation)

D. सकल राष्ट्रीय उत्पाद (Gross National Product) – निर्यात (Export)

E. उपर्युक्त में से कोई नहीं

137. निम्नलिखित में से कौन-सी पद्धति राष्ट्रीय आय के मापन के उपयोग में नहीं आती है?

A. कर पद्धति | B. आय पद्धति

C. उत्पादन पद्धति | D. व्यय पद्धति

E. उपर्युक्त में से कोई नहीं

138. नाबार्ड ने 'प्रति बूँद अधिक फसल' के उद्देश्य की प्राप्ति के लिए कितनी राशि का सूक्ष्म सिंचाई फंड की स्थापना की है?

A. ₹ 5,000 करोड़

B. ₹ 4,000 करोड़

C. ₹ 2,000 करोड़

D. ₹ 8,000 करोड़

E. ₹ 10,000 करोड़

139. हाल ही में सरकार ने गरीबी रेखा के निर्धारण के लिए कौन-सी समिति का गठन किया है?

A. सुरेश तेंदुलकर समिति

B. अरविन्द पनगड़िया टास्क फोर्स

C. लकड़वाला फार्मूला

D. वाई के अबाध समिति

E. रंगराजन समिति

140. वर्तमान में भारत की प्रजनन दर कितनी है?

A. 2.6 | B. 3.4

C. 2.7 | D. 4.1

E. 2.3

141. भारत में औद्योगिकीकरण का पितामह किसे माना जाता है?

A. रतन टाटा | B. जमशेदजी टाटा

C. आदित्य बिरला | D. राहुल शर्मा

E. साइरस मिस्त्री

142. अन्तर्राष्ट्रीय एकीकरण की वह प्रक्रिया जो वैश्विक विचारों, उत्पादों, विचारों एवं संस्कृति के विभिन्न पक्षों से अस्तित्व में आती है, कहलाती है–

A. वैश्वीकरण | B. सार्वत्रीकरण

C. ग्रहीकरण | D. भूमिकरण

E. आधुनिकी

143. ग्रामीण उपभोक्ताओं की संतुष्टिपूर्ण आवश्यकताओं की पूर्ति के लिए किसी विशिष्ट उत्पाद का विकास मूल्य निर्धारण, प्रोत्साहन वितरण एवं वस्तु विनिमय की प्रक्रिया कहलाती है–

A. अर्बन मार्केटिंग | B. टेकी मार्केटिंग

C. रूरल मार्केटिंग | D. नर्डी मार्केटिंग

E. नैरो मार्केटिंग

144. एक वाणिज्यिक पत्र (Commercial Paper) की न्यूनतम परिपक्वता अवधि कितनी होती है?

A. 5 दिन | B. 7 दिन

C. 10 दिन | D. 28 दिन

E. 35 दिन

145. न्यू डेवलपमेंट बैंक के वर्तमान प्रमुख कौन हैं?

A. के.वी. कामत | B. क्रिस्टलीना ज्योरगीव

C. एंटोनियो गुटेरस | D. इरीना बोकोवा

E. टेड्रोस एडहोम

146. निम्नलिखित में से कौन-सा उत्पाद वस्तु एवं सेवा कर (GST) अधिनियम में सम्मिलित नहीं है?

A. विलासितापूर्ण कारें B. भोजन

C. विद्युत D. इलेक्ट्रॉनिक यंत्र

E. रोजाना उपयोग की वस्तुएँ

147. निम्नलिखित में से किसान-पत्र योजना के अन्तर्गत कितनी ब्याज दर देय है?

A. 8.7% B. 7.5%

C. 8.2% D. 9.4%

E. 8.5%

148. आर्थिक विकास में तीव्रता लाने के लिए नीति आयोग के 15 वर्षीय विजन योजना के त्रिवर्षीय एक्शन एजेंडा की कालावधि निम्नलिखित में से कौन-सी है?

A. 2017-18 से 2019-20

B. 2018-19 से 2020-21

C. 2016-17 से 2018-19

D. 2019-20 से 2021-22

E. उपर्युक्त में से कोई नहीं

149. वर्ष 2017-18 के केन्द्रीय बजट में ₹ 2.5 लाख से ₹ 5 लाख तक आयकर 10 प्रतिशत से घटाकर किया गया है–

A. 8% B. 7%

C. 7.5% D. 6%

E. 5%

150. भारत में राष्ट्रीयकृत बैंकों का द्वितीय राष्ट्रीयकरण कब किया गया?

A. 1949 B. 1969

C. 1970 D. 1980

E. 1976

151. विश्व आर्थिक दृष्टिकोण (World Economic Outlet) का प्रकाशन किसके द्वारा किया जाता है?

A. डब्ल्यू.ई.एफ. B. विश्व बैंक

C. आइबीआरडी D. अंतर्राष्ट्रीय मुद्रा कोष

E. आइएफएससी

152. वह नीति जिसके आधार पर सरकार द्वारा करारोपण एवं व्यय सम्बन्धी निर्णय लिए जाते हैं, कहलाते हैं–

A. निवेश नीति B. मौद्रिक नीति

C. कर नीति D. राजकोषीय नीति

E. बजट नीति

153. आई.एफ.एम. (IFM) की स्थापना यूरोपीय संघ द्वारा भारत में निवेश सम्बन्धी समस्याओं के समाधान के लिए की गई थी, यहाँ शब्द संक्षेप IFM का पूर्ण रूप है–

A. इंटरनेशनल फंड मैनेजमेंट

B. इन्वेस्टमैंट फंड मैनेजमेंट

C. इन्वेस्टर्स फैसिलिएशन मैकेनिज्म

D. इंडियन फंड मैनेजमेंट

E. दिए गए विकल्पों के अतिरिक्त

154. निम्नलिखित में से किस देश ने भारत एवं 40 अन्य देशों के साथ वित्तीय खातों की स्वचालित सूचनाओं की अभिपुष्टि के लिए समझौता किया है?

A. अमरीका

B. सिंगापुर

C. यूरोप

D. ब्रिटेन

E. स्विट्ज़रलैंड

155. किसी उत्पाद के समग्र माँग में वृद्धि से उपलब्ध उत्पाद की कीमतों में वृद्धि होती है। इस प्रकार की मुद्रास्फीति को क्या कहा जाता है?

A. लागत-वृद्धि मुद्रास्फीति (Cost Push Inflation)

B. माँग वृद्धि मुद्रास्फीति (Demand Pull Inflation)

C. क्रेडिट मुद्रास्फीति (Credit Inflation)

D. वाकिंग मुद्रास्फीति (Walking Inflation)

E. द्रुत मुद्रास्फीति (Golloping Inflation)

156. पुनर्यूवीकरण (Rejuvenation), आधुनिकीकरण (Modernization) एवं तकनीक उन्नयन (Technology Upgradation) को क्या पुनर्नाम दिया गया है?

A. कॉइर इंडस्ट्री अपग्रेडेशन

B. कॉइर उद्यमी योजना

C. कॉइर विकास योजना

D. कॉइर अपग्रेडेशन स्कीम

E. दिए गए विकल्पों के अतिरिक्त

157. ई.पी.एफ.ओ. (EPFO) ने अपनी हाउसिंग योजना के अन्तर्गत अपने उपभोक्ताओं को अपने ई.पी.एफ.ओ. संग्रह (Fund) का कितने प्रतिशत तक फंड घर खरीदने के लिए उपयोग करने तक की अनुमति दी है?

A. 69% तक B. 75% तक
C. 82% तक D. 90% तक
E. 79% तक

158. सेज (SEZ) के संदर्भ में निम्नलिखित वक्तव्यों में से कौन-सा सही है?

A. यह एक 'शुष्क मुक्त एन्क्लेव' है जो केवल व्यापार संचालन कर्तव्यों एवं शुल्कों के लिए विदेशी क्षेत्र माना जाता है।
B. इसे निर्यात के लिए किसी लाइसेंस की आवश्यकता नहीं है
C. सेज क्षेत्र के अन्तर्गत विनिर्माण गतिविधियों की इजाजत नहीं है
D. सेज क्षेत्र को विकसित करने वालों पर कोई कर नहीं है तथा उन्हें केवल कच्चे माल पर ही शुल्क देना होगा
E. सभी विकल्प सत्य हैं

159. ऐसा विकसित सेवा वितरण केन्द्र जो दिन में कम-से-कम 4 घंटे एवं सप्ताह में कम-से-कम पाँच दिन खुलता है, कहलाता है–

A. समाधान केन्द्र B. बैंकिंग लोकपाल
C. सेवा केन्द्र D. निराकरण केन्द्र
E. बैंकिंग आउटलेट

160. स्वच्छ सर्वेक्षण 2017 के अनुसार, भारत का सबसे स्वच्छ शहर कौन-सा है?

A. विशाखापट्टनम B. भोपाल
C. इडुक्की D. इंदौर
E. सूरत

कृषि एवं ग्रामीण प्रबन्धन

161. निम्नलिखित में से किस राज्य द्वारा 'मुख्यमंत्री जल स्वावलम्बन अभियान स्कीम' लांच की गई है?

A. राजस्थान B. मध्य प्रदेश
C. केरल D. गोवा
E. उत्तर प्रदेश

162. 'दी इन्टरडिस्पिलिनरी साइन्टिफिक स्टडी'–वायुमंडल की' ऐसे जानी जाती है–

A. जूलॉजी B. न्यूरोलॉजी
C. मेटिओरोलॉजी D. मेटिओराइट
E. बायोलॉजी

163. देश में 'राष्ट्रीय ग्रामीण स्वास्थ्य मिशन' (नेशनल रूरल हैल्थ मिशन) किस वर्ष लांच किया गया है?

A. 2003 B. 2005
C. 2007 D. 2009
E. 2010

164. भारत में, किस 'सांविधानिक संशोधन के द्वारा पंचायती राज सिस्टम' प्रस्तुत किया गया था?

A. सांविधानिक संशोधन, 1982
B. सांविधानिक संशोधन, 1992
C. सांविधानिक संशोधन, 2002
D. सांविधानिक संशोधन, 2012
E. उपर्युक्त में से कोई नहीं

165. 'मिड-डे मील प्रोग्राम' के अन्तर्गत कैसे-कब स्कूल स्तर पर कम भार वाले बच्चों की प्रतिशतता का मूल्यांकन/निर्धारण किया जाना चाहिए?

A. वार्षिक B. अर्ध-वार्षिक
C. त्रैमासिक D. मासिक
E. साप्ताहिक

166. वर्ष 1892 में, किस 'फॉरेस्ट कम्युनिटी ऑफ सेन्ट्रल इंडिया' ने 'शिफ्टिंग कल्टीवेशन' बन्द करने के विरुद्ध एक याचिका (पिटीशन) भेजी?

A. मुरिया
B. बाइयागस
C. भात्रा
D. मारिया
E. इनमें से कोई नहीं

167. निम्नलिखित में से किस तत्व की कमी से पौधे की कम वृद्धि एवं धुँधली हरी या पीली पत्तियाँ पड़ जाती हैं?
A. पोटेशियम B. फॉस्फोरस
C. नाइट्रोजन D. सल्फर
E. सोडियम

168. निम्नलिखित में से कौन-सा विकल्प पौधे की पत्तियों को सफेद करने (Whitening) हेतु जिम्मेदार है?
A. हरिमाहीनता (क्लोरोसिस)
B. वाष्पीकरण (ट्रान्सपाइरेशन)
C. श्वसन (रैस्पाइरेशन)
D. प्रकाश-संश्लेषण (फोटोसिन्थेसिस)
E. दिए गए विकल्पों में से अन्य कोई

169. कपास (Cotton) पौधे का वानस्पतिक नाम क्या है?
A. ओसीमम सेंक्टम B. कोरिएन्ड्रम सेटाइवम
C. कुरकुमालौंगा D. गौसीपियम हर्बेसियम
E. एल्लियम शैपा

170. 'अन्तर्राष्ट्रीय कृषि विकास फंड' (इंटरनेशनल फंड फॉर एग्रीकल्चर डेवलपमेंट) का मुख्यालय (Headquarters) कहाँ स्थित है?
A. वियना, ऑस्ट्रिया B. रोम, इटली
C. न्यूयॉर्क, यू.एस.ए. D. बर्लिन, जर्मनी
E. जिनेवा, स्विट्ज़रलैंड

171. 'बागान/रोपण फसल अधिकांश बड़ी मात्रा में उगाई जाती हैं, जहाँ प्रायः उष्णकटिबंधीय या अर्द्ध-उष्णकटिबंधीय क्षेत्र में विशेष रूप से वृहद तौर पर व्यापारिक पैमाने हेतु और आमतौर पर निवासी मजदूरों को देखभाल दी जाती है। निम्नलिखित में से कौन-सी फसलें रोपण फसल के संदर्भ में निरूपित की जाती हैं?
A. अन्न एवं दलहनें
B. फलों एवं सब्जियों
C. गेहूँ, चावल, मक्का एवं मिलैट्स
D. चाय, कॉफी, नारियल, रबड़
E. कपास, जूट, गन्ना, तम्बाकू

172. 'डेयरी प्रसंस्करण अवसरंचना निधि (Dairy Processing Infrastructure Fund) हेतु प्रारम्भिक निधि कितनी निर्धारित की गई है?
A. ₹ 2,000 करोड़ B. ₹ 4,000 करोड़
C. ₹ 6,000 करोड़ D. ₹ 8,000 करोड़
E. ₹ 10,000 करोड़

173. 'नीली क्रांति' (Blue Revolution) किसके साथ सम्बन्धित है?
A. मत्स्य उत्पादन B. दुग्ध उत्पादन
C. तिलहन उत्पादन D. आलू उत्पादन
E. पुष्प उत्पादन

174. कृषि एवं सम्बन्धित गतिविधियों—कृषि क्षेत्र में प्राथमिक मदों के अन्तर्गत सामूहिक कृषकों हेतु ऋण/उधार/कर्ज लेने वालों को कर्ज (लोन) की समुच्चय सीमा निर्धारित है—
A. ₹ 2.1 करोड़ B. ₹ 2.0 करोड़
C. ₹ 6.8 करोड़ D. ₹ 4.5 करोड़
E. ₹ 4.0 करोड़

175. 'पशु-चालित मोल्ड बोर्ड हल' (Animal-drawn Mould Board Plough–MBP) का औसतन भार कितना होता है?
A. 1.2 किग्रा. B. 4.5 किग्रा.
C. 2.5 से 3.8 किग्रा. D. 5.8 से 9.6 किग्रा.
E. दिए गए विकल्पों में से अन्य कोई

176. भारत सरकार द्वारा कृषि उत्पादन अनुमान के अनुसार वर्ष 2016-17 हेतु देश में गन्ना उत्पादन बढ़कर .... लाख टन तक पहुँच गया है।
A. 2730 लाख टन B. 3060 लाख टन
C. 3250 लाख टन D. 3700 लाख टन
E. 4120 लाख टन

177. 'मृदा स्वास्थ्य कार्ड'—एक राष्ट्र स्तरीय प्रोग्राम-फार्म स्तरीय मृदा परीक्षण के लिए है। किस वर्ष 'मृदा स्वास्थ्य कार्ड स्कीम' लांच की गई थी?
A. 2013 B. 2014
C. 2016 D. 2012
E. 2015

178. निम्नलिखित में से कौन-सा प्रथम राज्य किसानों के लिए 'ओटोमेटैड व्हैदर स्टेशन्स (AWS–Automated Weather Stations) बन गया है?
A. राजस्थान B. गुजरात
C. मध्य प्रदेश D. महाराष्ट्र
E. पश्चिम बंगाल

179. 'SAMPADA'—एक स्कीम-यूनियन गवर्नमेंट द्वारा खाद्य बर्बादी को घटाने एवं वर्ष 2022 तक किसानों की आमदनी को बढ़ाने के लिए लांच की गई है। 'SAMPADA' का पूर्णरूप (फुल फॉर्म) क्या है?

A. स्कीम फॉर एग्रो-मैराइन प्रोड्यूश प्रोसेसिंग एंड डेवलपमेंट ऑफ एग्रो-प्रोसेसिंग क्लश्चर्स
B. स्कीम फॉर एग्रो-मैराइन प्रोड्क्शन प्रोसेस्ड एंड डेवलप्ड एग्रीकल्चर
C. स्कीम फॉर एग्रीकल्चर, मैराइन प्रोसेसिंग एंड डेवलपमेंट एड्
D. स्कीम फॉर एग्रीकल्चर, मैगा प्रोसेसिंग एंड डेवलपिंग एड्
E. दिए गए इन विकल्पों के अलावा अन्य कोई

180. निम्नलिखित में से किस राज्य शहर में 'सेन्टर ऑन इन्टीग्रेटेड रूरल डेवलपमेंट फॉर एशिया एंड दी पेसिफिक (CIRDAP) स्थापित है?

A. चेन्नई
B. लखनऊ
C. भोपाल
D. हैदराबाद
E. नई दिल्ली

181. पृथ्वी पर पानी की गतिविधि/चलन, वितरण एवं गुणवत्ता के वैज्ञानिक अध्ययन, साथ ही जल-स्रोतों एवं पर्यावरणीय जलाशय स्थिरता/सहनीयता को किस नाम से पुकारा जाता है?

A. हाइड्रोलॉजी
B. मेटिओरोलॉजी
C. एअरोग्राफी
D. सेरोग्राफी
E. मेट्रोलॉजी

182. पशुधन के पालन-चराने की विधि जैसे—पशु अथवा भेड़ को मांस या ऊन हेतु पुकारी जाती है—

A. सिल्वीकल्चर
B. पर्माकल्चर
C. रेचिंग
D. ब्रीडिंग
E. एनीमल हसबेन्ड्री

183. भारत में 'परिचालन भूमि क्षेत्र' (ऑपरेशनल लैण्ड होल्डिंग) की अधिकतम संख्या है, जो किस प्रकार की जोत है?

A. छोटी जोतें (Small Holdings)
B. बड़ी जोतें (Large Holdings)
C. मध्यम जोतें (Medium Holdings)
D. सीमान्त जोतें (Marginal Holdings)
E. दिए गए विकल्पों के अलावा अन्य कोई

184. दिए गए निम्नलिखित संस्थानों में से किस संस्थान ने हाल ही में 'जैनेटिकली मॉडिफाइड' कपास की प्रजातियाँ विकसित की हैं?

A. गोविन्द बल्लभ पंत कृषि एवं तकनीकी विश्वविद्यालय
B. पंजाब कृषि विश्वविद्यालय
C. तमिलनाडु कृषि विश्वविद्यालय
D. भारतीय कृषि अनुसंधान संस्थान—'IARI'
E. यूनिवर्सिटी ऑफ एग्रीकल्चुरल साइंसेज, बेंगलुरु, कर्नाटक

185. गन्ना फसलें (सुगरकेन क्रॉप्स)—किस प्रकार की फसल उगाने के उदाहरण हैं?

A. रैटून (Ratoon)
B. मल्टीपल (Multiple)
C. मिश्रित (Mixed)
D. समानान्तर (Parallel)
E. दिए गए विकल्पों के अलावा कोई अन्य

186. भारत का 'सर्वप्रथम' कृषि विश्वविद्यालय (Ist Agriculture University) किस राज्य में स्थापित है?

A. झारखंड
B. हरियाणा
C. उत्तर प्रदेश (अब उत्तराखंड)
D. महाराष्ट्र
E. मध्य प्रदेश

187. 'दी यूनियन मिनिस्ट्री ऑफ कॉमर्स' ने पाइलेट स्कीम 'RISPC'—पादप फसलों (प्लान्टेशन क्रॉप्स) के उत्पादकों की उपज नुकसान के जुड़वां जोखिम से सुरक्षा हेतु लांच की है, जिसमें 'RISPC' के अन्तर्गत 'R' शब्द का अर्थ है—

A. रीजेनेरेशन
B. रेवेन्यू
C. रिगोरस
D. रेज-Raise
E. रोटेशनल

188. 'इंडियन काउन्सिल ऑफ फूड एंड एग्रीकल्चर' (ICFA) द्वारा आयोजित बागवानी का श्रेष्ठ अवार्ड (Best Horticulture Award) किस राज्य ने जीता है?

A. महाराष्ट्र
B. उत्तर प्रदेश
C. हरियाणा
D. पश्चिम बंगाल
E. त्रिपुरा

189. निम्नलिखित में से किस हरी खाद फसल में नत्रजन (Nitrozen) की सबसे अधिक मात्रा होती है?
A. ढैंचा B. सनई
C. लोबिया D. ग्वार
E. अल्फाल्फा (लूसर्न/रिजका)

190. निम्नलिखित में से कौन-सा एक नत्रजनयुक्त उर्वरक (नाइट्रोजीनस फर्टीलाइजर) नहीं है?
A. अमोनियम सल्फेट B. यूरिया
C. अमोनियम नाइट्रेट D. सुपर फॉस्फेट
E. अमोनियम बाइकार्बोनेट

191. ''सौराष्ट्र नर्मदा इनोवेशन (अवतरण नवीकरण इर्रिगेशन SAUNI)'' योजना को निम्नलिखित में से किस भारतीय राज्य में लांच किया गया था?
A. मध्य प्रदेश B. हरियाणा
C. आन्ध्र प्रदेश D. गुजरात
E. पश्चिम बंगाल

192. एशिया का 'पहला चावल तकनीकी पार्क' (Asia's First Rice Technology Park) स्थापित किया जाना है–
A. आन्ध्र प्रदेश B. महाराष्ट्र
C. उत्तर प्रदेश D. तमिलनाडु
E. कर्नाटक

193. 'फसल चक्र' (Crop Rotation) मदद करता है–
A. कीटनाशकों (पैस्टीसाइड्स) के प्रयोग को कम करने हेतु
B. फसलों की उपज बढ़ाने में
C. पादप उत्पादों की बड़ी इच्छा को पैदा करने
D. परजीवियों को दूर करने, जो चयनित मेजवान रखते हैं
E. दिए गए विकल्पों के अलावा कोई अन्य

194. निम्नलिखित में से कौन-सी कमेटी (Committee) वर्ष 2022 तक किसानों की आय/आमदनी दोगुनी करने हेतु संगठित की गई है?
A. अशोक मेहता कमेटी B. सच्चर कमेटी
C. अशोक दलवाई कमेटी D. नरेश चन्द्र कमेटी
E. शाह नवाज कमेटी

195. निम्नलिखित में से कौन-सा रसायन 'माइट्स' (Mites)–दीमक के नियंत्रण हेतु प्रयोग किया जाता है?
A. फँफूदनाशी B. मेमेटीसाइड्स
C. एकेरीसाइड्स D. कीटनाशी
E. दिए गए विकल्पों के अलावा अन्य कोई

196. निम्नलिखित में से किसमें 'अनिषेक फलन' (पार्थेनोकार्पी) प्रायः घटित होती है?
A. आड़ू (Peach) B. आम (Mango)
C. कटहल (Jackfruit) D. केला (Banana)
E. सेब (Apple)

197. खाद्यान्न फसलों (Foodgrain Crops) में वानस्पतिक वृद्धि अवस्था में फूलों का आना बन्द हो जाना, पुकारा जाता है–
A. सिगमोइड ग्रोथ कर्व
B. डिटरमिनेट ग्रोथ
C. इनडिटरमिनेट ग्रोथ
D. ग्राण्ड ग्रोथ पीरियड
E. उपर्युक्त में से कोई नहीं

198. निम्नलिखित कथनों में से कौन-सा आलू के हरे रंग के विषय में सत्य है?
A. यह पोषण गुणवत्ता में कमी का परिणाम है
B. यह प्रकाश के संपर्क में होने का परिणाम है
C. यह क्लोरोफिल की क्रिया के कारण है
D. यह विषाक्तता के कुछ स्तरों से चिह्नित है
E. विकल्प के रूप में दिए गए उपर्युक्त सभी

199. भारत में जूट की खेती का सघन डेल्टा क्षेत्र किस नदी का है?
A. गंगा B. महानदी
C. ब्रह्मपुत्र D. गोदावरी
E. कावेरी

200. मूँगफली (Groundnut) की खेती में किस खेती (कल्चर) को प्राथमिकता दी जानी चाहिए?
A. माइकोराइजा
B. राइजोबियम
C. फोफोबैक्टीरिया
D. राइजोबियम
E. दिए गए विकल्पों के अलावा कोई अन्य

उत्तरमाला

1	2	3	4	5	6	7	8	9	10
D	B	C	A	A	E	D	B	D	D
11	12	13	14	15	16	17	18	19	20
C	A	E	C	D	A	D	A	E	B
21	22	23	24	25	26	27	28	29	30
C	E	D	B	A	B	A	A	D	B
31	32	33	34	35	36	37	38	39	40
E	C	D	C	A	A	B	D	B	B
41	42	43	44	45	46	47	48	49	50
C	D	B	E	C	C	A	B	B	E
51	52	53	54	55	56	57	58	59	60
A	C	C	C	C	B	B	D	A	B
61	62	63	64	65	66	67	68	69	70
C	D	B	B	C	A	A	A	C	B
71	72	73	74	75	76	77	78	79	80
A	B	B	A	D	D	B	A	A	A
81	82	83	84	85	86	87	88	89	90
D	E	C	A	D	C	C	B	C	B
91	92	93	94	95	96	97	98	99	100
A	D	B	B	C	D	D	C	A	C
101	102	103	104	105	106	107	108	109	110
A	C	E	B	D	B	E	D	B	E
111	112	113	114	115	116	117	118	119	120
C	E	E	A	C	B	D	A	D	C
121	122	123	124	125	126	127	128	129	130
A	C	C	D	B	C	B	B	C	B
131	132	133	134	135	136	137	138	139	140
E	A	B	C	B	C	A	A	B	E
141	142	143	144	145	146	147	148	149	150
B	A	C	B	A	C	A	A	E	D
151	152	153	154	155	156	157	158	159	160
D	D	D	E	B	B	D	A	E	A
161	162	163	164	165	166	167	168	169	170
A	C	B	B	B	B	D	A	D	B
171	172	173	174	175	176	177	178	179	180
D	D	A	B	E	B	E	D	A	D
181	182	183	184	185	186	187	188	189	190
A	C	D	B	A	C	B	C	A	D
191	192	193	194	195	196	197	198	199	200
D	E	B	C	C	C	B	A	A	B

व्याख्यात्मक उत्तरमाला

For Qs. Nos. 1 to 4 :

Few → gs
Farming → li
Organic → cr
Waste → mk
Fertilizer → nb

For Qs. Nos. 5 to 8 :

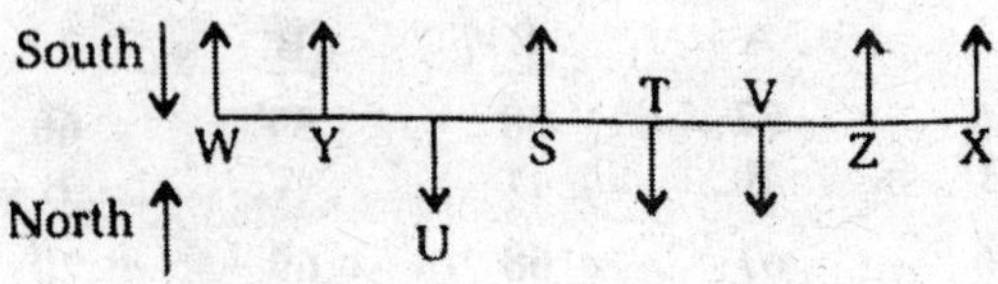

For Qs. Nos. 9 to 12 :

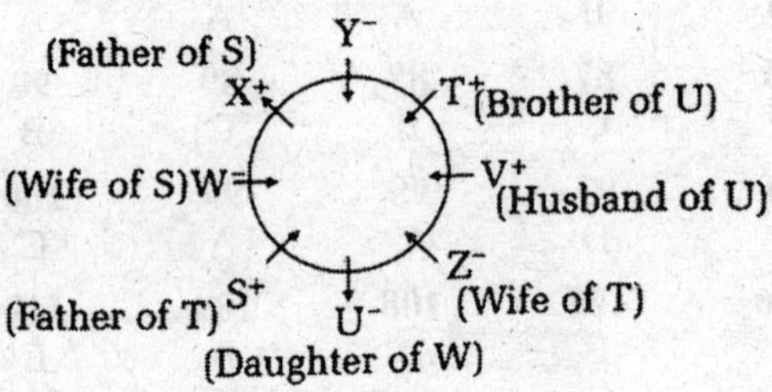

For Qs. Nos. 17 to 20 :

Day	*People*	*Game*
Monday	D	Valleyball
Tuesday	A	Football
Wednesday	G	Cricket
Thursday	B	Kho-Kho
Friday	F	Hockey
Saturday	C	Tennis
Sunday	E	Squash

82. एम.ए. चिदम्बरम स्टेडियम तमिलनाडु की राजधानी चेन्नई में स्थित है।

86. भारत मिश्रित अर्थव्यवस्था का अच्छा उदाहरण है, जहाँ निजी एवं सार्वजनिक क्षेत्र के उद्योग एवं उपक्रम चलते हैं।

88. नागपुर नाग एवं कन्हन नदियों के किनारे स्थित है।

92. 26-27 मई, 2017 के दौरान इटली के टाओरमिना में औद्योगिक रूप से विकसित 7 राष्ट्रों के समूह जी-7 का 43वाँ शिखर सम्मेलन सम्पन्न हुआ।

94. एनएएफटीए का अर्थ–नॉर्थ अमेरिकन फ्री ट्रेड एग्रीमेंट।

101. $18.03 + 14.08 \div 23.89 + x = 40.95 \times 22.01$

$\Rightarrow\ 18 + 14 \div 24 + x = 41 \times 22$

$\Rightarrow\ 18 + 0.58 + x = 902$

$\Rightarrow\ 18 + 1 + x = 902$

$\Rightarrow\ x = 902 - 19$

$= 883$

$\cong 878$

102. $4860 \div 17.95 - 18.98 - \sqrt{x} = 234.95$

$\Rightarrow 4860 \div 18 - 19 - \sqrt{x} = 235$

$\Rightarrow\ 270 - 19 - 235 = \sqrt{x}$

$\Rightarrow\ 251 - 235 = \sqrt{x}$

$\Rightarrow\ 16 = \sqrt{x}$

$\Rightarrow\ x = 256$

103. $3201 \div 15.89 \times \sqrt{527} + 293.9 = x$

$\Rightarrow\ 3200 \div 16 \times 23 + 294 = x$

$\Rightarrow\ 200 \times 23 + 294 = x$

$\Rightarrow\ 4600 + 294 = x$

$\therefore\ x = 4894$

104. $158.20 \times 12.9 + 13.9 \times 59.04$

$= x - 24.9 \times 14.01$

$\Rightarrow 158 \times 13 + 14 \times 59 = x - 25 \times 14$

$\Rightarrow\ 2054 + 826 = x - 350$

$\Rightarrow\ 2880 + 350 = x$

$\Rightarrow\ x = 3230$

105. $\left(\frac{6432.9}{7.001} \times 42.05\right)$ का $x\% = 19299$

$\Rightarrow\ \left(\frac{6433}{7} \times 42\right)$ का $x\% = 19299$

$\Rightarrow \quad \frac{x}{100}\times(6433\times 6) = 19299$

$\Rightarrow \quad x = \frac{19299\times 100}{6433\times 6}$

$= \frac{19299\times 50}{6433\times 3}$

$= \frac{6433\times 50}{6433} = 50$

$\Rightarrow \quad x = 50\%$

106. 6 महीने बाद ₹ 1600 पर ब्याज

$= \frac{1600\times 5\times 1}{2\times 100} =$ ₹ 40

रकम = 1600 + 40 = ₹ 1640

(1640 + 1600) 6 महीने बाद ब्याज

$= \frac{3240\times 5\times 1}{2\times 100} =$ ₹ 81

∴ कुल ब्याज प्राप्त किया

= ₹ 40 + ₹ 81 = ₹ 121

109. अभीष्ट % $= \frac{57}{98}\times 100$

$= \frac{5700}{98} = 58\%$

110. B में महिला प्रोफेसरों की संख्या

= 56 – 30 26

D में महिला प्रोफेसरों की संख्या

= 72 – 48 = 24

अभीष्ट अनुपात $= \frac{26}{24} = 13:12$

111. x का 180% = 27

$\Rightarrow \quad \frac{180}{100}\times x = 27$

$\Rightarrow \quad x = \frac{5\times 27}{9} = 15\%$.

112. A और C में कुल महिला संकाय सदस्यों की संख्या

= 72 + 40 = 112

B और D में कुल पुरुष संकाय सदस्यों की संख्या

= 24 + 18 = 42

अभीष्ट अंतर = 112 – 42 = 70

114. माना कि A ने व्यापार में ₹ x निवेश किया, B ने व्यापार में $(x - 6000)$ निवेश किया तथा C ने $(x - 2000)$ निवेश किया।

A + B + C

$= 12 \times x + 8\ (x - 6000) + 5\ (x - 2000)$

$\Rightarrow 12x + 8x + 48000 + 5x - 10000$

$= 142000$

$\Rightarrow \quad 25x = 142000 + 58000 = 200000$

$\Rightarrow \quad x = \frac{200000}{25} = 8000$

A ने निवेश किया = ₹ 8000

B ने निवेश किया = ₹ 2000

C ने निवेश किया = ₹ 6000

A : B : C = 12 × 8000 : 8 × 2000 : 5 × 6000

= 96000 : 16000 : 30000

= 96 : 16 : 30 = 48 : 8 : 15

माना कुल लाभ प्राप्त किया = ₹ y

$\therefore \quad \frac{8}{71}\times y = 8000$

$\Rightarrow \quad y =$ ₹ 71000

लाभ में A का हिस्सा

$= \frac{48}{71}\times 7100$

= ₹ 48000

115. 100 + 12 = 112

जब विक्रय मूल्य ₹ 112 तब क्रय मूल्य ₹ 100

जब विक्रय मूल्य ₹ 5225 तब क्रय मूल्य

$= \frac{100}{112}\times 5225$

क्रय मूल्य = ₹ $\frac{522500}{112} = 4665$

कर = 5225 − 4665 = 560

छूट = कर = ₹ 560

अतः मूल्य घटा = ₹ 560

116. माना कि पाइप z, x मिनट में भरता है

पाइप y, $3x$ मिनट में भरता है

पाइप x, $9x$ मिनट में भरता है

$(x + y + z)$ द्वारा 1 मिनट का कार्य

$$= \frac{1}{9x} + \frac{1}{3x} + \frac{1}{x}$$

प्रश्नानुसार,

$$\frac{1}{9x} + \frac{1}{3x} + \frac{1}{x} = \frac{1}{10}$$

$$\Rightarrow \quad \frac{1+3+9}{9x} = \frac{1}{10}$$

$$\Rightarrow \quad 9x = 13 \times 10 = 130$$

अतः पाइप x टंकी को 130 मिनट में भर सकता है।

117. क्रय मूल्य = ₹ x, हानि = y

विक्रय मूल्य = क्रय मूल्य − हानि

$$255 = x - y$$

$$y = x - 255$$

विक्रय मूल्य = क्रय मूल्य + लाभ

$$750 = x + 2y$$

$$750 - x = 2y$$

$$\Rightarrow \quad x = \frac{750 - x}{2}$$

$$x - 255 = \frac{750 - x}{2}$$

$$2x - 51 = 750 - x$$

$$3x = 1260$$

$$\Rightarrow \quad x = \frac{1260}{3} = 420$$

अब लाभ = 15%

$\therefore$ लाभ $= \frac{15}{100} \times 420 =$ ₹ 63

विक्रय मूल्य = 420 + 63 = ₹ 483

118. स्कीम A पर साधारण ब्याज

$$= \frac{x \times 8 \times 4}{100} = \frac{8x}{25}$$

$$\text{मिश्रधन} = \text{मूलधन}\left(1 + \frac{\text{दर}}{100}\right)t$$

$$= 4000\left(1 + \frac{10}{100}\right)^2$$

$$= 4000 \times \frac{11}{10} \times \frac{11}{10} = 4840$$

$\therefore$ स्कीम B पर चक्रवृद्धि ब्याज

= 4840 − 4000

= ₹ 840

प्रश्नानुसार,

$$\frac{8x}{25} = \frac{4}{5} \times 840$$

$$\Rightarrow \quad \frac{8x}{25} = 4 \times 168$$

$$\Rightarrow \quad x = 25 \times 4 \times 21 = 2100$$

इस प्रकार, स्कीम A में राशि निवेश की।

= ₹ 2100

119. माना B का लागत मूल्य = ₹ x

$\therefore$ A का लागत मूल्य = ₹ $(x + 100)$

A का विक्रय मूल्य $= (x + 100) + \frac{40}{100}(x + 100)$

$$= (x + 100)\left(1 + \frac{2}{5}\right)$$

$$= (x + 100)\left(\frac{2}{5}\right)$$

B का विक्रय मूल्य $= x - \frac{x}{100} \times 40$

$$= x\left(1 - \frac{2}{5}\right) = \frac{3x}{5}$$

कुल लागत मूल्य $= x + (x + 100)$

$= 2x + 100$

कुल विक्रय मूल्य $= \frac{7(x+100)}{5} + \frac{3x}{5}$

$= \frac{7x+700+3x}{5}$

$= \frac{10x+700}{5}$

$= 2x + 140$

लाभ $= 2x + 140 - 2x - 100$

$=$ ₹ 40

लाभ % $= \frac{\text{लाभ}}{\text{लागत मूल्य}} \times 100$

$\Rightarrow \quad 5 = \frac{40 \times 100}{2x+100}$

$\Rightarrow \quad 10x + 500 = 4000$

$\Rightarrow \quad 10x = 350$

$\Rightarrow \quad x = 350$

इस प्रकार, B का लागत मूल्य

= ₹ 350.

121. रिजर्व बैंक ऑफ इंडिया द्वारा जारी आर्थिक स्थायित्व रिपोर्ट 2017 में कहा गया है कि जीएसटी एवं राजनैतिक स्थायित्व के कारण वर्ष 2017-18 में भारत की आर्थिक वृद्धि दर 7.3% रहेगी।

123. भारतीय मौसम विभाग की स्थापना 1875 में की गई थी। यह देश की राष्ट्रीय मौसम सेवा का भी संचालन करती है। यह मौसम भूकम्प सम्बन्धी तथा अन्य सहायक सेवाओं के लिए देश की प्रमुख एजेंसी भी है।

126. बिहार का जनसंख्या घनत्व 1706 व्यक्ति/किमी. है, जो पूरे देश में सर्वाधिक है।

127. भारत में 0-14 आयु वर्ग की जनसंख्या 30.96%, आर्थिक रूप से सक्रिय वर्ग अर्थात् 15-59 आयु वर्ग की जनगणना 60.29% तथा 60 वर्ष से अधिक आयुवर्ग के लोगों की जनसंख्या 8.58% है।

129. विश्व बैंक के एक अध्ययन के अनुसार, भारत में महिला श्रमिकों की सहभागिता दर अत्यधिक कम है। अन्तर्राष्ट्रीय श्रम संगठन (ILO) द्वारा 2013 में जारी रिपोर्ट के अनुसार महिला श्रमिकों की सहभागिता दर के संदर्भ में 131 देशों में 121वाँ स्थान था। रिपोर्ट में भारत में यह दर 27%, चीन में 63.9%, अमरीका में 56.3%, नेपाल में 79.9%, बांग्लादेश में 57.4%, श्रीलंका में 35.1% तथा पाकिस्तान में 24.6%, अरब देशों में 23.3% तथा यूरोपीय संघ में 50.8% है।

130. फिनलैण्ड ने चयनित बेरोजगारों को 560 यूरो बेरोजगारी भत्ता देने की शुरुआत की है।

131. हाल ही में जारी की गई विश्व प्रसन्नता रिपोर्ट में शीर्ष स्थान नार्वे का रहा। पिछले वर्ष शीर्ष पर डेनमार्क रहा था।

132. प्रियंका चोपड़ा एवं फ्रीडा पिन्टो ने बालिकाओं में जागरूकता फैलाने के उद्देश्य से बहुस्तरीय वैश्विक अभियान गर्ल राइजिंग का शुभारम्भ किया है।

137. राष्ट्रीय आय के मापन के लिए तीन वैकल्पिक तरीके हैं—

1. मूल्य वृद्धि विधि (Value Added Method) उत्पादन विधि (Production Method)
2. आय विधि (Income Method)
3. व्यय विधि (Expenditure Method)

144. वाणिज्यिक पत्रों (Commercial Paper) की परिपक्वता अवधि जारी करने की तिथि से न्यूनतम 7 दिन एवं अधिकतम एक वर्ष तक हो सकती है।

150. बैंकों का राष्ट्रीयकरण एक अध्यादेश के जरिए 19 जुलाई, 1969 को हुआ, जबकि दूसरी बार 6 बैंकों का राष्ट्रीयकरण 1980 को हुआ।

152. राजकोषीय नीति के आधार पर सरकार कराधान एवं व्यय सम्बन्धी निर्णय लेती है।

154. स्विट्ज़रलैण्ड ने 16 जून, 2017 को भारत एवं 40 अन्य देशों के साथ वित्तीय खातों की सूचनाओं की अभिपुष्टि के लिए एक समझौते पर हस्ताक्षर किए हैं।

161. राजस्थान राज्य सरकार द्वारा 28 जनवरी, 2016 को 'मुख्यमंत्री जल स्वावलम्बन अभियान स्कीम' लांच की गई, जिसे मुख्यमंत्री (CM) वसुन्धरा राजे सिंधिया ने वर्षा जल संग्रहण-संरक्षण (Rain Water Harvesting Conservation) के उद्देश्य से शुरुआत की।

163. वर्ष 2005 में, पूर्व प्रधानमंत्री श्री मनमोहन सिंह ने भारत सरकार के अधीनस्थ देश में 'राष्ट्रीय ग्रामीण स्वास्थ्य मिशन' (National Rural Health Mission) को 12 अप्रैल, 2015 को लांच किया था, जिसका उद्देश्य ग्रामीण स्तर पर स्वास्थ्य योजनाएँ चालू करने का रखा गया।

167. गंधक (सल्फर-S) द्वितीयक आवश्यक पादप पोषक तत्व की कमी से पौधे की नई पत्तियों का आकार छोटा होना, पीली-सी हरी या पीली (Pale green or Yellow leaves) पत्तियाँ पड़ जाती हैं। अमेरिकन कैलीफोर्निया वैज्ञानिक 'आरनोन' (1954) ने पौधे के लिए 16 आवश्यक पोषक तत्व बताए थे, जिनमें द्वितीयक आवश्यक तत्व की श्रेणी में गंधक (S, SO_4^{--}) आता है।

169. **कपास (Cotton)**–वानस्पतिक नाम–गौसीपियम स्पीशीज, कुल–मालवेसी, की 4 स्पीशीज होती हैं, जिनमें 2 देशी कपास (गौसीपियम आरबोरियम एवं गौसीपियम हर्बेसियम) तथा 2 अमेरिकन कपास (गौसीपियम हिरसुटम एवं गौसीपियम बार्बेडेन्स) स्पसीशीज हैं।

171. पादप रोपण फसलों (Plantation Crops) के अन्तर्गत चाय (Tea–**कैमेलिया स्पीशीज**), कॉफी (Cofee–**ऐराबिका/रोवस्टा**), नारियल (**कोकोनट–कोकस न्युसीफेरा**) एवं रबर (Rubber) आदि आती हैं, जो प्रायः उष्णकटिबंधीय/उष्ण प्रदेशों एवं अर्द्ध उष्णकटिबंधीय क्षेत्रों में, जैसे–कर्नाटक, केरल, तमिलनाडु, असम, आदि राज्यों में बड़ी मात्रा में उगाई जाती हैं, जिनसे क्षेत्रीय श्रमिकों को मजदूरी/रोजगार के सुअवसर मिलते हैं।

175. 'पशुचालित-मोल्ड बोर्ड हल' (Mould Board Plough–MBP) का औसतन वजन 12 किग्रा. होता है।

176. भारत सरकार के अधीनस्थ 'कृषि एवं किसान कल्याण मंत्रालय/विभाग' के अधीनस्थ 'डायरेक्टरेट ऑफ इकोनॉमिक एंड स्टेटिसटिक्स' (वर्ष 2016-17) में के अनुसार गन्ने का उत्पादन देश में 3060 लाख टन (तीसरे अग्रिम अनुमान में) हुआ, साथ ही 4.5 मिलियन हेक्टेयर क्षेत्र एवं 68 टन प्रति हेक्टेयर उपज भी मिली।

177. भारत सरकार द्वारा 'मृदा स्वास्थ्य कार्ड स्कीम/योजना'–लांच–17 फरवरी, 2015 को की। शुरुआत प्रधानमंत्री श्री नरेन्द्र मोदी ने 19 फरवरी, 2015 को राजस्थान के श्रीगंगानगर जिले के सूरतगढ़ कस्बे से की थी, ताकि, मृदा के परीक्षण के आधार पर आवश्यक पादप पोषक तत्व फसलों में दिए जाएँ। अर्थात् यह स्कीम मिट्टी की गुणवत्ता की जाँच हेतु बनाई गई है।

178. महाराष्ट्र राज्य–देश में प्रथम राज्य–डोंगरगाँव नगर में किसानों के लिए 'ओटोमेटेड व्हैदर स्टेशन्स' (AWS–Automatic Weather Stations) बन गया है।

179. 'संपदा' (SAMPADA)–स्कीम का पूरा नाम 'स्कीम फॉर एग्रो-मैराइन प्रोड्यूश प्रोसेसिंग एंड डेवलपमेंट ऑफ एग्रो-प्रोसेसिंग क्लश्चर्स' है, जिसे प्रधानमंत्री श्री नरेंद्र मोदी ने वर्ष 2016-20 के लिए '14वें वित्तीय कमीशन चक्र' के साथ पुनः संरचनात्मक खाद्य प्रसंस्करण हेतु स्कीम लांच की।

180. 'सीआईआरडीएपी' (CIRDAP सेंटर ऑन इन्टीग्रेटेड रूरल डेवलपमेंट फॉर एशिया पेसिफिक), हैदराबाद (आंध्र प्रदेश) में स्थापित है।

185. गन्ने (ईख) की पेड़ी (मूढ़ी)/मूलांकुर) 'Ratooning' कही जाती है, क्यांकि गन्ने के तने काट लिए जाते हैं, जो फिर से उग आते हैं। फलतः अधिकतम उपज मिलती है।

186. देश का 'प्रथम' कृषि विश्वविद्यालय गोविन्द बल्लभ पंत कृषि एवं तकनीकी विश्वविद्यालय (GBPUAT), पंतनगर–उत्तर प्रदेश राज्य (जो अब उत्तराखंड है) में वर्ष जुलाई, 1960 में बी.एस.सी. (कृषि) शिक्षा हेतु स्थापित किया गया, जिसमें सभी अनुंधान एवं विकास कार्य होते हैं।

188. हरियाणा राज्य ने, 'इंडियन काउंसिल ऑफ फूड एंड एग्रीकल्चर' द्वारा आयोजित '9वें एग्रीकल्चर लीडरशिप समिट, 2016', नई दिल्ली में 'बेस्ट हॉर्टीकल्चर अवार्ड' जीता है, जिसका उद्देश्य बागवानी से कृषकों की आय बढ़ाने का रखा गया है।

189. टेंचा (Dhaincha–**सैसबेनिया स्पीशीज**)–दलहनी- हरी खाद की फसल की प्रजाति–सेंसबेनिया रॉस्टेटा, जिसके तने पर रेशेदार लम्बी (9 इंच से 12 इंच की) रेशेदार जड़ें निकल आती हैं, जो वायुमंडल में उपस्थित 78.4% स्वतंत्र नत्रजन (N) में से 20-25 किग्रा. N प्रति हेक्टेयर संचित कर लेती है। कुल मिलाकर ऐसी ढेंचा प्रजाति से 100-120 किग्रा. N हेक्टेयर भूमि में हरी खाद के रूप में मिल जाती है, जबकि सनई से मात्र 60-65 किग्रा. नत्रजन प्रति हेक्टेयर ही मिलती है।

191. गुजरात राज्य में वर्ष 2012 में, 'सौराष्ट्र नर्मदा इनोवेशन/अवतरण/नवीकरण इर्रीगेशन' (SAUNI) योजना का प्रथम चरण लांच किया। ताकि, नर्मदा नदी के जल को राज्य में भंडारित किया जा सके, जो कृषि हेतु उपयोगी होगा।

192. मई, 2016 में कर्नाटक राज्य के गंगावती स्थल, जिला-कोप्पल में एशिया का 'प्रथम' चावल तकनीकी पार्क स्थापित किया गया था।

196. दक्षिण भारत में, कटहल (Jack Fruit)–अर्टोकारपस हिटैरोफिलस एल.। **उत्पत्ति**–भारत, **कुल**–मोरेसी में 'पार्थेनो कार्पी' (अनिषेक फलन) घटित हो जाती है, जिसका पादप प्रसारण बगैर बीज के इनार्चिंग द्वारा 12 मीटर की पादप दूरी पर किया जाता है, अर्थात् फलों का उत्पादन बगैर बीज के होता है। यद्यपि, आम में पार्थेनोकार्पी पद्धति अधिकतर नहीं की जाती है।

199. जूट (**कोरकोरस स्पीशीज** अर्थात् 'कोरकोरस केप्सुलेरिस एल. एवं कोरकोरस आलीटोरियस एल.) **कुल**–टिलिएसी, एक रेशे वाली फसल की, भारत में गंगा नदी डेल्टा क्षेत्र में खेती बहुतायत से केन्द्रित है, जो पश्चिमी बंगाल, बिहार, पूर्वी उत्तर प्रदेश में की जाती है।

200. मूँगफली (Groundnut)–**वानस्पतिक नाम**–ऐराकिस हाइपोजियाः **कुल**–लेग्युमिनेसी–एक दलहनी फसल होने के कारण भूमि में उर्वराशक्ति बढ़ाती है, क्योंकि इसके पौधे की जड़ों में गाँठें (नोड्यूल्स)–राइजोबियम जीवाणु के द्वारा नत्रजन एकत्रित की जाती है, अतः जैविक खाद–राइजोबियम कल्चर का प्रायः प्रयोग किया जाता है। जो वायुमंडल में उपस्थित 78.4% स्वतंत्र नत्रजन को भूमि में उर्वरता बढ़ाने हेतु संचित करती है। जैविक खेती हेतु राइजोबियम कल्चर का प्रयोग जरूरी है।

पिछले प्रश्न-पत्र (हल सहित)

राष्ट्रीय कृषि एवं ग्रामीण विकास बैंक (NABARD)

ऑफिसर ग्रेड 'A', Phase-I ऑन लाइन परीक्षा 2016*

आर्थिक एवं सामाजिक मुद्दे (Economic and Social Issues)

1. हाल ही में भारत सरकार द्वारा जारी 'जनगणना 2011' के अनुसार यदि सभी समुदायों को एक साथ लिया जाता है, तो देश में 20 वर्ष से कम आयु की जनसंख्या का प्रतिशत है:

A. 63 प्रतिशत B. 27 प्रतिशत
C. 28 प्रतिशत D. 41 प्रतिशत
E. 31 प्रतिशत

2. वित्तीय वर्ष 2014-2015 में 'सकल राज्य घरेलू उत्पाद' (जी.एस.डी.पी.) के संदर्भ में सबसे तेजी से विकास करने वाला राज्य .... है।

A. उत्तर प्रदेश B. बिहार
C. तमिलनाडु D. मध्य प्रदेश
E. केरल

3. ऐसी स्थिति जहाँ मुद्रास्फीति की दर शून्य (0%) प्रतिशत से नीचे गिरता है .... के रूप में अर्थशास्त्रियों द्वारा वर्णित है।

A. अपस्फीति B. निराशा
C. अवस्फीति D. मूल्यह्रास
E. अवमूल्यन

4. निम्नलिखित में से कौन भारत सरकार की एक ग्रामीण विद्युतीकरण योजना है?

A. PMJJBY B. DDUGJY
C. PRASAD D. HRIDAY
E. DDUGKY

5. 'अंतर्राष्ट्रीय मुद्रा कोष' (IMF) एक अंतर्राष्ट्रीय संगठन है जिसका मुख्यालय है:

A. न्यूयॉर्क, संयुक्त राज्य अमेरिका
B. जिनेवा, स्विट्ज़रलैंड
C. वाशिंगटन डीसी, संयुक्त राज्य अमेरिका
D. पेरिस, फ्रांस
E. वियना, ऑस्ट्रिया

6. भारत सरकार की बारहवीं पंचवर्षीय योजना की अवधि है:

A. 2012 से 2017 B. 2014 से 2019
C. 2011 से 2016 D. 2013 से 2018
E. 2015 से 2020

7. किसके माध्यम से केन्द्र सरकार का 'स्मार्ट सिटी मिशन' कार्यान्वित किया जा रहा है?

A. मानव संसाधन विकास मंत्रालय
B. सांख्यिकी एवं कार्यक्रम कार्यान्वयन मंत्रालय
C. शहरी विकास मंत्रालय
D. ग्रामीण विकास मंत्रालय
E. सामाजिक न्याय और अधिकारिता मंत्रालय

8. एक मौद्रिक नीति, जिसमें केन्द्रीय बैंक मध्य अवधि के लिए मुद्रास्फीति की दर का स्पष्ट लक्ष्य रखता है और जनता के समक्ष मुद्रास्फीति लक्ष्य की घोषणा करता है, किस रूप में जाना जाता है?

A. मुद्रास्फीति योजना
B. बजट में मुद्रास्फीति की दर
C. मुद्रास्फीति की दर का लक्ष्य निर्धारण
D. वस्तुपरक मुद्रास्फीति
E. मुद्रास्फीति दर की व्यवस्था

9. निम्नलिखित में से कौन-सा कार्यक्रम भारत का प्रमुख ग्रामीण रोजगार कार्यक्रम है?

A. PMAGY
B. AMRUT
C. HRIDAY
D. दिए गए विकल्पों में से कोई नहीं
E. MGNREGA

10. हाल ही में (फरवरी, 2016) केन्द्रीय सांख्यिकी कार्यालय (सी.एस.ओ.) द्वारा जारी आंकड़ों में यह संकेत दिया गया था कि वर्ष 2015-2016 के दौरान भारत की

* *Online Exam Held on 15-05-2016.*

प्रति व्यक्ति आय 6.2 प्रतिशत की दर से बढ़ने की संभावना है:

A. ₹ 5,452.58 B. ₹ 4,452.58
C. ₹ 7,452.58 D. ₹ 6,452.58
E. ₹ 8,452.58

11. मानव संसाधन द्वारा गठित समिति की पूर्व कैबिनेट सचिव .... द्वारा अध्यक्षता की गई।

A. प्रभात कुमार
B. बी.के. चतुर्वेदी
C. टी.एस.आर. सुब्रमण्यम
D. टी.आर. प्रसाद
E. के.एम. चंद्रशेखर

12. भारत 'विश्व आर्थिक स्थिति और संभावनाएं' (WESP) 2016 के रिपोर्ट में अस्थिर वैश्विक वित्तीय स्थितियों के मध्य वर्ष 2016 और 2017 में सबसे तेजी से बढ़ती अर्थव्यवस्था के रूप में प्रलम्बित हुआ है। इसे किसने जारी किया है?

A. एशियाई विकास बैंक
B. विश्व व्यापार संगठन
C. संयुक्त राष्ट्र संघ
D. विश्व आर्थिक मंच
E. दिए गए विकल्पों में से कोई नहीं

13. हाल ही में (अप्रैल 2016) बी.एस.ई. द्वारा जारी आंकड़ों के अनुसार भारत में शहरी क्षेत्रों में बेरोजगारी दर .... प्रतिशत थी।

A. 12.62 प्रतिशत B. 11.15 प्रतिशत
C. 12.15 प्रतिशत D. 09.62 प्रतिशत
E. 11.62 प्रतिशत

14. निम्नलिखित में से किसे भारतीय संदर्भ में ''ऋणदाता का अंतिम उपाय'' के रूप में माना जाता है?

A. भारतीय रिजर्व बैंक
B. भारत का आयात निर्यात बैंक
C. भारतीय स्टेट बैंक
D. भारत सरकार
E. नाबार्ड

15. हाल ही में एन.एस.एस.ओ. के सर्वेक्षण के अनुसार भारत में शहरी क्षेत्रों में साक्षरता दर कितनी थी?

A. 67 प्रतिशत B. 71 प्रतिशत
C. 86 प्रतिशत D. 89 प्रतिशत
E. 92 प्रतिशत

16. राष्ट्रीय खाद्य सुरक्षा अधिनियम, 2013 (NFSA 2013) के अधीन लगभग 67 प्रतिशत जनसंख्या रियायती दर पर खाद्यान्न प्राप्त करने की हकदार है। इसमें कौन-सा खाद्यान्न शामिल नहीं है?

(*a*) गेहूँ (*b*) चावल
(*c*) मोटा अनाज

A. केवल (*b*) और (*c*)
B. (*a*), (*b*) और (*c*) सभी
C. केवल (*a*) और (*b*)
D. केवल (*b*)
E. उपरोक्त में से कोई नहीं

17. 'जवाहरलाल नेहरू राष्ट्रीय शहरी नवीकरण मिशन' (JNNURM) के साथ अब किसे सम्मिलित किया गया?

A. HRIDAY B. AMRUT
C. DDUGKY D. PMAGY
E. उपरोक्त में से कोई नहीं

18. माइक्रो फाइनेंस संस्थान, जो एक गैर-बैंकिंग वित्तीय कंपनी के रूप में पंजीकृत हैं, किसके द्वारा विनियमित किए जाते हैं?

A. भारतीय रिजर्व बैंक
B. भारतीय प्रतिभूति एवं विनिमय बोर्ड
C. मुद्रा बैंक
D. SIDBI
E. NABARD

19. 'सामाजिक-आर्थिक और जाति जनगणना (SECC) 2011' के अनुसार ग्रामीण परिवारों का प्रतिशत जिसमें कोई साक्षर वयस्क 25 वर्ष से ऊपर की आयु का नहीं है, लगभग कितना प्रतिशत है?

A. 9.5 प्रतिशत B. 10.5 प्रतिशत
C. 30.5 प्रतिशत D. 36.5 प्रतिशत
E. 23.5 प्रतिशत

20. अटल पेंशन योजना (APY) .... के कामगारों पर केंद्रित है।

A. वित्तीय संस्थाओं
B. सरकारी विभागों

C. सार्वजनिक क्षेत्र की इकाइयों
D. असंगठित क्षेत्र
E. औद्योगिक क्षेत्र

21. वर्ष 2015 में सरकार ने राष्ट्रीय खातों की गणना की पद्धति में संशोधन का आधार वर्ष 2004-2005 से .... कर दिया।

A. 2011-2012 B. 2009-2010
C. 2007-2008 D. 2008-2009
E. 2006-2007

22. 'आर्थिक सर्वेक्षण 2015-2016' के अनुसार, भारत में कमाने वाली जनसंख्या की प्रतिशतता, जो कर के दायरे में आती है, लगभग .... है।

A. 4.0 प्रतिशत B. 7.5 प्रतिशत
C. 8.5 प्रतिशत D. 5.5 प्रतिशत
E. 9.5 प्रतिशत

23. राष्ट्रीय अनुसूचित जाति वित्त एवं विकास निगम (NSFDC) केन्द्रीय सार्वजनिक क्षेत्र का उद्यम है। यह किसके अधीन है?

A. जनजातीय मामलों के मंत्रालय
B. सामाजिक न्याय और अधिकारिता मंत्रालय
C. मानव संसाधन विकास मंत्रालय
D. अल्पसंख्यक मामलों के मंत्रालय
E. आवास और शहरी गरीबी उपशमन मंत्रालय

24. अतिरिक्त विनिमय दर संचार से निवेशक रिटर्न को संरक्षित करने के लिए, रिजर्व बैंक के गवर्नर ने हाल ही में कहा है कि मुद्रास्फीति का 4% के लक्ष्य हेतु उठाया गया कदम .... में उतार-चढ़ाव को नियंत्रित करने में सहायक होगा।

A. दिए गए विकल्पों में से कोई नहीं
B. मुद्रा बाजार
C. घरेलू ऋण बाजार
D. घरेलू खुदरा बाजार
E. घरेलू मुद्रा बाजार

25. 'राष्ट्रीय शहरी आजीविका मिशन' (NULM) का अब नया नाम 'दीनदयाल अंत्योदय योजना NULM' है। स्थायी शहरी स्थानीय निकाय जो अब इस योजना के अंतर्गत आते हैं, की संख्या .... है।

A. 2041 B. 6041
C. 5041 D. 4041
E. 1041

कृषि एवं ग्रामीण सचेतता (Agriculture and Rural Awareness)

26. भारतीय दृष्टिकोण में उत्सर्जन को रोकने हेतु राष्ट्रीय स्तर पर निर्धारित योगदान (INDC) को सीमांकित करने के रूप में अक्षय ऊर्जा क्षमता को .... लक्षित करने हेतु एक प्रमुख स्केलिंग है।

A. 2018-19 तक 150 GW
B. 2023-24 तक 165 GW
C. 2020-21 तक 100 GW
D. 2021-22 तक 175 GW
E. उपरोक्त में से कोई नहीं

27. ग्रामीण-शहरी खाई को पाटने के लिए, भारत सरकार ने 2019-2020 तक 300 ग्रामीण समूहों की स्थापना पूरे देश में करने का निर्णय ₹ 5142.08 करोड़ के परिव्यय के साथ किसके अधीन लिया?

A. शहरी कायाकल्प और परिवर्तन के लिए अटल मिशन
B. प्रधानमंत्री आवास योजना (PMAY)
C. विरासती शहर विकास और संवर्धन योजना
D. श्यामा प्रसाद मुखर्जी रुर्बन मिशन (SPMRM)
E. प्रधानमंत्री सांसद आदर्श ग्राम योजना (PMSAGY)

28. ₹ 1.20 लाख की वित्तीय सहायता पक्का घर (मैदानी क्षेत्रों में) के निर्माण और जर्जर मकानों में रहने वाले परिवारों जो ग्रामीण क्षेत्रों में रहते हैं, के लिए यह किस योजना के अधीन उद्घोषित हुई है?

A. PMAY (ग्रामीण) B. PMGSY
C. PMMY D. PMRY
E. PMKVY

29. सार्क कृषि मंत्रियों की तीसरी बैठक हाल ही में (अप्रैल 2016) कहाँ आयोजित हुई?

A. काठमांडू, नेपाल
B. नई दिल्ली, भारत
C. ढाका, बांग्लादेश

D. इस्लामाबाद, पाकिस्तान
E. थिम्पू, भूटान

30. आमतौर पर 'जैविक खेती' में मानकों को किसके उपयोग के लिए प्रोत्साहित करने हेतु डिजाइन किया जाता है?
A. मानव निर्मित पदार्थों
B. कृत्रिम पदार्थों
C. आनुवंशिक रूप से संशोधित पदार्थों
D. प्राकृतिक पदार्थों
E. सिंथेटिक पदार्थों

31. 'रोपण कृषि' भूमि के एक बड़े भाग के उष्णकटिबंधीय या अर्द्ध उष्णकटिबंधीय क्षेत्र पर उगायी जाती है। ये विशेषकर स्थायी मजदूरों द्वारा बड़े पैमाने पर वाणिज्यिक बिक्री के लिए लगाई जाती है। निम्नलिखित में से कौन-सी फसल रोपण कृषि के रूप में व्यवहृत होती है?
A. अनाज एवं दालें
B. फल एवं सब्जियाँ
C. गेहूँ, चावल, मक्का, बाजरा
D. चाय, कॉफी, नारियल, रबड़
E. कपास, जूट, गन्ना, तम्बाकू

32. संयुक्त राष्ट्र के खाद्य एवं कृषि संगठन (एफ.ए.ओ.) ने किस फसल के बहुआयामी लाभ के प्रति जागरूकता बढ़ाने के लिए वर्ष 2016 को अंतर्राष्ट्रीय वर्ष घोषित किया है?
A. काली मिर्च
B. मूंगफली
C. आलू
D. दालें
E. ताड़ का तेल

33. नेशनल फर्टिलाइजर्स लिमिटेड (एन.एफ.एल.), भारत की सबसे बड़ी केन्द्रीय सार्वजनिक क्षेत्र की उपक्रम है जो उर्वरकों और औद्योगिक रसायनों का प्रमुख भारतीय निर्माता है। यह किसके प्रशासनिक नियंत्रण में आता है?
A. खाद्य प्रसंस्करण उद्योग मंत्रालय
B. वाणिज्य और उद्योग मंत्रालय
C. रसायन और उर्वरक मंत्रालय
D. ग्रामीण विकास मंत्रालय
E. भारी उद्योग और सार्वजनिक उद्यम मंत्रालय

34. 'स्वच्छ भारत अभियान' (एस.बी.ए.) के अंतर्गत सभी 6.5 लाख गाँवों को 2019 तक ₹ 20 लाख प्रतिवर्ष के हिसाब से किस मंत्रालय द्वारा दिया जाएगा?
A. महिला एवं बाल विकास मंत्रालय
B. जल संसाधन मंत्रालय
C. ग्रामीण विकास मंत्रालय
D. शहरी गरीबी उपशमन मंत्रालय
E. स्वास्थ्य एवं परिवार कल्याण मंत्रालय

35. पृथ्वी पर जल की गति, वितरण और गुणता का वैज्ञानिक अध्ययन जिसमें जल संसाधन और पर्यावरण स्थिरता सहित जलग्रहण भी शामिल है, किस रूप में जाना जाता है?
A. हाइड्रोलॉजी
B. मीटियोरोलॉजी
C. एयरोग्राफी
D. सीरोग्राफी
E. मेट्रोलॉजी

36. सरकार की निम्नलिखित योजनाओं में से कौन-सी एक क्षेत्रीय स्तर पर सिंचाई में निवेश के अभिसरण को, कृषि योग्य क्षेत्र का विस्तार और खेत के लिए जल उपयोगी क्षमता में सुधार उद्देश्य मानकर शुरू किया गया है?
A. PMKKKY
B. PMKSY
C. PMVLK
D. PMJJBY
E. PMKVY

37. भारतीय रिजर्व बैंक के संशोधित दिशा-निर्देशों के अनुसार, 'खाद्य और कृषि प्रसंस्करण इकाइयों' के लिए ऋण अब किसका हिस्सा बनेगी?
A. गैर प्राथमिक क्षेत्र के ऋण
B. माइक्रो फाइनेंस
C. कृषि ऋण
D. MSME ऋण
E. सामाजिक बुनियादी ढांचे

38. अनुक्रमिक मौसम में एक ही क्षेत्र में फसलों की असमान या विभिन्न प्रकार की एक श्रृंखला की प्रथा किस रूप में जानी जाती है?
A. मिश्रित खेती
B. फसल आच्छादन
C. मिश्रित फसल
D. फसल विविधता
E. फसल चक्र

39. हाल ही शुरू 'PMFBY' एक .... है।
A. जीवन बीमा योजना

B. दुर्घटना बीमा योजना
C. स्वास्थ्य बीमा योजना
D. उपकरण बीमा योजना
E. फसल बीमा योजना

40. पशुओं के चारागाह को बढ़ाने की प्रथा जैसे कि मांस या ऊन के लिए भेड़ को, किस रूप में जाना जाता है?
A. वन-वृक्ष विज्ञान B. परमाकल्चर
C. रेंचिंग D. प्रजनन
E. पशुपालन

41. भारत सरकार की मुहिम 'मेक इन इंडिया' की भावना को ध्यान में रखते हुए किसके द्वारा MSME के लिए ₹ 1000 करोड़ का 'मेक इन इंडिया' कोष बनाया गया?
A. IFCL B. भारतीय रिजर्व बैंक
C. NABARD D. SIDBI
E. एक्जिम बैंक

42. मछली, क्रस्टेशियन, घोंघे और समुद्री पौधे के रूप में समुद्री जीवों की खेती किस नाम से जानी जाती है?
A. एक्वाकल्चर B. एपियोलॉजी
C. एपीकल्चर D. एग्रोलॉजी
E. एग्रोनॉमी

43. निम्नलिखित गैसों में से कौन-सा गैस वातावरण में मौजूद है जो 'ग्रीन हाउस गैसों' की श्रेणी में नहीं आता है?
A. जलवाष्प B. कार्बन डाइऑक्साइड
C. मीथेन D. हाइड्रोजन
E. इनमें से कोई नहीं

44. हाल ही में (सितम्बर 2015) भारत सरकार ने PMKKKY योजना लागू की जो .... द्वारा प्रभावित लोगों और क्षेत्रों के कल्याण के लिए कार्य करेगी?
A. खनन गतिविधियाँ B. प्राकृतिक आपदाएं
C. उग्रवाद D. औद्योगिक विकास
E. शहरीकरण

45. 4 प्रतिशत लक्ष्य के मुकाबले 12वीं पंचवर्षीय योजना अवधि (2012-2017) के पहले चार वर्ष का औसत वार्षिक वृद्धि दर कितना था?
A. 3.0 प्रतिशत B. 1.0 प्रतिशत
C. 3.5 प्रतिशत D. 2.5 प्रतिशत
E. 2.0 प्रतिशत

46. किसकी बुनियादी ढांचे और मानव विकास सूचकांक में सुधार लाने के उद्देश्य से 'वनबंधु कल्याण योजना' (VKY) लक्षित है?
A. किसानों एवं कृषि-विशेषज्ञों
B. आदिवासी आबादी
C. वरिष्ठ नागरिकों
D. कमजोर वर्गों
E. महिला उद्यमियों

47. वर्ष 2014-2015 के दौरान, भारत का पशु उत्पादों का निर्यात ₹ 33,128.30 करोड़ से अधिक होने की सूचना है। निम्नलिखित में से कौन-सा मांस का प्रकार एकल निर्यात का सबसे बड़ा मद उस अवधि के दौरान था?
A. मुर्गीपालन उत्पादों
B. भेड़/बकरी मांस
C. प्रसंस्कृत और अन्य मांस
D. पशु आवरण
E. भैंस के मांस

48. दक्षिण एशियाई क्षेत्र में, खरीफ फसलों की खेती और कटाई .... महीनों के दौरान होती है।
A. अप्रैल और अक्तूबर B. जनवरी और अप्रैल
C. नवम्बर और फरवरी D. अक्तूबर और दिसम्बर
E. अगस्त और नवम्बर

49. 'लघु कृषक' वे कृषक हैं जो .... खेत जोत रहे हैं।
A. पाँच हेक्टेयर से ऊपर
B. एक हेक्टेयर से ऊपर
C. चार से दस हेक्टेयर के बीच
D. एक से दो हेक्टेयर के बीच
E. दो से चार हेक्टेयर के बीच

50. यस बैंक ने वर्ष 2020 तक भारत में जलवायु वित्त के लिए अपनी प्रतिबद्धता हेतु 5 अरब अमरीकी डॉलर की व्यवस्था की घोषणा की है। बैंक के स्वच्छ ऊर्जा के वित्तपोषण के लिए प्रतिबद्ध लक्ष्य कितना है?
A. 1000 मेगावाट सालाना
B. 1500 मेगावाट सालाना
C. 500 मेगावाट सालाना
D. वर्ष 2020 तक 1500 मेगावाट
E. वर्ष 2020 तक 500 मेगावाट

सामान्य बुद्धिमत्ता (Reasoning)

निर्देश (प्र.सं. 51-56): *निम्नलिखित जानकारी को ध्यान से पढ़िए और दिए गए प्रश्नों के उत्तर दीजिए।*

आठ मित्र P, Q, R, S, T, U, V और W एक सीधी पंक्ति में बैठे हैं, लेकिन आवश्यक नहीं कि उसी क्रम में बैठे हों। उनमें से कुछ उत्तर की ओर मुँह किए हैं जबकि कुछ का मुँह दक्षिण की ओर है।

S पंक्ति के बिल्कुल अंतिम छोर पर बैठा है। V, S के दायीं ओर दूसरे स्थान पर बैठा है।

P और Q के बीच केवल तीन लोग बैठे हैं।

V के दोनों निकट पड़ोसियों का मुँह दक्षिण की ओर है।

R, T के बायीं ओर तीसरे स्थान पर है। T, Q का निकट पड़ोसी है।

R के निकट पड़ोसी विपरीत दिशा में मुँह किए हैं (अर्थात् यदि एक पड़ोसी का मुँह उत्तर की ओर है, तो दूसरे पड़ोसी का मुँह दक्षिण की ओर होगा और विलोमतः)

U का मुँह उत्तर की ओर है।

R और W के बीच केवल तीन लोग बैठे हैं। R का मुँह W के मुँह के विपरीत दिशा में है। (अर्थात् यदि W का मुँह उत्तर की ओर है तो R का मुँह दक्षिण की ओर होगा और विलोमतः)

W के दोनों निकट पड़ोसियों का मुँह उत्तर की ओर है।

Q, W विपरीत दिशा की ओर मुँह किए हैं (अर्थात् यदि W उत्तर की ओर मुँह किए है तो Q दक्षिण की ओर मुँह करेगा और विलोमतः)

51. U के सापेक्ष में T की स्थिति क्या है?

A. दाएं से दूसरा
B. दाएं से चौथा
C. बाएं से दूसरा
D. दाएं से तीसरा
E. बाएं से चौथा

52. निम्नलिखित में से कौन R और T के ठीक बीच में बैठे हैं?

A. P, V
B. Q, V
C. Q, S
D. S, V
E. S, P

53. निम्नलिखित में से कौन उत्तर की ओर मुँह किए पंक्ति के बिल्कुल अंत में बैठा है?

A. P
B. कोई नहीं
C. U
D. T
E. S

54. निम्नलिखित में से कौन-सी जोड़ी उत्तर की ओर मुँह किए है?

A. T, S
B. U, W
C. W, S
D. Q, R
E. R, P

55. निम्नलिखित में कौन-सा दी गई व्यवस्था के आधार पर P के सापेक्ष में सत्य है?

A. P और T के बीच केवल एक व्यक्ति बैठा है।
B. दिया गया कोई भी विकल्प सही नहीं है।
C. R, P के ठीक दाएं बैठा है।
D. P के बाएं कोई नहीं बैठा है।
E. Q, P के निकट पड़ोसियों में से एक है।

56. निम्नलिखित जानकारी को ध्यान से पढ़िए और दिए गए प्रश्नों के उत्तर दीजिए।

देश X का देश Z में चाय का निर्यात, पिछले वर्ष की तुलना में पचास प्रतिशत कम हुआ है, यद्यपि देश X में चाय के उत्पादन में 25% की वृद्धि हुई है।

निम्नलिखित में से कौन-सा कथन दी गई समस्या का कारण नहीं हो सकता है?

A. पिछले वर्ष तक, X देश में चाय निर्यात शुल्क से मुक्त थी लेकिन इस वर्ष सरकार ने ₹ 10 प्रति किलो का निर्यात शुल्क लगाया।
B. तीन नए देशों के साथ Z देश ने समझौता किया जो तुलनात्मक रूप से X देश की अपेक्षा अत्यंत कम मूल्यों पर अच्छी गुणवत्ता वाली चाय प्रदान करेगी।
C. पिछले वर्ष Z देश द्वारा की गई जाँच के दौरान X देश की चाय में बहुत से कथित रूप से हानिकारक रसायन पाए गए।
D. X देश द्वारा अपने विदेशी क्रेताओं के लिए पिछले दो लगातार वर्षों से चाय का बाजार मूल्य 5% घटा दिया गया।

E. X देश के चाय उत्पादकों ने पिछले वर्ष एक नए प्रकार के उर्वरक का उपयोग करना प्रारंभ किया जिसने अच्छे उत्पादन का वायदा किया लेकिन यह गुणवत्ता की कीमत पर था।

निर्देश (प्र.सं. 57-59): *नीचे दिए गए प्रत्येक प्रश्न में एक प्रश्न और उसके नीचे दो कथन I और II दिए गए हैं। आपको यह तय करना है कि कथनों में दिया गया डाटा प्रश्न का उत्तर देने के लिए पर्याप्त है या नहीं। दोनों कथनों को पढ़िए और उत्तर दीजिए–*

A. केवल कथन I में दिया गया डाटा प्रश्न का उत्तर देने के लिए पर्याप्त है जबकि केवल कथन II में दिया डाटा प्रश्न का उत्तर देने के लिए पर्याप्त नहीं है।

B. केवल कथन II में दिया गया डाटा प्रश्न का उत्तर देने के लिए पर्याप्त है जबकि केवल कथन I में दिया गया डाटा प्रश्न का उत्तर देने के लिए पर्याप्त नहीं है।

C. या तो केवल कथन I या केवल कथन II में दिया गया डाटा प्रश्न का उत्तर देने के लिए पर्याप्त है।

D. कथन I और II दोनों का डाटा मिलकर भी प्रश्न का उत्तर देने के लिए पर्याप्त नहीं हैं।

E. कथन I और II दोनों का डाटा मिलकर प्रश्न का उत्तर देने के लिए आवश्यक हैं।

57. कितने लोग एक सर्कल में बैठे हैं, जहाँ सभी लोग केन्द्र की ओर मुँह किए हैं?

I. K, L के दायीं ओर तीसरे स्थान पर बैठा है। M, K का निकट पड़ोसी है। L और K के बीच केवल तीन लोग बैठे हैं।

II. N, M के बायीं ओर तीसरे स्थान पर बैठा है। N और K के बीच केवल एक व्यक्ति बैठा है। K, M का निकट पड़ोसी है।

58. एक छह मंजिला इमारत में (मंजिलों को 1 से 6 के रूप में क्रमांकित किया गया, जिसमें सर्वोच्च मंजिल को 6 के रूप में क्रमांकित किया गया है और भूतल को 1 के रूप में क्रमांकित किया गया है।) छः मित्रों में से प्रत्येक जिनका नाम A, B, C, D, E और F है, अलग-अलग मंजिल पर रहते हैं। किस मंजिल पर E रहता है?

I. A उस मंजिल पर रहता है जिसे 3 क्रमांकित किया गया है। A और F के बीच केवल एक व्यक्ति रहता है। E, F के नीचे विषम संख्या वाली मंजिल पर रहता है।

II. B उस मंजिल पर रहता है जिसे 4 क्रमांकित किया गया है। A उन मंजिलों में से एक मंजिल पर रहता है जो B के नीचे है लेकिन मंजिल संख्या 1 नहीं है। D सम संख्या वाली मंजिल पर रहता है जो A से ऊपर है। C, E के ठीक ऊपर रहता है।

59. दी गई भाषा में 'buyer' को निश्चित रूप से किस प्रकार कूटबद्ध किया जाएगा?

I. 'help find a buyer' को 'ni ka po sn' के रूप में कूटबद्ध किया जाता है और 'a small help given' को 'tk sn ru ni' के रूप में कूटबद्ध किया जाता है।

II. 'must find small buyer' को 'ka hp tk po' के रूप में कूटबद्ध किया जाता है और 'find a help soon' को 'mj ni sn ka' के रूप में कूटबद्ध किया जाता है।

60. निम्नलिखित जानकारी को ध्यान से पढ़िए और दिए गए प्रश्नों के उत्तर दीजिए।

हाइवे के निकट एम.बी. रोड पर प्रत्येक गज की दूरी पर औसतन एक गड्ढा अथवा डामर है। सड़क की हालत का प्राथमिक कारण उसकी उम्र, मौसम या यातायात की भारी भीड़ नहीं, यह 18-चक्कों का ट्रक है ये वजनदार ट्रक इन सड़कों पर दौड़ते हैं जो 40 टनों से ऊपर का भार ढोने के लायक नहीं रहा है। जबकि सामान्य यातायात पर औसतन 2 टन का भार प्रति वाहन होता है, जो प्रति 18 चक्कों के ट्रक के औसतन भार का 35 गुणा कम है।

निम्न में से कौन-सा निष्कर्ष दिए गए कथन से निकाला जा सकता है?

(*a*) हाइवे के निकट एम.बी. रोड निश्चित रूप से 35 गुणा ज्यादा वाहनों की संख्या का वहन कर सकता है।

(*b*) 18-चक्कों वाले ट्रक जो 30 टन हल्के हैं, उल्लिखित रोड को क्षति नहीं पहुँचाएंगे।

(*c*) छोटे वाहनों को सीमित करते हुए केवल 18-चक्कों वाले ट्रकों को अनुमति प्रदान करना रोड की क्षति को कम कर सकती है।

(*d*) एक सड़क का निर्माण उस पर चलने वाले वाहनों के प्रकार के आधार पर किया जाता है।

A. केवल (*c*)
B. (*a*) और (*c*) दोनों
C. (*b*) और (*d*) दोनों
D. (*a*) और (*d*) दोनों

निर्देश (प्र.सं. 61-65): *प्रत्येक प्रश्न में कथनों को सही मानते हुए ज्ञात करें कि नीचे दिए गए कौन-से निष्कर्ष I और II निश्चित रूप से सत्य है/हैं?*

उत्तर दीजिए—

A. यदि केवल निष्कर्ष I सत्य है।
B. यदि केवल निष्कर्ष II सत्य है।
C. यदि या तो I अथवा II सत्य है।
D. यदि न तो I न ही II सत्य है।
E. यदि दोनों I और II सत्य हैं।

61. कथन: Q ≥ U > l < C = K > L; G < L; C < H
निष्कर्ष I: I < L
निष्कर्ष II: C > G

62. कथन: M < O = N ≤ K < E ≥ Y = S; D < K ≥ B
निष्कर्ष I: M < K
निष्कर्ष II: O > B

63. कथन: R < A = I ≥ N; S ≥ A
निष्कर्ष I: S > N
निष्कर्ष II: N = S

64. कथन: M < O = N ≤ K < E ≥ Y = S; D < K ≥ B
निष्कर्ष I: E > O
निष्कर्ष II: D < S

65. कथन: Q ≥ U > I < C = K > L; G < L; C < H
निष्कर्ष I: Q > K
निष्कर्ष II: H < U

66. *निम्नलिखित जानकारी को ध्यान से पढ़िए और दिए गए प्रश्नों के उत्तर दीजिए।*

कंपनी Z और कंपनी F ने पिछले वर्ष एक ही प्रकार के उच्च कोटि के कारों को लांच किया। हालांकि छः महीनों के बाद यह पाया गया कि कंपनी Z द्वारा निर्मित कार की लोकप्रियता आसमान छूने लगी जबकि कंपनी F द्वारा निर्मित कार बिल्कुल चर्चा में नहीं आई।

प्रबंधक X के अनुसार "कार की असफलता का एक कारण उसका मूल्य था। यदि हमारी कारों का मूल्य थोड़ा कम होता, तो हमारे कार की बिक्री उतनी ही होती जितनी कंपनी Z के कारों की हुई थी"।

निम्न में से कौन प्रबंधक X के कथन को कमजोर करता है?

A. विशेषज्ञों ने सुझाव दिया कि हमेशा आबादी का एक वर्ग जो कार के लांच होने पर उसकी समीक्षा करता है, और इस समीक्षा के बाद एक निश्चित समय सीमा के उपरांत इसकी खरीददारी करता है।
B. कुछ संभावित क्रेताओं को इस तथ्य से परेशानी थी कि इसमें केवल दो एयरबैग थे जबकि कंपनी F द्वारा निर्मित कार में 6 एयरबैग थे।
C. पिछले दो वर्षों में, F द्वारा लांच सभी कारें औसत दर्जे की गुणवत्ता वाली थीं और इसमें बार-बार मरम्मत और अनुरक्षण की आवश्यकता थी। इस प्रकार, काफी हद तक कंपनी का नाम खराब हो रहा था।
D. कंपनी F द्वारा लांच कारों के रंग सीमित थे, यद्यपि मालिक अपने पसंदीदा रंग के लिए अनुरोध कर सकते थे।
E. कई साल पहले कंपनी F द्वारा शुरू की गई कुछ अन्य कारों की कीमत अन्य कारों की तुलना में कम रखी गई थीं और वे बहुत अच्छी सेवाएं देते थे।

निर्देश (प्र.सं. 67-71): *निम्नलिखित जानकारी को ध्यान से पढ़िए और दिए गए प्रश्नों के उत्तर दीजिए।*

सात लोग जिनका नाम P, Q, R, S, T, U और V है, सात अलग-अलग फलों को पसंद करते हैं जिनका नाम सेब, आम, केला, संतरा, कीवी, अमरूद और स्ट्रॉबेरी है। उन लोगों में से प्रत्येक इनमें से किसी एक कंपनी में काम करते हैं—सैमसंग, विप्रो और आईटीसी। उनमें से कम-से-कम दो एक ही कंपनी में काम करते हैं।

(**नोटः** दी गई जानकारी में से कोई भी आवश्यक नहीं कि उसी क्रम में हो)

R उसके साथ विप्रो में काम करता है, जो केला पसंद करता है। U, R के साथ काम नहीं करता है। P उसके साथ आई.टी.सी. में काम करता है, जो कीवी पसंद करता है। U सेब नहीं पसंद करता है। T उसके साथ सैमसंग में काम करता है जो सेब पसंद करता है। T स्ट्रॉबेरी पसंद नहीं करता है। वह जो स्ट्रॉबेरी पसंद करता है, उसके साथ काम करता है जिसे आम पसंद है लेकिन R के साथ नहीं। S उसके साथ काम करता है जिसे अमरूद पसंद है। S को केला पसंद नहीं है। Q को सेब पसंद नहीं है।

67. निम्नलिखित का कौन-सा संयोजन विप्रो में काम कर रहे लोगों के संयोजन का प्रतिनिधित्व करता है?

A. S, R
B. Q, V, R
C. U, T, R
D. R, Q
E. T, R, P

68. निम्नलिखित में से कौन-सा फल P पसंद करता है?

A. केला
B. स्ट्रॉबेरी
C. संतरा
D. अमरूद
E. आम

69. कौन-सा संयोजन कंपनी को प्रदर्शित करता है जिसमें V काम करता है और वह फल जिसे वह पसंद करता है?

A. सैमसंग–सेब
B. सैमसंग–केला
C. विप्रो–अमरूद
D. आई.टी.सी.–आम
E. आई.टी.सी–संतरा

70. निम्नलिखित में से कौन-सा संयोजन सही है?

A. S–स्ट्रॉबेरी
B. Q–संतरा
C. R–सेब
D. U–कीवी
E. T–आम

71. निम्नलिखित में से कौन-सा कथन सत्य है?

A. R उस कंपनी में काम करता है जिसमें P काम करता है।
B. U उसके साथ काम करता है जो आम पसंद करता है।
C. दिया गया कोई भी कथन सत्य नहीं है।
D. S विप्रो में काम करता है।
E. Q को कीवी पसंद है।

निर्देश (प्र.सं. 72-76): *नीचे दिए गए प्रत्येक प्रश्न में वक्तव्य दिया गया है, जिसके आगे दो निष्कर्ष I और II निकाले गए हैं। आपको विचार करना है कि वक्तव्य सत्य है चाहे वह सामान्यतः ज्ञात तथ्यों से भिन्न प्रतीत होता हो। आपको निर्णय करना है कि दिए गए वक्तव्य में से कौन-सा निश्चित रूप से सही निष्कर्ष निकाला जा सकता है। वक्तव्य को पढ़ें और–*

उत्तर दीजिए–

(A) यदि केवल निष्कर्ष I निकलता है
(B) यदि केवल निष्कर्ष II निकलता है
(C) यदि या तो I या II निकलता है
(D) यदि न तो I न ही II निकलता है
(E) यदि दोनों I और II निकलते हैं।

72. **कथनः** कुछ सड़कें घर हैं। कुछ घर बंगला हैं। कोई बंगला अपार्टमेंट नहीं है।

निष्कर्ष I: सभी सड़कों की अपार्टमेंट होने की संभावना है।

निष्कर्ष II: कोई अपार्टमेंट घर नहीं है।

73. **कथनः** सभी अतिथि मेजबान हैं। कुछ अतिथि संबंधी हैं। कुछ संबंधी मित्र हैं।

निष्कर्ष I: सभी अतिथि मित्र हैं।

निष्कर्ष II: किसी मेजबान के मित्र होने की संभावना नहीं है।

74. **कथनः** कुछ दुकानें आउटलेट हैं। कुछ आउटलेट कारखाने हैं। सभी कारखाने उद्योग हैं।

निष्कर्ष I: कम-से-कम कुछ दुकानें कारखाने हैं।

निष्कर्ष II: कम-से-कम कुछ आउटलेट उद्योग हैं।

75. **कथनः** कुछ सड़कें घर हैं। कुछ घर बंगला हैं। कोई बंगला अपार्टमेंट नहीं है।

निष्कर्ष I: कुछ घर निश्चित रूप से अपार्टमेंट नहीं हैं।

निष्कर्ष II: कम-से-कम कुछ सड़कें बंगला हैं।

76. **कथनः** सभी निश्चितताएं विश्वास हैं। सभी विश्वास डर हैं।

निष्कर्ष I: कम-से-कम कुछ डर निश्चितताएं हैं।

निष्कर्ष II: कोई डर निश्चितता नहीं है।

77. *निम्नलिखित जानकारी को ध्यान से पढ़िए और दिए गए प्रश्नों के उत्तर दीजिए।*

एक कॉलेज के वाणिज्य विभाग ने अपने विद्यार्थियों को विभिन्न संगठनों में 05.02.2016 से आरंभ होने वाले दो माह के इंटर्नशिप पूरा करने के लिए आवंटित किया। विद्यार्थियों को 10.05.2016 तक मूल प्रमाण-पत्रों के साथ निर्धारित प्रारूप में पूरी इंटर्नशिप रिपोर्ट प्रस्तुत करने के लिए कहा गया, ऐसा न होने पर उन्हें फाइनल परीक्षा में सम्मिलित होने की अनुमति नहीं दी जाएगी। दिए गए निम्न मामलों में 5 विद्यार्थियों ने निर्धारित समय सीमा के अंदर अपनी रिपोर्ट प्रस्तुत नहीं की। हालांकि, इनमें से एक को परीक्षा में शामिल होने की अनुमति दी गई। उस विद्यार्थी को पहचानें।

A. दो अलग-अलग परियोजना गाइडों के अधीन महवीश को इंटर्नशिप करना था। इसलिए, उसे कठिनाई हुई कि दोनों के लिए आवंटित समय पर्याप्त है।

B. छात्रों को रिपोर्ट के प्रारूप दिए जाने के समय सुनील जाधव अनुपस्थित था।

C. वैभव त्रिपाठी, जिसे अन्य शहर का संगठन आवंटित किया गया था, को संगठन द्वारा केवल एक अनंतिम प्रमाण-पत्र दिया गया जो कॉलेज के मानदंडों के अनुसार नहीं था।

D. निर्धारित समय सीमा से पूर्व अखिल मेहता ने अपनी रिपोर्ट पूरी कर ली, लेकिन प्रस्तुत नहीं कर सका क्योंकि वह निर्धारित प्रारूप में नहीं लिखा गया था।

E. रचित सक्सेना को प्रसिद्ध एन.जी.ओ. आवंटित किया गया जहाँ इंटर्नशिप का अधिकतम समय 75 दिनों का था।

निर्देश (प्र.सं. 78-82): *निम्नलिखित जानकारी को ध्यान से पढ़िए और दिए गए प्रश्नों के उत्तर दीजिए।*

जब एक शब्द और संख्या व्यवस्था मशीन शब्दों और संख्याओं की इनपुट लाइन में दी जाती है, तो यह निम्नलिखित व्यवस्था एक विशेष लाइन में करते हैं। निम्नलिखित इनपुट और व्यवस्था का एक उदाहरण है।

(सभी संख्याएं दो अंकीय संख्याएं हैं)

इनपुट : 84 PARTY EAGLE 29 HOUND 16 58 ROAST 71 BEACH

चरण I : 16 ROAST 84 PARTY EAGLE 29 HOUND 58 71 BEACH

चरण II : 16 ROAST 84 EAGLE HOUND 58 71 BEACH 29 PARTY

चरण III : 58 HOUND 16 ROAST 84 EAGLE 71 BEACH 29 PARTY

चरण IV : 58 HOUND 16 ROAST 84 BEACH 29 PARTY 71 EAGLE

चरण V : 84 BEACH 58 HOUND 16 ROAST 29 PARTY 71 EAGLE

चरण V उपरोक्त व्यवस्था का अंतिम चरण है, जैसा कि व्यवस्था का इन्टेन्डेड आउटपुट प्राप्त किया जाता है। दिए गए चरणों में लागू नियमों के अनुसार, दिए गए इनपुट के लिए उपयुक्त चरणों का पता करें।

इनपुटः CHANT 18 SALTY 45 ABACUS WARDEN 30 91 67 KNIGHT

78. कौन-सा तत्व दूसरे अंतिम चरण में बाएं से चौथा और दाएं से पाँचवाँ के ठीक बीच में उपस्थित होता है?

A. 67 B. 91
C. WARDEN D. KNIGHT
E. ABACUS

79. निम्नलिखित में से कौन अंतिम चरण में 'KNIGHT' के ठीक दाएं दो लगातार तत्वों को प्रदर्शित करता है?

A. 45, CHANT B. 30, SALTY
C. 18, WARDEN D. 91, SALTY
E. WARDEN, 30

80. चरण III में 'SALTY' के बाएं से '18' की स्थिति क्या है?

A. तीसरी B. दूसरी
C. चौथी D. सातवीं
E. छठी

81. कौन-सा तत्व चरण III में 'WARDEN' और 'ABACUS' के ठीक बीच में उपस्थित होता है?

A. केवल '91'
B. 'CHANT' और '67' दोनों
C. '18' और 'SALTY' दोनों
D. केवल 'KNIGHT'
E. केवल 'CHANT'

82. जिस प्रकार चरण I में, 'ABACUS' : 'WARDEN', उसी प्रकार चरण IV में 'CHANT': '91'। इसी प्रकार, चरण V में 'WARDEN': .... ?

A. CHANT
B. 91
C. 18
D. ABACUS
E. दिए गए विकल्पों के अलावा कोई अन्य

निर्देश (प्र.सं. 83-85): *निम्नलिखित जानकारी को ध्यान से पढ़िए और दिए गए प्रश्नों के उत्तर दीजिए।*

छः लोग – J, K, L, M, N और O अलग-अलग संख्या में फूलों को पकड़ते हैं, लेकिन आवश्यक नहीं कि इसी क्रम में। J, L से कम लेकिन N से ज्यादा पकड़ा है। M, N से कम लेकिन O से ज्यादा फूलों को पकड़ता है। L सबसे अधिक फूलों को नहीं पकड़ता है। M ने 16 फूल पकड़े हैं।

83. निम्नलिखित में से कौन फूलों की तीसरी सबसे बड़ी संख्या पकड़ा है?

A. N
B. O
C. L
D. J
E. दिए गए विकल्पों के अलावा अन्य

84. कितने लोग L से अधिक फूल पकड़े हैं?

A. तीन
B. दो
C. कोई नहीं
D. चार
E. एक

85. यदि M और J द्वारा पकड़ी गई फूलों की संख्या के बीच अंतर 12 है, तो संभवतः कितने फूल N द्वारा पकड़े गए?

A. 9
B. 4
C. 34
D. 22
E. 43

निर्देश (प्र.सं. 86-90): *निम्नलिखित जानकारी को ध्यान से पढ़िए और दिए गए प्रश्नों के उत्तर दीजिए।*

आठ मित्र P, Q, R, S, T, U, V और W एक वृत्ताकार मेज के चारों ओर केन्द्र की ओर मुँह करके बैठे हैं, लेकिन आवश्यक नहीं कि इसी क्रम में। उनमें से प्रत्येक एक अलग कंपनी में काम करते हैं यानी माइक्रोसॉफ्ट, सोनी, डेल, पी. एंड जी., एच.टी.सी., ओ.एन.जी.सी., गूगल और अमेजन लेकिन आवश्यक नहीं कि उसी क्रम में।

वह जो माइक्रोसॉफ्ट में काम करता है V के दाएं तीसरे स्थान पर बैठा है। केवल एक व्यक्ति U और उस व्यक्ति के बीच में बैठा है जो माइक्रोसॉफ्ट में काम करता है। T और U के बीच केवल तीन लोग बैठे हैं। R, U के बाएं दूसरे स्थान पर बैठा है।

R और T दोनों उसके निकट पड़ोसी हैं जो पी. एंड जी. में काम करता है। S और उस व्यक्ति के बीच जो पी. एंड जी. में काम करता है केवल तीन लोग बैठे हैं।

S उसके निकट पड़ोसियों में से एक है जो डेल में काम करता है। वह जो ओ.एन.जी.सी. में काम करता है उसके बाएं से दूसरे स्थान पर बैठा है जो डेल में काम करता है।

W उसके बाएं से तीसरे स्थान पर बैठा है जो ओ.एन.जी.सी. में काम करता है। P, W के निकट पड़ोसियों में से एक है।

वह जो गूगल में काम करता है उसके ठीक बाएं बैठता है जो एच.टी.सी. में काम करता है।

वह जो गूगल में काम करता है और वह जो सोनी में काम करता है, के बीच केवल तीन लोग बैठे हैं।

86. दी गई व्यवस्था के आधार पर V गूगल से एक निश्चित तरीके से संबंधित है। उसी पैटर्न का पालन करते हुए, Q अमेजन से संबंधित है। निम्नलिखित में से कौन-सी कंपनी उस पैटर्न का पालन करते हुए R से संबंधित है?

A. माइक्रोसॉफ्ट
B. एच.टी.सी.
C. ओ.एन.जी.सी.
D. डेल
E. गूगल

87. निम्नलिखित में से किस कंपनी में Q काम करता है?

A. एच.टी.सी.
B. पी. एंड जी.
C. गूगल
D. सोनी
E. डेल

88. Q के सापेक्ष में P की स्थिति क्या है?

A. बाएं से तीसरा
B. बाएं से चौथा
C. बाएं से दूसरा
D. दाएं से दूसरा
E. दाएं से तीसरा

89. दी गई व्यवस्था के अनुसार निम्नलिखित में से कौन सही है?

A. T, U के दाएं से दूसरे स्थान पर है।

B. Q उसका निकटतम पड़ोसी है जो गूगल में काम करता है।

C. P और वह जो डेल में काम करता है, एक-दूसरे के निकटतम पड़ोसी हैं।

D. S ओ.एन.जी.सी. में काम करता है।

E. R उसके दाएं से दूसरे स्थान पर बैठा है जो एच.टी.सी. में काम करता है।

90. निम्नलिखित में से कौन अमेजन में काम करता है?

A. R

B. दिए गए विकल्प के अलावा अन्य

C. T

D. U

E. P

ENGLISH LANGUAGE

Directions (Qs. 91-95): *Rearrange the given six sentences (a), (b), (c), (d), (e) and (f) in a proper sequence so as to form a meaningful paragraph and then answer the given questions.*

(*a*) Normally, such a collapse would lead OPEC to pump less oil as the idea is that less oil in the market helps keep prices up.

(*b*) This is evident from the fact that in the middle of 2014, a barrel of crude cost over $100 but now it is worth just over $30.

(*c*) The price of oil has more than halved over the last year and a half.

(*d*) But despite a historic fall in oil prices, the international oil cartel hasn't budged: the biggest step it has taken so far is offer to freeze production at its current record levels and production cuts are not on the table.

(*e*) A probable explanation could be that OPEC simply has less control over the oil market than it used to, thanks to the shale gas revolution.

(*f*) The big question is; why such production cuts are not being looked at as plausible solutions?

91. Which of the following should be the first sentence after the rearrangement?

A. (*f*) B. (*a*)

C. (*b*) D. (*c*)

E. (*d*)

92. Which of the following should be the sixth(last) sentence after the rearrangement?

A. (*f*) B. (*a*)

C. (*e*) D. (*c*)

E. (*b*)

93. Which of the following should be the second sentence after the rearrangement?

A. (*a*) B. (*b*)

C. (*d*) D. (*e*)

E. (*c*)

94. Which of the following should be the third sentence after the rearrangement?

A. (*c*) B. (*f*)

C. (*b*) D. (*d*)

E. (*a*)

95. Which of the following should be the fourth sentence after the rearrangement?

A. (*f*) B. (*b*)

C. (*d*) D. (*e*)

E. (*a*)

Directions (Qs. 96-100): *In each question below, a sentence is broken into four parts which are marked as (A), (B), (C) and (D). One of them may be grammatically or structurally wrong in the context of the sentence. The letter of that word is the answer. If there is no wrong word or group of words, your answer will be (E), i.e., 'No error'. (Ignore the errors of punctuation, if any).*

96. The day after the attack,/the seniors asked their colleagues/to not turn/up for work.

A. The day after the attack,

B. the seniors asked their colleagues
C. to not turn
D. up for work.
E. No error

97. In the early 90s,/a noted architect photographed/the water bodies nestled/inside the textile mills of Mumbai.
A. In the early 90s,
B. a noted architect photographed
C. the water bodies nestled
D. inside the textile mills of Mumbai.
E. No error

98. The Supreme Court passed/an order for all state governments/to construct shelters with/ a capacity around 100 persons per one lakh population.
A. The Supreme Court passed
B. an order for all state governments
C. to construct shelters with
D. a capacity around 100 persons per one lakh population.
E. No error

99. The wrestling den is/almost so large as/the mud pit in/which its wrestlers train.
A. The wrestling den is
B. almost so large as
C. the mud pit in
D. which its wrestlers train.
E. No error

100. Have the pressure of crossing over/to the digital been difficult/for a firm that ironically democratised the photographic image/with its low-cost cameras?
A. Have the pressure of crossing over
B. to the digital been difficult
C. for a firm that ironically democratised the photographic image
D. with its low-cost cameras?
E. No error

Directions (Qs. 101-110): *Which of the phrases given below each sentence should replace the phrase printed in* **bold** *type to make the sentence grammatically correct? If the sentence is correct as it is, mark 'E' as the answer.*

101. The new move by the regulatory body is aimed at settling small cases which **are at a time draws into** lengthy litigation.
A. are drawing
B. drawn out
C. sometimes drawn
D. are drawn into
E. No correction required

102. **Combine effects of** growing populations, rising incomes and expanding cities will see the demand rising exponentially.
A. Combining an effect
B. Combined effects of
C. Combine the effect of
D. Combination of the effects
E. No correction required

103. **Heavily invest in** technology has resulted in more than half the transactions taking place online reducing banks' dependence on 'costly' branches.
A. Heavy investment in
B. A heavy investment
C. If we invest heavily
D. To invest heavily in
E. No correction required

104. Experts reckon that in the next four years steelmaking capacity **has increased to** 50 per cent in the Middle East, 20 per cent in Africa and 10 per cent in America.
A. increasing upto
B. will have increased by
C. has been increased
D. has an increase off
E. No correction required

105. The report stressed the need to broaden access to health, education and **has promoting** financial inclusion to bring down inequality levels.
A. as well as promote
B. promotion of
C. which is a promotion of
D. has been promoting
E. No correction required

106. Climate scientists say that meteorological factors **are played** an important role in the high pollution levels detected in the city.

A. could have played
B. will like playing
C. were played
D. playing
E. No correction required

107. The bankruptcy code **key element** in the government's strategy to rid the financial sector of its bad debt problem.
A. will be key element
B. are key elements
C. will key elements
D. is a key element
E. No correction required

108. Consumers over 60 are the richest segment of the population thanks to lower price inflation and generous pensions and **their numbers are only growing**.
A. its number grew
B. whose number is grown
C. its growth
D. are being grown
E. No correction required

109. According to the Progressive Policy Institute, the mobile application economy has created 3.3 million jobs in America and Europe but there is no guarantee that the chatbot economy **being so successful**.
A. is successfully
B. is going to be success
C. succeed
D. will be as successful
E. No correction required

110. The global economy has **little brighter spots** with only America and China adding a substantial amount to global GDP.
A. brightened spots
B. no brighter spot
C. no brighten spots
D. few brighten spots
E. No correction required

Directions (Qs. 111-120): *Read the following passage carefully and answer the given questions. Certain words are given in* **bold** *to help you to locate them while answering some of the questions.*

A generation ago Medellin was Colombia's and the world's most violent city. But a mathematician who served as major in 2003-07 began the task of turning Medellin around. He invested in urban projects designed to bridge the city's socio-economic divide, such as cable cars connecting shanty towns to the metro and to new public libraries in poorer areas. With a relatively small budget, he concentrated on drawing open security and development plans—building "education parks" in each municipality **emblematic** buildings designed as teachers' centres but also meant to mobilise communities to improve the quality of schooling.

The problem is that income distribution for Colombia as a whole is among the most unequal in Latin America, behind only Haiti and Honduras. When the government recently carried out the first agricultural census for 45 years, it found that two-thirds of all farms have less than 5 hectares (12.4 acres) and together occupy less than 5% of all agricultural and grazing land. Still, the proportion of people living in poverty (defined as income per head of $4 a day or less in purchasing-power-parity terms) fell from almost 50% in 2002 to 29.5% in 2014, and incomes of the poorest 40% have grown faster than average, according to international aid organisations such as the World Bank. Many more children now benefit from education, though Colombia still **hovers** near the bottom of the OCED's (a club of oil producing countries) PISA rankings that test children in 65 economies for reading, maths and science. There are "three Colombias". One, in the main cities, is a sophisticated place with rapid economic growth and first-world social indicators. A second has seen social improvements but lack good jobs. A third, made up of 3m people, lacks even basic services. Not coincidentally, this third Colombia is where conflict has **persisted**.

But three things are still missing. The first is better roads. The Government has embarked on an ambitious infrastructure Programme, but it is **confined** to the main national route. Second, security, though much improved, still needs to get better. Third, if farmers are not to be dependent solely on cocoa, they need credit and technical advice. Local political and state institutions will also need to be strengthened. These suffer "**chronic deficiencies**" such as corruption and lack of technical competence, democratic accountability and budget resources, as the UN stated in a report last year. The government is setting up a $400m fund with money from the World Bank and Inter-American Development Bank to install drinking water and sewerage in the coast's four main cities. The rural economy will need more attention too. State agricultural agencies need a complete revamp to be able to expand credit and technical help to small farmers. Together with changes to social policies, this could close the rural-urban development gap within 20 years.

111. Which of the following correctly describes international aid efforts in Colombia?

A. These are non-existent owing to global economic conditions.

B. These have further damaged Colombia's economy.

C. These are likely to widen the rural-urban divide in Colombia.

D. It has had an adverse impact on rural agricultural incomes.

E. None of the given options correctly describes an efforts in Colombia

112. Choose the word which is OPPOSITE in meaning to the word CONFINED given in bold as used in the passage.

A. imprisoned B. discharged

C. withhold D. extensive

E. unlocked

113. Choose the word/group of words which is most nearly the SAME in meaning as the word EMBLEMATIC given in bold as used in the passage.

A. symbolic B. warning

C. valuable D. belief

E. flagged

114. Which of the following correctly explains the phrase 'These suffer chronic deficiencies' as used in the passage?

A. For the past few years crops in Colombia are suffering from chronic diseases.

B. Water-borne diseases in Colombia are widespread.

C. Local institutions are plagued by systemic flaws.

D. Poor Colombians suffer from many vitamin related deficiencies.

E. It is impossible to correct the agricultural sector which needs it complete revamp.

115. Which of the following is the central idea of the passage?

A. Colombia has split into various blocs, each of which is demanding sovereignty.

B. Colombia is a poor undeveloped nation on the brink of war.

C. Agricultural reform is the answer to Colombia's problems.

D. Colombia has taken adequate steps to address its infrastructure issues.

E. Security and development are key if Colombia is to reach its potential.

116. Choose the word/group of words which is most nearly the SAME in meaning as the word HOVERS given in bold as used in the passage.

A. leaves B. flies

C. attacks D. remains

E. delays

117. According to the passage, which of the following is/are (*a*) factor(s) impacting the situation in Colombia?

(*a*) Tremendous increase in poverty.

(*b*) Availability of funds for development programmes.

(*c*) Lack of infrastructure.

A. Only (*a*)

B. Only (*b*)

C. Only (*b*) and (*c*)

D. only (*c*)

E. All (*a*), (*b*) & (*c*)

118. Which of the following is true in the context of the passage?

A. Colombia's poverty estimates are drastically under-reported.

B. Haiti and Honduras are the most prosperous Latin American nations.
C. Colombia's education system needs reform.
D. Urban Development projects in Colombia had failed owing to lack of funds.
E. All the given statements are true in the context of the passage.

119. Choose the word which is OPPOSITE in meaning to the word PERSISTED given in bold as used in the passage.
A. wasted B. grown
C. escaped D. advanced
E. faded

120. What does the author want to convey through the anecdote of Medellin cited in the passage?
A. Medellin is ripe for social unrest as the gap between the rich and poor is too wide.
B. Innovative low-cost development schemes have benefited Colombia.
C. Academics do not make able administrators.
D. Medellin's PISA ranking is well deserved.
E. Other than those given as options.

Directions (Qs. 121-130): *In the given passage, there are blanks, each of which has been numbered. Against each, five words are suggested, one of which fits the blank appropriately. Find the appropriate word in each case.*

If the country is going to get (121) about cutting carbon emissions from oil and gas, it will have to (122) ways to scale up its use of renewable energy. (123) wind and solar power into electricity is, in some ways, the easy part. The bigger (124) is developing the infrastructure to transmit that electricity across the country.

In the case of wind, most of that power is (125) far from the urban centers that would use it. Transmission would require a new nationwide system of power lines reaching from the windiest parts of the country. Such a system could also (126) power suppliers the flexibility to shift supply depending on variations in weather. But residents in those areas do not want power lines (127) their properties. One project, called the Grain Belt Express and the intended to run from Kansas to Illinois, is on (128) after being voted down by the Missouri Public Service Commission. There was considerable (129) from land owners, who worried the lines would be unsightly or interfere with farming. Some residents also (130) to the idea of companies building Missourians' land in order to sell power elsewhere.

121. A. though B. severe
C. serious D. intend
E. steady

122. A. look B. bargain
C. catch D. find
E. lose

123. A. Switching B. Putting
C. Planning D. Holding
E. Converting

124. A. challenge B. issues
C. trial D. contest
E. threats

125. A. generated B. achieved
C. provoked D. set
E. prevented

126. A. deny B. allow
C. hinder D. grants
E. confess

127. A. without B. beyond
C. crossing D. featuring
E. running

128. A. grip B. stop
C. line D. hold
E. schedule

129. A. constraint B. neglect
C. resistant D. hostile
E. opposition

130. A. protest B. objected
C. welcomed D. complaint
E. endorse

कम्प्यूटर ज्ञान (Computer Knowledge)

131. निम्नलिखित में से किस कमांड का चयन चयनित टेक्स्ट को एक स्थान से दूसरे स्थान पर ले जाने के लिए आप करेंगे?

A. कट और पेस्ट B. ड्रैग और पेस्ट
C. डिलीट और पेस्ट D. कॉपी और पेस्ट
E. मूव और पेस्ट

132. कंप्यूटिंग में डेटा प्रबंधन में डेटा पदानुक्रम का अवरोही क्रम .... है।

A. डेटाबेस-रिकॉर्ड्स-फाइल्स-बाइट्स-फिल्ड्स-बिट
B. डेटाबेस-फाइल-रिकॉर्ड-फिल्ड्स-बाइट-बिट
C. डेटाबेस-रिकॉर्ड-फिल्ड्स-फाइल-बाइट्स-बिट
D. डेटाबेस-फिल्ड्स-फाइल-रिकॉर्ड-बिट-बाइट्स
E. डेटाबेस-फाइल-रिकॉर्ड-फिल्ड्स-बिट-बाइट्स

133. एक्सिल में सेल रेंज को A9 से A99 तक कैसे सीमा निर्दिष्ट करेंगे?

A. (A9 से A99) B. (A9 = A99)
C. (A9 – A99) D. (A9 ; A99)
E. (A9, A99)

134. एक छोटा टैग एक सेल से निकाल दिया जाएगा जबः

A. सेल स्थानांतरित होता है
B. सेल अदृश्य होता है
C. सेल का डेटा बदल अथवा मिट जाता है
D. सेल का स्वरूपण बदल जाता है
E. इनमें से कोई नहीं

135. रैम का कौन-सा भाग है जहाँ कंप्यूटर माइक्रोप्रोसेसर नियमित रैम की पहुँच की तुलना में अत्यंत तेजी के साथ पहुँच सकता है?

A. कैचे B. प्रोसेसर
C. मेमोरी पूल D. डेटा पूल
E. प्रोसेसर पूल

136. किस प्रकार के सॉफ्टवेयर की मुख्य विशेषता "क्या है" की योग्यता के संपादन का विश्लेषण करना है?

A. डेस्कटॉप पब्लिशिंग प्रोग्राम
B. स्प्रेडशीट
C. प्रस्तुति
D. वर्ड प्रोसेसर
E. ईमेल-प्रोग्राम

137. SQL का पूरा नाम है–

A. Semi Questioning Language
B. Structured Query Language
C. Structured Question Language
D. Sequential Question Language
E. Sequential Query Language

138. VIRUS का पूरा नाम है–

A. Vital Information Resource Under Seizure
B. Vital Information Resource Under Siege
C. Vital Information Reason Under Siege
D. Vital Information Reason Under System
E. Virus Information Recourse Under Siege

139. एक दस्तावेज के आधार को खिसकाने के लिए .... दबाएं।

A. Home key B. End key
C. Ctrl + End D. Insert key
E. Shift key

140. वायरस (virus), वर्म (worm) आदि के लिए एकल शब्द है–

A. killerware B. harmware
C. phish D. malware
E. virus

141. एक प्रोग्रामिंग भाषा में कम्प्यूटर निर्देश लिखने की प्रक्रिया को किस रूप में जाना जाता है?

A. फाइल B. प्रोसेसिंग
C. कोडिंग D. फोल्डर
E. टेस्टिंग

142. यदि आप एक फाइल को कॉपी और पेस्ट करते हैं, तो–

A. मूल फाइल अपरिवर्तित रहती है और एक नयी फाइल सृजित होती है।
B. फाइल का स्कैन हो जाता है।
C. मूल फाइल विलुप्त हो जाती है और नयी फाइल सृजित नहीं होती है।
D. मूल फाइल अपरिवर्तित रहती है और एक नयी फाइल सृजित नहीं होती है।

E. मूल फाइल नष्ट हो जाती है और एक नयी फाइल सृजित होती है।

143. उन कम्प्यूटरों की पीढ़ी क्या है जो VLSI प्रौद्योगिकी और माइक्रोप्रोसेसर के साथ बनाया जाता है?

A. पहला
B. चौथा
C. तीसरा
D. दूसरा
E. दिए गए विकल्पों के अलावा अन्य

144. एक्सिल में एक कार्य के अंदर दूसरा कार्य क्या कहलाता है?

A. राउण्ड फंक्शन B. सम फंक्शन
C. नेस्टेड फंक्शन D. डबल फंक्शन
E. टेस्ट फंक्शन

145. निम्नलिखित में से कौन एक प्राइवेट, कम्पनी वाइड नेटवर्क के रूप में व्याख्या करता है जो सार्वजनिक पहुँच के निकट है?

A. इंट्रानेट
B. इंटरनेट
C. वर्चुअल प्राइवेट नेटवर्क
D. क्लाउड कम्प्यूटिंग
E. एक्स्ट्रानेट

146. निम्नलिखित में से कौन माध्यमिक भंडारण के रूप में नहीं माना जाएगा?

A. हार्ड डिस्क B. रैम
C. ऑप्टिकल डिस्क D. फ्लॉपी डिस्क
E. फ्लैश ड्राइव

147. कम्प्यूटिंग और इलेक्ट्रॉनिक प्रणाली में, BCD किसका संक्षिप्ताक्षर है?

A. Binary Coded Decimal
B. Bit Coded Digit
C. Byte Coded Digit
D. Bit Coded Decimal
E. Binary Coded Digit

148. HTTP किससे संदर्भित है?

A. Home Text Transaction Protocol
B. Hyper Text Tie Protocol
C. Hyper Text Transmission Protocol
D. Hyper Text Transfer Protocol
E. Home Text Transmission Protocol

149. कौन-सा पद उस उपकरण को लक्षित करता है जिसे कम्प्यूटर में कार्यक्षमता बढ़ाने के लिए जोड़ता है?

A. सिस्टम डिवाइस
B. डिस्क पैक
C. ऑपरेटिंग डिवाइस
D. डिजिटल डिवाइस
E. परिधीय उपकरण

150. एक कम्प्यूटर प्रोग्राम जो एसेम्बली भाषा को मशीनी भाषा में रूपांतरित करता है—

A. एसेम्बलर B. इंटरसेक्शन
C. कम्परेटर D. कम्पलीकेट
E. कनवर्टर

सामान्य ज्ञान (General Awareness)

151. भारत के किस राज्य में पारंपरिक भारतीय लोक नृत्य 'धूमर' का विकास हुआ?

A. हरियाणा B. मध्य प्रदेश
C. पंजाब D. राजस्थान
E. गुजरात

152. सैन्य कूटनीति के एक भाग के रूप में संयुक्त सैन्य अभ्यास का चौथा संस्करण 'गरुड़ शक्ति' हाल ही में (मार्च 10-23, 2016) भारत और .... के बीच आयोजित हुआ।

A. ईरान B. थाईलैंड
C. इटली D. म्यांमार
E. इंडोनेशिया

153. निम्नलिखित में से किस भारतीय फिल्म अभिनेता को भारत के राष्ट्रपति के द्वारा राज्य सभा के लिए मनोनीत किया गया है?

A. शाहरुख खान B. सैफ अली खान
C. सलमान खान D. सलीम खान
E. इनमें से कोई नहीं

154. 2011 की जनगणना के अनुसार, 1 मार्च, 2011 को भारत की ग्रामीण आबादी .... थी।
A. 833.5 मिलियन B. 928.5 मिलियन
C. 783.1 मिलियन D. 683.1 मिलियन
E. 733.1 मिलियन

155. भारत के किस राज्य में 'दिबांग वन्यजीव अभयारण्य' स्थित है?
A. हिमाचल प्रदेश B. अरुणाचल प्रदेश
C. उत्तर प्रदेश D. आंध्र प्रदेश
E. मध्य प्रदेश

156. किस क्षेत्र में योगदान के लिए श्रीमती यामिनी कृष्णमूर्ति को हाल ही में पद्म विभूषण से सम्मानित किया गया है?
A. कला-सिनेमा B. साहित्य और शिक्षा
C. अध्यात्मवाद D. कला-शास्त्रीय गायन
E. शास्त्रीय नृत्यकला

157. निम्नलिखित केन्द्रीय मंत्री में से कौन एक ओलंपियन और दक्ष शूटर हैं?
A. जनरल विजय कुमार सिंह
B. श्री राज्यवर्धन सिंह राठौर
C. श्री राव इंद्रजीत सिंह
D. श्री प्रकाश जावड़ेकर
E. श्री राजीव प्रताप रूढ़ी

158. 'लेबनान' की राष्ट्रीय राजधानी और सबसे बड़ा शहर कौन है?
A. अम्मान B. बेरूत
C. मस्कट D. दमिश्क
E. बगदाद

159. ग्रीष्मकालीन ओलम्पिक 2020 का आयोजन कहाँ पर होना निश्चित हुआ है?
A. सोची, रूस B. टोक्यो, जापान
C. बीजिंग, चीन D. एथेंस, ग्रीस
E. सिडनी, ऑस्ट्रेलिया

160. द नेशनल म्यूजियम ऑफ नेचुरल हिस्ट्री (NMNH) जहाँ हाल ही में आग लगी थी, कहाँ पर अवस्थित है?
A. नई दिल्ली B. हैदराबाद
C. कोलकाता D. विशाखापत्तनम
E. मुंबई

161. भारत के किस राज्य में फसल कटाई का त्योहार 'भोगली बिहू' प्रमुख रूप से मनाया जाता है?
A. मेघालय B. तेलंगाना
C. अरुणाचल प्रदेश D. असम
E. सिक्किम

162. कहाँ पर भारत का पहला 'रेलवे विश्वविद्यालय' स्थापित किया जाना प्रस्तावित है?
A. विशाखापत्तनम, आंध्र प्रदेश
B. विजयवाड़ा, आंध्र प्रदेश
C. वाराणसी, उत्तर प्रदेश
D. वेल्लोर, तमिलनाडु
E. वडोदरा, गुजरात

163. भारत के किस राज्य में भारत का पहला विमानन उद्यान स्थापित किए जाने का प्रस्ताव है?
A. गुजरात B. कर्नाटक
C. महाराष्ट्र D. तेलंगाना
E. गोवा

164. पूरे देश में जमीनी स्तर के नवाचारों को बढ़ावा देने के लिए राष्ट्रपति प्रणब मुखर्जी ने हाल ही में कहाँ पर सप्ताहभर चलने वाले 'अभिनव महोत्सव' का उद्घाटन किया?
A. इंडियन इंस्टीट्यूट ऑफ साइंस
B. आई.आई.टी. कानपुर
C. आई.आई.टी. बॉम्बे
D. दिल्ली विश्वविद्यालय
E. राष्ट्रपति भवन

165. 'संयुक्त अरब अमीरात' की मुद्रा क्या है?
A. बाहत B. दिर्हाम
C. रुपए D. नलट्रम
E. रूबल

166. हाल ही में कहाँ पर पेट्रोलियम और प्राकृतिक गैस मंत्रालय ने 'इंडियन इंस्टीट्यूट ऑफ पेट्रोलियम एण्ड इनर्जी' (IIPE) की स्थापना की है?
A. विशाखापत्तनम, आंध्र प्रदेश

B. बेंगलुरू, कर्नाटक
C. जयपुर, राजस्थान
D. वाराणसी, उत्तर प्रदेश
E. मुंबई, महाराष्ट्र

167. नरसिंह यादव किस खेल से संबद्ध हैं?
A. जलक्रीड़ा
B. भारोत्तोलन
C. वाटर स्लाइडिंग
D. कुश्ती
E. विंड सर्फिंग

168. 1 मई प्रत्येक वर्ष किस रूप में मनाया जाता है?
A. अंतर्राष्ट्रीय श्रमिक दिवस
B. विश्व रेड क्रॉस दिवस
C. दिए गए विकल्पों के अलावा अन्य
D. विश्व प्रेस स्वतंत्रता दिवस
E. विश्व एड्स टीका दिवस

169. संयुक्त राष्ट्र बाल आपात कोष (UNICEF) संयुक्त राष्ट्र का एक कार्यक्रम है। इसका मुख्यालय कहाँ है?
A. मैड्रिड, स्पेन
B. जिनेवा, स्विट्जरलैंड
C. न्यूयार्क, संयुक्त राज्य अमेरिका
D. लंदन, ब्रिटेन
E. वाशिंगटन डी.सी., संयुक्त राज्य अमेरिका

170. इनमें से कौन भारतीय क्षेत्रीय नौवहन उपग्रह प्रणाली का भारत का सातवां नेविगेशन उपग्रह है जो हाल ही में 28 अप्रैल, 2016 को इसरो द्वारा छोड़ा गया था?
A. IRNSS-1G B. IRNSS-1B
C. IRNSS-1D D. IRNSS-1F
E. IRNSS-1E

संख्यात्मक अभियोग्यता (Quantitative Aptitude)

171. एक आयताकार क्षेत्र की परिमिति उसके क्षेत्रफल से 128 कम है। यदि उसकी चौड़ाई आधी कर दी जाए, तो उसकी परिमिति का संख्यात्मक मान उसके क्षेत्रफल से 40 कम हो जाता है। आयत का क्षेत्रफल कितना है? (वर्ग सेमी में)
A. 192 B. 220
C. 176 D. 208
E. इनमें से कोई नहीं

निर्देश (प्र.सं. 172-176): *निम्न प्रश्नों में दो समीकरण I तथा II दिये गये हैं। आपको दोनों समीकरणों को हल करके उसका उत्तर देना है:*

A. यदि $x > y$
B. यदि $x \geq y$
C. यदि $x < y$
D. यदि $x \leq y$
E. यदि $x = y$ या सम्बन्ध स्थापित नहीं किया जा सकता

172. I. $x^2 - 19x + 35 = 0$
II. $y^2 - 7y + 12 = 0$

173. I. $6x^2 + 5x + 1 = 0$
II. $2y^2 + 7y + 5 = 0$

174. I. $x^2 = 9$
II. $3y^2 - 8y + 5 = 0$

175. I. $2x^2 + 15x + 27 = 0$
II. $2y^2 + 11y + 15 = 0$

176. I. $2x^2 - 9x + 10 = 0$
II. $3y^2 - 10y + 8 = 0$

177. एक बर्तन A में दूध और पानी का मिश्रण रखा हुआ है जिसमें 20 लीटर दूध तथा 4 लीटर पानी है। बर्तन B में दूध और पानी का मिश्रण रखा हुआ है जिसका अनुपात 3 : 1 है। बर्तन A तथा बर्तन B के मिश्रणों को एक में मिला दिया गया तथा उसको बर्तन C में रखा गया। यदि बर्तन C में पानी का परिणामी प्रतिशत 20% हो, तो प्रारम्भ में बर्तन B में मिश्रण की मात्रा कितनी थी? (लीटर में)
A. 16 B. 20
C. 12 D. 24
E. 28

निर्देश (प्र.सं. 178-182): *सारणी का अध्ययन कीजिए तथा दिये गये प्रश्नों के उत्तर दीजिए:*

आँकड़े विभिन्न 5 शहरों के व्यावसायिक पाठ्यक्रम के छात्रों से सम्बन्धित हैं:

शहर	नामांकित छात्रों की संख्या		पाठ्यक्रम छोड़नेवाले छात्रों की संख्या		नामांकित छात्रों का प्रतिशत (M+F) जो नौकरी करते हैं
	पुरुष (M)	महिलायें (F)	पुरुष (M)	महिलायें (F)	
A	350	200	90	—	16%
B	270	210	33	32	—
C	—	—	52	20	—
D	—	—	—	—	60%
E	—	—	30	60	30%

नोटः I. पाठ्यक्रम पूरा करने वाले छात्रों की संख्या = नामांकित छात्रों की संख्या – पाठ्यक्रम छोड़ने वाले छात्रों की संख्या

II. सिर्फ पाठ्यक्रम पूरा करने वाले छात्र ही नौकरी के लिए अधिकृत होंगे।

III. कुछ आँकड़े छोड़ दिये गये हैं (जिन्हें — से दर्शाया गया है)

178. शहर A में, पाठ्यक्रम पूरा करने वालों का 25% छात्रों (M + F) को नौकरी मिली। उसी शहर में पाठ्यक्रम छोड़ने वाली महिला छात्रों की संख्या कितनी है?

A. 110 B. 96
C. 116 D. 124
E. 108

179. शहर E में पाठ्यक्रम के लिए नामांकित पुरुष तथा महिला छात्रों की संख्या का अनुपात 9 : 8 है तथा पाठ्यक्रम पूरा करने वाली महिला छात्रों की संख्या 4 : 3 है। उस शहर में नौकरी प्राप्त करने वाले छात्रों (M + F) की संख्या कितनी है?

A. 153 B. 169
C. 163 D. 143
E. इनमें से कोई नहीं

180. शहर D में, पाठ्यक्रम छोड़ने वाले छात्रों की संख्या पाठ्यक्रम के लिए नामांकित छात्रों की संख्या का 3/11 है। शहर D में, जो छात्र पाठ्यक्रम पूरा किये उनमें नौकरी प्राप्त करने वाले छात्रों की संख्या का प्रतिशत कितना है?

A. 86.25 B. 76.5
C. 72.25 D. 80.5
E. इनमें से कोई नहीं

181. शहर C में, पाठ्यक्रम पूरा करने वालों में पुरुष छात्रों तथा महिला छात्रों की संख्या समान है। सिर्फ 96 छात्र यानि पाठ्यक्रम पूरा करने वाले का 25% छात्र नौकरी प्राप्त करता है। उसी शहर में पाठ्यक्रम के लिए कितने पुरुष छात्रों का नामांकन किया गया है?

A. 244 B. 218
C. 212 D. 203
E. इनमें से कोई नहीं

182. शहर B में, यदि 40% छात्रों को जिन्होंने पाठ्यक्रम पूरा किये, नौकरी मिली हो, तो शहर B में कितने छात्रों (M + F) को नौकरी मिली?

A. 160 B. 154
C. 162 D. 166
E. 172

निर्देश (प्र.सं. 183-187): *दंड चार्ट का अध्ययन कीजिए तथा दिये गये प्रश्नों के उत्तर दीजिए:*

निम्न आँकड़े वर्ष 2004 प्रखंड में गाँवों के वोटों से सम्बन्धित हैः

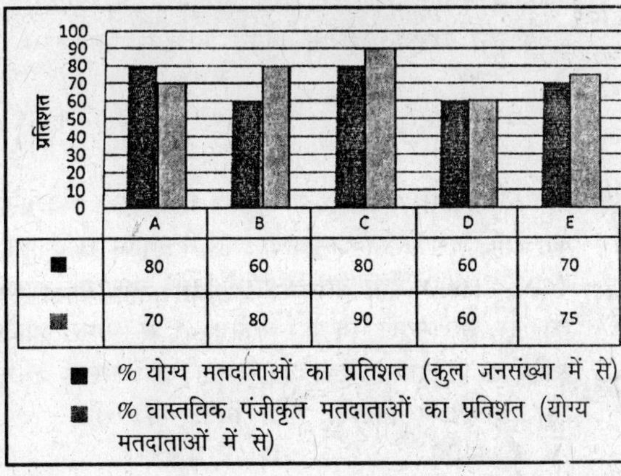

	A	B	C	D	E
■	80	60	80	60	70
■	70	80	90	60	75

■ % योग्य मतदाताओं का प्रतिशत (कुल जनसंख्या में से)

■ % वास्तविक पंजीकृत मतदाताओं का प्रतिशत (योग्य मतदाताओं में से)

183. गाँव D में, 2004 से 2014 में योग्य मतदाताओं की संख्या में 20% की वृद्धि हो गई। वर्ष 2014 में वास्तविक पंजीकृत मतदाताओं की संख्या कुल योग्य मतदाताओं की संख्या का 75% था। गाँव D में 2014 में वास्तविक पंजीकृत मतदाताओं की संख्या 2004 की अपेक्षा कितना प्रतिशत अधिक थी?

A. 40 B. 60
C. 55.5 D. 47
E. 57.75

184. यदि वास्तविक पंजीकृत मतदाताओं की संख्या गाँव D और E में एक समान हो, तो गाँव D और E की कुल जनसंख्या का अनुपात कितना है?

A. 35 : 24 B. 41 : 30
C. 35 : 32 D. 36 : 25
E. 32 : 41

185. गाँव A में, वास्तविक पंजीकृत मतदाताओं की संख्या का 75% पुरुष हैं। यदि वास्तविक पंजीकृत पुरुष तथा महिलाओं की जनसंख्या का अन्तर 1400 है, तो गाँव A की कुल जनसंख्या कितनी थी?

A. 5000 B. 7200
C. 7500 D. 6400
E. 5200

186. गाँव B में, कुल जनसंख्या का 36% मतदान हुआ था। गाँव B में वास्तविक पंजीकृत मतदाताओं का कितना प्रतिशत मतदान हुआ?

A. 60 B. 65
C. 70 D. 80
E. 75

187. गाँव C की कुल जनसंख्या 12,500 थी तथा वास्तविक पंजीकृत मतदाताओं का 80% मतदान हुआ। गाँव C के कितने मतदाताओं ने अपने मतदान किये?

A. 7500 B. 7200
C. 6400 D. 6000
E. 8000

188. अमन ने स्कीम A में ₹ X दो वर्ष के लिए 20% चक्रवृद्धि ब्याज की दर से निवेश किया। उसने स्कीम B में पुनः ₹ (X – 1600) तीन वर्ष के लिए 10% साधारण ब्याज की दर से निवेश किया। स्कीम A से प्राप्त ब्याज स्कीम B से प्राप्त ब्याज का दुगुना था। स्कीम B में उस व्यक्ति ने कितनी राशि निवेश की थी?

A. ₹ 4400 B. ₹ 4800
C. ₹ 4200 D. ₹ 4600
E. ₹ 4000

189. वर्ष 1998 में, स्कूल B में छात्रों की संख्या स्कूल A के छात्रों की संख्या की आधी है। वर्ष 1999 में, प्रत्येक स्कूल में छात्रों की संख्या गत वर्ष की अपेक्षा 20% अधिक है। वर्ष 2000 में स्कूल B के छात्रों की संख्या वर्ष 1999 में स्कूल A तथा स्कूल B के छात्रों की संख्या का योग का 1/4 था। वर्ष 2000 में स्कूल B के छात्रों की संख्या 1999 में छात्रों की संख्या का कितना प्रतिशत कम थी?

A. 15 B. 20
C. 10 D. 12.5
E. 25

190. 158 ? 38 18 8

A. 64 B. 78
C. 52 D. 90
E. 86

191. 85 83 93 63 131 ?

A. 16 B. 142
C. 262 D. 1
E. 84

192. 5 4 6 15 56 ?

A. 218 B. 275
C. 169 D. 144
E. 362

निर्देश (प्र.सं. 193-197): *निम्न सूचनाओं का ध्यानपूर्वक अध्ययन कीजिए तथा दिये गये प्रश्नों के उत्तर दीजिए।*

अकादमी “XYZ” भरतनाट्यम्, फ्रीस्टाइल, बन्नी होप तथा जीवि 4 विभिन्न नृत्य प्रकारों के लिए कक्षाओं का आयोजन करता है। इसके लिए भारत में, तीन केन्द्र नोएडा, कोलकाता तथा उड़ीसा में रखे गए। जीवि कक्षाओं में पुरुष तथा महिला छात्रों की संख्या हमेशा समान होगी। सिर्फ महिला छात्रों का नामांकन भरतनाट्यम् कक्षाओं के लिए रखा गया। एक छात्र सिर्फ एक ही प्रकार का नृत्य सीख सकता है।

वर्ष 2015 के दिसम्बर माह के लिए आँकड़ेः

- अकादमी में कुल छात्रों की संख्या 300 थी।
- भरतनाट्यम् सीखने वाले छात्रों की संख्या अकादमी में कुल छात्रों की संख्या का 20% थी।
- अकादमी में कुल महिला छात्रों की संख्या का 25% फ्रीस्टाइल सीख रही थीं, 3/8 भरतनाट्यम् तथा 30% बन्नीहोप सीख रही थीं।

वर्ष 2016 के जनवरी माह के लिए आँकड़े:

- जीवि सीखने वाले छात्रों की संख्या (पुरुष तथा महिला दोनों) 32 थी।
- भरतनाट्यम् सीखने वाले छात्रों की संख्या गत माह के बराबर थी। अकादमी में फ्रीस्टाइल सीखने वालों की संख्या कुल महिला छात्रों की संख्या का 4/15 थी।
- फ्रीस्टाइल सीखने वाले पुरुष छात्रों की संख्या उसी नृत्य को सीखने वाली महिला छात्रों की संख्या की दुगुनी थी।

193. गत माह की तुलना में जनवरी 2015 में अकादमी "XYZ" में छात्रों की संख्या (पुरुष तथा महिला दोनों) में 104 की वृद्धि हुई। यदि फ्रीस्टाइल सीखने वाले छात्रों की संख्या तथा बन्नी होप सीखने वाले छात्रों की संख्या में समान वृद्धि की जाए, तो बन्नी होप सीखने वाले पुरुष छात्रों की संख्या कितनी थी?

A. 82 B. 104
C. 112 D. 118
E. 120

194. दिसम्बर 2015 में फ्रीस्टाइल सीखने वाले छात्रों की संख्या (पुरुष तथा महिला दोनों) भरतनाट्यम् सीखने वाले छात्रों की संख्या (पुरुष तथा महिला दोनों) का कितना प्रतिशत ज्यादा थी?

A. 62.5 B. 55.5
C. 60 D. 50
E. 65

195. दिसम्बर 2015 में, भरतनाट्यम्, जीवि तथा बन्नीहोप सीखने वाली महिला छात्रों की संख्या का औसत कितना था?

A. 40 B. 42
C. 45 D. 44
E. 40

196. दिसम्बर 2015 में, बन्नी होप सीखने वाले पुरुष छात्रों की संख्या का 4/9 नोएडा केन्द्र में तथा 5/18 कोलकाता केन्द्र में थे। नोएडा केन्द्र में बन्नी होप सीखने वाले तथा कोलकाता केन्द्र में नृत्य सीखने वाले पुरुष छात्रों की संख्या में कितना अन्तर था?

A. 22 B. 12
C. 20 D. 14
E. 18

197. दिसम्बर 2015 में एक प्रतियोगिता के लिए बन्नी होप सीखने वाले पुरुष तथा महिला छात्र समान संख्या में चुने गए। यदि प्रतियोगिता में नहीं चुने गये पुरुष तथा महिला छात्रों की संख्या का अनुपात 5 : 3 हो, तो प्रतियोगिता में चुने गये छात्रों की संख्या (पुरुष तथा महिला दोनों) कितनी थी?

A. 32 B. 24
C. 20 D. 12
E. 28

198. 15 महिलायें किसी काम को 4 दिनों में पूरा कर सकती हैं और 32 बच्चे 'X' दिनों में पूरा कर सकते हैं। 10 महिला और 20 बच्चों ने 3 दिनों तक काम किया और इसके बाद छोड़ दिया। यदि शेष कार्य को 3 महिलाओं ने $7\frac{1}{2}$ दिनों में पूरा कर दिये हों, तो 'X' का मान कितना होगा?

A. 25 B. 12
C. 15 D. 20
E. इनमें से कोई नहीं

199. श्याम ने A तथा B दो वस्तुओं को एक ही क्रय मूल्य पर खरीदा। दोनों वस्तुओं पर उसने क्रय मूल्य से 20% ज्यादा मूल्य अंकित करके लेबल लगा दिया। इसके बाद उसने वस्तु A को 30% छूट देकर बेच दिया और वस्तु B को A के विक्रय मूल्य से ₹ 35 ज्यादा पर बेचा। यदि उसे पूरे सौदे में 5% का लाभ हुआ हो, तो वस्तु A का क्रय मूल्य कितना था?

A. ₹ 250 B. ₹ 100
C. ₹ 300 D. ₹ 360
E. ₹ 150

200. बिन्दु X तथा बिन्दु Y के बीच की दूरी 80 किमी. है। नाव A बिन्दु X से Y दूरी धारा के विपरीत दिशा में तथा बिन्दु Y से X दूरी धारा के अनुकूल दिशा में कुल 30 घंटे में तय करती है। नाव B बिन्दु X से Y दूरी धारा के विपरीत दिशा में तथा बिन्दु Y से X दूरी कुल 9 घंटे में तय करती है। यदि नाव B की गति पानी में नाव A की गति से तिगुनी हो, तो नाव B की गति क्या है? (कृपया नोट कीजिए: दोनों के लिए धारा की गति अचल है)

A. 24 किमी/घंटा B. 27 किमी/घंटा
C. 12 किमी/घंटा D. 18 किमी/घंटा
E. 21 किमी/घंटा

उत्तरमाला

1	2	3	4	5	6	7	8	9	10
D	B	A	E	C	A	C	C	E	D
11	**12**	**13**	**14**	**15**	**16**	**17**	**18**	**19**	**20**
C	C	D	A	C	B	B	A	E	D
21	**22**	**23**	**24**	**25**	**26**	**27**	**28**	**29**	**30**
A	D	B	B	D	D	D	A	C	C
31	**32**	**33**	**34**	**35**	**36**	**37**	**38**	**39**	**40**
E	D	C	C	A	B	D	E	E	C
41	**42**	**43**	**44**	**45**	**46**	**47**	**48**	**49**	**50**
D	A	D	A	E	B	E	A	E	C
51	**52**	**53**	**54**	**55**	**56**	**57**	**58**	**59**	**60**
A	B	A	B	D	D	A	C	E	C
61	**62**	**63**	**64**	**65**	**66**	**67**	**68**	**69**	**70**
B	A	C	A	D	C	D	D	A	E
71	**72**	**73**	**74**	**75**	**76**	**77**	**78**	**79**	**80**
B	A	D	B	A	C	E	E	C	D
81	**82**	**83**	**84**	**85**	**86**	**87**	**88**	**89**	**90**
E	D	D	E	D	A	B	A	E	B
91	**92**	**93**	**94**	**95**	**96**	**97**	**98**	**99**	**100**
D	C	B	E	C	C	D	D	B	A
101	**102**	**103**	**104**	**105**	**106**	**107**	**108**	**109**	**110**
D	B	A	B	B	A	D	C	B	E
111	**112**	**113**	**114**	**115**	**116**	**117**	**118**	**119**	**120**
E	D	A	C	E	D	D	D	E	B
121	**122**	**123**	**124**	**125**	**126**	**127**	**128**	**129**	**130**
C	D	E	A	A	B	C	D	E	B
131	**132**	**133**	**134**	**135**	**136**	**137**	**138**	**139**	**140**
A	B	D	C	A	B	B	B	C	D
141	**142**	**143**	**144**	**145**	**146**	**147**	**148**	**149**	**150**
C	A	B	C	A	B	A	C	E	A
151	**152**	**153**	**154**	**155**	**156**	**157**	**158**	**159**	**160**
D	E	D	A	B	E	B	B	B	A
161	**162**	**163**	**164**	**165**	**166**	**167**	**168**	**169**	**170**
D	E	A	E	B	A	D	A	C	A
171	**172**	**173**	**174**	**175**	**176**	**177**	**178**	**179**	**180**
A	E	A	E	D	B	A	E	A	E
181	**182**	**183**	**184**	**185**	**186**	**187**	**188**	**189**	**190**
A	D	C	A	A	E	B	A	E	B
191	**192**	**193**	**194**	**195**	**196**	**197**	**198**	**199**	**200**
D	B	C	B	A	D	E	C	A	D

व्याख्यात्मक उत्तर

51-55.

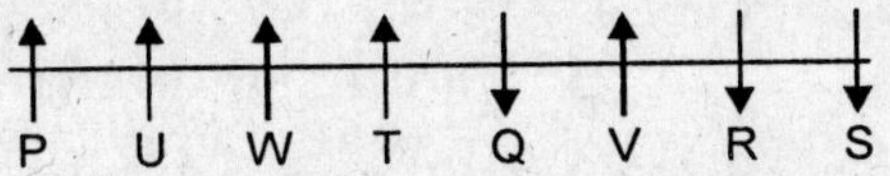

57. I.

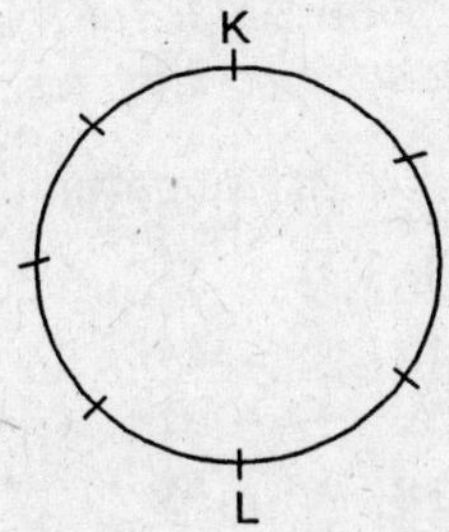

अतः, वृत्त में बैठे हुए लोगों की संख्या = 7.

II.

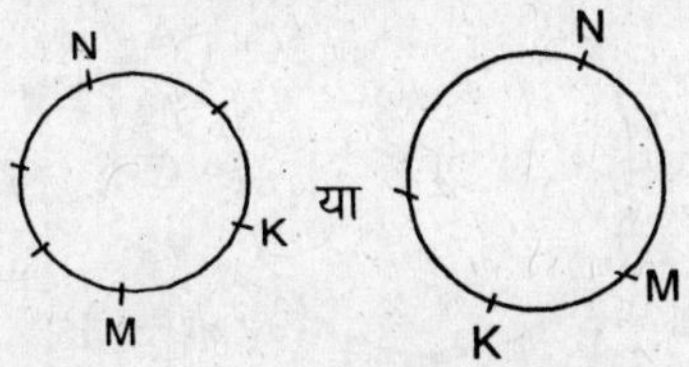

अतः वृत्त के चारों ओर बैठे लोगों की निश्चित संख्या का पता नहीं लगा सकते।

इसलिए, केवल I उत्तर देने के लिए पर्याप्त है।

58. I. मंजिल सं. II. मंजिल सं.

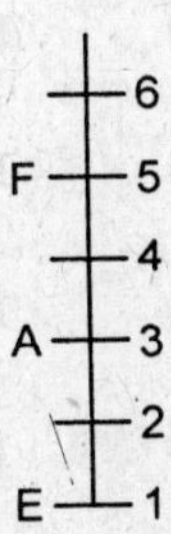

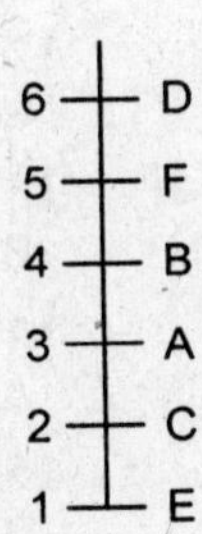

अतः कथन I या कथन II उत्तर देने के लिए पर्याप्त हैं

59. I. [help] △find [a] buyer — [ni] △ka po [sn]

[a] small [help] given — tk [sn] ru [ni]

II. Must △find small buyer — △ka hp tk po

△find [a help] soon — mj [ni sn] △ka

कथन I और II से, 'buyer' का कूट 'po' है।

अतः दोनों कथन I और II एक साथ उत्तर देने के लिए आवश्यक हैं।

61. I. $I < C = \nless > L$

$\Rightarrow$ I और L के बीच कोई संबंध नहीं है।

$\therefore$ $I < L$ असत्य है।

II. $C = K > L > G \Rightarrow C > G$ {सत्य}

62. I. $M < O = N \le K \Rightarrow M < K$ {सत्य}

II. $O = N \le K \ge B \Rightarrow$ O और B के बीच कोई संबंध नहीं है।

$\therefore$ $O > B$ {असत्य}

63. $S \ge A = I \ge N \Rightarrow S \ge N$

या तो I. $S > N$ {सत्य} या II. $N = S$ {सत्य}

64. I. $O = N \le K < E \Rightarrow E > O$ {सत्य}

II. $D < K < E \ge Y = S$

$\Rightarrow$ D और S के बीच कोई संबंध नहीं है

$\therefore$ $D < S$ {असत्य}

65. I. $Q \ge U > I < C = K$

$\Rightarrow$ Q और K के बीच कोई संबंध नहीं है

$\therefore$ $Q > K$ {असत्य}

II. $U > I < C < H \Rightarrow H < U$ {असत्य}

67-71.

विप्रो	सैमसंग	आई.टी.सी.
R–संतरा	T–आम	P–अमरूद
Q–केला	V–सेब	S–कीवी
	U–स्ट्राबेरी	

72.

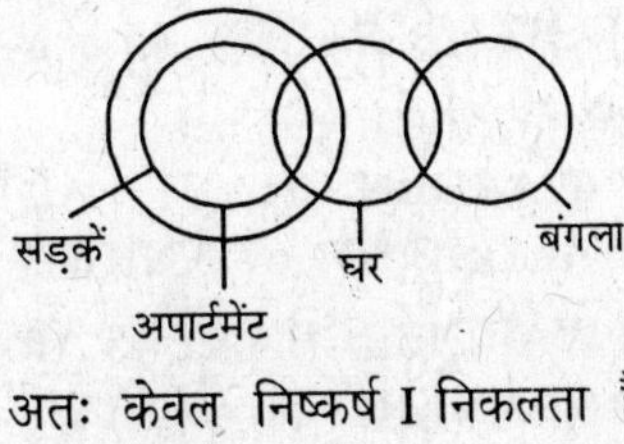

अतः केवल निष्कर्ष I निकलता है।

73.

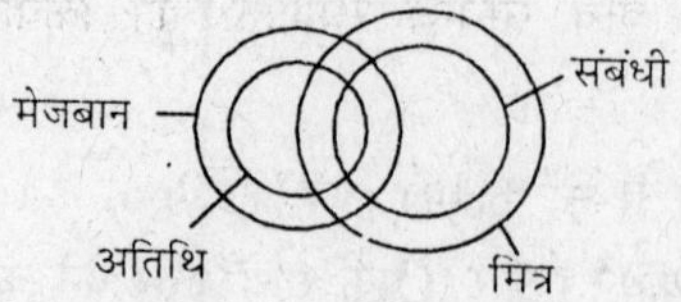

अतः कोई भी निष्कर्ष नहीं निकलता है।

74.

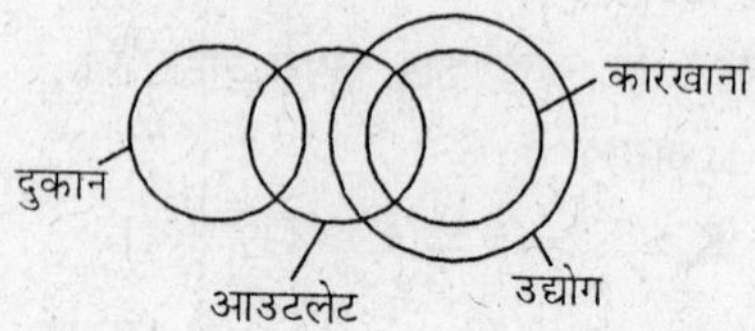

अतः केवल निष्कर्ष II निकलता है।

75.

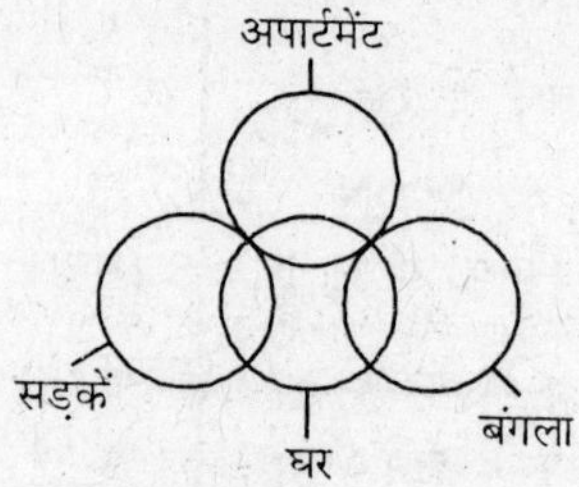

अतः केवल निष्कर्ष I निकलता है।

76.

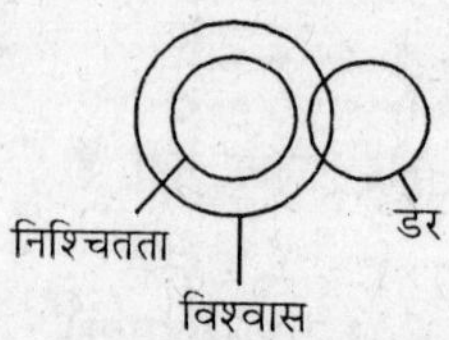

अथवा

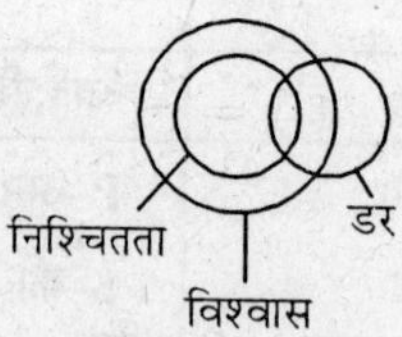

अतः या तो निष्कर्ष I या निष्कर्ष II निकलता है।

78-82. **इनपुट:** CHANT 18 SALTY 45 ABACUS WARDEN 30 91 67 KNIGHT

चरण I: 18 WARDEN CHANT SALTY 45 ABACUS 30 91 67 KNIGHT

चरण II: 18 WARDEN CHANT 45 ABACUS 91 67 KNIGHT 30 SALTY

चरण III: 45 KNIGHT 18 WARDEN CHANT ABACUS 91 67 30 SALTY

चरण IV: 45 KNIGHT 18 WARDEN ABACUS 91 30 SALTY 67 CHANT

चरण V: 91 ABACUS 45 KNIGHT 18 WARDEN 30 SALTY 67 CHANT

और, चरण V अंतिम चरण है।

83-85. फूलों की संख्या पर आधारित व्यवस्था:

$$O < M < N < J < L < K$$

(M के नीचे: | 16)

86-90.

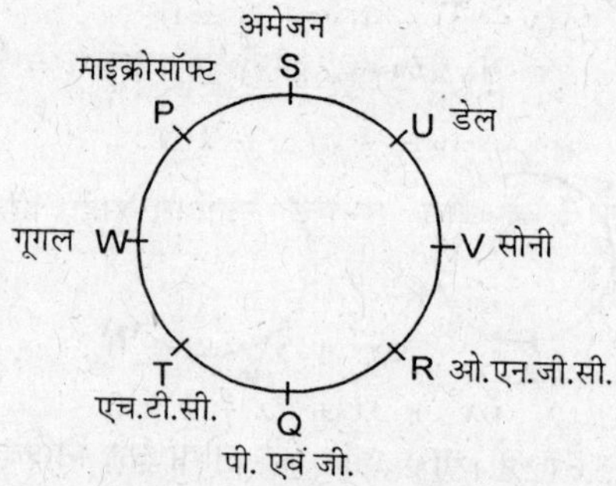

171. माना कि लम्बाई = x सेमी

चौड़ाई = y सेमी

$\therefore$ परिमिति = $2(x + y)$

क्षेत्रफल = xy

$$2(x + y) + 128 = xy \quad ...(i)$$

अब, $$2\left(x+\frac{y}{2}\right)+40 = \left(\frac{xy}{2}\right)$$

$$\Rightarrow \quad 2x + y + 40 = \frac{xy}{2}$$

$$\Rightarrow \quad 4x + 2y + 80 = xy \quad ...(ii)$$

समीकरण (i) तथा (ii) से,

$$4x + 2y + 80 = 2x + 2y + 128$$

$$2x = 128 - 80 = 48$$

$$\Rightarrow \quad x = 24$$

समीकरण (ii) में x का मान रखने पर

$$4(24) + 2y + 80 = 24y$$

$\Rightarrow \quad 22y = 96 + 80 = 176$

$\Rightarrow \quad y = 8$

आयत का क्षेत्रफल = $xy = 24 \times 8 = 192$ वर्ग सेमी

172. I. $x^2 - 19x + 35 = 0$

$D = b^2 - 4ac$

$= 361 - 4 \times 1 \times 35$

$= 361 - 140 = 221$

$\therefore \quad x = \frac{19 \pm \sqrt{221}}{2}$

II. $y^2 - 7y + 12 = 0$

$\Rightarrow \quad y^2 - 3y - 4y + 12 = 0$

$\Rightarrow \quad y(y-3) - 4(y-3) = 0$

$\Rightarrow \quad (y-3)(y-4) = 0$

$\therefore \quad y = 3$ या $y = 4$

x तथा y के बीच सम्बन्ध स्थापित नहीं किया जा सकता।

173. I. $6x^2 + 5x + 1 = 0$

$\Rightarrow \quad 6x^2 + 3x + 2x + 1 = 0$

$\Rightarrow \quad 3x(2x+1) + 1(2x+1) = 0$

$\Rightarrow \quad (2x+1)(3x+1) = 0$

$x = -\frac{1}{2}$ या $x = -\frac{1}{3}$

II. $2y^2 + 7y + 5 = 0$

$\Rightarrow \quad 2y^2 + 2y + 5y + 5 = 0$

$\Rightarrow \quad 2y(y+1) + 5(y+1) = 0$

$\Rightarrow \quad (y+1)(2y+5) = 0$

$\Rightarrow \quad y = -1$ या $y = -\frac{5}{2}$

$\therefore$ स्पष्टतः $x > y$.

174. I. $x^2 = 9 \Rightarrow x = \pm 3$

II. $3y^2 - 8y + 5 = 0$

$\Rightarrow \quad 3y^2 - 3y - 5y + 5 = 0$

$\Rightarrow \quad 3y(y-1) - 5(y-1) = 0$

$\Rightarrow \quad (y-1)(3y-5) = 0$

$\Rightarrow \quad y = 1$ या $y = \frac{5}{3}$

$\therefore$ x तथा y के बीच सम्बन्ध स्थापित नहीं किया जा सकता।

175. I. $2x^2 + 15x + 27 = 0$

$\Rightarrow \quad 2x^2 + 6x + 9x + 27 = 0$

$\Rightarrow \quad 2x(x+3) + 9(x+3) = 0$

$\Rightarrow \quad (x+3)(2x+9) = 0$

$\Rightarrow \quad x = -3$ या $x = -\frac{9}{2}$

II. $2y^2 + 11y + 15 = 0$

$\Rightarrow \quad 2y^2 + 6y + 5y + 15 = 0$

$\Rightarrow \quad 2y(y+3) + 5(y+3) = 0$

$\Rightarrow \quad (y+3)(2y+5) = 0$

$\Rightarrow \quad y = -3$ या $y = -\frac{5}{2}$

स्पष्टतः $x \le y$

176. I. $2x^2 - 9x + 10 = 0$

$\Rightarrow \quad 2x^2 - 4x - 5x + 10 = 0$

$\Rightarrow \quad 2x(x-2) - 5(x-2) = 0$

$\Rightarrow \quad (x-2)(2x-5) = 0$

$\Rightarrow \quad x = 2$ या $x = \frac{5}{2}$

II. $3y^2 - 10y + 8 = 0$

$\Rightarrow \quad 3y^2 - 6y - 4y + 8 = 0$

$\Rightarrow \quad 3y(y-2) - 4(y-2) = 0$

$\Rightarrow \quad (y-2)(3y-4) = 0$

$\Rightarrow \quad y = 2$ या $y = \frac{4}{3}$

स्पष्टतः $x \ge y$

177. $\therefore$ A में दूध की मात्रा = 20 लीटर

A में पानी की मात्रा = 4 लीटर

माना कि B में दूध की मात्रा = $3x$ लीटर

और B में पानी की मात्रा = $1.x$ लीटर

प्रश्नानुसार,

$$\frac{3x+20}{x+4} = \frac{80}{20} = \frac{4}{1}$$

$\Rightarrow \quad 4x + 16 = 3x + 20$

$\Rightarrow \quad x = 4$

$3x = 3 \times 4 = 12$ लीटर

$1.x = 1 \times 4 = 4$ लीटर

B में मिश्रण की मात्रा = 12 + 4 = 16 लीटर

182. (M + F) जिन छात्रों को नौकरी मिली

$= (480 - 65) = 415$

शहर B में नौकरी प्राप्त करने वालों की संख्या

$$= \frac{40}{100} \times 415$$

$= 2 \times 83 = 166$

183. माना कि गाँव D की कुल जनसंख्या = x

योग्य मतदाताओं की संख्या = $\frac{60x}{100} = \frac{3x}{5}$

2004 में पंजीकृत मतदाताओं की संख्या = $\frac{60x}{100} = \frac{3x}{5}$

2014 में योग्य मतदाताओं की संख्या

$$= \frac{3x}{5} + \frac{3x}{5} \times \frac{20}{100} \times 10$$

$$= \frac{3x}{5} + \frac{6x}{5} = \frac{9x}{5}$$

उसी वर्ष में वास्तविक पंजीकृत मतदाताओं की संख्या

$$= \frac{75}{100} \times \frac{9x}{5} = \frac{27x}{20}$$

प्रश्नानुसार,

$$\text{अन्तर} = \frac{27x}{20} - \frac{3x}{5} = \frac{27x - 12x}{20}$$

$$= \frac{15x}{20} = \frac{3x}{4}$$

$$\text{अभीष्ट \%} = \frac{\frac{3x}{4}}{\frac{27x}{20}} \times 100$$

$$= \frac{3x}{4} \times \frac{20}{27x} \times 100$$

$$= \frac{500}{9} = 55.5\%$$

184. माना कि गाँव D की कुल जनसंख्या = x

गाँव E की कुल जनसंख्या = y

गाँव D के योग्य मतदाताओं की संख्या

$$= \frac{60}{100} \times x = \frac{3x}{5}$$

गाँव D के वास्तविक पंजीकृत मतदाताओं की संख्या

$$= \frac{60}{100} \times \frac{3x}{5} = \frac{9x}{25}$$

गाँव E के योग्य मतदाताओं की संख्या

$$= \frac{70}{100} \times y = \frac{7y}{10}$$

गाँव E के वास्तविक पंजीकृत मतदाताओं की संख्या

$$= \frac{75}{100} \times \frac{7y}{10} = \frac{21y}{40}$$

प्रश्नानुसार,

$$\frac{9x}{25} = \frac{21}{40} y$$

$$\Rightarrow \quad \frac{x}{y} = \frac{\frac{21}{40}}{\frac{9}{25}} = \frac{21}{40} \times \frac{25}{9} = \frac{35}{24}$$

$\therefore$ अभीष्ट अनुपात = 35 : 24

185. माना कि गाँव A की कुल जनसंख्या = x

योग्य मतदाताओं की संख्या = $\frac{80}{100} \times x = \frac{4x}{5}$

वास्तविक पंजीकृत मतदाताओं की संख्या = $\frac{70}{100} \times \frac{4x}{5}$

$$= \frac{14x}{25}$$

पुरुष मतदाताओं की संख्या = $\frac{75}{100}\times\frac{14x}{25}=\frac{21x}{50}$

महिला मतदाताओं की संख्या = $\frac{25}{100}\times\frac{14x}{25}=\frac{7x}{50}$

प्रश्नानुसार,

$$\frac{21x}{50}-\frac{7x}{50} = 1400$$

$$\Rightarrow \quad \frac{14x}{50} = 1400$$

$$\Rightarrow \quad x = \frac{50\times1400}{14} = 5000$$

अतः गाँव A की कुल जनसंख्या = 5000

186. माना कि गाँव B की कुल जनसंख्या = x

योग्य मतदाताओं की संख्या = $\frac{60}{100}\times x=\frac{3x}{5}$

वास्तविक पंजीकृत मतदाताओं की संख्या

$$= \frac{80}{100}\times\frac{3x}{5}=\frac{12x}{25}$$

मतदाताओं द्वारा दिए गए मतों/वोटों की संख्या

$$= \frac{36}{100}\times x=\frac{9x}{25}$$

अब, $\frac{9x}{25} = \frac{12x}{25}$ का $y\%$

$$\Rightarrow \quad \frac{9x}{25} = \frac{y}{100}\times\frac{12x}{25}$$

$$\Rightarrow \quad y = \frac{9\times100\times25}{25\times12} = 75\,\%$$

अतः अभीष्ट % = 75%

187. गाँव C की कुल जनसंख्या = 12500

योग्य मतदाताओं की संख्या = $\frac{80}{100}\times12500 = 10000$

वास्तविक पंजीकृत मतदाताओं की संख्या

$$= \frac{90}{100}\times10000$$

$$= 9000$$

गाँव C में मतदाताओं द्वारा दिए गए मतों/वोटों की संख्या

$$= \frac{80}{100}\times9000$$

$$= 7200$$

188. स्कीम A में निवेशित राशि

$$A = P\left(1+\frac{r}{100}\right)^t$$

$$= x\left(1+\frac{20}{100}\right)^2$$

$$= x\left(\frac{6}{5}\times\frac{6}{5}\right)=\frac{36x}{25}$$

चक्रवृद्धि ब्याज = A − P = $\frac{36x}{25}-x$

$$= \frac{11x}{25}$$

स्कीम B में निवेशित राशि

साधारण ब्याज = $\frac{\text{मूलधन} \times \text{दर} \times \text{समय}}{100}$

$$= \frac{(x-1600)\times10\times3}{100}$$

प्रश्नानुसार,

$$\frac{11x}{25} = \frac{2\left[30(x-1600)\right]}{100}$$

$$44x = 60x - 96000$$

$$\Rightarrow \quad 16x = 96000$$

$$\Rightarrow \quad x = 6000$$

∴ स्कीम B में निवेशित राशि

= 6000 − 1600

= ₹ 4400

189. स्कूल A | स्कूल B

1998: छात्रों की संख्या $= x$ | छात्रों की संख्या $= \frac{x}{2}$

1999: $x + x$ का 20% | $\frac{x}{2}+\frac{x}{2}$ का 20%

$= x+\frac{x}{5}=\frac{6x}{5}$ | $= \frac{x}{2}+\frac{x}{10}=\frac{6x}{10}$

$= \frac{3x}{5}$

2000: स्कूल B में छात्रों की संख्या

$$= \frac{1}{4}\left(\frac{6x}{5}+\frac{3x}{5}\right)=\frac{1}{4}\left(\frac{9x}{5}\right)$$

$$= \frac{9x}{20}$$

अन्तर $= \frac{3x}{5}-\frac{9x}{20}$

$$= \frac{12x-9x}{20}=\frac{3x}{20}$$

अभीष्ट % $= \frac{\frac{3x}{20}}{\frac{3x}{5}}\times 100$

$$= \frac{3x}{20}\times\frac{5}{3x}\times 100 = 25\%$$

190. 158 → (−80) → [78] → (−40) → 38 → (−20) → 18 → (−10) → 8

अतः प्रश्न चिन्ह के स्थान पर 78 आयेगा।

191.

85	83	93	63	131	[1]
↓	↓	↓	↓	↓	↓
$43^2 - 42^2$	$42^2 - 41^2$	$47^2 - 46^2$	$32^2 - 31^2$	$66^2 - 65^2$	$1^2 - 0^2$
$= (43+42)(43-42)$	$= (42+41)(42-41)$	$= (47+46)(47-46)$	$= (32+31)(32-31)$	$= (66+65)(66-65)$	$= (1+0)(1-0)$
$= 85 \times 1$	$= 83 \times 1$	$= 93 \times 1$	$= 63 \times 1$	$= 131 \times 1$	$= 1 \times 1$

अतः प्रश्न चिह्न के स्थान पर 1 आयेगा।

192. 5 → (× 1 − 1) → 4 → (× 2 − 2) → 6 → (× 3 − 3) → 15 → (× 4 − 4) → 56 → (× 5 − 5) → [275]

अतः प्रश्न चिह्न के स्थान पर 275 आयेगा।

198. 15 महिलायें किसी काम को 4 दिनों में करती हैं

10 महिलाओं का 3 दिनों का कार्य $= \frac{1\times 10\times 3}{60}=\frac{1}{2}$

32 बच्चे उसी काम को x दिनों में करते हैं

20 बच्चों का 3 दिन का कार्य $= \frac{1\times 20\times 3}{32x}=\frac{15}{8x}$

∴ (10 महिला + 20 बच्चों) का 3 दिन का कार्य

$$= \frac{1}{2}+\frac{15}{8x}=\frac{4x+15}{8x}$$

शेष कार्य $= 1-\frac{4x+15}{8x}$

$$= \frac{8x-4x-15}{8x}=\frac{4x-15}{8x}$$

3 महिलाओं का $\frac{15}{2}$ दिनों का कार्य $= \frac{1\times 3\times 15}{60\times 2}=\frac{3}{8}$

प्रश्नानुसार,

$$\frac{3}{8} = \frac{4x-15}{8x}$$

$\Rightarrow \quad 32x - 120 = 24x$

$\Rightarrow \quad 8x = 120$

$\Rightarrow \quad x = 15$

अतः x का मान $= 15$

199.

A

क्रय मूल्य = ₹ x

अंकित मूल्य $= x + \dfrac{40x}{100}$

$= \dfrac{140x}{100}$

छूट $= \dfrac{30}{100} \times \dfrac{140x}{100}$

$= \dfrac{42x}{100}$

विक्रय मूल्य $= \dfrac{140x}{100} - \dfrac{42x}{100}$

$= \dfrac{98x}{100}$

B

क्रय मूल्य = ₹ x

अंकित मूल्य $= x + \dfrac{40x}{100}$

$= \dfrac{140x}{100}$

विक्रय मूल्य $= 35 + \dfrac{98x}{100}$

$= \dfrac{3500 + 98x}{100}$

कुल क्रय मूल्य $= x + x = 2x$

कुल विक्रय मूल्य $= \dfrac{98x}{100} + \dfrac{3500 + 98x}{100}$

$= \dfrac{196x + 3500}{100}$

लाभ $= \dfrac{196x + 3500}{100} - 2x$

$= \dfrac{196x + 3500 - 200x}{100}$

$= \dfrac{3500 - 4x}{100}$

प्रतिशत लाभ $= \left(\dfrac{3500 - 4x}{100 \times 2x}\right) \times 100$

$\Rightarrow \quad 5 = \dfrac{3500 - 4x}{2x}$

$\Rightarrow \quad 10x = 3500 - 4x$

$\Rightarrow \quad 14x = 3500$

$\Rightarrow \quad x = \dfrac{3500}{14} = 250$

अतः वस्तु A का क्रयमूल्य = ₹ 250

200. माना कि नाव A की गति = x किमी/घंटा

$\therefore$ नाव B की गति = $3x$ किमी/घंटा

तथा धारा की चाल y कि.मी./घंटा है

X ———————— Y
80 किमी.

प्रश्नानुसार

$$\frac{80}{x+y} + \frac{80}{x-y} = 30$$

$$\Rightarrow \quad \frac{80(x - y + x + y)}{x^2 - y^2} = 30$$

$$\Rightarrow \quad 8 \times 2x = 3x^2 - 3y^2$$

$$\Rightarrow \quad 3x^2 - 16x - 3y^2 = 0 \qquad ...(i)$$

$$\frac{80}{3x+y} + \frac{80}{3x-y} = 9$$

$$\frac{80(3x - y + 3x + y)}{(3x+y)(3x-y)} = 9$$

$$80 \times 6x = 9(9x^2 - y^2)$$

$$480x = 81x^2 - 9y^2$$

$$81x^2 - 480x - 9y^2 = 0 \qquad ...(ii)$$

समीकरण (i) तथा (ii) से

$$81x^2 - 480x - 9y^2 = 3x^2 - 16x - 3y^2$$

$$81x^2 - 480x - 9y^2 = 9x^2 - 48x - 9y^2$$

$$72x^2 = 432x$$

$$x = \frac{432}{72}$$

= 6 किमी/घंटा

$\therefore$ नाव B की गति = 6 × 3 = 18 किमी/घंटा।

पिछले प्रश्न-पत्र (हल सहित)

नाबार्ड ऑफिसर ग्रेड, Phase-I ऑन लाइन परीक्षा 2015*

सामान्य सचेतता

1. विश्व व्यापार संगठन के सदस्य देशों की संख्या जून 2014 के अनुसार कितनी है?

A. 160 B. 156
C. 153 D. 145
E. 172

2. वह अधिकतम राशि क्या है जिसे हाल ही में लोकार्पित किसान विकास पत्र के अधीन निवेशित किया जा सकता है?

A. ₹ 1,50,000 B. ₹ 1,00,000
C. ₹ 5,00,000 D. कोई उच्चतम सीमा नहीं
E. ₹ 25,000

3. वर्ष 2014 के आंकड़े के अनुसार, अंतर्राष्ट्रीय यातायात के लिए विश्व का सबसे बड़ा हवाई अड्डा है:

A. छत्रपति शिवाजी अंतर्राष्ट्रीय हवाई अड्डा
B. शिकागो अंतर्राष्ट्रीय हवाई अड्डा
C. लंदन का हेथ्रो हवाई अड्डा
D. दुबई अंतर्राष्ट्रीय हवाई अड्डा
E. राजीव गांधी अंतर्राष्ट्रीय हवाई अड्डा

4. साहित्य अकादमी अवार्ड 2014 में संस्कृत के लिए किन्हें विजेता घोषित किया गया?

A. हरेकृष्ण सतपथी B. रामजी ठाकुर
C. मिथिला प्रसाद त्रिपाठी D. प्रभुनाथ द्विवेदी
E. ओम प्रकाश पांडे

5. वित्त जगत में CAFRAL का विस्तृत रूप क्या है?

A. Council for Advanced Financial Research and Learning
B. Centre for Advanced Financial Research and Learning
C. Other than those given as options
D. Council for Advanced Financial Reporting and Learning
E. Centre for Advanced Financial Research in Logistics

6. 14वें वित्त आयोग का प्रतिवेदन 15-12-2014 को प्रस्तुत किया गया। इस आयोग के अध्यक्ष कौन थे?

A. डॉ. नचिकेत मोर B. डॉ. सी. रंगराजन
C. डॉ. वाई.वी. रेड्डी D. डॉ. डी. सुब्बाराव
E. श्रीमती ऊषा थोरट

7. अप्रैल 2014 में, भारत सरकार ने चार हाइड्रो इलैक्ट्रिक पावर प्रोजेक्ट्स को चालू करने के लिए किस पड़ोसी देश के साथ संयुक्त उपक्रम हेतु समझौते पर हस्ताक्षर किया?

A. म्यांमार B. बांग्लादेश
C. भूटान D. श्रीलंका
E. नेपाल

8. किसान विकास पत्र में निवेशित राशि दोगुना हो जाएगी:

A. 6 वर्ष और 3 महीने में
B. 7 वर्ष और 6 महीने में
C. 5 वर्ष और 6 महीने में
D. 8 वर्ष और 4 महीने में
E. 7 वर्ष और 3 महीने में

9. किन दो हस्तियों को भारत रत्न प्रदान करने की घोषणा केन्द्र सरकार ने 24 दिसम्बर, 2014 को की थी?

A. पी.वी. नरसिम्हा राव और दीन दयाल उपाध्याय
B. मदन मोहन मालवीय और दीन दयाल उपाध्याय
C. अटल बिहारी वाजपेयी और मदन मोहन मालवीय
D. सी.एन.आर. राव और पी.वी. नरसिम्हा राव
E. दीन दयाल उपाध्याय और नेताजी सुभाष चंद्र बोस

10. हाल ही में किसे मल्टी कमोडिटी एक्सचेंज (MCX) लिमिटेड का प्रबंध निदेशक (MD) सह मुख्य कार्यकारी अधिकारी (CEO) नियुक्त किया गया?

A. दीपक पारेख B. वाई.एच. मालेगाम
C. वी. वेंकटरमण D. प्रकाश पारसार्थी
E. एस.बी. माथुर

* Based on Memory (Held on 01-03-2015)

11. हाल ही में सेंट्रल बोर्ड ऑफ फिल्म सर्टिफिकेशन (CBFC) का नया बोर्ड गठित हुआ है। निम्नलिखित में से कौन इसके नये अध्यक्ष हैं?
A. अनुपम खेर B. शर्मिला टैगोर
C. पहलाज निहलानी D. आशा पारेख
E. जया बच्चन

12. निम्नलिखित में से कौन क्रेडिट रेटिंग एजेन्सिज़ का नियामक है?
A. FMC B. SBI
C. SIDBI D. SEBI
E. IRDA

13. VAT (वैट) का अर्थ है ....
A. Virtual Actions Tasks
B. Virtual Assessment Technique
C. Value and Tax
D. Value Added Tax
E. Other than those given as options

14. इस वर्ष से सरकार ने एक रुपये के करेंसी नोट की छपाई आरंभ करने का निर्णय लिया है। किस वर्ष इन नोटों की छपाई अवरुद्ध हुई थी?
A. 2008 B. 2005
C. 2001 D. 1995
E. 1994

15. भारत पेट्रोलियम के बाद दूसरा सबसे अधिक कौन-सा उत्पाद आयात करता है?
A. लौह व इस्पात B. इलैक्ट्रॉनिक सामान
C. सोना D. कोयला
E. इंजीनियरिंग सामान

16. निम्नलिखित में से कौन-सा देश विश्व इस्पात संस्था (WSA) द्वारा जनवरी-सितम्बर 2014 के लिए जारी आंकड़े के अनुसार इस्पात उत्पादन कम्पनी के रूप में शिखर पर रही है?
A. चीन B. दक्षिण कोरिया
C. अमेरिका D. भारत
E. जापान

17. PMJDY योजना के अधीन ओवरड्राफ्ट के रूप में स्वीकृत की जाने वाली न्यूनतम राशि क्या है?
A. ₹ 10,000 B. ₹ 25,000
C. ₹ 50,000 D. ₹ 1,00,000
E. ₹ 5,000

18. केन्द्र सरकार द्वारा हाल ही में जारी वह कौन-सी योजना है जिसे गिनिज बुक ऑफ वर्ल्ड रिकॉड्स में शिमिल किया गया है?
A. प्रधानमंत्री जन धन योजना
B. दिए गए विकल्पों के अलावा अन्य
C. इंदिरा आवास योजना
D. मनरेगा
E. स्वच्छ भारत अभियान

19. कार्य में गंभीर अनियमितताओं के आरोप में SEBI द्वारा नवम्बर 2014 में निम्नलिलिखित में से किस स्टॉक एक्सचेंज की मान्यता समाप्त कर दी गई?
A. कलकत्ता स्टॉक एक्सचेंज
B. दिल्ली स्टॉक एक्सचेंज
C. मद्रास स्टॉक एक्सचेंज
D. अहमदाबाद स्टॉक एक्सचेंज लिमिटेड
E. मध्य प्रदेश स्टॉक एक्सचेंज लिमिटेड

20. किस राज्य सरकार द्वारा अमिताभ बच्चन को स्वास्थ्य इकाई का ब्रांड एम्बेसेडर नियुक्त किया गया है?
A. महाराष्ट्र B. पंजाब
C. हरियाणा D. आंध्र प्रदेश
E. गुजरात

21. आर.बी.आई. के निर्देश के अनुसार, भारत में .... वर्ष से ऊपर के नाबालिगों को बैंकों द्वारा स्वतंत्र रूप से बचत खाता खोलने की स्वीकृत प्रदान की जा सकती है?
A. 16 B. 10
C. 14 D. 12
E. 8

22. लोगों में लड़कियों द्वारा समाज में व्याप्त असमानताओं से जूझने के विषय में जागरूकता बढ़ाने के लिए निम्नलिखित में से कौन-सा दिन 'नेशनल गर्ल चाइल्ड डे' के रूप में मनाया जाता है?
A. 8 मार्च
B. दिए गए विकल्पों के अलावा अन्य
C. 21 जनवरी
D. 24 जनवरी
E. 14 नवम्बर

23. निम्नलिखित में से किस देश से वर्ष 2013-14 अवधि के दौरान भारत में सबसे ज्यादा FDI आया?
A. सिंगापुर B. नीदरलैंड

C. अबु धाबी D. यूके
E. मॉरिशस

24. 'प्रधानमंत्री जन धन योजना' का नारा क्या है?
A. मेरा खाता देश पहचान
B. मेरा खाता अन्नदाता
C. मेरा खाता उन्नति की पहचान
D. मेरा खाता भाग्य विधाता
E. एक खाता सबके लिए

25. निम्नलिखित में से किस नगर में प्रधानमंत्री नरेन्द्र मोदी के सूट की नीलामी हुई थी जिस पर उनका नाम सोने के पिनस्ट्राइप्स में कशीदाकारी अंकित की गई थी?
A. वाराणसी B. नई दिल्ली
C. सूरत D. मुम्बई
E. अहमदाबाद

26. निम्नलिखित में से किस देश से साप्ताहिक पत्रिका 'द चार्ली हेबडो' प्रकाशित होती है?
A. स्वीडन B. जर्मनी
C. फ्रांस D. स्विट्ज़रलैंड
E. ग्रीस

27. लंदन स्टॉक एक्सचेंज का स्टॉक मार्केट इन्डेक्स संदर्भित है :
A. NIKKEI 225 B. DOWJONES
C. S&P TSX D. FTSE 100
E. SENSEX

28. आयकर नियम के अनुसार निम्नलिखित में से किसे 'वरिष्ठतम नागरिक' के रूप में वगीकृत किया गया है?
A. 65 वर्ष से अधिक आयु वाला व्यक्ति
B. 62 वर्ष से अधिक आयु वाला व्यक्ति
C. 80 वर्ष से अधिक आयु वाला व्यक्ति
D. 60 वर्ष से अधिक आयु वाला व्यक्ति
E. 75 वर्ष से अधिक आयु वाला व्यक्ति

29. हाल ही के प्रेस रिपोर्ट के अनुसार निम्नलिखित में से भारत के कौन-से बैंकों को विपणन पूंजी के संदर्भ में श्रेष्ठ 50 वैश्विक बैंकों की श्रेणी में शामिल किया गया है?
A. HDFC और SBI बैंक
B. ICICI और HDFC बैंक
C. बैंक ऑफ बड़ौदा और SBI
D. एक्सिस बैंक और SBI
E. ICICI और SBI

30. विश्वकप में पाकिस्तान के विरुद्ध शतक लगाने वाला पहला भारतीय क्रिकेटर कौन है?
A. सुनील गावस्कर B. विराट कोहली
C. एम.एस. धोनी D. सचिन तेंदुलकर
E. युवराज सिंह

31. योजना आयोग का नया नाम क्या है?
A. राष्ट्रीय विकास एजेंसी
B. नेशनल इंस्टीट्यूशन फॉर ट्रांसफॉर्मिंग इंडिया (नीति) आयोग
C. भारत प्रगति लक्ष्य (बी.पी.एल.) आयोग
D. नया आयोग
E. सामाजिक-आर्थिक विकास समिति

32. किस कलाकार को दुबई अंतर्राष्ट्रीय फिल्म महोत्सव, 2014 में लाइफटाइम एचिवमेंट अवार्ड से पुरस्कृत किया गया?
A. मनोज कुमार B. आशा भोंसले
C. लता मंगेशकर D. अमिताभ बच्चन
E. दिलीप कुमार

33. हाल ही में सरकार द्वारा घोषित नियम में से कौन-से बैंक के पास पूंजी निवेश का ₹ 6990 करोड़ में से सबसे अधिक शेयर होगा?
A. पंजाब नेशनल बैंक B. कैनरा बैंक
C. भारतीय स्टेट बैंक D. बैंक ऑफ बड़ौदा
E. आई.सी.आई.सी.आई.

34. निम्नलिखित में से किस संस्था ने रूपे डेबिट कार्ड जारी किया?
A. VISA B. nPCI
C. DISCOVER D. RBI
E. MASTER

35. एक क्रेडिट कार्ड उपभोक्ता को जारीकर्ता के 'MITC' से भलीभांति परिचति होना चाहिए। इस शब्द का विस्तृत रूप क्या है?
A. Most Indicated Terms and Clauses
C. Most Important Terms and Clauses
C. Most Important Terms and Conditions
D. Most Indicated Terms and Conditions
E. other than those given as options

36. आर.के. लक्ष्मण कौन थे, जिनका हाल ही में निधन हो गया?
A. कहानीकार B. संगीत निर्देशक
C. फिल्म निर्देशक D. कार्टूनिस्ट
E. अभिनेता

37. जिम कॉर्बोट नेशनल पार्क किस राज्य में स्थित है?
A. उत्तराखंड
B. उत्तर प्रदेश
C. हिमाचल प्रदेश
D. असम
E. मेघालय

38. निम्नलिखित में से किस माइक्रोफाइनेंस कंपनी को बैंक चलाने के लिए आर.बी.आई. द्वारा लाइसेंस प्रदान किया गया?
A. बंधन फाइनेंशियल सर्विसेज प्राइवेट लिमिटेड
B. ग्रामीण फाइनेंशियल सर्विसेज प्राइवेट लिमिटेड
C. एस.के.एस. माइक्रोफाइनेंस लिमिटेड
D. जनलक्ष्मी फाइनेंशियल सर्विसेज प्राइवेट लिमिटेड
E. उज्जिवन फाइनेंशियल सर्विसेज प्राइवेट लिमिटेड

39. 7वें वेतन आयोग की अनुशंसाएँ संभवतः .... से लागू होंगी?
A. 1 दिसम्बर, 2015
B. 1 जून, 2015
C. 1 अप्रैल, 2015
D. 1 जनवरी, 2016
E. 15 नवम्बर, 2015

40. आई.सी.सी. क्रिकेट वर्ल्ड कप 2015 में कितनी टीमों ने हिस्सा लिया?
A. 16
B. 15
C. दिए गए विकल्पों के अलावा अन्य
D. 12
E. 13

कम्प्यूटर ज्ञान

41. एक इंट्रानेट या एक्स्ट्रानेट से जुड़े प्रत्येक कम्प्यूटर के पास अलग से होना चाहिए :
A. फायरवॉल
B. ब्रांड नेम
C. प्रॉक्सी सर्वर
D. डोमेन नेम
E. आई.पी. एड्रेस

42. 'डिबग' करने का अर्थ है :
A. सही हार्डवेयर की खोज
B. सही सिस्टम का पता लगाना और इन्स्टॉल करना
C. सिस्टम में त्रुटियों की खोज करना और सही करना
D. ऑपरेटिंग सिस्टम को इन्स्टॉल करना
E. सही सॉफ्टवेयर की खोज

43. निम्नलिखित में से कौन-सा एक कम्प्यूटर प्रोग्रामिंग भाषा नहीं है?
A. C++
B. COBOL
C. BASIC
D. Java
E. MS-Excel

44. कम्प्यूटरों में प्रयुक्त आई.सी. चिप, बना होता है :
A. कॉपर
B. क्रोमियम
C. आयरन ऑक्साइड
D. सिलिकन
E. सिलिका

45. .... अनाधिकृत नकल और सॉफ्टवेयर के वितरण को संदर्भित करता है।
A. साहित्यिक चोरी
B. सॉफ्टवेयर की चोरी
C. क्रैकिंग
D. हैकिंग
E. सॉफ्टवेयर की साक्षरता

46. एक .... प्रोग्राम वेब संसाधनों तक पहुँच प्रदान करता है।
A. ब्राउजर
B. आई.एस.पी.
C. यू.आर.एल.
D. वेब
E. इंकर

47. कम्प्यूटर प्रणाली में, स्कैनर .... डिवाइस है।
A. कीबोर्ड के प्रकार की
B. एक्सटर्नल मेमोरी डिवाइस
C. इनपुट
D. प्रिंटर के प्रकार की
E. आउटपुट

48. निम्नलिखित में से कौन नेटवर्किंग डिवाइस नहीं है?
A. लिनक्स
B. फॉयरवॉल्स
C. रूटर्स
D. गेटवेज
E. स्विच

49. मॉनिटर्स और प्रिंटर्स जैसे डिवाइस जो कम्प्यूटर से जुड़े होते हैं, कहलाते हैं :
A. पेरिफेरल डिवाइस
B. इनपुट डिवाइस
C. सिस्टम डिवाइस
D. एटैचमेंट डिवाइस
E. प्रोसेसिंग डिवाइस

50. मौजूदा फाइल को एक नए नाम से अथवा नए स्थान पर सुरक्षित रखने के लिए उपयोगकर्ता को .... कमांड का उपयोग करना चाहिए।
A. न्यू फाइल
B. सेव ऐज
C. कॉपी
D. सेव एंड रिप्लेस
E. सेव

51. बाइनरी भाषा में वर्णमाला के प्रत्येक अक्षर और प्रत्येक विशिष्ट कैरेक्टर .... के अनूठे संयोजन से बनता है।

A. आठ कैरेक्टर्स B. आठ बाइट्स
C. आठ किलोबाइट्स D. दो किलोबाइट
E. आठ बिट्स

52. एक किरण पुंज का उपयोग ऑप्टिकल डिस्क पर रिकॉर्डिंग करना और डेटा को पुनः प्राप्त करना, जाना जाता है :
A. ध्रुवीकृत प्रकाश
B. रंगीन प्रकाश
C. अध्रुवीकृत सांकिंद्रिक प्रकाश
D. लेजर
E. विद्युत प्रकाश

53. किसी भी कम्प्यूटर का मस्तिष्क है...............
A. ए.एल.यू. B. सी.पी.यू.
C. कीबोर्ड D. मॉनीटर
E. कंट्रोल यूनिट

54. mydocument.docx नाम का फाइल सृजित होता है :
A. एम.एस. वर्ड B. एम.एस. आउटलुक
C. एम.एस. एक्सेल D. वर्ड परफेक्ट
E. एम.एस. पावरप्वाइंट

55. नेटवर्क में बैंडविड्थ का क्या अर्थ है?
A. नेटवर्क आर्किटेक्चर
B. ट्रांसमिशन केबल की चौड़ाई
C. नेटवर्क में जुड़े कम्प्यूटर्स
D. नेटवर्क में प्रयुक्त क्लॉस ऑफ आई.पी.
E. संचार की संचरणक्षमता

56. निम्नलिखित में से कौन भंडारण की सबसे बड़ी इकाई है?
A. बाइट B. किलोबाइट
C. टेराबाइट D. गीगाबाइट
E. मेगाबाइट

57. कम्प्यूटर नेटवर्क में फॉयरवॉल क्या है?
A. नेटवर्क की भौतिक सीमा
B. एक वेब ब्राउजिंग सॉफ्टवेयर
C. कम्प्यूटर नेटवर्क की ऑपरेटिंग प्रणाली
D. बैंडविड्थ को बढ़ाने के लिए डिजाइन की गई प्रणाली
E. इनमें से कोई नहीं

58. निम्नलिखित में से कौन इनपुट डिवाइस नहीं है?
A. टचपैड B. कीबोर्ड
C. लाइट पेन D. माउस
E. वी.डी.यू.

59. यदि ब्लॉक ऑफ टेक्स्ट को स्थानांतरित करने की आवश्यकता है तो आप कौन-से संचालन का निष्पादन करेंगे?
A. पेस्ट एंड डिलिट B. पेस्ट एंड कट
C. कट एंड कॉपी D. कॉपी एंड पेस्ट
E. कट एंड पेस्ट

60. CRM पद का अर्थ है :
A. Customer Recognition Management
B. Customer Relative Meet
C. Customer Relationship Management
D. Channel Root Market
E. Customer Retention Manager

61. एक विशिष्ट कम्प्यूटर का मुख्य घटक .... है जो प्रोसेसर, मेमोरी, कुछ संग्रहित डिवाइसेज, डिस्प्ले और सैंड साउंड सरक्युट्री को आश्रय प्रदान करता है?
A. सिस्टम यूनिट B. प्लेटफॉर्म
C. फॉर्म फैक्टर D. कियोस्क
E. रेजिडेंट यूनिट

62. निम्नलिखित में से कौन विषम है?
A. ट्रोजन हॉर्स B. स्पाइवेयर
C. वाइरस D. फर्मवेयर
E. मालवेयर

63. निम्नलिखित में से किसे द्वितीयक भंडारण के रूप में नहीं माना जाता है?
A. हार्ड डिस्क B. फ्लॉपी डिस्क
C. फ्लैश ड्राइव D. ऑप्टिकल डिस्क
E. रैम

64. ASCII प्रयुक्त होता है ....
A. American Security Code for Information Interchange
B. American Scientific Code for Information Interchange
C. All Purpose Security Code for Interpreting Information
D. American Standard Code for Information Interchange
E. All Purpose Scientific Code for Information Interchange

65. ऑपरेटिंग सिस्टम .... सॉफ्टवेयर का सबसे आम प्रकार है।
A. वर्ड प्रोसेसिंग B. संचार
C. सिस्टम D. वेब
E. एप्लीकेशन

66. डिजिटल दूरसंचार से संबंधित पद ISDN संक्षिप्ताक्षर है:
A. Internet Services Data Network
B. Integrated Standard Digital Networks
C. Integrated Services Digital Networks
D. Interactive Standard Dynamic Networks
E. International Services Digital Networks

67. एक वेबसाइट के भीतर अन्य दस्तावेजों अथवा अन्य स्थानों के लिए संयोजन है?
A. फिल्टर्स B. हाइपरलिंक्स
C. हाइपर कनेक्ट्स D. बोट्स
E. प्लग-इन

68. किस आउटपुट डिवाइस का उपयोग कम्प्यूटर की सूचनाओं को कागज पर सचित्र रूप में परिणत करने के लिए होता है?
A. स्कैनर B. टच पैनल
C. माउस D. मॉनीटर
E. प्लॉटर

69. कम्प्यूटर की-बोर्ड के नम्बर पैड को निर्देशात्मक तीर (Arrow) के रूप में कार्य करने हेतु आप .... की दबाते हैं।
A. Num lock B. Shift
C. Ctrl D. Arrow lock
E. Caps lock

70. निम्नलिखित में से कौन OS सॉफ्टवेयर कौन है?
A. Excel 2000 B. Windows 2000
C. Access 2000 D. Publisher 2000
E. Word 2000

गणित

निर्देश (प्रश्न संख्या 71 से 75 तक) : *निम्न प्रश्नों में I तथा II दो समीकरण दिए गए हैं। आपको दोनों समीकरणों को हल करना है तथा उनके सही उत्तर देने हैं।*

71. I. $8x^2 - 10x - 63 = 0$
II. $5y^2 + 33y + 54 = 0$
A. $x \le y$ B. $x \ge y$
C. $x < y$ D. $x > y$
E. x तथा y में सम्बन्ध स्थापित नहीं किया जा सकता है।

72. I. $x^2 - 9x - 52 = 0$
II. $y^2 - 5y - 84 = 0$
A. $x \le y$ B. $x \ge y$
C. $x < y$ D. $x > y$
E. x तथा y में सम्बन्ध स्थापित नहीं किया जा सकता है।

73. I. $6x^2 + 11x + 3 = 0$
II. $12y^2 - y - 1 = 0$
A. $x \le y$ B. $x \ge y$
C. $x < y$ D. $x > y$
E. x तथा y में सम्बन्ध स्थापित नहीं किया जा सकता है।

74. I. $x^2 - 14x - 51 = 0$
II. $y^2 - 35y + 306 = 0$
A. $x \le y$ B. $x \ge y$
C. $x < y$ D. $x > y$
E. x तथा y में सम्बन्ध स्थापित नहीं किया जा सकता है।

75. I. $12x^2 + 19x + 5 = 0$
II. $4y^2 + 17y + 15 = 0$
A. $x \le y$ B. $x \ge y$
C. $x < y$ D. $x > y$
E. x तथा y में सम्बन्ध स्थापित नहीं किया जा सकता है।

निर्देश (प्रश्न संख्या 76 से 80 तक) : *इन प्रश्नों में एक श्रेणी संख्या दी गई है। सिर्फ एक संख्या गलत है जो श्रेणी में सही नहीं बैठता है। गलत संख्या ज्ञात कीजिए।*

76. 0, 9, 64, 169, 576, 1225
A. 169 B. 1225
C. 576 D. 0
E. 64

77. 139, 150, 149, 174, 223, 304
A. 149 B. 150
C. 174 D. 304
E. 223

78. 40, 20, 24, 30, 60, 150
A. 150 B. 60
C. 20 D. 30
E. 24

79. 90, 72, 56, 40, 30, 20, 12
A. 90 B. 72
C. 56 D. 40
E. 20

80. 13, 16, 24, 39, 73, 98
A. 16 B. 73
C. 39 D. 98
E. 24

निर्देश (प्रश्न संख्या 81 से 85 तक) : *निम्न प्रश्नों में प्रश्न-चिह्न के स्थान पर क्या आएगा?*

81. $4003 \times 77 - 21015 = ? \times 116$
A. 2477 B. 2478
C. 2467 D. 2476
E. 2486

82. $(5\sqrt{7}+\sqrt{7})\times(4\sqrt{7}+8\sqrt{7})-(19)^2 = ?$
A. 143 B. $72\sqrt{7}$
C. 134 D. $70\sqrt{7}$
E. 164

83. $(4444 \div 40) + (645 \div 25) + (3991 \div 26) = ?$
A. 280.4 B. 290.4
C. 295.4 D. 285.4
E. 286.4

84. $\sqrt{33124} \times \sqrt{2601} - (83)^2 = (?)^2 + (37)^2$
A 37 B. 33
C. 34 D. 28
E. 35

85. $5\frac{17}{37} \times 4\frac{51}{52} \times 11\frac{1}{7} + 2\frac{3}{4} = ?$
A. 303.75 B. 305.75
C. $303\frac{2}{4}$ D. $305\frac{1}{4}$
E. 308.75

निर्देश (प्रश्न संख्या 86 से 90 तक) : *नीचे के प्रत्येक प्रश्नों में एक संख्या श्रेणी दी गई है। प्रत्येक श्रेणी में सिर्फ एक संख्या गलत है। गलत संख्या ज्ञात कीजिए।*

86. 5531 5506 5425 5304 5135 4910 4621
A. 5531 B. 5425
C. 4621 D. 5135
E. 5506

87. 6 7 9 13 26 37 69
A. 7 B. 26
C. 69 D. 37
E. 9

88. 1 3 10 36 152 760 4632
A. 3 B. 36
C. 4632 D. 760
E. 152

89. 4 3 9 34 96 219 435
A. 4 B. 9
C. 34 D. 435
E. 219

90. 157.5 45 15 6 3 2 1
A. 1 B. 2
C. 6 D. 157.5
E. 45

निर्देश (प्रश्न संख्या 91 से 95 तक) : *इन प्रश्नों में एक श्रेणी संख्या दी गई है। सिर्फ एक संख्या गलत है जो श्रेणी में से सही नहीं बैठता है। गलत संख्या ज्ञात कीजिए।*

91. 7 12 40 222 1742 17390 208608
A. 7 B. 12
C. 40 D. 1742
E. 208608

92. 6 91 584 2935 11756 35277 70558
A. 91 B. 70558
C. 584 D. 2935
E. 35277

93. 9050 5675 3478 2147 1418 1077 950
A. 3478 B. 1418
C. 5675 D. 2147
E. 1077

94. 1 4 25 256 3125 46656 823543
A. 3125 B. 823543
C. 46656 D. 25
E. 256

95. 8424 4212 2106 1051 526.5 263.25 131.625
A. 131.625 B. 1051
C. 4212 D. 8424
E. 263.25

निर्देश (प्रश्न संख्या 96 से 100 तक) : *नीचे दी गई सारणी का अध्ययन कीजिए तथा इस पर आधारित प्रश्नों के उत्तर दीजिए।*

सुपर बाजार जाने वाले व्यक्तियों की संख्या तथा वहाँ जाने वाले पुरुषों, महिलाओं एवं बच्चों की प्रतिशतता

सुपर बाजारों के नाम	कुल व्यक्तियों की संख्या	प्रतिशतता		
		पुरुष	महिला	बच्चे
A	34560	35	55	10
B	65900	37	43	20
C	45640	35	45	20
D	55500	41	26	33
E	42350	06	70	24
F	59650	24	62	14

96. सुपरबाजार D जाने वाले पुरुषों की संख्या कुल सुपर बाजार में जाने वाले व्यक्तियों की संख्या का कितना प्रतिशत है?

A. 11　　B. 5.5
C. 13　　D. 9
E. 7.5

97. सुपर बाजार C जाने वाले बच्चों की संख्या सुपर बाजार F जाने वाले बच्चों की संख्या का कितना प्रतिशत है?
A. 91.49　　B. 49.85
C. 121.71　　D. 109.30
E. 90.69

98. सुपर बाजार B तथा D जाने वाले कुल बच्चों की संख्या क्या है?
A. 18515　　B. 28479
C. 31495　　D. 22308
E. 25065

99. सुपर बाजार जाने वाली सभी महिलाओं की औसत संख्या क्या है?
A. 24823.5　　B. 22388.5
C. 26432.5　　D. 20988.5
E. 25421.6

100. सुपर बाजार A जाने वाली महिलाओं की संख्या तथा सुपर बाजार C जाने वाली महिलाओं की संख्या का अनुपात क्या है?
A. 35 : 37　　B. 245 : 316
C. 352 : 377　　D. 1041 : 1156
E. इनमें से कोई नहीं

निर्देश (प्रश्न संख्या 101 से 105 तक) : *नीचे दिए गए ग्राफ का सावधानीपूर्वक अध्ययन करके दिए गए प्रश्नों का उत्तर दीजिए:*

विभिन्न शहरों के एक वर्ष में निर्मित, ध्वस्त तथा पुनर्विकसित भवनों की संख्या

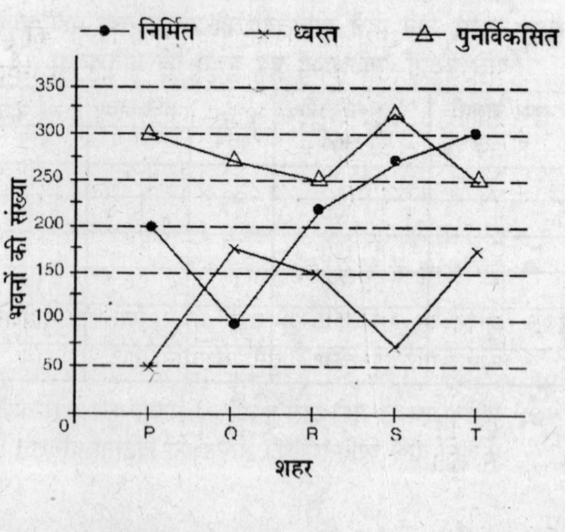

101. शहर Q तथा शहर T में निर्मित, ध्वस्त तथा पुनर्विकसित भवनों की संख्या में कितना अन्तर है?
A. 125　　B. 175
C. 180　　D. 200
E. 210

102. कुल शहरों के निर्मित भवनों की संख्या कुल पुनर्विकसित भवनों की संख्या का प्रतिशत क्या है?
A. 73　　B. 74
C. 79　　D. 89
E. 83

103. शहर T में ध्वस्त किए गए भवनों की संख्या शहर P में पुनर्विकसित भवनों की संख्या का अनुपात क्या है?
A. 1 : 2　　B. 2 : 3
C. 3 : 5　　D. 7 : 12
E. 5 : 7

104. कुल शहरों में ध्वस्त भवनों का औसत कितना है?
A. 115　　B. 120
C. 132　　D. 135
E. 125

105. शहर R में कुल निर्मित भवनों की संख्या का औसत क्या है?
A. 198　　B. 208
C. 216　　D. 222
E. 225

निर्देश (प्रश्न संख्या 106 से 110 तक) : *नीचे दिए गए प्रत्येक प्रश्न में प्रत्येक प्रश्न के साथ तीन कथन I, II तथा III दिए गए हैं। ज्ञात कीजिए कि दिए गए प्रश्न का उत्तर पाने के लिए इनमें से कौन से कथन आवश्यक हैं?*

106. वार्षिक ब्याज दर कितना है?
कथन :
I. ₹ 100 का 2 वर्ष में चक्रवृद्धि ब्याज तथा साधारण ब्याज में अन्तर।
II. तीन वर्ष में साधारण ब्याज पर मिश्रधन ₹ 19,500 हो जाता है।
III. समान राशि तथा समान दर पर 2 वर्ष का साधारण ब्याज ₹ 3,000 हो जाता है।
A. केवल I तथा II
B. केवल I तथा III
C. केवल II तथा III
D. केवल I तथा या तो II या III
E. इनमें से कोई नहीं

107. रेलगाड़ी की गति कि.मी./घंटा में क्या है?

कथन :

I. रेलगाड़ी 'n' सेकेण्ड में 'x' मीटर लम्बे प्लेटफॉर्म को पार कर जाती है।

II. रेलगाड़ी की लम्बाई 'y' मीटर है।

III. रेलगाड़ी एक सिग्नल के खम्भे को 'm' सेकेण्ड में पार कर जाती है।

A. तीन में से कोई दो
B. केवल II तथा III
C. केवल I तथा III
D. I, II तथा III सभी
E. सभी तीनों कथनों के सूचनानुसार प्रश्न का उत्तर नहीं दिया जा सकता है।

108. प्रथम श्रेणी से कितने छात्र उत्तीर्ण हुए?

कथन :

I. परीक्षा में सम्मिलित छात्रों में से 85% छात्र या तो प्रथम श्रेणी से या द्वितीय श्रेणी से या तृतीय श्रेणी से उत्तीर्ण हुए।

II. 750 छात्र द्वितीय श्रेणी में उत्तीर्ण हुए।

III. सफल छात्रों की संख्या द्वितीय श्रेणी से उत्तीर्ण छात्रों का 28% है।

A. सभी I, II तथा III
B. केवल I तथा III
C. केवल II तथा III
D. तीनों कथनों के सूचना के आधार पर उत्तर नहीं दिया जा सकता है।
E. इनमें से कोई नहीं

109. स्कीम 'B' पर कितनी राशि निवेशित की गई?

कथन :

I. स्कीम A तथा स्कीम B पर निवेशित राशि का अनुपात 2 : 3 है।

II. स्कीम A में निवेशित राशि कुल निवेशित राशि का 40% है।

III. स्कीम A में निवेशित राशि ₹ 45,000 है।

A. केवल I तथा III
B. केवल I तथा III
C. केवल II तथा III
D. सभी I, II तथा III
E. केवल III तथा या तो I या II

110. आयताकार कमरे का फर्श कराने का खर्च कितना है?

कथन :

I. आयत की लम्बाई 6 मीटर है।

II. आयत की चौड़ाई लम्बाई का 2/3 है।

III. 100 वर्ग सेमी. फर्श कराने का खर्च ₹ 45 है।

A. केवल I तथा III
B. केवल II तथा III
C. केवल I, II तथा III
D. तीनों कथनों के सूचना के आधार पर प्रश्न का उत्तर नहीं दिया जा सकता है।
E. इनमें से कोई नहीं

निर्देश (प्रश्न संख्या 111 से 113 तक) : *दी गई सूचना का सावधानीपूर्वक अध्ययन कीजिए तथा दिए गए प्रश्नों का उत्तर दीजिए।*

किसी टीम में 240 सदस्य हैं (पुरुष तथा महिला) उनमें से 2/3 पुरुष हैं। 15 प्रतिशत पुरुष स्नातक हैं। शेष पुरुष गैर-स्नातक हैं। 3/4 महिलाएं स्नातक हैं। शेष महिलाएँ गैर-स्नातक हैं।

111. स्नातक पुरुषों की संख्या तथा गैर-स्नातक महिलाओं की संख्या में कितना अन्तर है?

A. 2
B. 24
C. 4
D. 116
E. 36

112. महिला स्नातक की संख्या तथा पुरुष गैर-स्नातक की संख्या का योगफल कितना है?

A. 184
B. 96
C. 156
D. 84
E. 196

113. कुल पुरुषों की संख्या तथा गैर-स्नातक महिलाओं की संख्या का अनुपात कितना है?

A. 6 : 1
B. 8 : 1
C. 8 : 3
D. 5 : 2
E. 7 : 2

114. एक नौका धारा की विपरीत दिशा में 6 किमी. की दूरी तथा पुनः उसी स्थान पर लौटने में 2 घंटे का समय लगाती है। यदि धारा की गति 4 किमी./घंटा है तो नौका की गति ज्ञात कीजिए।

A. 6 किमी./घंटा
B. 8 किमी./घंटा
C. 10 किमी./घंटा
D. 12 किमी./घंटा
E. इनमें से कोई नहीं

115. घूर्णन के दौरान किसी घड़ी की सूइयों की सापेक्षतः स्थान परिवर्तन की कितनी संभावना है?

A. 5
B. 10
C. 11
D. 12
E. 13

116. यदि $z = \frac{x^2}{y}$ तथा x और y में 10% की वृद्धि की जाए, तो z का मान है :

A. अपरिवर्तित B. 10% की वृद्धि
C. 11% की वृद्धि D. 20% की वृद्धि
E. 15% की वृद्धि

117. कबीर ने कोई वस्तु अंकित मूल्य पर 25% की छूट से खरीदी। उस वस्तु को वह ₹ 660 में बेचा जिससे उसे 10% का लाभ हुआ। वस्तु का अंकित मूल्य है :

A. ₹ 600 B. ₹ 700
C. ₹ 800 D. ₹ 885
E. ₹ 750

118. किसी शहर की वर्तमान जनसंख्या 80,000 है। यदि जनसंख्या में प्रतिवर्ष वृद्धि 5% की हो, तो 3 वर्ष के बाद जनसंख्या ज्ञात कीजिए।

A. 88,100 B. 95,600
C. 90,160 D. 84,600
E. 92,610

119. ओमदत्त ने ₹ 8000 लगाकर एक व्यापार शुरू किया। 6 माह के बाद कुछ रुपये के साथ संजय उसमें शामिल हो गया। यदि वर्ष के अन्त में लाभ में से दोनों को बराबर की राशि प्राप्त हुई हो, तो संजय ने व्यापार में कितनी राशि लगाई थी?

A. ₹ 18000 B. ₹ 17500
C. ₹ 16000 D. ₹ 16500
E. ₹ 15500

120. ₹ 5 वाले 75 पैसे अधिमूल्य पर 300 शेयरों का मूल्य क्या होगा?

A. ₹ 2000 B. ₹ 1725
C. ₹ 1500 D. ₹ 1425
E. इनमें से कोई नहीं

तर्कशक्ति

निर्देश (प्रश्न संख्या 121 से 125 तक) : *नीचे प्रत्येक प्रश्न में एक प्रश्न तथा दो कथन I और II दिए गए हैं। आपको निर्धारित करना है कि कथनों में उपलब्ध कराई गई सूचना प्रश्नों के उत्तर देने के लिए पर्याप्त हैं या नहीं। दोनों कथनों को पढ़िए और उत्तर दीजिए–*

A. यदि केवल कथन I में दी गई जानकारी प्रश्न का उत्तर देने के लिए पर्याप्त है। जबकि कथन II में दी गई जानकारी प्रश्न का उत्तर देने के लिए अकेले पर्याप्त नहीं है।
B. यदि कथन II में दी गई जानकारी अकेले ही प्रश्न के उत्तर देने के लिए पर्याप्त हैं तथा कथन I में दी गई जानकारी अकेले प्रश्न का उत्तर देने के लिए पर्याप्त नहीं है।
C. यदि कथन अकेले I अथवा II में दी गई जानकारी प्रश्न का उत्तर देने के लिए पर्याप्त है।
D. यदि कथन I तथा II दोनों मिलकर भी प्रश्न का उत्तर देने के लिए पर्याप्त नहीं है और
E. यदि कथन I तथा II दोनों में दी गई जानकारी दोनों मिलकर प्रश्न का उत्तर देने के लिए आवश्यक है।

121. रमेश, नन्दा और रोहित बुधवार दोपहर 12.00 बजे से 5.00 बजे शाम के बीच सम्मिलित रूप से मिलना चाहते थे। किस समय वे लोग मिल सकते हैं?

I. प्रत्येक दिन बुधवार और शनिवार को छोड़कर रमेश का ट्यूशन 12.00 बजे दोपहर से 5.00 बजे शाम के बीच है।
II. प्रत्येक दिन रविवार को छोड़कर नन्दा 2.00 बजे से 4.00 बजे शाम के बीच तैराकी के लिए जाती है और प्रत्येक दिन गुरुवार को छोड़कर रोहित 3.00 बजे से 5.00 बजे शाम के बीच क्रॉफ्ट क्लास जाता है।

122. P, Q, R और S के बीच सबसे नाटा कौन है?

I. L, P अथवा R के जितना लम्बा नहीं है लेकिन S और Q से लम्बा है, Q, R से नाटा है।
II. S, R से नाटा है जो P से नाटा है जो Q से लम्बा है।

123. A, B और पुस्तकों में से कौन-सी पुस्तक आज मोहिन ने पढ़ी है?

I. कल शाम मोहिन के मित्र ने पुस्तक 'C' ली और वह कल ही इसे लौटाएगा।
II. कल रात मोहिन ने पुस्तक 'A' पढ़ी।

124. बाई-बैंक योजना के अधीन चंद्रमौली को नई कार के लिए कितनी रकम चुकाने की आवश्यकता है?

I. नई कार की कीमत, उसकी पुरानी कार से तीन गुनी थी।
II. बाई-बैंक योजना के अधीन उसकी पुरानी कार की कीमत ₹ 25,000 आंकी गई।

125. कतार में खड़ा रहते समय E, F, G, H और I में से कौन मध्य में है?

I. F, जो दायीं ओर से चौथा स्थान पर है, G के ठीक बायीं ओर है।

II. H, जो E & F का पड़ोसी नहीं है, I के ठीक बायीं ओर है जो दायीं छोर पर है।

126. किसी निश्चित कूट में BOARD को 53169 और NEAR को 2416 के रूप में लिखा जाता है। तो उस कूट में NODE को कैसे लिखा जाएगा?

A. 2394 B. 2894
C. 2934 D. 2694
E. इनमें से कोई नहीं

127. किसी निश्चित कूट में SPORADIC को QNORDJEB के रूप में लिखा जाता है। उस कूट में TROUBLES को कैसे लिखा जाएगा?

A. SQTNTFMC B. TNQSRDKA
C. TNQSTFMC D. TFQSCMFT
E. इनमें से कोई नहीं

128. यदि 'green' का अर्थ 'yellow' है; 'yellow' का अर्थ 'white'; 'white' का अर्थ 'red': 'red' का अर्थ 'violet'; 'violet' का अर्थ 'black': तो निम्नलिखित में से कौन-सा रंग मानव रक्त का होगा?

A. Red B. Black
C. Green D. White
E. इनमें से कोई नहीं

129. जिस प्रकार EARN, RANE से संबंधित है और BOND, NODB से संबंधित है तो उसी प्रकार TEAR किससे संबंधित होगा?

A. AERT B. ATRE
C. ARET D. REAT
E. इनमें से कोई नहीं

130. यदि '×' का अर्थ 'जोड़'; '÷' का अर्थ 'गुणा'; '+' का अर्थ 'घटाव' और '–' का अर्थ 'भाग' है, तो $24 + 36 - 12 \times 8 \div 4 = ?$

A. 36 B. 53
C. 5 D. –20
E. इनमें से कोई नहीं

निर्देश (प्रश्न संख्या 131 से 135 तक) : *दी गई सूचनाओं का ध्यानपूर्वक अध्ययन करें और नीचे दिए गए प्रश्नों का उत्तर दीजिए।*

P, Q, A, B, D, R और F एक वृत्ताकार मेज के चारों ओर केन्द्र की ओर मुँह करके बैठे हैं। R, D के बायीं ओर से दूसरे स्थान पर नहीं है और D, B का निकट पड़ोसी नहीं है। A, F के दायीं ओर से तीसरे स्थान पर है। B, F के बायीं ओर से दूसरे स्थान पर है। Q, B अथवा F का निकट पड़ोसी नहीं है।

131. P के दायीं ओर से दूसरे स्थान पर कौन है?

A. R B. Q
C. D D. A
E. डाटा अपर्याप्त

132. F के ठीक बायीं ओर कौन है?

A. R B. P
C. D D. डाटा अपर्याप्त
E. इनमें से कोई नहीं

133. D के ठीक दायीं ओर कौन है?

A. Q B. A
C. F D. P
E. इनमें से कोई नहीं

134. B की तुलना में D की स्थिति क्या है?

A. दायीं ओर से दूसरा B. बायीं ओर से तीसरा
C. बायीं ओर से दूसरा D. दायीं ओर से चौथा
E. दायीं ओर से तीसरा

135. Q के ठीक दायीं ओर कौन है?

A. D B. R
C. A D. B
E. इनमें से कोई नहीं

निर्देश (प्रश्न संख्या 136 से 140 तक) : *नीचे प्रत्येक प्रश्न में एक प्रश्न तथा दो कथन I और II दिए गए हैं। आपको निर्धारित करना है कि कथनों में उपलब्ध कराई गई सूचना प्रश्नों के उत्तर देने के लिए पर्याप्त हैं या नहीं। दोनों कथनों को पढ़िए और उत्तर दीजिए–*

A. यदि केवल कथन I में दी गई जानकारी प्रश्न का उत्तर देने के लिए पर्याप्त है। जबकि कथन II में दी गई जानकारी प्रश्न का उत्तर देने के लिए अकेले पर्याप्त नहीं है।

B. यदि कथन II में दी गई जानकारी अकेले ही प्रश्न के उत्तर देने के लिए पर्याप्त हैं तथा कथन I में दी गई जानकारी अकेले प्रश्न का उत्तर देने के लिए पर्याप्त नहीं है।

C. यदि कथन अकेले I अथवा II में दी गई जानकारी प्रश्न का उत्तर देने के लिए पर्याप्त है।

D. यदि कथन I तथा II दोनों मिलकर भी प्रश्न का उत्तर देने के लिए पर्याप्त नहीं है और

E. यदि कथन I तथा II दोनों में दी गई जानकारी दोनों मिलकर प्रश्न का उत्तर देने के लिए आवश्यक है।

136. क्या D, S की माँ है?

I. L, D का पति है। L को केवल तीन संतान है।

II. N, S और P का भाई है। P, L की पुत्री है।

137. कक्षा में कितने विद्यार्थीगण हैं?

I. कक्षा में 20 से अधिक लेकिन 27 से कम विद्यार्थी हैं।

II. कक्षा में 24 से अधिक लेकिन 31 से कम विद्यार्थी हैं। जब विद्यार्थियों को समूहों में बांटा जाता है, प्रत्येक समूह में पाँच विद्यार्थी होते हैं।

138. J, K, L, M और N में से प्रत्येक की लम्बाई अलग-अलग है। उन लोगों के बीच कौन दूसरा सबसे लम्बा है?

I. N, M और K से लम्बा है और K, M से नाटा है।

II. L, N से लम्बा है। J सबसे लम्बा नहीं है।

139. पाँच व्यक्ति—A, B, C, D और E—गोलाकार रूप में केन्द्र की ओर मुँह करके बैठे हैं। कौन D के ठीक बायीं ओर बैठा है?

I. C, A के बायीं ओर दूसरे स्थान पर बैठा है। B और D एक-दूसरे के निकट पड़ोसी हैं।

II. D, B के ठीक बायीं ओर बैठा है। E, D और B का निकट पड़ोसी नहीं है।

140. किसी कूटभाषा में 'cost' कैसे लिखा जाता है?

I. 'tell me the cost' को '@ 0 # 9' के रूप में लिखा जाता है और 'cost was very high' को '& 6 # l' के रूप में उसी कूट भाषा में लिखा जाता है।

II. 'some cost was discount' को '1 8 7 #' के रूप में लिखा जाता है और 'some people like discount' को '8 7 5 %' के रूप में उसी कूट भाषा में लिखा जाता है।

141. कथन : $L > K \geq X < J = N \leq Y < D$

निष्कर्ष : **I.** $X > Y$ **II.** $L > N$ **III.** $K > J$ **IV.** $D > X$

A. केवल II और IV सत्य हैं

B. कोई भी सत्य नहीं है

C. केवल II और III सत्य हैं

D. केवल I और II सत्य हैं

E. केवल IV सत्य है

142. कथन : $P \geq J \geq V = D > L \leq C$

निष्कर्ष : **I.** $P > C$ **II.** $D \geq C$ **III.** $L < P$ **IV.** $J > L$

A. कोई भी सत्य नहीं है

B. केवल I और II सत्य हैं

C. केवल IV सत्य है

D. केवल III और IV सत्य हैं

E. केवल II सत्य है

143. कथन : $B \geq A < K < F, T < B = D$

निष्कर्ष : **I.** $B < K$ **II.** $A > T$ **III.** $T < F$ **IV.** $F \leq B$

A. केवल III सत्य है

B. कोई भी सत्य नहीं है

C. केवल I और III सत्य हैं

D. केवल II और III सत्य हैं

E. केवल IV सत्य है

144. कथन : $N < H < U < R = T \geq V \geq E$

निष्कर्ष : **I.** $T > H$ **II.** $R \geq E$ **III.** $N < T$ **IV.** $T \geq U$

A. I, II, III और IV सभी सत्य हैं

B. केवल I, II और III सत्य हैं

C. केवल II सत्य है

D. केवल I और या III अथवा IV सत्य हैं

E. केवल I और II सत्य है

145. कथन : $R \geq B \geq S \geq D, S \geq O \geq U$

निष्कर्ष : **I.** $B \geq U$ **II.** $D \leq O$ **III.** $U > B$ **IV.** $R > O$

A. केवल II सत्य है

B. केवल III सत्य है

C. केवल IV और या I अथवा III सत्य हैं

D. केवल या I अथवा III सत्य हैं

E. केवल IV सत्य है

146. कथन : $D \geq A \geq M \leq N; M \geq E < L$

निष्कर्ष : **I.** $D > E$ **II.** $N \leq A$ **III.** $A > L$ **IV.** $L < D$

A. केवल III सत्य है

B. केवल I सत्य है

C. केवल II सत्य है

D. कोई सत्य नहीं है

E. केवल I और IV सत्य है

निर्देश (प्रश्न संख्या 147 से 152 तक) : *दी गई सूचनाओं का ध्यानपूर्वक अध्ययन करें और नीचे दिए गए प्रश्नों का उत्तर दीजिए।* शब्द और संख्या व्यवस्था की एक मशीन को जब शब्दों और संख्याओं की एक इनपुट लाइन दी जाती है तो वह प्रत्येक चरण में एक खास नियम का पालन करते हुए उन्हें पुनर्व्यवस्थित करती है। नीचे इनपुट और पुनर्व्यवस्था का एक उदाहरण दिया गया है।

(सभी संख्याएँ दो अंकीय संख्याएँ हैं)

इनपुट : play 49 mute flat 26 king tear 42 12 60 pipe 38
चरण I : 60 play 49 mute 26 king tear 42 12 pipe 38 flat
चरण II : 49 60 play mute 26 tear 42 12 pipe 38 flat king
चरण III : 42 49 60 play 26 tear 12 pipe 38 flat king mute
चरण IV : 38 42 49 60 play 26 tear 12 flat king mute pipe
चरण V : 26 38 42 49 60 tear 12 flat king mute pipe play
चरण VI : 12 26 38 42 49 60 flat king mute pipe play tear

उपरोक्त व्यवस्था के अंतिम चरण का पता लगाएं, जब व्यवस्था का अभीष्ट आउटपुट प्राप्त किया जाता है। दिए गए चरणों में सम्मिलित नियमों के अनुसार दिए गए इनपुट के लिए उपयुक्त चरणों का पता लगाएं।

rise 53 neat ball 35 tape 18 58 dump 73 note 45

147. कौन-सा तत्व चरण-II में '45' और 'dump' के ठीक बीच उपस्थित है?
A. केवल '18'
B. केवल 'ball'
C. 'ball' और '18' दोनों
D. 'note' और 'ball' दोनों
E. केवल 'note'

148. निम्नलिखित में से कौन प्रथम दो और अंतिम दो तत्वों को अंतिम चरण में प्रदर्शित करता है?
A. 18, 45, rise, note B. 35, 45, note, rise
C. 18, 35, rise, tape D. 18, 35, note, rise
E. 35, 45, rise, tape

149. 'ball' की '58' के दायीं ओर से चरण IV में क्या स्थिति है?
A. तीसरा B. चौथा
C. आठवां D. छठा
E. पाँचवां

150. निम्नलिखित में से कौन चरण-III में '73' के दायीं ओर से आठवां तत्व है?
A. Dump B. 45
C. 18 D. neat
E. ball

151. कितने तत्व दूसरे अंतिम चरण में '58' और 'neat' के बीच हैं?
A. चार B. पाँच
C. दो D. तीन
E. पाँच से अधिक

152. निम्नलिखित आउटपुट की कौन-सी चरण संख्या है?
58 73 rise 53 neat 35 tape 18 note 45 ball dump
A. II
B. इस तरह का कोई चरण नहीं है।
C. VI
D. III
E. IV

निर्देश (प्रश्न संख्या 153 से 157 तक) : *निम्नलिखित प्रश्नों में संकेत* $\oplus$, $\underline{\oplus}$, =, @ *और* $\underline{@}$ *का प्रयोग निम्न अर्थों में किया गया है :*

P $\oplus$ Q का अर्थ P, Q से बड़ा है।
P $\underline{\oplus}$ Q का अर्थ P, Q से या तो बड़ा अथवा बराबर है।
P = Q का अर्थ P, Q के बराबर है।
P @ Q का अर्थ P, Q से छोटा है।
P $\underline{@}$ Q का अर्थ P, Q से या तो छोटा अथवा बराबर है।

अब निम्नलिखित प्रत्येक प्रश्न में दिए गए कथनों को सत्य मानते हुए यह पता लगाइए कि उनके नीचे दिए गए दो निष्कर्षों I और II में से कौन-सा/से निश्चित रूप से सही है/हैं।

उत्तर दीजिए—
A. यदि केवल निष्कर्ष I सत्य है।
B. यदि केवल निष्कर्ष II सत्य है।
C. यदि या तो निष्कर्ष I या निष्कर्ष II सत्य है।
D. यदि न तो निष्कर्ष I और न ही निष्कर्ष II सत्य है।
E. यदि निष्कर्ष I और निष्कर्ष II दोनों सत्य हैं।

153. कथन : P = M, K @ P, S $\oplus$ K
निष्कर्ष : I. S $\oplus$ M II. S @ M

154. कथन : T $\underline{\oplus}$ J, F $\oplus$ T, J $\oplus$ O
निष्कर्ष : I. F $\oplus$ J II. O @ T

155. कथन : E $\underline{@}$ G, H $\underline{\oplus}$ D, E = D
निष्कर्ष : I. H $\oplus$ E II. D $\oplus$ G

156. कथन : T = U, R $\underline{@}$ P, P $\underline{@}$ T
निष्कर्ष : I. R = U II. R @ U

157. कथन : L $\underline{\oplus}$ B, N $\underline{@}$ C, B @ N
निष्कर्ष : I. L $\oplus$ N II. C $\oplus$ B

निर्देश (प्रश्न संख्या 158 से 163 तक) : *दी गई सूचनाओं का ध्यानपूर्वक अध्ययन करें और नीचे दिए गए प्रश्नों का उत्तर दीजिए।*

रिसर्च फैलोशिप के लिए उम्मीदवारों के चयन के मानदंड निम्नलिखित हैं–

उम्मीदवार को अवश्य ही—

(*i*) न्यूनतम 65% अंकों के साथ स्नातकोत्तर होना चाहिए।

(*ii*) 15.10.2008 को 30 वर्षों से अधिक नहीं होना चाहिए।

(*iii*) कम से कम 3 वर्षों का अनुसंधान का अनुभव होना चाहिए।

(*iv*) सांख्यिकी में डिप्लोमा होना चाहिए।

(*v*) प्रवेश परीक्षा में कम से कम 50% अंक अर्जित होना चाहिए।

(*vi*) शोध के विषय को अंतिम रूप दे दिया हो।

यद्यपि, अगर एक उम्मीदवार इसके अलावा अन्य सभी मानदंडों को पूरा करता हो–

(*a*) उपरोक्त (*iii*), लेकिन एम.फिल की डिग्री धारण करता हो, संकायाध्यक्ष को भेजा जाना चाहिए।

(*b*) उपरोक्त (*iv*), अध्यक्ष को भेजा जाना चाहिए।

(*c*) उपरोक्त (*i*), लेकिन कम से कम 35% अंक स्नातकोत्तर में और 65% प्रवेश परीक्षा में अर्जित करने वाले उम्मीदवार को फेलोशिप दी जानी चाहिए।

(*d*) उपरोक्त (*v*), लेकिन कम से कम 45% अंक अर्जित करने वाले उम्मीदवार को प्रतीक्षा सूची में शामिल किया जाना चाहिए।

नीचे प्रदान की गई मानदंडों और सूचनाओं के आधार पर, प्रत्येक मामले में क्रियाविधि तय करें। आपको कुछ भी कल्पना नहीं करना है। यदि उपलब्ध डाटा (आंकड़ा) क्रियाविधि तय करने हेतु अपर्याप्त है, आपका उत्तर 'अपर्याप्त आंकड़ा' होगा। ये मामले 15.10.2008 के अनुसार दिए गए हैं।

158. सुशीला नायर एम.फिल हैं और उन्होंने अपने स्नातकोत्तर परीक्षा में 65% अंक अर्जित किए। उनके पास 5 वर्षों के अनुसंधान का अनुभव है। उन्होंने 65% अंक प्रवेश परीक्षा में अर्जित किया है और शोध के विषय को अंतिम रूप दे दिया है। उनकी जन्मतिथि 11.08.80 है।

A. फेलोशिप (अनुदान) स्वीकृत
B. प्रतीक्षा सूची
C. संकायाध्यक्ष के पास विचारार्थ भेजना
D. अध्यक्ष के पास विचारार्थ योजना
E. अपर्याप्त आंकड़ा

159. अमीर खान ने 58% अंक प्रवेश परीक्षा में अर्जित किया। उसने 68% स्नातकोत्तर में और 55% एम.फिल में अर्जित किया। उसने सांख्यिकी में डिप्लोमा किया और शोध के विषय को भी पूर्ण किया।

A. फेलोशिप (अनुदान) स्वीकृत
B. संकायाध्यक्ष के पास विचारार्थ भेजना
C. अध्यक्ष के पास विचारार्थ योजना
D. प्रतीक्षा सूची
E. अपर्याप्त आंकड़ा

160. 28 वर्षीया नीतू सिंह 60% अंकों के साथ एम.फिल. हैं। उसने 70% अंक प्रवेश परीक्षा में अर्जित किया है और शोध के विषय को पूर्ण किया है। उन्होंने सांख्यिकी में डिप्लोमा भी किया है।

A. फेलोशिप (अनुदान) स्वीकृत
B. फेलोशिप (अनुदान) अस्वीकृत
C. अध्यक्ष के पास विचारार्थ योजना
D. संकायाध्यक्ष के पास विचारार्थ भेजना
E. अपर्याप्त आंकड़ा

161. साधना सुमन ने सांख्यिकी में डिप्लोमा 60% अंकों के साथ की और 56% अंकों के साथ स्नातकोत्तर भी किया। उनकी जन्मतिथि 12.12.1983 है। उन्हें एक वर्ष के शोध का अनुभव है और वह अभी एम.फिल. कर रही हैं। प्रवेश परीक्षा में उन्होंने 65% अंक अर्जित किए और शोध के विषय को भी पूर्ण किया।

A. फेलोशिप (अनुदान) स्वीकृत
B. फेलोशिप (अनुदान) अस्वीकृत
C. संकायाध्यक्ष के पास विचारार्थ भेजना
D. अपर्याप्त आंकड़ा
E. प्रतीक्षा सूची

162. अमर सिक्का 28 वर्ष का है और उसने 65% अंक स्नातकोत्तर में और 60% अंक एम.फिल. में प्राप्त किया है। प्रवेश परीक्षा में उसने 65% अंक प्राप्त किया और शोध के विषय को पूर्ण किया है। उसके पास सांख्यिकी में डिप्लोमा भी है।

A. फेलोशिप (अनुदान) स्वीकृत
B. फेलोशिप (अनुदान) अस्वीकृत
C. संकायाध्यक्ष के पास विचारार्थ भेजना
D. अध्यक्ष के पास विचारार्थ योजना
E. अपर्याप्त आंकड़ा

163. मदन पॉल के पास 5 वर्षों के अनुसंधान का अनुभव है और उसने शोध का विषय पूर्ण किया है। स्नातकोत्तर में उसने 56% अंक अर्जित किया है। उसकी जन्मतिथि 15.2.1981 है। उसने सांख्यिकी में डिप्लोमा भी प्राप्त किया है। उसने प्रवेश परीक्षा में 70% अंक अर्जित किया है।

A. फेलोशिप (अनुदान) स्वीकृत

B. फेलोशिप (अनुदान) अस्वीकृत

C. संकायाध्यक्ष के पास विचारार्थ भेजना

D. अपर्याप्त आंकड़ा

E. इनमें से कोई नहीं

निर्देश (प्रश्न संख्या 164 से 166 तक) : *दी गई सूचनाओं का ध्यानपूर्वक अध्ययन करें और नीचे दिए गए प्रश्नों का उत्तर दीजिए।*

I. कुंदनमल मंगलवार, गुरुवार और रविवार को 12 बजे दोपहर से 4 बजे शाम तक घर पर उपलब्ध है।

II. उसका छोटा भाई नैनामल सोमवार, गुरुवार, शुक्रवार और रविवार को 10 बजे प्रातः से 2 बजे दोपहर तक घर पर उपलब्ध है।

III. जेठामल का बड़ा भाई सोमवार, बुधवार और गुरुवार को 9 बजे प्रातः से 12 बजे दोपहर तथा शुक्रवार, शनिवार और रविवार को 2 बजे दोपहर मे 4 बजे शाम तक उपलब्ध है।

164. सप्ताह के किस दिन सबसे छोटा और सबसे बड़ा भाई एक ही समय पर घर में उपलब्ध हैं?

A. केवल सोमवार

B. केवल गुरुवार

C. केवल शुक्रवार

D. सोमवार और गुरुवार दोनों

E. रविवार और शुक्रवार दोनों

165. सप्ताह के किस दिन एक ही समय पर तीनों भाई घर पर उपस्थित होंगे?

A. रविवार

B. गुरुवार

C. सोमवार

D. निर्धारित नहीं किया जा सकता

E. इनमें से कोई नहीं

166. कितने दिनों तक केवल एक भाई सप्ताह में किसी खास समय पर उपस्थित होगा?

A. चार B. तीन

C. दो D. एक

E. इनमें से कोई नहीं

निर्देश (प्रश्न संख्या 167 से 170 तक) : *दी गई सूचनाओं का ध्यानपूर्वक अध्ययन करें और नीचे दिए गए प्रश्नों का उत्तर दीजिए।*

(i) किसी संस्थान में A, B, C, D, E, F, G और H आठ संकाय सदस्य हैं। प्रत्येक सदस्य अलग-अलग विषय पढ़ाते हैं।

(ii) तीन महिला सदस्य हैं और आठ सदस्यों में से चार के पास पी-एच.डी. की डिग्री है।

(iii) E मनोविज्ञान पढ़ाते हैं और वह पी-एच.डी. हैं। A रसायनशास्त्र पढ़ाते हैं।

(iv) वह जो अर्थशास्त्र पढ़ाते हैं, पी-एच.डी. नहीं है। कोई भी महिला सदस्य न तो वाणिज्यशास्त्र न ही विधि पढ़ाती है। विधि संकाय पी-एच.डी. प्रदान नहीं करती है।

(v) D और G न तो वाणिज्यशास्त्र न ही भौतिकशास्त्र पढ़ाते हैं।

(vi) H और C महिला सदस्य हैं और वे पी-एच.डी. नहीं है। F जो पी-एच.डी. हैं, जन्तुशास्त्र पढ़ाते हैं।

(vii) B और G पी-एच.डी. हैं और G एक महिला सदस्य है।

167. निम्नलिखित में से कौन-सी महिला सदस्य पी-एच.डी. है/हैं?

A. G

B. C और D

C. G और H

D. निर्धारित नहीं किया जा सकता

E. इनमें से कोई नहीं

168. निम्नलिखित में से कौन-सा संयोजन सही नहीं है?

A. रसायनशास्त्र – पुरुष – पी-एच.डी.

B. जन्तुशास्त्र – पुरुष – पी-एच.डी.

C. भौतिकशास्त्र – महिला – पी-एच.डी.

D. अर्थशास्त्र – महिला – पी-एच.डी.

E. वाणिज्यशास्त्र – पुरुष – पी-एच.डी.

169. भौतिकशास्त्र कौन पढ़ाता है?

A. C B. H

C. या तो H या C D. या तो C या G

E. इनमें से कोई नहीं

170. निम्नलिखित में से कौन-सा/से कथन सही है/हैं?

A. तीन पुरुष सदस्य पी-एच.डी. हैं।

B. दो महिला सदस्य पी-एच.डी. हैं।

C. वह व्यक्ति जो अर्थशास्त्र पढ़ाता है, पी-एच.डी. है।

D. वह व्यक्ति जो जन्तुशास्त्र पढ़ाता है, पी-एच.डी. नहीं है।

E. इनमें से कोई नहीं

ENGLISH LANGUAGE

Directions (Qs. No. 171-175) : *Rearrange the following six sentences (a), (b), (c), (d), (e) & (f) in a proper sequence to form a meaningful paragraph; then answer the given questions.*

(*a*) Take for example, the market for learning dancing.

(*b*) This could never happen if there was a central board of dancing education which enforced strict standards of what will be taught and how such things are to be taught.

(*c*) The Indian education system is built on the presumption that if something is good for one child, it is good for all children.

(*d*) More importantly, different teachers and institutes have developed different ways of teaching dancing.

(*e*) There are very different dance forms that attract students with different tastes.

(*f*) If however, we can effectively decentralise education, and if the government did not obsessively control what would be the "syllabus" and what will be the method of instruction, there could be an explosion of new and innovative courses geared towards serving various riches of learners.

171. Which of the following should be the **LAST (SIXTH)** sentence after the rearrangement?
A. (*a*) B. (*f*)
C. (*d*) D. (*c*)
E. (*b*)

172. Which of the following should be the **THIRD** sentence after the rearrangement?
A. (*a*) B. (*b*)
C. (*f*) D. (*d*)
E. (*e*)

173. Which of the following should be the **SECOND** sentence after the rearrangement?
A. (*a*) B. (*b*)
C. (*c*) D. (*d*)
E. (*f*)

174. Which of the following should be the **FIRST** sentence after the rearrangement?
A. (*a*) B. (*b*)
C. (*c*) D. (*d*,
E. (*e*)

175. Which of the following should be the **FOURTH** sentence after the rearrangement?
A. (*a*) B. (*b*)
C. (*c*) D. (*e*)
E. (*d*)

Directions (Qs. No. 176-185) : *Read the following passage carefully and answer the given questions. Certain words/phrases have been given in* **bold** *to help you locate them while answering some of the questions.*

Manufacturers of consumer packaged goods (CPG) face two key challenges this year. The first is continued slow or negative growth in people's disposable incomes. The second is changing consumer attitudes toward products and brands, as the great fragmentation of consumer markets take another turn. In response, companies must dramatically shift the route they take to reach consumers in terms of both product distribution and communications. In many markets, consumer wages have been static for five years now. Even where economies are starting to perform better, the squeeze on after-tax wages, especially for the middle class younger people and families, is **depressing** consumer spending. Although growth in developing countries is still better than in the United States and Europe, a slowdown in emerging countries such as China—where many countries had hoped for higher sales—has translated quickly into lower-than-expected consumer spending growth.

Meanwhile, what we call the great fragmentation is manifested in consumer behaviour and market response. In both developed and emerging markets, there is a wider variety among consumers now than at any time in the recent past. Growth is evident both at the top of the market (where more consumers are spending for higher-quality food and other packaged goods) and at the lower end (where an increasing number of consumers are concentrating on value). But the traditional middle of the market is **shrinking**.

Further, individual consumer behaviour is more pluralistic. We are used to seeing, for example, spirit buyers purchasing a premium brand in a bar, a less costly label at home for personal consumption and yet another when entertaining guests. But this type of **variegated** shopping has now spread to the grocery basket as well. Fewer consumers are making one big stocking-up trip each week. Instead, shoppers are visiting a premium store and a discounter as well as a supermarket, in multiple weekly stops–in addition to making frequent purchases online. During recession, more shoppers became inclined to spend time hunting for bargains and as some traditional retailers either went out of business or **shuttered** down, retail space was freed up and was often filled by convenience stores, specialty shops, and discounters.

A decade ago, CPG companies had only **a handful** of sales channels to consider supermarkets, convenience stores, hypermarkets in advanced economies and traditional small and large retailers in emerging countries. Since, then various discounters have made significant inroads, including no frills, low variety outlets, such as Europe's Aldi and Lidi, which sell a limited range of private-label grocery items in smaller stores and massive warehouse clubs, such as Costco and Sam's club, which initially operated solely in the U.S. but are now expanding internationally. In addition, dollar stores, specialised retailers, and online merchants are having an impact on the CPG landscape. Economising consumers have been pleasantly, surprised by the savings generated by spreading their business among multiple channels, as well as by the variety and product quality they find. The result has been greater demand for more products and brands, with different sizes, packaging and sales methods. At most CPG companies, SKUs are proliferating despite there being little increase in overall consumption. A better outcome can be seen at smaller food and beverage suppliers, which are benefiting from consumer demand for variety and authenticity. A recent report found that in the U.S., small manufacturers (with revenues of less than US$1 billion) grew at twice the compound annual rate of large manufacturers (with revenues of more than $3 billion) between 2009 and 2012.

Consumers' media usage has also fragmented with the rise of digital content and the proliferation of online devices. Each channel—from the Web, Mobile and social sites for radio, TV, and print—has its own requirements, audience appeal and economics, needing specialised attention. But, at the same time, media campaigns need to be closely co-ordinated for effective consumer messaging.

Collectively, these shifts challenge the way CPG companies manage their brand and business portfolios and call for a rethinking of their go-to-market approach, with an emphasis on analytics. Our work with INSEAD shows that among business leaders, applying analytics - especially for tracking consumer behaviour and product and promotional performance - considered one of the most effective ways to improve results and outpace the competition. But it's not just about insight. It's also about using the insight wisely to determine how to manage costs. The more knowledgeable about customer needs and preferences a company is, the smarter and more focused it must be in managing its own economics to cost-effectively deliver both variety and value to the squeezed consumer.

176. The central theme of the given passage is ....

A. The shrinking market

B. Shift towards offering luxury goods to consumers

C. Products to offer consumers with squeezed pockets

D. To highlight products consumed by the middle class

E. Gaining insight into changing consumer behaviour towards CPGs

177. In the context of the passage, which of the following brands existed otherwise but is now being manifested in buying groceries as well?

A. Consumers purchasing the same products for over a period of time

B. Consumer willing to purchase goods for a longer period of time

C. Consumers preferring luxury goods over regular goods

D. Consumers are more aware of their rights

E. Consumers prefer buying good from a variety of stores

178. Which of the following is most nearly the OPPOSITE in meaning to the word 'DEPRESSING' as used in the passage?

A. encouraging

B. sunny

C. doubtful

D. light

E. nil

179. As mentioned in the passage, CPG companies may have to reassess their present strategies of operating to ....

1. retain their customers
2. keep pace with changing consumer preferences as they have access to multiple media channels
3. make more cost-effective decisions

A. Only 1
B. Only 2
C. All the three 1, 2 and 3
D. Only 3
E. Only 1 and 2

180. Which of the following is true in the context of the passage?

A. In the U.S., during the three year period after 2009, small manufacturers did not fare well as compared to their larger counterparts
B. Impact on disposable incomes of people barely affects the CPG manufacturing industry
C. Post-tax wages, especially for the middle class, are one of the critical factors which have reduced spending behaviour of consumers
D. CPG have always been a favourite among consumers
E. None of the given options is true

181. Which of the following correctly explains the meaning of phrase, 'a handful of' as used in the passage?

A. Boundless
B. Planned
C. Satisfactory
D. Limited
E. Imperfect

182. As mentioned in the passage, one of the most critical factors that aids in catering to the needs of consumers is ....

A. persuading them to purchase goods produced by the organization
B. assess their requirements and appropriately plan to meet them
C. offering them products that an organization regularly manufactures
D. concentrating only on being aware about changing preferences of consumers
E. None of the given options

183. Which of the following is most nearly the SAME in meaning to the word 'SHRINKING' as used in the passage?

A. developing
B. annoying
C. narrowing
D. wasting
E. rising

184. Which of the following is most nearly the SAME in meaning to the word 'VARIEGATED' as used in the passage?

A. diverse
B. composite
C. strong
D. narrow
E. valued

185. Which of the following is most nearly the OPPOSITE in meaning to the word 'SHUTTERED' as used in the passage?

A. closed
B. retail
C. flourished
D. gratified
E. nearest

Directions (Qs. No. 186-190) : *Read this sentence to find out whether there is any grammatical mistake/error in it. The error, if any, will be in one part of the sentence. Mark the part with the error as your answer. If there is no error, mark 'No error' as your answer. (Ignore, errors of punctuation, if any)*

186. After his term in the Department of Defence / he was appointed Secretary of Energy / a job in which he was strongly supported the use / of alternate sources of energy such as nuclear energy.

A. After his term in the Department of Defence
B. he was appointed Secretary of Energy
C. a job in which he was strongly supported the use
D. of alternate sources of energy such as nuclear energy
E. No error

187. As GDP growth is half of what it / is just a few years ago, the country / desperately needs to cut red tape and improve / infrastructure to boost investment and growth.

A. As GDP growth is half of what it
B. is just a few years ago, the country
C. desperately needs to cut red tape and improve
D. infrastructure to boost investment and growth
E. No error

188. When elections in the country due shortly / people are determined to register as voters and to vote for / candidates based on their track record and the programmes / that they intend to implement for the betterment of the country.

A. When elections in the country due shortly
B. people are determined to register as voters and to vote for
C. candidates based on their track record and the programmes
D. that they intend to implement for the betterment of the country
E. No error

189. At least a quarter of the World's corals have lost/over the past twenty-five years and as climate change warms/the oceans the additional carbon dioxide will make/the water more acidic further destroying coral reefs.

A. At least a quarter of the World's corals have lost
B. over the past twenty-five years and as climate change warms
C. the oceans the additional carbon dioxide will make
D. the water more acidic further destroying coral reefs
E. No error

190. The Prime Minister's speech laid out how/it is important to encourage female participated/ in the economy yet the percentage of female lawmakers in/the lower house of parliament has fallen to 8 per cent.

A. The Prime Minister's speech laid out how
B. it is important to encourage female participated
C. in the economy yet the percentage of female lawmakers in
D. the lower house of parliament has fallen to 8 per cent
E. No error

Directions (Qs. No. 191-195) : *These questions have two blanks, each blank indicating that something has been omitted. Choose the set of words for each blank that best fits the meaning of the sentence as a whole.*

191. Three unkown assailants .... on motorcycles and opened .... barely a few metres from where the actor was shooting.

A. came, shooting B. rode, rounds
C. arrived, fire D. approached, hitting
E. climbed, shots

192. The police .... in .... a car theft case within a matter of two hours of registration of the complaint.

A. achieved, solving B. victorious, catching
C. famed, arresting D. succeeded, cracking
E. failed, assigning

193. The health ministry has approved major expansion of post-graduate seats in key departments of AIIMS to .... the severe .... of specialists across the country.

A. address, dearth B. correct, loss
C. improve, damage D. rectify, limits
E. good, shortage

194. With the .... wedding season, people are leaving no stone unturned to make their wedding cards look ....

A. prolonged, beyond B. ongoing, special
C. instant, great D. sudden, while
E. estimated, legible

195. The tourism data .... that Indians are .... the biggest spenders while on holidays.

A. says, within
B. reveal, amongst
C. proclaims, between
D. states, surrounded
E. speaks, amid

Directions (Qs. No. 196-200) : *In the given passage, there are blanks, each of which has been numbered. Against each five words are suggested, one of which fits the blank appropriately. Find out the appropriate word in each case.*

A strong economy would improve livelihoods and give hope for the future, but the lack of reliable electricity in the country has contributed to holding back prosperity. Over the past five years, GDP growth has averaged 3 per cent, too **...(196)...** to fight poverty and create jobs. Demand for power outstrips what the country can produce and **...(197)...** . Planned and unplanned electricity outages of 12 to 16 hours daily nationwide **...(198)...** business, aggravate unemployment and spark angry protests. The country has **...(199)...** energy resources–an estimated 186 billion tonnes of coal, over 100,000 megawatts of hydro potential and wind potential of upto

3,46,000 megawatts. But the technology and investment to **...(200)...** these resources are limited. An overreliance on imported fuel has exposed the country to high oil prices and there isn't enough money to keep the system—a mix of private and state run enterprises—running or to fix faulty infrastructure that leaks electricity. A resolution of power crisis is thus very critical to survival of the country.

196. A. much B. low C. required D. tough E. minimal

197. A. represent B. sufficient C. adequate D. amount E. deliver

198. A. run B. happens C. plans D. effect E. hurt

199. A. ample B. fix C. worst D. frequent E. paucity

200. A. lack B. solve C. waste D. exploit E. advantage

उत्तरमाला

1	2	3	4	5	6	7	8	9	10
A	D	D	D	B	C	C	D	C	C
11	12	13	14	15	16	17	18	19	20
C	D	D	E	C	A	E	A	B	D
21	22	23	24	25	26	27	28	29	30
B	D	A	D	C	C	D	C	A	B
31	32	33	34	35	36	37	38	39	40
B	B	C	B	C	D	A	A	D	C
41	42	43	44	45	46	47	48	49	50
C	C	E	D	B	A	C	A	A	B
51	52	53	54	55	56	57	58	59	60
E	D	B	A	E	C	C	E	E	C
61	62	63	64	65	66	67	68	69	70
A	D	C	D	C	C	B	E	A	B
71	72	73	74	75	76	77	78	79	80
D	E	C	A	B	A	B	E	D	B
81	82	83	84	85	86	87	88	89	90
D	A	B	E	B	A	B	D	D	A
91	92	93	94	95	96	97	98	99	100
D	C	E	D	B	E	D	C	A	E
101	102	103	104	105	106	107	108	109	110
B	C	D	E	B	B	A	D	E	C
111	112	113	114	115	116	117	118	119	120
C	E	B	B	E	B	C	E	C	B
121	122	123	124	125	126	127	128	129	130
E	D	E	E	E	A	C	E	A	B
131	132	133	134	135	136	137	138	139	140
C	B	A	E	C	E	E	D	E	A
141	142	143	144	145	146	147	148	149	150
E	D	B	B	D	D	B	C	D	A
151	152	153	154	155	156	157	158	159	160
B	A	D	E	D	C	B	D	E	E

161	162	163	164	165	166	167	168	169	170
B	C	A	D	E	B	A	C	C	A
171	**172**	**173**	**174**	**175**	**176**	**177**	**178**	**179**	**180**
E	A	E	C	D	E	E	A	C	C
181	**182**	**183**	**184**	**185**	**186**	**187**	**188**	**189**	**190**
D	D	C	A	C	C	B	A	A	B
191	**192**	**193**	**194**	**195**	**196**	**197**	**198**	**199**	**200**
C	D	A	B	B	B	E	E	A	D

कुछ चुने हुए प्रश्नों के व्याख्यात्मक उत्तर

71. I : $8x^2 - 10x - 63 = 0$

$$x = \frac{10 \pm \sqrt{(10)^2 - 4.8(-63)}}{2 \times 8}$$

$$= \frac{10 \pm \sqrt{100 + 2016}}{16} = \frac{10 \pm \sqrt{2116}}{16}$$

$$= \frac{10 \pm 46}{16} = \frac{7}{2} \text{ or } -\frac{9}{4}.$$

II : $5y^2 + 33y + 54 = 0$

$$y = \frac{-33 \pm \sqrt{(-33)^2 - 4.5.54}}{2 \times 5}$$

$$= \frac{-33 \pm \sqrt{1089 - 1080}}{10} = \frac{-33 \pm \sqrt{9}}{10}$$

$$= \frac{-33 \pm 3}{10} = -3 \text{ or } -\frac{18}{5}$$ यहाँ, $x > y$.

72. I : $x^2 - 9x - 52 = (x - 13)(x + 4) = 0$

$x = -4$ or 13

II : $y^2 - 5y - 84 = 0$

$(y - 12)(y + 7) = 0$

$y = -7$ or 12

अतः x तथा y के बीच सम्बन्ध स्थापित नहीं किया जा सकता है।

73. I : $6x^2 + 11x + 3 = 0$

$(2x + 3)(3x + 1) = 0$

$$x = -\frac{3}{2} \text{ or } -\frac{1}{3}$$

II : $12y^2 - y - 1 = 0$

$(3y - 1)(4y + 1) = 0$

$$y = -\frac{1}{4} \text{ or } \frac{1}{3}$$ अतः $y > x$.

74. I : $x^2 - 14x - 51 = 0$

$(x - 17)(x + 3) = 0$

$x = -3$ or 17

II : $y^2 - 35y + 306 = 0$

$(y - 17)(y - 18) = 0$

$y = 17$ or 18 $\therefore y \geq x$.

75. I : $12x^2 + 19x + 5 = 0$

$(4x + 5)(3x + 1) = 0$

$$x = -\frac{5}{4} \text{ or } -\frac{1}{3}$$

II : $4y^2 + 17y + 15 = 0$

$(y + 3)(4y + 5) = 0$

$$y = -3 \text{ or } -\frac{5}{4}$$

अतः $x \geq y$.

77. 139 → 140 → 149 → 174 → 223 → 304

$+(1)^2$, $+(3)^2$, $+(5)^2$, $+(7)^2$, $+(9)^2$

अतः इस श्रेणी में 150 गलत संख्या है।

78. 24 को छोड़कर सभी संख्याएँ 10 से विभाज्य है।

80. 13 → 16 → 24 → 39 → 63 → 98

+3, +8, +15, +24, +35

+5, +7, +9, +11

अतः दिए गए श्रेणी में 73 गलत संख्या है।

81. $4003 \times 77 - 21015 = x \times 116$

$\Rightarrow 308231 - 21015 = 116x$

$\Rightarrow 287216 = 116x$

$$\therefore x = \frac{287216}{116} = 2476$$

82. $6\sqrt{7} \times 12\sqrt{7} - 361 = x$

$\Rightarrow \quad 72 \times 7 - 361 = x$

$\Rightarrow \quad 504 - 361 = x$

$\Rightarrow \quad x = 143$

83. $\frac{4444}{40} + \frac{645}{25} + \frac{3991}{26} = x$

$\Rightarrow \quad \frac{1111}{10} + \frac{129}{5} + \frac{307}{2} = x$

$\Rightarrow \quad \frac{1111 + 258 + 1535}{10} = x \Rightarrow \frac{2904}{10} = x$

$\Rightarrow \quad x = 290.4$

84. $\sqrt{33124} \times \sqrt{2601} - (83)^2 = x^2 + (37)^2$

$\Rightarrow \quad 182 \times 51 - 6889 = x^2 + 1369$

$\Rightarrow \quad 9282 - 6889 = x^2 + 1369$

$\Rightarrow \quad 2393 - 1369 = x^2$

$\Rightarrow \quad 1024 = x^2$

$\therefore \quad x = 32$

85. $5\frac{17}{37} \times 4\frac{51}{52} \times 11\frac{1}{7} + 2\frac{3}{4} = x$

$\Rightarrow \quad \frac{202}{37} \times \frac{259}{52} \times \frac{78}{7} + \frac{11}{4} = x$

$\Rightarrow \quad 101 \times 3 + \frac{11}{4} = x$

$\Rightarrow \quad 303 + \frac{11}{4} = x \Rightarrow \frac{1223}{4} = x$

$\Rightarrow \quad x = 305.75$

86. $4621 + (17)^2 = 4621 + 289 = 4910$

$4910 + (15)^2 = 4910 + 225 = 5135$

$5135 + (13)^2 = 5135 + 169 = 5304$

$5304 + (11)^2 = 5304 + 121 = 5425$

$5425 + (9)^2 = 5425 + 81 = 5506$

$5506 + (7)^2 = 5506 + 49 = 5555$ (5531)

87. $6 \times 2 - 5 = 12 - 5 = 7$

$7 \times 2 - 5 = 14 - 5 = 9$

$9 \times 2 - 5 = 18 - 5 = 13$

$13 \times 2 - 5 = 26 - 5 = 21$ (26)

$21 \times 2 - 5 = 42 - 5 = 37$

$37 \times 2 - 5 = 74 - 5 = 69$

90. $2 \times 1 = 2$ (1)

$2 \times \frac{3}{2} = 3 \quad \Rightarrow \quad 3 \times 2 = 6$

$6 \times \frac{5}{2} = 15 \quad \Rightarrow \quad 15 \times 3 = 45$

$45 \times \frac{7}{2} = 157.5$

97. C जाने वाले बच्चों की संख्या = 9128

F जाने वाले बच्चों की संख्या = 8351

$\% = \frac{9128}{8351} \times 100 = \frac{912800}{8351} = 109.30$

98. B बच्चों की संख्या = 13180

D बच्चों की संख्या = 18315

कुल = 31495.

99. A, B, C, D, E तथा F का योग

= 19008 + 28337 + 20538 + 14430 + 29645 + 36983 = 148941

औसत = $\frac{148941}{6} = 24823.5$

101. Q शहर में कुल निर्मित भवनों की संख्या

= 100 + 175 + 275 = 550

T शहर में कुल निर्मित भवनों की संख्या

= 175 + 250 + 300 = 725

अन्तर = 725 − 550 = 175

102. शहर में कुल निर्मित भवनों की संख्या

= 200 + 100 + 225 + 275 + 300 = 1100

शहर में कुल पुनर्विकासित भवनों की संख्या

= 300 + 275 + 250 + 325 + 250 = 1400

अभीष्ट प्रतिशत = $\frac{1100}{1400} \times 100 = 78.57\% \approx 79\%$

103. अभीष्ट अनुपात = 175 : 300 = 7 : 12

104. ध्वस्त किए गए भवनों की औसत संख्या

$= \frac{50 + 175 + 150 + 75 + 175}{5} = \frac{625}{5} = 125.$

105. R शहर में निर्मित भवनों की संख्या का औसत

$= \frac{150 + 225 + 250}{3} = \frac{625}{3} = 208.33 \approx 208$

106. कथन I से,

यदि निवेशित राशि ₹ P तथा ब्याज की वार्षिक दर R प्रतिशत हो, तो अंतर $= \frac{PR^2}{10000} = 100$ ...(*i*)

कथन II से, $\frac{PR \times 3}{100} = 19500 - P$ ...(*ii*)

कथन III से, $\frac{PR \times 2}{100} = 3000$ ...(*iii*)

समीकरण (*i*) को (*iii*) से भाग देने पर

$$\frac{PR^2}{PR} = \frac{1000000}{150000} = \frac{20}{3}$$

$\Rightarrow$ $R = \frac{20}{3}$ p.c.p.a.

107. कथन I तथा II से,

रेलगाड़ी की गति $= \frac{x+y}{n}$ मी./से.

$\left[1 \text{ कि.मी./घंटा} = \frac{5}{18} \text{ मी./से.}\right]$

कथन II तथा III से,

रेलगाड़ी की गति $= \frac{y}{m}$ मी./से.

कथन III तथा I से,

यदि रेलगाड़ी की लम्बाई *z* मीटर हो, तो

रेलगाड़ी की गति $= \frac{z+x}{n} = \frac{z}{m}$

z के मान ज्ञात होने के बाद गति ज्ञात की जा सकती है।

108. तीनों कथनों के सूचनाओं में कुल छात्रों की संख्या नहीं ज्ञात होने के अभाव में उत्तर नहीं दिया जा सकता है।

109. कथन I तथा III से,

D स्कीम पर निवेशित राशि

$= \frac{3}{2} \times 45000 =$ ₹ 67500

कथन II तथा III से,

$\because$ 40% = 45000

$\therefore$ $60\% = \frac{45000 \times 60}{40} =$ ₹ 67500.

110. कथन I, II तथा III से,

आयत की लम्बाई = 6 मीटर

चौड़ाई $= 6 \times \frac{2}{3} = 4$ मीटर

$\therefore$ क्षेत्रफल = 6 × 4 = 24 वर्ग मीटर

$\therefore$ फर्श पर खर्च = ₹$\left(\frac{240000}{100} \times 45\right)$

= ₹ 108000.

111. अभीष्ट अन्तर = 24 – 20 = 4.

112. अभीष्ट संख्या = 136 + 60 = 196.

113. अभीष्ट अनुपात $= \frac{160}{20} = 8 : 1$.

114. माना कि पानी में नौका की गति = *x* कि.मी./घंटा

तब, $\frac{6}{x-4} + \frac{6}{x+4} = 2$

$\Rightarrow \frac{2x}{x^2 - 16} = \frac{1}{3}$

$\Rightarrow x^2 - 6x - 16 = 0$

$\Rightarrow (x-8)(x+2) = 0$

अतः नौका की गति = 8 किमी./घंटा

115. घूर्णन के दौरान किसी घड़ी की सुइयों की सापेक्षतः स्थान परिवर्तन की 13 संभावना है।

117. क्रय मूल्य $= \frac{100}{110} \times 660 =$ ₹ 600

अतः अंकित मूल्य $= \frac{100}{75} \times 600 =$ ₹ 800

118. 3 वर्ष के बाद शहर की जनसंख्या

$= 80{,}000\left(1 + \frac{5}{100}\right)^3$

$= 80{,}000 \times \frac{21}{20} \times \frac{21}{20} \times \frac{21}{20} = 92610$

119. 1 माह के लिए ओमदत्त द्वारा निवेशित राशि

= ₹ 8000 × 12 = ₹ 96000

माना कि 6 माह के लिए संजय ने ₹ *x* निवेशित किया

$\therefore$ 1 माह के लिए संजय की निवेशित राशि

= ₹ *x* × 6 = ₹ 6*x*

अब, 6*x* = 96000 $\therefore$ *x* = ₹ 16000

120. अभीष्ट बाजार मूल्य = 300 × 5.75 = ₹ 1725

131-135.

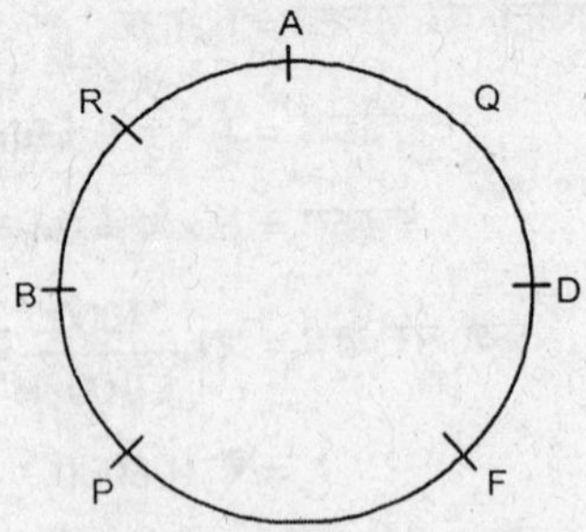

131. P के दाहिने तरफ से दूसरे नम्बर पर D है।

132. P, F के बाएँ है।

133. D के दाहिने तरफ Q है।

134. B के दाहिने तरफ तीसरे स्थान पर D है। B के बाएँ तरफ चौथे स्थान पर D है।

135. Q के दाहिने तरफ A है।

138. J तथा N की ऊँचाई अस्पष्ट है। अतः दोनों कथन उत्तर देने में असमर्थ है।

139. दोनों कथनों के आधार पर, चयन इस प्रकार है :

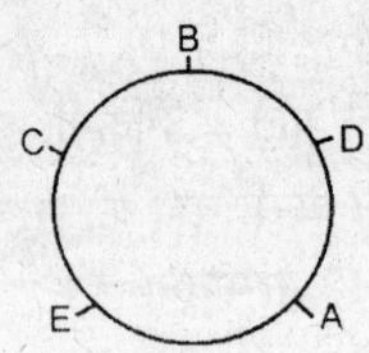

अतः D के बायीं तरफ A है।

141. $L > K \geq X < J = N \leq Y < D$

यहाँ सिर्फ $D > X$ सही है।

142. जैसा कि, $P \geq J \geq V = D > L$

$\therefore \quad P > L$

तथा $J \geq V = D > L$

$\therefore \quad J > L$

अतः सिर्फ III तथा IV सत्य हैं।

153. $P = M, K < P, S > K \Rightarrow K < M, K < S$

154. $T \geq J, F > T, J > O$

$\Rightarrow F > J > O$

$\Rightarrow F > J \ \& \ O < J$

$\Rightarrow$ I & II

155. $E \leq G, H \geq D; E = D$

156. $T = U, R \leq P, P \leq T$

$\Rightarrow R \leq U$

157. $L \geq B, N \leq C, B < N$

$\Rightarrow B < C \Rightarrow C > B \Rightarrow$ II

158. मानदंड (*iv*) नहीं दिया गया किंतु मानदंड (*b*) निर्णय प्रदान करता है।

159. दोनों मानदंड (*ii*) और (*iii*) नहीं दिए गए हैं और अकेला मानदंड (*a*) निर्णय प्रदान नहीं कर सकता है।

160. दोनों मानदंड (*i*) और (*iii*) नहीं दिए गए हैं और अकेला मानदंड (*a*) निर्णय प्रदान नहीं कर सकता है।

161. दोनों मानदंड (*iii*) और (*a*) संतुष्ट नहीं करते हैं।

162. मानदंड (*iii*) संतुष्ट नहीं करता है लेकिन मानदंड (*a*) निर्णय प्रदान करता है।

163. मानदंड (*i*) संतुष्ट नहीं करता है लेकिन मानदंड (*c*) निर्णय प्रदान करता है।

164-166. एक सप्ताह में भाईयों की उपस्थिति

	जेठामल	कुंदनमल	नैनामल
सोमवार	9 a.m. - 12 noon	x	10 a.m. - 2 p.m.
मंगलवार	x	12 noon - 4 p.m.	x
बुधवार	9 a.m. - 12 noon	x	x
गुरुवार	9 a.m. - 12 noon	12 noon - 4 p.m.	10 a.m. - 2 p.m.
शुक्रवार	2 p.m. - 4 p.m.	x	10 a.m. - 2 p.m.
शनिवार	2 p.m. - 4 p.m.	x	x
रविवार	2 p.m. - 4 p.m.	12 noon - 4 p.m.	10 a.m. - 2 p.m.

ENGLISH LANGUAGE

CHAPTER 1

Comprehension Passages

Comprehension is a very important part of General English paper. The questions on comprehension lay particular stress on understanding a given passage. You are required to read a passage and answer a few questions based on it. Various comprehension questions are set solely with the objectives named below:

1. To test your ability to detect the central idea or the focal point in the given passage.
2. To test your ability to understand and interpret the given passage.
3. To judge your capability to pick out the various arguments put forward by the writer for or against something.
4. To test your accuracy and richness of vocabulary.
5. To test your academic ability to understand the implied and the clearly and fully expressed ideas of the writer of the passage.
6. To test, occasionally, your power of appreciating critically the views contained in the given passage.

While answering comprehension questions, you must comply with the following important points:

1. First, read the whole passage attentively, carefully and quickly.
2. Read it for the second time, slowly but steadily.
3. Work out the probable meaning of new words, from the context in which they have been used.
4. Underline and look for transitional words and phrases as an aid to comprehension.
5. The process of elimination should be used while selecting the correct answer.
6. Recheck your answers before marking in the answersheet.

Directions: *Read the following passages carefully and answer the questions given below them. All answers should be given in the context of the given passage. Certain words/phrases are printed in* **Bold** *to help you to locate them while answering some of the questions.*

PASSAGE-1

After the "Liberalization," "Globalization" and the consequent change in the new international economic order as well as new information technology order, a new catch-phrase is being coined: 'A New Health Order.' Talking about setting it up is the theme of the WHO-sponsored international conference on primary health and medical care, currently being held at Milan in Italy. While much has been said and written on establishing "new order," little has actually been done. Will the conference at Milan too swear by the "new health order" go home and then forget about it, while the present medical and healthcare set-up in poor countries further **entrenches** itself? This does not have to be the fate of the radical resolutions that will undoubtedly be passed at Milan. Unlike creating a new world economic or information order, establishing a new heatlh set-up is essentially a matter for individual countries to accomplish. No conflict of international interests is involved. But this-advantage is, at least until it begins to take concrete shape, only theoretical. The million-dollar question is whether individual third-world governments are able and willing to **muster** the will, the resources, the administrative and other infrastructure to carry out what it is entirely within their power to attain and implement.

The dimensions of the problem are known and the solutions broadly agreed on. The present medical and healthcare system is urban-based, closely geared to drugs, hospitals and expensively trained apathetic doctors. The bulk of the population in poor countries, who live in rural areas, are left untouched by all this and must rely on traditional healers. The answer is to turn out medical/health personnel sufficiently, but not expensively, trained to handle routine complaints and to get villagers to pay adequate attention to cleanliness, hygienic sanitation, garbage disposal and other elementary but **crucial** matters. More complicated ailments can be referred to properly equipped centres in district towns, cities and metropolises. Traditional healers, whom villagers trust, can be among these intermediate personnel. Some third-world countries, including India, have **launched** or are preparing elaborate schemes of this nature. But the experience is not quite happy. There is **resistance** from the medical establishment which sees them as little more than licensed quackery but is not prepared either to offer **condensed** medical courses such as the former licentiate course available in this country and unwisely scrapped. There is the question of how much importance to give to indigenous system of medicine. And there is the difficult matter of striking the right balance between preventive healthcare and curative medical attention. These are complex issues and the Milan conference would perhaps be more fruitful if it were to discuss such specific subjects.

1. It can be inferred from the contents of the passage that the author's approach is
A. sarcastic B. constructive
C. indifferent D. fault-finding
E. hostile

2. The contents of the passage indicate that the author is opposed to
A. traditional healers
B. licentiate practitioners
C. allopathic system of medicines
D. hospitals
E. None of these

3. The author thinks that the solution to the problem of medical/healthcare lies in
A. opening hospitals is rural areas
B. conducting inexpensive medical courses
C. improving the economic condition of the masses
D. expediting the setting up of a new health order
E. making cheap drugs available

4. The author is doubtful whether
A. an individual country can set up a new health order
B. the Milan Conference would pass radical resolutions
C. underdeveloped countries have the capacity to organize their resources
D. traditional healers could be trained as intermediate health personnel
E. the problem has been understood at all

5. To make the conference really useful, the author suggests
A. resolving the international conflicts involved
B. that it should address itself to specific issues
C. it should give importance to indigenous system of medicine
D. that it should not pass radical resolutions
E. None of these

6. The medical establishment seems to be reluctant to trust the
A. allopathic medical practitioners
B. traditional healers
C. urban-based medical practitioners
D. expensively trained allopathic doctors
E. None of these

7. What does the author suggest for the cure of the cases involving complications?
A. Treating such cases at well equipped hospitals in district places
B. Training such victims in preliminary hygiene
C. Training semi-skilled doctors to treat such cases
D. Issuing licenses to semi-skilled doctors to treat such cases
E. None of these

Directions (Qs. 8 to 10): *Choose the word which is most nearly the SAME in meaning as the word printed in BOLD as used in the passage.*

8. MUSTER

A. enlist B. summon
C. manifest D. extend
E. enrich

9. ENTRENCH

A. being deteriorating
B. surround completely
C. establish firmly
D. enclose carefully
E. finish radically

10. LAUNCHED

A. participated B. accomplished
C. elevated D. planned
E. started

Directions (Qs. 11 to 13): *Choose the word which is most nearly OPPOSITE in meaning of the word printed in BOLD as used in the passage.*

11. CONDENSED

A. concentrated B. envigoured
C. expanded D. lengthened
E. inexplicable

12. RESISTANCE

A. opposition B. agreement
C. repulsion D. acceptance
E. compliance

13. CRUCIAL

A. trivial B. critical
C. significant D. marvellous
E. conspicuous

PASSAGE-2

Management is a set of processes that can keep a complicated system of people and technology running smoothly. The most important aspects of management include planning, budgeting, organising, staffing, controlling, and problem solving. Leadership is a set of processes that creates organisations in the first place or adapts them to significantly changing circumstances. Leadership defines what the future should look like, aligns people with that vision, and inspires them to make it happen despite the obstacles. This distinction is absolutely crucial for our purposes here: Successful transformation is 70 to 90 per cent leadership and only 10 to 30 per cent management. Yet for historical reasons, many organisations today don't have much leadership. And almost everyone thinks about the problem here as one of managing change. For most of this century, as we created thousands and thousands of large organisations for the first time in human history, we did not have enough good managers to keep all those bureaucracies functioning. So many companies and universities developed management programmes, and hundreds and thousands of people were encouraged to learn management on the job. And they did. But, people were taught little about leadership. To some degree, management was the main item on the twentieth-century agenda because that's what was needed. For every entrepreneur or business builder who was a leader, we needed hundreds of managers to run their ever-growing enterprises.

Unfortunately for us today, this emphasis on management has often been institutionalised in corporate cultures that discourage employees from learning how to lead. Ironically, past success is usually the key ingredient in producing this outcome. The syndrome, as I have observed it on many occasions, goes like this: success creates some degree of marked dominance, which in turn produces much growth. After a while keeping the ever-larger organisation under control becomes the primary challenge. So attention turns inwards, and managerial competencies are **nurtured**. With a strong emphasis on management but not leadership, bureaucracy and an inward focus take over. But with continued success, the result mostly of market dominance, the problem often goes unaddressed and unhealthy arrogance begins to evolve. All of these characteristics then make any transformation effort much more difficult.

Arrogant managers can overvalue their current performance and competitive position, listen poorly, and learn slowly. Inwardly focussed employees can smother those who want to respond to shifting conditions. And the lack of leadership leaves no force inside these organisations to break out of the morass.

1. Why, according to the author, a distinction between management and leadership is crucial?

A. Leader are reactive whereas managers are proactive
B. Organisations are facing problems of not getting good managers
C. Organisations are pursuing the strategy of status-quo
D. In today's context organisations need leaders much than managers in transforming them
E. None of these

2. Why did companies and universities develop programmes to prepare managers in such a large number?
A. Companies and Universities wanted to generate funds through these programmes
B. The large number of organisations were created and they needed managers in good number
C. Organisations did not want to spend their scarce resorouces in training managers
D. Organisations wanted to create communication network through trained managers
E. None of these

3. Which of the following statements is NOT TRUE in the context of the passage?
A. Bureaucratic culture smothers those who want to respond to changing conditions
B. Leadership produces change and has the potential to establish direction
C. Pressure on managers comes mostly from within
D. Leadership centre on carrying out important functions such as planning and problem solving
E. Managers believe that they are the best and that their idiosyncratic traditions are superior

4. Which of the following is NOT the characterstic of bureaucratic culture?
A. Managers listen poorly and learn slowly
B. Managerial competencies are nurtured
C. Employees clearly see the forces that present threats and opportunities
D. Prevalence of unhealthy arrogance
E. Managers tend to stifle initiative and innovation

5. Which of the following is SIMILAR in meaning of the word 'SMOTHER' as used in the passage?
A. suppress
B. encourage
C. instigate
D. criticise
E. attack

6. How has the author defined management?
A. It is the process of adapting organisations to changing circumstances
B. It is the system of aligning people with the direction it has taken
C. It refers to creating a vision to help direct the change effort
D. Creating better performance through customer orientation
E. None of these

7. Management education was emphasised in the management programmes because
A. establishing direction was the main focus of organisations
B. motivating employees was thought to be done by managers
C. strategies for producing change was the main focus of organisations
D. organisations wanted to create powerful guiding coalition
E. management was the main item of agenda in organisations

8. What is the historical reason for many organisations not having leadership?
A. A view that leaders are born, they are not made
B. Leaders lack managerial skills and organisations need managers
C. Leaders are weak in carrying out traditional functions of management
D. Leaders allow too much complacency in organisations
E. None of these

9. In the passage, management is equated with
A. Organisation
B. Leadership
C. Organisation vision
D. Bureaucracy
E. Managerial training

10. Why does the attention of large organisations turn inward?

A. Their managers become arrogant

B. They have to keep themselves under control

C. Their success creates market dominance

D. They want to project their predictability

E. None of these

11. Which of the following is SIMILAR in meaning of the word 'NURTURED' as used in the passage?

A. created B. developed

C. thwarted D. surfaced

E. halted

12. What, according to the author, is leadership?

A. Process which keeps system of people and technology running smoothly

B. Planning the future and budgeting resources of the organisation

C. Inspiring people to realise the vision

D. Carrying out the crucial functions of management

E. None of these

13. Which of the following characteristics help organisations in their transformation efforts?

A. Emphasis on leadership but not management

B. A strong and dogmatic culture

C. Bureaucratic and inward looking approach

D. Failing to acknowledge the value of customers and shareholders

E. None of these

14. Why were people taught little about leadership in management programmes?

A. Teachers were busy in understanding the phenomenon of leadership

B. Enough study material was not available to facilitate teaching of leadership

C. Focus of these programmes was on developing managers

D. Leadership was considered only a political phenomenon

E. None of these

15. Which of the following statement is/are DEFINITELY TRUE in the context of the passage?

(1) Bureaucracy fosters strong and arrogant culture

(2) Leadership competences are nurtured in large size organisation

(3) Successful transformation in organisations is 70 to 90 per cent leadership

A. Only (1) and (2) B. Only (1) and (3)

C. Only (2) and (3) D. Only (2)

E. Only (3)

PASSAGE-3

The happy man is the man who lived objectively, who has free affections and wide interest, who secures his happiness through these interests and affections and through the fact that they, in turn, make him an object of interest and affection to many others. To be the recipient of affection is a potent cause of happiness, but the man who demands affection is not the man upon whom it is **bestowed.** The man who receives affection is, speaking broadly, the man who gives it. But it is useless to attempt to give it as a calculation, in the way in which one might lend money at interest, for a calculated affection is not genuine and is not felt to be so by the recipient.

What then can a man do who is unhappy because he is encased in self? So long as he continues to think about the cause of his unhappiness, he continues to be self-centred and therefore does nto get outside, the vicious circle if he is to get outside it, it must be by genuine interests, not by simulated interest accepted merely as a medicine. Although this difficulty is real, there is nevertheless much that he can do if he has rightly diagnosed his trouble. If, for example, his trouble is due to a sense of sin, conscious or unconscious he can first persuade his conscious mind that he has no reason to feel sinful, and then proceed, to plant this rational conviction in his unconscious mind, concerning himself meanwhile with some more or less neutral activity. If he succeeds in **dispelling** the sense of sin, it is possible that genuine objective interests will arise spontaneously. If his trouble is self-pity, he can deal with it in the same manner after first persuading himself that there is nothing extraordinarily unfortunate in his circumstances.

If fear is his trouble, let him practice exercises designed to give courage. Courage has been recognised from time immemorial as an important virtue, and a great part of the training of boys and young men has been devoted to producing a type of character capable of fearlessness in battle. But moral courage and intellectual courage have been much less studied, they also, however, have their technique, admit to yourself every day at least one painful truth, your will find this quite useful. Teach yourself to feel that life still be worth living even if you were not, as of course you are immeasurably superior to all your friends in virtue and in intelligence. Exercises of this sort prolonged through several years will at last enable you to admit facts without **flinching** and will, in so doing, free you from the empire of fear over a very large field.

1. If a man is suffering from a sense of sin...
- A. he should invite opinion of others
- B. he should admit his sin at once
- C. he should consciously realize that he has no reason to feel sinful
- D. he should develop a fearless character
- E. he should develop an internal locus of control

2. What happens to a man who demands affection?
- A. His feelings are reciprocated by others
- B. He tends to take a calculated risk
- C. He becomes a victim of a viscious circles
- D. He takes affection for granted from others
- E. None of these

3. What should a man do who is suffering from the feeling of self-pity?
- A. He should control his passions and emotions
- B. He should persuade himself that everything is alright in his circumstances
- C. He should seek affection from others
- D. He should develop a feeling of fearlessness
- E. He should consult an expert to diagnose his trouble

4. Which of the following, according to the passage, has not been studied much?
- A. Feeling of guilt and self-pity
- B. The state of mind of a unhappy man
- C. How to get absorbed in other interests
- D. Moral and intellectual courage
- E. None of these

5. Which of the following words is SIMILAR in meaning of the word 'BESTOWED' as used in the passage?
- A. conferred
- B. accommodated
- C. thrusted
- D. withdrawn
- E. directed

6. Which of the following virtues, according to the passage has been recognised for long as an important virtue?
- A. Patriotism
- B. Sacrifice
- C. Courage
- D. Self-consciousness
- E. None of these

7. Which of the following statements in NOT TRUE in the context of the passage?
- A. Happy man has wide interests
- B. Courage has been recognised as an important virtue
- C. Unhappy man is encased in self
- D. A man who suffers from the sense of sin must tell himself that he has no reason to be sinful
- E. Issue of intellectual courage has been extensively studied

8. Who according to the passage, is the happy man?
- A. Who is encased in self
- B. Who has free affection and wide interests
- C. Who is free from wordly passions
- D. Who has extremely centred passions
- E. None of these

9. According to the passage, calculated affection...
- A. appears to be false and fabricated
- B. makes other person to love you
- C. turns into permanent affection over a period of time
- D. leads to self-pity
- E. gives a feeling of courage

10. What happens when you think about cause of your unhappiness?

A. You try to introspect and look critically at yourself
B. You realize that the life can be lived in different ways
C. You try to practise exercise designed to give courage
D. You remain a self-centred person
E. None of these

11. What according to the passage is the real cause of happiness?

A. Material rewards and incentives received
B. Critical analysis of the happy state of mind
C. Affection received from others
D. Calculated risks taken
E. None of these

12. Which of the following words is OPPOSITE in meaning of the word 'DISPELLING' as used in the passage?

A. giving B. accumulating
C. projecting D. scattering
E. receiving

13. How to get out of the viscious circle mentioned in the passage?

A. By practicing skills of concentration
B. By inculcating the habit of self-absorption
C. Being true of others and ones internal circumstances
D. Admitting to oneself that others could be right
E. None of these

14. Which of the following words is SIMILAR in meaning to the word 'FILINCHING' as used in the passage?

A. wincing B. convincing
C. explaining D. providing
E. debating

15. Which of the following statements is TRUE in the context of the passage?

A. All passions stem from unhappiness
B. The happy man lives subjectively
C. Any virtue has a dark side also
D. One feels happy if one receives affection
E. Any affection is always genuine

PASSAGE-4

Globalization, liberalization and free market are some of the most significant modern trends in economy. **Most economists** in our country seem **captivated** by the spell of the free market. Consequently, nothing seems good or normal that does not accord with the requirements for the free marekt. A price that is determined by the seller or, for that matter, established by anyone other than the aggregate of consumers seems **pernicious.** Accordingly, it requires a major act of will to think of price-fixing as both normal and having a valuable economic function. In fact, price-fixing is normal in all industrialized societies because the industrial system itself provides, as an effortless consequence of its own development, the price-fixing that it requires. Modern industrial planning requires and rewards great size. Hence a comparatively small number of large firms will be competing for the same group of consumers. That each large firm will act with consideration of its own needs and thus avoid selling its products for more than its competitors charge is commonly recognised by **advocates** of free-market economic theories. But each large firm will also act with full consideration of the needs that it has in common with the other large firms competing for the same customers. Each large firm will thus avoid significant price-cutting, because price-cutting will be prejudicial to the common interest in a **stable** demand for products. Most economists do not see price-fixing when it occurs because they expect it to be brought about by a number of **explicit** agreements among large firms, it is not.

Moreover, those economists who argue that allowing the free-market to operate without interference is the most efficient method of establishing prices have not considered the economics of non-socialist countries. Most of these economics employ intentional price-fixing, usually in an **overt** fashion. Formal price-fixing by cartel and informal price-fixing by agreements covering the members of an industry are common place. Were there something peculiarly efficient about the free market and inefficient about price-fixing, the countries that have avoided the first and used the second would have suffered drastically in their economic development. There is no indication that they have.

Socialist industry also works within a framework of controlled prices. In the early 1970's the Soviet Union began to give firms and industries some flexibility in adjusting prices that a informal evolution has accorded the capitalist system. Economists in the USA have hailed the change as a return to the free-market. But the then Soviet firms were not in favour of the prices established by a free-market over which they exercised little influence; rather. Soviet firms acquired some power to fix prices.

1. The author's primary objective of writing the passage seems to:
A. belie the popular belief that the free-market helps enhance development of industrial societies
B. advocate that price-fixing is unavoidable and it is beneficial to the economy of any industrialized society
C. explain the methodology of fixing price to stabilize free-market
D. prove that price-fixing and free-market are compatible and mutually beneficial to industrialized society
E. create awareness among the general public regarding combating price-fixing by large firms

2. Which of the following statements (1), (2) and/or (3) is/are TRUE in the context of the information given in the passage?
The information in the passage is helpful to:
1. know some of the ways in which prices can be fixed
2. identify the products for which price-fixing can be more beneficial
3. differentiate between the economics of various countries
A. Only (1)
B. Only (2)
C. Only (3)
D. Only (1) and (2)
E. None of these

3. Considering the literal meaning and connotations of the words used in the passage, the author's attitude towards "Most economists" can best be described as:
A. derogatory and antagonistic
B. impartial and unbiased
C. spiteful and envious
D. critical and condescending
E. indifferent

4. The author feels that price fixed by seller seems pernicious because:
A. people do not have faith in large firms
B. people do not want the Government to fix prices
C. most economists believe that consumers should determine prices
D. most economists believe that no group should determine prices
E. people do not want to decide prices

5. Which of the following statements is DEFINITELY TRUE in the context of the passge? Price fixing is:
A. a profitable result of economic development
B. an inevitable result of the industrial system
C. the joint result of a number of carefully organized decisions
D. a phenomenon uncommon to industrialized societies
E. a result of joint venture of the Government and industry

6. According to the passage, price-fixing in non-socialistic countries is generally:
A. intentional and widespread
B. illegitimate, but beneficial
C. conservative and inflexible
D. legitimate and innovative
E. conservative and scarce

7. What was the result of the then Soviet Union's change in economic policy in the 1970's?
A. They showed greater profits
B. They had less control over the free-market
C. They were able to adjust to techno-advancement
D. They acquired some authority to fix prices
E. They became more responsive to free-market

8. The author's primary concern seems to:
A. summarise conflicting view points

B. make people aware of recent discoveries
C. criticise a point of view
D. predict the probable results of a practice
E. prepare a research proposal

9. Which of the following statements about the Socialist industry is/are false?
1. It works under certain price restrictions.
2. It has no authority to determine prices
3. It hails the strategy of price fixing, as a major deviation

A. Only (1) is false
B. Only (2) is false
C. Only (3) is false
D. (1) and (2) are false
E. (2) and (3) are false

PASSAGE-5

Amnesty International's charge that 'tens of thousands' of political prisoners, including prisoners of conscience, are **languishing** in Indian jails and that prisoners are routinely tortured in this country has to be seen in a much wider contest than the organisation's annual report cares to do. In its overall appraisal of 151 countries, Amnesty has accused 112 of torturing prisoners, 63 of harbouring prisoners of conscience, 61 of resorting to political killings and 53 of detaining people without a trial. Of these apparently **overlapping** categories, India seems to have been excluded from the list of the 61 which undertake political killings. The report has, however, pointed out that **scores** of people in India die for torture in police and military custody and that many also simply disappear. Clearly, only a thin line separates the 61 charged with political murder from the rest. Before coming to such conclusions, however, it may also be necessary to classify the various countries according to their political systems. Torture by the security forces and killings at the behest of the government make no difference to the victims whether they are in a democratic country or a totalitarian one. It is also nobody's case that a democratic country is less **culpable** than a dictatorship in the vent of human rights violations. But the point perhaps still needs to be made that torture or 'disappearances' represent a failure of the system in a democracy in contrast to being an integral part of state policy in a country ruled by an autocrat who is answerable to no one.

India may be guilty of keeping 'tens of thousands' behind bars and of the other human rights abuses mentioned by Amnesty, but it still remains a qualitatively different place from a totalitarian country. It is in this respect that Amnesty has been less than fair. It has chosen to ignore the distinctions between the good, the bad and the ugly. The openness of Indian soceity will be evident to anyone who spends half an hour in one of its chaotic market-places or visits the law courts or watches a political rally or reads a newspaper or **strikes up** a conversation with any person on the roads. There is no sense of fear in India, as in a dictatorship. There is also scope for securing relief from the heavy-handed behaviour of the authorities, even if the human rights commission has not yet lived up to expectations. Unless such points are recognised, Amnesty's assessment will seem to be a dry recital of statistics which may **pillory** India simply because of its larger population. Mercifully, Amnesty nowadays at least notes that the terrorists also indulge in human rights violations and that India has to cope with several insurgencies **fomented** by a country where the military does not always seem to be under the control of the elected government. True, there is much that is wrong in India's prison system and with the way the terrorist challenge in sometimes meet, but the stress should be on activating the self-correcting mechanism within a democracy and not merely on painting a grim, even biased, picture.

1. The author suggests classification of various countries on one additional dimension. Which of the following is that dimension?

A. Economic progress
B. Industrial progress
C. Political systems
D. Human rights
E. None of these

2. According to the passage, through which media or forum Amnesty International has hurled the charges?

A. Its International Meet
B. Its Annual Report

C. Seminar on Human Rights
D. Its Regional Meet
E. None of these

3. The author of the passage
A. agrees with the report
B. disagrees with the report
C. disagrees that conditions of prisons in India is bad
D. supports the totalitarian approach
E. disagrees with report on terrorists

4. The Amnesty International report is based on the information of how many countries?
A. 112 B. 63
C. 131 D. 115
E. None of these

5. In the report, India has been excluded from which of the following categories of violating human rights?
A. Political killings
B. Torturing prisoners
C. Detaining without trial
D. Harbouring prisoners of conscience
E. None of these

6. According to the passage, what does political murder in a democratic country signify?
A. Policy of the country
B. Need for autocratic rule
C. Openness of society
D. Failure of system
E. Heavy-handed behaviour of the authorities

7. Which of the following seems to be the main purpose of writing this passage?
A. To highlight the role of Amnesty International
B. To further the cause of human rights
C. To highlight the sufferings of prisoners
D. To condemn political killings
E. None of these

8. Which of the following is NOT TRUE in the context of the passage?
A. There is overlapping of cases in the categories of human rights abuses
B. India was one of the countries appraised by Amnesty International
C. India is guilty of some human rights abuses
D. Amnesty International appraised all the democratic countries
E. The report notes that the terrorists also violate human rights

9. Which of the following is the meaning of the phrase STRIKE UP as used in the passage?
A. discussion B. hit sharply
C. protest D. initiate
E. undertake

10. According to the author, among the good, the bad and the ugly, what at worst is the situation in India?
A. Good B. Bad
C. Ugly D. Good or Ugly
E. Bad of Ugly

11. Which of the following is TRUE, according to the passage?
A. The Human Rights Commission has done commendable service
B. There is a need to check political killings in India
C. There is a need to improve India's prison system
D. India is not at all guilty of human rights violations
E. None of these

12. Which of the following human rights violation is most prevalent among the countries?
A. Torturing prisoners
B. Detaining without trial
C. Killing with political motive
D. Harbouring prisoners of conscience
E. None of these

PASSAGE-6

We have inherited the tradition of secrecy about the budget from Britain where also the system has been strongly attacked by eminent economists and political scientists including Peter Jay. Sir Richard Clarke, who was the originating genius of nearly every **important** development in the British budgeting techniques during the last two decades, has spoken out about the abuse of budget secrecy: "The problems of long-term tax policy should surely be **debated** openly with the facts on the table. In my opinion, all governments should have just the same **duty** to publish their expenditure policy. Indeed, this obligation to publish taxation policy is really essential for the control of public expenditure in order to get realistic taxation implications." Realising that democracy **flourishes** best on the principles of open government, more and more democracies are having an open public debate on budget proposals before introducing the appropriate Bill in the legislature. In the United States the budget is conveyed in a message by the President to the Congress, which comes well in advance of the date when the Bill is introduced in the Congress. In Finland the Parliament and the people are already discussing in June the tentative budget proposals which are to be introduced in the Finnish Parliament in September. Every budget contains a cartload of figures in black and white— but the dark figures represent the **myriad** lights and shades of India's life, the contrasting tones of poverty and wealth and of bread so dear and flesh and blood so cheap, the deep tints of adventure and enterprise and man's ageless struggle for a brighter morning. The Union budget should not be an annual **scourge** but a part of presentation of annual accounts of a partnership between the Government and the people. The partnership wou'd work much better when the nonsensical secrecy is replaced by openness and public consultations, resulting in fair laws and the people's acceptance of their moral duty to pay.

1. The author seems to be in favour of
A. maintaining secrecy of budget
B. judicious blend of secrecy and openness
C. transparency in budget proposals
D. replacement of public constitution by secrecy
E. None of these

2. The author thinks that openness in budget is essential as it leads to
A. prevention of tax implications
B. people's reluctance to accept their moral duties
C. exaggerated revelation of the strengths and weaknesses of economy
D. making our country on par with Finland
E. None of these

3. How do the British economists and political scientists react to budget secrecy? They are
A. in favour of having a mix of secrecy and openness
B. indifferent to the budgeting techniques and taxation policies
C. very critical about maintenance of budget secrecy
D. advocates of not disclosing in advance the budget contents
E. None of these

4. The secrecy of the budget is maintained by all of the following countries EXCEPT
(1) Finland
(2) India
(3) Unites States
A. only (1)
B. only (2)
C. only (3)
D. (1) and (3)
E. (2) and (3)

5. Sir Richard Clarke seems to deserve the credit for
A. transformation in the British budgetary techniques
B. maintenance of secrecy of the British budget
C. detection of abuse of transparency in budget
D. bringing down the tax load on British people
E. None of these

6. From the contents of the passage, it can be inferred that the author is
A. authoritarian in his approach
B. a democratic person
C. unaware of India's recent economic developments
D. a conservative person
E. None of these

7. For making the budget realistic, the Government should
A. refrain from making public the proposed provisions before finalisation
B. discuss it secretly within themselves
C. encourage the public to send in their suggestions
D. consult the public, defend their own plans and accept public suggestions
E. None of these

8. Which of the following statements is DEFINITELY TRUE in the context of the passage?

A. The British Government has been religiously maintaining budget secrecy
B. Budget secrecy is likely to lead to corrupt practices
C. Consulting unjustifiable taxes with public helps make them accept those taxes
D. There should be no control on public expenditure in democratic condition
E. None of these

9. Which of the following statement(s) is/are DEFINITELY FALSE in the context of the passage?

(1) Transparency helps unscrupulous elements to resort to corrupt practices
(2) Open approach of Government is a sign of healthy democracy
(3) People's acceptance of their moral duties can best be achieved through openness and public consultations

A. only (1) B. only (2)
C. only (3) D. (1) and (2)
E. (2) and (3)

Directions (Qs. 10 to 12): *Choose the word which is most nearly the SAME in meaning to the word printed in capital letters as used in the passage.*

10. MYRIAD

A. adequate B. functional
C. incompatible D. abundant
E. excellent

11. SCOURGE

A. ritual B. presentation
C. whip D. compromise
E. remedy

12. DUTY

A. obligation B. imposition
C. tax-liability D. function
E. job

Direciont (Qs. 13 to 15): *Choose the word which is most OPPOSITE in meaning to the word printed in capital letters as used in the passage.*

13. IMPORTANT

A. major B. uncountable
C. significant D. unscheduled
E. trivial

14. DEBATED

A. questioned severely
B. opposed strongly
C. accepted unconditionally
D. discussed frankly
E. implemented forcibly

15. FLOURISHES

A. disappears B. degenerates
C. vanishes D. blooms
E. opens

PASSAGE-7

An independent, able and upright judiciary is the hallmark of a free democratic country. Therefore, the process of judicial appointments is of vital importance. At present, on account of the Supreme Court's last advisory opinion, the role of the executive and its interference in the appointment of judges is minimal, which, **in the light of our previous experience,** is most welcome. However, there is a strong demand for a National Judicial Commission on the ground of wider participation in the appointment process and for greater transparency. The composition, the role and the procedures of the proposed National Judicial Commission, must be clearly spelt out, **lest it** be a case of **jumping from the frying pan into the fire**.

Recently, there has been a lively debate in England on the subject. A judicial commission has been proposed but there are not many takers for that proposal. In the paper issued this month by the Lord Chancellor's Department on judicial appointments, the Lord Chancellor has said, "I want every vacancy on the Bench to be filled by "the best person available. Appointments must and will be made on merit— irrespective of ethnic origin, gender, marital status, political affiliation, sexual orientation, religion or disability. These are not mere words. They are firm principles. I will not tolerate any form of discrimination."

At present, there are hardly any persons from the ethnic minorities manning the higher judiciary and so far not a single woman has made it to the House of Lords. The most significant part of Lord Chancellor's paper is the requirement that "allegations of professional misconduct made in the course of consultations about a candidate for judicial office must be specific and subject to disclosure to the candidate." This should go a long way in ensuring that principles of natural justice and fair play are not **jettisoned** in the appointment process, which is not an uncommon phenomenon.

1. Which of the following could be in the author's mind when he says *'in the light of our previous experience'*?
   A. Not having enough judges from backward communities
   B. Interference of the executive in the appointment of judges
   C. Professional misconduct of judges
   D. Delays occurred in the judicial appointment
   E. None of these

2. According to the passage, there has been a demand for a National Judicial Commission to
   A. clear the backing of court cases
   B. make judiciary see eye to eye with executive
   C. wipe out corruption at the highest places
   D. make the appointment process of judges more broad based and clear
   E. None of these

3. What, according to the passage should go a long way in judicial appointments?
   A. Decision that all sections of the society are represented
   B. Candidates' qualifications and seniority are considered
   C. Candidate must know the charge of professional misconduct levelled against him
   D. There should be strong reason for discrimination
   E. None of these

4. The role and procedure of the National Commission must be spelt out clearly
   A. because executive wing will depend on it heavily
   B. because judges will take judicial decisions on the basis of it
   C. as it will be represented by the cross section of the society
   D. as it will bring a qualitative change in the interpretation of law
   E. None of these

5. Which of the following words is SIMILAR in meaning as the word 'JETTISON' as used in the passage?
   A. Sacrifice B. Accept
   C. Modify D. Destroy
   E. None of these

6. Which of the following group of words is SIMILAR in meaning as the word 'LEST' as used in the passage?
   A. In spite of B. For fear that
   C. For want of D. In order to
   E. With regard to

7. What does the expression "jumping from the frying pan into the fire" mean?
   A. Seeing one dream after the other
   B. Making plan after plan
   C. Crossing one hurdle after the other
   D. Jumping from one high place to another
   E. None of these

8. What, according to the author, is the typical characteristic of an independent democratic country?
   A. Objective process of judicial appointments
   B. Supreme Court's advisory opinion on legal matters
   C. Responsible, free and fair judiciary
   D. Lively and frank debate in the society on the role of judiciary
   E. None of these

9. What has been the subject of lively debate in England?
   A. Role of judiciary in free and democratic nations
   B. Appointment of judicial commisison
   C. Seniority as the basis of appointment of judges
   D. Appointment of judicial posts
   E. None of these

10. Which, according to the passage, is not an uncommon phenomenon?

A. An independent and upright judiciary
B. Delays taking place in legal pronouncements
C. Justice being denied to poor people
D. Partiality and subjectivity in judicial appointments
E. None of these

11. Which one of the following forms part of what the Lord Chancellor has said?

A. Appointments to judicial posts must take into consideration the aspirations of the weaker sections of the society
B. Vacancies in the judiciary must not remain unfilled
C. Merit should be the sole criterion for judicial appointments
D. Selective discrimination may be preached and also practised
E. None of these

12. Which of the following, according to the author, is the most welcome thing?

A. The negligible role played by the executive in the appointment of judges
B. Coordinating role played by the executive in the appointment of judges
C. The appointment of judges from the ethnic minority classes
D. Appointment of judges purely on the basis of merit
E. None of these

PASSAGE-8

Economists, ethicists, and business sages **persuade** us that honesty is the best policy, but their evidence is weak. We hoped to find data that would support their theories and thus, perhaps encourage higher standards of business behaviour. To our surprise, our pet theories failed to **stand up.** Treachery, we found, can pay. There is no compelling economic reason to tell the truth or keep one's word—punishment for the treacherous in the real world is neither swift nor sure.

Honesty is, in fact, primarily a moral choice. Business people do tell themselves that, in the long run, they will do well by doing good. But there is little/factual or logical basis for this conviction. Without values, without a basic preference for right over wrong, trust based on such self-delusion would crumble in the face of temptation. Most of us choose virtue because we want to believe in ourselves and have others respect and belief in us.

And for this, we should be happy. We can be proud of a system in which people are honest because they want to be, not because they have to be. Materially, too, trust based on morality provides great advantages. It allows us to join in great and exciting enterprises that we could never undertake if we relied on economic incentives alone.

Economists tell us that trust is enforced in the market place through retaliation of reputation. If you violate a trust your victim is apt to seek revenge and others are likely to stop doing business with you, at least under favourable terms. A man or woman with a reputation for fair dealing will prosper. Therefore, profit maximizers are honest. This sounds plausible enough until you look for concrete examples. Cases that apparently demonstrate the awful consequences of trust turns out to be few and weak, while evidence that treachery can pay seems **compelling.**

1. What do economists and ethicists, according to the passage, want us to believe?

A. Businessmen should be honest at all times
B. Businessmen cannot be honest at all times
C. Businessmen turn dishonest at times
D. Businessmen are honest only at times
E. None of these

2. What did the author find out about the theory that honesty is the best policy?

A. It is correct on many occasions
B. It is correct for all businessmen
C. It is a useless theory
D. It is a theory which seems to be correct only occasionally
E. None of these

3. Why are businessmen, according to the author of the passage, honest in their dealings?

A. Businessmen are all God-fearing
B. Businessmen are by nature honest as a choice

C. Businessmen are by nature honest
D. All businessmen are caught if they are dishonest
E. None of these

4. Which of the following, according to the author of the passage, is the reason for being honest in business?
A. It gives no immediate benefits
B. It gives long-term benefits
C. It makes a person self-seeking
D. It brings disrespect of others
E. It does not make others respect you

5. Why does the author say that one can be proud of the present situation?
A. People are self-respecting
B. People are respect seekers
C. People are unselfish
D. People are honest without compulsion
E. None of these

6. What is the material advantage which the author sees in being honest?
A. It permits one to undertake activities which may not be economically attractive
B. It permits one to be honest for the sake of honesty alone
C. It permits one to make a lot of profit in various areas
D. It permits one to form various trusts to make profits
E. None of these

7. Why do businessmen, according to economists, remain honest?
A. Dishonest businessmen can make more money
B. Dishonest businessmen make money in the long run
C. Dishonest businessmen cannot stay in business for long
D. Dishonest businessmen are flogged in the market place
E. Dishonest businessmen are always prosecuted

8. Which of the following word(s) is most nearly the SAME in meaning as the word 'PERSUADE' as it has been used in the passage?
A. Give assurance B. Give opinion
C. Try to convince D. Cheat
E. Motivate

9. Which of the following is FALSE according to the passage?
A. Economists believe that all businessmen are dishonest
B. Generally people are honest to earn self-respect
C. Virtuous behaviour earns the self-respect of others
D. People are generally honest because it pays in the long run
E. All dishonest men are not caught

10. Which of the following word(s) is most nearly the SAME in meaning as the phrase 'STAND UP' as it has been used in the passage?
A. Get up B. Get established
C. Hold up D. Failed
E. Supported

11. Which of the following best describes what the author is trying to point out through the last sentence, of the passage, "Cases that ......compelling?"
A. The consequences of dishonesty
B. Theories do not seem to be true
C. Economists predict correctly
D. The contradictions in the real world
E. All theories are nonsense

12. Which of the following word is most nearly the SAME in meaning as the word 'COMPELLING' as it has been used in the passage?
A. Coercive B. Forceful
C. Binding D. Mandatory
E. True

PASSAGE-9

Economic growth involves both benefits and costs. The desirablity of increasing production has frequently been challenged in recent years and some have even maintained that economic growth is merely a quantitative enlargement that has no human meaning or value. However, economic growth is an increase in the capacity to produce goods and services that people want. Since the product of economic growth can be measured by its value to someone, it is important to ask whose standard of valuation counts.

In the United States, the value of a product is what purchasers pay for it. This is determined by the purchasers' preferences combined with conditions of supply, which in turn reflect various other factors, such as natural and technological circumstances at any given time and the preferences of those who supply capital and labour. The value by which we measure a product synthesizes all these factors Gross National Product (GNP) is the market value of the nation's total output of goods and services.

Gross National Product is not a perfect measure of all the activities involved in economic output. It does not account for deterioration or improvements in the environment, even when they are incidental results of the production process. On the other hand, it does not take into account many benefits provided as side effects of the economic process; it does not include 'productive but unpaid work' (such as that done by a housewife); and it does not reckon with such other factors as the burdensomeness of work, the length of the work, week and so forth.

Nonetheles, the GNP concept makes an important contribution to our understanding of how the economy is working. While it is not a complete measure of economic productivity and even less so of "welfare" the level and rate of increase of the GNP are clearly and positively associated with what most people throughout the world see as an improvement in the quality of life.

Although there has been much soul searching about the role of increasing material affluence in the good life, it seems quite certain that most Americans prefer a rapidly growing GNP and its consequences. This does not mean that growth of the GNP is an absolute requirement that must be furthered at all costs, and beyond a certain point they are not worth paying. Moreover people wants thing that are not measured in the GNP. Still, while human values and conditions of the life change and might conceivably make the social cost of a rising GNP seem too high, it is likely that we would still be concerned about the growth of our nation's GNP.

In any case, since there is little evidence of decline in the value assigned to economic output as a whole, the factors that influence our capacity to produce remain of great importance. In the long run, the same factors result in a growing GNP and in other social benefits. They are size and competence of population, state of knowledge, amount of capital and the effectiveness with which these are combined and utilized.

1. Those who decide the value of a product are
A. the GNP B. economic theorist
C. its advertisers D. its patent holders
E. its purchasers

2. The rhetorical purpose of the third paragraph of the passage is to
I. anticipate objection to what the GNP fails to take into account
II. cite examples of "products" the GNP ought to include
III. develop the definition of paragraph two with specific details
A. I only B. II only
C. III only D. I and II only
E. I, II and III

3. The main purpose of the passage is to
A. define the limitation of using GNP to measure the nation's well-being
B. contrast the American and the European GNPs
C. argue for the value of increased economic output
D. explain the disadvantages of measuring the quality of life using a scale of material affluence
E. define Gross National Product

4. A critic of the limitations of the measurement of the GNP might cite its failure to consider all the following except
A. the steady increase in American worker's leisure then
B. cooperative baby-sitting projects among parents with young children

C. the widespread existence of chemicals in American rivers
D. the value of the time a salaried stock broker spends on research
E. the valuation of family household management

5. We might assume that the author favours the continuing growth of the GNP because
A. although he mentions that the GNP has its costs, he doesn't examine those costs
B. it does not include such factors as the burdensomeness of work
C. he wishes to represent a minority opinion
D. he does not believe in perfect measure of economic growth
E. he believes that human values and the conditions of life are subject to change

6. We can infer from the passage the factor that does not influence the growth of the GNP is
A. the condition of the population
B. a dependence on spiritual values
C. the capital available in the country
D. knowledge related to production of goods and services
E. the efficiency of the production process

7. As it is used in the fourth paragraph of the passage, the word "welfare" can be best defined as
A. a measure of economic productivity
B. the quality of life of the public as a whole
C. government-supported payments to the indigent
D. public payments for unpaid production work such as child care
E. state-supported income supplements

PASSAGE-10

The political system always dominates the entire social scene; and hence those who wield political power are generally able to control all the different social sub-systems and manipulate them to their own advantage. The social groups in power, therefore, have always manipulated the education systems, especially when these happen to depend upon the State for their very existence, to strengthen and perceptuate their own privileged position. But herein lies a contradiction. For the very realization of their selfish ends, the social groups in power are compelled to extend the benefits of these educational systems to the under-privileged groups also. The inevitable task is generally performed with three precautions abundantly taken care of:

(1) the privileged groups continue to be the principal beneficiaries of the educational system, dominate the higher stages of education or the hard core of prestigious and quality institutions or the most useful of course, so as to safeguard their dominant position of leadership in all walks of life;

(2) the system is so operated that under-privileged groups can utilize it only marginally in real terms and the bulk of them become either drop-outs or push-outs and get reconciled to their own interior status in society; and

(3) the few from the weaker sections that survive and succeed in spite of all the handicaps are generally co-opted within the system to prevent dissatisfaction. But education is essentially a liberating force so that, as time passes some under-privileged groups do manage to become aware of the reality, the number of the educated persons soon becomes too large to be fully co-opted, and many able individuals among them strive to organize the liberate the weak and the under-privileged. The resultant awareness of the people, combined with suitable organization necessary, leads to adjustment in the social structure and to an increase in vertical mobility so that new groups begin to share power. Eventually, other social changes also follow and the traditional, inegalitarian, and hierachical social structure tends to be replaced by another which is more modern, less hierarchical and more egalitarian. The educational system, therefore, is never politically neutral, and it always performs three functions simultaneously viz., it helps the privileged to dominate, domesticates the under-privileged to their own status in society, and also tends to liberate the oppressed. Which of these functions shall dominate and to what

extent, depends mostly on one crucial factor, viz., the quality and quantity of the political education which the system provides or upon its 'political content',

The developments in Indian society, polity and education during the past 175 years should be viewed against the background of this broad philosophy. From very ancient times, the Indian society has always been elitist and power, wealth and education were mostly confined to the upper castes of the society. What is important to note is that the system has an infinite capacity to adjust or to absorb and, for that very reason, it is extremely resistant to any **radical** transformation. The social system continued to exist almost unchanged till the British administrators began to lay the foundation of the modern system of education.

1. According to the passage, the Indian society has always been:
A. insensitive to the needs of elite groups
B. less hierachical
C. politically neutral
D. conscious about the sufferings of the under-privileged
E. None of these

2. In the context of the passage, which of the following statements is true regarding those who control political power?
A. They try to establish a just social order
B. They try to control all the different social sub-systems
C. They facilitate the upward mobility of the under-privileged classes
D. They manipulate the economic system for the benefits of the under-privileged
E. None of these

3. According to the passage, the social groups in power have manipulated the educational system because:
A. they wanted to preserve their special status
B. they wanted to give maximum benefits to the under-privileged
C. they wanted to introduce social changes through the educational system
D. they wanted to make it politically neutral
E. None of these

4. According to the passage, the Indian social system is resistant to the major changes because:
A. it is basically elitist
B. power, wealth and education are mostly confined to the upper classes
C. it is extremely traditional and conservative
D. it can absorb social changes without changing its basic framework
E. None of these

5. According to the passage, why do the majority of under-privileged groups become drop-outs?
A. They constantly suffer from the feeling of inferiority
B. They do not possess the required intellectual potential to survive in the educational system
C. The system is so manipulated that they cannot utilize it meaningfully
D. The privileged groups continue to be the major beneficiaries of the system
E. None of these

6. Which of the following statements is not true in the context of the passage?
A. Educational system tends to enlighten the minds of the under-privileged
B. Credit for bringing modern system of education goes to Britishers
C. The privileged groups try to deprive the 'have nots' of the real benefits of education
D. The privileged class depends upon the Government for their survival
E. The educational system is never politically biased

7. Which of the following is most opposite in meaning of the word 'RADICAL' as used in the passage?
A. superficial B. slow
C. narrow D. simple
E. extreme

8. According to the passage, social groups in power extend the benefits of education to the under-privileged groups because:
A. they have realized that the growth of a nation depends upon the spread of education

B. they want to achieve their selfish objectives
C. they want to create an egalitarian society
D. they want to abdicate their dominant position of leadership in all walks of life
E. None of these

9. According to the passage, sharing of power by new groups is an outcome of:
A. the total replacement of the traditional social structure by a modern one
B. a politically neutral educational system
C. a liberal democratic approach of the privileged class
D. increase in the vertical mobility of the under-privileged groups
E. None of these

10. According to the passage, how education works for ameliorating the lot of the under-privileged classes?
A. It helps the under-privileged people to dominate others
B. It helps them to achieve higher goals in life
C. Some educated persons from this class organise and liberate the weak people
D. It encourages them to demosticate the privileged people
E. None of these

PASSAGE-11

Educational planning should aim at **meeting** the educational needs of the entire population of all age groups. While the traditional structure of education as a three layer hierarchy from the primary stage to the university represents the core, we should not overlook the periphery which is equally important under modern conditions workers need to rewind, or renew their enthusiasm, or strike out in a new direction, or improve their skills as much as any university professor. The retired and the aged have their needs as well. Educational planning, in their words, should take care of the needs of everyone.

Our structures of education have been built up on the assumption that there is a terminal point to education. This basic defect has become all the more harmful today. A UNESCO report entitled "Learning to Be" prepared by Edgar Faure and others in 1973 asserts that the education of children must prepare the future adult for various forms of self-learning. A viable educational system of the future should consist of modules with different kinds of functions serving a diversity of constitutent. And performance, not the period of study, should be the basis for credentials. The writing is already on the wall.

In view of the fact that the significance of a commitment of lifelong learning and lifetime education is being discussed only in recent years even in educationally advanced countries, the possibility of the idea becoming an **integral** part of educational thinking seems to be **a far cry**. For, to move in that direction means such more than some simple rearrangement of the **present** organisation of education. But a good beginning can be made by developing open university programmes for older learners of different categories and introducing extension services in the conventional colleges and schools. Also these institutions should learn to coorporate with the numerous community organisations such as libraries, museums, municipal recreational programmes, health services, etc.

1. According to the passage, the present education structures assume which of the following:
A. Education is a one time process.
B. All people can be educated as per their needs.
C. Discussions on lifelong learning should continue for some more time
D. Present educational planning is very much practical
E. Simple rearrangement of the present educational system is a must

2. According to the author, educational planning should attempt to:
A. decide a terminal point to education
B. train the people at the core
C. fulfil the educational needs of everyone
D. encourage conventional schools and colleges
E. overlook the people on the periphery

3. According to the author, what should be the basis for awarding credentials?
A. Duration of the course
B. Diversity of the topics covered
C. Participation in community activities
D. Real grasp of matter or skill
E. Competence of the course-teachers

4. In the context of the passage, what is the meaning of the sentence "The writing is already on the wall"?
A. The signs of change are already visible
B. Everything is uncertain nowadays
C. It is a mysterious process
D. Changes have already taken place
E. You cannot change the future

5. According to the author, the concept of "lifetime education" is:
A. not practical
B. not desirable
C. in vogue in advanced countries
D. still in formative stages
E. as old as traditional education

6. Which of the following is not true in the context of the passage?
A. 'Learning to Be' defends that there is a terminal point to education
B. Needs of aged and retired should also be considered
C. Lifelong learning is a recent concept
D. Schools and colleges should open extension services
E. 'Workers' knowledge and skills also need to be updated constantly

7. Which of the following best describes the purpose of the author?
A. To criticise the present educational system
B. To strengthen the present educational practices
C. To present a satirical style
D. To present a pragmatic point of view
E. To support non-conventional educational organisations

8. What is the main thrust of the author?
A. One should never cease to learn
B. Traditional systems should be strengthened
C. There is no substitute for the extant system of education
D. Formal education is more important than non-formal
E. It is impossible to meet the needs of everyone

9. Integrating the concepts of lifelong learning with the educational structure:
A. simple rearrangement of present educational organisations
B. longer durations for all formal courses
C. more weightage for actual performance than real understanding
D. closing dawn conventional schools and colleges
E. None of these

10. What should be the major characteristic of the future educational system?
A. Different modules with same function
B. Same module for different groups
C. No modules but compulsory standard programme for all
D. Rearrangement of various course contents
E. None of these

11. According to the author, what measures should open university adopt to meet modern conditions?
A. Open more colleges on traditional lines
B. Primary education should be under the control of the open universities
C. Develop various programmes for adult learners
D. De-recognition of various community organisations
E. Cater to the needs of those who represent 'Core'

12. Which of the following is most opposite in meaning of the phrase 'A FAR CRY' as used in the passage?
A. Next to impossible
B. Making loud noise
C. Very funny
D. A reality
E. A theoretical suggestion

13. Which of the following is most nearly the same in meaning as the word 'PRESENT' as used in the passage?

A. gift
B. existing
C. given
D. new
E. outward

14. Which of the following is most opposite in meaning of the word 'INTEGRAL' as used in the passage?

A. minor
B. major
C. essential
D. independent
E. unwilling

15. Which of the following is most nearly the same in meaning as the word 'MEETING' as used in the passage?

A. satisfying
B. contacting
C. representing
D. looking
E. approaching

PASSAGE-12

The past decade has upset many preconceptions about development and this, more than anything else, makes it difficult to be **overly** definite about what the next decade has in store. But there are a few things that one can assert with some confidence. First, education, health and productive employment are crucial both for growth and for equity. We have tended to assume that all of these are the consequences of rapid economic growth and that only growth can generate the resources required for these purposes. But, increasingly, it appears that these are better seen as causes rather than as consequences of development. Virtually, every case of successful development involves a prior improvement in literacy, technical skills, health status and access to productive work.

Second, technological competence is the most important endowment and it explains a far larger proportion of growth in output and trade than more conventional factors like natural resources or capital accumulation. The competence required is not just in research. In fact technological dynamism in the factory and the farm is more important than the presence of a **large** research establishment.

Third, the environmental imperative can no longer be ignored. Today, as an international issue, it is second only to disarmament. Nationally, the developmental consequences of environmental neglect are increasingly obvious.

In the Indian context there are at least two further factors which **reinforce** the above propositions. The first is population growth. Given the pace of expansion of the population and the workforce, human resource development acquires an added urgency. Population growth is also one, but not necessarily the most important factor, which underlines environmental stress in rural and urban areas. The second factor is that as a large country we cannot **carve** out an independent position in the global system without building up a substantial capacity for self-reliant growth. The acquisition of technical competence is crucial for this **purpose**.

Until now we have tended to **treat** human resource development, technology issues and environment as subsidiary to the main task of planning. The thrust has been on: quantitative expansion of infrastructure and production with a focus on production targets like tonnes of steel, kWh of electricity, etcetera; capacity targets like road length, rail kilometerage; and coverage targets like number of schools and students, number of villages electrified, etcetera, —**Catching up** with known technologies—fuller use of natural resources—maximum mobilisation of financial resources.

1. According to the passage, we have so far placed more emphasis on which of the following?

A. Maximum utilisation of available finances
B. Following known technologies
C. Increased number of basic facilities and meeting number targets
D. Optimum use of available natural resources
E. All of these

2. According to the author which of the following factors support and strengthen his point of view?

(1) Necessity for carrying out growth on the basis of our own strength
(2) Increased emphasis on production and coverage targets.

A. Only (1) and not (2)
B. Only (2) and not (1)
C. Either (1) or (2)
D. Both (1) and (2)
E. Not mentioned in the passage

3. Which of the following statements is NOT TRUE in the context of the passage?
A. We will have bright future by only catching up with known technologies
B. Optimum self-reliance is the need of the day
C. We have to now emphasise aspects of human resource development
D. Technological competence has to be given due priority over more conventional factors
E. We cannot afford to ignore the importance of environment

4. According to the author, which of the following cannot be viewed as cause of development?
A. Improvement in literacy
B. Betterment in health services
C. Increase in underemployment
D. Speedy economic growth
E. Enhancement in technical skills

5. What seems to be the purpose of the author in writing this passage?
A. To show how the policy makers have failed
B. Review of the past with a view to evolve positive directions for future
C. A review of world affairs with special emphasis on developed countries
D. To prove how his predictions have turned out to be correct
E. To appreciate the steps taken by our Government in the past and doubts about future

6. According to the authors at the national level, with passage of time, the effects of which of the following are being felt?
A. Progressive degradation of technological competence in urban areas
B. Emphasis on slow rate of disarmament as compared to other nations
C. Expansion of workforce of high quality
D. Lack of attention and action for protecting environmental wealth
E. Reduction in growth rate of population

7. According to the author, which of the following is a less important factor resulting in environmental stress in rural and urban areas?
A. Continued environmental neglect
B. Rapid economic growth
C. Rate of growth of population
D. Availability of productive employment
E. Increase in capital accumulation

8. What seems to be the approach of the author regarding present status of research?
(1) He desires that more research establishments should come up
(2) Application of new technologies in factories and field is more vital than setting up of research laboratories
A. Only (1)
B. Only (2)
C. Neither (1) nor (2)
D. Both (1) and (2)
E. Not mentioned in the passage

Directions (Qs. 9 to 12): *Choose the word which is most nearly the SAME in meaning as the word or group of words given in capital letters as used in the passage.*

9. CARVE
A. cover B. decide
C. drive D. acquire
E. forget

10. LARGE
A. long B. free
C. uncontrolled D. diverse
E. bis

11. CATCHING UP
A. drawing level with B. coming down
C. leading from D. lifting up
E. throwing up

12. PURPOSE
A. use B. outcome
C. effect D. reason
E. ability

Directions (Qs. 13 to 15): *Choose the word which is most OPPOSITE in meaning of the word given in capital letters as used in the passage.*

13. OVERLY

A. inwardly B. casually
C. certainly D. minutely
E. insignificantly

14. TREAT

A. consider B. dislike
C. misbehave D disregard
E. unwind

15. REINFORCE

A. strengthen B. weaken
C. remove D. delink
E. simplify

PASSAGE-13

One could, in theory, conceive of a country "specialising" entirely in agriculture and obtaining all its industrial requirements from abroad. But it could never become a high income country simply because technologically developed agriculture could never absorb more than a fraction of the working population on the available land. Though in all undeveloped countries the greater part of the working population is "occupied" in agriculture, most of this represents disguised unemployment; a rural community maintains all its membes and expects everyone to share in the work. Much of the greater part of this labour could be withdrawn from agriculture if alternative employment opportunities were available without any **adverse** effect, and pobably with a beneficial effect, on total agricultural output. For the relief of the pressure of labour on the land is itself a most potent factor in **inducing** improvements in technology which raise yields per acre, as well as the yield per man. These improvements normally require an increase in the capital employed on the land; but the savings necessary for the increase in capital are themselves a by-product of reduced population pressure. The reduction in the agricultural population, and the increased use of capital in agriculture are thus different aspects of the same process. As there are fewer mouths to feed, the "agricultural surplus" rises (the excess of agricultural production over the self-consumption of the farming population). The rise in the "surplus" enables the farmers to plough back a higher proportion of their output—in the form of better tools, improved seeds, fertilisers, etc., and such improvements tend to both "labour saving" and "land saving"; they **diminish** the labour requirements at the same time as they increase the yield of the land.

1. What, according to the passage, will be the achievement of inducing improvement in technology?

A. Higher specialisation in agriculture
B. Better employment opportunities
C. Beneficial effects on quality of life of people
D. Relieving the pressure of employment
E. None of these

2. According to the passage, it is theoretically possible to think of country .....

A. advanced both in agriculture and industry
B. specialised in industry, but not in agriculture
C. backward both in agriculture and industry
D. specialised in agriculture but not in industry
E. borrowing all its requirements from abroad

3. What could be done, according to the passage, to induce improvement in agricultural technology?

A. Import of better agricultural technology
B. Providing better weather forecasts
C. To relieve pressure of labour on land
D. Providing irrigation facilities
E. None of these

4. According to the passage, in underdeveloped countries .....

A. agriculture is in a primitive stage
B. per acre yield is very high
C. land is available in plenty
D. alternative employment opportunities will have adverse effect on the lives of people
E. significant proportion of working population works in agriculture

5. Which of the following statements is TRUE in the context of the passage

A. Underdeveloped countries are rapidly growing industrially

B. Technologically developed agriculture solves all the problems of unemployment

C. Relief of the pressure of labour on land raises yields per acre

D. Yield per acre and yield per man are unrelated

E. Surplus in agriculture is spent for domestic purposes

6. Why, according to the passage, a country specialised in agriculture only cannot become a high income country?

A. It simply cannot borrow all its industrial requirements from abroad

B. It can absorb only a fraction of its working population

C. Agriculture needs huge investments and infrastructural facilities

D. Technological advancements in agriculture has limitations

E. None of these

7. Which of the following staements is NOT TRUE in the context of the passage?

A. Theoretically there could be a country specialised entirely in agriculture

B. Capital is required to increase the per acre yield of the land

C. Agriculture surplus will rise if there are fewer mouths to feed

D. Technologically developed agriculture will absorb most of the working population on the available land

E. A rural community maintains all its members and expects everyone to share in the work.

8. Which of the following is most nearly the SAME in meaning as the word 'DIMINISH' as used in the passage?

A. reduce B. shorten
C. prohibit D. increase
E. worsen

9. Which of the following is most OPPOSITE in meaning of the word 'ADVERSE' as used in the passage?

A. negative B. facilitating
C. supplementary D. derogative
E. decorative

10. Which of the following is most nearly the SAME in meaning as the word 'INDUCING' as used in the passage?

A. causing B. augmenting
C. reducing D. developing
E. increasing

PASSAGE-14

Peace and order are necessary, not just in our own country but also at the international level, if we are to secure national progress and development. The different countries in the world are coming closer today due to faster means of transport and communication. Economically, they have become increasingly interdependent. If peace is disturbed in one part of the world, it has adverse effects in other parts of the world as well. Nuclear weapons have already threatened the world with nuclear war. If the conflicts between different nations are not settled in time, they might **culminate** in a nuclear war destroying the whole world. It is therefore in our own interest that the world is free of conflicts. If at all there are any, they must be settled promptly and peace should be restored. That is why we have declared the establishment of international peace and understanding as an objective of our foreign policy.

We need the help and co-operation of other countries for our scientific, industrial and economic development, especially in those fields where we have yet to achieve self-sufficiency. We obtain the latest machinery, technology and financial aid from the developed countries. On our part we, too, offer help to the underdeveloped countries. We are keen on maintaining friendly relations with other countries. Such friendly relations **foster** international understanding.

We have always exerted ourselves to see that the disputes arising between the different nations are settled through peaceful negotiations. We play an active role in the United Nations, the South Asian Association for Regional Co-operation, the Commonwealth of Nations and other such international organisations. We make it a point to participate in the international conferences on issues like energy crisis, environmental imbalance, nuclear arms race, etc. We always offer a helping hand to other nations affected by natural calamities such as famines, earthquakes, floods and so on. We strive to maintain peaceful and friendly relations with our neighbouring countries. Why do we do all this? We sincerely believe that the conflits in today's world should be minimised, making way for better cooperation among the nations. If this is achieved, human resources will no longer be wasted in things like war or aggression. There will be no destruction of wealth. We believe that, in a peaceful world, there will be greater scope for the economic and cultural development of countries.

1. Which of the following statements is NOT TRUE in the context of the passage?
A. International conflicts must be settled promptly
B. We try to maintain friendly relations with our neighbours
C. We participate in many international conferences
D. Friendly relations with other countries foster international understanding
E. Each country can be considered isolated and insulated from the effects of other countries

2. Which of the following words is largely SIMILAR in meaning of the word 'CULMINATE' as used in the passage?
A. Reach the highest point
B. Stretch to the maximum
C. Absolute standards
D. Total destruction
E. Coming of age

3. According to the passage, maintaining friendly relations with other countries facilitate
A. developing international understanding
B. exchange of scientists and technologists
C. strategic planning in defence matters
D. import and export of several vital commodities
E. none of the above

4. If the conflicts between nations do not cease
A. international bodies will have to take up these issues
B. international understanding will not be fostered
C. nuclear war will destroy the whole world
D. the means of transport and communication will be disrupted
E. none of these

5. Which of the following is obtained by us from the developed countries, according to the passage?
A. Fertilisers B. Foodgrains
C. Leather Products D. Technology
E. Crude Oil

6. Which of the following according to the passage, is facilitating the process of different countries coming together?
A. Emerging world order
B. Asian Association for Regional Cooperation
C. Our participation in international conferences
D. Need for self-sufficiency
E. Faster means of transport and communication

7. Minimising the conflicts and making way for better co-operation among the nations will result in
A. useful and purposive utilisation of human resources
B. better utilisation of means of transport and communication
C. culmination of nuclear war destroying the world
D. keenness on maintaining friendly relations with other countries
E. preservation of our national unity and integrity

8. The question "Why do we do all this" is asked in the passage in which of the following contexts?

A. We always offer a helping hand to other nations in improving their technology
B. We endeavour to maintain peaceful and friendly relations with our neighbours
C. We obtain the latest machinery, technology and financial aid from the developed countries
D. We have shaped our foreign policy in a balanced and purposeful manner
E. None of these

9. Does any of the following sentences contain any idea expressed in the passage?
A. We have to make conscious efforts to preserve our national unity
B. Our country is huge in size and population where many languages are spoken
C. We have adopted the objective of democracy in the interest of overall development of our country
D. Citizens must be well-informed about public issues in order to participate meaningfully in public life
E. None of these statements contain any idea expressed in the passage

10. Which of the following words is most OPPOSITE in meaning of the word 'FOSTER' as used in the passage?
A. advocate B. hinder
C. obviate D. facilitate
E. jettison

PASSAGE-15

There is no field of human endeavour that has been so misunderstood as health. While health, which **connotes** well-being and the absence of illness, has a low profile, it is illness representing the failure of health, which virtually monopolizes attention because of the fear of pain, disability and death. Even Sushruta has warned that this provides the medical practitioner power over the patient which could be misused.

Till recently, patients had implicit faith in their physician whom they loved and respected, not only for his knowledge but also in the total belief that practitioners of this noble profession, guided by ethics, always placed the patient's interest above all other considerations. This rich interpersonal relationship between the physician, patient and family has, barring a few exceptions, prevailed till the recent past, for caring was considered as important as curing. Our indigenous systems of medicine like ayurveda and yoga have been more **concerned** with the promotion of the health of both the body and mind and with maintaining a harmonious relationship not just with fellow beings but with nature itself, of which man is an integral part. Healthy practices like cleanliness, proper diet, exercise and meditation are part of our culture which sustain people even in the prevailing conditions of poverty in rural India and in the unhygienic urban slums.

These systems consider disease as an **aberration** resulting from disturbance of the equilibrium of health, which must be corrected by gentle restoration of this balance through proper diet, medicines and the establishment of mental peace. They also teach the graceful acceptance of old age with its infirmities resulting from the normal **degenerative** process as well as of death which is **inevitable**.

This is in marked contrast to the western concept of life as a constant struggle against disease, aging and death which must be fought and conquered with the knowledge and technology **derived** from their science: a science which, with its narrow dissective and quantifying approach, has provided us the understanding of the microbial causes of communicable diseases and provided highly effective technology for their prevention, treatment and control. This can rightly be claimed as the greatest contribution of western medicine and justifiably termed as 'high' technology. And yet the contribution of this science in the field of non-communicable diseases is remarkably poor despite the far greater inputs in research and treatment for the problems of aging like cancer, heart diseases, paralytic strokes and arthritis which are the major problems of affluent societies today.

1. What caution proponents of indigenous systems have sounded against medical practitioners?
A. Their undue concern for the health of the person

B. Their emphasis on research on non-communicable diseases
C. Their emphasis on curing illness rather than preventive health measures
D. Their emphasis on restoring health for afluent members of the society
E. None of these

2. Which of the following has been described as the most outstanding benefit of modern medicine?
(1) The real course and ways of control of communicable diseases
(2) Evolution of the concept of harmony between man and nature
(3) Special techniques for fighting aging.
A. Only (2) and (3) B. Only (1) and (2)
C. Only (1) D. Only (2)
E. Only (3)

3. In India traditionally the doctors were being guided mainly by which of the following?
A. High technology
B. Good knowledge
C. Professional ethics
D. Power over patient
E. Western concept of life

4. Why does the author describe the contributions of science as remarkably poor?
A. It concentrates more on health than on illness
B. It suggests remedies for the poor people
C. It demands more inputs in terms of research and technology
D. The cost of treatment is low
E. None of these

5. Which of the following can be inferred about the position of the author in writing the passage?
(1) Ardent supporter of western system in present context
(2) Supremacy of ancient Indian system in today's world
(3) Critical and objective assessment of the present situation
A. Only (1) B. Only (2)
C. Only (3) D. Neither (2) nor (3)
E. None of these

6. Why was the field of health not been understood properly?
A. Difficulty in understanding distinction between health and illness
B. Confusion between views of indigenous and western system
C. Highly advanced technology being used by the professionals
D. Not given in the passage
E. None of these

7. Why, according to the author, people in India have survived inspite of poverty?
A. Their natural resistance to communicable diseases is very high
B. They have easy access to western technology
C. Their will to conquer diseases
D. Their harmonious relationship with the physician
E. None of these

8. Which of the following pairs are mentioned as 'contrast' in the passage?
A. Western concept of life and science
B. Technology and science
C. Western physician and western educated Indian physician
D. Indian and western concept of life
E. Knowledge and technology

9. The author seems to suggest that
A. we should give importance to improve the health rather than curing of illness
B. we should move towards becoming an affluent society
C. ayurveda is superior to yoga
D. good interpersonal relatoinship between the doctor and patient is necessary but not sufficient
E. ayurvedic medicine can be improved by following western approches and methods of sciences

Directions (Qs. 10 to 12): *Choose the word which is most OPPOSITE in meaning of the word printed in capital letters as used in the passage.*

10. CONCERNED
A. diluted B. liberated
C. indifferent D. divested
E. relaxed

11. DEGENERATIVE

A. recuperative B. revolving
C. productive D. innovative
E. integrative

12. INEVITABLE

A. undesirable B. unsuitable
C. detestable D. avoidable
E. available

Directions (Qs. 13 to 15): *Choose the word which is most nearly the SAME in meaning as the word printed in capital letters as used in the passage.*

13. ABERRATION

A. observation B. alternative
C. deviation D. outcome
E. stimulate

14. CONNOTES

A. helps B. cures
C. follows D. confirms
E. implies

15. DERIVED

A. constructed B. sprung
C. directed D. processed
E. continued

ANSWERS

PASSAGE-1

1	2	3	4	5	6	7	8	9	10
B	E	B	C	B	B	A	A	C	E
11	**12**	**13**							
D	D	A							

PASSAGE-2

1	2	3	4	5	6	7	8	9	10
D	D	D	B	A	C	E	B	C	A
11	**12**	**13**	**14**	**15**					
B	C	A	D	C					

PASSAGE-3

1	2	3	4	5	6	7	8	9	10
C	A	B	D	A	C	E	B	A	D
11	**12**	**13**	**14**	**15**					
C	E	C	A	D					

PASSAGE-4

1	2	3	4	5	6	7	8	9
B	A	B	C	B	A	E	A	C

PASSAGE-5

1	2	3	4	5	6	7	8	9	10
D	B	B	E	A	D	C	D	D	D
11	**12**								
C	A								

PASSAGE-6

1	2	3	4	5	6	7	8	9	10
B	E	C	D	A	B	D	E	A	D
11	**12**	**13**	**14**	**15**					
C	D	E	D	B					

PASSAGE-7

1	2	3	4	5	6	7	8	9	10
B	D	A	C	A	B	C	A	D	C
11	**12**								
B	D								

PASSAGE-8

1	2	3	4	5	6	7	8	9	10
A	D	B	B	D	A	C	C	A	B
11	**12**								
B	B								

PASSAGE-9

1	2	3	4	5	6	7
E	A	A	A	E	B	D

PASSAGE-10

1	2	3	4	5	6	7	8	9	10
E	B	A	D	C	E	A	B	D	C

PASSAGE-11

1	2	3	4	5	6	7	8	9	10
A	C	D	E	A	A	D	A	E	E
11	**12**	**13**	**14**	**15**					
C	D	B	D	A					

PASSAGE-12

1	2	3	4	5	6	7	8	9	10
C	A	A	C	A	D	C	B	D	E
11	**12**	**13**	**14**	**15**					
A	B	B	D	B					

PASSAGE-13

1	2	3	4	5	6	7	8	9	10
E	D	C	E	C	B	D	A	B	B

PASSAGE-14

1	2	3	4	5	6	7	8	9	10
E	A	A	C	D	E	A	B	E	B

PASSAGE-15

1	2	3	4	5	6	7	8	9	10
C	C	C	E	B	A	E	D	A	C
11	**12**	**13**	**14**	**15**					
A	D	C	E	B					

CHAPTER 2

Cloze Test

A cloze test is a procedure in which you are asked to supply words which have been removed from a passage. It is meant to test your ability to comprehend text. Try and practise it to master it in this chapter.

Directions: *In the following passages there are some blanks, each of which has been numbered. These numbers are also printed below the passages and against each five words are suggested, one of which fits the blank appropriately. Find out the appropriate words in each case.*

PASSAGE-1

The world economy is in recession — the deepest and the most widespread ... **1** ... the 1930s. There are ... **2** ... of ... **3** ... in the industrial countries, but most serious economic ... **4** ... anticipate that rates of growth and levels of economic activity will remain low.

In all that has been written about world ... **5** ..., the ... **6** ... have been overwhelmingly and narrowly economic. Few have ... **7** ... the human consequences in more than a superficial manner. Not a single international study has ... **8** ... the recession's ... **9** ... on the most vulnerable half of the world's population—the children.

The need for ... **10** ... clearly the ... **11** ... between world economic conditions and child welfare has thus become even more urgent in the last few years. The worldscale of current child distress also makes it artificial to restrict the analysis of causes to the ... **12** ... level.

1. A. in B. for C. by D. before E. since

2. A. risks B. glimmers C. studies D. tips E. histories

3. A. development B. downfall C. recovery D. slackness E. impact

4. A. analysts B. journalists C. surveys D. findings E. students

5. A. development B. economy C. wars D. recession E. conflicts

6. A. emphasis B. aims C. glimpses D. suppositions E. preoccupations

7. A. delved B. taught C. propagated D. investigated E. manifested

8. A. understood B. analysed C. highlighted D. prepared E. planned

9. A. analysis B. undercurrents C. impact D. overtures E. study

10. A. chalking out B. curbing C. bringing out D. implementing E. propagating

11. A. linkages B. fallouts C. dependence D. contrasts E. similarities

12. A. international B. political C. low D. national E. highest

PASSAGE-2

Conventional medical wisdom does not advise taking ... **1** ... vitamins as pills and capsules. On the contrary there was a strong lobby which ... **2** ... the supplementary intake of vitamins. This used to leave the ... **3** ... person confused. However, modern research is ... **4** ... a surprise. More and more scientists are beginning to ... **5** ... that ... **6** ... medical views on vitamins has been ... **7** ... . Evidence shows that ... **8** ... extra vitamins plays a role in assuring vitality and ... **9** ... health than was ... **10** ... thought.

1. A. some B. extra C. insoluble D. strong E. all

2. A. facilitate B. criticised C. communicate D. projected E. advocated

3. A. medical B. stick C. scientific D. average E. educated

4. A. trying B. manufacturing C. practising D. holding E. inventing

5. A. trust B. consider C. refute D. forget E. suspect

6. A. indigent B. all C. traditional D. modern E. allopathic

7. A. practical B. limited C. feasible D. correct E. confusing

8. A. marketing B. manufacturing C. swallowing D. taking E. buying

9. A. pleasurable B. manly C. optimal D. stronger E. useful

10. A. previously B. occasionally C. seriously D. even E. now

PASSAGE-3

Fundamentally, all human ... **1** ... possess combinations of fixed inherited traits. All men possess the ... **2** ... highly developed nervous system, back-bones, erect posture, hair, etc. Therefore, ... **3** ... among men arise only ... **4** ... changes of this ... **5** ... pattern. Racial ... **6** ... represent one of the finest distinctions and are based on certain ... **7** ... differences. Two races may be ... **8** ... in hair colour, in eye colour but ... **9** ... in stature while two others may be ... **10** ... in stature but differ in the colour of eyes and hair.

1. A. animal B. beings C. mind D. society E. thinking

2. A. large B. different C. same D. natural E. biological

3. A. sameness B. naturalness C. growth D. substance E. variations

4. A. no B. large C. fundamental D. minor E. artificial

5. A. fluctuating B. mad C. picturesque D. basic E. maddening

6. A. differences B. clashes C. hatred D. tolerance E. sameness

7. A. clearcut B. minor C. unnoticeable D. massive E. neat

8. A. alike B. different C. mismatched D. beautiful E. untouched

9. A. matched B. same C. different D. close E. tall

10. A. tall B. short C. uncouth D. ugly E. same

PASSAGE-4

Nowadays, under the ... **1** ... system of education, however good it may be, when a young man comes out of the University, there seems to be this ... **2** ... in him that the higher the standard of living rises, the less should a man work. Thus, mathematically higher the standard of living, according to this misconceived notion, the less the ... **3** ... . Ultimately, what should be the highest standard of living then? ... **4** ... work! This leads to an unhealthy ... **5** ... among the workers. A typist who types over twenty letters a day asks his ... **6** ... how many letters he had typed that day. The latter ... **7** ... "fifteen". The former thinks, "Tomorrow I should type only fifteen or even ... **8** ... . This tendency is quite ... **9** ... , and may ultimately lead to ... **10** ... . Even one's family life may be affected adversely due to such tendency.

1. A. developed B. extinct C. outdated D. proposed E. modern

2. A. anxiety B. misconception C. realisation D. worry E. apprehension

3. A. salary B. comfort C. work D. energy E. time

4. A. Minimum B. Maximum C. Less D. No E. Ample

5. A. competition B. dispute C. delay D. jealousy E. ambition

6. A. employee B. subordinate C. boss D. client E. colleague

7. A. suggests B. remembers C. replies D. types E. all

8. A. less B. all C. more D. few E. some

9. A. discouraging B. heartening C. healthy D. unfortunate E. unnatural

10. A. evil B. retardation C. progress D. denial E. complexity

PASSAGE-5

The North-East India is Asia in miniature, a place ... **1** ... the brown and yellow races ... **2** ... and mingle. There are at least 262 ... **3** ... ethnic groups and the region is home to more than 150 million people, if one includes Bangladesh. Take ... **4** ... example the state of Manipur, which ... **5** ... Burma, with a population fo 1.8 million people. It is home to about 30 separate linguistic and ethnic groups including the Taraos, ... **6** ... number less than 400 individuals ... **7** ... the ages and the mountains, the people of this winding trail ... **8** ... an anthropological and sociological ... **9** ... to South East Asia, where the roots of many ... **10** ... lie.

1. A. when B. although C. where D. to E. if

2. A. meet B. desert C. form D. find E. went

3. A. identical B. closed C. corresponding D. homogeneous E. separate

4. A. from B. for C. again D. besides E. to

5. A. holds B. stretches C. rules D. borders E. side

6. A. who B. though C. amidst D. hence E. which

7. A. Bringing B. Demanding C. Beginning D. Allowing E. Stradling

8. A. construct B. form C. broke D. settled E. found

9. A. problem B. anathema C. bridge D. window E. series

10. A. opportunities B. sadly C. since D. still E. diseases

PASSAGE-6

Each species has its special place or habitat. An ... **1** ... bird-watcher can look at ... **2** ... forest, meadow, lake, swamp or field and ... **3** ... almost exactly what birds he ... **4** ... find there. ... **5** ... birds are found all over the world; others ... **6** ... themselves to certain areas. Still ... **7** ... migrate from one country to another in ... **8** ... in search of warmth and ... **9** ... and then return in spring, ... **10** ... the season is more favourable.

1. A. expert B. experienced
C. advanced D. active
E. old

2. A. the B. some
C. a D. certain
E. any

3. A. predict B. suggest
C. prophesy D. calculate
E. count

4. A. should B. must
C. might D. will
E. need

5. A. More B. Some
C. Most D. All
E. These

6. A. keep B. entrust
C. confine D. involve
E. adjust

7. A. some B. others
C. few D. all
E. fewer

8. A. winter B. summer
C. spring D. autumn
E. rains

9. A. seeds B. crops
C. fruit D. food
E. nests

10. A. while B. until
C. after D. when
E. then

PASSAGE-7

Four cases of burglary have been ... **1** ... with the arrest of one ... **2** ... criminal. The police have ... **3** ... gold and silver jewellery from him. The police increased their public contacts with the residents of the area after following a spate of burglaries. They held corner meetings to ... **4** ... the residents on steps to ... **5** ... prevention. They were ... **6** ... to inform their neighbours if they had to ... **7** ... their houses unattended. Consequently, some ... **8** ... of the locality observed one ... **9** ... leaving an empty house. He was ... **10** ... and a cases was registered.

1. A. connected B. adjusted
C. solved D. deferred
E. dealt

2. A. notorious B. more
C. thief D. imprisoned
E. extremely

3. A. withdrawn B. amassed
C. sold D. recovered
E. stolen

4. A. harass B. arrest
C. probe D. threaten
E. educate

5. A. loss B. crime
C. its D. burglar
E. their

6. A. required B. forbidden
C. instructed D. entrusted
E. forced

7. A. paint B. sell
C. protect D. leave
E. build

8. A. criminals B. neighbours
C. burglars D. pedestrains
E. residents

9. A. stranger B. resident
C. neighbour D. entrant
E. alien

10. A. misled B. apprehended
C. neglected D. boycotted
E. informed

PASSAGE-8

... **1** ... can be injected ... **2** ... human blood for ... **3** ... diptheria, pneumonia and severe wounds ... **4** ... surgical operations, penicillin is given to ... **5** ... to ... **6** ... the bacterial infections from spereading. After this ... **7** ... several other antibiotics ... **8** ... discovered. Today, these antibiotics are ... **9** ... the lives of lakhs of ... **10** ... all over the world.

1. A. Antibiotics B. Penicillin
C. Streptomycin D. Teramycin
E. Medicine

2. A. within B. through
C. on D. into
E. over

3. A. treating B. operating
C. discovering D. spreading
E. monitoring

4. A. In B. Over
C. While D. After
E. During

5. A. children B. injured
C. patients D. doctors
E. nurses

6. A. study B. prevent
C. dismiss D. spread
E. remove

7. A. treatment B. patient
C. cause D. discovery
E. operation

8. A. were B. may be
C. have D. are
E. would be

9. A. multiplying B. providing
C. saving D. infecting
E. growing

10. A. children B. species
C. women D. medicos
E. people

PASSAGE-9

... 1 ... change is the ... 2 ... of the day, a proper orientation to ... 3 ... with the change becomes a natural necessity ... 4 ... asured organisational stability. In this ... 5 ... of organisational change and survival, the author brings in the concept of 'praxis', ... 6 ... it as the dynamo of change and uses it for ... 7 ... a conceptual and methodological ... 8 ... for the identification of training needs. Training, ... 9 ... perceived as only one of the many elements in the organisational reflection process, is believed to stand ... 10 ... as the means for relevant learning.

1. A. Few B. Many
C. No D. If
E. Why

2. A. order B. scope
C. large D. direction
E. result

3. A. assist B. renew
C. become D. try
E. cope

4. A. in B. for
C. from D. which
E. but

5. A. end B. decision
C. context D. scope
E. focus

6. A. describes B. throws
C. rejects D. leaves
E. derives

7. A. neglecting B. developing
C. calculating D. experiencing
E. diluting

8. A. routine B. idea
C. book D. follow up
E. framework

9. A. be B. may
C. though D. gets
E. as

10. A. in B. against
C. through D. out
E. with

PASSAGE-10

Each year, middle class Indian children ... 1 ... hundreds of crores of rupees in pocket money and ... 2 ... a heavy burden on parental ... 3 ... Like adults, these kids have ... 4 ... connected with budgeting and saving money. Unfortunately, basic money ... 5 ... is ... 6 ... taught in schools. At home, very few parents ... 7 ... money matters with their children. Kids who ... 8 ... about money ... 9 ... have been found to be way ahead of their peers. Indeed, learning to ... 10 ... with money properly fosters discipline, good work habits and self-respect.

1. A. spend B. steal
C. save D. give
E. invest

2. A. move B. take
C. risk D. put
E. lift

3. A. promises B. payments
C. demands D. attitudes
E. incomes

4. A. expenses B. experience
C. problems D. guidance
E. necessities

5. A. availability B. inflation
C. economics D. problem
E. management

6. A. carefully B. rarely
C. generally D. always
E. thoroughly

7. A. discuss B. understand
C. teach D. reveal
E. advise

8. A. quarrel B. ask
C. learn D. waste
E. spend

9. A. slowly B. early
C. timely D. lately
E. regularly

10. A. decide B. earn
C. control D. deal
E. pay

PASSAGE-11

Architecture is a unique ... **1** ... of art and science that has ... **2** ... out of man's primary need for shelter. It is concerned with the design and ... **3** ... of buildings in their sociological, technological and environmental context. This field is not only ... **4** ... but also provide the ... **5** ... of designing and building pleasing and ... **6** ... refined structures to serve various needs. ... **7** ... the fairly large number of practising architects, the countrywide ... **8** ... in building activity offers scope for more. And though the initial earnings in the field are relatively ... **9** ... what you make thereafter will depend entirely on your ... **10** ... .

1. A. procedure B. process
C. portion D. blend
E. subject

2. A. drifted B. fizzled
C. contrived D. earned
E. arisen

3. A. painting B. construction
C. decoration D. repairing
E. appearance

4. A. fatiguing B. strenuous
C. encouraging D. vast
E. rewarding

5. A. satisfaction B. facility
C. infrastructure D. amenities
E. decorum

6. A. practically B. ideologically
C. aesthetically D. principally
E. readily

7. A. Considering B. Having
C. Assuming D. Regarding
E. Despite

8. A. variation B. slack
C. lethargy D. spurt
E. deterioration

9. A. escalating B. modest
C. unpredictable D. negligible
E. exorbitant

10. A. ambition B. appearance
C. expectation D. experience
E. need

PASSAGE-12

Without science there is no future for any society. Even with science, ... **1** ... it is controlled by some spiritual impulses, there is also no future. One great thing about science is that it does not accept anything on mere ... **2** ... . Everything has to be ... **3** ... beyond any doubt. All acceptance comes after experiment which has no room for any ... **4** ... . This is the reason ... **5** ... development of science and technology has revolutionised human life all over the world. There are very few spheres of human activity which have not experienced the ... **6** ... of such development. However, despite its manifold ... **7** ... science has not been ... **8** ... to solve any of man's moral or spiritual problems. Society is still ... **9** ... in the dark to find out what its future will be. The need, therefore, is to make science ... **10** ... for the ultimate truth.

1. A. unless B. without
C. if D. before
E. because

2. A. principles B. conjecture
C. experiment D. research
E. experience

3. A. accepted B. demonstrated
C. proved D. performed
E. understood

4. A. precision B. exactness
C. confirmation D. speculation
E. apprehension

5. A. for B. how
C. that D. about
E. why

6. A. impact B. futility
C. causes D. problems
E. nature

7. A. limitations B. benefits
C. shortcomings D. researches
E. inventions

8. A. employed B. developed
C. able D. entrusted
E. taught

9. A. engulfed B. lost
C. enlightening D. investigating
E. groping

10. A. useful B. worthy
C. ready D. search
E. fit

PASSAGE-13

Studies of cognitive development have shown that the child's ... 1 ... to use generalised ... 2 ... develops more slowly in history than in any other schools subjects. This ... 3 ... development of reasoning in historical ... 4 ... makes it necessary for the historian to ... 5 ... upon events that may be included in the text. In many cases, the historian may need to ... 6 ... with special effort a generalised understanding of key-concepts to be used in a... 7 ... . This ... 8 ... may well mean that school history can not cover as many events as it does at present. Also, school histories may have to provide for topic work or theme-based ... 9 ... rather than merely observe ... 10 ... conformity.

1. A. power B. intellect
C. preparedness D. ability
E. alertness

2. A. tasks B. concepts
C. procedures D. theories
E. principles

3. A. typical B. matured
C. slower D. accelerated
E. rapid

4. A. chronology B. arena
C. perspective D. conformity
E. contexts

5. A. deliver B. build
C. focus D. dwell
E. plan

6. A. tackle B. grapple
C. provide D. deliver
E. trade

7. A. text B. forum
C. debate D. reference
E. discussion

8. A. necessity B. requirement
C. understanding D. rationale
E. fact

9. A. projects B. description
C. work-outs D. analysis
E. presentation

10. A. internal B. metaphorical
C. eternal D. chronological
E. time-bound

PASSAGE-14

Faced with an ... 1 ... number and variety of products on the market, managers are finding it more difficult to ... 2 ... demand and plan production and order ... 3 ... . As a result ... 4 ... forecasts are increasing and, along with them, the costs of those errors. Many managers today, ... 5 ... speed is the ... 6 ... , have turned to one or another popular production scheduling system. But these tools tackle only part of the problem. ... 7 ... really needed is a way to ... 8 ... forecasts and simultaneously redesign planning processes to ... 9 ... the impact of ... 10 ... forecasts.

1. A. exact B. equal
C. optimum D. eccentric
E. unprecedented

2. A. meet B. predict
C. ignore D. accept
E. register

3. A. immediately B. quickly
C. accordingly D. positively
E. spontaneously

4. A. inaccurate B. buoyant
C. frequent D. inadequate
E. exorbitant

5. A. consider B. neglecting
C. visualising D. believing
E. notwithstanding

6. A. problem B. answer
C. source D. outcome
E. lacuna

7. A. What's B. That's
C. One D. Managers
E. Companies

8. A. ignore B. obtain
C. vitiate D. negate
E. improve

9. A. rationalise B. substantiate
C. minimise D. counter
E. tolerate

10. A. dangerous B. absolute
C. unpredicted D. erroneous
E. popular

PASSAGE-15

In view of the ... 1 ... demand for personnel with commerce background, in the post-liberalisation period, courses in commerce have ... 2 ... the attention of students and parents. There is growing ... 2 ... for these courses not only in schools but also in colleges. But the ... 4 ... of commerce education in schools leaves ... 5 ... to be desired. Its popularity, importance and quality, to a large extent, depends much on the teaching methodology being ... 6 ... in schools. Of course, the ... 7 ... review and ... 8 ... of syllabic also ... 9 .... But this aspect is ... 10 ... taken care of suitably, by the concerned organisations.

1. A. exaggerated B. unreasonable
C. tremendous D. increasing
E. diminishing

2. A. distorted B. ameliorated
C. attracted D. weighed
E. encouraged

3. A. demand B. contempt
C. dissatisfaction D. commotion
E. urgency

4. A. awareness B. intricacy
C. status D. necessity
E. quality

5. A. scope B. much
C. short D. everything
E. nothing

6. A. abandoned B. practised
C. contemplated D. assimilated
E. taught

7. A. unscrupulous B. partial
C. expert D. general
E. periodical

8. A. discussions B. perusal
C. reduction D. updating
E. formulation

9. A. matters B. flourishes
C. desires D. encompasses
E. needs

10. A. duly B. seldom
C. being D. often
E. never

ANSWERS

PASSAGE-1

1	2	3	4	5	6	7	8	9	10
E	A	D	A	B	B	A	B	C	C
11	**12**								
D	D								

PASSAGE-2

1	2	3	4	5	6	7	8	9	10
B	E	B	D	A	D	D	D	C	A

PASSAGE-3

1	2	3	4	5	6	7	8	9	10
B	C	E	C	D	D	C	A	C	E

PASSAGE-4

1	2	3	4	5	6	7	8	9	10
E	B	C	D	E	C	C	A	A	B

PASSAGE-5

1	2	3	4	5	6	7	8	9	10
C	A	D	B	D	A	D	B	B	E

PASSAGE-6

1	2	3	4	5	6	7	8	9	10
A	C	D	B	B	C	A	A	D	D

PASSAGE-7

1	2	3	4	5	6	7	8	9	10
C	A	D	E	B	A	D	E	A	B

PASSAGE-8

1	2	3	4	5	6	7	8	9	10
B	D	A	D	C	B	D	A	C	E

PASSAGE-9

1	2	3	4	5	6	7	8	9	10
D	A	E	B	C	A	B	E	C	D

PASSAGE-10

1	2	3	4	5	6	7	8	9	10
A	D	E	C	E	B	A	C	C	D

PASSAGE-11

1	2	3	4	5	6	7	8	9	10
D	E	B	D	C	C	E	D	B	D

PASSAGE-12

1	2	3	4	5	6	7	8	9	10
A	B	C	D	E	A	B	C	E	E

PASSAGE-13

1	2	3	4	5	6	7	8	9	10
D	B	C	E	C	C	A	A	D	D

PASSAGE-14

1	2	3	4	5	6	7	8	9	10
E	B	C	A	D	B	A	E	C	E

PASSAGE-15

1	2	3	4	5	6	7	8	9	10
D	C	A	E	B	B	E	D	A	A

CHAPTER 3

Synonyms

English is the most popular language in the world. It comprises thousands of words. No one can remember all the words and their meanings but everyone must try to read and learn maximum number of words and their meanings. One must keep and use a dictionary religiously.

TYPE-I

Directions: *In the following questions choose the words which best expresses the meaning of the given words.*

1. INDICT
A. Condemn B. Reprimand
C. Accuse D. Allege
E. Trap

2. SCINTILLATING
A. Smouldering B. Gilittering
C. Touching D. Warming
E. Glowing

3. REFECTORY
A. Restaurant B. Parlour
C. Living Room D. Dining Room
E. Factory

4. DISTINCTION
A. Diffusion B. Disagreement
C. Difference D. Degree
E. Honour

5. IMPROVEMENT
A. Advancement B. Betterment
C. Promotion D. Preference
E. Enhance

6. ADVERSITY
A. Failure B. Helplessness
C. Misfortune D. Crisis
E. Negativity

7. TURN UP
A. Land up B. Show up
C. Crop up D. Come up
E. Rotate

8. DEIFY
A. Flatter B. Challenge
C. Worship D. Face
E. Obstruct

9. ERROR
A. Misadventure B. Misgiving
C. Ambiguity D. Blunder
E. Flaw

10. SHALLOW
A. Artificial B. Superficial
C. Foolish D. Worthless
E. Deep

11. MASSACRE
A. Murder B. Stab
C. Assassinate D. Slaughter
E. Shoot

12. COMBAT
A. Conflict B. Quarrel
C. Feud D. Fight
E. Jostle

13. VORACIOUS
A. Wild B. Hungry
C. Angry D. Quick
E. Beautiful

14. IMPROMPTU
A. Offhand B. Unimportant
C. Unreal D. Effective
E. Punctual

15. RABBLE
A. Mob B. Noise
C. Roar D. Rubbish
E. Erase

16. TEPID
A. Hot B. Warm
C. Cold D. Boiling
E. Sticky

17. MAYHEM
A. Jubilation B. Havoc
C. Excitement D. Defeat
E. Movement

18. TIMID
A. Fast B. Slow
C. Medium D. Shy
E. Rapid

19. CANTANKEROUS
A. Quarrelsome B. Rash
C. Disrepectful D. Noisy
E. Obese

20. PRECARIOUS
A. Cautious B. Critical
C. Perilous D. Brittle
E. Sharp

21. TACITURNITY
A. Dumbness B. Changeableness
C. Hesitation D. Reserveness
E. Preserve

22. INEBRIATED
A. Dreamy B. Stupefied
C. Unsteady D. Drunken
E. Broken

23. HARBINGER
A. Massenger B. Steward
C. Forerunner D. Pilot
E. Performer

24. INTIMIDATE
A. To hint B. Frighten
C. Bluff D. Harass
E. Inform

25. IRONIC
A. Inflexible
B. Bitter
C. Good-natured
D. Disguisedly sarcastic
E. Hard

26. STRINGENT
A. Tense B. Stringy
C. Strict D. Causing to shrink
E. Liberal

27. ECSTATIC
A. Animated B. Bewildered
C. Enraptured D. Illful
E. Gloomy

28. COMMENSURATE
A. Measurable B. Proportionate
C. Beginning D. Appropriate
E. Finish

29. DESTITUTION
A. Humility B. Moderation
C. Poverty D. Beggary
E. Orphanage

30. ASCEND
A. Leap B. Grow
C. Deviate D. Mount
E. Invite

31. UNCOUTH
A. Ungraceful B. Rough
C. Slovenly D. Dirty
E. Gracious

32. LYNCH
A. Hang B. Madden
C. Kill D. Shoot
E. Start

33. LAUD
A. Lord B. Eulogy
C. Praise D. Extolled
E. Clap

34. CORRESPONDENCE
A. Agreements B. Contracts
C. Documents D. Letters
E. News

35. VENUE
A. Place B. Agenda
C. Time D. Duration
E. Ceremony

36. STERILE
A. Barren B. Arid
C. Childless D. Dry
E. Fertile

37. SYNOPSIS
A. Index B. Mixture
C. Summary D. Puzzle
E. End

38. GERMANE
A. Responsible B. Logical
C. Possible D. Relevant
E. Foreigner

39. PONDER
A. Think B. Evaluate
C. Anticipate D. Increase
E. Sprinkle

40. CANNY
A. Obstinate B. Handsome
C. Clever D. Stout
E. Container

41. ABUNDANT
A. Ripe B. Cheap
C. Plenty D. Absent
E. Closed

42. CONSEQUENCES
A. Results B. Conclusions
C. Difficulties D. Applications
E. Series

43. SHIVER
A. Shake B. Rock
C. Tremble D. Move
E. Cry

44. DILIGENT
A. Progressive B. Brilliant
C. Inventive D. Hard-working
E. Masculine

45. DISTANT
A. Far B. Removed
C. Reserved D. Separate
E. Unreachable

46. FORAY
A. Excursion B. Contest
C. Ranger D. Intuition
E. Light

47. FRUGALITY
A. Foolishness B. Extremity
C. Enthusiasm D. Economy
E. Weakness

48. GARNISH
A. Paint B. Garner
C. Adorn D. Abuse
E. Attract

49. VIGOUR
A. Strength B. Boldness
C. Warmth D. Enthusiasm
E. Vitality

50. CANDID
A. Apparent B. Explicit
C. Frank D. Bright
E. Sweet

51. BRIEF
A. Limited B. Small
C. Little D. Short
E. Compress

52. GARRULITY
A. Credulity B. Senility
C. Loquaciousness D. Speciousness
E. Misery

53. FURORE
A. Excitement B. Worry
C. Flux D. Anteroom
E. Noise

54. NEUTRAL
A. Unbiased B. Non-aligned
C. Undecided D. Indifferent
E. Unmoved

55. LAMENT
A. Regret B. Comment
C. Condone D. Console
E. Sadden

56. MASTERLY
A. Crafty B. Skilful
C. Meaningful D. Cruel
E. Rightfully

57. MOROSE
A. Annoyed B. Gloomy
C. Moody D. Displeased
E. Happy

58. BARE
A. Uncovered B. Tolerate
C. Clear D. Neat
E. Least

59. FEEBLE
A. Weak B. Vain
C. Arrogant D. Sick
E. Sleek

60. PRESTIGE
A. Influence B. Quality
C. Name D. Wealth
E. Strength

61. WARRIOR
A. Soldier B. Sailor
C. Pirate D. Spy
E. Juggler

62. ENTIRE
A. Part B. Quarter
C. Whole D. Half
E. Tiring

63. RESCUE
A. Command B. Help
C. Defence D. Safety
E. Problem

64. INFREQUENT
A. Never B. Usual
C. Rare D. Sometimes
E. Often

65. WRETCHED
A. Poor B. Foolish
C. Insane D. Strained
E. Broken

66. DIVERSION
A. Amusement B. Distortion
C. Deviation D. Bylane
E. Subway

67. AWAKENED
A. Enlightened B. Realised
C. Shook D. Waken
E. Walking

68. HESITATED
A. Stopped B. Paused
C. Slowed D. Postponed
E. Obstructed

69. PIOUS
A. Pure B. Pretentious
C. Clean D. Devout
E. Thirsty

70. TORTURE
A. Torment B. Chastisement
C. Harassment D. Terror
E. Beat

71. ATTEMPT
A. Serve B. Explore
C. Try D. Explain
E. Chance

72. RESTRAINT
A. Hindrance B. Repression
C. Obstacle D. Restriction
E. Tolerance

73. CHASTE
A. Honest B. Dignified
C. Virtuous D. Noble
E. Truthful

74. INSOMNIA
A. Lethargy B. Sleeplessness
C. Drunkenness D. Unconsciousness
E. Blindness

75. TRANSIENT
A. Transparent B. Fleeting
C. Feeble D. Fanciful
E. Flowing

76. MANDACIOUS
A. Full of confidence B. False
C. Encouraging D. Provocative
E. Thinkable

77. VORACIOUS
A. Truthful B. Gluttonous
C. Funny D. Venturous
E. Fearful

78. CONNOISSEUR
A. Ignorant B. Lover of art
C. Interpreter D. Delinquent
E. Officer

79. REPERCUSSION
A. Clever reply B. Recollection
C. Remuneration D. Reaction
E. Discussion

80. REPEAL
A. Sanction B. Perpetuate
C. Pass D. Cancel
E. Appeal

81. INFAMY
A. Dishonour B. Glory
C. Integrity D. Reputation
E. Beauty

82. FAKE
A. Original B. Imitation
C. Trustworthy D. Loyal
E. Lie

83. DEBACLE
A. Collapse B. Decline
C. Defeat D. Disgrace
E. Mistake

84. ADMONISH
A. Punish B. Curse
C. Dismiss D. Reprimand
E. Admit

85. EMBEZZLE
A. Misappropriate B. Balance
C. Remunerate D. Clear
E. Mix

86. CORPULENT
A. Lean B. Gaunt
C. Emaciated D. Obese
E. Corrupt

87. AUGUST
A. Common B. Ridiculous
C. Dignified D. Petty
E. Month

88. STRINGENT
A. Dry B. Strained
C. Rigorous D. Shrill
E. Thready

89. INSOLVENT
A. Poor B. Bankrupt
C. Penniless D. Broke
E. Unsoluble

90. EXTRICATE
A. Pull B. Free
C. Tie D. Complicate
E. Expel

91. INEXPLICABLE
A. Confusing
B. Unaccountable
C. Chaotic
D. Unconnected
E. Undesired

92. GRATIFY
A. Appreciate B. Frank
C. Indulge D. Pacify
E. Regard

93. ALERT
A. Energetic B. Observant
C. Intelligent D. Watchful
E. Smart

94. UNTIE
A. Unfold B. Unchain
C. Undo D. Unhinge
E. Free

95. OBJECT
A. Challenge B. Disapprove
C. Deny D. Disobey
E. Refuse

96. BROWSE
A. Heal B. Deceive
C. Examine D. Strike
E. Vision

97. SALACITY
A. Bliss B. Depression
C. Indecency D. Recession
E. Urban

98. ZANY
A. Clown B. Pet
C. Thief D. Magician
E. Virtuous

99. WARY
A. Sad B. Vigilant
C. Distorted D. Tired
E. Different

100. RECKLESS
A. Courageous B. Rash
C. Bold D. Daring
E. Disorganised

TYPE-II

Directions: *In each of the sentences given below a word is printed in* **bold**. *Below it five choices are given. Pick up the one which is most nearly the SAME in meaning as the word printed in* **bold** *and can replace it without altering the meaning of the sentence.*

101. When youngesters do not have good role-models to **emulate** they start searching for them amongst Sportsmen of Filmstars.

A. imitate B. modify
C. molify D. inhabit
E. target

102. The **aberration** in the India Economy can be attributed to short-sightedness of its political masters.

A. procrastination B. privilege
C. deviation D. steadfastness
E. corruption

103. The claims of students look hollow when they **attribute** their poor performance to difficulty of examination.

A. infer B. impute
C. inhere D. inundate
E. claim

104. As soon as he finished his speech, there was **spontaneous** applause from the audience.

A. well-timed B. willing
C. instinctive D. instantaneous
E. momentary

105. The soldier proved his **mettle** in the battlefield.

A. persistence
B. stamina and strength
C. courage and endurance
D. heroism
E. constituent

106. He listened of my request with **indifference**.

A. disinterest B. concern
C. displeasure D. caution
E. seperation

107. The accident occurred due to his **lapse**.

A. trick B. interval
C. error D. ignorance
E. speed

108. Being a member of this Club, he has certain **rights**.

A. status B. truth
C. virtues D. privileges
E. favours

109. He is **averse** to the idea of holding elections now.

A. convinced B. angry
C. agreeable D. opposed
E. known

110. Silence is **mandatory** for meditation to be effective.

A. compulsory B. necessary
C. required D. needed
E. optional

111. The underworld still makes solid profit out of **illicit** liquor.

A. indigenous B. illegitimate
C. illegal D. country
E. duplicate

112. When I look back over the wartime years I cannot help feeling that time is an inadequate and even **capricious** measure of their duration at one moment they seem so long, at another so short.

A. misleading B. whimsical
C. erratic D. unpredictable
E. effective

113. The tablet **alleviated** the pain, and the patient was soon feeling much better.

A. mitigated B. moderated
C. removed D. lightened
E. eliminated

114. The leader nodded his **approbation.**

A. understanding B. approval
C. admiration D. appreciation
E. enquiry

115. We should always try to maintain and promote communal **amity**.

A. bondage B. contention
C. friendship D. understanding
E. peace

116. Many species of animals have become **extinct** during the last hundred years.

A. aggressive B. non-existent

C. scattered D. feeble
E. rare

117. True religion does not require one to **proselytise** through guile or force.
A. translate B. hypnotise
C. attack D. convert
E. fight

118. That the plan is both inhuman and **preposterous** needs no further proof.
A. heartless B. impractical
C. absurd D. abnormal
E. destructive

119. She **baffled** all our attempts to find her.
A. defeated B. thwarted
C. foiled D. circumvented
E. knew

120. Instead of putting up a united front against of common enemy, the medieval states frittered away their energy in **internecine** warfare.
A. mutually destructive
B. baneful
C. pernicious
D. detrimental
E. communal

121. The bullet wound proved to be **fatal** and the soldier died immediately.
A. grievous B. dangerous
C. serious D. deadly
E. accurate

122. Whatever opinion he gives is **sane**.
A. rational B. obscure
C. wild D. arrogant
E. clear

123. He **corroborated** the statement of his brother.
A. confirmed B. disproved
C. condemned D. seconded
E. refuted

124. Whatever the **verdict** of history may be, Chaplin will occupy a unique place in its pages.
A. judgement B. voice
C. outcome D. prediction
E. chapter

125. The attitude of the Western countries towards the Third World countries is rather **callous** to say the least.
A. passive B. unkind
C. cursed D. unfeeling
E. unfair

126. The story is too fantastic to be **credible**.
A. believable B. false
C. readable D. praiseworthy
E. payable

127. Catching snakes can be **hazardous** for people untrained in the art.
A. tricky B. harmful
C. difficult D. dangerous
E. deadly

128. After the **dismal** performance of the team in the series concluded yesterday, the captain offered his resignation to the president of the club.
A. poor B. sorrowful
C. minimum D. short
E. failing

129. The small boy was able to give a **graphic** description of the thief.
A. picture B. drawing
C. vivid D. broad
E. designer

130. The prisoner has been **languishing** in the jail for the last many years.
A. convicted B. suffering
C. attempting D. avoiding
E. learning

131. Some of the Asian countries have been **enmeshed** in an inescapable debt trap.
A. entagled B. hit
C. struck D. ensured
E. caged

132. In spite of their efforts, the team of scientists could not make much **headway** to solve the problem.
A. progress B. thinking
C. efforts D. start
E. attempt

133. On scrutiny the police officer found out that the documents provided by the landlord were totally **fabricated**.
A. forged B. historical
C. prepared D. genuine
E. designed

134. The soldier displayed **exceptional** courage and saved the Major from the enemy's hand.
A. avoidable B. unusual
C. strange D. abnormal
E. optimal

135. He found a **lucrative** assignment.
A. good B. profitable
C. excellent D. significant
E. creative

136. The novel was so interesting that I was **oblivious** of my surroundings.
A. precarious B. unmindful
C. aware D. watchful
E. cut

137. The great dancer impressed the appreciative crowd by his **nimble** movements.
A. unrhythmic B. lively
C. quickening D. clear
E. agile

138. The president of the party **deprecated** the move of the Government to introduce electoral reforms in a haste.
A. welcomed B. denied
C. protested D. humiliated
E. announced

139. It took him a long time to **come round** after the operation.
A. recover B. walk
C. move D. eat
E. rotate

140. Few teachers have been spared the problem of an **obstreperous** pupil in the class.
A. sullen B. unruly
C. lazy D. awkward
E. stupid

141. His visit to foreign countries brought about a **sea-change** in his outlook and his attitude to people.
A. complete change
B. partial change
C. favourable change
D. unfavourable change
E. visual

142. Swift is known in the world of letters for his **misogynism**.
A. hate for mankind
B. hate for womankind
C. love for the reasonable
D. love for womankind
E. love for unisex

143. He was warned at the **outset** of his career.
A. end B. beginning
C. middle D. entrance
E. peak

144. The time I spent in the library was a most **rewarding** one.
A. profitable B. paying
C. serviceable D. precious
E. prizing

145. That young is quite **sanguine** about the result of his competitive examination.
A. depressed B. pessimistic
C. anxious D. optimistic
E. sure

146. The courage shown by the soldiers at this moment of crisis is **exemplary**.
A. suitable B. clear
C. elementary D. admirable
E. exceptional

147. The notice said that the meeting would begin **precisely** at 9.30 a.m.
A. approximately B. exactly
C. accurately D. concisely
E. aptly

148. The inspector was a **vigilant** young man.
A. intelligent B. ambitious
C. watchful D. smart
E. agile

149. A **rupture** in the relationship of the two brothers is quite apparent.
A. break B. damage
C. breach D. gap
E. blast

150. "I have learnt a great deal working in factories, and for a time I've been a weaver. Here are my **testimonials,** Mr. Davis."
A. witnesses B. testaments
C. tokens D. credentials
E. reports

ANSWERS

1	2	3	4	5	6	7	8	9	10
C	B	D	C	B	C	B	C	D	B
11	12	13	14	15	16	17	18	19	20
D	D	B	A	A	B	B	D	A	B
21	22	23	24	25	26	27	28	29	30
D	D	C	B	D	C	C	B	C	D
31	32	33	34	35	36	37	38	39	40
A	C	C	D	A	A	C	D	A	C
41	42	43	44	45	46	47	48	49	50
C	A	C	D	A	A	D	C	A	C
51	52	53	54	55	56	57	58	59	60
D	C	A	A	A	B	B	A	A	C
61	62	63	64	65	66	67	68	69	70
A	C	B	D	A	C	D	B	A	A
71	72	73	74	75	76	77	78	79	80
C	D	C	B	B	B	B	B	D	D
81	82	83	84	85	86	87	88	89	90
A	B	A	D	A	D	C	C	B	B
91	92	93	94	95	96	97	98	99	100
B	D	D	C	B	C	C	A	B	B
101	102	103	104	105	106	107	108	109	110
A	C	B	C	C	A	C	D	D	A
111	112	113	114	115	116	117	118	119	120
C	B	A	B	C	B	D	C	C	A
121	122	123	124	125	126	127	128	129	130
D	A	A	A	D	A	D	A	C	B
131	132	133	134	135	136	137	138	139	140
A	A	A	B	B	B	C	C	A	B
141	142	143	144	145	146	147	148	149	150
A	B	B	A	D	D	B	C	A	D

CHAPTER 4

Antonyms

In English, while learning the meanings of words, learning their opposite words is also equally important for a good learner. One must learn as many as one can, to score well.

TYPE-I

Directions: *In the following questions choose the word which is the exact OPPOSITE of the given words.*

1. DEAR
A. Priceless B. Free
C. Worthless D. Cheap
E. Expensive

2. FLAGITIOUS
A. Innocent B. Vapid
C. Ignorant D. Frivolous
E. Stupid

3. LIABILITY
A. Property B. Assets
C. Debt D. Treasure
E. Responsibilty

4. VIRTUOUS
A. Wicked B. Corrupt
C. Vicious D. Scandalous
E. Dishonest

5. ENCOURAGE
A. Dampen B. Disapprove
C. Discourage D. Warn
E. Land

6. MORTAL
A. Divine B. Immortal
C. Spiritual D. Eternal
E. Strong

7. LEND
A. Borrow B. Cheat
C. Pawn D. Hire
E. Ask

8. COMIC
A. Emotional B. Tragic
C. Fearful D. Painful
E. Adult

9. ADDITION
A. Division B. Enumeration
C. Subtraction D. Multiplication
E. Minus

10. MINOR
A. Big B. Major
C. Tall D. Heavy
E. Adult

11. REPEL
A. Attend B. Concentrate
C. Continue D. Attract
E. Expel

12. ARTIFICIAL
A. Red B. Natural
C. Truthful D. Solid
E. Superficial

13. CAPACIOUS
A. Limited B. Caring
C. Foolish D. Changeable
E. Spacious

14. PROVOCATION
A. Vocation B. Pacification
C. Peace D. Destruction
E. Convocation

15. METICULOUS
A. Mutual B. Shaggy
C. Meretricious D. Slovenly
E. Ridiculous

16. ABLE
A. Disable B. Inable
C. Unable D. Misable
E. Probable

17. COMFORT
A. Uncomfort B. Miscomfort
C. Discomfort D. Uneasy
E. Luxury

18. GAIN
A. Loose B. Fall
C. Lost D. Lose
E. Again

19. SYNTHETIC
A. Affable B. Natural
C. Plastic D. Cosmetic
E. Pathetic

20. ACQUITTED
A. Freed B. Burdened
C. Convicted D. Entrusted
E. Predicted

21. STRINGENT
A. General B. Vehement
C. Lenient D. Magnanimous
E. Astringent

22. FLIMSY
A. Frail B. Filthy
C. Firm D. Flippant
E. Fat

23. BUSY
A. Occupied B. Engrossed
C. Relaxed D. Engaged
E. Free

24. ADAPTABLE
A. Adoptable B. Flexible
C. Yielding D. Rigid
E. Solid

25. LOVE
A. Villainy B. Hatred
C. Compulsion D. Force
E. Fight

26. BALANCE
A. Disbalance B. Misbalance
C. Debalance D. Imbalance
E. Unbalance

27. RELINQUISH
A. Abdicate B. Renounce
C. Possess D. Deny
E. Occupy

28. MOUNTAIN
A. Plain B. Plateau
C. Precipice D. Valley
E. Ocean

29. FICKLE
A. Courageous B. Sincere
C. Steadfast D. Humble
E. Strong

30. PERENNIAL
A. Frequent B. Regular
C. Lasting D. Rare
E. Often

31. RARELY
A. Hardly B. Definitely
C. Frequently D. Periodically
E. Barely

32. STARTLED
A. Amused B. Relaxed
C. Endless D. Astonished
E. Finished

33. ADHERENT
A. Detractor B. Enemy
C. Alien D. Rival
E. Follower

34. QUIESCENT
A. Indifferent B. Troublesome
C. Weak D. Unconcerned
E. Silent

35. CONDENSE
A. Expand B. Distribute
C. Interpret D. Lengthen
E. Lighten

36. BENIGN
A. Malevolent B. Soft
C. Friendly D. Unwise
E. Kind

37. OBSCURE
A. Implicit
B. Obnoxious
C. Explicit
D. Pedantic
E. Incurable

38. HYPOCRITICAL
A. Gentle
B. Sincere
C. Amiable
D. Dependable
E. Critical

39. EVASIVE
A. Free
B. Honest
C. Liberal
D. Frank
E. Invasive

40. INDUSTRIOUS
A. Indifferent
B. Indolent
C. Casual
D. Passive
E. Serving

41. EXTRICATE
A. Manifest
B. Palpable
C. Release
D. Entangle
E. Intricate

42. LUCID
A. Glory
B. Noisy
C. Obscure
D. Distinct
E. Clear

43. INSIPID
A. Tasty
B. Stupid
C. Discreet
D. Feast
E. Flavoured

44. OBEYING
A. Ordering
B. Following
C. Refusing
D. Contradicting
E. Insulting

45. VICTORIOUS
A. Defeated
B. Annexed
C. Destroyed
D. Vanquished
E. Triumphant

46. COMMISSIONED
A. Started
B. Closed
C. Finished
D. Terminated
E. Salaried

47. VANITY
A. Pride
B. Humility
C. Conceit
D. Ostentious
E. Grace

48. ZENITH
A. Acme
B. Top
C. Nadir
D. Pinnacle
E. Core

49. TANGIBLE
A. Ethereal
B. Concrete
C. Actual
D. Solid
E. Delicious

50. REPRESS
A. Inhibit
B. Liberate
C. Curb
D. Quell
E. Suppress

51. EPILOGUE
A. Dialogue
B. Prelude
C. Post script
D. Epigram
E. Monologue

52. FRAUDULENT
A. Candid
B. Direct
C. Forthright
D. Genuine
E. Real

53. LOQUACIOUS
A. Reticent
B. Talkative
C. Garrulous
D. Verbose
E. Verbatim

54. NIGGARDLY
A. Frugal
B. Thrifty
C. Stingy
D. Generous
E. Mean

55. PERTINENT
A. Irrational
B. Irregular
C. Insistent
D. Irrelevant
E. Inconsistent

56. FAINT-HEARTED
A. Warm-hearted
B. Full-blooded
C. Hot-blooded
D. Stout-hearted
E. Kind-hearted

57. VIOLENT
A. Humble
B. Harmless
C. Gentle
D. Tame
E. Pet

58. STATIONARY
A. Active
B. Mobile
C. Rapid
D. Busy
E. Unfixed

59. HONORARY
A. Dishonourable B. Reputed
C. Paid D. Official
E. Obligatory

60. COMMON
A. Rare B. Small
C. Petty D. Poor
E. General

61. FRUGAL
A. Copious B. Extravagant
C. Generous D. Ostentatious
E. Thrifty

62. MALICIOUS
A. Kind B. Boastful
C. Generous D. Indifferent
E. Harmful

63. FAMILIAR
A. Unpleasant B. Dangerous
C. Friendly D. Strange
E. Known

64. PRELIMINARY
A. Final B. First
C. Secondary D. Initial
E. Main

65. DOUBTFUL
A. Famous B. Certain
C. Fixed D. Important
E. Vague

66. REMISS
A. Forgetful B. Watchful
C. Dutiful D. Harmful
E. Break

67. INDISCREET
A. Reliable B. Honest
C. Prudent D. Stupid
E. Credible

68. FRESH
A. Faulty B. Sluggish
C. Disgraceful D. Stale
E. Old

69. ANNOY
A. Praise B. Rejoice
C. Please D. Reward
E. Happy

70. TRANSPARENT
A. Semi-transparent B. Muddy
C. Opaque D. Dark
E. Clear

71. REVEALED
A. Denied B. Concealed
C. Ignored D. Overlooked
E. Appealed

72. EXTRAVAGANCE
A. Luxury B. Poverty
C. Economy D. Cheapness
E. Vengeance

73. CROWDED
A. Busy B. Congested
C. Quiet D. Deserted
E. Empty

74. SHRINK
A. Contract B. Spoil
C. Expand D. Stretch
E. Droop

75. ENMITY
A. Important B. Unnecessary
C. Friendship D. Likeness
E. Infamy

76. EXODUS
A. Influx B. Home-coming
C. Return D. Restoration
E. Entry

77. CULPABLE
A. Defendable B. Blameless
C. Careless D. Irresponsible
E. Bailable

78. SUBSERVIENT
A. Aggressive B. Straightforward
C. Dignified D. Supercilious
E. Submissive

79. AWARE
A. Uncertain B. Ignorant
C. Sure D. Doubtful
E. Beware

80. GRACEFUL
A. Rough B. Expert
C. Miserable D. Awkward
E. Beautiful

81. AUTONOMY
A. Slavery B. Subordination
C. Dependence D. Submissiveness
E. Democracy

82. NADIR
A. Modernity B. Zenith
C. Liberty D. Progress
E. Horizon

83. CONCEDE
A. Object B. Refuse
C. Grant D. Accede
E. Exceed

84. SUPPRESS
A. Encourage B. Grow
C. Praise D. Permit
E. Swell

85. FAMOUS
A. Disgraced B. Notorious
C. Evil D. Popular
E. Ugly

86. EXPAND
A. Contract B. Condense
C. Congest D. Conclude
E. Compact

87. ARROGANT
A. Polite B. Cowardly
C. Meek D. Gentlemanly
E. Vibrant

88. ENORMOUS
A. Soft B. Average
C. Tiny D. Weak
E. Gigantic

89. URBANE
A. Illiterate B. Backward
C. Discourteous D. Orthodox
E. Villager

90. HOSTILITY
A. Courtesy B. Hospitality
C. Relationship D. Friendliness
E. Casualty

91. BELITTLE
A. Praise B. Flatter
C. Exaggerate D. Adore
E. Decry

92. HAPLESS
A. Cheerful B. Consistent
C. Fortunate D. Shapely
E. Hopeful

93. HAPHAZARD
A. Fortuitous B. Indifferent
C. Deliberate D. Accidental
E. Random

94. GREGARIOUS
A. Antisocial B. Glorious
C. Horrendous D. Similar
E. Affable

95. VALUABLE
A. Invaluable B. Worthless
C. Inferior D. Lowly
E. Worthy

96. ABSOLUTE
A. Deficient B. Faulty
C. Limited D. Scarce
E. Whole

97. CONFESS
A. Deny B. Refuse
C. Contest D. Contend
E. Profess

98. GULLIBLE
A. Incredulous B. Fickle
C. Easy D. Stylish
E. Credulous

99. HIRSUTE
A. Scaly B. Bald
C. Erudite D. Quiet
E. Hairy

100. HINDRANCE
A. Aid B. Persuasion
C. Cooperation D. Agreement
E. Encumbrance

TYPE-II

Directions: *Each sentence below consists of a word or a phrase which is* ***bold****. It is followed by five words or phrases. Select the word or phrase which is closest to the OPPOSITE in meaning of the* ***bold*** *word or phrase.*

101. The atmosphere in that desolate place looked **ominous**.

A. pleasant B. encouraging
C. auspicious D. favourable
E. propitious

102. He spoke against corruption with **zeal**.

A. indifference B. calmness
C. despair D. passiveness
E. stoicism

103. The story told by the teacher **amused** children in the class.

A. frightened B. jolted
C. astonished D. saddened
E. anguished

104. In a literary work **obscurity** can be a virtue.

A. clarity B. precision
C. definiteness D. specificity
E. mystery

105. The managing director remarked that the secretary was an **asset** to the company.

A. loss B. liability
C. drag D. handicap
E. expense

106. He is extremely **intelligent** but proud.

A. dull B. weak
C. ignorant D. simple
E. apt

107. A **friendly** dog met us at the farmgate.

A. helpful B. understanding
C. quiet D. hostile
E. convivial

108. In ancient India, scholars had no interest in political power or **material** growth.

A. internal B. spiritual
C. psychic D. celestial
E. external

109. His short but pointed speech was **applauded** by all sections of the audience.

A. disapproved B. misunderstood
C. praised D. welcomed
E. lauded

110. Like poverty, **affluence** can sometimes create its own problems.

A. indigence B. opulence
C. sorrow D. exuberance
E. abundance

111. **Adversity** teaches man to be humble and self-reliant.

A. sincerity B. animosity
C. curiosity D. prosperity
E. success

112. History **abounds** in instances of courage.

A. shines B. lacks
C. suffices D. fails
E. bounds

113. He **abandoned** his family.

A. supported B. encouraged
C. pleased D. saved
E. renounced

114. The young leader was **reluctant** to shoulder the responsibilities of the ministerial office.

A. wanting B. willing
C. anxious D. eager
E. grudging

115. Unsettled conditions in the land led to the **exodus** of hundreds of its citizens.

A. invasion B. entry
C. immigration D. expulsion
E. massacre

116. In the interest of one's own reputation one should avoid **ostentation** while entertaining friends.

A. miserliness B. simplicity
C. purity D. innocence
E. flamboyance

117. Everything about him, especially his talkative nature, proclaims his **effeminacy**.

A. aggressiveness B. attractiveness
C. mealiness D. boorishness
E. verbosity

118. The habit of **squandering** money should not be encouraged.

A. discarding B. boarding
C. collecting D. saving
E. laundering

119. There was something strange and **morbid** about the whole house.

A. healthy B. cheerful
C. insipid D. appealing
E. unpleasant

120. Many people suffer setbacks in their career because of their inherent **levity**.
A. seriousness B. solemnity
C. religiosity D. gravity
E. laxity

121. This new magazine is known for its **comprehensive** coverage of news.
A. casual B. inadequate
C. indifferent D. superficial
E. compressive

122. His critics found in his **overt** statements some hidden designs.
A. converse B. pervert
C. covert D. contrived
E. subvert

123. Given these constraint, we had no alternative but to suggest **an improvised** solution.
A. a complete B. a pre-planned
C. a permanent D. a proscribed
E. an impromptu

124. Because of the economy drive, they very unwillingly surrendered some **superfluous** posts.
A. important B. relevant
C. significant D. essential
E. redundant

125. I **abhor** the ideas he sometimes expresses.
A. admire B. respect
C. applaud D. appreciate
E. abominate

126. You can hardly find any trace of **humility** in the man.
A. pride B. insolence
C. arrogance D. conceit
E. humbleness

127. The result of the tournament gave them a sense of **elation**.
A. despondency B. misery
C. disappointment D. despair
E. exultant

128. It was done in a **haphazard** manner.
A. planned B. excellent
C. extraordinary D. designed
E. random

129. The officer asked the clerk to **expedite** the matter.
A. postpone B. defer
C. adjourn D. delay
E. explain

130. The atmosphere in the institute he had newly joined was **congenial** to research.
A. disagreeable for
B. inconvenient for
C. unpleasant for
D. unsuitable for
E. compliant

131. He is the most **prudent** person I have ever come across.
A. shortsighted B. reckless
C. inconsiderate D. injudicious
E. sagacious

132. The members thought that the task was **feasible.**
A. impractical B. impossible
C. difficult D. impracticable
E. viable

133. I was surprised at his **stiff** attitude.
A. courteous B. flexible
C. soft D. lively
E. strange

134. The General Manager is quite **tactful** and handles the workers union very effectively.
A. disciplined B. naive
C. strict D. loose
E. discreet

135. His **vindictive** nature often came up for comment among his friends.
A. forgetful B. forgiving
C. obedient D. timid
E. rancorous

136. I thought about her a lot during the **following** months.
A. succeeding B. proceeding
C. preceding D. receding
E. coming

137. He was asked to **accelerate** the pace of work.
A. supervise B. slacken
C. control D. check
E. speed up

138. What he tells me **confirms** my ideas.
A. strengthens B. opposes
C. contradicts D. verifies
E. acquiesces

139. The error in the newspaper article is **accidental**.
A. intentional B. conventional
C. usual D. permissible
E. incidental

140. According to a great philosopher **magnanimity** in a man implies many other qualities.
A. enmity B. meanness
C. jealousy D. poverty
E. munificence

141. The minister gave a public speech on the controversial subject to **precipitate** the matter.
A. aggravate B. create
C. defer D. push
E. yield

142. The commission took two years to go through the **massive** collection of files and documents before preparing its report.
A. meagre B. heavy
C. light D. short
E. gaunt

143. Satish's point of view was correct but his behaviour with his father was quite **impertinent**.
A. healthy B. respectful
C. inadequate D. smooth
E. germane

144. The chairman **initiated** the proceedings with a brief speech.
A. confused B. closed
C. started D. complicated
E. committed

145. The club meets on the last Thursday of every month in a **dilapidated** palace.
A. neglected B. regenerated
C. renovated D. furnished
E. ruined

146. The inhabitants of the island were **barbarians**.
A. civilised B. cruel
C. uncivilised D. bad
E. gigantic

147. They had an **insipid** conversation.
A. lively B. argumentative
C. loud D. curious
E. vapid

148. The chairman **rebuked** the accounts officer for not supervising the work of his subordinates.
A. received B. awarded
C. invited D. praised
E. upbraided

149. The actor is well known both for his **humility** and courage.
A. pride B. determination
C. honesty D. gentleness
E. humanity

150. **Feasibility** of the project is under study.
A. unsuitability
B. cheapness
C. impropriety
D. impracticability
E. viability

ANSWERS

1	2	3	4	5	6	7	8	9	10
D	A	B	C	C	B	A	B	C	B
11	**12**	**13**	**14**	**15**	**16**	**17**	**18**	**19**	**20**
D	B	A	B	D	C	C	D	B	C
21	**22**	**23**	**24**	**25**	**26**	**27**	**28**	**29**	**30**
C	C	C	D	B	D	C	D	C	D

31	**32**	**33**	**34**	**35**	**36**	**37**	**38**	**39**	**40**
D	B	B	A	C	A	C	B	B	B
41	**42**	**43**	**44**	**45**	**46**	**47**	**48**	**49**	**50**
D	C	A	A	A	D	B	C	A	B
51	**52**	**53**	**54**	**55**	**56**	**57**	**58**	**59**	**60**
B	D	A	D	D	D	C	B	C	A
61	**62**	**63**	**64**	**65**	**66**	**67**	**68**	**69**	**70**
B	C	D	A	B	C	C	D	C	C
71	**72**	**73**	**74**	**75**	**76**	**77**	**78**	**79**	**80**
B	C	D	D	C	A	A	C	B	D
81	**82**	**83**	**84**	**85**	**86**	**87**	**88**	**89**	**90**
C	B	B	B	B	B	A	C	C	D
91	**92**	**93**	**94**	**95**	**96**	**97**	**98**	**99**	**100**
C	C	C	A	B	C	A	A	B	A
101	**102**	**103**	**104**	**105**	**106**	**107**	**108**	**109**	**110**
C	A	D	A	B	A	D	B	A	A
111	**112**	**113**	**114**	**115**	**116**	**117**	**118**	**119**	**120**
D	B	A	B	C	A	C	D	B	D
121	**122**	**123**	**124**	**125**	**126**	**127**	**128**	**129**	**130**
D	C	B	B	A	C	D	A	D	A
131	**132**	**133**	**134**	**135**	**136**	**137**	**138**	**139**	**140**
B	A	B	B	B	C	B	C	A	B
141	**142**	**143**	**144**	**145**	**146**	**147**	**148**	**149**	**150**
C	A	B	B	C	A	A	D	A	D

CHAPTER 5

Spotting Errors

The most common errors in English are of grammar and usage of words and phrases. By regular practice, the errors can be minimised. Try and practise it in this chapter to master it.

Directions: *In each question below, a sentence is broken into four parts which are marked as (A), (B), (C) and (D). One of them may be grammatically or structurally wrong in the context of the sentence. The letter of that word is the answer. If there is no wrong word or group of words, your answer will be (E), i.e., 'No error'. (Ignore the errors of punctuation, if any).*

1. (A) There is just not enough/(B) timing in my job to sit around/(C) talking about how we feel/(D) about each other./(E) No error.

2. (A) Reasonable ambition, if supported/(B) at persistent efforts,/(C) is likely to yield/(D) the desired results./(E) No error.

3. (A) Even after worked in the office/(B) for as many as fifteen years,/(C) he still does not understand/(D) the basic objectives of the work./(E) No error.

4. (A) Why some people don't get/(B) what they deserve/(C) and why others get what they don't deserve/(D) is a matter decided by luck./(E) No error.

5. (A) the five-member committee were/(B) of the view that the present service conditions/(C) of the employees of this company/(D) are quite good./(E) No error.

6. (A) If you would have/(B) gone to his house/(C) before 10 a.m., you would have/(D) got his autograph./(E) No error.

7. (A) His speech was/(B) judged by many/(C) as one of the most important speech/(D) given in the function./(E) No error.

8. (A) I am contacting you/(B) sometime in next week/(C) to explain to you/(D) my problem in detail./(E) No error.

9. (A) Whatever he was/(B) today is only because/(C) of his mother who/(D) was a renowned scientist./(E) No error.

10. (A) The Head of the Department along with his colleagues/(B) are coming to attend/(C) the conference which is/(D) scheduled this afternoon./(E) No error.

11. (A) One of the most effective/(B) solutions is that/(C) she should work on Sunday/(D) and complete the assignment./(E) No error.

12. (A) He had to/(B) seek legal help in/(C) order for settling/(D) the dispute./(E) No error.

13. (A) Since I had been gone/(B) through the book/(C) long back, I could/(D) not remember the contents./(E) No error.

14. (A) We have to take/(B)him to the hospital yesterday/(C) because he was/(D) suffering from fever./(E) No error.

15. (A) The interviewer asked the actress/(B) how could she/(C) manage to attain fame/(D) in a short period./(E) No error.

16. (A) The Head of the Department/(B) advised all the staff/(C) to not to/(D) indulge in gossip./(E) No error.

17. (A) I shall be able/(B) to complete the work in/(C) stipulated time provide/(D) you do not disturb me./(E) No error.

18. (A) Having learn my lessons/(B) I was very careful/(C) in dealing with him/(D) in front of his room-mate./(E) No error.

19. (A) In spite of his/(B) being a Quiz Master/(C) show was/(D) a big flop./(E) No error.

20. (A) No sooner the/(B) clock strike six than/(C) all the employees/(D) rushed out of office./(E) No error.

21. (A) Naren could not/(B) decide as to which/(C) course he should do/(D) after obtaining his Degree./(E) No error.

22. (A) One of the objective/(B) of the meeting which/(C) was held today was to/(D) elect new office-bearers./(E) No error.

23. (A) Ketaki would have/(B) surely got the job/(C) if she would have/(D) attended the interview./(E) No error.

24. (A) When the national/(B) anthem was being/(C) sung, everyone were/(D) standing in silence./(E) No error.

25. (A) Rosy herself wash/(B) all the clothes and/(C) never gives them/(D) to the laundry./(E) No error.

26. (A) But for your/(B) kind help this/(C) task could not/(D) have been completed./(E) No error.

27. (A) Since it was a memory test/(B) the students were instructed/(C) to learn the/(D) passage with heart./(E) No error.

28. (A) So longer as/(B) you are honest/(C) and forthright I will/(D) support you in this task./(E) No error.

29. (A) The customer scarcely had/(B) enough money to pay/(C) to the cashier/(D) at the cash counter./(E) No error.

30. (A) Neither the earthquake/(B) nor the subsequent fire/(C) was able to dampen/(D) the spirit of the residents./(E) No error.

31. (A) Not one of the children/(B) has ever sang/(C) on any occasion/(D) in public before./(E) No error.

32. (A) If the by-stander had not been/(B) familiar with first-aid techniques,/(C) the driver which had met/(D) with the accident would have died./(E) No error.

33. (A) Even after requesting/(B) him, he did not/(C) tell us that how/(D) he solved the problem/(E) No error.

34. (A) We never thought/(B) that Mahesh is/(C) oldest than the other/(D) players in the team./(E) No error.

35. (A) No sooner did he/(B) got up from bed/(C) than he was sent/(D) to the dairy./(E) No error.

36. (A) By arresting the local criminals/(B) and encouraging good people/(C) we can end/(D) hostilities of that area./(E) No error.

37. (A) The apparently obvious solutions/(B) to most of his problems/(C) were overlook by/(D) many of his friends./(E) No error.

38. (A) In spite of the difficulties/(B) on the way,/(C) they enjoyed their/(D) trip to Gangothri./(E) No error.

39. (A) We decided not tell to/(B) the patient about/(C) the disease he was/(D) suffering from./(E) No error.

40. (A) The principals of equal justice/(B) for all is one of/(C) the cornerstones of our/(D) democratic way of life./(E) No error.

41. (A) The Trust has succeeded/(B) admirably in raising/(C) money for/(D) its future programmes./(E) No error.

42. (A) Honesty, integrity and being intelligent/(B) are the qualities which/(C) we look for when/(D) we interview applicants./(E) No error.

43. (A) In order to save petrol,/(B) motorists must have to/(C) be very cautious/(D) while driving along the highways./(E) No error.

44. (A) The committee is thankful to Shri Desai/(B) for preparing not only the main report/(C) but also for preparing/(D) the agenda notes and minutes./(E) No error.

45. (A) All of you will agree with me/(B) that no problem faced by our society/(C) is as grave and intractable/(D) as this problem is/(E) No error.

46. (A) I would have lost/(B) my luggage and other belongings/(C) if I would have left the compartment/(D) and gone out to fetch drinking water./(E) No error.

47. (A) Ramesh did not like/(B) leaving his old parents alone in the house/(C) but he had no alternative/(D) as he has to go out to work./(E) No error.

48. (A) I was being astonished/(B) when I heard that/(C) he had left the country/(D) without informing anyone of us./(E) No error.

49. (A) According to one survey/(B) only those forests which were/(C) not under village management/(D) succumbed from fires recently./(E) No error.

50. (A) We can not handle/(B) this complicated case today/(C) unless full details are not given/(D) to us by now./(E) No error.

51. (A) We will pack not only/(B) the material properly/(C) but will also deliver it/(D) to your valued customers./(E) No error.

52. (A) While Mahendra was away/(B) on a long official tour/(C) his office receive an important letter/(D) which was marked 'Urgent'./(E) No error.

53. (A) We now look forward for/(B) some great achievements/(C) which to some extent/(D) can restore the country's prestige once again./(E) No error.

54. (A) Mahatma Gandhi did not solve/(B) all the problems of the future/(C) but he did solve/(D) problems of his own age./(E) No error.

55. (A) No country can long endure/(B) if its foundations/(C) were not laid deep/(D) in the material prosperity./(E) No error.

56. (A) Though he suffered of fever,/(B) he attended office/(C) and completed all the pending/(D) work by sitting late./(E) No error.

57. (A) As always have been said,/(B) parents should not/(C) impose their desires/(D) on their wards./(E) No error.

58. (A) Being a very fast worker,/(B) he is always liking/(C) by all his colleagues./(D) and superiors too./(E) No error.

59. (A) We fail to understand/(B) why do most educated people/(C) lose their temper even/(D) without any apparent reason./(E) No error.

60. (A) You may not always/(B) get whatever you deserve/(C) but that does not belittle/(D) the importance for your work./(E) No error.

61. (A) On resuming his duty,/(B) he asked his Superiors/(C) that whether he would be/(D) permitted to leave early./(E) No error.

62. (A) We don't deny/(B) your right to know/(C) whatever happened while/(D) you were not in the office./(E) No error.

63. (A) Jayesh loved his Guru immensely/(B) and gave him fullest loyalty,/(C) yet he had his own/(D) independent way of thinking./(E) No error.

64. (A) We have done everything/(B) that could be done/(C) to avert the storm/(D) which is now coming on./(E) No error.

65. (A) Our school is making/(B) every possible effort/(C) to provide best facilities/(D) and personal attention for each child./(E) No error.

66. (A) They have been/(B) struggling with the management/(C) from the past five years/(D) but their demands are not considered./(E) No error.

67. (A) When I stood up spontaneously/(B) and questioned the speaker;/(C) someone commented that/(D) it was a boldly step./(E) No error.

68. (A) Their only demand/(B) for additional wages were/(C) considered sympathetically/(D) by the progressive management./(E) No error.

69. (A) He has been undergoing/(B) the special training course/(C) which each of the employees/(D) is required to./(E) No error.

70. (A) You must had/(B) a kind and gentle heart/(C) if you want/(D) to be a successful doctor./(E) No error.

71. (A) If you cannot/(B) sympathy with the poor,/(C) how will you be/(D) able to do social work?/(E) No error.

72. (A) He loosened his temper/(B) whenever he knows/(C) things do not take place/(D) as per his planning./(E) No error.

73. (A) They wanted money/(B) to purchase certain things/(C) for themselves and/(D) for donated to their colleagues./(E) No error.

74. (A) As the ticket was/(B) firm affixed/(C) on the envelope, he/(D) could not remove it./(E) No error.

75. (A) I asked him/(B) whom he thought/(C) would be able to/(D) get the first prize./(E) No error.

76. (A) He was too/(B) irritated to/(C) concentrate on his work/(D) for a long time./(E) No error.

77. (A) Both the brothers are/(B) so good-natured that/(C) they look at their/(D) old and aged parents very well./(E) No error.

78. (A) The observers felt that/(B) the stronger team had to face/(C) defeat because the players/(D) didn't play wholehearted./(E) No error.

79. (A) Every animal in the zoo/(B) is fed regularly/(C) and attended to/(D) very promptly./(E) No error.

80. (A) How you eat/(B) is as important/(C) as what/(D) you eat./(E) No error.

81. (A) All his relatives/(B) expect his daughter/(C) have gone on/(D) a month's vacation tour./(E) No error.

82. (A) All renew licences/(B) may be collected from/(C) the cashier's counter after/(D) paying the fees./(E) No error.

83. (A) We are happy/(B) to know that/(C) the project completed/(D) strictly as per the schedule./(E) No error.

84. (A) They would not/(B) have able to plan/(C) the details of the job,/(D) if you had no cooperated./(E) No error.

85. (A) Very few employees./(B) in our company are/(C) so dedicated as/(D) Mahesh will./(E) No error.

86. (A) Rajesh won the case as/(B) he argued very forcefully and/(C) in such the intelligent way/(D) that the judge changed his opinion./(E) No error.

87. (A) The basket of apples/(B) sent by the gardener/(C) contained a number of/(D) green mangoes also./(E) No error.

88. (A) In the absence of/(B) clear instructions/(C) one cannot be expected/(D) to be functioned effectively./(E) No error.

89. (A) They could have/(B) helped him/(C) had they approached by him./(D) for help well in advance./(E) No error.

90. (A) He has in/(B) his possession a/(C) price collection of very old coins./(D) and some ancient paintings./(E) No error.

91. (A) Everyone is/(B) impress by/(C) his zeal/(D) and enthusiasm./(E) No error.

92. (A) The patient recover/(B) so fast that/(C) the expert doctors/(D) also were surprised/(E) No error.

93. (A) His father told me/(B) that though his son had/(C) worked very hard,/(D) but he had failed to make any mark in the examination./(E) No error.

94. (A) We must go/(B) and congratulate him for/(C) his brilliant/(D) performance./(E) No error.

95. (A) He deserted the path of honour/(B) in order to/(C) satisfy his ambition/(D) and then went down his doom very quickly./(E) No error.

96. (A) At last the rain ceased/(B) and the sky was/(C) cleared by clouds/(D) and lightening./(E) No error.

97. (A) Mr. Raman said that/(B) he had a difference/(C) with/(D) the chairman at his statement./(E) No error.

98. (A) The future is/(B) yet to come/(C) but you have a/(D) right to shape it./(E) No error.

99. (A) We have keep/(B) our promise and/(C) you can expect/(D) a lot from us in future./(E) No error.

100. (A) Mohan has collected/(B) all the necessary documents/(C) and have written a good paper/(D) for this conference./(E) No error.

101. (A) Mohan has collected/(B) assembled on the ground/(C) and are waiting for/(D) the Principal to come./(E) No error.

102. (A) The book is making/(B) waves and the sale/(C) is quite brisk in/(D) all major cities./(E) No error.

103. (A) Well, I spend six or seven years/(B) after high school/(C) trying to find a job for me/(D) but could not succeed in it./(E) No error.

104. (A) I do not recall/(B) exactly what he said to me/(C) but when I was quit/(D) he said something to me./(E) No error.

105. (A) We wanted to purchase/(B) something but all the three stores/(C) in that area/(D) were closed on that day./(E) No error.

106. (A) I have had to work/(B) at the fountain for almost/(C) ten hours before it could/(D) start functioning well./(E) No error.

107. (A) No sooner had the jeep/(B) arrives the station/(C) than a young police officer/(D) jumped out of it./(E) No error.

108. (A) No girl/(B) in her troupe is/(C) so sprightly as/(D) your daughter./(E) No error.

109. (A) It seems evidently/(B) to me that/(C) the visits they made to the island/(D) were not very frequent./(E) No error.

110. (A) He was very disappointed/(B) when he found/(C) that someone else/(D) had secured higher marks./(E) No error.

111. (A) Scarcely had/(B) he gone a few steps/(C) that he was told/(D) that his mother was no more./(E) No error.

112. (A) After toiling very hard/(B) over a long period/(C) he found/(D) he had hardly made no profit at all./(E) No error.

113. (A) Day in and day out/(B) he keep telling/(C) his friends that/(D) he wants to go abroad./(E) No error.

114. (A) Whatever work/(B) that which you undertake/(C) put your best/(D) efforts in it./(E) No error.

115. (A) If the teacher/(B) is good the students/(C) will respond/(D) positively to them./(E) No error.

116. (A) I will put on/(B) a note in this regard/(C) for your considera-tion/(D) and necessary decision./(E) No error.

117. (A) The mission provides/(B) able service to all/(C) the needy people in this area/(D) during last few years./(E) No error.

118. (A) I am pleased to sanction/(B) one special increment/(C) to all the employees/(D) with this month./(E) No error.

119. (A) Each cigarette/(B) a person smoke/(C) does some harm and eventually/(D) it may cause a serious disease./(E) No error.

120. (A) This is one of/(B) the most interesting book/(C) I have/(D) ever read./(E) No error.

121. (A) In my opinion/(B) the balance sheet exhibits/(C) a true and fair/(D) view of the state of affairs of the bank./(E) No error.

122. (A) He neglects/(B) attending lectures/(C) regularly/(D) though college was only a few yards away from his house./(E) No error.

123. (A) We have helped them not only/(B) with money but also/(C) with new machinery/(D) and raw material./(E) No error.

124. (A) Of all the men/(B) known to me none is/(C) less inclined than he is/(D) to think ill to others./(E) No error.

125. (A) The new facts he/(B) has discovered and the new/(C) arguments he has advanced/(D) has not changed my opinion/(E) No error.

126. (A) The teacher promised/(B) that he will explain it/(C) if they come/(D) before school the following day./(E) No error.

127. (A) Hindi and Marathi are/(B) different forms of the Sanskrit/(C) which were once spoken/(D) in almost every part of India./(E) No error.

128. (A) The student/(B) answered to/(C) the question/(D) asked by the Inspector./(E) No error.

129. (A) We/(B) have been living/(C) in this house/(D) since two years./(E) No error.

130. (A) Looking forward/(B) to/(C) meet you/(D) here./(E) No error.

131. (A) He/(B) has seen/(C) the picture/(D) yesterday./(E) No error.

132. (A) Ten kilometres/(B) are/(C) a/(D) long distance./(E) No error.

133. (A) What/(B) you will think/(C) if school boys/(D) make fun of you?/(E) No error.

134. (A) I cannot/(B) make from/(C) what you are saying/(D) about him./(E) No error.

135. (A) He is/(B) a mason/(C) who/(D) built my house./(E) No error.

136. (A) Pass on/(B) the salt/(C) please,/(D) do you?/(E) No error.

137. (A) Looking forward/(B) to seeing/(C) you/(D) soon./(E) No error.

138. (A) The institute/(B) imparts training/(C) in/(D) the French./(E) No error.

139. (A) Your machine would not have/(B) given you so much trouble/(C) if you had/(D) maintained it proper./(E) No error.

140. (A) He ought/(B) not have/(C) done such a/(D) filthy thing./(E) No error.

141. (A) Generally, people have not receptive/(B) and fail to notice the/(C) irrelevant answers they/(D) get for straight questions./(E) No error.

142. (A) He could succeed/(B) in catching the ball/ (C) before it reaches/(D) the boundary line./(E) No error.

143. (A) Even at the planning stage/(B) Rajesh was quite sure./(C) that the scheme was/(D) binding to fail/(E) No error.

144. (A) The environment in which/(B) companies operating/(C) today is/(D) undergoing Frenetic changes./(E) No error.

145. (A) The minister's speech/(B) has been reported/(C) to the newspaper/(D) today./(E) No error.

146. (A) No sooner/(B) we reached there/(C) than it started raining/(D) heavily./(E) No error.

147. (A) The man/(B) is/(C) a/(D) social animal./(E) No error.

148. (A) Twenty-five kilometres/(B) from Bhubaneswar to Cuttack/(C) are/(D) a long distance./(E) No error.

149. (A) What is needed today is/(B) a new breed of managers/(C) with a new set of concepts/(D) and a flexible way about thinking./(E) No error.

150. (A) Motivating employees with/(B) traditional authority and financial/(C) incentives have become/(D) increasingly difficult./(E) No error.

151. (A) Several issues raising/(B) in the meeting could/(C) be amicably resolved/(D) due to his tactful handling./(E) No error.

152. (A) The health workers are/(B) being tried their best/(C) to popularise/(D) preventive measures./ (E) No error.

153. (A) Of the two/(B) sisters/(C) Meena is/(D) the elder./(E) No error.

154. (A) Bible/(B) can be/(C) regarded as/(D) a great/ (E) No error.

155. (A) Such/(B) rules do not/(C) apply to/(D) you and I/(E) No error.

156. (A) While luminaries of the dance world/(B) have a derth of opportunities to display their art,/(C) upcoming dancers suffer from/(D) an unfortunate lack of exposure./(E) No error.

157. (A) The job is much worse than I expected./(B) If I would have realised/(C) how awful it was going to be/(D) I would not have accepted it./ (E) No error.

158. (A) Kamlesh asked the dealer/(B) what was the price/(C) of that bicycle and whether/(D) it is really made in Germany?/(E) No error.

159. (A) I am trying to finish/(B) this letter for the last one hour./(C) I wish you would/(D) go away or stop disturbing me./(E) No error.

160. (A) He served/(B) the country with/(C) heart and soul/(D) but got nothing in return./(E) No error.

161. (A) I have/(B) the firm/(C) belief in the basic goodness of/(D) all men./(E) No error.

162. (A) We play/(B) tennis together/(C) every morning/(D) since last June./(E) No error.

163. (A) According to me/(B) the Indians in general is/(C) not a vigilant/(D) and security conscious people./(E) No error.

164. (A) A lot of money/(B) is wasted in/(C) the duplication of work/(D) in any organisation./ (E) No error.

165. (A) I see you/(B) in Kanpur/(C) during my next visit./(D) in the month of May./(E) No error.

166. (A) The last year proved/(B) quite bad/(C) as major industries/(D) witness lot of problems./ (E) No error.

167. (A) I offered him part-time work/(B) but he turned it over/(C) saying that he would/(D) rather wait for a full-time job./(E) No error.

168. (A) The foremost criterion of selection we adopted/(B) were the number of years of training/(C) a dancer had received/(D) under a particular guru./(E) No error.

169. (A) He fixed a metal ladder/(B) for the wall below his window/(C) so as to be able to/(D) escape if there was a fire./(E) No error.

170. (A) Scarcely had I/(B) finished washing the car/(C) than the master came/(D) and asked me to clean the floor of the house./(E) No error.

171. (A) I personally feel that/(B) cleanliness in the city/(C) is one proof of the/(D) efficiently civic administration./(E) No error.

172. (A) When I/(B) last see him/(C) he was/(D) in Calcutta./(E) No error.

173. (A) During last days/(B) I was continuously trying/(C) to contact you/(D) but you were not available./(E) No error.

174. (A) The historian/(B) has been working/(C) on the project/(D) from last 12 years./(E) No error.

175. (A) A detailed inquiry/(B) in the incident/(C) has been initiated/(D) by the Central Government./(E) No error.

176. (A) The soap brought in the/(B) market recently is not/(C) very fragrant and/(D) is too expensive./(E) No error.

177. (A) Somewhere along the/(B) line I lost/(C) track of what Ashish/(D) says about heart ailments/(D) No error.

178. (A) Even though it was/(B) raining bad I/(C) went out to/(D) get some medicines./(E) No error.

179. (A) Developmental activities of/(B) the government come/(C) to a standstill due/(D) to paucity of funds./(E) No error.

180. (A) Foolishly Rajani opened/(B) the cooker when/(C) it was full steam/(D) and burnt her hands./(E) No error.

181. (A) From a tiny roon in/(B) the slums, they have/(C) managed to move to a good/(D) house in a better locality./(E) No error.

182. (A) Even if the doctor/(B) put in his best efforts, he/(C) could not succeed in/(D) saving the patient./(E) No error.

183. (A) Yesterday, a visitor to/(B) the park was attacked/(C) by a tiger and/(D) had to hospitalise./(E) No error.

184. (A) Rajdeep always introduces/(B) himself by his/(C) first name and never mentions/(D) his family name./(E) No error.

185. (A) Ketan had a lot/(B) of work to complete yesterday/(C) and wishes/(D) that he had my help./(E) No error.

186. (A) Sarang is the only/(B) person who can/(C) complete this work/(D) within stipulated deadline./(E) No error.

187. (A) Unintentionally I let/(B) out the secret/(C) by talking about/(D) it loudly in the library./(E) No error.

188. (A) Schools in that area which/(B) had English as a/(C) medium of instruction/(D) as the majority there spoke English./(E) No error.

189. (A) The recent study has/(B) indicated that there is/(C) perceptible change in/(D) the attitudes of the people./(E) No error.

190. (A) Had I come/(B) to know about/(C) his difficulties/(D) would have certainly helped./(E) No error.

191. (A) Ever since the government/(B) announced its new policy,/(C) the private institutions had/(D) run into heavy weather./(E) No error.

192. (A) The majority of the/(B) computer professionals recommends/(C) that effective measures/(D) should be taken against software piracy./(E) No error.

193. (A) Mangesh cannot be able/(B) to finish this work/(C) unless he takes the/(D) help of his colleagues./(E) No error.

194. (A) We were shocking/(B) to hear the news/(C) of the untimely death/(D) of the leader./(E) No error.

195. (A) As it was Ramesh's/(B) first interview he dressed him/(C) in his most/(D) formal suit./(E) No error.

196. (A) A high level meeting/(B) of officials is reporting/(C) to have discussed/(D) the issue in great detail./(E) No error.

197. (A) While going/(B) through the report/(C) yesterday I find/(D) several factual mistakes./(E) No error.

198. (A) On his attitude/(B) it seems that what he wants/(C) is that the decision-making power/(D) should rest with him./(E) No error.

199. (A) No sooner did/(B) the chairman begin speaking/(C) some participants started/(D) shouting slogans./(E) No error.

200. (A) I was standing/(B) at the bus stop/(C) waiting for him/(D) since eight o'clock./(E) No error.

ANSWERS

1	2	3	4	5	6	7	8	9	10
B	B	A	A	A	A	C	B	A	B
11	12	13	14	15	16	17	18	19	20
E	C	A	A	B	C	C	A	C	A
21	22	23	24	25	26	27	28	29	30
E	A	C	C	A	E	D	A	A	C
31	32	33	34	35	36	37	38	39	40
B	C	C	C	B	C	C	E	A	A
41	42	43	44	45	46	47	48	49	50
E	A	B	C	B	C	D	A	D	C
51	52	53	54	55	56	57	58	59	60
A	C	A	B	C	A	A	B	B	D
61	62	63	64	65	66	67	68	69	70
C	E	D	A	D	C	D	B	D	A
71	72	73	74	75	76	77	78	79	80
B	A	D	B	B	E	C	D	C	E
81	82	83	84	85	86	87	88	89	90
C	A	C	B	D	C	E	D	C	C
91	92	93	94	95	96	97	98	99	100
B	A	D	B	D	C	D	A	A	C
101	102	103	104	105	106	107	108	109	110
E	C	A	B	C	A	B	C	A	E
111	112	113	114	115	116	117	118	119	120
C	D	B	B	D	A	A	D	B	B
121	122	123	124	125	126	127	128	129	130
E	D	E	D	D	B	C	B	D	C
131	132	133	134	135	136	137	138	139	140
B	B	B	B	B	D	B	D	D	B
141	142	143	144	145	146	147	148	149	150
A	C	D	B	C	B	A	C	D	C
151	152	153	154	155	156	157	158	159	160
A	B	D	A	D	B	B	B	A	B
161	162	163	164	165	166	167	168	169	170
B	A	B	B	A	D	B	B	B	C
171	172	173	174	175	176	177	178	179	180
D	B	A	D	B	A	D	B	B	C
181	182	183	184	185	186	187	188	189	190
C	A	D	D	C	D	E	A	C	D
191	192	193	194	195	196	197	198	199	200
C	A	A	A	B	B	C	A	C	A

CHAPTER 6

Sentence Improvement

A sentence will convey its true meaning and make the right impact if it is written in a grammatically correct way. One must learn the general rules of grammar and practise well to improve one's English regularly.

Directions: *Which of the phrases given below each sentence should replace the phrase printed in* **bold** *type to make the sentence grammatically correct? If the sentence is correct as it is, mark 'E' as the answer.*

1. The research study is an eye-opener and **attempts to acquaint** us with the problems of the poor nations.
A. attempted to acquaint
B. attempts at acquainting
C. attempt to acquaint
D. attempting to acquaint
E. No correction required

2. The man who has committed such a serious crime must **get the mostly severe** punishment.
A. be getting the mostly severely
B. get the most severe
C. have got the most severely
D. have been getting the severemost
E. No correction required

3. Acquisition of certain specific skills **can be facilitated from** general awareness, education and exposure to novel situations.
A. can be facilitated by
B. may facilitate through
C. can be felicitated with
D. may be felicitated with
E. No correction required

4. He confidently asked the crowd if they thought he was right and the crowd shouted **that they did.**
A. that he did
B. that they had
C. that he is
D. that he didn't
E. No correction required

5. If he has to spend five hours in the queue, it **was really a wastage.**
A. is a really wastage
B. is real a wastage
C. has really a wastage
D. is really a wastage
E. No correction required

6. Why **did you not threw** the bag away?
A. did you not throw
B. had you not threw
C. did you not thrown
D. you did not thrown
E. No correction required

7. They **are not beware of** all the facts
A. are not aware for
B. are not aware of
C. are not to be aware
D. must not to be aware for
E. No correction required

8. **If I would have** realised the nature of the job earlier, I would not have accepted it.
A. If I have had
B. In case I would have
C. Had I been
D. Had I
E. No correction required

9. The moment they saw me, they **were delight**
A. had delighted

B. were delighted
C. are delighted
D. have been delighted
E. No correction required

10. The small child does whatever his father **was done.**
A. has done B. did
C. does D. had done
E. No correction required

11. It was unanimously resolved that the parties **should unitedly undertook** launching of popular programmes.
A. should be united undertook
B. should be unitedly undertaken
C. should be unitedly undertake
D. should unitedly undertake
E. No correction required

12. One of my drawbacks is that **I do not have to** tolerance of ambiguity.
A. do not have B. cannot have to
C. am not D. did not have to
E. No correction required

13. They **should have calmly thought of** the advantages that would accrue to them.
A. should have been calm in thinking about
B. should be calmly thought of
C. shall have to calmly thought of
D. should have calmly think of
E. No correction required

14. Their earnings are such that they find it difficult **to make both ends to meet**.
A. to making both ends meet
B. to make both ends for meeting
C. to make both ends meet
D. for making both ends to meet
E. No correction required

15. They **were all shocked at** his failure in the competition.
A. were shocked at all
B. had all shocked at
C. had all shocked by
D. had been all shocked on
E. No correction required

16. He is too impatient **for tolerating** any delay.
A. to tolerate B. to tolerating
C. at tolerating D. with tolerating
E. No correction required

17. Why **should the candidates be** afraid of English Language is not clear.
A. the candidates should be
B. do the candidates be
C. should be the candidates
D. are the candidates
E. No correction required

18. Ramesh is **as tall if not,** taller than Mahesh.
A. not as tall but B. not so tall but as
C. as tall as, if not D. as if not
E. No correction required

19. The easiest **of the thing to do** is to ask the address to the postman.
A. of the things to do
B. among the things did
C. of the thing to be done
D. of all the things done
E. No correction required

20. The player was asked **that why he had not** attended the prayer.
A. why had he not
B. that why had he not
C. why he was not
D. is hesitated to listen to
E. No correction required

21. He **hesitated to listen to** what his brother was saying.
A. listened to hesitate
B. hesitated listen to
C. hesitates to listening
D. is hesitated to listen to
E. No correction required

22. Hardly **does the sun rise** when the stars disappeared.
A. have the sun rose B. had the sun risen
C. did the sun rose D. the sun rose
E. No correction required

23. The police has **so far succeeded in recovering** only a part of the stolen property.
A. thus far succeeded for recovery
B. so far succeed in the recovery of
C. as far as succeeded in recovery of
D. so far succeed to recover
E. No correction required

24. **What happens to** all those travellers on the ship was not known?
A. What happened of
B. That is what happens to
C. What is that happens to
D. What happened to
E. No correction required

25. Because of his ill health, the doctor has advised him **not to refrain** from smoking.
A. to not refrain from
B. to resort to
C. to refrain from
D. to be refrained from
E. No correction required

26. The courts **are actively to safeguard** the interests and the rights of the poor.
A. are actively to safeguarding
B. have been actively safeguarding
C. have to active in safeguarding
D. are actively in safeguarding
E. No correction required

27. He is a singer of repute, but his **yesterday's performance was** quite disappointing.
A. performances for yesterday were
B. yesterday performance was
C. yesterday performances were
D. performances about yesterday were
E. No correction required

28. **Despite of their** differences on matters of principles, they all agree on the demand of hike in salary?
A. Despite their
B. Despite of the
C. Despite for their
D. Despite off their
E. No correction required

29. The orator **had been left** the auditorium before the audience stood up.
A. had been leaving
B. was left
C. left
D. would leave
E. No correction required

30. This is one of the most important **inventions of this century**.
A. invention of this century
B. invention of these centuries
C. inventions of centuries
D. inventions of the centuries
E. No correction required

31. Can you tell me **why did you not speak** the truth?
A. why did not you speak
B. that why did you not speak
C. why you did not speak
D. why did you not spoke
E. No correction required

32. The chemist **hadn't hardly any of those kind** of medicines.
A. had hardly any of those kinds
B. had hardly not any of those kind
C. had scarcely any of those kind
D. had hardly any of those kind
E. No correction required

33. She cooks, washes dishes, does her homework and **then relaxing.**
A. relaxing then
B. then is relaxing
C. relaxing is then
D. then relaxes
E. No correction required

34. Anyone interested in the use of computers can learn much if **you have access** to a personal computer.
A. they have access
B. access can be available
C. he or she has access
D. one of them have access
E. No correction required

35. **By such time** you finish that chapter, I will write a letter.
A. The time when
B. By the time
C. By that time
D. The time
E. No correction required

36. **Had I realised** how close I was to the edge of the valley, I would not have carried the bags there.
A. Had I been realised
B. If I would have realised
C. When I realised
D. Had I had realised
E. No correction required

37. Later he became unpopular because he tried **to lord it on** his followers.
A. to lord it for
B. to lord over
C. to lord it over
D. to lord it over on
E. No correction required

38. **The long or short of it** is that I do not want to deal with that new firm.
A. The long and short of it
B. The long and short for it
C. The long or short for it
D. The short and long of it
E. No correction required

39. The people generally try to **curry favour** with the corrupt but influential person.
A. cook favour B. seek favour
C. extract favour D. display favour
E. No correction required

40. My hair **stood off ends** when I saw the horrible sight.
A. stood at ends B. stood on ends
C. stood to ends D. stands on ends
E. No correction required

41. "Friends and comrades, the light has gone **away from** our lives and there is darkness everywhere."
A. off B. out of
C. out from D. out off
E. No correction required

42. We **can not always convey** ourselves in simple sentences.
A. cannot always convey
B. can not always express
C. cannot always express
D. can not always communicate
E. No correction required

43. **Shapes** of gods and goddesses are worshipped by people.
A. Images B. Reflections
C. Clay shapes D. Clay toys.
E. No correction required

44. The crops are dying; **it must not had** rained.
A. must had not
B. must not be
C. must not have
D. must not have been
E. No correction required

45. It is always better to make people realise the importance of discipline than to **impose them on it.**
A. impose it with them
B. impose them with it
C. imposing them on it
D. impose it on them
E. No correction required

46. The performance of our players was rather **worst than I had expected.**
A. bad as I had expected
B. worse than I had expected
C. worse than expectation
D. worst than was expected
E. No correction required

47. For some days the new professor lectured **above the heads of** his pupils.
A. over the head of
B. over the heads of
C. on the heads of
D. through the heads of
E. No correction required

48. For many centuries in Indian history there was no city so famous **like** the city of Ujjain.
A. as B. such as
C. likewise D. so like
E. No correction required

49. Making friends is more rewarding than **to make enemies.**
A. to be unsociable B. to be sociable
C. being unsociable D. making enemies
E. No correction required

50. **You need not come unless you want to.**
A. You don't need to come unless you want to
B. You come only when you want to
C. You come unless you don't want to
D. You needn't come until you don't want to
E. No correction required

51. The drama had many scenes which were so humorous that it was **hardly possible to keep** a straight face.
A. hardly possible for keeping
B. hardly impossible keeping
C. hardly impossible to keep
D. hardly possible keeping
E. No correction required

52. The moment the manager came to know of the fradulent action of his assistant, he **order immediately dismissed him.**

A. immediately ordered his dismissed
B. ordered his immediate dismissal
C. immediately order dismissal of his
D. ordered for immediately dismissal him
E. No correction required

53. We met him immediately after the session in which he **had been given** a nice speech.
A. would be giving
B. has been given
C. will have given
D. had given
E. No correction required

54. The world has seen **small** real attempt at population and resource planning.
A. few
B. little
C. less
D. a few
E. No correction required

55. One of the most significant **phenomenons** of our time has been the development of the cinema.
A. phenomenon
B. phenomena
C. phenomna
D. phenomns
E. No correction required

56. **It was until many years** later that Gandhi became a rebel against authority.
A. It was not until many years
B. It was till many years
C. It was not many years
D. Until it was many years
E. No correction required

57. There are not many men who are so famous that they are frequently referred to by their **short names** only.
A. initials
B. signatures
C. pictures
D. middle names
E. No correction required

58. Though we **have kept in mind to try and maintain** most facilities, we would like to request you to kindly bear with us any inconvenience that may be caused.
A. must keep in mind to try and maintain
B. have kept in mind trying and maintain
C. would keep in mind to try and maintain
D. should have kept in mind to try and to maintain
E. No correction required

59. The tea-estate administration is **in such mess there** is no leader to set the things right.
A. in such a mess here
B. in a such mess that here
C. in such a mess that there
D. with such a mess that there
E. No correction required

60. My doctor knew that I would eventually recover and do the kind of work **I would be doing** before.
A. would have been doing
B. would have done
C. had been done
D. had been doing
E. No correction required

61. If you are thinking about investigation overseas, **isn't it makes** sense to find an experience guide?
A. it is not making
B. doesn't it make
C. does it make
D. is it making
E. No correction required

62. The **crime has growth rapidly** in Russia since the disintegration of the communist system.
A. rapid crime has grown
B. crime has grown rapid
C. crimes grow rapidly
D. crimes have been rapidly grown
E. No correction required

63. Technology **must use to feed** the forces of change.
A. must be used to feed
B. must have been using to feed
C. must use having fed
D. must be using to feed
E. No correction required

64. In addition **to enhanced their reputations** through strategic use of philanthropy, companies are sponsoring social initiatives to open new markets.
A. of enhancing their reputations
B. to having enhance their reputation
C. to enhancing their reputation
D. to have their reputation enhancing
E. No correction required

65. They failed **in their attempt to repair** the demolished portion of the building.
A. for their attempt to repair
B. in their attempting to repair
C. with their attempt to repair
D. in their attempt for repairs
E. No correction required

66. We don't know **how did the thief made** an escape.
A. how the thief did make
B. how the thief does make
C. how the thief made
D. how was the thief made
E. No correction required

67. They have a scheme of rewarding **the best of the performers** every year.
A. a best performer
B. the best among the performer
C. a best among performers
D. the best of the performer
E. No correction required

68. No sooner **do the bells ring** than the curtain rose.
A. did the bell ring
B. did the bells ring
C. had the bell rang
D. had the bell rung
E. No correction required

69. Most of the Indian workers are **as healthy as, if not healthier** than, the British workers.
A. as if healthy as and not healthier
B. healthier but not as healthy
C. as healthy, if not healthier
D. so healthy, if not healthier
E. No correction required

70. He admired the speed with which he completed the work and **appreciating the method adopted** by him.
A. appreciate the method being adopted
B. appreciated the method adopted
C. appreciate the method of adoption
D. appreciated the adopting method
E. No correction required

71. The population of Tokyo is **greater than that of any other** town in the world.
A. greatest among any other
B. greater than all other
C. greater than those of any other
D. greater than any other
E. No correction required

72. They examined both the samples very carefully but failed to detect **any difference** in them.
A. some difference in
B. some difference between
C. any difference between
D. any difference among
E. No correction required

73. Tax evaders **should heavily fined** as they do it intentionally.
A. should be heavy fined
B. should have heavily fined
C. shall have heavy fine
D. should be heavily fined
E. No correction required

74. He never **has and ever will take** such strong measures.
A. had taken nor will ever take
B. had taken and will ever take
C. has and never will take
D. had and ever will take
E. No correction required

75. The intruder stood quietly **for few moments**.
A. for few time
B. for the few moments
C. for moments
D. for a few moments
E. No correction required

76. He **should not had** done it.
A. had not
B. should had not
C. should not have
D. should have
E. No correction required

77. The meeting was **attended to by all** the invitees.
A. all attended to by
B. attended by all
C. fully attended to by
D. like attending to all
E. No correction required

78. I have got some tea, but I do not have **a** sugar.
A. some
B. got
C. more
D. any
E. No correction required

79. I need not offer any explanation regarding this incident—my behaviour **is speaking itself**.
A. will speak to itself
B. speaks for itself
C. has been speaking
D. speaks about itself
E. No correction required

80. Anand has the guts **to rise from** the occasion and come out successfully.
A. in rising from
B. to raise with
C. to rise against
D. to rise to
E. No correction required

81. Maria unnecessarily **picked up** a quarrel with Rani and left the party hurriedly.
A. has picked up
B. picked on
C. picked
D. picking up
E. No correction required

82. The train will leave at 8.30 p.m., we **have been** ready by 7.30 p.m. so that we can reach the station in time.
A. were
B. must be
C. are
D. should have
E. No correction required

83. He dislikes the word dislike, **isn't he**?
A. didn't he
B. doesn't he
C. hasn't he
D. does he
E. No correction required

84. The prosecution failed **in** establish in every case today.
A. to
B. on
C. as
D. upon
E. No correction required

85. We were still standing in the queue when the **film was beginning**.
A. film began
B. film had begun
C. beginning of the film was over
D. film begins
E. No correction required

86. I **earnestly believe that** you will visit our relatives during your forthcoming trip to Mumbai.
A. had hardly believe that
B. sincerely would believe
C. certainly believing that
D. could not believe
E. No correction required

87. We must **take it granted** that Madhu will not come for today's function.
A. take it for granted
B. taking it granted
C. took it as granted
D. have it granted
E. No correction required

88. He has received no other message than an urgent telegram **asking** him to **rush his village** immediately.
A. asked him to rush his village
B. asking him to have rush his village
C. asking him to rush to his village
D. asking him rushing at his village
E. No correction required

89. They continued to work in the field **despite of the heavy rains**.
A. even though there is heavy rain
B. although heavily rains
C. in spite the heavy rains
D. even though it rained heavily
E. No correction required

90. **Had you been told** me about your problem, I would have helped you.
A. If you would have told
B. Had you have told
C. had you told
D. If you have told
E. No correction required

91. They felt humiliated because they realised that they **had cheated**.
A. have been cheated
B. had been cheated
C. had been cheating
D. were to be cheated
E. No correction required

92. He found the gold coin **as he cleans** the floor.
A. as he had cleaned
B. while he cleans
C. which he is cleaning
D. while cleaning
E. No correction required

93. Because of his mastery in this field, his suggestions **are wide accepted**.
A. are widely accepted
B. are wide acceptance

C. have widely accepted
D. have been wide accepted
E. No correction required

94. The man to **who I sold** my house was a cheat.
A. to whom I sell
B. to who I sell
C. who was sold to
D. to whom I sold
E. No correction required

95. **If I was you,** I would not have joined the party.
A. If I am you B. If I be you
C. As you D. Were I you
E. No correction required

96. You will be late if you **do not leave** now.
A. did not leave
B. left
C. will not leave
D. do not happen to leave
E. No correction required

97. All the allegations **levelled against** him were found to be baseless.
A. level against B. level with
C. levelling with D. levelled for
E. No correction required

98. What **does agonise me most** is not this criticism, but the trivial reason behind it.
A. most agonising me
B. agonises me most
C. agonising me most
D. I most agonised
E. No correction required

99. The accused now flatly denies **have admitted** his guilt in his first statement.
A. having admitted
B. had admitted
C. have been admitting
D. has admitting
E. No correction required

100. We demonstrated to them how we **were prepared** the artistic patterns.
A. are prepared
B. have prepared
C. are preparing
D. had prepared
E. No correction required

ANSWERS

1	2	3	4	5	6	7	8	9	10
B	B	A	E	D	A	B	D	B	C
11	**12**	**13**	**14**	**15**	**16**	**17**	**18**	**19**	**20**
D	A	E	C	E	A	A	C	A	D
21	**22**	**23**	**24**	**25**	**26**	**27**	**28**	**29**	**30**
E	B	E	D	C	B	E	A	C	E
31	**32**	**33**	**34**	**35**	**36**	**37**	**38**	**39**	**40**
C	A	D	C	B	E	C	A	E	B
41	**42**	**43**	**44**	**45**	**46**	**47**	**48**	**49**	**50**
B	C	A	C	D	B	B	A	D	A
51	**52**	**53**	**54**	**55**	**56**	**57**	**58**	**59**	**60**
E	B	D	B	B	A	A	E	C	D
61	**62**	**63**	**64**	**65**	**66**	**67**	**68**	**69**	**70**
B	B	A	C	E	C	E	B	E	B
71	**72**	**73**	**74**	**75**	**76**	**77**	**78**	**79**	**80**
E	C	D	A	D	C	B	D	B	D
81	**82**	**83**	**84**	**85**	**86**	**87**	**88**	**89**	**90**
C	B	B	A	B	E	A	C	D	C
91	**92**	**93**	**94**	**95**	**96**	**97**	**98**	**99**	**100**
B	D	A	D	D	E	E	B	A	D

CHAPTER 7

Reordering Words

Different words form a sentence and convey their true meaning only when they are arranged in a proper order. One must try and practise it regularly.

Directions: *In the following questions, some parts of the sentence have been jumbled up. You are required to rearrange these parts which are labelled P, Q, R and S to produce the correct sentence. Choose the option with proper sequence.*

1. We are doing
P : to the people
Q : to give relief
R : all we can
S : but more funds are needed
The correct sequence should be
A. P Q R S B. R Q P S
C. Q P R S D. S P Q R
E. P R Q S

2. The man
P : when he was
Q : in the office last evening
R : could not finish
S : all his work
The correct sequence should be
A. P Q R S B. Q R S P
C. R Q P S D. R S P Q
E. P R Q S

3. The people decided
P : they were going
Q : how much
R : to spend
S : on the construction of the school building
The correct sequence should be
A. Q P R S B. P Q R S
C. P R Q S D. S Q P R
E. Q R P S

4. The man said that
P : those workers
Q : would be given a raise
R : who did not go on
S : strike last month
The correct sequence should be
A. P Q R S B. P R S Q
C. Q P R S D. R S P Q
E. P R Q S

5. I think
P : the members
Q : are basically in agreement
R : of the group
S : on the following points.
The correct sequence should be
A. R Q P S B. S Q R P
C. P R Q S D. P Q S R
E. Q R P S

6. While it was true that
P : I had
Q : to invest in industry
R : some lands and houses
S : I did not have ready cash
The correct sequence should be
A. P Q R S B. P R S Q
C. S Q P R D. Q P R S
E. Q P S R

7. P : But your help
Q : to finish this work
R : it would not have been possible
S : in time

The correct sequence should be

A. P R Q S B. S P Q R
C. R P Q S D. P Q R S
E. Q P R S

8. The boy
P : in the competition
Q : who was wearing spectacles
R : won many prizes
S : held in our college
The correct sequence should be
A. P Q R S B. R P S Q
C. Q R P S D. Q P S R
E. S P Q R

9. About 200 years ago,
P : in the south of India
Q : an old king
R : ruled over a kingdom
S : called Rajavarman
The correct sequence should be
A. Q S R P B. P Q R S
C. Q P S R D. Q S P R
E. Q P R S

10. P : his land
Q : a wooden plough
R : the Indian peasant still uses
S : to cultivate
The correct sequence should be
A. R Q P S B. Q P S R
C. S R Q P D. R Q S P
E. Q P R S

11. He was a man,
P : even if he had to starve
Q : who would not beg
R : borrow or steal
S : from anyone
The correct sequence should be
A. P Q R S B. P R Q S
C. Q R S P D. Q P R S
E. P S R Q

12. P : in the progress of
Q : universities play a crucial role
R : our civilization
S : in the present age
The correct sequence should be
A. S Q P R B. Q R S P
C. Q R P S D. S Q R P
E. P Q R S

13. P : far out into the sea
Q : for the next two weeks there were further explosions
R : which hurled
S : ashes and debris
The correct sequence should be
A. Q R P S B. R S P Q
C. Q R S P D. S R P Q
E. P Q R S

14. William Shakespeare,
P : in his lifetime
Q : the great English dramatist
R : wrote thirty-five plays
S : and several poems
The correct sequence should be
A. P Q R S B. R S P Q
C. Q S R P D. Q R S P
E. P R Q S

15. Whenever I am,
P : with an old friend of mine
Q : in New Delhi
R : to have dinner
S : I always try
The correct sequence should be
A. S Q P R B. Q S R P
C. R P S Q D. P R Q S
E. P Q R S

16. P : I don't know
Q : must have thought
R : what people sitting next to me
S : but I came away
The correct sequence should be
A. R S Q P B. R Q S P
C. P Q R S D. P R Q S
E. P S R Q

17. P : in estimating the size of the earth
Q : but they were hampered by the lack of instruments of precision
R : ancient astronomers
S : used methods which were theoretically valid

Which one of the following is the correct sequence?

A. R P Q S B. P R Q S
C. R S Q P D. R P S Q
E. P Q R S

18. P : It is a pity that
Q : by offering a handsome dowry
R : a number of parents think that
S : they will be able to ensure the happiness of their daughters

Which one of the following is the correct sequence?

A. S Q R P B. P R S Q
C. P S R Q D. P R Q S
E. P Q R S

19. The common man
P : in nurturing
Q : a more active role
R : communal harmony
S : should play

Which one of the following is the correct sequence?

A. P R S Q B. S Q P R
C. S Q R P D. P R Q S
E. P Q R S

20. The doctor
P : able to find out
Q : what has caused
R : the food poisoning
S : has not been

Which one of the following is the correct sequence?

A. S P R Q B. P R Q S
C. P R S Q D. S P Q R
E. P Q R S

21. P : was suspended
Q : the officer being corrupt
R : before his dismissal
S : from service

Which one of the following is the correct sequence?

A. Q P S R B. Q P R S
C. R S Q P D. R S PQ
E. P Q R S

22. With an unsteady hand
P : on my desk
Q : from his pocket
R : he took an envelope
S : and threw it

Which one of the following is the correct sequence?

A. Q R P S B. Q R S P
C. R Q P S D. R Q S P
E. P Q R S

23. P : she gave her old coat
Q : to a beggar
R : the one with the brown fur on it
S : shivering with cold

Which one of the following is the correct sequence?

A. S Q R P B. S P R Q
C. P R Q S D. P S Q R
E. P Q R S

24. It is a privilege
P : to pay tax
Q : of every citizen
R : as well as the duty
S : as well as the duty who is well-placed

Which one of the following is the correct sequence?

A. R P S Q B. S P R Q
C. R Q S P D. S Q R P
E. P Q R S

25. It is not good
P : of the wicked persons
Q : to overthrow
R : to accept the help
S : the righteous persons

Which one of the following is the correct sequence?

A. R S Q P B. Q S R P
C. R P Q S D. Q P R S
E. P Q R S

26. Life is judged
P : and not by
Q : of work done
R : the longevity of years
S : by the quality

Which one of the following is the correct sequence?

A. Q S P R B. S Q R P
C. Q S R P D. S Q P R
E. P Q R S

27. P : When he learns that
Q : you have passed the examination
R : in the first division
S : your father will be delighted

Which one of the following is the correct sequence?

A. Q P S R B. S P Q R
C. Q R S P D. S R Q P
E. P Q R S

28. P : The journalist
Q : saw
R : countless number of the dead
S : driving across the field of battle

Which one of the following is the correct sequence?

A. P Q S R B. P Q R S
C. P S Q R D. S R Q P
E. R P Q S

29. P : Jane planned
Q : some stamps
R : to buy
S : this afternoon

Which one of the following is the correct sequence?

A. P R Q S B. P S Q R
C. Q R P S D. Q S P R
E. R P Q S

30. Her mother
P : when she was
Q : hardly four years old
R : began to teach Neha
S : English

Which one of the following is the correct sequence?

A. R S Q P B. S R P Q
C. R S P Q D. S R Q P
E. R P Q S

31. P : Bill had
Q : a friend
R : an appointment
S : to meet

Which one of the following is the correct sequence?

A. P S R Q B. P R S Q
C. Q S R P D. Q R S P
E. R P Q S

32. For fear
P : that may or may not affect them perhaps at first
Q : of upsetting young people
R : only healthy people over 80 should be sequenced
S : about their genetic propensities

Which one of the following is the correct sequence?

A. S Q P R B. Q S R P
C. S Q R P D. Q S P R
E. P Q R S

33. While traditional
P : under made-up Americans aliases pretending familiarity with a culture and climate
Q : India sleeps a dynamic young cohort of highly skilled articulate professionals
R : they've never actually experienced earning salaries that were undreamt of by their elders
S : work through the night in the call centres functioning on US time

Which one of the following is the correct sequence?

A. P R Q S B. Q S P R
C. P S Q R D. Q R P S
E. P Q R S

34. IITs are
P : of great self-confidence and competitive advantage for India today
Q : in science and technology which has become a source
R : as they epitomize his creation of an infrastructure for excellence
S : perhaps Jawaharlal Nehru's most consequential legacy

Which one of the following is the correct sequence?

A. Q P S R   B. S R Q P
C. Q R S P   D. S P Q R
E. P Q R S

35. As India

P : from nearly 250 years of the British rule in India
Q : first major struggle for independence from the British rule
R : celebrates the Diamond Jubilee of its independence
S : it also observes simultaneously the 150th Anniversary of the Great Indian Mutiny

Which one of the following is the correct sequence?

A. R S P Q   B. Q P S R
C. R P S Q   D. Q S P R
E. P Q R S

36. There have been

P : a day after high intensity violence left at least 50 persons
Q : sporadic clashes between
R : dead in the northern city of Tripoli
S : the Lebanese army and militants

Which one of the following is the correct sequence?

A. Q S R P   B. S Q R P
C. Q S P R   D. S Q P R
E. P Q R S

37. Although

P : of non-owner managers came to be widely appreciated
Q : political freedom from the British masters
R : came to us in 1947 it was not until
S : well into the following decade that the role

Which one of the following is the correct sequence?

A. S P Q R   B. Q R S P
C. S R Q P   D. Q P S R
E. P Q R S

38. Conditions

P : for marketing in the U.S. and Canada
Q : Mexico as a manufacturing base
R : that Indian companies aspiring to tap
S : would have to fulfil include the complex rules of origin

Which one of the following is the correct sequence?

A. R Q P S   B. S P Q R
C. R P Q S   D. S Q P R
E. P Q R S

39. Aside

P : of the same three-storey building in the military academy
Q : from eating in the same dining hall
R : half to the north of the entrance half to the south
S : the 206 troops live side by side on the ground floor

Which one of the following is the correct sequence?

A. R P S Q   B. Q S P R
C. R S P Q   D. Q P S R
E. P Q R S

40. Russia's test firing

P : to US steps that have sparked an arms race
Q : of an intercontinental ballistic missile on
R : and undermined world security
S : Tuesday was in response

Which one of the following is the correct sequence?

A. S Q P R   B. Q S R P
B. S Q R P   D. Q S P R
E. P Q R S

41. Marks, cities, civilization —

P : on the verge of globalization; poised to
Q : the slow ascent to where he is today, poised
R : it is in this order that primitive man made
S : achieve universal prosperity and abundance

Which one of the following is the correct sequence?

A. R Q P S   B. P S R Q
B. R S P Q   D. P Q R S
E. S R P Q

42. I bow my head

P : for their sense of the beautiful in

Q : nature and for their foresight in investing beautiful

R : manifestations of nature with a religious significance

S : in reverence to our ancestors

Which one of the following is the correct sequence?

A. Q R S P B. S P Q R

B. Q P S R D. S R Q P

E. P Q R S

43. With all the crime and sleaze

P : I am not sure how many parents will be able to

Q : how many will have the courage to satisfy the child's uncomfortable queries

R : that dominates the front page of the newspapers today

S : read out the headlines to their children and if they do so

Which one of the following is the correct sequence?

A. R P S Q B. S Q R P

C. R Q S P D. P R S Q

E. P Q R S

44. The way

P : processes that govern their actions

Q : nutrients become integral parts

R : depends on the physiological and biochemical

S : of the body and contribute to its functions

Which one of the following is the correct sequence?

A. Q R S P B. P S R Q

C. Q S R P D. S P R Q

E. P Q R S

45. Thus,

P : international surveys would hence forth record

Q : if dirt-poor people in the developing world

R : their wealth of happiness alongside their material poverty

S : display a general sense of well-being

Which one of the following is the correct sequence?

A. S Q R P B. Q S P R

C. S Q P R D. Q S R P

E. P Q R S

46. It's

P : someone who's grieving but

Q : natural to feel uncomfortable

R : that prevent you from being there

S : or awkward when you have to help

Which one of the following is the correct sequence?

A. Q P S R B. R S P Q

C. Q S P R D. R P S Q

E. P Q R S

47. Developing countries

P : along the equator, which

Q : could become leaders in energy production

R : are expected to face the brunt of global warming

S : with a solar energy breakthrough

Which one of the following is the correct sequence?

A. Q S P R B. P R Q S

C. Q R P S D. P S Q R

E. S R P Q

48. A diversified

P : use as a heating or power generation fuel by converting gas into

Q : adding a new dimension to the traditional use of gas

R : of natural gas is emerging

S : amongst other products, high quality diesel transportation fuel virtually free of sulphur

Which one of the following is the correct sequence?

A. R P Q S B. S Q P R

C. R Q P S D. S P Q R

E. P Q R S

49. As things stand

P : but a majority still does not have access to English

Q : linguistic edge they are equipped with

R : after globally because of the

S : Indian professionals are much sought

Which one of the following is the correct sequence?

A. R S P Q B. S R Q P
C. R S Q P D. S R P Q
E. P Q R S

50. While advocates
P : of its provisions with the
Q : there is some misguided concern about a possible clash of some
R : of social reform have generally hailed the new legislation
S : religious and customary practices in vogue in the country

Which one of the following is the correct sequence?

A. R Q P S B. Q R S P
C. R Q S P D. Q R P S
E. P Q R S

51. Public Interest Litigations
P : as they are subjected to massive misuse
Q : but today they contribute to the backlog
R : were instituted as a means to help ordinary people side-step judicial delays to secure justice
S : also called postcard petitions

Which one of the following is the correct sequence?

A. R S Q P B. S R P Q
C. R S P Q D. S R Q P
E. P Q R S

52. Among
P : the soldier's mindset from fighting
Q : the doctrine's other directives is the need to reorient
R : namely terrorists hiding among civilians
S : the enemy to fighting his own people

Which one of the following is the correct sequence?

A. P Q R S B. Q P S R
C. P Q S R D. Q P R S
E. S R P Q

53. Indeed
P : on how to nurture young talent at the grassroots level
Q : as the powerhouse of women's hockey
R : is an instructive lesson for Indian hockey bosses
S : the non-descript town's emergence

Which one of the following is the correct sequence?

A. Q S R P B. S Q P R
C. S Q R P D. Q S P R
E. P Q R S

54. With pressure
P : to submit a report on the retreat of glaciers in Uttarakhand and also its impact
Q : mounting from every corner
R : a committee comprising scientists, geologists and technical experts
S : the state government has finally constituted

Which one of the following is the correct sequence?

A. Q S P R B. S Q R P
C. Q S R P D. S Q P R
E. P Q R S

55. This could
P : while out on sea-right from an engine break down to a human problem
Q : they shoulder great responsibility and have to take care of any eventuality
R : because while seafarers do look forward to some fun on the decks
S : not be further from the truth

Which one of the following is the correct sequence?

A. P R Q S B. S Q R P
C. P Q R S D. S R Q P
E. R S P Q

56. The producer must
P : give enough information so that the consumer
Q : will understand how the product differs from the competition
R : about the product but to buy it, the producer must
S : inform the consumer of his product and if he wants the consumer to not only know

Which one of the following is the correct sequence?

A. P R S Q B. S Q P R
C. P Q S R D. S R P Q
E. R S P Q

57. The bigoted
P : reality that additional hands also mean additional mouths to feed, cloths and house
Q : in order to augment their incomes, plead for more children, ignoring the resultant
R : not only to the national interests but also to those families which
S : belief—the more, the marrier—has done immense harm

Which one of the following is the correct sequence?

A. S Q R P B. P R Q S
C. S R Q P D. P Q R S
E. R S P Q

58. Critics
P : cover up the essentially inequalitarian
Q : and unjust nature of a Third World State
R : has been basically a sugar-coated concept that tries to
S : also point out that development administration

Which one of the following is the correct sequence?

A. P Q S R B. S R P Q
C. P R S Q D. S Q P R
E. Q P R S

59. For
P : are determined by nature and which by nurture
Q : about two decades now
R : aspects of cognition and behaviour in the human brain
S : scientists have been trying to figure out which

Which one of the following is the correct sequence?

A. S Q R P B. Q S P R
C. S Q P R D. Q S R P
E. P Q R S

60. A school of psychology argues that
P : is one of the manifestations of impulse control disorder, a condition in which
Q : an act harmful to oneself or others
R : motorcycling—like gambling or sky-diving—
S : an individual cannot resist the impulse or temptation to perform

Which one of the following is the correct sequence?

A. R P S Q B. Q S P R
C. R S P Q D. Q P S R
E. P Q R S

61. With six of its neighbours
P : there is a renewed warning for India
Q : and safeguard its own strategic interests
R : ranking high on a global roster of failed states
S : to reassess its policy towards them

Which one of the following is the correct sequence?

A. P R S Q B. R P Q S
C. P R Q S D. R P S Q
E. P Q R S

62. Faced with the
P : traditional culture in the pre-independence India
Q : challenge of the intrusion of colonial culture and ideology
R : developed during the nineteenth century
S : an attempt to reinvigorate traditional institutions and to realise the potential of

Which one of the following is the correct sequence?

A. P R Q S B. Q S P R
C. P S Q R D. Q R P S
E. S R P Q

63. Looking back,
P : two wars I had been through
Q : life in the Army had all along been truly joyous
R : and the innumerable postings and below par accommodation at many stations
S : despite the vicissitudes and hardships of the

Which one of the following is the correct sequence?

A. S R P Q B. Q P R S
C. S P R Q D. Q R P S
E. P Q R S

64. Polluted

P : on aqua life while

Q : Kerala rivers threatens the indigenous varieties

R : rivers are wreaking havoc

S : the introduction of exotic fish in the

Which one of the following is the correct sequence?

A. R P S Q B. Q S P R

C. R S P Q D. Q P S R

E. P Q R S

65. Typically,

P : despite the overwhelming evidence of the negative role

Q : or for the destruction of natural habitats,

R : played by commercial logging and mining interest

S : it is local communities who are blamed for deforestation

Which one of the following is the correct sequence?

A. P R S Q B. S Q P R

C. P Q S R D. S R P Q

E. R Q P S

66. If the idyllic

P : and rehabilitation work being carried out across several nations,

Q : only a cursory mention in the massive restoration

R : island of Car Nicobar has found

S : part of the reason could be inaccessibility of these islands

Which one of the following is the correct sequence?

A. R Q P S B. S P Q R

C. R P Q S D. S Q P R

E. P Q R S

67. The real founder

P : and Humayun's son Akbar, the greatest ruler

Q : of the Mughal Empire was Babur's grandson

R : Ashoka a millennium and half earlier

S : to sit on an Indian throne after

Which one of the following is the correct sequence?

A. S P Q R B. Q R S P

C. S R Q P D. Q P S R

E. P Q R S

68. In the neighbourhood

P : of the equator there is little need of clothes of fire,

Q : stretched out on the bare ground beneath the shade of a tree

R : and no danger to health, to pass the livelong day

S : and it is possible with perfect comfort

Which one of the following is the correct sequence?

A. P R S Q B. Q S R P

C. P S R Q D. Q R S P

E. P Q R S

69. Hospitality

P : to commendation on this account

Q : is a virtue for which the natives of the east

R : and the people of Egypt are well entitled

S : in general are highly and deservedly admired;

Which one of the following is the correct sequence?

A. Q S R P B. P R S Q

C. Q R S P D. P S R Q

E. P Q R S

70. It is possible

P : between Finland and Sweden, which was an international accord

Q : to find a solution to the Kashmir issue

R : settling a territorial dispute on the basis of *status quo*

S : on the lines of the agreement on the Aland Islands

Which one of the following is the correct sequence?

A. Q R P S B. P S Q R

C. Q S P R D. P R Q S

E. S R P Q

71. Once an

P : Shanghai has metamorphosed into

Q : in China's economic development strategy

R : a major international city which is a key element

S : obscure fishing town,

Which one of the following is the correct sequence?

A. R P S Q B. S Q R P
C. R Q S P D. S P R Q
E. Q P R S

72. When factors

P : to the growth of biotechnology come together,

Q : it heralds the arrival of a new venture

R : and a government that is dedicated

S : like rich biodiversity, a conducive climate, a network of established research institutes, educated and skilled manpower.

Which one of the following is the correct sequence?

A. Q P R S B. S R P Q
C. Q R P S D. S P R Q
E. P Q R S

73. Brazil's Guaranis

P : from being Internet savvy

Q : are an ancient tribe who live in the country's remote jungles,

R : excluded them

S : but that has not.

The proper sequence should be:

A. P S R Q B. Q R S P
C. P R S Q D. Q S R P
E. P Q R S

74. A game host

P : that could be used at the airport duty-free shops

Q : and the winner walked away with

R : shot out ten witty questions

S : vouchers worth 200 Singapore dollars.

The proper sequence should be:

A. P S Q R B. R Q S P
C. P Q S R D. R S Q P
E. P Q R S

75. And while

P : without adequate international support

Q : the US military has been forced into remaining in Iraq

R : the overthrow of Saddam Hussein may have been quick,

S : longer than anticipated.

The proper sequence should be:

A. R S Q P B. P Q S R
C. R Q S P D. P S Q R
E. P Q R S

ANSWERS

1	2	3	4	5	6	7	8	9	10
B	D	A	B	C	C	A	C	A	D
11	**12**	**13**	**14**	**15**	**16**	**17**	**18**	**19**	**20**
C	A	C	D	B	D	C	B	B	D
21	**22**	**23**	**24**	**25**	**26**	**27**	**28**	**29**	**30**
B	D	C	C	B	D	B	C	A	B
31	**32**	**33**	**34**	**35**	**36**	**37**	**38**	**39**	**40**
B	D	B	B	C	C	C	A	B	D
41	**42**	**43**	**44**	**45**	**46**	**47**	**48**	**49**	**50**
A	B	A	C	B	C	B	A	B	A
51	**52**	**53**	**54**	**55**	**56**	**57**	**58**	**59**	**60**
D	B	C	C	D	D	C	B	D	A
61	**62**	**63**	**64**	**65**	**66**	**67**	**68**	**69**	**70**
D	B	C	A	B	A	D	C	A	C
71	**72**	**73**	**74**	**75**					
D	B	D	B	C					

CHAPTER 8

Reordering Sentences

A paragraph is formed from sentences, it will convey its true meaning and purpose only when the sentences are arranged in a proper manner. One must try and practise it regularly.

Directions (Qs. 1 to 50): *Each of these question sets has a group of sentences marked with numbers. Rearrange them in proper sequence to form a meaningful paragraph; then answer the questions given below each set.*

SET-1

1. After examining him, the doctor smiled at him mischievously and took out a syringe.
2. Thinking that he was really sick, his father summoned the family doctor.
3. That day, Mintu wanted to take a day off from school.
4. Immediately, Mintu jumped up from his bed and swore that he was fine.
5. Therefore; he pretended to be sick and remained in bed.

1. Which sentence should come **fourth** in the pargaraph?
A. 1 B. 2
C. 3 D. 4
E. 5

2. Which sentence should come **last** in the paragraph?
A. 1 B. 2
C. 3 D. 4
E. 5

3. Which sentence should come **first** in the paragraph?
A. 1 B. 2
C. 3 D. 4
E. 5

4. Which sentence should come **third** in the paragraph?
A. 1 B. 2
C. 3 D. 4
E. 5

5. Which sentence should come **second** in the paragraph?
A. 1 B. 2
C. 3 D. 4
E. 5

SET-2

1. In his literacy work he spoke of that province of human life which mere intellect does not speak.
2. He has also given innocent joy to many children by his stories like 'Kabuliwalah'.
3. Thsese songs are sung not only in Bengal but all over the country.
4. Rabindranath's great works sprang from intensity of vision and feelings.
5. He sang of beauty and heroism, nobility and charm.

6. Which sentence should come **third** in the sequence?
A. 1 B. 2
C. 3 D. 4
E. 5

7. Which sentence should come **fourth** in the sequence?
A. 1 B. 2
C. 3 D. 4
E. 5

8. Which sentence should come **second** in the sequence?

A. 1 B. 2
C. 3 D. 4
E. 5

9. Which sentence should come **first** in the sequence?
A. 1 B. 2
C. 3 D. 4
E. 5

10. Which sentence should come **fifth** in the sequence?
A. 1 B. 2
C. 3 D. 4
E. 5

SET-3

1. I reached office at 11 o'clock after sending the money.
2. Some money had to be sent to my parents.
3. After that, I spent almost an hour at the Post Office.
4. Therefore, I went to the bank to withdraw some money.
5. However, I had no money with me.

11. Which statement should come **first** in the paragraph?
A. 1 B. 2
C. 3 D. 4
E. 5

12. Which statement should come **second** in the paragraph?
A. 1 B. 2
C. 3 D. 4
E. 5

13. Which statement should come **third** in the paragraph?
A. 1 B. 2
C. 3 D. 4
E. 5

14. Which statement should come **fourth** in the paragraph?
A. 1 B. 2
C. 3 D. 4
E. 5

15. Which statement should come **fifth** in the paragraph?
A. 1 B. 2
C. 3 D. 4
E. 5

SET-4

1. In fact, it prevents us from helping children to analyse conflict, to learn to cope with it and counter it.
2. Children have always known that there is conflict in the adult world.
3. However, the make-believe world that nineteenth century rationally imposed on childhood in Europe and which we impose in an institutionalised manner through our modern education system can hardly be described as related in this regard.
4. We may therefore conclude that conflict in an institutionalised manner is not a matter of faith in children's capacities, rather, it is a lack of faith in ourselves as adults.
5. Further, psychologists tell us and story tellers have always known that the child's desire to search for order and coherence gathers strength from the knowledge of conflict.

16. Which of the following should be the **last** sentence in the paragraph?
A. 1 B. 2
C. 3 D. 4
E. 5

17. Which of the following should be the **first** sentence in the paragraph?
A. 1 B. 2
C. 3 D. 4
E. 5

18. Which of the following should be the **fourth** sentence in the paragraph?
A. 1 B. 2
C. 3 D. 4
E. 5

19. Which of the following should be the **third** sentence in the paragraph?
A. 1 B. 2
C. 3 D. 4
E. 5

20. Which of the following should be the **second** sentence in the paragraph?
A. 1 B. 2
C. 3 D. 4
E. 5

SET-5

1. A case in point is the programme involving the Sardar Sarovar Dam which would displace about 2,00,000 people.
2. Critics decry the fact that a major development institution appears to absorb more capital than it distributes to borrowers.
3. For all its faults critics however, concede that the bank remains a relatively efficient instrument for distribution of development-aid money.
4. One of the key complaints focuses on this non-profit bank's recent "profitability".
5. Although the lives of millions of people around the globe have been improved by the bank's activities, it is now under fire.
6. The bank is also being blamed for large-scale involuntary resettlement to make way for dams and other constructions projects.

21. Which sentence should come **third** in the paragraph?
A. 2 B. 5
C. 1 D. 4
E. 6

22. Which sentence should come **fourth** in the paragraph?
A. 6 B. 3
C. 5 D. 2
E. 1

23. Which sentence should come **first** in the paragraph?
A. 4 B. 6
C. 3 D. 2
E. 5

24. Which sentence should come **second** in the paragraph?
A. 3 B. 1
C. 4 D. 6
E. 5

25. Which sentence should come **last** (*i.e.* **sixth**) in the paragraph?
A. 5 B. 4
C. 2 D. 1
E. 3

SET-6

1. Chandrakant was shocked when he realised that the leg had lost sensation.
2. When he tried to get up, he felt his left leg was very heavy.
3. He had to lie down hopelessly, till he saw a flashlight.
4. It was an odd night time and hence nobody heard his voice.
5. Due to sudden sprain Chandrakant fell down.
6. Nervous with this realisation, he called out for help.

26. Which of the following should be the **third** sentence?
A. 1 B. 2
C. 3 D. 4
E. 5

27. Which of the following should be the **sixth (last)** sentence?
A. 6 B. 5
C. 4 D. 3
E. 2

28. Which of the following should be the **first** sentence?
A. 1 B. 2
C. 3 D. 4
E. 5

29. Which of the following should be the **second** sentence?
A. 1 B. 2
C. 3 D. 4
E. 5

30. Which of the following should be the **fourth** sentence?
A. 1 B. 2
C. 6 D. 4
E. 5

SET-7

1. The history of mankind is full of such fightings between communities, nation and people.
2. From the primitive weapons of warfare, man has advanced to the modern nuclear weapons.

3. Ever since the dawn of civilisation man has been fighting with man.
4. A modern war is scientific in character, but the effect is the same wiping human existence out of this earth.
5. The only difference now seems to be in the efficiency of the instruments used for killing each other.

31. Which of the following should be the **fifth (last)** sentence?
A. 1 B. 2
C. 3 D. 4
E. 5

32. Which of the following should be the **fourth** sentence?
A. 1 B. 2
C. 3 D. 4
E. 5

33. Which of the following should be the **first** sentence?
A. 1 B. 2
C. 3 D. 4
E. 5

34. Which of the following should be the **second** sentence?
A. 1 B. 2
C. 3 D. 4
E. 5

35. Which of the following should be the **third** sentence?
A. 1 B. 2
C. 3 D. 4
E. 5

SET-8

1. Its current was very powerful and could take away big tree trunks.
2. There were some children, playing on the bank of the waterway.
3. In the forest of Madhubani, there is a big lake.
4. The excess water started flowing forcefully through the waterway.
5. Once there was a very heavy rain because of which the lake started overflowing.
6. A poor man noticed it and rushed to save them.

36. Which of the following should be the **first** sentence?
A. 6 B. 5
C. 4 D. 3
E. 2

37. Which of the following should be the **third** sentence?
A. 6 B. 5
C. 4 D. 3
E. 2

38. Which of the following should be the **sixth (last)** sentence?
A. 6 B. 5
C. 4 D. 3
E. 2

39. Which of the following should be the **fourth** sentence?
A. 5 B. 4
C. 3 D. 2
E. 1

40. Which of the following should be the **second** sentence?
A. 6 B. 5
C. 4 D. 3
E. 2

SET-9

1. The means and methods they employ to deal with public pressures are also different.
2. They will make no move unless the gallery is packed.
3. The poorest are over-hesitant, evasive and preoccupied with their relationships with others.
4. Enormous difference is generally observed in the ways in which various public officials respond to public pressures.
5. The best possess understanding of the forces that must be taken into account, determination not to be swerved from the path of public interest.
6. They confront all embarrasments with a stale general formula.

41. Which of the following should be the **third** sentence?

A. 1 B. 2
C. 3 D. 4
E. 5

42. Which of the following should be the **sixth (last)** sentence?

A. 2 B. 3
C. 4 D. 5
E. 6

43. Which of the following should be the **first** sentence?

A. 6 B. 5
C. 4 D. 3
E. 2

44. Which of the following should be the **second** sentence?

A. 1 B. 2
C. 3 D. 4
E. 5

45. Which of the following should be the **fourth** sentence?

A. 2 B. 3
C. 4 D. 5
E. 6

SET-10

1. A taxi was summoned and Venu was taken to Lifeline Hospital.
2. While hurrying home from school.
3. Since they did not succeed, they decided to take him to a hospital.
4. When Venu opened his eyes, he found himself surrounded by doctors and nurses.
5. Some people rushed towards him and tried to bring him to his senses.
6. He was thrown a couple of feet away and lost consciousness.

46. Which sentence should come **third** in the paragraph?

A. 6 B. 2
C. 5 D. 1
E. 4

47. Which sentence should come **fourth** in the paragraph?

A. 3 B. 5
C. 6 D. 2
E. 1

48. Which sentence should come **first** in the paragraph?

A. 4 B. 6
C. 2 D. 5
E. 3

49. Which sentence should come **last** (*i.e.,* **sixth**) in the paragraph?

A. 2 B. 3
C. 1 D. 4
E. 5

50. Which sentence should come **second** in the paragraph?

A. 5 B. 1
C. 4 D. 3
E. 6

Directions (Qs. 51 to 65): *In each question rearrange the given sentences in the proper sequence to form a meaningful paragraph; then mark the correct sequence as the answer.*

51. 1. Now under liberated economy they are learning to compete domestically and globally.
2. In India corporations until recently achieved success by avoiding competition, using protected and regulated domestic markets.
3. The trend is irreversible
4. Business leaders are preparing themselves to meet competitive challenges and to avoid being swept away.

A. 1 2 4 3 B. 2 4 3 1
C. 2 4 1 3 D. 3 4 2 1
E. 2 1 4 3

52. 1. Such a system will help identify and groom executives for positions of strategists.
2. Evaluation of performance is more often than not done for the purpose of reward or punishment for past performance.
3. They must become an integral part of the executive evaluation system.

4. Even where the evaluation system is for one's promotion to assume higher responsibilities, it rarely includes items that are a key for playing the role of strategists effectively; e.g. the skills for playing the role of change agent and creative problem solving.

A. 4 2 1 3 B. 4 3 2 1
C. 1 2 3 4 D. 2 4 3 1
E. 3 4 2 1

53. 1. However, different rulers and governments dealt with the different groups in a compartmentalised manner.
2. Various situational and political changes have taken place over the past three and half centuries.
3. This tendency resulted in deeply embedded fragmented South African society which became even more prominent in the period 1948 until the commencement of the new Constitution on May 10, 1994.
4. South Africa is a racially divided society since the first European settlers arrived in 1652.

A. 2 4 1 3 B. 4 2 1 3
C. 3 1 2 4 D. 1 3 4 2
E. 2 1 3 4

54. 1. Recovery was given inadequate attention and consequently some bank branches regularly incurred heavy losses and their parent bodies had to bale them out.
2. As a result, banks indulged in extensive lending to borrowers who had little or no potential to make repayments.
3. To fulfil the social objectives laid down by the masters of nationalisation, banks were asked to lend to indentified priority sectors.
4. 1992-93 results showed that the loss making branches of public sector banks increased from 10,000 to 13,000 and the quantum of losses showed at Rs. 3,369 crores.

A. 2 1 3 4 B. 4 1 2 3
C. 3 2 1 4 D. 2 3 1 4
E. 3 4 2 1

55. 1. Much of the argument that goes on around the alternative solution occurs because people hold different perceptions of the problem.
2. One of the reasons that Japanese Managers are perceived as making superior decisions compared to Western Managers is that they spend a great deal of effort and time determining that the problem is correctly defined.
3. Unfortunately, too often in the West, Managers assume that the initial definition of the situation is correct.
4. Up to half the time in meetings is spent in asking "Is this the real problem?"

A. 2 4 3 1 B. 2 3 4 1
C. 3 2 4 1 D. 1 3 4 2
E. 1 2 3 4

56. 1. Participation involves more than the formal sharing of decisions.
2. Through anticipation, individuals or organisations consider trends and make plans, shielding institutions from trauma of learning by shock.
3. Innovative learning involves both anticipation and participation.
4. It is an attitude characterised by cooperation, dialogue and empathy.

A. 2 3 1 4 B. 1 2 4 3
C. 4 1 3 2 D. 3 2 1 4
E. 1 3 2 4

57. 1. This feeling of an extensive group gives rise to a fellow feeling, a feeling of brotherhood among the citizens.
2. This feeling takes us beyond the bounds of family, caste, religion and region and helps us develop a broad perspective that we all of us together constitute an extensive group called the nation.
3. National integration is the feeling among all the citizens of a country that they are all a part of one nation.
4. We do not then limit our thinking to our own caste or religion but think about all our fellow citizens.

A. 3 4 1 2 B. 3 1 2 4
C. 3 4 2 1 D. 3 2 4 1
E. 3 2 1 4

58. 1. The facts speak for themselves so they need exposition only, not demonstration.
2. At the present moment, it is widely recognised that India holds the balance in the worldwise competition between rival ideologies.
3. It is not, of course, only in geographical sense that India is in a key position.
4. India's key position simply needs pointing out.

A. 4 1 3 2 B. 3 4 1 2
C. 2 3 4 1 D. 2 4 1 3
E. 4 1 2 3

59. 1. But categorisation schemes are not always helpful in determining what one can do with or about organisational culture.
2. Much of the literature on organisational culture is focused on categorising types of cultures.
3. It has taken the understanding of corporate culture far beyond what used to be called 'the informal organisation'.
4. This literature is both interesting and informative.

A. 2 4 1 3 B. 2 1 4 3
C. 2 3 4 1 D. 4 1 2 3
E. 4 2 1 3

60. 1. Finally the bureaucratic organisation took over from the pioneering enterprise.
2. The nineteenth century was the age of entrepreneur, the self-made man.
3. Thoughtful business administration took over from action-centred business entrepreneurship.
4. In the twentieth century the rational executive took command.

A. 4 2 1 3 B. 3 1 2 4
C. 2 4 3 1 D. 2 3 4 1
E. 4 2 1 3

61. 1. It also gives rise to a feeling of animosity among the different sections of society.
2. In a democratic system, frequent use of power is never desirable, it on the part of government or the people.
3. Therefore, citizens should never resort to violent ways and means in democracy, though they have the right to oppose the government.
4. It destroys the stability and security in public life.

A. 4 2 1 3 B. 2 4 1 3
C. 2 4 3 1 D. 4 1 3 2
E. 4 3 2 1

62. 1. The Puritans went much farther; during the commonwealth they actually abolished all the festivals, including even Christmas.
2. They lost many of their maypoles; but there were ugly scenes when the magistrate's man tramped into Church to pull down the Christmas holly.
3. Leisure began to diminish at about the time of the Reformation.
4. That was more than the people of England would endure.
5. The leaders of the Church approved the festivals decently kept, with many sports, and with dancing in the Churchyard after Evensong; but they drastically reduced the old calendar — and with every saint omitted, a holiday vanished as well.

A. 5 3 1 4 2 B. 1 5 3 2 4
C. 5 1 2 4 3 D. 3 5 1 4 2
E. 2 1 5 3 4

63. 1. He was so busy with them that he did not get time to eat.
2. Thousands of people came to him and asked different types of questions.
3. No one cared to see that he had his food or rest that night.
4. Swami Vivekanand once stayed in a small village.

A. 2 3 4 1 B. 3 2 1 4
C. 4 2 1 3 D. 4 2 3 1
E. 1 2 3 4

64. 1. Learn a kind of tenderness towards the vanity of others.
2. And indeed towards all their prejudices.
3. Who make a cult of sincerity.

4. Men accustomed to difficult negotiations.
5. Which is infinitely shocking to these.

A. 4 3 5 1 2 B. 3 4 5 2 1
C. 4 1 2 5 3 D. 3 4 2 5 1
E. 4 3 5 2 1

65. 1. It buys programmes and services from many sources, which are then put on the system's channels
2. The early cable supermarkets had only a dozen channels on which to display their goods, but new systems boast more than 100 channels.
3. A cable system is like a supermarket.
4. By the end of the 1980s cable television will offer as many as 200 different channels of entertainment and services.
5. For a monthly fee, individual subscribers order the programmes and services that suit them.
6. Extra fees are charge for some programmes (including movies) brought in by satellite.
7. The cable system deliver all local television programming, television programming from nearby cities, and programming from distant networks whose signals are sent by satellite.

A. 2 3 1 4 7 6 5
B. 3 1 5 7 6 2 4
C. 1 2 3 4 5 6 7
D. 6 2 7 1 3 4 5
E. 7 1 2 4 3 6 5

ANSWERS

1	2	3	4	5	6	7	8	9	10
A	D	C	B	E	B	E	A	D	C
11	**12**	**13**	**14**	**15**	**16**	**17**	**18**	**19**	**20**
B	E	D	C	A	D	B	C	A	E
21	**22**	**23**	**24**	**25**	**26**	**27**	**28**	**29**	**30**
B	A	D	C	E	A	D	E	B	C
31	**32**	**33**	**34**	**35**	**36**	**37**	**38**	**39**	**40**
E	D	C	A	B	D	C	A	D	B
41	**42**	**43**	**44**	**45**	**46**	**47**	**48**	**49**	**50**
C	E	C	A	D	C	A	C	D	E
51	**52**	**53**	**54**	**55**	**56**	**57**	**58**	**59**	**60**
E	D	B	C	A	D	E	C	A	D
61	**62**	**63**	**64**	**65**					
B	D	C	C	B					

CHAPTER 9

Sentence Completion

Sentence completion is such an exercise which starts with the primary education and continues in the highest level of examinations. One must practise it regularly to score well.

SINGLE WORD

Dircections: *Pick out the most effective word from the given words to fill in the blank to make the sentence meaningfully complete.*

1. Leadership defines what the future should look like and ...... people with that vision.

A. aligns B. develops
C. trains D. encourages
E. transforms

2. We upset ourselves by responding in an ...... manner to someone else's actions.

A. unabashed B. irrational
C. arduous D. arguable
E. invalid

3. All the people involved in that issue feel a great ...... to his suggestion.

A. contradiction B. adherence
C. indifference D. objection
E. repugnance

4. These elections will be remembered as much for its anti-incumbency mood as for its ...... mandate.

A. invincible B. rational
C. unprecedented D. deliberate
E. pervasive

5. How do you expect us to stay in such a ...... building even if it can be hired on a nominal rent?

A. scruffy B. disparate
C. fragmented D. robust
E. damaging

6. ...... efforts from all concerned are required to raise the social and economic conditions of our countrymen.

A. Perpetual B. Dynamic
C. Massive D. Exploring
E. Penetrative

7. Many companies see technology as a ...... for a whole host of business problems.

A. consideration B. preference
C. linking D. panacea
E. craving

8. Known as devout and serious person, she also has ...... sense of humour.

A. better B. plentiful
C. quick D. beautiful
E. good

9. The matter would have become serious if ...... action had not been taken.

A. hasty B. fast
C. timely D. unusual
E. deliberate

10. The ...... with which he is able to yield the paint brush is really remarkable.

A. ease B. practice
C. majesty D. sweep
E. energy

11. The speaker did not properly use the time as he went on ...... on one point alone.

A. devoting B. deliberating
C. diluting D. distributing
E. dilating

12. They decided to ...... down their original plans for the bigger house and make it smaller.
A. climb B. turn
C. scale D. play
E. change

13. Usha was badly ...... by the news which she got in the letter.
A. electrified B. petrified
C. deranged D. shaken
E. frozen

14. In spite of her other ......, Kasthuri still managed to find time for her hobbies.
A. occupations B. preoccupations
C. predilections D. business
E. promises

15. Success comes to those who are vigilant not to permit ...... from the chosen path.
A. distraction B. deviation
C. alienation D. diversion
E. obstruction

16. It is advisable to ...... on this issue rather than create unnecessary problem by taking a rigid stand.
A. lose B. promise
C. evade D. compromise
E. forfeit

17. After a short holiday Rajini came back totally ......
A. rejuvenated B. reborn
C. refurbished D. revamped
E. restored

18. The victim tried to tell us what had happened but his ...... were not audible.
A. assailants B. sounds
C. letters D. proofs
E. words

19. The ...... between the twins is so slight that it is very difficult to identify one from the other.
A. similarity B. distance
C. resemblance D. difference
E. rift

20. The members were ...... of the date of the meeting well in advance.
A. communicated B. conveyed
C. ignorant D. informed
E. known

21. A ...... of ships was kept ready to scour the sea in case of an emergency.
A. group B. pack
C. unit D. fleet
E. battalion

22. I had not expected to meet him; it was quite an ...... meeting.
A. organised B. intentional
C. undesirable D. auspicious
E. accidental

23. The window of our room ...... the rear.
A. overlooks B. opens
C. opposes D. adjoins
E. precedes

24. I could ...... see the sight since it was dark.
A. clearly B. barely
C. obviously D. aptly
E. abruptly

25. The top-ranking manager ...... his success in the profession to his managing director's guidance.
A. account B. agrees
C. attributes D. claims
E. refers

26. Does your pride keep you ...... making the decision you know you should?
A. away B. alert
C. from D. quiet
E. intact

27. Their ...... to scale the mountain peak was an absolute failure.
A. attempt B. desire
C. anxiety D. proposal
E. dedication

28. The writer, like a spider ...... a web; the creatures caught in the web have no substance, no reality.
A. spins B. catches
C. writes D. compiles
E. finds

29. In a ...... move the chief minister today dropped two ministers from the cabinet.

A. secret B. delicate
C. continuous D. consistent
E. surprise

30. In his address to the teachers, the vice-chancellor ...... certain measures being taken for improving the quality of college education.
A. declined B. directed
C. advised D. highlighted
E. demanded

31. Change in the legal system are inevitable for we are not working for a ...... society.
A. backward B. dynamic
C. stagnant D. modern
E. ruthless

32. Modern science began ...... the influence of Copernicus, Kepler, Galileo and Newton.
A. by B. under
C. from D. upon
E. with

33. A meeting of senior police officers was held to ...... the law and order situation of the town.
A. review B. curb
C. cover D. support
E. criticise

34. The problems that India's economic development faces are ......
A. myopic B. dubious
C. enormous D. strong
E. morbid

35. In our zeal for progress we should not ...... the executive with more powers.
A. avoid B. arm
C. give D. enhance
E. improve

36. At present, all over the world, moral standards, ... to have fallen.
A. look B. wish
C. started D. appear
E. intend

37. He was one of the ...... spirits behind the successful agitation of the citizens for keeping the city clean.
A. revolving B. moving
C. evolving D. amazing
E. rising

38. The employees were unhappy because their salary was not increased ......
A. marginally B. abruptly
C. substantially D. superflously
E. negligibly

39. ...... the being a handicapped person, he is very co-operative and self-reliant.
A. Because B. Although
C. Since D. Basically
E. Despite

40. The child broke ...... from his mother and ran towards the painting.
A. away B. after
C. down D. with
E. heavily

41. With his ...... income, he finds it difficult to live a comfortable life.
A. brief B. sufficient
C. meagre D. huge
E. adequate

42. He could ...... a lot of money in such a short time by using his intelligence and working hard.
A. spend B. spoil
C. exchange D. accumulate
E. pay

43. Though the brothers are twins, they look ......
A. alike B. handsome
C. indifferent D. identical
E. different

44. Unfavourable weather conditions can ..... illness.
A. cure B. detect
C. treat D. enhance
E. diagnose

45. No sooner did the bell ring, ... the actor started singing.
A. when B. than
C. after D. before
E. through

46. If I ...... realised it, I would not have acted on his advice.
A. was B. had
C. were D. have
E. being

47. Why don't you ...... your work in advance before commencing it.
A. start B. complete
C. finish D. plan
E. execute

48. Contemporary economic development differs ...... from the Industrial Revolution of the 19th century.
A. usually B. specially
C. literally D. markedly
E. naturally

49. Mounting unemployment is the most serious and ...... problem faced by India today.
A. profound B. intractable
C. unpopular D. dubious
E. unattainable

50. Unemployment is not only ...... throughout the emerging world, but is growing worse, especially in urban areas.
A. endemic B. peripheral
C. absorbing D. prolific
E. endangering

TWO WORDS

Directions: *In each of the following sentences, there are two blank spaces. Below each sentence there are five pairs of words denoted by number (A), (B), (C), (D) and (E). Find out which word/pair of words can be filled up in the blanks in the sentence in the same sequence to make the sentence meaningfully complete.*

51. The WHO has ..... the government for taking prompt ..... action.
A. lauded, preventive
B. criticise, obligatory
C. blamed, ineffective
D. appreciated, hectic
E. admired, unreasonable

52. Though the hospital is extremely rich, the conditions there are ....
A. equally, rich
B. apallingly, poor
C. admirably, comfortable
D. extremely, conducive
E. frequently, tolerable

53. Nine members have ..... about the decision, but the tenth one views it ..... .
A. solution, critically
B. consensus, similarly
C. disagreement, collectively
D. grievance, grudgingly
E. agreement, differently

54. Vision is usually ..... most effectively when many different ..... are used.
A. developed, manifestations
B. adapted, organisations
C. communicated, vehicles
D. exhibited, forms
E. described, thought

55. People who have been through difficult, painful and not very ..... change efforts often end up ..... both pessimistic and angry conclusions.
A. successful, drawing
B. meaningful, projecting
C. reliable, evolving
D. strong, following
E. challenging, lamenting

56. If misery is the effect of ill-fortune, it ought to be pitied; if of ..... to be .....
A. virtue, criticised
B. calamity, reverenced
C. virtue, protected
D. vice, reverenced
E. virtue, reverenced

57. It is the ..... of selfishness for men, who fully ..... in their own case the great advantages of good education, to deny these advantages to women.
A. parody, demand B. height, appreciate
C. height, assimilate D. degree, appreciate
E. level, advance

58. His death ..... many tributes than have been paid at the ..... of any other human being in history.
A. brought, passing
B. directed, helm
C. delivered, description
D. invited, living
E. acknowledged, perpetuation

59. All the performances of human art, at which we look with praise or wonder, are ..... of the restless ..... of perserverence.
A. manifestations, pronourcement
B. projections, component
C. instances, force

D. proofs, humanity
E. visions, future

60. The issues could be ..... amicably only because of his ..... handling of the situation.
A. dropped, haphazard
B. raised, careful
C. discussed, enthusiastic
D. suppressed, emphatic
E. resolved, tactful

61. The only way to ensure best output from your vehicle is to provide it a ..... and ..... maintenance.
A. nurturing, expensive
B. proper, timely
C. careful, costly
D. trouble-free, everlasting
E. resolved, tactful

62. ..... your colleagues for important decision making activities ensures their ..... cooperation.
A. Counselling, wholehearted
B. Helping, occasional
C. Guiding, meagre
D. Neglecting, enthusiastic
E. Dominating, unstinted

63. The recent ..... in oil-prices has given an unexpected additional ..... to the cost-spiral.
A. slump, drawback
B. cut, blow
C. rise, twist
D. development, cut
E. deterioration, impetus

64. People ..... to work hard if you ..... certain conditions on them.
A. decide, negotiate
B. try, thrust
C. plan, invoke
D. hesitate, impose
E. volunteer, place

65. Our latest battle plan ..... some projects ..... at saving the earth's biological diversity.
A. destroys, stirring
B. covers, aimed
C. finances, looking
D. encompasses, looked
E. excludes, arriving

66. Unless the authorities adopt the principle ..... the strategies cannot become ..... .
A. wholeheartedly, successful
B. fully, defunct
C. mechanically, obsolete
D. legitimately, noteworthy
E. forcefully, trivial

67. Trying to ..... a team without a good and simple ..... system is like trying to drive a car without a steering wheel.
A. form, working
B. lead, exploratory
C. organise, empowering
D. run, guidance
E. achieve, developmental

68. ..... members of a group often ..... influence the outcome of a consensus forecast.
A. Permanent, exert
B. Majority, rightly
C. Vocal, legitimately
D. Minority, inadvertently
E. Dominant, unduly

69. Transforming ..... bureaucracies into dynamic, customer-driven organisations is ..... under any circumstances.
A. ideal, essential
B. lazy, undesirable
C. inefficient, challenging
D. civilized, ineffective
E. customer, unsurmountable

70. He was initially ..... at the suggestion but was soon ..... it himself.
A. frowning, rejecting
B. thrilled, propagating
C. shocked, advocating
D. impressed, negating
E. suspicious, trusting

71. The Minister felt that the ..... made by the Committee was ..... even though similar schemes had worked earlier.
A. election, acceptable
B. choice, profitable
C. decision, gainful
D. recommendation, infeasible
E. acceptance, approved

72. Nabeesa was not ..... by the criticism and paid no ..... even when her best friend talked against her.
A. threatened, warning
B. troubled, mind
C. deterred, heed
D. bothered, attention
E. shaken, indication

73. The activities of the association have ..... from the ..... objectives set for it in the initial years.
A. emerged, total B. deviated, original
C. grown, simple D. details, grand
E. increased, perverse

74. The ..... imposed for non-payment was too ..... for it to bring in improvement in collection.
A. penalty, low B. fine, severe
C. punishment, harsh D. toll, simple
E. damage, cruel

75. Although his first few attempts were ....., ultimately he ..... .
A. fruitful, won
B. futile, succeeded
C. laborious, gave up
D. appreciable, retarded
E. thwarted, lost

Directions: *In each question, an incomplete statement (Stem) followed by four fillers is given. Pick out the best one which can complete the incomplete stem correctly and meaningfully.*

76. He is so lazy that he .....
A. cannot depend on others for getting his work done.
B. cannot delay the schedule of completing the work.
C. can seldom complete his work on time.
D. dislike to postpone the work that he undertakes to do.
E. None of these

77. He always stammers in public meetings, but his today's speech .....
A. was fairly audible to everyone present in the hall.
B. was not received satisfactorily.
C. could not be understood properly.
D. was free from that defect.
E. None of these

78. In order to raise the company's profit, the employees .....
A. demanded two additional increments.
B. decided to go on paid holidays.
C. requested the management to implement new welfare schemes.
D. offered to work ovrtime without any compensation.
E. None of these

79. Although, he is reputed for making very candid statements, ...
A. his today's speech was not fairly audible.
B. his promises had always been realistic.
C. his speech was very interesting.
D. his today's statements were very ambiguous.
E. None of these

80. I felt somewhat more relaxed .....
A. but tense as compared to earlier.
B. and tense as compared to earlier.
C. as there was already no tension at all.
D. and tension-free as compared to earlier.
E. None of these

81. With great efforts his son succeeded in convincing him not to donate his entire wealth to an orphanage .....
A. and lead the life of a wealthy merchant.
B. but to a home for the forsaken children.
C. and make an orphan of himself.
D. as the orphange needed a lot of donations.
E. None of these

82. Even though it is a very large house, ...
A. there is a lot of space available in it for children.
B. there is hardly any space available for children.
C. there is no dearth of space for children.
D. the servants take a long time to clean it.
E. None of these

83. Practically, very little work could be completed in the last week as it was .....
A. full of working days.
B. a very hectic week.
C. full of holidays.
D. a very busy week.
E. None of these

84. He tames animals because he .....
A. is fond of them.
B. hates them.
C. is afraid of them
D. wants to set them free
E. None of these

85. He has no money now .....
A. although he was very poor once.
B. as he has given up all his wealth.
C. because he was very rich once.
D. because he has received huge donation.
E. None of these

86. The employer appeared to be in such an affable mood that Rohit .....
A. decided to ask for a raise in his salary.
B. was scared to talk to him about his leave.
C. felt very guilty for his inadvertent slip.
D. promised him that he would not commit mistake again.
E. None of these

87. Since people cannot learn through legitimate channels all that they are anxious to learn .....
A. they resort to ways and means without any ethical or moral considerations.
B. they join academics in order to quench their thirst for learning.
C. they adopt formal ways and means to achieve what they want to.
D. these social service organisations provide them the required input of knowledge.
E. None of these

88. It was an extremely pleasant surprise for the hutment-dweller when the Government officials told him that .....
A. he had to vacate hutment which he had been unauthorisedly occupying
B. he had been gifted with a furnished apartment in a multi-storeyed building.
C. he would be arrested for wrongfully encroaching on the pavement outside his dwelling.
D. they would not accede to his request.
E. None of these

89. Despite his best efforts to conceal his anger .....
A. we could detect that he was very happy.
B. he failed to give us an impression of his agony.
C. he succeeded in camouflaging his emotions.
D. people came to know that he was annoyed.
E. None of these

90. His appearance is unsmiling but .....
A. his heart is full of compassion for others.
B. he looks very serious on most occasions.
C. people are afraid of him.
D. he is uncompromising on matters of task performance.
E. None of these

91. The weather outside was extremely pleasant and hence we decided to .....
A. utilise our time in watching the television.
B. refrain from going out for a morning walk.
C. enjoy a morning ride in the open.
D. employ this rare opportunity for writing letters.
E. None of these

92. The officer who had neglected to file his income tax returns had to .....
A. return the files.
B. pay a fine.
C. be rewarded.
D. play mischief.
E. None of these

93. In order to help the company attain its goal of enhancing profit, all the employees .....
A. urged the management to grant paid leave.
B. appealed the management to implement new welfare schemes.
C. voluntarily offered to work overtime with lucrative compensation.
D. voluntarily offered to render additional services in lieu of nothing.
E. None of these

94. His behaviour is so unpredictable that he .....
A. never depends upon others for getting his work done.
B. is seldom trusted by others.
C. always finds it difficult to keep his word.
D. always insists on getting the work completed on time.
E. None of these

95. Since it is already midnight, we .....
A. had better leaving
B. ought to have leave
C. should take our leave
D. might as well as leave
E. None of these

96. It is not easy to remain tranquil when those around you .....
A. behave in a socially acceptable manner.
B. exhibit pleasant mannerism.
C. are losing their heads.
D. agree to whatever you say.
E. None of these

97. Although initial investigations pointed towards him, ...
A. the preceding events corroborated his involvement in the crime.
B. the additional information confirmed his guilt.

C. the subsequent events established that he was guilty.
D. the subsequent events proved that he was innocent.
E. None of these

98. Because he believes in democratic principles, he always .....
A. decides all the matters himself.
B. listens to others' views and enforces his own.
C. shown respect to others' opinions if they match his own.
D. reconciles with the majority's views and gives us his own.
E. None of these

99. Owing to the acute power shortage, the people of our locality have decided to .....
A. dispense with other non-conventional energy sources.
B. resort to abundant use of electricity for illumination.
C. off-switch the electrical appliance while not in use.
D. resort to use of electricity only when it is inevitable.
E. None of these

100. She never visits any zoo because she is a strong opponent of the idea of .....
A. setting the animals free into the forest.
B. feeding the animals while others are watching.
C. watching the animals in their natural abode.
D. holding the animals in captivity for our joy.
E. None of these

ANSWERS

1	**2**	**3**	**4**	**5**	**6**	**7**	**8**	**9**	**10**
A	A	E	C	A	A	D	E	C	A
11	**12**	**13**	**14**	**15**	**16**	**17**	**18**	**19**	**20**
E	C	D	B	A	D	A	E	D	D
21	**22**	**23**	**24**	**25**	**26**	**27**	**28**	**29**	**30**
D	E	A	B	C	C	A	A	E	D
31	**32**	**33**	**34**	**35**	**36**	**37**	**38**	**39**	**40**
C	B	A	C	B	D	B	C	E	A
41	**42**	**43**	**44**	**45**	**46**	**47**	**48**	**49**	**50**
C	D	E	D	B	B	D	D	B	A
51	**52**	**53**	**54**	**55**	**56**	**57**	**58**	**59**	**60**
A	B	E	A	B	C	C	A	C	E
61	**62**	**63**	**64**	**65**	**66**	**67**	**68**	**69**	**70**
B	A	C	D	B	A	A	E	C	C
71	**72**	**73**	**74**	**75**	**76**	**77**	**78**	**79**	**80**
D	C	B	A	B	C	D	D	D	D
81	**82**	**83**	**84**	**85**	**86**	**87**	**88**	**89**	**90**
C	B	C	A	B	C	A	B	D	A
91	**92**	**93**	**94**	**95**	**96**	**97**	**98**	**99**	**100**
C	B	D	B	D	C	D	D	D	D

CHAPTER 10

Idioms, Phrases and Proverbs

Directions (Qs. 1 to 20): *Some proverbs/idioms are given below together with their meanings. Choose the correct meaning of the proverb/idiom. If there is no correct meaning given, E i.e. 'None of these' will be the answer.*

1. To beg the question
- A. To refer to
- B. To take for granted
- C. To raise objections
- D. To be discussed
- E. None of these

2. To drive home
- A. To find one's roots
- B. To return to place of rest
- C. Back to original position
- D. To emphasise
- E. None of these

3. To hit the right nail on the head
- A. To do the right thing
- B. To destroy one's reputation
- C. To announce one's fixed views
- D. To teach someone a lesson
- E. None of these

4. To pick holes
- A. To find some reason to quarrel
- B. To destory something
- C. To criticise someone
- D. To cut some part of an item
- E. None of these

5. To smell a rat
- A. To see signs of plague epidemic
- B. To get bad smell of a dead rat
- C. To suspect foul dealings
- D. To be in a bad mood
- E. None of these

6. A black sheep
- A. An unlucky person
- B. A negro
- C. An ugly person
- D. A partner who takes no share of the profits
- E. None of these

7. To catch a tarter
- A. To trap wanted criminal with great difficulty
- B. To catch a dangerous person
- C. To meet with disaster
- D. To deal with a person who is more than one's watch
- E. None of these

8. To be above board
- A. To have a good height
- B. To be honest in any business deal
- C. To have no debts
- D. To try to be beautiful
- E. None of these

9. To keep one's temper
- A. To become angry
- B. To be in good mood
- C. To preserve one's energy
- D. To be aloof from
- E. None of these

10. To have an axe to grind
- A. A private end to serve
- B. To fail to arouse interest
- C. To have no result
- D. To work for both sides
- E. None of these

11. To cry wolf
A. to listen eagerly
B. to give false alarm
C. to turn pale
D. to keep off starvation
E. None of these

12. A man of straw
A. a man of no substance
B. a very active person
C. a worthy fellow
D. an unreasonable person
E. None of these

13. To make clean breast of
A. to gain prominence
B. to praise oneself
C. to confess without reserve
D. to destroy before it blooms
E. None of these

14. To end in smoke
A. to make completely understand
B. to ruin oneself
C. to excite great applause
D. to overcome someone
E. None of these

15. To leave someone in the lurch
A. to come to compromise with someone
B. constant source of annoyance to someone
C. to put someone at ease
D. to desert someone in his difficulties
E. None of these

16. To play second fiddle
A. To be happy, cheerful and healthy
B. To reduce importance of one's senior
C. To support the role and view of another person
D. To do back seat driving
E. None of these

17. To set one's face against
A. To oppose with determination
B. To judge by appearance
C. To get out of difficulty
D. To look at one steadily
E. None of these

18. To put one's hand to the plough
A. To take up agricultural farming
B. To take a difficult task
C. To get entangled into unnecessary things
D. Take interest in technical work
E. None of these

19. To join issue with
A. To cooperate with others for a cause
B. To join any voluntary organisation for good purpose
C. To resolve dispute and restore peace
D. To enter into argument over any issue
E. None of these

20. To do oneself justice
A. To dispense justice on our own
B. To treat others with due respect
C. To defend one's point of view
D. To follow the path of truth and justice
E. None of these

Directions (Qs. 21 to 150) *In following questions four alternatives are given for the idiom/phrase italicised in the sentence. Choose the alternative which best expresses the meaning of the idiom/phrase.*

21. How long will the people *put up with* the increasing economic hardships?
A. welcome
B. take easily
C. remain satisfied with
D. tolerate
E. None of these

22. Do not trust a man who *blows his own trumpet.*
A. flatters
B. praises others
C. admonishes others
D. praises himself
E. None of these

23. The dacoit murdered the man *in cold blood.*
A. coldly
B. boldly
C. ruthlessly
D. deliberately
E. None of these

24. My car *broke down* on way to the railway station.
A. stopped
B. met with an accident
C. ran out of petrol
D. failed to work
E. None of these

25. The time is running out, you must *look sharp.*
A. be careful
B. make haste
C. be punctual
D. be sensible
E. None of these

26. He visits the doctor *off and on.*
A. everyday
B. regularly
C. never at all
D. occasionally
E. None of these

27. The old father *brought home the moral of unity by asking each of his sons to break the bundle of sticks.*
A. emphasised
B. voiced
C. declared
D. suggested
E. None of these

28. He believes in the policy of *making hay while the sun shines.*
A. giving bribes to get his work done
B. seeking advice from one and all
C. helping those who help him
D. making the best use of a favourable situation
E. None of these

29. There is no *hard and fast rule* regarding this subject.
A. rule that is difficult
B. rule that is fast-changing
C. rule that cannot be broken or modified
D. rule that can be broken or modified
E. None of these

30. The University will have *to shelve* its plans for expansion in view of the present situation.
A. cancel
B. discuss
C. reconsider
D. postpone
E. None of these

31. He is an interesting speaker but tends to *go off at a tangent.*
A. change the subject suddenly
B. forget things in between
C. go on at great length
D. become boisterous
E. None of these

32. He has built a big business empire by his *sharp practices.*
A. extreme hard work
B. keen business skills
C. dishonest dealings
D. sharp intelligence
E. None of these

33. Despite the trust bestowed on the minister he turned out to be *a snake in the grass* during the revolution.
A. a secret enemy
B. a treacherous person
C. an unforeseen danger
D. an unexpected misfortune
E. None of these

34. The secretary and the treasurer are *hand in glove* with each other.
A. very good frineds
B. constantly fighting
C. associates in some action
D. suspicious of each other
E. None of these

35. Govind has left his country *for good.*
A. for better opportunities
B. on an important mission
C. forever
D. to return soon
E. None of these

36. He *went back on* his promise to vote for me.
A. withdrew
B. forgot
C. reinforced
D. supported
E. None of these

37. I met him after a long time, but he gave me *the cold shoulder.*
A. scolded me
B. insulted me
C. abused me
D. ignored me
E. None of these

38. The teacher warned the student *once for all* that no mischief shall be tolerated in the class.
A. authoritatively
B. finally
C. angrily
D. coldly
E. None of these

39. Why must you look a *gift horse in the mouth?*
A. welcome a gift
B. find fault with a gift
C. be fastidious
D. examine a gift carefully
E. None of these

40. Companies producing goods *play to the gallery* to boost their sales.
A. advertise
B. cater to the public taste
C. attempt to appeal to popular taste
D. depend upon the public for approval
E. None of these

41. The new C.M. *stuck his neck out* today and promised 10 kgs. free wheat a month for all rural families.
A. took an oath
B. took a risk
C. extended help
D. caused embarrassment
E. None of these

42. It was he who *put a spoke in my wheel.*
A. tried to cause an accident
B. helped in the execution of the plan
C. thwarted the execution of the plan
D. destroyed the plan
E. None of these

43. I did not mind what he was saying, he was only *talking through his hat.*
A. talking nonsense
B. talking ignorantly
C. talking irresponsibly
D. talking insultingly
E. None of these

44. In the organised society of today no individual or nation can *plough a lonely furrow.*
A. remain unaffected
B. do without the help of others
C. survive in isolation
D. remain non-aligned
E. None of these

45. The question of abolition of private property is still *a most point.*
A. undecided B. uncertain
C. unknown D. not clear
E. None of these

46. She was in a *brown study* and did not notice my entrance.
A. dream B. sleep
C. fear D. reverie
E. None of these

47. In spite of the immense pressure exerted by the militants, the Government has decided not to *give in.*
A. accede B. yield
C. oblige D. conform
E. None of these

48. While the ladies continued their *small talk* in the drawing room, I felt bored.
A. whispering
B. backbiting
C. gossip
D. light conversation
E. None of these

49. The old man was *cut to the quick* when his rich son refused to recognise him.
A. surprised B. hurt intensely
C. annoyed D. irritated
E. None of these

50. The party stalwarts have advised the President *to take it lying down for* a while.
A. to be cautious
B. to be on the defensive
C. to take rest
D. to show no reaction
E. None of these

51. There was opposition to the new policy by the *rank and file* of the Government.
A. the official machinery
B. the ordinary members
C. the majority
D. the Cabinet members
E. None of these

52. My father *strained every nerve* to enable me to get settled in life.
A. worked very hard
B. spent a huge-amount
C. tried all tricks
D. bribed several persons
E. None of these

53. He sold his house *for a song.*
A. at a reasonable price
B. at a discount
C. very cheaply
D. at a premium
E. None of these

54. He went to his friend's house in the evening *as was his wont.*
A. as usual
B. as he wanted
C. as his want was
D. as he wanted that day
E. None of these

55. As a politician he is used to being *in the limelight* all the time.
A. giving speeches
B. the object of admiration
C. the centre of attraction
D. an object of public notice
E. None of these

56. I am afraid he is burning *the candle at both ends* and ruining his life.
A. wasting his money
B. becoming overgenerous
C. overtaxing his energies
D. losing his objectives
E. None of these

57. This matter has been *hanging fire* for the last many months and must therefore be decided one way or the other.
A. going on slowly B. hotly debated
C. stuck up D. ignored
E. None of these

58. His speech *went down well with* the majority of the audience.
A. found acceptance with
B. was attentively listened to by
C. was appreciated by
D. was applauded by
E. None of these

59. I cannot get along with a man who *plays fast and loose.*
A. behaves in an unreliable and insincere way
B. has a loose tongue
C. lives a life of ease and luxury
D. does not know how to behave himself
E. None of these

60. The project did not appear to *hold out* bright prospects.
A. highlight B. show
C. offer D. promise
E. None of these

61. When he tells stories about himself, he is inclined to *draw the long bow.*
A. understate B. get emotional
C. exaggerate D. get excited
E. None of these

62. The arrival of the mother-in-law in the family *proved* a *rift in the lute.*
A. caused unnecessary worries
B. brought about disharmony
C. caused a pleasant atmosphere
D. brought about a disciplined atmosphere
E. None of these

63. The old beggar *ran amuck* and began to throw stones at the passersby.
A. became desperate B. ran about wildly
C. became annoyed D. felt disgusted
E. None of these

64. He was undecided. He *let the grass grow under his feet.*
A. loitered around B. stayed out
C. sat unmoving D. moved away
E. None of these

65. There is *no love lost* between the two neighbours.
A. close friendship
B. cool indifference
C. intense dislike
D. a love-hate relationship
E. None of these

66. The *die is cast* and now let us hope for the best.
A. project is over
B. decision is made
C. death is inevitable
D. cloth has been dyed
E. None of these

67. The class could not *keep a straight face* on hearing the strange pronunciation of the new teacher.
A. remain silent B. remain serious
C. remain mute D. remain disturbed
E. None of these

68. The prince did not *take after* the king.
A. run after B. follow
C. precede D. resemble
E. None of these

69. His plan was so complicated that it *floored* his listeners.

A. entertained B. puzzled
C. annoyed D. encouraged
E. None of these

70. The P.M. has *pulled up* Orissa partymen.

A. elevated B. rewarded
C. punished D. reprimanded
E. None of these

71. Turban is *in vogue* in some communities.

A. in fashion B. out of use
C. vaguely used D. never used
E. None of these

72. Don't lose patience, things will improve *by and by.*

A. soon B. finally
C. gradually D. unexpectedly
E. None of these

73. When he heard that he had once again not been selected he *lost heart.*

A. became desperate
B. felt sad
C. became angry
D. became discouraged
E. None of these

74. I felt *like a fish out of water* among all those business tycoons.

A. troubled B. stupid
C. uncomfortable D. inferior
E. None of these

75. His friends *let* him *down.*

A. failed B. comforted
C. succeeded D. stood by
E. None of these

76. The curious neighbours were disappointed as the young couple's quarrel was just a *storm in a tea cup.*

A. violent quarrel
B. fuss about a trifle
C. brittle situation
D. quarrel about tea cups
E. None of these

77. I requested him to *put in a word for* me.

A. introduce B. assist
C. support D. recommend
E. None of these

78. The rebels held out for about a month.

A. waited B. retreated
C. bargained D. resisted
E. None of these

79. The popularity of the yesteryears' superstar is *on the wane.*

A. at its peak B. at rock-bottom
C. growing more D. growing less
E. None of these

80. He is *out and out* a reactionary.

A. no more B. thoroughly
C. in favour of D. deadly against
E. None of these

81. The authorities *took him to task* for his negligence.

A. gave him additional work
B. suspended his assignment
C. reprimanded him
D. forced him to resign
E. None of these

82. I am sure they will fight *tooth and nail* for their rights.

A. with all their might
B. without any other weapon
C. resorting to violence
D. very cowardly
E. None of these

83. The detective *left no stone unturned* to trace the culprit.

A. took no pains
B. did very irrelevant things
C. resorted to illegitimate practices
D. used all available means
E. None of these

84. He resigned the post *of his own accord.*

A. which he liked
B. according to his convenience
C. voluntarily and willingly
D. according to his judgement
E. None of these

85. He *did me a good turn* by recommending me for the post of Vice-Principal.

A. returned my kindness
B. did an act of kindness
C. improved my prospects
D. became suddenly good
E. None of these

86. Harassed by repeated acts of injustice, he decided to *put his foot down.*
A. not to yield
B. resign
C. to accept the proposal unconditionally
D. withdraw
E. None of these

87. *He was in high spirits* when I met him in the restaurant.
A. He was in a drunken state
B. He was very cheerful
C. He talked incoherently
D. He was deeply engrossed in thoughts
E. None of these

88. Vikram said that he has got a problem to *square up* with the manager.
A. Consider B. Discuss
C. Settle D. Work out
E. None of these

89. His friends advised him to be *fair and square* in his dealings.
A. Careful B. Considerate
C. Polite D. Upright
E. None of these

90. Don't *thrust your nose into* my affairs.
A. Advise me about
B. Be in opposition
C. Deal with
D. Meddle officiously in
E. None of these

91. I felt that it was a *tall order* to expect Monisha to go home alone at twelve in the night.
A. Difficult B. Too much
C. Customary D. Simple
E. None of these

92. Rohit has *bitten off more than he can chew.*
A. Is trying to do too much
B. Is very greedy
C. Is always hungry
D. Has little regard for others
E. None of these

93. Jaya had a *chequered career* since I first knew him as an office assistant in the insurance company.
A. Had a variety of jobs and experiences
B. A career which helped him make lot of money
C. A career where he signed a lot of cheques
D. Did odd jobs
E. None of these

94. In his youth, he was practically *rolling in money.*
A. Spending more than his income
B. Borrowing money liberally
C. Very rich
D. Wasting a lot of money
E. None of these

95. You have to be *a cool customer* and be patient if you want to get the best buys.
A. Be calm and not be excitable
B. Have a cool head
C. Be uncommunicative
D. Be choosy
E. None of these

96. He never liked the idea of keeping his wife *under his thumb* and so he let her do what she liked.
A. Pressed down
B. Unduly under control
C. Below his thumb
D. Under tyrannical conditions
E. None of these

97. Mohan always *keeps himself to himself*
A. Is too busy
B. Is selfish
C. Is unsociable
D. Does not take sides
E. None of these

98. He *struck several bad patches* before he made good.
A. Came across bad soil
B. Had a bad time
C. Went through many illnesses
D. Had many professional difficulties
E. None of these

99. Do not imagine that Dharmendra is really sorry that his wife died. Those are only *crocodile tears.*
A. Pretended sorrow
B. Tears a crocodile
C. A weeping crocodile
D. Mild regret
E. None of these

100. Having sold off his factory, he is now *a gentleman at large.*
A. Has no serious occupation
B. Is living comfortably
C. Is respected by everybody
D. Is held in high esteem
E. None of these

101. There has been *bad blood* between the two communities even before the shooting.
A. Impure blood B. Ill feeling
C. Bloody fights D. Quarrels
E. None of these

102. Since he knew what would happen, he should be left to *stew in his own juice.*
A. Make a stew
B. Boil
C. Suffer in his own juice
D. Suffer for his own act
E. None of these

103. The parliamentary inquiry into the Bofors deal did not *bring to light* any startling facts.
A. Prove B. Probe
C. Highlight D. Disclose
E. None of these

104. Sanjay is *very diffident about* passing the Civil Services Examination this year.
A. Dead sure of
B. Very hopeful of
C. Lacking self-confidence about
D. Reasonably certain of
E. None of these

105. It is no longer easy to *strike gold* in Shakespeare's research since much work has already been done on him.
A. Hit a golden spot
B. Come across gold
C. Come across the word "gold"
D. Uncover or find a valuable line of argument or information
E. None of these

106. You cannot *have your cake and eat it too.*
A. Enjoy for ever
B. Have it both ways
C. Run away from responsibility
D. Absolve yourself of guilt
E. None of these

107. Sobhraj could be easily arrested because the police were *tipped off* in a advance.
A. Toppled over
B. Bribed
C. Given advance information
D. Threatened
E. None of these

108. Women should be paid the same as men when they do the same job, for, surely *what is sauce for the goose is sauce for the gander.*
A. What is thought suitable pay for a man should also be for a woman
B. Goose and gander eat the same sauce
C. Both goose and gander should be equally treated
D. The principle of equal treatment should be implemented
E. None of these

109. He *passed himself off* as a noble man.
A. Was regarded as
B. Pretended to be
C. Was thought to be
D. Was looked upon
E. None of these

110. Madhuri might *scream blue murder,* but I feel Deepali should get the promotion since she is better qualified for the job.
A. Someone has been murdered with some blue liquid
B. Someone is being murdered and has become blue
C. Suffer from persecution complex
D. Make a great deal of noise and object vehemently
E. None of these

111. In spite of the efforts of all peace loving people, world peace is still a *fry cry.*

A. an impracticable idea
B. an abstract ideal
C. out of reach
D. a long way off
E. None of these

112. I hope it will not *put you out* if I am late.

A. harm you
B. irritate you
C. please you
D. worry out
E. None of these

113. Some people now wonder whether we just *pay lip-service* or genuinely subscribe to democracy.

A. pay oral tribute
B. attach no value
C. remain indifferent
D. show only outward respect
E. None of these

114. Pt. Nehru was *born with a silver spoon in his mouth.*

A. born in a middle class family
B. born in a wealthy family
C. born in a royal family
D. born in a family of nationalists
E. None of these

115. Dowry is *a burning question* of the day.

A. a widely debated issue
B. a dying issue
C. a relevant problem
D. an irrelevant issue
E. None of these

116. The cricket match proved to be a *big draw.*

A. a keen contest
B. a huge attraction
C. a lovely spectacle
D. a game without any result
E. None of these

117. It is *high time* that India did something about the population problem.

A. already late
B. appropriate time
C. desired occasion
D. auspicious moment
E. None of these

118. The new economic policy is likely to *run into rough weather.*

A. create problems
B. encounter difficulties
C. confuse matters
D. make things difficult
E. None of these

119. The speaker gave *a bird's eye view* of the political conditions in the country.

A. a personal view
B. a general view
C. a biased view
D. a detailed presentation
E. None of these

120. The sight of the accident made *my flesh creep*

A. draw my attention
B. confused me
C. frightened me
D. worried me
E. None of these

121. We should *give a wide berth* to bad characters.

A. give publicity to
B. publicly condemn
C. keep away from
D. not sympathise with
E. None of these

122. The thief *took to his heels* when he saw a policeman on the beat.

A. had some pain in his heels
B. ran away from the scene
C. confronted the policeman
D. could not decide what to do
E. None of these

123. In the armed forces, it is considered a great privilege to *die in harness.*

A. die on a horseback
B. die in the battefield
C. die while still working
D. die with honour
E. None of these

124. Though he has a lot of money, yet all his plans are *built upon sand.*

A. established on insecure foundations
B. based on inexperience
C. resting on cheap material

D. resting on immature ideas
E. None of these

125. In modern democratic societies *lynch law* seems to have become a common feature in almost all the spheres of life.
A. law of the mob
B. law of the underworld
C. law of the constitution
D. law of the parliament
E. None of these

126. I *ran out of* money on my European tour.
A. exhausted my stock of
B. did not have enough
C. lost
D. carried a lot of
E. None of these

127. He is leaving the country *for a good*
A. for better prospects
B. for a good cause
C. for ever
D. for others' good
E. None of these

128. He is always *picking holes in every* project.
A. creating problems in
B. finding fault with
C. suggesting improvement in
D. asking irrelevant questions on
E. None of these

129. If you give John all your money, you are likely to *burn your fingers*.
A. be unhappy B. be happy
C. suffer D. be ill
E. None of these

130. The clerk *wiped the nose* of his employer by submitting a false bill and was dismissed from his job.
A. Cleaned the nose
B. Cheated
C. Abused
D. Slapped
E. None of these

131. Sanjay was the real *power behind the throne* and all politicians were aware of this.
A. The person who had the real control and power
B. The acknowledged leader
C. The person who controlled the monarch
D. The person who advised the queen
E. None of these

132. It is time that professors came down from their *ivory towers* and studied the real needs of the students.
A. Detachment and seclusion
B. A tower made of ivory
C. Prison
D. Dream lands
E. None of these

133. The case was *held over* due to the great opposition to it.
A. stopped B. postponed
C. dropped D. cancelled
E. None of these

134. Discipline is *on the wane* in schools and colleges these days.
A. declining B. increasing
C. spreading D. spiralling
E. None of these

135. The robber *took to his heels* when the police arrived
A. opened fire B. hid himself
C. ran off D. surrendered
E. None of these

136. The autographed bat from the famous cricketer Sunil Gavaskar is *worth a jew's eye.*
A. Not a worthy possession
B. Unnecessary
C. A costly items
D. A possession of high value
E. None of these

137. We were in hurry. The road being zigzag we had to *cut off a corner* to reach in time.
A. To cut a portion of the road
B. To take a short cut
C. To go fast
D. To take an alternative route
E. None of these

138. Although both the partners are running the show for the last ten years but their business is now *on its last legs.*

A. About to fructify
B. About to perish
C. About to produce results
D. About to take off
E. None of these

139. I *have a bone to pick* with you in this matter.

A. Am in agreement
B. Am angry
C. Am indebted
D. Will join hands
E. None of these

140. Leaders should not only make speeches; they should also be prepared to *bell the cat.*

A. To take lead in danger
B. To tie bell to a cat's neck
C. To be alert of the enemy
D. To make noise
E. None of these

141. He is in the habit of *throwing dust in* his superiors' *eyes.*

A. To put sand into eyes
B. To make blind
C. To deceive
D. To show false things
E. None of these

142. This regular absenteeism is *a bad business* since on work is being completed.

A. Bad for business
B. Unbusinesslike
C. An unfortunate event
D. Creating ill-will
E. None of these

143. He is always *standing up for* the weak and oppressed.

A. Boosting the claims of
B. Championing the cause of
C. Seeking help of others for
D. Moving about with
E. None of these

144. The recent film "Secular India" has tried *to keep the pot* of Muslim Women's Bill *boiling.*

A. Earning enough to keep body and soul together
B. Keep a controversy alive
C. Boil the Bill
D. Boil something in a pot
E. None of these

145. Why do you wish *to tread on their toes?*

A. To give offence to them
B. To follow them grudgingly
C. To treat them indifferently
D. To be kicked by them
E. None of these

146. The account of the murder *made her flesh creep.*

A. Made her sad
B. Surprised her
C. Made her cry bitterly
D. Filled her with horror
E. None of these

147. Their business is now *on its last legs.*

A. About to fructify
B. About to perish
C. About to produce results
D. About to take off
E. None of these

148. Although he has failed in the written examination, he is using *backstairs influence* to get the job.

A. Political influence
B. Backing influence
C. Deserving and proper influence
D. Secret and unfair influence
E. None of these

149. He intends *setting up* as a lawyer in the adjoining district.

A. To establish himself
B. To migrate
C. To join
D. To settle
E. None of these

150. I cannot *conceive* of a time when I was without a refrigerator.

A. Imagine B. Give birth
C. Understand D. Depend
E. None of these

ANSWERS

1	2	3	4	5	6	7	8	9	10
B	D	A	C	C	E	B	B	B	A
11	**12**	**13**	**14**	**15**	**16**	**17**	**18**	**19**	**20**
B	A	C	E	D	C	A	B	B	E
21	**22**	**23**	**24**	**25**	**26**	**27**	**28**	**29**	**30**
D	D	C	A	B	D	A	D	C	D
31	**32**	**33**	**34**	**35**	**36**	**37**	**38**	**39**	**40**
A	C	A	A	C	A	D	B	B	C
41	**42**	**43**	**44**	**45**	**46**	**47**	**48**	**49**	**50**
B	C	A	B	A	B	B	D	B	D
51	**52**	**53**	**54**	**55**	**56**	**57**	**58**	**59**	**60**
B	A	C	A	C	C	A	C	A	C
61	**62**	**63**	**64**	**65**	**66**	**67**	**68**	**69**	**70**
C	B	B	A	C	B	B	D	B	D
71	**72**	**73**	**74**	**75**	**76**	**77**	**78**	**79**	**80**
A	C	D	C	A	B	D	D	D	B
81	**82**	**83**	**84**	**85**	**86**	**87**	**88**	**89**	**90**
C	A	D	C	B	A	B	C	D	D
91	**92**	**93**	**94**	**95**	**96**	**97**	**98**	**99**	**100**
B	A	A	C	A	B	C	D	A	A
101	**102**	**103**	**104**	**105**	**106**	**107**	**108**	**109**	**110**
B	D	D	C	D	B	C	A	B	D
111	**112**	**113**	**114**	**115**	**116**	**117**	**118**	**119**	**120**
D	B	D	B	A	B	A	B	B	C
121	**122**	**123**	**124**	**125**	**126**	**127**	**128**	**129**	**130**
C	B	C	D	A	A	C	B	C	B
131	**132**	**133**	**134**	**135**	**136**	**137**	**138**	**139**	**140**
A	A	B	A	C	D	B	B	B	A
141	**142**	**143**	**144**	**145**	**146**	**147**	**148**	**149**	**150**
C	C	B	B	A	D	B	D	A	A

1306

तर्कशक्ति परीक्षा (भाषिक)

श्रृंखला (SERIES)

अक्षर श्रृंखला

अक्षर श्रृंखला में निहित अक्षरों का एक निश्चित क्रम होता है। दी गई अक्षर श्रृंखला में अक्षर वर्णमाला के सीधे क्रम में भी हो सकते हैं और वर्णमाला के विपरीत क्रम में भी। यही नहीं, एक ही श्रृंखला में अक्षर वर्णमाला के सीधे क्रम में और वर्णमाला के विपरीत या उल्टे क्रम में अर्थात् दोनों ही अनुक्रमों में भी हो सकते हैं। श्रृंखला में दिए गए क्रम में कुछ अक्षर छोड़े भी गए हो सकते हैं या ऐसा भी हो सकता है कि श्रृंखला में कुछ अक्षरों को एकाधिक बार प्रयुक्त किया गया हो या फिर वे क्रमागत हों। श्रृंखला एकल भी हो सकती है और एक ही श्रृंखला में एकांतर क्रम में दो अलग-अलग श्रृंखलाएं भी निहित हो सकती हैं। अक्षर श्रृंखला पर आधारित प्रश्नों को हल करते समय श्रृंखला के पैटर्न पर ध्यान दिया जाना आवश्यक होता है।

वर्णमाला के सीधे क्रम में अक्षरों की श्रृंखला है :

A B C D E F G H I J K L M N O P Q R S T U V W X Y Z

A ↓ पहला, E ↓ 5वाँ, J ↓ 10वाँ, O ↓ 15वाँ, T ↓ 20वाँ, Y ↓ 25वाँ

वर्णमाला के विपरीत या उल्टे क्रम में अक्षरों की श्रृंखला है :

Z Y X W V U T S R Q P O N M L K J I H G F E D C B A

Z ↓ पहला, V ↓ 5वाँ, Q ↓ 10वाँ, L ↓ 15वाँ, G ↓ 20वाँ, B ↓ 25वाँ

टिप्पणी : Z पर पहुंच कर श्रृंखला A से पुनः शुरू होती है और A पर पहुंच कर श्रृंखला Z से पुनः शुरू होती है।

हल किए गए प्रश्न

निर्देश : *नीचे दी गई श्रृंखला में प्रश्न चिह्न को प्रतिस्थापित करने के लिए दिए गए विकल्पों में से सही अक्षर का चयन करें :*

1. B D F H J ?

(*a*) L (*b*) O (*c*) M (*d*) K (*e*) P

उत्तर (*a*) : श्रृंखला में प्रत्येक दो अक्षरों के बीच वर्णमाला के सीधे क्रम में एक अक्षर छूट गया है।

B —(+2)→ D —(+2)→ F —(+2)→ H —(+2)→ J —(+2)→ L

2. A Z B Y C ?

(*a*) D (*b*) X (*c*) U (*d*) E (*e*) O

उत्तर (*b*) : इस श्रृंखला में बारी-बारी से दो श्रृंखलाएं अंतर्निहित हैं :

श्रृंखला *I* : A B C (प्राकृतिक क्रम अर्थात् वर्णमाला के सीधे क्रम में क्रमागत अक्षर)

श्रृंखला *II* : Z Y X (वर्णमाला के विपरीत क्रम में क्रमागत अक्षर)

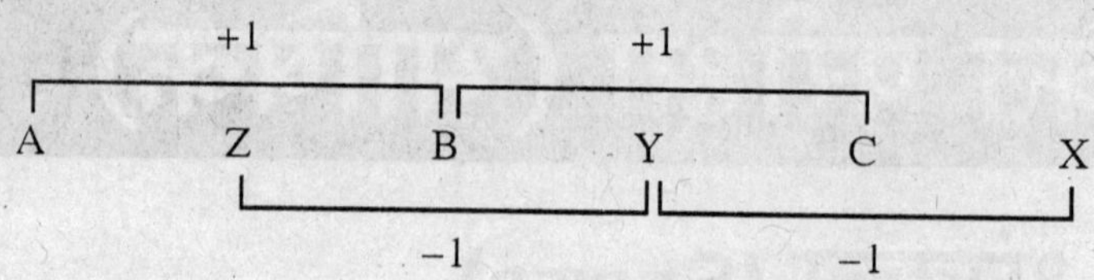

संख्या श्रृंखला

इस प्रकार की श्रृंखला में दी गई संख्याओं के समुच्चय एक दूसरे से एक विशेष पैटर्न या रुप में संबंधित होते हैं। संख्याओं के बीच संबंध *(i)* क्रमागत विषम/सम संख्याओं; *(ii)* क्रमागत अविभाज्य संख्याओं; *(iii)* किसी संख्या (या संख्याओं) का वर्गफल/घनफल जिसमें किसी संख्या को जोड़ने या घटाने पर परिवर्तन होता है/नहीं होता; *(iv)* पूर्ववर्ती संख्याओं का योग/गुणनफल/अंतर; *(v)* किसी संख्या से योग/घटा/गुणा/भाग; और *(vi)* उपर्युक्त संबंधों के अनेक और भी संयोजनों पर आधारित होता है।

हल किए गए प्रश्न

1. नीचे दी गई संख्या-श्रृंखला को पूरा करने के लिए कौन-सा विकल्प उपयुक्त है ?

4, 8, 12, 16, ?

(a) 18 *(b)* 20 *(c)* 22 *(d)* 24 *(e)* 25

उत्तर *(b)*: श्रृंखला में अंतर्निहित संख्याएं 4 की गुणज (multiples) हैं। श्रृंखला में अंतर्निहित अवयवों की एक अन्य व्याख्या यह है कि श्रृंखला की दो आनुक्रमिक संख्याओं के बीच 4 का अंतर है।

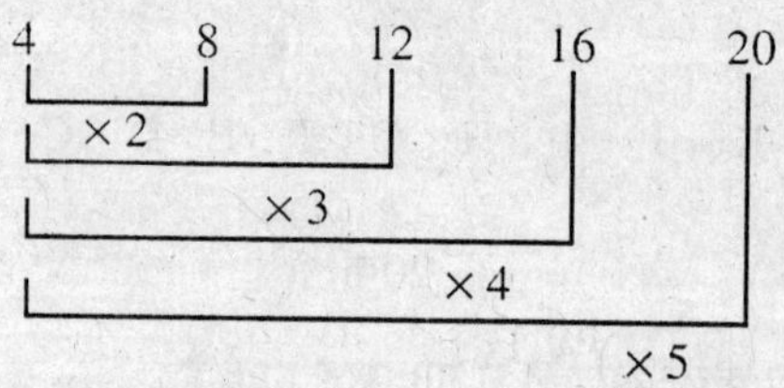

Or

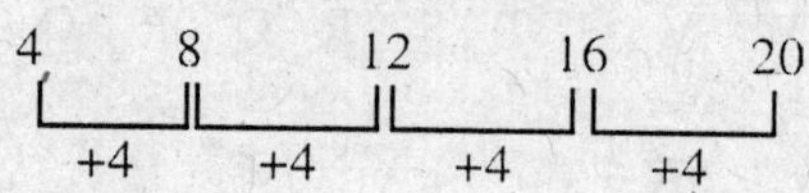

2. दी गई श्रृंखला में प्रश्न चिह्न के स्थान पर क्या होगा ?

2, 14, 98, 686, ?

(a) 1976 *(b)* 2548 *(c)* 980 *(d)* 4802 *(e)* इनमें से कोई नहीं

उत्तर *(d)* : श्रृंखला में अंतर्निहित संख्याएं 7 की गुणज हैं।

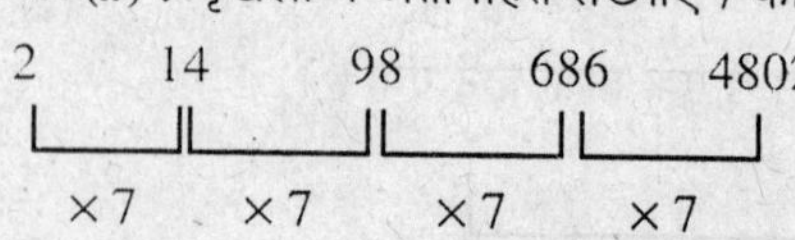

आवर्ती श्रृंखला

इस प्रकार की श्रृंखला में अक्षरों का समुच्चय निर्मित करने के लिए अंग्रेजी वर्णमाला के छोटे अक्षरों का प्रयोग किया जाता है जिनकी श्रृंखला में पुनरावृत्ति होती है। अभ्यर्थी को दी गई श्रृंखला में लुप्त पद (अक्षरों का समुच्चय) ज्ञात करना होता है जिससे श्रृंखला के एक खंड की पूर्वव्यापी पैटर्न के अनुसार ही पुनरावृत्ति होती हो।

हल किए गए प्रश्न

प्रश्न : निम्नलिखित अक्षर–शृंखला में लुप्त पद ज्ञात करें :

ba-b-aab-a-b

(*a*) baab (*b*) abba
(*c*) abaa (*d*) babb
(*e*) bbab

उत्तर (*b*) : शृंखला के पद हैं : baab, baab, baab। इस शृंखला में पद baab की पुनरावृत्ति होती है।

प्रश्न को हल करने के चरण : अभ्यर्थियों के लिए यह अपेक्षित है कि वे इस प्रकार की अक्षर–शृंखला को हल करने के तरीकों का पता लगाएं। शृंखला में प्रयुक्त पद 'aab' इस तथ्य की ओर संकेत करता है कि इस शृंखला में b से पहले दो a हैं, अत: शृंखला में पहले और अंतिम रिक्त स्थान पर a लिखा जाएगा। अब अक्षरों का पहला समुच्चय अर्थात् आरंभ में 'baab' प्राप्त हो गया है। इस समुच्चय की पुनरावृत्ति होती है, अत: दूसरे और तीसरे रिक्त स्थानों पर b लिखा जाएगा।

अभ्यास

1. LAZ, NEX, PIV, ?
(*a*) SLS (*b*) QNS
(*c*) RMT (*d*) RMS

2. DED, EFE, FGF, ?
(*a*) HGH (*b*) GHG
(*c*) EFE (*d*) FHF

3. XYZ, UVW, ?, OPQ
(*a*) RST (*b*) STU
(*c*) QRS (*d*) TUV

4. VCL, UEI, TGF, ?
(*a*) SJC (*b*) THI
(*c*) SIC (*d*) RHD

5. ABC, EFG, HIJ, ?
(*a*) IJK (*b*) KLM
(*c*) LMN (*d*) JKL

6. PQR, HIJ, DEF, ?
(*a*) DEF (*b*) CDE
(*c*) ABC (*d*) BCD

7. KNQ, TWZ, CFI, ?
(*a*) MNQ (*b*) LOR
(*c*) LPR (*d*) KOR

8. JOBS, KMEO, LKHK, ?, NGNC
(*a*) MJLH (*b*) LIKG
(*c*) MIKG (*d*) MNGM

9. ABC, ACE, ADG, ?
(*a*) AEG (*b*) AFH
(*c*) AFG (*d*) AEI

10. IOU, JKL, PQR, ?
(*a*) UVW (*b*) XYZ
(*c*) TUV (*d*) VWX

11. AZ, GT, MN, ?, YB
(*a*) KF (*b*) TS
(*c*) RX (*d*) SH

12. BMY, DNW, FOU, ?
(*a*) HPT (*b*) HPS
(*c*) HQS (*d*) GPS

13. ADG, GJM, MPS, ?
(*a*) SVW (*b*) SVY
(*c*) SUW (*d*) SWY

14. AZ, CX, EV, ?
(*a*) HU (*b*) GS
(*c*) GT (*d*) HT

15. DMP, FLN, HKL, JJJ, ?
(*a*) MIH (*b*) III
(*c*) LIH (*d*) MII

16. ab-ccca-bccc-bbcc-
(*a*) abbc (*b*) bbac
(*c*) bbca (*d*) cabc

17. -cbc-a-bcaac-ca
(*a*) aaba (*b*) caab
(*c*) bcab (*d*) aacb

18. ab-ba--ba-
(*a*) abba (*b*) baab
(*c*) baba (*d*) abab

19. yx-yx-yxz-xz-y-zyxz
(*a*) zzyx (*b*) xxzy
(*c*) yyzx (*d*) yzxz

20. xxxy-y-xxy-yxx-
(*a*) xyxy (*b*) yxyx
(*c*) yyxx (*d*) xxyy

21. 1, 6, 15, ?, 45, 66, 91
(*a*) 25 (*b*) 26
(*c*) 27 (*d*) 28

22. 1, 2, 5, 12, 27, 58, 121, ?
(*a*) 246 (*b*) 247
(*c*) 248 (*d*) 249

23. 0, 3, 12, 30, ?, 105, 168
(*a*) 60 (*b*) 61
(*c*) 62 (*d*) 63

24. 1, 3, 7, 13, 21, ?
(*a*) 27 (*b*) 29
(*c*) 31 (*d*) 33

25. (2,1), (1,5), (5,7), (7,11), (11,13), ?
(*a*) (13, 15) (*b*) (13,17)
(*c*) (13, 19) (*d*) (15,16)

निर्देश : *नीचे की प्रत्येक शृंखला में प्रश्न चिह्न के स्थान पर क्या आएगा ?*

26. 2B, 4C, 8E, 14H, ?
(*a*) 20L (*b*) 22L
(*c*) 21I (*d*) 16K

27. C(1)L, F(4)O, I(9)R, L(16)U, ?
(*a*) P(27)W (*b*) N(24)Y
(*c*) M(23)X (*d*) O(25)X

28. 3F, 6G, 11I, 18L, ?
(*a*) 27P (*b*) 21O
(*c*) 27Q (*d*) 25N

29. W(1)A, X(4)Z, Y(9)Y, ?, A(25)W
(*a*) X(11)Z (*b*) Z(21)A
(*c*) Z(16)X (*d*) Z(14)X

30. 81Y, 27S, 9N, 3J, ?
(*a*) 0H (*b*) 1G
(*c*) 0F (*d*) 1E

31. E5, K11, Q17, ?
(*a*) X20 (*b*) Y24
(*c*) V22 (*d*) W25

32. D2, I3, N6, S18, ?
(*a*) V72 (*b*) W36
(*c*) Y90 (*d*) X108

33. 3J, 6M, 12L, ?, 48N
(*a*) 24O (*b*) 18M
(*c*) 26M (*d*) 22O

निर्देश : *नीचे की प्रत्येक अक्षर-संख्या शृंखला में कौन सा पद बेमेल/शृंखला में उपयुक्त नहीं है ?*

34. G4T, J10R, M20P, P43N, S90L
(*a*) J10R (*b*) S90L
(*c*) M20P (*d*) G4T

35. B0R, G3U, E3P, J7S, H9N
(*a*) E3P (*b*) J7S
(*c*) H9N (*d*) G3U

व्याख्यात्मक उत्तर

1. (*c*) : शृंखला में तीन अक्षरों के एक समूह और उसके परवर्ती समूह के संगत अक्षरों में क्रमशः +2, +4, –2 का अंतर है।

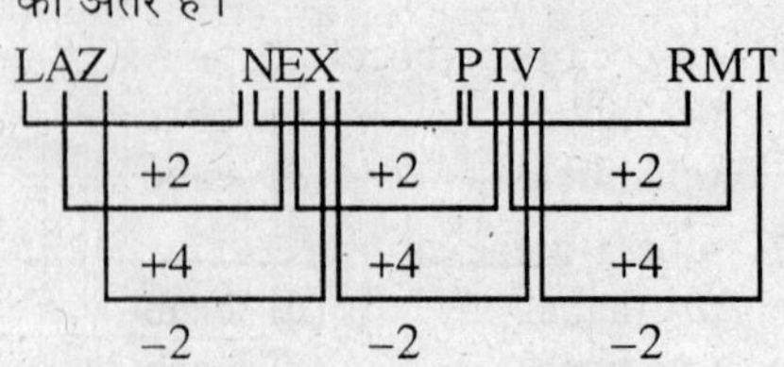

2. (*b*) : एक समूह के अक्षरों और उसके अगले समूह के संगत अक्षरों के बीच वर्णमाला के सीधे क्रम में +1 का अंतर है।

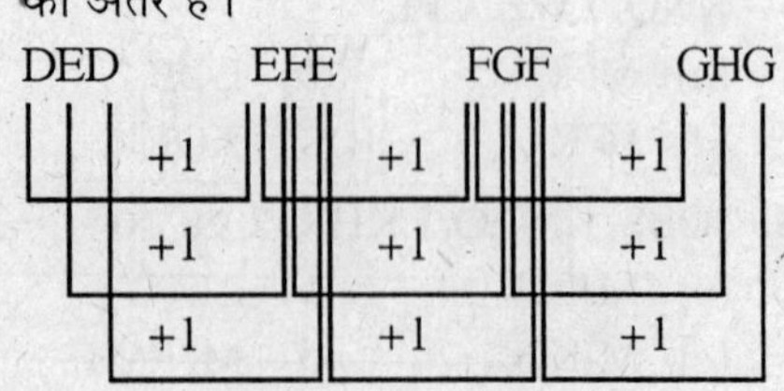

3. (*a*) : एक समूह के अक्षरों और उसके अगले समूह के संगत अक्षरों के बीच वर्णमाला के विपरीत क्रम में –3 का अंतर है।

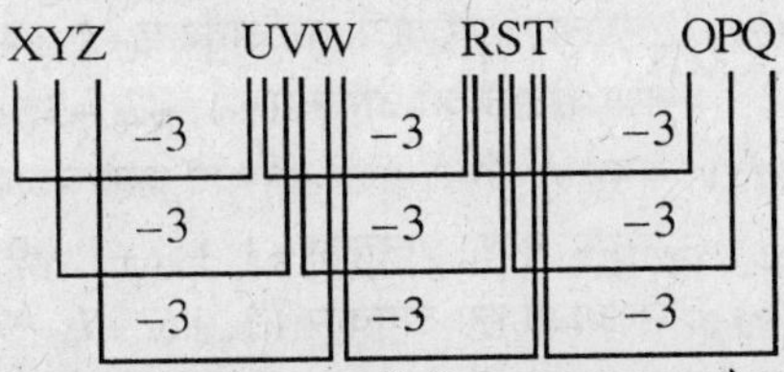

4. (*c*) : शृंखला में तीन अक्षरों के एक समूह और उसके परवर्ती समूह के संगत अक्षरों में क्रमशः –1, +2, –3 का अंतर है।

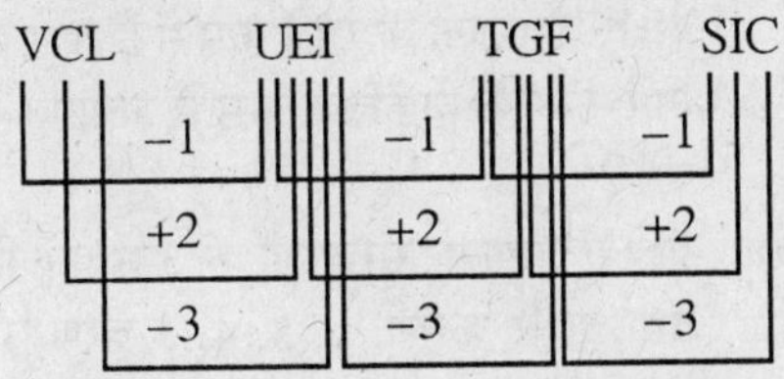

5. (*d*) : तीन अक्षरों के पूर्ववर्ती समूह के अंतिम अक्षर और अगले अक्षर समूह के पहले अक्षर के बीच अंतर में क्रमशः 1 की कमी होती जाती है।

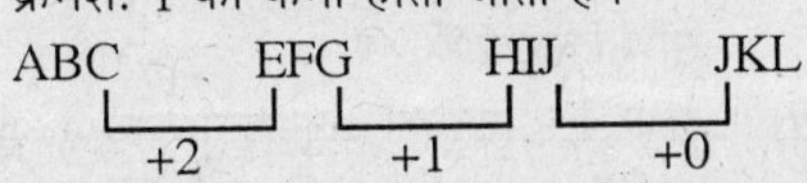

इसके अतिरिक्त प्रत्येक समूह के तीनों अक्षर वर्णमाला के सीधे क्रम में हैं।

6. (*d*) : प्रत्येक अक्षर समूह में संगत स्थान पर स्थित अक्षरों में वर्णमाला के विपरीत क्रम में क्रमशः –8, –4, –2 का अंतर है।

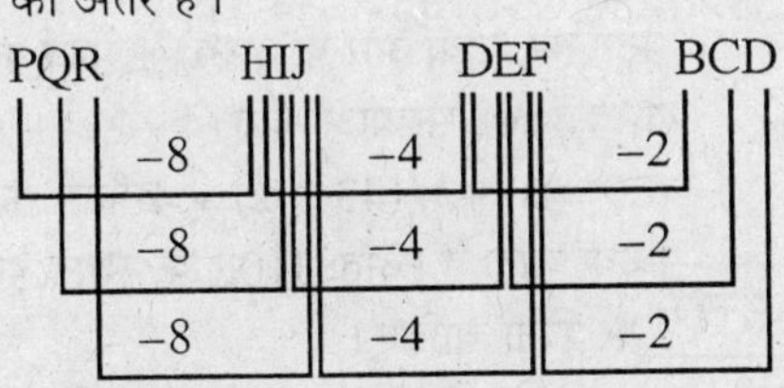

7. (*b*) : एक समूह के अक्षरों और उसके अगले समूह में संगत स्थान पर स्थित अक्षरों के बीच वर्णमाला के सीधे क्रम में +9.का अंर है।

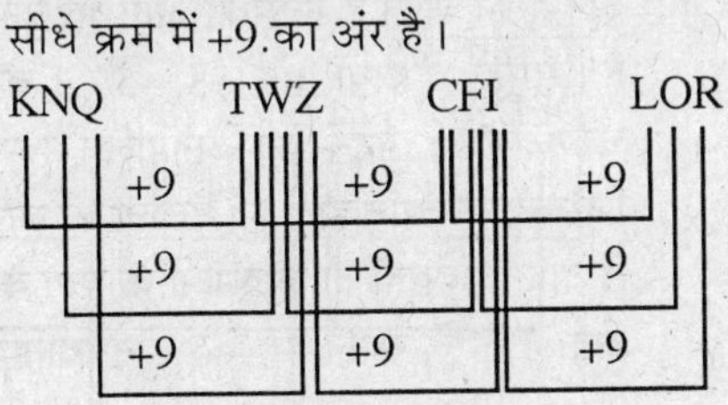

8. (*c*) : प्रत्येक समूह के अक्षर पूर्ववर्ती समूह से अनुवर्ती समूह में क्रमशः +1, –2, +3 और –4 के पैटर्न का अनुपालन करते हैं।

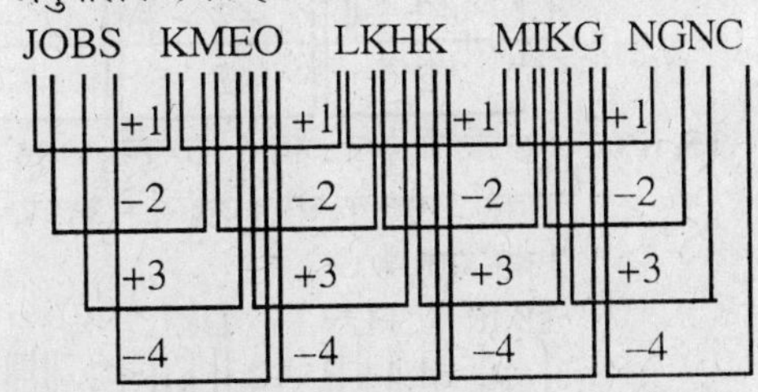

9. (*d*) : प्रत्येक समूह में अक्षरों के बीच क्रमशः 1 की वृद्धि होती है।

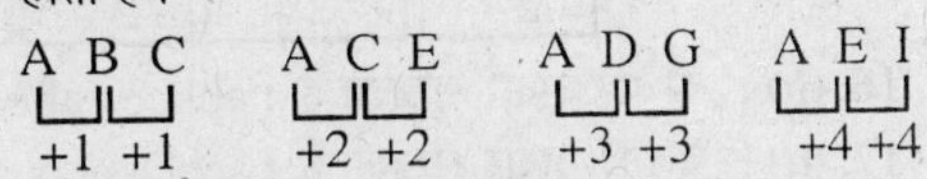

10. (*d*) : शृंखला के अक्षर निम्नलिखित रूप में व्यवस्थित हैं :

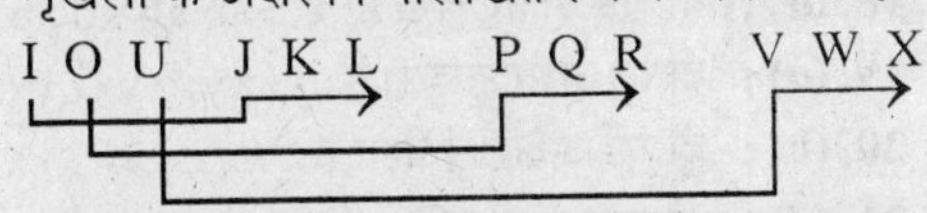

पहले समूह के प्रत्येक अक्षर के वर्णमाला के सीधे क्रम में तीन क्रमागत अक्षरों से अन्य समूहों का निर्माण होता है।

11. (*d*) : शृंखला में दो अक्षरों के एक समूह और उसके परवर्ती समूह के अक्षरों में क्रमशः +6 और –6 का अंतर है।

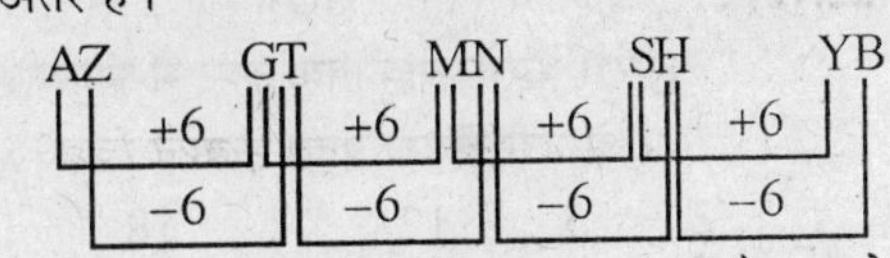

12. (*b*) : शृंखला में तीन अक्षरों के, एक समूह और उसके परवर्ती समूह के संगत अक्षरों में क्रमशः +2, +1, –2 का अंतर है।

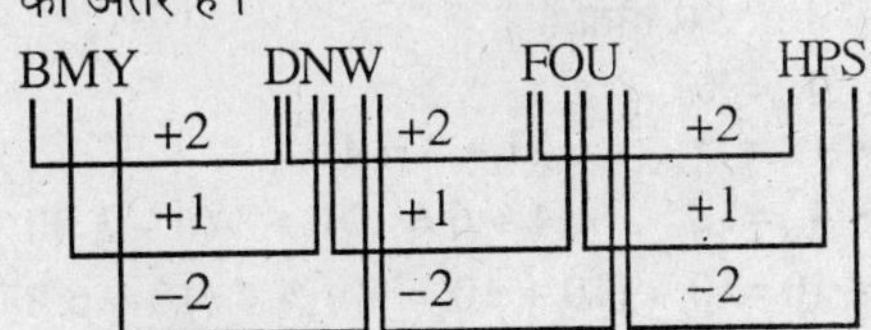

13. (*b*) : एक समूह के अक्षरों और उसके अगले समूह के संगत स्थान पर स्थित अक्षरों के बीच वर्णमाला के सीधे क्रम में +6 का अंतर है।

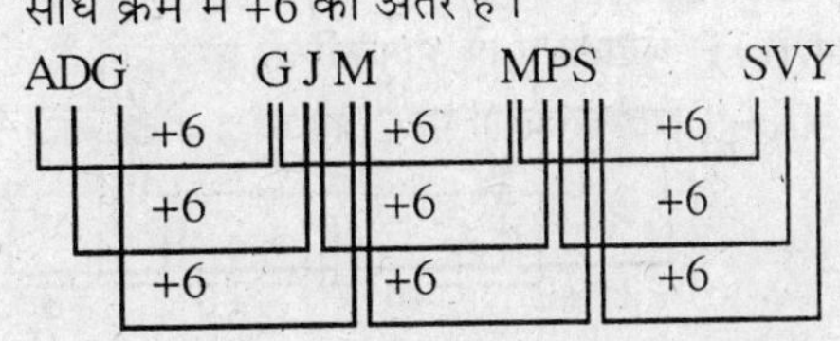

14. (*c*) : शृंखला में दो अक्षरों के एक समूह और उसके परवर्ती समूह के अक्षरों में क्रमशः +2, –2 का अंतर है।

AZ CX EV GT

+2 +2 +2

–2 –2 –2

15. (*c*) : शृंखला में तीन अक्षरों के एक समूह और उसके परवर्ती समूह के संगत अक्षरों में क्रमशः +2, –1, –2 का अंतर है।

DMP FLN HKL JJJ LIH

+2 +2 +2 +2

–1 –1 –1 –1

–2 –2 –2 –2

16. (*b*) : दी गई अक्षर शृंखला है : abbccc abbccc.

17. (*d*) : दी गई अक्षर शृंखला है : acbca acbca acbca.

18. (*d*) : दी गई अक्षर शृंखला है : ab ab ab ab ab.

19. (*a*) : दी गई अक्षर शृंखला है : yxz yxz yxz yxz yxz yxz.

20. (*b*) : दी गई अक्षर शृंखला है : xxx yyy xxx yyy xxx.

21. (*d*) : शृंखला में दो आनुक्रमिक संख्याओं के बीच अंतर में प्रत्येक चरण पर 4 की वृद्धि होती जाती है।

1 6 15 28 45 66 91

+5 +9 +13 +17 +21 +25

22. (*c*) : शृंखला में निहित संख्या को 2 से गुणा करके 0 से आरंभ करके प्राकृतिक क्रम में संख्याओं को जोड़ने पर अगली संख्या प्राप्त होती है।

1 2 5 12 27 58 121 248

(1 x 2)+0 (2 x 2) +1 (5 x 2)+2 (12 x 2) +3 (27 x 2)+4 (58 x 2)+5 (121 x 2)+6

23. (*a*) : शृंखला का निर्माण निम्नलिखित रूप में 3 के गुणजों से होता है :

3 × 0 = 0
3 × 1 = 3 (1 + 3 = 4)
3 × 4 =12 (4 + 6 = 10) >3 (6 – 3 का अंतर)
3 × 10=30 (10 + 10 = 20) > 4 (10 – 6 का अंतर)
3 × 20=60 (20 + 15 = 35) > 5 (15 – 10 का अंतर)
3 × 35=105 (35 + 21 = 56) > 6 (21 – 15 का अंतर)
3 × 56=168

24. (*c*) : शृंखला में दो आनुक्रमिक संख्याओं के बीच अंतर में प्रत्येक चरण पर 2 की वृद्धि होती जाती है।

1 3 7 13 21 31

+2 +4 +6 +8 +10

25. (*b*) : एक खंड की दूसरी संख्या दूसरे खंड की पहली संख्या है तथा खंडों में दूसरी संख्याओं का पैटर्न +4, +2 का है जिसकी पुनरावृत्ति होती है।

26. (*b*) : शृंखला में संख्याओं का अनुक्रम +2, +4, +6 +8 का तथा अक्षरों का अनुक्रम +1, +2, +3, +4 का है।

27. (*d*) : समूह के संगत अक्षर 3 स्थान आगे बढ़ाए गए हैं और संख्याओं का अनुक्रम +3, +5, +7, +9 का है।

28. (*a*) : संख्याओं का अनुक्रम +3, +5, +7, +9 का है और अक्षर क्रमशः 1, 2, 3, 4 चरण आगे बढ़ाए गए हैं।

29. (*c*) : शृंखला में दिए गए समूहों में बायीं ओर के अक्षर वर्णमाला के विपरीत क्रम में हैं और दाहिनी ओर के अक्षर वर्णमाला के सीधे क्रम में हैं तथा संख्याएं 1 से आरंभ करके प्राकृतिक क्रम में क्रमागत संख्याओं के वर्ग हैं।

30. (*b*) : प्रत्येक चरण पर संख्याओं को 3 से भाग किया गया है तथा अक्षर क्रमशः 6, 5, 4, 3 चरण उल्टे क्रम में लिखे गए हैं।

31. (*c*) : शृंखला में यादृच्छिक अक्षरों को रखा गया है तथा संख्याएं वर्णमाला के क्रम में अक्षरों की स्थिति को सूचित करती हैं।

32. (*d*) : अक्षर +5 पैटर्न का अनुपालन करते हैं और हर तीसरी संख्या अपनी पूर्ववर्ती दो संख्याओं का गुणनफल है।

33. (*a*) : प्रत्येक संख्या पूर्ववर्ती संख्या की दोगुनी है तथा शृंखला में निहित अक्षर +3, –1 (3 चरण आगे, 1 चरण पीछे) पैटर्न का अनुपालन करते हैं।

34. (*a*) : शृंखला में दिए गए समूहों में बायीं ओर के अक्षर +3 पैटर्न का, दायीं ओर के अक्षर –2 पैटर्न का अनुपालन करते हैं तथा संख्याओं द्वारा (4 × 2) +1, (9 × 2)+2, (20 × 2) +3, (43 × 2) + 4 पैटर्न का अनुपालन किया जाता है। अतः J10R के स्थान पर शृंखला में J9R होना चाहिए।

35. (*b*) : शृंखला के दिए गए समूहों में बायीं ओर के अक्षर +5, –2 (5 चरण आगे, 2 चरण पीछे) पैटर्न का अनुपालन करते हैं जिसकी आगे भी पुनरावृत्ति होती है। समूहों में दायीं ओर +3, –5 (3 चरण आगे, 5 चरण पीछे) पैटर्न का अनुपालन किया जाता है जिसकी पुनरावृत्ति होती है। शृंखला की संख्याएं शृंखला में अपने पूर्ववर्ती दो संख्याओं के योग के बराबर हैं। अतः J7S के स्थान पर J6S होना चाहिए।

सांकेतिक भाषा परीक्षण
(CODING AND DECODING)

भाग - I

कूटलेखन या 'कोडिंग' संवाद–संप्रेषण की एक प्रक्रिया है जिसमें एक गुप्त भाषा का प्रयोग वास्तविक तथ्यों शब्दों/मूल्यों की अभिव्यक्ति या प्रस्तुतिकरण को एक ऐसी भाषा में परिवर्तित करने के लिए किया जाता है जिसे संवाद के प्रेषक और प्राप्तकर्ता के अतिरिक्त कोई तीसरा व्यक्ति समझ न सके। कूटभाषा में लिखने के लिए *(i)* शब्दों के अक्षरों के स्थान पर वर्णमाला के सीधे उलटे क्रम में एक या एकाधिक स्थान आगे या पीछे के अक्षरों को लिखा जाता है; *(ii)* अक्षरों के स्थान पर संख्याओं को या संख्याओं के स्थान पर अक्षरों को लिखा जाता है; *(iii)* दिए गए शब्द के कुछ या सभी अक्षरों को उलटे क्रम में लिखा जाता है; और *(iv)* शब्द के अक्षरों के स्थान पर वर्णमाला के उलटे क्रम में समस्थानिक अक्षरों को लिखा जाता है।

वर्णमाला को सीधे क्रम में लिखने पर प्राप्त शृंखला :

A B C D E F G H I J K L M N O P Q R S T U V W X Y Z

A ↓ प्रथम अक्षर; E ↓ पांचवा अक्षर; J ↓ दसवां अक्षर; O ↓ पंद्रहवां अक्षर; T ↓ बीसवां अक्षर; Y ↓ पच्चीसवां अक्षर

वर्णमाला को उलटे क्रम में लिखने पर प्राप्त शृंखला :

Z Y X W V U T S R Q P O N M L K J I H G F E D C B A

Z ↓ प्रथम अक्षर; V ↓ पांचवां अक्षर; Q ↓ दसवां अक्षर; L ↓ पंद्रहवां अक्षर; G ↓ बीसवां अक्षर; B ↓ पच्चीसवां अक्षर

टिप्पणी : Z पर पहुंचने के पश्चात् शृंखला A से पुनः शुरू होती है और A पर पहुंचने के पश्चात् शृंखला Z से पुनः शुरू होती है।

हल किए गए प्रश्न

1. यदि एक विशेष प्रकार की कूट भाषा में शब्द FACE को GBDF की तरह लिखा जाता हो तो इसी कूट भाषा में BADE को कैसे लिखा जाएगा ?

(*a*) CBEF (*b*) CEBF (*c*) CFBE (*d*) CBFE

उत्तर (*a*) : शब्द के अक्षरों को वर्णमाला के सीधे क्रम में एक चरण आगे का अक्षर लिखकर कूटबद्ध किया गया है।

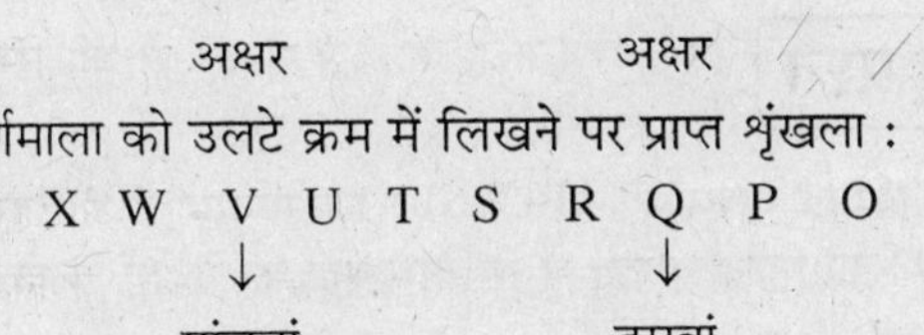

इसी प्रकार,

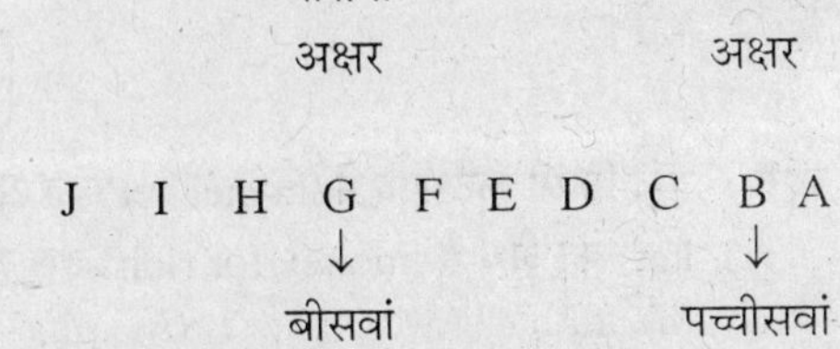

2. यदि किसी कूटभाषा में RESULT को 798206 लिखा गया हो तो उसी कूटभाषा में LET किस प्रकार लिखा जाएगा ?

(*a*) 680 (*b*) 092 (*c*) 096 (*d*) 086

उत्तर (*c*) : अक्षरों को संख्याओं द्वारा कूटबद्ध किया गया है। दिए गए शब्द को कूटबद्ध करने के लिए संबंधित कूट संख्याएं ज्ञात करें।

R E S U L T → अक्षर
7 9 8 2 0 6 → कूट

अत: LET के लिए कूट संख्याएं निम्नवत् होगी :

L E T → अक्षर
0 9 6 → कूट

कूटवाचन (decoding) कूटलेखन की विपरीत प्रक्रिया है। इसमें कूटलेखन में प्रयुक्त पद्धति या नियमों का प्रयोग करके कूटभाषा में प्रेषित संवाद को समझा जाता है।

भाग - II

कूट लेखन विभिन्न प्रकार से किया जाता है। कूटभाषा का प्रयोग न केवल शब्दों और संख्याओं के लिए किया जाता है बल्कि किसी शब्द-समूह, विवरण या कभी-कभी वाक्यों को भी कूटभाषा द्वारा संप्रेषित किया जाता है। इस प्रकार की कूटभाषा से भ्रम की स्थिति उत्पन्न हो सकती है किंतु कुछ प्रश्नों को हल कर लेने के बाद ऐसी कूटभाषा को समझना और हल करना अत्यंत सरल हो जाता है। इस प्रकार की कूटभाषा पर आधारित प्रश्नों को हल करने के लिए अक्षरों को गिनने या छोड़ने अथवा गणितीय परिकलनों की श्रमसाध्य प्रक्रिया को अपनाने की आवश्यकता नहीं होती बल्कि इनके लिए तेजी से मिलान करने या सादृश्यता स्थापित करने की क्षमता ही अपेक्षित होती है। कूट के रूप में अक्षरों या संख्याओं का प्रयोग किया जा सकता है।

हल किए गए प्रश्न

प्रश्न : यदि किसी कूटभाषा में 'ra mei ket' का अर्थ है 'he is rich'; 'rui pha jeu' का अर्थ है 'run for money'; और 'pha rui ket' का अर्थ है 'money for rich' उस कूटभषा में 'rich' के लिए निम्नलिखित में से किस कूट का प्रयोग किया गया है ?

(*a*) ra (*b*) pha (*c*) ket (*d*) jeu

उत्तर (*c*) : दी गई जानकारी है :

कूट	**वाक्य**
1. ra mei *ket*	he is *rich*
2. rui pha jeu	run for money
3. pha rui *ket*	money for *rich*

कूटों और वाक्यों की तुलना करने पर यह स्पष्ट होता है कि वाक्य 1 और 3 दोनों में 'rich' शब्द है और दोनों ही वाक्यों में इसके लिए 'ket' शब्द का प्रयोग किया गया है।

भाग - III

एक अन्य प्रकार के कूट लेखन में किसी शब्द को कूट नाम दिए जाते हैं जिन्हें आगे भी कूटबद्ध किया जाता है। इस पैटर्न पर आधारित प्रश्न अर्थहीन प्रतीत हो सकते हैं किंतु कूट यथार्थता की बुनियादी बातों से हट कर नहीं होने चाहिए।

हल किए गए प्रश्न

1. यदि किसी कूट भाषा में 'केला' को 'जेली' कहा जाए, 'जेली' को 'हरा' कहा जाए, 'हरा' को 'सेब' कहा जाए, 'सेब' को 'आम' कहा जाए तो उसी कूटभाषा में पत्ते के रंग को क्या कहेंगे ?

(*a*) हरा (*b*) आम (*c*) सेब (*d*) केला (*e*) जेली

उत्तर (*c*) : पत्ता हरे रंग का होता है और प्रश्न में उल्लिखित कूटों के अनुसार 'हरा' को 'सेब' कहा जाता है।

2. यदि 'धूसर' को 'भूरा', 'सफेद' को 'गुलाबी', 'लाल' को धूसर, 'काला' को 'लाल' और 'भूरा' को 'सफेद' कहा जाए तो 'कोयला' किस रंग का है ?

(*a*) भूरा (*b*) सफेद (*c*) काला (*d*) गुलाबी (*e*) लाल

उत्तर (*e*) : 'कोयला' काले रंग का होता है और प्रश्न में दिए गए कूटों के अनुसार 'काला' को 'लाल' कहा जाता है।

भाग - IV

यदि दिए गए कूटों का मिलान किया जाए तो कूट लेखन और दिए गए कूट का अर्थ निर्वचन (coding–decoding) वस्तुत: अत्याधिक सरल हो जाता है। कूटलेखन के इस प्रकार में अंक और उसके लिए प्रयुक्त अक्षर कूट या अक्षर और उसके लिए प्रयुक्त अंक कूट दिए गए होते हैं तथा अभ्यर्थी को केवल कूटों का मिलान करके ही दिए गए प्रश्न का उत्तर देना होता है।

हल किए गए प्रश्न

प्रश्न :

अंक :	3	7	2	0	1	9	8	5	4
अक्षर :	A	X	M	W	Z	B	L	N	D

ऊपर दी गई सूचना के आधार पर संख्या 90342 के लिए सही अक्षर कूट बताएं।

(*a*) BMADX (*b*) BWADX (*c*) BWADM (*d*) BMADW

उत्तर : (*c*)

अभ्यास

निर्देश (प्रश्न 1 से 10) : *निम्नलिखित प्रश्नों में दिए गए शब्दों या अक्षरों के लिए इंगित कूटभाषा के शब्द या अक्षर ज्ञात करें।*

1. एक विशेष कूटभाषा में JOSEPH को FKOALD के रूप में कूटबद्ध किया जाता है। इसी कूटभाषा में GEORGE किस प्रकार लिखा जाएगा ?

(*a*) CBJNCA (*b*) CANKCA
(*c*) CAKNCA (*d*) CAKCNA

2. किसी विशेष सांकेतिक भाषा में COUNTRY शब्द को EMWLVPA के रूप में कूटबद्ध किया जाता है। इसी विशेष भाषा में ELECTORATE किस रूप में लिखा जाएगा ?

(*a*) CJCEVQPYWC (*b*) GJGERQTYVG
(*c*) CNCERQPCRG (*d*) GJGAVMTYVC

3. यदि किसी कूटभाषा में PORTUGESE को ESEGUTROP लिखा जाता हो तो उसी कूटभाषा में MALAYALAM किस प्रकार लिखा जाएगा ?

(*a*) MALAYALAM (*b*) MALYALAM
(*c*) MALAYALM (*d*) MALAYLAM

4. यदि PHILOSOPHY को HPLISOPOYH लिखा जाता हो तो ORNAMENTAL कैसे लिखा जाएगा ?

(*a*) ROANEMNTLA
(*b*) ONRAMNEALT
(*c*) ROANEMTNLA
(*d*) ROANEMNATL

5. यदि SABOTAGE को UADOVAIE के रूप में कूटबद्ध किया गया हो तो EMERGENCY को कैसे कूटबद्ध किया जाएगा ?

(*a*) GMGRIEPCA (*b*) GMGRGEPCA
(*c*) BNBQFDOBZ (*d*) EOETGGNEY

6. किसी विशेष कूटभाषा में AUSTRALIA को 973609429 और CANADA को 591989 लिखा जाता है। इसी कूटभाषा में CRUST को क्या लिखेंगे ?

(*a*) 50763 (*b*) 53076
(*c*) 50376 (*d*) 50736

7. किसी विशेष कूटभाषा में DAZE को 41265 लिखा जाता है। इसी कूटभाषा में BOY को क्या लिखेंगे ?

(*a*) 41425 (*b*) 5120
(*c*) 21525 (*d*) 359

8. यदि किसी कूटभाषा में MEDAL को XPOLW लिखा जाता हो तो उसी कूटभाषा में CADGE को क्या लिखेंगे ?

(*a*) NLORP (*b*) PNQTR
(*c*) LJMPN (*d*) MLOQP

9. निम्नलिखित शब्दों में अक्षरों के संख्या कोड दिए गए हैं : BRAIN–12345, GRADE–72308, DRAIN–02345, STATE–78388। इन शब्दों में 'D' के लिए किस संख्या कोड का प्रयोग किया गया है ?

(*a*) 3 (*b*) 2
(*c*) 0 (*d*) 4

10. यदि किसी विशेष कूटभाषा में FIRST को 36509, TOP को 154, MORE को 4837 और MERIT को 83579 लिखा जाता हो, तो इस कूटभाषा में 'R' के लिए किस संख्या कूट का प्रयोग किया जाता है ?

(*a*) 8 (*b*) 3
(*c*) 9 (*d*) 7

निर्देश (प्रश्न 11 से 20) : *नीचे के प्रत्येक प्रश्न में कूटलेखन के पैटर्न को ध्यान से देखें और दिए गए विकल्पों में से सही उत्तर का चयन करें।*

11. यदि किसी कूटभाषा में (a) 'go ju mi' का अर्थ है 'plenty of money'; (b) pao ju go nei vu' का अर्थ है 'money creates lots of problems'; (c) 'kol vu nei' का अर्थ है 'problems create tension'; और (d) 'sol tun ju haw' का अर्थ है 'still money is needed' तो उस कूट भाषा में निम्नलिखित में से किसका अर्थ 'money' है ?

(*a*) nei (*b*) ju
(*c*) haw (*d*) go

12. किसी कूटभाषा में (a) 'FOR' का अर्थ है 'old is gold'; (b) 'ROT' का अर्थ है 'gold is pure'; (c) 'ROM' का अर्थ है 'gold is costly'। इसी कूटभाषा में 'pure old gold is costly' कैसे लिखा जाएगा ?

(*a*) TFROM (*b*) FOTRM
(*c*) FTORM (*d*) TOMRF

13. यदि किसी कूटभाषा में '415' का अर्थ है 'milk is hot'; '18' का अर्थ है 'hot soup'; और '895' का अर्थ है 'soup is tasty' तो उसी कूटभाषा में 'tasty' शब्द किस संख्या द्वारा निरूपित होगा ?

(*a*) 9 (*b*) 8
(*c*) 5 (*d*) 4

14. यदि किसी कूटभाषा में '643' का अर्थ है 'she is beautiful', '593' का अर्थ है 'he is handsome', और '567' का अर्थ है 'handsome meets beautiful' तो उसी कूटभाषा में 'meets' शब्द निम्नलिखित में से किस संख्या द्वारा सूचित होगा ?

(*a*) 5 (*b*) 3
(*c*) 7 (*d*) 6

15. किसी कूटभाषा में (a) 'dugo hui mul zo' का अर्थ है 'work is very hard'; (b) 'hui dugo ba ki' का अर्थ है 'Bingo is very smart'; (c) 'nano mul dugo' का अर्थ है 'cake is hard', और (d) 'mul ki qu' का अर्थ है 'smart and hard' इस कूट भाषा में 'Bingo' के लिए किस कूटशब्द का प्रयोग किया गया है ?

(*a*) jalu (*b*) dugo
(*c*) ki (*d*) ba

16. किसी कूटभाषा में (a) 'pic vic nic' का अर्थ है 'winter is cold'; (b) 'to nic re' का अर्थ है 'summer is hot'; (c) 're pic boo' का अर्थ है 'winter and summer' और (d) 'vic tho pa' का अर्थ है 'nights are cold' इस कूटभाषा में 'summer' के लिए किस कूटशब्द का प्रयोग किया जाता है ?

(*a*) nic (*b*) boo
(*c*) to (*d*) re

17. किसी कूटभाषा में (a) 'mx das sci' का अर्थ है 'good little frock'; (b) 'jm coz sci' का अर्थ है 'girl behaves good'; (c) 'ngv drs coz' का अर्थ है 'girl makes mischief'; और (d) 'das gp coz' का अर्थ है 'little girl fell' इस कूटभाषा में 'frock' के लिए किस कूट शब्द का प्रयोग किया गया है ?

(*a*) mx (*b*) das
(*c*) sci (*d*) gp

18. किसी कूटभाषा में 'mu mit es' का अर्थ है 'who is she' और 'elb mu es' का अर्थ है 'where is she' इस कूटभाषा में 'where' के लिए किस कूटशब्द का प्रयोग किया जाता है ?

(*a*) es (*b*) elb
(*c*) mu (*d*) mit

19. किसी कूटभाषा में '069' का अर्थ है 'grapes are sweet', '476' का अर्थ है 'very sweet fruit' और '509' का अर्थ है 'grapes are ripe'। इस कूटभाषा में निम्नलिखित में से किस अंक से 'ripe' शब्द सूचित होता है ?

(*a*) 0 (*b*) 5
(*c*) 9 (*d*) 7

20. किसी कूटभाषा में 'roi ja kyo twa' का अर्थ है 'Moody is writing letters', 'pok ju ja twa' का अर्थ है 'Woody is writing cards', 'trn kyo pos un' का अर्थ है 'they are writing letters', और 'koi rus pok' का अर्थ है 'gifts and cards'। इसी कूटभाषा में 'Moody' के लिए किस कूटशब्द का प्रयोग किया गया है ?

(*a*) ja (*b*) twa
(*c*) roi (*d*) kyo

निर्देश (प्रश्न 21 से 30) : *प्रत्येक प्रश्न में दी गई कूटबद्ध सूचना को अच्छी तरह समझें और दिए गए विकल्पों में से सही उत्तर का चयन करें।*

21. यदि किसी कूटभाषा में 'पानी' को 'नीला', 'नीला' को 'लाल', 'लाल' को 'सफेद', 'सफेद' को 'आकाश', 'आकाश' को 'वर्षा', 'वर्षा' को 'हरा', 'हरा' को 'हवा' और 'हवा' को 'मेज' कहा जाए, तो इस कूटभाषा में दूध के रंग को क्या कहेंगे ?

(*a*) सफेद (*b*) वर्षा (*c*) आकाश
(*d*) हरा (*e*) हवा

22. यदि किसी कूटभाषा में 'प्रकाश' को 'अंधकार', 'अंधकार' को 'हरा', 'हरा' को 'नीला', 'नीला' को 'लाल', 'लाल' को 'सफेद' और 'सफेद' को 'पीला' कहा जाता हो तो इस कूटभाषा में रक्त का रंग क्या कहलाएगा ?

(*a*) लाल (*b*) अंधकार (*c*) सफेद
(*d*) पीला (*e*) इनमें से कोई नहीं

23. यदि किसी कूटभाषा में 'आकाश' को 'समुद्र', 'समुद्र' को 'पानी', 'पानी' को 'हवा', 'हवा' को 'बादल' और 'बादल' को 'नदी' कहा जाता हो तो प्यास लगने पर इस कूटभाषा में पीने के लिए किस चीज की मांग करेंगे ?

(*a*) आकाश (*b*) हवा (*c*) पानी
(*d*) समुद्र (*e*) बादल

24. यदि किसी कूटभाषा में 'पीला' का अर्थ 'लाल', 'सफेद' का अर्थ 'हरा', 'लाल' का अर्थ 'नारंगी', 'नीला' का अर्थ 'सफेद' और 'हरा' का अर्थ 'नीला' हो तो उस कूटभाषा में आकाश का रंग क्या है ?

(*a*) सफेद (*b*) हरा (*c*) नीला
(*d*) पीला (*e*) लाल

25. यदि किसी कूटभाषा में 'भूमि' को 'आकाश', 'आकाश' को 'हवा', 'हवा' को 'पानी', 'पानी' को 'बालू' और 'बालू' को 'ठोस' कहा जाए तो इस कूटभाषा में मछलियां किसमें तैरती हैं ?

(*a*) हवा (*b*) आकाश (*c*) पानी
(*d*) ठोस (*e*) बालू

26. यदि किसी कूटभाषा में 'घर' को 'झोपड़ी', 'झोपड़ी' को 'नहर', 'नहर' को 'स्कूल', 'स्कूल' को 'मैदान', 'मैदान' को 'सुराही' और 'सुराही' को 'तार' कहा जाए तो इस कूटभाषा में छात्रों के पढ़ने की जगह को क्या कहेंगे ?

(*a*) मैदान (*b*) सुराही (*c*) झोपड़ी
(*d*) स्कूल (*e*) नहर

27. यदि किसी कूटभाषा में 'बिल्ली' को 'घोड़ा', 'घोड़ा' को 'चूहा', 'कुत्ता' को 'खरगोश', 'खरगोश' को 'बिल्ली', 'चूहा' को 'कुत्ता' और 'शेर' को 'चींटी' कहा जाए तो इस कूटभाषा मे प्रयुक्त कूटों के आधार पर भौंकने वाले पशु को क्या कहेंगे ?

(*a*) कुत्ता (*b*) बिल्ली (*c*) शेर
(*d*) खरगोश (*e*) घोड़ा

28. यदि 'प्रकाश' को 'प्रात:काल', 'प्रात:काल' को 'अंधकार', 'अंधकार' को 'रात', 'रात' को 'धूप' और 'धूप' को 'संध्याकाल' कहा जाए तो हम कब सोते हैं ?

(*a*) प्रात:काल (*b*) रात
(*c*) संध्याकाल (*d*) अंधकार (*e*) धूप

29. यदि 'भूमि' को 'झील', 'झील' को 'पत्थर', 'पत्थर' को 'भारी', 'भारी' को 'स्टेडियम', 'स्टेडियम' को 'महासागर', 'महासागर' को 'वर्षा' और 'वर्षा' को 'आग' कहा जाए तो क्रिकेट के टेस्ट मैच खेले जाने वाले स्थान क्या कहलाते हैं ?

(*a*) भारी (*b*) महासागर (*c*) पत्थर
(*d*) भूमि (*e*) स्टेडियम

30. यदि किसी कूटभाषा में 'चिड़िया' को 'राजा', 'राजा' को 'फूल', 'फूल' को 'घन', 'घन' को 'मेज', 'मेज' को 'मनुष्य' और 'मनुष्य' को 'चिड़िया' कहा जाए तो इस कूटभाषा में 'गुलाब' क्या है ?

(*a*) मेज (*b*) फूल (*c*) घन
(*d*) मनुष्य (*e*) चिड़िया

निर्देश (प्रश्न 31 से 35) : *प्रश्न निम्नलिखित कूट पैटर्न पर आधारित हैं :*

अंक	:	2	6	4	1	0	8	3	7	5	9
अक्षर	:	M	E	N	H	V	F	I	W	L	X

उपर्युक्त कूट पैटर्न के आधार पर बताएं कि दी गई संख्याओं का सही अक्षर कूट क्या है ?

31. 435216
(*a*) HILMNE
(*b*) NILMHE
(*c*) VFLMNE
(*d*) NILHME

32. 897615
(*a*) FXWEHL (*b*) VXLENH
(*c*) FXLWHE (*d*) VXELHI

33. 146738
(*a*) HNEIWF (*b*) HNWEIF
(*c*) HENWIF (*d*) HNEWIF

34. 092863
(*a*) VXMFEI (*b*) VXMIFE
(*c*) VXMIEF (*d*) VXFMEI

35. 702439
(*a*) LVMIEX (*b*) INEMHV
(*c*) WVMNIX (*d*) VWNMEX

व्याख्यात्मक उत्तर

1. (*c*) : शब्द को कूटबद्ध करने के लिए शब्द के अक्षरों से वर्णमाला के क्रम में 4 चरण पीछे के अक्षर लिए गए हैं।

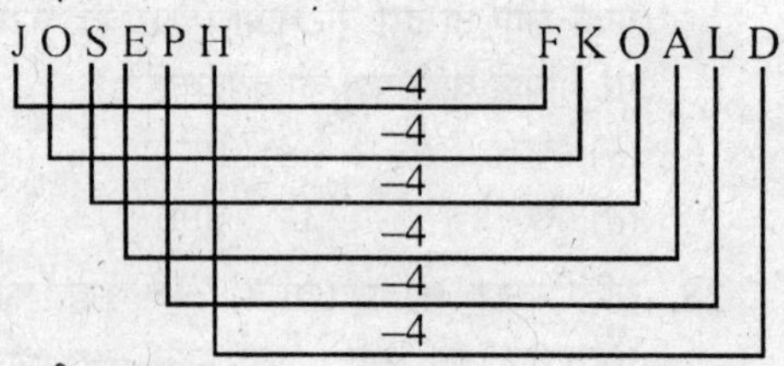

इसी प्रकार,

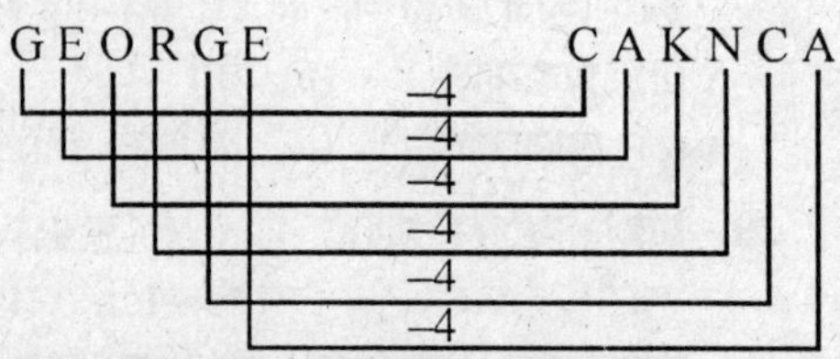

2. (*d*) : शब्द को कूटबद्ध करने के लिए शब्द के अक्षरों से वर्णमाला के क्रम में क्रमशः 2 चरण आगे और दो चरण पीछे के अक्षर लिए गए हैं।

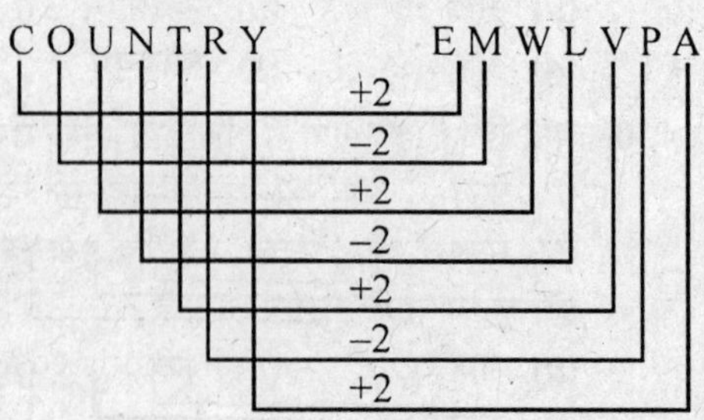

इसी प्रकार,

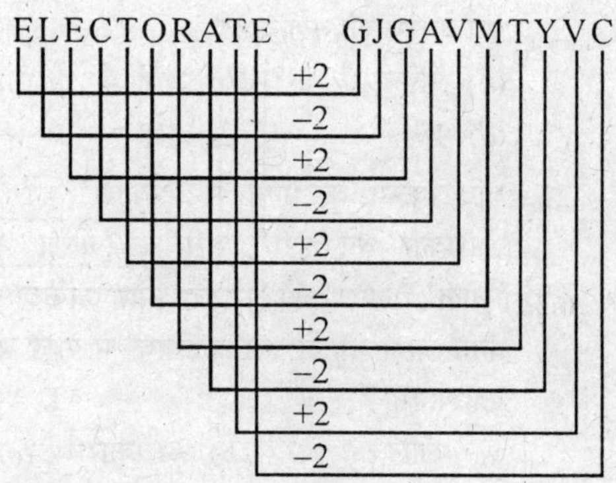

3. (*a*) : दिए गए शब्द के अक्षरों को उलटे क्रम में लिख कर शब्द को कूटबद्ध किया गया है।

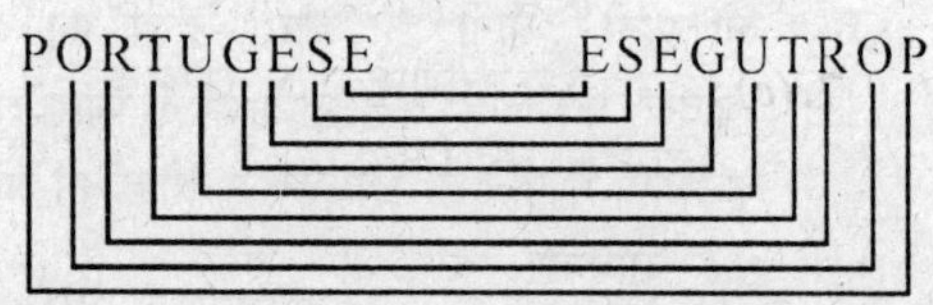

इसी प्रकार,

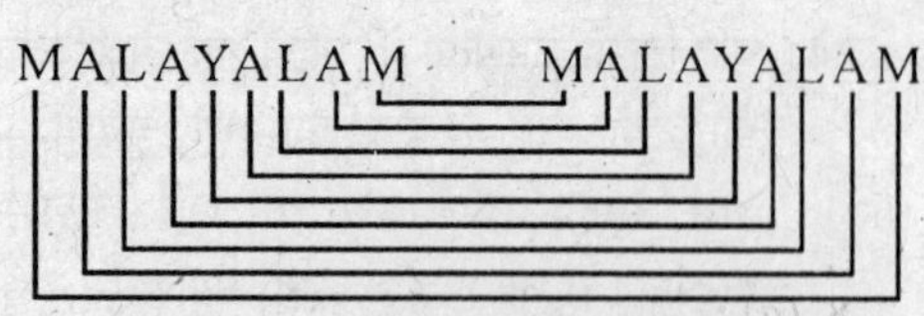

4. (*c*) : शब्द को कूटबद्ध करने के लिए उसके दो क्रमागत अक्षरों को एक दूसरे के स्थान पर लिखा जाता है।

PH IL OS OP HY — HP LI SO PO YH

इसी प्रकार,

OR NA ME NT AL — RO AN EM TN LA

5. (a) : शब्द को कूटबद्ध करने के लिए शब्द में विषम स्थान पर स्थित अक्षर से वर्णमाला के क्रम में +2 चरण आगे के अक्षर लिखे गए हैं।

SABOTAGE — UADOVAIE

+2
+2
+2
+2

इसी प्रकार,

EMERGENCY — GMGRIEPCA

+2
+2
+2
+2
+2

6. (d) : अक्षरों को संख्याओं द्वारा कूटबद्ध किया गया है। उत्तर कोड ज्ञात करने के लिए संगत संख्याओं का चयन करें।

A U S T R A L I A C A N A D A → अक्षर

9 7 3 6 0 9 4 2 9 5 9 1 9 8 9 → संख्या कोड

अत: C R U S T → अक्षर

5 0 7 3 6 → उत्तर कोड

7. (c) : अक्षरों को वर्णमाला के सीधे क्रम में उनके स्थानों द्वारा कूटबद्ध किया गया है।

D A Z E → अक्षर

4 1 26 5 → वर्णमाला के सीधे क्रम में अक्षरों का स्थान

इसी प्रकार, B O Y → अक्षर

2 15 25 → वर्णमाला के सीधे क्रम में अक्षरों का स्थान

8. (a) : शब्द को कूटबद्ध करने के लिए उसके अक्षरों से वर्णमाला के सीधे क्रम में 11 चरण आगे के अक्षर लिखे गए हैं।

MEDAL — XPOLW

+ 11
+ 11
+ 11
+ 11
+ 11

इसी प्रकार,

CADGE — NLORP

+ 11
+ 11
+ 11
+ 11
+ 11

9. (c) : जिन शब्दों में D का अक्षर निहित है, वे शब्द हैं :

G R A D E और D R A I N → अक्षर

7 2 3 0 8   0 2 3 4 5 → कूट

अत: यह स्पष्ट है कि 'D' का कूट '0' है।

10. (b) : जिन शब्दों में 'R' का अक्षर निहित है, वे शब्द हैं :

F I <u>R</u> S T → <u>3</u> 6 5 0 9

M O <u>R</u> E → 4 8 <u>3</u> 7

M E <u>R</u> I T → 8 <u>3</u> 5 7 9

उपर्युक्त से यह स्पष्ट होता है कि उपर्युक्त तीनों शब्दों में 'R' का अक्षर निहित है और इसी प्रकार '3' की संख्या भी।

11. (b) :

	कूट	वाक्य
1.	go *ju* mi	plenty of *money*
2.	pao *ju* go nei vu	*money* creates lots of problems
3.	kol vu nei	problems create tension
4.	sol tun *ju* haw	still *money* is needed

ऊपर के पहले, दूसरे और चौथे कूटों और संबंधित वाक्यों में 'ju' शब्द, और उसके लिए 'money' शब्द लिखा गया है।

12. (a) :

	कूट	वाक्य
1.	FOR	old is gold
2.	ROT	gold is pure
3.	ROM	gold is costly

अत:,

F का अर्थ है old
O का अर्थ है is
R का अर्थ है gold
T का अर्थ है pure
M का अर्थ है costly

अत: 'pure old gold is costly' को 'TFROM' द्वारा व्यक्त किया जाएगा।

13. *(a)* :

कूट	वाक्य
1. 415	milk is hot
2. 18	hot soup
3. 895	soup is *tasty*

तीसरे कूट और उससे संबंधित वाक्य में दी गई न तो संख्या '9' और न ही शब्द 'tasty' को किसी अन्य कूट और वाक्य में दोहराया गया है।

14. *(c)* :

कूट	वाक्य
1. 643	she is beautiful
2. 593	he is handsome
3. 567	handsome *meets* beautiful

तीसरे कूट और उससे संबंधित वाक्य में दी गई न तो संख्या '7' और न ही शब्द 'meets' को किसी अन्य कूट और वाक्य में दोहराया गया है।

15. *(d)* :

कूट	वाक्य
1. *dugo hui* mul zo	work *is very* hard
2. *hui dugo* **ba** *ki*	**Bingo** *is very smart*
3. nano mul *dugo*	cake is *hard*
4. mul *ki* qu	*smart* and hard

दूसरे कूट और संबंधित वाक्य में निहित न तो 'ba' और न ही अर्थ शब्द 'Bingo' की पुनरावृत्ति होती है।

(जिन शब्दों की पुनरावृत्ति होती है उन्हें तिरछे अक्षरों में लिखा गया है)

16. *(d)* :

कूट	वाक्य
1. pic vic nic	winter is cold
2. to nic *re*	*summer* is hot
3. *re* pic boo	winter and *summer*
4. vic tho pa	nights are cold

शब्द 'summer' और कूट 're' की दूसरे और तीसरे वाक्यों में पुनरावृत्ति होती है।

17. *(a)* :

कूट	वाक्य
1. **mx** *das sci*	*good little* **frock**
2. jm coz *sci*	girl behaves *good*
3. ngv drs coz	girl makes mischief
4. *das* gp coz	*little* girl fell

शब्द 'frock' केवल पहले वाक्य में है। कूट शब्द 'das' को चौथे वाक्य में और 'sci' को दूसरे वाक्य में दोहराया गया है। अत: स्पष्ट है कि 'frock' के लिए कूट शब्द 'mx' का प्रयोग किया गया है।

18. *(b)* :

कूट	वाक्य
1. *mu* mit *es*	who *is she*
2. **elb** *mu* es	**where** *is she*

कूट शब्दों 'mu' और 'es' को दोनों वाक्यों में दोहराया गया है। केवल कूट शब्द 'elb' ही बचता है जिसका अर्थ 'where' है।

19. *(b)* :

कूट	वाक्य
1. 069	*grapes are* sweet
2. 476	very sweet fruit
3. **5**09	*grapes are* **ripe**

पहले और तीसरे वाक्यों में कूट संख्याओं '0' और '9' की पुनरावृत्ति होती है। अत: स्पष्ट है कि शेष कूट संख्या '5' का ही 'ripe' के लिए प्रयोग किया गया है।

20. *(c)* :

कूट	वाक्य
1. **roi** *ja kyo twa*	**Moody** *is writing letters*
2. pok ju *ja twa*	Woody *is writing* cards
3. trn *kyo* pos un	they are writing *letters*
4. koi rus pok	gifts and cards

'Moody' शब्द केवल पहले वाक्य में है। पहले वाक्य के कूट शब्दों 'ja' और 'twa' की दूसरे वाक्य में पुनरावृत्ति होती है और 'kyo' की तीसरे वाक्य में पुनरावृत्ति होती है। केवल कूट शब्द 'roi' ही बचता है जिसका अर्थ 'Moody' है।

21. *(c)* : दूध का रंग 'सफेद' होता है और इस कूटभाषा में 'सफेद' को 'आकाश' कहते हैं।

22. *(c)* : रक्त का रंग 'लाल' होता है और इस कूटभाषा में 'लाल' को 'सफेद' कहते हैं।

23. *(b)* : प्यास लगने पर हम 'पानी' पीते हैं और इस कूटभाषा में 'पानी' को 'हवा' कहते हैं।

24. *(a)* : आकाश का रंग 'नीला' होता है और नीला का अर्थ 'सफेद' है।

25. *(e)* : मछलियां 'पानी' में तैरती हैं और 'पानी' को इस कूटभाषा में 'बालू' कहते हैं।

26. *(a)* : छात्र 'स्कूल' में पढ़ते हैं और 'स्कूल' को इस कूटभाषा में 'मैदान' कहा जाता है।

27. *(d)* : भौंकने वाला पशु 'कुत्ता' है और 'कुत्ता' को इस कूटभाषा में 'खरगोश' कहते हैं।

28. *(e)* : हम 'रात' में सोते हैं और रात को इस कूटभाषा में 'धूप' कहते हैं।

29. *(b)* : टैस्ट मैच 'स्टेडियम' में खेले जाते हैं और 'स्टेडियम' को इस कूटभाषा में 'महासागर' कहा जाता है।

30. *(c)* : गुलाब एक 'फूल' है और 'फूल' को इस कूटभाषा में 'घन' कहा जाता है।

31. *(b)* **32.** *(a)* **33.** *(d)* **34.** *(a)* **35.** *(c)*

प्रतीक (चिह्न) प्रतिस्थापन
(SYMBOL SUBSTITUTION)

इस प्रकार के प्रश्नों को हल करना अत्यधिक सरल है। ऐसे प्रश्नों को हल करने की एकमात्र अपेक्षा यह है कि उम्मीदवार दिए गए प्रतीकों या चिह्नों को प्रतिस्थापित करने और परिकलन की विद्या में पारंगत हों और अत्यधिक त्वरित गति से दिए गए प्रश्नों का हल ज्ञात कर सके।

हल किए गए प्रश्न

प्रश्न : यदि '+' का अर्थ '×' हो, '×' का अर्थ '÷' हो, '÷' का अर्थ '–' हो और '–' का अर्थ '+' हो, तो $2 - 8 \times 2 + 6 \div 7$ का मान क्या होगा ?

(a) 32 *(b)* 19 *(c)* 23 *(d)* 9 *(e)* 15

उत्तर *(b)* : दिए गए व्यंजक में गणितीय चिह्नों को प्रतिस्थापित करने पर नया व्यंजक होगा :

$2 + 8 \div 2 \times 6 - 7$

इस व्यंजक को हल करने के निम्नलिखित चरण होंगे :

$2 + 4 \times 6 - 7$

$2 + 24 - 7$

$26 - 7 = 19$

अभ्यास

1. यदि "+" का अर्थ "–"; "–" का अर्थ "×" हो; "×" का अर्थ "÷" हो और "÷" का अर्थ "+" हो, तो $15 \times 5 \div 10 + 5 - 3 = ?$

(a) 9.5 *(b)* 0
(c) – 2 *(d)* 24
(e) इनमें से कोई नहीं

2. यदि "+" का अर्थ "–" हो; "–" का अर्थ "×" हो; "×" का अर्थ "÷" हो; और "÷" का अर्थ "+" हो, तो $15 \times 3 \div 15 + 5 - 2 = ?$

(a) 0 *(b)* 10
(c) 20 *(d)* 6
(e) इनमें से कोई नहीं

3. यदि "+" का अर्थ "÷" हो; "×" का अर्थ "–" हो; "÷" का अर्थ "+" हो और "–" का अर्थ "×" हो, तो $16 \div 8 \times 6 - 2 + 12 = ?$

(a) 22 *(b)* 24
(c) 23 *(d)* 20
(e) इनमें से कोई नहीं

4. यदि "+" का अर्थ "×" हो; "–" का अर्थ "÷" हो; "÷" का अर्थ "+" हो और "×" का अर्थ "–" हो, तो $20 \div 40 - 4 \times 5 + 6$ का मान निम्नलिखित में से क्या होगा ?

(a) 60 *(b)* 1.67
(c) 150 *(d)* 0
(e) इनमें से कोई नहीं

5. यदि "+" का अर्थ "×" हो; "–" का अर्थ "÷" हो; "×" का अर्थ "–" हो और "÷" का अर्थ "+" हो, तो $5 + 8 - 4 \times 2 \div 9 = ?$

(a) 15 *(b)* 13
(c) 17 *(d)* 11
(e) इनमें से कोई नहीं

6. यदि × का आशय जोड़ की संक्रिया से हो, ÷ का आशय घटाव की संक्रिया से हो, + का आशय गुणा की संक्रिया से हो और – का आशय भाग की संक्रिया से हो तो $(20 \times 6 \div 6 \times 4)$ निम्नलिखित में से किसके बराबर है ?

(a) 5 *(b)* 24
(c) 25 *(d)* 80
(e) इनमें से कोई नहीं

7. यदि "+" का अर्थ "×" हो; "÷" का अर्थ "–" हो; "×" का अर्थ "÷" हो और "–" का अर्थ "+" हो, तो निम्नलिखित व्यंजक का क्या मान होगा ?

$4 + 11 \div 5 - 50 = ?$

(*a*) 79 (*b*) – 11
(*c*) 91 (*d*) – 48.5
(*e*) इनमें से कोई नहीं

8. यदि P = 6, J = 4, L = 8, M = 24 हो, तो निम्नलिखित व्यंजक में प्रश्नचिह्न (?) के स्थान पर विकल्पों में दिया गया कौन सा मान आएगा ?

$M \times J \div L + J = ?$

(*a*) 8 (*b*) 36
(*c*) 52 (*d*) 0
(*e*) 16

9. यदि A + B > C + D, B + E = 2 C और C + D > B + E तो इसका निश्चित अर्थ यह है कि :

(*a*) A > C (*b*) A + B > 2D
(*c*) A + B > 2C (*d*) A + B > 2E
(*e*) D + B < 2C

10. यदि A + D > C + E, C + D = 2B और B + E > C + D हो, तो इसका निश्चित अर्थ यह है कि :

(*a*) A + D > B + E (*b*) A + D > B + C
(*c*) A + B > 2D (*d*) B + D > C + E
(*e*) A + D < B + C

11. यदि "+" का अर्थ "÷" हो; "÷" का अर्थ "–" हो; "–" का अर्थ "×" हो और "×" का अर्थ "+" हो, तो

$10 \div 2 - 15 + 3 \times 5 = ?$

(*a*) 10 (*b*) 15
(*c*) 25 (*d*) 5
(*e*) 0

12. यदि A का आशय 'जोड़' की संक्रिया से हो, B का आशय 'घटाव' की संक्रिया से हो, C का आशय 'गुणा' की संक्रिया से हो और D का आशय 'भाग' की संक्रिया से हो, तो 4A 3B 3A 2 का मान होगा :

(*a*) 2 (*b*) 4
(*c*) 6 (*d*) 8
(*e*) 10

13. यदि × का आशय 'जोड़' की संक्रिया से हो, < का आशय 'घटाव' की संक्रिया से हो, + का आशय 'भाग' की संक्रिया से हो, > का आशय 'गुणा' की संक्रिया से हो, – का आशय 'बराबर' हो, ÷ का आशय 'बड़ा होना' हो और = का आशय 'छोटा होना' हो तो बताइए कि निम्नलिखित में से कौन सा विकल्प सत्य है ?

(*a*) $5 \times 3 < 7 \div 8 + 4 \times 1$
(*b*) $3 \times 4 > 2 - 9 + 3 < 3$
(*c*) $5 > 2 + 2 = 10 < 4 \times 8$
(*d*) $3 \times 2 < 4 \div 16 > 2 + 4$
(*e*) उपर्युक्त में से कोई नहीं

14. यदि x का आशय 'जोड़' की संक्रिया से हो, y का आशय 'घटाव' की संक्रिया से हो, z का आशय 'भाग' की संक्रिया से हो और p का आशय 'गुणा' की संक्रिया से हो, तो

(7 p 3) y 6 x 5 का मान क्या होगा ?

(*a*) 5 (*b*) 10
(*c*) 15 (*d*) 20
(*e*) 25

15. यदि → का आशय 'घटाव' की संक्रिया से हो, ← का आशय 'जोड़' की संक्रिया से हो, ↑↑ का आशय गुणा की संक्रिया से हो; ↓↓ का आशय 'भाग' की संक्रिया से हो, ↔ का आशय 'बड़ा होना' हो और ←→ का आशय 'बराबर' हो तो निम्नलिखित में से कौन-सा विकल्प सत्य है ?

(*a*) 4 ← 6 ↑↑ 2 ←↕→ 3 → 12 ← 12
(*b*) 10 ↓↓ 5 ↑↑ 5 ←↕→ 9 → 3 ← 4
(*c*) 15 ↑↑ 2 → 5 ←↕→ 12 ↓↓ 4 ← 3
(*d*) 13 ↓↓ 13 ← 1 ↔ 20 → 5 ↑↑ 2
(*e*) इनमे से कोई नहीं

व्याख्यात्मक उत्तर

1. (*c*) : $15 \div 5 + 10 - 5 \times 3$
$3 + 10 - 15 = -2$

2. (*b*) : $15 \div 3 + 15 - 5 \times 2$
$5 + 15 - 10 = 10$

3. (*c*) : $16 + 8 - 6 \times 2 \div 12$
$16 + 8 - 1 = 23$

4. (*d*) : $20 + 40 \div 4 - 5 \times 6$
$20 + 10 - 30 = 0$

5. *(c)* : $5 \times 8 \div 4 - 2 + 9$
$10 - 2 + 9 = 17$

6. *(b)* : $20 + 6 - 6 + 4 = 24$

7. *(e)* : $4 \times 11 - 5 + 50$
$44 - 5 + 50 = 89$

8. *(e)* : $24 \times 4 \div 8 + 4$
$12 + 4 = 16$

9. *(c)* : $A + B > C + D > B + E$ or $2C$
$\therefore A + B > 2C$

10. *(b)* : 1. $A + D > C + E$
2. $B + E > C + D$ or $2B$
चूँकि 1 और 2 के बीच संबंध स्पष्ट नहीं है, तथापि यह निश्चित है कि $A + D > B + C$.

11. *(d)* : $10 - 2 \times 15 \div 3 + 5$
$10 - 10 + 5 = 5$

12. *(c)* : $4 + 3 - 3 + 2 = 6$

13. *(c)* : *(a)* $5 + 3 - 7 > 8 \div 4 + 1$
$1 > 3$
(b) $3 + 4 \times 2 = 9 \div 3 - 3$
$11 = 0$
(c) $5 \times 2 \div 2 < 10 - 4 + 8$
$5 < 14$
(d) $3 + 2 - 4 > 16 \times 2 \div 4$
$1 > 8$

14. *(d)* : $(7 \times 3) - 6 + 5$
$21 - 6 + 5 = 20$

15. *(b)* : *(a)* $4 + 6 \times 2 = 3 - 12 + 12$
$16 = 3$
(b) $10 \div 5 \times 5 = 9 - 3 + 4$
$10 = 10$
(c) $15 \times 2 - 5 = 12 \div 4 + 3$
$25 = 6$
(d) $13 \div 13 + 1 > 20 - 5 \times 2$
$2 > 10$

दिशा ज्ञान परीक्षण
(DIRECTION SENSE)

इस प्रकार के प्रश्न अभ्यर्थियों की सही दिशा-निर्देशों को समझने की योग्यता की जांच करने हेतु पूछे जाते हैं। ऐसे प्रश्न दिशा-चार्ट पर आधारित होते हैं :

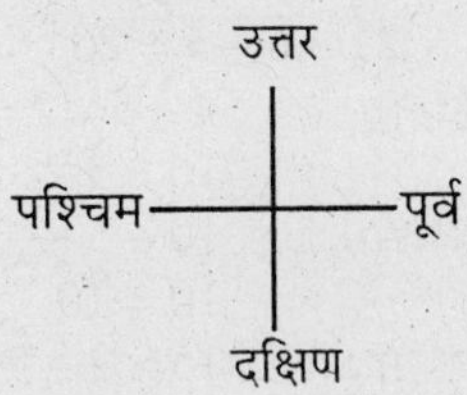

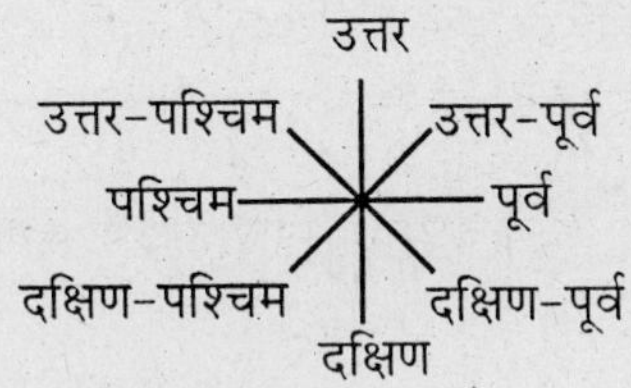

विभिन्न दिशाओं का बोध बाएं या दाएं मोड़ या कोणीय मोड़ों द्वारा निर्देशित होता है।

हल किए गए प्रश्न

प्रश्न : एक व्यक्ति उत्तर दिशा में चल रहा है। वह दो बार दाहिने मुड़ता है और फिर चलने लगता है अब वह किस दिशा में चल रहा है?

(*a*) उत्तर (*b*) दक्षिण (*c*) पूर्व (*d*) पश्चिम

उत्तर (*b*) :

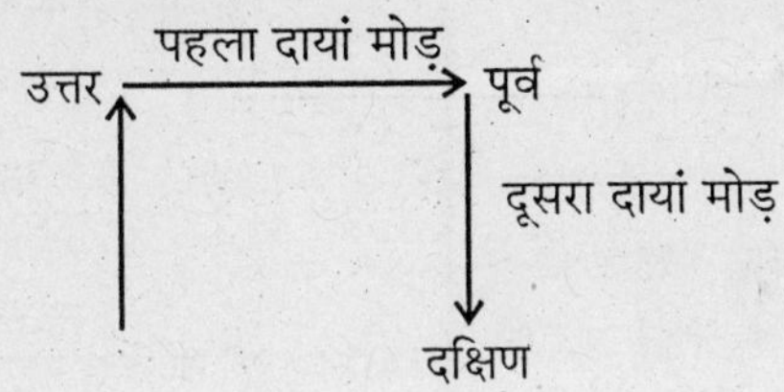

दिशा चार्ट का अनुसरण करने पर यह स्पष्ट होता है कि वह व्यक्ति अब दक्षिण दिशा में चल रहा है।

अभ्यास

निर्देश : *नीचे के प्रत्येक प्रश्न में सही दिशा/दूरी दर्शाने के लिए दिए गए विकल्पों से सही उत्तर का चयन करें।*

1. किट्टू पहले पूर्व दिशा में चलता है और तब दक्षिण दिशा में चलता है। दक्षिण दिशा में कुछ दूरी तय करने के बाद वह पश्चिम दिशा में मुड़ जाता है और तब अपने बाएं मुड़ जाता है। अब वह किस दिशा में चल रहा है?
   (*a*) उत्तर (*b*) दक्षिण
   (*c*) पूर्व (*d*) पश्चिम

2. एक व्यक्ति पश्चिम दिशा में अपनी गाड़ी चला रहा है। वह दक्षिण दिशा में चले इसके लिए उसे निम्नलिखित में से कौन से मोड़ मुड़ने चाहिए?
   (*a*) बायीं ओर, दायीं ओर, दायीं ओर
   (*b*) दायीं ओर, दायीं ओर, बायीं ओर
   (*c*) बायीं ओर, बायीं ओर, बायीं ओर
   (*d*) दायीं ओर, दायीं ओर, दायीं ओर

3. ऋचा अपनी गाड़ी से दक्षिण दिशा में 8 किमी आगे चलकर बायीं ओर मुड़ जाती है और 5 किमी. आगे

चलती है। वहां वह एक बार फिर से बायीं ओर मुड़कर 8 किमी. आगे चलती है। अब वह अपने शुरु के स्थान से कितनी दूरी पर है ?

(*a*) 3 किमी. (*b*) 5 किमी.
(*c*) 8 किमी. (*d*) 13 किमी.

4. डिंगी अपनी गाड़ी से उत्तर की ओर 40 किमी. की दूरी तय करती है, वहां वह दायीं ओर मुड़कर 50 किमी आगे जाती है जहां वह एक बार फिर से दायीं ओर मुड़कर 30 किमी. आगे जाती है, और तब फिर से दायीं ओर मुड़कर 50 किमी. और आगे जाती है। यहां वह अपने आरंभिक बिंदु से कितनी दूरी पर है ?

(*a*) 90 किमी. (*b*) 50 किमी.
(*c*) 10 किमी. (*d*) 5 किमी.

5. देबू पहले पूर्व की ओर और तब उत्तर की ओर चलता है तथा वहां वह 45° दायें मुड़कर कुछ देर आगे चलता है और अंततः बायीं ओर मुड़ जाता है। अब वह किस दिशा में चल रहा है ?

(*a*) उत्तर (*b*) पूर्व
(*c*) दक्षिण-पूर्व (*d*) उत्तर-पश्चिम

6. यदि उत्तर का उत्तर-पश्चिम, उत्तर-पश्चिम का पश्चिम, पश्चिम का दक्षिण-पश्चिम और इसी प्रकार अन्य दिशाओं का भी नामकरण किया जाए तो दक्षिण पूर्व को क्या कहा जाएगा ?

(*a*) पूर्व (*b*) पश्चिम
(*c*) उत्तर-पूर्व (*d*) दक्षिण-पूर्व

7. मैं अपने घर से उत्तर दिशा में 15 मीटर चला, तब पश्चिम दिशा में मुड़कर 10 मीटर और आगे चला, यहां दक्षिण दिशा में मुड़कर मैंने 5 मीटर की एक अन्य दूरी तय की और तब पूर्व की ओर मुड़कर 10 मीटर की दूरी तय की। बताइए कि मैं अपने आरंभिक स्थान से किस दिशा में हूँ ?

(*a*) पूर्व (*b*) पश्चिम
(*c*) उत्तर (*d*) दक्षिण

8. मैं अपने घर से उत्तर दिशा में चला और तब बायीं ओर मुड़ गया। अब कुछ देर तक आगे चलने के बाद मैं फिर से बायीं ओर मुड़ा और तब दायीं ओर मुड़ गया। बाद में आगे चलते हुए मैं बायीं ओर और एक बार फिर से बायीं ओर मुड़ा। बताइए कि अब मैं किस दिशा में चल रहा हूँ ?

(*a*) उत्तर (*b*) दक्षिण
(*c*) पूर्व (*d*) पश्चिम

9. राज पश्चिम दिशा में चल रहा है। वह आगे चलते हुए अपने दाएं, फिर दाएं और तब बाएं, हर बार 45° के कोण पर मुड़ा। बताइए कि अब वह किस दिशा में चल रहा है ?

(*a*) उत्तर-पूर्व (*b*) दक्षिण-पूर्व
(*c*) पूर्व (*d*) पश्चिम

10. जतिन अपने घर से उत्तर दिशा में 12 किमी. चलता है। तब वह अपनी दायीं ओर मुड़कर 12 किमी. की एक अन्य दूरी तय करता है। वह एक बार फिर से दायीं ओर मुड़ता है और 12 किमी. की एक अन्य दूरी तय करके बायीं ओर मुड़ता है ओर तब 5 किमी. आगे चलता है। बताइए कि इस समय वह अपने घर से कितनी दूरी पर है और किस दिशा में है ?

(*a*) 7 किमी., पूर्व दिशा
(*b*) 10 किमी., पूर्व दिशा
(*c*) 17 किमी., पूर्व दिशा
(*d*) 24 किमी., पूर्व दिशा

11. एक महिला उत्तर दिशा में 12 किमी. चलती है, तब वह दक्षिण दिशा में 6 किमी. चलती है और तत्पश्चात् पूर्व दिशा में 8 किमी चलती है। इस समय वह अपने आरंभिक बिंदु से कितनी दूरी पर है और किस दिशा में चल रही है ?

(*a*) 5 किमी., उत्तर-पूर्व (*b*) 5 किमी., पूर्व
(*c*) 10 किमी., उत्तर-पूर्व (*d*) 10 किमी., पश्चिम

12. दिव्या पूर्व दिशा में 10 किमी. की यात्रा करती है, और तब दक्षिण-पश्चिम दिशा में 10 किमी. की यात्रा करती है। वह एक बार फिर से मुड़कर उत्तर-पश्चिम दिशा में 10 किमी. चलती है। बताइए कि अब वह अपने आरंभिक बिंदु से किस दिशा में चल रही है ?

(*a*) दक्षिण (*b*) उत्तर
(*c*) पश्चिम (*d*) पूर्व

13. मनु अपने घर से उत्तर दिशा में 40 किमी. चलती है, फिर दाएं मुड़कर 80 किमी. आगे जाती है जहां वह एक बार फिर से दाएं मुड़कर 30 किमी. आगे चलती है अंत में वह एक बार फिर से दाएं मुड़ती है और इस मार्ग पर वह 80 किमी. आगे की यात्रा करती है। यदि यहां से वह सीधे 50 किमी. आगे बढ़ती है और तब बाएं मुड़कर अंतिम 10 किमी. की एक और दूरी तय करती हो तो बताइए कि अब वह अपने घर से कितनी दूरी पर है ?

(*a*) 10 किमी. (*b*) 30 किमी.
(*c*) 40 किमी. (*d*) 50 किमी.

14. मैं अपने घर से 18 किमी. उत्तर की ओर चलता हूं और तब बाईं ओर मुड़कर 4 किमी. की एक अन्य दूरी तय करता हूं जहां से दायीं ओर मुड़कर मैं 12 किमी. की एक अन्य दूरी तय करता हूं। बताइए कि इस समय मैं अपने घर से कितनी दूरी पर और किस दिशा में हूं ?

(*a*) 8 किमी. उत्तर (*b*) 10 किमी. पश्चिम
(*c*) 16 किमी. दक्षिण (*d*) 34 किमी. उत्तर

15. रवि अपनी गाड़ी से पश्चिम दिशा में 12 किमी. जाता है। वहां वह दक्षिण दिशा में मुड़कर 3 किमी. आगे की यात्रा करता है, जहां वह पूर्व दिशा में मुड़कर 8 किमी. की यात्रा करता है। बताइए कि इस समय वह अपने आरंभिक बिंदु से कितनी दूरी पर है ?

(*a*) 3 किमी. (*b*) 5 किमी.
(*c*) 7 किमी. (*d*) 11 किमी.

व्याख्यात्मक उत्तर

1. (*b*) :

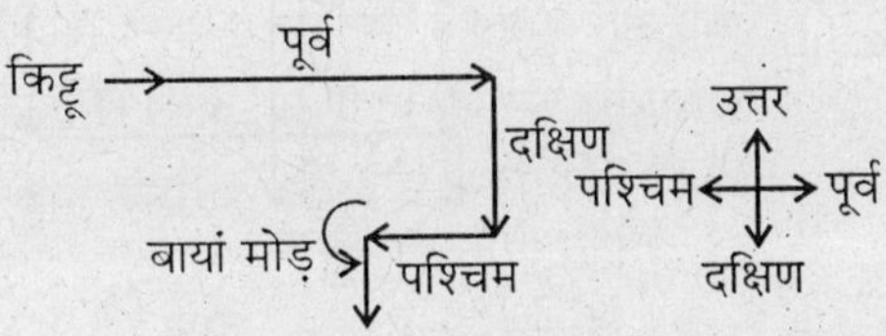

2. (*d*) :

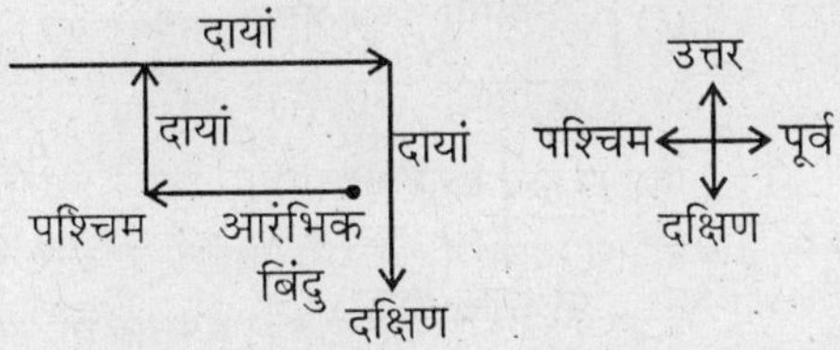

3. (*b*) :

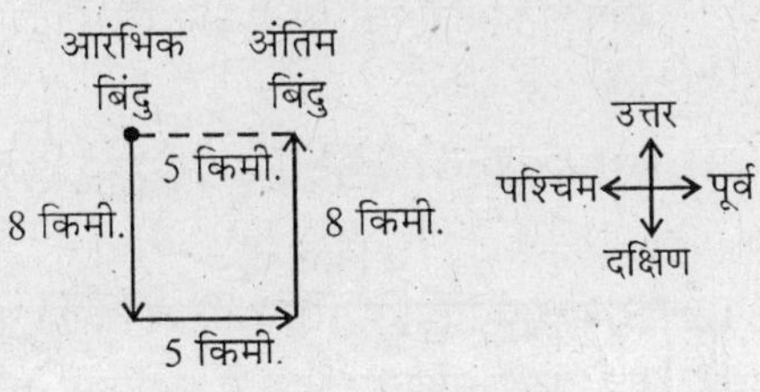

4. (*c*) :

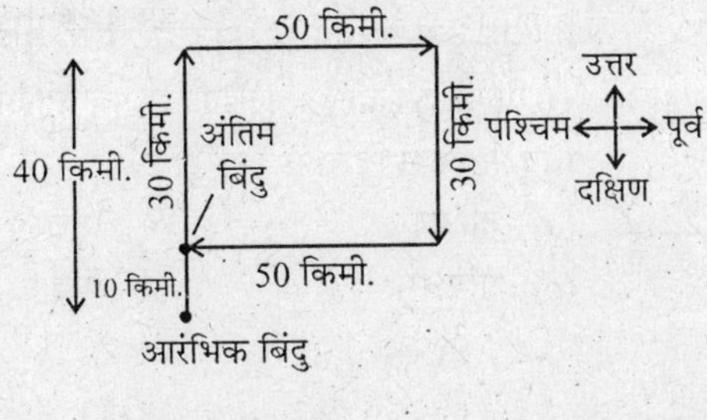

5. (*d*) :

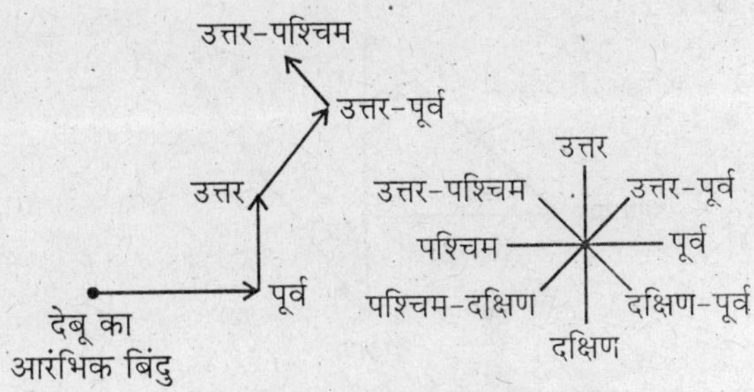

6. (*a*) :

मूल दिशाएं

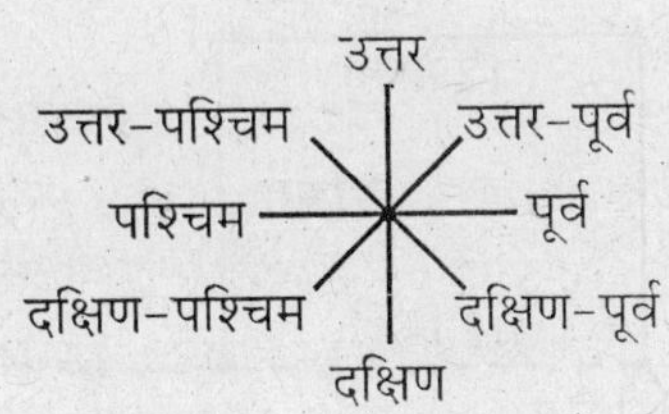

बदली हुई दिशाएं

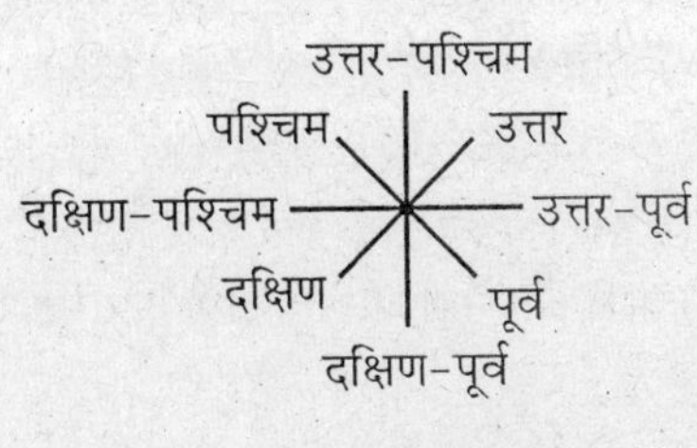

7. (c) :

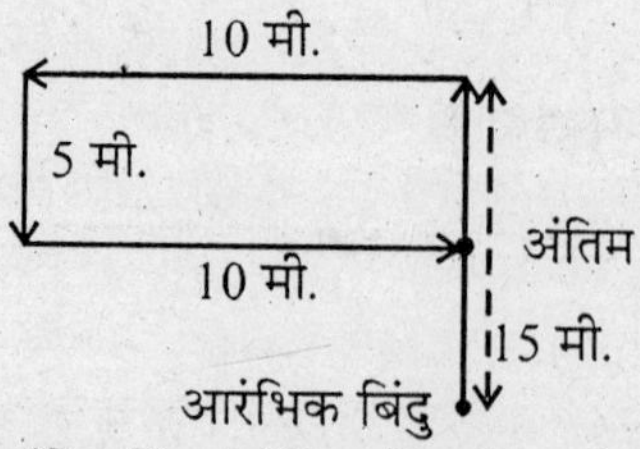

अंतिम बिंदु आरंभिक बिंदु से 10 मीटर उत्तर की ओर है।

8. (c) :

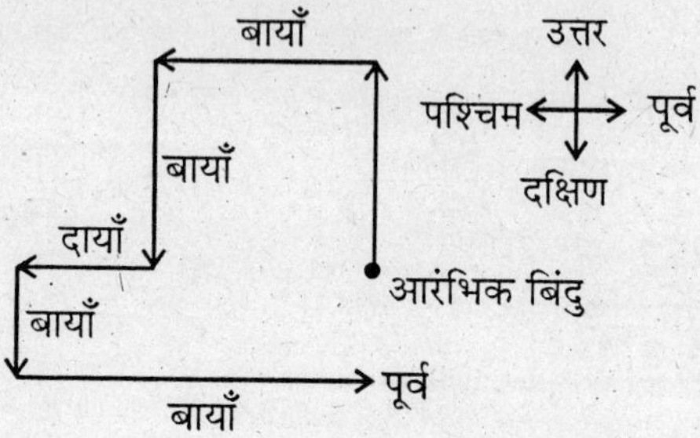

9. (a) :

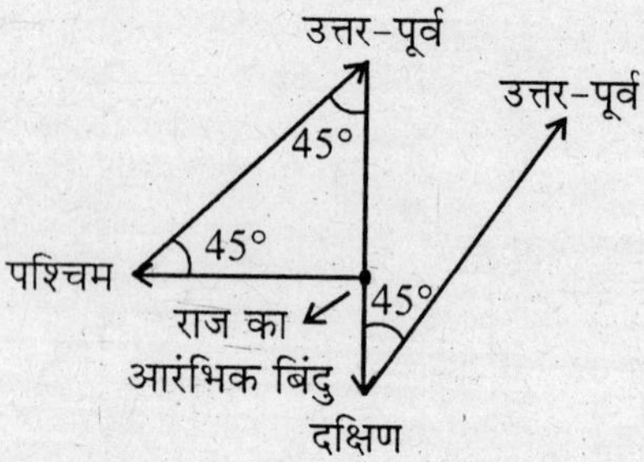

10. (c) : (12 किमी. + 5 किमी. = 17 किमी.)

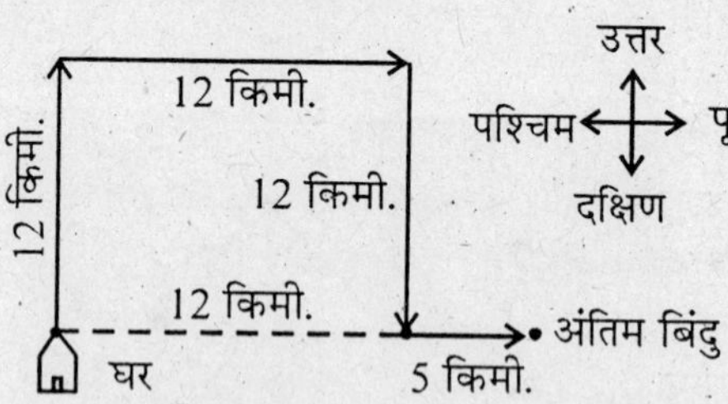

11. (c) : $ab = \sqrt{ac^2 + bc^2}$

$$ab = \sqrt{8^2 + 6^2} = \sqrt{64 + 36} = \sqrt{100} = 10$$

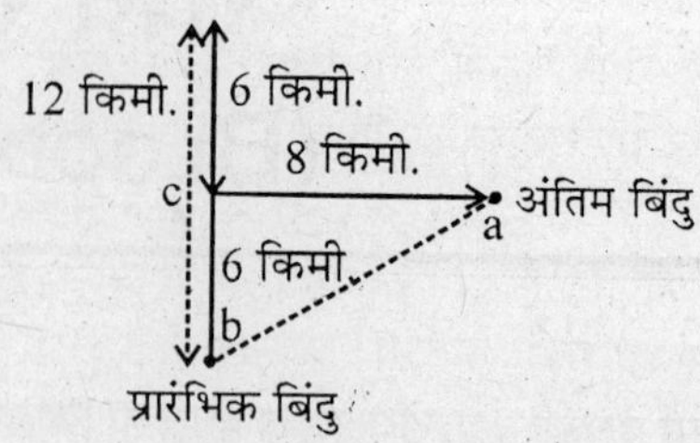

12. (c) :

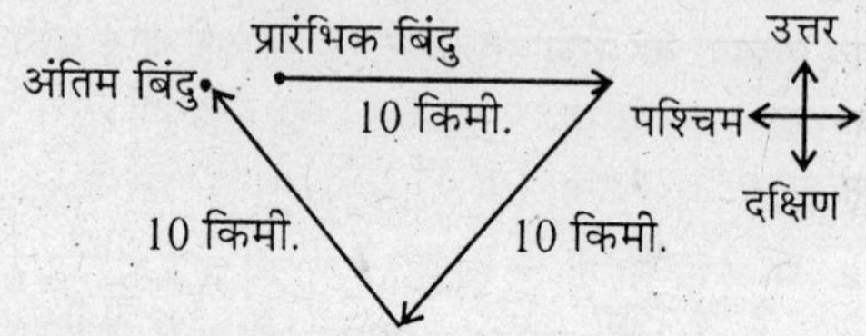

13. (d) :

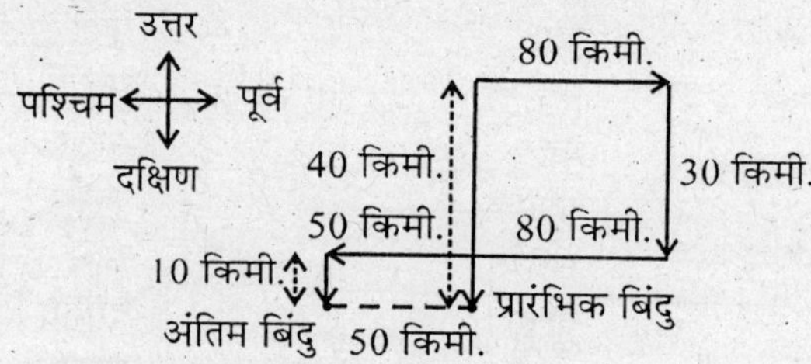

14. (d) :

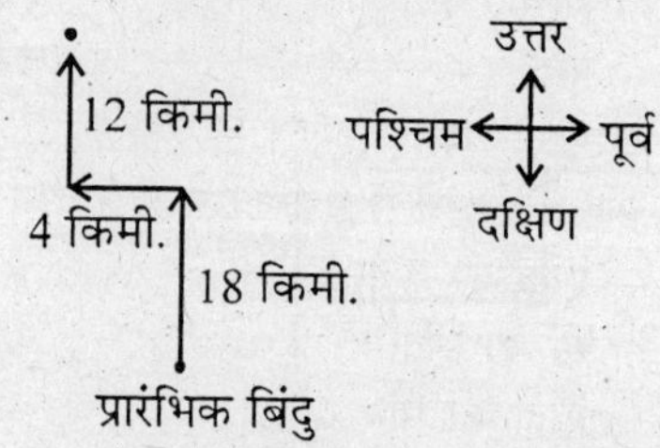

कुल दूरी = 18 + 4 + 12 = 34 किमी.

15. (b) : $ab = \sqrt{bc^2 + ca^2}$

$$ab = \sqrt{3^2 + 4^2} = \sqrt{9 + 16} = \sqrt{25} = 5$$

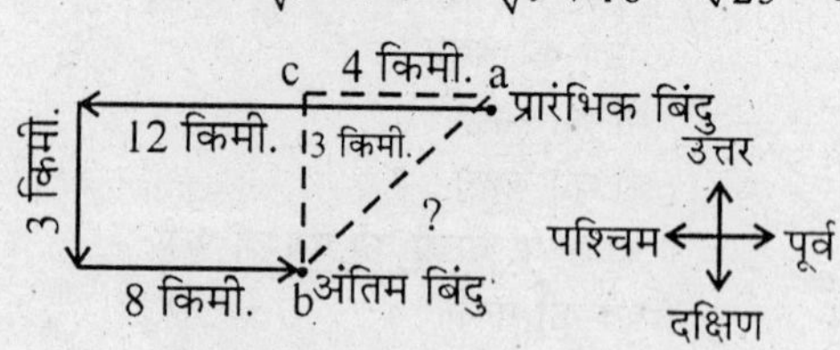

रक्त संबंधी परीक्षण
(BLOOD RELATIONSHIPS)

रक्त संबंधों पर आधारित प्रश्नों को हल करने के लिए यह आवश्यक है कि परीक्षार्थी रिश्तों की जटिलता को तत्काल समझ सकें और किन्हीं दो व्यक्तियों के बीच किस प्रकार के संबंध हो सकते हैं, इस बारे में उन्हें स्पष्ट जानकारी हो। इस प्रकार के प्रश्नों को पूछने का अभिप्राय मुख्यत: यह सुनिश्चित करना है कि परीक्षार्थी कतिपय जटिल भाषा में व्यक्त रिश्तों को कितनी तत्परता से समझ सकते हैं और उत्तर के रूप में सही विकल्प का चयन कर सकते हैं।

कुछ सामान्य रक्त संबंधों की सूची नीचे दी गई है :

मां	दादी
पिता	दादा
पुत्र	पोता
पुत्री	पोती
भाई	साला
बहन	साली
भतीजी	श्वसुर
भतीजा	सास
चाचा	दामाद
चाची	पुत्रवधु
पति	चचेरे या फुफेरे या ममेरे या मौसेरे भाई-बहन
पत्नी	

इन प्रश्नों को हल करने में सहायक कुछ संबंधों के पैटर्न नीचे दर्शाए गए हैं :

पिता का पिता	—	दादा
मां का पिता	—	नाना
पिता की मां	—	दादी
मां की मां	—	नानी
पिता या मां का पुत्र	—	भाई
पिता या मां की पुत्री	—	बहन
पिता का भाई	—	चाचा
पिता की बहन	—	बुआ
मां का भाई	—	मामा
मां की बहन	—	मौसी
चाचा या चाची का पुत्र या पुत्री	—	चचेरा भाई, चचेरी बहन
पुत्र की पत्नी	—	पुत्रवधु
पुत्री का पति	—	दामाद
पति का भाई	—	देवर
पत्नी का भाई	—	साला

पति की बहन	—	ननद
पत्नी की बहन	—	साली
भाई की पत्नी	—	भाभी
बहन का पति	—	बहनोई
भाई का पुत्र	—	भतीजा
भाई की पुत्री	—	भतीजी

हल किए गए प्रश्न

प्रश्न : 'X', 'Y' की पत्नी है और 'Y', 'Z' का भाई है। 'Z', 'P' का पुत्र है। 'P' का 'X' से क्या संबंध है ?

(*a*) बहन (*b*) चाची (*c*) भाई (*d*) श्वसुर (*e*) इनमें से कोई नहीं

उत्तर (*d*) : दिए गए प्रश्न के अनुसार संबंध चार्ट निम्नवत् दर्शाया जा सकता है :

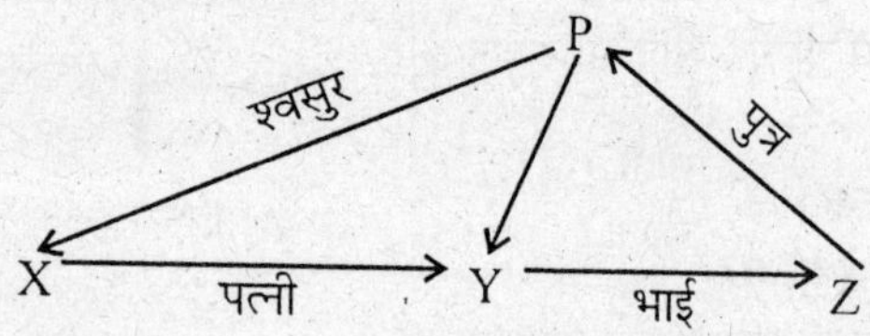

'Y', 'Z' का भाई है जो 'P' का पुत्र है। अत: 'Z' भी 'P' का पुत्र है। चूंकि 'P', 'Y' का पिता है और 'X', 'Y' की पत्नी है अत: 'P', 'X' का श्वसुर है।

अभ्यास

निर्देश : *नीचे के प्रत्येक प्रश्न में व्यक्तियों के बीच उल्लिखित संबंधों को सावधानीपूर्वक समझें और तब दिए गए विकल्पों में से सही उत्तर का चयन करें :*

1. यदि अमित के पिता बिल्लू के पिता के एकमात्र पुत्र हैं और बिल्लू का कोई भी भाई नहीं है और न ही उसकी कोई पुत्री है तो अमित और बिल्लू के बीच क्या संबंध है ?

(*a*) चाचा-भतीजा (*b*) पिता-पुत्री (*c*) पिता-पुत्र
(*d*) चचेरा भाई (*e*) इनमें से कोई नहीं

2. एक महिला के फोटो की ओर संकेत करते हुए एक व्यक्ति ने कहा, ''वह मेरी दादी के एकमात्र पुत्र की पुत्री है।'' वह फोटो वाली महिला उस व्यक्ति की क्या है ?

(*a*) मां (*b*) पुत्री (*c*) साली
(*d*) बहन (*e*) इनमें से कोई नहीं

3. एक पुरुष और एक महिला किसी एक कमरे में बैठे हैं। उस पुरुष की सास और उस महिला की सास आपस में मां और पुत्री हैं। वह व्यक्ति उस महिला का ..... है।

(*a*) पिता (*b*) सास (*c*) चाचा
(*d*) ददिया श्वसुर (*e*) इनमें से कोई नहीं

4. किसी एक महिला की ओर संकेत करते हुए मैंने कहा ''वह मेरे पिता की बहन है और वह मेरे दादाजी की एकमात्र पुत्री है''। मेरे दादा-दादी की कुल कितनी संतानें हैं ?

(*a*) दो पुत्र
(*b*) एक पुत्री
(*c*) एक पुत्र और एक पुत्री
(*d*) कहा नहीं जा सकता
(*e*) इनमें से कोई नहीं

5. एक फोटो की ओर संकेत करते हुए एक महिला ने मोहन से कहा, ''मैं इस महिला की एकमात्र पुत्री हूं और इसका पुत्र तुम्हारा मामा है।'' इस बोलने वाली महिला का मोहन के पिता से क्या संबंध है ?

(*a*) पत्नी
(*b*) साली
(*c*) पत्नी या साली
(*d*) इनमें से कोई नहीं
(*e*) कहा नहीं जा सकता

6. A, B का भाई है। A, C का भाई है। B का C से क्या संबंध है, यह जानने के लिए निम्नलिखित में से कौन सी न्यूनतम अतिरिक्त जानकारी अपेक्षित है ?

I. C का लिंग II. B का लिंग

(*a*) केवल I अपेक्षित है
(*b*) केवल II अपेक्षित है
(*c*) I या II में से कोई भी एक अपेक्षित है
(*d*) I और II दोनों अपेक्षित हैं
(*e*) I और II में से कोई भी अतिरिक्त जानकारी अपेक्षित नहीं है

7. क्या D, F का भाई है ? इस प्रश्न का उत्तर ज्ञात करने के लिए नीचे A और B कथनों में दी गई कौन सी सूचना पर्याप्त है ?

(A) B के दो पुत्र हैं जिनमें एक F है
(B) D की मां का विवाह B से हुआ है

(*a*) उपर्युक्त A और B दोनों में दी गई सूचनाएं अपेक्षित हैं
(*b*) उपर्युक्त A और B दोनों में दी गई सूचनाएं पर्याप्त नहीं हैं
(*c*) केवल A में दी गई सूचना पर्याप्त है
(*d*) केवल B में दी गई सूचना पर्याप्त है
(*e*) A या B में दी गई सूचना पर्याप्त है

8. नीरा, महेन्द्र की पुत्री है। अचला की बहन माला का पुत्र मोहन है और पुत्री सुशीला है। कमला, सुशीला की मौसी है और कृष्ण की मां है। मोहन और कृष्ण आपस में मौसेरे भाई हैं। कृष्ण, नीरा का भाई है। अचला, महेन्द्र की क्या लगती है ?

(*a*) मौसेरी बहन (*b*) साली (*c*) भतीजी
(*d*) पुत्री (*e*) बहन

9. B, A का मामा है। C, B के नानाजी हैं। D, C का नाती है। बताइए कि D का A से क्या संबंध है ?

(*a*) मामा (*b*) मौसेरा भाई (*c*) भतीजा
(*d*) नाना (*e*) इनमें से कोई नहीं

10. एक पुरुष का परिचय कराते हुए किसी महिला ने कहा, ''उसकी पत्नी मेरे पिता की एकमात्र पुत्री है।'' उस पुरुष का उस महिला से क्या संबंध है ?

(*a*) पति (*b*) पिता (*c*) श्वसुर
(*d*) भाई (*e*) इनमें से कोई नहीं

निर्देश (प्रश्न 11 से 15) : *नीचे दिए गए कथन को सावधानीपूर्वक पढ़ें और तत्पश्चात् पूछे गए प्रश्नों के उत्तर दें :*

राधा और मिन्नीलाल के दो बच्चे हैं—सिम्मी और दिव्या। दिव्या का विवाह अनुज से हुआ है जो मधु और जब्बार का पुत्र है। रेशमा, अनुज की पुत्री है। अनुज की बहन किरण का विवाह सुबोध से हुआ है और इनके तरुण और अमन दो पुत्र हैं। तरुण, मधु और जब्बार का नाती है।

11. अमन और रेशमा के बीच क्या संबंध है ?

(*a*) चाचा-भतीजी
(*b*) पिता-पुत्री
(*c*) पति-पत्नी
(*d*) ममेरे फुफेरे भाई-बहन
(*e*) इनमें से कोई नहीं

12. सुबोध, जब्बार का क्या है ?

(*a*) दामाद (*b*) पुत्र (*c*) भाई
(*d*) श्वसुर (*e*) इनमें से कोई नहीं

13. रेशमा, किरण की क्या है ?

(*a*) भतीजी (*b*) पुत्री (*c*) मां
(*d*) चाची (*e*) इनमें से कोई नहीं

14. दिव्या, किरण की कौन है ?

(*a*) चाची (*b*) दादी (*c*) भाभी
(*d*) बहन (*e*) इनमें से कोई नहीं

15. निम्नलिखित में से कौन सा कथन निश्चित ही सत्य है ?

(*a*) अमन, सिम्मी का पुत्र है
(*b*) मधु, सुबोध की सास है
(*c*) रेशमा, किरण की चचेरी बहन है
(*d*) उपर्युक्त तीनों सत्य हैं
(*e*) इनमें से कोई नहीं

16. यदि $A \div B$ का अर्थ है कि A, B का पिता है, $A \times B$ का अर्थ है कि A, B की मां है, $A + B$ का अर्थ है कि A, B की बहन है और $A - B$ का अर्थ है कि A, B का दादा है,तो निम्नलिखित में से किसका यह अर्थ होगा कि M, N का पोता है ?

(*a*) $M - O + N$
(*b*) $N \times O \div M$
(*c*) $M + N \times O$
(*d*) दी गई सूचना अपर्याप्त है
(*e*) इनमें से कोई नहीं

निर्देश (प्रश्न 17-18) : *निम्नलिखित कथनों को पढ़ें और पूछे गए प्रश्नों के उत्तर दें :*

(A) 'P + Q' का अर्थ है कि 'P, Q का भाई है'

(B) 'P × Q' का अर्थ है कि 'P, Q का पिता है'

(C) 'P ÷ Q' का अर्थ है कि 'P, Q की मां है'

17. निम्नलिखित में से किसका यह अर्थ होगा कि R, M का पुत्र है ?

(*a*) M + R × S (*b*) M × S ÷ R

(*c*) M ÷ R × S (*d*) M × S × R

(*e*) इनमें से कोई नहीं

18. उपर्युक्त प्रश्न का उत्तर ज्ञात करने के लिए निम्नलिखित में से किस कथन को छोड़ा जा सकता है ?

(*a*) केवल A (*b*) B या C

(*c*) A या B (*d*) केवल B

(*e*) कोई भी नहीं

निर्देश (प्रश्न 19-20) : *निम्नलिखित कथनों को पढ़ें और पूछे गए प्रश्नों के उत्तर दें :*

(A) P + Q का अर्थ है कि 'P, Q की मां है'

(B) P ÷ Q का अर्थ है कि 'P, Q का पितां है'

(C) P – Q का अर्थ है कि 'P, Q की बहन है'

19. निम्नलिखित में से किससे यह सूचित होता है कि M, R की पुत्री है ?

(*a*) R ÷ M + N (*b*) R + N ÷ M

(*c*) R – M ÷ N (*d*) दी गई सूचना अपर्याप्त है

(*e*) इनमें से कोई नहीं

20. उपर्युक्त प्रश्न का उत्तर ज्ञात करने के लिए निम्नलिखित में से किस कथन को छोड़ा जा सकता है ?

(*a*) केवल A (*b*) B या C

(*c*) A या B (*d*) केवल C

(*e*) इनमें से कोई नहीं

व्याख्यात्मक उत्तर

1. (*c*) : प्रश्न पर आधारित संबंध-चार्ट है :

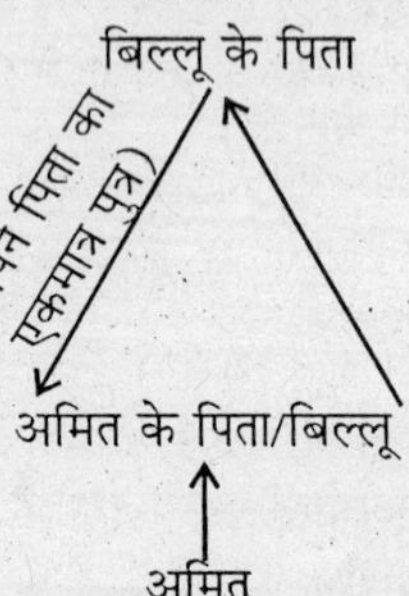

अमित के पिता बिल्लू के पिता के एकमात्र पुत्र हैं, और बिल्लू अपने पिता का एकमात्र पुत्र है (बिल्लू का कोई भाई नहीं है)। इससे यह स्पष्ट होता है कि बिल्लू ही अमित का पिता है। चूंकि बिल्लू की कोई पुत्री नहीं है, अत: अमित ही उसका एकमात्र पुत्र है।

2. (*d*) :

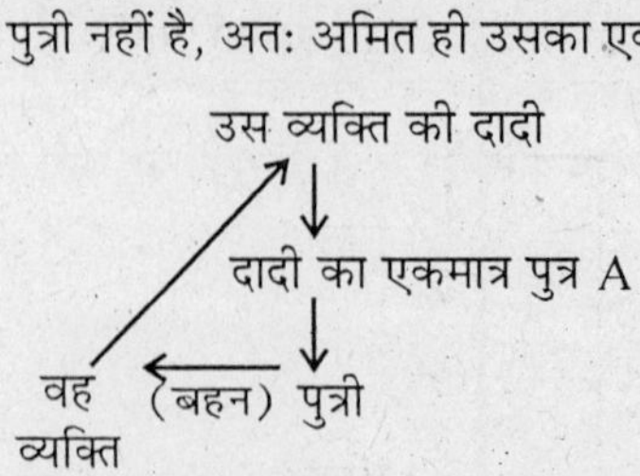

उस व्यक्ति की दादी का एकमात्र पुत्र उस व्यक्ति का पिता है और जिसकी पुत्री उस व्यक्ति की बहन है।

3. (*b*) :

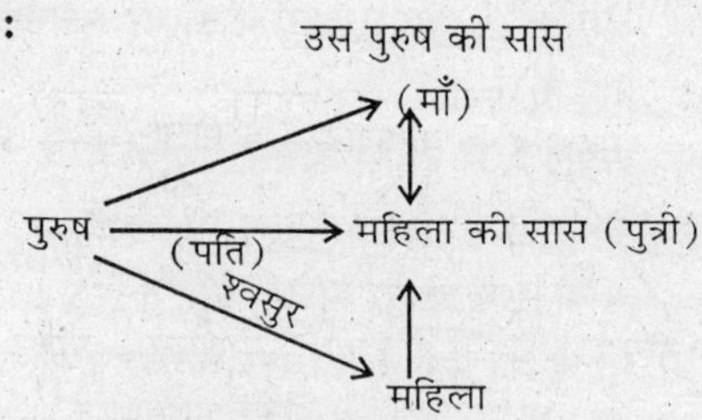

उस महिला की सास उस पुरुष की सास की पुत्री है। अत: वह पुरुष उस महिला की सास का पति और उसका श्वसुर है।

4. (*d*) :

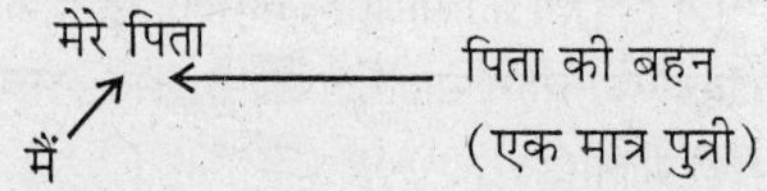

दी गई सूचना के आधार पर कुछ ज्ञात नहीं किया जा सकता।

5. (*a*) :

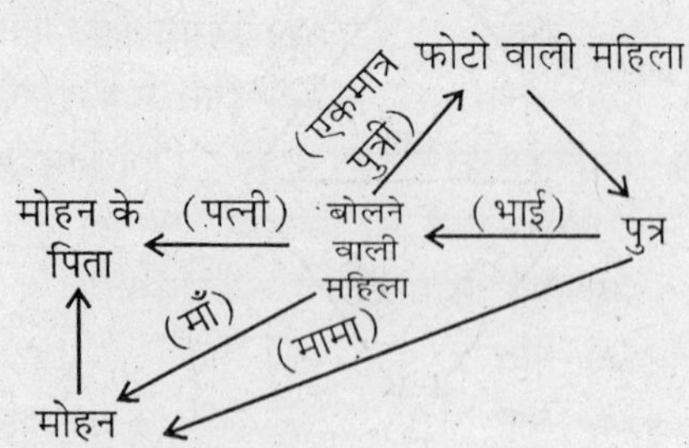

बोल रही महिला फोटोवाली महिला की एकमात्र पुत्री है। फोटो वाली महिला का पुत्र बोल रही महिला का भाई है। यदि बोल रही महिला का भाई मोहन का मामा है तो वह बोल रही महिला मोहन की मां है, अत: वह मोहन के पिता की पत्नी है।

6. (*c*) : 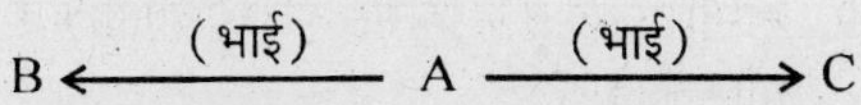

दोनों में से प्रत्येक कथन आवश्यक है जिनके द्वारा हम जान सकते हैं कि B का C से क्या संबंध है।

7. (*a*) : 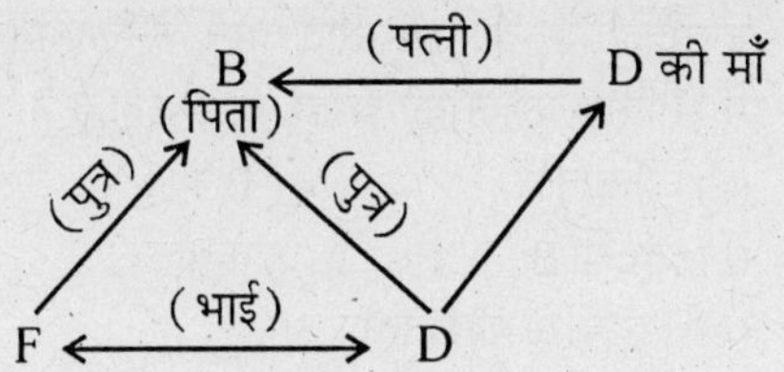

D, F का भाई है, यह जानने के लिए दोनों का कथन आवश्यक है।

8. (*b*) : 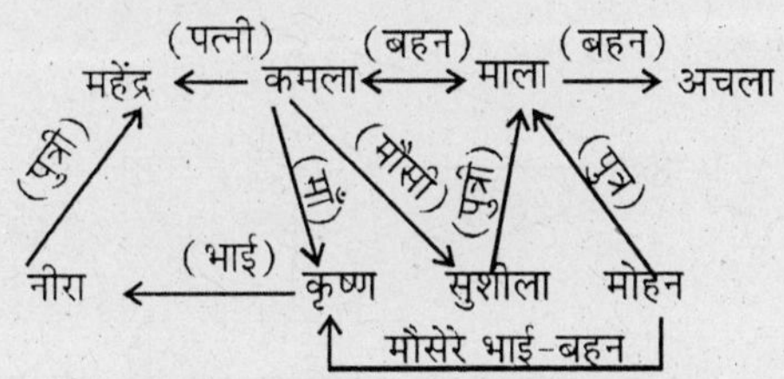

ऊपर प्रदर्शित संबंध-चार्ट से कमला, माला और अचला आपस में बहनें हैं और कमला, माला की पुत्री सुशीला की मौसी है। कमला, महेंद्र की पत्नी है। पत्नी की बहन साली लगती है, अत: अचला, महेंद्र की साली है।

9. (*a*) : 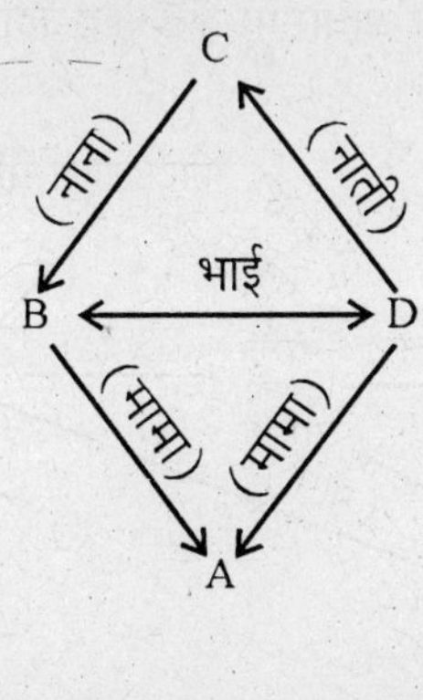

C, B के नानाजी हैं और D, C का नाती है, अत: B और D आपस में भाई हैं। यदि B, A का मामा है तो B का भाई D भी A का मामा है।

10. (*a*) : 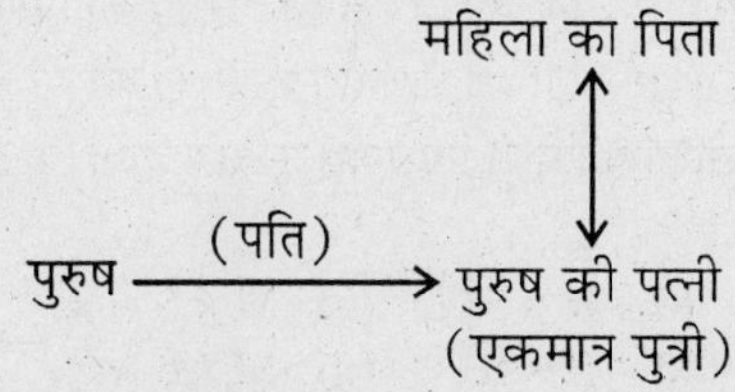

'पिता की एकमात्र पुत्री' स्वयं वह महिला ही है और वह पुरुष उसका पति है।

11. (*d*) : जैसा कि चार्ट में दर्शाया गया है, किरण, अनुज की बहन है। अमन, किरण का पुत्र है और रेशमा, अनुज की पुत्री है। अत: अमन और रेशमा बहन (किरण) और भाई (अनुज) के बच्चे हैं जो आपस में ममेरे-फुफेरे भाई-बहन हैं।

12. (*a*) : सुबोध, किरण का पति है तथा किरण मधु और जब्बार की पुत्री है। अत: जब्बार की पुत्री (किरण) का पति सुबोध जब्बार का दामाद है।

13. (*a*) : रेशमा, दिव्या और अनुज की पुत्री है। किरण, अनुज की बहन और रेशमा की बुआ है। अत: रेशमा, किरण की भतीजी है।

14. (*c*) : दिव्या, अनुज की पत्नी है और किरण, अनुज की बहन है। भाई की पत्नी भाभी होती है, अत: दिव्या, किरण की भाभी है।

15. (*b*) : किरण, मधु की पुत्री और सुबोध की पत्नी है। अत: मधु अपनी पुत्री किरण के पति सुबोध की सास है।

16. (*e*) : N × O का अर्थ है कि 'N, O का पिता है' और O × M का अर्थ है कि O, M का पिता है

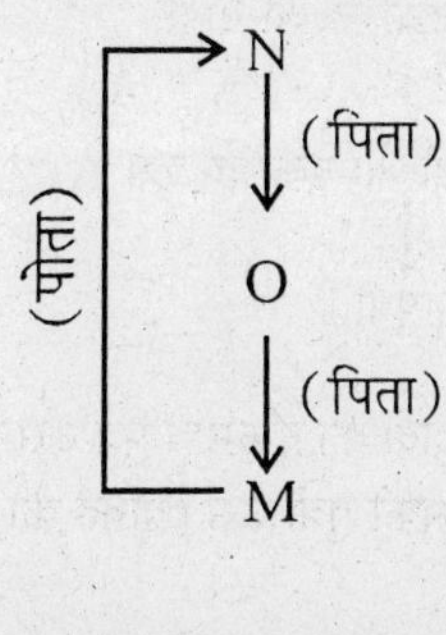

17. (*c*) : M ÷ R का अर्थ है कि 'M, R की मां हैं' और R × S का अर्थ है कि R, S का पिता है।

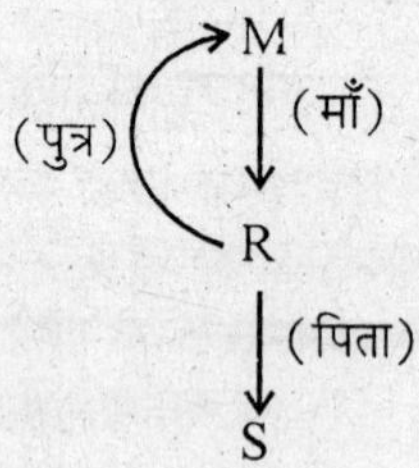

18. (*a*) : भाई के संबंध को व्यक्त करने वाली सूचना अपेक्षित नहीं है।

19. (*a*) : R ÷ M का अर्थ है कि 'R, M का पिता है' और M + N का अर्थ है कि M, N की मां है।

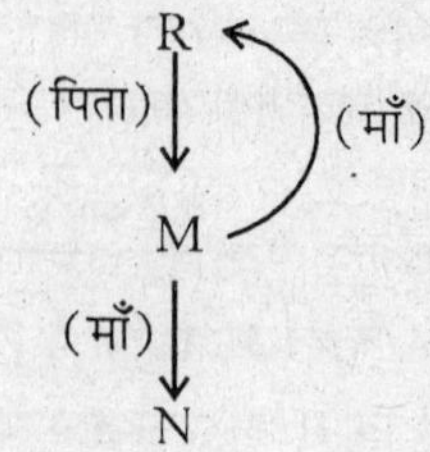

20. (*d*) : बहन के संबंध को व्यक्त करने वाली सूचना अपेक्षित नहीं है।

निवेश परीक्षण
(INPUT INTERPRETATIONS)

इस प्रकार की तार्किक व्याख्या पर आधारित प्रश्न सामान्यत: बैंकों में अधिकारियों के पद पर नियुक्ति हेतु आयोजित की जाने वाली प्रतियोगी परीक्षाओं में पूछे जाते हैं। अभ्यर्थियों के लिए यह अपेक्षित है कि वे दिए गए आँकड़ों और सूचनाओं का सावधानीपूर्वक अध्ययन करके प्रश्नों में अंतर्निहित पैटर्न को अच्छी तरह समझ लें और तत्पश्चात् दी गई जानकारी पर आधारित प्रश्नों के उत्तर दें।

हल किए गए प्रश्न

निर्देश (प्रश्न 1 से 3) : *नीचे दी गई सूचना को सावधानीपूर्वक पढ़ें और तत्पश्चात् इन सूचनाओं पर आधारित प्रश्नों के उत्तर दें :*

शब्दों को पुनर्व्यवस्थित करने वाली किसी मशीन को जब शब्दों की एक लाइन दी जाती है तो वह मशीन प्राप्त इनपुट को हर चरण में एक विशेष नियम का पालन करते हुए पुनर्व्यवस्थित करती है। नीचे उदाहरण स्वरूप एक इनपुट और पुनर्व्यवस्था के चरण दर्शाए गए हैं।

इनपुट : Over you pat me crow easy to.
चरण I : pat over you crow easy to me
चरण II : crow pat over you to me easy
चरण III : over crow pat to me easy you

उपर्युक्त चरणों में जिन नियमों का पालन किया गया है उनका अनुसरण करके निम्नलिखित प्रश्नों में दिए गए इनपुट के लिए उपयुक्त चरण ज्ञात करें।

1. यदि किसी इनपुट का पाँचवाँ चरण 'put down col in as much sa' है, तो इस इनपुट का आठवाँ चरण क्या होगा ?

(*a*) down in put much sa as col
(*b*) in put down col much sa as
(*c*) much in put down sa as col
(*d*) col put down as much sa in
(*e*) None of these

उत्तर (*e*) : अनुसरण किए गए चरण हैं :

चरण V : put down col in as much sa
चरण VI : in put down col much sa as
चरण VII : down in put much sa as col
चरण VIII : much down in put as col sa

2. इनपुट : but calm free are so not eat.
इस इनपुट का तीसरा चरण निम्नलिखित में से कौन-सा होगा ?

(*a*) so free but calm eat are not
(*b*) but calm are free not so eat
(*c*) are but calm free not eat so
(*d*) but so free eat are not calm
(*e*) इनमें से कोई नहीं

उत्तर (*d*) : अनुसरण किए गए चरण हैं :

इनपुट : but calm free are so not eat
चरण I : free but calm so not eat are
चरण II : so free but calm eat are not
चरण III : but so free eat are not calm

3. इनपुट : rim bye eat klin fe to low हो तो fe low rim to bye klin eat निम्नलिखित में से किस चरण का द्योतक है ?

(*a*) छठा (*b*) पाँचवाँ (*c*) चौथा (*d*) तीसरा

(*e*) इनमें से कोई नहीं

उत्तर (*b*) : अनुसरण किए गए चरण हैं :

इनपुट : rim bye eat klin fe to low
चरण I : eat rim bye fe to low klin
चरण II : fe eat rim bye low klin to
चरण III : rim fe eat low klin to bye
चरण IV : low rim fe eat to bye klin
चरण V : fe low rim to bye klin eat

अभ्यास

निर्देश (प्रश्न 1 से 6) : *नीचे दी गई जानकारी को पढ़कर इस पर आधारित प्रश्नों के उत्तर दीजिए :*

किसी इलेक्ट्रॉनिक मशीन में जब संख्याएँ निविष्ट की जाती हैं तो वह मशीन प्राप्त निवेश (इनपुट) को विशेष नियम का पालन करते हुए पुनर्व्यवस्थित करती है। नीचे संख्याओं के दिए गए इनपुट और पुनर्व्यवस्था के विभिन्न चरणों को दर्शाया गया है :

इनपुट : 85 16 36 04 19 97 63 09
चरण I : 97 85 16 36 04 19 63 09
चरण II : 97 85 63 16 36 04 19 09
चरण III : 97 85 63 36 16 04 19 09
चरण IV : 97 85 63 36 19 16 04 09
चरण V : 97 85 63 36 19 16 09 04

(दिए गए इनपुट के लिए चरण V पुनर्व्यवस्था का अंतिम चरण है)

1. दिए गए इनपुट के लिए निम्नलिखित में से कौन-सा अंतिम चरण होगा ?

इनपुट : 16 09 25 27 06 05

(*a*) I (*b*) II

(*c*) III (*d*) IV

(*e*) इनमें से कोई नहीं

2. नीचे दिए गए इनपुट का यहाँ दिए गए विकल्पों में से कौन-सा चरण II होगा ?

इनपुट : 82 80 79 99 22 32 50

(*a*) 99 82 80 79 50 32 22

(*b*) 99 82 80 79 50 22 32

(*c*) 99 82 80 79 32 22 50

(*d*) 99 82 80 79 22 32 50

(*e*) इनमें से कोई नहीं

3. नीचे दिए गए इनपुट का यहाँ दिए गए विकल्पों में से कौन-सा चरण III होगा ?

इनपुट : 09 25 16 30 32 19 17 06

(*a*) 32 25 09 16 30 19 17 06

(*b*) 32 30 25 09 16 19 17 06

(*c*) 32 30 09 25 16 19 17 06

(*d*) 32 09 25 16 30 19 17 06

(*e*) इनमें से कोई नहीं

4. यदि किसी इनपुट का चरण IV नीचे दिए गए अनुसार हो तो वह इनपुट दिए गए विकल्पों में से कौन-सा होगा ?

चरण IV : 92 86 71 69 15 19 06 63 58

(*a*) 86 92 69 71 15 19 06 63 58

(*b*) 15 19 06 63 58 86 92 69 71

(*c*) 15 86 19 92 06 69 63 58 71

(*d*) निर्धारित नहीं किया जा सकता

(*e*) इनमें से कोई नहीं

5. नीचे दिए गए इनपुट का अंतिम चरण क्या होगा ?

इनपुट : 03 31 43 22 11 09

(*a*) IV (*b*) V

(*c*) VI (*d*) निर्धारित नहीं किया जा सकता

(*e*) इनमें से कोई नहीं

6. नीचे दिए गए इनपुट का पाँचवाँ चरण क्या होगा ?

इनपुट : 25 08 35 11 88 67 23

(*a*) 88 67 35 25 23 11 08

(*b*) 88 67 35 25 23 08 11

(*c*) 88 67 35 25 08 11 23
(*d*) 08 11 23 25 35 67 88
(*e*) इनमें से कोई नहीं

निर्देश (प्रश्न 7 से 10) : *नीचे दी गई जानकारी को पढ़कर इस पर आधारित प्रश्नों के उत्तर दीजिए।*

शब्दों को व्यवस्थित करने वाली किसी मशीन में जब शब्दों की पंक्ति का इनपुट दिया जाता है तो वह प्रत्येक चरण में एक विशिष्ट नियम का अनुपालन करते हुए उन्हें पुनर्व्यवस्थित कर देती है। नीचे इनपुट और पुनर्व्यवस्था के चरणों का एक उदाहरण दिया गया है :

इनपुट : As if it on as Zoo figure Of in at
चरण I : as As if it on Zoo figure Of in at
चरण II : as As at if it on Zoo figure Of in
चरण III : as As at figure if it on Zoo of in
चरण IV : as As at figure if in it on Zoo Of
चरण V : as As at figure if in it Of on Zoo

(चरण V इस इनपुट की पुनर्व्यवस्था का अंतिम चरण है)

उपर्युक्त चरणों में अपनाए गए नियमों के अनुसार निम्नलिखित प्रत्येक प्रश्न में दिए गए इनपुट के लिए उचित चरण ज्ञात करें।

7. यदि इनपुट का चौथा चरण 'an apple at cot was red on one side' है तो इनपुट क्या होगा ?
(*a*) apple at an cot was red on one side
(*b*) cot an at apple was red on one side
(*c*) was cot red an on at one apple side
(*d*) निर्धारित नहीं किया जा सकता
(*e*) इनमें से कोई नहीं

8. इनपुट—Him and His either or her, का अंतिम चरण निम्नलिखित में से कौन सा चरण होगा ?
(*a*) I (*b*) II
(*c*) III (*d*) IV
(*e*) V

9. यदि इनपुट—you are at fault on this, हो तो इस इनपुट का निम्नलिखित में से कौन सा चरण—are at fault on you this होगा ?
(*a*) I (*b*) II
(*c*) III (*d*) IV
(*e*) V

10. इनपुट—am ace all if Is का दूसरा चरण क्या होगा ?
(*a*) all am ace if Is
(*b*) ace all am Is if
(*c*) ace all am if is
(*d*) Is if am ace all
(*e*) इनमें से कोई नहीं

निर्देश (प्रश्न 11 से 15) : *नीचे दी गई जानकारी को ध्यानपूर्वक पढ़कर इस पर आधारित प्रश्नों के उत्तर दीजिए।*

शब्दों को व्यवस्थित करने वाली किसी मशीन को जब शब्दों की पंक्ति का इनपुट दिया जाता है तो वह प्रत्येक चरण में एक विशिष्ट नियम का पालन करते हुए दिए गए इनपुट को पुनर्व्यवस्थित करती है। नीचे उदाहरण के रूप में एक इनपुट तथा पुनर्व्यवस्था के चरण दिए गए हैं।

इनपुट : Go for to Though By easy To Access at
चरण I : Access Go for to Though By easy To at
चरण II : Access at Go for to Though by easy To
चरण III : Access at By Go for to Though easy to
चरण IV : Access at By easy Go for to Though To
चरण V : Access at By easy for Go to Though To
चरण VI : Access at By easy for Go Though to To
चरण VII : Access at By easy for Go Though To to

(चरण VII इस इनपुट की पुनर्व्यवस्था का अंतिम चरण है)

उपर्युक्त चरणों में अपनाए गए नियमों के अनुसार निम्नलिखित प्रत्येक प्रश्न में दिए गए इनपुट के लिए उचित चरण ज्ञात करें।

11. इनपुट : Over Go for through at one.
इस इनपुट का अंतिम चरण निम्नलिखित में से कौन सा चरण होगा ?
(*a*) III (*b*) IV
(*c*) V (*d*) VII
(*e*) इनमें से कोई नहीं

12. इनपुट : Story for around on was He at.
इस इनपुट का चौथा चरण क्या होगा?
(*a*) around at He for story on was
(*b*) around at for He story on was
(*c*) around at for He on story was
(*d*) around at for He on was story
(*e*) इनमें से कोई नहीं

13. इनपुट : Together over series on feast the so.
इस इनपुट का अंतिम से ठीक पहले का चरण निम्नलिखित में से कौन-सा है?
(*a*) II (*b*) III
(*c*) IV (*d*) V
(*e*) इनमें से कोई नहीं

14. इनपुट : every and peer to an for
इस इनपुट का निम्नलिखित में से कौन सा चरण 'an and every for peer to' होगा?
(*a*) II (*b*) IV
(*c*) V (*d*) III
(*e*) इनमें से कोई नहीं

15. यदि किसी इनपुट का दूसरा चरण :
and Do pet to on that
हो तो निम्नलिखित में से कौन-सा निश्चित रूप से वह इनपुट होगा?
(*a*) Do and pet on to that
(*b*) Do pet to and that on
(*c*) Do on pet to and that
(*d*) निर्धारित नहीं किया जा सकता
(*e*) इनमें से कोई नहीं

निर्देश (प्र. सं. 16–19): *निम्नलिखित सूचना को ध्यानपूर्वक पढ़िए तथा दिए गए प्रश्नों के उत्तर दीजिए।*

एक शब्द व संख्या व्यवस्थित करने वाली मशीन को जब शब्दों व संख्याओं का आगम किया जाता है तो वह एक विशेष नियम द्वारा उन्हें पुनर्व्यवस्थित करती है। नीचे एक आदान व उसके पुनर्व्यवस्थापन को प्रदर्शित किया गया है।

(सभी संख्याएं दो अंकों वाली संख्याएं हैं)

आगम : **tall 48 13 rise alt 99 76 32 wise jar high 28 56 barn**
चरण I : 13 tall 48 rise 99 76 32 wise jar high 28 56 barn alt
चरण II : 28 13 tall 48 rise 99 76 32 wise jar high 56 alt barn
चरण III : 32 28 13 tall 48 rise 99 76 wise jar 56 alt barn high
चरण IV : 48 32 28 13 tall rise 99 76 wise 56 alt barn high jar
चरण V : 56 48 32 28 13 tall 99 76 wise alt barn high jar rise
चरण VI: 76 56 48 32 28 13 99 wise alt barn high jar rise tall
चरण VII: 99 76 56 48 32 28 13 alt barn high jar rise tall wise

और चरण VII इस आगम का अंतिम चरण है, जिससे अभीष्ट व्यवस्था प्राप्त हो जाती है।

ऊपर दिए गए चरणों में पालन किए गए नियमों के अनुसार नीचे दिए गए प्रत्येक प्रश्न में, दिए गए आगम के लिए समुचित चरण ढूंढिए।

प्रश्नों के लिए आगम :

***इनपुट* : 84 why sit 14 32 not best ink feet 51 27 vain 68 92**

(सभी संख्याएं दो अंकों वाली संख्याएं हैं)

16. निम्नलिखित निर्गम (आउटपुट) कौन-से चरण में प्राप्त होगी? 32 27 14 84 why sit not 51 vain 92 68 feet best ink
A. चरण V B. चरण VI
C. चरण IV D. चरण III
E. ऐसा कोई चरण नहीं है

17. चरण V में कौन-सा शब्द/संख्या दाएँ से पाँचवें स्थान पर होगा/होगी?
A. 14 B. 92
C. feet D. best
E. why

18. निर्गम के अंतिम चरण में 'feet' तथा '32' के मध्य कितने तत्व (शब्द या संख्याएं) हैं?
A. एक B. तीन
C. चार D. पाँच
E. सात

19. चौथे चरण में निम्नलिखित में से कौन 'why' की स्थिति दर्शाता है?
A. बाँए से आठवाँ B. दाँए से पाँचवां
C. बाँए से छठा D. बाँए से पाँचवां
E. बाँए से सातवाँ

निर्देश (प्र. सं. 20–21): *निम्नलिखित सूचना को ध्यानपूर्वक पढ़िए तथा नीचे दिए गए प्रश्नों के उत्तर दीजिए:*

A, B, C, D, E, F, G तथा H केन्द्र की ओर मुँह करके घेरा बनाकर बैठे हैं किन्तु इसी क्रम में ही बैठे हों ऐसा आवश्यक नहीं है।

- B, H के पति के बाएँ से दूसरे स्थान पर है। B के बगल में कोई महिला नहीं है।
- D की बेटी F के दाएँ से दूसरे स्थान पर है। F, G की बहन है। F, H के पति के बगल में नहीं बैठी है।
- A तथा F के बीच केवल एक व्यक्ति बैठा है। A, G का पिता है। H का भाई D, H की माँ के बाईं बगल वाले स्थान पर है। H की माँ तथा E के बीच केवल एक व्यक्ति है।
- H तथा G के बीच केवल एक व्यक्ति है। G, C की माँ है। G, E की बगल में नहीं बैठा है।

20. अपनी सास के संबंध में A की स्थिति क्या है?
A. बाईं बगल
B. दाएं को तीसरा
C. बाएं को तीसरा
D. दाएं को दूसरा
E. बाएं को चौथा

21. निम्नलिखित में से कौन D की बेटी है?
A. B B. C
C. E D. G
E. H

व्याख्यात्मक उत्तर

प्रश्न 1 से 6 : सभी पदों को चरणशः अवरोही क्रम में व्यवस्थित करें (दी गई सारणी देखें) :

1. (b) : इनपुट : 16 09 25 27 06 05
चरण I : 27 16 09 25 06 05
चरण II : 27 25 16 09 06 05

2. (b) : इनपुट : 82 80 79 99 22 32 50
चरण I : 99 82 80 79 22 32 50
चरण II : 99 82 80 79 50 22 32

3. (b) : इनपुट : 09 25 16 30 32 19 17 06
चरण I : 32 09 25 16 30 19 17 06
चरण II : 32 30 09 25 16 19 17 06
चरण III : 32 30 25 09 16 19 17 06

4. (b) : इनपुट : 15 19 06 63 58 86 92 69 71
चरण I : 92 15 19 06 63 58 86 69 71
चरण II : 92 86 15 19 06 63 58 69 71
चरण III : 92 86 71 15 19 06 63 58 69
चरण IV : 92 86 71 69 15 19 06 63 58

5. (b) : इनपुट : 03 31 43 22 11 09
चरण I : 43 03 31 22 11 09
चरण II : 43 31 03 22 11 09
चरण III : 43 31 22 03 11 09
चरण IV : 43 31 22 11 03 09
चरण V : 43 31 22 11 09 03

6. (a) : इनपुट : 25 08 35 11 88 67 23
चरण I : 88 25 08 35 11 67 23
चरण II : 88 67 25 08 35 11 23
चरण III : 88 67 35 25 08 11 23
चरण IV : 88 67 35 25 23 08 11
चरण V : 88 67 35 25 23 11 08

प्रश्न 7 से 10 : जैसा कि दी गई सारणी में दर्शाया गया है, दिए गए शब्दों को चरणशः शब्दकोश के अनुसार अवरोही क्रम में व्यवस्थित करें :

7. (c) : इनपुट : was cot red an on at one apple side
चरण III : an was cot red on at one apple side
चरण II : an apple was cot red on at one side
चरण III : an apple at was cot red on one side
चरण IV : an apple at cot was red on one side

8. (c) : इनपुट : Him and His either or her
चरण I : and Him His either or her
चरण II : and either Him His or her
चरण III : and either her Him His or

9. *(d)* : इनपुट : you are at fault on this
चरण I : are you at fault on this
चरण II : are at you fault on this
चरण III : are at fault you on this
चरण IV : are at fault on you this

10. *(c)* : इनपुट : am ace all if Is
चरण I : ace am all if Is
चरण II : ace all am if Is

11. *(b)* : शब्दों को शब्दकोश के क्रम में लिखा गया है।
इनपुट : Over Go for through at one
चरण I : at Over Go for through one
चरण II : at For Over Go through one
चरण III : at For Go Over through one
चरण IV : at For go one Over through
(अंतिम चरण)
चौथा चरण अंतिम चरण होगा।

12. *(b)* : इनपुट : Story for around on was He at
चरण I : around Story for on was He at
चरण II : around at Story for on was He
चरण III : around at for Story on was He
चरण IV : around at for He Story on was

13. *(d)* : इनपुट : Together over series on feast the so
चरण I : feast Together over series on the so.
चरण II : feast on Together over series the so
चरण III : feast on over Together series the so
चरण IV : feast on over series Together the so
चरण V : feast on over series so Together the
चरण VI : feast on over series so the Together
(अंतिम चरण) : छठा चरण अंतिम चरण होगा। पाँचवाँ चरण अंतिम चरण से ठीक पहले का चरण होगा।

14. *(d)* : इनपुट : every and peer to an for
चरण I : an every and peer to for
चरण II : an and every peer to for
चरण III : an and every for peer to

15. *(e)*

(प्र. सं. 16–19 हेतु):

इनपुट: 84 why sit 14 32 not best ink feet 51 27 vain 68 92
चरण I: 14 84 why sit 32 not ink feet 51 27 vain 68 92 best
चरण II: 27 14 84 why sit 32 not ink 51 vain 68 92 best feet
चरण III: 32 27 14 84 why sit not 51 vain 68 92 best feet ink
चरण IV: 51 32 27 14 84 why sit vain 68 72 best feet ink not
चरण V: 68 51 32 27 14 84 why vain 92 best feet ink not sit
चरण VI: 84 68 51 32 27 14 why 92 best feet ink not sit vain
चरण VII: 92 84 68 51 32 27 14 best feet ink not sit vain why

(प्र. सं. 20–21 हेतु):

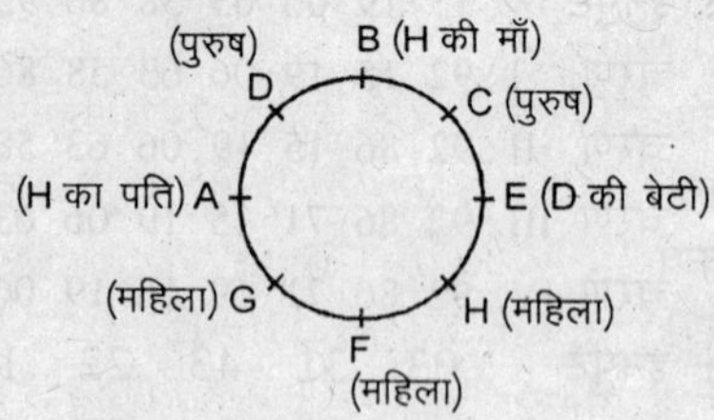

प्रतीकों से निष्कर्ष ज्ञात करना
(Drawing Symbolic Conclusions)

इस प्रकार का तर्क पैटर्न हाल की परीक्षाओं में शामिल किया जाने लगा है। ऐसे प्रश्नों में वाक्यों के स्थान पर गणितीय व्यंजकों का प्रयोग किया जाता है। अभ्यर्थियों के लिए अपेक्षित है कि वे ऐसे प्रश्नों में दिए गए गणितीय प्रतीकों को अच्छी तरह समझने के बाद ही प्रश्नों को हल करना आरंभ करें तथा दिए गए कथनों से तर्कसंगत निकलने वाले सही निष्कर्ष का चयन करें।

हल किए गए उदाहरण

निर्देश (प्रश्न 1 से 5) : *निम्नलिखित प्रश्नों में गणितीय प्रतीकों @, $\underset{=}{@}$, =, * और $\underset{=}{*}$ का प्रयोग किया गया है जिनके अर्थ निम्नवत् हैं :*

'P @ Q' का अर्थ है कि P, Q से बड़ा है

'P $\underset{=}{@}$ Q' का अर्थ है कि P या तो Q से बड़ा है या उसके बराबर है

'P = Q' का अर्थ है कि P, Q के बराबर है

'P * Q' का अर्थ है कि P, Q से छोटा है

'P $\underset{=}{*}$ Q' का अर्थ है कि P या तो Q से छोटा या उसके बराबर है।

अब निम्नलिखित प्रत्येक प्रश्न में दिए गए कथनों को सही मानकर यह ज्ञात करना है कि उन प्रश्नों के नीचे दिए गए दो निष्कर्षों I और II में से कौन निश्चित रूप से सत्य है ?

अपना उत्तर निम्नवत् दें :

उत्तर *(a)* दें, यदि केवल निष्कर्ष I सत्य हो;

उत्तर *(b)* दें, यदि केवल निष्कर्ष II सत्य हो;

उत्तर *(c)* दें, यदि या तो निष्कर्ष I या फिर II सत्य हो;

उत्तर *(d)* दें यदि न तो निष्कर्ष I और न ही निष्कर्ष II सत्य हो;

उत्तर *(e)* दें यदि निष्कर्ष I और II दोनों सत्य हों।

1. कथन : D @ F, F = S, S $\underset{=}{*}$ M

निष्कर्ष : *I.* D @ M *II.* F @ M

उत्तर *(d)* : दिया गया है कि : $D > F, F = S, S \leq M$

$\therefore F \leq M$

दिए गए निष्कर्षों में से कोई भी सत्य नहीं है।

2. कथन : P @ T, M $\underset{=}{*}$ K, T = K

निष्कर्ष : *I.* T @ M *II.* T = M

उत्तर *(c)* : $P > T, M \leq K, T = K$

$\therefore T \geq M \Rightarrow$ निष्कर्ष I या फिर निष्कर्ष II सत्य है

3. कथन : J = V, V * N, R $\underset{=}{*}$ J

निष्कर्ष : *I.* R * N *II.* J $\underset{=}{@}$ N

उत्तर *(a)* : दिया गया है कि : $J = V, V < N, R \leq J$

$\Rightarrow J < N, R \leq J$

$\therefore R < N \Rightarrow$ निष्कर्ष I सत्य है।

अभ्यास

नीचे के प्रत्येक प्रश्न में दिए गए कथनों को सत्य मानकर ज्ञात करें कि दिए गए दो निष्कर्षों I और II में से कौन निश्चित रूप से सत्य है।

अपना उत्तर निम्नवत् दें :

(*a*) यदि केवल निष्कर्ष I सत्य है;
(*b*) यदि केवल निष्कर्ष II सत्य है;
(*c*) यदि या तो निष्कर्ष I या II सत्य है;
(*d*) यदि न तो निष्कर्ष I और न ही निष्कर्ष II सत्य है; और
(*e*) यदि निष्कर्ष I और II दोनों सत्य हैं।

निर्देश (प्रश्न 1–5) : *निम्नलिखित प्रश्नों में प्रतीकों $\oplus$, $\underline{\oplus}$, =, @ और $\underline{@}$ का प्रयोग किया गया है जिनके अर्थ निम्नवत् हैं :*

P $\oplus$ Q का अर्थ है कि P, Q के बराबर है

P $\underline{\oplus}$ Q का अर्थ है कि P या तो Q से बड़ा या उसके बराबर है।

P = Q का अर्थ है कि P, Q के बराबर है।

P @ Q का अर्थ है कि P, Q से छोटा है।

P $\underline{@}$ Q का अर्थ है कि P या तो Q से छोटा या उसके बराबर है।

1. कथन : P = M, K @ P, S $\oplus$ K
निष्कर्ष : *I.* S $\oplus$ M *II.* S @ M

2. कथन : T $\underline{\oplus}$ J, F $\oplus$ T, J $\oplus$ O
निष्कर्ष : *I.* F $\oplus$ J *II.* O @ T

3. कथन : E $\underline{\oplus}$ G, H $\underline{@}$ D, E = D
निष्कर्ष : *I.* H $\oplus$ E *II.* D $\oplus$ G

4. कथन : T = U, R $\underline{@}$ P, P $\underline{@}$ T
निष्कर्ष : *I.* R = U *II.* R @ U

5. कथन : L $\underline{\oplus}$ B, N $\underline{@}$ C, B @ N
निष्कर्ष : *I.* L $\oplus$ N *II.* C $\oplus$ B

निर्देश (प्रश्न 6 से 10) : *निम्नलिखित प्रश्नों में प्रयुक्त प्रतीकों @, $\underline{@}$, =, © और $\underline{©}$ का प्रयोग किया गया है जिनके अर्थ निम्नवत् हैं :*

P @ Q का अर्थ है कि P, Q से बड़ा है

P $\underline{@}$ Q का अर्थ है कि P या तो Q से बड़ा या उसके बराबर है

P = Q का अर्थ है कि P, Q के बराबर है

P © Q का अर्थ है कि P का मान Q से कम है

P $\underline{©}$ Q का अर्थ है कि P या तो Q से छोटा है या फिर बड़ा।

6. कथन : H $\underline{@}$ G, D @ E, H = E
निष्कर्ष : *I.* D @ H *II.* G © D

7. कथन : L $\underline{@}$ N, J $\underline{©}$ P, P $\underline{@}$ I
निष्कर्ष : *I.* J = L *II.* P = N

8. कथन : B @ V, K © C, C $\underline{©}$ B
निष्कर्ष : *I.* V @ C *II.* B @ K

9. कथन : K @ T, S = K, T $\underline{©}$ R
निष्कर्ष : *I.* S @ R *II.* T = R

10. कथन : U = M, P $\underline{@}$ U, M $\underline{@}$ B
निष्कर्ष : *I.* P = B *II.* P @ B

निर्देश (प्रश्न संख्या 11 से 15) : *निम्नलिखित प्रश्नों में प्रतीकों *, $\underset{=}{*}$, =, @ और $\underset{=}{@}$ को प्रयोग में लाया गया है जिनके अर्थ निम्नवत् हैं :*

A * B का अर्थ है कि A, B से बड़ा है

A $\underset{=}{*}$ B का अर्थ है कि A या तो B से बड़ा है या B के बराबर है

A = B का अर्थ है कि A, B के बराबर है

A @ B का अर्थ है कि A, B से छोटा है, और

A $\underset{=}{@}$ B का अर्थ है कि A या तो B से छोटा है या उसके बराबर है

11. कथन : T $\underset{=}{*}$ P, P @ S, P = M
निष्कर्ष : *I.* S * M *II.* T @ S

12. कथन : R $\underset{=}{@}$ M, M * P, R $\underset{=}{*}$ L
निष्कर्ष : *I.* M = L *II.* P = L

13. कथन : M = T, T $\underset{=}{@}$ Z, S * M
निष्कर्ष : *I.* Z * M *II.* Z = M

14. कथन : L @ C, C * Z, Z $\underset{=}{@}$ F
निष्कर्ष : *I.* C * F *II.* F = C

15. कथन : Z @ B, N $\underset{=}{*}$ S, B @ N
निष्कर्ष : *I.* B = Z *II.* S $\underset{=}{@}$ B

निर्देश (प्रश्न संख्या 16 से 20) : *निम्नलिखित प्रश्नों में प्रतीकों @, $\underset{=}{@}$, =, □ और $\underset{=}{\square}$ को प्रयोग में लाया गया है जिनके अर्थ निम्नवत् हैं :*

P @ Q का अर्थ है कि P, Q से बड़ा है

P $\underset{=}{@}$ Q का अर्थ है कि P या तो Q से बड़ा है या Q के बराबर है

P = Q का अर्थ है कि P, Q के बराबर है

P □ Q का अर्थ है कि P, Q से छोटा है

P $\underset{=}{\square}$ Q का अर्थ है कि P या तो Q से छोटा है या Q के बराबर है।

16. कथन : H @ W, W $\underset{=}{\square}$ S, M @ S
निष्कर्ष : *I.* M = H *II.* M @ H

17. कथन : M @ N, N $\underset{=}{\square}$ T, T = P
निष्कर्ष : *I.* P @ N *II.* P = N

18. कथन : M = N, N @ B, B □ P
निष्कर्ष : *I.* P = N *II.* B □ M

19. कथन : P $\underset{=}{\square}$ Q, Q $\underset{=}{\square}$ R, T $\underset{=}{\square}$ Q
निष्कर्ष : *I.* R @ T *II.* R @ P

20. कथन : G $\underset{=}{\square}$ S, F @ S, T □ G
निष्कर्ष : *I.* F @ T *II.* T = S

निर्देश (प्रश्न संख्या 21 से 25) : *निम्नलिखित प्रश्नों में प्रतीकों @, $\underset{=}{@}$ =, □ और $\underset{=}{\square}$ को प्रयोग में लाया गया है जिनके अर्थ निम्नवत् हैं :*

P @ Q का अर्थ है कि P, Q से बड़ा है

P $\underset{=}{@}$ Q का अर्थ है कि P या तो Q से बड़ा है या फिर Q के बराबर है

P = Q का अर्थ है कि P, Q के बराबर है

P □ Q का अर्थ है कि P, Q से छोटा है

P $\underset{=}{\square}$ Q का अर्थ है कि P, Q से छोटा या Q के बराबर है।

21. कथन : P $\underset{=}{\square}$ Q, Q $\underset{=}{\square}$ R, T $\underset{=}{\square}$ Q
निष्कर्ष : *I.* R @ R II. R @ P

22. कथन : M = N, N @ B, B □ P
निष्कर्ष : *I.* P = N *II.* B □ M

23. कथन : G $\underset{=}{\square}$ S, F @ S, T □ G
निष्कर्ष : *I.* F @ T *II.* T = S

24. कथन : M @ N, N $\underset{=}{\square}$ T, T = P
निष्कर्ष : *I.* P @ N *II.* P = N

25. कथन : H @ W, W $\underset{=}{\square}$ S, M @ S
निष्कर्ष : *I.* M = H *II.* M @ H

व्याख्यात्मक उत्तर

1. *(d)* : P = M, K < P, S > K
⇒ K < M, K < S

2. *(e)* : T ≥ J, F > T, J > O
⇒ F > J > O
⇒ F > J & O < J
⇒ I & II

3. *(a)* : E ≤ G, H ≥ D; E = D

4. *(c)* : T = U, R ≤ P, P ≤ T
⇒ R ≤ U

5. *(b)* : L ≥ B, N ≤ C, B < N
⇒ B < C ⇒ C > B ⇒ II

6. *(e)* : H ≤ G, D > E, H = E
⇒ D > H, H ≥ G
⇒ D > G ⇒ G < D
निष्कर्ष II सत्य है।

7. *(d)* : L ≥ N, J ≤ P, P ≥ L

8. *(b)* : B > V, K < C, C ≤ B
∴ K < C, C ≤ B ⇒ K < B
⇒ B > K ⇒ निष्कर्ष II सत्य है।

9. *(d)* : K > T, S = K, T ≤ R

10. *(c)* : U = M, P ≥ U, M ≥ B
⇒P ≥ M, M ≥ B ⇒ P ≥ B
⇒ या तो निष्कर्ष I या II सत्य है।

11. *(a)* : T ≥ P, P < S, P = M
∴ S > M ⇒ S * M
यदि T = P और P < S, तो T < S
⇒ T @ S,

12. *(d)* : R ≤ M, M > P, P ≥ L
∴ L ≤ R ≤ M ⇒ L = R = M

13. *(c)* : M = T, T ≤ Z, Z = M
यदि T = Z, तो Z = M
यदि T < Z, तो Z > M ⇒ Z * M

14. *(d)* : $L < C, C > Z, Z \leq F$

15. *(d)* : $Z < B, N \geq S, B < N$

16. *(d)* : $H > W, \leq S, M > S$

$\Rightarrow H > W, S \geq W, M > S$

$\Rightarrow H > W, M > S, S \geq W$

M और H के बीच कोई संबंध स्थापित नहीं किया जा सकता।

17. *(c)* : $M > N, \leq T = P$

$\Rightarrow M > N, T \geq N, T = P$

$T = P \geq N$

18. *(b)* : $M = N, N > B, B < P$

$\Rightarrow M = N > B$

और $P > B$

19. *(d)* : $P \leq Q, Q \leq R, T \leq Q$

$\Rightarrow P \leq Q \leq R, T \leq Q \leq R$

I. $R > T$ सही हो भी सकता है और नहीं भी

II. $R > P$ सही हो भी सकता है और नहीं भी

20. *(b)* : $G \leq S, F \geq S, T < G$

$\Rightarrow S \geq G, F \geq T, G > T$

$\Rightarrow F \geq S \geq G \geq T$

I. $F > T$ सत्य है

II. $T > S$ सत्य नहीं है

21. *(d)* : $P \square Q \Rightarrow P \leq Q$

$Q \square R \Rightarrow Q \leq R$

$T \square Q \Rightarrow T \leq Q$

$\therefore R \geq Q \geq P \Rightarrow R \geq P$

$T \leq R \Rightarrow M = N$

22. *(b)* : $M = N \Rightarrow M = N$

$N @ B \Rightarrow N > B,$

$B \square P \Rightarrow B < P$

$\therefore B < N$ और $M = N \Rightarrow B < M$

23. *(a)* : $G \square S \Rightarrow G \leq S$

$F @ S \Rightarrow F \geq S$

$T \square G \Rightarrow T < G$

$\therefore F \geq S \geq G > T \Rightarrow F > T$

24. *(a)* : $M @ N \Rightarrow M > N$

$N \square T \Rightarrow N \leq T$

$T = P \Rightarrow T = P$

$\therefore P \geq N \Rightarrow$ या तो निष्कर्ष I या II सत्य है

25. *(d)* : $H @ W \Rightarrow H > W$

$W \square S \Rightarrow W \leq S$

$M @ S \Rightarrow M > S$

$\therefore M > S \geq W$ किंतु $W < H$

$\therefore M \neq H, M ? H$

कथन एवं निष्कर्ष
(SYLLOGISM)

इस प्रकार के तर्क पैटर्न में दो आधार वाक्य (premises) दिए जाते हैं जिनके पश्चात उन आधार वाक्यों से प्राप्त दो निष्कर्ष दिए जाते हैं। इनमें विकल्प के रूप में पांच विकल्प *(a)*, *(b)*, *(c)*, *(d)* और *(e)* दिए जाते हैं। अभ्यर्थियों को पहले दिए गए दो कथनों के आधार पर उत्तर के रूप में सही विकल्प का चयन करना होता है।

हल किए गए प्रश्न

निम्नलिखित प्रश्नों में :
उत्तर *(a)* दीजिए यदि केवल निष्कर्ष I निकलता हो,
उत्तर *(b)* दीजिए यदि केवल निष्कर्ष II निकलता हो,
उत्तर *(c)* दीजिए यदि निष्कर्ष या तो I या II निकलता हो,
उत्तर *(d)* दीजिए यदि न तो निष्कर्ष I और न ही निष्कर्ष II निकलता हो, और
उत्तर *(e)* दीजिए यदि निष्कर्ष I और II दोनों निकलते हों।

प्रश्न : कथन I : सभी अधिकारी सुस्त व्यक्ति हैं।
II : कुछ पुरुष अधिकारी हैं।
निष्कर्ष I : सभी सुस्त व्यक्ति पुरुष हैं।
II : कुछ पुरुष सुस्त व्यक्ति हैं।

उत्तर *(b)* : जब सभी अधिकारी सुस्त व्यक्ति हैं और कुछ पुरुष अधिकारी हैं तो कुछ पुरुष अवश्य ही सुस्त व्यक्ति हैं। अतः निष्कर्ष II सही है।

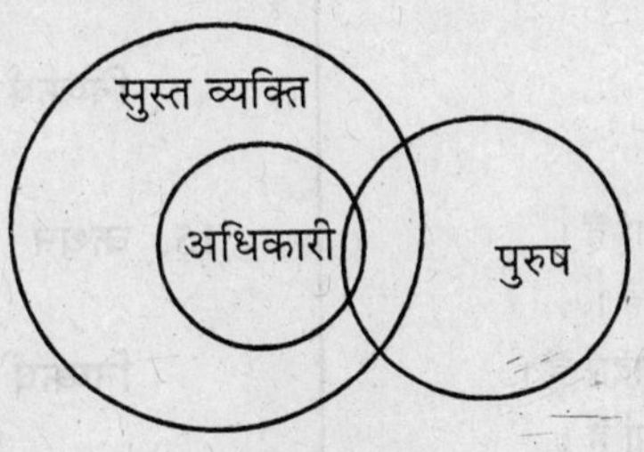

अभ्यास

निर्देश : *नीचे दिए गए प्रत्येक प्रश्न में दो कथन दिए गए हैं जिनके बाद दो निष्कर्ष I और II दिए गए हैं। आपको दिए गए कथनों को सत्य समझना है भले ही वे सर्वज्ञात तथ्यों से मेल न खाने वाले हों और सर्वज्ञात तथ्यों की ओर ध्यान न देते हुए यह निर्णय करना है कि उन दो निष्कर्षों में से कौन सा निष्कर्ष दिए हुए कथनों से तर्कसंगत निकलता है। प्रत्येक प्रश्न में दिए गए दोनों कथनों को ध्यानपूर्वक पढ़िए और उत्तर (a) दीजिए यदि केवल निष्कर्ष I निकलता हो, उत्तर (b) दीजिए यदि केवल निष्कर्ष II निकलता हो, उत्तर (c) दीजिए यदि निष्कर्ष या तो I या II निकलता हो, उत्तर (d) दीजिए यदि न तो निष्कर्ष I और न ही II निकलता हो, और उत्तर (e) दीजिए यदि निष्कर्ष I और II दोनों निकलते हों।*

1. कथन I : सभी टमाटर लाल हैं।
II : सभी अंगूर टमाटर हैं।
निष्कर्ष I : सभी अंगूर लाल हैं।
II : कुछ टमाटर अंगूर हैं।

2. कथन I : सभी चित्रकार मुस्कराते हैं।
II : कुछ लेखक चित्रकार हैं।
निष्कर्ष I : सभी मुस्कराने वाले लेखक चित्रकार हैं।
II : कुछ लेखक मुस्कराते हैं।

3. कथन I : इस कार्यालय के सभी चपरासी दक्ष हैं।
II : रामू दक्ष नहीं है।
निष्कर्ष I : रामू इस कार्यालय का चपरासी नहीं है।
II : रामू को अधिक दक्ष होना चाहिए।

4. कथन I : सभी बुनकर कठोर परिश्रमी होते हैं।
II : कोई भी कठोर परिश्रमी मूर्ख व्यक्ति नहीं होता।
निष्कर्ष I : कोई भी बुनकर मूर्ख नहीं है
II : कुछ मूर्ख व्यक्ति बुनकर हैं।

5. कथन I : सभी मछलियां मोटरकार हैं।
II : सभी मोटरकार सब्जियां हैं।
निष्कर्ष I : कुछ सब्जियां मोटरकार हैं।
II : कुछ सब्जियां मछलियां हैं।

6. कथन I : कुछ कुत्ते पिल्ले हैं।
II : सभी घोड़े पिल्ले हैं।
निष्कर्ष I : कुछ कुत्ते घोड़े हैं।
II : कुछ घोड़े कुत्ते हैं।

7. कथन I : सभी सुंदर स्त्रियां माताएं हैं।
II : सभी माताएं समझदार हैं।
निष्कर्ष I : सभी सुंदर स्त्रियां समझदार हैं।
II : सभी माताएं सुंदर स्त्रियां हैं।

8. कथन I : कुछ खिलौने मेज हैं।
II : कोई भी मेज काला नहीं है।
निष्कर्ष I : कुछ खिलौने काले हैं।
II : कुछ खिलौने काले नहीं है।

9. कथन I : सभी नदियां पहाड़ हैं।
II : कुछ नदियां रेगिस्तान हैं।
निष्कर्ष I : कुछ पहाड़ रेगिस्तान हैं।
II : कुछ रेगिस्तान पहाड़ नहीं हैं।

10. कथन I : सभी पुरुष घोड़े हैं।
II : सभी घोड़े हाथी हैं।
निष्कर्ष I : सभी पुरुष हाथी हैं।
II : सभी हाथी पुरुष हैं।

11. कथन I : सभी मेधावी व्यक्ति विश्वास-योग्य हैं।
II : कुछ विश्वास-योग्य व्यक्ति संगीतज्ञ हैं।
निष्कर्ष I : सभी मेधावी व्यक्ति संगीतज्ञ हैं।
II : कुछ संगीतज्ञ मेधावी व्यक्ति नहीं हैं।

12. कथन I : मद्य पदार्थों का सेवन स्वास्थ्य के लिए हानिकारक है।
II : सभी बूढ़ी महिलाएं व्हिस्की का सेवन करती हैं।
निष्कर्ष I : सभी बूढ़ी महिलाओं का स्वास्थ्य कमजोर होता है।
II : सभी युवा महिलाओं का स्वास्थ्य अच्छा होता है।

13. कथन I : सभी छात्र कामकाजी हैं।
II : कोई भी कामकाजी व्यक्ति बच्चा नहीं है।
निष्कर्ष I : कोई भी छात्र बच्चा नहीं है।
II : कुछ कामकाजी व्यक्ति छात्र हैं।

14. कथन I : कुछ इंजीनियर शिक्षक हैं।
II : कुछ इंजीनियर दक्ष व्यक्ति हैं।
निष्कर्ष I : कुछ शिक्षक दक्ष हैं।
II : सभी दक्ष व्यक्ति इंजीनियर हैं।

15. कथन I : कुछ खाद्य पदार्थ मीठे हैं।
II : कुछ खाद्य पदार्थ खट्टे हैं।
निष्कर्ष I : सभी खाद्य पदार्थ या तो मीठे हैं या खट्टे हैं।
II : कुछ मीठे खट्टे हैं।

16. कथन I : सभी बाल काले हैं।
II : कुछ काले लंबे हैं।
निष्कर्ष I : कुछ बाल लंबे हैं।
II : कोई भी बाल लंबा नहीं है।

17. कथन I : सभी कुत्ते बंदर हैं।
II : कोई भी बंदर बिल्ली नहीं है।
निष्कर्ष I : कोई भी कुत्ता बिल्ली नहीं है।
II : कोई भी बिल्ली कुत्ता नहीं है।

18. **कथन** I : कुछ फोन घड़ियां हैं।
II : सभी घड़ियां बंदूकें हैं।
निष्कर्ष I : सभी बंदूकें घड़ियां हैं।
II : कुछ बंदूकें फोन हैं।

19. **कथन** I : सभी छाते हवाई जहाज हैं।
II : कुछ हवाई जहाज पक्षी हैं।
निष्कर्ष I : कुछ छाते पक्षी हैं।
II : कुछ पक्षी छाते हैं।

20. **कथन** I : कुछ क्लिप पिन हैं।
II : कुछ पिन स्टैपल हैं।
निष्कर्ष I : कुछ पिन क्लिप हैं।
II : कुछ स्टैपल पिन हैं।

21. **कथन** I : सभी कठपुतलियां गुड़िया हैं।
II : सभी गुड़िया खिलौने हैं।
निष्कर्ष I : कुछ खिलौने कठपुतलियां हैं।
II : सभी खिलौने कठपुतलियां हैं।

22. **कथन** I : कुछ मोटे व्यक्ति पतले हैं।
II : कोई भी पतला व्यक्ति लंबा नहीं है।
निष्कर्ष I : कुछ मोटे व्यक्ति लंबे हैं।
II : कुछ मोटे व्यक्ति लंबे नहीं हैं।

23. **कथन** I : कुछ दरवाजे खिड़कियां हैं।
II : कुछ खिड़कियां पेंसिल हैं।
निष्कर्ष I : सभी दरवाजे पेंसिल हैं।
II : कुछ पेंसिल दरवाजे हैं।

24. **कथन** I : कुछ लड़के मेज हैं।
II : कुछ मेज कुर्सियां हैं।
निष्कर्ष I : कुछ लड़के कुर्सियां हैं।
II : कुछ कुर्सियां लड़के हैं।

25. **कथन** I : सभी कुत्ते गीदड़ हैं।
II : कुछ गीदड़ कौए हैं।
निष्कर्ष I : कुछ कुत्ते कौए हैं।
II : सभी कुत्ते कौए हैं।

26. **कथन** I : सभी वृक्ष तोते हैं।
II : कोई भी तोता बिल्ली नहीं हैं।
निष्कर्ष I : कोई भी वृक्ष बिल्ली नहीं है।
II : कुछ बिल्लियां पेड़ हैं।

27. **कथन** I : कुछ कलम हथौड़े हैं।
II : सभी हथौड़े कील हैं।
निष्कर्ष I : कुछ कील कलम हैं।
II : कुछ कील हथौड़े हैं।

28. **कथन** I : सभी मोटरकार बिल्लियां हैं।
II : सभी पंखे बिल्लियां हैं।
निष्कर्ष I : सभी बिल्लियां पंखे हैं।
II : कुछ पंखे मोटरकार हैं।

29. **कथन** I : अनेक स्कूटर ट्रक हैं।
II : सभी ट्रक रेलगाड़ियां हैं।
निष्कर्ष I : कुछ स्कूटर रेलगाड़ियां हैं।
II : कोई भी ट्रक स्कूटर नहीं है।

30. **कथन** I : सभी वृक्ष अनाज हैं।
II : सभी अनाज बुरे हैं।
निष्कर्ष I : सभी वृक्ष बुरे हैं।
II : कुछ बुरे पेड़ हैं।

31. **कथन** I : सभी शार्क भयानक जीव हैं।
II : कोई भी भयानक जीव हानिकारक नहीं हैं।
निष्कर्ष I : कुछ शार्क हानिकारक जीव हैं।
II : कुछ भयानक जीव शार्क नहीं हैं।

32. **कथन** I : सभी पुरुष सुंदर दिखते हैं।
II : कुछ पुरुष शिक्षक हैं।
निष्कर्ष I : सभी शिक्षक सुंदर दिखते हैं।
II : कुछ सुंदर दिखने वाले पुरुष नहीं हैं।

33. **कथन** I : कुछ चिकित्सक संस्थान हैं।
II : कुछ धोखेबाज संस्थान हैं।
निष्कर्ष I : सभी संस्थान चिकित्सक हैं।
II : कुछ संस्थान धोखेबाज हैं।

34. **कथन** I : सभी पायलट होशियार हैं।
II : सभी लेख़क पायलट हैं।
निष्कर्ष I : सभी लेखक होशियार हैं।
II : कोई भी होशियार व्यक्ति लेखक नहीं है।

35. **कथन** I : कुछ मिठाइयां मिसरी हैं।
II : कोई भी मिसरी खट्टी चीज नहीं है।
निष्कर्ष I : कोई भी खट्टी चीज मिसरी नहीं है।
II : कुछ मिसरी मिठाइयां हैं।

व्याख्यात्मक उत्तर

1. (e) : जबकि सभी टमाटर लाल हैं और सभी अंगूर टमाटर हैं तो सभी अंगूर लाल भी हैं। जबकि सभी अंगूर टमाटर हैं तो कुछ टमाटर निश्चित ही अंगूर हैं। अत: निष्कर्ष I और II दोनों सही हैं।

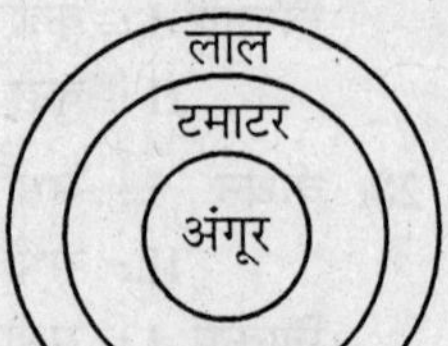

2. (b) : जबकि सभी चित्रकार मुस्कराते हैं और कुछ लेखक चित्रकार हैं, तो कुछ लेखक निश्चित ही मुस्कराते हैं, अत: केवल निष्कर्ष II सही है।

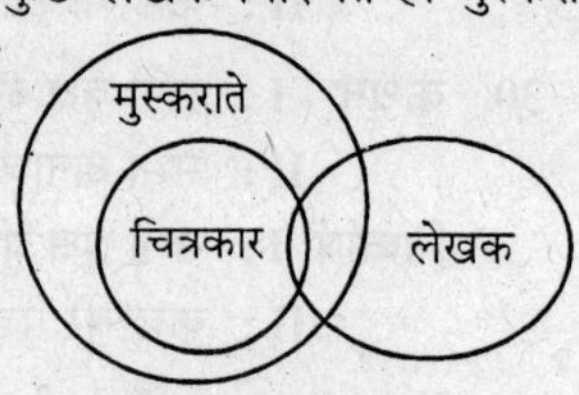

3. (a) : जबकि कार्यालय के सभी चपरासी दक्ष हैं, तो रामू इस कार्यालय का चपरासी नहीं हो सकता। अत: केवल निष्कर्ष I सही है।

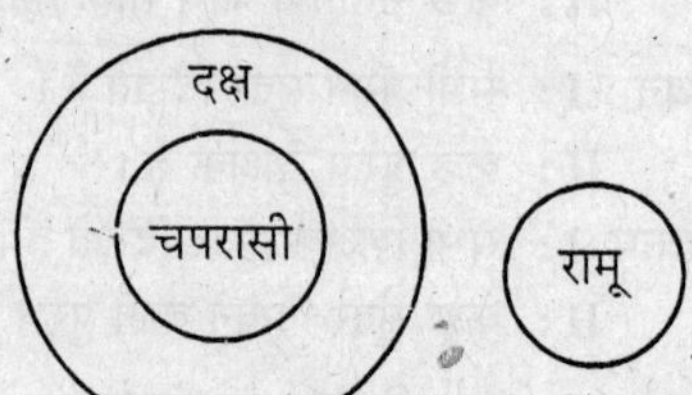

4. (a) : जबकि सभी बुनकर कठोर परिश्रमी हैं और कोई भी कठोर परिश्रमी व्यक्ति मूर्ख नहीं होता, तो कोई बुनकर मूर्ख नहीं है। अत: केवल निष्कर्ष I सही है।

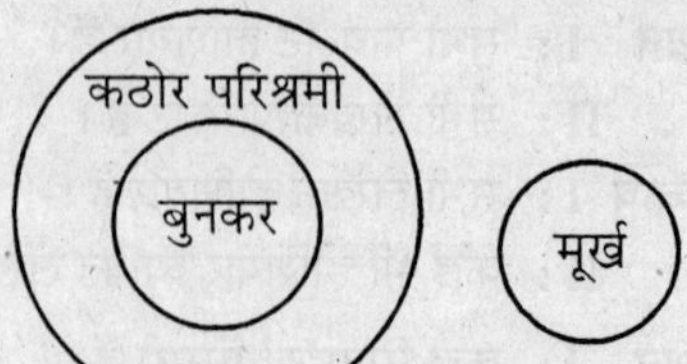

5. (e) : जबकि सभी मछलियां मोटरकार हैं और सभी मोटरकार सब्जियां हैं तो सभी मछलियां निश्चित ही सब्जियां होंगी। इसका अर्थ है कि कुछ सब्जियां मछलियां हैं। इसके साथ ही जबकि सभी मोटरकार सब्जियां हैं तो कुछ सब्जियां निश्चित ही मोटरकार होंगी। अत: निष्कर्ष I और II दोनों सही हैं।

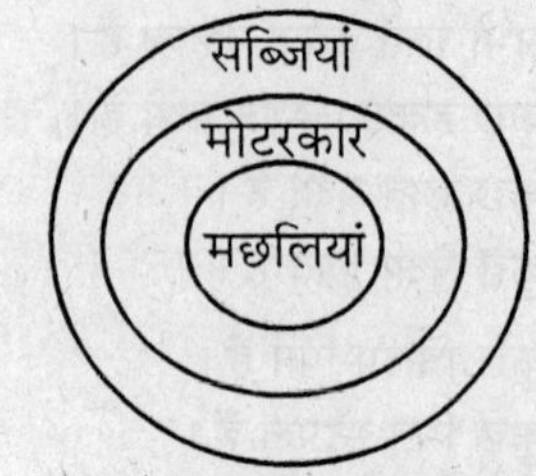

6. (d) : दोनों कथनों में कोई संबंध स्थापित नहीं किया जा सकता। अत: न तो निष्कर्ष I और न ही निष्कर्ष II सही है।

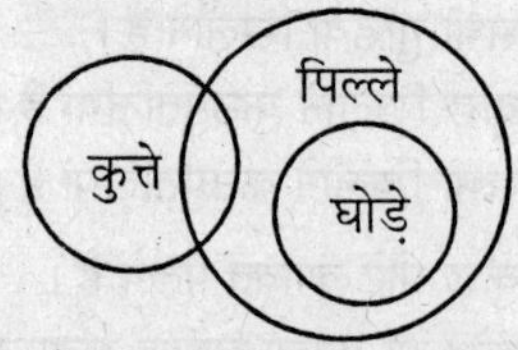

7. (a) : जबकि सभी सुंदर स्त्रियां माताएं हैं और सभी माताएं समझदार हैं, तो निश्चित ही सभी सुंदर स्त्रियां समझदार हैं। यह आवश्यक नहीं है कि सभी माताएं सुंदर स्त्रियां हों। अत: केवल निष्कर्ष I सही है।

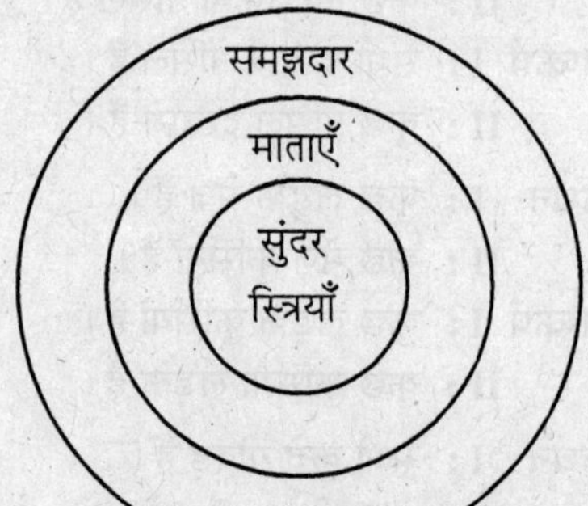

8. (c) : जबकि कुछ खिलौने मेज हैं और कोई भी मेज काला नहीं है तो इससे यह सूचित होता है कि कुछ खिलौने काले हो सकते हैं क्योंकि सभी खिलौने मेज नहीं हैं। दूसरी ओर कुछ खिलौने काले नहीं भी हो सकते। अत: इस बात की संभावना है कि कुछ खिलौने काले हो भी सकते हैं और काले नहीं भी हो सकते। अत: निष्कर्ष I या निष्कर्ष II कोई भी सही हो सकता है।

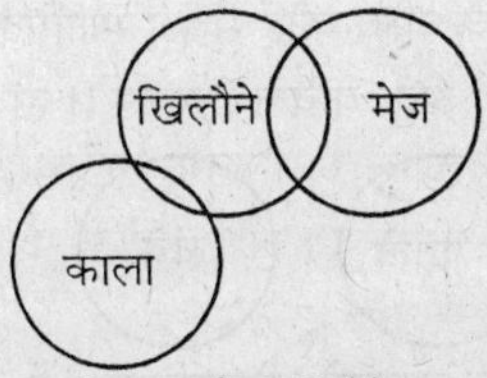

9. (e) : जबकि सभी नदियां पहाड़ हैं और कुछ नदियां रेगिस्तान हैं, तो कुछ रेगिस्तान पहाड़ नहीं हो सकते और साथ ही कुछ पहाड़ रेगिस्तान नहीं हो सकते। अत: निष्कर्ष I और II दोनों सही हैं।

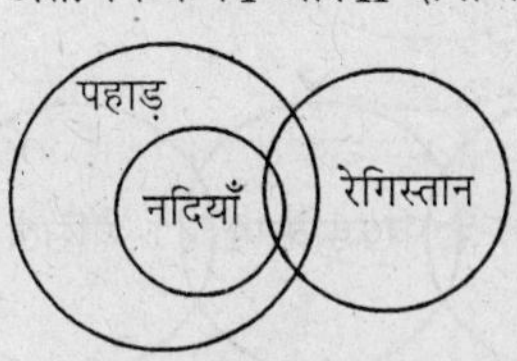

10. (a) : जबकि सभी पुरुष घोड़े हैं और सभी घोड़े हाथी हैं तो निश्चित ही सभी पुरुष हाथी हैं, किंतु सभी हाथी पुरुष ही होंगे, यह आवश्यक नहीं है। अत: केवल निष्कर्ष I सही है।

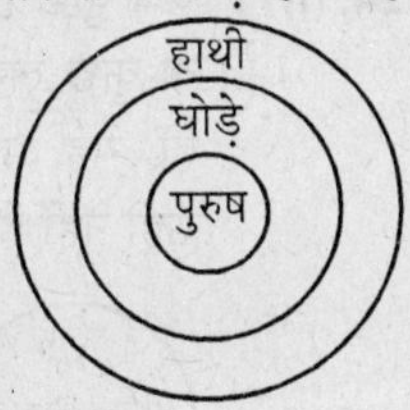

11. (b) : जबकि केवल कुछ विश्वासयोग्य व्यक्ति संगीतज्ञ हैं, तो सभी मेधावी व्यक्ति संगीतज्ञ नहीं हो सकते। इसी तार्किक विवेचना से हम कह सकते हैं कि कुछ विश्वासयोग्य व्यक्ति संगीतज्ञ हैं तो कुछ संगीतज्ञ मेधावी नहीं हैं। अत: केवल निष्कर्ष II सही है।

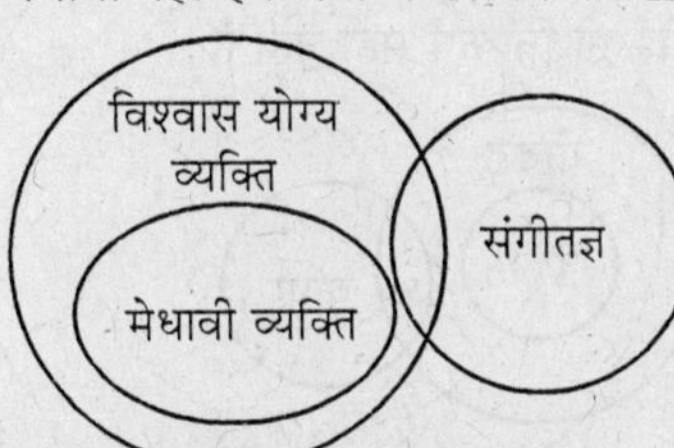

12. (d) : हालांकि मद्य सेवन स्वास्थ्य के लिए हानिकारक है और सभी बूढ़ी महिलाएं व्हिस्की का सेवन करती हैं और व्हिस्की एक मद्य पदार्थ है। इसका यह अनिवार्य अर्थ नहीं है कि सभी बूढ़ी महिलाओं का निश्चित ही कमजोर स्वास्थ्य होता है और यह कि सभी युवा महिलाओं का स्वास्थ्य अच्छा होता है क्यांकि वे मद्य पदार्थों का सेवन नहीं करतीं। अत: निष्कर्ष I और II में से कोई भी सही नहीं है।

13. (e) : जबकि सभी छात्र कामकाजी हैं तो कुछ कामकाजी व्यक्ति निश्चित रूप से छात्र हैं और जबकि कोई भी कामकाजी व्यक्ति बच्चा नहीं है तो कोई भी छात्र बच्चा नहीं हो सकता क्योंकि सभी छात्र कामकाजी हैं। अत: निष्कर्ष I और II दोनों सही हैं।

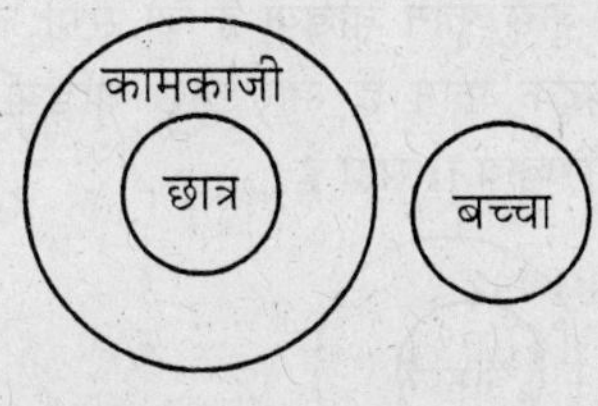

14. (d) : जबकि कुछ इंजीनियर शिक्षक हैं तो स्पष्ट है कि कुछ शिक्षक इंजीनियर हैं। इसके अतिरिक्त जब कुछ इंजीनियर दक्ष व्यक्ति हैं तो स्पष्ट है कि केवल कुछ दक्ष व्यक्ति ही इंजीनियर हैं। अत: दोनों निष्कर्ष सही नहीं है।

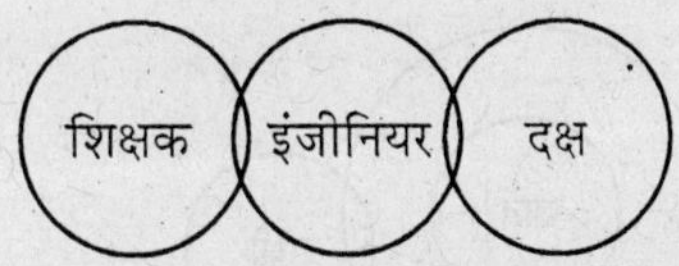

15. (d) : जबकि कुछ खाद्य पदार्थ मीठे हैं और कुछ खाद्य पदार्थ खट्टे हैं, तो सभी खाद्य पदार्थ निश्चित रूप से मीठे या खट्टे नहीं हैं और जो मीठा है वह खट्टा हो यह आवश्यक नहीं है। अत: कोई भी निष्कर्ष सही नहीं है।

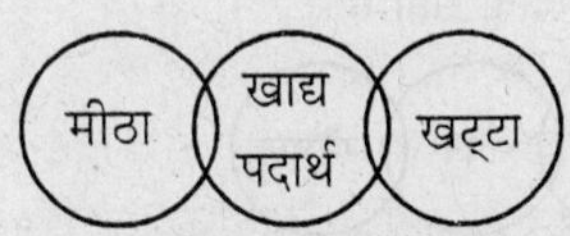

16. (d) : जबकि सभी बाल काले हैं और कुछ काले लंबे हैं तो यह निश्चित नहीं है कि कुछ बाल लंबे हैं या कोई भी बाल लंबा नहीं है। कुछ बाल जो काले हैं, लंबे हो सकते हैं और नहीं भी। अत: कोई भी निष्कर्ष सही नहीं है।

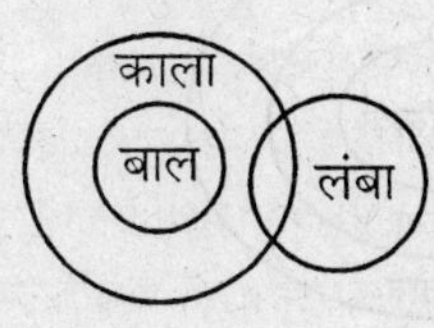

17. (e) : दिए गए दो कथनों के बीच कोई संबंध नहीं है। अत: दोनों निष्कर्ष सही हैं।

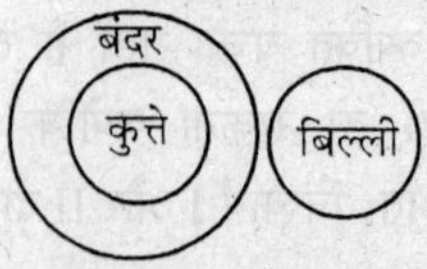

18. (b) : जबकि कुछ फोन घड़ियां हैं जो सभी बंदूकें हैं तो कुछ बंदूक फोन हैं और कुछ घड़ियां हैं। अत: केवल निष्कर्ष II सही है।

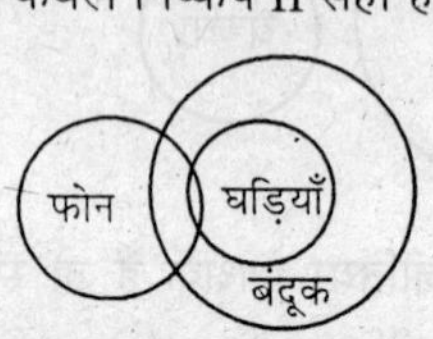

19. (d) : सभी छाते हवाई जहाज हैं और कुछ हवाई जहाज पक्षी हैं तो छाते निश्चित रूप से पक्षी नहीं हैं या पक्षी निश्चित रूप से छाते नहीं हैं। अत: निष्कर्ष I या II में से कोई भी सही नहीं है।

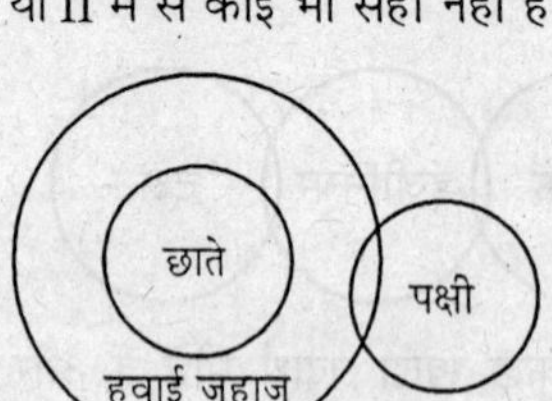

20. (e) : यदि कुछ क्लिप पिन हैं, तो कुछ पिन निश्चित रूप से क्लिप हैं और जबकि कुछ पिन स्टैपल हैं तो कुछ स्टैपल निश्चित रूप से पिन हैं। अत: निष्कर्ष I और II दोनों सही हैं।

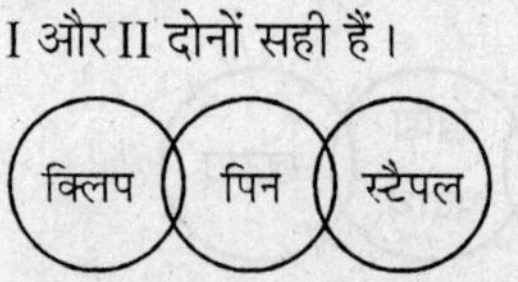

21. (a) : जबकि सभी कठपुतलियां गुड़िया हैं और सभी गुड़िया खिलौने हैं तो केवल कुछ (सभी नहीं) खिलौने निशिचत रूप से कठपुतलियां हैं। अत: केवल निष्कर्ष I ही सही है।

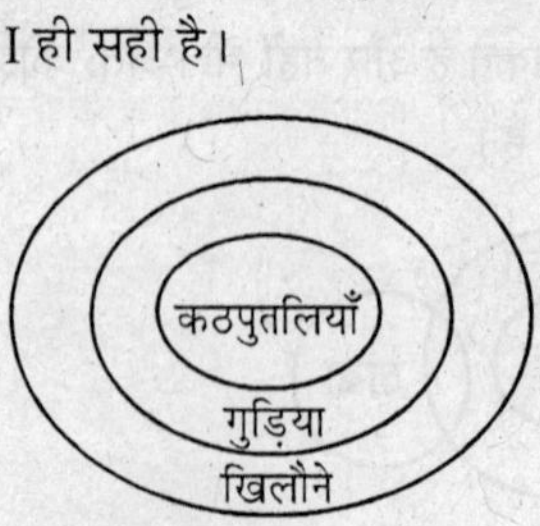

22. (b) : दोनों कथनों के बीच कोई संबंध स्थापित नहीं किया जा सकता है। अत: केवल निष्कर्ष II ही सही है।

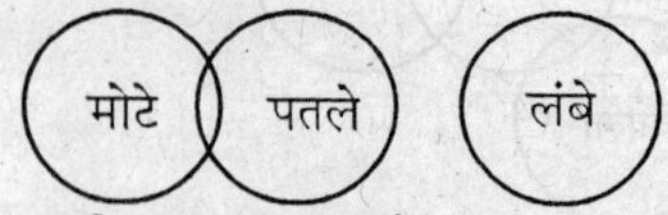

23. (d) : जबकि कुछ दरवाजे खिड़कियां हैं और कुछ खिड़कियां पेंसिल हैं तो सभी दरवाजे पेंसिल नहीं हो सकते और कुछ पेंसिल दरवाजे हों, यह आवश्यक नहीं है। अत: निष्कर्ष I और II में से कोई भी सही नहीं है।

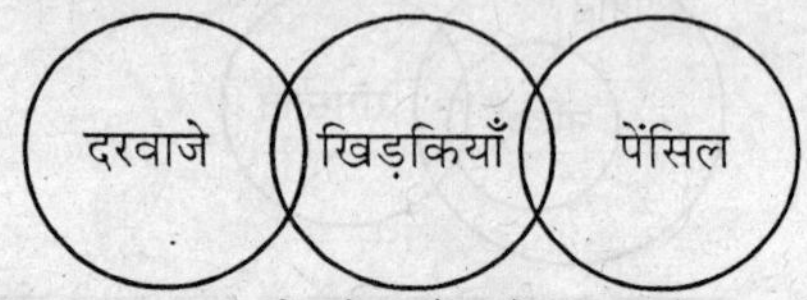

24. (d) : जब कुछ लड़के मेज हैं और कुछ मेज कुर्सियां हैं तो कुछ लड़के कुर्सियां हों या कुछ कुर्सियां लड़के हों, यह आवश्यक नहीं है। अत: कोई भी निष्कर्ष सही नहीं है।

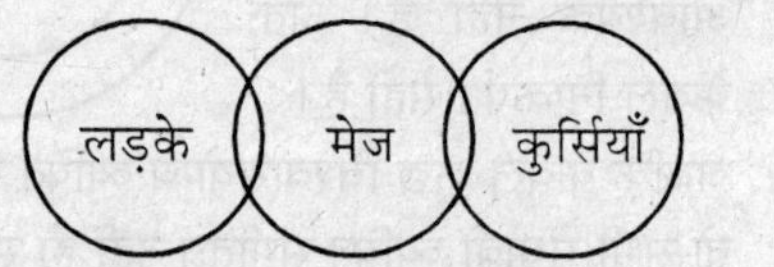

25. (d) : जब सभी कुत्ते गीदड़ हैं और कुछ गीदड़ कौए हैं तो स्पष्ट है कि कुछ कुत्ते कौए हों, यह आवश्यक नहीं है और सभी कुत्ते कौए नहीं हो सकते। अत: कोई भी निष्कर्ष सही नहीं है।

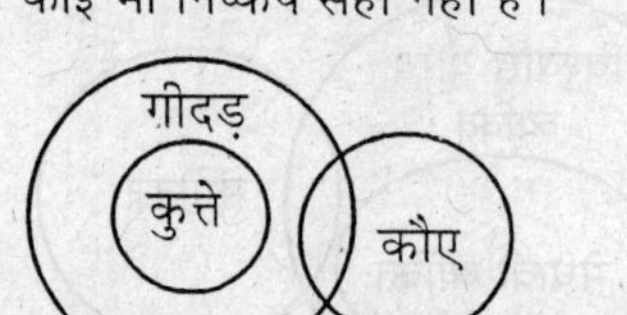

26. (a): जब सभी वृक्ष तोते हैं और कोई भी तोता बिल्ली नहीं है तो स्पष्ट है कि कोई भी वृक्ष बिल्ली नहीं हैं और कुछ बिल्लियां वृक्ष नहीं हो सकतीं। अत: केवल निष्कर्ष I सही है।

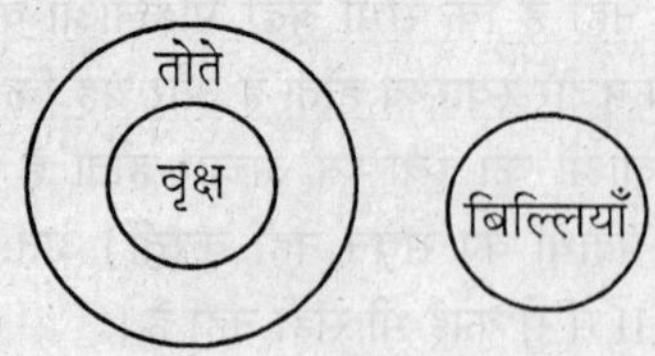

27. (e) : जबकि कुछ कलम हथौड़े हैं जो सभी कील हैं तो स्पष्ट है कि कुछ कील निश्चित रूप से कलम हैं और कुछ कील निश्चित रूप से हथौड़े हैं। अत: निष्कर्ष I और II दोनों सही हैं।

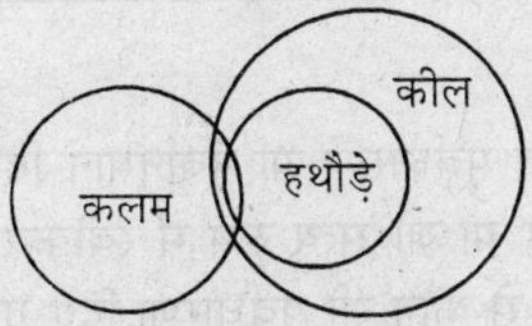

28. (d) : सभी मोटरकार और सभी पंखे बिल्लियां हैं किंतु मोटरकार पंखे नहीं हो सकते और पंखे मोटरकार नहीं हो सकते। अत: दोनों में से कोई भी निष्कर्ष सही नहीं है।

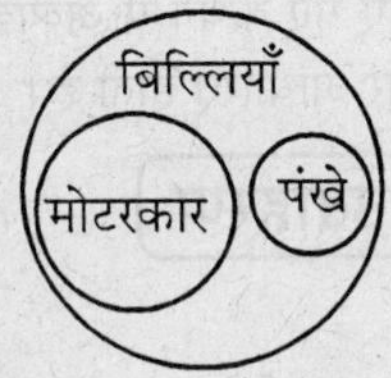

29. (a) : जब अनेक स्कूटर ट्रक हैं और सभी ट्रक रेलगाड़ियां हैं तो कुछ स्कूटर निश्चित रूप से रेलगाड़ियां हैं और कुछ ट्रक निश्चित रूप से स्कूटर हैं। अत: निष्कर्ष I सही है।

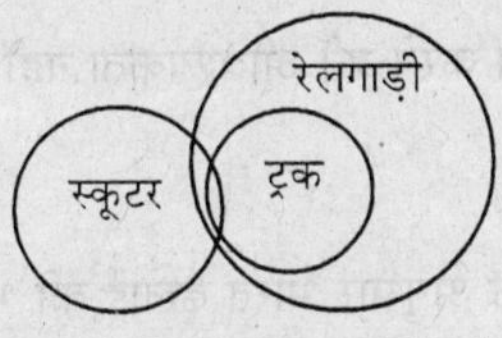

30. (e) : जब सभी वृक्ष अनाज हैं और सभी अनाज बुरे हैं तो सभी वृक्ष निश्चित ही बुरे हैं और कुछ बुरे निश्चित ही वृक्ष हैं। अत: दोनों निष्कर्ष I और II सही हैं।

31. (b) : दोनों कथनों में कोई संबंध नहीं है। जबकि सभी शार्क भयानक जीव हैं तो कुछ हानिकारक जीव शार्क हैं और कुछ शार्क नहीं हैं। जबकि कोई भी भयानक जीव हानिकारक नहीं है तो सभी शार्क जो भयानक जीव हैं, हानिकारक नहीं हो सकते। अत: केवल निष्कर्ष II सही है।

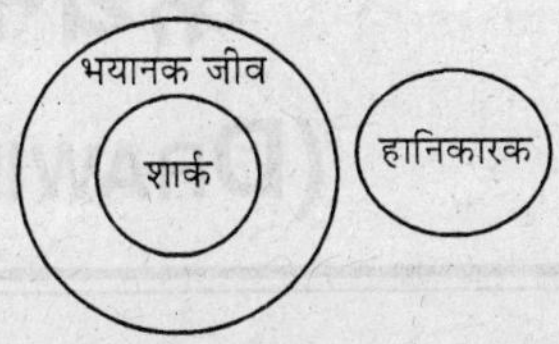

32. (e) : जबकि कुछ पुरुष शिक्षक हैं किंतु सभी पुरुष सुंदर दिखते हैं तो कुछ शिक्षक निश्चित ही सुंदर दिखते हैं और कुछ सुंदर दिखने वाले निश्चित ही पुरुष हैं। अत: दोनों निष्कर्ष I और II सही है।

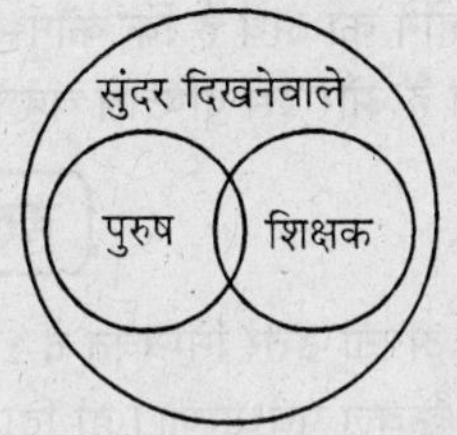

33. (b) : जबकि कुछ चिकित्सक और कुछ धोखेबाज संस्थान हैं तो सभी संस्थान चिकित्सक या धोखेबाज नहीं हो सकते। तथापि, कुछ संस्थान निश्चित ही चिकित्सक या धोखेबाज होंगे। अत: केवल निष्कर्ष II ही सही है।

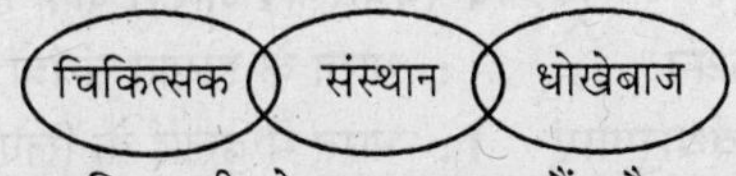

34. (a) : जबकि सभी लेखक पायलट हैं और सभी पायलट होशियार हैं तो सभी लेखक निश्चित ही पायलट हैं और कुछ होशियार व्यक्ति निश्चित ही लेखक हैं। अत: केवल निष्कर्ष I ही सही है।

35. (e) : जबकि कोई भी मिसरी खट्टी चीज नहीं है तो कोई भी खट्टी चीज मिसरी नहीं हो सकती। जबकि कुछ मिठाइयां मिसरी हैं तो कुछ मिसरी निश्चित रूप से मिठाइयां होंगी अत: निष्कर्ष I और II दोनों सही है।

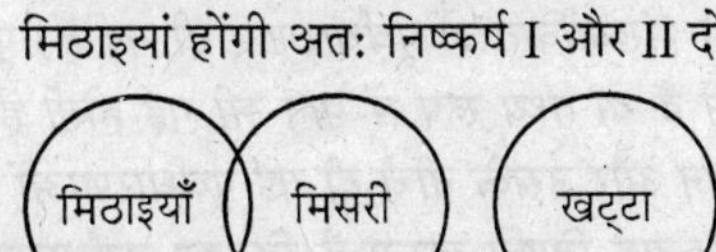

कथन एवं पूर्वधारणा
(DRAWING ASSUMPTIONS)

इस प्रकार के तर्कबुद्धि परीक्षण में एक कथन दिया जाता है और उस कथन पर आधारित पूर्वधारणा या पूर्वानुमान दिए जाते हैं। पूर्वधारणा या पूर्वानुमान वह है जिसे मान लिया जाता है, जिसकी कल्पना कर ली जाती है या जो सत्य रूप में स्वीकार कर लिया जाता है। ऐसे प्रश्नों में अभ्यर्थियों को यह निर्णय करना होता है कि दी गई पूर्वधारणाओं में से कौन सी पूर्वधारणा दिए गए कथन में अंतर्निहित है। अंतर्निर्हिति होने का अर्थ है कि कौन-सी पूर्वधारणा दिए गए कथन में अव्यक्त रूप में दी गई है जिसे दिए गए कथन से व्युत्पन्न किया जा सकता है और इस दृष्टि से वह दिए गए कथन पर आधारित होती है।

हल किए गए उदाहरण

निम्नलिखित प्रश्नों में अपना उत्तर निम्नवत् दें :

उत्तर *(a)* दीजिए यदि केवल पूर्वधारणा I ही दिए गए कथन में अंतर्निहित हो;

उत्तर *(b)* दीजिए यदि केवल पूर्वधारणा II ही दिए गए कथन में अंतर्निहित हो;

उत्तर *(c)* दीजिए यदि या तो पूर्वधारणा I या फिर पूर्वधारणा II दिए गए कथन में अंतर्निहित हो;

उत्तर *(d)* दीजिए यदि न तो पूर्वधारणा I और न ही पूर्वधारणा II दिए गए कथन में अंतर्निहित हो;

उत्तर *(e)* दीजिए यदि पूर्वधारणा I और II दोनों ही दिए गए कथन में अंतर्निहित हो।

1. कथन : भारत के इस्पात संयंत्रों को अब ढ़लाई के लिए भट्टियाँ आयात करने की आवश्यकता नहीं है।

पूर्वधारणाएं **I :** भारत में ढ़लाई के लिए भट्टियों की आवश्यकता है।

II : भारत में ढ़लाई के लिए भट्टियों की मांग है।

उत्तर *(e)* : पूर्वधारणाएं I और II दोनों ही दिए गए कथन में अंतर्निहित हैं। कथन के अनुसार भारत ढ़लाई की भट्टियों के मामलें में स्वावलंबी है, अत: देश में इन भट्टियों की आवश्यकता है जिनकी पूर्ति देश में ही हो जाती है। ढ़लाई के लिए भट्टियों की मांग है क्योंकि इनका इस्पात संयंत्रों में उपयोग किया जाता है।

2. कथन : शिक्षा और सामाजिक परिवर्तन एक दूसरे के पूरक हैं और इनसे लोगों के मन में परंपराओं का महत्त्व निरंतर घटता जाता है।

पूर्वधारणाएं **I :** शिक्षा और सामाजिक परिवर्तन तथा लोगों के मन में परंपरा का महत्त्व घटने के बीच प्रत्यक्ष संबंध है।

II : परंपराएं समाज को अपना बहुमूल्य योगदान देती हैं।

उत्तर *(a)* : केवल पूर्वधारणा I ही दिए गए कथन में अंतर्निहित है। पूर्वधारणा II एक व्यापक निष्कर्ष है।

अभ्यास

निर्देश : *नीचे के प्रत्येक प्रश्न में एक कथन दिया गया है जिसके नीचे I और II संख्यांकित दो पूर्वधारणाएं दी गई हैं। पूर्वधारणाएं कल्पित होती हैं या तथ्य रूप में मान ली गई होती हैं। आपको दिए गए कथन और उसके नीचे दी गई पूर्वधारणाओं पर विचार करना है और यह निर्णय करना है कि इन पूर्वधारणाओं में से कौन-सी पूर्वधारणा दिए गए कथन में अंतर्निहित है।*

उत्तर *(a)* दीजिए यदि पूर्वधारणा I दिए गए कथन में अंतर्निहित है।

उत्तर *(b)* दीजिए यदि पूर्वधारणा II दिए गए कथन में अंतर्निहित है।

उत्तर *(c)* दीजिए यदि या तो पूर्वधारणा I या फिर II दिए गए कथन में अंतर्निहित है।

उत्तर *(d)* दीजिए यदि न तो पूर्वधारणा I और न ही पूर्वधारणा II दिए गए कथन में अंतर्निहित है।

उत्तर *(e)* दीजिए यदि पूर्वधारणा I और II दोनों ही दिए गए कथन में अंतर्निहित हैं।

1. **कथन** : टेलीविजन के मनोरंजनात्मक महत्त्व के अतिरिक्त इसके शैक्षणिक महत्त्व को भी नकारा नहीं जा सकता।

पूर्वधारणाएं I : लोग टेलीविजन को मात्र मनोरंजन का साधन ही समझते हैं।

II : टेलीविजन के शैक्षणिक महत्त्व को उपयुक्त रूप में समझा नहीं गया है।

2. **कथन** : प्रतीक्षा सूची में रखे गए दस अभ्यर्थियों को अंततः पाठ्यक्रम में प्रवेश दे दिया गया।

पूर्वधारणाएं I : प्रतीक्षा सूची में रखे गए अभ्यर्थियों को कठिनाई से प्रवेश मिला।

II : बड़ी संख्या में अभ्यर्थियों को प्रतीक्षा सूची में रखा गया था।

3. **कथन** : मुंबई के उपनगरों में रहने वालों के लिए अपने कार्यस्थलों पर समय से पहुंचने के लिए रेलगाड़ियां अनिवार्य हैं।

पूर्वधारणाएं I : मुंबई के उपनगरों में रेलगाड़ियां परिवहन का एकमात्र उपलब्ध साधन हैं।

II : केवल रेलगाड़ियां ही ठीक समय से चलती हैं।

4. **कथन** : आम इतने सस्ते हैं कि वे अच्छे नहीं हो सकते।

पूर्वधारणाएं I : जब आम की प्रचुर फसल होती है, तो उसका मूल्य गिरता है।

II : बिक्री मूल्य जितना कम होगा, वस्तु की किस्म उतनी ही घटिया होगी।

5. **कथन** : दिल्ली से प्रकाशित होने वाले सभी अखबारों में 'दी टाइम एंड स्पेस' के पाठकों की संख्या सर्वाधिक है।

पूर्वधारणाएं I : दिल्ली में सभी अखबारों के पाठकों की संख्या ज्ञात है।

II : दिल्ली में किसी भी अखबार के पाठकों की संख्या 'दी टाइम एंड स्पेस' से अधिक नहीं है।

6. **कथन** : रेल के डिब्बों में 'धूम्रपान निषेध' की सूचना लगी होती है।

पूर्वधारणाएं I : कुछ लोग रेल के डिब्बों में धूम्रपान करना पसंद करते हैं।

II : कुछ लोग रेल के डिब्बे में धूम्रपान करते हैं।

7. **कथन** : 'मित्र वही जो समय पर काम आए।'

पूर्वधारणाएं I : कठिन परिस्थितियों में रिश्तेदार किसी काम नहीं आते।

II : मित्र से सहायता लेना वांछनीय है।

8. **कथन** : चेन्नई जाने पर आराम और बेहतर सेवा प्राप्त करने के लिए होटल 'X' में ठहरिए क्योंकि मेरे सबसे अच्छे मित्र ने इसकी सिफारिश की है।

पूर्वधारणाएं I : मेरा सबसे अच्छा मित्र विश्वास योग्य है।

II : सभी होटलों से आराम और बेहतर सेवा प्रदान करने की उम्मीद नहीं की जा सकती।

9. **कथन** : मित्र वही जो समय पर काम आए।

पूर्वधारणाएं I : व्यक्ति को कुछ अवसरों पर अन्य लोगों से सहायता की आवश्यकता होती है।

II : आवश्यकता पड़ने पर मित्र से सहायता की उम्मीद की जाती है।

10. **कथन** : रेल के डिब्बों में 'धूम्रपान निषेध' की सूचना लगी होती है।

पूर्वधारणाएं I : लोग प्रायः दी गई 'सूचना' का सम्मान करते हैं।

II : धूम्रपान करना स्वास्थ्य के लिए हानिकारक है।

11. **कथन** : यदि आप विशेषज्ञ हैं तो आपके लिए हमारे पास काम है।

पूर्वधारणाएं I : आप विशेषज्ञ हैं।

II : हमें एक विशेषज्ञ व्यक्ति की आवश्यकता है।

12. **कथन** : सरकार ने निजी चिकित्सकों को अपनी फीस बढ़ाने की अनुमति दी है।

पूर्वधारणाएं I : निजी चिकित्सक आर्थिक कठिनाइयों के दौर से गुजर रहे हैं।

II : सरकारी चिकित्सकों को फीस में वृद्धि करने की आवश्यकता नहीं है।

13. कथन : खाबली में पोस्ट ऑफिस खोलना व्यर्थ है।

पूर्वधारणाएं I : खाबली के निवासियों को पोस्ट ऑफिस की कभी जरूरत नहीं हुई।

II : खाबली में पर्याप्त संख्या में पोस्ट ऑफिस हैं।

14. कथन : खरीदिए 'ओपेरा'—यह दस वर्ष की गारंटी वाला टेलीविजन सेट है।

पूर्वधारणाएं I : लोग अधिक समय की गारंटी देने पर आकर्षित होते हैं।

II : लोग टेलीविजन सेट खरीदना चाहते हैं।

15. कथन : अपराधियों को कठोर दंड दिया जाएगा।

पूर्वधारणाएं I : दंड के भय से अपराध की दर में कमी आएगी।

II : अपराधी तत्व दंड से भयभीत होते हैं।

16. कथन : सामूहिक जीवन के लिए नैतिक मूल्यों का होना अनिवार्य है।

पूर्वधारणाएं I : नैतिक मूल्यों के बिना कोई भी समाज टिक नहीं सकता।

II : बच्चा नैतिक रूप से सुरक्षित रहे अर्थात् उसका नैतिक पतन न होने पाए इसके लिए घर और विद्यालय दोनों जगहों पर एक अनुकूल वातावरण बनाना होता है।

17. कथन : मानव सभ्यता के अपनी पराकाष्ठा पर पहुंच जाने पर ही यह आशा की जा सकती है कि अनेक लोग अपने अवकाश के समय का बुद्धिमत्तापूर्ण उपयोग करेंगे।

पूर्वधारणाएं I : सभ्यता के पूर्णत: विकसित हो जाने के बाद अधिक से अधिक लोगों के लिए और अधिक अवकाश का समय उपलब्ध होगा।

II : अधिकांश लोग इस बात को पसंद करेंगे कि उन्हें यह कहा जाए कि उन्हें क्या करना है।

18. कथन : यदि वह ईमानदारी से काम करने वाला है तो वह जल्दी ही तरक्की करेगा।

पूर्वधारणाएं I : वह ईमानदारी से काम करने वाला व्यक्ति है।

II : ईमानदारी से काम करने वाले को फल मिलता है।

19. कथन : शिक्षा और आर्थिक प्रगति से लोगों के मन मस्तिष्क पर से धर्म की पकड़ में निरंतर कमी आती है।

पूर्वधारणाएं I : आर्थिक प्रगति और धार्मिक भावना में गिरावट के बीच सीधा संबंध है।

II : धर्म का समाज की प्रगति में अमूल्य योगदान है।

20. कथन : मुंबई से शीघ्र बंगलौर पहुंचने के लिए हवाई जहाज से जाएं।

पूर्वधारणाएं I : मुंबई और बंगलौर हवाई मार्ग से जुड़े हैं।

II : मुंबई से बंगलौर शीघ्र जाने का और कोई साधन नहीं है।

व्याख्यात्मक उत्तर

1. *(e)* : दोनों पूर्वधारणाएं I और II अंतर्निहित हैं।

2. *(a)* : पूर्वधारणा II दिए गए कथन में अंतर्निहित नहीं है। केवल पूर्वधारणा I ही अंतर्निहित है।

3. *(d)* : न तो पूर्वधारणा I और न ही पूर्वधारणा II दिए गए कथन में अंतर्निहित है।

4. *(b)* : पूर्वधारणा I दिए गए कथन में अंतर्निहित नहीं है क्योंकि इसमें आपूर्ति और मूल्य के सिद्धांत की बात कही गई है। केवल पूर्वधारणाएं II अंतर्निहित है क्योंकि इसमें चुकाए गए मूल्य और प्राप्त हुई वस्तु के बीच सहसंबंध दर्शाया गया है।

5. *(a)* : पूर्वधारणा I दिए गए कथन में अंतर्निहित है क्योंकि किसी अखबार विशेष के पाठकों की संख्या तभी निश्चित की जा सकती है जब सभी अखबारों के पाठकों की संख्या ज्ञात हो।

6. *(b)* : पूर्वधारणा II में यह बताया गया है कि 'कुछ लोग रेल के डिब्बों में धूम्रपान करते हैं।' 'धूम्रपान निषेध' की सूचना ऐसे ही लोगों के लिए है।

7. *(d)* : दिए गए कथन में सच्चे मित्र के गुणों का उल्लेख किया गया है।

8. *(e)* : दोनों पूर्वधारणाएं I और II अंतर्निहित हैं क्योंकि *(i)* यह सलाह एक विश्वासपात्र और सबसे अच्छे मित्र द्वारा दी गई है, और *(ii)* सभी होटल आराम और बेहतर सेवा प्रदान नहीं कर सकते।

9. *(b)* : केवल पूर्वधारणा II ही दिए गए कथन में अंतर्निहित है क्योंकि केवल सच्चा मित्र ही समय पर काम आता है।

10. *(d)* : कोई भी पूर्वधारणा दिए गए कथन में अंतर्निहित नहीं है। दिए गए कथन का यह अर्थ नहीं है कि लोग ऐसी किसी सूचना की उम्मीद करते हैं या धूम्रपान करना स्वास्थ्य के लिए हानिकारक है।

11. *(b)* : केवल-पूर्वधारणा II ही दिए गए कथन में अंतर्निहित है।

12. *(d)* : कोई भी पूर्वधारणा अंतर्निहित नहीं है। निजी चिकित्सकों को अपनी फीस बढ़ाने की अनुमति देना अनेक कारणों से हो सकता है। इसका कारण अनिवार्यत: चिकित्सकों की आर्थिक कठिनाई नहीं है।

13. *(e)* : पूर्वधारणा I और II दोनों ही अंतर्निहित हैं।

14. *(a)* : केवल पूर्वधारणा I ही अंतर्निहित है। 'अधिक समय की गारंटी'—सहज ही आकर्षित करती है।

15. *(e)* : दोनों ही पूर्वधारणाएं अंतर्निहित हैं।

16. *(a)* : पूर्वधारणा II सामूहिक जीवन या समाज के संदर्भ में नहीं है।

17. *(e)* : पूर्वधारणा I और II दोनों ही अंतर्निहित हैं क्योंकि दोनों ही सभ्यता के पूर्णत: विकसित हो जाने के बाद की स्थिति से संबंधित हैं।

18. *(b)* : 'ईमानदारी से काम करने का फल मिलता है,' यह पूर्वधारणा दिए गए कथन में स्पष्टत: अंतर्निहित है।

19. *(a)* : पूर्वधारणा I स्पष्टत: दिए गए कथन में अंतर्निहित है क्योंकि आर्थिक प्रगति के साथ लोग धर्म पर कम ध्यान देते हैं।

20. *(a)* : केवल पूर्वधारणा I ही अंतर्निहित है। कोई व्यक्ति मुंबई से बंगलौर हवाई जहाज द्वारा नहीं जा सकता है यदि दोनों शहरों के बीच कोई हवाई सेवा उपलब्ध नहीं हो। पूर्वधारणा II अंतर्निहित नहीं है। क्योंकि दोनों शहरों के बीच परिवहन के अन्य साधन से यात्रा में अधिक समय लग सकता है।

कथन एवं तर्क
(DISTINGUISHING ARGUMENTS)

इस प्रकार के तर्कबुद्धि परीक्षण में अभ्यर्थियों को किसी तर्क की सशक्तता के संबंध में निर्णय करना होता है। किसी तर्क की सशक्तता के संबंध में निर्णय करते समय हमें यह ध्यान में रखना चाहिए कि वह *(i)* कोई पूर्वधारणा न हो, *(ii)* साधारणीकृत तर्क न हो बल्कि एक विशिष्ट तर्क हो, *(iii)* अस्पष्ट तर्क न हो, *(iv)* अंतर्निहित तथ्य के रूप में छिपा हुआ न हो, और *(v)* कोई उदाहरण अथवा उद्धरण न हो। इसके अतिरिक्त उसे तथ्य रूप में सही होना चाहिए तथा वास्तविकता की सर्वमान्य धारणाओं के अनुरूप होना चाहिए।

महत्त्वपूर्ण प्रश्नों के संबंध में निर्णय करते समय यह वांछनीय है कि हमें 'सशक्त' और 'निर्बल' तर्कों, जहां तक वे प्रश्न से संबंधित हैं, के बीच अंतर कर पाने में सक्षम होना चाहिए। सशक्त तर्क महत्त्वपूर्ण होने के साथ ही प्रश्न से सीधे संबंधित भी होने चाहिए। निर्बल तर्क प्रश्न से सीधे संबंधित नहीं होते और वे कम महत्त्वपूर्ण हो सकते हैं अथवा प्रश्न के महत्वहीन अर्थात् उपेक्षणीय पहलुओं से संबंधित हो सकते हैं।

हल किए गए उदाहरण

यहां प्रत्येक प्रश्न में दो तर्क दिए गए हैं जिन्हें I और II क्रमांक दिया गया है। अभ्यर्थियों को यह निर्णय करना है कि कौन-सा तर्क 'सशक्त' है और कौन सा 'निर्बल'।

उत्तर *(a)* दीजिए यदि केवल तर्क I सशक्त हो,

उत्तर *(b)* दीजिए यदि केवल तर्क II सशक्त हो,

उत्तर *(c)* दीजिए यदि या तो तर्क I या फिर II सशक्त हो,

उत्तर *(d)* दीजिए यदि न तो तर्क I और न ही तर्क II सशक्त हो, और

उत्तर *(e)* दीजिए यदि तर्क I और II दोनों ही सशक्त हो।

1. क्या विश्वविद्यालयों में छात्र संघों को समाप्त कर दिया जाना चाहिए ?

तर्क : **I.** हां, इससे छात्र अपने कैरियर विकास पर पूरा ध्यान दे सकेंगे।

II. नहीं, सभी महान नेता अपने छात्र जीवन में छात्र संघों के नेता रहे हैं।

उत्तर *(a)* : छात्रों का बहुमूल्य समय छात्र संघ से जुड़े क्रियाकलापों में नष्ट हो जाता है जिसका वे अपने अध्ययन के लिए उपयोग कर सकते हैं। इतिहास गवाह है कि सभी महान नेता छात्र संघ के नेता नहीं थे। अतः केवल तर्क I ही सशक्त तर्क है।

2. क्या हमारे देश में सैन्य शिक्षा अनिवार्य बना दी जानी चाहिए ?

तर्क : **I.** नहीं, यह अहिंसा की नीति के विरुद्ध है।

II. हां, प्रत्येक नागरिक को देश की रक्षा करनी चाहिए।

उत्तर *(b)* : तर्क I यह सूचित करता है कि सशस्त्र सेना में सेवारत् व्यक्ति अहिंसा की नीति का पालन करता है, जो गलत है। परन्तु तर्क II कथन से सीधे संबंधित है।

अभ्यास

निर्देश : *यहां प्रत्येक प्रश्न में दो तर्क दिए गए हैं जिन्हें I और II क्रमांक दिया गया है। आपको यह निर्णय करना है कि कौन-सा तर्क 'सशक्त' है और कौन सा 'निर्बल'।*

उत्तर *(a)* दीजिए यदि केवल तर्क I सशक्त हो,

उत्तर *(b)* दीजिए यदि केवल तर्क II सशक्त हो,
उत्तर *(c)* दीजिए यदि या तो तर्क I या फिर II सशक्त हो,
उत्तर *(d)* दीजिए यदि न तो तर्क I और न ही तर्क II सशक्त हो, और
उतर *(e)* दीजिए यदि तर्क I और II दोनों ही सशक्त हों।

1. क्या उच्च शिक्षा केवल उन्हीं व्यक्तियों को दी जानी चाहिए जो सर्वाधिक योग्य हों?
तर्क : I. नहीं, यह लोकतंत्र के सिद्धांत के विरुद्ध है।
II. हां, इस देश में केवल योग्य व्यक्ति ही उच्च शिक्षा के पात्र हैं।

2. क्या शिक्षा के क्षेत्र में हड़ताल पर रोक लगा दी जानी चाहिए?
तर्क : I. हां, यह व्यावसायिक मूल्यों के विरुद्ध है।
II. हां, इससे छात्रों पर प्रतिकूल प्रभाव पड़ता है।

3. क्या युवा उद्यमियों को रोजगार दिया जाना चाहिए?
तर्क : I. हां, यह देश के औद्योगिक विकास में सहायक होगा।
II. हां, इससे रोजगार पर बोझ में कमी होगी।

4. क्या निजी एजेंसियों द्वारा प्रकाशित गाइडों पर रोक लगा दी जानी चाहिए?
तर्क : I. हां, क्योंकि तभी छात्र पाठ्यपुस्तकों को पढ़ना आरंभ करेंगे।
II. नहीं, क्योंकि गाइडें कमजोर छात्रों के लिए परीक्षा के दिनों में अत्यधिक लाभकारी सिद्ध होती हैं।

5. क्या भारत को परमाणु बम बनाने चाहिए?
तर्क : I. हां, देश की संप्रभुता और अखंडता की रक्षा करना अनिवार्य है।
II. नहीं, इससे एशियाई क्षेत्र में राष्ट्रों के बीच शक्ति संतुलन बिगड़ जाएगा।

6. क्या परीक्षाओं में खुली पुस्तक प्रणाली शुरू की जानी चाहिए?
तर्क : I. हां, क्योंकि इससे परीक्षाओं में बड़े पैमाने पर किए जा रहे नकल को रोका जा सकता है।
II. नहीं, क्योंकि तब सभी छात्रों को शत-प्रतिशत अंक प्राप्त होने लगेंगे।

7. क्या धूम्रपान पर रोक लगा दी जानी चाहिए?
तर्क : I. हां, परिश्रम द्वारा अर्जित लाखों रुपये को धुएं में उड़ाना गलत है।
II. नहीं, इससे तंबाकू उद्योग से जुड़े हजारों श्रमिक बेरोजगार हो जाएंगे।

8. क्या भारत के सभी विश्वविद्यालयों में पाठ्यक्रम एकसमान होना चाहिए?
तर्क : I. हां, क्यों नहीं?
II. नहीं, भारत जैसे विशाल देश में स्थानीय आवश्यकताओं के अनुसार विविधता का होना आवश्यक है।

9. क्या धर्म पर रोक लगाई जानी चाहिए?
तर्क : I. हां, इससे लोगों में धर्मांधता फैलती है।
II. नहीं, धर्म लोगों को एक सूत्र में बांधता है।

10. क्या शिक्षित व्यक्तियों को गांवों में कार्य करना चाहिए?
तर्क : I. हां, क्योंकि वे कृषि क्षेत्र में क्रांति ला सकते हैं और ग्रामीण वातावरण को संपुष्ट कर सकते हैं।
II. नहीं, शिक्षित व्यक्तियों को शहरों में रोजगार दिया जाना चाहिए।

11. क्या भारत में सरकारी कर्मचारियों के हड़ताल पर जाने पर पूर्ण प्रतिबंध लगाया जाना चाहिए?
तर्क : I. हां, यही कर्मचारियों को अनुशासित रखने का एकमात्र तरीका है।
II. नहीं, इससे नागरिक अपने लोकतांत्रिक अधिकारों से वंचित हो जाएंगे।

12. क्या भारत को अपनी सेना बिलकुल नहीं रखनी चाहिए?
तर्क : I. नहीं, विश्व के अन्य देश अहिंसा में विश्वास नहीं करते।
II. हां, अनेक भारतीय अहिंसा में विश्वास करते हैं।

13. क्या भारत द्वारा निर्यात को बढ़ावा दिया जाना चाहिए जबकि अधिकांश चीजें देश के आंतरिक उपयोग के लिए ही पर्याप्त नहीं हैं?
तर्क : I. हां, हमें देश द्वारा किए जा रहे आयात के लिए विदेशी मुद्रा की आवश्यकता है।
II. नहीं, यदि कुछ चुनी हुई चीजों के निर्यात को ही बढ़ावा दिया जाय तो उससे भी उन चीजों की देश में कमी की स्थिति उत्पन्न हो सकती है।

14. वन्य जंतुओं के अनाधिकार शिकार और उन्हें पकड़ने पर पूर्ण प्रतिबंध लगा दिया जाना चाहिए।

तर्क : **I.** हां, वन्य जंतुओं का अनाधिकार शिकार करने वाले और उन्हें पकड़ने वाले लोग ऐसा करके काफी धन कमा रहे हैं।

II. नहीं, वन्य जंतुओं के शिकार और उन्हें पकड़ने पर प्रतिबंध लगाना कारगर नहीं है।

15. क्या फैशनेबुल कपड़ों पर रोक लगाई जानी चाहिए ?

तर्क : **I.** हां, फैशन बदलता रहता है जिससे कपड़ों की खपत बढ़ती है।

II. नहीं, फैशनेबुल कपड़े पहनना किसी भी व्यक्ति की अपनी आत्म-अभिव्यक्ति है और इस प्रकार यह उसका मूल अधिकार है।

16. क्या भारत में लक्जरी होटलों पर रोक लगा दी जानी चाहिए ?

तर्क : **I.** हां, उन्हीं जगहों से अंतर्राष्ट्रीय अपराधी अपनी गतिविधियां चलाते हैं।

II. नहीं, ऐसा करने पर संपन्न वर्ग के विदेशी पर्यटकों को ठहरने के लिए कोई उपयुक्त स्थान उपलब्ध नहीं होगा।

17. क्या पेड़ों की कटाई पर पूर्ण प्रतिबंध लगा देना चाहिए ?

तर्क : **I.** हां, पारिस्थितिक संतुलन बहाल करने के लिए ऐसा करना अत्यंत आवश्यक है।

II. नहीं, पूर्ण प्रतिबंध लगाने से इमारती लकड़ियों के उद्योग पर अत्यधिक प्रतिकूल प्रभाव पड़ेगा।

18. क्या स्नातक स्तर तक की शिक्षा सभी के लिए अनिवार्य कर दी जानी चाहिए ?

तर्क : **I.** हां, यह वास्तव में एक स्वागत योग्य कदम होगा।

II. नहीं, इसका कोई लाभ नहीं है।

19. क्या दूरदर्शन से फीचर फिल्मों के प्रसारण पर रोक लगा दी जानी चाहिए ?

तर्क : **I.** हां, छोटे बच्चे फीचर फिल्मों से गुमराह होते हैं।

II. नहीं, आप जनता को शिक्षित करने का यही एकमात्र माध्यम है।

20. क्या रंगीन टेलीविजन पर करों में और वृद्धि की जानी चाहिए ?

तर्क : **I.** हां, रंगीन टेलीविजन एक विलासिता की वस्तु है और उसे केवल धनी व्यक्ति ही खरीदते हैं।

II. नहीं, निर्धन वर्ग भी टेलीविजनों को खरीदता है।

व्याख्यात्मक उत्तर

1. *(a)* : लोकतंत्र में प्रत्येक व्यक्ति का समान अधिकार होता है, अत: तर्क I सशक्त है।

2. *(b)* : तर्क II दिए गए कथन से सीधे संबंधित है। तर्क I दुर्बल तर्क है क्योंकि हड़ताल कर्मचारियों के हितों की सुरक्षा के लिए उन्हें उपलब्ध एक सशक्त साधन है।

3. *(e)* : तर्क I और II दोनों सशक्त हैं और कथन से सीधे संबंधित हैं।

4. *(b)* : तर्क I पूर्वधारणा पर आधारित है किंतु तर्क II दिए गए कथन का अनुसरण करता है क्योंकि गाइडें तभी उपयोगी हैं जबकि परीक्षा की तैयारी के लिए बहुत कम समय रह गया हो।

5. *(a)* : तर्क I सशक्त है क्योंकि यह कथन से सीधे संबंधित है और तर्क II निर्बल तर्क है क्योंकि यह पूर्वधारणा या अनुमान पर आधारित है।

6. *(d)* : तर्क I और II दोनों ही पूर्वधारणा या अनुमान पर आधारित हैं।

7. *(d)* : तर्क I संदिग्ध है और तर्क II पूर्वधारणा या अनुमान पर आधारित है।

8. *(b)* : तर्क I दिए गए कथन का निहितार्थ है किंतु भारत में विविधता के घटक पर विचार करने पर स्पष्ट होता है कि पूर्वधारणा II सशक्त है।

9. *(b)* : केवल तर्क II ही सशक्त है। धर्म से धर्मांधता को बढ़ावा नहीं मिलता बल्कि लोग ही धर्म का दुरुपयोग करते हैं।

10. *(a)* : तर्क I सशक्त है क्योंकि गांवों में काम करने से शिक्षा व्यर्थ नहीं जाती बल्कि उसका उपयोग गांवों की सर्वोमुखी प्रगति के लिए किया जा सकता है।

11. *(b)* : तर्क I पूर्वधारणा या अनुमान पर आधारित है तथा तर्क II महत्त्वपूर्ण है और कथन से सीधे जुड़ा है।

12. (d) : तर्क I और II में से कोई भी सशक्त तर्क नहीं है क्योंकि दोनों पूर्वधारणाओं पर आधारित हैं।

13. (a) : तर्क II पूर्वधारणा या अनुमान पर आधारित है किंतु तर्क I सशक्त तर्क है।

14. (d) : न तो तर्क I और न ही तर्क II सशक्त है।

15. (b) : कथन में कपड़ों की खपत के बारे में कुछ भी महत्त्वपूर्ण बात नहीं कही गई है। तथापि तर्क II महत्त्वपूर्ण और सशक्त है क्योंकि कपड़ा पहनना किसी व्यक्ति की अपनी स्वयं की पसंद है।

16. (b) : तर्क I सशक्त तर्क नहीं है। तर्क II कथन से संबंधित है।

17. (e) : तर्क I और II दोनों सशक्त हैं और कथन से सीधे संबंधित हैं।

18. (d) : कथन I का आशय यह है कि सभी छात्र स्नातक होना चाहते हैं जो गलत है और तर्क II एक निराशाजनक दृष्टिकोण है। अत: तर्क I और II में से कोई भी 'सशक्त' तर्क नहीं है।

19. (d) : तर्क I और II में से कोई भी सशक्त तर्क नहीं है। तर्क I सशक्त नहीं है क्योंकि फिल्में भी लोगों को शिक्षित करती हैं। तर्क II 'निर्बल' तर्क है क्योंकि फिल्म ही लोगों को शिक्षित करने का एकमात्र माध्यम नहीं है।

20. (d) : तर्क I और II में से कोई भी सशक्त तर्क नहीं है। टेलीविजन मनोरंजन का एक साधन है जिसे ऐसा कोई भी व्यक्ति खरीद सकता है जो इसके मूल्य का भुगतान कर सकता हो न कि केवल धनवान व्यक्ति ही। जो व्यक्ति वास्तव में निर्धन है वह मौजूदा मूल्य पर भी टेलीविजन नहीं खरीद सकता।

परिच्छेद विवेचन
(PASSAGE ANALYSIS)

प्रतियोगिता परीक्षाओं में तर्कबुद्धि परीक्षण हेतु निर्धारित प्रश्नों में इस प्रकार के प्रश्न प्रायः पूछे जाते हैं। इस परीक्षण में कोई कथन या प्रतिज्ञप्ति अथवा प्रस्थापना दिए जाने के स्थान पर एक परिच्छेद (Passage) दिया जाता है जिसमें अनेक प्रस्थापनाएं समाहित होती हैं और साथ ही अनेक तर्क भी अंतर्विष्ट होते हैं। ऐसे उद्धरणों या परिच्छेदों के नीचे उस परिच्छेद में वर्णित तथ्यों के आधार पर निकाले जा सकने वाले कुछ संभावित अनुमान दिए जाते हैं। उम्मीदवार को यह निर्णय करना होता है कि गृहीत अनुमान दिए गए परिच्छेद के आलोक में तर्कसंगत है अथवा नहीं।

हल किए गए उदाहरण

नीचे दो परिच्छेद दिए गए हैं जिनके नीचे उन परिच्छेदों में वर्णित तथ्यों के आधार पर निकाले जा सकने वाले कुछ संभावित अनुमान दिए गए हैं। प्रत्येक अनुमान की परिच्छेद के संदर्भ में अलग-अलग जांच करके उसकी सत्यता या असत्यता की मात्रा निश्चित कीजिए।

उत्तर *(a)* दीजिए यदि अनुमान ''निश्चित रूप से सत्य है'' अर्थात् यह परिच्छेद में वर्णित तथ्यों के आलोक में पूर्णतः तर्कसंगत है।

उत्तर *(b)* दीजिए यदि अनुमान ''संभवतः सत्य है'' हालांकि वर्णित तथ्यों के आलोक में निश्चित रूप से सत्य नहीं है।

उत्तर *(c)* दीजिए यदि ''आधार सामग्री या तथ्य अपर्याप्त हैं,'' अर्थात् दिए गए तथ्यों के आलोक में अनुमान 'सत्य है या असत्य' यह आप नहीं कह सकते हैं।

उत्तर *(d)* दीजिए यदि अनुमान ''संभवतः असत्य है'' यद्यपि दिए गए तथ्यों के आलोक में ''निश्चित रूप से असत्य'' नहीं है।

उत्तर *(e)* दीजिए यदि अनुमान ''निश्चित रूप से असत्य'' है अर्थात् उसे दिए गए तथ्यों के आधार पर निकालना संभव नहीं है अथवा वह दिए गए तथ्यों के विरुद्ध जाता है।

परिच्छेद—I

कल की गंभीर दुर्घटना से जिसमें एक व्यक्ति कार द्वारा कुचला गया था, गलियों में प्रकाश-व्यवस्था की अत्यधिक असंतोषजनक स्थिति पर पुनः लोगों का ध्यान आकर्षित हुआ है। यह अपेक्षा नहीं की जाती है कि गलियों या गौण सड़कों पर प्रकाश-व्यवस्था भी उसी स्तर पर की जाए जिस स्तर पर मुख्य सड़कों पर की जाती है किंतु जब तक नगर परिषद् सड़कों पर प्रकाश-व्यवस्था के संबंध में अपने वायदे को पूरा नहीं करती है, तब तक यह नहीं कहा जा सकता है कि कब कोई दूसरी और अधिक घातक दुर्घटना यहां घट जाए।

1. जो दुर्घटना हुई वह घातक थी

उत्तर *(e)* : दिए गए तथ्यों से यह निष्कर्ष तर्कसंगत नहीं निकाला जा सकता है।

2. असंतोषजनक प्रकाश व्यवस्था के कारण अब तक अनेक दुर्घटनाएं घटित हो चुकी हैं।

उत्तर *(a)* : ''गलियों में प्रकाश-व्यवस्था .... ध्यान आकर्षित किया है''—इस वाक्य खंड पर विचार करें।

3. यदि प्रकाश की अच्छी व्यवस्था की जाए तो सड़कों पर एक भी दुर्घटना नहीं होगी।

उत्तर *(c)* : दी गई आधार सामग्री या तथ्य अपर्याप्त है। परिच्छेद से इस कथन की पुष्टि नहीं होती।

4. ऐसा प्रतीत होता है कि नगर परिषद् ने गलियों या गौण सड़कों पर प्रकाश-व्यवस्था की स्थिति में सुधार करने का वायदा किया है।

उत्तर *(a)* : ''किंतु जब तक नगर परिषद् .... वायदे को पूरा नहीं करती है''—इस वाक्य-खंड पर विचार करें।

अभ्यास

निर्देश : *नीचे कुछ परिच्छेद दिए गए हैं जिनमें से प्रत्येक परिच्छेद के नीचे उस परिच्छेद में दिए गए तथ्यों के आलोक में गृहीत कुछ अनुमान दिए गए हैं। अभ्यर्थियों से यह अपेक्षा की जाती है कि वे परिच्छेद के संदर्भ में प्रत्येक अनुमान की अलग-अलग जांच करें और उसकी सत्यता अथवा असत्यता की मात्रा निश्चित करें।*

अपना उत्तर निम्नवत् दें	*यदि आप निम्नवत् सोचते हैं*
(a) ''निश्चित रूप से सत्य''	यदि अनुमान दिए गए तथ्यों के आलोक में पूर्णरूप से निकल आता है
(b) ''संभवतः सत्य''	यदि अनुमान दिए गए तथ्यों के आलोक में सत्य हो सकता है किंतु निश्चित रूप से सत्य नहीं है।
(c) ''सूचना अपर्याप्त है''	यदि दिए गए तथ्यों के आलोक में अनुमान 'सत्य है या असत्य' यह आप नहीं कह सकते हैं
(d) ''संभवतः असत्य''	यदि अनुमान दिए गए तथ्यों के आलोक में ''संभवतः असत्य है यद्यपि निश्चित रूप से असत्य'' नहीं है
(e) ''निश्चित रूप से असत्य''	यदि अनुमान दिए गए तथ्यों के आधार पर निकालना संभव नहीं है अथवा वह दिए गए तथ्यों के विरुद्ध जाता है।

परिच्छेद—1

वर्तमान में भारत का ग्रेनाइट उद्योग संकट के दौर से गुजर रहा है क्योंकि केन्द्र सरकार द्वारा उदारीकरण की नीति लागू किए जाने के बावजूद राज्य सरकारों ने इस दिशा में कोई एकसमान नीति लागू नहीं की है। गत तीन वर्षों के दौरान इस क्षेत्र में की गई उल्लेखनीय प्रगति की तुलना में राज्य सरकारों द्वारा कोई उपयुक्त नीति क्रियान्वित नहीं किए जाने के कारण ग्रेनाइट खदान मालिक और इस उद्योग से जुड़े अन्य व्यक्ति ग्रेनाइट के अंतर्राष्ट्रीय बाजार की चुनौती का सामना नहीं कर पा रहे हैं। अलग-अलग राज्यों में अलग-अलग नीतियां होने के कारण निष्ठा, उपभोग-निरपेक्ष किराया और पट्टे की अवधि आदि के संबंध में समस्या उत्पन्न हुई है।

1. ग्रेनाइट खदान वाले प्रत्येक राज्य ने अपने अलग-अलग नियम बनाए हैं जो ग्रेनाइट उद्योग के हितों के विरुद्ध है।

2. तीन वर्ष पहले तक भारत में ग्रेनाइट उत्पादन लाभकारी नहीं था।

3. ग्रेनाइट उत्पादन को काफी हद तक लोगों द्वारा नियंत्रित किया जाता है।

4. भारत में ग्रेनाइट उत्पादन अंतर्राष्ट्रीय स्तर की गुणवत्ता के अनुरूप नहीं है।

5. भारत सरकार की उदारीकरण की नीति का प्रभाव ग्रेनाइट उद्योग पर पिछले तीन वर्षों के दौरान ही पड़ा है।

परिच्छेद—2

भारत में इस्पात उत्पादन संयंत्रों को स्थापित करने पर लागत विदेशों में ऐसे संयंत्रों को स्थापित करने पर आने वाली लागत की तुलना में काफी अधिक होती है। जबकि एक ओर इस्पात संयंत्रों से संबद्ध लगभग सभी उपकरणों के आयात पर सीमा शुल्क घटा दिया गया है वहीं दूसरी ओर उत्पाद शुल्क में वृद्धि कर दी गई है। देश में उत्पादित इस्पात अब अंतर्राष्ट्रीय बाजार की प्रतिस्पर्धा के समक्ष नहीं टिक सकता जिसे देखते हुए यह मांग की जाने लगी है कि इस्पात उद्योग की रूग्णता दूर करने के लिए इसके सीमा शुल्क और उत्पाद शुल्क दोनों की दरों की एक बार फिर से समीक्षा की जाए।

6. सरकारी नीति की कमियों के कारण इस्पात उद्योग को व्यापक हानि हो रही है।

7. अन्य देशों में इस्पात की उत्पादन लागत भारत की तुलना में कम है।

8. यदि सरकार द्वारा अनुकूल नीति घोषित की जाए तो भारत इस्पात के मूल्य के मामले में विदेशों से प्रतिस्पर्धा कर सकता है।

9. विदेशी इस्पात भारत में उत्पादित इस्पात की तुलना में सस्ता होता है।

10. सरकार इस्पात उत्पादों के उत्पाद शुल्क में कमी करने पर विचार कर रही है।

परिच्छेद—3

इस शताब्दी के पूर्वार्ध की समाप्ति तक भारत में प्लास्टिक की घरेलू वार्षिक खपत आज के लगभग एक मिलीयन मी. टन से बढ़कर 2.5–3 मिलियन मी. टन तक हो जाने की आशा है। वर्तमान में पूरे विश्व में प्लास्टिक की वार्षिक खपत लगभग 100 मिलियन मी. टन है। खपत में मौजूदा वृद्धि दर के अनुरूप

उत्पादन की गति को बनाए रखने के लिए भारत को इस शताब्दी के पूर्वार्ध के दौरान प्रत्येक वर्ष 1,000 मी. टन क्षमता के दो अतिरिक्त पॉलिमर संयंत्र स्थापित करने की आवश्यकता होगी। उद्यमियों को अब वैश्वीकरण के अनुरूप सोचना चाहिए और अंतर्राष्ट्रीय क्षमता की परियोजनाओं को संवर्धन प्रदान करना चाहिए तथा उन्हें प्रौद्योगिकी हस्तांतरण और उन्नयन तथा रणनीति और सृजनात्मक गठबंधनों की दिशा में विचार करना होगा।

11. भारत में प्लास्टिक की मूल घरेलू खपत विश्व में हो रही कुल खपत का लगभग 1 प्रतिशत है।

12. वर्तमान में भारत द्वारा प्लास्टिक का आयात नहीं किया जाता।

13. भारत में प्लास्टिक उत्पादन की प्रौद्योगिकीय क्षमता का अभाव है।

14. प्लास्टिक की खपत में प्रत्येक वर्ष लगभग 0.2 प्रतिशत की दर से वृद्धि होने का अनुमान है।

15. भारत के विश्व में एक प्रमुख प्लास्टिक उत्पादक देश के रूप में उभरने की संभावना है।

परिच्छेद—4

भारत में कीटनाशक दवाइयों के निर्माण की लघु इकाइयां भारी बाधाओं के अधीन कार्य करती हैं—जैसे कि पुरानी पड़ चुकी प्रौद्योगिकी, लघु पैमाने का प्रचालन और कच्ची सामग्री के लिए बड़ी इकाइयों पर निर्भरता आदि। लघु इकाइयों द्वारा महंगी कच्ची सामग्री की क्षति को देखते हुए यह आवश्यक है कि नवीन और संपोषणीय क्षति न्यूनीकरण तकनीकों की सहायता से क्षति को या तो समाप्त कर दिया जाए या उसमें यथासंभव सीमा तक कमी लाई जाए। इन इकाइयों का संचालन लाभ-मार्जिन काफी कम है और छोटी-मोटी प्रतिकूल परिस्थितियों के कारण इन कंपनियों के समक्ष कठिनाइयां प्रस्तुत होती रहती हैं। इन इकाइयों को अधिकतम क्षति निम्नस्तरीय बुनियादी सुविधाओं, निम्नस्तरीय प्रचालन तकनीक और कचरों (अथवा प्रयोग में नहीं लाई जा सकी कच्ची सामग्रियों) के पुनः प्रयोग की निम्नस्तरीय व्यवस्था के कारण होती है।

16. लघु इकाइयों को प्रचालन की दृष्टि से आत्म-निर्भर होना चाहिए ताकि उनमें क्षति की मात्रा न्यूनतम हो।

17. आधुनिक तकनीकों की सहायता से कचरों (अथवा प्रयोग में नहीं लाई जा सकी कच्ची सामग्रियों) के पुनः प्रयोग द्वारा लघु इकाइयों को हो रही क्षति के एक बड़े हिस्से की प्रतिपूर्ति की जा सकती है।

18. कीटनाशक दवाइयों का निर्माण अनिवार्यतः बड़े पैमाने की विनिर्माण इकाइयों द्वारा किया जाना चाहिए ताकि वे आर्थिक दृष्टि से आत्म-निर्भर रहें।

19. निधि के अभाव के कारण लघु इकाइयों में बुनियादी सुविधाएं उपलब्ध नहीं हो पातीं।

20. भारत में कचरा प्रबंधन प्रक्रम के आधुनिकीकरण की आवश्यकता है।

व्याख्यात्मक उत्तर

1. *(a)* : नीतियां अलग-अलग राज्यों में अलग-अलग हैं।

2. *(c)* : परिच्छेद में उल्लेख किया गया है कि गत तीन वर्षों के दौरान ग्रेनाइट उद्योग के क्षेत्र में उल्लेखनीय प्रगति हुई है किंतु यह उल्लेख नहीं किया गया है कि उत्पादन लाभकारी नहीं रहा है।

3. *(a)* : राज्य सरकारों द्वारा इस दिशा में कोई एकसमान नीति घोषित नहीं की गई है।

4. *(c)* : परिच्छेद में कहा गया है कि सरकार द्वारा कोई उपयुक्त नीति क्रियान्वित नहीं किए जाने के कारण ग्रेनाइट खदान मालिक और इस उद्योग से जुड़े अन्य व्यक्ति ग्रेनाइट के अंतर्राष्ट्रीय बाजार की चुनौती का सामना नहीं कर पा रहे हैं। भारत में उत्पादित या अंतर्राष्ट्रीय स्तर पर उत्पादित ग्रेनाइट की गुणवत्ता या किस्म के बारे में परिच्छेद में कुछ भी उल्लेख नहीं किया गया है।

5. *(c)* : यह अनुमान परिच्छेद में उल्लिखित तथ्यों के अनुरूप नहीं है।

6. *(d)* : केवल सरकारी नीति ही हानियों के लिए उत्तरदायी नहीं हो सकती। लागत या गुणवत्ता का घटक भी समान रूप से उत्तरदायी हो सकता है।

7. *(c)* : परिच्छेद में यह उल्लेख किया गया है कि भारत में इस्पात उत्पादन संयंत्रों को स्थापित करने पर लागत विदेशों में ऐसे संयंत्रों को स्थापित करने पर आनेवाली लागत की तुलना में काफी अधिक होती है। किंतु ऐसा नहीं कहा गया है कि अन्य देशों में इस्पात की उत्पादन लागत भारत की तुलना में कम है।

8. (*a*) : यदि सरकार अपनी नीतियों की समीक्षा कर लेती है तो हमारा देश इस्पात के मूल्यों के मामले में निश्चित ही अंतर्राष्ट्रीय बाजार की चुनौतियों का सामना कर सकता है।

9. (*a*) : लगभग सभी इस्पात उत्पादों पर सीमा शुल्क में कमी कर दी गई है।

10. (*b*) : सीमाशुल्क और उत्पाद शुल्क दोनों की समीक्षा करने की मांग की जा रही है।

11. (*a*) : वर्तमान में पूरे विश्व की प्लास्टिक की वार्षिक खपत लगभग 100 मिलियन मी. टन है और भारत में प्लास्टिक की खपत का मौजूदा स्तर 1 मिलियन मी. टन है।

12. (*c*) : अनुच्छेद में प्लास्टिक के आयात या निर्यात का उल्लेख नहीं किया गया है।

13. (*a*) : उद्यमियों को प्रौद्योगिकी हस्तांतरण, उन्नयन और कार्यनीति तथा स्रजनात्मक गठबंधनों की दिशा में विचार करना होगा।

14. (*a*) : इस शताब्दी के पूर्वार्ध की समाप्ति तक प्रत्याशित वृद्धि 2.5 और 3 मिलियन मी. टन के बीच है। भारत को प्रति वर्ष 1,000 मी. टन क्षमता के दो अतिरिक्त पॉलिमर संयंत्र संस्थापित करने की आवश्यकता है।

15. (*a*) : वैश्वीकरण और अंतर्राष्ट्रीय गुणवत्ता के उत्पादों को विनिर्मित करने वाली परियोजना पर ध्यान देकर भारत अंतर्राष्ट्रीय बाजार में प्लास्टिक के उत्पादन के क्षेत्र में एक प्रमुख भूमिका निभा सकता है।

16. (*b*) : परिच्छेद में यह कहीं भी नहीं कहा गया है कि यदि लघु इकाइयां प्रचालन की दृष्टि से आत्म-निर्भर हो जाएं तो उनमें क्षति की मात्रा न्यूनतम स्तर पर पहुंच जाएगी।

17. (*a*) : कचरों के पुनः प्रयोग के लिए उपयुक्त सुविधाओं का उपलब्ध न होना लघु इकाइयों को होने वाली अधिकतम क्षति का एक कारण है।

18. (*c*) : यह परिच्छेद लघु इकाइयों की समस्याओं और उन्हें हो रही क्षति के बारे में है। बड़ी इकाईयों को तुलनात्मक रूप मे कम समस्याओं का सामना करना पड़ रहा है और कम क्षति उठानी पड़ रही है।

19. (*e*) : कम लाभ मार्जिन और प्रतिकूल परिस्थितियों के कारण लघु इकाइयां अपने परिसर में बुनियादी सुविधाएं उपलब्ध नहीं करा पातीं।

20. (*a*) : लघु इकाइयों में महंगी कच्ची सामग्री की हो रही क्षति को रोकने के लिए भारत में कचरा प्रबंधन प्रक्रम के आधुनिकीकरण की आवश्यकता है।

कथन एवं कार्यवाही संबंधी प्रश्न
(TEST ON STATEMENTS AND COURSE OF ACTION)

इस प्रकार के तर्क बुद्धि परीक्षण में अभ्यर्थियों के समक्ष एक परिस्थिति (एक ब्योरा या कथन) का उल्लेख किया जाता है और उसके संदर्भ में कुछ कार्यवाहियों का सुझाव दिया जाता है जिससे प्रस्तुत परिस्थिति या ब्योरे में उल्लिखित समस्या या नीति में सुधार के लिए अनुवर्ती या आगामी कार्रवाई हेतु अभ्यर्थियों को कुछ विकल्प प्राप्त हो। अभ्यर्थियों को यह निर्णय करना होता है कि उनमें से कौन सी कार्यवाही प्रस्तुत परिस्थिति या ब्योरे के संदर्भ में सर्वाधिक उपयुक्त है। विकल्प का चयन करते समय यह आवश्यक है कि अभ्यर्थियों द्वारा केवल प्रस्तुत ब्योरे को ही सत्य मानकर निर्णय किया जाए और निर्णय को अपनी स्वयं की समझ से प्रभावित नहीं होने दिया जाए।

हल किए गए उदाहरण

नीचे के प्रत्येक प्रश्न में एक कथन दिया गया है जिसके उपरांत I और II क्रमांकित दो कार्यवाहियां दी गई हैं। कार्यवाही एक ऐसा उपाय या प्रशासनिक निर्णय है जो कथन में दी गई सूचना के आधार पर समस्या या नीति आदि में सुधार, अनुवर्ती कार्रवाई आदि के लिए आवश्यक है। आपको दिए गए कथन को सत्य मानकर चलना है और यह निर्णय करना है कि कौन सी कार्यवाही मामले के अनुसरण हेतु तर्क संगत है।

अपना उत्तर निम्नवत् दें :

(*a*) यदि केवल कार्यवाही I तर्कसंगत हो

(*b*) यदि केवल कार्यवाही II तर्कसंगत हो

(*c*) यदि कार्यवाही या तो I या II तर्कसंगत हो

(*d*) यदि न तो कार्यवाही I और न ही II तर्कसंगत हो, और

(*e*) यदि कार्यवाही I और II दोनों तर्कसंगत हों

1. कथन : किसी संगठन के लेखा अनुभाग में कुछ भारी अनियमितताएँ पकड़ी गईं।

कार्यवाहियां :

I. लेखाओं की जांच करने के लिए लेखा-परीक्षकों के एक दक्ष दल को नियुक्त किया जाए।

II. अनियमितता में अंतर्लिप्त पाए गए सभी दोषी कर्मचारियों को कारण बताओ नोटिस जारी किया जाए।

उत्तर (*e*) : कथन के अनुसार कुछ भारी अनियमितताएँ पाई गई हैं। अतः कार्यवाही I का अनुसरण करना तर्कसंगत है। यह भी स्पष्ट कर दिया जाना चाहिए कि त्रुटियां अनजाने में हुई हैं या ऐसा जान-बूझ कर किया गया है। अतः कार्यवाही II भी तर्क संगत है।

2. कथन : मंत्री ने कहा कि शिक्षकगण अभी भी उच्च शिक्षा पद्धति में जनसंख्या शिक्षा की आवश्यकता, महत्त्व और अर्थ से पूर्णतः परिचित नहीं हैं। वे जनसंख्या शिक्षा कार्यक्रम में अपनी भूमिका और जिम्मेदारी से भी स्पष्टतः अवगत नहीं हैं।

कार्यवाहियां :

I. जनसंख्या शिक्षा कार्यक्रम को कॉलेज के पाठ्यक्रम में शामिल किया जाना चाहिए।

II. जनसंख्या शिक्षा पर शिक्षकों के लिए अभिमुखीकरण कार्यक्रम आयोजित किया जाना चाहिए।

उत्तर (*b*) : जबकि शिक्षक अभी भी उच्च शिक्षा पद्धति में जनसंख्या शिक्षा की आवश्यकता, महत्त्व और अर्थ से पूर्णतः परिचित नहीं हैं तथा जनसंख्या शिक्षा कार्यक्रम में अपनी भूमिका और जिम्मेदारी से भी स्पष्टतः अवगत नहीं हैं तो इसे कॉलेज के पाठ्यक्रम में शामिल नहीं किया जा सकता। अतः कार्यवाही I का अनुसरण तर्कसंगत नहीं है। किंतु शिक्षकों को इस कार्यक्रम की मूलभूत संकल्पनाओं से स्पष्टतः परिचित कराने के लिए एक अभिमुखीकरण कार्यक्रम आयोजित किया जाना चाहिए। अतः कार्यवाही II का अनुसरण तर्कसंगत है।

अभ्यास

निर्देश (प्रश्न 1 से 15) : *नीचे के प्रत्येक प्रश्न में एक कथन दिया गया है जिसके नीचे I और II क्रमांकित दो कार्यवाहियां दी गई हैं। कार्यवाही एक ऐसा उपाय या प्रशासनिक निर्णय है जो किसी कथन में दी गई सूचना पर आधारित समस्या या नीति आदि में सुधार, अनुवर्ती कार्रवाई या आगे की कार्रवाई के लिए क्रियान्वित किया जाना तर्कसंगत होता है। आपको दिए गए कथन को सत्य समझना है और यह निर्णय करना है कि कौन सी कार्यवाही मामले के अनुसरण हेतु तर्कसंगत है।*

उत्तर *(a)* दीजिए यदि केवल कार्यवाही *(i)* तर्कसंगत हैं; उत्तर *(b)* दीजिए यदि केवल कार्यवाही *(ii)* तर्कसंगत है; उत्तर *(c)* दीजिए यदि या तो कार्यवाही *(i)* या फिर *(ii)* तर्कसंगत है; उत्तर *(d)* दीजिए यदि कार्यवाही *(i)* और *(ii)* में से कोई भी तर्कसंगत नहीं है; और उत्तर *(e)* दीजिए यदि कार्यवाही *(i)* और *(ii)* दोनों तर्कसंगत हों।

1. कथन : हालांकि भारत की अर्थव्यवस्था अभी भी काफी हद तक कृषि पर ही आधारित है किंतु अंतर्राष्ट्रीय बाजार में कृषि उत्पादों के कुल व्यापार में इसकी भागीदारी अन्य वस्तुओं की भागीदारी की तुलना में कम है।

कार्यवाहियां :

(i) हमें अपनी कृषिगत वस्तुओं के उत्पादन में वृद्धि करने का प्रयास करना चाहिए।

(ii) गैर-कृषिगत वस्तुओं का निर्यात कम होना चाहिए।

2. कथन : विद्यालय में कुल पंजीकृत बच्चों में से लगभग 30 प्रतिशत से 40 प्रतिशत तक बच्चे प्रत्येक दिन विद्यालय से अनुपस्थित होते हैं।

कार्यवाहियां :

(i) और विद्यालय खोले जाने चाहिए।

(ii) इस अनुपस्थिति का कारण जानना चाहिए।

3. कथन : पर्यावरण और वन मंत्रालय द्वारा जारी की गई एक अधिसूचना जिसके द्वारा राष्ट्रीय प्राणि उद्यानों, वन्य जीव अभयारण्यों और पक्षी अभयारण्यों में 25 किमी. के दायरे में खनन कार्यों और इससे जुड़े उद्योगों पर रोक लगा दी गई है, के कारण गुजरात में कुछ खनन उद्योगों का कामकाज ठप्प हो जाएगा।

कार्यवाहियां :

(i) मंत्रालय से इस अधिसूचना का तत्काल रद्द करने का अनुरोध किया जाना चाहिए।

(ii) सरकार को राष्ट्रीय प्राणि उद्यानों, वन्य जीव अभयारण्यों और पक्षी अभयारण्यों को खनन क्षेत्र से दूर स्थानांतरित करना चाहिए।

4. कथन : पश्चिमी यूरोपीय बाजार में अपने माल बेचने वाले भारतीय इलेक्ट्रॉनिक उपकरण उद्योग को जापानियों से कड़ी प्रतिस्पर्धा का सामना करना पड़ता है।

कार्यवाहियां :

(i) भारत को अपने उत्पाद बेचने के लिए अन्य अंतर्राष्ट्रीय बाजारों की तलाश करनी चाहिए।

(ii) भारत को इन बाजारों पर अपना कब्जा बनाए रखने की दृष्टि से जापानियों के साथ प्रतिस्पर्धा का सामना करने के लिए अपने इलेक्ट्रॉनिक उपकरणों की गुणवत्ता में सुधार लाना चाहिए।

5. कथन : विगत एक दशक के दौरान हवाई मार्ग से किए जाने वाले निर्यात की मात्रा में काफी वृद्धि हुई है जिसके परिणामस्वरूप स्थान और सेवा के लिए मांग में वृद्धि के कारण माल एजेंटों के समक्ष माल इक्कट्ठा होने और अन्य प्रकार की समस्याएं उत्पन्न हुई हैं।

कार्यवाहियां :

(i) समस्या के समाधान हेतु वायुसेवा और माल एजेंटों को समेकित प्रयास करने चाहिए।

(ii) हवाई मार्ग द्वारा निर्यात की मात्रा में वृद्धि के कारणों का पता लगाया जाना चाहिए।

6. कथन : ''सभी के लिए शिक्षा'' विषय पर थाईलैंड में हुए विश्व सम्मेलन में बहुत से देशों के प्रतिनिधियों ने भाग लिया। इस सम्मेलन में सभी बच्चों को बुनियादी शिक्षा उपलब्ध कराने के लिए एक कार्य-योजना को अंतिम रूप प्रदान किया गया।

कार्यवाहियां :

(i) भारत सरकार द्वारा इस सम्मेलन में तैयार की गई कार्य-योजना के सभी बिंदुओं को अपने देश में क्रियान्वित किया जाना चाहिए।

(ii) भारत को भी अपने यहां जल्द ही इस प्रकार का सम्मेलन आयोजित करना चाहिए।

7. कथन : भारत जैसे देश में जहां सुदीर्घ तटीय क्षेत्र, नदियां, वन, मंदिर आदि हैं, पर्यटन स्थलों के विकास हेतु भारी मात्रा में संसाधनों की आवश्यकता है।

कार्यवाहियां :

(i) केवल तटीय क्षेत्रों में ही अधिकाधिक पर्यटन स्थलों को विकसित किया जाना चाहिए।

(ii) भारत में पर्यटन क्षेत्र की संभावनाओं का पता लगाना चाहिए।

8. **कथन :** वित्तीय बाधाओं के कारण मणिपुर सरकार पिछले कुछ माह से अपने कर्मचारियों को वेतन का भुगतान नहीं कर पाई है—समाचार पत्र में छपी एक रिपोर्ट।

कार्यवाहियां :

(i) मणिपुर सरकार को अपने कर्मचारियों की संख्या तत्काल कम से कम 30 प्रतिशत घटा देनी चाहिए।

(ii) मणिपुर सरकार को अपने अनावश्यक व्यय को कम करना चाहिए और अपने कर्मचारियों को वेतन का भुगतान करने की व्यवस्था करनी चाहिए।

9. **कथन :** भाखड़ा बांध के गोविंद सागर जलाशय में जल स्तर में बहुत तेजी से और लगातार हो रही कमी तथा उत्तरी क्षेत्र के ताप ऊर्जा संयंत्रों में कोयले का भंडार खत्म होने की रिपोर्टें प्राप्त हो रही हैं जिससे इस क्षेत्र में गंभीर बिजली संकट उत्पन्न होने की संभावना है।

कार्यवाहियां :

(i) सरकार द्वारा ताप ऊर्जा संयंत्रों को कोयले की आपूर्ति में तत्काल वृद्धि की जानी चाहिए।

(ii) सरकार को इस क्षेत्र में अन्य नदियों पर पनबिजली संयंत्र स्थापित करना चाहिए।

10. **कथन :** हाल में हुए एक खुलासे से कि कम से कम दो वरिष्ठ पुलिस अधिकारियों पर राज्य के पुलिस शस्त्रागार से भारी मात्रा में हथियारों की चोरी-छिपे बिक्री में अंतर्लिप्त होने का संदेह है, राज्य के पुलिस विभाग की छवि धूमिल हुई है।

कार्यवाहियां :

(i) हथियारों की चोरी-छिपे बिक्री में अंतर्लिप्त सभी व्यक्तियों को बेनकाब करने के लिए राज्य सरकार द्वारा एक व्यापक जांच का आदेश दिया जाना चाहिए।

(ii) राज्य पुलिस के शस्त्रागार को केंद्र सरकार के नियंत्रण में किया जाना चाहिए।

11. **कथन :** विधान सभा और संसद के चुनाव साथ-साथ कराए जाने चाहिए।

कार्यवाहियां :

(i) इस प्रयोजनार्थ संविधान संशोधन किया जाना चाहिए।

(ii) इस संबंध में निर्णय करने की जिम्मेदारी राष्ट्रपति को सौंपी जानी चाहिए।

12. **कथन :** सड़क मार्ग से त्वरित परिवहन के लिए एक्सप्रेस राजमार्ग आवश्यक हैं।

कार्यवाहियां :

(i) एक्सप्रेस राजमार्ग निर्मित करने के लिए तत्काल निविदा जारी की जानी चाहिए।

(ii) देश के त्वरित विकास की दृष्टि से अब से केवल एक्सप्रेस राजमार्ग ही निर्मित किए जाने चाहिए।

13. **कथन :** निधियों की उपलब्धता के बावजूद रेशम कीट संवर्धन कार्यक्रम के क्रियान्वयन में कमियों के कारण 'X' राज्य में रेशम के उत्पादन में भारी गिरावट हुई है।

कार्यवाहियां :

(i) 'X' राज्य की सरकार को इन कमियों का तत्काल अध्ययन करके उन्हें दूर करने की दिशा में उपचारात्मक उपाय करने चाहिए।

(ii) 'X' राज्य के रेशम उत्पादकों को इस वर्ष तकनीकी सहायता उपलब्ध करानी चाहिए।

14. **कथन :** माध्यमिक विद्यालय परीक्षा की उत्तर पुस्तिकाओं की जांच के कार्य को त्वरित करने के लिए 'X' राज्य के परीक्षा बोर्ड ने जूनियर-कॉलेजों के अस्थाई और अनुभवहीन शिक्षकों को परीक्षक नियुक्त करने का निर्णय लिया है।

कार्यवाहियां :

(i) चूंकि ये शिक्षक जानकारी और अनुभव न होने के बावजूद कठोर परिश्रम करके इन उत्तर पुस्तिकाओं की जांच करेंगे, अतः इन्हें प्रतिपूर्ति के रूप में अधिक धनराशि दी जानी चाहिए।

(ii) इन शिक्षकों को अनुभवी परीक्षकों द्वारा उपयुक्त प्रशिक्षण दिया जाना चाहिए और उत्तर पुस्तिकाओं की जांच अनुभवी निर्णायक की देख-रेख में कराई जानी चाहिए।

15. **कथन :** यदि इस संस्थान के सेवानिवृत्त प्राध्यापकों को संस्थान के पुनर्गठन विषय पर आयोजित की जानेवाली गोष्ठी में आमंत्रित किया जाए तो उनका योगदान संस्थान के लिए हितकारी सिद्ध हो सकता है।

कार्यवाहियां :

(i) प्रबंधन को ऐसे सेवानिवृत्त प्राध्यापकों को आमंत्रित करने से पूर्व कर्मचारियों की राय ले लेनी चाहिए।

(ii) प्रबंधन को संस्थान के व्यवस्थित पुनर्गठन हेतु अनुभवी व्यक्तियों की सेवाएं प्राप्त करनी चाहिए।

व्याख्यात्मक उत्तर

1. (*d*) : अंतर्राष्ट्रीय बाजार में कृषि उत्पादों के कुल व्यापार में भारत की भागीदारी इसकी अन्य वस्तुओं की भागीदारी की तुलना में कम है। इसका यह अर्थ नहीं है कि भारत को अपने कृषि उत्पादों में वृद्धि करने की आवश्यकता है। गैर-कृषिगत उत्पादों का निर्यात कम करने से कृषिगत वस्तुओं के निर्यात पर कोई प्रभाव नहीं पड़ेगा, अत: कोई भी कार्यवाही तर्कसंगत नहीं है।

2. (*d*) : कुल पंजीकृत बच्चों में से लगभग 30 प्रतिशत से 40 प्रतिशत तक बच्चे प्रत्येक दिन विद्यालय से अनुपस्थित होते हैं, अत: और विद्यालय खोले जाने का निर्णय व्यर्थ है। कथन में यह उल्लेख नहीं किया गया है कि किस विशेष समूह के बच्चे स्कूल से अनुपस्थित रहते हैं। इसका अर्थ है कि अनुपस्थित बच्चों के प्रतिशत में विभिन्न दिवसों को अनुपस्थित रहने वाले विभिन्न समूहों के बच्चे शामिल हैं। इस अनुपस्थिति का कोई विशिष्ट कारण नहीं है, अत: कोई भी कार्यवाही तर्कसंगत नहीं है।

3. (*d*) : मंत्रालय अपनी अधिसूचना रद्द नहीं कर सकता क्योंकि राष्ट्रीय प्राणि उद्यानों, वन्य जीव अभयारण्यों और पक्षी अभयारण्यों के आस-पास पर्यावरण प्रदूषण पर नियंत्रण रखना आवश्यक है। इसके अतिरिक्त खनन उद्योगों को स्थानांतरित करना अधिक उपयुक्त है, अत: कोई भी विकल्प तर्कसंगत नहीं है।

4. (*e*) : जापानियों से कड़ी प्रतिस्पर्धा का सामना करने के लिए भारत को या तो बाजार पर कब्जा करने के लिए अपने इलेक्ट्रॉनिक उपकरणों की गुणवत्ता में सुधार लाना चाहिए या फिर ऐसे किसी अंतर्राष्ट्रीय बाजार की तलाश करनी चाहिए जहां जापानियों का कब्जा न हो। अत: दोनों कार्यवाहियां तर्कसंगत हैं।

5. (*a*) : कथन के अनुसार हवाई मार्ग से किए जाने वाले निर्यात की मात्रा में वृद्धि के कारण स्थान और सेवा के लिए मांग में वृद्धि हुई है। अत: समस्या के समाधान हेतु वायुसेवा और माल एजेंटों को समेकित प्रयास करने चाहिए, अत: केवल कार्यवाही *(i)* तर्कसंगत है।

6. (*e*) : भारत जैसे देश में जहां निरक्षरता दर अभी भी काफी उच्च है, ऐसे सम्मेलन आयोजित किए जाने चाहिए तथा भारत को ''सभी के लिए शिक्षा'' विषय पर आयोजित विश्व सम्मेलन के सभी बिंदुओं को निश्चित ही लागू करना चाहिए, अत: दोनों ही विकल्प तर्कसंगत हैं।

7. (*b*) : भारत में पर्यटन स्थलों के विकास हेतु भारी मात्रा में संसाधनों की आवश्यकता को देखते हुए यह आवश्यक है कि भारत में पर्यटन क्षेत्र की संभावनाओं का पता लगाया जाए, अत: केवल विकल्प *(ii)* ही तर्कसंगत है।

8. (*b*) : कर्मचारियों की संख्या कम करने से कार्य में बाधा उत्पन्न होगी। इसके बजाय सरकार को अपने आवश्यक व्यय को कम करना चाहिए और अपने कर्मचारियों को वेतन का भुगतान करने की व्यवस्था करनी चाहिए। अत: केवल कार्यवाही *(ii)* तर्कसंगत है।

9. (*a*) : क्षेत्र में गंभीर बिजली संकट को उत्पन्न होने से रोकने के लिए सरकार द्वारा ताप ऊर्जा संयंत्रों को कोयले की आपूर्ति में तत्काल वृद्धि की जानी चाहिए। सरकार द्वारा इस क्षेत्र की अन्य नदियों पर पनबिजली संयंत्र स्थापित किया जाना एक बिलकुल अलग प्रस्ताव है। अत: केवल कार्यवाही *(i)* ही तर्कसंगत है।

10. (*a*) : केंद्र सरकार द्वारा प्रत्येक राज्य के शस्त्रागार पर निगरानी की व्यवस्था करना व्यवहार्य नहीं है। किंतु यदि समग्रत: जांच कराई जाए तो दोषी व्यक्तियों का पता चल सकता है और पुलिस विभाग दक्ष पुलिस अधिकारियों की सहायता से अपना कार्य सुचारु रूप में जारी रख सकता है। अत: केवल कार्यवाही *(i)* तर्कसंगत है।

11. (*c*) : यदि विधान सभा और संसद के चुनाव साथ-साथ कराए जाएं तो इससे काफी समय और धन की बचत होगी। किंतु यह तभी संभव है यदि इसके लिए संविधान संशोधन किया जाए। यदि संविधान संशोधन न किया जा सके तो इस संबंध में निर्णय करने की जिम्मेदारी राष्ट्रपति को सौंपी जानी चाहिए। अत: दोनों में से कोई भी कार्यवाही तर्कसंगत है।

12. (*d*) : सड़क मार्ग से त्वरित परिवहन के लिए एक्सप्रेस राजमार्ग आवश्यक है किंतु त्वरित परिवहन के अन्य

तरीके भी उपलब्ध हैं। इन राजमार्गों के निर्माण पर अत्यधिक व्यय होता है, अत: किसी देश में त्वरित विकास के लिए केवल एक्सप्रेस राजमार्ग निर्मित करना ही संभव नहीं है। अत: कोई भी विकल्प तर्कसंगत नहीं है।

13. (*a*) : कार्यवाही *(i)* दिए गए कथन की त्वरित प्रतिक्रिया है। जब कमियां हैं तो कोई भी तकनीकी सहायता व्यर्थ सिद्ध होगी। अत: केवल कार्यवाही *(i)* ही तर्कसंगत है।

14. (*b*) : अनुभवहीन शिक्षकों को प्रशिक्षण दिया जाना आवश्यक है ताकि वे उत्तर पुस्तिकाओं की जांच दक्षतापूर्वक कर सकें। प्रतिपूर्ति दक्ष कार्य के लिए दिया जाने वाला पारितोषिक है न कि केवल कठोर परिश्रम के लिए दी जाने वाली धनराशि। अत: केवल कार्यवाही *(i)* ही तर्कसंगत है।

15. (b) : सेवानिवृत्त प्राध्यापक वर्तमान कर्मचारियों की तुलना में अधिक अनुभवी होंगे। प्रबंधन को संगठन के पुनर्गठन के लिए इनकी सेवाएं प्राप्त करनी चाहिए। अत: केवल कार्यवाही *(i)* ही तर्कसंगत है।

कथन की पर्याप्तता संबंधी प्रश्न
(STATEMENT SUFFICIENCY)

इस प्रकार के प्रश्नों को हल करने के लिए एक सुव्यवस्थित दृष्टिकोण अपनाने की आवश्यकता है। इस प्रकार के परीक्षण में अभ्यर्थियों के लिए आवश्यक है कि वे दिए गए आंकड़ों या सूचनाओं का विश्लेषण करें और तत्पश्चात् यह निर्णय करें कि क्या दी गई सूचनाओं/आंकड़ों का प्रयोग करके प्रश्न का उत्तर ज्ञात किया जा सकता है।

हल किए गए उदाहरण

नीचे के प्रत्येक प्रश्न में पहले एक प्रश्न दिया गया है जिसके साथ I और II क्रमांकित दो कथन दिए गए हैं। दोनो कथनों को पढ़कर यह निर्णय करना है कि कथनों में दी गई सूचनाएं पूछे गए प्रश्न का उत्तर देने के लिए पर्याप्त हैं अथवा नहीं। अपना उत्तर (*a*) दें यदि केवल कथन I में ही दी गई सूचना प्रश्न का उत्तर देने के लिए पर्याप्त हो जबकि केवल कथन II में ही दी गई सूचना प्रश्न का उत्तर देने के लिए पर्याप्त न हों; उत्तर (*b*) दें यदि केवल कथन II में ही दी गई सूचना प्रश्न का उत्तर देने के लिए पर्याप्त हो जबकि केवल कथन I में दी गई सूचना प्रश्न का उत्तर देने के लिए पर्याप्त न हो; उत्तर (*c*) दें यदि या तो केवल कथन I में या फिर कथन II में दी गयी सूचना प्रश्न का उत्तर देने के लिए पर्याप्त हो; उत्तर (*d*) दें यदि दोनों कथनों I और II में दी गई सूचनाएं मिलकर भी प्रश्न का उत्तर देने के लिए पर्याप्त न हों; और उत्तर (*e*) दें यदि दोनों कथनों I और II में दी गई सूचनाएं प्रश्न का उत्तर देने के लिए अनिवार्य हों।

1. प्रश्न : गोपाल की आयु कितनी है ?

कथन : I. गोपाल अपने भाई से आठ वर्ष बड़ा है।

II. गोपाल की मां, जो उसके भाई से 35 वर्ष बड़ी है, का जन्म वर्ष 1965 में हुआ था।

उत्तर (*d*) : गोपाल अपने भाई से आठ वर्ष बड़ा है और गोपाल की मां गोपाल के भाई से 35 वर्ष बड़ी है किंतु गोपाल के भाई की आयु का उल्लेख नहीं किया गया है जिससे गोपाल की आयु ज्ञात नहीं की जा सकती। अत: I और II कथनों में दी गई सूचनाएं एक साथ मिलकर भी पूछे गए प्रश्न का उत्तर देने के लिए पर्याप्त नहीं हैं।

2. प्रश्न : क्या कॉफी पीने से सिर दर्द होता है ?

कथन : I. अग्न्याशयों के अति उद्दीपन से सिर दर्द हो सकता है।

II. कॉफी में कैफीन होता है जो अग्न्याशय को अत्यधिक उद्दीपित कर देता है।

उत्तर (*e*) : दिए गए कथनों के अनुसार कॉफी में निहित कैफीन अग्न्याशय को अत्यधिक उद्दीपित कर देता है जिससे सिर दर्द होता है। पूछे गए प्रश्न का यह उत्तर दोनों कथनों से प्राप्त होता है। अत: दोनों कथनों I और II में दी गई सूचनाएं प्रश्न का उत्तर देने के लिए अनिवार्य हैं।

अभ्यास

निर्देश : *नीचे के प्रत्येक प्रश्न में पहले एक प्रश्न दिया गया है और उसके नीचे कुछ सूचना प्रदान करने वाले I और II क्रमांकित दो कथन दिए गए हैं। आपको यह निर्णय करना है कि क्या कथन में दी गई सूचनाएं प्रश्न का उत्तर देने के लिए पर्याप्त हैं अथवा नहीं। दिए गए दोनों कथनों को सावधानीपूर्वक पढ़ें और अपना उत्तर निम्नवत् दें :*

उत्तर (*a*) दें यदि केवल कथन I में दी गई सूचना ही प्रश्न का उत्तर देने के लिए पर्याप्त हो जबकि केवल कथन II में दी गई सूचना प्रश्न का उत्तर देने के लिए पर्याप्त न हो।

उत्तर (*b*) दें, यदि केवल कथन II में दी गई सूचना ही प्रश्न का उत्तर देने के लिए पर्याप्त हो जबकि केवल कथन I में दी गई सूचना प्रश्न का उत्तर देने के लिए पर्याप्त न हो।

उत्तर (*c*) दें, यदि केवल कथन I या फिर केवल कथन II में दी गई सूचना प्रश्न का उत्तर देने के लिए पर्याप्त हो।

उत्तर (*d*) दें, यदि प्रश्न का उत्तर देने के लिए दोनों ही कथनों I और II में दी गई सूचनाएं पर्याप्त न हों, और

उत्तर (*e*) दें यदि दोनों कथनों I और II में दी गई सूचनाएं कथन का उत्तर देने के लिए अनिवार्य हों।

1. कमल के पिता कौन हैं ?
   I. कमल और नवीन आपस में भाई हैं।
   II. नवीन की मां अशोक के भाई की पत्नी है।

2. सुरेश के कितने पुत्र हैं ?
   I. कमल और सुहांस माला के बच्चे हैं।
   II. माला का विवाह सुरेश से हुआ है।

3. किसी विशेष कूटभाषा में '1 3' का अर्थ है 'धूम्रपान छोड़े' और '5 9' का अर्थ 'खतरनाक आदत' है। इस कूटभाषा में '9' और '5' का क्या अर्थ है ?
   I. '1 5 7' का अर्थ है 'गंदी आदत छोड़ें'
   II. '8 3 9' का अर्थ है 'धूम्रपान खतरनाक है'

4. इस वर्ष नारायण का जन्मदिन नवंबर में किस तारीख को है ?
   I. उसका जन्मदिन 8 तारीख के बाद किंतु 11 तारीख से पहले है।
   II. उसका जन्मदिन मंगलवार को है।

5. राकेश का मासिक वेतन 14,000 रु. है। अनिल का मासिक वेतन कितना है ?
   I. अनिल का मासिक वेतन उसके स्वयं के और राकेश के औसत मासिक वेतन से 500 रु. अधिक है।
   II. राकेश और अनिल का औसत मासिक वेतन 14,500 रु. है।

6. अतुल सप्ताह के किस दिन मुंबई पहुंचा ?
   I. अतुल का भाई अतुल से एक दिन पहले मुंबई पहुंचा।
   II. अतुल की मां अतुल के भाई के मुंबई पहुंचने के दो दिन बाद वृहस्पतिवार को मुंबई पहुंची।

7. किसी कमरे में रह रहे बच्चों में से कितने लड़के हैं ?
   I. 50% बच्चे सफेद ड्रेस में हैं।
   II. केवल लड़के ही सफेद ड्रेस में हैं।

8. चार मित्रों A, B, C और D, में से किसका वजन सबसे अधिक है ?
   I. B का वजन A से अधिक है किंतु D से कम है।
   II. C का वजन B से कम है।

9. मोहन ने कल कार्यालय में कितने कप चाय पी थी ? (यह मानें कि उसने जितने कप चाय पी थी उसके लिए स्वयं भुगतान भी किया था।)
   I. उसने उस दिन अपने चाय-नाश्ते पर 15 रु. खर्च किया।
   II. उसके कार्यालय में चाय 1 रु. प्रति कप है।

10. शीला, नुपुर, मोहिनी और चंदा में कौन सबसे अधिक लंबी है ?
   I. शीला, मोहिनी से अधिक लंबी है।
   II. चंदा, नुपुर से अधिक लंबी है।

11. खेल के एक मैदान का क्षेत्रफल 484 वर्ग मीटर है। इसकी परिमिति बताइए।
   I. खेल के इस मैदान के चारों ओर बाड़ा लगाने पर 912 रु. का खर्च आता है।
   II. खेल का यह मैदान एक पूर्ण वर्ग है।

12. किसी एक कक्षा के कितने छात्र हॉकी खेलते हैं ?
   I. कक्षा के दो-तिहाई छात्र हॉकी खेलते हैं जबकि शेष सभी 21 छात्र शतरंज खेलते हैं।
   II. कक्षा के 16 वर्ष से अधिक आयु के सभी 42 छात्र हॉकी खेलते हैं।

13. अमोल, प्रभु, नारायण और नवीन में सबसे अधिक वजन किसका है ?
   I. अमोल और प्रभु का वजन एक समान है।
   II. प्रभु का वजन नारायण से अधिक किंतु नवीन से कम है।

14. 'L' की कितनी पुत्रियां हैं ?
   I. R के पिता की तीन पुत्रियां हैं।
   II. T, R की बहन और L की पुत्री है।

15. C का भाई कौन है ?
   I. D, M की पुत्री है।
   II. M, C का पिता है।

16. M का पिता कौन है ?
   I. A और B आपस में भाई हैं।
   II. B की पत्नी M की पत्नी की बहन है।

17. किसी कक्षा के कितने छात्र फुटबॉल खेलते हैं ?

I. चालीस लड़के फुटबॉल खेलते हैं।

II. कक्षा में चालीस लड़के और तीस लड़कियां हैं।

18. शुभा का जन्मदिन कब है ?

I. 21 सिंतबर, 2005 को शुभा 15 वर्ष, 3 माह और 5 दिन की होगी।

II. शुभा का भाई, जो उससे ठीक दो वर्ष छोटा है, का जन्म 16 जून, 1992 को हुआ था।

19. किसी विशेष कूटभाषा में "Pe nop can" का अर्थ "हम गुलाब पसंद करते हैं," है। इस कूटभाषा में किस शब्द का अर्थ "गुलाब" है ?

I. 'nop te cap' का अर्थ "हम ईमानदार हैं"।

II. 'pe me say' का अर्थ "वे फूल पसंद करते हैं"।

20. राजीव का अपनी कक्षा में 17 वां स्थान है। कक्षा में नीचे से उसका कौन-सा स्थान है ?

I. कक्षा में कुल 70 छात्र हैं।

II. अभिजीत जो राजीव की कक्षा में 20 वें स्थान पर है, कक्षा में नीचे से 51 वें स्थान पर है।

व्याख्यात्मक उत्तर

1. (*e*) : कथन के अनुसार कमल और नवीन की मां अशोक के भाई की पत्नी है। इसका अर्थ है कि अशोक का भाई कमल का पिता है। अत: प्रश्न का उत्तर देने के लिए दोनों कथन अनिवार्य हैं।

2. (*d*) : दोनों कथनों से यह स्पष्ट है कि सुरेश के कमल और सुहास दो बच्चे हैं। किंतु इनमें से किसी भी बच्चे का लिंग ज्ञात नहीं है। अत: दोनों कथन एक साथ भी प्रश्न का उत्तर देने के लिए पर्याप्त नहीं हैं।

3. (*c*) : कथन I के अनुसार '157' का अर्थ 'गंदी आदत छोड़ें' है। कूट '59' का अर्थ 'खतरनाक आदत' है। यहां कूट '5' और 'आदत' उभयनिष्ठ हैं, अत: 'खतरनाक' शब्द के लिए कूट '9' का प्रयोग किया गया है। कथन II के अनुसार '839' का अर्थ है 'धूम्रपान खतरनाक है'। कूट '59' का अर्थ 'खतरनाक आदत' है। यहां कूट '9' और खतरनाक उभयनिष्ठ हैं, अत: 'आदत' के लिए कूट '5' का प्रयोग किया गया है। अत: दोनों में से कोई भी एक कथन प्रश्न का उत्तर देने के लिए पर्याप्त है।

4. (*d*) : कथन से यह स्पष्ट नहीं है कि मंगलवार को कौन सी तारीख पड़ती है। अत: कथन I और II दोनों में दी गई सम्मिलित सूचना भी प्रश्न का उत्तर देने के लिए पर्याप्त नहीं है।

5. (*c*) : कथन I के अनुसार अनिल का मासिक वेतन उसके और राकेश के औसत मासिक वेतन से 500 रु. अधिक अर्थात 4000 + 500 = 4500. कथन II के अनुसार राकेश और अनिल का औसत मासिक वेतन 14,500 रु. है और कथन I के अनुसार अनिल का मासिक वेतन उसके स्वयं के और राकेश के औसत मासिक वेतन अर्थात 14,500 रु. से 500 अधिक (14,500 + 500) = 15,000 रु. हैं। अत: प्रश्न का उत्तर ज्ञात करने के लिए कथन I और II दोनों आवश्यक हैं।

6. (*e*) : अतुल की मां मुंबई बृहस्पतिवार को पहुंची और अतुल का भाई अपनी मां से दो दिन पहले अर्थात् मंगलवार को मुंबई पहुंचा। अतुल का भाई अतुल से एक दिन पहले मुंबई पहुंचा, अत: अतुल बुधवार को मुंबई पहुंचा। अत: उत्तर प्राप्त करने के लिए दोनों कथन आवश्यक हैं।

7. (*d*) : 50% बच्चे सफेद ड्रेस में हैं किंतु कमरे में लड़कों की संख्या ज्ञात नहीं की जा सकती। अत: दोनों कथन मिलकर भी प्रश्न का उत्तर नहीं दे सकते।

8. (*e*) : दोनों कथनों के अनुसार मित्रों का अवरोही क्रम D>B>A/C है। यहां D का वजन सबसे अधिक है। अत: प्रश्न का उत्तर देने के लिए दोनों कथन आवश्यक हैं।

9. (*d*) : चाय और नाश्ते दोनों पर 15 रु. खर्च किए गए। अत: दोनों कथनों का उपयोग करके भी प्रश्न का उत्तर ज्ञात नहीं किया जा सकता।

10. (*d*) : दोनों कथन आपस में संबंधित नहीं हैं, अत: दोनों कथनों से भी प्रश्न का उत्तर प्राप्त नहीं किया जा सकता।

11. (*b*) : खेल के मैदान का क्षेत्रफल = 484 वर्ग मी. कथन II के अनुसार खेल का मैदान वर्गाकार है। अत: वर्ग का क्षेत्रफल, $a^2 = 484$ वर्ग मी. और वर्ग की एक भुजा $a = \sqrt{484} = 22$ मीटर और वर्ग की परिमिति = 22 × 4 = 88 मीटर।

अत: केवल II में प्रदत्त सूचना ही प्रश्न का उत्तर प्राप्त करने के लिए पर्याप्त है।

12. (*c*) : यदि छात्रों की कुल संख्या x है, तो कथन I के अनुसार:

$$x - 2/3x = 21$$
$$3x - 2x = 63$$
$$\therefore \quad x = 63$$

अत: हॉकी खेलने वाले छात्रों की कुल संख्या

$$= 63 - 21 = 42.$$

कथन II के अनुसार 42 छात्र हॉकी खेलते हैं। अत: दोनों में से अकेले कोई भी एक कथन प्रश्न का उत्तर देने के लिए पर्याप्त है।

13. (*e*) : दोनों कथनों के अनुसार इन मित्रों का वजन के अनुसार अवरोही क्रम होगा; नवीन > प्रभु और अमोल > नारायण। इन मित्रों में नवीन का वजन सबसे अधिक है। अत: दोनों कथन प्रश्न का उत्तर प्राप्त करने के लिए आवश्यक हैं।

14. (*e*) : R के पिता की तीन पुत्रियां हैं जिनमें से R निश्चित ही उनकी एक पुत्री है। T, R की बहन और L की पुत्री है, अत: L, R के पिता की पत्नी है जिसकी तीन पुत्रियां हैं, अत: प्रश्न का उत्तर ज्ञात करने के लिए दोनों कथन आवश्यक हैं।

15. (*d*) : कथनों के अनुसार M, D और C का पिता है तथा D, C की बहन है। अत: दोनों कथन मिलकर भी प्रश्न का उत्तर देने के लिए पर्याप्त नहीं हैं।

16. (*d*) : कथनों में M के पिता के बारे में कोई उल्लेख नहीं मिलता है। अत: दोनों कथन एक साथ भी प्रश्न का उत्तर देने के लिए पर्याप्त नहीं हैं।

17. (*a*) : कथन I के अनुसार 40 लड़के फुटबॉल खेलते हैं। कथन II में कक्षा में केवल लड़कों और लड़कियों की संख्या का उल्लेख किया गया है, अत: कथन I में दी गई सूचना ही प्रश्न का उत्तर देने के लिए पर्याप्त है।

18. (*c*) : कथन I के अनुसार शुभा का जन्मदिन 21 सितंबर, 2005 में से 15 वर्ष, 3 माह और 5 दिन घटाने पर 16 जून, 1990 ज्ञात होता है।

कथन II के अनुसार शुभा का जन्मदिन 16 जून, 1992 में से 2 वर्ष घटाने पर 16 जून 1990 ज्ञात होता है। अत: दिए गए कथनों में से कोई भी एक कथन प्रश्न का उत्तर ज्ञात करने के लिए पर्याप्त है।

19. (*e*) : 'pe nop can' का अर्थ है कि 'हम गुलाब पसंद करते हैं'। कथन I के अनुसार 'nop te cap' का अर्थ 'हम ईमानदार हैं' है। इनमें कूट शब्द 'nop' और 'हम' उभयनिष्ठ हैं। कथन II के अनुसार 'pe me say' का अर्थ 'वे धूल पसंद करते हैं' है। यहां 'pe' और 'पसंद' शब्द उभयनिष्ठ हैं। इस प्रकार दिए गए कूट 'pe nop can' से 'nop' का अर्थ 'हम', 'pe' का अर्थ 'पसंद' और 'can' का अर्थ गुलाब निकलता है। अत: प्रश्न का उत्तर देने के लिए दोनों कथन आवश्यक हैं।

20. (*c*) : कथन I के अनुसार कक्षा में कुल 70 छात्र हैं। यदि राजीव का अपनी कक्षा में 17 वां स्थान है तो कक्षा में नीचे से वह (70 – 17) + 1 अर्थात 54वें स्थान पर है।

कथन II के अनुसार अभिजीत राजीव की कक्षा में 20 वें स्थान पर है और वह कक्षा में नीचे से 51 वें स्थान पर है। कक्षा में छात्रों की कुल संख्या (20 + 51) – 1 अर्थात 70 है। अब राजीव का अपनी कक्षा में नीचे से (70 – 17) + 1 अर्थात 54 वां स्थान है।

अत: दिए गए कथनों में से कोई भी कथन प्रश्न का उत्तर देने के लिए पर्याप्त है।

स्थान व्यवस्थीकरण
(PLACE ARRANGEMENT)

स्थान व्यवस्थीकरण का सामान्य अर्थ है दी गई सूचनाओं के आधार पर व्यक्तियों या वस्तुओं का स्थान-क्रम निर्धारित करना। इसके लिए आवश्यक है कि स्थान-क्रम को अच्छी तरह समझा जाए और तत्पश्चात् दिए गए प्रश्नों को उपलब्ध कराई गई सूचना के आधार पर हल करने का प्रयास किया जाए।

हल किए गए प्रश्न

1. पांच लड़के एक सीढ़ी पर चढ़ रहे हैं। सीढ़ी पर डेविड लड़कों के बीच में है। कार्तिक सबसे पीछे है। अनमोल नीतिन से आगे है जो अनमोल और डैनी दोनों के पीछे है। सीढ़ी पर सबसे आगे कौन है ?

(*a*) डैनी (*b*) अनमोल (*c*) डैनी या अनमोल
(*d*) कहा नहीं जा सकता (*e*) इन दोनों में से कोई नहीं

उत्तर (*c*) : लड़कों के सीढ़ी पर चढ़ने का निम्नलिखित क्रम है :

डैनी		अनमोल
अनमोल		डैनी
डेविड	या	डेविड
नीतिन		नीतिन
कार्तिक		कार्तिक

अतः इस बात की पूर्ण संभावना है कि सीढ़ी पर सबसे आगे डैनी या अनमोल है।

2. पांच व्यक्ति किसी पंक्ति में एक दूसरे के पीछे चल रहे हैं। पंक्ति में सबसे आगे और सबसे पीछे चल रहे व्यक्तियों में एक व्यक्ति बुद्धिमान और दूसरा मूर्ख है। एक नाटे व्यक्ति के पीछे एक मजबूत कद काठी का व्यक्ति चल रहा है। मूर्ख व्यक्ति के सामने एक दुबला व्यक्ति चल रहा है। नाटा व्यक्ति बुद्धिमान व्यक्ति और मजबूत कद काठी के व्यक्ति के बीच में है। पंक्ति में बीचों-बीच कौन चल रहा है ?

(*a*) नाटा व्यक्ति (*b*) मजबूत कद-काठी का व्यक्ति (*c*) दुबला व्यक्ति
(*d*) बुद्धिमान व्यक्ति (*e*) कहा नहीं जा सकता

उत्तर (*b*) : पांचों व्यक्तियों का पंक्ति में स्थान-क्रम निम्नवत् है :

मूर्ख, दुबला व्यक्ति, मजबूत कद-काठी का व्यक्ति, नाटा व्यक्ति, बुद्धिमान व्यक्ति।

अभ्यास

निर्देश (प्रश्न 1-2) : *निम्नलिखित कथनों को सावधानी पूर्वक पढ़ें और पूछे गए प्रश्नों के उत्तर दें :*

एक शेल्फ में पांच कमीजें एक ढेर में एक के ऊपर एक रखी हुई हैं। इस ढेर में लाल कमीज नीली कमीज के ऊपर रखी गई है और हरे रंग की कमीज नारंगी रंग की कमीज के नीचे रखी गई है। नीली कमीज नारंगी रंग की कमीज के ऊपर तथा सफेद कमीज हरी कमीज के नीचे रखी गई है।

1. लाल और नारंगी रंग की कमीजों के बीच रखी कमीज किस रंग की है ?

(*a*) सफेद रंग की (*b*) हरे रंग की
(*c*) नीले रंग की (*d*) आंकड़े अपर्याप्त हैं
(*e*) इनमें से कोई नहीं

2. सबसे नीचे किस रंग की कमीज है ?
(a) लाल (b) सफेद
(c) नारंगी (d) कहा नहीं जा सकता
(e) इनमें से कोई नहीं

निर्देश (प्रश्न 3 से 7) : *निम्नलिखित कथनों को ध्यानपूर्वक पढ़ें और इनके आधार पर नीचे पूछे गए प्रश्नों के उत्तर दें :*

किसी एक परिवार के नौ सदस्य J, K, L, M, N, O, P, Q और R किसी सिनेमाघर में एक पंक्ति में लगी कुर्सियों पर बैठे हैं। इनमें से L, M की दाहिनी ओर बैठा है तथा वह N की दाहिनी ओर तीसरे स्थान पर है। K इस पंक्ति के एक छोर पर बैठा है। Q, O और P के बिल्कुल बगल में बैठा है। O, K की बायीं ओर तीसरे स्थान पर बैठा है। J, O की बायीं ओर उसके बिल्कुल बगल में बैठा है।

3. निम्नलिखित में से कौन-सा कथन सत्य है ?
(a) L और O के बीच एक व्यक्ति बैठा है
(b) R और P एक दूसरे के बिल्कुल बगल में बैठे हैं
(c) M एक छोर पर बैठा है
(d) N, J से एक सीट छोड़ कर बैठा है
(e) उपर्युक्त में से कोई नहीं

4. O की दाहिनी ओर परिवार के कौन-कौन से सदस्य बैठे हैं ?
(a) RML (b) JQP
(c) QPK (d) KPR
(e) कहा नहीं जा सकता

5. पंक्ति में बीच में कौन बैठा है ?
(a) L (b) J
(c) O (d) Q
(e) उपर्युक्त में से कोई नहीं

6. L की बगल में कौन बैठा है ?
(a) A और O (b) M और J
(c) M और O (d) P और J
(e) सूचना अपर्याप्त है

7. पंक्ति के दूसरे छोर पर कौन बैठा है ?
(a) R (b) J
(c) P (d) N
(e) Q

निर्देश (प्रश्न 8 से 10) : (A) किसी एक समूह में पांच मित्र हैं; (B) वे दक्षिण की ओर मुंह करके एक पंक्ति में खड़े हैं; (C) जयेश आलोक के बिल्कुल बगल में उसकी दाहिनी ओर खड़ा है; (D) प्रमोद, बबीर और सुबोध के बीच खड़ा है; (E) सुबोध, जयेश और प्रमोद के बीच खड़ा है।

8. इन मित्रों में बिल्कुल बाएं छोर पर कौन खड़ा है ?
(a) आलोक (b) बबीर
(c) सुबोध (d) सूचना अपर्याप्त है
(e) इनमें से कोई नहीं

9. बीच में कौन खड़ा है ?
(a) बबीर (b) प्रमोद
(c) सुबोध (d) जयेश
(e) आलोक

10. उपर्युक्त दोनों प्रश्नों का उत्तर ज्ञात करने के लिए निम्नलिखित में से कौन सा कथन छोड़ा जा सकता है ?
(a) कोई नहीं (b) केवल A
(c) केवल B (d) केवल C
(e) केवल D

निर्देश (प्रश्न 11 से 15) : *निम्नलिखित सूचना को सावधानीपूर्वक पढ़ें और पूछे गए प्रश्नों का उत्तर दें :*

(i) ग्यारह छात्र A, B, C, D, E, F, G, H, I, J और K कक्षा की पहली पंक्ति में शिक्षक की ओर मुंह करके बैठे हैं।
(ii) D जो F की बिल्कुल बगल में बैठा है, C के दाहिने दूसरी सीट पर है।
(iii) A, E के दाहिने दूसरी सीट पर बैठा है जबकि E की सीट पंक्ति के किसी एक छोर पर है।
(iv) J, A और B के बिल्कुल साथ में बैठा है और उसकी सीट G के बाएं की तीसरी सीट है।
(v) H, D के बाएं बिल्कुल उसकी बगल में बैठा है और उसकी सीट I के दाहिने की तीसरी सीट है।

11. कक्षा में छात्रों के बैठने की उपर्युक्त व्यवस्था के संबंध में निम्नलिखित में से कौन सा कथन अनावश्यक है ?
(a) (i) (b) (ii)
(c) (iii) (d) (iv)
(e) कोई नहीं

12. निम्नलिखित में से छात्रों का कौन सा समूह G की दाहिनी ओर बैठा है ?
(a) IBJA (b) ICHDF
(c) CHDF (d) CHDE
(e) इनमें से कोई नहीं

13. पंक्ति के मध्य में कौन बैठा है ?

(*a*) C
(*b*) I
(*c*) B
(*d*) G
(*e*) इनमें से कोई नहीं

14. कक्षा में छात्रों के बैठने की उपर्युक्त व्यवस्था के संबंध में निम्नलिखित में से कौन-सा कथन सत्य है ?

(*a*) D और G के बीच तीन छात्र बैठे हैं।
(*b*) G और C बिल्कुल साथ में बैठे हैं और उनकी सीट H की दाहिनी ओर उसके बिल्कुल साथ की है।
(*c*) B, J और I के बीच बैठा है।
(*d*) K, A और J के बीच बैठा है।
(*e*) उपर्युक्त में से कोई नहीं

15. यदि E और D, C और B, A और H तथा K और F अपना स्थान आपस में बदल लें तो पंक्ति के छोर पर निम्नलिखित में से कौन से दो छात्र होंगे ?

(*a*) D और E
(*b*) E और F
(*c*) D और K
(*d*) K और F
(*e*) इनमें से कोई नहीं

निर्देश (प्रश्न 16 से 20) : *कुछ मित्र एक बेंच पर बैठे हैं। सुनील, सुनीता की बगल में और संजय बिंदु की बगल में बैठा है। बिंदु सुमीत के साथ नहीं बैठी हुई है। सुमीत बेंच के बाएं छोर पर और संजय दाहिनी ओर से दूसरे स्थान पर बैठा है। सुनील सुनीता की दाहिनी ओर बैठा है और वह सुमीत की भी दाहिनी ओर है। सुनील और संजय एक साथ बैठे हैं।*

उपर्युक्त कथनों के आधार पर नीचे दिए गए प्रश्नों में सही उत्तर का चयन करें।

16. संजय निम्नलिखित में से किनके बीच बैठा है ?

(*a*) बिंदु और सुनीता
(*b*) सुनील और सुमीत
(*c*) सुनीता और बिंदु
(*d*) सुनील और बिंदु
(*e*) सुमीत और बिंदु

17. बिंदु कहां बैठी है ?

(*a*) बिल्कुल दाहिने छोर पर
(*b*) बिल्कुल बाएं छोर पर
(*c*) बाएं से दूसरे स्थान पर
(*d*) बाएं से तीसरे स्थान पर
(*e*) बीच में

18. सुमीत कहां बैठा है ?

(*a*) दाहिने से दूसरे स्थान पर
(*b*) बाएं से दूसरे स्थान पर
(*c*) बिल्कुल बाएं छोर पर
(*d*) बिल्कुल दाएं छोर पर
(*e*) बीच में

19. सुनील किनके बीच में बैठा है ?

(*a*) सुनीता और संजय
(*b*) सुनीता और बिंदु
(*c*) संजय और सुमीत
(*d*) बिंदु और संजय
(*e*) सुमीत और बिंदु

20. बीच में कौन बैठा है ?

(*a*) सुनील
(*b*) संजय
(*c*) सुनीता
(*d*) बिंदु
(*e*) सुमीत

निर्देश (प्रश्न 21 से 26) : *नीचे के कथनों को ध्यानपूर्वक पढ़ें और पूछे गए प्रश्नों के उत्तर दें :*

(*i*) A, B, C, D, E, F, और G एक दीवार पर बैठे हैं और इन सभी का मुंह पूर्व दिशा की ओर है।
(*ii*) C, D के बिल्कुल साथ में उसकी दाहिनी ओर बैठा है।
(*iii*) B दाहिने छोर पर बैठा है और उसकी बगल में E बैठा है।
(*iv*) G, E और F के बीच बैठा है।
(*v*) D दक्षिणी सिरे से तीसरे स्थान पर बैठा है।

21. A के बैठने के स्थान को ज्ञात करने के लिए उपर्युक्त (i) से (v) तक के कथनों में से कौन सा कथन अपेक्षित नहीं है ?

(*a*) (*i*)
(*b*) (*ii*)
(*c*) (*iii*)
(*d*) सभी अपेक्षित हैं
(*e*) इनमें से कोई नहीं

22. बिल्कुल छोरों पर निम्नलिखित में से कौन से दो व्यक्ति बैठे हैं ?

(*a*) AE
(*b*) AB
(*c*) FB
(*d*) CB
(*e*) कहा नहीं जा सकता

23. D निम्नलिखित में से किन दो व्यक्तियों के बीच बैठा है ?

(*a*) CE
(*b*) AC
(*c*) CF
(*d*) AF
(*e*) इनमें से कोई नहीं

24. यदि C उत्तरी सिरे से तीसरे स्थान पर बैठना चाहता हो तो उसे अपने स्थान की निम्नलिखित में से किसके साथ अदला-बदली करनी चाहिए ?

(*a*) G
(*b*) F
(*c*) E
(*d*) कहा नहीं जा सकता
(*e*) इनमें से कोई नहीं

25. E की दाहिनी ओर कौन बैठा है ?

(*a*) F (*b*) D
(*c*) C (*d*) A
(*e*) इनमें से कोई नहीं

26. F के बिल्कुल बगल में उसके साथ निम्नलिखित में से कौन से दो व्यक्ति बैठे हैं ?

(*a*) EG (*b*) DC
(*c*) ED (*d*) GD
(*e*) इनमें से कोई नहीं

व्याख्यात्मक उत्तर

1. (*c*) : प्रश्न संख्या 1 और 2 के संदर्भ में शेल्फ में कमीजों को निम्नलिखित क्रम में रखा गया है :

लाल कमीज
नीली कमीज
नारंगी रंग की कमीज
हरे रंग की कमीज
सफेद कमीज

2. (*b*)

प्रश्न संख्या 3 से 7 के संदर्भ में दिए गए कथन में परिवार के नौ सदस्यों के सिनेमाघर में एक पंक्ति में लगी कुर्सियों पर बैठने का निम्नलिखित क्रम है :

N, R, M, L, J, O, Q, P, K.

3. (*a*) **4. (*c*)** **5. (*b*)** **6. (*b*)** **7. (*d*)**

8. (*a*) : पांचों मित्र निम्नलिखित क्रम में एक दूसरे की बगल में खड़े हैं :

आलोक, जयेश, सुबोध, प्रमोद, बबीर

9. (*c*) **10. (*b*)**
11. (*e*) **12. (*c*)** **13. (*b*)** **14. (*c*)**

15. (*c*) : छात्रों द्वारा अपना स्थान बदल लेने पर इनके बैठने का नया क्रम होगा :

D, F, H, J, C, I, G, B, A, E, K

प्रश्न संख्या 16 से 20 के संदर्भ में दी गई सूचना के अनुसार इन मित्रों के बेंच पर बैठने का निम्नलिखित क्रम है :

सुमीत, सुनीता, संजय, बिंदु

16. (*d*) **17. (*a*)** **18. (*c*)** **19. (*a*)** **20. (*a*)**

प्रश्न संख्या 21 से 26 के संदर्भ में दी गई सूचना के अनुसार दीवार पर इन व्यक्तियों द्वारा पूर्व दिशा में मुंह करके बैठने का निम्नलिखित क्रम है :

सातवां व्यक्ति → B
E
G
F
D
C
पहला व्यक्ति → A

21. (*d*) **22. (*b*)** **23. (*c*)** **24. (*a*)** **25. (*e*)**
26. (*d*)

कथन विश्लेषण
(STATEMENT ANALYSIS)

तर्कबुद्धि परीक्षण से संबंधित इस प्रकार के प्रश्नों में कुछ कथन दिए जाते हैं। इन कथनों में कतिपय तथ्यों को अलग-अलग रूपों में तोड़-मरोड़ कर प्रस्तुत किया जाता है। ऐसे प्रश्नों को हल करने के लिए अभ्यर्थियों से यह अपेक्षा की जाती है कि वे दिए गए कथनों का विश्लेषण करें, दिए गए तथ्यों को सुव्यवस्थित और वर्गीकृत करें तथा तत्पश्चात् दिए गए कथनों से संबंधित प्रश्नों के उत्तर दें।

हल किए गए प्रश्न

1. आइसक्रीम बर्फ के समान ठंडा होता है। बर्फ ओले जितनी ठंडी नहीं होती। हिमकण बर्फ जितने ठंडे नहीं होते किंतु ये आइसक्रीम से अधिक ठंडे होते हैं। इनमें से सर्वाधिक ठंडा क्या है?

(*a*) ओला (*b*) आइसक्रीम (*c*) हिमकण (*d*) हिम (*e*) बर्फ

उत्तर (*a*) : ठंडक में वृद्धि को दर्शाने वाला क्रम है—आइसक्रीम, बर्फ, हिमकण, हिम, ओला।

2. नीचे दिए गए कथन को सावधानीपूर्वक पढ़ें और पूछे गए प्रश्नों (*i*) और (*ii*) के उत्तर दें :

पांच आदमी जिनमें से एक वजनी, दूसरा मोटा, तीसरा दुबला-पतला, चौथा नाटा और पांचवां लंबा है, एक दूसरे के पीछे दौड़ रहे हैं। वजनी और लंबे आदमियों में से एक तो कलाकार है और दूसरा बातुनी/दुबला-पतला आदमी जो बुद्धिमान भी है, बीच में दौड़ रहा है। नाटा आदमी काला नहीं है और गोरे रंग का आदमी दुबले-पतले आदमी से आगे दौड़ रहा है। वजनी आदमी जो कलाकार नहीं है, मोटे आदमी के सामने दौड़ रहा है।

(*i*) गोरा कौन है?

(*a*) लंबा आदमी (*b*) मोटा आदमी (*c*) नाटा आदमी
(*d*) वजनी आदमी (*e*) दुबला-पतला आदमी

उत्तर : (*b*)

(*ii*) लंबा आदमी क्या है?

(*a*) बुद्धिमान (*b*) बातुनी (*c*) कलाकार (*d*) काला (*e*) गोरा

उत्तर : (*c*)

पांचों आदमियों के गुणों का चार्ट इस प्रकार है :

वजनी आदमी बातुनी है।
मोटा आदमी गोरा है।
दुबला-पतला आदमी बुद्धिमान है।
नाटा आदमी काला नहीं है।
लंबा आदमी कलाकार है।

अभ्यास

निर्देश (प्रश्न 1 से 3) : *राम, सोहन और मोहन फुटबॉल, हॉकी और क्रिकेट खेलते हैं। राम, रमेश और मोहन हॉकी, क्रिकेट और बास्केटबॉल खेलते हैं। राम, सोहन, रहीम और मोहन फुटबॉल और क्रिकेट खेलते हैं।*

उपर्युक्त कथनों के आधार पर निम्नलिखित प्रश्नों के उत्तर दीजिए:

1. सभी लड़के कौन सा खेल खेलते हैं?

(*a*) फुटबॉल (*b*) हॉकी

(*c*) क्रिकेट (*d*) बास्केटबॉल

(*e*) इनमें से कोई नहीं

2. इनमें से कौन से दो लड़के सभी खेल खेलते हैं ?

(*a*) राम, सोहन (*b*) राम, रमेश

(*c*) सोहन, मोहन (*d*) राम, मोहन

(*e*) राम, रहीम

3. कौन लड़का फुटबॉल नहीं खेलता ?

(*a*) रमेश (*b*) सोहन

(*c*) रहीम (*d*) मोहन

(*e*) राम

निर्देश (प्रश्न 4-6) : *नीचे दिए गए कथन को ध्यानपूर्वक पढ़ें और इसमें दी गई सूचना के आधार पर प्रश्न संख्या 4 – 6 में पूछे गए प्रश्नों के उत्तर दें :*

रवि, हरी, मनु और जतिन चार मित्र हैं। इनमें से एक कानपुर में रहता है और उसे लिखने-पढ़ने का शौक है। हरी और जतिन लखनऊ में रहते हैं। हरी को डाक टिकटें एकत्रित करने का शौक है। लखनऊ में रहने वाले दोनों मित्रों में से प्रत्येक को सिक्के एकत्रित करने का शौक है। रवि इलाहाबाद में रहता है। लखनऊ में रहने वाला एक लड़का संगीत सुनना भी पंसद करता है। इलाहाबाद में रहने वाले लड़के को यात्रा करने और कॉमिक्स पढ़ने का शौक है। यदि सभी लड़कों में से प्रत्येक को दो शौक हों तो निम्नलिखित प्रश्नों के उत्तर दें :

4. कानपुर में कौन रहता है ?

(*a*) जतिन (*b*) मनु

(*c*) रवि (*d*) हरी

(*e*) इनमें से कोई नहीं

5. सिक्के एकत्रित करने और संगीत सुनने का शौक निम्नलिखित में से किसे है ?

(*a*) मनु (*b*) रवि

(*c*) हरी (*d*) जतिन

(*e*) इनमें से कोई नहीं

6. निम्नलिखित में से कौन सा शौक रवि को नहीं है ?

(*a*) कॉमिक्स पढ़ना

(*b*) पढ़ना

(*c*) यात्रा करना

(*d*) कहा नहीं जा सकता

(*e*) उपर्युक्त में से कोई नहीं

निर्देश (प्रश्न 7 से 9) : *नीचे उल्लिखित कथन को ध्यानपूर्वक पढ़ें और पूछे गए प्रश्नों के उत्तर दें :*

एक समूह में A, B, C, D और E पांच व्यक्ति हैं। इनमें से दो पुरुष हैं। केवल तीन व्यक्ति तैरना जानते हैं जिनमें एक पुरुष है। इस समूह में एक विवाहित जोड़ा भी है जिसमें पति को तैरना आता है। A, D की छोटी बहन है और B, E का पति है। C तैराकी का चैम्पियन है।

7. समूह में अविवाहित पुरुष कौन है ?

(*a*) C (*b*) B

(*c*) A (*d*) D

(*e*) कहा नहीं जा सकता

8. निम्नलिखित में से कौन सी दो महिलाएं तैरना जानती हैं ?

(*a*) A और C (*b*) C और D

(*c*) D और E (*d*) A और E

(*e*) दी गई सूचना अपर्याप्त है

9. निम्नलिखित में से किन दो व्यक्तियों को तैरना नहीं आता ?

(*a*) B और D (*b*) D और E

(*c*) A और E (*d*) A और D

(*e*) इनमें से कोई नहीं

निर्देश (प्रश्न 10 से 14) : *निम्नलिखित कथन को पढ़ें और पूछे गए प्रश्नों के उत्तर दें :*

ईना, मीरा, मीना और मोना चार लड़कियां हैं। इनमें से एक लड़की चेन्नई में रहती है और उसे मिट्टी की मूर्तियां बनाने और पढ़ने का शौक है। मीरा मुंबई में रहती है। ईना भी मुंबई में रहती है और उसे नृत्य का शौक है। मुंबई में रहने वाली दोनों लड़कियों को बागवानी का शौक है। मोना दिल्ली में रहती है और उसे चित्रकारी और फोटोग्राफी का शौक है। मुंबई में रहने वाली एक लड़की को यात्राएं करना अच्छा लगता है। यदि इन सभी लड़कियों में से प्रत्येक के दो-दो शौक हों, तो इस वक्तव्य के आधार पर निम्नलिखित प्रश्नों के उत्तर दें :

10. यात्राएं करना किसे अच्छा लगता है ?

(*a*) ईना (*b*) मीरा

(*c*) मीना (*d*) मोना

(*e*) इनमें से कोई नहीं

11. किस लड़की को नृत्य और बागवानी का शौक है ?

(*a*) ईना (*b*) मोना

(*c*) मीरा (*d*) मीना

(*e*) इनमें से कोई नहीं

12. चेन्नई में कौन रहती है ?

(*a*) मीना (*b*) ईना
(*c*) ये दोनों (*d*) इनमें से कोई नहीं
(*e*) कहा नहीं जा सकता

13. निम्नलिखित में से किसे बागवानी का शौक है ?

(*a*) मीना (*b*) मीरा
(*c*) इन दोनों को (*d*) इनमें से कोई नहीं
(*e*) कहा नहीं जा सकता

14. मीना के निम्नलिखित में से कौन से शौक हैं ?

(*a*) पढ़ना, नृत्य
(*b*) बागवानी, चित्रकारी
(*c*) यात्राएं करना, नृत्य
(*d*) मिट्टी की मूर्तियां बनाना, पढ़ना
(*e*) इनमें से कोई नहीं

निर्देश (प्रश्न 15 से 19) : *निम्नलिखित सूचना का अध्ययन करें और पूछे गए प्रश्नों के उत्तर दें :*

(*i*) किसी शिक्षण संस्थान में A, B, C, D, E, F, G और H आठ संकाय सदस्य हैं जो अलग-अलग विषय पढ़ाते हैं।

(*ii*) इनमें तीन महिलाएं हैं और चार के पास पी.एच.डी. की उपाधि है।

(*iii*) E मनोविज्ञान पढ़ाता है और उसने पी.एच.डी. की उपाधि प्राप्त की है। A रसायनशास्त्र पढ़ाता है।

(*iv*) अर्थशास्त्र को पढ़ाने वाले संकाय सदस्य के पास पी.एच.डी. की उपाधि नहीं है। संकाय की कोई भी महिला सदस्य कॉमर्स या विधि विषय नहीं पढ़ाती। विधि संकाय पी.एच.डी. की उपाधि प्रदान नहीं करता।

(*v*) D और G में से कोई भी संकाय सदस्य वाणिज्य या भौतिक विज्ञान नहीं पढ़ाता।

(*vi*) H और C महिला सदस्य हैं और इनके पास पी.एच.डी. की उपाधि नहीं है। F को पी.एच.डी. की उपाधि प्राप्त है और वह प्राणिशास्त्र पढ़ाता है।

(*vii*) B और G के पास पी.एच.डी. की उपाधि है और G एक महिला सदस्य है।

15. निम्नलिखित में से किस महिला सदस्य को पी.एच.डी. की उपाधि प्राप्त है ?

(*a*) G (*b*) C और D
(*c*) G और H (*d*) कहा नहीं जा सकता
(*e*) इनमें से कोई नहीं

16. निम्नलिखित में से कौन सा बेमेल है ?

(*a*) रसायनशास्त्र ङ्क पुरुष सदस्य ङ्क पी.एच.डी उपाधि प्राप्त
(*b*) प्राणिशास्त्र ङ्क पुरुष सदस्य ङ्क पी.एच.डी. की उपाधि प्राप्त
(*c*) भौतिक विज्ञान ङ्क महिला सदस्य ङ्क पी.एच.डी. की उपाधि प्राप्त
(*d*) अर्थशास्त्र ङ्क महिला सदस्य ङ्क पी.एच.डी. उपाधि प्राप्त नहीं की है
(*e*) वाणिज्यशास्त्र ङ्क पुरुष सदस्य ङ्क पी.एच.डी. की उपाधि प्राप्त

17. भौतिक विज्ञान कौन पढ़ाता है ?

(*a*) C (*b*) H
(*c*) H या C (*d*) C या G
(*e*) इनमें से कोई नहीं

18. निम्नलिखित में से कौन सा कथन सत्य है ?

(*a*) तीन पुरुष सदस्यों को पी.एच.डी. की उपाधि प्राप्त है
(*b*) दो महिला सदस्यों को पी.एच.डी. की उपाधि प्राप्त है
(*c*) अर्थशास्त्र पढ़ाने वाले व्यक्ति के पास पी.एच.डी. की उपाधि नहीं है
(*d*) प्राणिशास्त्र पढ़ाने वाले व्यक्ति को पी.एच.डी. की उपाधि नहीं है
(*e*) इनमें से कोई नहीं

19. G द्वारा कौन सा विषय पढ़ाया जाता है ?

(*a*) प्राणिशास्त्र
(*b*) भौतिक विज्ञान या अर्थशास्त्र
(*c*) भौतिक विज्ञान या प्राणिशास्त्र
(*d*) कहा नहीं जा सकता
(*e*) इनमें से कोई नहीं

निर्देश (प्रश्न 20 से 24) : *निम्नलिखित कथनों को सावधानी-पूर्वक पढ़ें और नीचे पूछे गए प्रश्नों के उत्तर दें :*

(*i*) A, B, C, D, E, F और G किसी एक परिवार के सात सदस्य हैं

(*ii*) इनमें से छह सदस्य एकाउंटेंट, वकील, टीचर, मैनेजर, डॉक्टर और इंजीनियर के अलग-अलग पेशों में हैं और एक छात्र है।

(*iii*) परिवार में दो विवाहित जोड़े हैं।

(*iv*) A और F क्रमश: एकाउंटेंट और डाक्टर हैं।

(*v*) D, B का पिता और G का दादा है और वह एक इंजीनियर है।

(*vi*) परिवार की कोई भी महिला इंजीनियर या वकील नहीं है।

(*vii*) G जो एक छात्र है, E का पोता है।

20. परिवार में कितने पुरुष सदस्य हैं ?

(*a*) 4 (*b*) 5
(*c*) 3 (*d*) दी गई सूचना अपर्याप्त है
(*e*) इनमें से कोई नहीं

21. निम्नलिखित में से कौन सा एक विवाहित जोड़ा है ?

(*a*) BC (*b*) BD
(*c*) BF (*d*) AC
(*e*) इनमें से कोई नहीं

22. F का G से क्या संबंध है ?

(*a*) भाई (*b*) बहन
(*c*) चाचा (*d*) कहा नहीं जा सकता
(*e*) इनमें से कोई नहीं

23. C का G से क्या संबंध है ?

(*a*) मां (*b*) चाची
(*c*) बहन (*d*) कहा नहीं जा सकता
(*e*) इनमें से कोई नहीं

24. E किस पेशे से जुड़ा है ?

(*a*) टीचर (*b*) मैनेजर
(*c*) टीचर या मैनेजर (*d*) डॉक्टर
(*e*) इनमें से कोई नहीं

निर्देश (प्रश्न 25 से 29) : *किसी समूह में पांच पुरुष A, B, C, D और E तथा छह महिलाएं P, Q, R, S, T और U हैं। इनमें से A, B और R वकील हैं, C, D, P, Q और S डाक्टर हैं तथा शेष टीचर हैं। इन ग्यारह व्यक्तियों में से निम्नलिखित शर्तों पर कुछ टीमों का चयन करना है :*

A, P और U को एक साथ रखा जाना है।

B को D या R के साथ नहीं रखा जा सकता।

E और Q को एक साथ रखा जाना है।

C और T को एक साथ रखा जाना है।

D और P को एक साथ रखा जाना है।

C को Q के साथ नहीं रखा जाना है।

25. यदि टीम में एक वकील, दो डॉक्टर, तीन टीचर रखे जाने हैं और C को T के साथ नहीं रखा जाना है तो इस टीम के सदस्य निम्नलिखित में से कौन हैं ?

(*a*) AEPQSU (*b*) AEPQTU
(*c*) BEQSTU (*d*) EQRSTU
(*e*) इनमें से कोई नहीं

26. यदि टीम में दो वकील, दो डॉक्टर, दो टीचर रखे जाने हैं और इस टीम में तीन से अधिक महिलाएं नहीं रखी जानी हैं तो इस टीम के सदस्य निम्नलिखित में से कौन हैं ?

(*a*) ACPRTU (*b*) BCEQRT
(*c*) AEPQRT (*d*) ABCPTU
(*e*) इनमें से कोई नहीं

27. यदि टीम में एक पुरुष वकील, एक पुरुष डॉक्टर, एक महिला डॉक्टर और दो टीचर रखे जाने हैं तो इस टीम के सदस्य निम्नलिखित में से कौन हैं ?

(*a*) ACPTU (*b*) BCEQT
(*c*) ADEPT (*d*) ADEPU
(*e*) इनमें से कोई नहीं

28. यदि टीम में दो पुरुष वकील, दो महिला डॉक्टर और एक टीचर रखे जाने हों तो इस टीम के सदस्य निम्नलिखित में से कौन हैं ?

(*a*) BEQRS (*b*) ABPQU
(*c*) ABPUS (*d*) APRSU
(*e*) इनमें से कोई नहीं

29. यदि टीम में एक वकील, तीन डॉक्टर और एक पुरुष टीचर रखे जाने हों तो इस टीम के सदस्य निम्नलिखित में से कौन हैं ?

(*a*) ADPSU (*b*) DEQRS
(*c*) CDRST (*d*) DEQRT
(*e*) इनमें से कोई नहीं

निर्देश (प्रश्न 30 से 34) : *यहां पूछे गए प्रश्नों का उत्तर देने के लिए नीचे दिए गए कथनों को ध्यानपूर्वक पढ़ें :*

किसी सप्ताह के रविवार से शनिवार तक के दिनों के दौरान प्रतिदिन केवल एक व्याख्यान के हिसाब से A, B, C, D, E और F इन छह विषयों पर निम्नलिखित अनुक्रम के अनुसार अलग-अलग छह व्याख्यान आयोजित किए जाने हैं :

(*i*) A विषय पर व्याख्यान बृहस्पतिवार को आयोजित नहीं किया जाना है

(ii) C विषय पर व्याख्यान F विषय पर व्याख्यान के तत्काल बाद आयोजित किया जाना है

(iii) E और D विषयों पर आयोजित किए गए व्याख्यानों के बीच दो दिन का अंतर रखा जाना है

(iv) एक दिन किसी भी विषय पर व्याख्यान आयोजित नहीं किया जाना है (वह दिन शुक्रवार नहीं है) और इस दिन से ठीक पहले वाले दिन D विषय पर व्याख्यान आयोजित किया जाना है

(v) B विषय पर व्याख्यान मंगलवार को आयोजित किया जाना है और इस व्याख्यान के तत्काल बाद वाले दिन D विषय पर व्याख्यान आयोजित नहीं किया जाना है।

30. F विषय पर व्याख्यान किस दिन आयोजित किया जाएगा?

(a) शुक्रवार *(b)* शनिवार
(c) रविवार *(d)* बृहस्पतिवार
(e) इनमें से कोई नहीं

31. किस दिन कोई भी व्याख्यान आयोजित नहीं किया जाएगा?

(a) रविवार *(b)* शुक्रवार
(c) सोमवार *(d)* कहा नहीं जा सकता
(e) इनमें से कोई नहीं

32. C और D विषयों पर व्याख्यानों के बीच कितने विषयों पर व्याख्यान आयोजित किए जाएंगे?

(a) कोई नहीं *(b)* एक
(c) दो *(d)* तीन
(e) इनमें से कोई नहीं

33. व्याख्यानों के आयोजन का संपूर्ण अनुक्रम ज्ञात करने के लिए निम्नलिखित में से कौन सी सूचना अपेक्षित नहीं है?

(a) केवल *(i)* *(b)* केवल *(ii)*
(c) केवल *(v)* *(d)* केवल *(i)* और *(ii)*
(e) सभी अपेक्षित हैं

34. अनुक्रम में अंतिम व्याख्यान किस विषय पर आयोजित किया जाएगा?

(a) A *(b)* C
(c) B *(d)* कहा नहीं जा सकता
(e) इनमें से कोई नहीं

व्याख्यात्मक उत्तर

1. *(c)* **2.** *(d)* **3.** *(a)*

प्रश्न संख्या 4 से 6 तक के उत्तर के लिए चार्ट

लड़कों के नाम	रहने का स्थान	शौक
रवि	इलाहाबाद	यात्राएं करना, कॉमिक्स पढ़ना
हरी	लखनऊ	डाक टिकटें और सिक्के एकत्रित करना
मनु	कानपुर	लिखना, पढ़ना
जतिन	लखनऊ	संगीत सुनना, सिक्के एकत्रित करना

4. *(b)* **5.** *(d)* **6.** *(b)*

प्रश्न संख्या 7 से 9 तक के प्रश्नों के उत्तर के लिए सूचना चार्ट नीचे दिया गया है :

A. महिला (D की छोटी बहन) : तैराकी जानती है।
B. पुरुष (E का पति) : तैराकी जानता है।
C. महिला : तैराकी की चैम्पियन
D. पुरुष (A का भाई)
E. महिला (B की पत्नी)

विवाहित जोड़े B और E में से पति (B) तैराकी जानता है। C तैराकी की एक चैम्पियन है। तीन व्यक्ति तैरना जानते हैं जिनमें केवल B ही पुरुष है। अत: तैराकी जानने वाली दो महिलाएं C और A (D की छोटी बहन) हैं। पांच व्यक्तियों के इस समूह में दो पुरुष हैं जिनमें एक B है और दूसरा D होगा।

7. *(d)* **8.** *(a)* **9.** *(b)*
10. *(b)* **11.** *(a)* **12.** *(a)*
13. *(b)* **14.** *(d)*
15. *(a)* **16.** *(c)* **17.** *(c)*
18. *(a)* **19.** *(d)*
20. *(d)* **21.** *(e)* **22.** *(d)*
23. *(d)* **24.** *(c)*
25. *(b)* **26.** *(d)* **27.** *(a)*
28. *(c)* **29.** *(b)*

प्रश्न संख्या 30 से 34 तक के उत्तर के लिए संक्षिप्त सूचना

दिन		व्याख्यान का विषय
रविवार	→	D
सोमवार	→	कोई व्याख्यान नहीं
मंगलवार	→	B
बुधवार	→	E
बृहस्पतिवार	→	F
शुक्रवार	→	C
शनिवार	→	A

30. *(d)* **31.** *(c)* **32.** *(d)* **33.** *(e)* **34.** *(a)*

1505

संख्यात्मक अभियोग्यता
(Quantitative Aptitude)

1

भिन्न (Fraction)

साधारणतः किन्हीं दो राशियों के अनुपात को भिन्न कहा जाता है। जैसे : $a:b$ को $\frac{a}{b}$ कहते हैं। भिन्न का एक और भी अर्थ होता है। यदि किसी राशि को कई बराबर-बराबर भागों में विभाजित कर उनमें से कुछ भाग ले लिया जाए तो उसे भी भिन्न कहते हैं। जैसे : हम अपने धन के कुल तीन बराबर-बराबर हिस्सों को तीन क्षेत्रों में खर्च करें तो हमारे प्रत्येक क्षेत्र का खर्च $\frac{1}{3}$ होगा जो एक भिन्न है।

भिन्न का वर्गीकरण निम्न प्रकार से कर सकते हैं।

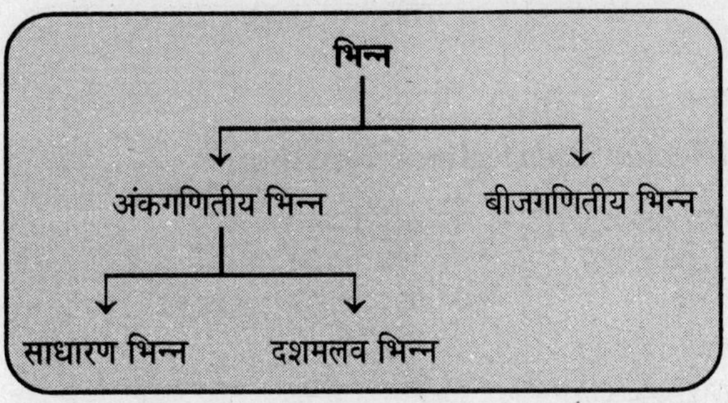

$\frac{1}{5}, \frac{7}{9}, \frac{3}{11}, \frac{5}{13}$ इत्यादि जैसी भिन्नों को साधारण भिन्न कहते हैं।

दशमलव भिन्न : जब किसी भिन्न का हर 10 की घातों (10, 100, 1000, 10000 आदि) में हो, तो उसे दशमलव भिन्न कहते हैं।

जैसे : $\frac{1}{10}, \frac{1}{100}, \frac{1}{1000}, \frac{3}{100}$ आदि।

गुण के आधार पर भिन्नों के प्रकार

1. **उचित भिन्न (Proper Fraction):** जिस भिन्न का अंश उसके हर से कम होता है उसे उचित भिन्न कहते हैं। जैसे : $\frac{1}{3}, \frac{3}{7}, \frac{5}{12}$, इत्यादि।

2. **अनुचित भिन्न (Improper Fraction):** जब भिन्न का अंश हर से बड़ा या हर के बराबर हो तो उसे अनुचित भिन्न कहते हैं। जैसे : $\frac{7}{3}, \frac{8}{5}, \frac{13}{7}, \frac{29}{11}$ इत्यादि।

   अनुचित भिन्न के अंश में हर का भाग देकर पूर्णांक और उचित भिन्न के रूप में लिखने पर मिश्र संख्या प्राप्त हो जाती है। जैसे : $\frac{8}{5}$ को $1\frac{3}{5}$ के रूप में लिखा जा सकता है जो एक मिश्र संख्या है जिसमें एक पूर्णांक (1) तथा एक उचित भिन्न $\frac{3}{5}$ भी है।

3. **व्युत्क्रम भिन्न (Reciprocal Fraction):** किसी भिन्न के अंश और हर को आपस में बदल देने पर जो दूसरी भिन्न प्राप्त होती है उसे व्युत्क्रम भिन्न कहते हैं। जैसे : $\frac{3}{7}$ की व्युत्क्रम भिन्न $\frac{7}{3}$ होगी। यहाँ उल्लेखनीय बात यह है कि दो परस्पर व्युत्क्रम भिन्नों में एक उचित भिन्न और दूसरी अनुचित भिन्न होती है।

4. **संक्षिप्त भिन्न (Fraction in Lowest Form):** जब किसी भिन्न के अंश और हर दोनों में 1 के अतिरिक्त कोई अन्य सामान्य गुणनखण्ड न हो तो उसे संक्षिप्त भिन्न कहते हैं। जैसे : $\frac{5}{7}, \frac{13}{19}$ इत्यादि। संक्षिप्त भिन्न का अंश और हर परस्पर अभाज्य होते हैं।

5. **मिश्रित भिन्न (Complex Fraction):** यदि किसी भिन्न का अंश या हर या दोनों भिन्न हों तो उसे मिश्रित भिन्न कहते हैं। जैसे : $\frac{\left(\frac{1}{2}\right)}{3}, \frac{2}{\left(\frac{3}{5}\right)}, \frac{\frac{3}{7}}{\frac{2}{5}}$ आदि।

6. वितत भिन्न (Continued Fraction): वितत भिन्न की कोई निश्चित परिभाषा नहीं दी जा सकती है क्योंकि इनके अंश और हर में कोई नियमन नहीं होता। इन भिन्नों के कुछ उदाहरण इस प्रकार हैं :

$$1+\cfrac{1}{1+\cfrac{1}{1+\cfrac{1}{2}}},\ 2+\cfrac{3}{1+\cfrac{4}{2-\cfrac{1}{3}}},\ 1+\cfrac{2}{1+\cfrac{3}{2-\cfrac{1}{1+\cfrac{1}{2}}}}$$

$\frac{1}{10}$ को .1 लिखते हैं। इसे **दशमलव एक** कहेंगे और पढ़ेंगे।

$\frac{1}{100}$ को .01 लिखते हैं। इसे **दशमलव शून्य एक** कहेंगे और पढ़ेंगे।

$\frac{3}{100}$ को .03 लिखते हैं। इसे **दशमलव शून्य तीन** कहेंगे और पढ़ेंगे।

$\frac{1}{1000}$ को .001 लिखते हैं। इसे **दशमलव शून्य शून्य एक** कहेंगे और पढ़ेंगे।

किसी दशमलव संख्या में दशमलव के बाईं ओर के अंक पूर्णांक होते हैं और दाईं ओर के अंक दशमलव भिन्न होते हैं।

जैसे : 2.5 में 2 पूर्णांक है और .5 भिन्न है जो $\frac{5}{10}$ यानि $\frac{1}{2}$ के बराबर है। इसलिए 2.5 ढाई के बराबर है।

दशमलव भिन्न के दाईं ओर अन्तिम अंक के बाद शून्य लगाने से उसके मान पर कोई प्रभाव नहीं पड़ता।

जैसे : $.5 = \frac{5}{10} = \frac{1}{2}$

$$.50 = \frac{50}{100} = \frac{1}{2}$$

$$.500 = \frac{500}{1000} = \frac{1}{2}$$

किसी दशमलव भिन्न में किसी दूसरी दशमलव भिन्न से गुणा करने हेतु दशमलव चिह्न को ध्यान में रखे बिना साधारण विधि से उनको गुणा कर दें।

गुणनफल में दशमलव चिह्न दाहिनी ओर से उतने अंकों के बाद लगायें, जितने दशमलव अंक गुण्य और गुणक दोनों में मिलाकर हों।

यदि गुणनफल में पूरे अंक न हों (अंकों की कमी पड़ जाये) तो उसमें बाईं ओर आवश्यकतानुसार उतने शून्य बढ़ा लें, जितने जरूरी हों।

जैसे : $1.057 \times .35 = 1057 \times 35 = 36995$

दाहिनी ओर से (3 + 2) यानि 5 अंक छोड़कर दशमलव चिह्न लगाना होगा।

अतः .36995 उत्तर होगा।

दशमलव भिन्न को साधारण भिन्न में बदलना

1. दशमलव चिह्न के दाहिनी ओर वाली संख्या या संख्याएँ अंश बन जाती हैं।
2. दशमलव चिह्न के ठीक नीचे (दशमलव चिह्न के बदले में) 1 लिख दिया जाता है।
3. 1 के बाद उतने ही शून्य लगा दिये जाते हैं, जितने अंक दशमलव चिह्न के दाहिनी ओर वाली संख्या में होते हैं। इस प्रकार साधारण भिन्न अंश और हर बन जाता है।
4. दशमलव चिह्न के बाईं ओर जो संख्या होती है, वह अंश और हर के साथ पूर्णांक बन जाती है।

पुनरावृत्त दशमलव भिन्न (Recurring Decimal Fraction)

यदि हम 2 को 3 से भाग दें तो पायेंगे कि

```
3) 20 (0.666.....
   18
   ---
    20
    18
    ---
     20
     18
     ---
      2
```

भागफल में लगातार 6 ही आ रहा है। अर्थात् 6 की पुनरावृत्ति (recurring) हो रही है। इसको लिखने की एक विधि है। यदि 0.6 लिखकर 6 के ऊपर एक आड़ी लाइन लगा दी जाये, जैसे : $0.\overline{6}$ को .6 पुनरावृत्त पढ़ा जायेगा और इसका अर्थ होगा .6666.

पुनरावृत्त दशमलव भिन्नों को साधारण भिन्न में बदलना

1. दशमलव चिह्न के ठीक बाद जितने अंकों पर पुनरावृत्ति की आड़ी रेखा हो, उन्हें साधारण भिन्न का अंक बना लें और

नीचे 9 अंक उतनी बार लिख लें जितने अंक पुनरावृत्ति की आड़ी रेखा के नीचे हो। जैसे : $.\overline{6}$ को साधारण भिन्न में बदलना है। आड़ी रेखा के नीचे केवल एक अंक अर्थात् 6 है। अतः 6 हमारी साधारण भिन्न का अंश होगा। साधारण भिन्न के हर में केवल एक 9 रखें।

साधारण भिन्न होगी

$$\frac{6}{9} = \frac{2}{3}$$

$$.\overline{33} = \frac{33}{99} = \frac{1}{3}$$

$$.\overline{235} = \frac{235}{999}$$

यदि दशमलव चिह्न के तुरन्त बाद के एक या दो अंक छोड़कर आगे के अंक पुनरावृत्त हों, (जैसे : $0.1\overline{7}$ या $0.12\overline{54}$), तो अंश में दशमलव के बाद वाले सभी अंक (पुनरावृत्त और अपुनरावृत्त भी) लिखें और उसमें से अपुनरावृत्त अंक घटा दें। हर में उतने 9 लिखें जितने अंक पुनरावृत्त हों और उसके साथ उतने शून्य जोड़ दें, जितने अंक अपुनरावृत्त हों।

$$0.1\overline{7} = \frac{17-1}{90} = \frac{16}{90} = \frac{8}{45}$$

$$0.53\overline{5} = \frac{535-53}{900} = \frac{482}{900} = \frac{241}{450}$$

$$0.012\overline{6}\overline{3} = \frac{1263-12}{99000} = \frac{1251}{99000} = \frac{139}{11000}$$

प्रश्नमाला

1. $(6.5 \times 6.5 - 45.5 + 3.5 \times 3.5)$ बराबर है :

A. 10 B. 9
C. 7 D. 6
E. 8

2. $\frac{3.25 \times 3.25 + 1.75 \times 1.75 - 2 \times 3.25 \times 1.75}{3.25 \times 3.25 - 1.75 \times 1.75}$

को सरल करने पर प्राप्त होता है :

A. 0.5 B. 0.4
C. 0.3 D. 0.2
E. 0.6

3. $(0.9 \times 0.9 \times 0.9 + 0.1 \times 0.1 \times 0.1)$ बराबर है :

A. 0.73 B. 0.82
C. 0.91 D. 1.00
E. 1.50

4. $1 - \left[\frac{1+\sqrt{3}}{2} - \frac{1}{\sqrt{3}+1}\right]$ बराबर है :

A. $\sqrt{3}$ B. 1
C. $2\sqrt{3}$ D. 0
E. 2

5. $\frac{\sqrt{2}\left(2+\sqrt{3}\right)}{\sqrt{3}\left(\sqrt{3}+1\right)} \times \frac{\sqrt{2}\left(2-\sqrt{3}\right)}{\sqrt{3}\left(\sqrt{3}-1\right)}$ बराबर है :

A. $-\frac{1}{3}$ B. $\frac{2}{3}$
C. $\frac{\sqrt{2}}{3}$ D. $3\sqrt{2}$
E. 1

6. $2.8\overline{768}$ बराबर है :

A. $2\frac{4394}{4995}$ B. $2\frac{292}{333}$
C. $2\frac{9}{10}$ D. $2\frac{878}{999}$
E. $2\frac{2}{10}$

7. $0.75 \times 7.5 - 2 \times 7.5 \times 0.25 + 0.25 \times 0.25$ बराबर है :

A. 205 B. 2500
C. 2.5 D. 25
E. 2.55

8. $\frac{137 \times 137 + 137 \times 133 + 133 \times 133}{137 \times 137 \times 137 - 133 \times 133 \times 133}$ का मान है :

A. 4 B. $\frac{1}{4}$
C. 270 D. $\frac{1}{270}$
E. 2.7

9. यदि $\sqrt{3}=1.732$ दिया गया है, तो $\frac{2+\sqrt{3}}{2-\sqrt{3}}$ का मान होगा :

A. 11.732 B. 13.928
C. 12.928 D. 13.925
E. 14.928

10. $\frac{\left[(0.337+0.126)^2-(0.337-0.126)^2\right]}{0.337\times0.126}$ का मान है :

A. 4 B. 0.211
C. 0.463 D. 0.4246
E. 0.4444

11. $\sqrt{5+\sqrt{11+\sqrt{19+\sqrt{29+\sqrt{49}}}}}$ का सरलीकृत मान है :

A. 3 B. 2
C. 4 D. 6
E. 8

12. $1.\overline{2}\times0.\overline{03}$ का मान बराबर है :

A. $0.\overline{04}$ B. $0.\overline{037}$
C. $1.\overline{13}$ D. $0.\overline{37}$
E. $1.\overline{15}$

13. $\frac{1}{3-\sqrt{8}}-\frac{1}{\sqrt{8}-\sqrt{7}}+\frac{1}{\sqrt{7}-\sqrt{6}}-\frac{1}{\sqrt{6}-\sqrt{5}}+\frac{1}{\sqrt{5}-2}$ का मान है :

A. 5 B. 4
C. 3 D. 2
E. 1

14. $\frac{4.359\times4.359-1.641\times1.641}{4.359-1.641}$ का मान निकालें।

A. 6.3 B. 6
C. 3.2 D. 4.6
E. 2.2

15. $1.07\times65+1.07\times26+1.07\times9$ का मान ज्ञात कीजिए।

A. 10.73 B. 10.7
C. 1070 D. 107
E. 110

16. $2\frac{1}{5}$ को $7\frac{2}{9}$ की भिन्न के रूप में लिखिए :

A. $\frac{99}{325}$ B. $\frac{143}{9}$
C. $\frac{67}{200}$ D. $\frac{143}{18}$
E. $\frac{18}{143}$

17. $\left[\frac{3\sqrt{2}}{\sqrt{6}+\sqrt{3}}-\frac{4\sqrt{3}}{\sqrt{6}+\sqrt{2}}+\frac{\sqrt{6}}{\sqrt{3}+\sqrt{2}}\right]$ का हल होगा :

A. 0 B. 1
C. $\sqrt{3}$ D. $\sqrt{6}$
E. 2

18. $\frac{2.75\times2.75\times2.75-2.25\times2.25\times2.25}{2.75\times2.75+2.75\times2.25+2.25\times2.25}$ का मान बराबर है :

A. –5 B. 0.5
C. –0.5 D. 5
E. 5.05

19. $\frac{20\times(.3)^2}{.18}$ का मान निकालें।

A. 10 B. 15
C. 12 D. 11
E. 8

20. यदि $28.4-[12.5\{5.8-(2.13-1.345\times x)\}]=9.54$ हो, तो x का मान क्या होगा?

A. 3 B. 8
C. –2 D. 2
E. 6

उत्तरमाला

1	2	3	4	5	6	7	8	9	10
B	C	A	D	A	B	C	B	B	A
11	**12**	**13**	**14**	**15**	**16**	**17**	**18**	**19**	**20**
A	B	A	B	D	A	A	B	A	D

व्याख्यात्मक उत्तर

1. $6.5 \times 6.5 - 45.5 + 3.5 \times 3.5$
$= (6.5)^2 - 2(6.5)(3.5) + (3.5)^2$
$[\because a^2 - 2ab + b^2 = (a-b)^2]$
$= (6.5 - 3.5)^2 = (3)^2 = 9.$

2. $\dfrac{3.25\times3.25+1.75\times1.75-2\times3.25\times1.75}{3.25\times3.25-1.75\times1.75}$

माना कि $3.25 = a$ तथा $1.75 = b$

$$\frac{a^2+b^2-2ab}{a^2-b^2} = \frac{(a-b)^2}{(a+b)(a-b)} = \frac{a-b}{a+b}$$

$$= \frac{3.25-1.75}{3.25+1.75} = \frac{1.50}{5.00} = 0.3.$$

3. $0.9 \times 0.9 \times 0.9 = 0.729$
$0.1 \times 0.1 \times 0.1 = 0.001$

अतः अभीष्ट योग $= 0.729 + 0.001$
$= 0.730 = 0.73.$

4. $1-\left[\dfrac{1+\sqrt{3}}{2}-\dfrac{1}{\sqrt{3}+1}\right] = 1-\dfrac{1+3+2\sqrt{3}-2}{2\left(\sqrt{3}+1\right)}$

$$= 1-\frac{2+2\sqrt{3}}{2\left(\sqrt{3}+1\right)} = 1-\frac{2\left(\sqrt{3}+1\right)}{2\left(\sqrt{3}+1\right)} = 1-1 = 0.$$

5. $\dfrac{\sqrt{2}\left(2+\sqrt{3}\right)}{\sqrt{3}\left(\sqrt{3}+1\right)}\times\dfrac{\sqrt{2}\left(2-\sqrt{3}\right)}{\sqrt{3}\left(\sqrt{3}-1\right)}$

$$= \frac{\left(\sqrt{2}\right)^2\left[\left(\sqrt{2}\right)^2-\left(\sqrt{3}\right)^2\right]}{\left(\sqrt{3}\right)^2\left[\left(\sqrt{3}\right)^2-(1)^2\right]}$$

$$= \frac{2(2-3)}{3(3-1)} = \frac{2(-1)}{3\times2} = -\frac{1}{3}.$$

6. $2.8\overline{768}$

माना कि $x = 0.8\overline{768} = .8768768$ ...(*i*)
दोनों तरफ 1000 से गुणा करने पर,
$1000x = 876.8768768$ ...(*ii*)
समीकरण (*ii*) में से (*i*) को घटाने पर
$\Rightarrow \quad 999x = 876.8768768 - .8768768$
$\Rightarrow \quad 999x = 876$
$\Rightarrow \quad x = \dfrac{876}{999} = \dfrac{292}{333}$

अतः $2.8\overline{768} = 2\dfrac{292}{333}$.

7. $0.75 \times 7.5 - 2 \times 7.5 \times 0.25 + 0.25 \times 2.5$

$$= \frac{7.5}{10}\times7.5-2\times7.5\times\frac{2.5}{10}+\frac{2.5}{10}\times2.5$$

$$= \frac{1}{10}\left[(7.5)^2-2\times7.5\times2.5+(2.5)^2\right]$$

$$= \frac{1}{10}(7.5-2.5)^2 = \frac{1}{10}(5)^2 = \frac{25}{10} = 2.5.$$

8. $\dfrac{137\times137+137\times133+133\times133}{137\times137\times137-133\times133\times133}$

माना कि $137 = a$ तथा $133 = b$

$$\frac{a^2+ab+b^2}{a^3-b^3} = \frac{(a^2+ab+b^2)}{(a-b)(a^2+ab+b^2)}$$

$$= \frac{1}{a-b} = \frac{1}{137-133} = \frac{1}{4}.$$

9. $\dfrac{2+\sqrt{3}}{2-\sqrt{3}} = \dfrac{2+\sqrt{3}}{2-\sqrt{3}}\times\dfrac{2+\sqrt{3}}{2+\sqrt{3}}$

$$= \frac{\left(2+\sqrt{3}\right)^2}{(2)^2-\left(\sqrt{3}\right)^2} = \frac{4+3+4\sqrt{3}}{4-3}$$

$= 7+4\sqrt{3}$
$= 7 + 4(1.732)$
$= 7 + 6.928 = 13.928.$

10. $\left[\dfrac{(0.337+0.126)^2-(0.337-0.126)^2}{0.337\times0.126}\right]$

$= \dfrac{4\times0.337\times0.126}{0.337\times0.126}$ $[\because (a+b)^2-(a-b)^2 = 4ab]$
$= 4.$

11. $\sqrt{5+\sqrt{11+\sqrt{19+\sqrt{29+\sqrt{49}}}}}$

$$= \sqrt{5+\sqrt{11+\sqrt{19+\sqrt{29+7}}}}$$

$= \sqrt{5+\sqrt{11+\sqrt{19+6}}}$

$= \sqrt{5+\sqrt{11+5}}$

$= \sqrt{5+4}$

$= \sqrt{9} = 3.$

12. $1.\overline{2} \times 0.\overline{03} = 1\frac{2}{9} \times \frac{3}{99} = \frac{11}{9} \times \frac{3}{99} = \frac{1}{27} = 0.\overline{037}.$

13. $\frac{1}{3-\sqrt{8}} - \frac{1}{\sqrt{8}-\sqrt{7}} + \frac{1}{\sqrt{7}-\sqrt{6}} - \frac{1}{\sqrt{6}-\sqrt{5}} + \frac{1}{\sqrt{5}-2}$

$\frac{1}{3-\sqrt{8}} \times \frac{3+\sqrt{8}}{3+\sqrt{8}} = \frac{3+\sqrt{8}}{9-8} = 3+\sqrt{8}$

$\frac{1}{\sqrt{8}-\sqrt{7}} \times \frac{\sqrt{8}+\sqrt{7}}{\sqrt{8}+\sqrt{7}} = \frac{\sqrt{8}+\sqrt{7}}{8-7} = \sqrt{8}+\sqrt{7}$

$\frac{1}{\sqrt{7}-\sqrt{6}} \times \frac{\sqrt{7}+\sqrt{6}}{\sqrt{7}+\sqrt{6}} = \frac{\sqrt{7}+\sqrt{6}}{7-6} = \sqrt{7}+\sqrt{6}$

$\frac{1}{\sqrt{6}-\sqrt{5}} \times \frac{\sqrt{6}+\sqrt{5}}{\sqrt{6}+\sqrt{5}} = \frac{\sqrt{6}+\sqrt{5}}{6-5} = \sqrt{6}+\sqrt{5}$

$\frac{1}{\sqrt{5}-2} \times \frac{\sqrt{5}+2}{\sqrt{5}+2} = \frac{\sqrt{5}+2}{5-4} = \sqrt{5}+2$

$3+\sqrt{8}-\sqrt{8}-\sqrt{7}+\sqrt{7}+\sqrt{6}-\sqrt{6}-\sqrt{5}+\sqrt{5}+2$

$= 3 + 2 = 5.$

14. $\frac{4.359 \times 4.359 - 1.641 \times 1.641}{4.359 - 1.641}$

$= \frac{(4.359)^2 - (1.641)^2}{4.359 - 1.641}$

$= \frac{(4.359+1.641)(4.359-1.641)}{(4.359-1.641)} = 6.$

15. $1.07 \times 65 + 1.07 \times 26 + 1.07 \times 9$

$= 1.07\,[65 + 26 + 9]$

$= 1.07 \times 100 = \frac{107}{100} \times 100 = 107.$

16. $\frac{2\frac{1}{5}}{7\frac{2}{9}} = \frac{\frac{11}{5}}{\frac{65}{9}} = \frac{11}{5} \times \frac{9}{65} = \frac{99}{325}.$

17. $\frac{3\sqrt{2}}{\sqrt{6}+\sqrt{3}} - \frac{4\sqrt{3}}{\sqrt{6}+\sqrt{2}} + \frac{\sqrt{6}}{\sqrt{3}+\sqrt{2}}$

$= \frac{3\sqrt{2}}{\sqrt{6}+\sqrt{3}} \times \frac{\sqrt{6}-\sqrt{3}}{\sqrt{6}-\sqrt{3}} - \frac{4\sqrt{3}}{\sqrt{6}+\sqrt{2}} \times \frac{\sqrt{6}-\sqrt{2}}{\sqrt{6}-\sqrt{2}} + \frac{\sqrt{6}}{\sqrt{3}+\sqrt{2}} \times \frac{\sqrt{3}-\sqrt{2}}{\sqrt{3}-\sqrt{2}}$

$= \frac{3\sqrt{2}\left(\sqrt{6}-\sqrt{3}\right)}{6-3} - \frac{4\sqrt{3}\left(\sqrt{6}-\sqrt{2}\right)}{6-2} + \frac{\sqrt{6}\left(\sqrt{3}-\sqrt{2}\right)}{3-2}$

$= \frac{3\sqrt{2}\left(\sqrt{6}-\sqrt{3}\right)}{3} - 4\frac{\sqrt{3}\left(\sqrt{6}-\sqrt{2}\right)}{4} + \frac{\sqrt{6}\left(\sqrt{3}-\sqrt{2}\right)}{1}$

$= \sqrt{12} - \sqrt{6} - \sqrt{18} + \sqrt{6} + \sqrt{18} - \sqrt{12} = 0.$

18. $\frac{2.75 \times 2.75 \times 2.75 - 2.25 \times 2.25 \times 2.25}{2.75 \times 2.75 + 2.75 \times 2.25 + 2.25 \times 2.25}$

माना कि $2.75 = a$ तथा $2.25 = b$

$\frac{a^3 - b^3}{a^2 + ab + b^2} = \frac{(a-b)(a^2+ab+b^2)}{(a^2+ab+b^2)}$

$= a - b$

$= 2.75 - 2.25$

$= 0.50.$

19. $\frac{20 \times (.3)^2}{.18} = \frac{20 \times .3 \times .3}{.18} = 10.$

20. $28.4 - [12.5\{5.8 - (2.13 - 1.345 \times x)\}] = 9.54$

$\Rightarrow 28.4 - [12.5 + \{5.8 - 2.13 + 1.345 \times x)\}]$

$= 9.54$

$\Rightarrow 28.4 - [12.5 + 5.8 - 2.13 + 1.345 \times x)] = 9.54$

$\Rightarrow 28.4 - 12.5 - 5.8 + 2.13 - 1.345\,x = 9.54$

$\Rightarrow 12.23 - 1.345\,x = 9.54$

$\Rightarrow 12.23 - 9.54 = 1.345\,x$

$\Rightarrow 2.69 = 1.345\,x$

$\Rightarrow x = \frac{2.69}{1.345} = \frac{269}{100} \times \frac{1000}{1345} \Rightarrow x = \frac{2690}{1345} = 2.$

❑✤❑✤❑

2

संख्या पद्धति (Number System)

'अंकगणित' अंकों एवं संख्याओं का विज्ञान है। अंक उन आकृतियों का प्रतिनिधित्व करते हैं जिनके माध्यम से संख्याओं को व्यक्त किया जाता है। 0, 1, 2, 3, 4, 5, 6, 7, 8, 9 संकेतों का प्रयोग करके संख्याएँ लिखी जाती हैं। इन संकेतों को **अंक** कहते हैं।

एक या एक से अधिक अंकों को एक साथ लिखने से संख्या बनती है। इस प्रकार अंकों की कुल संख्या 10 होती है। 0 (शून्य) सबसे छोटा अंक और 9 सबसे बड़ा अंक है। संख्याएँ अनन्त होती हैं और कोई भी संख्या इन्हीं दस अंकों द्वारा बनती है।

किसी संख्या के विभाजित होने के नियम (Rules of Divisibility of a Number)

1. **2 से विभाज्यता (Divisibility by 2):** यदि किसी संख्या का इकाई अंक शून्य हो या 2, 4, 6 और 8 में से कोई एक हो, तो वह संख्या 2 से पूर्णतः विभाजित होगी। जैसे : 3840, 278, 5304, 6776 इत्यादि।
2. **3 से विभाज्यता (Divisibility by 3):** यदि किसी संख्या में प्रयुक्त सभी अंकों का योग 3 से पूर्णतः विभाजित होता है तो वह संख्या भी 3 से विभाजित होगी। जैसे : 4671 यहाँ $4+6+7+1=18$ चूँकि 18, 3 से पूर्णतः विभाजित हो जाता है। अतः 4671 भी 3 से विभाजित होगा।
3. **4 से विभाज्यता (Divisibility by 4):** यदि किसी संख्या के दायीं ओर से पहले दो अंक शून्य (0) हो या 4 से पूर्णतः विभाज्य हों, तो दी गई संख्या 4 से विभाजित होगी। जैसे : 48924, 73536, 1300 इत्यादि। यहाँ पहली संख्या का अंतिम दो अंक 24, दूसरी का 36 तथा तीसरी का शून्य, शून्य (0, 0) सभी 4 से विभाजित होगी।
4. **5 से विभाज्यता (Divisibility by 5):** यदि किसी संख्या का इकाई का अंक शून्य (0) हो या 5, तो वह संख्या 5 से पूर्णतः विभाजित होगी। जैसे : 1365, 1890, 324685 इत्यादि।
5. **6 से विभाज्यता (Divisibility by 6):** यदि कोई संख्या 2 तथा 3 से एक साथ विभाजित हो अर्थात् जिसमें 2 या 3 से भी विभाज्यता की शर्तें एक साथ लागू हों, वह संख्या 6 से पूर्णतः विभाजित होगी। जैसे : 4734, 27102, 888 आदि। यहाँ तीनों संख्याओं का अन्तिम अंक 2 से विभाजित है। संख्याओं के अंकों का योग क्रमशः 18, 12 और 24 हैं। ये सभी 3 से विभाजित हैं।

   अतः तीनों दी गयी संख्याएँ 6 से विभाजित होंगी।
6. **7 से विभाज्यता (Divisibility by 7):** किसी संख्या के इकाई की दूनी संख्या में इकाई के अतिरिक्त संख्या में से घटाते हैं। प्राप्त संख्या यदि 7 से विभाजित हो जाए तो मूल संख्या भी 7 से विभाजित होगी। जैसे : 819 में से $2 \times 9 = 18$ को 81 से घटाने पर $81 - 18 = 63$ आता है और 63, 7 से विभाजित हो जाता है। अतः 819 भी 7 से विभाजित होगा।

   यदि कोई संख्या किसी अंक के छः बार की पुनरावृत्ति से बनी हो तो वह संख्या 7 से पूर्णतः विभाजित होगी। जैसे : 666666, 999999 इत्यादि। ऐसी संख्याएँ 13 से भी विभाजित होती हैं।

   यदि कोई संख्या दो अंकों के तीन बार लिखने से बनी है तो वह संख्या भी 7 से विभाजित होगी। जैसे : 626262, 383838, 919191 इत्यादि। ऐसी संख्या 37 से भी विभाजित होती है।

   यदि कोई संख्या तीन अंकों के दो बार लिखने से बनी हो, जैसे : 629629, 436436, 701701 तो ऐसी संख्या भी 7 से पूर्णतः विभाजित होगी।
7. **8 से विभाज्यता (Divisibility by 8):** यदि किसी संख्या के अन्तिम तीन अंक या तो शून्य हों या 8 से पूर्णतः विभाजित हों तो पूरी संख्या 8 से पूर्णतः विभाजित होगी। जैसे : 96824, 6000, 7104 इत्यादि।

यहाँ संख्याओं के अन्तिम तीन अंक 824 तथा 104, 8 से पूर्णतः विभाजित हैं। अतः वे संख्याएँ भी 8 से पूर्णतः विभाजित हैं।

8. 9 से विभाज्यता (Divisibility by 9): जिस संख्या के अंकों का योग 9 से विभाजित हो जाता है वह संख्या भी 9 से विभाजित हो जाती है। जैसे : 729 के अंकों का योग $= 7 + 2 + 9 = 18$, 9 से विभाजित हो रहा है। अतः 729 भी 9 से विभाजित होगा।

9. 10 से विभाज्यता (Divisibility by 10): जिस संख्या में इकाई का अंक शून्य हो वह संख्या अनिवार्य रूप से 10 से विभाजित होती है। जैसे : 210, 550 इत्यादि।

10. 11 से विभाज्यता (Divisibility by 11): यदि किसी संख्या के विषम और सम स्थानों पर के अंकों के योग का अन्तर शून्य हो या 11 का गुणज (11, 22, 33, 44, ...) हो तो वह संख्या 11 से पूर्णतः विभाजित होगी। जैसे : 108592, 526515 आदि।

$$1\bar{0}85\bar{9}2\bar{} = 0 + 5 + 2 = 7$$

तथा $1 + 8 + 9 = 18$

अन्तर $= 18 - 7 = 11$ जो 11 से विभाजित है।

अतः 108592 भी 11 से विभाजित होगा।

$$5\bar{2}65\bar{1}5\bar{} = 2 + 5 + 5 = 12$$

तथा $5 + 6 + 1 = 12$

अन्तर $= 12 - 12 = 0$

अतः 526515 भी 11 से विभाजित होगा।

प्रश्नमाला

1. दो अंकों की किसी संख्या और उन अंकों को आपस में बदलकर बनाई गई संख्या के बीच अन्तर सदा विभाज्य होता है :

A. 10 से B. 9 से
C. 11 से D. 6 से
E. 8 से

2. संख्या 323 के अभाज्य गुणनखण्ड हैं :

A. 3 B. 5
C. 2 D. 0
E. 7

3. यदि दो संख्याओं के योगफल को उन संख्याओं से अलग-अलग गुणा किया जाए, तो गुणनफल क्रमशः 247 तथा 114 आता है। तदनुसार उन संख्याओं का योगफल कितना है?

A. 19 B. 20
C. 21 D. 23
E. 25

4. छः लगातार आनेवाली प्राकृत संख्याओं में से यदि पहली तीन का योगफल 27 है, तो दूसरी तीन का योगफल क्या होगा?

A. 36 B. 35
C. 72 D. 24
E. 25

5. 120 तथा 300 के बीच कितनी पूर्ण वर्ग संख्याएँ हैं?

A. 5 B. 6
C. 7 D. 8
E. 10

6. वह सबसे छोटी संख्या, जिसे 5, 10, 12 तथा 15 से भाग देने पर प्रत्येक दशा में 2 शेष रहे; किन्तु 7 से भाग देने पर कोई शेष न रहे, है :

A. 189 B. 182
C. 175 D. 91
E. 98

7. किसी संख्या को 56 से भाग देने पर 29 शेष बचता है। यदि उसी संख्या को 8 से भाग दें तो शेष बचेगा :

A. 7 B. 6
C. 5 D. 4
E. 9

8. संख्याएँ 2272 तथा 875 को एक 3-अंकों की संख्या N से भाग देने पर समान शेष रहते हैं। N के अंकों का योगफल होगा :

A. 10 B. 11
C. 12 D. 13
E. 15

9. दो संख्याओं को योगफल तथा गुणनफल क्रमशः 12 तथा 35 हैं। उनके व्युत्क्रमों का योगफल होगा :

A. $\frac{12}{35}$ B. $\frac{1}{35}$
C. $\frac{35}{8}$ D. $\frac{7}{32}$
E. $\frac{32}{7}$

10. 710 में सबसे छोटी कौन-सी संख्या जोड़ी जाए ताकि योगफल एक पूर्ण धन संख्या प्राप्त हो?

A. 29 B. 19
C. 11 D. 21
E. 22

11. वह कौन-सी सबसे बड़ी संख्या है, जिससे 307 और 330 को भाग देने पर शेष क्रमशः 3 और 7 रहते हैं?

A. 19 B. 16
C. 17 D. 23
E. 25

12. एक भाजक, भागफल का 25 गुना और शेषफल का 5 गुना है। यदि भागफल 16 हो, तो भाज्य होगा :

A. 6400
B. 6480
C. 400
D. 480
E. 500

13. किसी संख्या के वर्ग का $\frac{3}{5}$, 126.15 होता है, तो वह संख्या क्या है?

A. 210.25 B. 75.69
C. 14.5 D. 145
E. 15.4

14. तीन संख्याओं में से पहली संख्या दूसरी संख्या की दो गुनी है और तीसरी संख्या की आधी है। यदि तीनों संख्याओं का औसत 56 हो, तो पहली और तीसरी संख्याओं का अन्तर होगा :

A. 12 B. 20
C. 24 D. 48
E. 49

15. तीन क्रमागत विषम प्राकृत संख्याओं का योग 87 है। इन संख्याओं में सबसे छोटी संख्या है :

A. 29 B. 31
C. 23 D. 27
E. 30

16. दो धनात्मक संख्याओं के वर्गों का योग 100 है तथा उनके वर्गों का अन्तर 28 है। इन संख्याओं का योग ज्ञात कीजिए :

A. 12 B. 13
C. 14 D. 15
E. 17

17. किसी व्यक्ति ने एक पुस्तक का $\frac{2}{5}$ पहले दिन पढ़ा। दूसरे दिन उसने पहले दिन से $\frac{1}{3}$ अधिक पढ़ा। तीसरे दिन के लिए 15 पृष्ठ बच गये। पुस्तक के पृष्ठों की संख्या है :

A. 100 B. 105
C. 225 D. 250
E. 205

18. दो सम संख्याओं का गुणनफल 96 है और उनके बीच का अन्तर 4 है, तो छोटी संख्या कितनी है?

A. 6 B. 10
C. 8 D. 16
E. 15

19. दो संख्याओं का योगफल दस है। उनका गुणनफल बीस है। उन दोनों संख्याओं के व्युत्क्रमों का योगफल है :

A. 1 B. $\frac{3}{5}$
C. $\frac{1}{2}$ D. $\frac{11}{6}$
E. 2

20. किसी संख्या को 192 से भाग करने पर शेषफल 54 मिलता है। उसी संख्या को 16 से भाग करने पर शेषफल मिलेगा :

A. 2 B. 4
C. 6 D. 8
E. 9

उत्तरमाला

1	2	3	4	5	6	7	8	9	10
B	C	A	A	C	B	C	A	A	B
11	**12**	**13**	**14**	**15**	**16**	**17**	**18**	**19**	**20**
A	B	C	D	D	C	C	C	C	C

व्याख्यात्मक उत्तर

1. दो अंकों की किसी संख्या और उन अंकों को आपस में बदलकर बनाई गई संख्या के बीच अन्तर हमेशा 9 से विभाज्य होता है।

$62 - 26 = 36$ जो 9 से विभाज्य है।

$32 - 23 = 9$ जो 9 से विभाज्य है।

$85 - 58 = 27$ जो 9 से विभाज्य है।

$93 - 39 = 54$ जो 9 से विभाज्य है।

अतः अभीष्ट संख्या 9 से विभाज्य होगी।

2.

17	323
19	19
	1

323 के अभाज्य गुणनखण्ड 17 तथा 19 हैं। अतः 323 के दो अभाज्य गुणनखण्ड हैं।

3. माना कि संख्याएँ x तथा y हैं।

प्रश्नानुसार, $x(x+y) = 247$

$\Rightarrow \quad x^2 + xy = 247 \quad ...(i)$

तथा $y(x+y) = 114$

$\Rightarrow \quad xy + y^2 = 114 \quad ...(ii)$

समीकरण (i) में से (ii) को घटाने पर

$x^2 - y^2 = 133$

$\Rightarrow \quad (x+y)(x-y) = 133$

$\Rightarrow \quad (x+y)(x-y) = 19 \times 7$

$\Rightarrow \quad (13+6)(13-6) = 19 \times 7$

स्पष्टतः $x = 13, y = 6$

$\therefore \quad x + y = 19$

4. माना कि पहली तीन संख्याएँ $x, x+1$ तथा $x+2$ हैं

$x + (x+1) + (x+2) = 27$

$\Rightarrow \quad 3x + 3 = 27$

$\Rightarrow \quad 3x = 24$

$\Rightarrow \quad x = 8$

अतः पहली तीन संख्याएँ 8, 9 तथा 10 हैं। इसके बाद की तीन संख्याएँ 11, 12 तथा 13 होंगी।

अतः $11 + 12 + 13 = 36$.

5. $(11)^2 = 11 \times 11 = 121$

$(12)^2 = 12 \times 12 = 144$

$(13)^2 = 13 \times 13 = 169$

$(14)^2 = 14 \times 14 = 196$

$(15)^2 = 15 \times 15 = 225$

$(16)^2 = 16 \times 16 = 256$

$(17)^2 = 17 \times 17 = 289$

6. 5, 10, 12 तथा 15 का ल.स.

2	5,	10,	12,	15
3	5,	5,	6,	15
5	5,	5,	2,	5
	1,	1,	2,	1

ल.स. $= 2 \times 3 \times 5 \times 2 = 60$

माना कि अभीष्ट संख्या $= 60k + 2$ जो 7 का गुणज है।

$k = 3$ रखने पर प्राप्त संख्या $60 \times 3 + 2 = 182$

स्पष्टतः 182, 7 का गुणज है।

अतः अभीष्ट संख्या = 182 है।

7. माना कि भागफल $= k$

संख्या $= 56 \times k + 29$

$= 8 \times 7k + 8 \times 3 + 5$

$= 8(7k+3) + 5$

यदि इस संख्या को 8 से विभाजित किया जाए तो भागफल $(7k+3)$ तथा शेषफल (5) प्राप्त होगा।

8. माना कि प्रत्येक स्थिति में शेषफल $= x$

$\therefore$ संख्याएँ $(2272 - x)$ तथा $(875 - x)$ पूर्णरूपेण N से विभाजित होंगी।

अब $(2272 - x) - (875 - x) = 1397$ भी N से पूर्णरूपेण विभाजित होंगी।

पुनः $1397 = 11 \times 127$ (अभाज्य संख्या)

$\therefore$ अभीष्ट संख्या $N = 127$

N के अंकों योग $= 1 + 2 + 7 = 10.$

9. माना कि संख्याएँ x तथा y हैं।

प्रश्नानुसार,

$$x + y = 12 \quad ...(i)$$

तथा

$$x.y = 35 \quad ...(ii)$$

अब, $\frac{1}{x}+\frac{1}{y}=\frac{x+y}{xy}=\frac{12}{35}.$

10. यहाँ पर, $(9)^3 = 9 \times 9 \times 9 = 729 = 710 + 19$

अर्थात् 710 में 19 जोड़ने पर यह एक पूर्ण धन बन जाएगा।

11. $307 - 3 = 304$

$330 - 7 = 323$

```
304) 323 (1
     304
     19) 304 (16
         19
         ---
         114
         114
         ---
          ×
```

अर्थात् अभीष्ट संख्या 19 होगी।

12. भागफल $= 16$

प्रश्न से, भाजक $= 16 \times 25 = 400$

$$\text{शेष} = \frac{400}{5} = 80$$

$\therefore$ भाज्य $= 400 \times 16 + 80 = 6480.$

13. माना कि संख्या x है।

$$x^2 \times \frac{3}{5} = 126.15$$

या

$$x^2 = 126.15 \times \frac{5}{3} = 42.05 \times 5$$

$\therefore$

$$x = \sqrt{210.25} = 14.5.$$

14. माना कि दूसरी संख्या $= x$

पहली संख्या $= 2x$

तथा तीसरी संख्या $= 4x$ होगी।

प्रश्नानुसार,

$$\frac{x+2x+4x}{3} = 56$$

$$\Rightarrow \quad 7x = 56 \times 3$$

$$\Rightarrow \quad x = \frac{56 \times 3}{7} = 24$$

पहली संख्या $= 2x = 2 \times 24 = 48$

तीसरी संख्या $= 4x = 4 \times 24 = 96$

दोनों में अन्तर $= 96 - 48 = 48.$

15. माना कि तीन क्रमागत विषम संख्याएँ x, $x + 2$ तथा $x + 4$ हैं।

प्रश्नानुसार,

$$x + x + 2 + x + 4 = 87$$

$$\Rightarrow \quad 3x + 6 = 87$$

$$\Rightarrow \quad 3x = 81$$

$$\Rightarrow \quad x = 27$$

$\therefore$ सबसे छोटी संख्या $= 27.$

16. माना कि संख्याएँ a तथा b हैं

$$a^2 + b^2 = 100 \quad ...(i)$$

तथा

$$a^2 - b^2 = 28 \quad ...(ii)$$

समीकरण (i) तथा (ii) को जोड़ने पर,

$$2a^2 = 128$$

$$\Rightarrow \quad a^2 = 64$$

$$\Rightarrow \quad a = 8$$

$$b^2 + 64 = 100$$

$$\Rightarrow \quad b^2 = 36$$

$$\Rightarrow \quad b = 6$$

संख्याओं का योग $= 8 + 6 = 14.$

17. माना कि पुस्तक के पृष्ठों की संख्या x है।

$$\frac{2}{5}x+\left(\frac{2}{5}x+\frac{1}{3}\times\frac{2}{5}x\right)+15 = x$$

$$\Rightarrow \quad \frac{2}{5}x+\frac{2}{5}x+\frac{2}{15}x+15 = x$$

$$\Rightarrow \quad \frac{6x+6x+2x}{15}+15 = x$$

$$\Rightarrow \quad \frac{14x}{15}+15 = x$$

$$\Rightarrow \quad x-\frac{14x}{15} = 15$$

$$\Rightarrow \quad 15x - 14x = 225$$

$$\Rightarrow \quad x = 225.$$

18. माना कि संख्याएँ x तथा $(x+4)$ हैं।

प्रश्नानुसार,

$$x(x + 4) = 96$$

$$\Rightarrow \quad x^2 + 4x - 96 = 0$$

$$\Rightarrow \quad x^2 + 12x - 8x - 96 = 0$$

$$\Rightarrow \quad x(x + 12) - 8(x + 12) = 0$$

$$\Rightarrow \quad (x + 12)(x - 8) = 0$$

$\Rightarrow x = -12$ या $x = 8$

अतः छोटी संख्या $= 8$.

19. माना कि संख्याएँ x तथा $(10-x)$ हैं।

प्रश्नानुसार,

$$x(10 - x) = 20$$

अब $$\frac{1}{x}+\frac{1}{10-x} = \frac{10-x+x}{x(10-x)}$$

$$= \frac{10}{20}=\frac{1}{2}.$$

20. माना कि संख्या $= 192x + 54$

अब $192x + 54 = 16 \times 12x + 16 \times 3 + 6$

इस प्रकार अभीष्ट शेष $= 6$.

❑✤❑✤❑

3

प्रतिशतता (Percentage)

प्रतिशत वह भिन्न है जिसका हर 100 होता है। जैसे : 10% का अर्थ है वह भिन्न जिसका अंश 10 तथा हर 100 हो अर्थात् $\frac{10}{100}=\frac{1}{10}$ ।

दूसरे शब्दों में प्रति सैंकड़ा जो संख्या ली जाती है, उसे प्रतिशत कहते हैं। जैसे : 20% का अर्थ है 100 इकाई में 20 इकाई।

प्रतिशत का अर्थ होता है प्रत्येक 100 पर

उदाहरण के लिए 8 प्रतिशत का अर्थ होता है 100 भाग में 8 भाग। प्रतिशत को % चिह्न से व्यक्त किया जाता है। अतः 8 प्रतिशत को 8% या $\frac{8}{100}$ भी लिखा जा सकता है।

यदि किसी परीक्षा में 700 के कुल अंक में से किसी छात्र को 80% अंक प्राप्त हुए तो इसका अर्थ यह हुआ कि उसने प्रत्येक 100 में 80 अंक प्राप्त किये, अर्थात् 700 में से उसे $80 \times 7 = 560$ अंक प्राप्त हुए।

इसी प्रकार यदि कोई व्यापारी यह कहता है कि उसने ₹ 1500 की पूँजी पर 7% का लाभ कमाया तो इसका यह अर्थ हुआ कि उसने प्रत्येक ₹ 100 पर ₹ 7 लाभ कमाया। अर्थात् ₹ 1500 पर उसने $15 \times 7 =$ ₹ 105 लाभ कमाया।

प्रतिशत अंक गणित का एक बहुत महत्वपूर्ण अध्याय है। इसके उल्लेखनीय और स्मरणीय तथ्य निम्नलिखित हैं :

1. किसी प्रतिशत को भिन्न में बदलने के लिए उसे 100 से भाग दिया जाता है।

   जैसे : $20\% = \frac{20}{100} = \frac{1}{5}$ ।

2. किसी भिन्न को प्रतिशत में बदलने के लिए उसमें 100 से गुणा करते हैं।

   जैसे : $\frac{1}{25} = \frac{1}{25} \times 100 = 4\%$.

3. किसी राशि को 10% बढ़ाने पर वह राशि पहले की 110 प्रतिशत हो जाती है। उदाहरण के लिए यदि ₹ 500 को 10% बढ़ाया जाए तो नया मान $500 \times 110\%$ अर्थात् $500 \times \frac{110}{100} =$ ₹ 550 होगा।

   इसी प्रकार यदि ₹ 2500 को 8% बढ़ाया जाए तो नया मान $2500 \times 108\%$ अर्थात् $2500 \times \frac{108}{100} =$ ₹ 2700 हो जाएगा।

4. यदि किसी राशि को 10% घटाने पर वह राशि पहले की 90 प्रतिशत हो जाती है। उदाहरण के लिए यदि ₹ 500 को 10% घटाया जाए तो नया मान $500 \times 90\%$ अर्थात् $500 \times \frac{90}{100} =$ ₹ 450 होगा।

   इसी प्रकार यदि ₹ 2000 को 5% घटाया जाए तो नया मान $2000 \times 95\%$ अर्थात् $2000 \times \frac{95}{100} =$ ₹ 1900 होगा।

5. यदि किसी नगर की वर्तमान जनसंख्या P तथा जनसंख्या वृद्धि दर r हो, तो n वर्षों के बाद जनसंख्या

   $A = P\left(1+\frac{r}{100}\right)^n$ होगी।

6. यदि किसी नगर की वर्तमान जनसंख्या P तथा जनसंख्या r दर से घट रही हो तो n वर्षों के बाद जनसंख्या

   $A = P\left(1-\frac{r}{100}\right)^n$ होगी।

7. यदि किसी नगर की वर्तमान जनसंख्या P हो और पहले, दूसरे, तीसरे, चौथे ...... n वर्षों में जनसंख्या वृद्धि दर r_1, r_2, r_3,..... r_n हो, तो n वर्षों बाद नगर की जनसंख्या

   $A = P\left(1-\frac{r_1}{100}\right)\left(1+\frac{r_2}{100}\right)......\left(1+\frac{r_n}{100}\right)$

8. यदि जनसंख्या r_1, r_2, r_3,..... दर से घट रही हो, तो n वर्षों के बाद जनसंख्या होगी

   $A = P\left(1-\frac{r_1}{100}\right)\left(1-\frac{r_2}{100}\right)\left(1-\frac{r_3}{100}\right)......\left(1-\frac{r_n}{100}\right)$

प्रश्नमाला

1. राजीव का वेतन सुनील से 25% अधिक है तथा सुनील का वेतन मनोज के वेतन का 40% है। यदि तीनों का वेतन ₹ 5700 हो, तो राजीव का वेतन क्या है?

A. ₹ 1200 B. ₹ 1500
C. ₹ 1300 D. ₹ 1800
E. ₹ 1400

2. किसी परीक्षा में एक परीक्षार्थी ने कुल अंक का 25% अंक प्राप्त किया और 60 अंकों से अनुत्तीर्ण हो गया। उसी परीक्षा में एक अन्य परीक्षार्थी ने 50% अंक प्राप्त किया जो उत्तीर्णांक से 40 अंक अधिक है। उस परीक्षा के उत्तीर्णांक को कितने प्रतिशत से बढ़ा दिया जाए कि पूर्णांक प्राप्त हो जाए?

A. 120% B. 130%
C. 145% D. 150%
E. 135%

3. किसी परीक्षा में 80% विद्यार्थी हिन्दी में तथा 75% गणित में उत्तीर्ण हुए। 18% विद्यार्थी दोनों विषयों में अनुत्तीर्ण रहे। यदि 438 विद्यार्थी दोनों विषयों में उत्तीर्ण रहे हों, तो परीक्षा में कुल कितने विद्यार्थी सम्मिलित हुए?

A. 600 B. 500
C. 400 D. 300
E. 200

4. किसी मिश्रण की मात्रा 60 लीटर है जिसमें 20% दूध है तथा शेष पानी है। उसमें कितना लीटर पानी डाला जाए जिससे कि मिश्रण में दूध 15% हो जाए?

A. 12 लीटर B. 15 लीटर
C. 20 लीटर D. 25 लीटर
E. 40 लीटर

5. एक कमरे के फर्श की लम्बाई एवं चौड़ाई मापने में त्रुटि कर दी जाती है। लम्बाई की माप इसकी वास्तविक माप से 30% अधिक तथा चौड़ाई की माप इसकी वास्तविक माप से 10% कम माप ली जाती है। यदि इस त्रुटि के कारण इस कमरे में ₹ 10 प्रति वर्ग मी. वाली कालीन बिछाने का खर्च ₹ 680 बढ़ गया हो, तो कमरे का वास्तविक क्षेत्रफल ज्ञात कीजिए।

A. 400 वर्ग मी. B. 375 वर्ग मी.
C. 225 वर्ग मी. D. 450 वर्ग मी.
E. 235 वर्ग मी.

6. चीनी के भाव में 25% वृद्धि हो जाने के कारण कोई गृहिणी उसकी खपत कितने % कम करे ताकि परिवार का खर्च बिलकुल न बढ़ सके?

A. 15% B. 20%
C. 18% D. 16%
E. 25%

7. एक परीक्षा में 42% विद्यार्थी गणित में तथा 52% विद्यार्थी अंग्रेजी में फेल हुए। यदि 19% विद्यार्थी दोनों विषयों में फेल हुए हों, तो दोनों विषयों में कितने प्रतिशत विद्यार्थी पास हुए?

A. 25% B. 20%
C. 18% D. 27%
E. 30%

8. एल्कोहल और पानी के 50 लीटर मिश्रण में पानी की मात्रा 40% है। उस मिश्रण में कितना पानी और डाला जाए ताकि मिश्रण में पानी की मात्रा 50% हो जाए?

A. 8 लीटर B. 10 लीटर
C. 6 लीटर D. 12 लीटर
E. 11 लीटर

9. 10%, 20% तथा 30% के क्रमवार बट्टे किस एकमात्र बट्टे के समतुल्य हैं?

A. 60% B. 49.6%
C. 40.5% D. 36%
E. 42.7%

10. किसी वस्तु के मूल्य में पहले 10% की वृद्धि तथा उसके उपरांत 20% की वृद्धि की गई। यदि अन्तिम बढ़ा हुआ मूल्य ₹ 33 हो, तो प्रारंभिक मूल्य कितना था?

A. ₹ 30 B. ₹ 27.50
C. ₹ 26.50 D. ₹ 25
E. ₹ 28.50

11. यदि किसी वर्ग की प्रत्येक भुजा को 10% बढ़ा दिया जाए, तो इसके क्षेत्रफल में कितनी वृद्धि होगी?

A. 10% B. 21%
C. 44% D. 100%
E. 90%

12. यदि किसी आयताकार भूखण्ड की लम्बाई में 5% की वृद्धि तथा चौड़ाई में 10% की कमी की जाए, तो इसके क्षेत्रफल में कितना परिवर्तन होगा?

A. 5.5% की वृद्धि
B. 5.5% की कमी
C. 0.55% की कमी
D. कोई परिवर्तन नहीं
E. इनमें से कोई नहीं

13. चीनी के भाव में 20% की कमी हो गयी है। अब एक व्यक्ति ₹ 36 में 500 ग्राम अधिक चीनी खरीद सकता है। चीनी का प्रति किलोग्राम प्रारंभिक भाव था :

A. ₹ 14.40　B. ₹ 18
C. ₹ 15.60　D. ₹ 16.50
E. ₹ 18.60

14. एक पेन का अंकित मूल्य ₹ 12 है। इस पर 15% का एक बट्टा दिया गया है। एक दूसरा बट्टा भी दिया गया है जिससे पेन का विक्रय मूल्य ₹ 8.16 हो जाता है। दूसरे बट्टे की दर है :

A. 20%　B. 15%
C. 18%　D. 25%
E. 30%

15. एक पुस्तक विक्रेता एक पुस्तक को 10% के लाभ पर बेचता है। यदि उसने इसे 4% कम पर खरीदा होता तथा ₹ 6 अधिक पर बेचा होता, तो उसे $18\frac{3}{4}\%$ का लाभ हुआ होता। पुस्तक का क्रय मूल्य है :

A. ₹ 130　B. ₹ 140
C. ₹ 150　D. ₹ 160
E. ₹ 170

16. कृष्णन ने एक कैमरा उसके आरंभिक मूल्य से 20% कम पर खरीदा। उसने जितने का खरीदा उसके 40% लाभ पर उसे बेच दिया। कृष्णन को कैमरे के आरंभिक मूल्य पर जो लाभ प्रतिशत प्राप्त हुआ, वह है :

A. 22%　B. 32%
C. 12%　D. 15%
E. 14%

17. यदि एक व्यक्ति अपनी कुर्सी को ₹ 720 में बेचता है, तो उसे 25% की हानि होती है। 25% लाभ प्राप्त करने के लिए उसे कुर्सी को कितने में बेचना चाहिए?

A. ₹ 1200　B. ₹ 1000
C. ₹ 960　D. ₹ 900
E. ₹ 750

18. यदि किसी वस्तु को 5% की हानि के स्थान पर 5% के लाभ पर बेचा जाए, तो एक व्यक्ति को ₹ 5 अधिक प्राप्त होते हैं। उस वस्तु का क्रय मूल्य कितना है?

A. ₹ 100　B. ₹ 105
C. ₹ 50　D. ₹ 110
E. ₹ 200

19. रवि कुछ टॉफियां ₹ 1 की 2 की दर से खरीदता है और उन्हें ₹ 1 की 5 की दर से बेचता है। उसकी हानि का प्रतिशत है:

A. 120%　B. 90%
C. 30%　D. 60%
E. 50%

20. एक व्यक्ति दो पाइपों में से प्रत्येक को ₹ 12 में बेचता है। उसे एक पर 20% का लाभ हुआ और दूसरे पर 20% की हानि। पूरे सौदे में उसे :

A. न हानि हुई न लाभ
B. ₹ 1 का लाभ हुआ
C. ₹ 1 की हानि हुई
D. ₹ 2 का लाभ हुआ
E. इनमें से कोई नहीं

उत्तरमाला

1	2	3	4	5	6	7	8	9	10
B	D	A	C	A	B	A	B	B	D
11	**12**	**13**	**14**	**15**	**16**	**17**	**18**	**19**	**20**
B	B	B	A	C	C	A	C	D	C

व्याख्यात्मक उत्तर

1. माना कि मनोज का वेतन = ₹ x

∴ सुनील का वेतन = x का $\frac{40}{100}$ = ₹ $\frac{2x}{5}$

तथा राजीव का वेतन = $\frac{2x}{5}$ का $\frac{(100+25)}{100}$

$= \frac{2x}{5} \times \frac{125}{100} =$ ₹ $\frac{x}{2}$

कुल वेतन = $x + \frac{2x}{5} + \frac{x}{2} =$ ₹ $\frac{19x}{10}$

प्रश्नानुसार,

$$\frac{19x}{10} = 5700$$

$$\Rightarrow \quad x = \frac{5700 \times 10}{19} = 3000$$

∴ राजीव का वेतन = $\frac{x}{2} = \frac{3000}{2} =$ ₹1500.

2. माना कि पूर्णांक = x

पहले परीक्षार्थी का उत्तीर्णांक = x का $\frac{25}{100} + 60$

$= \frac{x}{4} + 60$

दूसरे परीक्षार्थी का उत्तीर्णांक = x का $\frac{50}{100} - 40$

$= \frac{x}{2} - 40$

$$\frac{x}{4} + 60 = \frac{x}{2} - 40$$

$$\Rightarrow \quad \frac{x}{2} - \frac{x}{4} = 60 + 40$$

$$\Rightarrow \quad \frac{2x - x}{4} = 100$$

$$\Rightarrow \quad \frac{x}{4} = 100$$

$$\Rightarrow \quad x = 400$$

पूर्णांक = 400

उत्तीर्णांक = $400 \times \frac{25}{100} + 60 = 160$

अभीष्ट उत्तर = $\frac{(400-160)}{160} \times 100$

$= \frac{240}{160} \times 100 = 150\%.$

3. माना कि परीक्षा में शामिल विद्यार्थियों की संख्या = 100

हिन्दी में अनुत्तीर्ण विद्यार्थी = 100 – 80 = 20

गणित में अनुत्तीर्ण विद्यार्थी = 100 – 75 = 25

केवल हिन्दी में अनुत्तीर्ण विद्यार्थी = 20 – 18 = 2

केवल गणित में अनुत्तीर्ण विद्यार्थी = 25 – 18 = 7

दोनों विषयों में अनुत्तीर्ण विद्यार्थी = 18

कुल अनुत्तीर्ण विद्यार्थी = 2 + 7 + 18 = 27

कुल उत्तीर्ण विद्यार्थी = 100 – 27 = 73

73 विद्यार्थी उत्तीर्ण हुए जब कुल विद्यार्थी = 100

438 विद्यार्थी उत्तीर्ण हुए जब कुल विद्यार्थी = $\frac{100}{73} \times 438$

$= 100 \times 6 = 600$

∴ अभीष्ट उत्तर = 600

4. दूध की मात्रा = 60 का $\frac{20}{100}$ = 12 लीटर

∴ पानी की मात्रा = 60 – 12 = 48 लीटर

माना कि पानी की डाली गयी मात्रा = x लीटर

प्रश्नानुसार,

$$(48 + x) = (60 + x) \text{ का } \frac{(100-15)}{100}$$

$$\Rightarrow \quad (48 + x) = (60 + x) \times \frac{85}{100}$$

$$\Rightarrow \quad 48 + x = (60 + x) \times \frac{17}{20}$$

$$\Rightarrow \quad 48 + x = 51 + \frac{17x}{20}$$

$$\Rightarrow \quad x - \frac{17x}{20} = 51 - 48$$

$$\Rightarrow \quad \frac{3x}{20} = 3$$

$$\therefore \quad x = \frac{20 \times 3}{3} = 20$$

अतः पानी की अभीष्ट मात्रा = 20 लीटर।

5. माना कि कमरे की लम्बाई = 100 मी.
तथा कमरे की चौड़ाई = 100 मी.
कमरे का क्षेत्रफल = 100 × 100 = 10000 वर्ग मी.

30% अधिक होने पर लम्बाई = $100 \times \frac{130}{100} = 130$ मी.

10% कमी होने पर चौड़ाई = $100 \times \frac{90}{100} = 90$ मी.

परिवर्तित क्षेत्रफल = 130 × 90 = 11700 वर्ग मी.
क्षेत्रफल में वृद्धि = 11700 – 10000 = 1700 वर्ग मी.
₹ 10 प्रतिवर्ग मी. वाली कालीन का खर्च ₹ 680 बढ़ जाने

का अर्थ है क्षेत्रफल में वास्तविक वृद्धि = $\frac{680}{10}$

= 68 वर्ग मी.
1700 वर्ग मी. की वृद्धि होती है तो कमरे का क्षेत्रफल = 10000 वर्ग मी.
68 वर्ग मी. की वृद्धि होती है तो कमरे का क्षेत्रफल

$= \frac{68}{1700} \times 10000 = 400$ वर्ग मी.

6. माना कि चीनी का भाव = ₹ 100 प्रति किलोग्राम
तथा चीनी की खपत = 100 किलोग्राम
∴ परिवार का खर्च = 100 × 100 = ₹ 10000
अब चीनी का भाव = ₹ 125 प्रति किलोग्राम
तथा चीनी की खपत = x किलोग्राम
∴ परिवार का खर्च = 125 × x = ₹ $125x$
परिवार का खर्च न बढ़ने की स्थिति में

$$125x = 10000$$

$$\Rightarrow \quad x = \frac{10000}{125} = 80$$

खपत 80 किलोग्राम होनी चाहिए।
खपत में कमी = 100 – 80 = 20 किलोग्राम
प्रतिशत कमी = 20%
अतः गृहिणी को चीनी की खपत में 20% कमी करनी चाहिए।

7. गणित में फेल हुए विद्यार्थी = 42%
अंग्रेजी में फेल हुए विद्यार्थी = 52%
तथा दोनों विषयों में फेल हुए विद्यार्थी = 19%
∴ केवल गणित में फेल हुए विद्यार्थी
= 42% – 19% = 23%
तथा केवल अंग्रेजी में फेल हुए विद्यार्थी
= 52% – 19% = 33%
कुल फेल हुए विद्यार्थी = 23% + 33% + 19% = 75%
∴ दोनों विषयों में पास हुए विद्यार्थी
= 100% – 75% = 25%

8. माना कि मिश्रण में x लीटर पानी और डालने पर पानी की मात्रा 50% हो जाएगी।

प्रथम स्थिति में, 50 लीटर मिश्रण में पानी की मात्रा 50 लीटर का 40% = 20 लीटर

द्वितीय स्थिति में, $(50 + x)$ लीटर मिश्रण में पानी की मात्रा = $(50 + x)$ लीटर का 50%

$= \left(\frac{50+x}{2}\right)$ लीटर

परन्तु $(50 + x)$ लीटर मिश्रण में पानी की मात्रा = $(20 + x)$ लीटर होगी।

$$\therefore \quad \frac{50+x}{2} = 20 + x$$

$$\Rightarrow \quad 50 + x = 40 + 2x$$

$$\Rightarrow \quad 2x - x = 50 - 40$$

$$\Rightarrow \quad x = 10$$

अतः मिश्रण में 10 लीटर पानी और डालने पर मिश्रण में पानी की मात्रा 50% हो जाएगी।

9. क्रमवार बट्टे 10% तथा 20% के समतुल्य एकल बट्टा

$$\left(10 + 20 - \frac{20 \times 10}{100}\right)\% = 28\%$$

28% और 30% के समतुल्य एकल बट्टा

$$= \left(28 + 30 - \frac{30 \times 28}{100}\right)\% = 49.6\%.$$

10. प्रभावी प्रतिशत वृद्धि = $\left(10 + 20 + \frac{20 \times 10}{100}\right)\% = 32\%$

प्रश्नानुसार,

$$x \times \frac{132}{100} = 33$$

$$\Rightarrow \quad x = \frac{33 \times 100}{132} = ₹\, 25.$$

11. क्षेत्रफल में प्रतिशत वृद्धि $= \left(10 + 10 + \frac{10 \times 10}{100}\right)\%$

$= 21\%$

12. माना कि आयत की लम्बाई x मी. तथा चौ. y मी. है।

आयत का क्षेत्रफल = ल. × चौ.

$= x \times y = xy$ वर्ग मी.

आयत की लम्बाई में 5% की वृद्धि करने पर,

$x + x$ का $5\% = x + \frac{x \times 5}{100} = \frac{105x}{100} = \frac{21x}{20}$

तथा आयत की चौड़ाई में 10% की कमी करने पर,

$y - y$ का $10\% = y - \frac{y \times 10}{100} = y - \frac{y}{10} = \frac{9y}{10}$

नये आयत का क्षेत्रफल $= \frac{21x}{20} \times \frac{9y}{10} = \frac{189y}{200}$

क्षेत्रफल में कमी $= xy - \frac{189xy}{200}$

$$= \frac{200xy - 189xy}{200}$$

$$= \frac{11xy}{200}$$

क्षेत्रफल में प्रतिशत कमी $= \frac{\frac{11xy}{200}}{xy} \times 100$

$$= \frac{11xy \times 100}{200 \times xy} = \frac{11}{2}\% = 5.5\%.$$

13. 500 ग्राम चीनी का मूल्य = ₹ 36 का 20%

$$= 36 \times \frac{20}{100} = ₹\, 7.20$$

∴ 1000 ग्राम चीनी का मूल्य

$= 7.20 \times 2 = ₹\, 14.40$

माना कि चीनी का प्रारंभिक मूल्य ₹ x था, तो

घटा हुआ मूल्य $= x - x$ का 20%

$$= x - x \times \frac{20}{100}$$

$$= x - \frac{x}{5} = \frac{4x}{5}$$

प्रश्नानुसार,

$$\frac{4x}{5} = 14.40$$

$$\Rightarrow \quad x = \frac{14.40 \times 5}{4} = 18.00$$

अतः चीनी का प्रारम्भिक मूल्य = ₹ 18.00 प्रति कि.ग्रा.

14. 12 का $15\% = \frac{15}{100} \times 12 = 1.80$

विक्रय मूल्य = ₹ 12 − 1.80 = ₹ 10.20

माना कि दूसरा बट्टा $= x\%$

अब, $10.20 - \frac{x}{100} \times 10.20 = ₹\, 8.16$

$$\Rightarrow \quad \frac{x}{100} \times 10.20 = 10.20 - 8.16 = 2.04$$

$$\therefore \quad x = \frac{2.04 \times 100}{10.20} = 20\%.$$

15. माना कि पुस्तक का क्रय मूल्य = ₹ x

अतः विक्रय मूल्य $= x + \frac{10x}{100} = \frac{11x}{10}$

नया विक्रय मूल्य $= \left(\frac{11x}{10} + 6\right)$

नया क्रय मूल्य $= x - \frac{4}{100} \times x = ₹\, \frac{96x}{100}$

लाभ $= \frac{11x}{10} + 6 - \frac{96x}{100}$

$$= \frac{110x + 600 - 96x}{100} = \frac{14x + 600}{100}$$

प्रतिशत लाभ $= \frac{\text{लाभ}}{\text{क्रय मूल्य}} \times 100$

$$\Rightarrow \quad \frac{75}{4} = \frac{\frac{14x + 600}{100}}{\frac{96x}{100}} \times 100$$

$\Rightarrow \frac{75}{100} = \frac{(14x+600)}{100} \times \frac{100}{96x} \times 100$

$\Rightarrow \quad 18x = (14x + 600)$

$\Rightarrow \quad 4x = 600$

$\Rightarrow \quad x = 150$

अतः पुस्तक का क्रय मूल्य = ₹ 150.

16. माना कि कैमरे का आरंभिक मूल्य = ₹ x

कृष्णन द्वारा अदा की गयी राशि = $x - \frac{20x}{100}$

= ₹ $\frac{4x}{5}$

कैमरे का विक्रय मूल्य = $\frac{4x}{5} + \frac{40}{100} \times \frac{4x}{5}$

$= \frac{4x}{5}\left(1+\frac{2}{5}\right) = \frac{28x}{25}$

आरंभिक मूल्य पर लाभ = $\frac{28x}{25} - x = \frac{3x}{25}$

लाभ प्रतिशत = $\frac{3x}{2x} \times 100 = 12\%$.

17. माना कि क्रय मूल्य = ₹ x

$\therefore$ विक्रय मूल्य = $x - \frac{25x}{100}$

$\Rightarrow \quad 720 = \frac{3x}{4}$

$\therefore \quad x = \frac{720 \times 4}{3} = ₹\ 960$

25% लाभ प्राप्त करने के लिए विक्रय मूल्य

$= 960 + \frac{25}{100} \times 960$

$= 960\left(1+\frac{25}{100}\right)$

$= 960 \times \frac{5}{4} = ₹\ 1200.$

18. माना कि क्रय मूल्य = ₹ x

प्रश्नानुसार,

$\frac{105x}{100} - \frac{95x}{100} = 5$

$\Rightarrow \quad \frac{10x}{100} = 5$

$\Rightarrow \quad x = ₹\ 50$

19. एक टॉफी का क्रय मूल्य = ₹ $\frac{1}{2}$ = 50 पैसे

एक टॉफी का विक्रय मूल्य = ₹ $\frac{1}{5}$ = 20 पैसे

हानि = 50 – 20 = 30 पैसे

प्रतिशत हानि = $\frac{30}{50} \times 100 = 60\%$.

20. पहले पाइप का क्रय मूल्य = $\frac{100}{120} \times 12$ = ₹ 10

दूसरे पाइप का क्रय मूल्य = $\frac{100}{80} \times 12$ = ₹ 15

दोनों पाइपों का कुल क्रय मूल्य = 10 + 15 = ₹ 25

दोनों पाइपों का कुल विक्रय मूल्य = 12 + 12 = ₹ 24

हानि = 25 – 24 = ₹ 1

❑✤❑✤❑

4

अनुपात और समानुपात
(Ratio and Proportion)

दो सजातीय राशियों में जो संबंध होता है उसे उन दोनों का अनुपात कहते हैं। अनुपात यह बताता है कि एक राशि दूसरी राशि की कितनी गुनी है। उदाहरण के लिए ₹ 8 और ₹ 16 में 1 : 2 का अनुपात है।

अनुपात ज्ञात करने के लिए किन्हीं दो राशियों का सजातीय होना आवश्यक होता है। एक सजातीय राशि का दूसरी सजातीय राशि में भाग देने पर जो संख्या प्राप्त होती है, उसे उन राशियों का अनुपात कहते हैं। इसकी कोई इकाई या मात्रक नहीं होता है।

जैसे : $\frac{a}{b} = a : b$

अनुपात की विशेषताएँ

1. चूँकि अनुपात दो सजातीय राशियों के मध्य संबंध होता है, अतः अनुपात का कोई मात्रक नहीं होता है। जैसे : 25 सेमी. और 75 सेमी. का अनुपात 25 : 75 = 1 : 3 है जिसका कोई मात्रक नहीं है।
2. अनुपात को उभयनिष्ट गुणनखण्ड से काटकर छोटा किया जा सकता है। जैसे : 15 : 45 में प्रत्येक राशि में 15 उभयनिष्ट गुणनखण्ड है। अतः 15 से दोनों को काटकर 1 : 3 लिखते हैं जो 15 : 45 को छोटा (सूक्ष्म) रूप है।
3. किसी अनुपात के प्रत्येक संख्या में एक ही संख्या से गुणा कर देने पर अनुपात के मान में कोई परिवर्तन नहीं होता है।

   जैसे : $3:5 = \frac{3}{5} = \frac{3\times2}{5\times2} = \frac{3\times5}{5\times5} = \frac{3\times9}{5\times9}$
4. किसी अनुपात के प्रत्येक संख्या में एक ही संख्या से भाग देने पर भी अनुपात के मान के मान में कोई परिवर्तन नहीं होता है।

   जैसे : $\frac{8}{24} = \frac{8\div4}{24\div4}$

अनुपात के प्रकार (Types of Ratio)

1. **मिश्रित अनुपात (Compound Ratio):** कई अनुपातों के पूर्व पदों के गुणनफल और अन्तिम पदों के गुणनफल से जो नया अनुपात बनता है उसे मिश्रित अनुपात कहते हैं। जैसे : 2 : 1, 3 : 2, 1 : 4 तथा 2 : 5 के पूर्व पदों के गुणनफल $(2 \times 3 \times 1 \times 2)$ तथा अन्तिम पदों के गुणनफल $(1 \times 2 \times 4 \times 5)$ में अनुपात 12 : 40 है। अतः 12 : 40 को मिश्रित अनुपात कहेंगे।
2. **वर्गानुपात (Duplicate Ratio):** किसी अनुपात के प्रत्येक राशियों के वर्गों में जो अनुपात बनता है उसे वर्गानुपात कहते हैं। जैसे : किसी आयत की लम्बाई चौड़ाई में 3 : 2 का अनुपात हो तो $3^2 : 2^2 = 9 : 4$ को उसका वर्गानुपात कहेंगे।
3. **तिरहानुपात (Triplicate Ratio):** किसी अनुपात के प्रत्येक राशियों के घनों में जो अनुपात होता है उसे तिरहा अनुपात कहते हैं। जैसे : $a : b$ का तिरहानुपात $a^3 : b^3$ होगा। इसी प्रकार 2 : 3 का तिरहानुपात $2^3 : 3^3 = 8 : 27$ होगा।
4. **आधानुपात (Subduplicate Ratio):** किसी अनुपात के प्रत्येक राशि के वर्गमूलों से जो अनुपात बनता है,

उसे आधा अनुपात कहते हैं। जैसे : 16 : 81 का आधा अनुपात 4 : 9 होगा और 4 : 9 का आधा अनुपात 2 : 3 होगा।

5. **तिहाई अनुपात (Subtriplicate Ratio):** किसी अनुपात के प्रत्येक राशियों के घनमूलों से जो अनुपात होता है, उसे तिहाई अनुपात कहते हैं। जैसे : 8 : 27 का तिहाई अनुपात 2 : 3 है।

6. **अनुलोम अनुपात या सीधा अनुपात (Direct Ratio):** जब एक राशि के बढ़ने या घटने पर दूसरी राशि भी उसी अनुपात में बढ़े या घटे तो उन दोनों राशियों में अनुलोम अनुपात होता है। यदि 3 : 5 कोई अनुपात हो तो इसका सीधा अनुपात 6 : 10 या 9 : 15 या 12 : 20 होगा।

7. **प्रतिलोम अनुपात या विलोमानुपात (Inverse or Reciprocal Ratio):** जब एक राशि को घटाने पर दूसरी राशि उसी अनुपात में बढ़े या एक राशि को बढ़ाने पर दूसरी राशि उसी अनुपात में घटे तो उन दोनों राशियों में विलोमानुपात होता है। जैसे : अनुपात 3 : 5 का विलोमानुपात $\frac{1}{3}:\frac{1}{5}$ या 5 : 3 है। प्रतिलोम अनुपात को व्युत्क्रमानुपात भी कहते हैं।

8. **वितानुपात (Continued Proportion):** तीन सजातीय राशियां इस प्रकार हों कि पहली और दूसरी राशि में जो अनुपात हो वही अनुपात दूसरी और तीसरी राशि में हो, तो तीनों का अनुपात वितानुपात कहलाता है। जैसे : 10 का 20 से जो अनुपात है वही अनुपात 20 और 40 का है। इस प्रकार 10, 20, 40 का वितानुपात 10 : 20 : 40 हुआ। इसमें दूसरी राशि को पहली और तीसरी राशि का मध्यानुपाती कहते हैं जबकि तीसरी राशि को पहली और दूसरी का तृतीयानुपाती। मध्यानुपाती का वर्ग हमेशा पहली और तीसरी राशि के गुणनफल के बराबर होता है।

9. **समानुपात (Proportion):** जब दो अनुपात बराबर होते हैं तो उनकी बराबरी को समानुपात कहते हैं। जैसे : $a : b = c : d$ हो, तो इसका अर्थ यह है कि $\frac{a}{b}$ समानुपात में है $\frac{c}{d}$ के और इसे हम निम्न प्रकार से लिखते हैं।

$$a : b : : c : d$$

अतः $a : b : : c : d$ में,

a, b, c तथा d को क्रमशः प्रथम अनुपाती, द्वितीय अनुपाती, तृतीय अनुपाती तथा चतुर्थ अनुपाती कहते हैं। इस प्रकार समानुपात में चार पद होते हैं।

जैसे : 3 : 4 : : 6 : 8 में चार पद क्रमशः 3, 4, 6 और 8 हैं। इनमें पहले और अन्तिम पद को अर्थात् 3 और 8 को छोर या सिरे वाले पद या बाहरी पद या पदांत कहते हैं। दूसरे और तीसरे पद को अर्थात् 4 और 6 को मध्य पद या बीच वाले पद कहते हैं।

समानुपात $a : b : : c : d$ में,

$a \times d = b \times c.$

प्रश्नमाला

1. एक मर्तबान में A तथा B द्रवों का मिश्रण 4 : 1 के अनुपात में है। यदि उस मिश्रण में से 10 लीटर निकालकर उसके स्थान पर उतनी ही मात्रा में द्रव B मिला दिया जाए, तो मिश्रण का अनुपात 2 : 3 हो जाएगा। तदनुसार, मर्तबान के आरम्भिक मिश्रण में द्रव A की मात्रा कितनी थी?

A. 10 लीटर B. 16 लीटर
C. 15 लीटर D. 20 लीटर
E. 25 लीटर

2. तीन अलग-अलग चौराहों पर यातायात से संबंधित बत्तियाँ क्रमशः 24 सेकेण्ड, 36 सेकेण्ड तथा 54 सेकेण्ड बाद रंग बदलती रहती हैं। यदि वे तीनों 10 : 15 : 00 प्रातः के समय एक साथ रंग बदलती हैं, तो अगली बार वे तीनों एक साथ किस समय रंग बदलेंगी?

A. 10 : 16 : 54 प्रातः B. 10 : 18 : 36 प्रातः
C. 10 : 17 : 02 प्रातः D. 10 : 22 : 12 प्रातः
E. 10 : 15 : 05 प्रातः

3. दो संख्याएँ 3 : 4 के अनुपात में हैं। यदि उनका ल.स. 240 हो, तो दोनों में से छोटी संख्या होगी :

A. 100 B. 80
C. 60 D. 50
E. 70

4. 729 लीटर दूध तथा पानी के मिश्रण में दूध तथा पानी का अनुपात 7 : 2 है। एक ऐसा मिश्रण, जिसमें दूध तथा पानी का अनुपात 7 : 3 हो, प्राप्त करने के लिए उपरोक्त मिश्रण में मिलाये जाने वाली पानी की मात्रा होगी :

A. 81 लीटर B. 71 लीटर
C. 56 लीटर D. 50 लीटर
E. 60 लीटर

5. तीन कक्षाओं में विद्यार्थियों की संख्या 2 : 3 : 4 के अनुपात में हैं। यदि प्रत्येक कक्षा में 12 विद्यार्थी बढ़ जायें, तो यह अनुपात 8 : 11 : 14 में परिवर्तित हो जाता है। आरम्भ में तीनों कक्षाओं में कुल मिलाकर विद्यार्थियों की संख्या थी :

A. 162 B. 108
C. 96 D. 54
E. 70

6. दूध तथा पानी के 40 लीटर मिश्रण में दूध और पानी का अनुपात 7 : 1 है। दूध तथा पानी का अनुपात 3 : 1 करने के लिए मिश्रण में कितनी पानी की मात्रा (लीटर में) मिलानी होगी?

A. 6 B. $6\frac{1}{2}$
C. $6\frac{2}{3}$ D. $6\frac{3}{4}$
E. 8

7. किसी बॉक्स में केवल ₹ 1 तथा 50 पैसे वाले कुल मिलाकर 210 सिक्के हैं। उनके क्रमानुसार मानों का अनुपात 13 : 11 है। ₹ 1 वाले सिक्कों की संख्या होगी :

A. 65 B. 66
C. 77 D. 78
E. 80

8. तीन संख्याओं का योग 312 है। यदि पहली और दूसरी संख्या में 4 और 5 का अनुपात हो तथा दूसरी और तीसरी संख्या में 3 और 5 का अनुपात हो, तो तीसरी संख्या का मान कितना होगा?

A. 180 B. 150
C. 160 D. 170
E. 190

9. दो साइकिलों के मूल्यों में 10 : 9 का अनुपात है। यदि पहली साइकिल के मूल्य में 10% की कमी कर दी जाए तथा दूसरी साइकिल के मूल्य में ₹ 90 जोड़ दिये जायें, तो उनके मूल्यों का अनुपात 10 : 11 हो जाता है। साइकिलों के प्रारम्भ में मूल्य थे :

A. ₹ 900, ₹ 810 B. ₹ 1100, ₹ 990
C. ₹ 1000, ₹ 900 D. ₹ 1200, ₹ 1080
E. ₹ 1500, ₹ 600

10. यदि A और B की वर्तमान आयु में 6 : 5 का अनुपात तथा B और C की वर्तमान आयु में 4 : 5 का अनुपात हो, तो A और C की वर्तमान आयु में क्या अनुपात होगा?

A. 25 : 24 B. 25 : 23
C. 24 : 23 D. 24 : 25
E. 28 : 25

11. 451 विद्यार्थियों में से लड़के तथा लड़कियों का अनुपात 7 : 4 है। विद्यालय में लड़के तथा लड़कियों का अनुपात 1 : 1 करने के लिए कितनी लड़कियों को प्रवेश देना होगा?

A. 132 B. 123
C. 151 D. 155
E. 160

12. एक क्रिकेट मैच में बने रनों में A और B का अनुपात 2 : 3 है तथा B और C का अनुपात 4 : 5 है। यदि B ने 48 रन बनाये हों, तो A के द्वारा बने रनों की संख्या क्या होगी?

A. 36 B. 30
C. 32 D. 42
E. 45

13. A ग्रेड में दूध और पानी की मात्रा का अनुपात 7 : 4 तथा B ग्रेड में दूध और पानी की मात्रा का अनुपात 7 : 3 है। दोनों ग्रेडों की बराबर मात्रा लेकर मिलाने पर दूध और पानी का अनुपात क्या होगा?

A. 157 : 71 B. 147 : 71
C. 71 : 147 D. 147 : 73
E. 160 : 75

14. 286 विद्यार्थियों वाले एक विद्यालय में लड़कों तथा लड़कियों की संख्याएँ 8 : 5 के अनुपात में हैं। यदि 22 अन्य

लड़कियाँ विद्यालय में दाखिला ले लें, तो लड़के तथा लड़कियों की संख्याओं का अनुपात हो जाएगा :

A. 12 : 7 B. 10 : 7
C. 8 : 7 D. 4 : 3
E. 5 : 9

15. किसी क्रिकेट मैच की एक पारी में तीन खिलाड़ियों A, B तथा C ने कुल मिलाकर 361 रन बनाये। यदि A द्वारा बनाये गये रनों का B द्वारा बनाये गये रनों से और B द्वारा बनाये गये रनों का C द्वारा बनाये गये रनों से अनुपात 3 : 2 हो, तो A द्वारा बनाये गये रनों की संख्या थी :

A. 171 B. 181
C. 185 D. 161
E. 200

16. A तथा B की आयों में 5 : 6 का अनुपात है। यदि A को B से ₹ 1,100 कम मिलते हों, तो उनकी कुल आय है :

A. ₹ 9,900 B. ₹ 12,100
C. ₹ 14,400 D. ₹ 10,000
E. ₹ 16,500

17. एक बॉक्स में ₹ 1, 50 पैसे तथा 25 पैसे वाले सिक्के 8 : 5 : 3 के अनुपात में हैं। यदि बॉक्स में कुल धनराशि ₹ 112.50 हो, तो 50 पैसे वाले सिक्कों की संख्या है :

A. 80 B. 50
C. 30 D. 42
E. 45

18. A, B तथा C ने मिलकर ₹ 1800 मूल्य के एक कार्य को पूरा किया। इसमें A ने 6 दिन, B ने 4 दिन तथा C ने 9 दिन का कार्य किया। यदि उनकी दैनिक मजदूरी 5 : 6 : 4 के अनुपात में हों, तो A को कितनी धनराशि प्राप्त होगी?

A. ₹ 800 B. ₹ 600
C. ₹ 900 D. ₹ 750
E. ₹ 500

19. दो किस्मों की चाय का भाव ₹ 35 प्रति किलोग्राम तथा ₹ 28 प्रति किलोग्राम है। एक दुकानदार दोनों किस्मों की चाय को किस अनुपात में मिलाये ताकि मिश्रण का मूल्य ₹ 33 प्रति किलोग्राम हो जाए?

A. 2 : 5 B. 3 : 2
C. 5 : 3 D. 5 : 2
E. 7 : 5

20. 50 लीटर एल्कोहल और पानी के मिश्रण में 30% पानी है। मिश्रण में कितना पानी और डाला जाए ताकि नये मिश्रण में पानी की मात्रा 45% हो जाए?

A. $17\frac{7}{11}$ लीटर B. $13\frac{7}{11}$ लीटर

C. $15\frac{7}{11}$ लीटर D. $14\frac{7}{11}$ लीटर

E. इनमें से कोई नहीं

उत्तरमाला

1	2	3	4	5	6	7	8	9	10
B	B	C	A	A	C	D	B	C	D
11	**12**	**13**	**14**	**15**	**16**	**17**	**18**	**19**	**20**
B	C	D	D	A	B	B	B	D	B

व्याख्यात्मक उत्तर

1. प्रारम्भिक मान $= 4x : x$

मिश्रण में से 10 लीटर द्रव निकालकर उसमें 10 लीटर द्रव B मिला दिया जाता है। तब नये मिश्रण में द्रव का अनुपात $= \frac{4x-8}{x+8} = \frac{2}{3}$

$\Rightarrow \quad (4x-8) \times 3 = (x+8) \times 2$

$\Rightarrow \quad 12x - 24 = 2x + 16$

$\Rightarrow \quad 12x - 2x = 16 + 24$

$\Rightarrow \quad 10x = 40$

$\Rightarrow \quad x = \frac{40}{10} = 4$

अतः प्रारम्भिक मिश्रण में द्रव A की मात्रा = 4 × 4 = 16 लीटर।

2. 24, 36 तथा 54 का ल.स.

2	24, 36, 54
2	12, 18, 27
3	6, 9, 27
3	2, 3, 9
	2, 1, 3

ल.स. = 2 × 2 × 3 × 3 × 2 × 3 = 216 सेकेण्ड

216 ÷ 60 = 3 मिनट तथा 36 सेकेण्ड

अतः अगली बार तीनों एक साथ 10 : 18 : 36 प्रातः रंग बदलेंगी।

3. माना कि दोनों संख्याएँ $3x$ तथा $4x$ हैं।

$3x$ तथा $4x$ का ल.स. = $12x$

प्रश्नानुसार,

$$12x = 240$$

$$\Rightarrow \quad x = \frac{240}{12} = 20$$

छोटी संख्या = $3x = 3 \times 20 = 60$.

4. 729 लीटर मिश्रण में दूध की मात्रा $= \frac{7}{9} \times 729$

$= 7 \times 81 = 567$ ली.

पानी की मात्रा = 729 – 567 = 162 ली.

माना कि x ली. पानी मिलाया जाता है तो पानी की कुल मात्रा = $(162 + x)$ ली.

प्रश्नानुसार,

$$\frac{\text{दूध}}{\text{पानी}} = \frac{567}{162+x} = \frac{7}{3}$$

$$\Rightarrow \quad 7(162 + x) = 3 \times 567$$

$$\Rightarrow \quad 162 + x = \frac{3 \times 567}{7} = 3 \times 81$$

$\Rightarrow \quad x = 243 - 162 = 81$ लीटर।

5. माना कि विद्यार्थियों की संख्या क्रमशः $2x$, $3x$ तथा $4x$ हैं।

प्रश्नानुसार,

$(2x + 12) : (3x + 12) : (4x + 12) = 8 : 11 : 14$

$$\Rightarrow \quad \frac{2x+12}{3x+12} = \frac{8}{11}$$

$$\Rightarrow \quad 24x + 96 = 22x + 132$$

$$\Rightarrow \quad 24x - 22x = 132 - 96$$

$$\Rightarrow \quad 2x = 36$$

$$\Rightarrow \quad x = 18$$

अतः आरम्भ से विद्यार्थियों की कुल संख्या

$= 2x + 3x + 4x = 9x$

$= 9 \times 18 = 162.$

6. 40 लीटर मिश्रण में दूध की मात्रा $= 40 \times \frac{7}{8}$

= 35 लीटर

पानी की मात्रा $= 40 \times \frac{1}{8} = 5$ लीटर

माना कि x लीटर पानी और मिलाया जाता है, तो पानी की कुल मात्रा = $(5 + x)$ लीटर

प्रश्नानुसार,

$$\frac{\text{दूध}}{\text{पानी}} = \frac{35}{5+x} = \frac{3}{1}$$

$$\Rightarrow \quad 3x + 15 = 35$$

$$\Rightarrow \quad 3x = 35 - 15 = 20$$

$\Rightarrow \quad x = \frac{20}{3} = 6\frac{2}{3}$ लीटर।

7. ₹ 1 तथा 50 पैसे के सिक्कों का अनुपात

$= 13 \times 1 : 11 \times 2$

$= 13 : 22$

$\therefore$ ₹ 1 वाले सिक्कों की संख्या $= \frac{13}{35} \times 210$

$= 13 \times 6 = 78$

8. माना कि तीन संख्याएँ क्रमशः A, B तथा C हैं।

$\therefore$ A : B = 4 : 5 तथा B : C = 3 : 5

दोनों अनुपातों में B का मान बराबर करने के लिए क्रमशः 3 और 5 से गुणा करने पर

$\therefore$ A : B = 12 : 15 तथा B : C = 15 : 25

$\therefore$ A : B : C = 12 : 15 : 25

अनुपाती संख्याओं का योग = 12 + 15 + 25 = 52

$\therefore$ C का मान $= \frac{25}{52} \times 312$

$= 25 \times 6 = 150$

अतः तीसरी संख्या का मान 150 होगा।

9. माना कि दोनों साइकिलों का मूल्य क्रमशः ₹ $10x$ तथा ₹ $9x$ था।
प्रश्नानुसार,
पहली साइकिल के मूल्य में 10% कमी के कारण मूल्य
$= 10x - (10x$ का $10\%)$

$= 10x - 10x\dfrac{10}{100} = 10x - x = 9x$

तथा दूसरी साइकिल का मूल्य ₹ 90 अधिक हो जाने के कारण मूल्य = ₹ $(9x + 90)$

$$\frac{9x}{9x+90} = \frac{10}{11}$$

$$\Rightarrow \quad 99x = 90x + 900$$

$$\Rightarrow \quad 9x = 900$$

$$\Rightarrow \quad x = 100$$

$$\Rightarrow \quad 10x = 10 \times 100 = ₹\,1000$$

$$\Rightarrow \quad 9x = 9 \times 100 = ₹\,900.$$

10. $A : B = 6 : 5$ तथा $B : C = 4 : 5$। दोनों अनुपातों में B का मान बराबर करने के लिए क्रमशः 4 और 5 से गुणा करने पर
$A : B = 6 \times 4 : 5 \times 4 = 24 : 20$
तथा $B : C = 4 \times 5 : 5 \times 5 = 20 : 25$
$\therefore\ A : C = 24 : 25$

11. अनुपाती संख्याओं का योग $= 7 + 4 = 11$
$\therefore$ 451 विद्यार्थियों में से लड़कों की संख्या

$$= \frac{7 \times 451}{11}$$

$$= 7 \times 41 = 287$$

तथा लड़कियों की संख्या $= 451 - 287 = 164$
लड़के तथा लड़कियों की संख्या में अन्तर
$= 287 - 164 = 123$
अतः 123 लड़कियों को प्रवेश देना होगा।

12. $\because\ A : B = 2 : 3$ तथा $B : C = 4 : 5$
$\therefore\ A : B : C = 8 : 12 : 15$
[$\because$ पहले अनुपात को 4 से तथा दूसरे अनुपात को 3 से गुणा करने पर]
$\therefore$ A के द्वारा बने रनों की संख्या

$$= \frac{8 \times 48}{12} = 32.$$

13. A ग्रेड में अनुपाती संख्याओं का योग $= 7 + 4 = 11$

$\therefore$ A ग्रेड में दूध की मात्रा $= \dfrac{7}{11}$

तथा A ग्रेड में पानी की मात्रा $= \dfrac{4}{11}$

इसी प्रकार B ग्रेड में अनुपाती संख्याओं का योग $= 7 + 3 = 10$

$\therefore$ B ग्रेड में दूध की मात्रा $= \dfrac{7}{10}$

तथा B ग्रेड में पानी की मात्रा $= \dfrac{3}{10}$

A और B ग्रेडों को बराबर मात्रा में मिलाने पर दूध की

मात्रा $= \dfrac{7}{11} + \dfrac{7}{10} = \dfrac{147}{110}$

तथा पानी की मात्रा $= \dfrac{4}{11} + \dfrac{3}{10} = \dfrac{73}{110}$

$\therefore$ दूध और पानी में अनुपात $= \dfrac{147}{110} : \dfrac{73}{110}$

$= 147 : 73.$

14. माना कि लड़कों एवं लड़कियों की संख्या क्रमशः $8x$ तथा $5x$ हैं।

अतः $\quad 8x + 5x = 286$

$$\Rightarrow \quad 13x = 286$$

$$\Rightarrow \quad x = \frac{286}{13} = 22$$

अतः लड़कों की संख्या $= 8 \times 22 = 176$
तथा लड़कियों की संख्या $= 5 \times 22 = 110$
22 अन्य लड़कियों के दाखिला लेने के बाद लड़कियों की संख्या $= 110 + 22 = 132$

अतः लड़कों तथा लड़कियों का अनुपात $= \dfrac{176}{132}$

$= 4 : 3.$

15. $A : B = 3 : 2 = 9 : 6$
तथा $B : C = 3 : 2 = 6 : 4$
A, B तथा C द्वारा बनाये गये कुल रन = 361

$\therefore$ A द्वारा बनाये गये रन $= \dfrac{9}{9+6+4} \times 361$

$= \frac{9}{19} \times 361 = 9 \times 19 = 171$

16. माना कि A की आय = ₹ $5x$
तथा B की आय = ₹ $6x$
प्रश्नानुसार,

$$6x - 5x = 1100$$
$$\Rightarrow \quad x = 1100$$

अतः दोनों की कुल आय = $5 \times 1100 + 6 \times 1100$
$= 5500 + 6600$
= ₹ 12100

17. माना कि ₹ 1, 50 पैसे तथा 25 पैसे वाले सिक्कों की संख्या क्रमशः $8x$, $5x$ तथा $3x$ हैं।

$$\because \quad 8x + \frac{5x}{2} + \frac{3x}{4} = 112.50$$
$$\Rightarrow \quad \frac{32x + 10x + 3x}{4} = 112.50$$
$$\Rightarrow \quad \frac{45x}{4} = 112.50$$
$$\Rightarrow \quad x = \frac{112.50 \times 4}{45}$$
$$= \frac{11250 \times 4}{45 \times 100} = 10$$

$\therefore$ 50 पैसे वाले सिक्कों की संख्या = $5 \times 10 = 50$.

18. माना कि A, B तथा C की दैनिक मजदूरी क्रमशः $5x$, $6x$ तथा $4x$ हैं।

$$\because \; 6 \times 5x + 4 \times 6x + 9 \times 4x = 1800$$
$$\Rightarrow \quad 30x + 24x + 36x = 1800$$
$$\Rightarrow \quad 90x = 1800$$
$$\Rightarrow \quad x = \frac{1800}{90} = 20$$

अतः A को प्राप्त धनराशि = $5 \times 6 \times 20$ = ₹ 600

19. चूँकि मिश्रण का क्रय मूल्य = ₹ 33 प्रति किग्रा.
$\therefore$ ₹ 35 प्रति किग्रा. वाली चाय मिश्रण के क्रय मूल्य से महंगी = ₹ 2 प्रति किग्रा. तथा = ₹ 28 प्रति किग्रा. वाली चाय मिश्रण के क्रय मूल्य से सस्ती = ₹ 5 प्रति किग्रा.
$\therefore$ मिश्रण के क्रय मूल्य से महंगी व सस्ती चाय के मूल्यों को बराबर करने के लिए क्रमशः 5 तथा 2 से गुणा करना होगा।
अर्थात् दोनों किस्मों की चाय को 5 : 2 के अनुपात में मिलाना पड़ेगा।

20. 50 लीटर मिश्रण में पानी की मात्रा = 50 का 30%

$$= 50 \times \frac{30}{100} = 15 \text{ लीटर}$$

$\therefore$ मिश्रण में एल्कोहल की मात्रा = $50 - 15$
= 35 लीटर

माना कि मिश्रण में x लीटर पानी और डाला जाए तब नये मिश्रण में पानी की प्रतिशतता = 45%
नये मिश्रण में एल्कोहल की प्रतिशतता = 55% होगी
तथा नये मिश्रण की मात्रा = $(50 + x)$ लीटर
$(50 + x)$ लीटर का 55% = 35

$$\Rightarrow \quad (50 + x) \times \frac{55}{100} = 35$$
$$\Rightarrow \quad 50 + x = \frac{35 \times 100}{55} = \frac{700}{11}$$
$$\Rightarrow \quad x = \frac{700}{11} - 50$$
$$= \frac{700 - 550}{11}$$
$$= \frac{150}{11} = 13\frac{7}{11}$$

अतः मिश्रण में $13\frac{7}{11}$ लीटर पानी और डाला जाए।

❑✣❑✣❑

5

घातांक और मूल (वर्गमूल, घनमूल, घात, करणी)
(Square Root and Cube Root)

घातांक

यदि x कोई संख्या है और n कोई पूर्णांक जबकि n, 0 से बड़ा है तो x^n का अर्थ है कि x को n बार गुणा किया गया है। अर्थात् $x^n = x \times x \times x \times x \times ...$ n बार अत: राशि x^n में x को आधार तथा n को घातांक कहा जाता है। पद x^n को **'x की घात n'** पढ़ा जाता है। जैसे: $2^3 = 2$ की घात $3 = 2 \times 2 \times 2 = 8$

घातांक के नियम

(i) $x^m \times x^n = x^{m+n}$ (ii) $\frac{x^m}{x^n} = x^{m-n}$

(iii) $(x^m)^n = x^{mn}$ (iv) $(xy)^m = x^m . y^m$

(v) $\left(\frac{x}{y}\right)^m = \frac{x^m}{y^m}$ (vi) $(x)^0 = \left(\frac{x}{y}\right)^0 = 1$

मूल

यदि x की घात n का परिणाम a हो, तो x का मान a का nवाँ मूल होगा। इसे इस प्रकार लिखा जाता है:

$$\sqrt[n]{a} = x \text{ या } (a)^{\frac{1}{n}} = x$$

वर्गमूल

किसी एक ही संख्या को परस्पर दो बार गुणा करने पर जो गुणनफल प्राप्त होता है तो उस प्राप्त गुणनफल का **वर्गमूल** वह संख्या कहलाती है। इसे $(\sqrt{\ })$ चिह्न द्वारा प्रदर्शित करते हैं। किसी संख्या का वर्गमूल 'खण्ड विधि' या 'भाग विधि' द्वारा निकाला जाता है।

खण्ड विधि : खण्ड विधि द्वारा किसी संख्या का वर्गमूल इस प्रकार निकालते हैं : जैसे $2 \times 2 = 4$. अत: 4 का वर्गमूल 2 होगा अर्थात् $\sqrt{4} = \sqrt{2 \times 2} = 2$

इसी प्रकार $\sqrt{9} = \sqrt{3 \times 3} = 3$

$\sqrt{16} = \sqrt{4 \times 4} = 4$

$\sqrt{25} = \sqrt{5 \times 5} = 5$

..................इत्यादि।

भाग विधि : भाग विधि द्वारा वर्गमूल निकालने के लिए दी हुई संख्या के दाहिनी ओर से दो-दो अंकों का जोड़ा बनाते हैं। जैसे 1225 का वर्गमूल निकालना हो, तो–

	35
3	1225
	9
65	325
	325
	×

$\therefore$ 1225 का वर्गमूल 35 होगा।

नोट : बड़ी संख्या का वर्गमूल भाग विधि द्वारा ही करना चाहिए।

घनमूल

किसी एक ही संख्या को परस्पर तीन बार गुणा करने पर जो गुणनफल प्राप्त होता है तो उस प्राप्त गुणनफल का **घनमूल** वह संख्या कहलाती है। इसे $(\sqrt[3]{\ })$ चिन्ह द्वारा प्रदर्शित करते हैं। जैसे $5 \times 5 \times 5 = 125$ होता है। अत: 125 का घनमूल 5 होगा अर्थात् $\sqrt[3]{125} = \sqrt[3]{5 \times 5 \times 5} = 5$। किसी भी संख्या का घनमूल गुणनविधि द्वारा ही निकालते हैं।

करणी

यदि x एक परिमेय संख्या है। और n कोई पूर्णांक है तो x का n वाँ मूल $x^{1/n}$ होगा अर्थात् $\sqrt[n]{x}$ एक अपरिमेय राशि

है। अर्थात् जिस राशि का वर्गमूल पूर्ण संख्या नहीं हो। $\sqrt[n]{x}$ में n घात की **करणी** कहा जाता है।

जैसे : $\sqrt{7} = (7)^{1/2}$ एक द्वितीय घात की करणी है। इसी प्रकार $\sqrt[4]{6} = (6)^{1/4}$ एक करणी है जिसकी घात 4 है।

करणी के नियम

(i) $\sqrt[n]{x} = (x)^{1/n}$ (ii) $(\sqrt[n]{x})^n = (x^{1/n})^n = x^{n/n} = x^1$

(iii) $\sqrt[n]{xy} = \sqrt[n]{x}.\sqrt[n]{y}$ (iv) $(\sqrt[n]{x})^m = \sqrt[n]{x^m}$

(v) $\sqrt[m]{\sqrt[n]{x}} = \sqrt[mn]{x}$ (vi) $\sqrt[n]{\frac{x}{y}} = \frac{\sqrt[n]{x}}{\sqrt[n]{y}}$

प्रश्नमाला

1. $5\frac{19}{25}$ का वर्गमूल क्या होगा?

A. $3\frac{2}{5}$ B. $2\frac{2}{5}$
C. $2\frac{4}{5}$ D. $3\frac{1}{5}$
E. इनमें से कोई नहीं

2. $\sqrt{144} + \sqrt{196} - \sqrt{256}$ का मान क्या होगा?

A. 12 B. 11
C. 10 D. 14
E. 15

3. 0.6241 का वर्गमूल क्या है?

A. .49 B. .51
C. .79 D. .71
E. .75

4. यदि $\frac{x}{25} = \frac{36}{x}$,
तो x का मान क्या होगा?

A. .97 B. .79
C. 32 D. 30
E. 35

5. यदि $\frac{x^2}{9} = \frac{192}{x}$, तो x का मान कितना होगा?

A. 18 B. 12
C. 22 D. 14
E. 15

6. $\sqrt{32 + \sqrt{5 + \sqrt{121}}}$ का मान बताइये।

A. 16 B. 6
C. 7 D. 12
E. 10

7. यदि $\sqrt{?} + 48 = 1140 \div 20$ हो, तो (?) चिन्ह के स्थान पर मान होगा:

A. 83 B. 79
C. 81 D. 50
E. 85

8. 8000 का घनमूल बताइये।

A. 200 B. 20
C. 30 D. 40
E. 45

9. यदि $200 + \sqrt{?} = 800$ का 30%, तो (?) चिन्ह पर मान होगा:

A. 180 B. 40
C. 160 D. 1600
E. 1500

10. $\sqrt[3]{1325 + \sqrt{20} + \sqrt{256}}$ का मान कितना होगा?

A. 13 B. 21
C. 11 D. 25
E. 30

11. $\frac{\sqrt{225}}{16} \times \frac{\sqrt{256}}{15} \times \frac{\sqrt{289}}{17}$ का मान क्या होगा?

A. $\frac{5}{6}$ B. 1
C. $\frac{2}{3}$ D. $1\frac{2}{3}$
E. इनमें से कोई नहीं

12. $\sqrt{42.25}$ का मान कितना होगा?

A. 5.5 B. 5.6
C. 6.5 D. 6.25
E. 5.75

13. $\sqrt{4.84}+\sqrt{3.24}+\sqrt{49}$ का मान क्या होगा?
A. 11 B. 10.8
C. 12 D. 12.8
E. 10.5

14. यदि $\sqrt{.000049}=.007$, तो 490000 का वर्गमूल होगा :
A. 70 B. 700
C. 7000 D. 70.70
E. 7000.7

15. यदि $\frac{\sqrt{?}}{26}=\frac{1}{\sqrt{1521}}$, तो (?) चिन्ह के स्थान पर मान होगा:
A. $\frac{16}{27}$ B. $\frac{4}{9}$
C. $\frac{2}{3}$ D. $\frac{9}{11}$
E. इनमें से कोई नहीं

16. $\sqrt[3]{.000008}$ का मान बताइये।
A. .002 B. .02
C. .2 D. .0002
E. 0.20

17. यदि $\sqrt{?}$ का 20% = 40 का 15%, तो (?) का मान क्या है?
A. 30 B. 90
C. 900 D. 810
E. 50

18. $\sqrt{128+\sqrt{261-\sqrt{25}}}$ का मान क्या होगा?
A. 15 B. 14
C. 12 D. 13
E. 10

19. यदि $\sqrt{2+\frac{2}{49}}=\frac{x}{21}$, तो x का मान क्या होगा?
A. 90 B. 30
C. 45 D. 60
E. 75

20. $\sqrt[3]{\sqrt{.000729}}$ का मान कितना होगा?
A. .06 B. .03
C. 0.3 D. .07
E. 0.8

उत्तरमाला

1	2	3	4	5	6	7	8	9	10
B	C	C	D	B	B	C	B	D	C
11	**12**	**13**	**14**	**15**	**16**	**17**	**18**	**19**	**20**
B	C	A	B	B	B	C	C	B	C

व्याख्यात्मक उत्तर

1. $\because \quad 5\frac{19}{25}=\frac{144}{25}$

$\therefore \quad \sqrt{5\frac{19}{25}}=\sqrt{\frac{144}{25}}=\sqrt{\frac{12\times12}{5\times5}}$

$=\frac{12}{5}=2\frac{2}{5}.$

2. $\because \quad \sqrt{144}=\sqrt{12\times12}=12$

$\sqrt{196}=\sqrt{14\times14}=14$

तथा $\sqrt{256}=\sqrt{16\times16}=16$

$\therefore \quad \sqrt{144}+\sqrt{196}-\sqrt{256}=12+14-16$
$=10.$

3.

```
       .79
   7 | .62 41
     | 49
 149 | 1341
     | 1341
     |   ×
```

$\therefore$ .6241 का वर्गमूल .79 होगा।

4. $\because \quad \dfrac{x}{25} = \dfrac{36}{x}$

$\therefore \quad x^2 = 25 \times 36$

$\therefore \quad x = \sqrt{25\times36} = 5 \times 6 = 30.$

5. $\because \quad \dfrac{x^2}{9} = \dfrac{192}{x}$

$\therefore \quad x^3 = 9 \times 192$

$x = \sqrt[3]{9\times192} = \sqrt{3\times3\times3\times\overline{4\times4\times4}}$

$= 3 \times 4 = 12.$

7. $\sqrt{?}+48 = \dfrac{1140}{20} = 57$

$\therefore \quad \sqrt{?} = 57 - 48 = 9$

$\therefore \quad ? = 9 \times 9 = 81.$

8. $\sqrt[3]{8000} = \sqrt[3]{8\times1000}$

$= \sqrt[3]{\overline{2\times2\times2}\times\overline{10\times10\times10}} = 2 \times 10 = 20.$

9. $200+\sqrt{?} = 800$ का $30\% = 800\times\dfrac{30}{100} = 240$

$\therefore \quad \sqrt{?} = 240 - 200 = 40$

$\therefore \quad ? = 40 \times 40 = 1600.$

10. $\because \sqrt{256} = \sqrt{16\times16} = 16$

$\therefore \sqrt[3]{1325+\sqrt{20+\sqrt{256}}}$

$= \sqrt[3]{1325+\sqrt{20+16}} = \sqrt[3]{1325+\sqrt{36}}$

$\therefore \sqrt{36} = \sqrt{6\times6} = 6$

$\therefore \sqrt[3]{1325+\sqrt{36}} = \sqrt[3]{1325+6} = \sqrt[3]{1331}$

$= \sqrt[3]{11\times11\times11} = 11.$

11. $\dfrac{\sqrt{225}}{16}\times\dfrac{\sqrt{256}}{15}\times\dfrac{\sqrt{289}}{17} = \dfrac{15}{16}\times\dfrac{16}{15}\times\dfrac{17}{17} = 1.$

12.

```
         6.5
     ┌──────────
   6 │ 42.25
     │ 36
     ├──────────
 125 │  625
     │  625
     ├──────────
     │   ×
```

अत: 42.25 का वर्गमूल 6.5 होगा।

14. $\sqrt{490000} = \sqrt{49\times10000}$

$= \sqrt{\overline{7\times7}\times\overline{10\times10}\times\overline{10\times10}}$

$= 7 \times 10 \times 10 = 700.$

15. $\because \sqrt{1521} = \sqrt{\overline{3\times3}\times\overline{13\times13}} = 3 \times 13 = 39$

$\therefore \quad \dfrac{\sqrt{?}}{26} = \dfrac{1}{\sqrt{1521}} = \dfrac{1}{39}$

$\therefore \quad \sqrt{?} = \dfrac{26}{39} = \dfrac{2}{3}$

$\therefore \quad ? = \dfrac{2}{3}\times\dfrac{2}{3} = \dfrac{4}{9}.$

16. $\sqrt[3]{.000008} = \sqrt[3]{8\times10^{-6}}$

$= \sqrt[3]{2\times2\times2\times10^{-2}\times10^{-2}\times10^{-2}}$

$= 2 \times 10^{-2} = .02.$

17. $\sqrt{?}$ का $20\% = 40$ का $15\% = 40\times\dfrac{15}{100} = 6$

$\therefore \quad \sqrt{?}\times\dfrac{20}{100} = 6$

$\therefore \quad \sqrt{?} = \dfrac{6\times100}{20} = 30$

$\therefore \quad ? = 30 \times 30 = 900.$

19. $\because \quad \sqrt{2+\dfrac{2}{49}} = \sqrt{\dfrac{98+2}{49}} = \sqrt{\dfrac{100}{49}} = \dfrac{10}{7}$

$\therefore \quad \dfrac{10}{7} = \dfrac{x}{21}$

$\therefore \quad x = \dfrac{10\times21}{7} = 30.$

20. $\sqrt[3]{\sqrt{.000729}} = \sqrt[3]{\sqrt{729\times10^{-6}}}$

$= \sqrt[3]{\sqrt{\overline{27\times27}\times\overline{10^{-3}\times10^{-3}}}}$

$= \sqrt[3]{27\times10^{-3}}$

$= \sqrt[3]{3\times3\times3\times10^{-1}\times10^{-1}\times10^{-1}}$

$= 3 \times 10^{-1} = 0.3.$

❑✤❑✤❑

6

औसत (Average)

किन्हीं एक ही प्रकार की राशियों का औसत ज्ञात करने के लिए उन समस्त राशियों के योग को उनकी संख्याओं से भाग देते हैं। अर्थात्

$$\text{औसत} = \frac{\text{समस्त राशियों का योग}}{\text{राशियों की संख्या}}$$

समस्त राशियों का योग = औसत × राशियों की संख्या

$$\text{राशियों की संख्या} = \frac{\text{समस्त राशियों का योग}}{\text{औसत}}$$

उदाहरण 1: 17, 23, 26, 29, 30 का औसत मान कितना होगा?

हल : समस्त राशियों का योग

= 17 + 23 + 26 + 29 + 30 = 125

राशियों की संख्या = 5

$$\text{औसत} = \frac{125}{5} = 25$$

उदाहरण 2: एक दुकानदार 6 दिनों में ₹ 1950 की बिक्री करता है। उसकी दैनिक औसत बिक्री कितनी है?

हल : कुल बिक्री = ₹ 1950

कुल दिन = 6

∴ दैनिक औसत बिक्री

$$= \frac{1950}{6} = ₹\ 325$$

प्रश्नमाला

1. पाँच संख्याओं का औसत मान 25 है। यदि पहली दो संख्याओं का औसत मान 20 तथा अन्तिम दो संख्याओं का औसत मान 28 हो, तो तीसरी संख्या का मान क्या होगा?

A. 28 B. 29
C. 30 D. 31
E. 35

2. एक परिवार के पाँच सदस्यों की औसत आयु 13 वर्ष है। यदि उस परिवार में सबसे छोटे बच्चे की आयु 3 वर्ष हो, तो उस बच्चे के जन्म से पहले परिवार की औसत आयु क्या थी?

A. 12.5 वर्ष B. 13.5 वर्ष
C. 11.5 वर्ष D. 14 वर्ष
E. 15.5 वर्ष

3. एक कक्षा के 20 छात्रों का औसत वजन 21 किग्रा. है। यदि उनमें अध्यापक को भी सम्मिलित कर लिया जाए, तो उनका औसत वजन एक किग्रा. और अधिक हो जाता है। तो बताओ अध्यापक का वजन क्या होगा?

A. 41 किग्रा. B. 44 किग्रा.
C. 42 किग्रा. D. 48 किग्रा.
E. 45 किग्रा.

4. 13 लड़के और 10 लड़कियों के एक समूह की औसत आयु 15 वर्ष है। यदि समूह में लड़कियों की औसत आयु 11.1 वर्ष हो, तो समूह में लड़कों की औसत आयु क्या होगी?

A. 16.5 वर्ष B. 17 वर्ष
C. 17.5 वर्ष D. 18 वर्ष
E. 20.5 वर्ष

5. तीन संख्याएँ इस प्रकार हैं कि दूसरी और तीसरी संख्या, पहली संख्या से दो गुनी व चार गुनी है। यदि उनका औसत मान 28 हो, तो वे संख्याएँ क्रमशः होंगी :

A. 12, 24, 48 B. 6, 12, 24
C. 8, 16, 32 D. 12, 18, 36
E. 15, 10, 35

6. तीन लड़कों की औसत आयु 16 वर्ष है। यदि उनकी आयु में क्रमशः 1 : 2 : 3 का अनुपात हो, तो सबसे बड़े लड़के की आयु कितनी होगी?

A. 48 वर्ष B. 32 वर्ष
C. 24 वर्ष D. 28 वर्ष
E. 25 वर्ष

7. A की 8 दिन की औसत आय ₹ 60 है। यदि A की पहले 7 दिन की औसत आय ₹ 58 हो, तो उसकी अन्तिम दिन की आय होगी :

A. ₹ 47 B. ₹ 74
C. ₹ 72 D. ₹ 70
E. ₹ 65

8. यदि किसी कक्षा में 12 लड़कों की औसत आयु 18 वर्ष तथा 8 लड़कियों की औसत आयु 15 वर्ष हो, तो उस कक्षा के बच्चों की औसत आयु कितनी होगी?

A. 17.8 वर्ष B. 16.8 वर्ष
C. 15.6 वर्ष D. 16.6 वर्ष
E. 16.5 वर्ष

9. 9 संख्याओं का औसत मान 16 है। यदि पहली पाँच संख्याओं का औसत मान 18 तथा अन्तिम पाँच संख्याओं का औसत मान 15 हो, तो पाँचवीं संख्या का मान क्या होगा?

A. 18 B. 17
C. 11 D. 21
E. 12

10. A, B और C की प्रतिदिन औसत आय ₹ 43 है। यदि A की आय B और C से क्रमश: ₹ 4 तथा ₹ 5 कम हो, तो C की प्रतिदिन की आय क्या होगी?

A. ₹ 54 B. ₹ 48
C. ₹ 45 D. ₹ 60
E. ₹ 55

11. 25 राशियों का औसत 15 है, उनमें से 15 राशियों का औसत 17 है, तो शेष राशियों का औसत ज्ञात करो।

A. 10 B. 13
C. 11 D. 12
E. 21

12. एक कक्षा में 23 छात्रों की औसत आयु 16 वर्ष है। यदि अध्यापक की आयु भी सम्मिलित कर ली जाए, तो औसत आयु एक वर्ष बढ़ जाती है। अध्यापक की आयु क्या है?

A. 35 वर्ष B. 40 वर्ष
C. 50 वर्ष D. 30 वर्ष
E. 45 वर्ष

13. दी गई सात संख्याओं में से प्रथम चार संख्याओं का औसत 4 तथा अन्तिम चार संख्याओं का औसत भी 4 है। यदि इन सात संख्याओं का औसत 3 है, तो चौथी संख्या क्या है?

A. 11 B. 10
C. 12 D. 9
E. 14

14. राजू, शशि और महेश के वेतनों का औसत ₹ 800 है और शशि, महेश और प्रभा के वेतनों का औसत ₹ 900 है। यदि प्रभा का वेतन ₹ 900 हो, तो राजू का वेतन होगा।

A. ₹ 700 B. ₹ 600
C. ₹ 400 D. ₹ 500
C. ₹ 650

15. एक बालक को 5 संख्याओं का औसत निकालने को कहा गया। परन्तु लिखते समय उसने 73 के स्थान पर 37 और 54 के स्थान पर 45 लिख दिया। इस प्रकार उसका औसत 59 प्राप्त हुआ, तो वास्तविक संख्याओं का औसत ज्ञात करो।

A. 68 B. 86
C. 70 D. 67
E. 75

16. 8 संख्याओं का औसत 12 है। यदि प्रत्येक संख्या में 2 की वृद्धि की जाए, तो नयी प्राप्त संख्याओं का औसत होगा।

A. 12 B. 14
C. 13 D. 15
E. 17

17. 5 वर्ष पहले A, B, C, D की औसत आयु 45 वर्ष थी। E को शामिल करने पर पाँचों की वर्तमान आयु की औसत 49 है। E की वर्तमान आयु है।

A. 46 वर्ष B. 48 वर्ष
C. 45 वर्ष D. 50 वर्ष
E. 55 वर्ष

18. तीन वर्ष पूर्व 5 सदस्यों के एक परिवार की औसत आयु 17 वर्ष थी। एक शिशु के जन्म लेने पर भी परिवार की औसत आयु आज भी 17 वर्ष ही है। शिशु की वर्तमान आयु है।

A. 1 वर्ष B. 3 वर्ष
C. 2 वर्ष D. 4 वर्ष
E. 5 वर्ष

19. किसी कक्षा में 30 छात्रों की औसत आयु 12 वर्ष है। 5 छात्रों के एक समूह की औसत आयु 10 वर्ष है तथा 5 छात्रों के दूसरे समूह की औसत आयु 14 वर्ष है। बचे हुए छात्रों की औसत आयु है।

A. 13 वर्ष B. 10 वर्ष
C. 11 वर्ष D. 12 वर्ष
E. 15 वर्ष

20. प्रथम पाँच अभाज्य संख्याओं का औसत होगा।

A. 6.5 B. 5.6
C. 5.5 D. 6.6
E. 6.7

उत्तरमाला

1	2	3	4	5	6	7	8	9	10
B	A	C	D	A	C	B	B	D	C
11	**12**	**13**	**14**	**15**	**16**	**17**	**18**	**19**	**20**
D	B	A	B	A	B	C	C	D	B

व्याख्यात्मक उत्तर

1. $\because$ पाँच संख्याओं का औसत मान = 25
$\therefore$ पाँच संख्याओं का योग = 25 × 5 = 125
$\because$ पहली दो संख्याओं का औसत मान = 20
$\therefore$ पहली दो संख्याओं का योग = 20 × 2 = 40
इसी प्रकार अन्तिम दो संख्याओं का योग
= 28 × 2 = 56
$\therefore$ तीसरी संख्या का मान = 125 – (40 + 56) = 29

2. पाँच सदस्यों की आयु का योग = 13 × 5 = 65 वर्ष
$\therefore$ पाँच सदस्यों की बच्चे के जन्म के बाद बढ़ी आयु = 5 × 3 = 15 वर्ष
$\therefore$ परिवार के चार सदस्यों की बच्चे के जन्म से पहले आयु का योग = 65 – 15 = 50 वर्ष
$\therefore$ बच्चे के जन्म से पहले परिवार की औसत आयु
$= \frac{50}{4} = 12.5$ वर्ष।

3. 20 छात्रों के वजन का कुल योग
= 20 × 21 = 420 किग्रा.
अध्यापक को शामिल करने से कुल संख्या = 21
$\therefore$ अध्यापक सहित 20 छात्रों का कुल वजन
= 21 × 22 = 462 किग्रा.
$\therefore$ अध्यापक का वजन = 462 – 420 = 42 किग्रा.।

4. $\because$ 23 लड़के-लड़कियों की औसत आयु = 15 वर्ष
$\therefore$ 23 लड़के-लड़कियों की कुल आयु का योग
= 23 × 15 = 345 वर्ष
प्रश्नानुसार,
$\because$ 10 लड़कियों की औसत आयु = 11.1 वर्ष
$\therefore$ 10 लड़कियों की कुल आयु का योग
= 11.1 × 10 = 111 वर्ष
$\therefore$ 13 लड़कों की कुल आयु का योग
= 345 – 111 = 234 वर्ष
$\therefore$ समूह में 13 लड़कों की औसत आयु
$= \frac{234}{13} = 18$ वर्ष।

5. माना पहली संख्या x है।
$\therefore$ दूसरी संख्या = $2x$
तथा तीसरी संख्या = $4x$

$\therefore$ औसत मान $= \frac{\text{संख्याओं का योग}}{\text{संख्याओं की गिनती}}$

या $28 = \frac{x+2x+4x}{3} = \frac{7x}{3}$

या $x = \frac{28 \times 3}{7} = 12$

अतः वे संख्याएँ क्रमशः 12, 24 व 48 होंगी।

6. $\because$ तीन लड़कों की औसत आयु = 16 वर्ष
$\therefore$ तीन लड़कों की आयु का योग = $16 \times 3 = 48$ वर्ष
तथा अनुपाती संख्याओं का योग = $1 + 2 + 3 = 6$
$\therefore$ बड़े लड़के की आयु = $\frac{3 \times 48}{6} = 24$ वर्ष।

7. $\because$ A की 8 दिन की औसत आय = ₹ 60
$\therefore$ A की 8 दिन की आय = 60×8 = ₹ 480
$\because$ A की पहले 7 दिन की औसत आय = ₹ 58
$\therefore$ A की पहले 7 दिन की कुल आय = 58×7 = ₹ 406
$\therefore$ A की अन्तिम दिन की आय = $480 - 406$ = ₹ 74

8. 12 लड़कों की आयु का योग = $18 \times 12 = 216$ वर्ष
तथा 8 लड़कियों की आयु का योग = $15 \times 8 = 120$ वर्ष
$\therefore$ कक्षा में लड़के-लड़कियों की औसत आयु
$= \frac{216 + 120}{12 + 8} = \frac{336}{20} = 16.8$ वर्ष।

9. $\because$ 9 संख्याओं का औसत मान = 16
$\therefore$ 9 संख्याओं का कुल योग = $16 \times 9 = 144$
$\because$ पहली पाँच संख्याओं का औसत मान = 18
$\therefore$ पहली पाँच संख्याओं का कुल योग = $18 \times 5 = 90$
तथा अन्तिम पाँच संख्याओं का औसत मान = 15
$\therefore$ अन्तिम पाँच संख्याओं का कुल योग = $15 \times 5 = 75$
$\therefore$ पहली पाँच संख्याओं तथा अन्तिम पाँच संख्याओं का कुल योग = $90 + 75 = 165$
$\therefore$ पांचवीं संख्या का मान = $165 - 144 = 21$
नोट : पांचवीं संख्या कुल योग में दो बार शामिल की गई है।

12. $\because$ 23 छात्रों की आयु का औसत = 16 वर्ष
$\therefore$ 23 छात्रों की आयु का योग = $23 \times 16 = 368$ वर्ष
$\therefore$ $23 + 1 = 24$ जनों की आयु का औसत = $16 + 1$ = 17 वर्ष
$\therefore$ इनकी आयु का योग = $24 \times 17 = 408$ वर्ष
$\therefore$ अध्यापक की आयु = $408 - 368 = 40$ वर्ष।

13. $\because$ 7 संख्याओं का औसत = 3
$\therefore$ 7 संख्याओं का योगफल = $7 \times 3 = 21$
$\therefore$ प्रथम 4 संख्याओं का औसत = 4
$\therefore$ प्रथम चार संख्याओं का योग = $4 \times 4 = 16$
अन्तिम 4 संख्याओं का औसत = 4
$\therefore$ अन्तिम चार संख्याओं का योग = $4 \times 4 = 16$
$\therefore$ चौथी संख्या होगी = $16 + 16 - 21 = 11$.

14. $\because$ राजू, शशि और महेश का औसत वेतन = ₹ 800
$\therefore$ इनका कुल वेतन = 3×800 = ₹ 2400
$\therefore$ शशि, महेश और प्रभा का औसत वेतन = ₹ 900
$\therefore$ इन तीनों का कुल वेतन = 3×900 = ₹ 2700
$\therefore$ प्रभा का वेतन = ₹ 900
$\therefore$ राजू, शशि, महेश व प्रभा का कुल वेतन
= $2400 + 900$ = ₹ 3300
$\therefore$ राजू का वेतन = $3300 - 2700$ = ₹ 600.

15. $\because$ $73 - 37 = 36$ तथा $54 - 45 = 9$
$\therefore$ 5 संख्याओं के योग में कमी = $36 + 9 = 45$
$\therefore$ 5 संख्याओं के औसत में कमी = $\frac{45}{5} = 9$
$\therefore$ वास्तविक संख्याओं का औसत = $59 + 9 = 68$.

17. $\because$ A, B, C, D की 5 वर्ष पूर्व की औसत आयु = 45 वर्ष
$\therefore$ इन चारों की वर्तमान में औसत आयु
= $45 + 5 = 50$ वर्ष
$\therefore$ इन चारों की वर्तमान आयु का योग
= $50 \times 4 = 200$ वर्ष
$\therefore$ A, B, C, D तथा E की वर्तमान औसत आयु
= 49 वर्ष
$\therefore$ इनकी कुल आयु = $49 \times 5 = 245$ वर्ष
$\therefore$ E की वर्तमान आयु = $245 - 200 = 45$ वर्ष।

18. $\because$ 3 वर्ष पूर्व 5 सदस्यों की औसत आयु = 17 वर्ष
$\therefore$ वर्तमान में 5 सदस्यों की औसत आयु = 20 वर्ष
और वर्तमान में 6 सदस्यों की औसत आयु = 17 वर्ष
$\therefore$ शिशु की वर्तमान आयु = $17 \times 6 - 20 \times 5$
= $102 - 100 = 2$ वर्ष।

19. $\because$ 30 छात्रों की कुल आयु = $30 \times 12 = 360$ वर्ष
5 छात्रों के पहले समूह की कुल आयु
= $5 \times 10 = 50$ वर्ष
और दूसरे समूह की कुल आयु = $5 \times 14 = 70$ वर्ष
$\therefore$ शेष $(30 - 10) = 20$ छात्रों की कुल आयु
= $360 - (50 + 70) = 240$ वर्ष
$\therefore$ उनकी औसत आयु = $\frac{240}{20} = 12$ वर्ष।

20. $\because$ प्रथम पांच अभाज्य संख्याएं = 2, 3, 5, 7, 11 हैं।
$\therefore$ उनका औसत = $\frac{2 + 3 + 5 + 7 + 11}{5} = \frac{28}{5} = 5.6$.

❑✤❑✤❑

7

साधारण एवं चक्रवृद्धि ब्याज
(Simple and Compound Interest)

साधारण ब्याज : उधार दी गई राशि का उपयोग करने हेतु जो किराया मिलता है उसे ब्याज कहते हैं। तथा वह राशि जो उधार दी जाती है, मूलधन कहते हैं। अतः जिस प्रकार के ब्याज में ब्याज की गणना सिर्फ मूलधन पर की जाये, उसे साधारण ब्याज कहते हैं।

प्रमुख सूत्र :

(*i*) मिश्रधन = मूलधन + साधारण ब्याज

(*ii*) $\text{साधारण ब्याज} = \dfrac{\text{मूलधन} \times \text{दर} \times \text{समय}}{100}$

चक्रवृद्धि ब्याज : ब्याज की वह गणना, जिसमें ब्याज को मूलधन में जोड़कर प्राप्त मिश्रधन पर ब्याज लगाया जाता है, उसे चक्रवृद्धि ब्याज कहते हैं।

प्रमुख सूत्र :

(*i*) चक्रवृद्धि मिश्रधन = मूलधन + चक्रवृद्धि ब्याज

(*ii*) $\text{चक्रवृद्धि मिश्रधन} = \text{मूलधन}\left(1 + \dfrac{\text{दर}}{100}\right)^{\text{समय}}$

(*iii*) $\text{चक्रवृद्धि ब्याज} = \text{मूलधन}\left[\left(1 + \dfrac{\text{दर}}{100}\right)^{\text{समय}} - 1\right]$

महत्वपूर्ण तथ्य :

(*a*) पहले वर्ष के लिए साधारण ब्याज तथा चक्रवृद्धि ब्याज बराबर होते हैं, जबकि ब्याज की दर वार्षिक हो।

(*b*) जब तक प्रश्नों में चक्रवृद्धि ब्याज न कहा गया हो, तो उसे साधारण ब्याज माना जाता है।

प्रश्नमाला

1. ₹ 850 का 2½ वर्ष में 6% वार्षिक ब्याज की दर से साधारण ब्याज कितना होगा?

A. ₹ 125.65 B. ₹ 165.50
C. ₹ 127.50 D. ₹ 170.75
E. ₹ 135.50

2. कितने समय में ₹ 1250 का मिश्रधन 6% वार्षिक ब्याज की दर से ₹ 1400 हो जाएगा?

A. 1½ वर्ष B. 2 वर्ष
C. 3½ वर्ष D. 4½ वर्ष
E. 4 वर्ष

3. यदि कोई धनराशि चक्रवृद्धि ब्याज की दर से 2 वर्ष में ₹ 2420 तथा 3 वर्ष में ₹ 2662 हो जाती हो तो बताइये उस धनराशि पर ब्याज की वार्षिक प्रतिशत दर कितनी होगी?

A. 8% B. 12%
C. 10% D. 6%
E. 15%

4. कितने समय में ₹ 800 का 5% वार्षिक ब्याज की दर से साधारण ब्याज, ₹ 500 का 4% वार्षिक ब्याज की दर से 8 महीने के साधारण ब्याज के बराबर होगा?

A. 4 महीने B. 3 महीने
C. 5½ महीने D. 7½ महीने
E. 4½ महीने

5. यदि किसी धनराशि का 5% वार्षिक ब्याज की दर से 2 वर्ष का चक्रवृद्धि ब्याज ₹ 1271 हो, तो बताइये वह धनराशि कितनी होगी?
A. ₹ 13,800
B. ₹ 12,400
C. ₹ 14,000
D. ₹ 15,000
E. ₹ 14,500

6. किस वार्षिक ब्याज की दर से ₹ 400 का 2 वर्ष में चक्रवृद्धि ब्याज ₹ 41 होगा?
A. 5%
B. 4%
C. 8%
D. 6%
E. 7%

7. यदि ₹ 1600 का साधारण ब्याज ₹ 2000 के साधारण ब्याज से ₹ 32 कम हो, तो बताइये समय की अवधि क्या होगी यदि ब्याज की वार्षिक दर 4% हो?
A. 1½ वर्ष
B. 2 वर्ष
C. 1 वर्ष
D. 2½ वर्ष
E. 3 वर्ष

8. कितने समय में ₹ 700 का 5% वार्षिक ब्याज की दर से मिश्रधन ₹ 805 हो जाएगा?
A. 3½ वर्ष
B. 3 वर्ष
C. 4 वर्ष
D. 5 वर्ष
E. 6 वर्ष

9. यदि किसी धनराशि का 2 वर्ष में 10% वार्षिक ब्याज की दर से साधारण ब्याज ₹ 200 हो, तो बताइये उसी धनराशि का उतने ही समय में उसी दर से चक्रवृद्धि ब्याज क्या होगा?
A. ₹ 225
B. ₹ 360
C. ₹ 180
D. ₹ 210
E. ₹ 150

10. यदि किसी राशि पर 2 वर्ष में 4% वार्षिक ब्याज की दर से साधारण ब्याज तथा चक्रवृद्धि ब्याज में अन्तर ₹ 4 हो, तो बताइये वह राशि कितनी होगी?
A. ₹ 2500
B. ₹ 1350
C. ₹ 1260
D. ₹ 1760
E. ₹ 1250

11. ₹ 2000 पर $6\frac{1}{2}$ प्रतिशत वार्षिक ब्याज की दर से 8 महीने का साधारण ब्याज ज्ञात कीजिए।
A. ₹ $86\frac{2}{3}$
B. ₹ $86\frac{3}{4}$
C. ₹ $86\frac{1}{3}$
D. ₹ $86\frac{1}{2}$
E. इनमें से कोई नहीं

12. कितने समय में ₹ 450 का 8% वार्षिक ब्याज की दर से साधारण ब्याज ₹ 90 हो जाएगा?
A. 2 वर्ष
B. $2\frac{3}{4}$ वर्ष
C. $2\frac{1}{2}$ वर्ष
D. 3 वर्ष
E. इनमें से कोई नहीं

13. घनश्याम ने ₹ 2000 अपने मित्र से 5% सालाना ब्याज पर लिए और उसने पूरा पैसा 8 माह बाद चुका दिया। बताइये उसने कुल कितना धन चुकाया?
A. ₹ 2060.66
B. ₹ 2066.66
C. ₹ 2066
D. ₹ 2060
E. ₹ 2065.55

14. एक आदमी ने ₹ 600, 6 प्रतिशत वार्षिक ब्याज पर उधार लिए। 5 वर्ष बाद उसने ₹ 300 कीमत की एक घड़ी व कुछ धन उसको लौटाया तो बताओ उसने कितना धन लौटाया।
A. ₹ 480
B. ₹ 485
C. ₹ 490
D. ₹ 500
E. ₹ 590

15. एक व्यक्ति अपने मित्र से ₹ 1000, 5% वार्षिक ब्याज की दर से उधार लेता है। तीन वर्ष बाद वह उसे ₹ 500 नकद व एक रेडियो सैट लौटाता है, तो रेडियो सेट की कीमत बताइये।
A. ₹ 675
B. ₹ 600
C. ₹ 650
D. ₹ 625
E. ₹ 750

16. यदि ₹ 450 की एक राशि 3 वर्ष में साधारण ब्याज पर ₹ 504 हो जाती है, तो ब्याज की दर ज्ञात कीजिए।
A. $4\frac{1}{2}\%$
B. $3\frac{1}{2}\%$
C. 5%
D. 4%
E. 7%

17. संजय ने ₹ 800 को 5% सालाना ब्याज पर मोहन से उधार लिया। यदि वह 9 माह पश्चात् ₹ 500 देता है, तो उसको और कितनी धनराशि चुकानी बाकी है?

A. ₹ 300 B. ₹ 330
C. ₹ 325 D. ₹ 350
E. ₹ 450

18. 2 पैसे प्रतिमाह की दर से ₹ 471 पर 7 माह का साधारण ब्याज क्या होगा?

A. ₹ 65.49 B. ₹ 65.94
C. ₹ 65.84 D. ₹ 55.94
E. ₹ 55.85

19. $7\frac{1}{2}$% सरल ब्याज की दर से ₹ 2400 एक बैंक में जमा करवाये गए। कितने वर्ष बाद कुल राशि ₹ 2850 हो जाएगी?

A. 3 वर्ष B. 2 वर्ष
C. $2\frac{1}{2}$ वर्ष D. $3\frac{1}{2}$ वर्ष
E. 5 वर्ष

20. ₹ 1800 का 2 वर्ष 4 मास 20 दिन का 9% की दर से साधारण ब्याज और मिश्रधन ज्ञात करो।

A. ₹ 2187 B. ₹ 2178
C. ₹ 2190 D. ₹ 2180
E. ₹ 2200

उत्तरमाला

1	2	3	4	5	6	7	8	9	10
C	B	C	A	B	A	B	B	D	A
11	**12**	**13**	**14**	**15**	**16**	**17**	**18**	**19**	**20**
A	C	B	A	C	D	B	B	C	A

व्याख्यात्मक उत्तर

1. मूलधन = ₹ 850, समय = 2½ = 5/2 वर्ष तथा दर = 6% वार्षिक

$$\text{साधारण ब्याज} = \frac{\text{मूलधन} \times \text{दर} \times \text{समय}}{100}$$

$$= \frac{850 \times 6 \times 5}{2 \times 100} = ₹\ 127.50.$$

2. मूलधन = ₹ 1250, मिश्रधन = ₹ 1400

साधारण ब्याज = मिश्रधन – मूलधन

= 1400 – 1250 = ₹ 150

$$\text{समय} = \frac{\text{साधारण ब्याज} \times 100}{\text{मूलधन} \times \text{दर}}$$

$$= \frac{150 \times 100}{1250 \times 6} = 2 \text{ वर्ष।}$$

3. $\because$ चक्रवृद्धि मिश्रधन = मूलधन$\left(1 + \frac{\text{दर}}{100}\right)^{\text{समय}}$

प्रथम स्थिति में,

$$2420 = \text{मूलधन}\left(1 + \frac{\text{दर}}{100}\right)^2$$

द्वितीय स्थिति में,

$$2662 = \text{मूलधन}\left(1 + \frac{\text{दर}}{100}\right)^3$$

उपरोक्त दोनों स्थितियों के अनुसार

$$\frac{2662}{2420} = \frac{\left(1 + \frac{\text{दर}}{100}\right)^3}{\left(1 + \frac{\text{दर}}{100}\right)^2} = \left(1 + \frac{\text{दर}}{100}\right)$$

$\therefore \frac{\text{दर}}{100} = \frac{2662}{2420} - 1 = \frac{242}{2420} = \frac{1}{10}$

$\therefore$ दर $= \frac{1}{10} \times 100 = 10\%$

4. $\because$ ₹ 500 का 4% वार्षिक ब्याज की दर से 8 महीने का

साधारण ब्याज $= \frac{500 \times 4 \times 8}{100 \times 12} =$ ₹ $\frac{40}{3}$

प्रश्नानुसार,

₹ 800 का 5% वार्षिक ब्याज दर से साधारण ब्याज भी ₹ $\frac{40}{3}$ है।

$$\text{समय} = \frac{\text{साधारण ब्याज} \times 100}{\text{मूलधन} \times \text{दर}}$$

$$= \frac{\frac{40}{3} \times 100}{800 \times 5} = \frac{1}{3} \text{ वर्ष}$$

5. माना कि वह धनराशि अर्थात् मूलधन ₹ x है।

$\because$ चक्रवृद्धि ब्याज $=$ मूलधन $\left[\left(1 + \frac{\text{दर}}{100}\right)^{\text{समय}} - 1\right]$

$\therefore 1271 = x\left[\left(1+\frac{5}{100}\right)^2 - 1\right]$

$\therefore 1271 = x\left[\left(\frac{21}{20}\right)^2 - 1\right] = x \times \frac{41}{400}$

$\therefore x = \frac{1271 \times 400}{41} =$ ₹ 12400

अतः वह धनराशि ₹ 12400 होगी।

6. $\because$ चक्रवृद्धि ब्याज $=$ मूलधन $\left[\left(1 + \frac{\text{दर}}{100}\right)^{\text{समय}} - 1\right]$

$\therefore 41 = 400\left[\left(1 + \frac{\text{दर}}{100}\right)^2 - 1\right]$

$= 400\left(1 + \frac{\text{दर}}{100}\right)^2 - 400$

$\therefore 400\left(1 + \frac{\text{दर}}{100}\right)^2 = 400 + 41 = 441$

$\therefore \left(1 + \frac{\text{दर}}{100}\right)^2 = \frac{441}{400}$

$\Rightarrow \left(1 + \frac{\text{दर}}{100}\right)^2 = \left(\frac{21}{20}\right)^2$

$\Rightarrow \left(1 + \frac{\text{दर}}{100}\right) = \left(\frac{21}{20}\right)$

$\Rightarrow \frac{\text{दर}}{100} = \frac{21}{20} - 1 = \frac{1}{20}$

$\Rightarrow$ दर $= \frac{1}{20} \times 100 = 5\%.$

7. प्रथम स्थिति में,

$$\text{साधारण ब्याज} = \frac{1600 \times 4 \times \text{समय}}{100}$$
$$= 64 \times \text{समय}$$

द्वितीय स्थिति में,

$$\text{साधारण ब्याज} = \frac{2000 \times 4 \times \text{समय}}{100}$$
$$= 80 \times \text{समय}$$

प्रश्नानुसार,

$\therefore \quad 16 \times \text{समय} = 32$

$\therefore \quad \text{समय} = \frac{32}{16} = 2$ वर्ष।

8. $\because$ मूलधन = ₹ 700, मिश्रधन = ₹ 805

$\therefore$ साधारण ब्याज $= 805 - 700 =$ ₹ 105

$$\therefore \quad \text{समय} = \frac{\text{साधारण ब्याज} \times 100}{\text{मूलधन} \times \text{दर}}$$

$$= \frac{105 \times 100}{700 \times 5} = 3 \text{ वर्ष।}$$

9. $\because$

$$\text{मूलधन} = \frac{\text{साधारण ब्याज} \times 100}{\text{समय} \times \text{दर}}$$

$$= \frac{200 \times 100}{2 \times 10} = 1000$$

$\therefore$ चक्रवृद्धि ब्याज $= \text{मूलधन}\left[\left(1+\frac{\text{दर}}{100}\right)^{\text{समय}}-1\right]$

$= 1000\left[\left(1+\frac{10}{100}\right)^2-1\right]$

$= 1000\left[\left(\frac{11}{10}\right)^2-1\right] = 1000\times\frac{21}{100} = ₹\ 210.$

10. माना कि वह राशि अर्थात् मूलधन ₹ x है।

साधारण ब्याज $= \frac{\text{मूलधन} \times \text{दर} \times \text{समय}}{100}$

$= \frac{x\times2\times4}{100} = ₹\ \frac{8x}{100}$

तथा चक्रवृद्धि ब्याज

$= \text{मूलधन}\left[\left(1+\frac{\text{दर}}{100}\right)^{\text{समय}}-1\right]$

$= x\left[\left(1+\frac{4}{100}\right)^2-1\right] = x\left[\left(\frac{26}{25}\right)^2-1\right]$

$= ₹\ x\times\frac{51}{625}$

प्रश्नानुसार,

$\frac{51\times x}{625}-\frac{8x}{100} = 4 \therefore \frac{x}{625} = 4$

$\Rightarrow \quad x = ₹\ 2500$

अतः वह राशि ₹ 2500 होगी।

11. दर $6\frac{1}{2} = \frac{13}{2}\%$

समय = 8 महीने $= \frac{8}{12}$ वर्ष $= \frac{2}{3}$ वर्ष

साधारण ब्याज $= \frac{\text{मूलधन} \times \text{दर} \times \text{समय}}{100}$

$= \frac{2000\times13\times2}{100\times2\times3}$

$= \frac{260}{3} = ₹\ 86\frac{2}{3}$ ।

12. समय $= \frac{\text{साधारण ब्याज} \times 100}{\text{मूलधन} \times \text{दर}}$

$= \frac{90\times100}{450\times8} = \frac{5}{2}$ वर्ष

$= 2\frac{1}{2}$ वर्ष।

13. समय = 8 माह $= \frac{8}{12}$ वर्ष $= \frac{2}{3}$ वर्ष

साधारण ब्याज $= \frac{\text{मूलधन} \times \text{दर} \times \text{समय}}{100}$

$= \frac{2000\times2\times5}{3\times100} = ₹\ \frac{200}{3}$

मिश्रधन = मूलधन + साधारण ब्याज

$= \frac{2000}{1}+\frac{200}{3}$

$= \frac{6000+200}{3}$

$= ₹\ \frac{6200}{3}$

= ₹ 2066.66.

14. ₹ 600 का 6% वार्षिक ब्याज से 5 वर्ष का ब्याज

$= \frac{600\times6\times5}{100} = ₹\ 180$ रुपये

मिश्रधन = 600 + 180 = ₹ 780

अत: उसको ₹ 780 लौटाने चाहिए थे, परन्तु ₹ 300 की घड़ी उसने उसे दी तो उसका अतिरिक्त धन

= 780 – 300 = ₹ 480.

15. ₹ 1000 का 5% दर से 3 वर्ष का ब्याज

$= \frac{1000\times5\times3}{100} = ₹\ 150$

मिश्रधन = मूलधन + ब्याज = 1000 + 150 = ₹ 1150,

अर्थात् उसको ₹ 1150 लौटाने चाहिए।

रेडियो सेट की कीमत = 1150 – 500 = ₹ 650.

16. मिश्रधन = ₹ 504

मूलधन = ₹ 450

साधारण ब्याज = 504 − 450 = ₹ 54

$$\text{दर} = \frac{\text{साधारण ब्याज} \times 100}{\text{समय} \times \text{मूलधन}}$$

$$= \frac{54 \times 100}{3 \times 450} = 4\%$$

दर = 4%.

17. समय = 9 माह = $\frac{9}{12}$ वर्ष = $\frac{3}{4}$ वर्ष

$$\text{ब्याज} = \frac{800 \times 5 \times 3}{100 \times 4} = ₹\ 30$$

मिश्रधन = 800 + 30 = ₹ 830

शेष धनराशि = 830 − 500 = ₹ 330

18. ₹ 1 पर 1 माह का ब्याज = 2 पैसे

∴ ₹ 1 का 7 माह का ब्याज = 14 पैसे

₹ 471 का 7 माह का ब्याज = 471 × 14

= ₹ 65.94

अतः 7 माह का साधारण ब्याज ₹ 65.94 होगा।

19. ∵ मिश्रधन = ₹ 2850 तथा

मूलधन = ₹ 2400

∴ ब्याज = 2850 − 2400 = ₹ 450

$$\text{दर} = 7\frac{1}{2}\% = \frac{15}{2}\%$$

$$\text{समय} = \frac{100 \times \text{ब्याज}}{\text{मूलधन} \times \text{दर}}$$

$$= \frac{100 \times 450 \times 2}{2400 \times 15} = 2\frac{1}{2}\ \text{वर्ष।}$$

20. मूलधन = ₹ 1800

समय = 2 वर्ष 4 मास 20 दिन

$$= 2 \times 12 + 4 + \frac{20}{30}$$

$$= \frac{86}{3}\ \text{मास} = \frac{86}{3 \times 12}\ \text{वर्ष}$$

$$= \frac{43}{18}\ \text{वर्ष,}$$

दर = 9%

$$\therefore \text{सरल ब्याज} = \frac{\text{मूलधन} \times \text{समय} \times \text{दर}}{100}$$

$$= \frac{1800 \times 43 \times 9}{100 \times 18} = ₹\ 387$$

मिश्रधन = मूलधन + ब्याज

= 1800 + 387 = ₹ 2187

❑✤❑✤❑

8

लाभ एवं हानि (Profit and Loss)

कोई वस्तु जिस मूल्य पर खरीदी जाती है उसे उस वस्तु का **लागत मूल्य** या **क्रय मूल्य** कहते हैं, तथा जिस मूल्य पर वस्तु बेची जाती है उसे उस वस्तु का **विक्रय मूल्य** कहते हैं।

याद रखने योग्य तथ्य

1. यदि किसी वस्तु का विक्रय मूल्य, उसके क्रय मूल्य से अधिक हो, तो इस स्थिति में वस्तु पर लाभ होगा?

अर्थात्, लाभ = विक्रय मूल्य – क्रय मूल्य

2. यदि किसी वस्तु का विक्रय मूल्य, उसके क्रय मूल्य से कम हो, तो इस स्थिति में वस्तु पर हानि होगी।

अर्थात्, हानि = क्रय मूल्य – विक्रय मूल्य

3. लाभ की दिशा में,

$$\text{प्रतिशत लाभ} = \frac{\text{लाभ} \times 100}{\text{क्रय मूल्य}}$$

$$\text{वस्तु का विक्रय मूल्य} = \text{क्रय मूल्य}\left(1+\frac{\%\ \text{लाभ}}{100}\right)$$

4. हानि की दिशा में,

$$\text{प्रतिशत हानि} = \frac{\text{हानि} \times 100}{\text{क्रय मूल्य}}$$

$$\text{वस्तु का विक्रय मूल्य} = \text{क्रय मूल्य}\left(1-\frac{\%\ \text{हानि}}{100}\right)$$

महत्वपूर्ण नोटः लाभ अथवा हानि हमेशा क्रय मूल्य पर होते हैं।

प्रश्नमाला

1. एक व्यक्ति किसी वस्तु को ₹ 30 में खरीदकर उसे ₹ 33 में बेच देता है। बताइये उसका प्रतिशत लाभ कितना होगा?

A. 8% B. 12%
C. 15% D. 10%
E. 14%

2. एक पुस्तक को ₹ 31 में बेचने पर 7% की हानि होती है। यदि इस पुस्तक को ₹ 35 में बेचा जाए, तो बताइये कितने प्रतिशत लाभ या हानि होगी?

A. 5% हानि B. 7% लाभ
C. 5% लाभ D. 8% हानि
E. 10% लाभ

3. यदि किसी वस्तु को 60% हानि पर बेचा जाए, तो उस वस्तु का क्रय मूल्य, उसके विक्रय मूल्य का कितने गुणा होगा?

A. $\frac{3}{5}$ गुणा B. $\frac{2}{5}$ गुणा
C. $\frac{1}{5}$ गुणा D. $\frac{3}{4}$ गुणा
E. इनमें से कोई नहीं

4. यदि 21 वस्तुओं का क्रय मूल्य, 18 वस्तुओं के विक्रय मूल्य के बराबर हो, तो प्रतिशत लाभ कितना होगा?

A. $8\frac{1}{3}\%$ B. 20%
C. $16\frac{2}{3}\%$ D. 25%
E. इनमें से कोई नहीं

5. तरुण ने एक टी.वी. सेट उस पर अंकित मूल्य के 20% छूट पर खरीदा। यदि उसने उसे 25% छूट पर खरीदा होता, तो उसे ₹ 500 का फायदा होता। बताइये उसने किस मूल्य पर टी.वी. खरीदा?

A. ₹ 7500 B. ₹ 8000
C. ₹ 8100 D. ₹ 7900
E. ₹ 8500

6. दो मेजों का मूल्य पाँच कुर्सियों के मूल्य के बराबर है। यदि एक मेज और एक कुर्सी के मूल्यों में ₹ 1200 का अन्तर हो, तो बताइये एक कुर्सी का मूल्य कितना होगा?

A. ₹ 700 B. ₹ 600
C. ₹ 800 D. ₹ 850
E. ₹ 900

7. कमलकान्त ने 25 किग्रा. चावल ₹ 6 प्रति किग्रा. की दर से तथा 35 किग्रा. चावल ₹ 7 प्रति किग्रा. की दर से खरीदा। यदि वह दोनों प्रकार के चावलों को मिलाकर बने मिश्रण को ₹ 6.75 प्रति किग्रा. की दर से बेचे, तो उसे कितने प्रतिशत लाभ या हानि होगी?

A. $4\frac{1}{3}\%$ B. $2\frac{1}{11}\%$
C. $2\frac{3}{11}\%$ D. $3\frac{3}{4}\%$
E. इनमें से कोई नहीं

8. संजू ने एक ट्रांजिस्टर उसकी मूल कीमत से 25% कम मूल्य पर खरीदा। यदि उसने इसे खरीद मूल्य से 40% अधिक में बेच दिया हो, तो बताइये नया विक्रय मूल्य उसकी मूल कीमत से कितने प्रतिशत अधिक होगा?

A. 6% B. 3%
C. 5% D. 2%
E. 7%

9. एक खिलौने को ₹ 10.80 में बेचने पर 10% की हानि होती है। तो बताइये उस खिलौने को कितने रुपये में बेचा जाए ताकि 20% लाभ हो?

A. ₹ 14.20 B. ₹ 14.50
C. ₹ 13.60 D. ₹ 15.80
E. ₹ 16.60

10. राम ने 4 दर्जन सेब ₹ 12 प्रति दर्जन की दर से तथा 2 दर्जन सेब ₹ 16 प्रति दर्जन की दर से खरीदे। यदि वह सभी सेबों पर 20% लाभ कमाना चाहे, तो बताइये उसे कितने रुपये प्रति दर्जन के हिसाब से सेबों को बेचना चाहिए?

A. ₹ 18 B. ₹ 16
C. ₹ 17 D. ₹ 16.50
E. ₹ 19

11. राजेश को एक टेलीविजन ₹ 1530 में बेचने पर 10% की हानि होती है। वह टेलीविजन को कितने रुपये में बेचे कि उसे 10% का लाभ हो?

A. ₹ 1770 B. ₹ 1870
C. ₹ 1930 D. ₹ 1970
E. ₹ 1730

12. संजय ने ₹ 18 प्रति बनियान की दर से कुछ बनियानें खरीदीं। यदि दुकानदार उसको प्रति बनियान 20% छूट देता है, तो उसे ₹ 18 की बचत हो जाती है। संजय ने कितनी बनियान खरीदीं।

A. 4 B. 6
C. 5 D. 8
E. 7

13. 44 संतरे बेचने से किसी दुकानदार को 11 संतरे के विक्रय मूल्य के बराबर लाभ होता है। दुकानदार का प्रतिशत लाभ कितना है?

A. $16\frac{2}{3}\%$ B. $33\frac{1}{3}\%$
C. 50% D. $47\frac{1}{3}\%$
E. 30%

14. A एक घड़ी B को 10% के लाभ पर बेचता है। B उस घड़ी को 15% लाभ पर C को बेच देता है। यदि C उसी घड़ी को ₹ 506 में खरीदता है, तो A के लिए घड़ी का क्रय मूल्य क्या है?

A. ₹ 370 B. ₹ 410
C. ₹ 440 D. ₹ 400
E. ₹ 540

15. एक दुकानदार किसी वस्तु के अंकित मूल्य पर 10% की छूट देने के बाद 25% लाभ कमाता है। उस वस्तु का लागत मूल्य बताओ जिसका अंकित मूल्य ₹ 50 है।

A. ₹ 36 B. ₹ 34
C. ₹ 32 D. ₹ 38
E. ₹ 31

16. एक व्यापारी एक घड़ी तथा एक साइकिल ₹ 500 में खरीदता है। घड़ी को 20% के लाभ से तथा साइकिल को 10% की हानि से बेचता है। इस प्रकार उसे 2% का लाभ होता है। घड़ी तथा साइकिल का क्रय मूल्य क्रमशः है :

A. ₹ 300, ₹ 200 B. ₹ 200, ₹ 300
C. ₹ 400, ₹ 300 D. ₹ 250, ₹ 350
E. ₹ 250, ₹ 300

17. एक व्यवसायी को किसी वस्तु पर 50% हानि हुई। उसे उस पर दुबारा 50% हानि हो गयी, तो बताइये उसे कितने प्रतिशत हानि हुई?

A. $66\frac{2}{3}\%$ B. 50%
C. 70% D. 75%
E. 80%

18. 80 पैसे के 9 केले के भाव से खरीदकर एक ठेलेवाला 11 केले 120 पैसे के भाव से बेचता है, तो उसे कितने प्रतिशत लाभ या हानि हुई?

A. $22\frac{8}{11}\%$ लाभ B. $23\frac{8}{11}\%$ लाभ
C. $22\frac{8}{11}\%$ हानि D. $23\frac{8}{11}\%$ हानि
E. इनमें से कोई नहीं

19. एक आदमी दो गायों में से प्रत्येक को ₹ 960 में बेचता है। एक पर उसे 20% का लाभ तथा दूसरे पर उसे 20% की हानि होती है। उसे कितने प्रतिशत लाभ या हानि होगी?

A. 4% हानि B. 5% लाभ
C. 4% लाभ D. 6% लाभ
E. 7% लाभ

20. एक सिलाई मशीन बनाने वाली कम्पनी दुकानदार को उसके अंकित मूल्य पर 20% की छूट देती है। परन्तु दुकानदार उस अंकित मूल्य को 20% और बढ़ाकर अंकित करता है। फिर उस पर 10% की छूट देता है। इस प्रकार दुकानदार को ₹ 140 की बचत हो जाती है। सिलाई मशीन का अंकित मूल्य क्या है?

A. ₹ 625 B. ₹ 575
C. ₹ 525 D. ₹ 500
E. ₹ 550

उत्तरमाला

1	2	3	4	5	6	7	8	9	10
D	C	B	C	B	C	C	C	A	B
11	**12**	**13**	**14**	**15**	**16**	**17**	**18**	**19**	**20**
B	C	B	D	A	B	D	A	A	D

व्याख्यात्मक उत्तर

1. वस्तु का क्रय मूल्य = ₹ 30 तथा विक्रय मूल्य = ₹ 33

∴ लाभ = विक्रय मूल्य − क्रय मूल्य
= 33 − 30 = ₹ 3

$$\therefore \text{ प्रतिशत लाभ} = \frac{\text{लाभ} \times 100}{\text{क्रय मूल्य}} = \frac{3 \times 100}{30} = 10\%.$$

2. प्रथम स्थिति में,

पुस्तक का विक्रय मूल्य = ₹ 31 तथा हानि = 7%

∴ पुस्तक का क्रय मूल्य

$$= \text{विक्रय मूल्य} \times \frac{100}{(100 - \%\text{ हानि})}$$

$$= 31 \times \frac{100}{(100-7)} = \frac{31 \times 100}{93} = ₹\ \frac{100}{3}$$

द्वितीय स्थिति में,

क्रय मूल्य = ₹ $\frac{100}{3}$ तथा विक्रय मूल्य = ₹ 35

∴ लाभ = विक्रय मूल्य − क्रय मूल्य

$$= 35 - \frac{100}{3} = \frac{(105-100)}{3} = ₹\ \frac{5}{3}$$

$$\therefore \text{ प्रतिशत लाभ} = \frac{\text{लाभ} \times 100}{\text{क्रय मूल्य}} = \frac{\frac{5}{3} \times 100}{\frac{100}{3}} = 5\%.$$

3. माना कि वस्तु का क्रय मूल्य = ₹ x

प्रश्नानुसार,

वस्तु को 60% हानि पर बेचने से वस्तु का विक्रय मूल्य

$= ₹\, x - ₹\, x$ का $60\% = x - \frac{3x}{5} = \frac{5x-3x}{5}$

$= ₹\, \frac{2x}{5} = \frac{2}{5} \times$ क्रय मूल्य

अतः स्पष्ट होता है कि वस्तु का क्रय मूल्य, उसके विक्रय मूल्य का $\frac{2}{5}$ गुणा होगा।

5. माना कि टी.वी. सेट का अंकित मूल्य $= ₹\, x$

$\therefore$ तरुण के लिए टी.वी. का क्रय मूल्य $= ₹\, x - ₹\, x$ का $20\% = ₹\, \frac{4}{5}x$

प्रश्नानुसार,

25% छूट पर तरुण के लिए टी.वी. सेट का क्रय मूल्य

$= ₹\, x - ₹\, x$ का $25\% = ₹\, \frac{3}{4}x$

$\therefore \quad \frac{4}{5}x = \frac{3}{4}x + 500$

$\therefore \quad \frac{4x}{5} - \frac{3x}{4} = 500$

$\Rightarrow \frac{x}{20} = 500$

$\Rightarrow x = 10000$

अतः तरुण ने टी.वी. को $\frac{4}{5} \times 10000 = ₹\, 8000$ में खरीदा।

6. माना कि एक मेज और एक कुर्सी का मूल्य क्रमशः ₹ x व ₹ y है।

प्रश्नानुसार,

$2x = 5y$ या $x = \frac{5}{2}y \quad ...(i)$

तथा $\quad x - y = 1200 \quad ...(ii)$

समीकरण (*i*) व (*ii*) से,

$\frac{5}{2}y - y = 1200$

$\Rightarrow \frac{3y}{2} = 1200$

$\Rightarrow \quad y = \frac{1200 \times 2}{3} = 800$

अतः एक कुर्सी का मूल्य = ₹ 800 होगा

7. $\because$ 25 किग्रा. चावलों का ₹ 6 प्रति किग्रा. की दर से क्रय मूल्य $= 25 \times 6 = ₹\, 150$

तथा 35 किग्रा. चावलों का ₹ 7 प्रति किग्रा. की दर से क्रय मूल्य $= 35 \times 7 = ₹\, 245$

$\therefore$ कुल $(25 + 35 = 60)$ किग्रा. चावलों का क्रय मूल्य $= 150 + 245 = ₹\, 395$

$\therefore$ चावलों का क्रय मूल्य $= \frac{396}{60} = ₹\, 6.60$ प्रति किलो

तथा चावलों का विक्रय मूल्य = ₹ 6.75 प्रति किलो (दिया हुआ है)

$\therefore$ लाभ = विक्रय मूल्य – क्रय मूल्य $= 6.75 - 6.60$ $= ₹\, .15$ प्रति किग्रा.

$\therefore$ प्रतिशत लाभ $= \frac{\text{लाभ} \times 100}{\text{क्रय मूल्य}} = \frac{.15 \times 100}{6.60}$

$= 2\frac{3}{11}\%.$

8. माना कि ट्रांजिस्टर की मूल कीमत $= ₹\, x$

$\therefore$ संजू के लिए ट्रांजिस्टर का क्रय मूल्य

$₹\, x - ₹\, x$ का $25\% = ₹\, \frac{3x}{4}$

तथा ट्रांजिस्टर का नया विक्रय मूल्य

$= ₹\, \frac{3x}{4} + ₹\, \frac{3x}{4}$ का 40%

$= \frac{3x}{4} + \frac{3x}{4} \times \frac{2}{5} = ₹\, \frac{21x}{20}$

$\therefore$ नया विक्रय मूल्य ट्रांजिस्टर की मूल कीमत से अधिक

$= \frac{21x}{20} - x = ₹\, \frac{x}{20}$

$\therefore$ प्रतिशत अधिक $= \frac{\frac{x}{20} \times 100}{x} = 5\%.$

9. **पहली स्थिति में,**

खिलौने का विक्रय मूल्य = ₹ 10.80

तथा हानि = 10%

$\therefore$ खिलौने का क्रय मूल्य $= 10.80 \times \frac{100}{90} = ₹\, 12$

दूसरी स्थिति में,

क्रय मूल्य = ₹ 12 तथा लाभ = 20%

$\therefore$ खिलौने का विक्रय मूल्य $= 12 \times \frac{120}{100} =$ ₹ 14.40

अतः 20% लाभ के लिए खिलौने को ₹ 14.40 में बेचा जाना चाहिए।

10. ₹ 12 प्रति दर्जन की दर से 4 दर्जन सेबों का क्रय मूल्य = 12 × 4 = ₹ 48

तथा ₹ 16 प्रति दर्जन की दर से 2 दर्जन सेबों का क्रय मूल्य = 16 × 2 = ₹ 32

$\therefore$ कुल 4 + 2 = 6 दर्जन सेबों का क्रय मूल्य = 48 + 32 = ₹ 80

प्रश्नानुसार,

6 दर्जन सेबों पर 20% लाभ के कारण विक्रय मूल्य

$= 80 \times \frac{120}{100} =$ ₹ 96

$\therefore$ प्रति दर्जन सेबों का विक्रय मूल्य $= \frac{96}{6} =$ ₹ 16 होगा।

11. **पहली स्थिति में :** विक्रय मूल्य = ₹ 1530, हानि = 10%

$\therefore$ क्रय मूल्य $= \frac{1530 \times 100}{90} =$ ₹ 1700

दूसरी स्थिति में : क्रय मूल्य = ₹ 1700, लाभ = 10%

$\therefore$ विक्रय मूल्य $= \frac{1700 \times 110}{100} =$ ₹ 1870

अतः उसे 10% लाभ के लिए टेलीविजन को ₹ 1870 में बेचना होगा।

12. 20% छूट के हिसाब से ₹ 18 का 20% = ₹ 3.60

यदि ₹ 3.60 की बचत होती है तो खरीदी गई बनियान = 1

$\therefore$ यदि ₹ 1 की बचत होती है तो खरीदी गई बनियान

$= \frac{1}{3.60}$

$\therefore$ यदि ₹ 18 की बचत होती है तो खरीदी गई बनियान

$= \frac{1 \times 18}{3.60} = 5$

$\therefore$ खरीदी गई बनियानों की संख्या = 5 होगी।

13. माना एक सन्तरे का क्रय मूल्य = ₹ x

प्रश्नानुसार,

44 सन्तरों का विक्रय मूल्य = 44 सन्तरों का क्रय मूल्य + 11 सन्तरों का विक्रय मूल्य

$\therefore$ 33 सन्तरों का विक्रय मूल्य = 44 सन्तरों का क्रय मूल्य

$\therefore$ 1 सन्तरे का विक्रय मूल्य $= \frac{44}{33}$ सन्तरों का क्रय मूल्य

= ₹ $\frac{44 \times x}{33} =$ ₹ $\frac{4x}{3}$

$\therefore$ यथार्थ लाभ = विक्रय मूल्य − क्रय मूल्य

$= \frac{4x}{3} - x = \frac{4x - 3x}{3} =$ ₹ $\frac{x}{3}$

$\therefore$ लाभ % $= \frac{\text{यथार्थ लाभ} \times 100}{\text{क्रय मूल्य}}$

$= \frac{\frac{x}{3} \times 100}{x} = \frac{100}{3} = 33\frac{1}{3}\%$

14. माना A के लिए घड़ी का क्रय मूल्य = ₹ 100

$\because$ A ने घड़ी B को 10% लाभ पर बेची

$\therefore$ B के लिए घड़ी का क्रय मूल्य = ₹ 110

तथा B ने घड़ी C को 15% लाभ पर बेची

$\therefore$ C के लिए घड़ी का क्रय मूल्य = ₹ 110 + ₹ 110 का 15% = 110 + 16.50 = ₹ 126.50

$\therefore$ यदि C घड़ी को ₹ 126.50 में खरीदता है तो A के लिए घड़ी का क्रय मूल्य = ₹ 100

$\therefore$ यदि C घड़ी को ₹ 506 में खरीदता है तो A के लिए घड़ी का क्रय मूल्य $= \frac{100 \times 506}{126.50} =$ ₹ 400.

15. वस्तु का अंकित मूल्य = ₹ 50

$\therefore$ 10% छूट देने के बाद वस्तु का विक्रय मूल्य = ₹ 50 − ₹ 50 का 10% = 50 − 5 = ₹ 45

= वस्तु का विक्रय मूल्य = ₹ 45, लाभ = 25%

$\therefore$ क्रय मूल्य $= \frac{45 \times 100}{125} =$ ₹ 36

अतः वस्तु का लागत मूल्य ₹ 36 है।

16. माना कि घड़ी और साइकिल का क्रय मूल्य क्रमशः ₹ x तथा ₹ y है।

$\therefore \quad (x+y) = 500 \quad ...(i)$

$\therefore$ घड़ी को 20% लाभ पर बेचने पर घड़ी का विक्रय मूल्य

= ₹ x + ₹ x का 20% = $x + \frac{x}{5} =$ ₹ $\frac{6x}{5}$

तथा साइकिल को 10% हानि पर बेचने पर साइकिल का विक्रय मूल्य

₹ y − ₹ y का 10% = $y - \frac{y}{10} =$ ₹ $\frac{9y}{10}$

$\therefore$ कुल विक्रय मूल्य = ₹ $\left(\frac{6x}{5} + \frac{9y}{10}\right)$

प्रश्नानुसार,
दोनों का विक्रय मूल्य = ₹ 500 + ₹ 500 का 2%
= 500 + 10 = ₹ 510

$\therefore \quad \frac{6x}{5} + \frac{9y}{10} = 510$ या $12x + 9x = 5100 \quad ...(ii)$

समीकरण (i) और (ii) से,

$x = 200$ तथा $y = 300$

अतः घड़ी का क्रय मूल्य = ₹ 200
तथा साइकिल का क्रय मूल्य = 500 − 200 = ₹ 300

17. माना व्यवसाय में लगी धनराशि = ₹ 100
$\therefore$ 50% हानि के कारण
शेष बची धनराशि = ₹ 100 − ₹ 100 का 50% = ₹ 50
दुबारा 50% हानि के कारण शेष बची धनराशि
= ₹ 50 − ₹ 50 का 50% = ₹ 25
$\therefore$ व्यवसाय में कुल हानि = ₹ 100 − ₹ 25 = ₹ 75
$\therefore$ प्रतिशत हानि = 75%

18. 9 केलों का क्रय मूल्य = 80 पैसे

$\therefore$ 1 केले का क्रय मूल्य = $\frac{80}{9}$ पैसे

तथा 11 केलों का विक्रय मूल्य = 120 पैसे

$\therefore$ 1 केले का विक्रय मूल्य = $\frac{120}{11}$ पैसे

$\therefore$ यथार्थ लाभ = $\frac{120}{11} - \frac{80}{9} = \frac{200}{99}$ पैसे

लाभ % = $\frac{\text{यथार्थ लाभ} \times 100}{\text{क्रय मूल्य}} = \frac{\frac{200}{99}}{\frac{80}{9}} \times 100$

$= 22\frac{8}{11}\%$

19. पहली गाय के लिए : विक्रय मूल्य = ₹ 960, लाभ = 20%

$\therefore$ क्रय मूल्य = $\frac{960 \times 100}{120}$ = ₹ 800

दूसरी गाय के लिए : विक्रय मूल्य = ₹ 960, हानि = 20%

$\therefore$ क्रय मूल्य = $\frac{960 \times 100}{80}$ = ₹ 1200

$\therefore$ दोनों गायों का क्रय मूल्य = 800 + 1200
= ₹ 2000
तथा दोनों गायों का विक्रय मूल्य = 960 + 960
= ₹ 1920
$\therefore$ यथार्थ हानि = 2000 − 1920 = ₹ 80

$\therefore$ हानि % = $\frac{\text{यथार्थ हानि} \times 100}{\text{क्रय मूल्य}} = \frac{80 \times 100}{2000}$

= 4%

20. माना सिलाई मशीन का अंकित मूल्य = ₹ 100
$\therefore$ 20% छूट के कारण दुकानदार के लिए क्रय मूल्य = ₹ 80
$\because$ दुकानदार अंकित मूल्य को 20% बढ़ा देता है
$\therefore$ नया अंकित मूल्य = ₹ 120
$\therefore$ अब 10% छूट देने के कारण दुकान के लिए विक्रय मूल्य = ₹ 120 − ₹ 120 का 10% = ₹ 108
$\therefore$ यथार्थ लाभ = 108 − 80 = ₹ 28
$\therefore$ यदि दुकानदार को ₹ 28 का लाभ होता है तो सिलाई मशीन का अंकित मूल्य = ₹ 100
$\therefore$ यदि दुकानदार को ₹ 140 का लाभ होता है तो सिलाई मशीन का अंकित मूल्य = $\frac{100 \times 140}{28}$ = ₹ 500

9

साझा व्यापार (Partnership Business)

जब दो या दो से अधिक व्यक्ति किसी व्यापार को करने के लिए अपनी-अपनी पूँजी का इस्तेमाल करते हैं, तो उन व्यक्तियों को **साझीदार** तथा उस व्यापार को **साझा व्यापार** कहते हैं। व्यापार में हुए लाभ अथवा हानि को उनकी पूँजी और अवधि के अनुसार विभाजित किया जाता है।

क्रियाशील साझीदार : ऐसा साझीदार जो व्यापार में धन लगाने के अतिरिक्त व्यापार की देखभाल भी करे तथा इसके बदले में उसे मासिक भत्ता या लाभ का कुछ हिस्सा अलग से दिया जाता है। ऐसे साझीदार को **क्रियाशील साझीदार** कहते हैं।

साझा दो प्रकार का होता है :

1. **साधारण साझा :** जब दो या दो से अधिक व्यक्ति अपनी-अपनी पूँजी को किसी व्यापार में एक निश्चित अवधि के लिए लगाते हैं, तो उसे साधारण साझा कहते हैं।
2. **मिश्रित साझा :** जब दो या दो से अधिक व्यक्ति अपनी-अपनी पूँजी को किसी व्यापार में भिन्न-भिन्न अवधि के लिए लगाते हैं, तो उसे मिश्रित साझा कहते हैं।

नोट : पूँजी को समान अवधि में बदलने के लिए पूँजी तथा अवधि का गुणा करते हैं।

प्रश्नमाला

1. A तथा B ने क्रमशः ₹ 80,000 तथा ₹ 60,000 लगाकर एक व्यापार शुरू किया। यदि वर्ष के अन्त में व्यापार में हुए लाभ को बाँटा जाए तो उनके लाभों में क्या अनुपात होगा?

A. 2 : 3 B. 3 : 4
C. 2 : 1 D. 4 : 3
E. 3 : 1

2. A तथा B ने साझे में क्रमशः ₹ 4000 तथा ₹ 6000 लगाकर व्यापार प्रारम्भ किया। वर्ष के अन्त में कुल लाभ ₹ 2250 हुआ हो, तो दोनों को क्रमशः कितना-कितना लाभ मिलेगा?

A. ₹ 900, ₹ 1350 B. ₹ 800, ₹ 1,450
C. ₹ 1,000, ₹ 1250 D. ₹ 1,200, ₹ 1,050
E. ₹ 1,500, ₹ 1250

3. A तथा B दोनों मिलकर एक फर्म में क्रमशः ₹ 2,100 तथा ₹ 3,100 की पूँजी लगाते हैं। जबकि A सक्रिय तथा B निष्क्रिय साझीदार है। A फर्म का प्रबन्ध करने के लिए लाभ का 25% अलग से प्राप्त करता है यदि उस फर्म में कुल लाभ ₹ 1,040 का हुआ हो, तो प्रत्येक को कितने-कितने रुपये मिलेंगे?

A. ₹ 415, ₹ 625 B. ₹ 575, ₹ 465
C. ₹ 515, ₹ 525 D. ₹ 560, ₹ 480
E. ₹ 715, ₹ 520

4. नीरज और बिरजू किसी व्यापार में हुए लाभ को इस प्रकार बाँटते हैं कि नीरज के हिस्से का $\frac{2}{5}$ भाग, बिरजू के हिस्से का $\frac{1}{3}$ भाग के बराबर हो। यदि व्यापार में कुल लाभ ₹ 1210 हो, तो बिरजू का हिस्सा होगा:

A. ₹ 780 B. ₹ 660
C. ₹ 680 D. ₹ 590
E. ₹ 580

5. A, B तथा C ने क्रमशः ₹ 5,000, ₹ 6000 तथा ₹ 4,000 लगाकर एक व्यापार शुरू किया। A क्रियाशील साझीदार है जो व्यापार का प्रबन्ध करने के कारण लाभ का 30% अलग से लेता है। शेष लाभ उनकी पूँजियों के अनुपात में बाँटा जाता है। यदि वर्ष के अन्त में A को B तथा C के लाभ से ₹ 200 अधिक मिलते हों, तो प्रत्येक का लाभ कितना-कितना होगा?

A. ₹ 1,800, ₹ 642, ₹ 578
B. ₹ 1,720, ₹ 252, ₹ 228
C. ₹ 1,500, ₹ 950, ₹ 350
D. ₹ 1,600, ₹ 840, ₹ 560
E. ₹ 1,500, ₹ 940, ₹ 460

6. एक व्यापार A ने ₹ 4,000 लगाकर शुरू किया। 4 महीने तथा 5 महीने बाद उसमें B तथा C भी शामिल हो जाते हैं। यदि 1 वर्ष बाद लाभ को बाँटा जाए तो उनके लाभों में क्रमशः 3 : 4 : 7 का अनुपात होता है। B तथा C की पूँजियों का अनुपात होगाः

A. 1 : 2 B. 2 : 1
C. 3 : 2 D. 1 : 3
E. 2 : 3

7. दो साझेदार एक व्यापार में क्रमशः ₹ 12,500 तथा ₹ 8,500 लगाते हैं। यदि लाभ में एक साझेदार को दूसरे की अपेक्षा ₹ 300 अधिक मिलते हैं, तो कुल लाभ क्या हैं?

A. ₹ 1,375 B. ₹ 1,675
C. ₹ 1,560 D. ₹ 1,575
E. ₹ 2,650

8. मोहन तथा सोहन में से प्रत्येक ने ₹ 5,000 लगाकर एक संयुक्त व्यापार आरम्भ किया, 8 माह बाद सोहन ने viuhiwhdk $\frac{2}{5}$ भाग निकाल लिया। वर्ष के अन्त में वे लाभ को किस अनुपात में बाँटेंगे?

A. 15 : 13 B. 5 : 7
C. 7 : 5 D. 13 : 15
E. 12 : 13

9. कमल ने ₹ 32,000 लगाकर एक व्यापार शुरू किया। कुछ समय बाद अरुण भी उसमें ₹ 4,800 लगाकर सम्मिलित हो गया। यदि वर्ष के अन्त में दोनों को समान लाभ मिला हो, तो अरुण कितने महीने के बाद व्यापार में शामिल हुआ था?

A. 4 B. 3
C. 5 D. 7
E. 6

10. A, B तथा C क्रमशः ₹ 40,000, ₹ 24,000 तथा ₹ 32,000 लगाकर एक दुकान आरम्भ करते हैं। वर्ष के अन्त में ₹ 7200 के लाभ में से C को कितना मिलेगा?

A. ₹ 1,200 B. ₹ 1,600
C. ₹ 2,400 D. ₹ 3,600
E. ₹ 1,500

11. प्रमोद ₹ 50,000 के साथ एक व्यापार शुरू करता है। 3 महीने के बाद ₹ 60,000 के साथ विनोद उसमें शामिल हो जाता है। यदि वर्ष के अन्त में प्रमोद को विनोद से ₹ 12,000 अधिक प्राप्त होता हो, तो विनोद को प्राप्त कुल लाभांश क्या है?

A. ₹ 96,000 B. ₹ 20,800
C. ₹ 80,000 D. ₹ 1,08,000
E. ₹ 90,000

12. अतुल, हरीश और विनय ने एक कम्प्यूटर किराये पर लिया और उन्होंने उसका क्रमशः 5 दिन, 6 दिन तथा 9 दिन तक उपयोग किया। उसका कुल किराया ₹ 24,000 था। हरीश द्वारा दी गई धन राशि क्या थी?

A. ₹ 7,200 B. ₹ 5,500
C. ₹ 8,500 D. ₹ 8,200
E. ₹ 9,000

13. A, B तथा C ने मिलकर एक व्यापार शुरू किया। उन्होंने क्रमशः ₹ 500, ₹ 600 तथा ₹ 250 व्यापार में लगाये। ₹ 135 के लाभ में A का हिस्सा कितना होगा?

A. ₹ 25 B. ₹ 50
C. ₹ 80 D. ₹ 68
E. ₹ 60

14. X, Y तथा Z एक व्यापार में क्रमशः ₹ 2,000, ₹ 3,000 तथा ₹ 4,000 लगाते हैं। X, 4 माह बाद तथा Y, 8 माह बाद अपनी पूँजी निकाल लेता है। यदि वर्ष के अन्त में ₹ 900 का लाभ होता है, तो X को लाभ में से कितना मिलेगा?

A. ₹ 100 B. ₹ 90
C. ₹ 80 D. ₹ 60
E. ₹ 50

15. मोहन ₹ 12,000 की पूँजी के साथ एक व्यापार शुरू करता है। 4 माह बाद सोहन भी उसमें ₹ 7,000 की पूँजी के साथ शामिल हो जाता है। यदि एक वर्ष के अन्त में उन्हें ₹ 13,300 का लाभ हुआ हो, तो लाभांश में से सोहन को कितनी राशि मिलेगी?

A. ₹ 3,724 B. ₹ 9,576
C. ₹ 3,476 D. ₹ 3,324
E. ₹ 2,456

16. श्याम ₹ 60,000 लगाकर एक व्यापार शुरू करता है। 3 माह बाद मुंशी भी ₹ 80,000 की पूँजी के साथ व्यापार में शामिल हो जाता है। यदि वर्ष के अन्त में उन्हें ₹ 24,000 का लाभ हुआ हो, तो श्याम का लाभ में हिस्सा कितना हुआ?

A. ₹ 8,000　　B. ₹ 12,000
C. ₹ 6,000　　D. ₹ 1,600
E. ₹ 5,500

17. नीरज ₹ 40,000 की पूँजी के साथ एक व्यापार प्रारम्भ करता है। 4 माह बाद मन्नू ₹ 60,000 की पूँजी के साथ व्यापार में शामिल हो जाता है। यदि एक वर्ष में उन्हें ₹ 16,000 का लाभ हुआ हो, तो लाभांश में से नीरज को कितना मिलेगा?

A. ₹ 12,000　　B. ₹ 9,600
C. ₹ 6,000　　D. ₹ 8,000
E. ₹ 10,000

18. दीपक ₹ 50,000 की पूँजी के साथ एक व्यापार शुरू करता है। 3 माह बाद संदीप ₹ 75,000 लगाकर व्यापार में शामिल हो जाता है। वर्ष के अन्त में उन्हें ₹ 17,000 का लाभ हुआ। लाभ में से संदीप को कितनी राशि मिलेगी?

A. ₹ 9,000　　B. ₹ 8,000
C. ₹ 7,000　　D. ₹ 12,000
E. ₹ 10,000

19. अचल ₹ 45,000 पूँजी लगाकर एक व्यापार शुरू करता है। 4 महीने बाद कन्हैया भी ₹ 30,000 की पूँजी के साथ उसमें शामिल हो जाता है। यदि एक वर्ष के बाद उन्हें ₹ 13,000 का लाभ हुआ हो, तो अचल तथा कन्हैया के लाभांश में अन्तर है?

A. ₹ 6,000　　B. ₹ 5,000
C. ₹ 3,000　　D. ₹ 4,000
E. ₹ 10,000

20. आलोक तथा चुनचुन ने क्रमशः ₹ 15,000 तथा ₹ 22,500 की पूँजी के साथ एक व्यापार शुरू किया। वे लाभांश को किस अनुपात में बाँटेंगे?

A. 1 : 2　　B. 2 : 3
C. 3 : 4　　D. 2 : 1
E. 5 : 4

उत्तरमाला

1	2	3	4	5	6	7	8	9	10
D	A	B	B	D	A	D	A	A	C
11	**12**	**13**	**14**	**15**	**16**	**17**	**18**	**19**	**20**
D	A	B	B	A	B	D	A	B	B

व्याख्यात्मक उत्तर

1. चूँकि A और B की पूँजी व्यापार में एक समान अवधि के लिए लगी। अतः व्यापार में हुआ लाभ उनकी पूँजियों के अनुपात में बँटेगा।

उनके लाभों में अनुपात

$= 80000 : 60000 = 4 : 3.$

2. प्रश्न से स्पष्ट है कि A तथा B की पूँजी व्यापार में एक समान अवधि के लिए लगी है।

∴ A तथा B के लाभों का अनुपात

$= 4000 : 6000 = 2 : 3$

अतः　A का लाभ $= \frac{2}{5} \times 2250 =$ ₹ 900

B लाभ $= \frac{3}{5} \times 2250 =$ ₹ 1,350.

3. व्यापार में कुल लाभ = ₹ 1,040

A को सक्रिय साझेदार होने के कारण अलग से लाभ

= ₹ 1,040 का 25%

$= 1040 \times \frac{25}{100} = 1040 \times \frac{1}{4}$

= ₹ 260

∴ शेष बचा लाभ = 1040 − 260 = ₹ 780

स्पष्ट है कि शेष बचे लाभ को उनकी पूँजियों के अनुपात में विभाजित करना होगा।

$\therefore$ A तथा B की पूँजियों में अनुपात

$= 2100 : 3100 = 21 : 31$

अनुपाती संख्याओं का योग

$= 21 + 31 = 52$

$\therefore$ A का लाभ $= \frac{21}{52} \times 780 =$ ₹ 315

B का लाभ $= \frac{31}{52} \times 780 =$ ₹ 465

$\therefore$ A का कुल लाभ $= 260 + 315 =$ ₹ 575

अतः A तथा B को लाभ के रूप में क्रमशः ₹ 575 तथा ₹ 465 मिलेंगे।

4. प्रश्नानुसार, लाभ में से नीरज के हिस्से का $\frac{2}{5}$ भाग

= बिरजू के हिस्से का $\frac{1}{3}$ भाग

या नीरज के हिस्से का $\left(\frac{2\times3}{5\times3} = \frac{6}{15}\right)$ भाग

= बिरजू के हिस्से का $\left(\frac{1\times5}{3\times5} = \frac{5}{15}\right)$ भाग

अतः स्पष्ट है कि नीरज तथा बिरजू के हिस्सों में

अनुपात $= \frac{5}{15} : \frac{6}{15} = 5 : 6$ होगा

$\therefore$ अनुपाती संख्याओं का योग $= 5 + 6 = 11$

व्यापार में कुल लाभ = ₹ 1210

नीरज का हिस्सा $= \frac{5}{11} \times 1210 =$ ₹ 550

तथा बिरजू का हिस्सा $= \frac{6}{11} \times 1210 =$ ₹ 660

5. माना कि व्यापार में कुल लाभ = ₹ x

प्रबन्ध के कारण A का अलग से लाभ

= कुल लाभ का 30%

$= x$ का 30% $= x \times \frac{30}{100} = \frac{3x}{10}$

शेष बचा लाभ $= x - \frac{3x}{10} =$ ₹$\frac{7x}{10}$

उनकी पूँजियों में अनुपात

$= 5000 : 6000 : 4000 = 5 : 6 : 4$

अनुपाती संख्याओं का योग $= 5 + 6 + 4 = 15$

A का लाभ $= \frac{5}{15} \times \frac{7x}{10} = \frac{35x}{150}$

B का लाभ $= \frac{6}{15} \times \frac{7x}{10} = \frac{42x}{150}$

C का लाभ $= \frac{4}{15} \times \frac{7x}{10} = \frac{28x}{150}$

$\therefore$ A का कुल लाभ $= \frac{3x}{10} + \frac{35x}{150}$

$= \frac{45x + 35x}{150} = \frac{80x}{150}$

प्रश्नानुसार,

$$\frac{80x}{150} = \frac{42x}{150} + \frac{28x}{150} + 200$$

$$\Rightarrow \frac{80x - 70x}{150} = 200$$

$$\Rightarrow \frac{10x}{150} = 200 \Rightarrow x = 3000$$

अतः व्यापार में A, B तथा C का लाभ क्रमशः

$\frac{80}{150} \times 3000 =$ ₹ 1600, $\frac{42}{150} \times 3000 =$ ₹ 840, तथा

$\frac{28}{150} \times 3000 =$ ₹ 560 होगा।

6. माना कि B की पूँजी = ₹ x तथा C की पूँजी = ₹ y

A, B तथा C की पूँजियों में अनुपात

$= 4000 \times 12 : x \times 8 : y \times 7$

$= 48000 : 8x : 7y$

$= 3 : 4 : 7$ (दिया हुआ है)

या $8x : 7y = 4 : 7$

या $\frac{8x}{7y} = \frac{4}{7} \Rightarrow 56x = 28y$

$$\Rightarrow \frac{x}{y} = \frac{28}{56} = \frac{1}{2}$$

$\Rightarrow x : y = 1 : 2$

अतः B तथा C की पूँजियों में 1 : 2 का अनुपात होगा।

7. उनकी पूँजियों का अनुपात = 12500 : 8500

= 25 : 17

माना कि कुल लाभ = ₹ x

प्रश्नानुसार,

$$\frac{25x}{42} - \frac{17x}{42} = 300$$

$\Rightarrow \quad 8x = 42 \times 300$

$\Rightarrow \quad x = \frac{42 \times 300}{8} = 1575$

अतः कुल लाभ = ₹ 1575

8. सोहन द्वारा 8 माह बाद निकाली गई पूँजी

$= \frac{2}{5} \times 5000 =$ ₹ 2000

∴ शेष पूँजी = 5000 – 2000 = ₹ 3000

अब मोहन : सोहन = 5000 × 12 : (5000 × 8 + 3000 × 4)

= 60000 : 52000 = 60 : 52 = 15 : 13

अतः वर्ष के अन्त में लाभ को 15 : 13 के अनुपात में बाँटेंगे।

9. माना कि अरुण की पूँजी x महीने तक व्यापार में लगी रही।

कमल की पूँजी = 3200 × 12 = ₹ 38400

अरुण की पूँजी = 4800 × x = ₹ 4800x

चूँकि दोनों को समान लाभ मिला है।

∴ 38400 : 4800x = 1 : 1

$\Rightarrow \frac{38400}{4800x} = \frac{1}{1}$

$\Rightarrow \quad 4800x = 38400$

$\Rightarrow x = \frac{38400}{4800} = \frac{384}{48} = 8$

अतः अरुण (12 – 8) = 4 महीने के बाद व्यापार में शामिल हुआ।

10. A : B : C = 40000 : 24000 : 32000

= 40 : 24 : 32 = 5 : 3 : 4

कुल लाभ = ₹ 7200

लाभ में C का हिस्सा $= \frac{4}{12} \times 7200$

= 4 × 600 = ₹ 2400

11. प्रमोद की पूँजी = 50000 × 12 = ₹ 600000

विनोद की पूँजी = 60000 × 9 = ₹ 540000

माना कि कुल लाभ = ₹ x

उनकी पूँजियों का अनुपात

= 600000 : 540000 = 60 : 54 = 10 : 9

प्रमोद का हिस्सा $= \frac{10x}{19}$ तथा

विनोद का हिस्सा $= \frac{9x}{19}$

प्रश्नानुसार,

$$\frac{10x}{19} - \frac{9x}{19} = 12000$$

$x = 19 \times 12000$

विनोद का हिस्सा $= \frac{9}{19} \times 12000 \times 19 =$ ₹ 1,08,000

12. अतुल : हरीश : विनय = 5 : 6 : 9

अनुपाती संख्याओं का योग = 5 + 6 + 9 = 20

कुल किराया = ₹ 24000

अतः हरीश द्वारा दी गई धनराशि

$= \frac{6}{20} \times 24000 =$ ₹ 7200.

13. A : B : C = 500 : 600 : 250

= 50 : 60 : 25

= 10 : 12 : 5

कुल लाभ = ₹ 135

A का हिस्सा $= \frac{10}{27} \times 135 = 10 \times 5 =$ ₹ 50

14. व्यापार में X की पूँजी = 2000 × 4 = ₹ 8000

व्यापार में Y की पूँजी = 3000 × 8 = ₹ 24000

व्यापार में Z की पूँजी = 4000 × 12 = ₹ 48000

X : Y : Z = 8 : 24 : 48 = 1 : 3 : 6

कुल लाभ = ₹ 900

लाभ में x का हिस्सा $= \frac{1}{10} \times 900 =$ ₹ 90

15. व्यापार में मोहन की पूँजी = 12000 × 12 = ₹ 144000

व्यापार में सोहन की पूँजी = 7000 × 8 = ₹ 56000

मोहन : सोहन = 144 : 56 = 18 : 7

कुल लाभ = ₹ 13300

लाभ में सोहन का हिस्सा

$= \frac{7}{25} \times 13300$

$= 7 \times 532 = ₹\ 3724$

16. व्यापार में श्याम की पूँजी $= 60000 \times 12 = 720000$

व्यापार में मुंशी की पूँजी $= 80000 \times 9 = 720000$

श्याम : मुंशी $= 72 : 72 = 1 : 1$

कुल लाभ $= ₹\ 24000$

श्याम का लाभ में हिस्सा $= \frac{1}{2} \times 24000 = ₹\ 12000$

17. व्यापार में नीरज की पूँजी

$= 40000 \times 12 = ₹\ 480000$

व्यापार में मन्नू की पूँजी $= 60000 \times 8 = ₹\ 480000$

नीरज : मन्नू $= 480000 : 480000$

$= 48 : 48 = 1 : 1$

कुल लाभ $= ₹\ 16000$

व्यापार में लाभ पर नीरज का हिस्सा

$= \frac{1}{2} \times 16000 = ₹\ 8000$

18. व्यापार में दीपक की पूँजी

$= 50000 \times 12 = ₹\ 600000$

व्यापार में संदीप की पूँजी

$= 75000 \times 9 = ₹\ 675000$

दीपक : संदीप $= 600000 : 675000$

$= 600 : 675$

$= 40 : 45 = 8 : 9$

व्यापार में कुल लाभ $= ₹\ 17000$

लाभ में संदीप की राशि $= \frac{9}{17} \times 17000 = ₹\ 9000$

19. व्यापार में अचल की पूँजी $= 45000 \times 12$

$= ₹\ 540000$

व्यापार में कन्हैया की पूँजी $= 30000 \times 8 = ₹\ 240000$

अचल : कन्हैया $= 540000 : 240000$

$= 54 : 24 = 9 : 4$

व्यापार में कुल लाभ $= ₹\ 13000$

लाभ में अचल का हिस्सा $= \frac{9}{13} \times 13000$

$= 9 \times 1000 = ₹\ 9000$

लाभ में कन्हैया का हिस्सा

$= \frac{4}{13} \times 13000 = 4 \times 1000 = ₹\ 4000$

अन्तर $= 9000 - 4000 = ₹\ 5000$

अतः अचल तथा कन्हैया के लाभांश में अन्तर $= ₹\ 5000$

20. चूँकि आलोक और चुनचुन की पूँजी समान अवधि के लिए लगाई गई है। अतः लाभांश को अपनी पूँजी के अनुपात में बाँटेंगे।

आलोक : चुनचुन $= 15000 : 22500 = 150 : 225$

$= 10 : 15 = 2 : 3$

अतः आलोक तथा चुनचुन अपने लाभांश को 2 : 3 के अनुपात में बाँटेंगे।

❑✤❑✤❑

10

मिश्रण (Mixture and Alligation)

गणित में मिश्रण का अध्ययन करते समय हम किसी मिश्रण के गुणों या मूल्य का परिकलन करते हैं।

इससे संबंधित नियमों की सहायता से हम निम्नलिखित से संबंधित संक्रियाएं कर सकते हैं :

(1) यह ज्ञात करना कि अलग-अलग ज्ञात मूल्यों के दो या अधिक संघटकों के लिए अनुपात में मिश्रित किया जाए जिससे कि एक दिए गए मूल्य का मिश्रण प्राप्त हो। इसे मिश्रण प्रत्यावर्तन (alligation alternate) कहते हैं।

(2) किसी मिश्रण के औसत या माध्य-मूल्य का परिकलन करना जबकि मिश्रित किए जाने वाले दो या अधिक संघटकों के मूल्य और उनके मिश्रण का अनुपात ज्ञात हो। इसे मिश्रण मध्यम (alligation medial) कहते हैं।

मिश्रण के नियम (Rule of Alligation):

$$\frac{\text{सस्ते संघटक की मात्रा}}{\text{महंगे संघटक की मात्रा}} = \frac{\text{महंगे संघटक का लागत मूल्य} - \text{माध्य मूल्य}}{\text{माध्य मूल्य} - \text{सस्ते संघटक का लागत मूल्य}}$$

यहाँ मिश्रण की इकाई मात्रा के लागत मूल्य को माध्य मूल्य (mean price) कहते हैं।

उपर्युक्त नियम का आरेखीय निरूपण निम्नवत् है :

सस्ते संघटक की इकाई मात्रा का लागत मूल्य (c)   महंगे संघटक की इकाई मात्रा का लागत मूल्य (d)

माध्य मूल्य (m)

(d-m)   (m-c)

(मिश्रण में सस्ते संघटक की मात्रा) : (मिश्रण में महंगे संघटक की मात्रा)

= (d–m) : (m–c)

यह सूत्र मिश्रण से संबंधित प्रश्नों का हल ढूँढ़ने में बहुत सहायक है जिसकी सहायता से हम प्रतिशत मूल्यों, दरों, मूल्यों आदि का परिकलन कर सकते हैं। तथापि, निरपेक्ष मानों को ज्ञात करने के लिए केवल यही सूत्र पर्याप्त नहीं है। इस सूत्र की सहायता से केवल अनुपात निकाला जा सकता है। निरपेक्ष मानों को ज्ञात करने के लिए कुछ अन्य सूत्रों को जानना भी आवश्यक है।

प्रश्नमाला

1. एक दुकानदार ₹ 8 प्रति किग्रा मूल्य के 12 किग्रा चावल को ₹ 10 प्रति किग्रा मूल्य के 6 किग्रा चावल में मिलाकर अपने ग्राहकों को बेचता है। इस मिश्रित चावल का प्रति किग्रा मूल्य ज्ञात करें।

A. ₹ 6.67   B. ₹ 6.50
C. ₹ 8.67   D. ₹ 9.67
E. ₹ 9.57

2. ₹ 62 प्रति किग्रा मूल्य की चायपत्ती और ₹ 72 प्रति किग्रा मूल्य की चायपत्ती को किस अनुपात में मिलाने पर प्राप्त मिश्रित चायपत्ती का मूल्य 65 रु. प्रति किग्रा होगा?

A. 4 : 6   B. 7 : 3
C. 2 : 3   D. 4 : 7
E. 5 : 2

3. ₹ 10 प्रति किग्रा मूल्य के कितने किग्रा चावल को ₹ 8 प्रति किग्रा मूल्य के 25 किग्रा चावल में मिलाया जाए ताकि

प्राप्त मिश्रित चावल को ₹ 15 प्रति किग्रा की दर से बेचने पर दुकानदार को 80% का लाभ हो?

A. 6 किग्रा　B. 7 किग्रा
C. 3 किग्रा　D. 5 किग्रा
E. 4 किग्रा

4. एक दुकानदार ₹ 16 प्रति किग्रा की दर से 26 किग्रा दूध खरीदता है। वह किसी दूसरी जगह से ₹ 10 प्रति किग्रा की दर से भी कुछ दूध खरीदता है। वह पहले खरीदे दूध में बाद में खरीदे गए दूध की कितनी मात्रा मिलाए ताकि इस मिश्रित दूध को ₹ 14 प्रति किग्रा की दर से बेचने पर उसे कोई हानि न हो?

A. 13 किग्रा　B. 12 किग्रा
C. 14 किग्रा　D. 16 किग्रा
E. 18 किग्रा

5. दो पात्रों A और B में क्रमशः 7 : 5 और 17 : 7 के अनुपातों में दूध और पानी का मिश्रण रखा हुआ है। इन दोनों के मिश्रण के लिए किस अनुपात में मिलाया जाए ताकि नये मिश्रण में दूध और पानी का अनुपात 5 : 3 हो?

A. 1 : 2　B. 2 : 1
C. 2 : 3　D. 3 : 2
E. 5 : 3

6. दो पात्रों A और B में क्रमशः 4 : 1 और 9 : 11 के अनुपात में दूध और पानी का मिश्रण रखा हुआ है। यदि इन दोनों पात्रों के मिश्रण को 3 : 2 के अनुपात में मिला कर एक नया मिश्रण तैयार किया जाए तो इस नए मिश्रण में दूध और पानी का अनुपात बताएं।

A. 34 : 16　B. 33 : 17
C. 16 : 34　D. 17 : 33
E. 34 : 17

7. एक व्यक्ति के पास क्रमशः 30% और 50% सांद्रता के दो प्रकार के चीनी के विलयन हैं। वह इन दोनों विलयनों से किस अनुपात में मिलाए ताकि परिणामी विलयन में चीनी की सांद्रता 45% हो?

A. 1 : 3　B. 3 : 1
C. 2 : 3　D. 3 : 2
E. 4 : 1

8. क्रमशः 3 लीटर, 4 लीटर और 5 लीटर आकार के तीन पात्रों में क्रमशः 2 : 3, 3 : 7 और 4 : 11 के अनुपात में दूध और पानी का मिश्रण रखा हुआ है। इन तीनों पात्रों में निहित द्रव को एक बड़े पात्र में उड़ेल लिया जाए तो परिणामी मिश्रण में दूध और पानी का अनुपात ज्ञात करें।

A. 13 : 41　B. 41 : 13
C. 31 : 14　D. 14 : 31
E. 32 : 31

9. समान आकार के चार पात्रों में स्पिरिट और पानी का मिश्रण रखा हुआ है। इन चार पात्रों में स्पिरिट की सांद्रता क्रमशः 60%, 70%, 75% और 80% है। यदि इन सभी पात्रों में रखे द्रव को मिला दिया जाए तो परिणामी मिश्रण में स्पिरिट और पानी का अनुपात ज्ञात करें।

A. 23 : 57　B. 57 : 23
C. 32 : 75　D. 75 : 32
E. 75 : 23

10. उपर्युक्त प्रश्न 9 के संदर्भ में प्राप्त परिणामी मिश्रण में स्पिरिट की सांद्रता और स्पिरिट तथा पानी का अनुपात ज्ञात करें।

A. 75 : 32　B. 32 : 75
C. 23 : 57　D. 57 : 23
E. 57 : 75

11. दूध और पानी के 6 लीटर मिश्रण में 75% दूध है। इस मिश्रण में कितना और दूध मिलाने पर मिश्रण में दूध की मात्रा 90% हो जाएगी?

A. 8 लीटर　B. 9 लीटर
C. 10 लीटर　D. 12 लीटर
E. 6 लीटर

12. एक दुकानदार स्पिरिट में किस अनुपात में पानी मिलाए ताकि लागत मूल्य पर बेचने पर भी उसे स्पिरिट की बिक्री पर 25% का लाभ हो?

A. 1 : 4　B. 4 : 1
C. 3 : 4　D. 4 : 3
E. 4 : 2

13. क्रमशः ₹ 80 ₹ 70 और ₹ 50 प्रति किस्म मूल्य की तीन अलग–अलग किस्म की चायपत्तियों को किस अनुपात में मिलाने पर परिणामी मिश्रण का मूल्य ₹ 60 प्रति किग्रा होगा?

A. 1 : 1 : 3　B. 1 : 3 : 1
C. 3 : 1 : 1　D. 1 : 2 : 3
E. 2 : 4 : 3

14. क्रमशः ₹ 6, ₹ 10 और ₹ 14 प्रति किग्रा मूल्य के तीन अलग-अलग किस्म के चावलों को किस अनुपात में मिलाया जाए कि प्राप्त मिश्रित चावल को ₹ 11.20 प्रति किग्रा की दर से बेचने पर 40% का लाभ हो?

A. 1 : 4 : 1 B. 4 : 1 : 1
C. 1 : 1 : 4 D. 1 : 3 : 4
E. 5 : 2 : 3

15. क्रमशः ₹ 40, ₹ 50, ₹ 80 और ₹ 100 प्रति किग्रा मूल्य की चार अलग-अलग चायपत्तियों को किस अनुपात में मिलाने पर प्राप्त मिश्रित चायपत्ती का मूल्य ₹ 75 प्रति किग्रा होगा?

A. 5 : 1 : 7 : 5 B. 5 : 7 : 5 : 1
C. 5 : 1 : 5 : 7 D. 1 : 5 : 7 : 5
E. 2 : 3 : 1 : 7

16. एक दुकानदार के पास 50 किग्रा चावल है। वह इसमें से कुछ चावल 20% के लाभ पर और शेष चावल 40% के लाभ पर बेचता है। यदि उसे कुल मिलाकर 25% का लाभ होता हो तो उसके द्वारा दो अलग-अलग लाभ प्रतिशत पर बेचे गए चावल की मात्रा ज्ञात करें।

A. 12.5 किग्रा और 37.5 किग्रा
B. 30.5 किग्रा और 12.5 किग्रा
C. 23.5 किग्रा और 21.5 किग्रा
D. 21.5 किग्रा और 23.5 किग्रा
E. 24.2 किग्रा और 26.4 किग्रा

17. एक दुकानदार के पास कुल 100 किग्रा चायपत्ती है। वह इसका कुछ भाग 20% लाभ पर और शेष भाग 5% हानि पर बेचता है। यदि इस प्रकार उसे कुल 10% लाभ होता हो, तो उसके द्वारा दो भागों में बेची गई चायपत्ती की अलग-अलग मात्रा ज्ञात करें।

A. 80 किग्रा, 20 किग्रा
B. 75 किग्रा, 25 किग्रा
C. 70 किग्रा, 30 किग्रा
D. 60 किग्रा, 40 किग्रा
E. 50 किग्रा, 20 किग्रा

18. किसी व्यापारी के पास 160 किग्रा गेहूँ है। वह इसका एक भाग 10% लाभ पर और शेष भाग 6% की हानि पर बेचता है जिससे उसे कुल मिलाकर 4% हानि होती है। उसके द्वारा दो भागों में बेचे गए गेहूँ की अलग-अलग मात्रा ज्ञात करें।

A. 60 किग्रा, 100 किग्रा B. 20 किग्रा, 140 किग्रा
C. 10 किग्रा, 150 किग्रा D. 40 किग्रा, 120 किग्रा
E. 20 किग्रा, 160 किग्रा

19. एक व्यक्ति थोक बाजार से ₹ 8000 मूल्य की चीनी खरीदता है। यदि वह इस चीनी की कुल मात्रा का एक-चौथाई भाग 20% हानि पर बेचे तो शेष बची चीनी उसे कितने प्रतिशत लाभ पर बेचनी चाहिए ताकि उसे कुल मिलाकर 20% का लाभ हो?

A. 20% B. 30%
C. 35% D. 40%
E. 45%

20. एक व्यक्ति के पास ₹ 5000 है। वह इस राशि के एक भाग को 3% वार्षिक साधारण ब्याज की दर पर और शेष राशि को 8% वार्षिक साधारण ब्याज की दर पर निवेश करता है। यदि 3 वर्षों में उसे कुल ₹ 750 की आय होती हो, तो उसके द्वारा अलग-अलग ब्याज दरों पर निवेश की राशि बताएं।

A. ₹ 2000 और ₹ 3000
B. ₹ 2500 और ₹ 2500
C. ₹ 3000 और ₹ 2000
D. ₹ 1000 और ₹ 4000
E. ₹ 1500 और ₹ 4500

उत्तरमाला

1	2	3	4	5	6	7	8	9	10
C	B	D	A	B	B	A	D	B	D
11	**12**	**13**	**14**	**15**	**16**	**17**	**18**	**19**	**20**
B	A	A	B	C	B	D	B	B	C

व्याख्यात्मक उत्तर

1. दुकानदार द्वारा मिश्रित चावल की कुल मात्रा = 12 + 6 = 18 किग्रा

₹ 8 प्रति किग्रा की दर से 12 किग्रा चावल का मूल्य = (12 × 8) = ₹ 96

₹ 10 प्रति किग्रा की दर से 6 किग्रा चावल का मूल्य = (6 × 10) = ₹ 60

मिश्रित चावल का कुल मूल्य = (96 + 60) = ₹ 156

मिश्रित चावल का प्रति किग्रा मूल्य = $\frac{₹156}{18 \text{ किग्रा.}}$

= ₹ 8.67 किग्रा

विकल्पतः हम इस प्रश्न को निम्नवत् भी ज्ञात कर सकते हैं:

मिश्रण का प्रति किग्रा मूल्य = कुल लागत/कुल मात्रा

$$= \frac{(12 \times 8) + (6 \times 10)}{12 + 6} = \frac{156}{18} = ₹ 8.67 \text{ किग्रा}$$

2. 1 किग्रा सस्ती चायपत्ती का क्रय मूल्य 1 किग्रा महंगी चायपत्ती का क्रय मूल्य

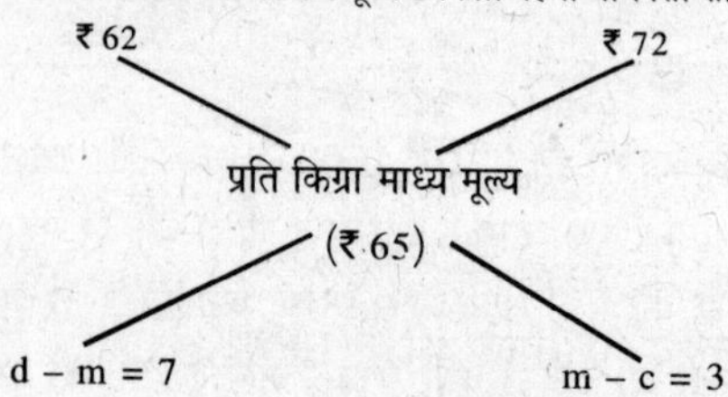

मिश्रण के नियम से, $\frac{\text{सस्ती चायपत्ती की मात्रा}}{\text{महंगी चायपत्ती की मात्रा}}$

अतः इन्हें 7 : 3 के अनुपात में मिलाना चाहिए।

3. दुकानदार के लिए मिश्रित चावल का क्रय मूल्य

$$= 15 \times \frac{100}{180} = ₹ \frac{25}{3} \text{ किग्रा}$$

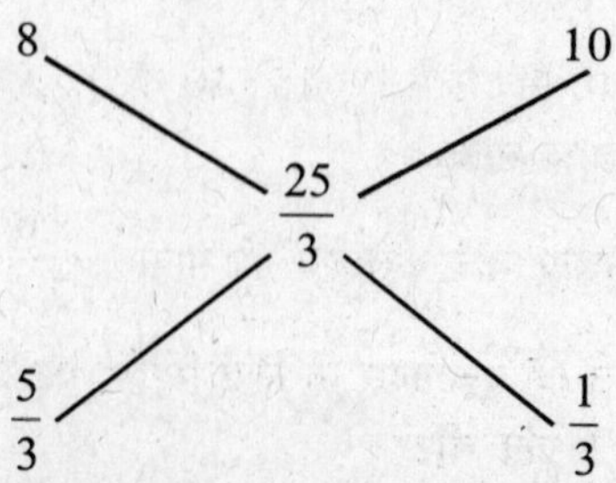

$$\frac{\text{₹ 8 प्रति किग्रा मूल्य के चावल की मात्रा}}{\text{₹ 10 प्रति किग्रा मूल्य के चावल की मात्रा}} = \frac{\frac{25}{3}}{\frac{5}{3}} = \frac{5}{1}$$

₹ 10 प्रति किग्रा मूल्य के चावल की मात्रा = $25 \times \frac{1}{5}$ = 5 किग्रा

4.

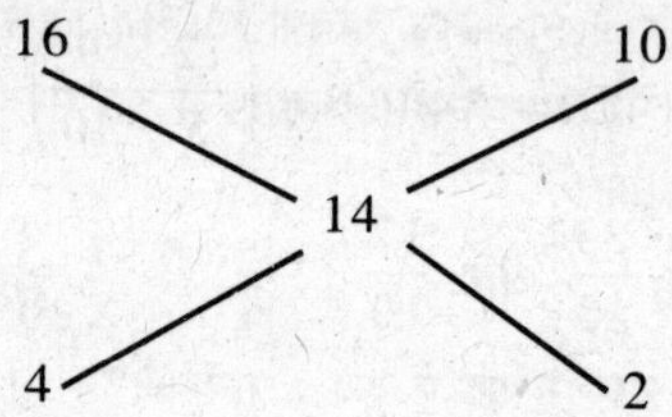

या 2 : 1

$$\frac{\text{₹10 प्रति किग्रा मूल्य के दूध की मात्रा}}{\text{₹16 प्रति किग्रा मूल्य के दूध की मात्रा}} = \frac{1}{2}$$

∴ ₹ 10 प्रति किग्रा की दर से खरीदे गए दूध की मात्रा

$$= \frac{26}{2} = 13 \text{ किग्रा}$$

5. सबसे पहले हम तीनों मिश्रणों में उपस्थित दूध की मात्रा ज्ञात करें:

A पात्र के मिश्रण में दूध की मात्रा = $\frac{7}{12}$

B पात्र के मिश्रण में दूध की मात्रा = $\frac{17}{24}$

नए मिश्रण में दूध की मात्रा = $\frac{5}{8}$

अब मिश्रण के नियम से,

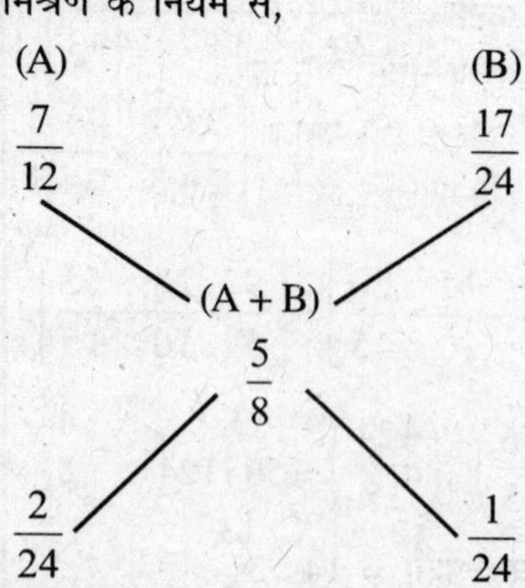

या   2 : 1

अतः नये मिश्रण में मिश्रण A और B का अनुपात = 23 : 1

6. दोनों पात्रों में दूध और पानी का अंशः

A पात्र में दूध = $\frac{4}{5}$ भाग और पानी = $\frac{1}{5}$ भाग

B पात्र में दूध = $\frac{9}{20}$ भाग और पानी $\frac{11}{20}$ भाग

$$(3A + 2B) = A \text{ और } B = \left(\frac{12}{5}+\frac{9}{10}\right)\ \left(\frac{3}{5}+\frac{11}{10}\right)$$

अर्थात् $\frac{33}{10}$ और $\frac{17}{10}$

$\therefore$ नए मिश्रण में दूध : पानी = 33 : 17

7.

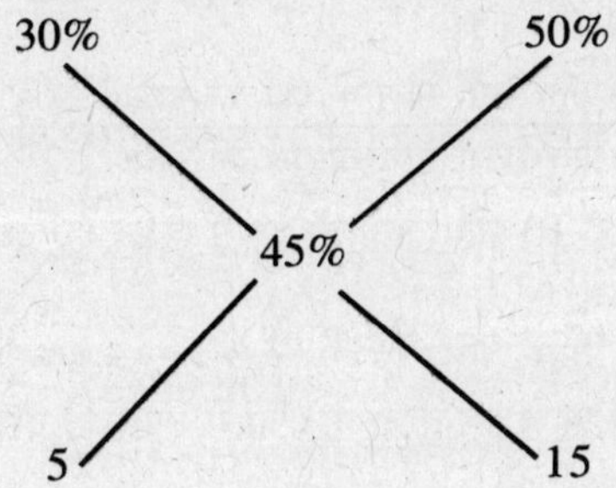

अतः उसे 30% और 50% सांद्रता के विलयनों को 5 : 15 या 1 : 3 के अनुपात में मिश्रित करना चाहिए।

$$\frac{30\% \text{ सांद्रता का विलयन}}{50\% \text{ सांद्रता का विलयन}} = \frac{1}{3} \text{ या } 1 : 3$$

8. दूध : पानी = $\left[\frac{2\times3}{2+3}+\frac{3\times4}{3+7}+\frac{4\times5}{4+11}\right] : \left[\frac{3\times3}{2+3}+\frac{7\times4}{3+7}+\frac{11\times5}{4+11}\right]$

$$= \left[\frac{6}{5}+\frac{12}{10}+\frac{20}{15}\right] : \left[\frac{9}{5}+\frac{28}{10}+\frac{55}{15}\right]$$

$$= \left(\frac{56}{15}\right) : \left(\frac{124}{15}\right) = 56 : 124$$

या दूध : पानी = 14 : 31

9. यहाँ प्रदत्त प्रतिशत आंकड़ों से मिश्रण में स्पिरिट का अंश (भिन्नात्मक उपस्थिति) सूचित होता है।

मिश्रण में जल का प्रतिशत ज्ञात करने के लिए हम दिए गए आंकड़ों को 100 से घटाते हैं।

अतः जल पात्र के मिश्रण में जल की प्रतिशत मात्रा क्रमशः 40%, 30%, 25% और 20% है।

परिणामी मिश्रण में,

स्पिरिट : पानी = $(0.6+0.7+0.75+0.8) : (0.4+0.3+0.25+0.2)$

= 2.85 : 1.15 = 57 : 23

10. परिणामी मिश्रण में स्पिरिट की सांद्रता

$$= \frac{\text{प्रत्येक पात्र में स्पिरिट की सांद्रता का कुल योग}}{\text{पात्रों की कुल संख्या}}$$

$$= \frac{60+70+75+80}{4} = 71.25\%$$

$$\text{स्पिरिट : पानी} = \frac{71.25}{100-71.25} = \frac{71.25}{28.75} = \frac{57}{23}$$

स्पिरिट : पानी = 57 : 23.

11. दिए गए मिश्रण में 75% दूध है।

मिलाए जाने वाले दूध में 100% दूध है।

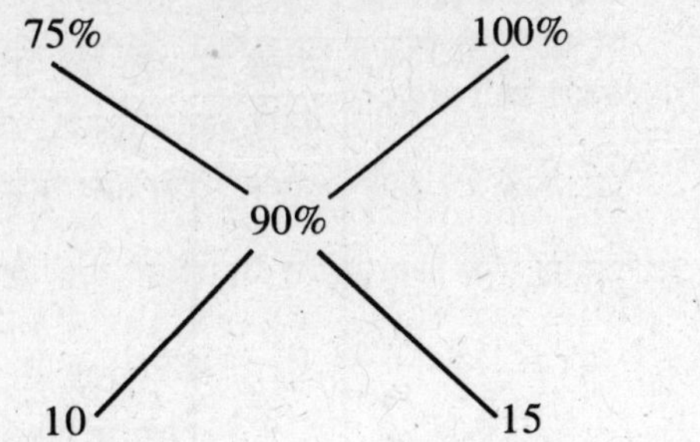

दिए गए मिश्रण में दूध 15 : 10 या 3 : 2 के अनुपात में मिलाया जाता है।

$\therefore$ मिलाए जाने वाले दूध की मात्रा $\frac{3\times6}{2} = 9$ लीटर

12. मान लें कि दुकानदार के लिए स्पिरिट का क्रय मूल्य = ₹ 1 प्रति लीटर

तो मिश्रण का विक्रय मूल्य = ₹ 1 प्रति लिटर

लाभ = 25%

$\therefore$ मिश्रण का क्रय मूल्य $= \frac{1 \times 100}{125} =$ ₹ $\frac{4}{5}$

हम मानते हैं कि जल का क्रय मूल्य शून्य है। क्रय मूल्य पर मिश्रण का नियम लागू करने पर,

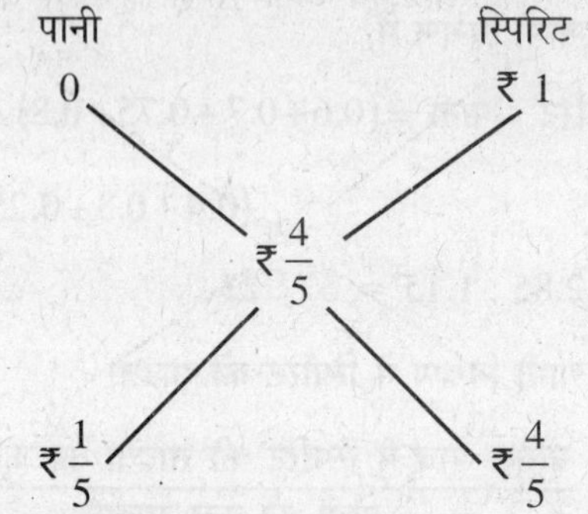

अतः स्पिरिट में पानी को $\frac{1}{5}:\frac{4}{5}$ या 1 : 4 के अनुपात में मिलाना चाहिए।

13. मूल्यों को नीचे दर्शाए गए अनुसार आरोही या अवरोही (बढ़ते या घटते) क्रम में लिखें।
माध्य मूल के दोनों में से प्रत्येक ओर से एक आँकड़े को लेकर युग्म बनाएँ और मिश्रण का नियम लागू करें। तब प्रत्येक मूल्य के अंतर्गत प्राप्त मात्रा को जोड़ें। इससे वह अनुपात प्राप्त होगा जिसमें इन चाय पत्तियों को मिलाने पर परिणामी मिश्रण का मूल्य ₹ 60 प्रति किग्रा होगा।

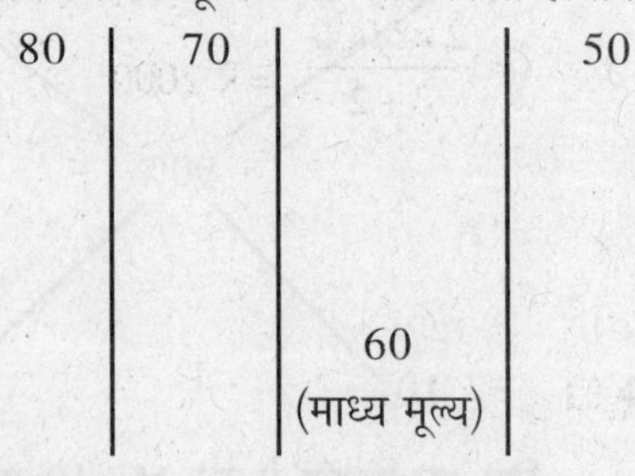

अतः अपेक्षित अनुपात = 10 : 10 : 30 या 1 : 1 : 3

14. मिश्रण का विक्रय मूल्य = ₹ 11.20 प्रति किग्रा

लाभ = 40%

मिश्रण का क्रय मूल्य $= \frac{11.20 \times 100}{140} =$ ₹ 8 प्रति किग्रा

अतः अपेक्षित अनुपात = 8 : 2 : 2 या 4 : 1 : 1

15.

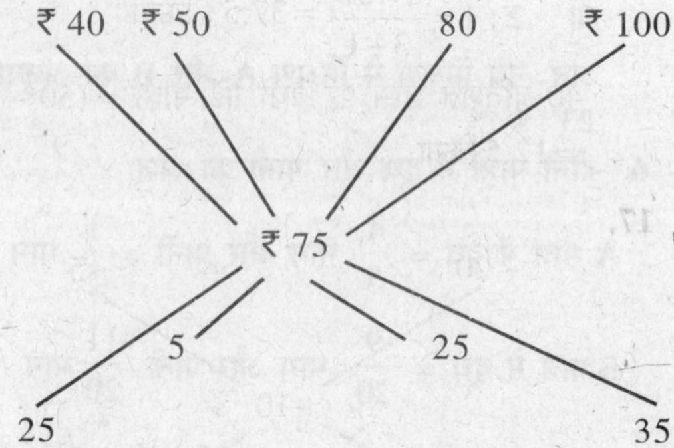

अपेक्षित अनुपात = 25 : 5 : 25 : 35 = 5 : 1 : 5 : 7
इस स्थिति में नीचे दर्शाए गए अनुसार युग्मों का एक अन्य संयोजन प्राप्त होता है।

16. मान लें कि 20 प्रतिशत लाभ पर बेची गई मात्रा $= x$ किग्रा

अतः 40 प्रतिशत लाभ पर बेची गई वस्तु की मात्रा $= (50 - x)$ किग्रा

मान लें कि चावल का लागत मूल्य ₹ 100 प्रति किग्रा है।

कुल लागत मूल्य = ₹(100 × 50) = ₹ 5000

उसे कुल 25 प्रतिशत लाभ होता है। अतः

कुल विक्रय मूल्य $= \frac{5000 \times 125}{100} =$ ₹ 6250

साथ ही, कुल विक्रय मूल्य

= ₹ $[120x + 140(50 - x)] =$ ₹ $(7000 - 20x)$

अतः $6250 = 7000 - 20x$

या $20x = 750$ या $x = 37.5$ किग्रा

और $50 - x = 125$ किग्रा

अतः वह 20 प्रतिशत लाभ पर 37.5 किग्रा और 40 प्रतिशत लाभ पर 12.5 किग्रा चावल बेचता है।

अब आप देखें कि मिश्रण के नियम (rule of alligation) को प्रयुक्त करने पर आप अपना बहुमूल्य समय किस प्रकार बचा सकते हैं?

विधि 2

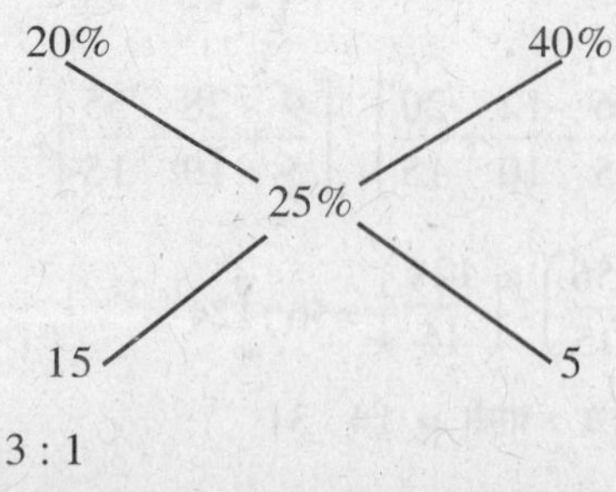

या 3 : 1

20 प्रतिशत लाभ पर बेची गई मात्रा

$$= \frac{3 \times 50}{3+1} = 37.5 \text{ किग्रा}$$

40 प्रतिशत लाभ पर बेची गई मात्रा = (50 − 37.5)

= 12.5 किग्रा

17.

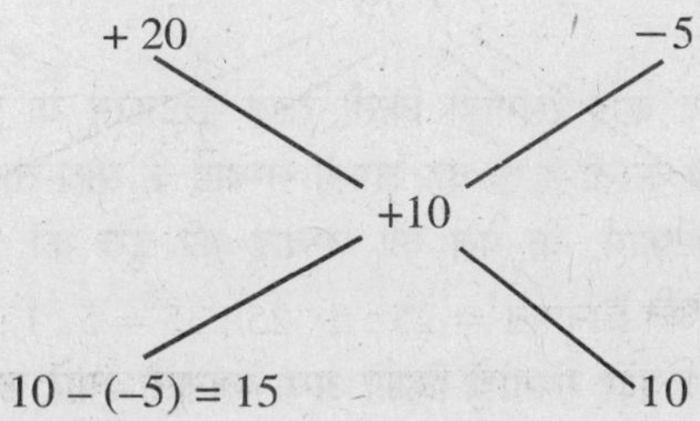

या 3 : 2

20 प्रतिशत लाभ पर बेची गई मात्रा

$$= \frac{3 \times 100}{3+2} = 60 \text{ किग्रा}$$

5 प्रतिशत हानि पर बेची गई मात्रा

$$= (100 - 60) = 40 \text{ किग्रा}$$

18.

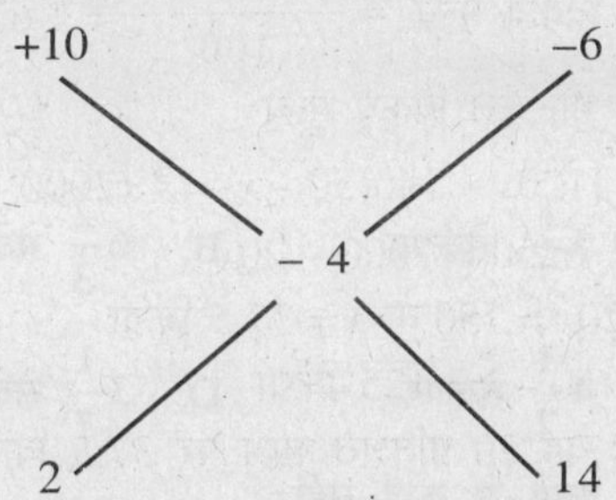

या 1 : 7

10% लाभ पर बेचे गए गेहूँ की मात्रा

$$= \frac{1 \times 160}{1+7} = 20 \text{ किग्रा}$$

6% हानि पर बेचे गए गेहूँ की मात्रा

$$= 160 - 20 = 140 \text{ किग्रा}$$

19. मान लें कि वह शेष चीनी 10% लाभ पर बेचता है।

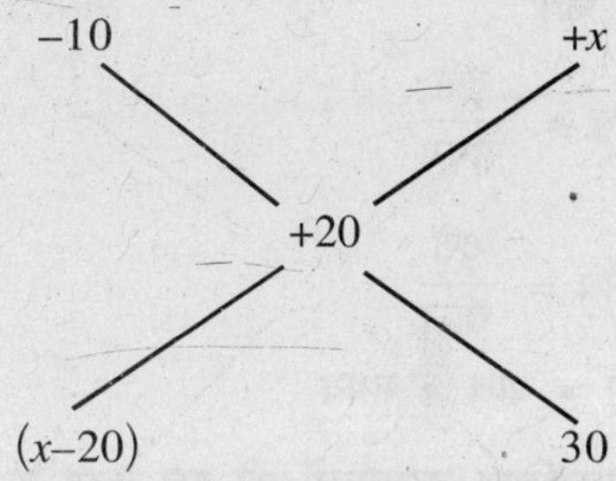

$$\frac{x-20}{30} = \frac{1/4}{3/4}$$

या $x - 20 = \frac{30 \times 1}{3}$

या $x = 20 + 10$ या $x = 30\%$

20. औसत ब्याज दर $= \frac{100 \times 750}{5000 \times 3} = 5\%$ वार्षिक

3 प्रतिशत वार्षिक साधारण ब्याज पर निवेश

$$= \frac{3 \times 5000}{3+2} = ₹\,3000$$

8 प्रतिशत वार्षिक साधारण ब्याज पर निवेश

$$= \frac{2 \times 5000}{3+2} = ₹\,2000$$

❑✤❑✤❑

11

समय और दूरी (Time and Distance)

महत्त्वपूर्ण सूत्र

(1) $चाल = \frac{दूरी}{समय}$

(2) $समय = \frac{दूरी}{चाल}$

(3) $दूरी = चाल \times समय$

प्रश्नों से सम्बन्धित समस्याओं को हल करने के लिए ध्यान रखने योग्य कुछ बातें :

(1) यदि कोई रेलगाड़ी किसी वृक्ष या रेलवे लाइन के पास खड़े किसी व्यक्ति को पार करती है, तो दिये गये चाल व समय में अपनी लम्बाई के बराबर ही दूरी तय करती है।

(2) यदि कोई रेलगाड़ी किसी रेलवे प्लेटफार्म या पुल को पार करती है तो वह अपनी लम्बाई के साथ-साथ रेलवे प्लेटफार्म, या पुल की लम्बाई की दूरी को भी तय करती है।

(3) यदि कोई रेलगाड़ी किसी अन्य रेलगाड़ी (चाहे समान या विरुद्ध दिशा में) को पार करती है, तो वह अपनी व अन्य रेलगाड़ी की दूरी को भी तय करती है।

(4) यदि नाव, धारा की दिशा में जाती है तो नाव की आपेक्षिक गति = नाव की स्थिर जल में गति + धारा की गति।

(5) यदि नाव, धारा की विपरीत दिशा में जाती है तो नाव की आपेक्षिक गति = नाव की स्थिर जल में गति – धारा की गति।

प्रश्नमाला

1. एक मोटर साइकिल की चाल 36 किमी./घंटा है। इसकी चाल मी./सेकेण्ड में कितनी होगी?

A. 10 B. 12
C. 14 D. 18
E. 15

2. 400 मीटर लम्बी एक रेलगाड़ी 72 किमी./घंटा की गति से चल रही है। 100 मीटर लम्बे एक प्लेटफार्म को पार करने में कितना समय लगेगा?

A. 22 सेकेण्ड B. 25 सेकेण्ड
C. 23 सेकेण्ड D. 24 सेकेण्ड
E. 27 सेकेण्ड

3. एक 100 मीटर लम्बी रेलगाड़ी 65 किमी./घंटा की चाल से चल रही है। गाड़ी विपरीत दिशा में 5 किमी./घंटा की चाल से आते हुए एक आदमी को पार करने में कितना समय लेगी?

A. $5\frac{1}{7}$ सेकेण्ड B. $6\frac{2}{3}$ सेकेण्ड
C. $4\frac{1}{7}$ सेकेण्ड D. $3\frac{1}{7}$ सेकेण्ड
E. इनमें से कोई नहीं

4. एक रेलगाड़ी, जो 90 किमी./घंटा की गति से चली जा रही है। एक खम्भे को पार करने में 10 सेकेण्ड का समय लेती है। रेलगाड़ी की लम्बाई (मीटर में) कितनी होगी?

A. 250 B. 240
C. 280 D. 270
E. 260

5. A एक स्थान से कार द्वारा 60 किमी./घंटा की चाल से चलता है। B एक घंटे बाद उसी स्थान से उसी दिशा में 80 किमी./घंटे की चाल से चलता है। बताइये B, A को कितने समय पश्चात् पकड़ लेगा?

A. $2\frac{1}{2}$ घंटे B. 2 घंटे
C. 3 घंटे D. $3\frac{1}{2}$ घंटे
E. इनमें से कोई नहीं

6. एक रेलगाड़ी जिसकी चाल 54 कि.मी./घंटा है, प्लेटफार्म पर खड़े एक व्यक्ति को 9 सेकेण्ड में पार कर लेती है। रेलगाड़ी की लम्बाई (मीटर) में क्या होगी?
A. 140 B. 135
C. 145 D. 120
E. 150

7. एक रेलगाड़ी 130 किमी./घंटा की चाल से चल रही है। यदि रेलगाड़ी की लम्बाई 110 मी. हो, तो 165 मी. लम्बे प्लेटफार्म को कितने समय में पार कर लेगी?
A. $8\frac{9}{13}$ सेकेण्ड B. $7\frac{9}{13}$ सेकेण्ड
C. $7\frac{8}{13}$ सेकेण्ड D. $8\frac{3}{13}$ सेकेण्ड
E. इनमें से कोई नहीं

8. कंचन अपने मकान से 4 किमी./घंटा की चाल से चलकर अपने स्कूल 5 मिनट देर से पहुँचती है। यदि वह 5 किमी/घंटा की चाल से चलती है तो स्कूल $2\frac{1}{2}$ मिनट पहले पहुँच जाती है। बताइये घर से स्कूल की दूरी कितनी होगी?
A. 3.5 किमी. B. 2.5 किमी.
C. 2.75 किमी. D. 3.2 किमी.
E. 4.75 किमी.

9. दो रेलगाड़ियाँ एक-दूसरे की ओर क्रमशः 40 किमी. प्रति घंटा तथा 30 किमी. प्रतिघंटा की चाल से समान्तर पटरियों पर चल रही हैं। यदि दोनों गाड़ियों के बीच की दूरी 35 किमी. हो, तो वे कब मिलेंगी?
A. 18 मि. बाद B. 30 मि. बाद
C. 27 मि. बाद D. 35 मि. बाद
E. 29 मि. बाद

10. दो बिन्दुओं A से B तक के बीच की दूरी 150 किमी. है। यदि कोई व्यक्ति A से B तक जाने में 3 घंटे 20 मिनट तथा B से A तक वापस आने में 4 घंटे 10 मिनट का समय लेता हो, तो उसकी सम्पूर्ण यात्रा में औसत चाल, A से B तक की यात्रा की औसत चाल से कितनी कम होगी?
A. 5 किमी./घंटा B. 7.5 किमी./घंटा
C. 9 किमी./घंटा D. 3 किमी./घंटा
E. 10 किमी./घंटा

11. एक 100 मीटर लम्बी रेलगाड़ी 60 किमी./घंटा की रफ्तार से जा रही है। रेलगाड़ी को एक टेलीग्राफ पोस्ट को पार करने में कितना समय लगेगा?
A. 4 सेकेण्ड B. 6 सेकेण्ड
C. 8 सेकेण्ड D. 10 सेकेण्ड
E. 5 सेकेण्ड

12. एक 150 मीटर लम्बी रेलगाड़ी 90 किमी./घंटा की चाल से चल रही है। गाड़ी को एक पेड़ को पार करने में कितना समय लगेगा?
A. 6 सेकेण्ड B. 8 सेकेण्ड
C. 10 सेकेण्ड D. 11 सेकेण्ड
E. 12 सेकेण्ड

13. एक स्कूटर सवार अपनी यात्रा 10 घंटे में पूरी करता है। यदि वह आधी दूरी 21 किमी./घंटा की चाल से तथा शेष आधी दूरी को 24 किमी./घंटा की चाल से तय करे तो उसके द्वारा तय की गई दूरी कितनी होगी?
A. 230 किमी. B. 224 किमी.
C. 324 किमी. D. 120 किमी.
E. 330 किमी.

14. एक आदमी प्लेटफार्म पर 8 किमी./घंटा की चाल से चल रहा है। पीछे से आती हुई एक रेलगाड़ी उसे 30 सेकेण्ड में पार कर जाती है। यदि रेलगाड़ी की लम्बाई 300 मीटर हो, तो इसकी चाल कितनी होगी?
A. 32 किमी./घंटा B. 44 किमी./घंटा
C. 34 किमी./घंटा D. 40 किमी./घंटा
E. 45 किमी./घंटा

15. कमलकान्त ने कार द्वारा 40 किमी./घंटा की चाल से 2 घंटे तक यात्रा की तथा उसने A की तरफ आधी दूरी तय कर ली। अब वह किस औसत चाल से चले ताकि अगले 4 घंटे में A तक पहुँच जाए?
A. 22 किमी./घंटा B. 21 किमी./घंटा
C. 20 किमी./घंटा D. 30 किमी./घंटा
E. 40 किमी./घंटा

16. 45 किमी./घंटे की रफ्तार से चल रही एक रेलगाड़ी किसी पुल को 30 से. में पार कर जाती है। यदि रेलगाड़ी की लम्बाई 130 मी. हो, तो पुल की लम्बाई (मी. में) क्या होगी?

A. 245 मी. B. 265 मी.
C. 220 मी. D. 230 मी.
E. 250 मी.

17. एक कार 48 किमी./घंटा की चाल से 10 घंटे में एक यात्रा को पूरी करती है। यदि इसी यात्रा को 8 घंटे में पूरा करना हो, तो कार की चाल में कितनी वृद्धि करनी पड़ेगी?

A. 8 किमी./घंटा B. 12 किमी./घंटा
C. 10 किमी./घंटा D. 15 किमी./घंटा
E. 20 किमी./घंटा

18. एक मोटर साइकिल सवार 18 किमी./घंटा की औसत चाल से कोई दूरी 45 मिनट में तय कर लेता है। यदि इसी दूरी को 30 मिनट में तय करना हो, तो मोटर साइकिल की चाल कितनी होगी?

A. 66 किमी./घंटा B. 79 किमी./घंटा
C. 80 किमी./घंटा D. 72 किमी./घंटा
E. 90 किमी./घंटा

19. एक व्यक्ति 4 किमी./घंटा की रफ्तार से जाता है तथा 16 किमी./घंटा की रफ्तार से पुनः उसी स्थान पर वापस आता है, तो उसकी सम्पूर्ण यात्रा के दौरान औसत रफ्तार क्या होगी?

A. 6.4 किमी./घंटा B. 8.4 किमी./घंटा
C. 5.4 किमी./घंटा D. 10 किमी./घंटा
E. 4.5 किमी./घंटा

20. किसी रेलगाड़ी का एक पहिया 5 सेकेण्ड में 8 चक्कर लगाता है। यदि पहिए का व्यास 140 सेमी. हो, तो रेलगाड़ी की चाल (किमी./घंटा में) क्या होगी?

$$\left[\pi = \frac{22}{7}\right]$$

A. 35.48 B. 25.34
C. 20.25 D. 18.75
E. 20.75

उत्तरमाला

1	2	3	4	5	6	7	8	9	10
A	B	A	A	C	B	C	B	B	A
11	**12**	**13**	**14**	**15**	**16**	**17**	**18**	**19**	**20**
B	A	B	B	C	A	B	D	A	B

व्याख्यात्मक उत्तर

1. मोटरसाइकिल की चाल = 36 किमी./घंटा

$\therefore$ मोटर साइकिल की चाल $= 36 \times \frac{5}{18} = 10$ मी./से.

[$\because$ 1 किमी./घंटा $= \frac{5}{18}$ मी./से.]

2. चूँकि रेलगाड़ी प्लेटफार्म को पार करती है।

$\therefore$ प्लेटफार्म को पार करने में लगा समय

$$= \frac{\text{रेलगाड़ी की लम्बाई + प्लेटफार्म की लम्बाई}}{\text{रेलगाड़ी की चाल}}$$

$$= \frac{(400+100) \text{ मी.}}{72 \text{ किमी./घंटा}}$$

$$= \frac{500}{72 \times \frac{5}{18}} = \frac{500}{20} = 25 \text{ सेकेण्ड}$$

3. चूँकि आदमी रेलगाड़ी के विपरीत दिशा में चल रहा है।

$\therefore$ सापेक्ष चाल = रेलगाड़ी की चाल + आदमी की चाल

= 65 + 5 = 70 किमी./घंटा

रेलगाड़ी की लम्बाई = 100 मी.

70 किमी./घंटा $= 70 \times \frac{5}{18}$ मी./से.

$\therefore$ पार करने में लगा समय

$$= \frac{100 \times 18}{70 \times 5} = \frac{36}{7} = 5\frac{1}{7} \text{ सेकेण्ड}$$

4. चूँकि रेलगाड़ी सिर्फ खम्भे को पार करती है।

$\therefore$ खम्भे को पार करने में लगा समय

$$= \frac{\text{रेलगाड़ी की लम्बाई}}{\text{रेलगाड़ी की चाल}}$$

$$\Rightarrow 10 = \frac{\text{रेलगाड़ी की लम्बाई}}{90 \times \frac{5}{18}}$$

$\therefore$ रेलगाड़ी की लम्बाई $= 10 \times 25 = 250$ मीटर।

5. माना कि B, A को t घंटे बाद पकड़ लेगा।

A के द्वारा 60 किमी./घंटा की चाल से $(t + 1)$ घंटे में तय की गई दूरी $60 \times (t + 1)$ किमी. ...(*i*)

तथा B के द्वारा 60 किमी./घंटा की चाल से t घंटे में तय की गई दूरी $= 80t$ किमी. ...(*ii*)

परन्तु समीकरण (*i*) तथा (*ii*) में तय की गई दूरी समान हैं

$$\therefore \quad 60 \times (t + 1) = 80t$$
$$\Rightarrow \quad 80t - 60t = 60$$
$$\Rightarrow \quad 20t = 60 \Rightarrow t = 3 \text{ घंटे}$$

अतः B, A को 3 घंटे के बाद पकड़ लेगा।

6. चूँकि रेलगाड़ी सिर्फ व्यक्ति को पार करती है।

अतः दिये गये समय में अपनी लम्बाई के बराबर ही दूरी तय करेगी।

$\because$ रेलगाड़ी की चाल $= 54$ किमी./घंटा $= 54 \times \frac{5}{18}$ मी./से.

$\therefore$ रेलगाड़ी की लम्बाई = चाल × समय

$= 15 \times 9 = 135$ मी.

7. चूँकि रेलगाड़ी अपनी लम्बाई के साथ-साथ प्लेटफार्म की लम्बाई की दूरी को भी तय करेगी।

$\therefore$ रेलगाड़ी द्वारा तय की गई दूरी

$= 110 + 165 = 275$ मी.

तथा रेलगाड़ी की चाल = 130 किमी./घंटा

$= 130 \times \frac{5}{18} = \frac{325}{9}$ मी./से.

$\therefore$ प्लेटफार्म को पार करने में लिया गया समय

$$= \frac{275}{\frac{325}{9}} = \frac{275 \times 9}{325} = \frac{99}{13} = 7\frac{8}{13} \text{ से.}$$

8. माना कि घर से स्कूल की दूरी x किमी. है। 4 किमी./घंटा की चाल से x किमी. की दूरी तय करने में लगा समय $= \frac{x}{4}$ घंटा।

परन्तु कंचन अपने स्कूल 5 मिनट देर से पहुँचती है

$\therefore$ पहुँचने का वास्तविक समय

$$= \frac{x}{4} \text{ घंटा} - 5 \text{ मिनट} = \left(\frac{x}{4} - \frac{1}{12}\right) \text{ घंटा}$$

तथा 5 किमी./घंटा की चाल से x किमी. की दूरी तय करने में लगा समय $= \frac{x}{5}$ घंटा

परन्तु कंचन अपने स्कूल $2\frac{1}{2}$ मिनट जल्दी पहुँचती है

$\therefore$ पहुँचने का वास्तविक समय $= \frac{x}{5}$ घंटा $+ \frac{5}{2}$ मिनट

$$= \left(\frac{x}{5} + \frac{1}{24}\right) \text{ घंटा}$$

$$\therefore \quad \frac{x}{4} - \frac{1}{12} = \frac{x}{5} + \frac{1}{24}$$

$$\Rightarrow \quad \frac{x}{4} - \frac{x}{5} = \frac{1}{24} + \frac{1}{12}$$

$$\Rightarrow \quad \frac{5x - 4x}{20} = \frac{1+2}{24} = \frac{3}{24} = \frac{1}{8}$$

$$\Rightarrow \quad \frac{x}{20} = \frac{1}{8} \Rightarrow 8x = 20$$

$$\Rightarrow x = \frac{20}{8} = \frac{5}{2} = 2.5$$

अतः घर से स्कूल की दूरी 2.5 किमी. होगी।

9. चूँकि दोनों रेलगाड़ियाँ एक-दूसरे की ओर चलती हैं।

$\therefore$ सापेक्ष गति $= 40 + 30 = 70$ किमी/घंटा

तथा बीच की दूरी = 35 किमी.

$\therefore$ मिलने का समय $= \frac{35}{70} = \frac{1}{2}$ घंटा = 30 मिनट बाद

10. A से B तक जाने में, चली गई दूरी = 150 किमी.

तथा समय = 3 घंटे 20 मिनट $= 3\frac{1}{3} = \frac{10}{3}$ घंटे

व्यक्ति की औसत चाल $= \dfrac{150}{\frac{10}{3}}$

$= \dfrac{150 \times 3}{10} = 45$ किमी./घंटा

B से A तक आने में, चली गई दूरी = 150 किमी.

तथा समय = 4 घंटे 10 मिनट = $4\frac{1}{6} = \frac{25}{6}$ घंटा

व्यक्ति की औसत चाल $= \dfrac{150}{\frac{25}{6}}$

$= \dfrac{150 \times 6}{25} = 36$ किमी./घंटा

चूँकि आने और जाने में तय की गई दूरी समान है

∴ सम्पूर्ण यात्रा में औसत चाल

$= \dfrac{2 \times 45 \times 36}{45 + 36} = \dfrac{90 \times 36}{81} = 40$ किमी./घंटा

अतः स्पष्ट है कि सम्पूर्ण यात्रा में औसत चाल, A से B तक की औसत चाल से (45 – 40) = 5 किमी./घंटा कम है।

11. रेलगाड़ी की लम्बाई = 100 मीटर

गाड़ी की चाल = 60 किमी./घंटा

$= 60 \times \dfrac{5}{18} = \dfrac{50}{3}$ मी./से.

गाड़ी को टेलीग्राफ पोस्ट को पार करने में लगा समय

$= \dfrac{\text{दूरी}}{\text{गति}} = \dfrac{100}{\frac{50}{3}} = \dfrac{100 \times 3}{50} = 6$ सेकेण्ड

12. रेलगाड़ी की लम्बाई = 150 मीटर

गाड़ी की चाल = 90 किमी./घंटा

$= 90 \times \dfrac{5}{18} = 25$ मी./से.

गाड़ी को एक पेड़ को पार करने में लगा समय $= \dfrac{\text{दूरी}}{\text{गति}}$

$= \dfrac{150}{25} = 6$ से.

13. माना कि स्कूटर सवार द्वारा तय की गई दूरी = x किमी.

पहली स्थिति में, दूरी $= \dfrac{x}{2}$ किमी. तथा

चाल = 21 किमी./घंटा

तय करने में लगा समय $= \dfrac{\text{दूरी}}{\text{चाल}} = \dfrac{x/2}{21} = \dfrac{x}{42}$ घंटा

दूसरी स्थिति में, दूरी $= \dfrac{x}{2}$ किमी. तथा

चाल = 24 किमी./घंटा

तय करने में लगा समय $= \dfrac{\text{दूरी}}{\text{चाल}} = \dfrac{x/2}{24} = \dfrac{x}{48}$ घंटा

परन्तु वह पूरी यात्रा 10 घंटे में तय करता है

$$\therefore \quad \frac{x}{42} + \frac{x}{48} = 10$$

$$\frac{8x + 7x}{336} = 10$$

$$15x = 336 \times 10$$

$$x = \frac{336 \times 10}{15}$$

$$= 112 \times 2 = 224$$

अतः यात्रा की दूरी = 224 किमी. होगी।

14. चूँकि आदमी, रेलगाड़ी के समान दिशा में चल रहा है।

∴ सापेक्ष गति = रेलगाड़ी की चाल – आदमी की चाल

= रेलगाड़ी की चाल – 8 किमी./घंटा

∴ रेलगाड़ी की चाल – 8 किमी./घंटा

$= \dfrac{\text{रेलगाड़ी की लम्बाई}}{\text{पार करने में लगा समय}}$

$= \dfrac{300}{30} = 10$ मी./सेकेण्ड

$= 10 \times \dfrac{18}{5} = 36$ किमी./घंटा

अतः रेलगाड़ी की चाल = 36 + 8 = 44 किमी./घंटा

15. 40 किमी./घंटे की चाल से 2 घंटे में तय की गई दूरी = 40 × 2 = 80 किमी.

परन्तु यह यात्रा की आधी है

∴ यात्रा की शेष बची दूरी = 80 किमी.

तथा लिये जाने वाला समय = 4 घंटे

$\therefore$ A तक पहुँचने में औसत चाल

$= \frac{80}{4} = 20$ किमी./घंटा होनी चाहिए।

16. माना कि पुल की लम्बाई x मीटर है।

$\therefore$ रेलगाड़ी द्वारा तय की गई दूरी = $(130 + x)$ मीटर

तथा पुल पार करने में लिया गया समय = 30 सेकेण्ड

चूँकि दूरी = चाल × समय

$\Rightarrow 130 + x = 45 \times \frac{5}{18} \times 30 = 375$ मीटर

$\Rightarrow x = 375 - 130 = 245$ मीटर

[$\because$ 45 किमी/घंटा = $\frac{5}{18}$ मी./ से.]

अतः पुल की लम्बाई 245 मीटर होगी।

17. $\because$ 48 किमी./घंटा की चाल से कार द्वारा 10 घंटे में चली गई दूरी

$= 48 \times 10 = 480$ किमी.

द्वितीय स्थिति में, यात्रा की दूरी = 480 किमी.

समय = 8 घंटे

कार की चाल = $\frac{\text{दूरी}}{\text{समय}} = \frac{480}{8} = 60$ किमी./घंटा

अतः कार की चाल में वृद्धि = 60 − 48

= 12 किमी./घंटा करनी पड़ेगी।

18. चूँकि मोटर साइकिल सवार द्वारा 48 किमी./घंटा की औसत चाल से 45 मिनट में तय की गई दूरी

$= 48 \times \frac{45}{60} = 36$ किमी.

द्वितीय स्थिति में,

दूरी = 36 किमी.

समय = 30 मिनट = $\frac{1}{2}$ घंटा

$\therefore$ मोटर साइकिल की चाल = $\frac{\text{दूरी}}{\text{समय}} = \frac{36}{\frac{1}{2}} = 36 \times 2$

= 72 किमी./घंटा

19. महत्वपूर्ण नियम के आधार पर,

चूँकि दोनों स्थितियों में मनुष्य द्वारा तय की गई दूरी समान है।

$\therefore$ यहाँ पर, $x = 4$ किमी./घंटा

$y = 16$ किमी./घंटा

मनुष्य की सम्पूर्ण यात्रा के दौरान औसत चाल

$= \frac{2xy}{x+y} = \frac{2 \times 4 \times 16}{4+16}$

$= \frac{8 \times 16}{20} = 6.4$ किमी./घंटा

20. $\because$ पहिए का व्यास = 140 सेमी.

$\therefore$ पहिए की परिधि = π × व्यास

$= 140 \times \frac{22}{7} = 440$ सेमी.

1 चक्कर में पहिए द्वारा तय की गई दूरी = 440 सेमी.

$\therefore$ 8 चक्कर में पहिए द्वारा तय की गई दूरी

= 440 × 8 = 3520 सेमी. = 35.20 मीटर

$\because$ चाल = $\frac{\text{दूरी}}{\text{समय}} = \frac{35.20}{5}$ मी./से.

$= \frac{35.20}{5} \times \frac{18}{5}$ किमी./घंटा

= 25.34 किमी./घंटा

❑✤❑✤❑

12

समय और कार्य (Time and Work)

किसी कार्य को पूरा करने के लिए व्यक्तियों द्वारा लिए गये समय की अवधि भिन्न-भिन्न होती है। इस प्रकार के प्रश्नों में उनका एक-एक दिन का काम निकाल लेते हैं तथा फिर यह मालूम करते हैं कि वे सब मिलकर एक दिन में कितना काम करते हैं। उनकी मजदूरी उनके द्वारा किये गये कार्य के अनुपात में विभाजित की जाती है।

याद रखने योग्य तथ्य

1. यदि कोई आदमी किसी काम को 4 दिन में करता है, तो एक दिन में वह उस का $\frac{1}{4}$ भाग ही करेगा।
2. समय और कार्य के प्रश्नों में यह मानना चाहिये कि व्यक्ति एक समान दर से कार्य कर रहा है, जब तक कि इसके लिए अलग से कोई उल्लेख न हो।
3. यदि A, B से दुगुनी गति से काम करता है, तो A, B से आधे समय में काम को पूरा कर सकता है।
4. किसी कार्य को पूरा करने के लिए व्यक्तियों की संख्या जिस अनुपात में बढ़ती है, उनके द्वारा लिया जाने वाला समय भी उसी अनुपात में घटता है।
5. मजदूरी ज्ञात करते समय यह ध्यान में रखना चाहिये कि मजदूर द्वारा किये गये कार्य के अनुपात में ही मजदूरी का बँटवारा हो।

प्रश्नमाला

1. 24 आदमी एक मशीन को 12 दिन में तैयार करते हैं तो 36 आदमी ऐसी ही मशीन को कितने दिन में तैयार करेंगे?

A. 10 दिन B. 4 दिन
C. 12 दिन D. 8 दिन
E. 15 दिन

2. A, B और C मिलकर कोई काम करके ₹ 380 कमाते हैं। यदि उनके कामों में 4 : 7 : 8 अनुपात हो, तो वे अपनी मजदूरी को क्रमशः बाँटेंगेः

A. ₹ 80, 140, 160 B. ₹ 100, 120, 160
C. ₹ 80, 160, 140 D. ₹ 140, 80, 160
E. ₹ 60, 140, 120

3. A, B और C किसी काम को क्रमशः 4, 6 तथा 8 दिन में पूरा कर सकते हैं। यदि उस काम की मजदूरी ₹ 390 हो, तो B की मजदूरी में हिस्सा ज्ञात कीजिए?

A. ₹ 110 B. ₹ 130
C. ₹ 120 D. ₹ 125
E. ₹ 140

4. A एक काम को 6 दिन में तथा B उसी काम को 10 दिन में पूरा करता है। A और B दोनों मिलकर उस काम को कितने दिनों में पूरा कर सकते हैं?

A. $2\frac{3}{4}$ दिन B. $3\frac{3}{4}$ दिन
C. $3\frac{1}{4}$ दिन D. $2\frac{1}{4}$ दिन
E. इनमें से कोई नहीं

5. एक काम को 6 आदमी और 5 औरतें मिलकर 6 दिन में तथा उसी काम को 3 आदमी और 4 औरतें मिलकर 10 दिन में पूरा करते हैं। 9 आदमी और 15 औरतें मिलकर उस काम को कितने दिनों में पूरा करेंगे?

A. 4 दिन B. 3 दिन
C. 2 दिन D. 7 दिन
E. 5 दिन

6. एक हौज को एक नल 4 घंटे में तथा दूसरा नल उसी हौज को 5 घंटे में भरता है। यदि दोनों नल एक साथ खोल दिये जाएं, तो हौज कितने घंटे में भर जाएगा?

A. $3\frac{2}{9}$ घंटे
B. $2\frac{2}{9}$ घंटे
C. $2\frac{1}{9}$ घंटे
D. $3\frac{5}{9}$ घंटे
E. इनमें से कोई नहीं

7. A, B तथा C मिलकर ₹ 480 कमाते हैं। यदि उनके कामों का अनुपात 2 : 3 : 5 हो, तो बताइये B को अपने हिस्से का कितना धन प्राप्त होगा?

A. ₹ 145
B. ₹ 144
C. ₹ 160
D. ₹ 170
E. ₹ 180

8. एक काम को 2 आदमी और 3 बच्चे मिलकर 6 दिन में कर सकते हैं। उसी काम को 4 आदमी और 3 बच्चे मिलकर 4 दिन में कर सकते हैं। बताइये 8 आदमी और 3 बच्चे मिलकर उस काम को कितने दिनों में पूरा कर सकते हैं?

A. $2\frac{2}{5}$ दिन
B. $1\frac{1}{5}$ दिन
C. $3\frac{1}{5}$ दिन
D. $3\frac{2}{5}$ दिन
E. इनमें से कोई नहीं

9. जिस काम को 12 आदमी 80 दिनों में कर सकते हों, तो उसी काम को 16 आदमी कितने दिनों में करेंगे?

A. 30
B. 60
C. 45
D. 15
E. 50

10. 12 आदमी एक काम को 8 दिन में कर सकते हैं। काम शुरू करने के 3 दिन बाद 3 आदमी और काम में सम्मिलित हो गये। शेष काम को पूरा होने में कितने दिन लगेंगे?

A. 2
B. 5
C. 3
D. 4
E. 6

11. 6 व्यक्ति 168 खिलौने 7 दिन में बनाते हैं। 8 व्यक्ति 5 दिन में कितने खिलौने बनायेंगे?

A. 180
B. 154
C. 168
D. 160
E. 165

12. 40 मजदूर किसी दीवार को 28 दिन में बना सकते हैं। यदि दीवार को 35 दिन में बनाना हो, तो कितने मजदूरों की आवश्यकता होगी?

A. 36
B. 32
C. 64
D. 18
E. 54

13. एक नल एक टंकी को 15 मिनट में भरता है जबकि दूसरा नल उसे 10 मिनट में भरता है। यदि दोनों नल एक साथ खोल दिये जाएं, तो टंकी कितने मिनट में भरेगी?

A. 4
B. 6
C. 8
D. 5
E. 7

14. 12 औरतें या 18 लड़के एक काम को 7 दिनों में कर सकते हैं। यदि 4 औरतें तथा 8 लड़कों को काम पर लगा दिया जाए, तो काम कितने दिनों में समाप्त होगा?

A. 9 दिन
B. 8 दिन
C. 6 दिन
D. 5 दिन
E. 4 दिन

15. A किसी काम को अकेला 16 दिनों में तथा B उसी काम को अकेला 12 दिनों में पूरा कर सकता है। दोनों बारी-बारी से एकांतर दिवस पर काम करते हैं। काम A ने शुरू किया, कितने दिनों में काम पूरा हो जाएगा?

A. 12 दिन
B. 13 दिन
C. $13\frac{5}{7}$ दिन
D. $13\frac{3}{4}$ दिन
E. 15 दिन

16. A तथा B किसी काम को 15 दिनों में पूरा कर सकते हैं जबकि B तथा C उसी काम को 20 दिनों में पूरा कर सकते हैं तथा C और A उसे 30 दिनों में पूरा कर सकते हैं। A अकेला उस काम को कितने दिनों में पूरा करेगा?

A. 20 दिन
B. 28 दिन
C. 52 दिन
D. 40 दिन
E. 25 दिन

17. प्रशान्त किसी काम को 20 दिनों में समाप्त करता है। वह 8 दिनों तक काम करता है तथा शेष काम को प्रदीप अकेला 15 दिनों में पूरा करता है। प्रदीप पूरे काम को कितने दिनों में कर सकता है?

A. 18 दिन
B. 25 दिन
C. 24 दिन
D. 28 दिन
E. 42 दिन

18. सुरेश किसी काम को 15 दिनों में तथा महेश उसी काम को 18 दिनों में पूरा करता है। महेश अकेला 6 दिनों तक काम करता है। शेष काम को सुरेश अकेला कितने दिनों में पूरा करेगा?

A. 10 दिन B. 12 दिन
C. 15 दिन D. 16 दिन
E. 25 दिन

19. A किसी काम को 15 दिन में तथा B उसी काम को 21 दिन में पूरा कर सकता है। दोनों ने एक साथ काम करना शुरू किया किन्तु काम समाप्ति के 3 दिन पूर्व A ने काम करना छोड़ दिया। अब काम को पूरा होने में कुल कितने दिन लगेंगे?

A. $10\frac{1}{5}$ दिन B. $6\frac{2}{5}$ दिन
C. $8\frac{2}{5}$ दिन D. $13\frac{1}{5}$ दिन
E. 10 दिन

20. A, B से तिगुना काम करता है। यदि दोनों मिलकर किसी काम को 15 दिनों में करते हैं, तो A अकेला उस काम को कितने दिनों में पूरा करेगा?

A. 15 दिन B. 20 दिन
C. 18 दिन D. 21 दिन
E. 25 दिन

उत्तरमाला

1	2	3	4	5	6	7	8	9	10
D	A	C	B	B	B	B	A	B	D
11	**12**	**13**	**14**	**15**	**16**	**17**	**18**	**19**	**20**
D	B	B	A	D	D	B	A	A	B

व्याख्यात्मक उत्तर

1. ∵ 24 आदमी किसी मशीन को 12 दिन में तैयार करते हैं

∴ 1 आदमी उस मशीन को 24 × 12 दिनों में तैयार करेगा

∴ 36 आदमी उस मशीन को $\frac{24 \times 12}{36}$

= 8 दिनों में तैयार करेंगे।

2. कुल मजदूरी = ₹ 380

A : B : C = 4 : 7: 8

A का हिस्सा = $\frac{4}{19} \times 380$ = ₹ 4 × 20 = ₹ 80

B का हिस्सा = $\frac{7}{19} \times 380$ = ₹ 7 × 20 = ₹ 140

C का हिस्सा = $\frac{8}{19} \times 380$ = ₹ 8 × 20 = ₹ 160

3. ∵ A का 1 दिन का काम = $\frac{1}{4}$

B का 1 दिन का काम = $\frac{1}{6}$

C का 1 दिन का काम = $\frac{1}{8}$

∴ A, B तथा C के कामों का अनुपात

$= \frac{1}{4} : \frac{1}{6} : \frac{1}{8} = 6 : 4 : 3$

अनुपाती संख्याओं का योग = 6 + 4 + 3 = 13

B का हिस्सा = $\frac{4}{13}$ × ₹ 390 = ₹ 4 × 30 = ₹ 120

4. A का 1 दिन का काम = $\frac{1}{6}$

B का 1 दिन का काम = $\frac{1}{10}$

(A + B) का 1 दिन का काम = $\frac{1}{6} + \frac{1}{10}$

$= \frac{5+3}{30} = \frac{8}{30} = \frac{4}{15}$

अतः दोनों मिलकर $\frac{15}{4}$ दिन $= 3\frac{3}{4}$ दिनों में करेंगे।

5. $\because$ (6 आदमी + 5 औरतें) का 1 दिन का काम $= \frac{1}{6}$ ...(*i*)

तथा (3 आदमी + 4 औरतें) का 1 दिन का काम $= \frac{1}{10}$

$\therefore$ (6 आदमी + 8 औरतें) का 1 दिन का काम

$= \frac{1}{10} \times 2 = \frac{1}{5}$ ...(*ii*)

समीकरण (*i*) तथा (*ii*) से,

3 औरतों का 1 दिन का काम $= \frac{1}{5} - \frac{1}{6} = \frac{6-5}{30} = \frac{1}{30}$

$\therefore$ 15 औरतों का 1 दिन का काम $= \frac{1}{30} \times \frac{15}{3} = \frac{1}{6}$

4 औरतों का 1 दिन का काम $= \frac{1}{30} \times \frac{4}{3} = \frac{2}{45}$

3 आदमियों का 1 दिन का काम

$= \frac{1}{10} - \frac{2}{45} = \frac{9-4}{90} = \frac{5}{90} = \frac{1}{18}$

9 आदमियों का 1 दिन का काम $= \frac{1}{18} \times \frac{9}{3} = \frac{1}{6}$

$\therefore$ (9 आदमी + 15 औरतें) का 1 दिन का काम

$= \frac{1}{6} + \frac{1}{6} = \frac{2}{6} = \frac{1}{3}$

अतः (9 आदमी + 15 औरतें) मिलकर उस काम को 3 दिनों में पूरा कर लेंगी।

6. पहले नल द्वारा 1 घंटे में हौज का भरा भाग $= \frac{1}{4}$

तथा दूसरे नल द्वारा 1 घंटे में हौज का भरा भाग = $\frac{1}{5}$

दोनों नल द्वारा 1 घंटे में हौज का भरा भाग

$= \frac{1}{4} + \frac{1}{5} = \frac{5+4}{20} = \frac{9}{20}$

अतः दोनों नल $\frac{20}{9}$ घंटे $= 2\frac{2}{9}$ घंटे में हौज को पूरा भर देंगे।

7. A, B, C की कुल मजदूरी = ₹ 480

कामों का अनुपात = 2 : 3 : 5

अतः B का हिस्सा $= \frac{3}{10} \times$ ₹ 480 = ₹ 144

8. $\because$ (2 आदमी + 3 बच्चे) का 1 दिन का काम $= \frac{1}{6}$

तथा (4 आदमी + 3 बच्चे) का 1 दिन का काम $= \frac{1}{4}$

2 आदमी का 1 दिन का काम $= \frac{1}{4} - \frac{1}{6} = \frac{3-2}{12} = \frac{1}{12}$

8 आदमी का 1 दिन का काम $= \frac{1}{12} \times \frac{8}{2} = \frac{1}{3}$

3 बच्चे का 1 दिन का काम $= \frac{1}{6} - \frac{1}{12} = \frac{2-1}{12} = \frac{1}{12}$

(8 आदमी + 3 बच्चे) का 1 दिन का काम

$= \frac{1}{3} + \frac{1}{12} = \frac{4+1}{12} = \frac{5}{12}$

अतः 8 आदमी तथा 3 बच्चे मिलकर उस काम को $\frac{12}{5}$

$= 2\frac{2}{5}$ दिनों में पूरा करेंगे।

9. $\because$ 12 आदमी किसी काम को 80 दिनों में पूरा करते हैं

$\therefore$ 1 आदमी उसी काम को 12×80 दिनों में पूरा करेगा

$\therefore$ 16 आदमी उसी काम को $\frac{12 \times 80}{16} = 60$ दिनों में पूरा करेंगे।

10. चूँकि 3 दिन काम होने के बाद 3 आदमी बढ़ गये।

8 दिन − 3 दिन = 5 दिन

आदमियों की संख्या = 12 + 3 = 15 आदमी

$\because$ 12 आदमी शेष काम को 5 दिनों में पूरा कर सकते हैं

$\therefore$ 1 आदमी उस काम को 12×5 दिनों में पूरा करेगा

$\therefore$ 15 आदमी उस काम को $\frac{12 \times 5}{15}$

= 4 दिनों में पूरा करेंगे।

11. ∵ 6 आदमी 7 दिन काम करके 168 खिलौने बनाते हैं

∴ 1 आदमी 1 दिन काम करके $\frac{168}{6 \times 7}$ खिलौने बनायेंगे

∴ 8 आदमी 5 दिन काम करके $\frac{168 \times 8 \times 5}{6 \times 7}$ खिलौने

$= 4 \times 8 \times 5 = 160$ खिलौने बनायेंगे

12. ∵ किसी दीवार को 28 दिन में बनाने के लिए 40 मजदूरों की आवश्यकता होती है

∴ उस दीवार को 1 दिन में बनाने के लिए 40 × 28 मजदूरों की आवश्यकता पड़ेगी

∴ उस दीवार को 35 दिन में बनाने के लिए $\frac{40 \times 28}{35}$

= 32 मजदूरों की आवश्यकता होगी।

13. पहले नल द्वारा 1 मिनट में टंकी का भरा भाग $= \frac{1}{15}$

दूसरे नल द्वारा 1 मिनट में टंकी का भरा भाग $= \frac{1}{10}$

दोनों नल द्वारा 1 मिनट में टंकी का भरा भाग

$= \frac{1}{15} + \frac{1}{10}$

$= \frac{2+3}{30} = \frac{5}{30} = \frac{1}{6}$

अतः दोनों नल 6 मिनट में पूरी टंकी को भर देंगे।

14. ∵ 12 औरतें = 18 लड़के

1 औरत $= \frac{18}{12}$ लड़के $= \frac{3}{2}$ लड़के

4 औरतें + 8 लड़के $= \left(4 \times \frac{3}{2} + 8\right)$ लड़के

= (6 + 8) लड़के = 14 लड़के

∵ 18 लड़के किसी काम को 7 दिनों में पूरा करते हैं

∴ 1 लड़का उस काम को 18 × 7 दिनों में पूरा करेगा

∴ 14 लड़के उसी काम को $\frac{18 \times 7}{14}$

= 9 दिनों में पूरा करेंगे।

15. $\left(\frac{1}{16} + \frac{1}{12}\right)$ भाग = 2 दिन

$\Rightarrow \left(\frac{3+4}{48}\right)$ भाग = 2 दिन

$\Rightarrow \frac{7}{48}$ भाग = 2 दिन

$\Rightarrow \left(\frac{7}{48} \times 6\right)$ भाग = 2 × 6 दिन

$\Rightarrow \frac{42}{48}$ भाग = 12 दिन

शेष काम $= 1 - \frac{42}{48}$ भाग $= \frac{6}{48}$ भाग $= \frac{1}{8}$ भाग

13वें दिन A को काम करने के बाद शेष काम =

$\frac{1}{8} - \frac{1}{16} = \frac{1}{16}$

$\frac{1}{16}$ काम को B को करने में लगा समय

$= \frac{1}{16} \times 12 = \frac{3}{4}$ दिन

∴ कुल समय $= 13\frac{3}{4}$ दिन

16. (A + B) का 1 दिन का काम $= \frac{1}{15}$ ...(*i*)

(B + C) का 1 दिन का काम $= \frac{1}{20}$ ...(*ii*)

समीकरण (*i*) और (*ii*) से,

(A – C) का 1 दिन का काम

$= \frac{1}{15} - \frac{1}{20} = \frac{4-3}{60} = \frac{1}{60}$ ...(*iii*)

(A + C) का 1 दिन का काम $= \frac{1}{30}$ ...(*iv*)

समीकरण (*iii*) और (*iv*) से,

2A का 1 दिन का काम

$= \frac{1}{30} + \frac{1}{60} = \frac{2+1}{60} = \frac{3}{60} = \frac{1}{20}$

A का 1 दिन का काम $= \frac{1}{20 \times 2} = \frac{1}{40}$

अतः A अकेले उस काम को 40 दिनों में पूरा करेगा।

17. प्रशांत का 1 दिन का काम = $\frac{1}{20}$

प्रशांत का 8 दिन का काम = $\frac{1}{20}\times 8 = \frac{2}{5}$

शेष काम = $1-\frac{2}{5}=\frac{3}{5}$

शेष काम प्रदीप 15 दिनों में करता है।

प्रदीप काम का $\frac{3}{5}$ भाग 15 दिनों में करता है

प्रदीप पूरा काम $15\times\frac{5}{3}$ दिनों में करेगा

अतः प्रदीप अकेले पूरा काम = 25 दिनों में पूरा करेगा।

18. सुरेश का 1 दिन का काम = $\frac{1}{15}$ भाग

महेश का 1 दिन का काम = $\frac{1}{18}$ भाग

महेश का 6 दिन का काम = $\frac{1}{18}\times 6 = \frac{1}{3}$ भाग

शेष काम = $1-\frac{1}{3}=\frac{2}{3}$ भाग

सुरेश $\frac{1}{15}$ भाग 1 दिन में करता है

सुरेश $\frac{2}{3}$ भाग $\frac{1}{\frac{1}{15}}\times\frac{2}{3}$ दिन में करेगा

$= 15\times\frac{2}{3} = 10$ दिन में करेगा

अतः सुरेश अकेले शेष काम को 10 दिनों में पूरा करेगा।

19. काम समाप्त होने में लगा कुल समय

$$=\frac{(14+3)\times 21}{14+21}=\frac{17\times 21}{35}=\frac{51}{5}=10\frac{1}{5} \text{ दिन}$$

20. A द्वारा पूरे काम को समाप्त करने में लगा समय

$$=\frac{(3+1)\times 15}{3}=\frac{4\times 15}{3}=20 \text{ दिन}$$

❑✤❑✤❑

13

करणी (Surds)

प्राय: सभी संख्याओं के वर्गमूल सदैव पूर्ण संख्या नहीं होते, जैसे– $\sqrt{9}=3$ परन्तु $\sqrt{15}=3.873$, जो कि पूर्ण संख्या नहीं है, अर्थात् 15 का वर्गमूल पूर्ण संख्या नहीं है। अत: ऐसी संख्यायें जिनके वर्गमूल पूर्ण संख्या नहीं होते, जैसे : $\sqrt{3}$, $\sqrt{7}$, $2+\sqrt{11}$, $4+\sqrt{13}$ .... इत्यादि संख्यायें **करणी** कहलाती हैं।

प्रश्नों को हल करने के लिए निम्नलिखित सूत्रों का प्रयोग कीजिए :

1. $\sqrt{a}\times\sqrt{a}=a$
2. $\sqrt{a}\times\sqrt{b}=\sqrt{ab}$
3. $\left(\sqrt{a}+\sqrt{b}\right)^2=a+b+2\sqrt{ab}$
4. $\left(\sqrt{a}-\sqrt{b}\right)^2=a+b-2\sqrt{ab}$
5. $x\sqrt{a}+x\sqrt{b}=x\left(\sqrt{a}+\sqrt{b}\right)$
6. $\dfrac{1}{\sqrt{a}+\sqrt{b}}=\dfrac{1}{\sqrt{a}+\sqrt{b}}\times\dfrac{\sqrt{a}-\sqrt{b}}{\sqrt{a}-\sqrt{b}}=\dfrac{\sqrt{a}-\sqrt{b}}{a-b}$
7. $\dfrac{1}{\sqrt{a}-\sqrt{b}}=\dfrac{1}{\sqrt{a}-\sqrt{b}}\times\dfrac{\sqrt{a}+\sqrt{b}}{\sqrt{a}+\sqrt{b}}=\dfrac{\sqrt{a}+\sqrt{b}}{a-b}$
8. $a+\sqrt{b}=c+\sqrt{d}\Rightarrow a=c$ तथा $b=d$
9. $\sqrt{2}=1.41421$, $\sqrt{3}=1.73205$, $\sqrt{5}=2.23607$, $\sqrt{6}=2.4494$, $\sqrt{7}=2.64575$, $\sqrt{8}=2.82842$, $\sqrt{10}=3.16227$, $\sqrt{11}=3.31662$

प्रश्नमाला

1. $\dfrac{1}{\sqrt{3}}$ का मान दशमलव के तीन स्थानों तक होगा—

A. 0.577 B. 0.477
C. 0.673 D. 0.575
E. 0.554

2. यदि $\sqrt{2}=1.4142$ हो, तो $\dfrac{1}{2}\left(\dfrac{\sqrt{2}-1}{\sqrt{2}+1}\right)$ का मान कितना होगा?

A. .0768 B. .0658
C. .0858 D. .0458
E. .0854

3. यदि $\sqrt{1936}=44$ हो, तो $\sqrt{1936}+\sqrt{0.1936}+\sqrt{.001936}$ का मान दशमलव के तीन स्थानों तक होगा—

A. 5.679 B. 4.884
C. 9.884 D. 6.778
E. 5.976

4. $\sqrt{\left(5+\dfrac{4}{9}\right)}$ का मान होगा?

A. $3\frac{1}{3}$ B. $2\frac{1}{6}$
C. $4\frac{1}{3}$ D. $2\frac{1}{3}$
E. इनमें से कोई नहीं

5. $\dfrac{\sqrt{2}-1}{\sqrt{2}+1}$ का मान दशमलव के तीन स्थानों तक होगा—

A. 0.172 B. 0.158
C. 0.176 D. 0.188
E. 0.671

6. $\sqrt[3]{8^4}$ का मान कितना होगा?

A. 15 B. 9
C. 16 D. 25
E. 30

7. यदि $\sqrt{6} = 2.45$, तो $\sqrt{\frac{2}{3}} + 3\sqrt{\frac{3}{2}}$ का मान किसके बराबर होगा?

A. 3.942 B. 4.492
C. 4.942 D. 9.345
E. 2.549

8. $\sqrt{72}$ का मान किसके बराबर होगा?

A. $3\sqrt{5}$ B. $6\sqrt{2}$
C. $8\sqrt{2}$ D. $7\sqrt{3}$
E. इनमें से कोई नहीं

9. हर के परिमेयीकरण के पश्चात व्यंजक $\frac{\sqrt{2}}{\sqrt{2}+\sqrt{3}-\sqrt{5}}$ का रूप होगा—

A. $\frac{3+\sqrt{6}+\sqrt{15}}{6}$ B. $\frac{3-\sqrt{6}-\sqrt{5}}{6}$
C. $\frac{3+\sqrt{6}+\sqrt{5}}{3}$ D. $\frac{2+\sqrt{6}-\sqrt{15}}{6}$
E. इनमें से कोई नहीं

10. $\left(\sqrt{80} + 3 \times \sqrt{245} - \sqrt{125}\right)$ का मान कितना होगा?

A. $18\sqrt{5}$ B. $20\sqrt{5}$
C. $22\sqrt{5}$ D. $28\sqrt{2}$
E. इनमें से कोई नहीं

11. $\left(\frac{\sqrt{5}+\sqrt{3}}{\sqrt{5}-\sqrt{3}}\right)$ का मान कितना होगा?

A. $4+\sqrt{15}$ B. $3-\sqrt{15}$
C. $2+\sqrt{15}$ D. $4-\sqrt{15}$
E. इनमें से कोई नहीं

12. $3^{\frac{1}{5}}, 5^{\frac{3}{5}}, 7^{\frac{4}{5}}$ को आरोही क्रम में किस प्रकार से लिखा जा सकता है?

A. $5^{\frac{3}{5}} < 3^{\frac{1}{5}} < 7^{\frac{4}{5}}$ B. $3^{\frac{1}{5}} < 5^{\frac{3}{5}} < 7^{\frac{4}{5}}$
C. $7^{\frac{4}{5}} < 3^{\frac{1}{5}} < 5^{\frac{3}{5}}$ D. $3^{\frac{1}{5}} < 7^{\frac{4}{5}} < 5^{\frac{3}{5}}$
E. इनमें से कोई नहीं

13. यदि $12 \times 4^{\frac{1}{3}}$ को $3\sqrt{2}$ से भाग दिया जाये, तब भागफल का मान होगा :

A. 2 B. $\sqrt{15}$
C. 3 D. $2^{13/6}$
E. 5

14. यदि $4^{\frac{1}{3}}, 6^{\frac{1}{6}}$ तथा $\sqrt{5}$ का गुणा किया जाये, तो गुणनफल का मान होगा :

A. $(12000)^{\frac{1}{6}}$ B. $(12009)^{\frac{1}{6}}$
C. $(14000)^{\frac{1}{6}}$ D. $(15000)^{\frac{1}{4}}$
E. इनमें से कोई नहीं

15. व्यंजक $\left(2+\sqrt{2}+\frac{1}{2+\sqrt{2}}+\frac{1}{\sqrt{2}-2}\right)$ का मान होगा :

A. 5 B. 2
C. 3 D. 8
E. 7

16. व्यंजक $\left(\frac{\sqrt{7}+\sqrt{5}}{\sqrt{7}-\sqrt{5}}\right)$ का मान होगा :

A. $6-\sqrt{35}$ B. $2+\sqrt{35}$
C. $4-\sqrt{35}$ D. $6+\sqrt{35}$
E. इनमें से कोई नहीं

17. निम्न में से किसका मान सबसे अधिक होगा :

$6 \times (5)^{\frac{1}{3}}, 8 \times 2^{\frac{1}{3}}, 2 \times (130)^{\frac{1}{3}}, (900)^{\frac{1}{3}}$

A. $8 \times (2)^{\frac{1}{3}}$ B. $6 \times (5)^{\frac{1}{3}}$
C. $2 \times (130)^{\frac{1}{3}}$ D. $(900)^{\frac{1}{3}}$
E. इनमें से कोई नहीं

18. व्यंजक $\left(2+\sqrt{2}\right)+\left(\dfrac{1}{2+\sqrt{2}}\right)$ का मान क्या होगा ?

A. $\dfrac{6+\sqrt{2}}{2}$ B. $\dfrac{3+\sqrt{2}}{2}$

C. $\dfrac{6-\sqrt{2}}{2}$ D. $\dfrac{6+\sqrt{2}}{4}$

E. इनमें से कोई नहीं

19. $3\sqrt{15}\sqrt{5}-4\sqrt{27}$ किसके बराबर होगा ?

A. $\sqrt{24}$ B. $\sqrt{27}$

C. $\sqrt{25}$ D. $3\sqrt{5}$

E. इनमें से कोई नहीं

20. $\left(\dfrac{\sqrt{8}+\sqrt{4}}{\sqrt{8}-\sqrt{4}}\right)$ व्यंजक में हर का परिमेयीकरण करने पर मान होगा :

A. $4+\sqrt{8}$ B. $3+\sqrt{8}$

C. $2-\sqrt{8}$ D. $3-\sqrt{8}$

E. इनमें से कोई नहीं

उत्तरमाला

1	2	3	4	5	6	7	8	9	10
A	C	B	D	A	C	B	B	A	B
11	**12**	**13**	**14**	**15**	**16**	**17**	**18**	**19**	**20**
A	B	D	A	B	D	B	A	B	B

व्याख्यात्मक उत्तर

1. $\because \dfrac{1}{\sqrt{3}}=\dfrac{1}{\sqrt{3}}\times\dfrac{\sqrt{3}}{\sqrt{3}}=\dfrac{\sqrt{3}}{3}=\dfrac{1.732}{3}=0.577.$

2. $\because \dfrac{1}{2}\left(\dfrac{\sqrt{2}-1}{\sqrt{2}+1}\right)=\dfrac{1}{2}\times\dfrac{\sqrt{2}-1}{\sqrt{2}+1}\times\dfrac{\sqrt{2}-1}{\sqrt{2}-1}$

$=\dfrac{1}{2}\times\dfrac{\left(\sqrt{2}-1\right)^2}{\left(\sqrt{2}\right)^2-1^2}=\dfrac{1}{2}\times\dfrac{2+1-2\sqrt{2}}{2-1}$

$=\dfrac{1}{2}\times\dfrac{3-2\sqrt{2}}{1}=\dfrac{1}{2}\times\left(3-2\times1.4142\right)$

$=\dfrac{1}{2}\times0.1716=0.0858.$

3. $\because \sqrt{1936}=44\Rightarrow\sqrt{19.36}=4.4$

$\Rightarrow\sqrt{0.1936}=0.44\Rightarrow\sqrt{.001936}=.044$

$\therefore\sqrt{19.36}+\sqrt{0.1936}+\sqrt{.001936}$

$=4.4+0.44+0.044=4.884.$

4. $\because \sqrt{5+\dfrac{4}{9}}=\sqrt{\dfrac{45+4}{9}}=\sqrt{\dfrac{49}{9}}=\dfrac{7}{3}=2\dfrac{1}{3}.$

5. $\because \dfrac{\sqrt{2}-1}{\sqrt{2}+1}=\dfrac{\sqrt{2}-1}{\sqrt{2}+1}\times\dfrac{\sqrt{2}-1}{\sqrt{2}-1}$

$=\dfrac{\left(\sqrt{2}-1\right)^2}{\left(\sqrt{2}\right)^2-(1)^2}=\dfrac{2+1-2\sqrt{2}}{2-1}$

$=\dfrac{3-2\sqrt{2}}{1}=3-2\times1.414=0.172.$

6. $\because \sqrt[3]{8^4}=(8)^{\frac{4}{3}}=\left(2^3\right)^{\frac{4}{3}}=2^{3\times\frac{4}{3}}=2^4=16.$

7. $\because \sqrt{\dfrac{2}{3}}+3\sqrt{\dfrac{3}{2}}=\dfrac{\sqrt{2}}{\sqrt{3}}\times\dfrac{\sqrt{3}}{\sqrt{3}}+3\times\dfrac{\sqrt{3}}{\sqrt{2}}\times\dfrac{\sqrt{2}}{\sqrt{2}}$

$=\dfrac{\sqrt{6}}{3}+\dfrac{3\sqrt{6}}{2}=\sqrt{6}\left[\dfrac{1}{3}+\dfrac{3}{2}\right]$

$=\sqrt{6}\times\dfrac{11}{6}=\dfrac{11}{6}\times2.45=4.492.$

8. $\because \sqrt{72} = \sqrt{6\times6\times2} = \sqrt{6^2\times2} = 6\sqrt{2}$.

9. $\dfrac{\sqrt{2}}{\sqrt{2}+\sqrt{3}-\sqrt{5}}$

$= \dfrac{\sqrt{2}}{\sqrt{2}+\sqrt{3}-\sqrt{5}} \times \dfrac{\sqrt{2}+\sqrt{3}+\sqrt{5}}{\sqrt{2}+\sqrt{3}+\sqrt{5}}$

$= \dfrac{\sqrt{2}\left(\sqrt{2}+\sqrt{3}+\sqrt{5}\right)}{\left(\sqrt{2}+\sqrt{3}\right)^2-\left(\sqrt{5}\right)^2}$

$= \dfrac{2+\sqrt{6}+\sqrt{10}}{2\sqrt{6}} = \dfrac{2+\sqrt{6}+\sqrt{10}}{2\sqrt{6}} \times \dfrac{\sqrt{6}}{\sqrt{6}}$

$= \dfrac{2\sqrt{6}+6+\sqrt{60}}{12} = \dfrac{3+\sqrt{6}+\sqrt{15}}{6}$.

10. $\because \sqrt{80}+3\times\sqrt{245}-\sqrt{125}$

$= \sqrt{16\times5}+3\times\sqrt{49\times5}-\sqrt{25\times5}$

$= 4\sqrt{5}+21\sqrt{5}-5\sqrt{5} = 20\sqrt{5}$.

11. $\because \dfrac{\sqrt{5}+\sqrt{3}}{\sqrt{5}-\sqrt{3}} = \dfrac{\sqrt{5}+\sqrt{3}}{\sqrt{5}-\sqrt{3}} \times \dfrac{\sqrt{5}+\sqrt{3}}{\sqrt{5}+\sqrt{3}}$

$= \dfrac{\left(\sqrt{5}+\sqrt{3}\right)^2}{\left(\sqrt{5}\right)^2-\left(\sqrt{3}\right)^2} = \dfrac{5+3+2\sqrt{15}}{5-3}$

$= \dfrac{8+2\sqrt{15}}{2} = 4+\sqrt{15}$.

12. $\because 3^{\frac{1}{5}} = (3)^{\frac{1}{5}}$

$5^{\frac{3}{5}} = \left(5^3\right)^{\frac{1}{5}} = (125)^{\frac{1}{5}}$ तथा

$7^{\frac{4}{5}} = \left(7^4\right)^{\frac{1}{5}} = (2401)^{\frac{1}{5}}$

अत: स्पष्ट है कि $(3)^{\frac{1}{5}} < (125)^{\frac{1}{5}} < (2401)^{\frac{1}{5}}$

अत: $3^{\frac{1}{5}} < 5^{\frac{3}{5}} < 7^{\frac{4}{5}}$ आरोही क्रम में होगी।

13. प्रश्नानुसार, $\dfrac{12\times4^{\frac{1}{3}}}{3\sqrt{2}} = \dfrac{12\times2^{\frac{2}{3}}}{3\times2^{\frac{1}{2}}} \times \dfrac{2^{\frac{1}{2}}}{2^{\frac{1}{2}}}$

$= \dfrac{12\times2^{\frac{7}{6}}}{3\times2} = \dfrac{12\times2^{\frac{7}{6}}}{6} = 2^{\frac{13}{6}}$.

14. $\because 4^{\frac{1}{3}} = 4^{\frac{2}{6}} = \left(4^2\right)^{\frac{1}{6}} = (16)^{\frac{1}{6}}$

$\because 6^{\frac{1}{6}} = (6)^{\frac{1}{6}}$ तथा

$\sqrt{5} = 5^{\frac{1}{2}} = 5^{\frac{3}{6}} = \left(5^3\right)^{\frac{1}{6}} = (125)^{\frac{1}{6}}$

$4^{\frac{1}{3}}\times6^{\frac{1}{6}}\times\sqrt{5} = (16)^{\frac{1}{6}}\times(6)^{\frac{1}{6}}\times(125)^{\frac{1}{6}}$

$= (16\times6\times125)^{\frac{1}{6}} = (12000)^{\frac{1}{6}}$.

15. $\because \left(2+\sqrt{2}+\dfrac{1}{2+\sqrt{2}}+\dfrac{1}{\sqrt{2}-2}\right)$

$= 2+\sqrt{2}+\left(\dfrac{1}{2+\sqrt{2}}+\dfrac{1}{\sqrt{2}-2}\right)$

$= 2+\sqrt{2}+\left(\dfrac{\sqrt{2}-2+\sqrt{2}+2}{\left(\sqrt{2}+2\right)\left(\sqrt{2}-2\right)}\right)$

$= 2+\sqrt{2}+\dfrac{\left(2\sqrt{2}\right)}{2-4}$

$= 2+\sqrt{2}+\dfrac{2\sqrt{2}}{-2}$

$= 2+\sqrt{2}-\sqrt{2} = 2.$

16. $\because \dfrac{\sqrt{7}+\sqrt{5}}{\sqrt{7}-\sqrt{5}} = \dfrac{\sqrt{7}+\sqrt{5}}{\sqrt{7}-\sqrt{5}} \times \dfrac{\sqrt{7}+\sqrt{5}}{\sqrt{7}+\sqrt{5}}$

$= \dfrac{\left(\sqrt{7}+\sqrt{5}\right)^2}{\left(\sqrt{7}\right)^2-\left(\sqrt{5}\right)^2} = \dfrac{7+5+2\sqrt{35}}{7-5}$

$= \dfrac{12+2\sqrt{35}}{2} = 6+\sqrt{35}$.

17. $\because 6 \times 5^{\frac{1}{3}} = \left(6^3\right)^{\frac{1}{3}} . 5^{\frac{1}{3}} = (216)^{\frac{1}{3}} . 5^{\frac{1}{3}}$

$= (1080)^{\frac{1}{3}}$

$\because 8 \times 2^{\frac{1}{3}} = \left(8^3\right)^{\frac{1}{3}} . 2^{\frac{1}{3}} = (512)^{\frac{1}{3}} . 2^{\frac{1}{3}} = (1024)^{\frac{1}{3}}$

$\because 2 \times (130)^{\frac{1}{3}} = \left(2^3\right)^{\frac{1}{3}} . (130)^{\frac{1}{3}}$

$= (8)^{\frac{1}{3}} . (130)^{\frac{1}{3}} = (1040)^{\frac{1}{3}}$ तथा

$(900)^{\frac{1}{3}} = (900)^{\frac{1}{3}}$

अतः स्पष्ट है कि उपरोक्त में सबसे अधिक मान $(1080)^{\frac{1}{3}}$ का होगा

$\therefore\ 6 \times 5^{\frac{1}{5}}$ का मान सबसे अधिक होगा।

18. $\because 2 + \sqrt{2} + \dfrac{1}{2 + \sqrt{2}}$

$= 2 + \sqrt{2} + \dfrac{1}{2 + \sqrt{2}} \times \dfrac{2 - \sqrt{2}}{2 - \sqrt{2}}$

$= 2 + \sqrt{2} + \dfrac{2 - \sqrt{2}}{4 - 2} = 2 + \sqrt{2} + \dfrac{2 - \sqrt{2}}{2}$

$= \dfrac{4 + 2\sqrt{2} + 2 - \sqrt{2}}{2} = \dfrac{6 + \sqrt{2}}{2}.$

19. $\because 3 \times \sqrt{15}\sqrt{5} - 4 \times \sqrt{27}$

$= 3 \times \sqrt{3 \times 5} \times \sqrt{5} - 4 \times \sqrt{9 \times 3}$

$= 3 \times \left(\sqrt{5}\right)^2 \times \sqrt{3} - 4 \times \sqrt{9} \times \sqrt{3}$

$= 3 \times 5 \times \sqrt{3} - 4 \times 3 \times \sqrt{3}$

$= 15\sqrt{3} - 12\sqrt{3} = 3\sqrt{3} = \sqrt{27}.$

20. $\because \dfrac{\sqrt{8} + \sqrt{4}}{\sqrt{8} - \sqrt{4}} = \dfrac{\sqrt{8} + \sqrt{4}}{\sqrt{8} - \sqrt{4}} \times \dfrac{\sqrt{8} + \sqrt{4}}{\sqrt{8} + \sqrt{4}}$

$= \dfrac{\left(\sqrt{8} + \sqrt{4}\right)^2}{\left(\sqrt{8}\right)^2 - \left(\sqrt{4}\right)^2} = \dfrac{8 + 4 + 2\sqrt{32}}{8 - 4}$

$= \dfrac{12 + 4\sqrt{8}}{4} = 3 + \sqrt{8}.$

❑✤❑✤❑

14

क्षेत्रमिति (Mensuration)

क्षेत्रफल और परिमिति (Area and Perimeter)

त्रिभुज

त्रिभुज का क्षेत्रफल $= \frac{1}{2} \times$ आधार $\times$ ऊँचाई $= \frac{1}{2} \times b \times h$

विषमबाहु त्रिभुज (Scalene Triangle)

1. त्रिभुज का परिमाप $= a + b + c$
2. त्रिभुज का क्षेत्रफल $= \sqrt{s(s-a)(s-b)(s-c)}$

जहाँ $s = \frac{a+b+c}{2}$

समकोण त्रिभुज (Right Triangle)

1. समकोण त्रिभुज का परिमाप $= p + b + h$
2. समकोण त्रिभुज का क्षेत्रफल $= \frac{1}{2} \times$ आधार $\times$ ऊँचाई

$= \frac{1}{2} \times b \times h$

समबाहु त्रिभुज (Equilateral Triangle)

1. समबाहु त्रिभुज का परिमाप $= a + a + a = 3a$
2. समबाहु त्रिभुज का क्षेत्रफल $= \frac{\sqrt{3}}{4} \times a^2$

(जहाँ a भुजा है)

आयत (Rectangle)

1. आयत का परिमाप = 2(लम्बाई + चौड़ाई) $= 2(l + b)$
2. आयत का क्षेत्रफल = लम्बाई × चौड़ाई $= l \times b$

वर्ग (Square)

1. वर्ग का परिमाप $= a + a + a + a = 4a$
2. वर्ग का क्षेत्रफल = (भुजा)$^2 = a \times a = a^2$

समान्तर चतुर्भुज (Parallelogram)

1. समान्तर चतुर्भुज का परिमाप $= 2(a + b)$
2. समान्तर चतुर्भुज का क्षेत्रफल = आधार × ऊँचाई $= b \times h$

समचतुर्भुज (Rhombus)

1. समचतुर्भुज का परिमाप $= 4a$ (4 × भुजा)
2. समचतुर्भुज का क्षेत्रफल $= \frac{1}{2} \times d_1 \times d_2$

(जहाँ d_1, d_2 विकर्ण हैं)

समलम्ब चतुर्भुज (Trapezium)

1. समलम्ब चतुर्भुज का क्षेत्रफल $= \frac{1}{2} \times$ (समान्तर भुजाओं का योग) × ऊँचाई

$= \frac{1}{2}(a+b) \times h$

चतुर्भुज (Quadrilateral)

1. चतुर्भुज का क्षेत्रफल $= \frac{1}{2} \times$ विकर्ण (ऊँचाइयों का योगफल)

$= \frac{1}{2} \times d(h_1 + h_2)$

बहुभुज (Polygon)

1. सम पंचभुज का क्षेत्रफल $= \frac{5a^2\sqrt{3}}{4}$
2. षट्भुज का क्षेत्रफल $= \frac{6a^2\sqrt{3}}{4}$

(जहाँ a बहुभुज की भुजा है)

वृत्त (Circle)

1. वृत्त का क्षेत्रफल $= \pi r^2$
2. वृत्त की परिधि $= 2\pi r$

वृत्त की चाप की लम्बाई (Length of arc of a circle)

यदि कोई चाप केन्द्र पर θ° का कोण बनाता है, तो

$$\text{चाप की लम्बाई} = \frac{\theta^\circ}{360^\circ} \times 2\pi r$$

वृत्त की त्रिज्य खंड का क्षेत्रफल (Area of sector of a circle)

$$\text{त्रिज्यखण्ड का क्षेत्रफल} = \frac{\theta^\circ}{360^\circ} \times \pi r^2$$

दो संकेन्द्रित वृत्तों द्वारा बना क्षेत्रफल
(Area enclosed by two concentric circles)

दोनों वृत्तों द्वारा बना क्षेत्रफल $= \pi(R^2 - r^2)$

पृष्ठीय क्षेत्रफल और आयतन (Surface area and Volume)

घन (Cube)

1. घन का आयतन $= a^3 =$ (भुजा)^3
2. घन का वक्र पृष्ठीय क्षेत्रफल $= 4a^2$
3. घन का कुल पृष्ठीय क्षेत्रफल $= 6a^2$
4. घन का विकर्ण $= a\sqrt{3}$

घनाभ (Cuboid)

1. घनाभ का आयतन = लम्बाई × चौड़ाई × ऊँचाई $= l \times b \times h$
2. घनाभ का पृष्ठीय क्षेत्रफल $= 2(l + b) \times h$
3. घनाभ का कुल पृष्ठीय क्षेत्रफल $= 2(lb + bh + hl)$
4. घनाभ का विकर्ण $= \sqrt{l^2 + b^2 + h^2}$

बेलन (Cylinder)

1. बेलन का आयतन $= \pi r^2 h$
2. बेलन का वक्र पृष्ठ का क्षेत्रफल $= 2\pi rh$
3. बेलन का सम्पूर्ण पृष्ठ का क्षेत्रफल $= 2\pi r(h + r)$

शंकु (Cone)

1. शंकु का आयतन $= \frac{1}{3}\pi r^2 h$
2. शंकु का वक्र पृष्ठ का क्षेत्रफल $= \pi rl$
   [$l^2 = r^2 + h^2$, जहाँ l तिर्यक ऊँचाई (Slant height) है]
3. शंकु का सम्पूर्ण पृष्ठ का क्षेत्रफल $= \pi r(l + r)$

गोला (Sphere)

1. गोले का आयतन $= \frac{4}{3}\pi r^3$
2. गोले का पृष्ठीय क्षेत्रफल $= 4\pi r^2$
3. गोले का सम्पूर्ण पृष्ठ का क्षेत्रफल $= 4\pi r^2$

अर्द्ध गोला (Hemisphere)

1. अर्द्ध गोले का आयतन $= \frac{2}{3}\pi r^3$
2. अर्द्ध गोले का पृष्ठीय क्षेत्रफल $= 2\pi r^2$
3. अर्द्ध गोले का सम्पूर्ण पृष्ठ का क्षेत्रफल $= 3\pi r^2$

खोखले गोले का आयतन
(Volume of Hollow Sphere)

1. खोखले गोले का आयतन $= \frac{4}{3}\pi\left(R^3 - r^3\right)$
2. बाह्य पृष्ठीय क्षेत्रफल $= 4\pi R^2$

प्रिज्म (Prism)

1. प्रिज्म का आयतन = आधार का क्षेत्रफल × ऊँचाई
2. प्रिज्म का पार्श्व पृष्ठीय क्षेत्रफल = आधार का परिमाप × ऊँचाई
3. प्रिज्म का सम्पूर्ण पृष्ठीय क्षेत्रफल = पार्श्व पृष्ठीय क्षेत्रफल + 2 (आधार का क्षेत्रफल)

पिरामिड (Pyramid)

1. पिरामिड का आयतन $= \frac{1}{3}$ (आधार का क्षेत्रफल × ऊँचाई)
2. पिरामिड का पार्श्व पृष्ठीय क्षेत्रफल $= \frac{1}{2} \times$ आधार का परिमाप × तिरछी ऊँचाई
3. पिरामिड का कुल पृष्ठीय क्षेत्रफल = पार्श्व पृष्ठीय क्षेत्रफल + आधार का क्षेत्रफल

एक लम्ब वृत्तीय शंकु का छिन्नक (Frustum of a Right Circular Cone)

1. छिन्नक का आयतन $= \frac{1}{3}\pi h(R^2 + Rr + r^2)$
2. छिन्नक का वक्र पृष्ठीय क्षेत्रफल $= \pi(R + r)l$
3. छिन्नक का कुल पृष्ठीय क्षेत्रफल $= \pi[(R + r)l + R^2 + r^2]$

प्रश्नमाला

1. उस त्रिभुज का क्षेत्रफल ज्ञात कीजिए जिसकी भुजायें 13 सेमी., 14 सेमी. तथा 15 सेमी. हैं।
   A. 84 सेमी.^{2} B. 64 सेमी.^{2}
   C. 75 सेमी.^{2} D. 69 सेमी.^{2}
   E. 85 सेमी.^{2}

2. एक कागज आयताकार है जिसकी लम्बाई 20 सेमी. तथा चौड़ाई 14 सेमी. है। इसमें से चौड़ाई को व्यास मानते हुए एक अर्द्धवृत्ताकार कागज का टुकड़ा काट लिया गया। शेष भाग का क्षेत्रफल होगा :
   A. 105 सेमी.^{2} B. 175 सेमी.^{2}
   C. 203 सेमी.^{2} D. 220 सेमी.^{2}
   E. 223 सेमी.^{2}

3. एक वृत्ताकार पथ की आन्तरिक परिधि 220 मी. है। पथ की चौड़ाई प्रत्येक स्थान पर 7 मी. है। ₹ 2 प्रति मीटर की दर से बाह्य वृत्त के चारों ओर तार लगाने का खर्च है :
   A. ₹ 340 B. ₹ 528
   C. ₹ 464 D. ₹ 152
   E. ₹ 550

4. एक घड़ी की मिनट की सुई 12 सेमी. लम्बी है। मिनट की सुई द्वारा प्रातः 9 बजे से 9.35 बजे तक घूमा गया क्षेत्रफल ज्ञात कीजिए।
   A. 120 सेमी.^{2} B. 145 सेमी.^{2}
   C. 203 सेमी.^{2} D. 264 सेमी.^{2}
   E. 265 सेमी.^{2}

5. एक कमरे की लम्बाई 24 मीटर, चौड़ाई 18 मीटर तथा ऊँचाई 8 मीटर है। इसमें दो दरवाजे हैं जिसमें से प्रत्येक की माप 3 मीटर × 2 मीटर है। चार खिड़कियाँ हैं जिसमें से प्रत्येक की माप 1 मीटर × $\frac{1}{2}$ मीटर है। दरवाजा तथा खिड़की को छोड़कर दीवार के शेष भाग की रंगाई करना है। ₹ 16.50 प्रति वर्ग मीटर की दर से रंगाई कराने का कुल खर्च क्या होगा?
   A. ₹ 10,857 B. ₹ 12,450
   C. ₹ 11,347 D. ₹ 13,125
   E. ₹ 15,437

6. एक वृत्ताकार फुलवारी के चारों ओर 7 मीटर चौड़ा एक रास्ता है। उस रास्ते को बनवाने में ₹ 7.50 प्रति वर्ग मीटर की दर से कुल ₹ 21945 खर्च होता है। उस फुलवारी का क्षेत्रफल क्या है?
   A. 12474 मीटर^2 B. 18225 मीटर^2
   C. 13324 मीटर^2 D. 15272 मीटर^2
   E. 15424 मीटर^2

7. सरकस का एक तंबू 22 मीटर की ऊँचाई तक बेलनाकार है तथा उसके बाद शंक्वाकार है। उसका व्यास 48 मीटर है तथा जमीन से तंबू के शीर्ष की ऊँचाई 32 मीटर है। उस तंबू को बनवाने में कितने कपड़े की आवश्यकता होगी?
   A. 6225 वर्ग मी. B. 5280 वर्ग मी.
   C. 4840 वर्ग मी. D. 4785 वर्ग मी.
   E. 2256 वर्ग मी.

8. धातु का एक बेलनाकार खोखला टुकड़ा है जिसकी बाहरी व्यास 28 सेमी. और आन्तरिक व्यास 14 सेमी. है। इसका वजन 115.5 किलोग्राम है तथा इसका घनत्व 10 ग्राम प्रति घन सेमी. है। यदि इस टुकड़े को 5 भागों में बाँट दिया जाए, तो प्रत्येक भाग की लम्बाई क्या होगी?
   A. 1 सेमी. B. 3 सेमी.
   C. 4 सेमी. D. 5 सेमी.
   E. 6 सेमी.

9. एक लोहे का खम्भा जिसका ऊपरी भाग शंकुनुमा है और नीचे का भाग बेलनाकार है। बेलन की त्रिज्या 8 सेमी., ऊँचाई 240 सेमी. और शंकु की ऊँचाई 36 सेमी. है। यदि 1 घन सेमी. लोहे का भार 7.8 ग्राम हो, तो खम्भे का भार ज्ञात कीजिए।
   A. 395.3664 किग्रा. B. 235.2324 किग्रा.
   C. 365.3664 किग्रा. D. 275.2324 किग्रा.
   E. 372.3774 किग्रा.

10. एक खिलौने का आकार लम्बवृत्तीय बेलनाकार है। इसके एक वृत्तीय सिरे पर एक गोलार्द्ध तथा दूसरे वृत्तीय सिरे पर एक शंकु चिपका हुआ है। बेलनाकार भाग की ऊँचाई तथा त्रिज्या क्रमशः 13 सेमी. और 5 सेमी. है। शंकु और गोलार्द्ध की त्रिज्या बेलन की त्रिज्या के बराबर है। यदि शंक्वाकार भाग की ऊँचाई 12 सेमी. हो, तो खिलौने का पृष्ठीय क्षेत्रफल ज्ञात कीजिए।

A. 660 सेमी.^{2} B. 770 सेमी.^{2}
C. 880 सेमी.^{2} D. 550 सेमी.^{2}
E. 950 सेमी.^{2}

11. एक अर्द्धगोलाकार बर्तन जिसका आन्तरिक व्यास 36 सेमी. है, में द्रव भरा हुआ है। इस द्रव को 3 सेमी. त्रिज्या और 6 सेमी. ऊँचाई वाली बेलनाकार बोतलों में खाली किया जाना है। बर्तन को पूरा खाली करने के लिए ऐसी कितनी बोतलों की आवश्यकता होगी?
A. 60 B. 50
C. 72 D. 82
E. 95

12. एक शंकु के छिन्नक के आधारों का परिमाप 48 सेमी. और 36 सेमी. है। यदि छिन्नक की ऊँचाई 11 सेमी. है, तो आयतन ज्ञात कीजिए।
A. 1554 सेमी.^{3} B. 1264 सेमी.^{3}
C. 1624 सेमी.^{3} D. 1444 सेमी.^{3}
E. 1596 सेमी.^{3}

13. एक लम्ब वृत्तीय शंकु का आयतन 1232 सेमी.^{3} है, और उसकी ऊर्ध्वाधर ऊँचाई 24 सेमी. है। तदनुसार, वक्राकार पृष्ठ का क्षेत्रफल कितना है?
A. 154 सेमी.^{2} B. 550 सेमी.^{2}
C. 604 सेमी.^{2} D. 704 सेमी.^{2}
E. 905 सेमी.^{2}

14. एक समबहुभुज के सभी आंतरिक कोणों का योग, उसके सभी बाह्य कोणों के योग का दुगुना है। तदनुसार, उस बहुभुज की भुजाएँ कितनी हैं?
A. 10 B. 8
C. 12 D. 6
E. 14

15. एक लम्ब पिरामिड का आधार वर्गाकार है, आधार के विकर्ण की लम्बाई $24\sqrt{2}$ मी. है। यदि पिरामिड का आयतन 1728 घनमीटर है, तो इसकी ऊँचाई है:
A. 7 मी. B. 8 मी.
C. 9 मी. D. 10 मी.
E. 11 मी.

16. एक बेलन का कुल पृष्ठ क्षेत्रफल 462 वर्ग सेमी. है। वक्र पृष्ठ क्षेत्रफल कुल पृष्ठ क्षेत्रफल का $\frac{1}{3}$ है। बेलन का आयतन है:
A. 530 सेमी.^{3} B. 536 सेमी.^{3}
C. 539 सेमी.^{3} D. 545 सेमी.^{3}
E. 549 सेमी.^{3}

17. एक लम्ब प्रिज्म का आधार 6 सेमी. भुजा वाला समबाहु त्रिभुज है। यदि प्रिज्म का आयतन $108\sqrt{3}$ घन सेमी. है, तो इसकी ऊँचाई है:
A. 9 सेमी. B. 10 सेमी.
C. 11 सेमी. D. 12 सेमी.
E. 15 सेमी.

18. 7 मी. लम्बे तथा 2 मी. त्रिज्या वाले एक ठोस बेलन को पिघलाकर शंकु बनाया जाता है। यदि शंकु की त्रिज्या, बेलन की त्रिज्या के बराबर हो, तो शंकु की ऊँचाई क्या होगी?
A. 10.5 मी. B. 21 मी.
C. 24 मी. D. 15.5 मी.
E. 25 मी.

19. एक रोलर का व्यास 140 सेमी. तथा लम्बाई 4 मीटर है। यदि उसे एक मैदान पर चलाया जाए, तो 50 पूर्ण चक्कर में रोलर कितने (वर्गमीटर) मैदान पर चलेगा?
A. 884 B. 890
C. 880 D. 920
E. 980

20. एक खेत की लम्बाई 150 मी. तथा चौड़ाई 50 मी. है। खेत के बीच में दोनों ओर 2 मी. चौड़ा रास्ता बनाया जाता है जो एक-दूसरे को समकोण पर काटते हैं। 25 पैसे प्रति वर्गमीटर की दर से रास्ता बनाने का खर्च कितना होगा?
A. ₹ 92 B. ₹ 98
C. ₹ 99 D. ₹ 101
E. ₹ 95

उत्तरमाला

1	2	3	4	5	6	7	8	9	10
A	C	B	D	A	A	B	D	A	B
11	**12**	**13**	**14**	**15**	**16**	**17**	**18**	**19**	**20**
B	A	B	D	C	C	D	B	C	C

व्याख्यात्मक उत्तर

1. यहाँ पर, $a = 13, b = 14, c = 15$

$$\therefore \quad s = \frac{a+b+c}{2} = \frac{13+14+15}{2}$$

$$= \frac{42}{2} = 21$$

त्रिभुज का क्षेत्रफल $= \sqrt{s(s-a)(s-b)(s-c)}$

$= \sqrt{21(21-13)(21-14)(21-15)}$

$= \sqrt{21 \times 8 \times 7 \times 6}$

$= \sqrt{21 \times 4 \times 2 \times 7 \times 3 \times 2}$

$= \sqrt{21 \times 21 \times 2 \times 2 \times 2 \times 2}$

$= 21 \times 2 \times 2 = 84$ सेमी^{2}

2.

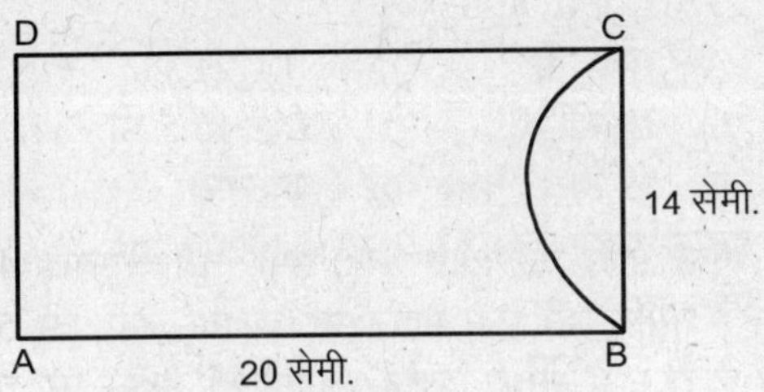

आयताकार कागज ABCD का क्षेत्रफल

$= 20 \times 14 = 280$ वर्ग सेमी.

अर्द्धवृत्ताकार भाग का क्षेत्रफल $= \frac{1}{2}\pi r^2$

$= \frac{1}{2} \times \frac{22}{7} \times 7 \times 7 = 11 \times 7 = 77$ वर्ग सेमी.

शेष भाग का क्षेत्रफल $= 280 - 77 = 203$ सेमी.^{2}

3.

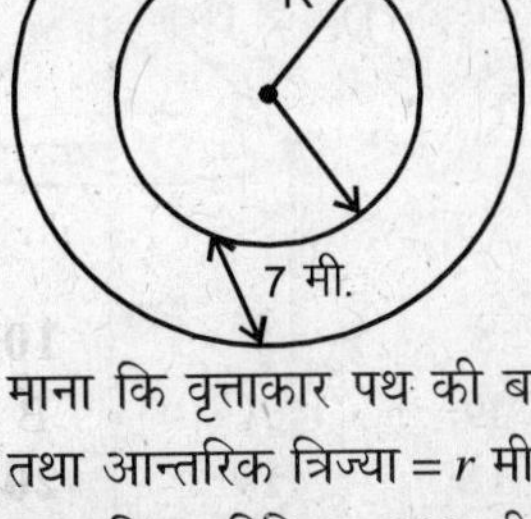

माना कि वृत्ताकार पथ की बाहरी त्रिज्या = R मीटर

तथा आन्तरिक त्रिज्या = r मीटर

आन्तरिक परिधि = 220 मीटर (दिया गया है)

$\Rightarrow \quad 2\pi r = 220$

$\Rightarrow \quad 2 \times \frac{22}{7} r = 220$

$\Rightarrow \quad r = \frac{220 \times 7}{2 \times 22} = 35$ मीटर

अतः बाह्य त्रिज्या $= 35 + 7 = 42$ मीटर

बाहरी परिधि $= 2\pi R$

$= 2 \times \frac{22}{7} \times 42 = 44 \times 6$

$= 264$ मीटर

तार लगाने का 1 मीटर पर खर्च = ₹ 2

तार लगाने का 264 मीटर पर खर्च = ₹ 264×2

= ₹ 528.

4. मिनट की सुई 60 मिनट में 360° का कोण बनाती है।

मिनट की सुई 35 मिनट में $\frac{360}{60} \times 35 = 210°$ का कोण बनाएगी।

त्रिज्यखंड का क्षेत्रफल $= \frac{\theta}{360} \times \pi r^2$

$= \frac{210}{360} \times \frac{22}{7} \times 12 \times 12$

$= 22 \times 12 = 264$ सेमी^{2}

5. कमरे की चारों दिवारों का क्षेत्रफल

$= 2 \times$ ऊँचाई (लम्बाई + चौड़ाई)

$= 2 \times 8(24 + 18)$

$= 2 \times 8 \times 42 = 672$ वर्ग मीटर

दोनों दरवाजों का क्षेत्रफल

$= 2 \times (3 \times 2) = 12$ वर्ग मीटर

चारों खिड़कियों का कुल क्षेत्रफल

$= 4 \times \left(1 \times \frac{1}{2}\right) = 2$ वर्ग मीटर

दरवाजा तथा खिड़कियों को छोड़कर शेष दीवार का क्षेत्रफल

$= 672 - (12 + 2)$

$= 672 - 14 = 658$ वर्ग मीटर

अतः रंगाई करने का कुल खर्च $= 658 \times 16.50$

= ₹ 10857

6. रास्ते का क्षेत्रफल $= \frac{21945}{7.50} = 2926$ वर्ग मीटर

माना कि वृत्ताकार फुलवारी की त्रिज्या $= x$ मीटर

रास्ता सहित फुलवारी की त्रिज्या $= (x+7)$ मीटर

$\therefore$ रास्ते का क्षेत्रफल $= \pi(R^2 - r^2)$

$$= \frac{22}{7}\left[(x+7)^2 - (x)^2\right]$$

$$= \frac{22}{7}\left[x^2 + 14x + 49 - x^2\right]$$

$$= \frac{22}{7}(14x + 49)$$

$$= \frac{22}{7} \times 7(2x+7)$$

$$= 44x + 154$$

$44x + 154 = 2926$

$\Rightarrow \quad 44x = 2926 - 154 = 2772$

$\Rightarrow \quad x = 63$ मीटर

फुलवारी की त्रिज्या = 63 मीटर

फुलवारी का क्षेत्रफल $= \frac{22}{7} \times 63 \times 63$

= 12474 वर्ग मीटर

7. प्रश्नानुसार,

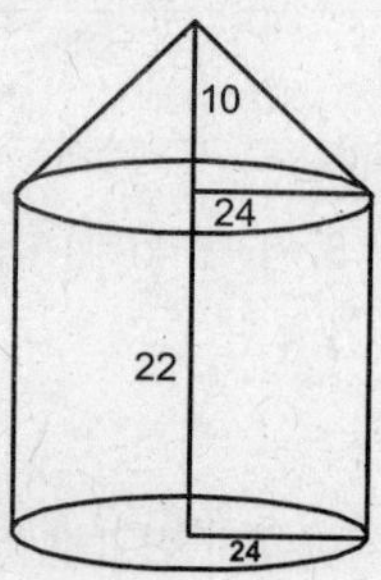

बेलनाकार भाग की ऊँचाई

= 22 मीटर

तम्बू की त्रिज्या $= \frac{48}{2} = 24$ मीटर

शंक्वाकार भाग की ऊँचाई

= 32 – 22 = 10 मीटर

शंक्वाकार भाग की तिर्यक ऊँचाई $= \sqrt{(24)^2 + (10)^2}$

$$= \sqrt{576 + 100}$$

$$= \sqrt{676} = 26 \text{ मीटर}$$

अतः कपड़े का कुल क्षेत्रफल = बेलन का वक्रपृष्ठ का क्षेत्रफल + शंक्वाकार का वक्र पृष्ठ का क्षेत्रफल

$= 2\pi rh + \pi rl$

$= \pi r(2h + l)$

$= \frac{22}{7} \times 24(2 \times 22 + 26)$

$= \frac{22}{7} \times 24(44 + 26)$

$= \frac{22}{7} \times 24 \times 70 = 22 \times 24 \times 10$

= 5280 वर्ग मीटर

8. माना कि बेलनाकार खोखले टुकड़े की ऊँचाई या लम्बाई h है।

इसकी बाहरी त्रिज्या $= \frac{28}{2} = 14$ सेमी.

तथा इसकी भीतरी त्रिज्या $= \frac{14}{2} = 7$ सेमी.

बेलन का आयतन $= \pi(R^2 - r^2)h$

$$= \frac{22}{7}\left[(R+r)(R-r)\right] \times h$$

$$= \frac{22}{7}\left[(14+7)(14-7)\right] \times h$$

$$= \frac{22}{7} \times 21 \times 7 \times h$$

$= 462\,h$ घन सेमी.

इसका वजन $= 462\,h \times 10 = 4620\,h$ ग्राम

प्रश्नानुसार,

$4620\,h = 115.5 \times 1000$ ग्राम

$$h = \frac{115.5 \times 1000}{4620}$$

$$= \frac{11500}{4620} = 25 \text{ सेमी.}$$

अतः प्रत्येक टुकड़े की लम्बाई $= \frac{25}{5} = 5$ सेमी.

9. खम्भे का कुल आयतन = बेलन का आयतन + शंकु का आयतन

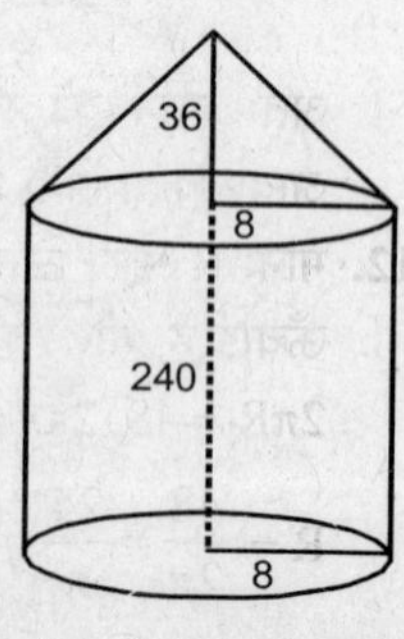

खम्भे का कुल आयतन

$= \pi \times 8 \times 8 \times 240 + \frac{\pi}{3} \times 8 \times 8 \times 36$

$= \pi \times 64(240 + 12)$

$= \frac{22}{7} \times 64 \times 252$

$= 22 \times 64 \times 36$ घन सेमी.

= 50688 घन सेमी.

$\because$ 1 घन सेमी. का भार = 7.8 ग्राम

$\therefore$ 50688 घन सेमी. का भार = 50688 × 7.8

= 395366.4 ग्राम

= 395.3664 किलोग्राम

10. शंकु की तिर्यक ऊँचाई

$= \sqrt{(5)^2 + (12)^2} = \sqrt{169} = 13$ सेमी.

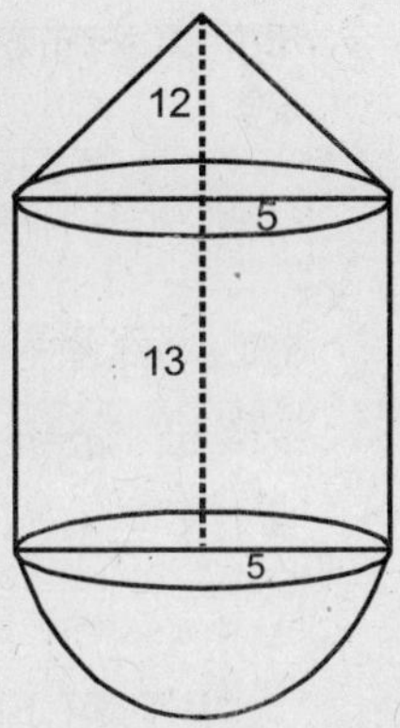

खिलौने का पृष्ठीय क्षेत्रफल = शंकु का वक्रपृष्ठ का क्षेत्रफल = बेलन का वक्रपृष्ठ का क्षेत्रफल + गोलार्द्ध के वक्र पृष्ठ का क्षेत्रफल

$= \pi rl + 2\pi rh + 2\pi r^2$

$= \pi r\,(l + 2h + 2r)$

$= \frac{22}{7} \times 5 \times (13 + 2 \times 13 + 2 \times 5)$

$= \frac{22}{7} \times 5 \times 49$

= 22 × 5 × 7 = 770 वर्ग सेमी.।

11. अर्द्धगोलाकार बर्तन की त्रिज्या = 18 सेमी.

$\therefore$ बर्तन का आयतन $= \frac{2}{3}\pi r^3$

$= \frac{2}{3} \times \frac{22}{7} \times 18 \times 18 \times 18$ घन सेमी.

बेलनाकार बोतल का आयतन

$= \pi r^2 h = \frac{22}{7} \times 3 \times 3 \times 6$ घन सेमी.

$\therefore$ बोतलों की संख्या $= \frac{\text{बर्तन का आयतन}}{\text{1 बोतल का आयतन}}$

$$= \frac{\frac{2}{3} \times \frac{22}{7} \times 18 \times 18 \times 18}{\frac{22}{7} \times 3 \times 3 \times 6} = \frac{2 \times 18 \times 18 \times 18}{3 \times 3 \times 3 \times 6} = 72$$

अतः बर्तन को खाली करने के लिए 72 बोतलों की आवश्यकता होगी।

12. माना R और r छिन्नक के वृत्तीय सिरों की त्रिज्याएँ और h ऊँचाई है, तो

$2\pi R = 48$, $2\pi r = 36$ तथा $h = 11$ सेमी.

$R = \frac{48}{2\pi} = \frac{24}{\pi}$, $r = \frac{36}{2\pi} = \frac{18}{\pi}$

छिन्नक का आयतन $= \frac{1}{3}\pi h(R^2 + r^2 + Rr)$

$= \frac{1}{3} \times \frac{22}{7} \times 11\left(\frac{576}{\pi^2} + \frac{324}{\pi^2} + \frac{24}{\pi} \times \frac{18}{\pi}\right)$

$= \frac{1}{3} \times \frac{22}{7} \times 11\left(\frac{576 + 324 + 432}{\pi^2}\right)$

$= \frac{11}{3} \times \frac{1332 \times 7}{22}$

$= \frac{1332 \times 7}{6} = 222 \times 7 = 1554$ सेमी.^{3}

14. एक समबहुभुज के सभी आन्तरिक कोणों का योग

$= (2n - 4) \times 90°$

उसके बाह्य कोणों का योग = 4 × समकोण

$= 4 \times 90 = 360°$

प्रश्नानुसार,

$= (2n - 4) \times 90° = 360° \times 2 = 720°$

$\Rightarrow \quad 2n - 4 = \frac{720}{90} = 8$

$\Rightarrow \quad 2n = 12$

$\Rightarrow \quad n = 6$

अतः बहुभुज की भुजाओं की संख्या = 6 होगी।

15. आधार का क्षेत्रफल $= \frac{1}{2} \times$ (विकर्ण)^2

$= \frac{1}{2} \times 24\sqrt{2} \times 24\sqrt{2}$

= 576 वर्ग मीटर

$\therefore$ पिरामिड की आयतन $= \frac{1}{3} \times$ ऊँचाई × आधार का क्षेत्रफल

$\Rightarrow \quad 1728 = \frac{1}{3} \times h \times 576$

$\Rightarrow \quad h = \frac{1728 \times 3}{576} = 9$ मीटर

16. माना कि बेलन की ऊँचाई = h सेमी. एवं बेलन की त्रिज्या = r सेमी.

बेलन का सम्पूर्ण पृष्ठ का क्षेत्रफल $= 2\pi r(h + r)$

$= 2\pi r + 2\pi r^2$

प्रश्नानुसार,

$$2\pi r + 2\pi r^2 = 462 \quad ...(i)$$

$\because$ वक्र पृष्ठ का क्षेत्रफल $= \frac{462}{3}$

$$\Rightarrow \quad 2\pi rh = 154$$

$$\Rightarrow \quad 154 + 2\pi r^2 = 462$$

$$\Rightarrow \quad 2\pi r^2 = 462 - 154 = 308$$

$$\Rightarrow \quad r^2 = \frac{308}{2\pi} = \frac{308}{2 \times \frac{22}{7}}$$

$$\Rightarrow \quad r^2 = \frac{308 \times 7}{44} = 49$$

$$\Rightarrow \quad r = 7 \text{ सेमी.}।$$

अब $\quad 2\pi rh = 154$

$$2 \times \frac{22}{7} \times 7 \times h = 154$$

$$h = \frac{154}{44} = \frac{7}{2}$$

$\therefore$ बेलन का आयतन $= \pi r^2 h$

$$= \frac{22}{7} \times 7 \times 7 \times \frac{7}{2}$$

$$= 539 \text{ घन सेमी.}।$$

17. आधार का क्षेत्रफल $= \frac{\sqrt{3}}{4} \times$ भुजा^{2}

$$= \frac{\sqrt{3}}{4} \times 6 \times 6 = 9\sqrt{3} \text{ वर्ग सेमी.}$$

$\therefore$ प्रिज्म का आयतन = आधार का क्षेत्रफल $\times$ ऊँचाई

$$\Rightarrow \quad 108\sqrt{3} = 9\sqrt{3} \times h$$

$$\Rightarrow \quad h = \frac{108\sqrt{3}}{9\sqrt{3}} = 12 \text{ सेमी.}।$$

18. $\because$ बेलन का आयतन $= \pi r^2 h$

$$= \frac{22}{7} \times 2 \times 2 \times 7$$

$$= 88 \text{ घन मी.}$$

$\therefore$ शंकु का आयतन = बेलन का आयतन

$$\Rightarrow \quad \frac{1}{3}\pi r^2 h = 88$$

$$\Rightarrow \quad \frac{1}{3} \times \frac{22}{7} \times 2 \times 2 \times h = 88$$

$$\Rightarrow \quad h = \frac{7 \times 88 \times 3}{88} = 21$$

अतः शंकु की ऊँचाई = 21 मीटर।

19. रोलर की त्रिज्या $= \frac{140}{2} = 70$ सेमी.

$$= \frac{70}{100} \text{ मी.} = 0.7 \text{ मी.}$$

रोलर के वक्रपृष्ठ का क्षेत्रफल $= 2\pi rh$

$$= 2 \times \frac{22}{7} \times .7 \times 4 = 17.6 \text{ वर्ग मी.}$$

$\because$ 1 चक्कर में रोलर 17.6 वर्गमीटर चलता है

$\therefore$ 50 चक्कर में रोलर 17.6×50 वर्गमीटर चलेगा

= 880 वर्गमीटर चलेगा।

20.

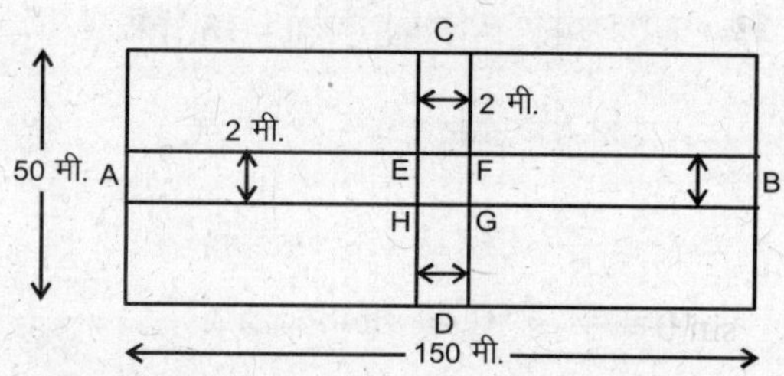

माना कि खेत के बीच में दो रास्ते AB तथा CD बनाये जाते हैं।

$\therefore$ रास्ते AB का क्षेत्रफल $= 150 \times 2 = 300$ वर्ग मी.

रास्ते CD का क्षेत्रफल $= 50 \times 2 = 100$ वर्ग मी.

तथा वर्गाकार रास्ता EFGH का क्षेत्रफल

$= 2 \times 2 = 4$ वर्ग मी.

$\therefore$ दोनों रास्तों का क्षेत्रफल $= 300 + 100 - 4$

$= 396$ वर्ग मी.

25 पैसे प्रति वर्ग मीटर की दर से रास्ता बनाने का खर्च

$$= 396 \times \frac{25}{100} = ₹\, 99$$

❑✤❑✤❑

15

त्रिकोणमिति (Trigonometry)

अंग्रेजी शब्द 'Trigonometry' की व्युत्पत्ति ग्रीक शब्दों 'tri' (जिसका अर्थ है तीन), 'gon' (जिसका अर्थ है भुजा) और 'metron' (जिसका अर्थ है माप) से हुई है।

वस्तुतः **त्रिकोणमिति** में एक त्रिभुज की भुजाओं और कोणों के बीच संबंधों का अध्ययन किया जाता है।

त्रिकोणमितीय अनुपात (Trigonometric Ratio)

समकोण त्रिभुज ABC में,

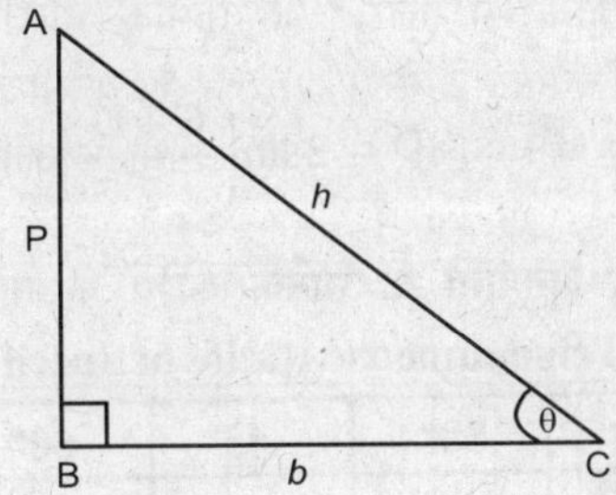

$$\sin\theta = \frac{p}{h} = \frac{\text{लम्ब}}{\text{कर्ण}} \qquad \cos\theta = \frac{b}{h} = \frac{\text{आधार}}{\text{कर्ण}}$$

$$\tan\theta = \frac{p}{b} = \frac{\text{लम्ब}}{\text{आधार}} \qquad \cot\theta = \frac{b}{p} = \frac{\text{आधार}}{\text{लम्ब}}$$

$$\sec\theta = \frac{h}{b} = \frac{\text{कर्ण}}{\text{आधार}} \qquad \text{cosec}\,\theta = \frac{h}{p} = \frac{\text{कर्ण}}{\text{लम्ब}}$$

कोण मापन (Measurement of Angles)

कोणों का मापन प्रायः डिग्रियों (अंशों) या रेडियनों में किया जाता है।

डिग्री या अंश (Degrees)

यदि समकोण को 90 समान भागों में विभाजित किया जाए तो ऐसे प्रत्येक भाग को एक डिग्री या अंश कहते हैं। अतः 1 समकोण 90 डिग्री के बराबर होता है।

अतः 1 समकोण = 90° (इसे 90 डिग्री पढ़ा जाता है)

$1° = 60'$ (इसे 60 मिनट पढ़ा जाता है)

$1' = 60''$ (इसे 60 सेकेण्ड पढ़ा जाता है)

रेडियन (Radians)

किसी वृत्त की त्रिज्या के बराबर लम्बाई वाले वृत्त के चाप (वृतांश) द्वारा वृत्त के केन्द्र पर निर्मित कोण एक रेडियन के बराबर होता है।

स्थिरांक π (A Constant Number π)

किसी भी वृत्त की परिधि और व्यास के अनुपात का मान सदैव एक नियत संख्या के बराबर होता है जिसे यूनानी भाषा के अक्षर π द्वारा व्यक्त करते हैं। π एक अपरिमेय संख्या है और इसका सन्निकट मान $\frac{22}{7}$ माना जाता है।

डिग्री और रेडियन में संबंध
(Relation Between Degree and Radians)

$$\pi \text{ रेडियन} = 180° = 2 \text{ समकोण}$$

$$1 \text{ रेडियन} = \frac{180}{\pi} \text{ डिग्री} = \frac{180\times7}{22} \text{ डिग्री}$$

$$= 57°\ 17'\ 44.8'' \text{ (सन्निकट)}$$

प्रमुख त्रिकोणमितीय सर्वसमिकाएँ
(Important Trigonometrical Identities)

(*i*) $\sin^2\theta + \cos^2\theta = 1$

$\sin^2\theta = 1 - \cos^2\theta$

$\cos^2\theta = 1 - \sin^2\theta$

(*ii*) $1 + \tan^2\theta = \sec^2\theta$

$\sec^2\theta - \tan^2\theta = 1$

$\sec^2\theta - 1 = \tan^2\theta$

(*iii*) $1 + \cot^2\theta = \operatorname{cosec}^2\theta$

$\operatorname{cosec}^2\theta - \cot^2\theta = 1$

$\operatorname{cosec}^2\theta - 1 = \cot^2\theta$

(*iv*) $\sec^2\theta = \dfrac{1}{\cos^2\theta}$

(*v*) $\operatorname{cosec}^2\theta = \dfrac{1}{\sin^2\theta}$

(*vi*) $\tan^2\theta = \dfrac{1}{\cot^2\theta} = \dfrac{\sin^2\theta}{\cos^2\theta}$

(*vii*) $\cot^2\theta = \dfrac{1}{\tan^2\theta} = \dfrac{\cos^2\theta}{\sin^2\theta}$

(*viii*) $\sin\theta \times \operatorname{cosec}\theta = 1$

(*ix*) $\cos\theta \times \sec\theta = 1$

(*x*) $\tan\theta \times \cot\theta = 1$

योग और घटाव के सूत्र

(Addition and Subtraction Formulae)

(*i*) $\sin(A + B) = \sin A \times \cos B + \cos A \times \sin B$

(*ii*) $\sin(A - B) = \sin A \times \cos B - \cos A \times \sin B$

(*iii*) $\cos(A + B) = \cos A \times \cos B - \sin A \times \sin B$

(*iv*) $\cos(A - B) = \cos A \times \cos B + \sin A \times \sin B$

(*v*) $\tan(A + B) = \dfrac{\tan A + \tan B}{1 - \tan A \times \tan B}$

(*vi*) $\tan(A - B) = \dfrac{\tan A - \tan B}{1 + \tan A \times \tan B}$

(*vii*) $\cot(A + B) = \dfrac{\cot A \times \cot B - 1}{\cot B + \cot A}$

(*viii*) $\cot(A - B) = \dfrac{\cot A \times \cot B + 1}{\cot B - \cot A}$

(*ix*) $\sin(A + B) \times \sin(A - B) = \sin^2 A - \sin^2 B$

$= \cos^2 B - \cos^2 A$

(*x*) $\cos(A + B) \times \cos(A - B) = \cos^2 A - \sin^2 B$

$= \cos^2 B - \sin^2 A$

(*xi*) $\sin 2\theta = 2 \sin\theta \cdot \cos\theta = \dfrac{2\tan\theta}{1 + \tan^2\theta}$

(*xii*) $\cos 2\theta = \cos^2\theta - \sin^2\theta = 1 - 2\sin^2\theta$

$= 2\cos^2\theta - 1 = \dfrac{1 - \tan^2\theta}{1 + \tan^2\theta}$

(*xiii*) $1 + \cos 2\theta = 2\cos^2\theta,\ 1 - \cos 2\theta = 2\sin^2\theta$

(*xiv*) $\sin 3\theta = 3\sin\theta - 4\sin^3\theta$

(*xv*) $\cos 3\theta = 4\cos^3\theta - 3\cos\theta$

(*xvi*) $\tan 3\theta = \dfrac{3\tan\theta - \tan^3\theta}{1 - 3\tan^2\theta}$

गुणनफलों को योग या अन्तर के रूप में परिवर्तित करने के लिए सूत्र (Formulae for Changing the Products into Sum or Difference)

(*i*) $2 \sin A \cdot \cos B = \sin(A + B) + \sin(A - B)$

(*ii*) $2 \cos A \cdot \sin B = \sin(A + B) - \sin(A - B)$

(*iii*) $2 \cos A \cdot \cos B = \cos(A + B) + \cos(A - B)$

(*iv*) $2 \sin A \cdot \sin B = \cos(A - B) - \cos(A + B)$

(*v*) $\sin C + \sin D = 2\sin\left(\dfrac{C+D}{2}\right).\cos\left(\dfrac{C-D}{2}\right)$

(*vi*) $\sin C - \sin D = 2\cos\left(\dfrac{C+D}{2}\right).\sin\left(\dfrac{C-D}{2}\right)$

(*vii*) $\cos C + \cos D = 2\cos\left(\dfrac{C+D}{2}\right).\cos\left(\dfrac{C-D}{2}\right)$

(*viii*) $\cos C - \cos D = 2\sin\left(\dfrac{C+D}{2}\right).\sin\left(\dfrac{D-C}{2}\right)$

त्रिकोणमितीय अनुपातों के मानक कोणों के मान

(Values of Trigonometric Ratios of Specific Angles)

θ	0°	30°	45°	60°	90°
sin	0	$\frac{1}{2}$	$\frac{1}{\sqrt{2}}$	$\frac{\sqrt{3}}{2}$	1
cos	1	$\frac{\sqrt{3}}{2}$	$\frac{1}{\sqrt{2}}$	$\frac{1}{2}$	0
tan	0	$\frac{1}{\sqrt{3}}$	1	$\sqrt{3}$	∞
cot	∞	$\sqrt{3}$	1	$\frac{1}{\sqrt{3}}$	0
sec	1	$\frac{2}{\sqrt{3}}$	$\sqrt{2}$	2	∞
cosec	∞	2	$\sqrt{2}$	$\frac{2}{\sqrt{3}}$	1

पूरक कोण (Complementary Angles)

जब दो कोणों का योग 90° के बराबर होता है उसे पूरक कोण कहते हैं। जैसे : 50° का पूरक कोण (90 – 50) = 40° होगा।

संबंधित कोणों को त्रिकोणमितीय अनुपात (Trigonometrical ratios of Related Angles)

(*i*) $\sin(90^\circ - \theta) = \cos\theta$
(*ii*) $\cos(90^\circ - \theta) = \sin\theta$
(*iii*) $\tan(90^\circ - \theta) = \cot\theta$
(*iv*) $\cot(90^\circ - \theta) = \tan\theta$
(*v*) $\sec(90^\circ - \theta) = \text{cosec}\,\theta$
(vi) $\text{cosec}(90^\circ - \theta) = \sec\theta$

सम्पूरक कोण (Supplementary Angles)

जब दो कोणों का योग 180° के बराबर होता है उसे सम्पूरक कोण कहते हैं। जैसे : 75° का सम्पूरक कोण (180 – 75°) = 105° होगा।

(*i*) $\sin(180^\circ - \theta) = \sin\theta$
(*ii*) $\cos(180^\circ - \theta) = -\cos\theta$
(*iii*) $\tan(180^\circ - \theta) = -\tan\theta$
(*iv*) $\cot(180^\circ - \theta) = -\cot\theta$
(*v*) $\sec(180^\circ - \theta) = -\sec\theta$
(vi) $\text{cosec}(180^\circ - \theta) = \text{cosec}\,\theta$

ऊँचाई एवं दूरी (Height and Distance)
उन्नयन कोण (Angle of Elevation)

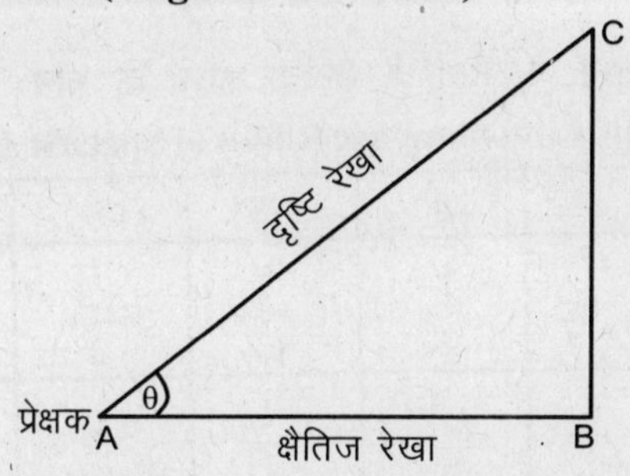

AC दृष्टि रेखा (line of sight) है। BC मीनार की ऊँचाई है। A से C को देखा जा रहा है। दृष्टि रेखा और क्षैतिज रेखा से बने कोण BAC = θ आँख से मीनार के शिखर का उन्नयन कोण (Angle of elevation) कहा जाता है।

अवनमन कोण (Angle of Depression)

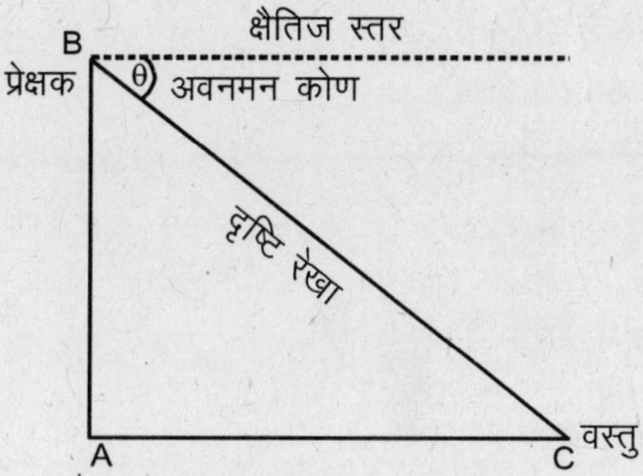

प्रेक्षक B से वस्तु C को नीचे की ओर देख रहा है। इस स्थिति में दृष्टि रेखा क्षैतिज रेखा से नीचे है। दृष्टि रेखा और क्षैतिज रेखा से बने कोण को अवनमन कोण (Angle of Depression) कहा जाता है।

इस प्रकार हम कह सकते हैं कि यदि नीचे से ऊपर की ओर कोण का आकलन किया जाए तो यह उन्नयन कोण होगा तथा ऊपर से नीचे देखा जाए तो यह कोण अवनमन कोण होगा। (**नोट** : अवनमन कोण को एकान्तर उन्नयन कोण में बदलकर सवाल हल करते हैं)

प्रश्नमाला

1. यदि A + B = 45° हो, तो (1 + tan A) (1 + tan B) का मान ज्ञात कीजिए।

A. 1 B. 2
C. $\frac{1}{2}$ D. 0
E. 3

2. sin 75° + cos 75° का मान है :

A. $\frac{1}{2}$ B. $\sqrt{3}$
C. $\sqrt{\frac{3}{2}}$ D. $\frac{1}{\sqrt{3}}$
E. इनमें से कोई नहीं

3. यदि $\frac{\tan 26^\circ + \tan 19^\circ}{x(1 - \tan 26^\circ \tan 19^\circ)} = \cos 60^\circ$ हो, तो x का मान ज्ञात कीजिए।

A. 2 B. 3
C. $\frac{1}{2}$ D. $\frac{1}{3}$
E. इनमें से कोई नहीं

4. यदि $\tan\theta = \frac{8}{15}$ हो, तो $\sqrt{\frac{1+\sin\theta}{1-\sin\theta}}$ का मान है :

A. $\frac{2}{3}$ B. $\frac{5}{3}$

C. $\frac{4}{5}$ D. $\frac{3}{5}$

E. इनमें से कोई नहीं

5. यदि $\sin\theta + \cos\theta = \sqrt{2}\cos\theta$ हो, तो $\cos\theta - \sin\theta$ का मान होगा :

A. $\sqrt{2}\cos\theta$ B. $\sqrt{2}\sin\theta$

C. $\frac{1}{2}\sin\theta$ D. $\frac{1}{2}\cos\theta$

E. इनमें से कोई नहीं

6. tan 75° – cot 75° का मान है :

A. $1+2\sqrt{3}$ B. $2+\sqrt{3}$

C. $2-\sqrt{3}$ D. $2\sqrt{3}$

E. इनमें से कोई नहीं

7. cos 1°. cos 2°. cos 3° ...... cos 180° का मान निकालें :

A. 2 B. 4

C. 1 D. 0

E. 3

8. अगर tan (A + B) = $\sqrt{3}$ तथा $\sin(A-B) = \frac{1}{2}$ हो, तो A का मान है :

A. 30° B. 45°

C. 60° D. 15°

E. –45°

9. 3π रेडियन में कितने डिग्री (अंश) होंगे?

A. 120° B. 180°

C. 360° D. 540°

E. 90°

10. $\sin^2 5° + \sin^2 10° + \sin^2 85° + \sin^2 80°$ का मान है :

A. 1 B. 2

C. 3 D. 4

E. 5

11. sin 20°. sin 40°. sin 60°. sin 80° का मान है :

A. $-\frac{3}{16}$ B. $\frac{3}{16}$

C. $\frac{5}{16}$ D. $-\frac{5}{16}$

E. इनमें से कोई नहीं

12. $\frac{1}{\sin 10°} - \frac{\sqrt{3}}{\cos 10°}$ निम्न में किसके बराबर है?

A. 2 B. 4

C. 3 D. 5

E. 1

13. tan 5°. tan 25°. tan 65°. tan 85° का मान होगा :

A. 1 B. $\frac{1}{2}$

C. $\frac{3}{4}$ D. 2

E. 3

14. यदि $\tan A = \frac{a}{a+1}$ और $\tan B = \frac{1}{2a+1}$ हो, तो A + B का मान होगा :

A. 0 B. $\frac{\pi}{2}$

C. $\frac{\pi}{3}$ D. $\frac{\pi}{4}$

E. इनमें से कोई नहीं

15. यदि $\frac{\cos\alpha}{\cos\beta} = m$ तथा $\frac{\cos\alpha}{\sin\beta} = n$ हो, तो $(m^2+n^2)\cos^2\beta$ का मान बराबर है :

A. n^2 B. $\frac{1}{n^2}$

C. m^2 D. $\frac{1}{m^2}$

E. इनमें से कोई नहीं

16. यदि $\tan\theta + \cot\theta = 2$ हो, तो $\tan^2\theta + \cot^2\theta$ का मान ज्ञात कीजिए।

A. 1 B. 2

C. 3 D. 4

E. 0

17. एक खिड़की से किसी झण्डे के शिखर का उन्नयन कोण 60° और आधार का अवनमन कोण 30° है। यदि खिड़की से झण्डे की क्षैतिज दूरी 12 मीटर है, तो झण्डे की ऊँचाई होगी:

A. $16\sqrt{3}$ मी. B. 16 मी.

C. $16\sqrt{2}$ मी. D. 15 मी.

E. 20 मी.

18. किसी मीनार के आधार से पहाड़ी की चोटी का mÙi;u dksk $60°$ है और पहाड़ी के आधार से मीनार के शिखर का उन्नयन कोण $30°$ है। यदि मीनार की ऊँचाई 50 मीटर हो, तो पहाड़ी की ऊँचाई ज्ञात कीजिए।

A. 130 मी. B. 120 मी.
C. 100 मी. D. 150 मी.
E. 100 मी.

19. 100 मीटर चौड़ी सड़क के दोनों किनारों पर दो बराबर ऊँचाई के खम्भे आमने-सामने स्थित हैं। सड़क के बीच में किसी बिन्दु से खम्भों के ऊपरी सिरों के उन्नयन कोण $30°$ और $60°$ हैं। खम्भे की ऊँचाई है :

A. $25\sqrt{3}$ मी. B. $20\sqrt{3}$ मी.
C. $15\sqrt{3}$ मी. D. $21\sqrt{3}$ मी.
E. इनमें से कोई नहीं

20. किसी मीनार के आधार से a और b की दूरियों पर एक ही रेखा में स्थित दो बिन्दुओं क्रमशः P और Q से देखने पर, मीनार के ऊपरी सिरे के उन्नयन कोण पूरक पाये जाते हैं। मीनार की ऊँचाई है :

A. ab B. $\sqrt{ab}$
C. a^2b^2 D. a^3b^3
E. इनमें से कोई नहीं

उत्तरमाला

1	2	3	4	5	6	7	8	9	10
B	C	A	B	B	D	D	B	D	B
11	**12**	**13**	**14**	**15**	**16**	**17**	**18**	**19**	**20**
B	B	A	D	A	B	A	D	A	B

व्याख्यात्मक उत्तर

1. $\tan(A + B) = \tan 45° = 1$

$\Rightarrow \dfrac{\tan A + \tan B}{1 - \tan A . \tan B} = 1$

$\Rightarrow \tan A + \tan B = 1 - \tan A . \tan B$

$\Rightarrow \tan A + \tan B + \tan A . \tan B = 1$

$\Rightarrow 1 + \tan A + \tan B + \tan A . \tan B = 1 + 1$

(दोनों तरफ 1 जोड़ा गया)

$\Rightarrow (1 + \tan A) + \tan B(1 + \tan A) = 2$

$\Rightarrow (1 + \tan A) + (1 + \tan B) = 2.$

2. $\sin 75° + \cos 75° = \sin 75° + \cos(90° - 15°)$

$= \sin 75° + \sin 15°$

$= 2\sin\dfrac{75°+15°}{2}.\cos\dfrac{75°-15°}{2}$

$= 2\sin\dfrac{90°}{2}.\cos\dfrac{60°}{2}$

$= 2\sin 45° . \cos 30° = 2\times\dfrac{1}{\sqrt{2}}\times\dfrac{\sqrt{3}}{2} = \sqrt{\dfrac{3}{2}}.$

3. $\dfrac{\tan 26° + \tan 19°}{x(1 - \tan 26°.\tan 19°)} = \cos 60°$

$\Rightarrow \dfrac{1}{x}\tan(26° + 19°) = \cos 60°$

$\Rightarrow \dfrac{1}{x}\tan 45° = \dfrac{1}{2} \Rightarrow \dfrac{1}{x}\times 1 = \dfrac{1}{2}$

$\Rightarrow x = 2$

4. $\because \tan\theta = \dfrac{8}{15} = \dfrac{p}{b}$

$h^2 = p^2 + b^2 = (8)^2 + (15)^2 = 64 + 225$

$\Rightarrow h^2 = 289$

$\Rightarrow h = 17$

$\therefore \sin\theta = \dfrac{p}{h} = \dfrac{8}{17}$

$$\sqrt{\frac{1+\sin\theta}{1-\sin\theta}} = \sqrt{\frac{1+\frac{8}{17}}{1-\frac{8}{17}}} = \sqrt{\frac{\frac{25}{17}}{\frac{9}{17}}}$$

$$= \sqrt{\frac{25}{9}} = \frac{5}{3}$$

5. $\because$ $\cos\theta + \sin\theta = \sqrt{2}\cos\theta$

दोनों तरफ वर्ग करने पर,

$\cos^2\theta + \sin^2\theta + 2\cos\theta \,.\, \sin\theta = 2\cos^2\theta$

$\Rightarrow 2\cos\theta \,.\, \sin\theta = 2\cos^2\theta - \cos^2 - \sin^2\theta$

$\Rightarrow 2\cos\theta \,.\, \sin\theta = \cos^2\theta - \sin^2\theta$

$\Rightarrow 2\cos\theta \,.\, \sin\theta = (\cos\theta + \sin\theta)(\cos\theta - \sin\theta)$

$\Rightarrow 2\cos\theta \,.\, \sin\theta = \sqrt{2}\cos\theta\,(\cos\theta - \sin\theta)$

$$\therefore \cos\theta - \sin\theta = \frac{2\cos\theta.\sin\theta}{\sqrt{2}\cos\theta}$$

$$\therefore \cos\theta - \sin\theta = \sqrt{2}\sin\theta$$

6. $\tan 75° = \tan(45° + 30°)$ से,

$$= \frac{\tan 45° + \tan 30°}{1 - \tan 45°.\tan 30°}$$

$$= \frac{1+\frac{1}{\sqrt{3}}}{1-\frac{1}{\sqrt{3}}} = \frac{\frac{\sqrt{3}+1}{\sqrt{3}}}{\frac{\sqrt{3}-1}{\sqrt{3}}} = \frac{\sqrt{3}+1}{\sqrt{3}-1}$$

$$= \frac{\sqrt{3}+1}{\sqrt{3}-1} \times \frac{\sqrt{3}+1}{\sqrt{3}+1}$$

$$= \frac{3+2\sqrt{3}+1}{3-1} = \frac{4+2\sqrt{3}}{2}$$

$$\Rightarrow \tan 75° = \frac{2\left(2+\sqrt{3}\right)}{2} = 2+\sqrt{3}$$

$$\therefore \cot 75° = \frac{1}{2+\sqrt{3}}$$

$$= \frac{1}{2+\sqrt{3}} \times \frac{2-\sqrt{3}}{2-\sqrt{3}} = \frac{2-\sqrt{3}}{4-3} = 2-\sqrt{3}$$

$$\tan 75° - \cot 75° = \left(2+\sqrt{3}\right) - \left(2-\sqrt{3}\right)$$

$$= 2+\sqrt{3}-2+\sqrt{3} = 2\sqrt{3}$$

7. $\cos 1°. \cos 2°. \cos 3°. \cos 4° \,.....\, \cos 180° = 0$

क्योंकि $\cos 90° = 0$ होता है।

0 को किसी नम्बर से गुणा करने पर 0 ही होता है।

8. $\therefore$ $\tan(A + B) = \sqrt{3} = \tan 60°$

$\Rightarrow \quad A + B = 60 \quad ...(i)$

पुनः $\sin(A - B) = \frac{1}{2} = \sin 30°$

$\Rightarrow \quad A - B = 30 \quad ...(ii)$

समीकरण (i) और (ii) को जोड़ने पर,

$2A = 90$

$\Rightarrow \quad A = 45°$

9. $\because$ π रेडियन $= 180°$

1 रेडियन $= \frac{180}{\pi}$

3π रेडियन $= \frac{180}{\pi} \times 3\pi = 180 \times 3 = 540°.$

10. $\sin^2 5° + \sin^2 85° + \sin^2 10° + \sin^2 80°$

$= \sin^2 5° + \sin^2(90 - 5°) + \sin^2 10° + \sin^2(90 - 10°)$

$= \sin^2 5° + \cos^2 5° + \sin^2 10° + \cos^2 10°$

$= 1 + 1 = 2 \qquad [\because \sin^2\theta + \cos^2\theta = 1]$

12. दिया गया व्यंजक $= \frac{\cos 10° - \sqrt{3}\sin 10°}{\sin 10°.\cos 10°}$

$$= \frac{2\left[\frac{1}{2}\cos 10° - \left(\frac{1}{2}\sqrt{3}\right)\sin 10°\right]}{\frac{1}{2}\sin 20°}$$

$$= \frac{4\sin(30° - 10°)}{\sin 20°} = \frac{4\sin 20°}{\sin 20°} = 4.$$

13. $\tan 5° \,.\, \tan 85° \,.\, \tan 25° \,.\, \tan 65° \,.\, \tan 45°$

$= \tan 5°.\tan(90 - 5°).\tan 25°.\tan(90 - 25°) \times 1$

$= \tan 5° \times \cot 5° \,.\, \tan 25° \times \cot 25° \times 1$

$= 1 \times 1 \times 1 = 1. \qquad [\because \tan\theta \times \cot\theta = 1]$

14. $\tan(A + B) = \frac{\tan A + \tan B}{1 - \tan A.\tan B}$

$$= \frac{\frac{a}{a+1} + \frac{1}{2a+1}}{1 - \frac{a}{a+1} \times \frac{1}{2a+1}} = \frac{\frac{a(2a+1)+a+1}{(a+1)(2a+1)}}{\frac{(a+1)(2a+1)-a}{(a+1)(2a+1)}}$$

$$= \frac{2a^2+a+a+1}{2a^2+a+2a+1-a} = \left(\frac{2a^2+2a+1}{2a^2+2a+1}\right)$$

$\Rightarrow \quad \tan(A+B) = \tan 45°$

$\Rightarrow \quad A+B = \frac{\pi}{4}$

15. $(m^2+n^2)\cos^2\beta$

$$= \left[\left(\frac{\cos\alpha}{\cos\beta}\right)^2 + \left(\frac{\cos\alpha}{\sin\beta}\right)^2\right]\cos^2\beta$$

$$= \left[\frac{\cos^2\alpha.\sin^2\beta+\cos^2\alpha\cos^2\beta}{\cos^2\beta.\sin^2\beta}\right]\cos^2\beta$$

$$= \cos^2\alpha\left[\frac{\sin^2\beta+\cos^2\beta}{\cos^2\beta.\sin^2\beta}\right].\cos^2\beta$$

$$= \cos^2\alpha\left[\frac{1}{\cos^2\beta.\sin^2\beta}\right].\cos^2\beta$$

$$= \frac{\cos^2\alpha}{\sin^2\beta} = \left(\frac{\cos\alpha}{\sin\beta}\right)^2 = n^2.$$

16. $\because \quad \tan\theta + \cot\theta = 2$

दोनों तरफ वर्ग करने पर,

$$(\tan\theta+\cot\theta)^2 = (2)^2$$

$\tan^2\theta + \cot^2\theta + 2\tan\theta \, . \cot\theta = 4$

$\tan^2\theta + \cot^2\theta = 4 - 2 \quad [\because \tan\theta \, . \cot\theta = 1]$

$\Rightarrow \quad \tan^2\theta + \cot^2\theta = 2.$

17. त्रिभुज AEC में,

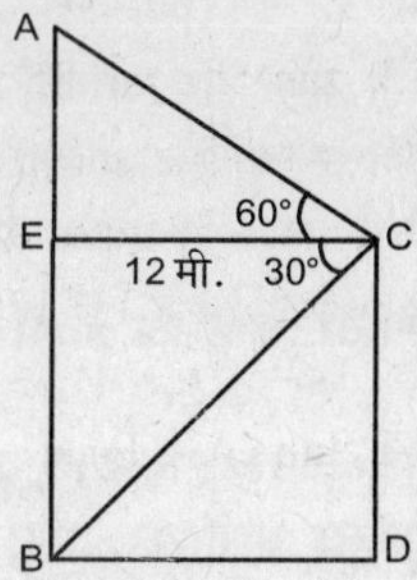

$\tan 60° = \frac{AE}{EC} = \frac{AE}{12}$

$\Rightarrow \sqrt{3} = \frac{AE}{12}$

$\Rightarrow AE = 12\sqrt{3}$ मी.

पुनः त्रिभुज CEB से,

$\tan 30° = \frac{BE}{12}$

$\Rightarrow \quad \frac{1}{\sqrt{3}} = \frac{BE}{12}$

$\Rightarrow \quad BE = \frac{12}{\sqrt{3}} \times \frac{\sqrt{3}}{\sqrt{3}}$

$= \frac{12\sqrt{3}}{3} = 4\sqrt{3}$

$\because AB = AE + BE = 12\sqrt{3} + 4\sqrt{3} = 16\sqrt{3}$ मी.

अतः झण्डे की ऊँचाई $= 16\sqrt{3}$ मी.

20.

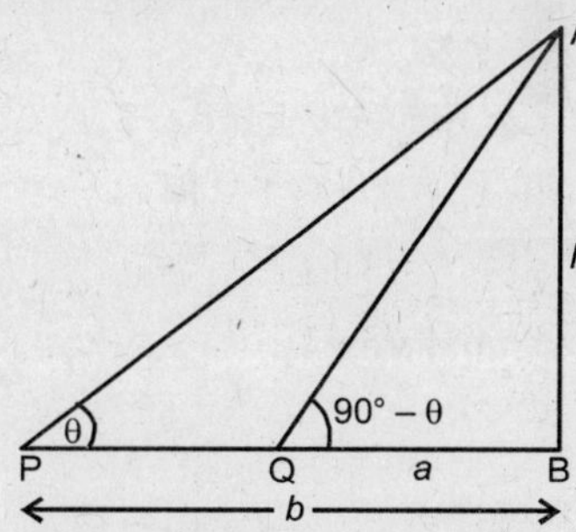

त्रिभुज ABP से,

$\tan\theta = \frac{h}{b}$ ...(*i*)

पुनः त्रिभुज ABQ से,

$\tan(90° - \theta) = \frac{h}{a}$

$\Rightarrow \quad \cot\theta = \frac{h}{a}$ ...(*ii*)

समीकरण (*i*) तथा (*ii*) को गुणा करने पर,

$\tan\theta \times \cot\theta = \frac{h}{a} \times \frac{h}{b}$

$\Rightarrow \quad 1 = \frac{h^2}{ab}$

$\Rightarrow \quad h^2 = ab$

$\Rightarrow \quad h = \sqrt{ab}$

❑✤❑✤❑

16

श्रेणी (Series)

समान्तर श्रेणी (Arithmetic Series)

वह अनुक्रम, जिसके किसी दो क्रमागत पदों का अन्तर सदैव अचर हो, समान्तर श्रेणी कहलाता है।

अनुक्रम के प्रथम पद को प्रथम पद (first term) एवं पदों के अन्तर को सार्वअन्तर (common difference) कहते हैं।

जैसे : $a, a + d, a + 2d, ...$

अतः प्रथम पद $= a$, सार्वअन्तर $= d$ है।

श्रेणी का n वाँ पद $T_n = a + (n - 1)d$

श्रेणी का अन्तिम पद, $l = a + (n - 1)d$

श्रेणी के n पदों का योगफल, $S_n = \frac{n}{2}\left[2a+(n-1)d\right]$

$= \frac{n}{2}(a+l)$

महत्त्वपूर्ण परिणाम (Important Results)

(*i*) यदि किसी समान्तर श्रेणी के n पदों का योग S_n से निरूपित हो, तो श्रेणी का n वाँ पद $T_n = S_n - S_{n-1}$, $n > 1$

(*ii*) किसी n पदों की समान्तर श्रेणी में अन्त से k वाँ पद $= l + (k - 1)(- d)$, जहाँ l अन्तिम पद और d सार्वअन्तर है।

(*iii*) समान्तर श्रेणी के प्रारंभ और अन्त से समान दूरी वाले पदों का योगफल अचर होता है।

(*iv*) सम पदों वाली समान्तर श्रेणी में दो मध्य पद n वाँ तथा $\left(\frac{n}{2}+1\right)$ वाँ या $\frac{n+2}{2}$ वाँ पद होंगे।

(*v*) विषम पदों वाली समान्तर श्रेणी में एक मध्य पद $\frac{(n+1)}{2}$ वाँ पद होगा।

(*vi*) समान्तर श्रेणी में तीन पद क्रमशः $a - d, a, a + d$ होते हैं।

(*vii*) समान्तर श्रेणी में चार पद क्रमशः $a - 3d$, $a - d$, $a + d$, तथा $a + 3d$ होते हैं।

(*viii*) समान्तर श्रेणी में पाँच पद क्रमशः $a - 2d$, $a - d$, a, $a + d$, $a + 2d$ होते हैं।

समान्तर माध्य (Arithmetic Mean)

(*i*) दो राशियों a एवं b के बीच समान्तर माध्य $A = \frac{a+b}{2}$

(*ii*) यदि दो राशियों के बीच में n समान्तर माध्य पद हो, अर्थात् $a, A_1, A_2, A_3 .... A_n, b$

तो $A_1 = \frac{an+b}{n+1}$, $A_2 = \frac{a(n-1)+2b}{n+1}$,

$A_3 = \frac{a(n-2)+3b}{n+1}$, ..., $A_n = \frac{a+nb}{n+1}$ होंगे।

गुणोत्तर श्रेणी (Geometric Series)

यदि किसी अनुक्रम का कोई पद तथा इसके पूर्व पद का अनुपात् सदैव अचर हो, तब उसे गुणोत्तर श्रेणी कहते हैं।

जैसे– यदि $a_1, a_2, a_3, ..., a_n$ गुणोत्तर श्रेणी में हों, तो

$$\frac{a_2}{a_1} = \frac{a_3}{a_2} = \frac{a_4}{a_3} = ... = \frac{a_n}{a_{n-1}} = r$$

अचर पद अर्थात r को श्रेणी का सार्वनुपात कहते हैं।

गुणोत्तर श्रेणी $a, ar, ar^2, ar^3 .....$ में

प्रथम पद $= a$ एवं सार्वनुपात $= r$

गुणोत्तर श्रेणी का n वाँ पद (n^{th} term of G.P.)

$T_n = ar^{n-1}$

यदि अन्तिम पद l हो, तब $l = ar^{n-1}$.

गुणोत्तर श्रेणी के n पदों का योगफल

$$S_n = \begin{cases} \frac{a(r^n-1)}{r-1}, & r > 1 \\ \frac{a(1-r^n)}{1-r} & r < 1 \end{cases}$$

गुणोत्तर श्रेणी के अनन्त पदों का योगफल

$S_\infty = \frac{a}{1-r}$ जहाँ $|r|<1$.

महत्वपूर्ण परिणाम (Important Results)

(*i*) किसी गुणोत्तर श्रेणी के n पदों का योग S हो, तो श्रेणी का n वाँ पद $t_n = S_n - S_{n-1}, n > 1$ तथा प्रथम पद $t_1 = S_1$

(*ii*) गुणोत्तर श्रेणी के तीन क्रमागत पद $\frac{a}{r}, a, ar$

(*iii*) गुणोत्तर श्रेणी के चार क्रमागत पद $\frac{a}{r^3}, \frac{a}{r}, ar, ar^3$

(*iv*) गुणोत्तर श्रेणी के पाँच क्रमागत पद क्रमशः $\frac{a}{r^2}, \frac{a}{r}, a, ar, ar^2$

गुणोत्तर माध्य (Geometric Mean)

दो राशियों a और b के मध्य गुणोत्तर माध्य

$$G = \sqrt{ab}$$

(*a*) यदि दो राशियों a और b के मध्य n गुणोत्तर माध्य हो अर्थात्

$a, G_1, G_2, G_3, \ldots\ldots\ldots G_n, b$

तो $G_1 = a\left(\frac{b}{a}\right)^{\frac{1}{n+1}}, G_2 = a\left(\frac{b}{a}\right)^{\frac{2}{n+1}}, \ldots\ldots\ldots,$

$G_n = a\left(\frac{b}{a}\right)^{\frac{n}{n+1}}$.

(*b*) दो राशियों a व b के बीच n गुणोत्तर मध्य पदों का गुणनफल उन राशियों के गुणोत्तर माध्य की n वीं घात के बराबर होता है।

$$G_1 G_2 G_3 \ldots\ldots G_n = (ab)^{\frac{n}{2}} = (G)^n.$$

हरात्मक श्रेणी (Harmonic Series)

वह श्रेणी जिसके पदों का व्युत्क्रम समान्तर श्रेणी में हो, हरात्मक श्रेणी कहलाती है।

यदि $a_1, a_2, \ldots\ldots\ldots, a_n$ हरात्मक श्रेणी में है, तब $\frac{1}{a_1}, \frac{1}{a_2}, \ldots\ldots, \frac{1}{a_n}$ समान्तर श्रेणी में होंगे।

हरात्मक श्रेणी में n वाँ पद (n^{th} term of H.P.)

$$H = \frac{2ab}{a+b} \text{ या } T_n \frac{a_1 a_2}{a_2 + (n-1)(a_1 - a_2)}$$

दो राशियों के बीच हरात्मक माध्य : यदि a एवं b दो राशि हैं तथा H हरात्मक माध्य है तो $H = \frac{2ab}{a+b}$

समान्तर माध्य, गुणोत्तर माध्य एवं हरात्मक माध्य में सबंध : यदि a एवं b दो वास्तविक संख्याएँ हैं तथा A, G, H क्रमशः स॰ मा॰, गुणों॰ मा॰ एवं ह॰ मा॰ हों तो,

$$G^2 = AH \text{ तथा } A > G > H$$

प्रश्नमाला

निर्देश : (प्रश्न 1 से 10): *इन प्रश्नों में एक संख्या शृंखला दी गयी है। शृंखला में एक गलत संख्या है जो शृंखला में फिट नहीं बैठती। गलत संख्या को पहचानिये :*

1. 0, 9, 64, 169, 576, 1225

A. 169 B. 1225
C. 576 D. 0
E. 64

2. 139, 150, 149, 174, 223, 304

A. 149 B. 150
C. 174 D. 304
E. 223

3. 40, 20, 24, 30, 60, 150

A. 150 B. 60
C. 20 D. 30
E. 24

4. 90, 72, 56, 40, 30, 20, 12

A. 90 B. 72
C. 56 D. 40
E. 20

5. 13, 16, 24, 39, 73, 98
A. 16 B. 73
C. 39 D. 98
E. 24

6. 5531 5506 5425 5304 5135 4910 4621
A. 5531 B. 5425
C. 4621 D. 5135
E. 5506

7. 6 7 9 13 26 37 69
A. 7 B. 26
C. 69 D. 37
E. 9

8. 1 3 10 36 152 760 4632
A. 3 B. 36
C. 4632 D. 760
E. 152

9. 4 3 9 34 96 219 435
A. 4 B. 9
C. 34 D. 435
E. 219

10. 157.5 45 15 6 3 2 1
A. 1 B. 2
C. 6 D. 157.5
E. 45

निर्देश (11-20): *निम्नलिखित संख्या शृंखला में प्रश्नचिह्न (?) के स्थान पर क्या आएगा?*

11. 15 21 39 77 143 (?)
A. 243 B. 240
C. 253 D. 245
E. इनमें से कोई नहीं

12. 33 39 57 87 129 (?)
A. 83 B. 177
C. 189 D. 199
E. इनमें से कोई नहीं

13. 15 19 83 119 631 (?)
A. 731 B. 693
C. 712 D. 683
E. इनमें से कोई नहीं

14. 19 26 40 68 124 (?)
A. 246 B. 238
C. 236 D. 256
E. इनमें से कोई नहीं

15. 43 69 58 84 73 (?)
A. 62 B. 98
C. 109 D. 63
E. इनमें से कोई नहीं

16. 13 16 22 33 51 ?
A. 89 B. 78
C. 102 D. 69
E. इनमें से कोई नहीं

17. 39 52 78 117 169 ?
A. 246 B. 182
C. 234 E. 256
E. इनमें से कोई नहीं

18. 62 87 187 412 812 ?
A. 1012 B. 1437
C. 1337 D 1457
E. इनमें से कोई नहीं

19. 7 8 24 105 361 ?
A. 986 B. 617
C. 486 D. 1657
E. इनमें से कोई नहीं

20. 656 432 320 264 236 ?
A. 222 B. 229
C. 232 D. 223
E. इनमें से कोई नहीं

उत्तरमाला

1	2	3	4	5	6	7	8	9	10
A	B	E	D	B	A	B	D	D	A
11	**12**	**13**	**14**	**15**	**16**	**17**	**18**	**19**	**20**
D	A	A	C	E	B	C	B	A	A

व्याख्यात्मक उत्तर

2. 139   140   149   174   223   304

$+(1)^2$ $+(3)^2$ $+(5)^2$ $+(7)^2$ $+(9)^2$

अतः, इस शृंखला में गलत संख्या 150 है।

3. 24 को छोड़कर, अन्य संख्याएं 10 से विभाज्य हैं।

5. 13   16   24   39   63   98

+3   +8   +15   +24   +35

+5   +7   +9   +11

अतः दी गई शृंखला में गलत संख्या 73 है।

6. $4621 + (17)^2 = 4621 + 289 = 4910$

$4910 + (15)^2 = 4910 + 225 = 5135$

$5135 + (13)^2 = 5135 + 169 = 5304$

$5304 + (11)^2 = 5304 + 121 = 5425$

$5425 + (9)^2 = 5425 + 81 = 5506$

$5506 + (7)^2 = 5506 + 49 = 5555$ (5531)

7. $6 \times 2 - 5 = 12 - 5 = 7$

$7 \times 2 - 5 = 14 - 5 = 9$

$9 \times 2 - 5 = 18 - 5 = 13$

$13 \times 2 - 5 = 26 - 5 = 21$ (26)

$21 \times 2 - 5 = 42 - 5 = 37$

$37 \times 2 - 5 = 74 - 5 = 69$

10. $2 \times 1 = 2$ (1)

$2 \times \frac{3}{2} = 3$

$3 \times 2 = 6$

$6 \times \frac{5}{2} = 15$

$15 \times 3 = 45$

$45 \times \frac{7}{2} = 157.5$

11. दो लगातार संख्याओं के बीच अन्तर

= 6, 18, 38, 66

पुनः दो लगातार संख्याओं के बीच अन्तर

= 12, 20, 28, $\boxed{36}$

स्पष्टतः पूर्वपद में 66 + 36 = 102 जोड़ने पर अगला पद 245 होगा।

14. दो लगातार संख्याओं के बीच अन्तर

= 7, 14, 28, 56 $\boxed{112}$

स्पष्टतः अगला पद 124 + 112 = 236.

15. अन्तरः

$2^{nd} - 1^{st} = 26$

$4^{th} - 3^{rd} = 26$

$6^{th} - 5^{th} = 26$

$\therefore$ अगला पद = 99.

16. संख्या शृंखला का पैटर्न है:

$13 + 3 = 16$

$16 + (3 + 3) = 22$

$22 + (6 + 5) = 33$

$33 + (11 + 7) = 51$

$51 + (18 + 9) = 78$

18. संख्या शृंखला का पैटर्न है:

$62 + 5^2 = 62 + 25 = 87$

$87 + 10^2 = 87 + 100 = 187$

$187 + 15^2 = 187 + 225 = 412$

$412 + 20^2 = 412 + 400 = 812$

$812 + (25)^2 = 812 + 625 = 1437$

20. संख्या शृंखला का पैटर्न है:

$656 - 224 = 432$

$432 - 112 = 320$

$320 - 56 = 264$

$264 - 28 = 236$

$236 - 28 = 222$

❑✤❑✤❑

17

प्रायिकता (Probability)

प्रयोग (Experiment)

सुपरिभाषित (Well defined) परिणामों को उत्पन्न करने वाली क्रिया, प्रयोग कहलाती है। प्रयोग दो प्रकार के होते हैं–

(*i*) यादृच्छिक प्रयोग (Random experiment)

(*ii*) निर्धारणात्मक प्रयोग (Deterministic experiment)

(*i*) **यादृच्छिक प्रयोग (Random Experiment)–** वे प्रयोग जो समान परिस्थितियों में दोहराने पर असमान परिणाम देते हैं, यादृच्छिक प्रयोग कहलाते हैं। जैसे–एक पासे को उछालने पर 1 से 6 तक के अंकों में से कोई भी एक परिणाम आ सकता है परन्तु प्रत्येक बार समान परिणाम आए यह निश्चित नहीं है।

(*ii*) **निर्धारणात्मक प्रयोग (Deterministic Experiment)–** वे प्रयोग जो समान परिस्थितियों के अंतर्गत दोहराने पर समान परिणाम देते हैं, निर्धारणात्मक प्रयोग कहलाते हैं। जैसे–विज्ञान या अभियांत्रिकी में समान परिस्थितियों में प्रयोग को दोहराने पर समान परिणाम आता है।

प्रतिदर्श समष्टि (Sample Space)

किसी प्रयोग के सभी सम्भव परिणामों के समुच्चय को प्रतिदर्श समष्टि कहते हैं। जैसे–किसी पासे को उछालने पर 1 से 6 तक में से कोई भी अंक आ सकता है।

अतः $S = \{1, 2, 3, 4, 5, 6,\}$

जहाँ S, प्रतिदर्श समष्टि को सूचित करता है।

घटना (Event)

प्रतिदर्श समष्टि का सभी उपसमुच्चय घटना कहलाता है।

(*i*) **सरल घटना (Simple Event)–** वह घटना जिसमें केवल एक प्रतिदर्श बिन्दु होता है, सरल घटना कहलाती है।

जैसे–दो सिक्कों को उछालने पर,

प्रतिदर्श समष्टि, $S = \{HH, TH, HT, TT\}$

यदि घटना, E = दो शीर्ष प्राप्त करने की घटना

$= \{HH\}$

तब E सरल घटना है।

(*ii*) **संयुक्त घटना (Compound Event)–** वे घटनाएँ जो सरल घटना नहीं हैं, संयुक्त घटनाएँ कहलाती हैं। जैसे–दो सिक्कों को उछालने पर,

प्रतिदर्श समष्टि, $S = \{HH, HT, TH, TT\}$

यदि E = कम-से-कम एक पुच्छ प्राप्त करने की घटना

$= \{TT, HT, TH\}$

तब E एक संयुक्त घटना है।

असम्भव व सम्भव घटनाएँ (Null or Impossible and Sure Events)– यदि किसी यादृच्छिक प्रयोग में प्रतिदर्श समष्टि S हो तब उसके उपसमुच्चय ϕ को असम्भव घटना एवं S (स्वयं समुच्चय) को सम्भव (निश्चित) घटना कहते हैं।

समसम्भावी घटनाएँ (Equally Likely Events)– किसी प्रयोग में यदि प्रत्येक घटना के घटित होने की सम्भावना समान हो, तब वे घटनाएँ समसम्भावी घटनाएँ कहलाती हैं। जैसे–किसी सिक्के को उछालने पर शीर्ष एवं पुच्छ के आने की सम्भावना समान है।

स्वतंत्र घटनाएँ (Independent Events)– यदि किसी प्रयोग में एक घटना के घटित होने का प्रभाव इसकी घटना के घटित होने पर नहीं पड़ता है, तो वह स्वतंत्र घटना कहलाती है।

पूरक घटनाएँ (Complementary Events)– किसी प्रयोग में यदि प्रतिदर्श समष्टि S तथा घटना E है, तब E की

पूरक घटना को E′, E′ या $\bar{E}$ से निरूपित करते हैं। किसी घटना E का पूरक, E के घटित नहीं होने को कहते हैं।

जैसे– एक पासे को उछालने पर,

$$S = \{1, 2, 3, 4, 5, 6\}$$

यदि घटना $E = \{2, 4, 6\}$ हो,

तब $E' = \{1, 3, 5\}$

$$E \cup E' = S \text{ तथा } E \cap E' = \phi$$

परस्पर अपवर्जी घटनाएँ (Mutually Exclusive Events)– किसी प्रतिदर्श समष्टि S की दो घटनाएँ E_1 एवं E_2 परस्पर अपवर्जी घटनाएँ होंगी, यदि E_1 एवं E_2 साथ-साथ घटित न हों।

अर्थात, E_1 एवं E_2 परस्पर अपवर्जी घटनाएँ होंगी,

यदि $E_1 \cap E_2 = \phi$

सम्पूर्ण घटनाएँ (Exhaustive Events)– किसी प्रयोग में उन सभी घटनाओं का समुच्चय (Set) जिसके बाहर कोई घटना घटित न हो, सम्पूर्ण घटनाएँ कहलाती हैं।

घटनाओं $E_1, E_2, E_3 \ldots E_n$ के समुच्चय को सम्पूर्ण घटनाएँ कहते हैं, यदि $E_1 \cup E_2 \cup E_3 \cup \ldots \cup E_n = S$

परस्पर अपवर्जी तथा सम्पूर्ण घटनाएँ (Mutually Exclusive and Exhaustive Events)

वे घटनाएँ जो परस्पर अपवर्जी तथा सम्पूर्ण दोनों हों उन्हें परस्पर अपवर्जी तथा सम्पूर्ण घटनाएँ कहते हैं। यदि

$$E_1 \cup E_2 \cup E_3 \cup \ldots \cup E_n = S$$

जहाँ $E_1 \cap E_2 \cap E_3 \ldots \cap E_n = \phi$

प्रायिकता (Probability)

माना किसी यादृच्छिक प्रयोग में प्रतिदर्श समष्टि S तथा घटना $E \subseteq S$ है, तब घटना E के घटित होने की प्रायिकता

$P(E) = \dfrac{n(E)}{n(S)}$ होगी।

यदि $P(E) = 1$ हो, तब E को निश्चित घटना (Sure event) तथा यदि $P(E) = 0$ हो, तब E को असम्भव घटना (Impossible event) कहते हैं।

अर्थात् $0 \le P(E) \le 1.$

सप्रतिबन्ध प्रायिकता (Conditional Probability)

यदि किसी यादृच्छिक प्रयोग में E_1 एवं E_2 दो घटनाएँ हों। जिसमें E_2 घटना पहले घटित हो चुकी हो, तब घटना E_1 के घटित होने की प्रायिकता को घटना E_2 के घटित होने की सप्रतिबंध प्रायिकता कहते हैं। इसे $P\left(\dfrac{E_1}{E_2}\right)$ से निरूपित करते हैं।

अर्थात् $P\left(\dfrac{E_1}{E_2}\right) = \dfrac{P(E_1 \cap E_2)}{P(E_2)}$ जहाँ $E_2 \ne \phi$.

महत्त्वपूर्ण तथ्य (Important Facts)

(*i*) यदि यादृच्छिक प्रयोग से सम्बन्धित घटनाएँ E_1 एवं E_2 हों, तब

$$P(E_1 \cup E_2) = P(E_1)P(E_2) - P(E_1 \cap E_2)$$

(*ii*) यदि E_1 एवं E_2 परस्पर अपवर्जी घटनाएँ हों, तो

$$P(E_1 \cup E_2) = P(E_1) + P(E_2)$$

(*iii*) यदि किसी यादृच्छिक प्रयोग से सम्बन्धित घटनाएँ E_1, E_2, E_3, हों, तब

$$P(E_1 \cup E_2 \cup E_3) = P(E_1) + P(E_2) + P(E_3) - P(E_1 \cap E_2) - P(E_2 \cap E_3) - P(E_1 \cap E_3) + P(E_1 \cap E_2 \cap E_3)$$

(*iv*) यदि E_1, E_2 एवं E_3 परस्पर अपवर्जी घटनाएँ हों, तब

$$P(E_1 \cup E_2 \cup E_3) = P(E_1) + P(E_2) + P(E_3)$$

(*v*) यदि यादृच्छिक प्रयोग से सम्बन्धित घटनाएँ E_1 एवं E_2 हों, तब

(*a*) $P(E_1 \cap E_2) = P(E_2) - P(E_1 \cap E_2)$

(*b*) $P(E_1 \cap E_2) = P(E_1) - P(E_1 \cap E_2)$

(*vi*) यदि P (E_1, E_2, E_3 में से कम-से-कम दो घटनाएँ घटित हैं)

$$= P(E_1 \cap E_2) + P(E_2 \cap E_3) + P(E_3 \cap E_1) - 2P(E_1 \cap E_2 \cap E_3)$$

(*vii*) यदि $P(E_1, E_2, E_3$ में दो घटनाएँ घटित हों)

$$= P(E_1 \cap E_2) + P(E_2 \cap E_3) + P(E_3 \cap E_1) - 3P(E_1 \cap E_2 \cap E_3)$$

(*viii*) यदि $E_1, E_2, E_3, ...E_n$ स्वतंत्र घटनाएँ हों, तब

$$P(E_1 \cap E_2 \cap E_3 \cap ... \cap E_n) = P(E_1)P(E_2)...P(E_n)$$

(*ix*) यदि $E_1, E_2, E_3, ...E_n$ परस्पर अपवर्जी घटनाएँ हों, तब

$$P(E_1 \cup E_2 \cup E_3 ... \cup E_n)$$

$$= P(E_1) + P(E_2) + ... + P(E_n)$$

यहाँ $P(E_1 \cap E_2 \cap ... \cap E_n) = 0$

(*x*) यदि $E_1, E_2, ...E_n$ परस्पर अपवर्जी व सम्पूर्ण घटनाएँ हों, तब

$$P(E_1 \cup E_2 \cup E_3 ... \cup E_n)$$

$$= P(E_1) + P(E_2) + ... + (E_n) = 1$$

सप्रतिबन्ध प्रायिकता से जुड़े महत्त्वपूर्ण तथ्य

(*i*) यदि E_1 तथा E_2 स्वतंत्र घटनाएँ हैं, तब

$$P\left(\frac{E_2}{E_1}\right) = P(E_2)$$

(*ii*) यदि $E_1, E_2, ...E_n$ स्वतंत्र घटनाएँ हैं, तब

$$P(E_1 \cup E_2 \cup, ... \cup E_n) = 1 - P\ (E_1')P(E_2')...P(E_n')$$

(*iii*) यदि E_1 एवं E_2 घटनाएँ इस प्रकार हैं कि $E_1 \neq \phi$ तब

$$P(E_2) = P(E_1)P\left(\frac{E_2}{E_1}\right) + (E_1')P\left(\frac{E_2}{E_1}\right)$$

(*iv*) यदि E_1 एवं E_2 दो घटनाएँ हों तब

(*a*) $P(E_1 \cap E_2) = P(E_1)P\left(\frac{E_2}{E_1}\right)$, यदि $P(E_1) \neq 0$

(*b*) $P(E_1 \cap E_2) = P(E_2)P\left(\frac{E_1}{E_2}\right)$, यदि $P(E_2) \neq 0$

सम्पूर्ण प्रायिकता का नियम

(Law of Total Probability)

माना यादृच्छिक प्रयोग में S एक प्रतिदर्श समष्टि तथा $E_1, E_2, ...E_n$ परस्पर अपवर्जी तथा सम्पूर्ण घटनाएँ हैं। यदि कोई घटना A, E_1 या E_2 या E_3,... या E_n के साथ घटित हो, तब

$$P(A) = P(E_1)P\left(\frac{A}{E_1}\right) + P(E_2)P\left(\frac{A}{E_2}\right) + ... + P(E_n)P\left(\frac{A}{E_n}\right)$$

बे का प्रमेय (Baye's Theorem)– यदि $E_1, E_2, ...E_n$, n परस्पर अपवर्जी तथा सम्पूर्ण घटनाएँ हैं तथा कोई घटना इस प्रकार है कि $P(E_i) > 0, \forall\ 0 \leq i \leq n$ तब $1 \leq k \leq n$ के लिए

$$P\left(\frac{E_k}{E}\right) = \frac{P(E_K) \cdot P\left(\frac{E}{E_k}\right)}{\sum_{k=1}^{n} P(E_k) \cdot P\left(\frac{E}{E_k}\right)}$$

प्रश्नमाला

1. माना कि A और B स्वतंत्र घटनायें हैं। A और B दोनों के घटने की प्रायिकता $\frac{1}{12}$ है तथा न तो A और न ही B की प्रायिकता $\frac{1}{2}$ है, तो–

A. $P(A) = \frac{1}{3}, P(B) = \frac{1}{4}$

B. $P(A) = \frac{1}{2}, P(B) = \frac{1}{6}$

C. $P(A) = \frac{1}{6}, P(B) = \frac{1}{2}$

D. उपरोक्त सभी

E. इनमें में से कोई नहीं

2. तीन पासे एक साथ फेंके जाते हैं। उन पर आने वाले अंकों का योग 17 या 18 होने की प्रायिकता है–

A. $\frac{1}{72}$ B. $\frac{1}{9}$

C. $\frac{1}{54}$ D. $\frac{1}{85}$

E. इनमें में से कोई नहीं

3. दो पासों को फेंका जाता है। दोनों संख्याओं का योग अभाज्य संख्या प्राप्त होने की प्रायिकता है–

A. $\frac{5}{12}$ B. $\frac{1}{6}$

C. $\frac{1}{2}$ D. $\frac{1}{3}$

E. इनमें में से कोई नहीं

4. तीन व्यक्ति एक समस्या पर स्वतंत्र रूप से कार्य करते हैं। उनके द्वारा समस्या को हल करने की प्रायिकतायें क्रमशः $\frac{1}{3},\frac{1}{4}$ व $\frac{1}{5}$ हैं, तो तीनों में से किसी के द्वारा समस्या न हल होने की प्रायिकता है–

A. $\frac{1}{3}$ B. $\frac{3}{5}$

C. $\frac{2}{5}$ D. उपरोक्त सभी

E. इनमें में से कोई नहीं

5. शब्द POSSESSIVE से एक अक्षर यादृच्छया चुन लिया जाता है, तो इसके S होने की प्रायिकता है–

A. $\frac{3}{10}$ B. $\frac{4}{10}$

C. $\frac{3}{6}$ D. $\frac{4}{15}$

E. इनमें में से कोई नहीं

6. किसी प्रतिदर्श समष्टि में दो घटनाओं A और B के लिए–

A. $P\left(\frac{A}{B}\right) \geq \frac{P(A)+P(B)-1}{P(B)} P(B) \neq 0$ सदैव सत्य है

B. $P(A \cap B) = P(A) - P(A \cap B)$ सत्य नहीं है।

C. $P(A \cup B) = 1 - P(\overline{A})P(\overline{B})$ यदि A और B असंयुक्त हैं।

D. उपरोक्त सभी

E. इनमें में से कोई नहीं

7. एक थैले में 3 सफेद व 5 काली गेंदें रखी हैं। यदि एक गेंद निकाली जाए, तो इसके काली होने की प्रायिकता है–

A. $\frac{3}{8}$ B. $\frac{5}{8}$

C. $\frac{6}{8}$ D. $\frac{10}{20}$

E. इनमें में से कोई नहीं

8. किसी संदूक में 3 आम व 3 सेब हैं। यदि दो फल यादृच्छया चुने जाएँ, तो एक के आम व दूसरे के सेब होने की प्रायिकता है–

A. $\frac{2}{3}$ B. $\frac{3}{5}$

C. $\frac{1}{3}$ D. $\frac{4}{3}$

E. इनमें में से कोई नहीं

9. 100 पत्तों की गड्डी जिन पर 1 से लेकर 100 तक संख्याएं लिखी हैं, में से यादृच्छया एक पत्ता निकाला जाता है, तो पूर्ण वर्ग संख्या आने की प्रायिकता है–

A. $\frac{1}{5}$ B. $\frac{2}{5}$

C. $\frac{1}{10}$ D. उपरोक्त सभी

E. इनमें में से कोई नहीं

10. एक पासे को n बार उछाला जाता है। यदि 7 शीर्ष प्राप्त करने की प्रायिकता, 9 शीर्ष प्राप्त करने की प्रायिकता के बराबर हो, तो 3 शीर्ष प्राप्त करने की प्रायिकता है–

A. $\frac{35}{2^{12}}$ B. $\frac{35}{2^{14}}$

C. $\frac{7}{2^{12}}$ D. उपरोक्त सभी

E. इनमें में से कोई नहीं

11. एक थैले में 3 काली तथा 4 सफेद गेंदें हैं। बिना प्रतिस्थापन के यादृच्छया एक-एक करके दो गेंदें निकाली गई हैं। निकाली गई द्वितीय गेंद के सफेद होने की प्रायिकता है–

A. $\frac{4}{49}$ B. $\frac{1}{7}$

C. $\frac{4}{7}$ D. $\frac{12}{49}$

E. इनमें में से कोई नहीं

12. 10 विद्यार्थियों को यादृच्छया एक पंक्ति में बिठाया गया हो, तो दो विशेष विद्यार्थियों के एक साथ नहीं बैठने की प्रायिकता होगी–

A. $\frac{4}{5}$ B. $\frac{3}{5}$

C. $\frac{2}{5}$ D. $\frac{1}{5}$

E. इनमें में से कोई नहीं

13. 22वीं शताब्दी के किसी वर्ष को यादृच्छया चुनने पर उसमें 53 रविवार होने की प्रायिकता है–

A. $\frac{3}{28}$ B. $\frac{2}{28}$

C. $\frac{7}{28}$ D. $\frac{5}{28}$

E. इनमें में से कोई नहीं

14. दो घटनायें A तथा B इस प्रकार हैं कि

$P(A)=\frac{1}{4},\ P\left(\frac{B}{A}\right)=\frac{1}{2},\ P\left(\frac{A}{B}\right)=\frac{1}{4},$

तब निम्न कथनों में से कौन-सा कथन सत्य है?

I. $P\left(\frac{A^C}{B^C}\right)=\frac{3}{4}$

II. घटनायें A तथा B परस्पर अपवर्जी हैं।

III. $P\left(\frac{A}{B}\right)+P\left(\frac{A}{B^C}\right)=1$

A. केवल I B. केवल II

C. I तथा III D. II तथा III

E. इनमें में से कोई नहीं

15. यदि $P(A)=0.25, P(B)=0.50$ तथा $P(A\cap B) = 0.14$, तब $P(A\cap \bar{B})$ का मान होगा–

A. 0.61 B. 0.39

C. 0.48 D. 0.11

E. इनमें में से कोई नहीं

16. एक लाटरी में 90 टिकट हैं, जिन पर 1 से 90 तक संख्याएँ अंकित हैं, पाँच टिकट यादृच्छया चुने जाते हैं। इनमें से दो टिकटों पर 15 तथा 80 संख्या होने की प्रायिकता है–

A. $\frac{2}{801}$ B. $\frac{2}{623}$

C. $\frac{1}{267}$ D. $\frac{1}{623}$

E. इनमें में से कोई नहीं

17. दो व्यक्ति A तथा B पासों के एक युग्म को बारी-बारी से फेंकते हैं, यदि पहला व्यक्ति पासों के युग्म से 9 प्राप्त करता है, तो उसे इनाम नहीं मिलता है। यदि A पहले फेंकता है, तब B के खेल जीतने की प्रायिकता है–

A. $\frac{9}{17}$ B. $\frac{8}{17}$

C. $\frac{8}{9}$ D. $\frac{1}{9}$

E. इनमें में से कोई नहीं

18. यदि कोई 4 अंक चुने जाते हैं तथा आपस में उनको गुणा किया जाता है, तब अंतिम अंक के 1, 3, 5, या 7 होने की प्रायिकता है–

A. $\frac{4}{625}$ B. $\frac{18}{625}$

C. $\frac{16}{625}$ D. उपरोक्त सभी

E. इनमें में से कोई नहीं

19. गणित की एक समस्या तीन छात्रों A, B तथा C को दी जाती है तथा उनके द्वारा समस्या के हल होने की प्रायिकता क्रमशः $\frac{1}{2}$, $\frac{1}{3}$, तथा $\frac{1}{4}$ है, तब समस्या के हल होने की प्रायिकता है–

A. $\frac{3}{4}$ B. $\frac{1}{2}$

B. $\frac{2}{3}$ C. $\frac{1}{3}$

E. इनमें में से कोई नहीं

20. समुच्चय S = {1, 2, 3, 4, 5, 6} में से कोई दो संख्यायें यादृच्छया चुनी जाती हैं। दोनों संख्याओं में से न्यूनतम संख्या के 4 से कम होने की प्रायिकता है–

A. $\frac{1}{15}$ B. $\frac{14}{15}$

C. $\frac{1}{5}$ D. $\frac{4}{5}$

E. इनमें में से कोई नहीं

उत्तरमाला

1	2	3	4	5	6	7	8	9	10
A	C	B	C	B	A	B	B	C	A
11	**12**	**13**	**14**	**15**	**16**	**17**	**18**	**19**	**20**
C	A	D	A	D	A	B	C	A	D

व्याख्यात्मक उत्तर

1. दिया है, $P(A\cap B)=\frac{1}{12}$ और $P(\overline{A}\cap\overline{B})=\frac{1}{2}$

क्योंकि A तथा B दो स्वतंत्र घटनाएँ हैं।

$$P(A\cap B)=P(A).P(B)=\frac{1}{12} \quad ...(i)$$

व $$P(\overline{A}\cap\overline{B})=P(\overline{A}).P(\overline{B})=\frac{1}{2} \quad ...(ii)$$

$$\Rightarrow \{(1-P(A)\}\{(1-P(B))\}=\frac{1}{2}$$

$$\Rightarrow 1+P(A)P(B)-P(A)-P(B)=\frac{1}{2}$$

$$\Rightarrow 1+\frac{1}{12}-[P(A)+P(B)]=\frac{1}{2}$$

$$\Rightarrow P(A)+P(B)=\frac{7}{12} \quad ...(iii)$$

समीकरण *(i)* व *(iii)* को सरल करने पर,

$$P(A)=\frac{1}{3},\frac{1}{4} \text{ व } P(B)=\frac{1}{4},\frac{1}{3}.$$

2. तीन पासे $6\times6\times6=216$ प्रकार से फेंके जा सकते हैं।

योग 17 निम्न 3 प्रकार से प्राप्त किया जा सकता है (5, 6, 6), (6, 5, 6), (6, 6, 5)

योग 18 निम्न 1 प्रकार से प्राप्त किया जा सकता है (6, 6, 6)

अतः 17 या 18 का अंकों का योग आने के तरीकों की संख्या = 4

$\therefore$ अभीष्ट प्रायिकता $=\frac{4}{216}=\frac{1}{54}.$

3. अभाज्य संख्याएँ {2, 3, 5, 7, 11} हैं।

दो पासों का योग 2, 3, 5, 7, तथा 11; आने के तरीकों की संख्या क्रमशः 1, 2, 4, 6, तथा 2 है।

अतः तरीकों की संख्या = 15

पासे उछालने के कुल तरीकों की संख्या $=6\times6=36$

$\therefore$ अभीष्ट प्रायिकता $=\frac{15}{36}=\frac{5}{12}.$

4. माना कि प्रत्येक व्यक्ति द्वारा समस्या का हल करने की प्रायिकता $P(A)=\frac{1}{3}$, $P(B)=\frac{1}{4}$ व $P(C)=\frac{1}{5}$ तथा प्रत्येक के द्वारा समस्या हल न करने की प्रायिकता

$P(\overline{A})=\frac{2}{3}$, $P(\overline{B})=\frac{3}{4}$ तथा $P(\overline{C})=\frac{4}{5}$ प्रश्नानुसार, तीनों में से किसी के द्वारा समस्या का हल न होने की प्रायिकता

$$P=(\overline{A}\cap\overline{B}\cap\overline{C}) = P=(\overline{A}).P(\overline{B}).P(\overline{C})$$

($\because$ घटनाएँ स्वतन्त्र हैं)

$$=\frac{2}{3}.\frac{3}{4}.\frac{4}{5}=\frac{2}{5}.$$

5. इस शब्द में कुल 10 अक्षर तथा 4 'S' हैं।

एक 'S' चुनने की प्रायिकता $=\frac{4}{10}.$

6. हम जानते हैं कि $P\left(\frac{A}{B}\right)=\frac{P(A\cap B)}{P(B)}$

तथा $P(A\cup B)\le 1$

$$\Rightarrow P(A)+P(B)-P(A\cap B)\le 1$$

$$\Rightarrow P(A\cap B)\ge P(A)+P(B)-1$$

$$\Rightarrow \frac{P(A\cap B)}{P(B)}\ge\frac{P(A)+P(B)-1}{P(B)} \quad [\because P(B)\ne 0]$$

$$\Rightarrow P\left(\frac{A}{B}\right) \geq \frac{P(A)+P(B)-1}{P(B)}.$$

7. थैले में कुल गेंद $= 8$

1 काली गेंद निकालने के तरीकों की संख्या $= {}^5C_1$

अभीष्ट प्रायिकता $= \dfrac{{}^5C_1}{{}^8C_1} = \dfrac{5}{8}.$

8. 6 में से दो फल चुनने के तरीकों की संख्या $= {}^6C_2$ तथा 1 आम और 1 सेब चुनने के तरीकों की संख्या $= {}^3C_1 \times {}^3C_1$

अभीष्ट प्रायिकता $= \dfrac{{}^3C_1 \times {}^3C_1}{{}^6C_2}$

$$= \frac{3 \times 3}{15} = \frac{3}{5}.$$

9. कुल तरीकों की संख्या $= {}^{100}C_1 = 100$

अनुकूल संख्याएँ $1^2, 2^2, 3^2, 4^2, 5^2, 6^2, 7^2, 8^2, 9^2, 10^2$ हैं।

अतः अनुकूल तरीकों की संख्या $= 10$

$\therefore$ अभीष्ट प्रायिकता $= \dfrac{\text{अनुकूल तरीकों की संख्या}}{\text{कुल तरीकों की संख्या}}$

$$= \frac{10}{100} = \frac{1}{10}.$$

10. माना कि सिक्का n बार उछाला जाता है।

यहाँ $p = \dfrac{1}{2} = q$

p (7 शीर्ष) $= {}^nC_7\left(\dfrac{1}{2}\right)^7\left(\dfrac{1}{2}\right)^{n-7} = {}^nC_7\left(\dfrac{1}{2}\right)^n$

व p (9 शीर्ष) $= {}^nC_9\left(\dfrac{1}{2}\right)^9\left(\dfrac{1}{2}\right)^{n-9} = {}^nC_9\left(\dfrac{1}{2}\right)^n$

प्रश्नानुसार,

p (7 शीर्ष) $= p$ (9 शीर्ष)

$$\Rightarrow {}^nC_7\left(\frac{1}{2}\right)^n = {}^nC_9\left(\frac{1}{2}\right)^n$$

$$\Rightarrow {}^nC_7 = {}^nC_9$$

$$\Rightarrow n = 16 \left(\because {}^nC_p = {}^nC_q \Rightarrow n = p+q\right)$$

p (3 शीर्ष) $= {}^{16}C_3\left(\dfrac{1}{2}\right)^3\left(\dfrac{1}{2}\right)^{16-3} = {}^{16}C_3\left(\dfrac{1}{2}\right)^{16}$

$$= \frac{16.15.14}{3.2.1}\left(\frac{1}{2}\right)^{16} = \frac{35}{2^{12}}.$$

11. दूसरी सफेद गेंद दो तरीके से निकाली जा सकती है

A. प्रथम सफेद तथा द्वितीय भी सफेद, अतः

$$P(A) = \frac{4}{7} \times \frac{3}{6} = \frac{2}{7}$$

B. प्रथम काली व द्वितीय सफेद, अतः

$$P(B) = \frac{3}{7} \times \frac{4}{6} = \frac{2}{7}$$

अतः अभीष्ट प्रायिकता $= \dfrac{2}{7} + \dfrac{2}{7} = \dfrac{4}{7}.$

12. कुल तरीकों की संख्या $= 10!$

दो लड़के एक साथ $2 \times 9!$ प्रकार से बैठ सकते हैं।

अतः प्रायिकता, $P = \dfrac{2 \times 9!}{10!} = \dfrac{1}{5}$

अतः उनके साथ न बैठने की प्रायिकता, $\overline{P} = 1 - P$

$\therefore$ प्रायिकता $= 1 - \dfrac{1}{5} = \dfrac{4}{5}.$

13. हम जानते हैं कि लीप वर्ष 4 वर्ष के अन्तराल में आता है।

अतः इसकी प्रायिकता $= \dfrac{25}{100} = \dfrac{1}{4}$

उस शताब्दी के एक लीप वर्ष में 53वाँ रविवार होने की प्रायिकता $= \dfrac{1}{4} \times \dfrac{2}{7} = \dfrac{2}{28}$। इसी प्रकार, उस शताब्दी में 53वाँ रविवार होने की प्रायिकता, उस वर्ष में जो कि लीप वर्ष नहीं है।

$= \dfrac{75}{100} \times \dfrac{1}{7} = \dfrac{3}{4} \times \dfrac{1}{7} = \dfrac{3}{28}$ ये घटनाएँ स्वतन्त्र हैं।

$\therefore$ अभीष्ट प्रायिकता $= \dfrac{2}{28} + \dfrac{3}{28} = \dfrac{5}{28}.$

15. दिया है,

$P(A) = 0.25, \quad P(B) = 0.50$

तथा $P(A \cap B) = 0.14$

$\therefore P(A \cap \bar{B}) = P(A) - P(A \cap B)$

$= 0.25 - 0.14 = 0.11.$

16. पाँच टिकटों में से दो टिकट (जिनकी संख्या 15 तथा 80 है) होने चाहिए तथा शेष 88 में से तीन टिकट चुनने के प्रकार $= {}^{88}C_3$

$\therefore$ अभीष्ट प्रायिकता $= \dfrac{{}^{88}C_3}{{}^{90}C_5}$

$$= \frac{\dfrac{88 \times 87 \times 86}{3 \times 2 \times 1}}{\dfrac{90 \times 89 \times 88 \times 87 \times 86}{5 \times 4 \times 3 \times 2 \times 1}} = \frac{5 \times 4}{90 \times 89} = \frac{2}{801}.$$

17. दोनों पासों से 9 आने की प्रायिकता $P(C) = \dfrac{4}{36} = \dfrac{1}{9}$

$\therefore$ दोनों पासों से 9 नहीं आने की प्रायिकता $P(\bar{C}) = \dfrac{8}{9}$

यदि A हारता है, तो उसे पहली अथवा तीसरी अथवा पाँचवीं उछाल में 9 फेंकना चाहिए।

यदि B हारता है, तो उसे दूसरी अथवा चौथी उछाल में 9 फेंकना चाहिए।

$\therefore$ B के जीतने की प्रायिकता

$= P(\bar{C} \cap C) + P(\bar{C} \cap \bar{C} \cap \bar{C} \cap C)$

$= \left(\dfrac{8}{9}\right) . \dfrac{1}{9} + \left(\dfrac{8}{9}\right)^3 . \dfrac{1}{9} + ...$

$$= \frac{\dfrac{8}{9} \times \dfrac{1}{9}}{1 - \left(\dfrac{8}{9}\right)^2} = \frac{\dfrac{8}{81}}{\dfrac{81-64}{81}} = \frac{8}{17}.$$

18. किसी भी संख्या के इकाई स्थान पर आने वाले अंकों की संख्या = 10.

$\therefore n(s) = 10$

चारों अंकों के गुणनफल में इकाई स्थान पर 1, 3, 5 अथवा 7 आने के लिए आवश्यक है कि प्रत्येक संख्या के इकाई स्थान पर 1, 3, 5 अथवा 7 हो।

$\therefore n(A) = 4$

$P(A) = \dfrac{4}{10} = \dfrac{2}{5}$

$\therefore$ अभीष्ट प्रायिकता $= \left(\dfrac{2}{5}\right)^4 = \dfrac{16}{625}.$

19. दिया है,

$P(A) = \dfrac{1}{2}, P(B) = \dfrac{1}{3}, P(C) = \dfrac{1}{4}$

उनके ना हल होने की प्रायिकतायें

$P(\bar{A}) = \dfrac{1}{2}, P(\bar{B}) = \dfrac{2}{3}, P(\bar{C}) = \dfrac{3}{4}$

P(समस्या हल होने की प्रायिकता)

= 1 – P(किसी के द्वारा हल न होने की प्रायिकता)

$\therefore \quad P = 1 - P(\bar{A} \cap \bar{B} \cap \bar{C})$

$\Rightarrow P = 1 - P(\bar{A}) P(\bar{B}) P(\bar{C})$

($\because$ ये घटनाएँ स्वतन्त्र हैं)

$P = 1 - \dfrac{1}{2} . \dfrac{2}{3} . \dfrac{3}{4} = 1 - \dfrac{1}{4} = \dfrac{3}{4}.$

20. कुल प्रकार $= 2! . {}^6C_2 = 30$

अनुकूल प्रकार $= 30 - 6 = 24$

$\therefore$ अभीष्ट प्रायिकता $= \dfrac{24}{30} = \dfrac{4}{5}.$

❑✤❑✤❑

18

द्विघातीय समीकरण (Quadratic Equation)

परिभाषाः यदि $p(x)$ कोई द्विघातीय व्यंजक हो तो $p(x) = 0$ द्विघात समीकरण कहलाती है।

यदि a, b, c वास्तविक संख्याएँ हों तथा $a \neq 0$ तो $ax^2 + bx + c = 0$ द्विघात समीकरण का व्यापक रूप है।

द्विघात समीकरण के मूल

माना $p(x) = 0$ कोई द्विघात समीकरण है, तो द्विघातीय व्यंजक के जो भी शून्य ज्ञात हों वे द्विघात समीकरण $p(x) = 0$ के मूल कहलाते हैं। अतः $x = \alpha$, समीकरण $p(x) = 0$ का मूल कहलायेगा यदि $p(\alpha) = 0$ हो।

अर्थात् $x = \alpha$, द्विघात समीकरण $p(x) = 0$ का मूल होगा $\Leftrightarrow p(\alpha) = 0$.

द्विघात समीकरणों को गुणनखण्ड विधि से हल करना

माना द्विघात समीकरण $ax^2 + bx + c = 0$ है, (जहाँ $a \neq 0$) जिसके गुणनखण्ड करने हैं।

चरण 1. द्विघातीय व्यंजक $ax^2 + bx + c$ लेते हैं।

चरण 2. व्यंजक $ax^2 + bx + c$ के गुणनखण्ड उचित रीति लगाते हुए करते हैं। (मध्य पद को दो भागों में तोड़ते हुए या अन्य सामान्य सूत्रों का उपयोग करते हुए।) माना ये गुणनखण्ड $(px + q)$ तथा $(rx + s)$ हैं, जहाँ p, q, r व s वास्तविक संख्याएँ हैं तथा p व r अशून्य हैं।

चरण 3. इन गुणनखण्डों को पृथक-पृथक शून्य के बराबर रखते हुए x का मान ज्ञात करते हैं।
अर्थात् $px + q = 0 \Rightarrow x = -q/p$

चरण 4. $x = -q/p$ तथा $x = -s/r$ (जहाँ $p, r \neq 0$) ही अभीष्ट हल हैं।

पूर्ण वर्ग बनाकर द्विघात समीकरण को हल करना

द्विघात समीकरण $ax^2 + bx + c = 0$ (जहाँ $a \neq 0$) में,

$$ax^2 + bx + c = 0 \quad ....(i)$$

$$\Rightarrow \quad x^2 + \frac{b}{a}x + \frac{c}{a} = 0$$

[समीकरण को a से विभाजित करने पर]

$$\Rightarrow \quad x^2 + \frac{b}{a}x = -\frac{c}{a}$$

$$\Rightarrow \quad x^2 + \frac{b}{a}x + \left(\frac{b}{2a}\right)^2 = -\frac{c}{a} + \left(\frac{b}{2a}\right)^2$$

$\left[\text{दोनों तरफ} \left(\frac{b}{2a}\right)^2 \text{ जोड़ने पर}\right]$

$$\Rightarrow \quad \left(x + \frac{b}{2a}\right)^2 = \left[\frac{b^2 - 4ac}{4a^2}\right]$$

$$\Rightarrow \quad x + \frac{b}{2a} = \pm\frac{\sqrt{b^2 - 4ac}}{2a}$$

[दोनों तरफ वर्गमूल लेने पर, यह मानते हुए कि $b^2 - 4ac \geq 0$]

$$\Rightarrow \quad x = \frac{-b}{2a} \pm \frac{\sqrt{b^2 - 4ac}}{2a}$$

$$\Rightarrow \quad x = \frac{-b \pm \sqrt{b^2 - 4ac}}{2a}$$

$$\Rightarrow \quad \alpha = \frac{-b + \sqrt{b^2 - 4ac}}{2a} \text{ तथा } \beta = \frac{-b - \sqrt{b^2 - 4ac}}{2a}$$

यदि द्विघात समीकरण $ax^2 + bx + c = 0$ $(a \neq 0)$ है, तो $D = b^2 - 4ac$ इसका विवेचक कहलाता है तथा यदि

(i) $D > 0$ तो समीकरण के दो वास्तविक व असमान मूल होंगे जिनको α व β से निम्न प्रकार प्रदर्शित किया जा सकता है:

$$\alpha = \frac{-b+\sqrt{b^2-4ac}}{2a} = \frac{-b+\sqrt{D}}{2a}$$

तथा $$\beta = \frac{-b-\sqrt{b^2-4ac}}{2a} = \frac{-b-\sqrt{D}}{2a}$$

(ii) यदि $D = 0$ हो तो $\alpha = \frac{-b}{2a} = \beta$ अर्थात् समीकरण के मूल समान होंगे व प्रत्येक मूल $\frac{-b}{2a}$ के बराबर होगा।

(iii) यदि $D < 0$ हो तो समीकरण के मूल वास्तविक नहीं होंगे अर्थात् इस स्थिति में समीकरण के मूल काल्पनिक होंगे।

$ax^4 + bx^2 + c = 0$ के रूप वाले समीकरणों को हल करना:

चरण 1 : $x^2 = y$ मानते हुए x^2 के स्थान पर y तथा x^4 के स्थान पर y^2 रखें ताकि y में द्विघात समीकरण प्राप्त हो।

चरण 2: विचर y में प्राप्त द्विघात समीकरण को गुणनखण्ड विधि का उपयोग कर हल करें।

चरण 3: चरण 2 से प्राप्त समीकरण के हलों में से y के वे मान लें जो कि धनात्मक (+ve) हों। माना ये α व β हैं।

चरण 4: समीकरण $x^2 = \alpha$ व $x^2 = \beta$ को हल करें।

समीकरण $a.\{p(x)\}^2 + b.\{p(x)\} + c = 0$ के रूप [जहाँ $p(x)$, x के पदों में कोई व्यंजक हैं तथा a, b, c वास्तविक संख्याएँ हैं] वाली समीकरण को हल करना।

चरण 1: माना समीकरण $a.\{p(x)\}^2 + b.\{p(x)\} + c = 0$ है जहाँ $p(x)$ कोई व्यंजक है तथा $a, b, c \in R$ हैं।

चरण 2: $p(x) = y$ मानें तथा $\{p(x)\}^2$ के स्थान पर y^2 रखें। इस प्रकार चरण 1 वाली समीकरण $ay^2 + by + c = 0$ के रूप में होगा।

चरण 3: द्विघात समीकरण $ay^2 + by + c = 0$ को द्विघात समीकरण हल करने की किसी भी विधि का उपयोग करते हुए हल करें। माना ये हल $y = \alpha$ व $y = \beta$ हैं।

चरण 4: y का मान रखते हुए समीकरण $p(x) = \alpha$ व $p(x) = \beta$ को हल करके x के मान ज्ञात करें।

$p(x) + \frac{b}{p(x)} = c$, के रूप वाले समीकरणों को हल करना।

चरण 1: माना यह $a.p(x) + \frac{b}{p(x)} = c$ है।

चरण 2: समीकरण में $p(x) = y$ मानकर द्विघात समीकरण $ay^2 - cy + b = 0$ प्राप्त करें।

चरण 3: द्विघात समीकरण $ay^2 - cy + b = 0$ को किसी भी सूत्र की सहायता से हल करके इसके मूल (वास्तविक) ज्ञात करें। माना ये मूल $y = \alpha$ व $y = \beta$ हैं।

चरण 4: y का मान पुनः प्रतिस्थापित करते हुए समीकरण $p(x) = \alpha$ व $p(x) = \beta$ को हल करें।

$$a\left[x^2 + \frac{1}{x^2}\right] + b\left[x + \frac{1}{x}\right] + c = 0 \quad \text{...(i)}$$

व $$a\left[x^2 + \frac{1}{x^2}\right] + b\left[x - \frac{1}{x}\right] + c = 0 \quad \text{...(ii)}$$

जैसे समीकरण को हल करना।

चरण 1: यदि दिये गए समीकरण b का गुणांक $x + \frac{1}{x}$ हो तो $x^2 + \frac{1}{x^2}$ के स्थान पर $\left(x + \frac{1}{x}\right)^2 - 2$ रखें तथा $x + \frac{1}{x} = y$ मानकर इसे द्विघात समीकरण में बदलें।

यदि समीकरण में b का गुणांक $x - \frac{1}{x}$ हो तो $x^2 + \frac{1}{x^2}$ के स्थान पर $\left(x - \frac{1}{x}\right)^2 + 2$ रखें।

तत्पश्चात् $x - \frac{1}{x} = y$ मानकर इसे द्विघात समीकरण के रूप में बदलें।

चरण 2: चरण 1 से प्राप्त y के पदों में द्विघातीय समीकरण को हल करें।

चरण 3 : चरण 2 से प्राप्त y के मानों को $x+\frac{1}{x}$ या $x-\frac{1}{x}$ के बराबर (स्थिति के अनुसार) रखकर x के पदों में द्विघात समीकरण बनाएँ।

चरण 4: चरण 3 से प्राप्त द्विघात समीकरणों को हल करके x के मान ज्ञात करें।

$(x+a)(x+b)(x+c)=0$ जैसे समीकरण को हल करना। जहाँ $a+b=c+d$

चरण 1: समीकरण $(x+a)(x+b)(x+c)(x+d)+k=0$ लें।

चरण 2: इस समीकरण को $\{(x+a)(x+b)\}\{x+c)(x+d)\}+k=0$ के रूप में लिखें।

चरण 3: $x^2+x(a+b)=x^2+x(c+d)=y$ रखकर इसे y के पदों में द्विघात समीकरण बनाएँ। जो कि इस प्रकार होगाः

$(y+ab)(y+cd)+k=0$

चरण 4: चरण 3 से प्राप्त द्विघात समीकरण को हल करें। माना इसके हल $y=y_1$ व $y=y_2$ हैं।

प्रश्न 5: अब $x^2+x(a+b)$ को y_1 व y_2 के बराबर रखते हुए x के पदों में दो द्विघात समीकरण प्राप्त करके इन्हें हल करें।

$\sqrt{ax+b}=cx+d$ जैसे समीकरण को हल करनाः

चरण 1: दिया गया समीकरण लें, माना यह $\sqrt{ax+b}=cx+d$ है।

चरण 2: दोनों तरफ वर्ग करते हुए इसे $ax+b=(cx+d)^2$ के रूप में प्राप्त करें। जिसे आगे हल करते हुए निम्न प्रकार द्विघात समीकरण के रूप में लिखें।

$c^2x^2+(2cd-a)x+d^2-b=0$

चरण 3: चरण 2 से प्राप्त द्विघात समीकरण को हल करके x के मान ज्ञात करें।

चरण 4: चरण 3 से प्राप्त समीकरण के उन मूलों को छोड़ दें जो कि $ax+b\geq 0$ व $cx+d\geq 0$ को सन्तुष्ट नहीं करते। x के शेष मान, अर्थात् समीकरण के बाकी मूल ही इसके हल होंगे।

$\sqrt{ax^2+bx+c}=dx+e$ जैसे समीकरण को हल करनाः

चरण 1: दिया गया समीकरण लें। माना यह समीकरण $\sqrt{ax^2+bx+c}=dx+e$ है।

चरण 2 : चरण 1 से प्राप्त समीकरण का दोनों तरफ वर्ग करें तथा निम्न प्रकार द्विघात समीकरण बनाएँ।

$$ax^2+bx+c=(dx+e)^2=d^2x^2+2dex+e^2$$
$$\Rightarrow (a-d^2)x^2+(b-2de)x+(c-e^2)=0$$

चरण 3: चरण 2 से प्राप्त द्विघात समीकरण को सरलतम रीति से हल करें।

चरण 4: $ax^2+bx+c\geq 0$ व $dx+e\geq 0$ लेते हुए दो असमिकाएँ (Inequalities) बनाएँ।

चरण 5: चरण 3 से प्राप्त x के मानों के समुच्चय में से केवल उन मानों को चुनें जो कि चरण 4 में दी गई असमिकाओं को असन्तुष्ट करते हों। अर्थात् जो $ax^2+bx+c\geq 0$ व $dx+e\geq 0$ को सन्तुष्ट करते हों। शेष मानों का हल समुच्चय में शामिल नहीं करना है क्योंकि ये अतिरिक्तावर्ती मूल हैं।

चरण 6: चरण 5 से प्राप्त हल समीकरण का उचित हल समुच्चय है।

$\sqrt{ax+b}+\sqrt{cx+d}=e$ जैसे समीकरणों को हल करनाः

चरण 1: दिया गया समीकरण लें। माना समीकरण $\sqrt{ax+b}\pm\sqrt{cx+d}=e$ है।

चरण 2: दोनों में से किसी एक व्यंजक को (जोकि वर्गमूल में है) बाईं तरफ से दाईं तरफ उचित चिह्न बदलते हुए स्थानान्तरित करें। अर्थात् $\sqrt{ax+b}=e\mp\sqrt{cx+d}$

चरण 3: चरण 2 से प्राप्त समीकरण को दोनों तरफ वर्ग करें तथा इस प्रकार सरल करें कि वर्गमूल वाला व्यंजक एक तरफ व शेष राशियाँ दूसरी तरफ रहें

अर्थात् $ax+b=\left(e\mp\sqrt{cx+d}\right)^2$

$$\Rightarrow \quad ax+b=e^2+cx+d\mp 2e\sqrt{cx+d}$$
$$\Rightarrow (a-c)x+b-e^2=\mp 2e\sqrt{cx+d}$$

चरण 4: चरण 3 से प्राप्त समीकरण को पुनः दोनों तरफ वर्ग करें तथा सरल करते हुए एक द्विघात समीकरण प्राप्त करें।

चरण 5: चरण 4 से प्राप्त द्विघात समीकरण को हल करें।

चरण 6: समीकरण के वे हल जो कि सम्बन्धों $ax+b\geq 0$ व $cx+d\geq 0$ को सन्तुष्ट नहीं करते उन्हें छोड़कर बाकी हल ज्ञात करें जोकि $ax+b\geq 0$ व $cx+d\geq 0$ को संतुष्ट करते हों।

चरण 7: x के ये ही मान जो कि सम्बन्ध $ax+b\geq 0$ व $cx+d\geq 0$ को सन्तुष्ट करते हों, समीकरण का हल समुच्चय बनाते हैं।

कुछ उपयोगी परिणाम

(i) $ax-b>0 \Rightarrow x>\frac{b}{a}$ यदि $a>0$ तथा $x<\frac{b}{a}$ यदि $a<0$

(ii) $x^2-a^2>0 \Rightarrow x<a$ या $x>a$

(iii) $x^2-a^2\geq 0 \Rightarrow x\leq -a$ या $x\geq a$

(iv) $x^2-a^2<0 \Rightarrow -a<x<a$

(v) $(x-a)(x-b)>0, a<b \Rightarrow x<a$ या $x>b$

(vi) $(x-a)(x-b)<0, a<b \Rightarrow a<x<b$

समीकरण के मूलों का सममित फलन

माना समीकरण $ax^2+bx+c=0$ के मूल α एवं β हैं तो

$\alpha+\beta=-\frac{b}{a}$ तथा $\alpha\beta=\frac{c}{a}$.

(i) $\alpha^2+\beta^2=(\alpha+\beta)^2-2\alpha\beta$

(ii) $\alpha^3+\beta^3=(\alpha+\beta)^3-3\alpha\beta(\alpha+\beta)$

(iii) $\alpha^4+\beta^4=\left[(\alpha+\beta)^2-2\alpha\beta\right]^2-2(\alpha\beta)^2$

(iv) $\alpha-\beta=\sqrt{(\alpha+\beta)^2-4\alpha\beta}$

(v) $\alpha^2-\beta^2=\sqrt{(\alpha+\beta)^2-4\alpha\beta}.(\alpha+\beta)$

द्विघात समीकरण के मूलों व गुणांकों में सम्बन्ध

माना कि द्विघात समीकरण $ax^2+bx+c=0$ के मूल α व β हैं। जहाँ $a\neq 0$ तो

$$\alpha=\frac{-b+\sqrt{b^2-4ac}}{2a}$$

तथा $\beta=\frac{-b-\sqrt{b^2-4ac}}{2a}$ होंगे।

$\therefore$ मूलों का योग $=\alpha+\beta=\frac{-b+\sqrt{b^2-4ac}}{2a}+\frac{-b-\sqrt{b^2-4ac}}{2a}$

$$=\frac{-b+\sqrt{b^2-4ac}+(-b)-\sqrt{b^2-4ac}}{2a}=-\frac{2b}{2a}=-\frac{b}{a}$$

अर्थात् मूलों का योगफल $=-\left(\frac{x \text{ का गुणांक}}{x^2 \text{ का गुणांक}}\right)$

मूलों का गुणनफल

$$=\alpha\beta=\left(\frac{-b+\sqrt{b^2-4ac}}{2a}\right).\left(\frac{-b-\sqrt{b^2-4ac}}{2a}\right)$$

$$=\frac{\left(b-\sqrt{b^2-4ac}\right)\left(b+\sqrt{b^2-4ac}\right)}{4a^2}$$

$$=\frac{b^2-b^2+4ac}{4a^2}=\frac{4ac}{4a^2}=\frac{c}{a}$$

अर्थात् मूलों का गुणनफल $=\frac{c}{a}=\frac{\text{अचर पद}}{x^2 \text{ का गुणांक}}$

इस प्रकार यदि α व β द्विघात समीकरण $ax^2+bx+c=0$ के मूल हों, तोः

$$\alpha+\beta=\frac{-b}{a}=-\frac{x \text{ अचर पद}}{x^2 \text{ का गुणांक}}$$

तथा $$\alpha\beta=\frac{c}{a}=\frac{\text{अचर पद}}{x^2 \text{ का गुणांक}}$$

प्रश्नमाला

निर्देश (प्र.सं. 1–5): *निम्न प्रश्नों में प्रत्येक में दो समीकरण दिये गये हैं। आपको इन समीकरणों को हल करना है।*

आपका उत्तर होगा	यदि
A.	$x < y$
B.	$x > y$
C.	$x = y$
D.	$x \geq y$
E.	$x \leq y$

1. I. $x^2 - 24x + 144 = 0$
II. $y^2 - 26y + 169 = 0$

2. I. $2x^2 + 3x - 20 = 0$
II. $2y^2 + 19y + 44 = 0$

3. I. $6x^2 + 77x + 121 = 0$
II. $y^2 + 9y - 22 = 0$

4. I. $x^2 - 6x = 7$
II. $2y^2 + 13y + 15 = 0$

5. I. $10x^2 - 7x + 1 = 0$
II. $35y^2 - 12y + 1 = 0$

निर्देश (6-15) : *निम्नलिखित प्रश्नों में दो समीकरण क्रमांक I व II दिए गए हैं। आपको दोनों समीकरण हल करने हैं और—*

उत्तर दीजिए	यदि
A.	$x > y$
B.	$x \geq y$
C.	$x < y$
D.	$x \leq y$
E.	$x = y$ *या सम्बन्ध स्थापित नहीं किया जा सकता है*

6. I. $x^2 - 11x + 24 = 0$
II. $2y^2 - 9y + 9 = 0$

7. I. $x^3 \times 13 = x^2 \times 247$
II. $y^{1/3} \times 14 = 294 \div y^{2/3}$

8. I. $\frac{12 \times 4}{x^{4/7}} - \frac{3 \times 4}{x^{4/7}} = x^{10/7}$
II. $y^3 + 783 = 999$

9. I. $\sqrt{500}x + \sqrt{402} = 0$
II. $\sqrt{360}y + (200)^{1/2} = 0$

10. I. $(17)^2 + 144 \div 18 = x$
II. $(26)^2 - 18 \times 21 = y$

11. I. $3x^2 + 8x + 4 = 0$
II. $4y^2 - 19y + 12 = 0$

12. I. $x^2 + x - 20 = 0$
II. $y^2 - y - 30 = 0$

13. I. $x^2 - 365 = 364$
II. $y - \sqrt{324} = \sqrt{81}$

14. I. $\frac{4}{\sqrt{x}} + \frac{7}{\sqrt{x}} = \sqrt{x}$
II. $y^2 - \frac{(11)^{\frac{5}{2}}}{\sqrt{y}} = 0$

15. I. $225x^2 - 4 = 0$
II. $\sqrt{225y} + 2 = 0$

निर्देश (प्र.सं. 16 से 20): *प्रत्येक प्रश्न में दो समीकरण I और II दिए गए हैं, आपको समीकरणों के आधार पर p और q के बीच संबंध तय करना है और*
उत्तर दीजिए-

A. यदि p और q के बीच संबंध तय नहीं किया जा सकता
B. यदि $p > q$
C. यदि $q > p$
D. यदि $p = q$
E. यदि $p \geq q$

16. I. $p^2 + 13p + 40 = 0$
II. $q^2 + 7q + 12 = 0$

17. I. $p = (-10)^2$
II. $q^2 + q - 9900 = 0$

18. I. $p^2 - 5p + 6 = 0$
II. $q^2 - 4q + 3 = 0$

19. I. $p = 10$
II. $q = \sqrt{100}$

20. I. $p = \pm 100$
II. $q = (10000)^{1/2}$

उत्तरमाला

1	2	3	4	5	6	7	8	9	10
A	D	E	B	D	B	C	D	C	C
11	**12**	**13**	**14**	**15**	**16**	**17**	**18**	**19**	**20**
C	D	D	E	E	C	B	E	E	D

व्याख्यात्मक उत्तर

1. I. $x^2 - 24x + 144 = 0$

$\Rightarrow x^2 - 12x - 12x + 144 = 0$

$\Rightarrow x(x-12) - 12(x-12) = 0$

$\Rightarrow (x-12)(x-12) = 0$

$\Rightarrow x = 12$

II. $y^2 - 26y + 169 = 0$

$\Rightarrow y^2 - 13y - 13y + 169 = 0$

$\Rightarrow y(y-13) - 13(y-13) = 0$

$\Rightarrow (y-13)(y-13) = 0$

$\Rightarrow y = 13$

स्पष्टतः $x < y$.

3. I. $6x^2 + 77x + 121 = 0$

$\Rightarrow 6x^2 + 66x + 11x + 121 = 0$

$\Rightarrow 6x(x+11) + 11(x+11) = 0$

$\Rightarrow (x+11)(6x+11) = 0$

$\Rightarrow x = -11$ या $x = -\frac{11}{6}$

II. $y^2 + 9y - 22 = 0$

$\Rightarrow y^2 + 11y - 2y - 22 = 0$

$\Rightarrow y(y+11) - 2(y+11) = 0$

$\Rightarrow (y-2)(y+11) = 0$

$\Rightarrow y = 2$ या $y = -11$

स्पष्टतः $x \le y$.

4. I. $x^2 - 6x - 7 = 0$

$\Rightarrow x^2 - 7x + x - 7 = 0$

$\Rightarrow x(x-7) + 1(x-7) = 0$

$\Rightarrow (x-7)(x+1) = 0$

$\Rightarrow x = 7$ या $x = -1$

II. $2y^2 + 13y + 15 = 0$

$\Rightarrow 2y^2 + 10y + 3y + 15 = 0$

$\Rightarrow 2y(y+5) + 3(y+5) = 0$

$\Rightarrow (y+5)(2y+3) = 0$

$\Rightarrow y = -5$ या $y = -\frac{3}{2}$

स्पष्टतः $x > y$.

7. $x = \frac{247}{13} = 19$

$y^{\frac{1}{3}+\frac{2}{3}} = \frac{294}{14}$

$\Rightarrow y = 21$

$x < y$

$\therefore$ सही उत्तर (C) है।

11. I. $3x^2 + 8x + 4 = 0$

$\Rightarrow 3x^2 + 6x + 2x + 4 = 0$

$\Rightarrow 3x(x+2) + 2(x+2) = 0$

$\Rightarrow (x+2)(3x+2) = 0$

$\therefore x = -2$ या $-\frac{2}{3}$

II. $4y^2 - 19y + 12 = 0$

$\Rightarrow 4y^2 - 16y - 3y + 12 = 0$

$\Rightarrow 4y(y-4) - 3(y-4) = 0$

$\Rightarrow (y-4)(4y-3) = 0$

$\therefore y = 4$ या $\frac{3}{4}$

स्पष्टतः $x < y$

14. I. $4 + 7 = \sqrt{x} \times \sqrt{x}$

$\Rightarrow x = 11$

II. $y^2 - \frac{11^{5/2}}{\sqrt{y}} = 0$

$\Rightarrow y^{2+\frac{1}{2}} = 11^{5/2}$

$\Rightarrow y^{5/2} = 11^{5/2}$

$\Rightarrow y = 11$

स्पष्टतः, $x = y$

❑✤❑✤❑

19

लघुगणक (Logarithms)

यदि $a^N = x$ जहाँ $a > 0, \neq 1$ तब N को संख्या x का आधार a पर लघुगणक कहते हैं। अर्थात् $N = \log_a x$ जहाँ x धनात्मक होता है। यदि $x < 0$ तो $\log_a x$ अपरिभाषित है।

लघुगणक के गुण (Properties of Logarithm)

यदि $m, n > 0, a > 0$ तथा $\neq 1$ हो, तब

(i) $\log_a (m.n) = \log_a m + \log_a n$

(ii) $\log_a \left(\frac{m}{n}\right) = \log_a m - \log_a n$

(iii) $\log_a m^n = n \log_a m$

(iv) $x > 0, a > 0, \neq 1$ के लिए,

(a) $\log_a n(x) = \frac{1}{n} \log_a x$

(b) $\log_{a^n} x^m = \left(\frac{m}{n}\right) \log_a x$

(v) आधार परिवर्तन :

(a) $\log_a x = \frac{1}{\log_x a}, x, a > 0, \neq 1$

(b) $\log_a x = \log_b x . \log_a b = \frac{\log_b x}{\log_b a}$

(vi) $a^{\log_a x} = x;\ a \neq 0, \pm 1, x > 0$

(vii) $a^{\log_b x} = x^{\log_b a}, a > 0, b > 0, \neq 1, x > 0$

(viii) $\log_a a = 1,$

(ix) $\log_a 1 = 0$

(x) $x > y > 0$ के लिए

(a) $\log_a x > \log_a y$

(b) $\log_a x < \log_a y,$ यदि $0 < a < 1$

(xi) यदि $a > 1$ हो, तब

(a) $\log_a x > p$

$\Rightarrow x > a^p$

(b) $0 < \log_a x < p$

$\Rightarrow 0 < x < a^x$

लघुगणकीय श्रेणी (Logarithmic Series)

(i) $\log(1+x) = x - \frac{x^2}{2} + \frac{x^3}{3} - \frac{x^4}{4} + ...\infty$

जहाँ $-1 \leq x \leq 1$

$x = 1,$ मान रखने पर,

$\log(1+1) = 1 - \frac{1}{2} + \frac{1}{3} - \frac{1}{4} + ...\infty$

अर्थात् $\log 2 = 1 - \frac{1}{2} + \frac{1}{3} - \frac{1}{4} + ...\infty$

(ii) $\log(1-x) = -\left(x + \frac{x^2}{2} + \frac{x^3}{3} + \frac{x^4}{4} + ...\infty\right)$

(जहाँ $-1 \leq x \leq 1$)

(iii) $\frac{1}{2} \log\left(\frac{1+x}{1-x}\right) = x + \frac{x^3}{3} + \frac{x^5}{5} + ...$

(iv) $\sum_{n=1}^{\infty} \frac{(-1)^{n-1} . x^n}{n} = x - \frac{x^2}{2} + \frac{x^3}{3} - \frac{x^4}{4} + ... = \log e^{(1+x)}$

(v) $\sum_{n=1}^{\infty} \frac{-x^n}{n} = -\left[x + \frac{x^2}{2} + \frac{x^3}{3} + ...\infty\right] = \log e^{(1-x)}$

प्रश्नमाला

1. यदि $y = 2^{1/\log x^8}$ हो, तब x का मान है :

A. y B. y^2
C. y^3 D. y^4
E. इनमें से कोई नहीं

2. $\log_{1/4}\left(a^2 - 1\right) < \log_{1/2}(a+1)$ हो, तब

A. $a < 1$ B. $a < -1$
C. $a > 1$ D. $a = -1$
E. इनमें से कोई नहीं

3. सर्वसमिका

$\log_a n \log_b n + \log_b n \log_c n + \log_c n \log_a n$ है :

A. $\dfrac{\log_a n \log_b n \log_c n}{\log_{abc} n}$

B. $\dfrac{\log_{abc} n}{\log_a n}$

C. $\dfrac{\log_b n}{\log_{abc} n}$

D. उपरोक्त सभी
E. इनमें से कोई नहीं

4. यदि $\log_3 \log_4 x > 0$ हो, तब :

A. $x > 1$ B. $x > 4$
C. $x > 64$ D. $x = 4$
E. इनमें से कोई नहीं

5. यदि $\log_{\cos x} \sin x \le 2$ तथा $x \in [0, 3\pi]$ हो, तब $\sin x$ होगा अन्तराल :

A. $\left[0, \dfrac{1}{2}\right]$ में B. $\left[\dfrac{\sqrt{5}-1}{2}, 1\right]$ में

C. $\left[0, \dfrac{\sqrt{5}-1}{2}\right]$ में D. उपरोक्त सभी

E. इनमें से कोई नहीं

6. यदि $\log_{10} x < 1$ हो, तब :

A. $0 < x < 10$ B. $x > 10$
C. $x < 10$ D. $0 \le x < 10$
E. इनमें से कोई नहीं

7. समीकरण $_x\log_{x^2} = \log_3(x+y)$ तथा $x^2 + y^2 = 65$ के हल हैं :

A. $x = 8, y = 1$ B. $x = 1, y = 8$
C. (A) और (B) दोनों D. उपरोक्त सभी
E. इनमें से कोई नहीं

8. यदि a, b, c क्रमशः गुणोत्तर श्रेणी के pवें, qवें व rवें पद हैं, तब $(q-r)\log a + (r-p)\log b + (p-q)\log c$ के बराबर है :

A. 0 B. 1
C. −1 D. abc
E. इनमें से कोई नहीं

9. निम्न कथन पर विचार कीजिए :

1. असमिका $\log_5\left(x^2 - 11x + 43\right) < 2$ का हल $(0, 2)$ है।
2. यदि $(x-1)^{\left(\log x^2 - 2\log x^9\right)} = (x-1)^7$ हो, तब हल 2 व 81 हैं।

इनमें से सही कथन हैं :

A. केवल (1) B. केवल (2)
C. (1) व (2) D. उपरोक्त सभी
E. इनमें से कोई नहीं

10. यदि $\log_e\left(\dfrac{a+b}{2}\right) = \dfrac{1}{2}(\log_e a + \log_e b)$ हो, तब :

A. $a = b$ B. $a = b/2$
C. $2b = a$ D. $a = b/3$
E. इनमें से कोई नहीं

11. यदि a, b, c गुणोत्तर श्रेणी में हों, तब $\log_{ax} x, \log_{bx} x, \log_{cx} x$ होंगे :

A. गुणोत्तर श्रेणी में B. हरात्मक श्रेणी में
C. समान्तर श्रेणी में D. उपरोक्त सभी
E. इनमें से कोई नहीं

12. $\log_{|\sin x|}(1 + \cos x) = 2, \quad x \in [0, n\pi], n \in z$ को सन्तुष्ट करने वाले x के मानों की संख्या है–

A. 0　　B. n
C. $2n$　　D. 1
E. इनमें से कोई नहीं

13. यदि $\log_{0.5}\sin x = 1-\log_{0.5}\cos x$ हो, तब अन्तराल $(-2\pi, 2\pi)$ में हलों की संख्या है :

A. 1　　B. 2
C. 3　　D. 4
E. 5

14. यदि $A=\log_2\log_2\log_4 256+2\log_{\sqrt{2}} 2$ हो, तब A बराबर है :

A. 2　　B. 3
C. 5　　D. 7
E. 4

15. यदि $\log_k A.\log_5 k=3$ हो, तब A का मान है :

A. $5k^3$　　B. k^3
C. 125　　D. 243
E. 521

16. $\sqrt{\log_{0.5}^2 4}$ का मान है :

A. -2　　B. $\sqrt{-4}$
C. 2　　D. 1
E. इनमें से कोई नहीं

17. यदि $4^{\log_9^3}+9^{\log_2^4}=10^{\log x^{83}}$, $x\in R$ हो, तब x का मान है :

A. 4　　B. 9
C. 10　　D. 8
E. इनमें से कोई नहीं

18. $x>1$ के लिए, $2\log_{10} x-\log_x(0.01)$ का न्यूनतम मान है :

A. 1　　B. 2
C. 4　　D. 6
E. इनमें से कोई नहीं

19. यदि $\log_2 x+\log_2 y\geq 6$ हो, तब $(x+y)$ का न्यूनतम मान है :

A. 4　　B. 8
C. 16　　D. 32
E. इनमें से कोई नहीं

20. $\log_7\log_7\left(\sqrt{7\sqrt{7\sqrt{7}}}\right)$ का मान है :

A. $3\log_2 7$　　B. $1-3\log_3 7$
C. $1-3\log_7 2$　　D. $2-3\log_5 7$
E. इनमें से कोई नहीं

उत्तरमाला

1	2	3	4	5	6	7	8	9	10
C	B	A	B	C	A	A	A	B	A
11	**12**	**13**	**14**	**15**	**16**	**17**	**18**	**19**	**20**
B	A	B	C	C	A	C	C	C	C

व्याख्यात्मक उत्तर

1. $\because\ y=2^{1/\log_x 8}\quad\Rightarrow y=2^{\log_8 x}$

$\Rightarrow y=2^{\log_2\sqrt[3]{x}}\quad\Rightarrow y=\sqrt[3]{x}$

$\Rightarrow y^3=x$

2. $\log_{1/4}\left(a^2-1\right)<\log_{(1/4)}(a+1)^2$

$\Rightarrow a^2-1>(a+1)^2$

$\Rightarrow a^2-1>a^2+1+2a$

$\Rightarrow 2a+2<0\Rightarrow a<-1$

3. $\log_a n\log_b n+\log_b n\log_c n+\log_c n\log_a n$

$=\dfrac{\log_n c+\log_n a+\log_n b}{\log_n a\log_n b+\log_n c}=\dfrac{\log_n(abc)}{\log_n a\log_n b\log_n c}$

$=\dfrac{\log_a n\log_b n\log_c^n}{\log_{abc} n}$

4. $\log_3 \log_4 x > 0$

$\Rightarrow \log_4 x > 3^0$

$\Rightarrow \log_4 x > 1 \Rightarrow x > 4^1$

$\Rightarrow x > 4$

5. $\log_{\cos x} \sin x \le 2 \Rightarrow \sin x \le \cos^2 x$

$\Rightarrow \sin x \le 1 - \sin^2 x$

$\Rightarrow \sin^2 x + \sin x - 1 \le 0$

$\Rightarrow \left(\sin x + \frac{1}{2}\right)^2 - \frac{5}{4} \le 0$

परन्तु लघुगणक की परिभाषा से–

$\Rightarrow \sin x > 0, \cos x > 0, \cos x \ne 1$

$\Rightarrow \sin x + \frac{1}{2} \le \frac{\sqrt{5}}{2}$

$\Rightarrow 0 < \sin x \le \frac{\sqrt{5}-1}{2}$

6. $\because \log_{10} x < 1$

$\Rightarrow 0 < x < 10$

7. $x^{\log_x 2} = 2 = \log_3 (x + y)$

$\Rightarrow x + y = 9$ तथा $x^2 + y^2 = 65$

$\Rightarrow x = 8, y = 1$ या $x = 1, y = 8$

परन्तु $x \ne 1 \Rightarrow x = 8, y = 1$

8. $a = \alpha\beta^{p-1}, b = \alpha\beta^{q-1}$ तथा $c = \alpha\beta^{r-1}$

(जहाँ α व β गुणोत्तर श्रेणी के क्रमशः प्रथम पद व सार्वनुपात है)

$\therefore \log a = \log \alpha + (p-1)\log \beta$ ...(i)

$\log b = \log \alpha + (q-1)\log \beta$ ...(ii)

$\log c = \log \alpha + (r-1)\log \beta$ ...(iii)

अब,

$(q-r)\log a + (r-p)\log b + (p-q)\log c$ में

$\log a, \log b$ व $\log c$ का मान रखने पर,

$(q - r) [\log \alpha + (p - 1) \log \beta]$

$+ (r - p) [\log \alpha + (q - 1) \log \beta]$

$+ (p - q) [\log \alpha + (r - 1) \log \beta]$

$= (q-r+r-p+p-q) \log \alpha + [(q-r)(p-1) + (r-p)(q-1) + (p-q)(r-1)] \log \beta = 0$

9. (1) $\log_5 \left(x^2 - 11x + 43\right) < 2$

$\Rightarrow x^2 - 11x + 43 > 0$ तथा $x^2 - 11x + 43 < 25$

$\Rightarrow \left(x - \frac{11}{2}\right)^2 + \frac{51}{4} > 0$ तथा $x^2 - 11x + 18 < 0$

$\Rightarrow \left(x - \frac{11}{2}\right)^2 + \frac{51}{4} > 0$ तथा $(x-2)(x-9) < 0$

$\Rightarrow$ हल $(2, 9)$ है।

(2) प्रांत के लिए, $x - 1 \ne 0 \Rightarrow x \ne -1$ अब

$|x-1| = 1$ अर्थात् $x - 1 = \pm 1 \Rightarrow x = 0, 2$

$x = 0$ प्रान्त में नहीं है तथा $x = 2$ दिए गए समीकरण को संतुष्ट करता है। यदि $x - 1 > 0$ अर्थात् $x > 1$, तब दिया गया समीकरण

$2\log_3 x - \frac{4}{\log_3 x} = 7$

$\Rightarrow x = 81, \frac{1}{\sqrt{3}}$ परन्तु $x \ne \frac{1}{\sqrt{3}}$

$\therefore x = 2, 81$

10. $\log_e\left(\frac{a+b}{2}\right) = \frac{1}{2}(\log_e a + \log_e b)$

$\Rightarrow \frac{a+b}{2} = \sqrt{ab}$

$\Rightarrow a + b - 2\sqrt{ab} = 0 \Rightarrow \sqrt{a} = \sqrt{b} \Rightarrow a = b$

11. $\log_{ax} x = \frac{1}{\log_x ax} \Rightarrow \log_{ax} x = \frac{1}{1 + \log_x a}$

इसी प्रकार, $\log_{bx} x = \frac{1}{1 + \log_x b}$;

$\log_{cx} x = \frac{1}{1 + \log_x c}$

यदि a, b, c गुणोत्तर श्रेणी में हैं।

$\Rightarrow \log_x a, \log_x b, \log_x c$ समान्तर श्रेणी में हैं।

$\Rightarrow (1+\log_x a), (1+\log_x b), (1+\log_x c)$ समान्तर श्रेणी में हैं।

$\Rightarrow \frac{1}{1+\log_x a}, \frac{1}{1+\log_x b}, \frac{1}{1+\log_x c}$ हरात्मक श्रेणी में हैं।

$\Rightarrow \log_{ax} x \log_{bx} x \log_{cx} x$ हरात्मक श्रेणी में हैं।

12. $\log_{|\sin x|}(1+\cos x) = 2$

$\Rightarrow 1+\cos x = |\sin x|^2$

$\Rightarrow |1+\cos x| = 1-\cos^2 x$

$\Rightarrow \cos x(1+\cos x) = 0$

$\Rightarrow \cos x = 0 \qquad (\because 1+\cos x \neq 0)$

$\Rightarrow$ $\sin x = 1$ जो कि सम्भव नहीं है क्योंकि लघुगणक का आधार 1 नहीं हो सकता है।

13. $\log_{0.5} \sin x + \log_{0.5} \cos x = 1$

$\Rightarrow \log_{0.5} \sin x \cos x = 1$

$\Rightarrow \sin x \cos x = (0.5)^1 = \frac{1}{2}$

$\Rightarrow \sin 2x = 1$

$\Rightarrow 2x = n\pi + (-1)^n \frac{\pi}{2}$

$\Rightarrow x = \frac{n\pi}{2} + (-1)^n \frac{\pi}{4}$

$\because \log_{0.5} \sin x$ व $\log_{0.5} \cos x$ वास्तविक हैं।

$\therefore$ $\sin x$ व $\cos x$ प्रथम चतुर्थांश में होंगे।

$\therefore \quad x = \frac{\pi}{4}, -2\pi + \frac{\pi}{4}$

$\therefore$ हलों की संख्या 2 है।

14. $\because A = \log_2 \log_2 \log_4 256 + 2\log_{\sqrt{2}} 2$

$= \log_2 \log_2 \log_4 4^4 + 4\log_{\sqrt{2}} \sqrt{2}$

$= \log_2 \log_2 2^2 + 4 = \log_2 2 + 4 = 1+4 = 5$

15. $\log_k A . \log_5 k = 3 \Rightarrow \frac{\log A}{\log k} . \frac{\log k}{\log 5} = 3$

$\Rightarrow \frac{\log A}{\log 5} = 3$

$\Rightarrow \log_5 A = 3$

$\Rightarrow A = 5^3 = 125$

16. $\sqrt{\log_{0.5}^2 4} = \log_{0.5} 4 = -2 \log_2{}^2 = -2$

17. $4^{\log_3 2^{2^3}} + 9^{\log_2 2^{2^3}} = 10^{\log_x 83}$

$\Rightarrow 4^{1/2} + 9^2 = 10^{\log_x 83}$

$\Rightarrow 2+81 = 10^{\log_x 83}$

$\Rightarrow 83 = 10^{\log_x 83}$

$\Rightarrow x = 10$

18. $2\log_{10} x - \log_x \frac{1}{100} = 2\log_{10} x + 2\log_x 10$

$= 2\left(t+\frac{1}{t}\right) \geq 4$

19. $\log_2 x + \log_2 y \geq 6, \log_2 xy \geq 6$

$\Rightarrow xy \geq 2^6$

अब $\frac{x+y}{2} \geq \sqrt{xy}$

$\Rightarrow \frac{x+y}{2} \geq 2^3 \qquad \Rightarrow x+y \geq 2^4$

$\therefore$ $x+y$ का न्यूनतम मान $= 2^4 = 16$

20. $\log_7 \log_7 \left(7\sqrt{7\sqrt{7}}\right) = \log_7 \log_7 7^{7/8}$

$= \log_7 \frac{7}{8}(\log_7 7) = \log_7 \left(\frac{7}{8}\right)$

$= \log_7 7 - \log_7 8 = 1 - 3\log_7{}^2$

20

सारणी एवं ग्राफ (Data Interpretation)

इस प्रकार के प्रश्नों में सारणी या ग्राफ दिया होता है, उससे सम्बन्धित प्रश्न पूछे जाते हैं। अतः अभ्यर्थियों को दिये गये प्रश्नों के सही उत्तर ज्ञात करने के लिए सारणी या ग्राफ का बहुत ही सावधानीपूर्वक अध्ययन करना चाहिए।

परीक्षाओं में पूछे जाने वाले संभावित प्रश्नों का समावेश

निर्देश 1 : ***निम्नलिखित सारणी को ध्यानपूर्वक पढ़कर नीचे दिये गये प्रश्नों के उत्तर दीजिए।***

छात्रों का व्यवसायी पाठ्यक्रमों के अनुसार विभाजन

पाठ्यक्रम	विभाग			
	कला		विज्ञान	
	लड़कियाँ	लड़के	लड़कियाँ	लड़के
1. बिजनेस मैनेजमैंट	25	45	25	65
2. टाइपराइटिंग	23	186	20	32
3. कॉस्टिंग	25	120	12	58
4. टाइपराइटिंग एण्ड कॉस्टिंग	12	100	3	5

(A) यदि 60% लड़के तथा 70% लड़कियाँ अपने चुने गए पाठ्यक्रमों में सफल होते हैं तो सम्मिलित उत्तीर्ण प्रतिशत कितना होगा?

हलः ∵ लड़कों की संख्या

$= 45 + 186 + 120 + 100 + 65 + 32 + 58 + 5 = 611$

∴ उत्तीर्ण लड़कों की संख्या

$= 611$ का $60\% = 611 \times \frac{60}{100} = 366.60$

तथा लड़कियों की संख्या

$= 25 + 23 + 25 + 12 + 25 + 20 + 12 + 3 = 145$

∴ उत्तीर्ण लडकियों की संख्या

$= 145$ का $70\% = 145 \times \frac{70}{100} = 101.50$

∴ सम्मिलित उत्तीर्ण प्रतिशत

$= \left(\frac{366.60 + 101.50}{611 + 145}\right) \times 100$

$= \frac{46810}{756} = 61.92$ या 62

(B) बिजनेस मैनेजमैंट तथा कॉस्टिंग के छात्रों की संख्या सिर्फ टाइपराइटिंग के छात्रों की संख्या से कितने प्रतिशत अधिक है, ज्ञात कीजिए?

हलः ∵ बिजनेस मैनेजमैंट के छात्रों की संख्या = 160

तथा टाइपराइटिंग के छात्रों की संख्या = 261

और कॉस्टिंग के छात्रों की संख्या = 215

∴ अभीष्ट प्रतिशत $= \left(\frac{160 + 215 - 261}{261}\right) \times 100$

$= 43.66$ या 44

(C) कौन–से पाठ्यक्रम के कुल छात्रों में से लड़कियों की प्रतिशत संख्या अन्य किसी भी पाठ्यक्रम की प्रतिशत संख्या से अधिक है, ज्ञात करो?

हलः ∵ बिजनेस मैनेजमैंट में लड़कियों का कुल छात्रों में से प्रतिशत

$= \left(\frac{25 + 25}{160}\right) \times 100 = 31.25$

टाइपराइटिंग में लड़कियों का कुल छात्रों में से प्रतिशत

$= \left(\frac{23 + 20}{261}\right) \times 100 = 16.47$

कॉस्टिंग में लड़कियों का कुल छात्रों में से प्रतिशत

$= \left(\frac{25 + 12}{215}\right) \times 100 = 12.56$

तथा टाइपराइटिंग एण्ड कॉस्टिंग में लड़कियों का कुल छात्रों में से प्रतिशत

$= \left(\frac{12 + 3}{120}\right) \times 100 = 12.50$

अत: उपरोक्त से स्पष्ट है कि सबसे अधिक प्रतिशत संख्या बिजनेस मैनेजमैंट की है।

(D) कला विभाग में केवल कॉस्टिंग वाले छात्रों की संख्या कितने प्रतिशत है, ज्ञात करो?

हल: $\because$ अभीष्ट प्रतिशत $= \left(\frac{25+120}{536}\right) \times 100 = 27$

(E) सभी पाठ्यक्रमों में मिलाकर लड़कों की संख्या लड़कियों की संख्या से कितने प्रतिशत अधिक है, ज्ञात करो?

हल: $\because$ लड़कों की कुल संख्या

$= 45+65+186+32+120+58+100+5 = 611$

तथा लड़कियों की कुल संख्या

$= 25+23+25+12+25+20+12+13 = 145$

$\therefore$ अभीष्ट प्रतिशत $= \left(\frac{611-145}{145}\right) \times 100 = 321.$

निर्देश 2: ***दण्ड चार्ट एक विभागीय स्टोर की बिक्री तथा लाभ का ब्यौरा 2007 से 2014 के मध्य दर्शाता है। दण्ड चार्ट को सावधानीपूर्वक पढ़कर नीचे दिये गये प्रश्नों के उत्तर दीजिए?***

बिक्री तथा लाभ रिपोर्ट (2007 – 2014)

बिक्री (लाख रुपयों में)

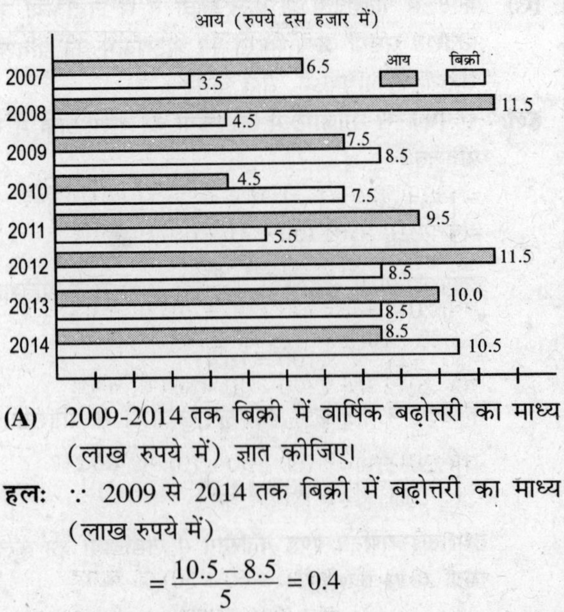

(A) 2009-2014 तक बिक्री में वार्षिक बढ़ोत्तरी का माध्य (लाख रुपये में) ज्ञात कीजिए।

हल: $\because$ 2009 से 2014 तक बिक्री में बढ़ोत्तरी का माध्य (लाख रुपये में)

$$= \frac{10.5-8.5}{5} = 0.4$$

(B) स्टोर का वार्षिक माध्य लाभ (दस हजार रुपये में) लगभग कितना होगा, ज्ञात करो।

हल: स्टोर का वार्षिक माध्य लाभ (दस हजार रुपये में)

$$= \frac{6.5+11.5+7.5+4.5+9.5+11.5+10.0+8.5}{8}$$

$= \frac{69.5}{8} = 8.7$ लगभग

(C) किस वर्ष में लाभ का बिक्री से प्रतिशत अधिक था, ज्ञात कीजिए।

हल: 2007 में लाभ का बिक्री से प्रतिशत

$$= \frac{6.5 \times 10000 \times 100}{3.5 \times 100000} = 18.57$$

2008 में लाभ का बिक्री से प्रतिशत

$$= \frac{11.5 \times 10000 \times 100}{4.5 \times 100000} = 25.56$$

2009 में लाभ का बिक्री से प्रतिशत

$$= \frac{7.5 \times 10000 \times 100}{8.5 \times 100000} = 8.82$$

तथा 2011 में लाभ का बिक्री से प्रतिशत

$$= \frac{9.5 \times 10000 \times 100}{5.5 \times 100000} = 17.27$$

अत: स्पष्ट है कि 2008 में लाभ का बिक्री प्रतिशत अधिकतम था।

(D) यदि 2007 के लाभ को आधार (100) माना जाए तो 2014 में कितना लाभ था, ज्ञात कीजिए?

हल: अभीष्ट लाभ $= \frac{100 \times 8.5}{6.5} = 131$

(E) वर्ष 2007 से 2012 वर्ष के बीच किस वर्ष में पिछले वर्ष के सापेक्ष लाभ 100 % से अधिक था, ज्ञात करो?

हल: $\because$ 2011 में पिछले वर्ष का सापेक्ष लाभ प्रतिशत

$$= \left(\frac{9.5-4.5}{4.5}\right) \times 100 = 111.11$$

अत: 2011 में पिछले वर्ष के सापेक्ष लाभ 100 % से अधिक था।

निर्देश 3: ***नीचे दिये गये वृत्त में जो ग्राफ दिया गया है उसमें एक देश का एक साल के दौरान विभिन्न खेलों पर किया गया खर्च दिखवाया गया है। अत: ग्राफ का सावधानीपूर्वक अध्ययन करके उसके नीचे दिये गये प्रश्नों के उत्तर दीजिए।***

एक साल में विभिन्न खेलों पर खर्च किए गए धन का प्रतिशत

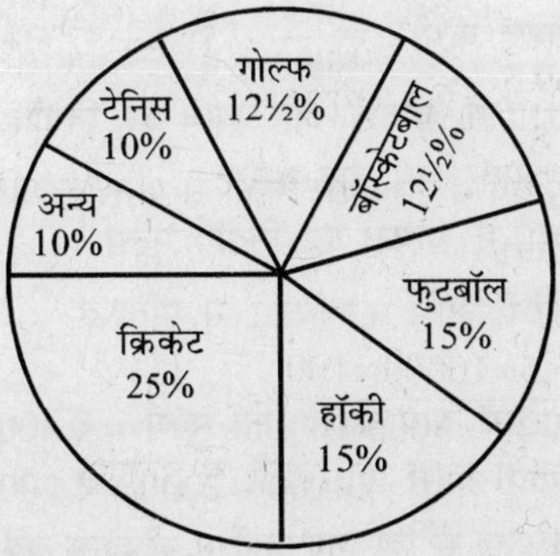

(A) उपरोक्त ग्राफ के अनुसार सबसे लोकप्रिय खेल कौन-सा होगा, बताइये?

हल: ∵ ग्राफ के अनुसार क्रिकेट के खेल पर सबसे अधिक धनराशि खर्च की गई है। अत: क्रिकेट का खेल ही सबसे अधिक लोकप्रिय होगा।

(B) किन-किन खेलों पर समान धनराशि खर्च की गई, बताइये?

हल: ग्राफ के अनुसार, **हाकी-फुटबाल**, **गोल्फ-बॉस्केट बाल** तथा **टेनिस** व **अन्य खेलों** पर समान धनराशि खर्च की गई।

(C) फुटबॉल पर खर्च की गई कुल धनराशि का टेनिस पर खर्च की गई धनराशि के साथ क्या अनुपात होगा, ज्ञात कीजिए?

हल: ∵ फुटबॉल पर खर्च = कुल धनराशि का 15%
तथा टेनिस पर खर्च = कुल धनराशि का 10%
अत: फुटबॉल व टेनिस के खेलों पर किये गये खर्च का अनुपात = 15 : 10 = 3 : 2

(D) यदि वर्ष के दौरान खेलों पर खर्च की गई कुल धनराशि ₹ 1,20,00000 हो तो बॉस्केट बाल पर खर्च की गई धनराशि कितनी होगी, ज्ञात करो?

हल: ∵ 100% = ₹ 1,20,00,000

$\therefore$ बॉस्केटबाल पर खर्च $= 12\frac{1}{2}\% = \frac{100\%}{8}$

$= ₹\,\frac{1,20,00,000}{8}$

(E) यदि वर्ष के दौरान खेलों पर खर्च की गई कुल धनराशि ₹ 3,00,0000 हो तो क्रिकेट व हाकी दोनों पर मिलाकर खर्च की गई धनराशि कितनी होगी, ज्ञात करो?

हल: ∵ 100% = ₹ 3,00,0000

$\therefore$ क्रिकेट व हाकी पर खर्च = 25% + 15% = 40%

$= \frac{100\%}{2.5} = \frac{30,00,000}{2.5} = ₹\,12,00,000$

निर्देश 4: ***नीचे दिए गए ग्राफ का सावधानी से अध्ययन कीजिए और उस पर आधारित निम्नलिखित प्रश्नों के उत्तर दीजिए:***

वर्षानुवर्ष चावल, चीनी और चाय का कुल निर्यात मूल्य (सौ करोड़ ₹ में)

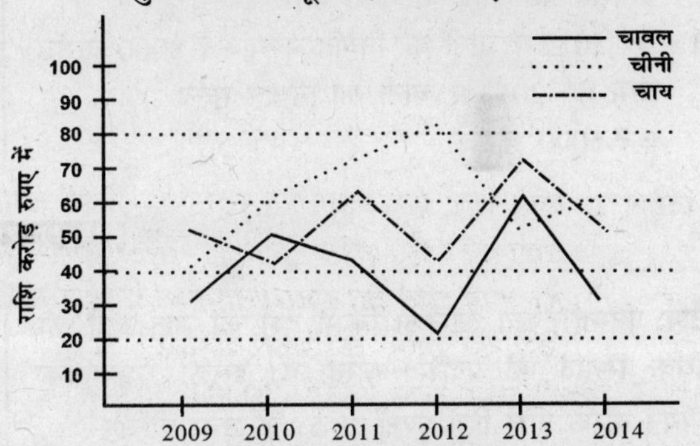

(A) दिए गए वर्षों में से निम्नलिखित में से किस वर्ष चावल, चाय और चीनी का सम्मिलित निर्यात मूल्य न्यूनतम था, ज्ञात करो?

हल : चावल, चाय और चीनी का सम्मिलित निर्यात मूल्य वर्ष 2009 में

= (30 + 50 + 40) सौ करोड़ रु० = ₹ 12000 करोड़

वर्ष 2010 में = ₹ (50 + 40 + 60) सौ करोड़
= ₹ 15000 करोड़

वर्ष 2011 में = ₹ (40 + 60 + 70) सौ करोड़
= ₹ 17000 करोड़

वर्ष 2012 में = ₹ (20 + 40 + 80) सौ करोड़
= ₹ 14000 करोड़

वर्ष 2013 में = ₹ (60 + 50 + 70) सौ करोड़
= ₹ 18000 करोड़

तथा

वर्ष 2014 में = ₹ (30 + 60 + 50) सौ करोड़
= ₹ 14000 करोड़

अत: न्यूनतम निर्यात मूल्य 2009 में है।

(B) वर्ष 2012 से 2013 में चाय के निर्यात मूल्य में कितने प्रतिशत वृद्धि हुई थी, ज्ञात कीजिए?

हल: वर्ष 2012 में चाय का निर्यात मूल्य = ₹ 4000 करोड़ तथा वर्ष 2013 में चाय का निर्यात मूल्य = ₹ 7000 करोड़

∴ निर्यात मूल्य में वृद्धि = 7000 – 4000 = ₹ 3000 करोड़

∴ प्रतिशत वृद्धि = $\frac{3000 \times 100}{4000} = 75\%$

(C) वर्ष 2012 से 2013 में चीनी के निर्यात मूल्य में कितने प्रतिशत कमी हुई थी, ज्ञात करो?

हल : वर्ष 2012 में चीनी का निर्यात मूल्य = ₹ 8000 करोड़ तथा वर्ष 2013 में चीनी का निर्यात मूल्य = ₹ 5000 करोड़

∴ निर्यात मूल्य में कमी = 8000 – 5000 = ₹ 3000 करोड़

∴ प्रतिशत कमी = $\frac{3000}{8000} \times 100 = 37.5\%$

(D) वर्ष 2012 में चावल और चाय के निर्यात मूल्य में कितना अन्तर था। ज्ञात करो?

हल : वर्ष 2012 में चावल का निर्यात मूल्य = ₹ 2000 करोड़

तथा

वर्ष 2012 में चाय का निर्यात मूल्य = ₹ 4000 करोड़

∴ अभीष्ट अन्तर = 4000 – 2000 = ₹ 2000 करोड़

(E) उपरोक्त ग्राफ में दिए गए वर्षों में से किस वर्ष चाय का निर्यात मूल्य अधिकतम था, ज्ञात कीजिए?

हल: ग्राफ के अनुसार, चाय का निर्यात मूल्य वर्ष 2013 में अधिकतम था।

प्रश्नमाला

निर्देश: निम्नलिखित तालिका किसी देश की सात वर्षों की आर्थिक स्थिति को प्रदर्शित करती है। इसका ध्यानपूर्वक अध्ययन करके नीचे दिये प्रश्नों (1-5) के उत्तर दीजिए–

सात वर्षों की आर्थिक स्थिति की उत्पादन क्षमता (हजार टनों में)

आर्थिक स्थिति	2008	2009	2010	2011	2012	2013	2014
औद्योगिक उत्पादन	126	164	203	231	250	300	369
उपभोक्ता माल का उत्पादन	122	147	172	190	200	230	274
विनियोग माल का उत्पादन	131	195	240	279	307	382	481
शुद्ध आयात	92	111	116	74	37	24	25
शुद्ध निर्यात	144	128	100	62	61	52	45

1. 2010 से 2013 तक विनियोग माल के उत्पादन में कितने प्रतिशत वृद्धि हुई?

A. 59.16% B. 52.26%
C. 49.16% D. 45%
E. इनमें से कोई नहीं

2. 2013 में औद्योगिक उत्पादन का कितने प्रतिशत निर्यात किया गया?

A. 16.33% B. 18.54%
C. 21.5% D. 17.33%
E. इनमें से कोई नहीं

3. शुद्ध आयात में किस वर्ष अपने पिछले वर्ष से सर्वाधिक वृद्धि हुई?

A. 2011 B. 2009
C. 2010 D. 2014
E. इनमें से कोई नहीं

4. 2014 के उपभोक्ता माल का उत्पादन 2012 के उपभोक्ता माल के उत्पादन का लगभग कितने प्रतिशत है?

A. 137% B. 130%
C. 133% D. 139%
E. इनमें से कोई नहीं

5. औद्योगिक उत्पादन का वार्षिक औसत क्या था?

A. 234.7 B. 344.7
C. 244.7 D. 238
E. इनमें से कोई नहीं

निर्देश : (प्रश्न 6-10): *निम्न ग्राफ का सावधानीपूर्वक अध्ययन कर दिए गए प्रश्नों का उत्तर दीजिए।*

तीन राज्यों में (वर्षों के दौरान)
गेहूँ का प्रति हेक्टेयर किलोग्राम में उत्पादन

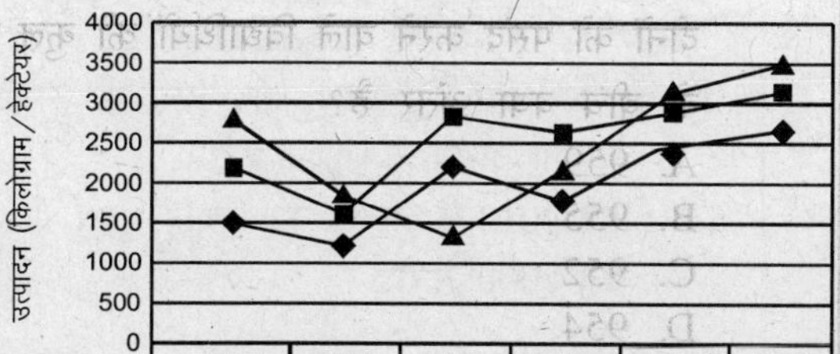

	2001	2002	2003	2004	2005	2006
बिहार	1500	1200	2200	1900	2400	2600
पंजाब	2200	1600	2800	2600	2900	3200
हरियाणा	2800	1900	1400	2200	3200	3500

6. बिहार, पंजाब और हरियाणा में 2006 से 2007 के बीच उत्पादन में वृद्धि क्रमशः 12%, 18% और 16% है। 2007 में बिहार, पंजाब और हरियाणा का किग्रा प्रति हेक्टेयर उत्पादन क्या था?

A. 10748 B. 10816
C. 9956 D. 10322
E. 9726

7. 2007 में पंजाब में गेहूँ के उत्पादन के लिए लगभग 66 हेक्टेयर भूमि का प्रयोग किया गया जबकि हरियाणा में यह 120 हेक्टेयर है। दोनों राज्यों में गेहूँ की कुल पैदावार का अन्तर क्या है?

A. 2,24,600 B. 2,34,000
C. 2,37,984 D. 2,32,000
E. 2,32,824

8. 2004 में तीनों राज्यों का किग्रा प्रति हेक्टेयर उत्पादन क्या था? (उत्तर का सन्निकटन कीजिए।)

A. 2233 B. 2252
C. 2153 D. 2133
E. 2323

9. पंजाब में 2001, 2002 व 2003 के गेहूँ का औसत प्रति हेक्टेयर उत्पादन तथा इन्हीं वर्षों में बिहार के प्रति हेक्टेयर गेहूँ के उत्पादन के बीच अन्तर (किग्रा प्रति हेक्टेयर) क्या है।

A. $544\frac{3}{7}$ B. $650\frac{3}{8}$

C. $620\frac{3}{7}$ D. $566\frac{2}{3}$

E. $560\frac{1}{3}$

10. बिहार में गेहूँ के उत्पादन का क्षेत्रफल 2002 में 160 हेक्टेयर था तथा 2005 में 130 हेक्टेयर था। 2002 तथा 2005 के वर्षों में उत्पादन के बीच क्रमशः अनुपात क्या है?

A. 7 : 13 B. 9 : 14
C. 8 : 13 D. 9 : 16
E. 8 : 15

निर्देश (प्र.सं. 11–15): *निम्नलिखित पाइ चार्ट और सारणी का ध्यान से अध्ययन कर नीचे दिए गए प्रश्नों के उत्तर दीजिए:*

छह महीने के दौरान एक दुकानदार द्वारा बेचे गए मोबाइल फोनों की संख्या का प्रतिशतवार विभाजन
बेचे गए मोबाइल फोनों की कुल संख्या = 45,000

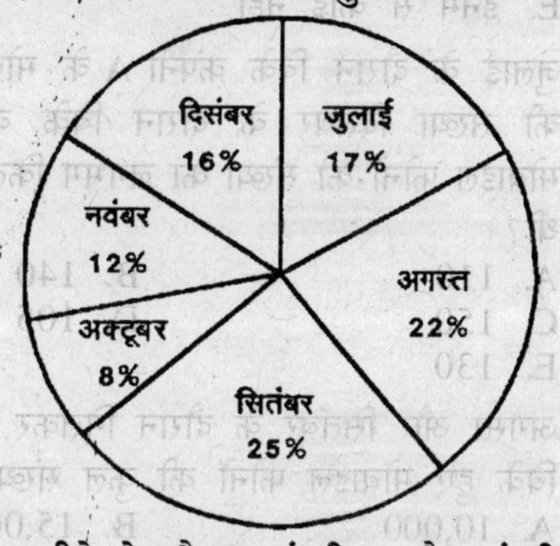

छह महीने के दौरान कंपनी A और कंपनी B के बिके हुए मोबाइल फोनों की संख्या के बीच का क्रमशः अनुपात

महीना	अनुपात
जुलाई	8 : 7
अगस्त	4 : 5
सितम्बर	3 : 2
अक्टूबर	7 : 5
नवम्बर	7 : 8
दिसम्बर	7 : 9

11. जुलाई के दौरान कंपनी B के बिके मोबाइल फोनों की संख्या उसी कंपनी के दिसंबर के दौरान बिके मोबाइल फोनों की संख्या के बीच का क्रमशः अनुपात क्या है?

A. 119 : 145 B. 116 : 135
C. 119 : 135 D. 119 : 130
E. इनमें से कोई नहीं

12. नवंबर के दौरान कंपनी A द्वारा बेचे गए मोबाइल फोनों की संख्या में से 35% छूट सहित बेचे गए थे। कंपनी A के कितने मोबाइल फोन उस महीने बिना छूट बेचे गए थे?

A. 882 B. 1635
C. 1638 D. 885
E. इनमें से कोई नहीं

13. अक्टूबर के दौरान बेचे गए कंपनी B के प्रत्येक मोबाइल फोन पर दुकानदार को ₹ 433 का लाभ हुआ था तो उसी महीने उस कंपनी के बेचे गए मोबाइल फोन पर उसका अर्जित कुल लाभ कितना था?

A. ₹ 6,49,900 B. ₹ 6,45,900
C. ₹ 6,49,400 D. ₹ 6,49,500
E. इनमें से कोई नहीं

14. जुलाई के दौरान बिके कंपनी A के मोबाइल फोनों की संख्या दिसंबर के दौरान बिके कंपनी A के मोबाइल फोनों की संख्या का लगभग कितना प्रतिशत थी?

A. 110 B. 140
C. 150 D. 105
E. 130

15. अगस्त और सितंबर के दौरान मिलकर कंपनी B के बिके हुए मोबाइल फोनों की कुल संख्या क्या थी?

A. 10,000 B. 15,000
C. 10,500 D. 9,500
E. इनमें से कोई नहीं

निर्देश (प्र.सं. 16–20): *निम्नलिखित पाई चार्ट का अध्ययन कर नीचे दिए गए प्रश्नों के उत्तर दीजिए :*

पाई चार्ट में कोण की डिग्री के अनुसार छह पेयों में से विद्यार्थियों की पसंद

कुल विद्यार्थियों की संख्या = 6800

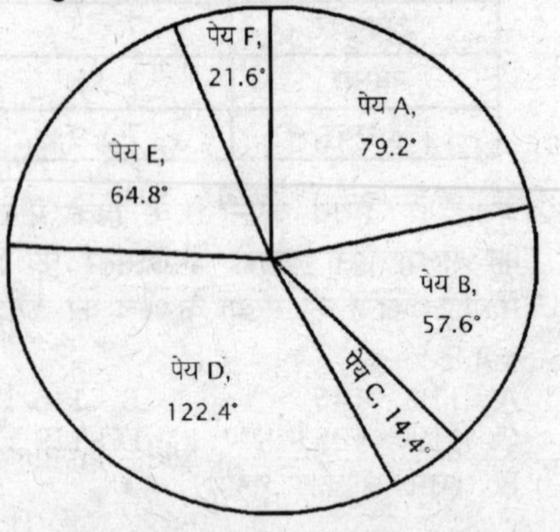

16. पेय A और पेय C दोनों को पसंद करने वाले विद्यार्थियों की कुल संख्या और पेय D और पेय F दोनों को पसंद करने वाले विद्यार्थियों की कुल संख्या के बीच क्या अंतर है?

A. 959
B. 955
C. 952
D. 954
E. इनमें से कोई नहीं

17. पेय F पसंद करने वाले विद्यार्थियों की संख्या और पेय A पसंद करने वाले विद्यार्थियों की संख्या के बीच क्रमशः क्या अनुपात है?

A. 3 : 11
B. 3 : 13
C. 6 : 11
D. 5 : 11
E. इनमें से कोई नहीं

18. पेय E और पेय F दोनों को पसंद करने वाले विद्यार्थियों की संख्या कुल विद्यार्थियों की संख्या का कितना प्रतिशत है?

A. 18
B. 14
C. 26
D. 24
E. इनमें से कोई नहीं

19. पेय C पसंद करने वाले विद्यार्थियों की संख्या पेय D पसंद करने वाले विद्यार्थियों की संख्या का **लगभग** कितना प्रतिशत है?

A. 7 B. 12
C. 18 D. 22
E. 29

20. कितने विद्यार्थी पेय B और पेय E दोनों को पसंद करते हैं?

A. 2312
B. 2313
C. 2315
D. 2318
E. इनमें से कोई नहीं

उत्तरमाला

1	2	3	4	5	6	7	8	9	10
A	D	B	A	A	A	C	A	D	C
11	**12**	**13**	**14**	**15**	**16**	**17**	**18**	**19**	**20**
C	C	D	E	A	C	A	D	B	A

व्याख्यात्मक उत्तर

1. विनियोग माल के उत्पादन में 2010 से 2013 तक

वास्तविक वृद्धि = 382 – 240 = 142

$\therefore$ प्रतिशत वृद्धि $= \dfrac{142 \times 100}{240}$

$= 59.16\%$

2. $\because$ 2013 में औद्योगिक उत्पादन = 300 तथा 2013 में शुद्ध निर्यात = 52

$\therefore$ औद्योगिक उत्पादन का प्रतिशत निर्यात

$= \dfrac{52 \times 100}{300} = 17.33\%$

3. 2009 में पिछले वर्ष की अपेक्षा वृद्धि

= 111 – 92 = 19

2010 में पिछले वर्ष की अपेक्षा वृद्धि

= 116 – 111 = 5

2014 में पिछले वर्ष की अपेक्षा वृद्धि

= 25 – 24 = 1

तथा शेष वर्षों में अर्थात् 2011, 2012 तथा 2013 में वृद्धि न होकर कमी हुई है।

अत: 2009 में सर्वाधिक वृद्धि हुई।

4. 2012 में उपभोक्ता माल का उत्पादन = 200

तथा 2014 में उपभोक्ता माल का उत्पादन = 274

$\therefore$ अभीष्ट प्रतिशत मात्रा $= \dfrac{274 \times 100}{200} = 137\%$

5. $\because$ 2008 से 2014 तक औद्योगिक उत्पादन का योग

= 126 + 164 + 203 + 231 + 250 + 300 + 369

= 1643

$\therefore$ औद्योगिक उत्पादन का वार्षिक औसत

$= \dfrac{1643}{7} = 234.7$

6. राज्यवार उत्पादन (किग्रा./हेक्टेयर)

बिहार : $2600 \times \dfrac{112}{100} = 2912$

पंजाब : $3200 \times \dfrac{118}{100} = 3776$

हरियाणा : $3500 \times \dfrac{116}{100} = 4060$

कुल उत्पादन = 2912 + 3776 + 4060 = 10748.

7. पंजाब में गेहूं का, वर्ष 2007 में कुल उत्पादन

= 3776 × 66 = 249216 किग्रा.

हरियाणा में गेहूं का, वर्ष 2007 में कुल उत्पादन

= 4060 × 120 = 487200 किग्रा.

उत्पादन में अंतर = 487200 – 249216

= 237984 किग्रा.

8. वर्ष 2004 में तीन राज्यों की औसत पैदावार

$= \dfrac{2600 + 2200 + 1900}{3} = 2233$ किग्रा.

9. सन् 2001 से 2003 तक पंजाब के लिए गेहूं की औसत पैदावार प्रति हेक्टेयर

$= \dfrac{2200 + 1600 + 2800}{3} = 2200$

सन् 2001 से 2003 तक बिहार के लिए गेहूं की औसत पैदावार प्रति हेक्टेयर

$= \dfrac{1500 + 1200 + 2200}{3} = \dfrac{4900}{3}$

पैदावार में अंतर

$= \dfrac{6600 - 4900}{3} = \dfrac{1700}{3} = 566\dfrac{2}{3}$ किलोग्राम/हेक्टेयर

10. वर्ष 2002 में गेहूँ की पैदावार = 160 × 1200

वर्ष 2005 में गेहूँ की पैदावार = 130 × 2400

अभीष्ट अनुपात = $\frac{160 \times 1200}{130 \times 2400}$ = 8 : 13.

11. जुलाई में कम्पनी B के बिके मोबाइल फोनों की संख्या

$= \frac{17}{100} \times 45000 = 7650$

दिसम्बर में कम्पनी B के बिके मोबाइल फोनों की संख्या

$= \frac{16}{100} \times 45000 = 7200$

जुलाई में कम्पनी B के बिके मोबाइल फोनों की संख्या

$= \frac{7}{15} \times 7650 = 3570$

दिसम्बर में कम्पनी B के बिके मोबाइल फोनों की संख्या

$= \frac{9}{16} \times 7200 = 4050$

∴ अभीष्ट अनुपात = $\frac{3570}{4050} = \frac{119}{135}$ = 119 : 135

12. नवम्बर में कम्पनी A के द्वारा बेचे गये फोनों की संख्या

$= \frac{12}{100} \times 45000 = 5400$

$= \frac{7}{15} \times 5400 = 2520$

अभीष्ट बेचे गये फोनों की संख्या

$= \frac{65}{100} \times 2520 = 126 \times 13 = 1638$

13. अक्टूबर के दौरान = $\frac{8}{100} \times 45000 = 3600$

अक्टूबर में कम्पनी B द्वारा बेचे गये मोबाइल फोनों की संख्या

$= \frac{5}{12} \times 3600 = 1500$

प्रत्येक मोबाइल पर लाभ = ₹ 433

1500 मोबाइल पर लाभ = ₹ 433 × 1500

= ₹ 649500

14. जुलाई के दौरान कम्पनी A के बेचे गये मोबाइल फोनों की संख्या $\frac{17}{100} \times 45000 = 7650$

दिसम्बर के दौरान कम्पनी A के बेचे गये मोबाइल फोनों की संख्या $\frac{16}{100} \times 45000 = 7200$

दिसम्बर में कम्पनी A द्वारा बेचे गये मोबाइल फोनों की संख्या

$= \frac{7}{16} \times 7200 = 3150$

4080 = 3150 का $x\%$

$4080 = \frac{x}{100} \times 3150$

$\Rightarrow \quad x = \frac{4080 \times 100}{3150} = \frac{2720}{21}$

= 129.5 = 130 (लगभग)

15. अगस्त के दौरान = $\frac{22}{100} \times 45000 = 9900$

सितम्बर के दौरान = $\frac{25}{100} \times 45000 = 11250$

अगस्त में कम्पनी B द्वारा बेचे गये फोनों की संख्या

$= \frac{5}{9} \times 9900 = 5 \times 1100 = 5500$

सितम्बर में कम्पनी B द्वारा बेचे गये फोनों की संख्या

$= \frac{2}{5} \times 11250 = 2 \times 2250 = 4500$

∴ अगस्त व सितम्बर में कम्पनी B द्वारा कुल बेचे गये फोनों की संख्या = 10,000

17. $\frac{408}{1496} = 3 : 11.$

18. E = 1224, F = 408, योग E + F = 1632,

$\% = \frac{1632}{6800} \times 100 = 24\%$.

20. $B = \frac{57.6}{360} \times 6800 = 1088$.

E = 1224, B + E = 1088 + 1224 = 2312.

❑✣❑✣❑

1

कम्प्यूटर : सामान्य परिचय
(Computer : General Introduction)

1. कम्प्यूटर क्या है?
A. इलेक्ट्रॉनिक मशीन B. पावर मशीन
C. मानव मशीन D. विद्युत् मशीन

2. कम्प्यूटर की विशेषताएँ या कार्य निम्नलिखित में से एक नहीं है–
A. डाटा-संकलन B. डाटा संचयन
C. डाटा संसाधन D. डाटा-निर्गमन

3. कम्प्यूटर में डाटा किसे कहा जाता है?
A. संख्या को
B. चिह्न को
C. दी गई सूचनाओं को
D. चिह्न व संख्यात्मक सूचना को

4. कम्प्यूटर में सूचना किसे कहा जाता है?
A. डाटा को B. संख्याओं को
C. चिह्न को D. एकत्रित डाटा को

5. निम्न में से कौन-सी सी.पी.यू. का भाग है?
A. की-बोर्ड B. प्रिंटर
C. टेप D. ए.एल.यू.

6. E.D.P. क्या है?
A. इलेक्ट्रॉनिक डाटा पार्ट
B. इलेक्ट्रॉनिक डाटा पर्सनल
C. इलेक्ट्रॉनिक डाटा पावर
D. इलेक्ट्रॉनिक डाटा प्रोसेसिंग

7. कम्प्यूटर में C.P.U. क्या होता है?
A. कवर प्रोसेसिंग यूनिट
B. कन्ट्रोल प्रोसेसिंग यूनिट
C. सेन्ट्रल प्रोसेसिंग यूनिट
D. उपर्युक्त सभी

8. A.L.U. का पूरा नाम क्या है?
A. अरिथमैटिक लॉजिक यूनिट (Arithmetic Logic Unit)
B. अरिथमैटिक लार्ज यूनिट (Arithmetic Large Unit)
C. अरिथमैटिक लांग यूनिट (Arithmetic Long Unit)
D. उपर्युक्त सभी

9. CPU निम्नलिखित में से क्या है?
A. चिप B. बॉक्स
C. सर्किट D. पेरिफेरल

10. कम्प्यूटर द्वारा किया गया बुनियादी कार्य (Basic operation) है–
A. आंकिक कार्य (Arithmetic Operation)
B. तार्किक कार्य (Logical Operation)
C. डाटा संग्रहण (Data Storage)
D. ये सभी

11. कम्प्यूटर का दिमाग कहलाता है–
A. सीपीयू B. मॉनिटर
C. मोडेम D. सॉफ्टवेयर

12. वी.डी.यू. एवं की-बोर्ड सम्पर्क के बीच स्थापित करता है–
A. प्रिन्टर B. माउस
C. सी.पी.यू. D. टर्मिनल

13. कम्प्यूटर एक ऐसा उपकरण है जो सिर्फ गणक ही नहीं बल्कि.....सूचना को संसाधित करने वाला साधन भी है।

A. गणितीय B. अगणितीय
C. विपणन D. A तथा B दोनों

14. मानव-मन तथा कम्प्यूटर में किसकी गति अधिक है?

A. मानव-मन B. कम्प्यूटर
C. दोनों मं बराबर D. कह नहीं सकते

15. केन्द्रीय प्रसंस्करण इकाई (CPU) के काम .... हैं।

A. अंकगणितीय परिकलन
B. दो राशियों के मानों की तुलना
C. कृत्रिम स्मृति में वांछित डाटा की खोज करना
D. इनमें से कोई नहीं

16. कम्प्यूटर के भाग जो जोड़, घटाव, गुणा, भाग तथा तुलनात्मक कार्य करता है–

A. अर्थमेटिक एंड लॉजिकल यूनिट
B. मेमोरी
C. सी.पी.यू. (CPU)
D. कन्ट्रोल

17. आउटपुट क्या है?

A. वह जो प्रोसेसर यूजर से ले
B. वह जो यूजर प्रोसेसर को दे
C. वह जो प्रोसेसर को यूजर से मिले
D. वह जो प्रोसेसर यूजर को दे

18. ....कम्प्यूटर द्वारा प्रोड्यूस किया गया परिणाम है।

A. डाटा B. मेमोरी
C. आउटपुट D. इनपुट

19. इनफारमेशन सिस्टम में अल्फा-न्यूमरिक डाटा सामान्यतः क्या रूप लेता है?

A. वाक्य और पैराग्राफ
B. नंबर और अल्फाबेटिकल करेक्टर
C. ग्राफिक शेप और फिगर
D. मानव-ध्वनि और अन्य ध्वनियां

20. सेंट्रल प्रोसेसिंग यूनिट में एक कम्पोनेंट के रूप में निम्न में से कौन-सा होता है?

A. मेमोरी रेगुलेशन यूनिट
B. फ्लो कंट्रोल यूनिट
C. अर्थमेटिक लॉजिक यूनिट
D. इन्स्ट्रक्शन मेनिपुलेशन यूनिट

21. .... कच्चे तथ्य (रॉ फैक्ट्स) बताता है जबकि .... से डाटा अर्थपूर्ण बन जाता है।

A. सूचना, रिपोर्टिंग B. डाटा, सूचना
C. सूचना, बिट्स D. रिकॉर्ड, बाइट्स

22. शब्द, आवाज, इमेजिस और ऐसे कार्यों को अनूदित करना जिसे लोग सिस्टम यूनिट प्रोसेस करनेवाले प्रारूप में समझ सकते हैं उसे .... के रूप में जाना जाता है।

A. डिवाइज ड्राइवर्स B. डिवाइज रिडर्स
C. इनपुट डिवाइजिस D. आउटपुट डिवाइजिस

23. कम्प्यूटर प्रोसेसर में निम्न भाग सम्मिलित हैं..........

A. सीपीयू व प्रमुख मेमोरी
B. हार्ड डिस्क व फ्लॉपी ड्राइव
C. प्रमुख मेमोरी और स्टोरेज
D. कंट्रोल यूनिट व एएलयू

24. माइक्रोप्रोसेसर जो कम्प्यूटर का मस्तिष्क होता है, उसे .... भी कहा जाता है।

A. माइक्रोचिप B. मैक्रोचिप
C. माइक्रोप्रोसेसर D. कैलक्युलेटर

25. प्रमुख मेमोरी .... के समन्वय से कार्य करती है।

A. विशेष कार्य कार्ड B. आरएएम (RAM)
C. सीपीयू (CPU) D. इनटेल

26. सीपीयू (CPU) का प्रमुख कार्य है.........

A. प्रोग्राम अनुदेशों पर अमल करना
B. डाटा/जानकारी भावी प्रयोग हेतु स्टोर करना
C. डाटा और जानकारी प्रोसेस करना
D. इनमें से कोई नहीं

27. जब कम्प्यूटर इनपुट और आउटपुट की बात होती है तब इनपुट का संदर्भ है.........

A. कोई भी डाटा प्रोसेसिंग जो नए डाटा इनपुट से कम्प्यूटर में होता है
B. डाटा या जानकारी जिसे कम्प्यूटर में एंटर/प्रवेशित किया गया है
C. डाटा का प्रेषण जिसे कम्प्यूटर में इनपुट किया गया है
D. उपर्युक्त C व D दोनों

28. सभी तार्किक एवं गणितीय परिकलन जो कम्प्यूटर द्वारा किए गए हों, कम्प्यूटर पर/में होते रहते हैं..........

A. प्रणाली बोर्ड

B. केंद्रीय नियंत्रक यूनिट

C. सेंट्रल प्रोसेसिंग यूनिट

D. मदर बोर्ड

29. अर्थमेटिक ऑपरेशन............

A. में यह जानने के लिए एक डाटा आइटम का दूसरी डाटा आइटम से मिलान किया जाता है कि पहला आइटम दूसरे आइटम से बड़ा, बराबर या कम है

B. डाटा आइटमों को आरोही या अवरोही क्रम में मानक, पूर्वनिर्धारित क्राइटीरिया के अनुसार सॉर्ट करते हैं

C. AND, OR तथा NOT जैसे ऑपरेटरों के साथ कंडीशनों का प्रयोग करते हैं

D. में जमा, घटाना, गुणा और भाग होता है

30. इनपुट, आउटपुट और प्रोसेसिंग डिवाइसों का समूह. .... का निरूपण करता है।

A. मोबाइल डिवाइस

B. इनफार्मेशन प्रोसेसिंग साइकल

C. सर्किट बोर्ड

D. कम्प्यूटर सिस्टम

31. कम्प्यूटर एक इलेक्ट्रॉनिक उपकरण है, जो .... के माध्यम से आँकड़ों को ग्रहण करता है। उनसे .... करता है एवं .... को निर्धारित स्थान पर .... करता है।

A. इनपुट, प्रक्रिया, सूचना, संग्रहीत

B. सूचना, संग्रहीत, इनपुट, प्रक्रिया

C. इनपुट, प्रक्रिया, इनपुट, प्रक्रिया

D. कोई सही नहीं

32. कम्प्यूटर की निम्नलिखित विशेषताएँ हैं–

A. विशिष्ट निर्देशों को परिभाषित ढंग से प्रतिवर्धित करता है।

B. यह पहले संचित निर्देशों को क्रियान्वित करता है।

C. वर्तमान के कम्प्यूटर इलेक्ट्रॉनिक और डिजिटल हैं।

D. उपरोक्त सभी सही हैं।

33. अनुप्रयोगों के आधार पर कम्प्यूटरों के प्रकार होते हैं–

A. एनालॉग कम्प्यूटर B. डिजिटल कम्प्यूटर

C. हाइब्रिड कम्प्यूटर D. तीनों सही हैं

34. आकार के आधार पर कम्प्यूटरों की श्रेणियाँ हो सकती हैं–

A. माइक्रो कम्प्यूटर B. वर्कस्टेशन

C. मिनी कम्प्यूटर D. तीनों सही हैं

35. आकार के आधार पर कम्प्यूटरों की निम्न श्रेणियाँ हो सकती हैं–

A. मेनफ्रेम कम्प्यूटर B. सुपर कम्प्यूटर

C. पर्सनल कम्प्यूटर D. तीनों सही हैं

उत्तरमाला

1	2	3	4	5	6	7	8	9	10
A	D	D	D	D	D	C	A	A	D
11	**12**	**13**	**14**	**15**	**16**	**17**	**18**	**19**	**20**
A	C	D	A	D	D	D	C	B	C
21	**22**	**23**	**24**	**25**	**26**	**27**	**28**	**29**	**30**
B	C	D	A	C	D	D	C	D	D
31	**32**	**33**	**34**	**35**					
D	D	D	D	D					

2

कम्प्यूटर का विकास
(Development of Computers)

1. विश्व का सबसे पहला सुपर कम्प्यूटर कब बना?
A. 1978 B. 1979
C. 1980 D. 1981

2. व्यक्तिगत तौर पर किस कम्प्यूटर का प्रयोग किया जाता है?
A. मिनी कम्प्यूटर B. सुपर कम्प्यूटर
C. माइक्रो कम्प्यूटर D. मेनफ्रेम कम्प्यूटर

3. निम्नलिखित में से कम्प्यूटर का जनक किसे कहा जाता है?
A. मारकोनी B. एडीसन
C. चार्ल्स बैबेज D. हरमन होलेरिथ

4. भारत में निर्मित प्रथम कम्प्यूटर का क्या नाम है?
A. आर्यभट्ट B. सिद्धार्थ
C. बुद्ध D. अशोक

5. भारत में निर्मित 'परम कम्प्यूटर' किस प्रकार का कम्प्यूटर है?
A. मिनी कम्प्यूटर B. माइक्रोकम्प्यूटर
C. सुपर कम्प्यूटर D. मेनफ्रेम कम्प्यूटर

6. पूर्व में फोट्रॉन के साथ कार्य करनेवाले कम्प्यूटर किस युग के कम्प्यूटर थे?
A. पहले B. दूसरे
C. तीसरे D. चौथे

7. माइक्रोप्रोसेसर किस पीढ़ी का कम्प्यूटर है?
A. प्रथम B. द्वितीय
C. तृतीय D. चतुर्थ

8. टेलीप्रोसेसिंग तथा टाइमशेयरिंग का प्रयोग किस पीढ़ी के कम्प्यूटर में हुआ?
A. प्रथम B. द्वितीय
C. तृतीय D. चतुर्थ

9. गणना संयंत्र एबाकस का आविष्कार किस देश में हुआ?
A. भारत B. चीन
C. अमेरिका D. मलेशिया

10. प्रथम पीढ़ी के कम्प्यूटर में......दोष था।
A. छोटा आकार
B. बड़ा आकार
C. ऊष्मा की उत्पत्ति नहीं होना
D. B एवं C

11. तृतीय पीढ़ी के कम्प्यूटर में मुख्य घटक है–
A. इलेक्ट्रॉन ट्यूब B. ट्रांजिस्टर
C. इंटिग्रेटेड सर्किट D. एल.आई.सी.

12. कार्य पद्धति के आधार पर कम्प्यूटर के प्रकार हैं–
A. डिजिटल B. एनालॉग
C. माइक्रो D. A तथा B दोनों

13. ....सुपर चिप का प्रयोग मिनी कम्प्यूटरों में लगाने से वह सुपर मिनी कम्प्यूटर बन जाता है।
A. 80586 B. 80386
C. 70508 D. 70309

14. टेलीविजन के आकार का कम्प्यूटर निम्नलिखित में से कौन होता है?
A. प्रकाशीय B. माइक्रो
C. सुपर मिनी D. मेनफ्रेम

15. माइक्रो कम्प्यूटर की क्षमता .... प्रति सेकेंड होती है।

A. एक लाख संक्रियाएँ B. दो लाख संक्रियाएँ
C. चार लाख संक्रियाएँ D. पाँच लाख संक्रियाएँ

16. आधुनिक डिजिटल कम्प्यूटर में किस पद्धति का उपयोग किया जाता है?
A. द्विआधारी अंक पद्धति
B. दशमलव अंक पद्धति
C. अनुरूप गणना पद्धति
D. उपर्युक्त तीनों

17. भारत में विकसित सुपर कम्प्यूटर 'परम' का विकास किस संस्था ने किया है?
A. C-DAC B. IIT, कानपुर
C. BARC D. IIT, दिल्ली

18. एकीकृत परिपथ (I.C.) के आविष्कार से किस पीढ़ी का जन्म हुआ?
A. प्रथम पीढ़ी B. द्वितीय पीढ़ी
C. तृतीय पीढ़ी D. चतुर्थ पीढ़ी

19. चतुर्थ पीढ़ी का मुख्य अवयव था–
A. ट्रांजिस्टर B. वृहद् एकीकृत परिपथ
C. एकीकृत परिपथ D. निर्वात नलिका

20. एक छोटे सिलिकॉन चिप पर ट्रांजिस्टरों और अन्य इलेक्ट्रॉनिक उपकरणों के साथ इलेक्ट्रॉनिक सर्किट को ....कहते हैं।
A. वर्क स्टेशन B. CPU
C. इंटीग्रेटेड सर्किट D. मैग्नेटिक डिस्क

21. कौन-सा डिवाइज/उपकरण हाथ पकड़/हैन्डहेल्ड ऑपरेटिंग प्रणाली का इस्तेमाल करता है?
A. पीडीए (PDA) B. व्यक्तिगत कम्प्यूटर
C. लैपटॉप D. मेनफ्रेम

22. वैक्यूम ट्यूब का उपयोग किया गया था–
A. प्रथम पीढ़ी के कम्प्यूटर (1945 से 1956) में
B. द्वितीय पीढ़ी के कम्प्यूटर (1956 से 1963) में
C. तृतीय पीढ़ी के कम्प्यूटर (1964 से 1971) में
D. चतुर्थ पीढ़ी के कम्प्यूटर (1971 से वर्तमान) में

23. प्रथम पीढ़ी के कम्प्यूटर (1945 से 1956) की विशेषता है–
A. सन् 1946 में पेनिसलवेनिया विश्वविद्यालय के दो इंजीनियर जिनका नाम प्रोफेसर इक्रर्ट और जॉन था। उन्होंने प्रथम डिजिटल कम्प्यूटर का निर्माण किया
B. इसमें वैक्यूम ट्यूब का उपयोग किया था
C. उन्होंने अपने नए खोज का नाम इनिक (ENIAC) रखा था
D. उपर्युक्त तीनों सही हैं।

24. प्रथम पीढ़ी के कम्प्यूटर (1945 से 1956) की विशेषता है–
A. कम्प्यूटर में लगभग 18,000 वैक्यूम ट्यूब थे
B. 70,000 रजिस्टर थे
C. यह कम्प्यूटर एक बहुत भारी मशीन के समान था जिसे चलाने के लिए भारी विद्युत ऊर्जा की आवश्यकता होती थी
D. उपर्युक्त तीनों सही हैं

25. द्वितीय पीढ़ी के कम्प्यूटर (1956 से 1963) के लिए सही है–
A. वैक्यूम ट्यूब का स्थान ट्रांजिस्टर ने ले लिया
B. कम्प्यूटर के निर्माण में ट्रांजिस्टर के उपयोग से कम्प्यूटर अधिक ऊर्जा दक्ष, तीव्र एवं अधिक विश्वसनीय हो गया
C. कम्प्यूटर में मशीन लैंग्वेज को एसेम्बली लैंग्वेज के द्वारा प्रतिस्थापित कर दिया गया
D. उपर्युक्त तीनों सही हैं

26. कम्प्यूटर में मशीन लैंग्वेज को एसेम्बली लैंग्वेज के द्वारा प्रतिस्थापित कर दिया गया–
A. प्रथम पीढ़ी के कम्प्यूटर (1945 से 1956) में
B. द्वितीय पीढ़ी के कम्प्यूटर (1956 से 1963) में
C. तृतीय पीढ़ी के कम्प्यूटर (1964 से 1971) में
D. चतुर्थ पीढ़ी के कम्प्यूटर (1971 से वर्तमान) में

27. तृतीय पीढ़ी के कम्प्यूटर (1964 से 1975) के लिए सही है–
A. सन् 1958 में जैक किलबे ने IC (Integrated Circuit) का निर्माण किया
B. कम्प्यूटर के अधिक-से-अधिक घटक एक एकल चिप पर समाहित हो गए, जिसे सेमीकंडक्टर कहा गया
C. पहले से कम्प्यूटर अधिक तेज एवं छोटा हो गया
D. उपर्युक्त तीनों विकल्प सही हैं

28. चतुर्थ पीढ़ी के कम्प्यूटर के लिए सही है–
A. सन् 1971 में बहुत अधिक मात्रा में सर्किट को एक एकल चिप पर समाहित किया गया

B. सन् 1975 में प्रथम माइक्रो कम्प्यूटर Altair 8000 प्रस्तुत किया गया
C. सन् 1981 में IBM ने पर्सनल कम्प्यूटर प्रस्तुत किया जिसका उपयोग घर, कार्यालय एवं विद्यालय में होता है
D. उपर्युक्त तीनों विकल्प सही हैं

29. ऑपरेटिंग सिस्टम है, का प्रयोग हुआ–
A. प्रथम पीढ़ी कम्प्यूटर B. द्वितीय पीढ़ी कम्प्यूटर
C. तृतीय पीढ़ी कम्प्यूटर D. चतुर्थ पीढ़ी कम्प्यूटर

30. की-बोर्ड का प्रयोग हुआ–
A. प्रथम पीढ़ी कम्प्यूटर B. द्वितीय पीढ़ी कम्प्यूटर
C. तृतीय पीढ़ी कम्प्यूटर D. चतुर्थ पीढ़ी कम्प्यूटर

31. प्रथम गणना यंत्र (Calculating device) है–
A. घड़ी B. डिफरेंस इंजन
C. अबैकस D. कैलकुलेटर

32. पैकमैन नामक प्रसिद्ध कम्प्यूटर किस काम के लिए बना था?
A. खेल B. बैंक
C. शेयर बाजार D. पुस्तक प्रकाशन

33. किसने प्रथम मैकेनिकल कैलकुलेटर का निर्माण किया था?
A. जोसेफ मेरी जैक्वार्ड B. जॉन माउक्ली
C. ब्लेज पास्कल D. हावर्ड आइकन

34. किसने पंच कार्ड आरंभ किया?
A. पावरस B. जैक्वार्ड
C. पास्कल D. हरमेन होलर्थ

35. वह कम्प्यूटर जिसका निर्माण प्रथम पीढ़ी कम्प्यूटर से पहले हुआ था–
A. यांत्रिक (Mechanical)
B. विद्युत् यांत्रिक (Electro-Mechanical)
C. इनियक (ENIAC)
D. ये सभी

36. एनालॉग कम्प्यूटर है–
A. एक यंत्र जो भौतिक राशि को लगातार बदलती रहती है और डाटा पर कार्य करती है।
B. यह एक अंकगणितीय उच्च स्तरीय भाषा है
C. निम्न स्तर पर सम्प्रेषित (Communicate) करना
D. ये सभी

37. इनमें से कौन पीसी (PC) की सही व्याख्या करता है–
A. सभी स्टाफ के लिए स्वतंत्र कम्प्यूटर
B. हर स्टाफ के लिए उपलब्ध पर्सनल कम्प्यूटर जिसका डाटा लेयर सिस्टम से प्राप्त हो सके और स्वउत्पादकता में वृद्धि कर सके
C. पेन्टियम द्वारा निर्मित कम्प्यूटर
D. ये सभी

38. लैपटॉप क्या है?
A. क्लिनिकल प्रयोगशाला में उपयुक्त कम्प्यूटर
B. कॉम्पैक द्वारा निर्मित कम्प्यूटर
C. छोटे हल्के कम्प्यूटर जो सूटकेस में आ सके
D. ये सभी

39. सुपर कम्प्यूटर–
A. एक साथ बहुत सारे प्रयोक्ता के डाटा प्रोसेस करता है
B. यह तीव्र तथा महंगी कम्प्यूटर सिस्टम है
C. बड़े संगठनों में उपयोग होता है
D. ये सभी

उत्तरमाला

1	2	3	4	5	6	7	8	9	10
B	C	C	B	C	B	D	C	B	B
11	**12**	**13**	**14**	**15**	**16**	**17**	**18**	**19**	**20**
C	C	B	B	A	A	A	C	B	C
21	**22**	**23**	**24**	**25**	**26**	**27**	**28**	**29**	**30**
A	A	D	D	D	B	D	D	C	C
31	**32**	**33**	**34**	**35**	**36**	**37**	**38**	**39**	
C	A	C	D	C	C	D	D	D	

3

कम्प्यूटर की कार्यप्रणाली
(Working of Computers)

1. सूचनाएँ एक यूनिट से दूसरी यूनिट तक ले जाने व उन्हें वापस लाने का काम कौन करता है?

A. डाटा बेस B. सिस्टम
C. कन्ट्रोल बस D. ऐड्रेस बस

2. आस्की (ASCII) कोड क्या है–

A. कम्प्यूटर का कंट्रोल कोड
B. स्पीड मेजरमेंट कोड
C. सूचनाओं का आदान-प्रदान करने का मानक कोड
D. ए.एल.यू. (ALU) कोड

3. कम्प्यूटर का कौन-सा भाग इनफार्मेशन स्टोर करने में मदद करता है?

A. डिस्क ड्राइव B. की-बोर्ड
C. मॉनीटर D. प्रिन्टर

4. कम्प्यूटर में डिस्क कहाँ डाली जाती है?

A. मोडेम में B. हार्ड ड्राइव में
C. CPU में D. डिस्क ड्राइव में

5. ....संपूर्ण कम्प्यूटर प्रणाली के लिए संप्रेषण नियंत्रण करता है।

A. अंकगणित तार्किक यूनिट
B. सेमी कंडक्टर
C. मदरबोर्ड
D. कोप्रोसेसर

6. ....कम्प्यूटर प्रणाली के लिए विस्तारण क्षमता प्रदान करते हैं।

A. सांकेट्स B. स्लॉट्स
C. बाइट D. बेज

7. प्रोसेसिंग डिवाइज/उपकरण का उदाहरण होगा.....

A. चुंबकीय/मैग्नेटिक इंक रीडर
B. टैबलेट PC
C. विशेष कार्य कार्ड
D. स्कैनर्स

8. ....डिस्क को पढ़ने के लिए प्रयोग में आने वाला हार्डवेयर है।

A. फ्लॉपी डिस्क B. हार्डवेयर
C. सॉफ्टवेयर D. डिस्क ड्राइव

9. .... एक बॉक्स है जिसमें कम्प्यूटर सिस्टम के सर्वाधिक महत्वपूर्ण भाग होते हैं।

A. सॉफ्टवेयर B. हार्डवेयर
C. इनपुट डिवाइस D. सिस्टम यूनिट

10. ....हार्ड ड्राइव सिस्टम यूनिट में परमानेन्टली लोकेटेड होते हैं और ये निकालने के लिए डिजाइन नहीं किए गए होते हैं, जब तक कि उन्हें रिपेयर या रिप्लेस करने की जरूरत न हो।

A. स्टेटिक B. इंटरनल
C. एक्सटरनल D. रिमूव

11. बिट है–

A. यह कम्प्यूटर की स्मृति की सबसे छोटी इकाई है
B. डिस्क ड्राइव

C. टेप ड्राइव
D. कोई सही नहीं है

12. बिट है–
A. यह स्मृति में एक बाइनरी अंक 0 अथवा 1 को संचित किया जाना प्रदर्शित करता है
B. डिस्क ड्राइव
C. टेप ड्राइव
D. कोई सही नहीं है

13. बाइट है–
A. यह कम्प्यूटर की स्मृति की मानक इकाई है
B. 8 बिट मिलकर 1 बाइट बनती है
C. उपर्युक्त दोनों गलत हैं
D. A तथा B दोनों सही हैं

14. द्वि-अंकीय प्रणाली–
A. इस प्रणाली के अन्तर्गत आँकड़ों को मुख्य रूप से केवल दो अंकों के संयोजन द्वारा दर्शाया जाता है
B. ये दो अंक उपर्युक्त '0' तथा '1' होते हैं
C. उपर्युक्त दोनों गलत हैं
D. A तथा B दोनों सही हैं

15. ऑक्टल प्रणाली है–
A. इस प्रणाली में उपयोग किए जाने वाले विभिन्न अंकों का आधार 8 होता है
B. दूसरे शब्दों में इस प्रणाली में केवल 8 चिह्न या अंक ही उपयोग किए जाते हैं
C. उपर्युक्त दोनों गलत हैं
D. A तथा B दोनों सही हैं

16. मदरबोर्ड के कंपोनेन्ट्स के बीच इन्फार्मेशन.......... के माध्यम से ट्रेवल करता है।
A. फ्लैश मेमोरी B. CMOS
C. बेज D. बसेज (Bus)

17. कम्प्यूटर का मुख्य पटल कहलाता है–
A. फादर बोर्ड B. मदर बोर्ड
C. की बोर्ड D. उपर्युक्त तीनों

18. पी.सी. का पूरा नाम क्या है?
A. पर्सनल कम्प्यूटर B. प्राइवेट कम्प्यूटर
C. पब्लिक कम्प्यूटर D. A तथा B दोनों

19. एसेसरीज जिस स्थान पर सिस्टम यूनिट से जुड़ते हैं उसे क्या कहते हैं?
A. पोर्ट B. रिंग
C. बस D. येश

20. कम्प्यूटर में आई.बी.एम. का पूरा नाम है
A. इंडियन ब्रेन मशीन
B. इंडियन बिजनेस मशीन
C. इंटरनेशनल बिजनेस मशीन
D. इंटरनेशनल ब्रेन मशीन

21. आई.बी.एम. पी.सी. कम्प्यूटर के की-बोर्ड में कितने keys होती है?
A. 63 B. 73
C. 83 D. 93

22. यदि आपके पर्सनल कम्प्यूटर में इंटरनल मोडेम जोड़ा जाता है और वह ठीक काम नहीं करता है, तो इसका कारण.........हो सकता है।
A. इंटरप्ट B. पोर्ट
C. मेमोरी कांफ्लिक्ट D. उपर्युक्त तीनों

23. कम्प्यूटर में अनवरत विद्युत् आपूर्ति का संक्षिप्त रूप क्या है?
A. इनवर्टर B. जेनरेटर
C. यू.पी.एस. D. स्टेबलाइजर

24. निम्नांकित में से कौन-सा भाग कम्प्यूटर की मदरबोर्ड से संबंध रखता है?
A. हार्डडिस्क B. वी.डी.यू.
C. माइक्रोप्रोसेसर D. मोडम

25. कम्प्यूटर में सी.डी. को रन कराने के लिए किसका प्रयोग करना पड़ता है?
A. एफ.डी. ड्राइव B. सी.डी. ड्राइव
C. जिप ड्राइव D. पेन ड्राइव

26. ऑक्टल प्रणाली में–
A. 0, 1, 2, 3, 4, 5, 6, 7
B. इसमें दशमलव प्रणाली की भाँति 8 एवं 9 के अंकों का प्रयोग नहीं किया जाता
C. उपर्युक्त दोनों गलत हैं
D. A तथा B दोनों सही हैं

27. ऑक्टल प्रणाली में–
A. यहाँ सबसे बड़ा अंक 7 होता है
B. यह घात ऑक्टल संख्या की स्थिति के अनुसार होती है
C. उपर्युक्त दोनों गलत हैं
D. A तथा B दोनों सही हैं

28. हैक्सा दशमलव प्रणाली–
A. 16 के आधार वाली प्रणाली होती है
B. पहले 10 अक्षर तो दशमलव प्रणाली के अंक 0, 1, 2, 3, 4, 5, 6, 7, 8, 9 होते हैं एवं शेष 6 अंक A, B, C, D, E तथा F के द्वारा दर्शाये जाते हैं
C. उपर्युक्त दोनों गलत हैं
D. A तथा B दोनों सही हैं

29. ....CPU के लिए सामान्य गणित परफॉर्म करता है।
A. ALU B. DIMM
C. BUS D. Register

30. असिद्ध तथ्य, अंक और सांख्यिकी पर प्रक्रिया होने से प्राप्त होता है–
A. डाटा B. सूचना
C. प्रक्रिया D. ई.डी.पी.

31. किसी विद्यार्थी का नाम या परीक्षा में प्राप्तांक है?
A. सूचना B. अर्थपूर्ण सूचना
C. डाटा D. जानकारी

32. प्रोसेसिंग में समावेश होता है–
A. गणना का B. तुलना और तर्क का
C. निर्णय लेने का D. उपरोक्त सभी का

33. कम्प्यूटर की सहायता से दस्तावेजों में त्रुटियाँ ढूँढना, लिपि को व्यवस्थित करना, आदि कहलाता है–
A. सूचना B. प्रणाली
C. जानकारी D. प्रक्रिया

उत्तरमाला

1	2	3	4	5	6	7	8	9	10
A	B	A	D	C	B	C	D	D	B
11	**12**	**13**	**14**	**15**	**16**	**17**	**18**	**19**	**20**
A	A	D	D	D	D	B	A	A	C
21	**22**	**23**	**24**	**25**	**26**	**27**	**28**	**29**	**30**
C	D	C	C	B	D	D	D	A	A
31	**32**	**33**							
C	D	D							

4

इनपुट तथा आउटपुट डिवाइस
(Input and Output Devices)

1. स्कैनर .... स्कैन करता है।
A. पिक्चर्स
B. टेक्स्ट
C. पिक्चर्स और टेक्स्ट दोनों
D. न पिक्चर्स न टेक्स्ट

2. .... से गेम खेलना आसान हो जाता है।
A. माउस B. जॉयस्टिक
C. की-बोर्ड D. पेन

3. सॉफ्ट कॉपी एक आउटपुट है, तो हार्ड कॉपी क्या है?
A. कम्प्यूटर का एक भौतिक पुर्जा
B. कम्प्यूटर के प्रिंटेड पुर्जे
C. प्रिंटेड आउटपुट
D. भौतिक आउटपुट डिवाइस

4. Ctrl, Shift और Alt को .... कुजियाँ कहते हैं।
A. मोडिफायर B. फंक्शन
C. अल्फा न्यूमेरिक D. एडजस्टमेंट

5. अधिकांश प्रोडक्ट्स पर प्रिंटेड लाइनों के पैटर्न को .... कहते हैं।
A. प्राइसेस B. OCR
C. स्कैनर्स D. बारकोड्स

6. MICR में C का पूरा रूप क्या है?
A. कोड B. कलर
C. कम्प्यूटर D. कैरेक्टर

7. कम्प्यूटर प्रिंटर किस प्रकार का डिवाइस है?
A. इनपुट B. आउटपुट
C. सॉफ्टवेयर D. स्टोरेज

8. किसी विशिष्ट कार्य को करने के लिए कौन-सी कुंजी दूसरी कुंजी के साथ कांबिनेशन में प्रयुक्त की जाती है?
A. फंक्शन B. स्पेसबार
C. एरो D. कंट्रोल

9. .... एक प्रकार के सस्ते कैमरे होते हैं जो कम्प्यूटर के साथ लगे रहते हैं और उनका उपयोग वीडियो कॉन्फ्रेसिंग, वीडियो चेटिंग और लाइव वेब ब्रोडकास्ट के लिए होता है।
A. वेबकैम्स B. वेबपिक्स
C. ब्राउजरकैप्स D. ब्राउजरपिक्स

10. OCR का पूर्ण रूप क्या है?
A. Optical Character Recognition
B. Optical CPU Recognition
C. Optimal Character Rendering
D. Other Character Restoration

11. ग्राफिकल यूजर एनवायरमेंट में स्टैंडर्ड प्वाइंटिंग डिवाइस के रूप में कौन-सी डिवाइस प्रयोग में लाई जाती है?
A. की-बोर्ड B. माउस
C. जॉयस्टिक D. ट्रैक बॉल

12. निम्न में से कौन-सा आउटपुट डिवाइस नहीं है?
A. प्लॉटर B. प्रिंटर
C. मॉनीटर D. टचस्क्रीन

13. माउस............सामान्यतः बाण/एरो के आकार में दिखाई देता है।
A. इंडिकेटर/दर्शक B. मार्कर
C. मीटर D. पॉइंटर

14. व्यक्तिगत कम्प्यूटर हेतु सबसे साधारण स्टोरेज डिवाइस/उपकरण है..............

A. फ्लॉपी डिस्क B. यूएसबी अंगूठा ड्राइव
C. झिप डिस्क D. हार्ड डिस्क ड्राइव

15. कम्प्यूटर्स के लिए निम्न में से कौन-सा डिजिटल इनपुट डिवाइसिस/उपकरण है?

A. डिजिटल कैमकोर्डर B. माइक्रोफोन
C. स्कैनर D. ये सभी

16. मैग्नेटिक इंक कैरेक्टर रिकॉग्नीशन के लिए सही है–

A. बैंकिंग में अधिक उपयोग की जाने वाली तकनीकी है, जहाँ अधिक संख्या में चेक जाँचे जाते हैं
B. इस तकनीक में चेक पर विशेष चुम्बकीय स्याही द्वारा कैरेक्टर छपे होते हैं
C. रीडर चेक पर छपे कैरेक्टर को चुम्बकीय कॉइल के संवेदन से पढ़ता है
D. उपर्युक्त तीनों सही हैं

17. स्कैनर के लिए सही है–

A. एक इनपुट उपकरण है
B. ये कम्प्यूटर में किसी पृष्ठ पर बनी आकृति या लिखित सूचना को सीधे इनपुट करता है
C. इसका मुख्य लाभ यह है कि सूचना टाइप नहीं करनी पड़ती है
D. उपर्युक्त तीनों सही हैं

18. लाइट पेन के लिए सही है–

A. इसमें एक फोटो सेल होता है
B. ये कम्प्यूटर में किसी पृष्ठ पर बनी आकृति या लिखित सूचना को सीधे इनपुट करता है
C. इसका मुख्य लाभ यह है कि सूचना टाइप नहीं करनी पड़ती है
D. उपर्युक्त तीनों सही हैं

19. डिजीटाइजर टेबलेट या ग्राफिंग टेबलट के लिए सही है–

A. यह एक ड्राइंग सतह होती है इसके ऊपर पेन या माउस होता है
B. ड्राइंग सतह में पतले तारों का जाल होता है जिस पर पेन या माउस को चलाने से संकेत कम्प्यूटर में चले जाते हैं
C. उपर्युक्त दोनों सही
D. A तथा B दोनों गलत

20. ये .... एक सेन्सीटिव स्क्रीन रखते हैं जिनमें एक की-बोर्ड होता है तथा वह डाटा को इनपुट कराने की अनुमति प्रदान करता है।

A. टच टर्मिनल B. प्रिंटर
C. माउस D. कोई भी नहीं

21. हार्ड कॉपी युक्तियाँ वे युक्तियाँ हैं–

A. जिनसे हम कागज पर आउटपुट प्राप्त कर सकते हैं
B. जिनसे हम सिस्टम पर अस्थाई रूप में आउटपुट प्राप्त कर सकते हैं
C. जो कठोर होती हैं
D. कोई भी सही नहीं

22. हार्ड कॉपी प्राप्त होती है निम्नलिखित से–

A. प्रिंटर से B. मॉनीटर से
C. की-बोर्ड से D. कोई भी नहीं

23. सॉफ्ट कॉपी युक्तियाँ वह युक्तियाँ हैं–

A. जिनसे हम कागज पर आउटपुट प्राप्त कर सकते हैं
B. जिनसे हम सिस्टम पर अस्थायी रूप में आउटपुट प्राप्त कर सकते हैं
C. जो नर्म होती हैं
D. कोई भी सही नहीं

24. ....से तात्पर्य एक ऐसी प्रणाली से होता है जिसमें कि कम्प्यूटर द्वारा प्राप्त परिणामों को कागज के ऊपर छापकर स्थायी रूप से उपयोगकर्ता को प्रस्तुत किया जाता है।

A. मुद्रण-यन्त्र B. मॉनीटर से
C. की-बोर्ड से D. कोई भी नहीं

25. ऐसे मुद्रण यन्त्र जिनमें अक्षर को मुद्रित कराने हेतु किसी ऐसी तकनीक का प्रयोग किया जाता है जिसमें कि अक्षर को कागज पर छापने के लिए अक्षर एवं कागज के मध्य स्याही युक्त फीते का इस्तेमाल किया जाता है एवं कागज पर उस अक्षर की आकृति उभारने हेतु किसी विधि से अक्षर पर पीछे की ओर से प्रहार किया जाता है, ... कहलाते हैं।

A. समघात मुद्रण-यन्त्र B. असमघात मुद्रण-यन्त्र
C. ग्राफ प्लॉटर D. कोई भी नहीं

26. इनमें उपर्युक्त अन्य मुद्रण-यन्त्रों की भाँति किसी हथौड़े इत्यादि की तकनीक का उपयोग नहीं किया

जाता है। इसमें डॉट मैट्रिक्स मुद्रण-यन्त्र की भाँति छोटी-छोटी पिनें नहीं होतीं, बल्कि पिनों के स्थान पर छोटे-छोटे विभिन्न नोजल लगे होते हैं जिनसे कि कम्प्यूटर से प्राप्त संकेतों के अनुसार स्याही की पतली विभिन्न धाराएँ छूटती हैं, जोकि आपस में मिलकर वांछित अक्षर की आकृति बना देती हैं–

A. समघात मुद्रण-यन्त्र B. असमघात मुद्रण-यन्त्र
C. ग्राफ प्लॉटर D. कोई भी नहीं

27. इसके द्वारा ग्राफों तथा डिजाइनों की स्थायी प्रतिलिपि प्राप्त कर सकते हैं। कम्प्यूटर निर्गम हेतु अन्य प्रयुक्त की जाने वाली विधियों जिनमें कि निर्गम स्थायी प्रतिलिपि के रूप में प्राप्त होता है। ग्राफ, डिजाइनों एवं अन्य आकृतियों को एकदम सही तरीके से नहीं छाप सकती। अर्थात् यदि हमें निर्गम के रूप में स्पष्ट एवं उचित आकृतियों की आवश्यकता हो, तो इस यन्त्र का उपयोग किया जाता है। इससे काफी उच्च कोटि की परिशुद्धता प्राप्त की जा सकती है। यह एक इंच के हजारवें भाग के बराबर बिन्दु को भी छाप सकता है–

A. समघात मुद्रण-यन्त्र B. असमघात मुद्रण-यन्त्र
C. ग्राफ प्लॉटर D. कोई भी नहीं

28. विजुअल डिस्प्ले यूनिट है–

A. मॉनीटर B. रीड-राइट मेमोरी
C. मेमोरी D. कोई भी नहीं

29. देखने में यह टेलीविजन की भाँति होता है–

A. मॉनीटर B. रीड-राइट मेमोरी
C. मेमोरी D. कोई भी नहीं

30. डिस्प्ले युक्तियों के लिए एक नई तकनीक विकसित की गई है, इसमें आवेशित रसायनों तथा गैसेज को काँच की प्लेट्स के मध्य संयोजित किया जाता है। ये डिस्प्ले युक्तियाँ हल्की तथा विद्युत की कम खपत करने वाली होती हैं। इन डिस्प्ले युक्तियों का प्रयोग लैपटॉप कम्प्यूटर्स में किया जाता है–

A. मॉनीटर B. रीड-राइट मेमोरी
C. मेमोरी D. लिक्विड क्रिस्टल डिस्प्ले

31. दो प्रकार के आउटपुट डिवाइस कौन से हैं?

A. मॉनीटर और प्रिन्टर
B. विंडोज 2000 विंडोज NT
C. की बोर्ड और माउस
D. स्टोरेज डिस्क (फ्लॉपी, CD)

32. ऑब्जेक्ट की प्रोपर्टीज को एक्सेस करने के लिए यूज की जाने वाली माउस तकनीक .... है।

A. ड्रैगिंग B. ड्रॉपिंग
C. राइट-क्लिकिंग D. शिफ्ट-क्लिकिंग

33. 'डॉट मैट्रिक्स' किस उपकरण का किस्म है?

A. स्कैनर B. प्रिन्टर
C. की-बोर्ड D. माउस

34. टैब कुंजी (की) का प्रयोग किसलिए होता है?

A. कर्सर को स्क्रीन पर चलाने के लिए
B. पैराग्राफ इंडेंट करने के लिए
C. कर्सर को स्क्रीन पर नीचे ले जाने के लिए
D. केवल A और B

35. टेक्स्ट की पंक्ति के आरंभ में जाने के लिए......कुंजी (की) दबाएं।

A. होम B. a
C. पेज अप D. एंटर

उत्तरमाला

1	2	3	4	5	6	7	8	9	10
C	B	C	A	D	D	B	D	A	A
11	**12**	**13**	**14**	**15**	**16**	**17**	**18**	**19**	**20**
B	D	D	A	D	D	D	A	C	A
21	**22**	**23**	**24**	**25**	**26**	**27**	**28**	**29**	**30**
A	A	B	A	A	B	C	A	A	D
31	**32**	**33**	**34**	**35**					
A	C	B	B	A					

5

मेमोरी यूनिट
(Memory Unit)

1. यदि मेमोरी चिप वोलेटाइल हो, तो ....
   A. यह एक्सप्लोड हो जाएगी, यदि अधिक तापमान में एक्सपोज की जाए
   B. इसके कन्टेन्ट खत्म हो जाएंगे, यदि करंट टर्न ऑफ कर दिया जाए
   C. इसका प्रयोग केवल डाटा स्टोरेज के लिए किया जाए
   D. इसका प्रयोग केवल डाटा को रीड और राइट दोनों के लिए किया जाएगा

2. रीड ओनली मेमोरी (ROM) की कौन-सी विशेषता उसे उपयोगी बनाता है?
   A. ROM जानकारी को आसानी से अपडेट किया जा सकता है
   B. ROM में डाटा को खतरा नहीं होता, बिजली न होने पर भी वह उसमें रहता है
   C. ROM विशाल सस्ता डाटा स्टोरेज उपलब्ध कराता है
   D. ROM चिपों की अलग-अलग ब्रांड के कम्प्यूटरों में आसानी से अदला-बदली की जा सकती है

3. जब प्रोसेसर उनका प्रयोग करता है तब डाटा और प्रोग्राम कहाँ रखे जाते हैं?
   A. मेन मेमोरी B. सेकेंडरी मेमोरी
   C. डिस्क मेमोरी D. प्रोग्राम मेमोरी

4. डीवीडी (DVD)............ का उदाहरण है।
   A. हार्ड डिस्क
   B. ऑप्टिकल डिस्क
   C. आउटपुट डिवाइस
   D. सॉलिड-स्टेट स्टोरेज डिवाइस

5. स्टोरेज मीडिया के रूप में, निम्न में से क्या सीडी-रोम (CD-ROM) के फायदे हैं?
   A. बृहतस्तर पर डाटा और जानकारी स्टोर करने का सीडी रोम (CD-ROM) एक कम खर्चीला/इनएक्सपेंसिव तरीका है
   B. मैग्नेटिक डिस्क की तुलना में सीडी रोम डिस्क डाटा और जानकारी जल्दी पुनः प्राप्त कर सकती है
   C. मैग्नेटिक मीडिया की अपेक्षा सीडी रोम कम गलतियाँ करते हैं
   D. ये सभी

6. निम्न में से कौन-से घटकों के विषय में स्टोरेज और मेमोरी भिन्न है?
   A. कीमत/मूल्य B. विश्वसनीयता
   C. गति D. ये सभी

7. कौन-से मीडिया में डाटा/जानकारी, उनमें यूजर द्वारा एक से ज्यादा बार स्टोर करने (लिखने) की क्षमता है?
   A. सीडी-आर (CD-R) डिस्क
   B. सीडीआरडब्ल्यू (CD-RW) डिस्क
   C. झिप डिस्क
   D. ऑप्टी डिस्क

8. स्टोरेज मीडिया जैसे सीडी जो सूचनाएं............ के प्रयोग से लिखती है और पढ़ती है।

A. रेड लाइट के लेसर झरोखे से
B. मैग्नेटिक डॉट
C. मैग्नेटिक स्ट्रिप्स
D. ये सभी

9. जब पॉवर ऑफ/बंद की जाती है तब कैचे और प्रमुख मेमोरी अपने कंटेंट्स खो देते हैं, वे हैं.........
A. डायनेमिक B. स्टिक
C. वोलाटाइल D. गैर-वोलाटाइल

10. निम्न में से कौन-सा स्टोरेज डिवाइस/उपकरण ऐसा है जो कठिन/रिजीड स्थायी रूप से स्थापित मैग्नेटिक डिस्क का प्रयोग डाटा/जानकारी स्टोर करने हेतु करता है?
A. फ्लॉपी डिस्क
B. हार्ड डिस्क
C. स्थायी/पर्मानेंट डिस्क
D. ऑप्टिकल डिस्क

11. निम्न में से कौन-सा स्टोरेज डिवाइस/उपकरण का उदाहरण है?
A. चुंबकीय/मैग्नेटिक डिस्क
B. टेप्स
C. डीवीडीज् (DVDs)
D. ये सभी

12. निम्न में से कौन–सा ऑप्टिकल डिस्क का उदाहरण है?
A. डिजिटल वर्साटाइल डिस्कस्
B. मैग्नेटिक डिस्कस्
C. मेमोरी डिस्कस्
D. डाटा बेस डिस्कस्

13. कम्प्यूटर की प्रमुख मेमोरी को .... भी कहा जाता है।
A. प्राथमिक/प्राइमरी स्टोरेज
B. आंतरिक मेमोरी
C. प्राइमरी मेमोरी
D. ये सभी

14. डिस्क को ट्रैकों और सेक्टरों में विभाजित करने की प्रक्रिया क्या है?
A. ट्रैकिंग B. फार्मेटिंग
C. क्रैशिंग D. एलॉटिंग

15. डिस्क के उस कन्टेन्ट को क्या कहते हैं जो विनिर्माण के समय रिकॉर्ड किया गया हो और उसे प्रयोक्ता परिवर्तित या इरेज नहीं कर सकता है?
A. केवल मेमोरी B. केवल राइट
C. केवल रीड D. केवल रन

16. .... RAM का एक प्रकार नहीं है।
A. मेगाबाइट B. 64 मेगाबाइट
C. 574 मेगाबाइट D. 32 मेगाबाइट

17. सीडी रोम का उपयोग होता है?
A. कॉम्पेक्ट डिस्क को रीड करने में
B. संगीत सुनने में
C. किसी भी सॉफ्टवेयर में
D. डिजिटल इनफॉरमेशन को नियंत्रित करने में

18. कम्प्यूटर का कौन-सा भाग फाइलों की केवल अस्थाई स्टोरेज उपलब्ध कराता है?
A. ROM मेमोरी B. RAM मेमोरी
C. हार्ड ड्राइव D. मदर बोर्ड

19. C.D.–ROM का पूर्ण रूप है–
A. कोर डिस्क–रीड ओनली मेमोरी
B. कॉम्पेक्ट डिस्क–रीड ओनली मेमोरी
C. सरक्यूलर डिस्क–रीड ओनली मेमोरी
D. उपर्युक्त तीनों

20. स्टोरेज माध्यम की क्षमता की इकाई है–
A. बाइट B. बिट
C. बग D. घन मीटर

21. कम्प्यूटर के संदर्भ में RAM का तात्पर्य है–
A. रीसेन्ट एंड एन्शियेन्ट मेमोरी
B. रैन्डम एक्सेस मेमोरी
C. रीड एण्ड मेमोरी
D. रिकॉल ऑल मेमोरी

22. कम्प्यूटर हार्डवेयर जो आँकड़ों की बहुत अधिक मात्रा का भंडारण कर सकता है–
A. चुम्बकीय टेप B. डिस्क
C. A, B दोनों D. उपर्युक्त तीनों

23. मेमोरी (Memory) शब्द किससे संबंधित है?
A. लॉजिक से B. कंट्रोल से
C. इनपुट से D. स्टोरेज से

24. निर्माण के समय रिकॉर्ड किया गया डिस्क का कंटेंट जिसे यूजर चेंज या इरेज नहीं कर सकता है, निम्नलिखित होता है–
A. केवल मेमोरी B. केवल राइट
C. केवल रीड D. केवल रन

25. .... सबसे कॉमन प्रकार की स्टोरेज डिवाइसें हैं।
A. परसिसटेंट B. ऑप्टिकल
C. मैग्नेटिक D. फ्लैश

26. CD से आप .... सकते हैं।
A. पढ़ B. लिख
C. पढ़ और लिख D. या तो पढ़ या लिख

27. किसी स्टोरेज मीडियम में स्टोर की जा सकने वाली डाटा की अधिकतम मात्रा को क्या कहते हैं?
A. मैग्नेटिक स्टोरेज
B. ऑप्टिकल स्टोरेज
C. सॉलिड-स्टेट स्टोरेज
D. स्टोरेज क्षमता

28. जब आप इसमें सेव करते हैं, तो आपका डाटा तब भी सुरक्षित रहेगा जब कम्प्यूटर बंद कर दिया जाता है–
A. RAM
B. मदरबोर्ड
C. सेकेंडरी स्टोरेज डिवाइस
D. प्राइमरी स्टोरेज डिवाइस

29. CD-RW डिस्क............
A. का इंटर्नल डिस्क की तुलना में तेज एक्सेस होता है
B. ऑप्टिकल डिस्क के रूप में है इसलिए इसे एक ही बार राइट किया जा सकता है
C. में फ्लॉपी डिस्क की तुलना में कम डाटा आता है
D. को इरेज और रीराइट किया जा सकता है

30. कौन-सी डिवाइस डाटा और प्रोग्राम के बीच का अंतर समझ सकती है?
A. इनपुट डिवाइस B. आउटपुट डिवाइस
C. मेमोरी D. माइक्रो प्रोसैसर

31. स्थाई स्टोरेज डिवाइस कौन-सी है?
A. फ्लॉपी डिस्क B. मॉनीटर
C. RAM D. कैश

32. कम्प्यूटर के स्पेस को क्या कहते हैं जिसमें डाटा लोड होता है और काम करता है?
A. कैश मेमोरी B. CPU
C. मेगाबाइट D. RAM मेमोरी

33. रीड-राइट मेमोरी, के लिए सही है–
A. इस मेमोरी में प्रयोगकर्ता अपने प्रोग्राम को कुछ देर के लिए स्टोर कर सकते हैं
B. साधारण भाषा में इस मेमोरी को RAM कहते हैं
C. यही कम्प्यूटर की बेसिक मेमोरी भी कहलाती है
D. उपर्युक्त तीनों सही

34. डायनेमिक रैम के लिए सही है–
A. डायनेमिक का अर्थ है गतिशील
B. इस RAM पर यदि 10 आँकड़े संचित कर दिए जाएं और फिर उनमें से बीच के दो आँकड़ें मिटा दिए जाएं, तो उसके बाद वाले बचे सभी आँकड़े बीच के रिक्त-स्थान में स्वतः चले जाते हैं और बीच के रिक्त-स्थान का उपयोग हो जाता है
C. उपर्युक्त दोनों सही
D. कोई सही नहीं

35. स्टैटिक रैम के लिए सही है–
A. स्टैटिक रैम में संचित किए गए आँकड़े स्थिर रहते हैं
B. इस RAM में बीच के दो आँकड़े मिटा दिए जाएँ, तो इस खाली स्थान पर आगे वाले आँकड़े खिसककर नहीं आएंगे
C. उपर्युक्त दोनों सही
D. कोई सही नहीं

उत्तरमाला

1	2	3	4	5	6	7	8	9	10
B	B	A	B	A	D	B	A	C	B
11	**12**	**13**	**14**	**15**	**16**	**17**	**18**	**19**	**20**
D	A	D	B	C	C	A	B	B	A
21	**22**	**23**	**24**	**25**	**26**	**27**	**28**	**29**	**30**
B	C	D	C	C	C	D	C	D	D
31	**32**	**33**	**34**	**35**					
D	D	D	C	C					

6

हार्डवेयर एवं सॉफ्टवेयर (Hardware and Software)

1. एक सॉफ्टवेयर, जो एच.एल.एल. प्रोग्राम को मशीनी भाषा में परिवर्तित करता है उसे कहते हैं–

A. कम्पाइलर B. एसेम्बल
C. लोडर D. इंटरप्रेटर

2. कम्प्यूटर के संचालन में प्रयुक्त प्रोग्राम, नियम तथा कम्प्यूटर क्रियाओं से संबंधित अन्य लिखित (या चिप में दर्ज) सामग्री को कहा जाता है–

A. सॉफ्टवेयर B. हार्डवेयर
C. नेटवर्क D. फर्मवेयर

3. ओरेकल (Oracle) है–

A. एक प्रचालन तंत्र
B. शब्द संसाधक सॉफ्टवेयर
C. डाटाबेस सॉफ्टवेयर
D. उपर्युक्त तीनों

4. कौन-सा सॉफ्टवेयर शब्द संसाधन में प्रयोग किया जाता है?

A. पेजमेकर B. वर्ड स्टार
C. एम.एस. वर्ड D. उपर्युक्त तीनों

5. 'टैली' (Tally) सॉफ्टवेयर का प्रयोग किस काम के लिए किया जाता है?

A. DTP B. संचार
C. नेटवर्किंग D. एकाउंटिंग

6. असेम्बलर का कार्य है–

A. बेसिक भाषा को यंत्र भाषा में परिवर्तित करना
B. उच्चस्तरीय भाषा को यंत्र भाषा में परिवर्तित करना
C. असेम्बली भाषा को यंत्र भाषा में परिवर्तित करना
D. असेम्बली भाषा को उच्च स्तरीय भाषा में परिवर्तित करना

7. C.A.D. का तात्पर्य है–

A. कम्प्यूटर एल्गोरिथम फॉर डिजाइन
B. कम्प्यूटर एडेड डिजाइन
C. कम्प्यूटर एप्लीकेशन इन डिजाइन
D. उपर्युक्त तीनों

8. यूजर यह कैसे निर्धारित कर सकते हैं कि कम्प्यूटर पर कौन-सा प्रोग्राम उपलब्ध है?

A. हार्ड डिस्क की प्रोपर्टीज चेक करके
B. बूटिंग प्रोसेस के दौरान इनस्टाल्ड प्रोग्राम देखकर
C. इनस्टाल्ड प्रोग्राम की लिस्ट के ऑपरेटिंग सिस्टम चेक करके
D. डिस्क पर सेव की गई विद्यमान फाइलें चेक करके

9. रीज्यूम बनाने के लिए किस सॉफ्टवेयर का उपयोग किया जाता है?

A. MS-Word B. Pagemaker
C. A और B दोनों D. Java

10. हार्डवेयर में शामिल है–

A. डाटा इनपुट करने के लिए प्रयुक्त सभी साधन
B. डाटा इनपुट और आउटपुट करने के लिए प्रयुक्त कम्प्यूटर और उससे जुड़े सभी साधन
C. इन्ट्रक्सन के सेट
D. सेंट्रल प्रोसेसिंग यूनिट

11. कम्प्यूटर प्रोग्रामों को लिखने वाले और उनका परीक्षण करने वाले व्यक्तियों को क्या कहते हैं।
A. प्रोग्रामर B. कम्प्यूटर विज्ञानी
C. सॉफ्टवेयर इंजीनियर D. प्रोजेक्ट डेवलपर

12. MS-Word .... का उदाहरण है।
A. ऑपरेटिंग सिस्टम B. एप्लिकेशन सॉफ्टवेयर
C. प्रोसेसिंग डिवाइस D. इनपुट डिवाइस

13. कम्प्यूटर के कम्पोनेंट ठीक से ऑपरेट हो रहे हैं और कनेक्टेड हैं यह सुनिश्चित करने के लिए कौन-सा प्रोसेस चेक करता है?
A. बूटिंग B. प्रोसेसिंग
C. सेविंग D. एडिटिंग

14. निम्नलिखित में से कौन-सा कथन सत्य है?
A. वर्चुअल मेमोरी हार्ड ड्राइव पर स्पेस है जहाँ ऑपरेटिंग सिस्टम मेमोरी–बाउंड होने पर डाटा स्टोर करना आरंभ करती है
B. RAM से डाटा एक्सेस करना वर्चुअल मेमोरी से डाटा एक्सेस करने से धीमा होता है
C. वर्चुअल मेमोरी से डाटा प्रयुक्त करते समय, ऑपरेटिंग सिस्टम RAM नामक फाइल बिल्ड करती है
D. यदि कोई कम्प्यूटर मेमोरी–बाउंड है तो अधिक RAM जोड़ने से समस्या हल नहीं होगी

15. जब आप कम्प्यूटर ऑन करते हैं तब बूट रूटीन यह टेस्ट करता है–
A. RAM टेस्ट B. डिस्क ड्राइव टेस्ट
C. मेमोरी टेस्ट D. पॉवर ऑन सेल्फ टेस्ट

16. पहले से चल रहे कम्प्यूटर को रीस्टार्ट करना........ कहलाता है।
A. बूटिंग B. स्टार्टिंग
C. रीबूटिंग D. सैकंड स्टार्टिंग

17. कम्प्यूटर उपकरण को क्या कहते हैं?
A. हार्डवेयर B. बाइट
C. माउस D. सॉफ्टवेयर

18. उस हार्डवेयर के लिए प्रयुक्त सामान्य शब्द कौन–सा है जो जरूरी नहीं कि कम्प्यूटर के मूल कार्य के लिए हो, बल्कि बाहर से जुड़ा हो?
A. आइकन B. बिट
C. कीबोर्ड D. प्रिंटर

19. सिस्टम के.............में प्रोग्राम या इन्स्ट्रक्शन होते हैं।
A. पेरिफेरल B. सॉफ्टवेयर
C. इनफॉरमेशन D. आइकन

20. कम्प्यूटर के प्रत्येक प्रोग्राम, डाटा और सिस्टम फाइल की प्रति ....बैकअप में होती है।
A. रिस्टोरेशन B. बूटस्ट्रैप
C. डिफरंशियल D. फुल

21. साधारण रूप से कम्प्यूटर के वे सभी प्रभाग जिन्हें देखा तथा छुआ जा सकता है...........कहलाते हैं–
A. कम्प्यूटर हार्डवेयर B. कम्प्यूटर सॉफ्टवेयर
C. ऑपरेटिंग सिस्टम D. कोई भी नहीं

22. कम्प्यूटर हार्डवेयर में समाहित है–
A. यान्त्रिक प्रभाग B. वैद्युत प्रभाग
C. इलेक्ट्रॉनिक प्रभाग D. उपर्युक्त तीनों

23. कम्प्यूटर हार्डवेयर में शामिल नहीं है–
A. इनपुट युक्तियाँ B. आउटपुट युक्तियाँ
C. पेरीफेरल युक्तियाँ D. प्रोग्राम

24. कम्प्यूटर की वे युक्तियाँ, जोकि कम्प्यूटर को चलाए जाने के लिए आवश्यक होती हैं, कहलाती हैं–
A. स्टैण्डर्ड युक्तियाँ B. पेरीफेरल युक्तियाँ
C. हार्डवेयर D. कोई भी नहीं

25. स्टैण्डर्ड युक्तियाँ हैं–
A. की-बोर्ड B. हार्डडिस्क
C. मॉनीटर D. उपर्युक्त सभी

26. निम्न आउटपुट उपकरण कम्प्यूटर और मानव के मध्य सम्पर्क की सुविधा प्रदान करते हैं–
A. इनपुट उपकरण B. आउटपुट उपकरण
C. उपर्युक्त दोनों D. कोई भी नहीं

27. कम्प्यूटर से ऑपरेटर का (कार्य करते समय) सम्पर्क .... कहलाता है।
A. ऑपरेटर इंटरफेस B. इनपुट उपकरण
C. आउटपुट उपकरण D. A तथा B दोनों

28. ऐसे प्रोग्रामों, जिनका काम सिस्टम अर्थात् कम्प्यूटर को चलाना तथा उसे काम करने लायक बनाए रखना है–
A. सिस्टम सॉफ्टवेयर B. एप्लीकेशन सॉफ्टवेयर
C. कम्पाइलर D. कोई भी नहीं

29. ऑपरेटिंग सिस्टम है–
A. सिस्टम सॉफ्टवेयर B. एप्लीकेशन सॉफ्टवेयर
C. कम्पाइलर D. कोई भी नहीं

30. कम्पाइलर है–
A. सिस्टम सॉफ्टवेयर B. एप्लीकेशन सॉफ्टवेयर
C. कम्पाइलर D. कोई भी नहीं

31. ....एक प्रोग्राम है जिससे कम्प्यूटर का उपयोग करना आसान हो जाता है।
A. ऑपरेटिंग सिस्टम B. एप्लिकेशन
C. यूटिलिटी D. नेटवर्क

32. प्रोग्राम में त्रुटि (Error) जिससे गलत या अनुपयुक्त परिणाम उत्पन्न होते हैं, उसे .... कहते हैं।
A. बग B. बाइट
C. एट्रिब्यूट D. यूनिट प्रोब्लम

33. कम्प्यूटर का प्रत्येक कम्पोनेन्ट या तो.........होता है।
A. हार्डवेयर या सॉफ्टवेयर
B. सॉफ्टवेयर या CPU/RAM
C. एप्लिकेशन सॉफ्टवेयर या सिस्टम सॉफ्टवेयर
D. इनपुट डिवाइस या आउटपुट डिवाइस

34. सॉफ्टवेयर का प्राथमिक उद्देश्य डाटा को .... में बदलना है।
A. वेब साइट B. सूचना
C. प्रोग्राम D. ऑब्जेक्ट

35. ...., सॉफ्टवेयर कोड में त्रुटियां ढूंढने की एक प्रक्रिया है।
A. कम्पाइलिंग B. टेस्टिंग
C. रनिंग D. डीबगिंग

36. वर्चुअल मेमोरी क्या होती है?
A. हार्ड डिस्क की मेमोरी जिसे CPU एक्सटेंडेड RAM की तरह प्रयोग करता है
B. RAM में होती है
C. तभी आवश्यक होती है यदि आपके कम्प्यूटर में कोई RAM न हो
D. फ्लॉपी डिस्कों के लिए बैकअप डिवाइस

37. कम्प्यूटर को ....बताता है कि इसके कम्पोनेंट्स का प्रयोग कैसे किया जाए?
A. यूटिलिटी B. नेटवर्क
C. ऑपरेटिंग सिस्टम D. एप्लिकेशन प्रोग्राम

38. यूजर, एप्लिकेशन सॉफ्टवेयर, हार्डवेयर को कनेक्ट करते हुए, इंटरफेस के रूप में फंक्शन करते हुए किस प्रकार का सॉफ्टवेयर कम्प्यूटर प्रोसेसों को मैनेज करता है?
A. सिस्टम सॉफ्टवेयर B. यूटिलिटी प्रोग्राम
C. ट्रान्सलेटर D. ऑपरेटिंग सिस्टम

39. ज्ञात सॉफ्टवेयर बग के लिए रिपेयर जो सामान्यतः इंटरनेट पर बिना चार्ज उपलब्ध होता है उसे ...... कहते हैं।
A. वर्शन B. पैच
C. ट्यूटोरियल D. FAQ

40. बैकअप क्या होता है?
A. अपने नेटवर्क को अधिक कम्पोनेन्ट जोड़ना
B. मूल स्रोत से किसी भिन्न डेस्टिनेशन पर कॉपी करके डाटा का संरक्षण करना
C. नए डाटा से पुराना डाटा फिल्टर करना
D. टेप पर डाटा को एक्सेस करना

उत्तरमाला

1	2	3	4	5	6	7	8	9	10
A	A	C	D	D	C	B	D	C	C
11	**12**	**13**	**14**	**15**	**16**	**17**	**18**	**19**	**20**
A	B	A	A	D	C	A	D	B	D
21	**22**	**23**	**24**	**25**	**26**	**27**	**28**	**29**	**30**
A	D	D	A	D	C	A	A	A	A
31	**32**	**33**	**34**	**35**	**36**	**37**	**38**	**39**	**40**
C	A	A	B	D	A	A	D	B	B

7

डाटा संचार एवं नेटवर्किंग
(Data Communication and Networking)

1. व्यापक क्षेत्र नेटवर्किंग निम्नांकित किसके लिए उपयोगी नहीं है?

A. विदेश मंत्रालय B. नगर विमानन विभाग
C. विदेशी बैंक D. नगर निगम

2. ....एक सेन्ट्रल कम्प्यूटर है जो बहुत से PCs, वर्क-स्टेशन और अन्य कम्प्यूटरों के लिए डाटा और प्रोग्रामों के संग्रह को होल्ड करता है।

A. सुपर कम्प्यूटर B. मिनी कम्प्यूटर
C. लैपटॉप D. सर्वर

3. ....एक बहुत ही सीमित भौगोलिक क्षेत्र, सामान्यतः एक ही बिल्डिंग में पर्सनल कम्प्यूटरों को टिपिकली कनेक्ट करता है।

A. LAN B. BAN
C. TAN D. NAN

4. प्रथम नेटवर्क जिससे इंटरनेट की नींव पड़ी—

A. ARPA NET B. NSF NET
C. V NET D. I NET

5. जब कई कम्प्यूटरों को एक ही जगह पर जोड़ना होता है, तो उसे क्या कहा जाता है?

A. LAN B. WAN
C. INFINET D. WON

6. डम्ब टर्मिनल क्या है?

A. माइक्रो कम्प्यूटर
B. नगण्य इंटेलिजेंस वाला टर्मिनल
C. सेंट्रल कम्प्यूटर
D. CPU के साथ टर्मिनल

7. बैंकों द्वारा उपलब्ध कराई गई एटीएम की सुविधा किस नेटवर्किंग का उदाहरण है?

A. स्थानीय नेटवर्किंग
B. व्यापक क्षेत्रीय नेटवर्किंग
C. मिश्रित नेटवर्किंग
D. बहुउद्देशीय नेटवर्किंग

8. कम्प्यूटर नेटवर्क में कौन-से प्रकार का संसाधन सामान्यतः शेयर किया जाता है?

A. प्रिंटर्स B. स्पिकर्स
C. फ्लॉपी डिस्क ड्राइव D. कुंजीपटल

9. निम्नांकित में से कौन समान समूह का नहीं है?

A. इंटरनेट B. एप्पल टॉक
C. बस D. रिंग

10. ....नियमों का एक सैट है।

A. संसाधन/रिसोर्स लोकेटर
B. डोमेन
C. हाइपरटेक्स्ट
D. प्रोटोकॉल

11. मेनफ्रेम या सुपर कम्प्यूटर में एक्सेस के लिए यूजर्स अक्सर .... का उपयोग करते हैं।

A. टर्मिनल B. नोड
C. डेस्कटॉप D. हैंडहेल्ड

12. पर्सनल कम्प्यूटर.............बनाने के लिए साथ कनेक्ट किए जा सकते हैं।

A. सर्वर B. सुपर कम्प्यूटर
C. इंटरप्राइज D. नेटवर्क

13. टिपिकल नेटवर्क में सबसे महत्वपूर्ण या शक्तिशाली कम्प्यूटर कौन-सा है?
A. डेस्कटॉप B. नेटवर्क क्लाइंट
C. नेटवर्क सर्वर D. नेटवर्क स्टेशन

14. ....हार्डवेयर और सॉफ्टवेयर का एक कांबिनेशन है जो कम्प्यूटिंग डिवाइसों के बीच सूचना के आदान-प्रदान की सुविधा प्रदान करता है।
A. नेटवर्क B. पेरिफरल
C. एक्सपैंशन बोर्ड D. डिजिटल डिवाइस

15. सर्वर्स वे कम्प्यूटर हैं जो .... से कनेक्टेड दूसरे कम्प्यूटरों को रिसोर्सेस प्रोवाइड करते हैं–
A. नेटवर्क B. मेनफ्रेम
C. सुपरकम्प्यूटर D. क्लाइंट

16. डायल-अप इंटरनेट एक्सेस का एक लाभ निम्नलिखित है–
A. यह ब्रॉडबैंड टेक्नोलॉजी का उपयोग करता है
B. यह विद्यमान टेलीफोन सेवा का उपयोग करता है
C. यह सुरक्षा के लिए राऊटर का उपयोग करता है
D. मॉडेम स्पीड बहुत तेज होती है

17. ....टेपोलोजी में नेटवर्क कम्पोनेन्ट एक ही केबल से कनेक्ट किए जाते हैं।
A. स्टार B. रिंग
C. बस D. मेश

18. सूचना शेयर करने के लिए एक-दूसरे से कनेक्टेड दो या अधिक कम्प्यूटर से ....बनता है।
A. नेटवर्क B. राऊटर
C. सर्वर D. टनल

19. बड़े पैमाने पर भौगोलिक रूप से अलग-अलग फैले हुए ऑफिस LANs एक कॉर्पोरेट ....के उपयोग से कनेक्ट किए जा सकते हैं।
A. CAN B. LAN
C. DAN D. WAN

20. निम्नलिखित में से कौन-सा एक छोटा सिंगल-साइट नेटवर्क है?
A. LAN B. DSL
C. RAM D. USB

21. टर्मिनल क्या है?
A. कम्प्यूटर को पावर सप्लाई देने वाला उपकरण
B. वह बिंदु जिस पर डाटा कम्प्यूटर में प्रवेश करता है या निकलता है
C. किसी प्रोग्राम का अंतिम अनुदेश
D. कोई भी इनपुट/आउटपुट उपकरण

22. उस डिवाइस को क्या कहते हैं जो केबल के प्रयोग के बिना नेटवर्क से कनेक्ट कर देती है?
A. डिस्ट्रीब्यूटिड B. वायरलेस
C. सेंट्रलाइज्ड D. ओपन सोर्स

23. कम्प्यूटर................में दो या अधिक कम्प्यूटर और अन्य डिवाइसेस होते हैं जो डाटा और प्रोग्राम शेयर करने के लिए कनेक्टेड होते हैं।
A. नेटवर्क B. सिस्टम
C. वर्क स्टेशन D. डिवाइस

24. इलेक्ट्रॉनिक्स की सहायता से एक स्थान से दूसरे स्थान पर सूचना प्रेषित करने की क्रिया को........ कहते हैं।
A. दूरसंचार B. डाटा संचार
C. सुगम संचार D. कोई भी नहीं

25. एक या एक से अधिक कम्प्यूटर और विविध प्रकार के टर्मिनलों के बीच आँकड़ों को भेजना या प्राप्त करना ....कहलाता है।
A. दूरसंचार B. डाटा संचार
C. सुगम संचार D. कोई भी नहीं

26. किसी भी नेटवर्क के मूल अंग हैं–
A. टर्मिनल
B. दूरसंचार प्रोसेसर
C. दूरसंचार चैनल एवं माध्यम
D. उपर्युक्त तीनों

27. निम्नलिखित कथन सही है–
A. टर्मिनल मुख्य रूप से वीडियो टर्मिनल एवं वर्क-स्टेशन का समावेश होता है
B. इनपुट एवं आउटपुट उपकरण नेटवर्क में डाटा भेजने एवं प्राप्त करने का कार्य करते हैं
C. उपर्युक्त दोनों गलत
D. A तथा B दोनों सही

28. निम्नलिखित में से कौन-सा कथन दूरसंचार प्रोसेसर के लिए सही है–
A. यह टर्मिनल और कम्प्यूटर के बीच रहते हैं
B. ये डाटा भेजने एवं प्राप्त करने में सहायता करते हैं
C. उपर्युक्त दोनों गलत
D. A तथा B दोनों सही

29. दूरसंचार प्रोसेसर है–
A. मोडेम मल्टीप्लेक्सर B. फ्रन्ट एंड प्रोसेसर
C. उपर्युक्त दोनों D. कोई भी नहीं

30. दूरसंचार चैनल एवं माध्यम के लिए सही है–
A. वे माध्यम जिनके ऊपर डाटा प्रेषित एवं प्राप्त किया जाता है
B. दूरसंचार नेटवर्क के विभिन्न अंगों को जोड़ने के लिए इनका उपयोग करते हैं
C. उपर्युक्त दोनों गलत
D. A तथा B दोनों सही

31. कम्प्यूटर नेटवर्क के लिए सही है–
A. सभी प्रकार के कम्प्यूटर को आपस में जोड़ता है जिससे वे उसकी सूचना पर प्रक्रिया कर सके
B. डाटा संग्रह करता है
C. डाटा प्रोसेस करता है
D. कोई भी नहीं

32. LAN (लोकल एरिया नेटवर्क) से जुड़े कम्प्यूटर ... .
A. तेज चल सकते हैं
B. ऑनलाइन जा सकते हैं
C. इनफर्मेशन और/या पेरिफरल उपकरण शेयर कर सकते हैं
D. ई-मेल कर सकते हैं

33. स्थानीय क्षेत्र नेटवर्किंग (LAN) किसके लिए उपयोगी है?
A. रेलवे B. बैंक
C. व्यापारी D. मोटर-वाहन दफ्तर

34. टेलीफोन ब्रॉडकास्ट किस प्रकार के ट्रांसमिशन का उदाहरण है?
A. सिमप्लेक्स B. हाफ डुप्लेक्स
C. फुल डुप्लेक्स D. ऑटोमेटिक

35. ब्रॉडबैण्ड तकनीक का उपयोग निम्नलिखित में से किस प्रकार के इंटरनेट कनेक्शन द्वारा किया जाता है?
A. लीज्ड लाइन कनेक्शन
B. डायल-अप कनेक्शन
C. A और B दोनों
D. ISDN कनेक्शन

36. विश्व का प्रथम कम्प्यूटर नेटवर्क किसे माना जाता है?
A. I net B. NSF Net
C. ARPANET D. V net

37. निम्नलिखित में से किस तकनीक में डाटा ट्रांसफर करने के लिए सोर्स डिवाइस और डेस्टिनेशन डिवाइस का लाइन ऑफ साइट में होना आवश्यक है–
A. LAN B. ब्लूटूथ
C. WAN D. इन्फ्रारेड

उत्तरमाला

1	2	3	4	5	6	7	8	9	10
D	B	A	A	A	B	B	A	B	D
11	**12**	**13**	**14**	**15**	**16**	**17**	**18**	**19**	**20**
A	D	C	A	A	A	C	A	D	A
21	**22**	**23**	**24**	**25**	**26**	**27**	**28**	**29**	**30**
B	B	A	A	B	D	D	D	C	D
31	**32**	**33**	**34**	**35**	**36**	**37**			
A	C	C	B	B	C	D			

8

इंटरनेट
(Internet)

1. w.w.w. से शुरू होने वाला पता किससे सम्बन्ध रखता है?
   A. मोडेम से B. इंटरनेट से
   C. टेलीफोन से D. वेबसाइट से

2. दूर बैठे व्यक्ति इंटरनेट के द्वारा सम्पर्क कर वस्तुओं एवं सेवाओं की खरीद-बिक्री तथा लेन–देन का कार्य किस तरह से करते हैं?
   A. ई-कॉमर्स के माध्यम से
   B. इंटरनेट के माध्यम से
   C. ई-मेल के माध्यम से
   D. वेबसाइट के माध्यम से

3. वेबसाइट का address निम्नलिखित में से कहलाता है–
   A. User ID B. URL
   C. Time Stamp D. उपर्युक्त सभी

4. एक कम्प्यूटर का डाटा दूर स्थित किसी अन्य कम्प्यूटर पर इंटरनेट से भेजने के लिए निम्न में किसका प्रयोग किया जाता है?
   A. टैलेक्स B. मॉडेम
   C. फैक्स D. टेलीग्राफ

5. भारत में इंटरनेट की सेवाएँ किसके द्वारा उपलब्ध हो रही हैं?
   A. BSNL के द्वारा
   B. MTNL के द्वारा
   C. उपर्युक्त दोनों के द्वारा
   D. WLL के द्वारा

6. मोडेम का पूरा नाम क्या है?
   A. मोडूलेटर डिमोडूलेटर
   B. मोडूलेटर डिमोडूलेशन
   C. मोडूलेटर डिस्कशन
   D. उपर्युक्त सभी

7. ई-मेल का पूरा नाम क्या है?
   A. इंग्लिश मेल B. इलेक्ट्रिक मेल
   C. इलेक्ट्रॉनिक मेल D. इसेन्सियल मेल

8. इंटरनेट का पूरा नाम है–
   A. इंटरकांटिनेंटल नेटवर्क
   B. इंटरनेशनल नेटवर्क
   C. इंटरनल नेटवर्क
   D. इंटरकॉम नेटवर्क

9. वह युक्ति जिसके द्वारा आंकड़ों को टेलीफोन के माध्यम से बाइनरी सिग्नलों की सहायता से भेजा जाता है, कहलाता है–
   A. मोडेम B. मॉनीटर
   C. माउस D. O.C.R.

10. 'सूचना राजपथ' किसे कहते हैं?
   A. ई-मेल को B. पेजर को
   C. सेल्यूलर फोन को D. इंटरनेट को

11. ई-मेल (E-Mail) का जन्मदाता किसे माना जाता है?
   A. बिल गेट्स B. टिमोथी बिल
   C. लिंकन गोलिटसबर्ग D. रे टॉमलिंसन

12. www. का पूर्ण रूप है–
   A. वेब वर्किंग विंडो B. विंडो वर्ल्ड वाइड
   C. वर्ल्ड वाइड वेब D. वर्ल्ड वर्किंग वेब

13. www. के आविष्कारक तथा प्रवर्तक हैं–
A. बिल गेट्स B. ली.एन. फियोंग
C. एन रसेल D. टिमबर्नर्स ली

14. याहू, गूगल एवं MSN हैं–
A. इंटरनेट साइट्स
B. कम्प्यूटर ब्राण्ड
C. स्विट्जरलैंड निर्मित घड़ियाँ
D. शनि ग्रह के छल्ले

15. निम्नलिखित में कौन-सी सूचना प्रौद्योगिकी शब्दावली नहीं है?
A. साइबर स्पेस B. अपलोड
C. प्रकाश भण्डारण D. मोडेम

16. वेब पेज/पृष्ठ को रीलोड करने हेतु.........बटन दबाएं।
A. रीडू B. रीलोड
C. रिस्टोर D. सीटीआरएल (Ctrl)

17. इंटरनेट के जरिये लिंकों के संग्रहण से एक इंटर कनेक्टेड नेटवर्क सृजित हो जाता है, उसे .... कहा जाता है।
A. डब्ल्यू डब्ल्यू डब्ल्यू B. वेब
C. वर्ल्डवाइड वेब D. उपर्युक्त सभी

18. ....में कई कम्प्यूटर्स का समावेश है जो संसाधन और डाटा शेयर करने हेतु एकत्रित जोड़े जाते हैं।
A. इंटरनेट B. नेटवर्क
C. बैंकबोन D. हाइपरलिंक

19. क्लासरूम में न जाते हुए कम्प्यूटरों के विषय में अध्ययन के लोकप्रिय तरीके को .... कहा जाता है।
A. आइ-लर्निंग B. आइसोलेटेड लर्निंग
C. ई-लर्निंग D. क्लोज लर्निंग

20. एक व्यक्ति जिसकी विशेषज्ञता अन्य व्यक्तियों के कम्प्यूटर्स से जानकारी गैरकानूनी तरीके से या उसे डैमेज करने हेतु ....से एक्सेस प्राप्त किया जाता है।
A. स्पैमर B. हैकर
C. तत्काल संदेशवाहक D. प्रोग्रामर

21. ....फोल्डर संदेशों की कापियाँ रखता है जिन्हें आपने आरंभ किया है तथापि भेजने हेतु तैयार नहीं है–
A. इन बॉक्स
B. आउट बॉक्स
C. ड्रॉफ्ट्स
D. सेंट/भेजे गए आइटम्स

22. उनकी पहचान/आइडेंटिटी को गलत दिखलाने/झुठलाने के जरिए व्यक्तियों द्वारा ....प्रयास है, ताकि आपसे गोपनीय सूचनाएं प्राप्त की जा सकें।
A. फिशिंग ट्रिप्स B. कम्प्यूटर वायरस्पेस
C. स्पायवेयर स्कैम्स D. फिशिंग स्कैन्स

23. निम्न में से कौन-सा सत्य नहीं है?
A. चैटिंग ई-मेल के समान है
B. चैटिंग केवल एक व्यक्ति के साथ की जा सकती है
C. चैटिंग में बहुत से लोग शामिल हो सकते हैं
D. चैटिंग इलेक्ट्रॉनिक संवाद है

24. ई-मेल पते के दो भाग कौन-से हैं?
A. यूजर नाम और गली का नाम
B. विधिक नाम और फोन नंबर
C. इनीशियल और पासवर्ड
D. यूजर नाम और डोमेन नाम

25. ई-मेल भेजना किसके समान है?
A. पत्र लिखना B. तस्वीर बनाना
C. फोन पर बात करना D. पैकेज भेजना

26. ब्राउजर क्या करता है?
A. पुस्तकालय में पत्रिकाओं और किताबों में ढूँढता है
B. सामग्री को वास्तव में तेजी से पढ़ता है
C. आपका समय बर्बाद करता है
D. यह वेब पेज देखने के लिए प्रयुक्त एक सॉफ्टवेयर है

27. अधिकांश वेबसाइट में मेन पेज, ... होता है जो शेष वेब साइट पेजेज के डोरवे का काम करता है।
A. सर्च इंजन B. होम पेज
C. ब्राउजर D. URL

28. ई-मेल अकाउंट में एक स्टोरेज एरिया होता है जिसे अक्सर ....कहते हैं।
A. अटचमेंट B. हाइपरलिंक
C. मेल-बॉक्स D. IP एड्रेस

29. मॉडेम किससे जुड़ा होता है?
A. प्रोसेसर B. मदर बोर्ड
C. प्रिंटर D. फोन लाइन

30. आप इंटरनेट से ....
A. इलेक्ट्रॉनिक मेल भेज सकते हैं
B. वेब पेज देख सकते हैं
C. पूरे विश्व में सर्वर से जुड़ जाते हैं
D. उपरोक्त सभी

31. 'स्पैम' (Spam) किस विषय से सम्बन्धित शब्द है?
A. कम्प्यूटर B. कला
C. संगीत D. खेल

32. निम्नांकित में से कौन-सी सूचना प्रौद्योगिकी पारिभाषिकीय नहीं है?
A. लॉग इन B. मोडेम
C. पासवर्ड D. पिनाका

33. भारत में सर्वप्रथम दिखाई देने वाला कम्प्यूटर वायरस है–
A. सी-ब्रेन B. कोलम्बस
C. मैक बग D. इनमें से कोई नहीं

34. जब इंटरनेट का उपयोग संदेश प्रेषित करने में किया जाता है तो यह सुविधा कहलाती है–
A. साइबर स्पेस B. निकनेट
C. ई-मेल D. आईनेट

35. इनमें से कौन-से कम्प्यूटर में वायरस नहीं है?
A. बनहाफ B. मंकी
C. चंगू-मंगू D. मनोज

36. ....में माइकेल एंजेलो नामक वायरस विश्व में चिन्ता का कारण बना हुआ था।
A. 1999 B. 1992
C. 1994 D. 1993

37. ई-मेल क्या है?
A. एक इंटरनेट स्टैण्डर्ड जो यूजर को फाइल्स अपलोड और डाउनलोड करने देता है
B. एक ऑनलाइन एरिया जिसमें यूजर किसी खास विषय के बारे में लिखित रूप से चर्चा करता है
C. कम्प्यूटर नेटवर्क के माध्यम से संदेशों तथा फाइलों का ट्रांसमिशन
D. एक रियल टाइम टाइप्ड कनवर्सेसन

38. चैट क्या है?
A. एक इंटरनेट स्टैण्डर्ड जो यूजर को फाइल्स अपलोड और डाउनलोड करने देता है
B. एक ऑनलाइन एरिया जिसमें यूजर किसी खास विषय के बारे में लिखित रूप से चर्चा करता है
C. कम्प्यूटर नेटवर्क के माध्यम से संदेशों तथा फाइलों का ट्रांसमिशन
D. एक रियल टाइम टाइप्ड कनवर्सेसन

39. गोपनीय कोड जो कुछ प्रोग्रामों में प्रविष्टि प्रतिबंधित करता है..............
A. पासवर्ड B. पासपोर्ट
C. एन्ट्रीकोड D. एक्सेस कोड

40. इंटरनेट पर सर्वर से सूचना पाने के कम्प्यूटर के प्रोसेस को .... कहते हैं।
A. पुलिंग B. पुशिंग
C. डाउनलोडिंग D. ट्रांसफरिंग

उत्तरमाला

1	2	3	4	5	6	7	8	9	10
D	A	B	B	C	A	C	B	A	D
11	12	13	14	15	16	17	18	19	20
D	C	D	A	C	B	D	A	C	B
21	22	23	24	25	26	27	28	29	30
C	D	B	D	A	D	B	C	D	D
31	32	33	34	35	36	37	38	39	40
A	D	D	C	D	D	C	B	A	C

9

माइक्रोसॉफ्ट विंडोज (Microsoft Windows)

1. विंडोज सॉफ्टवेयर का निर्माण किया गया–
A. IBM द्वारा B. एप्पल कार्पोरेशन द्वारा
C. विप्रो द्वारा D. उपर्युक्त तीनों

2. विंडो 2000 को विकसित किया है–
A. एप्पल B. जेनिथ
C. आई.बी.एम. D. माइक्रोसॉफ्ट

3. एम.एस. विंडोज किस प्रकार का सॉफ्टवेयर है–
A. CUI B. MUI
C. LUI D. GUI

4. निम्नलिखित में से किसकी सहायता से हमें कम्प्यूटर की उपयोगिता एवं जगह की उपलब्धता के बारे में पता चलता है?
A. My Computer B. My Document
C. My Briefcase D. My Search

5. ड्राइवर सॉफ्टवेयर की जरूरत नहीं होती है–
A. विंडो 95 में B. डॉस में
C. थ्रीडी में D. फोटोस्टॉइलर

6. विंडोज 98 का विकास कब हुआ?
A. 1994 B. 1998
C. 2001 D. 2004

7. क्लोज बटन क्या है?
A. इस पर क्लिक करने से डायलॉग बॉक्स, डॉक्यूमेंट जो विंडो पर खुला रहता है, बंद हो जाता है।
B. विंडो जो टाइटल बार के अंत में मौजूद रहता है।
C. X जैसा छोटा बटन।
D. उपर्युक्त सभी

8. स्क्रीन के बैकग्राउंड को किस नाम से जाना जाता है?
A. एप्लिकेशन B. विंडो
C. डेस्कटॉप D. फ्रेम

9. शॉर्टकट्स और अन्य विशेष कार्यों के लिए .... की और .... की अन्य कीज् के साथ कॉम्बिनेशन में प्रयोग किया जाता है।
A. कंट्रोल, ऑल्ट B. फंक्शन, टोगल
C. डिलीट, इनसर्ट D. कैप्स, लॉक, नम लॉक

10. हेल्प मेनु किस बटन पर उपलब्ध होता है?
A. एंड B. स्टार्ट
C. टर्न ऑफ D. रिस्टार्ट

11. आप अपनी पर्सनल फाइल/फोल्डर .... में रख सकते हैं–
A. माई फोल्डर B. माई डॉक्यूमेंट
C. माई फाइल्स D. माई टेक्स्ट

12. विंडोज डेस्कटॉप पर .... द्वारा विभिन्न एप्लिकेशन और डॉक्यूमेंट दर्शाया जाता है।
A. प्रतीक B. लेबल
C. ग्राफ D. आइकन

13. हार्ड डिस्क से डिलीट की गई फाइलें...........में भेजी जाती हैं।
A. रिसाइकल बिन B. फ्लॉपी डिस्क
C. क्लिप बोर्ड D. मदर बोर्ड

14. निम्न में से किस प्रकार के मीनू को ड्रॉप डाउन मीनू भी कहते हैं?

A. फ्लाई आउट B. कैस्केडिंग
C. पॉप-अप D. पुल-डाउन

15. ....कमांडों की वे सूचियां हैं जो स्क्रीन पर प्रकट होती हैं।
A. GUIs B. आइकन
C. मीनू D. विंडोज

16. मीनू पर प्रत्येक .... एक विशेष कार्य करता है।
A. क्लाइंट B. सर्वर
C. नोड D. कमांड

17. यह आपके कम्प्यूटर की सभी फाइलों और फोल्डर्स को देखने का एक त्वरित तरीका प्रदान करता है। इसका उपयोग करना फाइलों को एक फोल्डर से दूसरे में ले जाने का भी अच्छा तरीका है। इस उपकरण का उपयोग तब करें, यदि आपको मालूम हो कि फाइल या फोल्डर कहाँ संग्रहीत है?
A. मेरे दस्तावेज फोल्डर
B. मेरे चित्र फोल्डर
C. विंडोज एक्सप्लोरर
D. कोई भी नहीं

18. यह फाइलें और फोल्डर्स, व्यक्ति और यदि आप किसी नेटवर्क पर कार्य कर रहे हैं, तो अन्य कम्प्यूटर खोजना सरल बनाता है। इंटरनेट पर जानकारी ढूँढने के लिए यह एक सुविधाजनक प्रारम्भ बिन्दु भी है। इसका उपयोग करते समय आप बहुत से खोज मापदण्ड निर्दिष्ट कर सकते हैं–
A. सर्च कम्पेनियन B. मेरे दस्तावेज फोल्डर
C. मेरे चित्र फोल्डर D. कोई भी नहीं

19. अधिकांश स्थितियों में किसी साझा कम्प्यूटर के केवल एक उपयोगकर्ता के पास यह खाता होता है। इसके अलावा, जो व्यक्ति व्यवस्थापक के रूप में कार्य करता है, वह आमतौर पर खाता सेट करने वाला पहला व्यक्ति होता है। व्यवस्थापक के पास कम्प्यूटर को किसी भी तरह से संशोधित करने और महत्वपूर्ण रूप से अन्य सभी खातों की सामग्री देखने और बदलने की असीमित शक्तियाँ होती हैं–
A. कम्प्यूटर व्यवस्थापक खाता
B. सीमित खाता
C. अतिथि पहुँच
D. कोई भी नहीं

20. यह आपके कम्प्यूटर की हार्ड डिस्क पर टुकड़ों में बँटी हुई फाइलों और फोल्डर्स को इस प्रकार समेकित करता है, जिससे प्रत्येक आइटम एक ही स्थान ले। जब आप इस उपकरण को चलाते हैं, तो आपका सिस्टम आपकी फाइलों और फोल्डर्स तक अधिक प्रभावी ढंग से पहुँच सकता है और नई फाइलें और फोल्डर अधिक प्रभावी ढंग से सहेज सकता है–
A. डिस्क डीफ्रेगमेंटर B. डिस्क क्लीनअप
C. कम्प्यूटर व्यवस्थापक D. कोई भी नहीं

21. यह आपकी हार्ड डिस्क पर स्थान खाली करने में मदद करता है–
A. डिस्क डीफ्रेगमेंटर B. डिस्क क्लीनअप
C. कम्प्यूटर व्यवस्थापक D. कोई भी नहीं

22. कम्प्यूटर पुनर्प्रारम्भ करने के लिए–
A. प्रारम्भ क्लिक करें, कम्प्यूटर बन्द करें क्लिक करें और तब पुनर्प्रारम्भ करें क्लिक करें।
B. प्रारम्भ क्लिक करें, कम्प्यूटर बन्द करें क्लिक करें और तब बन्द करें क्लिक करें।
C. अपने माउस सूचक को किसी चिह्न पर रखें। इसका नाम या सामग्री बताने वाला पाठ प्रकट होगा।
D. कोई भी नहीं

23. कम्प्यूटर बन्द करने के लिए–
A. प्रारम्भ क्लिक करें, कम्प्यूटर बन्द करें क्लिक करें और तब पुनर्प्रारम्भ करें क्लिक करें।
B. प्रारम्भ क्लिक करें, कम्प्यूटर बन्द करें क्लिक करें और तब बन्द करें क्लिक करें
C. अपने माउस सूचक को किसी चिह्न पर रखें। इसका नाम या सामग्री बताने वाला पाठ प्रकट होगा।
D. कोई भी नहीं

24. कोई फाइल या प्रोग्राम खोलने के लिए–
A. चिह्न को, वह फाइल या प्रोग्राम खोलने के लिए डबल-क्लिक करें, जिससे वह सम्बन्धित हो
B. प्रारम्भ क्लिक करें, कम्प्यूटर बन्द करें क्लिक करें और तब बन्द करें क्लिक करें
C. अपने माउस सूचक को किसी तरह चिह्न पर रखें। इसका नाम या सामग्री बताने वाला पाठ प्रकट होगा।
D. कोई भी नहीं

25. मेरे चित्र खोलने के लिए–
A. प्रारम्भ क्लिक करें और तब मेरे चित्र क्लिक करें
B. प्रारम्भ क्लिक करें और तब मेरा संगीत क्लिक करें
C. प्रारम्भ क्लिक करें और तब मेरा कम्प्यूटर क्लिक करें
D. कोई भी नहीं

26. मेरा संगीत खोलने के लिए–
A. प्रारम्भ क्लिक करें, और तब मेरे चित्र क्लिक करें
B. प्रारम्भ क्लिक करें और तब मेरा संगीत क्लिक करें
C. प्रारम्भ क्लिक करें और तब मेरा कम्प्यूटर क्लिक करें
D. कोई भी नहीं

27. मेरा कम्प्यूटर फोल्डर खोलने के लिए–
A. प्रारम्भ क्लिक करें, और तब मेरे चित्र क्लिक करें
B. प्रारम्भ क्लिक करें, और तब मेरा संगीत क्लिक करें
C. प्रारम्भ क्लिक करें और तब मेरा कम्प्यूटर क्लिक करें
D. कोई भी नहीं

28. Operating system का मुख्य कार्य–
A. फाईल सेव करना
B. Hardware एवं Software part को control करना
C. सभी फाईल एवं फोल्डर को व्यवस्थित करना
D. दोनों (B) एवं (C)

29. इसमें से कौन-सा OS नहीं है–
A. DOS B. MUS
C. UNIX D. कोई नहीं

30. इसमें कौन-सा Multiprocessing system है–
A. MVS B. OS/2
C. UNIX D. उपरोक्त सभी

31. सॉफ्टवेयर के .... में कमांडों और ऑप्शनों की सूचियां होती हैं।
A. टाइटल बार B. मेनू बार
C. फार्म्यूला बार D. टूल बार

32. M.S. Office 2000 को किस कंपनी ने बनाया?
A. नॉवेल B. कोरल
C. लोटस D. माइक्रोसॉफ्ट

33. टेक्स्ट हाईलाइट करके 'Edit', 'Copy' क्लिक करने पर क्या होगा?
A. टेक्स्ट डॉक्यूमेंट से कॉपी होकर क्लिपबोर्ड में रखा जाएगा
B. क्लिपबोर्ड से डॉक्यूमेंट में कर्सर ब्लिंक कर रहा है, वहाँ जाएगा
C. डॉक्यूमेंट से निकलकर क्लिपबोर्ड में रखा जाएगा
D. केवल B और C

34. एप्लिकेशन से कॉपी किया गया डाटा............में स्टोर किया जाता है।
A. ड्राइवर B. टर्मिनल
C. प्रौम्प्ट D. क्लिपबोर्ड

35. माइक्रोसॉफ्ट कंपनी के संस्थापक हैं–
A. पॉल एलन B. बिल गेटस
C. उपर्युक्त दोनों D. इनमें से सभी

उत्तरमाला

1	2	3	4	5	6	7	8	9	10
A	D	D	A	A	B	D	C	A	B
11	**12**	**13**	**14**	**15**	**16**	**17**	**18**	**19**	**20**
B	D	A	D	C	D	C	A	A	A
21	**22**	**23**	**24**	**25**	**26**	**27**	**28**	**29**	**30**
B	A	B	A	A	B	C	D	B	D
31	**32**	**33**	**34**	**35**					
D	D	A	D	C					

10

माइक्रोसॉफ्ट ऑफिस (Microsoft Office)

1. बाई डिफॉल्ट डॉक्यूमेंट ....मोड में प्रिंट होता है।
   A. लैंडस्केप B. पोर्ट्रेट
   C. पेज सेटअप D. प्रिंट व्यू

2. वर्ड प्रोसेसिंग प्रोग्रामों से किस प्रकार की फाइल बनाई जा सकती है?
   A. डाटाबेस फाइल B. स्टोरेज फाइल
   C. वर्कशीट फाइल D. डॉक्यूमेंट फाइल

3. प्रयोक्ता डॉक्यूमेंट को जो नाम देता है उसे क्या कहते हैं?
   A. फाइलनेम B. प्रोग्राम
   C. रिकॉर्ड D. डाटा

4. मौजूदा डॉक्यूमेंट को भिन्न नाम से सेव करना हो तो क्या करना होगा?
   A. डॉक्यूमेंट को फिर से टाइप करें और भिन्न नाम दें
   B. सेव ऐज कमांड का प्रयोग करें
   C. मूल डॉक्यूमेंट को नए डॉक्यूमेंट में कॉपी व पेस्ट करें और फिर सेव करें
   D. डॉक्यूमेंट को भिन्न लोकेशन पर कॉपी करने के लिए विंडोज एक्सप्लोरर का प्रयोग करें और फिर इसे रीनेम करें

5. जब आपको कोई पाठ (Text) एक पृष्ठ से अलग पृष्ठ पर ले जाना हो, तब सबसे अच्छा तरीका है...............
   A. ड्रैग और ड्रॉप करें
   B. कट और पेस्ट करें
   C. डिलीट और री टाइप करें
   D. फाइंड और रिप्लेस करें

6. सेविंग यह .... की प्रक्रिया है।
   A. मेमोरी से स्टोरेज माध्यम तक दस्तावेज कॉपी करना
   B. दस्तावेज की वर्तमान स्थिति में बदलाव लाना
   C. दस्तावेज का चेहरा अथवा समग्र स्वरूप को बदल देना
   D. कुंजी पटल के प्रयोग से पाठ/टेक्स्ट को दर्ज करके दस्तावेज विकसित करना

7. डायरेक्टरी में डायरेक्टरी को .... कहा जाता है।
   A. मिनि डायरेक्टरी B. जूनियर डायरेक्टरी
   C. पार्ट डायरेक्टरी D. सब डायरेक्टरी

8. जूम आज्ञा/कमांड चयनित किए जाने से............
   A. अलग दर्शन (व्यू) में दस्तावेज की कॉपी खोलता है
   B. प्रदर्शित दस्तावेज की कॉपी प्रिंट करता है
   C. प्रदर्शित दस्तावेज को विस्तारण में बदलाव लाता है
   D. प्रदर्शित दस्तावेज की कापी सेव करता है

9. यदि पहले सेव किया गया फाइल एडिट किया जाए, तब.............
   A. परिवर्तन को स्टोर करने हेतु फाइल फिर से सेव करना जरूरी है
   B. परिवर्तन अपने आप फाइल में सेव किए जाएंगे
   C. एक पेज से ज्यादा लंबाई हो जाने पर ही फाइल सेव करनी होगी
   D. इसका नाम बदलना होगा

10. बजट सृजित किए जाने हेतु इस्तेमाल किए जानेवाले सॉफ्टवेयर को .... कहा जाता है।
A. वर्ड प्रोसेसिंग सॉफ्टवेयर
B. ग्राफिक सॉफ्टवेयर
C. यूटिलिटी सॉफ्टवेयर
D. स्प्रेडशीट सॉफ्टवेयर

11. सेल में दर्ज किए गए अंकों और सूत्रों/फार्मूलों को .... कहा जाता है।
A. लेबल्स
B. आंकिक प्रविष्टियां/न्यूमरिक एंट्रीज
C. इंटरसेक्शन/छेदन
D. टेक्स्ट/पाठ

12. माइक्रोसॉफ्ट ऑफिस यह .... का उदाहरण है।
A. क्लोज-सोर्स सॉफ्टवेयर
B. ओपन-सोर्स सॉफ्टवेयर
C. क्षितिज समानांतर मार्केट सॉफ्टवेयर
D. वर्टिकल मार्केट सॉफ्टवेयर

13. आप..............का प्रयोग चयनित पाठ/टैक्स्ट को कापी करने और ....दस्तावेज में पेस्ट करने हेतु होता है।
A. Ctrl + C, Ctrl + V
B. Ctrl + C, Ctrl + P
C. Ctrl + S, Ctrl + S
D. Ctrl + D, Ctrl + A

14. माइक्रोसॉफ्ट ऑफिस है–
A. डेस्कटॉप अनुप्रयोग B. ऑपरेटिंग सिस्टम
C. विंडो कमांड D. इनमें से कोई नहीं

15. माइक्रोसॉफ्ट ऑफिस बनाया गया है–
A. माइक्रोसॉफ्ट Windows ऑपरेटिंग सिस्टम
B. मैक ओएस एक्स ऑपरेटिंग सिस्टम
C. A और B दोनों सही हैं
D. कोई भी सत्य नहीं है

16. माइक्रोसॉफ्ट Word, माइक्रोसॉफ्ट Excel और माइक्रोसॉफ्ट Power Point हिस्सा हैं–
A. माइक्रोसॉफ्ट ऑफिस सूट
B. माइक्रोसॉफ्ट Windows
C. मैक ओएस एक्स
D. इनमें से कोई नहीं

17. इस संस्करण के लिए पहले माइक्रोसॉफ्ट ऑफिस जारी किया गया था–
A. विंडोज ऑपरेटिंग सिस्टम
B. Apple Macintosh OS
C. Unix
D. इनमें से कोई नहीं

18. MS ऑफिस का पहला संस्करण किस माइक्रोसॉफ्ट Windows ऑपरेटिंग सिस्टम के लिए है।
A. माइक्रोसॉफ्ट ऑफिस 3.0
B. माइक्रोसॉफ्ट ऑफिस 2003
C. माइक्रोसॉफ्ट ऑफिस 2007
D. माइक्रोसॉफ्ट XP

19. यह MS ऑफिस का हिस्सा है–
A. माइक्रोसॉफ्ट Word
B. माइक्रोसॉफ्ट Excel
C. माइक्रोसॉफ्ट Power Point
D. इनमें से कोई नहीं

20. माइक्रोसॉफ्ट वर्ड में शब्द संसाधक का प्रारूप है–
A. .doc B. .pdf
C. .txt D. इनमें से कोई नहीं

21. माइक्रोसॉफ्ट ऑफिस सूट का स्प्रैडशीट प्रोग्राम है–
A. माइक्रोसॉफ्ट Excel
B. माइक्रोसॉफ्ट Word
C. माइक्रोसॉफ्ट Power Point
D. इनमें से कोई नहीं

22. एक प्रमुख प्रतिस्पर्धी लोटस 1-2-3 का है–
A. माइक्रोसॉफ्ट Excel
B. माइक्रोसॉफ्ट Word
C. माइक्रोसॉफ्ट Power Point
D. इनमें से कोई नहीं

23. एक व्यक्तिगत जानकारी प्रबन्धक और ई-मेल से संचार में MS ऑफिस सॉफ्टवेयर है–
A. माइक्रोसॉफ्ट Outlook
B. माइक्रोसॉफ्ट Word
C. माइक्रोसॉफ्ट Power Point
D. इनमें से कोई नहीं

24. स्लाइड-शो चलाने के बनाने के लिए पाठ, ग्राफिक्स, फिल्मों और अन्य वस्तुओं, जो दिखाया जा सकता है और Navigated के माध्यम से परदे पर प्रस्तुतकर्ता

द्वारा या मुद्रित या transparencies स्लाइड पर एक का उपयोग करता है–

A. माइक्रोसॉफ्ट Word
B. माइक्रोसॉफ्ट Power Point
C. माइक्रोसॉफ्ट Access
D. इनमें से कोई नहीं

25. डाटाबेस के प्रबन्धन के लिए उपयोग करते हैं–

A. माइक्रोसॉफ्ट Access
B. माइक्रोसॉफ्ट Power point
C. माइक्रोसॉफ्ट Word
D. इनमें से कोई नहीं

26. यह सॉफ्टवेयर समाचार-पत्र, व्यवसाय कार्डस्, flyers ग्रीटिंग कार्ड या पोस्टकार्डों को बनाने के लिए काम आता है–

A. माइक्रोसॉफ्ट प्रकाशक
B. माइक्रोसॉफ्ट Power Point
C. माइक्रोसॉफ्ट Access
D. इनमें से कोई नहीं

27. प्राइमरी-की है–

A. यूनिक-की B. कॉमन-की
C. Tuples D. उपरोक्त सभी

28. Ms-Access किस language को integrate करता है?

A. Java B. Visual Basic
C. C++ D. C

29. Ms-Access में टेबल तैयार करने के लिये कौन-कौन सी पद्धतियां है?

A. Data table
B. Create table by design view
C. Wizard
D. उपरोक्त सभी

30. Ms-Access निम्न में किस सुविधा को नहीं देता है?

A. Report B. Firm
C. Table D. Programme

31. प्रिन्ट के लिए कौन-सा मेनू सिलेक्ट किया जाता है?

A. एडिट B. स्पेशल
C. फाइल D. टूल्स

32. प्रयोक्ता दस्तावेज को जो नाम देता है उसे........ कहते हैं।

A. फाइल नेम B. प्रोग्राम
C. रिकॉर्ड D. डाटा

33. कट, कॉपी और पेस्ट करने के लिए कौन-सा मेनू सिलेक्ट किया जाता है?

A. फाइल B. टूल्स
C. स्पेशल D. एडिट

34. रिलेटेड फाइलों के कलेक्शन को ....कहा जाता है।

A. कैरेक्टर B. फील्ड
C. डाटाबेस D. रिकॉर्ड

35. विद्यमान डॉक्यूमेंट को परिवर्तित करना डॉक्यूमेंट की ....कहलाता है।

A. क्रिएटिंग B. एडिटिंग
C. मोडीफाइंग D. एडजेस्टिंग

36. वर्ड में टेक्स्ट की फार्मेटिंग करते समय किस ग्रुपिंग में काम किया जाता है?

A. टेबल्स, पैराग्राफ्स और इन्डेक्सेज
B. पैराग्राफ्स, इन्डेक्सेज और सेक्शन्ज
C. कैरेक्टर्स, सेक्शन्ज और पैराग्राफ्स
D. इन्डेक्सेज, कैरेक्टर्स और टेबल्स

उत्तरमाला

1	2	3	4	5	6	7	8	9	10
B	D	A	B	B	A	D	C	A	D
11	**12**	**13**	**14**	**15**	**16**	**17**	**18**	**19**	**20**
B	C	A	A	C	A	B	A	D	A
21	**22**	**23**	**24**	**25**	**26**	**27**	**28**	**29**	**30**
A	A	A	B	A	A	A	B	D	D
31	**32**	**33**	**34**	**35**	**36**				
C	A	D	C	B	A				

11

डिस्क ऑपरेटिंग सिस्टम
(Disk Operating System—DOS)

1. निम्न command prompt का उत्तर क्या होगा?
$< $p $g?

A. <C:\>? B. <TD>
C. C:\> D. C::\>

2. किस command का उपयोग disk में track एवं sector को पुनः तैयार करने में होता है–

A. Fdisk B. Format disk
C. Chkdsk D. ATTRIB

3. Disk copy के लिये कौन-सा कथन सत्य है?

A. Copy एवं Disk copy दोनों समान हैं
B. disk copy हार्ड डिस्क पर उपयोग होता है
C. यह DOS का प्रारंभिक command है
D. यह floppy एवं हार्ड डिस्क पर उपयोग होगा

4. FAT का पूरा नाम है–

A. File accommodation table
B. File access type
C. File allocation table
D. File activity table

5. DOS version को जानने के लिये किस command का उपयोग होता है?

A. VERSION B. VERIFY
C. VER D. VERSN

6. इसमें कौन-सा file name गलत है?

A. Myfile.dos B. Check$.(1)
C. Verified.# # # D. Qwerty.113

7. Virus का पूरा नाम क्या है–

A. Very important resource under search
B. Virtual information resource under seize
C. Verify interchange result until source
D. Very important record user searched

8. अचानक deleted file को किस command के द्वारा recover किया जायेगा?

A. UNDELETE
B. DELETE/CANCEL
C. RESTORE
D. RECOVER

9. Disk का नाम set करने के लिए किस command का उपयोग होता है?

A. VOLUME B. VOL
C. LABEL D. DISKLABEL

10. किस command का उपयोग file को sorted order में display करने के लिये होता है?

A. DIR/N B. DIR/SO
C. DIR/AN D. DIR/AH

11. MS-DOS किसके द्वारा बनाया गया है?

A. Microsoft
B. IBM
C. Apple talk
D. उपरोक्त में से किसी के भी द्वारा नहीं

12. MS-DOS को develop करने वाला programmer कौन था?

A. R. Jhon B. Bill Gates
C. Dennis Ritchi D. उपरोक्त में कोई नहीं

13. MS-DOS का अंतिम version कौन-सा है?
A. 5.0 B. 6.0
C. 6.11 D. 6.22

14. DOS में कौन File Internal Command को लोड करता है?
A. Io.sys B. MsDos.sys
C. Command.com D. Config.sys

15. जब DOS boot होता है तब batch file स्वतः रन करता है। उस batch file का नाम क्या है?
A. Run.bat B. Config.bat
C. Config.sys D. Autorun.bat

16. Additional file को चलाने के लिये किस प्रकार के command की जरूरत होती है?
A. Internal Command
B. External Command
C. Batch Command
D. Redirectories

17. Time command का उपयोग होता है–
A. System के time को डिस्पले करने में
B. US time को डिस्पले करने में
C. Julian time को डिस्पले करने में
D. उपरोक्त सभी में

18. DIR के साथ किस स्वीच का उपयोग सभी फाईल एवं डायरेक्ट्री देखने में होता है?
A. /p B. /w
C. /s D. /<

19. Disk पर Error fix करने का सबसे अच्छा tool है–
A. Fdisk B. Scandisk
C. Chkdsk D. Fixdsk

20. Copy command file को copy करता है। इसको निश्चित करने के लिये किस command का उपयोग होगा?
A. /A B. /C
C. /S D. /V

21. किस command को पहले से उपयोग किये गये command को देखने के लिये किया जाता है?
A. COMMAND/ALL
B. KEYDOS
C. DOSKEY
D. DIR/ALL

22. Single Binary Bit store करने के लिये किसका उपयोग किया जाता है?
A. CAPACITOR B. FLIP-FLOP
C. REGISTER D. INDICATOR

उत्तरमाला

1	2	3	4	5	6	7	8	9	10
A	B	D	C	C	D	B	A	C	C
11	**12**	**13**	**14**	**15**	**16**	**17**	**18**	**19**	**20**
B	B	D	C	D	B	A	C	B	D
21	**22**								
C	B								

भाग-II

आर्थिक एवं सामाजिक मुद्दे
(Economic and Social Issues)
कृषि एवं ग्रामीण विकास
(Agriculture and Rural Development)

1. आर्थिक एवं सामाजिक मुद्दे

1. किसी देश की, कर से GDP के अनुपात में कमी क्या सूचित करती है?

1. आर्थिक वृद्धि-दर धीमी होना।
2. राष्ट्रीय आय का कम साम्यिक (एक्किटेबल) वितरण।

नीचे दिए गए कूट का प्रयोग कर सही उत्तर चुनिए।

A. केवल 1
B. केवल 2
C. 1 और 2 दोनों
D. न तो 1 और न ही 2
E. इनमें से कोई नहीं

2. राष्ट्रीय नवप्रवर्तन प्रतिष्ठान-भारत (नेशनल इनोवेशन फाउंडेशन- इंडिया) (NIF) के बारे में निम्नलिखित में से कौन-सा/से कथन सही है/हैं?

1. NIF, केन्द्रीय सरकार के अधीन विज्ञान और प्रौद्योगिकी विभाग की एक स्वायत्त संस्था है।
2. NIF, अत्यन्त उन्नत विदेशी वैज्ञानिक संस्थाओं के सहयोग से भारत की प्रमुख (प्रीमियर) वैज्ञानिक संस्थाओं में अत्यन्त उन्नत वैज्ञानिक अनुसंधान को मजबूत करने की एक पहल है।

नीचे दिए गए कूट का प्रयोग कर सही उत्तर चुनिए।

A. केवल 1
B. केवल 2
C. 1 और 2 दोनों
D. न तो 1 और न ही 2
E. इनमें से कोई नहीं

3. ईंधन के रूप में कोयले का उपयोग करने वाले शक्ति संयंत्रों से प्राप्त 'फ्लाई ऐश' के संदर्भ में, निम्नलिखित कथनों में से कौन-सा/से सही है/हैं?

1. फ्लाई ऐश का उपयोग भवन निर्माण के लिए ईंटों के उत्पादन में किया जा सकता है।
2. फ्लाई ऐश का उपयोग कंक्रीट के कुछ पोर्टलैंड सीमेंट अंश के स्थानापन्न (रिप्लेसूमेंट) के रूप में किया जा सकता है।
3. फ्लाई ऐश केवल सिलिकॉन डाइऑक्साइड तथा कैल्शियम ऑक्साइड से बना होता है और इसमें कोई विषाक्त (टॉक्सिक) तत्त्व नहीं होते।

नीचे दिए गए कूट का प्रयोग कर सही उत्तर चुनिए।

A. 1 और 2 B. केवल 2
C. 1 और 3 D. केवल 3
E. इनमें से कोई नहीं

4. स्वास्थ्य क्षेत्र में नैनोटेक्नोलॉजी के उपयोग के संदर्भ में, निम्नलिखित कथनों में से कौन-सा/से सही है/हैं?

1. नैनोटेक्नोलॉजी के द्वारा लक्ष्ययुक्त औषधि प्रदान करना (टार्गेटेड ड्रग डिलिवरी) सम्भव कर दिया गया है।
2. नैनोटेक्नोलॉजी जीन उपचार (जीन थेरैपी) में एक बड़ा योगदान दे सकती है।

नीचे दिए गए कूट का प्रयोग कर सही उत्तर चुनिए।

A. केवल 1
B. केवल 2
C. 1 और 2 दोनों
D. न तो 1 और न ही 2
E. इनमें से कोई नहीं

5. निम्नलिखित में से कौन 'औद्योगिक कर्मकारों के लिए उपभोक्ता कीमत सूचकांक (कंज्यूमर प्राइस इंडेक्स नम्बर फॉर इंडस्ट्रियल वर्कर्स)' निकालता है?

A. भारतीय रिजर्व बैंक
B. आर्थिक कार्य विभाग
C. श्रम ब्यूरो
D. कार्मिक और प्रशिक्षण विभाग
E. इनमें से कोई नहीं

6. आमतौर पर समाचारों में आने वाला रियो +20 (Rio+20) सम्मेलन क्या है?
   A. यह धारणीय विकास (सस्टेनेबल डेवलपमेंट) पर संयुक्त राष्ट्र सम्मेलन है
   B. यह विश्व व्यापार संगठन की मंत्रीवर्गीय (मिनिस्टीरियल) बैठक है
   C. यह जलवायु परिवर्तन पर अन्तर-सरकारी पैनल (इंटर-गवर्नमेंटल पैनल ऑन क्लाइमेट चेंज) का सम्मेलन है
   D. यह जैव विविधता पर कन्वेंशन के सदस्य देशों का सम्मेलन है
   E. इनमें से कोई नहीं

7. 'बायोकार्बन फंड इनिशिएटिव फॉर सस्टेनेबल फॉरेस्ट लैंडस्केप्स (BioCarbon Fund Initiative for Sustainable Forest Landscapes)' का प्रबंधन निम्नलिखित में से कौन करता है?
   A. एशिया विकास बैंक
   B. अन्तर्राष्ट्रीय मुद्रा कोष
   C. संयुक्त राष्ट्र पर्यावरण कार्यक्रम
   D. विश्व बैंक
   E. इनमें से कोई नहीं

8. समाचारों में प्रायः आने वाला 'बेसल III (Basel III) समझौता' या सरल शब्दों में 'बेसल III'
   A. जैव विविधता के संरक्षण और धारणीय (सस्टेनेबल) उपयोग के लिए राष्ट्रीय कार्यनीतियाँ विकसित करने का प्रयास करता है।
   B. बैंकिंग क्षेत्रों के, वित्तीय और आर्थिक दबावों का सामना करने के सामर्थ्य को उन्नत करने तथा जोखिम प्रबंधन को उन्नत करने का प्रयास करता है।
   C. ग्रीनहाउस गैस उत्सर्जन को कम करने का प्रयास करता है किन्तु विकसित देशों पर अपेक्षाकृत भारी बोझ रखता है।
   D. विकसित देशों से निर्धन देशों को प्रौद्योगिकी के अन्तरण का प्रयास करता है ताकि वे प्रशीतन में प्रयुक्त होने वाले क्लोरोफ्लुओरो कार्बन के स्थान पर हानिरहित रसायनों का प्रयोग कर सकें।
   E. इनमें से कोई नहीं

9. 'वन कार्बन भागीदारी सुविधा (फॉरेस्ट कार्बन पार्टनरशिप फेसिलिटि)' के संदर्भ में, निम्नलिखित में से कौन-सा/से कथन सही है/हैं?
   1. यह सरकारों, व्यवसायों, नागरिक समाज और देशी जनों (इंडिजिनस पीपल्स) की एक वैश्विक भागीदारी है।
   2. यह धारणीय (सस्टेनेबल) वन प्रबंधन हेतु पर्यावरण-अनुकूली (ईको-फ्रेंड्ली) और जलवायु अनुकूलन (क्लाइमेट ऐडेप्टेशन) प्रौद्योगिकियों (टेक्नोलॉजीज) के विकास के लिए वैज्ञानिक वानिकी अनुसंधान में लगे विश्वविद्यालयों, विशेष (इंडिविजुअल) वैज्ञानिकों तथा संस्थाओं को वित्तीय सहायता प्रदान करती है।
   3. यह देशों की, उनके 'वनोन्मूलन और वन-निम्नीकरण उत्सर्जन कम करने + [(रिड्यूसिंग एमिसन्स फ्रॉम डीफॉरेस्टेशन ऐंड फॉरेस्ट डिग्रेडेशन+) (REDD+)]' प्रयासों में वित्तीय एवं तकनीकी सहायता प्रदान कर, मदद करती है।

   नीचे दिए गए कूट का प्रयोग कर सही उत्तर चुनिए।
   A. केवल 1 B. केवल 2 और 3
   C. केवल 1 और 3 D. 1, 2 और 3
   E. इनमें से कोई नहीं

10. निम्नलिखित युग्मों पर विचार कीजिए:

कार्यक्रम/परियोजना		मंत्रालय
1. सूखा-प्रवण क्षेत्र कार्यक्रम	:	कृषि मंत्रालय
2. मरुस्थल विकास कार्यक्रम	:	पर्यावरण एवं वन मंत्रालय
3. वर्षापूरित क्षेत्रों हेतु राष्ट्रीय विकास जलसम्भर विकास परियोजना	:	ग्रामीण मंत्रालय

   उपर्युक्त युग्मों में से कौन-सा/से सही सुमेलित है/हैं?
   A. केवल 1 और 2 B. केवल 3
   C. 1, 2 और 3 D. कोई नहीं
   E. इनमें से कोई नहीं

11. 'भूमण्डलीय पर्यावरण सुविधा' के सन्दर्भ में निम्नलिखित में से कौन-सा/से कथन सही है/हैं?
   A. यह 'जैव-विविधता पर अभिसमय' एवं 'जलवायु परिवर्तन पर संयुक्त राष्ट्र ढाँचा अभिसमय' के लिए वित्तीय क्रियाविधि के रूप में काम करता है

B. यह भूमण्डलीय स्तर पर पर्यावरण के मुद्दों पर वैज्ञानिक अनुसंधान करता है

C. यह OECD के अधीन एक अभिकरण है, जो अल्पविकसित देशों को उनके पर्यावरण की सुरक्षा के विशिष्ट उद्देश्य से प्रौद्योगिकी और निधियों का अन्तरण सुकर बनाता है।

D. A और B दोनों

E. इनमें से कोई नहीं

12. सौर शक्ति उत्पादन के लिए प्रौद्योगिकियों के सन्दर्भ में निम्नलिखित कथनों पर विचार कीजिए:

1. 'प्रकाशवोल्टीय प्रक्रिया' एक प्रौद्योगिकी है, जो कि प्रकाश के विद्युत् में प्रत्यक्ष रूपान्तरण द्वारा विद्युत् जनन करती है, जबकि 'सौर तापीय प्रक्रिया' एक प्रौद्योगिकी है, जो सूर्य की किरणों का उपयोग ताप जनित करने के लिए करती है, जिसका आगे विद्युत् जनन प्रक्रिया में उपयोग किया जाता है।
2. प्रकाशवोल्टीय प्रक्रिया प्रत्यावर्ती धारा (AC) का जनन करती है, जबकि सौर तापीय प्रक्रिया दिष्ट धारा (DC) का जनन करती है।
3. भारत के पास सौर तापीय प्रौद्योगिकी के लिए विनिर्माण आधार है, किन्तु प्रकाशवोल्टीय प्रौद्योगिकी के लिए नहीं।

उपर्युक्त कथनों में से कौन-सा/से सही है/हैं?

A. केवल 1 B. केवल 2 और 3

C. 1, 2 और 3 D. कोई नहीं

E. इनमें से कोई नहीं

13. निम्नलिखित युग्मों पर विचार कीजिए:

1. दाम्पा टाइगर रिजर्व : मिजोरम
2. गुमटी वन्यजीव अभयारण्य: सिक्किम
3. सारामती शिखर : नगालैण्ड

उपर्युक्त युग्मों में से कौन-सा/से सही सुमेलित है/हैं?

A. केवल 1 B. केवल 2 और 3

C. केवल 1 और 3 D. 1, 2 और 3

E. इनमें से कोई नहीं

14. गंगा नदी डाल्फिन की समष्टि में ह्रास के लिए शिकार-चोरी के अलावा और क्या सम्भव कारण हैं?

1. नदियों पर बाँधों और बैराजों का निर्माण
2. नदियों में मगरमच्छों की समष्टि में वृद्धि
3. संयोग से मछली पकड़ने के जालों में फँस जाना
4. नदियों के आस-पास के फसल-खेतों में संश्लिष्ट उर्वरकों और अन्य कृषि रसायनों का इस्तेमाल

नीचे दिए गए कूट का प्रयोग कर सही उत्तर चुनिए।

A. केवल 1 और 2

B. केवल 2 और 3

C. केवल 1, 3 और 4

D. 1, 2, 3 और 4

E. इनमें से कोई नहीं

15. जैव-विविधता के साथ-साथ मनुष्य के परम्परागत जीवन के संरक्षण के लिए सबसे महत्त्वपूर्ण रणनीति निम्नलिखित में से किस एक की स्थापना करने में निहित है?

A. जीवमण्डल निचय (रिजर्व)

B. वानस्पतिक उद्यान

C. राष्ट्रीय उपवन

D. वन्यजीव अभयारण्य

E. इनमें से कोई नहीं

16. नीम के पेड़ के सन्दर्भ में निम्नलिखित कथनों पर विचार कीजिए:

1. कुछ जाति के कीटों और बरुथियों के प्रचुरोद्भवन को नियंत्रित करने के लिए नीम के तेल का प्रयोग कीटनाशक के रूप में किया जा सकता है।
2. नीम के बीजों का प्रयोग जैव-ईंधन और अस्पताल अपमार्जकों का निर्माण करने में होता है।
3. नीम के तेल का अनुप्रयोग औषधि उद्योग में होता है।

उपर्युक्त कथनों में से कौन-सा/से सही है/हैं?

A. केवल 1 और 2 B. केवल 3

C. केवल 1 और 3 D. 1, 2 और 3

E. इनमें से कोई नहीं

17. भारत की खाद्य एवं पोषण सुरक्षा के सन्दर्भ में विभिन्न फसलों की 'बीज प्रतिस्थापन दरों' को बढ़ाने से भविष्य के खाद्य उत्पादन लक्ष्यों को प्राप्त करने में मदद मिलती है, किन्तु इसके अपेक्षाकृत बड़े/विस्तृत कार्यान्वयन में क्या बाध्यता है/बाध्यताएँ हैं?

1. कोई भी राष्ट्रीय बीज नीति नहीं बनी है।
2. निजी क्षेत्र की बीज कम्पनियों की, उद्यान-कृषि फसलों की रोपण सामग्रियों और सब्जियों के गुणता वाले बीजों की पूर्ति में कोई सहभागिता नहीं है।

3. निम्न मूल्य एवं उच्च परिमाण वाली फसलों के मामले में गुणता वाले बीजों के बारे में माँग-पूर्ति अन्तराल है।

नीचे दिए गए कूट का प्रयोग कर सही उत्तर चुनिए।

A. 1 और 2 B. केवल 3
C. 2 और 3 D. कोई नहीं
E. इनमें से कोई नहीं

18. 'पारिस्थितिक-संवेदी क्षेत्रों' के सन्दर्भ में निम्नलिखित में से कौन-सा/से कथन सही है/हैं?

1. पारिस्थितिक-संवेदी क्षेत्र वे क्षेत्र हैं, जिन्हें वन्यजीव (संरक्षण) अधिनियम, 1972 के अधीन घोषित किया गया है।
2. पारिस्थितिक-संवेदी क्षेत्र को घोषित करने का प्रयोजन है, उन क्षेत्रों में केवल कृषि को छोड़कर सभी मानव क्रियाओं पर प्रतिबन्ध लगाना।

नीचे दिए गए कूट का प्रयोग कर सही उत्तर चुनिए।

A. केवल 1 B. केवल 2
C. 1 और 2 दोनों D. न तो 1 और न ही 2
E. इनमें से कोई नहीं

19. अम्ल वर्षा किनके द्वारा होने वाले पर्यावरण प्रदूषण के कारण होती है?

A. कार्बन डाइऑक्साइड और नाइट्रोजन
B. कार्बन मोनो-ऑक्साइड और कार्बन डाइऑक्साइड
C. ओजोन और कार्बन डाइऑक्साइड
D. नाइट्रस ऑक्साइड और सल्फर डाइऑक्साइड
E. इनमें से कोई नहीं

20. जनांकिकीय लाभांश के पूर्ण लाभ को प्राप्त करने के लिए भारत को क्या करना चाहिए?

A. कुशलता विकास का प्रोत्साहन
B. और अधिक सामाजिक सुरक्षा योजनाओं का प्रारम्भ
C. शिशु मृत्यु दर में कमी
D. उच्च शिक्षा का निजीकरण
E. इनमें से कोई नहीं

21. राष्ट्रीय जैव विविधता प्राधिकरण (NBA) भारत में कृषि संरक्षण में किस प्रकार सहायक है?

1. NBA जैव चोरी को रोकता है तथा देशी और परम्परागत आनुवंशिक संसाधनों का संरक्षण करता है।
2. NBA कृषि पादपों के आनुवंशिक संशोधन पर चल रहे वैज्ञानिक अनुसंधान को प्रत्यक्षतः मॉनीटर करता है और इसका निरीक्षण करता है।
3. NBA की अनुशंसा के बिना आनुवंशिक/जैविक संसाधनों से सम्बन्धित बौद्धिक सम्पदा अधिकार हेतु आवेदन नहीं किया जा सकता है।

उपर्युक्त में से कौन-सा/से कथन सही है/हैं?

A. केवल 1
B. केवल 2 और 3
C. केवल 1 और 3
D. 1, 2 और 3
E. इनमें से कोई नहीं

22. राष्ट्रीय हरित न्यायाधिकरण अधिनियम, 2010 भारतीय संविधान के निम्नलिखित में से कौन-सा/से प्रावधान के आनुरूप्य अधिनियमित हुआ था/हुए थे?

1. स्वस्थ पर्यावरण के अधिकार के आनुरूप्य, जो अनुच्छेद 21 के अन्तर्गत जीवन के अधिकार का अंग माना जाता है।
2. अनुच्छेद 275(1) के अन्तर्गत अनुसूचित जनजातियों के कल्याण हेतु अनुसूचित क्षेत्रों में प्रशासन का स्तर बढ़ाने के लिए प्रावधानित अनुदान के आनुरूप्य।
3. अनुच्छेद 243(A) के अन्तर्गत उल्लिखित ग्राम सभा की शक्तियों और कार्यों के आनुरूप्य।

निम्नलिखित कूटों के आधार पर सही उत्तर चुनिए–

A. केवल 1 B. केवल 2 और 3
C. केवल 1 और 3 D. 1, 2 और 3
E. इनमें से कोई नहीं

23. यदि राष्ट्रीय जल मिशन सही ढंग से और पूर्णतः लागू किया जाए, तो देश पर उसका क्या प्रभाव पड़ेगा?

1. शहरी क्षेत्रों की जल आवश्यकताओं की आंशिक आपूर्ति अपशिष्ट जल के पुनर्चक्रण से हो सकेगी।
2. ऐसे समुद्रतटीय शहर, जिनके पास जल के अपर्याप्त वैकल्पिक स्रोत हैं, की जल आवश्यकताओं की आपूर्ति ऐसी समुचित प्रौद्योगिकी व्यवहार में लाकर की जा सकेगी जो समुद्री जल को प्रयोग लायक बना सकेगी।
3. हिमालय से उद्गमित सभी नदियाँ प्रायद्वीपीय भारत की नदियों से जोड़ दी जाएँगी।

4. सरकार कृषकों द्वारा भौम जल निकालने के लिए बोरिंग से खोदे गए कुएँ और उन पर लगाई गई मोटर और पम्प-सेट पर वहन किए गए व्यय की पूरी तरह प्रतिपूर्ति करेगी।

निम्नलिखित कूटों के आधार पर सही उत्तर चुनिए–

A. केवल 1 B. केवल 1 और 2
C. केवल 3 और 4 D. 1, 2, 3 और 4
E. इनमें से कोई नहीं

24. जीवभार गैसीकरण को भारत में ऊर्जा संकट के धारणीय (सस्टेनेबल) हलों में से एक समझा जाता है। इस सन्दर्भ में कौन-सा/से कथन सही है/हैं?

1. नारियल आवरण, मूँगफली का छिलका और धान की भूसी का उपयोग जीवभार गैसीकरण के लिए किया जा सकता है।
2. जीवभार गैसीकरण द्वारा जनित ज्वलनशील गैसों में केवल हाइड्रोजन और कार्बन डाइऑक्साइड होती है।
3. जीवभार गैसीकरण द्वारा जनित ज्वलनशील गैसों को ऊष्मा उत्पादन में सीधे ही उपयोग कर सकते हैं लेकिन अन्तर्दहन इंजनों में नहीं।

निम्नलिखित कूटों के आधार पर सही उत्तर चुनिए–

A. केवल 1 B. केवल 2 और 3
C. केवल 1 और 3 D. 1, 2 और 3
E. इनमें से कोई नहीं

25. जल शुद्धीकरण प्रणालियों में पराबैंगनी (अल्ट्रा-वायलेट, UV) विकिरण की क्या भूमिका है?

1. यह जल में उपस्थित नुकसानदेह सूक्ष्मजीवों को निष्क्रिय/नष्ट कर देती है।
2. यह जल में उपस्थित सभी अवांछनीय गंधों को दूर कर देती है।
3. यह जल में उपस्थित ठोस कणों के अवसादन को तेज करती है, आविलता दूर करती है और जल की निर्मलता में सुधार लाती है।

उपर्युक्त में से कौन-सा/से कथन सही है/हैं?

A. केवल 1
B. केवल 2 और 3
C. केवल 1 और 3
D. 1, 2 और 3
E. इनमें से कोई नहीं

26. शरीर में श्वास अथवा खाने से पहुँचा सीसा (लेड) स्वास्थ्य के लिए हानिकारक है। पेट्रोल में सीसे का प्रयोग प्रतिबन्धित होने के बाद से अब सीसे की विषाक्तता उत्पन्न करने वाले स्रोत कौन-कौन से हैं?

1. प्रगलन इकाइयाँ
2. पेन (कलम) और पेंसिलें
3. पेन्ट
4. केश तेल एवं प्रसाधन सामग्रियाँ

निम्नलिखित कूटों के आधार पर सही उत्तर चुनिए–

A. केवल 1, 2 और 3 B. केवल 1 और 3
C. केवल 2 और 4 D. 1, 2, 3 और 4
E. इनमें से कोई नहीं

27. UNDP के समर्थन से 'ऑक्सफोर्ड निर्धनता एवं मानव विकास नेतृत्व' द्वारा विकसित 'बहु-आयामी निर्धनता सूचकांक' में निम्नलिखित में से कौन-सा/से सम्मिलित है/हैं?

1. पारिवारिक स्तर पर शिक्षा, स्वास्थ्य, सम्पत्ति तथा सेवाओं से वंचन।
2. राष्ट्रीय स्तर पर क्रय-शक्ति समता।
3. राष्ट्रीय स्तर पर बजट घाटे की मात्रा और GDP की विकास दर।

निम्नलिखित कूटों के आधार पर सही उत्तर चुनिए–

A. केवल 1 B. केवल 2 और 3
C. केवल 1 और 3 D. 1, 2 और 3
E. इनमें से कोई नहीं

28. महासागरों का अम्लीकरण बढ़ रहा है। यह घटना क्यों चिन्ता का विषय है?

1. कैल्सियमी पादपप्लवक की वृद्धि और उत्तरजीविता प्रतिकूल रूप से प्रभावित होगी।
2. प्रवाल-भित्ति की वृद्धि और उत्तरजीविता प्रतिकूल रूप से प्रभावित होगी।
3. कुछ प्राणी, जिनके डिम्भक पादपप्लवकीय होते हैं, की उत्तरजीविता प्रतिकूल रूप से प्रभावित होगी।
4. मेघ बीजन और मेघों का बनना प्रतिकूल रूप से प्रभावित होगा।

उपर्युक्त में से कौन-सा/से कथन सही है/हैं?

A. केवल 1, 2 और 3 B. केवल 2
C. केवल 1 और 3 D. 1, 2, 3 और 4
E. इनमें से कोई नहीं

29. 'जननी सुरक्षा योजना' कार्यक्रम का प्रयास है–

1. संस्थागत प्रसव को प्रोत्साहित करना।
2. प्रसूति की लागत वहन करने हेतु माँ को आर्थिक सहायता उपलब्ध कराना।
3. गर्भावस्था और प्रसूति से हुई वेतन-हानि की आपूर्ति करना।

उपर्युक्त में से कौन-सा/से कथन सही है/हैं?

A. केवल 1 और 2 B. केवल 2
C. केवल 3 D. 1, 2 और 3
E. इनमें से कोई नहीं

30. कुछ लोगों का सोचना है कि तेजी से बढ़ रही ऊर्जा की जरूरत पूरी करने के लिए भारत को थोरियम को नाभिकीय ऊर्जा के भविष्य के ईंधन के रूप में विकसित करने के लिए शोध और विकास करना चाहिए। इस सन्दर्भ में थोरियम, यूरेनियम की तुलना में कैसे अधिक लाभकारी है?

1. प्रकृति में यूरेनियम की तुलना में थोरियम के कहीं अधिक भण्डार हैं।
2. उत्खनन-प्राप्त खनिज से मिलने वाली प्रति इकाई द्रव्यमान ऊर्जा की तुलना की जाए, तो थोरियम, प्राकृतिक यूरेनियम की तुलना में, कहीं अधिक ऊर्जा उत्पन्न करता है।
3. थोरियम, यूरेनियम की तुलना में, कम नुकसानदेह अपशिष्ट उत्पादित करता है।

उपर्युक्त में से कौन-सा/से कथन सही है/हैं?

A. केवल 1 B. केवल 2 और 3
C. केवल 1 और 3 D. 1, 2 और 3
E. इनमें से कोई नहीं

31. वायु में कार्बन डाइऑक्साइड की बढ़ती हुई मात्रा से वायुमण्डल का तापमान धीरे-धीरे बढ़ रहा है, क्योंकि कार्बन डाइऑक्साइड–

A. वायु में उपस्थित जलवाष्प को अवशोषित कर उसकी ऊष्मा को संचित करती है।
B. सौर विकिरण के पराबैंगनी अंश को अवशोषित करती है।
C. संपूर्ण सौर विकिरण को अवशोषित करती है।
D. सौर विकिरण के अवरक्त अंश को अवशोषित करती है।
E. इनमें से कोई नहीं

32. निम्नलिखित में से कौन-से भौगोलिक क्षेत्र में जैव विविधता के लिए संकट हो सकते हैं?

1. वैश्विक तापन।
2. आवास का विखण्डन।
3. विदेशी जाति का संक्रमण।
4. शाकाहार को प्रोत्साहन।

निम्नलिखित कूटों के आधार पर सही उत्तर चुनिए–

A. केवल 1, 2 और 3 B. केवल 2 और 3
C. केवल 1 और 4 D. 1, 2, 3 और 4
E. इनमें से कोई नहीं

33. कुछ वर्ष पहले तक गिद्ध भारतीय देहातों में आमतौर पर दिखाई देते थे, किन्तु आजकल कभी-कभार ही नजर आते हैं। इस स्थिति के लिए उत्तरदायी है–

A. नवीन प्रवेश॥ जातियों द्वारा उनके नीड़ स्थलों का नाश।
B. गोपशु मालिकों द्वारा रुग्ण पशुओं के उपचार हेतु प्रयुक्त एक औषधि।
C. उन्हें मिलने वाले भोजन में आई कमी।
D. उनमें हुआ व्यापक, दीर्घस्थायी तथा घातक रोग।
E. इनमें से कोई नहीं

34. आहार में नियमित रूप से ताजे फल और सब्जियां ग्रहण करना वांछनीय है क्योंकि ये ऑक्सीकरण-रोधी (anti-oxidants) तत्वों के अच्छे स्रोत होते हैं। ऑक्सीकरण-रोधी तत्व व्यक्ति के स्वस्थ बने रहने और दीर्घायु होने में किस प्रकार सहायक सिद्ध होते हैं?

A. ये शरीर में उन एन्जाइमों को सक्रिय कर देते हैं जो विटामिनों के संश्लेषण के लिए आवश्यक होते हैं और विटामिन-हीनता नहीं होने देने में मदद करते हैं।
B. ये शरीर में कार्बोहाइड्रेट, वसा तथा प्रोटीन के अतिरिक्त ऑक्सीकरण को रोकते हैं और ऊर्जा को अनावश्यक नष्ट होने से बचाने में मदद करते हैं
C. ये शरीर में चयापचय के उपोत्पाद के रूप में उत्पन्न मुक्त मूलकों को निष्क्रिय बनाते हैं
D. ये शरीर की कोशिकाओं में कुछ जीन को सक्रिय करते हैं और वृद्धत्व की क्रिया को विलंबित करने में मदद करते हैं
E. इनमें से कोई नहीं

35. भारत सरकार "मेगा फूड पार्क" की अवधारणा को किन-किन उद्देश्यों से प्रोत्साहित कर रही है?

1. खाद्य प्रसंस्करण उद्योग के लिए उत्तम अवसंरचना सुविधाएं उपलब्ध कराने हेतु।
2. खराब होने वाले पदार्थों का अधिक मात्रा में प्रसंस्करण करने और अपव्यय घटाने हेतु।
3. उद्यमियों के लिए उद्गामी और पारिस्थितिकी के अनुकूल आहार प्रसंस्करण प्रौद्योगिकियां उपलब्ध कराने हेतु।

उपर्युक्त में से कौन-सा/कौन-से कथन सही है/हैं?

A. केवल 1 B. केवल 1 और 2
C. केवल 2 और 3 D. 1, 2 और 3
E. इनमें से कोई नहीं

36. आहार-उत्पादों के विक्रय में जुटी एक कंपनी यह विज्ञापित करती है कि उसके उत्पादों में ट्रांस-वसा (ट्रांसफैट्स) नहीं होती। उसके इस अभियान का उपभोक्ताओं के लिए क्या अभिप्राय है?

1. कंपनी के आहार उत्पाद हाइड्रोजनीकृत तेलों से नहीं निर्मित किए जाते।
2. कंपनी के आहार उत्पाद पशु उत्पन्न वसा/तेलों से नहीं निर्मित किए जाते।
3. कंपनी के द्वारा प्रयुक्त तेल संभवतया उपभोक्ताओं के हृदयवाहिका स्वास्थ्य को क्षति नहीं पहुंचाएगा।

उपर्युक्त में से कौन-सा/कौन-से कथन सही है/हैं?

A. केवल 1 B. केवल 2 और 3
C. केवल 1 और 3 D. 1, 2 और 3
E. इनमें से कोई नहीं

37. सरकार के समावेशित वृद्धि लक्ष्य को आगे ले जाने में निम्नलिखित में से कौन-सा/कौन-से कार्य सहायक साबित हो सकते हैं–

1. स्व-सहायता समूहों (सेल्फ-हैल्प ग्रुप्स) को प्रोत्साहन देना
2. सूक्ष्म, लघु और मध्यम उद्यमों को प्रोत्साहन देना
3. शिक्षा का अधिकार अधिनियम लागू करना

निम्नलिखित कूटों के आधार पर सही उत्तर चुनिए–

A. केवल 1 B. केवल 1 और 2
C. केवल 2 और 3 D. 1, 2 और 3
E. इनमें से कोई नहीं

38. निम्नलिखित कथनों पर विचार कीजिए–
भारत में महानगर योजना समिति

1. भारतीय संविधान के प्रावधानों के अंतर्गत गठित होती है।
2. उस महानगरीय क्षेत्र के लिए विकास योजना प्रारूप तैयार करती है।
3. उस महानगरीय क्षेत्र में सरकार की प्रयोजित योजनाओं को लागू करने का पूर्ण दायित्व पूरा करती है।

उपर्युक्त में से कौन-सा/कौन-से कथन सही है/हैं?

A. केवल 1 और 2 B. केवल 2
C. केवल 1 और 3 D. 1, 2 और 3
E. इनमें से कोई नहीं

39. "आम आदमी बीमा योजना" के संदर्भ में निम्नलिखित कथनों पर विचार कीजिए–

1. इस योजना के अंतर्गत बीमाकृत व्यक्ति भूमिहीन ग्रामीण कुटुम्ब के परिवार का मुखिया अथवा कमाऊ सदस्य होना चाहिए।
2. बीमाकृत व्यक्ति 30 से 65 वर्ष के आयु वर्ग में होना चाहिए।
3. योजना में बीमाकृत व्यक्ति के कक्षा 9 से 12 के बीच पढ़ रहे दो बच्चों तक के लिए निःशुल्क छात्रवृत्ति का प्रावधान है।

उपर्युक्त में से कौन-सा/कौन-से कथन सही है/हैं?

A. केवल 1 B. केवल 2 और 3
C. केवल 1 और 3 D. 1, 2 और 3
E. इनमें से कोई नहीं

40. हाल के वर्षों में भारत निरंतर और उच्च खाद्य स्फीति से गुजरा है। इसके क्या कारण हो सकते हैं?

1. उत्तरोत्तर वाणिज्यिक फसलों की खेती में प्रयुक्त होने के कारण खाद्यान्नों का कृषि क्षेत्र विगत पांच वर्षों में लगातार घटते हुए लगभग 30 प्रतिशत घट गया है।
2. बढ़ी हुई आय के कारण लोगों के उपभोग प्रतिरूप में महत्वपूर्ण परिवर्तन आए हैं।
3. आहार की आपूर्ति शृंखला में कई संरचनात्मक अवरोध हैं।

उपर्युक्त में से कौन-से कथन सही हैं?

A. केवल 1 और 2 B. केवल 2 और 3
C. केवल 1 और 3 D. 1, 2 और 3
E. इनमें से कोई नहीं

41. निम्नलिखित कथनों पर विचार कीजिए :
1. आबादी में प्रत्येक व्यक्ति स्वाइन फ्लू के लिए समान रूप से संवेद्य परपोषी है।
2. स्वाइन फ्लू के प्राथमिक उपचार में प्रति जैविकों (ऐंटिबायोटिक्स) की कोई भूमिका नहीं होती।
3. महामारी प्रभावित क्षेत्र में स्वाइन फ्लू के भावी विस्तार की रोकथाम हेतु उस क्षेत्र के सभी शूकरों को नष्ट करना अनिवार्य है।

उपर्युक्त कथनों में से कौन-सा/से सही है/हैं?
A. केवल 1 और 2 B. केवल 2
C. केवल 2 और 3 D. 1, 2 और 3
E. इनमें से कोई नहीं

42. वर्तमान में और आसन्न भविष्य में वैश्विक तापन के प्रशमन में भारत की संभावित रूप से क्या सीमाएं हैं?
1. उचित वैकल्पिक प्रौद्योगिकियां पर्याप्त रूप से उपलब्ध नहीं हैं।
2. भारत अनुसंधान और विकास में विशाल धनराशि का निवेश नहीं कर सकता।
3. अनेक विकसित देशों ने भारत में, पहले ही, प्रदूषण फैलाने वाले अपने उद्योग स्थापित कर रखे हैं।

उपर्युक्त में से कौन-सा/से कथन सही है/हैं?
A. केवल 1 और 2 B. केवल 2
C. केवल 1 और 3 D. 1, 2 और 3
E. इनमें से कोई नहीं

43. राष्ट्रीय पुनर्वास एवं पुनःस्थापन नीति, 2007 के संदर्भ में निम्नलिखित कथनों पर विचार कीजिए :
1. यह नीति केवल उन्हीं व्यक्तियों पर लागू होती है जिनकी भूमि किसी परियोजना के लिए अधिग्रहीत की गई है; न कि किसी दूसरे कारण से अनैच्छिक विस्थापन होने पर।
2. इस नीति का निरूपण सामाजिक न्याय एवं सशक्तीकरण मंत्रालय ने किया है।

उपर्युक्त में से कौन-सा/से कथन सही है/हैं?
A. केवल 1
B. केवल 2
C. 1 और 2 दोनों
D. न तो 1 और न ही 2
E. इनमें से कोई नहीं

44. भारत सरकार ने महिला विकास के लिए स्वाधार और स्वयंसिद्धा नामक दो योजनाओं की शुरुआत की है। इन दोनों योजनाओं में भिन्नता के संदर्भ में निम्नलिखित कथनों पर विचार कीजिए :
1. स्वयंसिद्धा योजना उन महिलाओं के लिए है जो कठिन परिस्थितियों में हैं, जैसे कि प्राकृतिक आपदा या आतंकवाद से जीवित बची महिलाएं, जेल से रिहा की गई महिला कैदी, मानसिक रूप से विकलांग महिलाएं आदि, जबकि स्वाधार योजना स्वयं-सहायता-समूहों के द्वारा महिलाओं के संपूर्ण सशक्तीकरण के लिए स्थापित की गई है।
2. स्वयंसिद्धा योजना स्थानीय स्वशासी निकायों अथवा प्रतिष्ठित स्वैच्छिक संगठनों द्वारा कार्यान्वित की जाती है, जबकि स्वाधार योजना राज्यों द्वारा स्थापित आई.सी.डी.एस. (ICDS) इकाइयों द्वारा की जाती है।

उपर्युक्त में से कौन-सा/से कथन सही है/हैं?
A. केवल 1
B. केवल 2
C. 1 और 2 दोनों
D. न तो 1 और न ही 2
E. इनमें से कोई नहीं

45. बाल-अधिकारों पर संयुक्त राष्ट्र कन्वेंशन के संदर्भ में निम्नलिखित कथनों पर विचार कीजिए :
1. विकास का अधिकार
2. अभिव्यक्ति का अधिकार
3. मनोरंजन का अधिकार

उपर्युक्त में से कौन-सा/से बाल-अधिकार है/हैं?
A. केवल 1 B. केवल 1 और 2
C. केवल 2 और 3 D. 1, 2 और 3
E. इनमें से कोई नहीं

46. भारत में जिला स्तर पर उपभोक्ता विवाद निवारण के संदर्भ में, निम्नलिखित कौन-सा एक कथन सही नहीं है?
A. राज्य सरकार यदि उपयुक्त समझे तो वह जिले में एक से अधिक जिला फोरम स्थापित कर सकती है
B. जिला फोरम की कोई एक सदस्य महिला होनी चाहिए
C. जिला फोरम उन्हीं शिकायतों की सुनवाई करता है, जिनमें माल या सेवाओं का कुल मूल्य पचास लाख रुपये से अधिक नहीं होता।

D. उपभोक्ताओं के हितों का सामान्य प्रतिनिधित्व करते हुए राज्य सरकार जिला फोरम के सम्मुख बेचे हुए माल या दी गई सेवाओं के संबंध में शिकायत दर्ज कर सकती है

E. इनमें से कोई नहीं

47. धारणीय विकास, भावी पीढ़ियों की अपनी आवश्यकताओं को पूरा करने के सामर्थ्य से समझौता किए बगैर, वर्तमान की आवश्यकताओं को पूरा करता है। इस परिप्रेक्ष्य में धारणीय विकास का सिद्धांत निम्नलिखित में से किस एक सिद्धांत के साथ स्वाभाविक रूप से जुड़ा हुआ है?

A. सामाजिक न्याय एवं सशक्तीकरण

B. समावेशी विकास

C. वैश्वीकरण

D. धारण क्षमता

E. इनमें से कोई नहीं

48. राष्ट्रीय खाद्य सुरक्षा मिशन का एक लक्ष्य धारणीय रीति से देश के चुनिंदा जिलों में खेतीगत जमीन में बढ़ोतरी और उत्पादकता में वृद्धि लाकर कुछ फसलों की उत्पादकता में वृद्धि लाना है। ये फसलें कौन-कौन सी हैं?

A. केवल चावल और गेहूं

B. केवल चावल, गेहूं और दलहन

C. केवल चावल, गेहूं, दलहन और तिलहन

D. चावल, गेहूं, दलहन, तिलहन और सब्जियां

E. इनमें से कोई नहीं

49. नीले-हरे शैवाल की कुछ जातियों की कौन-सी विशेषता उन्हें जैविक खाद के रूप में वर्धित करने में सहायक है?

A. ये वायुमंडलीय मीथेन को अमोनिया में परिवर्तित करती हैं जिन्हें फसल के पौधे आसानी से ग्रहण कर सकते हैं

B. ये फसल के पौधों को ऐसे एंजाइम पैदा करने के लिए प्रेरित करती हैं जो वायुमंडलीय नाइट्रोजन को नाइट्रेटों में परिवर्तित करने में सहायक होते हैं

C. उनमें ऐसी क्रियाविधि होती है, जो वायुमंडलीय नाइट्रोजन को ऐसे नए रूप में परिवर्तित कर देती है, जिसे फसल के पौधे आसानी से ग्रहण कर सकते हैं

D. ये फसल के पौधों की जड़ों को अपेक्षाकृत अधिक मात्रा में मृदा नाइट्रेट अवशोषित करने के लिए प्रेरित करती हैं

E. इनमें से कोई नहीं

50. मलेरिया परजीवी की क्लोरोक्वीन जैसी औषधियों के प्रति व्यापक प्रतिरोधक क्षमता पनपने के कारण मलेरिया से लड़ने के लिए मलेरिया वैक्सीन (रोग निरोधक टीके) विकसित करने के प्रयत्न किए जा रहे हैं। एक प्रभावी मलेरिया वैक्सीन (रोग निरोधक टीके) विकसित करने में क्या कठिनाई है?

A. मलेरिया की कारक प्लाज्मोडियम की विभिन्न जातियां (स्पीशीज) हैं

B. प्राकृतिक संक्रमण के समय मनुष्य मलेरिया के लिए प्रतिरोध क्षमता विकसित नहीं करता

C. वैक्सीन केवल जीवाणुओं के विरुद्ध विकसित किया जा सकता है

D. मनुष्य केवल मध्यस्थ परपोषी है, अन्त्य परपोषी नहीं

E. इनमें से कोई नहीं

51. भारत में गैर-बैंकिंग वित्तीय कंपनियों के संदर्भ में, निम्नलिखित कथनों पर विचार कीजिए :

1. ये सरकार द्वारा जारी प्रतिभूतियों के अधिग्रहण में भाग नहीं ले सकते।
2. ये बचत खाते की तरह मांग निक्षेप (डिमांग डिपोजिट) स्वीकार नहीं कर सकते।

उपर्युक्त कथनों में से कौन/सा/से कथन सही है/हैं?

A. केवल 1

B. केवल 2

C. 1 और 2 दोनों

D. न तो 1 और न ही 2

E. इनमें से कोई नहीं

52. निम्नलिखित कथनों पर विचार कीजिए–

1. शिशु मृत्यु-दर जन्म से एक महीने के अन्दर होने वाली शिशु मृत्यु का आकलन करती है।
2. शिशु मृत्यु-दर किसी वर्ष में प्रति 100 जीवित जन्मों पर उसी वर्ष में मृत शिशुओं की संख्या है।

उपर्युक्त कथनों में से कौन-सा/से सही है/हैं?

A. केवल 1

B. केवल 2

C. 1 और 2 दोनों

D. न तो 1 और न ही 2

E. इनमें से कोई नहीं

53. संघ सरकार द्वारा प्रारम्भ की गई योजनाओं के सन्दर्भ में, निम्नलिखित कथनों पर विचार कीजिए–

1. स्वास्थ्य एवं परिवार कल्याण मन्त्रालय ने राष्ट्रीय स्वास्थ्य बीमा योजना आरम्भ की।
2. कपड़ा मन्त्रालय ने राजीव गांधी शिल्पी स्वास्थ्य बीमा योजना आरम्भ की।

उपर्युक्त कथनों में से कौन-सा/से सही है/हैं?

A. केवल 1 B. केवल 2
C. 1 और 2 दोनों D. न तो 1 और न ही 2
E. इनमें से कोई नहीं

54. राष्ट्रीय स्वास्थ्य बीमा योजना (RSBY) नामक कार्यक्रम शुरू किया गया था–

A. वित्त मंत्रालय द्वारा
B. ग्रामीण विकास मंत्रालय द्वारा
C. वाणिज्य मंत्रालय द्वारा
D. उद्योग मंत्रालय द्वारा
E. श्रम मंत्रालय द्वारा

55. सबसे कम विकसित देशों (LDCs) में किसानों के बारे में निम्न में से कौन-सा **सत्य नहीं** है?

A. मुख्य फसल भोजन का प्रमुख स्रोत है
B. फसल बोने और कटाई के मौसमों के सिवाय श्रम का अल्प-उपयोग होता है
C. पारंपरिक फार्म में, उपज हमेशा खपत से अधिक होती है
D. खेतिहर जमीन के छोटे से हिस्से का ही प्रयोग करते हैं
E. इनमें से कोई नहीं

56. हाल की मंदी के दौरान विकसित देशों के कामगारों ने काम छोड़ने की बजाए निम्न स्तरीय काम करना पंसद किया। इस स्थिति को .... कहते हैं।

A. मौसमी बेरोजगारी B. चक्रीय बेरोजगारी
C. प्रच्छन्न बेरोजगारी D. स्वैच्छिक बेरोजगारी
E. इनमें से कोई नहीं

57. मध्याह्न भोजन योजना .... को पका-पकाया खाना उपलब्ध कराने के लिए आरंभ की गई है।

A. स्कूल जाने वाले बच्चों
B. राष्ट्रीय वृद्धावस्था पेंशन पाने वालों
C. राष्ट्रीय ग्रामीण रोजगार अधिनियम के कामगारों
D. ग्रामीण क्षेत्रों में सरकारी अस्पतालों के रिहायशी डाक्टरों
E. इनमें से कोई नहीं

58. सामाजिक आर्थिक विकास के वर्तमान परिप्रेक्ष्य में वह अवधारणा जो आने वाली पीढ़ियों की आवश्यकताओं को पूरा कर सकने की क्षमता से बिना समझौता किए वर्तमान आवश्यकताओं को पूरा करने पर जोर देती है, कहलाती है–

A. संपोषणीय विकास
B. एक समान विकास
C. लक्ष्य संचालित विकास
D. जोखिम नहीं, विकास नहीं
E. सामाजिक व्यवहार्यता

59. जैसा कि हम सभी जानते हैं, भारत सरकार ने देश में सार्वजनिक स्वास्थ्य को सुधारने की तरफ काफी ध्यान दिया है। इसे सुधारने के लिए इतना ध्यान क्यों दिया गया है, जबकि आम जनता की राय में यह निजी उद्देश्य है और व्यक्तिगत प्रयास ही होना चाहिए?

1. सार्वजनिक स्वास्थ्य की खराब हालत से कई प्रकार का आर्थिक नुकसान होता है।
2. सरकार इसमें इसलिए निवेश करना चाहती है क्योंकि यह रोगों का इलाज करने के बजाए उनकी रोकथाम करना चाहती है।
3. यदि किसी देश के लोगों का सामान्य स्वास्थ्य अच्छा न हो तो निवेशक उस देश में निवेश नहीं करना चाहते। यहां तक कि पर्यटक भी उस देश में नहीं आना चाहते।

A. केवल 1 B. केवल 2
C. केवल 3 D. उपर्युक्त सभी
E. इनमें से कोई नहीं

60. भारत में लगभग सभी राज्यों में बड़े बांध हैं। ये बांध निम्न में से किस(किन) कारण(णों) से बनाए गए थे?

1. बाढ़ नियंत्रण तथा जल आपूर्ति
2. जनता को पुनर्स्थापित करना
3. बिजली उत्पादन
4. सिंचाई सुविधाएं

A. केवल 1 व 2 B. केवल 3 व 4
C. केवल 1, 3 व 4 D. केवल 2, 3 व 4
E. इनमें से कोई नहीं

61. राष्ट्रीय कृषि एवं ग्रामीण विकास बैंक (नाबाड) की स्थापना वर्ष ________ में हुई थी।

A. 1970
B. 1982
C. 1977
D. 1980
E. 1975

62. नाबार्ड की गतिविधियों के बारे में निम्न में से कौन-सा(से) कथन सत्य है(हैं)?

1. नाबार्ड पर RRBs ओर सहकारी बैंकों का निरीक्षण करने की जिम्मेदारी है।
2. नाबार्ड कृषि और ग्रामीण विकास में शोध को बढ़ावा देने के लिए अनुसंधान एवं विकास निधि बनाए रखता है।
3. नाबार्ड भारत के योजना आयोग का एक स्कन्ध है।

A. केवल 1
B. केवल 2
C. केवल 1 व 2 दोनों
D. केवल 3
E. उपर्युक्त सभी

63. नाबार्ड के बारे में निम्न में से कौन-सा(से) कथन **सत्य** है(हैं)?

1. नाबार्ड को दोहरी भूमिका निभानी होती है क्योंकि यह एक तरफ सर्वोच्च संस्था है, दूसरी तरफ पुनर्वित्त देने वाली संस्था।
2. नाबार्ड कृषि और कुटीर एवं ग्रामोद्योग को सभी प्रकार के उत्पादन तथा निवेश ऋण के लिए पुनर्वित्त संस्थान के रूप में सेवाएं देता है।
3. नाबार्ड अपनी पूंजी को बढ़ाने के लिए किसी भी दूसरे बैंक की तरह जनता से अल्पावधि जमा स्वीकार करता है।

A. केवल 1
B. केवल 2
C. केवल 3
D. केवल 1 व 2
E. इनमें से कोई नहीं

64. राष्ट्रीय कृषि एवं ग्रामीण विकास बैंक (नाबार्ड) का प्रधान कार्यालय ________ में स्थित है।

A. नई दिल्ली
B. हैदराबाद
C. मुंबई
D. लखनऊ
E. इनमें से कोई नहीं

उत्तरमाला

1	2	3	4	5	6	7	8	9	10
C	A	A	C	C	A	D	B	C	D
11	**12**	**13**	**14**	**15**	**16**	**17**	**18**	**19**	**20**
A	A	C	C	A	D	B	D	D	A
21	**22**	**23**	**24**	**25**	**26**	**27**	**28**	**29**	**30**
D	A	D	A	A	B	A	A	A	D
31	**32**	**33**	**34**	**35**	**36**	**37**	**38**	**39**	**40**
D	A	B	C	D	D	D	A	C	B
41	**42**	**43**	**44**	**45**	**46**	**47**	**48**	**49**	**50**
A	A	D	D	D	C	D	B	C	B
51	**52**	**53**	**54**	**55**	**56**	**57**	**58**	**59**	**60**
D	D	B	E	C	B	A	A	B	C
61	**62**	**63**	**64**						
B	E	D	C						

2. कृषि एवं ग्रामीण विकास

1. कृषि में नाइट्रोजनी उर्वरकों के अत्यधिक/अनुपयुक्त उपयोग का क्या प्रभाव हो सकता है?
   1. नाइट्रोजन यौगिकीकरण सूक्ष्मजीवों (नाइट्रोजन फिक्सिंग माइक्रोऑर्गनिज्म्स) का मिट्टी में पुनरोद्भवन (प्रोलिफरेशन) हो सकता है।
   2. मिट्टी की अम्लता में बढ़ोतरी हो जाती है।
   3. भौम जल (ग्राउंडवॉटर) में नाइट्रेट का निक्षालन (लीचिंग) हो सकता है।

   नीचे दिए गए कूट का प्रयोग कर सही उत्तर चुनिए।
   A. केवल 1 और 3
   B. केवल 2
   C. केवल 2 और 3
   D. 1, 2 और 3
   E. इनमें से कोई नहीं

2. प्रकृति एवं प्राकृतिक संसाधनों के संरक्षण के लिए अन्तर्राष्ट्रीय संघ (इंटरनेशनल यूनियन फॉर कन्जर्वेशन ऑफ नेचर ऐंड नेचुरल रिसोर्सेज) (IUCN) तथा वन्य प्राणिजात एवं वनस्पतिजात की संकटापन्न स्पीशीज के अन्तर्राष्ट्रीय व्यापार पर कन्वेंशन (कन्वेंशन ऑन इंटरनेशनल ट्रेड इन एन्डेंजर्ड स्पीशीज ऑफ वाइल्ड फॉना ऐंड फ्लोरा) (CITES) के संदर्भ में, निम्नलिखित कथनों में से कौन-सा/से सही है/हैं?
   1. IUCN संयुक्त राष्ट्र (UN) का एक अंग है तथा CITES सरकारों के बीच अन्तर्राष्ट्रीय करार है।
   2. IUCN, प्राकृतिक पर्यावरण के बेहतर प्रबंधन के लिए, विश्व भर में हजारों क्षेत्रीय परियोजनाएँ चलाता है।
   3. CITES उन राज्यों पर वैध रूप से आबद्धकर है जो इसमें शामिल हुए हैं, लेकिन यह कन्वेंशन राष्ट्रीय विधियों का स्थान नहीं लेता है।

   नीचे दिए गए कूट का प्रयोग कर सही उत्तर चुनिए।
   A. केवल 1 B. केवल 2 और 3
   C. केवल 1 और 3 D. 1, 2 और 3
   E. इनमें से कोई नहीं

3. गन्ने की उचित एवं लाभप्रद कीमत (FRP) को निम्नलिखित में से कौन अनुमोदित करता/करती है?
   A. आर्थिक मामलों की मंत्रिमण्डलीय समिति
   B. कृषि लागत और कीमत आयोग
   C. कृषि मंत्रालय का विपणन और निरीक्षण निदेशालय
   D. कृषि उत्पाद विपणन समिति
   E. इनमें से कोई नहीं

4. भारत में कृषि उत्पादों के बाजार को किसके अधीन विनियमित किया जाता है?
   A. आवश्यक वस्तु अधिनियम, 1955
   B. राज्यों द्वारा अधिनियमित कृषि उत्पाद विपणन समिति अधिनियम
   C. कृषि उत्पाद (श्रेणीकरण एवं चिह्नांकन) अधिनियम, 1937
   D. खाद्य उत्पाद आदेश, 1956 एवं मांस तथा खाद्य उत्पाद आदेश, 1973
   E. इनमें से कोई नहीं

5. 'ऐग्रीमेंट ऑन ऐग्रीकल्चर (Agreement on Agriculture)' 'ऐग्रीमेंट ऑन दि ऐप्लीकेशन ऑफ सैनिटरी ऐंड फाइटोसैनिटरी मेजर्स (Agreement on the Application of Sanitary and Phytosanitary Measures)' और 'पीस क्लॉज (Peace Clause)' शब्द प्रायः समाचारों में किसके मामलों के संदर्भ में आते हैं?
   A. खाद्य और कृषि संगठन
   B. जलवायु परिवर्तन पर संयुक्त राष्ट्र का रूपरेखा सम्मेलन

C. विश्व व्यापार संगठन

D. संयुक्त राष्ट्र पर्यावरण कार्यक्रम

E. इनमें से कोई नहीं

6. 'हरित जलवायु निधि (ग्रीन क्लाइमेट फंड)' के बारे में निम्नलिखित में से कौन-सा/से कथन सही है/हैं?

1. यह विकासशील देशों को जलवायु परिवर्तन का सामना करने हेतु अनुकूलन और न्यूनीकरण पद्धतियों में सहायता देने के आशय से बनी है।
2. इसे UNEP, OECD, एशिया विकास बैंक और विश्व बैंक के तत्त्वावधान में स्थापित किया गया है।

नीचे दिए गए कूट का प्रयोग कर सही उत्तर चुनिए।

A. केवल 1

B. केवल 2

C. 1 और 2 दोनों

D. न तो 1 और न ही 2

E. इनमें से कोई नहीं

7. निम्नलिखित कथनों पर विचार कीजिए:

1. त्वरित सिंचाई लाभ कार्यक्रम 1996-97 में गरीब किसानों को ऋण सहायता उपलब्ध कराने के लिए आरम्भ किया गया था।
2. कमांड क्षेत्र विकास कार्यक्रम 1974-75 में जल-उपयोग दक्षता के विकास के लिए शुरू किया गया था।

उपर्युक्त कथनों में से कौन-सा/से सही है/हैं?

A. केवल 1

B. केवल 2

C. 1 और 2 दोनों

D. न तो 1 और न ही 2

E. इनमें से कोई नहीं

8. भारत के एक विशेष क्षेत्र में, स्थानीय लोग जीवित वृक्षों की जड़ों का अनुवर्धन कर इन्हें जलधारा के आर-पार सुदृढ़ पुलों में रूपान्तरित कर देते हैं। जैसे-जैसे समय गुजरता है, ये पुल और अधिक मजबूत होते जाते हैं। ये अनोखे 'जीवित जड़ पुल' कहाँ पाये जाते हैं?

A. मेघालय

B. हिमाचल प्रदेश

C. झारखण्ड

D. तमिलनाडु

E. इनमें से कोई नहीं

9. पंचायती राज व्यवस्था का मूल उद्देश्य क्या सुनिश्चित करना है?

1. विकास में जन-भागीदारी
2. राजनीतिक जवाबदेही
3. लोकतांत्रिक विकेन्द्रीकरण
4. वित्तीय संग्रहण (फाइनेंशियल मोबिलाइजेशन)

नीचे दिए गए कूट का प्रयोग कर सही उत्तर चुनिए।

A. केवल 1, 2 और 3　B. केवल 2 और 4

C. केवल 1 और 3　D. 1, 2, 3 और 4

E. इनमें से कोई नहीं

10. कृषि उत्पादन में काष्ठ के हलों के स्थान पर इस्पात के हलों का उपयोग निम्नलिखित में से किसका उदाहरण है?

A. श्रम बढ़ाने वाली प्रौद्योगिकीय (टेक्नोलॉजिकल) प्रगति

B. पूँजी बढ़ाने वाली प्रौद्योगिकीय प्रगति

C. पूँजी घटाने वाली प्रौद्योगिकीय प्रगति

D. उपर्युक्त सभी

E. इनमें से कोई नहीं

11. निम्नलिखित में से कौन-सा एक, 'बीज ग्राम संकल्पना (सीड विलेज कॉन्सेप्ट)' के प्रमुख उद्देश्य का सर्वोत्तम वर्णन करता है?

A. किसानों को अपने ही खेत के बीजों का उपयोग करने के लिए प्रोत्साहित करना और उन्हें दूसरों से बीज खरीदने के लिए हतोत्साहित करना

B. किसानों को गुणवत्तायुक्त बीज उत्पादन का प्रशिक्षण देने में लगाना और उनके द्वारा दूसरों को समुचित समय पर तथा वहन करने योग्य लागत में गुणवत्तायुक्त बीज उपलब्ध कराना

C. कुछ ग्रामों को अनन्य रूप से प्रमाणित बीजों के उत्पादन के लिए ही उद्दिष्ट (इयरमार्क) करना

D. ग्रामों में उद्यमियों को अभिज्ञात (आइडेंटिफाइ) करना तथा उन्हें बीज कम्पनियों की स्थापना करने के लिए प्रौद्योगिकी और वित्त उपलबध करना

E. इनमें से कोई नहीं

12. भारतीय अक्षय ऊर्जा विकास एजेंसी लिमिटेड (IREDA) के संदर्भ में, निम्नलिखित में से कौन-सा/से कथन सही है/हैं?

1. यह एक पब्लिक लिमिटेड सरकारी कम्पनी है।
2. यह एक गैर-बैंकिंग वित्तीय कम्पनी है।

नीचे दिए गए कूट का प्रयोग कर सही उत्तर चुनिए।

A. केवल 1
B. केवल 2
C. 1 और 2 दोनों
D. न तो 1 और न ही 2
E. इनमें से कोई नहीं

13. गन्ना उत्पादन के एक व्यावहारिक उपागम का, जिसे 'धारणीय गन्ना उपक्रमण' के रूप में जाना जाता है, क्या महत्त्व है?

1. कृषि की पारम्परिक पद्धति की तुलना में इसमें बीज की लागत बहुत कम होती है।
2. इसमें च्यवन (ड्रिप) सिंचाई का प्रभावकारी प्रयोग हो सकता है।
3. इसमें रासायनिक/अकार्बनिक उर्वरकों का बिल्कुल भी इस्तेमाल नहीं होता।
4. कृषि की पारम्परिक पद्धति की तुलना में इसमें अन्तराशस्यन की ज्यादा गुंज़ाइश है।

नीचे दिए गए कूट का प्रयोग कर सही उत्तर चुनिए।

A. केवल 1 और 2
B. केवल 1, 2 और 4
C. केवल 2, 3 और 4
D. 1, 2, 3 और 4
E. इनमें से कोई नहीं

14. शाखारहित क्षेत्रों में व्यावसायिक संवाददाताओं (बैंक साथी) की सेवाओं द्वारा लाभार्थियों को कौन-सी सुविधा/सुविधाएँ प्राप्त होती है/हैं?

1. यह लाभार्थियों को अपने गाँव में अपने साहाय्य और सामाजिक सुरक्षा लाभ प्राप्त करने योग्य बनाती है।
2. यह ग्रामीण क्षेत्रों में लाभार्थियों को धनराशि जमा करने व आहरण करने योग्य बनाती है।

नीचे दिए गए कूट का प्रयोग कर सही उत्तर चुनिए।

A. केवल 1
B. केवल 2
C. 1 और 2 दोनों
D. न तो 1 और न ही 2
E. इनमें से कोई नहीं

15. भारत में ग्वार (क्लस्टर बीन) का पारम्परिक रूप से सब्जी या पशु आहार के रूप में उपयोग किया जाता है, किन्तु हाल ही में इसकी खेती ने महत्त्व का स्थान प्राप्त किया है। इस सन्दर्भ में निम्नलिखित में से कौन-सा एक कथन सही है?

A. बीजों से निकाला गया तेल जैव-निम्नीकरणीय सुघट्यों के निर्माण में प्रयुक्त होता है।
B. इसके बीजों से निर्मित गोंद शैल गैस के निष्कर्षण में प्रयुक्त होता है।
C. इस पौधे की पत्तियों के सार में प्रतिहिस्टामिन गुणधर्म होता है।
D. यह उच्च गुणता के जैव-डीजल का एक स्रोत है।
E. इनमें से कोई नहीं

16. 'एकीकृत जलसम्भर विकास कार्यक्रम' को कार्यान्वित करने के क्या लाभ हैं?

1. मृदा के बह जाने की रोकथाम
2. देश की बारहमासी नदियों को मौसमी नदियों से जोड़ना
3. वर्षा-जल संग्रहण तथा भौम-जलस्तर का पुनर्भरण
4. प्राकृतिक वनस्पतियों का पुनर्जनन

नीचे दिए गए कूट का प्रयोग कर सही उत्तर चुनिए।

A. केवल 1 और 2   B. केवल 2, 3 और 4
C. केवल 1, 3 और 4   D. 1, 2, 3 और 4
E. इनमें से कोई नहीं

17. निम्नलिखित कथनों पर विचार कीजिए:

1. मक्का का मण्ड के उत्पादन के लिए प्रयोग किया जा सकता है।
2. मक्का से निष्कर्षित तेल जैव-डीजल के लिए फीडस्टॉक हो सकता है।
3. मक्का के प्रयोग से एल्कोहॅली पेय उत्पन्न किया जा सकता है।

उपर्युक्त कथनों में से कौन-सा/से सही है/हैं?

A. केवल 1   B. केवल 1 और 2
C. केवल 2 और 3   D. 1, 2 और 3
E. इनमें से कोई नहीं

18. निम्नलिखित अन्तर्राष्ट्रीय करारों पर विचार कीजिए:

1. खाद्य एवं कृषि हेतु पादप आनुवंशिक संसाधनों के विषय में अन्तर्राष्ट्रीय संधि

2. मरुभवन का सामना करने हेतु संयुक्त राष्ट्र अभिसमय
3. विश्व विरासत अभिसमय

उपर्युक्त में से कौन-सा/से जैव-विविधता से सम्बन्ध रखता है/रखते हैं?

A. केवल 1 और 2   B. केवल 3
C. केवल 1 और 3   D. 1, 2 और 3
E. इनमें से कोई नहीं

19. निम्नलिखित कथनों पर विचार कीजिए:
1. भारतीय पशु कल्याण बोर्ड, पर्यावरण (संरक्षण) अधिनियम, 1986 के अधीन स्थापित है।
2. राष्ट्रीय बाघ संरक्षण प्राधिकरण एक सांविधिक निकाय है।
3. राष्ट्रीय गंगा नदी द्रोणी प्राधिकरण की अध्यक्षता प्रधानमंत्री करते हैं।

उपर्युक्त कथनों में से कौन-सा/से सही है/हैं?

A. केवल 1   B. केवल 2 और 3
C. केवल 2   D. 1, 2 और 3
E. इनमें से कोई नहीं

20. ग्रामीण परिवारों को निम्नलिखित में से कौन सीधी ऋण सुविधा प्रदान करता है/करते हैं?
1. क्षेत्रीय ग्रामीण बैंक
2. कृषि और ग्रामीण विकास के लिए राष्ट्रीय बैंक
3. भूमि विकास बैंक

नीचे दिए गए कूट का प्रयोग कर सही उत्तर चुनिए।

A. केवल 1 और 2   B. केवल 2
C. केवल 1 और 3   D. 1, 2 और 3
E. इनमें से कोई नहीं

21. पंचायत (अनुसूचित क्षेत्रों में विस्तार) अधिनियम, 1996 के अन्तर्गत समाविष्ट क्षेत्रों में ग्राम सभा की क्या भूमिका/शक्ति है?
1. ग्राम सभा के पास अनुसूचित क्षेत्रों में भूमि का हस्तांतरण रोकने की शक्ति होती है।
2. ग्राम सभा के पास लघु वनोपज का स्वामित्व होता है।
3. अनुसूचित क्षेत्रों में किसी भी खनिज के लिए खनन का पट्टा अथवा पूर्वेक्षण लाइसेंस प्रदान करने हेतु ग्राम सभा की अनुशंसा आवश्यक है।

उपर्युक्त में से कौन-सा/से कथन सही है/हैं?

A. केवल 1   B. केवल 1 और 2
C. केवल 2 और 3   D. 1, 2 और 3
E. इनमें से कोई नहीं

22. राष्ट्रीय ग्रामीण स्वास्थ्य मिशन के सन्दर्भ में, प्रशिक्षित सामुदायिक स्वास्थ्य कार्यकर्ता, 'आशा' (ASHA) के कार्य निम्नलिखित में से कौन-से हैं?
1. स्त्रियों को प्रसव-पूर्व देखभाल जाँच के लिए स्वास्थ्य सुविधा केन्द्र साथ ले जाना।
2. गर्भावस्था के प्रारम्भिक संसूचन के लिए गर्भावस्था परीक्षण किट प्रयोग करना।
3. पोषण एवं प्रतिरक्षण के विषय में सूचना देना।
4. बच्चे का प्रसव कराना।

निम्नलिखित कूटों के आधार पर सही उत्तर चुनिए–

A. केवल 1, 2 और 3   B. केवल 2 और 4
C. केवल 1 और 3   D. 1, 2, 3 और 4
E. इनमें से कोई नहीं

23. 'राष्ट्रीय ग्रामीण आजीविका मिशन' ग्रामीण क्षेत्रीय निर्धनों के आजीविका विकल्पों को सुधारने का किस प्रकार प्रयास करता है?
1. ग्रामीण क्षेत्रों में बड़ी संख्या में नए विनिर्माण उद्योग तथा कृषि व्यापार केन्द्र स्थापित करके।
2. 'स्वयं सहायता समूहों' को सशक्त बनाकर और कौशल विकास की सुविधाएं प्रदान करके।
3. कृषकों को निःशुल्क बीज, उर्वरक, डीजल पम्प-सेट तथा लघु-सिंचाई संयंत्र देकर।

निम्नलिखित कूटों के आधार पर सही उत्तर चुनिए–

A. केवल 1 और 2   B. केवल 2
C. केवल 1 और 3   D. 1, 2 और 3
E. इनमें से कोई नहीं

24. भारत की निम्नलिखित फसलों पर विचार कीजिए–
1. मूँगफली   2. तिल
3. बाजरा

उपर्युक्त में से कौन-सा/से प्रमुखतया वर्षा-आधारित फसल है/हैं?

A. केवल 1 और 2   B. केवल 2 और 3
C. केवल 3   D. 1, 2 और 3
E. इनमें से कोई नहीं

25. जिला ग्रामीण विकास अभिकरण (DRDAs) भारत में ग्रामीण निर्धनता को कम करने में कैसे मदद करते हैं?

1. DRDAs देश के कुछ विनिर्दिष्ट पिछड़े क्षेत्रों में पंचायती राज संस्थाओं के रूप में कार्य करते हैं।
2. DRDAs विनिर्दिष्ट क्षेत्रों में निर्धनता और कुपोषण के कारणों का वैज्ञानिक अध्ययन करते हैं और उनके समाधान के विस्तृत उपाय तैयार करते हैं।
3. DRDAs निर्धनता-रोधी कार्यक्रमों के प्रभावी कार्यान्वयन हेतु अन्तरक्षेत्रीय (इंटर-सेक्टोरल) तथा अन्तरविभागीय समन्वयन और सहयोग सुरक्षित करते हैं।
4. DRDAs निर्धनता-रोधी कार्यक्रमों के लिए मिले कोष पर निगरानी रखते हैं और यह सुनिश्चित करते हैं कि उनका प्रभावी उपयोग हो।

उपर्युक्त में से कौन-सा/से कथन सही है/हैं?

A. केवल 1, 2 और 3 B. केवल 3 और 4

C. केवल 4 D. 1, 2, 3 और 4

E. इनमें से कोई नहीं

26. भारत में Bt बैंगन के प्रवेशन पर लोगों के विरोध के कारण क्या हैं?

1. Bt बैंगन की रचना इसके जीनोम में मृदा कवक के जीन को प्रवेश कराकर की गयी है।
2. Bt बैंगन के बीज टर्मिनेटर बीज हैं जिसके कारण किसानों को प्रत्येक मौसम के पहले बीज कम्पनियों से बीज खरीदना पड़ता है।
3. एक आशंका है कि Bt बैंगन के उपभोग का स्वास्थ्य पर विपरीत प्रभाव पड़ सकता है।
4. यह भी चिन्ता है कि Bt बैंगन के प्रवेशन से जैव विविधता पर विपरीत प्रभाव हो सकता है।

निम्नलिखित कूटों के आधार पर सही उत्तर चुनिए–

A. केवल 1, 2 और 3 B. केवल 2 और 3

C. केवल 3 और 4 D. 1, 2, 3 और 4

E. इनमें से कोई नहीं

27. गंगा के निचले मैदानों की यह विशेषता है कि यहां वर्ष भर जलवायु उच्च तापमान के साथ आर्द्र बनी रहती है। इस क्षेत्र के लिए निम्नलिखित फसलों के युग्मों में से कौन-सा युग्म सबसे उपयुक्त है?

A. धान और कपास B. गेहूं और जूट

C. धान और जूट D. गेहूं और कपास

E. इनमें से कोई नहीं

28. निम्नलिखित में से कौन "महात्मा गांधी राष्ट्रीय ग्रामीण रोजगार गारंटी अधिनियम" के अंतर्गत लाभ प्राप्त करने का पात्र है?

A. केवल अनुसूचित जाति और अनुसूचित जनजाति परिवारों के वयस्क सदस्य

B. गरीबी रेखा से नीचे (BPL) के परिवारों के वयस्क सदस्य

C. सभी पिछड़े समुदायों के परिवारों के वयस्क सदस्य

D. किसी भी परिवार के वयस्क सदस्य

E. इनमें से कोई नहीं

29. मृदा का लवणीभवन मृदा में एकत्रित सिंचित जल के वाष्पीकृत होने से पीछे छूटे नमक और खनिजों से उत्पन्न होता है। सिंचित भूमि पर लवणीभवन का क्या प्रभाव पड़ता है?

A. यह फसलों के उत्पादन में अत्यधिक वृद्धि लाता है

B. यह कुछ मृदाओं को अपारगम्य बना देता है

C. यह भौम जलस्तर को ऊपर ले आता है

D. यह मृदा के वायु अवकाशों को जल से भर देता है

E. इनमें से कोई नहीं

30. भारत में निम्नलिखित में से किसकी कृषि तथा सहबद्ध गतिविधियों में ऋण के वितरण में सबसे अधिक हिस्सेदारी है?

A. वाणिज्यिक बैंकों की

B. सहकारी बैंकों की

C. क्षेत्रीय ग्रामीण बैंकों की

D. सूक्ष्म-वित्त (माइक्रोफाइनेंस) संस्थाओं की

E. इनमें से कोई नहीं

31. बलुई और लवणीय क्षेत्र एक भारतीय पशु जाति का प्राकृतिक आवास है। उस क्षेत्र में उस पशु के कोई परभक्षी नहीं हैं किंतु आवास ध्वंस होने के कारण उसका अस्तित्व खतरे में है। यह पशु निम्नलिखित में कौन-सा हो सकता है?

A. भारतीय वन्य भैंस

B. भारतीय वन्य गधा

C. भारतीय वन्य शूकर

D. भारतीय गजेल (कुरंग)

E. इनमें से कोई नहीं

32. सूक्ष्म-सिंचाई की पद्धति के संदर्भ में निम्नलिखित में से कौन-सा/कौन-से कथन सही है/हैं?

1. मृदा से उर्वरक/पोषक हानि कम की जा सकती है।
2. यह दर्षाधीन खेती की सिंचाई का एकमात्र साधन है।
3. इससे कुछ कृषि क्षेत्रों में भौम जलस्तर को कम होने से रोका जा सकता है।

निम्नलिखित कूटों के आधार पर सही उत्तर चुनिए–

A. केवल 1 B. केवल 2 और 3
C. केवल 1 और 3 D. 1, 2 और 3
E. इनमें से कोई नहीं

33. बैंगन की आनुवंशिक अभियांत्रिकी से उसकी/ एक नई किस्म Bt-बैंगन विकसित की गई है। इसका लक्ष्य–

A. इसे नाशकजीव-सह बनाना है
B. इसे अधिक स्वादिष्ट और पौष्टिक बनाना है
C. इसे जलाभाव-सह बनाना है
D. इसकी निधानी आयु बढ़ाना है
E. इनमें से कोई नहीं

34. भारत के कुछ भागों में यात्रा करते हुए आप देखेंगे कि कहीं-कहीं लाल मिट्टी पाई जाती है। मिट्टी के इस रंग का प्रमुख कारण क्या है?

A. मैग्नीशियम का बाहुल्य
B. संचित ह्यूमस
C. फेरिक ऑक्साइड की विद्यमानता
D. फॉस्फेटों का बाहुल्य
E. इनमें से कोई नहीं

35. बड़े पैमाने पर चावल की खेती के कारण कुछ क्षेत्र संभवतया वैश्विक तापन में योगदान दे रहे हैं। इसके लिए कौन-से कारण/कारणों को उत्तरदायी ठहराया जा सकता है?

1. चावल की खेती से संबद्ध अवायवीय परिस्थितियां मीथेन के उत्सर्जन का कारक हैं।
2. जब नाइट्रोजन आधारित उर्वरक प्रयुक्त किए जाते हैं, तब कृष्ट मृदा से नाइट्रस ऑक्साइड का उत्सर्जन होता है।

उपर्युक्त कथनों में से कौन-सा/से सही है/हैं?

A. केवल 1
B. केवल 2
C. 1 और 2 दोनों
D. न तो 1 और न ही 2
E. इनमें से कोई नहीं

36. नीचे चार ऊर्जा फसलों के नाम दिए गए हैं। इनमें से किस एक की खेती एथेनॉल के लिए की जा सकती है?

A. जट्रोफा B. मक्का
C. पौन्गामिया D. सूरजमुखी
E. इनमें से कोई नहीं.

37. भारत के एक क्षेत्र की निम्नलिखित विशेषताएं हैं :

1. उष्ण और आर्द्र जलवायु
2. 200 सेंटीमीटर वार्षिक वर्षा
3. 1100 मीटर तक की ऊंचाई के पहाड़ी ढाल
4. 15°C से 30°C तक वार्षिक ताप परिसर

निम्नलिखित उपजों में से कौन-सी एक उपज आप उपर्युक्त वर्णित क्षेत्र में अत्यधिक संभाव्य पाएंगे?

A. सरसों B. कपास
C. काली मिर्च D. वर्जिनियां तंबाकू
E. इनमें से कोई नहीं

38. किसी एक आहार फसल पर क्लोरीनीकृत हाइड्रोकार्बन पीड़कनाशी का छिड़काव किया जाता है। आहार शृंखला का क्रम है : आहार फसल - मूषक - सर्प - बाज। इस आहार शृंखला में पीड़कनाशी की अधिकतम सांद्रता निम्नलिखित में से किसमें संचित होगी?

A. आहार फसल B. मूषक
C. सर्प D. बाज
E. इनमें से कोई नहीं

39. मृदा संरक्षण के संदर्भ में निम्नलिखित प्रचलित पद्धतियों पर विचार कीजिए :

1. सस्यावर्तन (फसलों का हेरफेर)
2. बालू की बाड़
3. वेदिका निर्माण (टैरेसिंग)
4. वायु रोध

भारत में मृदा संरक्षण के लिए उपर्युक्त में से कौन-सी विधियां उपयुक्त समझी जाती हैं?

A. केवल 1, 2 और 3
B. केवल 2 और 4
C. केवल 1, 3 और 4
D. 1, 2, 3 और 4
E. **इनमें से कोई नहीं**

40. यदि पंचायत भंग होती है, तो किस अवधि के अन्दर निर्वाचन होंगे?

A. 1 माह B. 3 माह
C. 6 माह D. 1 वर्ष
E. इनमें से कोई नहीं

41. निम्नलिखित कथनों पर विचार कीजिए–

1. कृषि लागत और कीमत आयोग 32 फसलों के लिए न्यूनतम समर्थन कीमतों की सिफारिश करता है।
2. केन्द्रीय उपभोक्ता मामलों, खाद्य एवं सार्वजनिक वितरण मन्त्रालय ने राष्ट्रीय खाद्य सुरक्षा मिशन आरम्भ किया है।

उपर्युक्त कथनों में से कौन-सा/से सही है/हैं?

A. केवल 1 B. केवल 2
C. 1 और 2 दोनों D. न तो 1 और न ही 2
E. इनमें से कोई नहीं

42. प्रोबायोटिक खाद्य (Probiotic Food) से सम्बद्ध निम्नलिखित कथनों पर विचार कीजिए–

1. प्रोबायोटिक खाद्य में सजीव जीवाणु विद्यमान होते हैं, जो मानव के लिए लाभकारी जाने जाते हैं।
2. प्रोबायोटिक खाद्य अन्त्र फ्लोरा (Gut Flora) के अनुरक्षण में सहायता देता है।

उपर्युक्त कथनों में से कौन-सा/से सही है/हैं?

कूटः

A. केवल 1 B. केवल 2
C. 1 और 2 दोनों D. न तो 1 और न ही 2
E. इनमें से कोई नहीं

43. निम्न में से कौन-सी योजना ग्रामीण परिवारों को विद्युत कनैक्शन उपलब्ध कराने से सम्बन्धित है?

A. आशा B. स्वाधार
C. कुटीर ज्योति D. दीपमाला
E. इनमें से कोई नहीं

44. राष्ट्रीय काम के बदले अनाज योजना का निम्न में से किसके साथ विलय कर दिया गया है?

A. प्रधानमंत्री ग्राम सड़क योजना
B. महात्मा गांधी राष्ट्रीय ग्रामीण रोजगार गारंटी अधिनियम
C. भारत निर्माण
D. इंदिरा आवास योजना
E. इनमें से कोई नहीं

45. आर्थिक साहित्य में हम बहुत बार फर्टिलिटी दर के बारे में पढ़ते हैं। फर्टिलिटी दर क्या है?

A. दिए गए वर्ष में किसी देश में जन्मे बच्चों की कुल संख्या को मृत बच्चों की संख्या से विभाजित करना
B. किसी औसत महिला को उसके प्रजननशील वर्षों में जन्मे बच्चों की संख्या
C. दिए गए वर्ष में किसी देश में जन्मों की संख्या को कुल जनसंख्या से विभाजित करना
D. किसी देश में 15-45 वर्ष के आयु समूह की महिलाओं की संख्या को प्रसूति के दौरान मृत महिलाओं की कुल संख्या से विभाजित करना
E. इनमें से कोई नहीं

46. योजना आयोग के अनुसार, निम्न में से किस राज्य की डीग्रेडिड मिट्टी खाद्य सुरक्षा के लिए एक खतरा पैदा कर रही है और इससे देश के लिए गंभीर आर्थिक निहितार्थ हो सकते हैं?

A. हरियाणा B. उत्तर प्रदेश
C. मध्य प्रदेश D. कर्नाटक
E. पंजाब

47. निम्नलिखित में से कौनसा संगठन ग्रामीण मूलभूत सुविधा विकास निधि (RIDF) मेंटेन करता है?

A. RBI B. NABARD
C. SIDBI D. LIC
E. इनमें से कोई नहीं

48. निम्नलिखित में से कौनसी नकदी फसल नहीं है?

A. तंबाकू B. कपास
C. कॉफी D. बाजरा
E. चाय

49. निम्नलिखित कथनों में से कौन-सा भारतीय अर्थव्यवस्था में कृषि क्षेत्र के संबंध में सत्य है/हैं?

1. कृषि क्षेत्र के विकास ने स्थानीय लोगों की निर्धनता को कम किया है और अपने आंतरिक प्रभावों के माध्यम से देश के अन्य भागों में भी कम किया है।
2. देश में खाद्य एवं पोषण सुरक्षा में विशेष वृद्धि हुई है।
3. हाल के दिनों में कृषि के अंतर्गत आनेवाले क्षेत्र में वृद्धि हुई है क्योंकि कृषि क्षेत्र अब लोगों का पूर्णकालिक

रोजगार बन गया है। जबकि कुछ वर्षों तक ऐसा नहीं था।

A. केवल 1
B. केवल 2
C. केवल 3
D. केवल 1 और 2 दोनों
E. उपर्युक्त सभी

50. हाल के वर्षों में यह पाया गया है कि औपचारिक बैंकिंग सुविधाओं तक एक बड़े ग्रामीण वर्ग की अब तक पहुंच नहीं हो पाती है। बैंकिंग तथा वित्तीय सेवाओं के संजाल में ऐसे छूटे अधिकतम ग्रामीणों को शामिल करने के लिए हाल ही में प्रचलन में आई अवधारणा है–

A. कॉर्पोरेशन गवर्नेंस
B. वित्तीय समायोजन
C. धन सृजन
D. साख प्रबंधन
E. जोखिम प्रबंधन

51. जैसा कि हम सब जानते हैं कि कृषि विकास के वर्तमान प्रारूप ने कई प्रकार के पर्यावरणीय अवक्रमण (मृदा, जल, हवा एवं जैव विविधता के वातावरणीय क्षरण) को जन्म दिया है। निम्नलिखित में से कौन-सा/कौन-से कृषि के वर्तमान प्रारूप के मुख्य कार्य है/हैं, जो इस प्रकार के अवक्रमण को जन्म दिए हैं?

1. उर्वरकों, कीटनाशकों/कृमिनाशकों तथा बूस्टर के रूप में रसायनों का अधिक प्रयोग
2. कृषि से संबंधित प्राचीन परंपरागत पद्धतियों का त्याग
3. बहुफसलीय कृषि के माध्यम से भूक्षमता का अत्यधिक दोहन

A. केवल 1
B. केवल 2
C. केवल 3
D. केवल 1 और 2 दोनों
E. उपर्युक्त सभी

52. जैसा कि हम जानते हैं कि आजकल देश में प्रति व्यक्ति खाद्य उपलब्धता बेहतर हुआ है और इससे अधिकांश खाद्य वस्तुओं के आयात पर निर्भरता भी कम हुआ है। निम्न में से वे खाद्य पदार्थ कौन-से हैं जिनकी मांग की पूर्ति के लिए हम अभी भी आयात पर निर्भर करते हैं?

1. गेहूँ
2. चीनी
3. खाद्य तेल
4. दाल

A. केवल 1 तथा 2
B. केवल 3 तथा 4
C. केवल 1, 3 तथा 4
D. केवल 2, 3 तथा 4
E. उपर्युक्त सभी

53. भारत के एग्रो प्रोसैसिंग क्षेत्र में पिछले कुछ समय में सकारात्मक वृद्धि दिखी है। इस क्षेत्र की वृद्धि में योगदान देने वाला (ले) प्रमुख पहलू कौन-सा है(हैं)?

1. उपभोग के स्वरूप में परिवर्तन हुआ है। खाने का बजट उच्च मूल्य वाली वस्तुओं जैसे कच्चे फल, सब्जियों और पशुधन आदि को आबंटित किया जाता है।
2. उच्च मूल्य वाली और प्रसंस्कृत खाद्य वस्तुओं की निर्यात मांग में वृद्धि। इसलिए ज्यादा लोग यह व्यवसाय कर रहे हैं।
3. ज्यादा से ज्यादा लोग शहरों को पलायन कर रहे हैं जहां प्रसंस्कृत खाद्य पदार्थों की अधिक मांग है।

A. केवल 1
B. केवल 2
C. केवल 3
D. उपर्युक्त सभी
E. इनमें से कोई नहीं

54. क्षेत्रीय ग्रामीण बैंकों (RRBs) के लिए प्रमुख ऋण नीतियां निम्न में से कौन संस्था बनाती है?

A. नाबार्ड
B. एशियाई विकास बैंक
C. विश्व बैंक
D. भारतीय स्टेट बैंक
E. इनमें से कोई नहीं

55. जैसा कि हम सभी जानते हैं कि भारत सरकार ने असंगठित क्षेत्र के कामगारों के कल्याण के लिए कई योजनाएं शुरू की हैं। हाल के अनुमानों के अनुसार भारत की कुल श्रमशक्ति का कितने प्रतिशत अनौपचारिक या असंगठित क्षेत्र में लगा है?

A. 50%
B. 90%
C. 70%
D. 80%
E. 60%

56. भारत सरकार की इंदिरा आवास योजना के बारे में निम्न में से क्या सत्य है/हैं?

1. यह योजना जवाहर रोजगार योजना (JRY) की उपयोजना थी।
2. यह योजना केवल गरीबी रेखा से नीचे के ग्रामीण लोगों को आवास की सुविधा देने के लिए शुरू की गई थी।

3. इस योजना में घर का आवंटन पति और पत्नी के संयुक्त नामों में परिवार की महिला सदस्यों के नाम किया जाता है।

A. केवल 1
B. केवल 2
C. केवल 3
D. उपर्युक्त सभी
E. इनमें से कोई नहीं।

57. भारत सरकार के राष्ट्रीय कार्य के बदले अनाज कार्यक्रम (NFFWP) के बारे में निम्न में से कौन-सा सत्य नहीं है?

1. NFFWP की शुरुआत भारत के सबसे पिछड़े 150 जिलों को अतिरिक्त संसाधन जुटाने के लिए की गई थी।
2. NFFWP के लाभार्थी को सप्ताह में 5 दिन लगातार कम-से-कम 10 सप्ताह तक काम करना पड़ता है।
3. NFFWP के लाभार्थी को मज़दूरी गेहूं और चावल के रूप में दी जाती है। राशन का भुगतान रोजाना शाम 6.30 बजे या दिन के काम के तत्काल बाद किया जाता है जो अधिक-से-अधिक रात 9.30 बजे तक खत्म हो जाना चाहिए।

A. केवल 1
B. केवल 2
C. 2 व 3 दोनों
D. केवल 3
E. 1 व 2 दोनों

58. निम्नलिखित में से कौन-सी योजना(एं) अब राष्ट्रीय ग्रामीण रोजगार गारंटी अधिनियम (NREGA) की भाग है(हैं)?

1. प्रधानमंत्री ग्राम्य सड़क योजना
2. राष्ट्रीय काम के बदले अनाज कार्यक्रम
3. सम्पूर्ण ग्रामीण रोजगार योजना

A. केवल 1
B. केवल 2
C. 2 व 3 दोनों
D. उपर्युक्त सभी
E. इनमें से कोई नहीं

59. माइक्रो ऋण या माइक्रो वित्त गरीबों के लिए बैंकों का एक नवीन दृष्टिकोण है। इस दृष्टिकोण में गरीबों को बैंक ऋण __________ के जरिए दिया जाता है।

A. स्वयं सहायता समूहों
B. आंगनवाड़ी
C. सहकारी ऋण समितियों
D. भारतीय रिजर्व बैंक
E. लघु उद्योग विकास बैंक

60. ग्रामीण ऋण ग्रस्तता की मुख्य समस्या(एं) निम्न में से क्या है(हैं)?

1. भारतीय किसान वर्ष दर वर्ष उधार लेता है लेकिन उसे चुकाने की स्थिति में नहीं रहता है।
2. भारतीय किसानों द्वारा लिए गए ऋणों का आकार बहुत बड़ा होता है लेकिन कृषि उत्पादन कर्ज चुकाने के लिए पर्याप्त नहीं होता है।
3. अधिकांश किसान अभी भी अनौपचारिक स्रोतों से कर्ज लेते हैं, जो बहुत ऊंची दर से ब्याज लगाते हैं।

A. केवल 1
B. केवल 2
C. केवल 3
D. केवल 1 व 2
E. उपर्युक्त सभी

61. निम्न में से कौन संस्थागत ऋण एजेंसी नहीं है?

A. सहकारी समिति
B. साहूकार
C. वाणिज्यिक बैंक
D. क्षेत्रीय ग्रामीण बैंक
E. सरकारी एजेंसियाँ

62. भारत की पहली ट्रांसजनिक फसल कौन-सी थी?

A. गन्ना
B. बैंगन
C. बीट कॉटन
D. आलू
E. इनमें से कोई नहीं

63. निम्न में से कौन-सी संस्था सहकारी क्षेत्र की शीर्ष संस्था है और चुनिंदा कृषि वस्तुओं की खरीद, वितरण, निर्यात और आयात का काम देखती है?

A. NAFED
B. नाबार्ड
C. सिडबी
D. एक्जिम बैंक
E. इनमें से कोई नहीं

64. किसान समुदाय को ऋण देने का आसान तरीका निम्न में से कौन-सा है?

A. किसान क्रेडिट कार्ड
B. इंदिरा विकास पत्र
C. राष्ट्रीय बचत प्रमाणपत्र
D. सोने पर ऋण
E. इनमें से कोई नहीं

65. भारत की नई कृषि प्रौद्योगिकी में हरित क्रान्ति लाने का सबसे महत्त्वपूर्ण संसाधन निम्नलिखित में से कौन-सा है—

A. उर्वरक B. HYV बीज

C. कृषि यंत्र D. सिंचाई

E. इनमें से कोई नहीं

66. वर्ष 1982 से निम्नलिखित में से कौन-सी वित्तीय संस्था भारत में ग्रामीण उधार की पूर्ति एवं उसकी समग्र देखभाल में सबसे बड़ी भूमिका निभा रही है—

A. सहकारी उधार समितियां

B. क्षेत्रीय ग्रामीण बैंक

C. नाबार्ड

D. सार्वजनिक क्षेत्र के बैंक

E. इनमें से कोई नहीं

67. लघु उद्योग के क्षेत्र में रोजगार रहा है—

A. कुल औद्योगिक रोजगार का लगभग 50%

B. आधुनिक उद्योगों द्वारा प्रदत्त रोजगार की आधी संख्या

C. कुल औद्योगिक रोजगार का लगभग 10%

D. कुल औद्योगिक रोजगार का केवल 20%

E. इनमें से कोई नहीं

68. भारत सरकार केन्द्रीय बजट से उर्वरकों पर सहायिकी की व्यवस्था कर रही है। उर्वरक सहायिकी के प्रभावों के विषय में निम्नलिखित में से कौन-सा कथन सही नहीं है—

A. इससे देश में उर्वरकों का आयात रुक गया है।

B. इसने बड़े और छोटे किसानों के बीच आय की विषमता को बढ़ा दिया है।

C. इसने कृषि विकास की क्षेत्रीय विषमता को बढ़ा दिया है।

D. इसके फलस्वरूप उर्वरकों के इस्तेमाल में वृद्धि हुई है।

E. इनमें से कोई नहीं

69. भारतीय लघु उद्योग विकास बैंक लघु उद्योगों को उधार देता है—

A. उनकी सावधि कर्ज की जरूरत का अधिक-से-अधिक 60%

B. उनकी सावधि कर्ज की जरूरत का अधिक-से-अधिक 70%

C. उनकी सावधि कर्ज की जरूरत का अधिक-से-अधिक 75%

D. उनकी सावधि कर्ज की जरूरत का अधिक-से-अधिक 80%

E. इनमें से कोई नहीं

70. निम्नलिखित योजनाओं/कार्यक्रमों पर विचार कीजिए—

1. EAS (रोजगार आश्वासन योजना)
2. TRYSEM
3. JRY
4. RLEGP

उपर्युक्त योजनाओं/कार्यक्रमों के सूत्रपात का सही कालक्रम है—

A. 2, 4, 1, 3 B. 4, 2, 1, 3

C. 2, 4, 3, 1 D. 4, 2, 3, 1

E. इनमें से कोई नहीं

71. भारत में, खाद्यान्न के वितरण से संबंधित प्रादेशिक विषमाताओं के बारे में निम्नलिखित में से कौन-सा वक्तव्य सही है—

A. दक्षिणी राज्यों की तुलना में उत्तरी भारत के सभी राज्यों में खाद्यान्न की प्रति व्यक्ति उपलब्धता अधिक है।

B. भारत के राज्यों में खाद्यान्न की सर्वाधिक प्रति व्यक्ति उपलब्धता पंजाब में है।

C. भारत के राज्यों में खाद्यान्न की न्यूनतम प्रति व्यक्ति उपलब्धता असम में है।

D. दक्षिणी राज्यों में खाद्यान्न की प्रति व्यक्ति उपलब्धता राष्ट्रीय औसत से कम है।

E. इनमें से कोई नहीं

72. महात्मा गांधी रोजगार गारंटी अधिनियम सबसे पहले लागू की गई थी—

A. ओडिशा में B. आंध्र प्रदेश में

C. उत्तर प्रदेश में D. पंजाब में

E. इनमें से कोई नहीं

73. भारत में सहकारी संस्थाओं का योगदान रहा है—

A. ग्रामीण विकास

B. कृषि यंत्रीकरण

C. कृषि विपणन

D. संस्थागत साख विस्तार

E. इनमें से कोई नहीं

74. कृषि क्षेत्र में दीर्घकालीन साख (ऋण) देने वाली संस्था है—

A. प्राथमिक कृषि साख समितियां
B. भूमि विकास बैंक
C. वाणिज्यिक बैंक
D. क्षेत्रीय ग्रामीण बैंक
E. इनमें से कोई नहीं

75. कृषि कीमत आयोग की स्थापना कब हुई थी—

A. 1960 B. 1965
C. 1967 D. 1964
E. इनमें से कोई नहीं

76. जिस कीमत पर FCI अपने खाद्यान्न को सार्वजनिक वितरण के लिए देता है उसे कहते हैं—

A. समर्थन कीमत B. वैधानिक न्यूनतम कीमत
C. जारी कीमत D. वसूली कीमत
E. इनमें से कोई नहीं

77. हरित क्रांति की सफलता का सर्वाधिक महत्त्वपूर्ण कारण है—

A. उर्वरक B. उन्नत किस्म के बीज
C. सिंचाई D. उपरोक्त में कोई नहीं
E. इनमें से कोई नहीं

78. भारत में चीनी उद्योग की अवस्थिति प्रभावित होती है—

A. बाजार से B. कच्चे माल से
C. श्रम से D. उपरोक्त में कोई नहीं
E. इनमें से कोई नहीं

79. सातवीं योजना में किन दो रोजगार योजना को मिलाकर जवाहर रोजगार योजना निर्मित की गई—

A. TRYSEM और SCP
B. IRDP और NREP
C. IRDP और RLEGP
D. NREP और RLEGP
E. इनमें से कोई नहीं

80. नाबार्ड की स्थापना हुई थी—

A. मई, 1982 B. जून, 1982
C. जुलाई, 1982 D. अगस्त, 1982
E. इनमें से कोई नहीं

उत्तरमाला

1	2	3	4	5	6	7	8	9	10
C	B	A	B	C	C	B	A	D	B
11	**12**	**13**	**14**	**15**	**16**	**17**	**18**	**19**	**20**
B	A	B	C	B	C	D	D	B	C
21	**22**	**23**	**24**	**25**	**26**	**27**	**28**	**29**	**30**
B	C	B	D	B	B	C	D	B	A
31	**32**	**33**	**34**	**35**	**36**	**37**	**38**	**39**	**40**
B	C	A	C	C	B	C	D	D	C
41	**42**	**43**	**44**	**45**	**46**	**47**	**48**	**49**	**50**
D	C	C	B	B	E	B	D	D	B
51	**52**	**53**	**54**	**55**	**56**	**57**	**58**	**59**	**60**
D	D	D	A	B	D	A	C	A	E
61	**62**	**63**	**64**	**65**	**66**	**67**	**68**	**69**	**70**
B	C	A	A	B	C	A	A	C	C
71	**72**	**73**	**74**	**75**	**76**	**77**	**78**	**79**	**80**
B	B	D	B	B	C	B	B	D	C

निर्णय क्षमता (DECISION MAKING)

निर्णय लेने के अर्थ को साधारण शब्दों में स्पष्ट करते हुए कहा जा सकता है कि यह एक ऐसी प्रक्रिया है, जिसके अन्तर्गत कोई व्यक्ति विभिन्न रणनीतियों या विकल्पों में से किसी एक विकल्प का चयन करता है। टेरी ने कहा है कि "दो या दो से अधिक सम्भावित विकल्पों में किसी एक विकल्प का चयन ही निर्णय-लेने है।"

प्रजातांत्रिक एवं विकासशील देश में नित नयी समस्याएँ सामने आती रहती हैं, जिनका समाधान प्रशासन को प्राथमिकता के आधार पर करना अनिवार्य होता है। अतः निर्णय लेना अत्यधिक महत्वपूर्ण है, क्योंकि सही समय पर लिया गया सही निर्णय समस्या का त्वरित समाधान कर देता है और इसके विपरीत एक गलत निर्णय समस्या को बढ़ाकर गम्भीर रूप प्रदान कर सकता है। हरबर्ट साइमन का यह कथन कि "निर्णय लेना ही प्रशासन है" उचित है।

लोक प्रशासन ही नहीं, सभी प्रकार के संगठनों में निर्णय लेने का महत्व लगभग समान रूप में प्रभावकारी होता है। यदि निर्णय लेने की प्रक्रिया में बौद्धिकता, तार्किकता, वैज्ञानिकता जैसे तत्वों की प्रधानता रहती है तो संगठन की गतिशीलता और लक्ष्योन्मुखता के साथ अन्ततः उसकी सफलता सुनिश्चित है। दूसरी ओर यदि इसके विपरीत तत्वों की भूमिका कायम होती है, तो संगठन की निष्क्रियता और लक्ष्य विहीनता के साथ अन्ततः उसकी असफलता सुनिश्चित है।

हरबर्ट साइमन द्वारा प्रतिपादित निर्णय लेने का सिद्धान्त प्रशासनिक व्यवहार का एक अहम् बिन्दु है। साइमन निर्णयन प्रक्रिया को प्रशासन का केन्द्रीय तत्व मानते हैं तथा प्रशासन के समकक्ष रखते हैं। उनके अनुसार संगठन के सभी स्तरों पर निर्णय लिए जाते हैं और इनमें से अधिकतर लोगों को प्रभावित करते हैं।

साइमन ने दो प्रकार के निर्णयनों में विभेद किया है, पहले नियोजित तथा दूसरे अनियोजित। नियोजित निर्णय वे होते हैं जिनकी बार-बार पुनरावृत्ति होती है और ज्यादातर ये नैत्यिक क्रियाओं (Routine Work) हेतु प्रयोग किये जाते हैं। दूसरे अनियोजित निर्णय वे होते हैं जो किसी विशेष परिस्थिति के उत्पन्न होने पर लिये जाते हैं। ऐसी स्थितियों से निपटने के लिए निर्णयकर्त्ता के पास विशेष योग्यता, कौशल, तार्किक क्षमता आदि का होना आवश्यक है।

निर्णय प्रक्रिया का सबसे महत्वपूर्ण घटक निर्णयकर्त्ता का विवेक होता है। अतः निर्णयकर्त्ता को प्रशासनिक गतिविधियों के संचालन हेतु अत्यधिक विवेक संगत होना चाहिए ताकि अतार्किक तत्वों को निर्णयन से दूर रखा जा सके। साइमन ने निर्णयन प्रक्रिया को निम्नलिखित तीन चरणों में विभक्त किया है:

1. बौद्धिक क्रिया (Intelligence Activity) जो निर्णयकर्त्ता को यह बताती है कि कब और कहां पर निर्णय लेना आवश्यक है।
2. प्रारूप गतिविधि (Design Activity) इसमें निर्णय हेतु वैकल्पिक विधियों की खोज और विकास किया जाता है।
3. चयन गतिविधि (Choice Activity) जिसमें उपलब्ध विकल्पों में से सही और उचित विकल्प का चयन किया जाता है।

निर्णय लेना (Decision Making): महत्वपूर्ण बिन्दू

1. किसी भी संगठन में एक प्रशासक को तीन चरणों वाली निर्णयन समस्या का सामना करना पड़ सकता है–
   (*i*) अपनी अनेक समस्याओं में से किसके प्रति उसे अपना ध्यान निर्दिष्ट करना चाहिए?
   (*ii*) उस समस्या के सम्बन्ध में अनिश्चितता समाप्त करने के लिए उसे कितना समय, प्रयास और खर्च लगाना चाहिए?
   (*iii*) उस समस्या के किस हल या समाधान का उसे प्रयोग करना चाहिए?
2. निर्णय करने की प्रक्रिया की तीन विशेषताएँ होती हैं–
   (*i*) कोई भी निर्णय लक्ष्योन्मुखी होता है।
   ☞ निर्णय सामान्यतः किसी प्रयोजन या लक्ष्य को पूरा करने के लिए किये जाते हैं।
   (*ii*) निर्णयों की एक क्रमिक शृंखला होती है।
   ☞ कोई भी निर्णय अकेला नहीं होता वह अपने पहले के और बाद के निर्णयों से किसी-न-किसी रूप में जुड़ा रहता है।

(*iii*) कोई भी निर्णय अपनी खास अवधि में होता है।
☞ यह इसलिए होता है क्योंकि इससे सहभागी घटनाएँ परिणाम को प्रभावित करती रहती हैं।

3. निर्णय निर्धारण के सम्बन्ध में तीन प्रमुख समस्याएँ परिलक्षित होती हैं–
(*i*) नित्यचर्या में तल्लीनता (Business in Routine Work)
(*ii*) किस समस्या का समाधान करना है? (Which Problem have to Solve?)
(*iii*) पूर्वाग्रह (Prejudice)
☞ प्रशासन में दिन-प्रतिदिन की नैत्यिक समस्याओं के समाधान की प्रकृति के परिणामस्वरूप दीर्घकालीन निर्णय या तो टाले जाते हैं या स्थगित कर दिये जाते हैं। इन गतिविधियों के लिए जिम्मेदार व्यक्ति को सम्भवतः ऐसा प्रतीत होता है कि नित्यक्रिया उसका अधिकांश समय ले रही है।
☞ जब समस्याएँ कम और आसान होती हैं तब तक प्रशासक उनको हल कर सकता है, परन्तु जैसे-जैसे समस्याओं की संख्या बढ़ती जाती है, समस्याएँ वैसे-वैसे उसका कार्य कठिन कर देती हैं जिससे समस्या की प्राथमिकताओं का निर्धारण जटिल हो जाता है।
☞ यह निर्धारण की प्रक्रिया में सबसे बड़ी समस्या है क्योंकि अक्सर बड़े निर्णय पूर्व आधारित परिपाटी पर लिये जाते हैं जो आज की प्रगतिशील प्रशासनिक संरचना के प्रतिकूल होते हैं।

4. हरबर्ट साइमन ने निर्णय लेने हेतु दो प्रकार की प्रविधियों का उल्लेख किया है – पहली, मूल्यपरक निर्णय, दूसरी, तथ्यपरक निर्णय।
☞ मूल्यपरक निर्णय (Value based Decision) वे निर्णय होते हैं जो अंकीय संगठनात्मक लक्ष्यों के चयन में सहायता करते हैं। यहां निर्णयकर्ता को सूचना एवं परामर्श दिया जाना चाहिए।
☞ तथ्यपरक निर्णय (Fact based Decision) वे निर्णय होते हैं जहां इन अन्तिम लक्ष्यों (मूल्यपरक निर्णय) को कार्यान्वित किया जाता है। यहां निर्णयकर्ताओं (प्रशासक) को सामुदायिक मूल्यों के प्रति अनुक्रियाशील एवं अपने निर्णयों के लिए उत्तरदायी होना चाहिए।

5. साइमन ने सांगठनिक आधार पर निर्णय को पाँच चरणों में प्रक्रियाबद्ध किया है।
(*i*) निर्णय निर्माण में मदद के लिए नियमों, प्रावधानों को मानक रूप प्रदान किया जाता है।
(*ii*) श्रम विभाजन के आधार पर निर्णयात्मक स्थान तय किया जाता है तथा नियंत्रक के क्षेत्र विस्तार को सीमित कर दिया जाता है।
(*iii*) संगठन का प्राधिकारी तंत्र निर्णय-निर्माण के विविध स्तरों की संरचना के लिए पूरे तंत्र का निर्माण करता है।
(*iv*) संगठन का अपना सूचना, संचारतंत्र, सूचना प्रवाह के लिए एक औपचारिक ढाँचा प्रदान करता है और सूचनाएँ निर्णय निर्माण के लिए कच्चे माल का काम करती हैं।
☞ निर्णय निर्माण हेतु आवश्यक सूचना और आँकड़े सम्बन्धी कच्चे माल की आपूर्ति संगठन द्वारा संरचित संचार तंत्र द्वारा की जाती है।
(*v*) अन्तिम चरण संगठन में समाजीकरण का है। संगठनों के पास ऐसी प्रविधि होती है जिसके द्वारा निर्णयाग्राही प्रक्रिया का समाजीकरण होता है।
☞ प्रशिक्षण और काम सिखाने की पद्धति हर संगठन में पाई जाती है। इसी के तहत् अधिकारियों को परिवीक्षा के लिए काम पर नियुक्त किया जाता है तथा उसे संगठन के औपचारिक नियमों, प्रावधानों का ज्ञान भविष्य में निर्णय लेने हेतु दिया जाता है।

6. व्यावहारिक रूप में निर्णय निर्माण हेतु आठ चरणों से गुजरना पड़ता है–
(*i*) उद्देश्यों का निर्धारण (Setting Objectives)
(*ii*) समस्या की व्याख्या (Defining Problem)
(*iii*) समस्या का विश्लेषण (Analysing the Problem)
(*iv*) वैकल्पिक समाधानों का विकास (Developing Alternative Solutions)
(*v*) विकल्पों की छँटनी (Screening the Alternatives)
(*vi*) सर्वश्रेष्ठ विकल्प का चयन (Selection of the best Solution)
(*vii*) निर्णयों का क्रियान्वयन (Implementing the Decision)
(*viii*) प्रतिपुष्टि तथा नियन्त्रण (Feedback and Control)

7. फेस्लर और केट्ल के अनुसार प्रशासनिक निर्णय निर्धारणका प्रत्येक अभिगम (Process) दो बातों के इर्द-गिर्द घूमता है–
   (*i*) निर्णयकर्त्ता अपना फैसला लेने के लिए किन सूचनाओं का प्रयोग करें।
   (*ii*) राजनीतिक मूल्य किस तरह से निर्णय को प्रभावित करते हैं।
8. निर्णय निर्माण की विश्लेषण सम्बन्धी दो विचारधाराएँ हैं जो प्रबन्ध विज्ञान (Management Science) तथा व्यवहार विज्ञान (Behavioural Science) से उत्पन्न हुई हैं।
   ☞ पहली विचारधारा के अन्तर्गत अनेक प्रविधियाँ जैसे–रैखिक योजन (Linear Programming), पंक्तिकरण सिद्धान्त (Queuing Theory) आदि का विकास हुआ है तथा इसके विविध विकल्पों में से किसी एक विकल्प पर पहुँचने के लिए महत्तम सिद्धान्त का प्रयोग होता है।
   ☞ दूसरी, व्यवहारवादी विज्ञान मूलतः व्यक्ति तथा संगठन पर ध्यान देते हैं ताकि निर्णय निर्माण से सम्बन्धित सामाजिक और मनौवैज्ञानिक प्रक्रियाओं को सामने लाया जा सके।
9. हरबर्ट साइमन ने निर्णय निर्माण की प्रक्रिया के चार अभिगमों/प्रतिमानों (Approach/Models) का उल्लेख किया है–
   (*i*) युक्तिपरक अभिगम (Rational Approach)
   (*ii*) अनुबन्धात्मक अभिगम (Agreemental Approach)
   (*iii*) प्रतिभागिता अभिगम (Participative Approach)
   (*iv*) लोक-अभिरुचि सम्बन्धी अभिगम (Public Oriented Approach)
10. जॉन जी. हचिन्सन ने निर्णय-निर्माण की पाँच विधियों (Techniques) की पहचान की–अनुमानात्मक विधि, प्रबन्ध सिद्धान्त विधि, मॉडल निर्माण विधि, व्यवहारात्मक विधि, सांख्यिकीय विधि।
   ☞ अनुमानात्मक विधि में निर्णय पूर्णरूप से भूतकाल के अनुभवों के आधार पर लिया जाता है।
   ☞ प्रबन्ध सिद्धान्त विधि के अन्तर्गत निर्णय प्रबन्धशास्त्रियों द्वारा प्रतिपादित विभिन्न सिद्धान्तों के आधार पर लिया जाता है।
   ☞ मॉडल निर्माण विधि उत्पादन के क्षेत्र में विशेष उपयोगी है। इसके अन्तर्गत उत्पादित वस्तु का मॉडल तैयार किया जाता है फिर यह सर्वेक्षण किया जाता है कि यह वस्तु ग्राहकों की आवश्यकता के अनुरूप है या नहीं।
   ☞ व्यवहारात्मक विधि से उन तत्वों का मूल्यांकन किया जाता है जो निर्णय को सीधे प्रभावित करते हैं। सामूहिक निर्णय इस विधि की देन है।
   ☞ सांख्यिकीय विधि के अन्तर्गत निर्णय में सांख्यिकी का सहारा लिया जाता है। सम्भाव्यता की अवधारणा (Concept of Probability) इस विधि की देन है।
11. निर्णयन (Decision) का शाब्दिक अर्थ अन्तिम परिणाम तक पहुँचने से लगाया जाता है, जबकि व्यावहारिक दृष्टिकोण से इसका अभिप्राय निष्कर्ष पर पहुँचने (Come to a Conclusion) से होता है।
12. वैबस्टर शब्दकोश के अनुसार, निर्णय लेने का अर्थ किसी अभिमत या कार्यवाही के सम्बन्ध में अपने मन में निश्चय कर लेने का कार्य है।
13. टेरी के अनुसार दो या अधिक सम्भावित विकल्पों में एक व्यावहारिक विकल्प को चुन लेना ही 'निर्णय' है।
14. डा. जे.सी. ग्लोबर के अनुसार चुने हुए विकल्पों में से किसी एक के सम्बन्ध में चयन करना ही निर्णयन कहलाता है।
15. रे.ए. किलियन्स के अनुसार निर्णयन विभिन्न विकल्पो के चुनाव की एक सरलतम विधि है।
16. मैकफरलण्ड के अनुसार निर्णय लेना चयन की एक क्रिया है जिसके अन्तर्गत कार्यपालिका दी हुई परिस्थिति में इस निर्णय पर पहुँचती है कि क्या-क्या किया जाना चाहिए? निर्णय किसी व्यवहार का प्रतिनिधित्व करता है जिसका चयन अनेक सम्भव विकल्पों में से किया जाता है।
17. लुण्डबर्ग के अनुसार प्रशासकीय निर्णय एक प्रक्रिया है, जिसमें एक व्यक्ति संगठन में दूसरे व्यक्तियों के व्यवहार को प्रभावित करने के लिए एक निर्णय करता है ताकि वे व्यक्ति संगठन के लक्ष्यों को प्राप्त करने में अपना योगदान दे सकें।
18. अर्नेस्ट डेल के अनुसार प्रशासकीय निर्णयों से आशय उन निर्णयों से है जो सदैव सही प्रशासकीय क्रियाओं जैसे–नियोजन, संगठन, कार्मिक भर्ती, निर्देशन, नियन्त्रण व नव-परिवर्तन तथा प्रतिनिधित्व के दौरान लिए जाते हैं।

19. प्रशासन में निर्णय निर्धारित प्रक्रिया (Process) के परिणामस्वरूप होते हैं।
20. हरबर्ट साइमन के अनुसार निर्णय निर्माण ही प्रशासन है।
21. हरबर्ट साइमन ने अपनी पुस्तक 'प्रशासनिक व्यवहार' (Administrative Behaviour) का उपशीर्षक 'निर्णय निर्माण विज्ञान' (Decision-Making Science) रखा है।
22. सेक्लर हडसन ने निर्णय के सात आधारों का उल्लेख किया है–कानूनी प्रतिबन्ध, बजट, लोकाचार, तथ्य, इतिहास, आन्तरिक कार्यक्रम एवं अधीनस्थ।
23. साइमन ने निर्णयन के तीन प्रतिमानों की पहचान की–योजनाहीन निर्णय (Planningless Decision), विशुद्ध तर्कमूलक निर्णय (Truly Rational Decision) सन्तोष कारक निर्णय (Satisfactory Decision).
24. साइमन ने निर्णय सम्बन्धी दो प्रकार बताये हैं–योजित (Programmed), तथा अनियोजित निर्णय (Non Programmed Decisions).
25. योजित निर्णय (Programmed Decisions) वे होते हैं जो किसी समस्या के समाधानस्वरूप बार-बार दोहराये जाते हैं। ऐसे निर्णयों के लिए निश्चित प्रक्रिया अपनाई जाती है।
    ☞ जब निर्णय पुनरावर्ती होते हैं और उन्हें बार-बार लेना पड़ता है तो वे रोजनामचे की तरह हो जाते हैं तथा इस प्रक्रिया में स्वयं ही योजित हो उठते हैं। इस निर्णय प्रक्रिया में हर स्थिति को नया मानकर चलने की जरूरत नहीं होती और इस तरह हर स्थिति पर नये सिरे से निर्णय करने की भी आवश्यकता नहीं होती।
26. योजित निर्णयों का प्रयोग अधिकांशतः दैनिक मामलों में जैसे उपस्थिति पत्रक, भुगतान प्रक्रिया, वेतन सम्बन्धी अभिलेखों आदि में किया जाता है।
27. अनियोजित निर्णय (Non-Programmed Decision) वे निर्णय होते हैं जो असंरचित या अस्थापित नियमों पर होते हैं। अर्थात् समस्याओं से निपटने के लिए संगठनों को हर बार नये सिरे से कदम उठाना पड़ता है और हर बार नया निर्णय लेना पड़ता है।
    ☞ उदाहरणार्थ सरकारी विभागों में पूर्ववर्ती उदाहरणों व प्रावधानों के तहत् निर्णय लिया जाता है लेकिन जब इनमें नई परिस्थितियों के तहत् कोई समस्या उत्पन्न होती है तो पूर्ववर्ती स्थापित नियमों से समस्या हल नहीं होती, ऐसे में नये निर्माण की आवश्यकता होती है। जिसे अनियोजित निर्णय (Non-Programmed Decision) कहते हैं।
28. पीटर ड्रकर ने निर्णय प्रक्रिया के पाँच चरणों का उल्लेख किया है–
    (*i*) समस्या को परिभाषित करना (Define Problem)
    (*ii*) समस्या का विश्लेषण (Analysis of Problem)
    (*iii*) वैकल्पिक साधनों का विकास (Develop Alternatives)
    (*iv*) सबसे अच्छे समाधान का चुनाव (Choose Best Alternatives)
    (*v*) निर्णय को प्रभावशाली क्रिया में परिणत करना (Execution of Alternatives)
29. युक्तिपरक अभिगम को साइमन ने आगे-चलकर 'व्यवहार-वैकल्पिक प्रतिमान' (Behaviour-Alternative Model) की संज्ञा दी है। यह मूलतः कार्यकुशलता और उत्पाद अधिगम्य के उत्पादन की व्याख्या आदानों (Inputs) को एक निश्चित सीमा तक खर्च करने पर बल देता है।
30. अनुबन्धमूलक अभिगम बताता है कि अनेक प्रकार की परिस्थितियों में पारस्परिक समायोजन सर्वोत्तम निर्णय के लिए आवश्यक है। यह निर्णय करने की प्रक्रिया में परस्पर खिंचायी करने तथा एक-दूसरे को धता बताने में लगे निर्णयकर्ताओं के बीच सबसे बेहतर उम्मीद पैदा करता है।
31. प्रतिभागी निर्णय अभिगम की स्थापना का आधार राजनीतिक प्रजातंत्र (Political Democracy) है। यह सामान्य धरातल पर निर्णय निर्माण प्रक्रिया में सहभागिता पर जोर देता है क्योंकि प्रजातंत्र में प्रतिभागिता की महत्ता को सार्वभौम रूप से स्वीकार किया जाता है।
    ☞ इस अधिगम में दो समस्याएँ परिलक्षित होती हैं–पहली यह कि भागीदारी या प्रतिभागिता का मतलब क्या है? दूसरा, इस अभियान में निर्णय लेने या सहभागी बनने का किसे हक है?

(*i*) भागीदारी या प्रतिभागिता का मतलब यह होता है कि निर्णयकर्ता को निर्णय लेने से पहले सलाह लेनी चाहिए।

(*ii*) निर्णय निर्धारण में प्रमुख रूप से चार वर्गों को अधिकार मिलना चाहिए–
    ☞ निर्णय ग्रहण करने वाले संगठन के कर्मचारी।

☞ वे व्यक्ति जिनकी सेवाएँ संगठन करता है। जैसे–ग्राहक समूह।

☞ करदाता जिन पर निर्णय प्रभाव छोड़ता है।

☞ पूरी जनता अथवा कम-से-कम किसी एक मतदान क्षेत्र में मतदाता।

32. किसी परियोजना की अवधारणा से लेकर उसके कार्यान्वयन तथा संचालन और मूल्यांकन तक के लिए प्रतिभागी निर्णय अभिगम का सहारा लिया जाता है।

33. सार्वजनिक अथवा लोक अभिरुचि अभिगम वर्तमान समय में प्रचलित महत्वपूर्ण प्रक्रिया है। इस सिद्धान्त की प्राथमिक मान्यता है कि मानव मात्र ही युक्तिपूर्ण होते हैं तथा सभी निर्णय उन्हीं को ध्यान में रखते हुए लिये जाने चाहिए।

☞ इस अभिगम के पक्षधर निजीकरण (Privatisation) पर जोर देते हैं, क्योंकि उनका मानना है कि निजीकरण की इस प्रक्रिया से निजी क्षेत्र की प्रतिद्वन्द्विता बढ़ेगी और इस प्रकार सरकारी नौकरशाहों का प्रभाव कम होगा जो अकर्मण्यता व जोखिमों से बचना चाहते हैं।

34. हरबर्ट साइमन ने अपने निर्णय सम्बन्धी मूल विचारों का विकास सन् 1960 में प्रकाशित व्याख्यान 'प्रबन्धकीय निर्णय के नये विज्ञान' (The New Science of Management Decision) में उल्लिखित किया है।

35. सम्मिलित किया है–बौद्धिक क्रिया, संरचना क्रिया तथा चयन क्रिया।

☞ बौद्धिक क्रिया में निर्णय लेने के अवसर ढूँढ़ना शामिल हैं। इसके लिए कार्यकारी के संगठनात्मक वातावरण को समझना तथा विश्लेषण कर उन दशाओं की पहचान करना जिनमें निर्णय लेने की आवश्यकता है।

☞ संरचना क्रिया में कार्य विशेष को करने के विभिन्न विकल्पों का विकास करना है। इसमें कार्यकारी को प्रत्येक विकल्प के गुण-दोष एवं उनमें निहित समस्याओं की पहचान करनी पड़ती है।

* चयन क्रिया में निर्णयकर्ता को संगठन के उद्देश्यों को ध्यान में रखकर विभिन्न विकल्पों में से एक विकल्प का चयन करना होता है।

हल किए गए प्रश्न

निर्देश : *निम्नलिखित जानकारी का ध्यानपूर्वक अध्ययन करके नीचे दिए गए प्रश्नों के उत्तर दीजिए :*

किसी संगठन में तकनीकी अधिकारियों के पद पर नियुक्ति हेतु उम्मीदवारों की चयन–सूची बनाने के लिए पात्रता संबंधी मानदंड नीचे दिए गए हैं :

(*i*) उम्मीदवार भौतिकी, रसायन विज्ञान और गणित में कम से कम 60% अंक सहित बारहवीं की परीक्षा उत्तीर्ण होना चाहिए।

(*ii*) उसके पास कम–से–कम 60% अंक सहित इंजीनियरिंग में स्नातक की उपाधि होनी चाहिए।

(*iii*) उम्मीदवार ने संगठन द्वारा आयोजित की गई लिखित परीक्षा उत्तीर्ण की हो।

(*iv*) उसने ग्रुप डिस्कशन और साक्षात्कार में कम से कम 50% अंक प्राप्त किए हों।

(*v*) 15 जुलाई, 2020 को उसकी आयु 22 वर्ष से अधिक न हो।

यदि कोई उम्मीदवार निम्नलिखित को छोड़कर अन्य सभी पात्रता मानदंडों को पूरा करता हो :

(*a*) केवल उपर्युक्त (*i*) में उल्लिखित अंकों के प्रतिशत संबंधी मानदंड को पूरा नहीं करता हो किंतु उसने स्नातक की परीक्षा में 90% अंक अर्जित किए हों, तो उसे नियुक्त किया जा सकता है।

(*b*) केवल उपर्युक्त (*v*) में उल्लिखित आयु संबंधी मानदंड को पूरा नहीं करता हो किंतु उसने इंजीनियरिंग में स्नातकोत्तर की उपाधि प्राप्त की हो, तो उसकी नियुक्ति का मामला निदेशक, कार्मिक को भेजा जाएगा।

(*c*) केवल उपर्युक्त (*ii*) में उल्लिखित मानदंड को पूरा नहीं करता हो किंतु इंजीनियरिंग स्नातक की अंतिम वर्ष की परीक्षा में शामिल हुआ हो, तो उसे अनंतिम रूप में नियुक्त किया जा सकता है।

इन मानदंडों और नीचे दी गई सूचना के आधार पर मामले में अपनाई जाने वाली कार्यवाही का निर्णय करें। आपको प्रत्येक प्रश्न के विषय में निर्णय करते समय ऊपर दी गई जानकारी के अतिरिक्त अन्य कुछ भी मानकर नहीं चलना है। यदि दी

गई सूचना निर्णय करने के लिए पर्याप्त न हो, तो उत्तर के रूप में 'सूचना पर्याप्त नहीं' लिखें। ये मामले आपके समक्ष 1.6.2020 को प्रस्तुत किए गए हैं।

1. अशोक तनेजा को बारहवीं की परीक्षा में भौतिकी, रसायन विज्ञान और गणित में कुल 90% अंक प्राप्त हुए हैं। उसने इलेक्ट्रॉनिकी स्नातक की अंतिम वर्ष की परीक्षा दी है किंतु उसे अभी परीक्षा परिणाम प्राप्त नहीं हुआ है। उसने संगठन द्वारा आयोजित की गई लिखित परीक्षा उत्तीर्ण कर ली है तथा उसे ग्रुप डिस्कशन और साक्षात्कार परीक्षा दोनों में 60% अंक प्राप्त हुए हैं। उसकी जन्म तिथि 19 जुलाई, 1998 है।

A. दी गई सूचना अपर्याप्त है
B. उसे नियुक्त नहीं किया जाएगा
C. यह मामला निदेशक, कार्मिक को भेजा जाएगा
D. उसे नियुक्त कर दिया जाएगा
E. उसे अनंतिम रूप में नियुक्त किया जाएगा

उत्तर (E) **:** मानदंड (*ii*) संतुष्ट नहीं होता किंतु मानदंड (*c*) से निर्णय प्राप्त होता है।

2. प्रिया मनचंदानी को बारहवीं की परीक्षा में भौतिकी, रसायन विज्ञान और गणित में कुल 70% अंक प्राप्त हुए हैं तथा उसे धातु-विज्ञान विषय में स्नातक की परीक्षा में 80% और स्नातकोत्तर की परीक्षा में 50% अंक प्राप्त हुए हैं। उसकी जन्म तिथि 25 फरवरी, 1998 है। उसने संगठन द्वारा आयोजित की गई लिखित परीक्षा उत्तीर्ण की है तथा उसे ग्रुप डिस्कशन और साक्षात्कार परीक्षा दोनों में 55% अंक प्राप्त हुए हैं।

A. उसे अनंतिम रूप में नियुक्त किया जाएगा
B. उसे नियुक्त नहीं किया जाएगा
C. यह मामला निदेशक, कार्मिक को भेजा जाएगा
D. उसे नियुक्त कर दिया जाएगा
E. दी गई सूचना अपर्याप्त है।

उत्तर (C) : मानदंड (*v*) संतुष्ट नहीं होता किंतु मानदंड (*b*) से निर्णय प्राप्त होता है।

3. समीर गुप्ता की जन्म तिथि 19 मार्च 1997 है। उसने सिविल इंजीनियरिंग की स्नातक और स्नातकोत्तर दोनों परीक्षाओं में 60% अंक प्राप्त किए हैं। वह संगठन द्वारा आयोजित की गई लिखित परीक्षा में उत्तीर्ण हुआ है तथा उसे ग्रुप डिस्कशन और साक्षात्कार परीक्षा दोनों में 60% अंक प्राप्त हुए हैं।

A. यह मामला निदेशक, कार्मिक को भेजा जाएगा
B. उसे नियुक्त नहीं किया जाएगा
C. उसे अनंतिम रूप में नियुक्त किया जाएगा
D. दी गई सूचना अपर्याप्त है
E. उसे नियुक्त कर दिया जाएगा

उत्तर (D) : मानदंड (*i*) नहीं दिया गया है और मानदंड (*v*) संतुष्ट नहीं होता

4. संदीप मल्होत्रा ने मेकैनिकल इंजीनियरिंग में स्नातक स्तर की अंतिम वर्ष की परीक्षा दी है। उसे बारहवीं की परीक्षा में भौतिकी, रसायन विज्ञान और गणित में कुल 70% अंक प्राप्त हुए हैं। उसने संगठन द्वारा आयोजित की गई लिखित परीक्षा उत्तीर्ण की है तथा उसे ग्रुप डिस्कशन और साक्षात्कार परीक्षा दोनों में 75% अंक प्राप्त हुए हैं। उसकी जन्मतिथि 15 अप्रैल, 1998 है।

A. उसे नियुक्त नहीं किया जाएगा
B. यह मामला निदेशक, कार्मिक को भेजा जाएगा
C. उसे अनंतिम रूप में नियुक्त किया जाएगा
D. उसे नियुक्त कर दिया जाएगा
E. दी गई सूचना अपर्याप्त है

उत्तर (A) : मानदंड (*v*) और मानदंड (*b*) दोनों संतुष्ट नहीं होते।

5. सीमा मल्होत्रा को केमिकल इंजीनियरिंग में स्नातक स्तर पर 60% अंक मिले हैं तथा बारहवीं की परीक्षा में भौतिकी, रसायन विज्ञान और गणित विषयों में उसका कुल प्राप्तांक 70% है। 10 अगस्त, 2021 को उसकी आयु 23 वर्ष होगी। वह संगठन द्वारा आयोजित की गई लिखित परीक्षा में उत्तीर्ण घोषित की गई है तथा उसे ग्रुप डिस्कशन और साक्षात्कार परीक्षा दोनों में 55% अंक प्राप्त हुए हैं।

A. दी गई सूचना अपर्याप्त है
B. उसे अनंतिम रूप में नियुक्त किया जाएगा
C. उसे नियुक्त कर दिया जाएगा
D. उसे नियुक्त नहीं किया जाएगा
E. यह मामला निदेशक, कार्मिक को भेजा जाएगा

उत्तर (C) : पात्रता संबंधी सभी मानदंड संतुष्ट होते हैं।

अभ्यास-प्रश्न

निर्देश (प्रश्न 1 से 5) : *निम्नलिखित सूचना का सावधानीपूर्वक अध्ययन करें और नीचे पूछे गए प्रश्नों के उत्तर दें।*

किसी कॉलेज में इंजीनियरिंग पाठ्यक्रम के प्रथम वर्ष में दाखिले हेतु छात्रों के लिए निम्नलिखित पात्रता मानदंड बनाए गए हैं :

छात्र के लिए आवश्यक है कि

(*i*) उसने विज्ञान विषयों में बारहवीं की परीक्षा कम से कम 80% अंक सहित उत्तीर्ण की हो।

(*ii*) 1.8.2020 को उसकी आयु 20 वर्ष से अधिक न हो

(*iii*) उसने प्रवेश परीक्षा में कुल 150 अंकों में से कम से कम 90 अंक प्राप्त किए हों।

(*iv*) वह पहले सत्र के लिए ट्यूशन शुल्क के रूप में 15,000 रु. और दाखिले के समय प्रवेश शुल्क के रूप में 5,000 रु. भुगतान कर सकता हो

यदि कोई छात्र निम्नलिखित को छोड़कर अन्य सभी पात्रता मानदंडों को पूरा करता हो :

(*a*) उपर्युक्त (*iv*) किंतु निर्धारित शुल्क के कम से कम 60% का भुगतान कर सकता हो तो मामला प्रवेश समिति को भेजा जाएगा।

(*b*) उपर्युक्त (*iii*) किंतु बारहवीं की परीक्षा में 95% से अधिक अंकों से उत्तीर्ण हुआ हो तो उसका मामला चेयरमैन, एडमिशन को भेजा जाएगा।

आपके समक्ष निम्नलिखित मामले 1.8.2020 को प्रस्तुत किए गए हैं। प्रत्येक मामले में उपलब्ध कराई गई सूचना को ध्यान में रखते हुए और ऊपर उल्लिखित मानदंडों के आधार पर अपने निर्णय दें। आपको उपलब्ध कराई गई जानकारी के अतिरिक्त और कुछ मानकर नहीं चलना है। यदि दी गई सूचना निर्णय करने के लिए पर्याप्त न हो, तो उत्तर के रूप में ''सूचना पर्याप्त नहीं'' लिखें।

1. सुधीर मल्होत्रा की आयु 20 दिसंबर, 2019 को 19 वर्ष थी। उसने विज्ञान विषयों के साथ बारहवीं की परीक्षा 98% अंक से उत्तीर्ण की है तथा उसे प्रवेश परीक्षा में 80 अंक प्राप्त हुए हैं। वह अपेक्षित ट्यूशन शुल्क और प्रवेश शुल्क का भुगतान कर सकता है।

A. प्रवेश दिया जाएगा

B. यह मामला प्रवेश समिति को भेजा जाएगा

C. दी गई सूचना अपर्याप्त है

D. प्रवेश नहीं दिया जाएगा

E. यह मामला चेयरमैन, एडमिशन को भेज दिया जाएगा

2. रीमा जायसवाल की जन्म तिथि 20 जुलाई, 2000 है। उसे विज्ञान सहित बारहवीं की परीक्षा में 85% और प्रवेश परीक्षा में 75% अंक मिले हैं। वह अपेक्षित ट्यूशन शुल्क और प्रवेश शुल्क का भुगतान कर सकती है।

A. उसका मामला चेयरमैन, एडमिशन को भेज दिया जाएगा

B. उसका मामला प्रवेश समिति को भेज दिया जाएगा

C. दी गई सूचना अपर्याप्त है

D. प्रवेश नहीं दिया जाएगा

E. प्रवेश दिया जाएगा

3. अशोक दुबे की जन्म तिथि 27 नवंबर, 2000 है। उसने विज्ञान विषयों सहित बारहवीं की परीक्षा में 90% और प्रवेश परीक्षा में 95 अंक प्राप्त किए हैं। वह 10,000 रु. ट्यूशन शुल्क और 3,500 रु. प्रवेश शुल्क भुगतान कर सकता है।

A. प्रवेश दिया जाएगा

B. दी गई सूचना अपर्याप्त है

C. उसका मामला प्रवेश समिति को भेज दिया जाएगा

D. प्रवेश नहीं दिया जाएगा

E. उसका मामला चेयरमैन, एडमिशन को भेज दिया जाएगा

4. सुधा मीरचंदानी ने विज्ञान विषयों सहित बारहवीं की परीक्षा में 95% अंक अर्जित किए हैं और प्रवेश परीक्षा में उसे 70% अंक मिले हैं। वह अपेक्षित ट्यूशन शुल्क और प्रवेश शुल्क की 65% राशि का भुगतान कर सकती है।

A. प्रवेश नहीं दिया जाएगा

B. प्रवेश दिया जाएगा

C. दी गई सूचना अपर्याप्त है

D. उसका मामला चेयरमैन, एडमिशन को भेज दिया जाएगा

E. उसका मामला प्रवेश समिति को भेजा जाएगा

5. सलिल मल्होत्रा की जन्म तिथि 25 सितंबर, 2001 है। उसे विज्ञान विषयों सहित बारहवीं की परीक्षा में 85% और प्रवेश परीक्षा में 95% अंक मिले हैं। वह अपेक्षित ट्यूशन शुल्क और प्रवेश शुल्क का भुगतान कर सकता है।

A. उसे प्रवेश दिया जाएगा

B. उसे प्रवेश नहीं दिया जाएगा

C. उसका मामला चेयरमैन, एडमिशन को भेज दिया जाएगा

D. उसका मामला प्रवेश समिति को भेजा जाएगा

E. दी गई सूचना अपर्याप्त है

निर्देश (प्रश्न 6 से 12) : *निम्नलिखित जानकारी का ध्यानपूर्वक अध्ययन करके नीचे दिए गए प्रश्नों के उत्तर दीजिए।*

अध्येतावृत्ति (Research fellowship) प्रदान करने के लिए उम्मीदवारों की चयन सूची बनाने के पात्रता मानदंड नीचे दिए गए हैं :

उम्मीदवार के लिए आवश्यक है कि

(*i*) उसे कम से कम 65% अंक सहित स्नातकोत्तर की उपाधि प्राप्त हो

(*ii*) 15.10.2019 को उसकी आयु 30 वर्ष से अधिक न हो

(*iii*) उसे शोध कार्य का कम से कम 3 वर्ष का अनुभव हो

(*iv*) उसने सांख्यिकी में डिप्लोमा प्राप्त किया हो।

(*v*) उसने प्रवेश परीक्षा में कम से कम 50% अंक प्राप्त किए हों।

(*vi*) उसने अपने शोध का विषय तय कर लिया हो

तथापि, यदि कोई उम्मीदवार निम्नलिखित को छोड़कर अन्य सभी पात्रता मानदंडों को पूरा करता हो :

(*a*) उपर्युक्त (*iii*) किंतु उसके पास एम. फिल की उपाधि हो तो उसका मामला डीन (संकाय अध्यक्ष) को भेजा जाएगा।

(*b*) उपर्युक्त (*iv*) तो उसका मामला चेयरमैन को भेजा जाएगा।

(*c*) उपर्युक्त (*i*) किंतु यदि उसने स्नातकोत्तर में कम से कम 55% और प्रवेश परीक्षा में 65% अंक प्राप्त किए हैं तो उसे अध्येतावृत्ति प्रदान की जाएगी।

(*d*) उपर्युक्त (*v*) किंतु यदि उसे कम से कम 45% अंक मिले हैं, तो उसका नाम प्रतीक्षा सूची में डाला जाएगा।

इन मानदंडों और नीचे दी गई सूचना के आधार पर प्रत्येक मामले में की जाने वाली कार्रवाई का निर्णय करें। आपको दी गई जानकारी के अतिरिक्त अन्य कुछ मानकर नहीं चलना है। यदि दी गई सूचना कार्रवाई से संबंधित निर्णय करने के लिए पर्याप्त नहीं है तो अपना उत्तर ''दी गई सूचना अपर्याप्त है'' दें। ये मामले आपके समक्ष 15.10.2019 को प्रस्तुत किए गए हैं।

6. 26 वर्षीय ममता देव को स्नातकोत्तर में 58% अंक प्राप्त हुए हैं। उसे शोधकार्य का चार वर्ष का अनुभव है और उसने अपने शोध का विषय तय कर लिया है। उसे सांख्यिकी डिप्लोमा में 70% अंक और प्रवेश परीक्षा में 54% अंक प्राप्त हुए हैं।

A. अध्येतावृत्ति प्रदान नहीं की जाएगी

B. उसका मामला डीन (संकाय अध्यक्ष) को भेजा जाएगा

C. उसका मामला चेयरमैन को भेजा जाएगा

D. उसे अध्येतावृत्ति प्रदान की जाएगी

E. दी गई सूचना अपर्याप्त है

7. सुशीला नैय्यर को स्नातकोत्तर में 65% अंक प्राप्त हुए हैं और उसने एम.फिल की उपाधि प्राप्त की है। उसे शोधकार्य का 5 वर्ष का अनुभव है। उसने प्रवेश परीक्षा में 65% अंक प्राप्त किए हैं और अपना शोध का विषय तय कर लिया है। उसकी जन्म तिथि 11.8.1991 है।

A. अध्येतावृत्ति प्रदान की जाएगी

B. उसका नाम प्रतीक्षा सूची में रखा जाएगा

C. उसका मामला डीन (संकाय-अध्यक्ष) को भेजा जाएगा

D. उसका मामला चेयरमैन को भेजा जाएगा

E. दी गई सूचना अपर्याप्त है

8. अमित को प्रवेश परीक्षा में 58% अंक प्राप्त हुए हैं। उसे स्नातकोत्तर परीक्षा में 68% और एम.फिल में 55% अंक प्राप्त हुए हैं। उसने सांख्यिकी में डिप्लोमा किया है और उसने अपना शोध का विषय भी तय कर लिया है।

A. अध्येतावृत्ति प्रदान की जाएगी

B. उसका मामला डीन (संकाय अध्यक्ष) को भेजा जाएगा

C. उसका मामला चेयरमैन को भेजा जाएगा

D. उसका नाम प्रतीक्षा सूची में रखा जाएगा

E. दी गई सूचना अपर्याप्त है

9. 28 वर्षीय नीतू सिंह ने 60% अंक के साथ एम.फिल की उपाधि प्राप्त की है। उसने प्रवेश परीक्षा में 70% अंक प्राप्त किए हैं और अपने शोध का विषय तय कर लिया है। उसने सांख्यिकी में डिप्लोमा भी किया है।

A. उसे अध्येतावृत्ति प्रदान की जाएगी
B. उसे अध्येतावृत्ति प्रदान नहीं की जाएगी
C. उसका मामला चेयरमैन को भेज दिया जाएगा
D. उसका मामला डीन (संकाय-अध्यक्ष) को भेजा जाएगा
E. दी गई सूचना अपर्याप्त है

10. साधना सुमन को सांख्यिकी डिप्लोमा में 60% अंक और स्नातकोत्तर परीक्षा में 56% अंक प्राप्त हुए हैं। उसकी जन्म तिथि 12.12.1994 है। उसे शोधकार्य का एक वर्ष का अनुभव है और वह अभी एम.फिल कर रही है। उसे प्रवेश परीक्षा में 65% अंक मिले हैं और उसने अपने शोध का विषय तय कर लिया है।

A. उसे अध्येतावृत्ति प्रदान की जाएगी
B. उसे अध्येतावृत्ति प्रदान नहीं की जाएगी
C. उसका मामला डीन (संकाय-अध्यक्ष) को भेज दिया जाएगा
D. दी गई सूचना अपर्याप्त है
E. उसका नाम प्रतीक्षा सूची में रखा जाएगा

11. अमर सिक्का की आयु 28 वर्ष है और उसे स्नातकोत्तर परीक्षा में 65% तथा एम.फिल में 60% अंक प्राप्त हुए हैं। उसने प्रवेश परीक्षा 65% अंकों से उत्तीर्ण की है और अपने शोध का विषय तय कर लिया है। उसने सांख्यिकी में डिप्लोमा भी प्राप्त किया है।

A. उसे अध्येतावृत्ति प्रदान की जाएगी
B. उसे अध्येतावृत्ति प्रदान नहीं की जाएगी
C. उसका मामला डीन (संकाय अध्यक्ष) को भेज दिया जाएगा
D. उसका मामला चेयरमैन को भेजा जाएगा
E. दी गई सूचना अपर्याप्त है

12. मदन लाल को शोधकार्य का 5 वर्ष का अनुभव है और उसने अपने शोध का विषय तय कर लिया है। उसे स्नातकोत्तर में 56% अंक मिले हैं। उसकी जन्म तिथि 15.12.1992 है। उसने सांख्यिकी में डिप्लोमा भी किया है। उसे प्रवेश परीक्षा में 70% अंक मिले हैं।

A. उसे अध्येतावृत्ति प्रदान की जाएगी
B. उसे अध्येतावृत्ति प्रदान नहीं की जाएगी
C. उसका मामला डीन (संकाय अध्यक्ष) को भेजा जाएगा
D. दी गई सूचना अपर्याप्त है
E. इनमें से कोई नहीं

निर्देश (प्रश्न 13 से 19) : *निम्नलिखित जानकारी का ध्यानपूर्वक अध्ययन करें और नीचे दिए गए प्रश्नों के उत्तर दें।*

अध्येतावृत्ति (Research fellowship) प्रदान करने के लिए उम्मीदवारों की चयन सूची बनाने के पात्रता मानदंड नीचे दिए गए हैं :

उम्मीदवार के लिए आवश्यक है कि

(*i*) उसे कम-से-कम 60% अंक सहित स्नातकोत्तर की उपाधि प्राप्त हो।
(*ii*) 1.9.2020 को उसकी आयु 30 वर्ष से अधिक न हो।
(*iii*) उसे शोध कार्य का कम-से-कम 3 वर्ष का अनुभव हो।
(*iv*) उसने सांख्यिकी में डिप्लोमा प्राप्त किया हो।
(*v*) उसने प्रवेश परीक्षा में कम-से-कम 55% अंक प्राप्त किए हों।
(*iv*) उसने अपने शोध का विषय तय कर लिया हो।

तथापि, यदि कोई उम्मीदवार निम्नलिखित को छोड़कर अन्य सभी पात्रता मानदंडों को पूरा करता हो :

(*a*) उपर्युक्त (*iii*) किंतु यदि उसके पास एम.फिल की उपाधि हो तो उसे अध्येतावृत्ति प्रदान की जाएगी।
(*b*) उपर्युक्त (*iv*) तो उसका मामला डीन को भेज दिया जाएगा।
(*c*) उपर्युक्त (*i*) किंतु उसने स्नातकोत्तर में कम-से-कम 55% अंक प्राप्त किए हों तो उसका नाम प्रतीक्षा सूची में रखा जाएगा।
(*d*) उपर्युक्त (*v*) किंतु यदि उसे कम-से-कम 50% अंक मिले हैं, तो उसका मामला चेयरमैन को भेज दिया जाएगा।

इन मानदंडों और नीचे दी गई सूचना के आधार पर प्रत्येक मामले में की जाने वाली कार्रवाई का निर्णय करें। आपको दी गई जानकारी के अतिरिक्त अन्य कुछ मानकर नहीं चलना है। यदि दी गई सूचना कार्रवाई से संबंधित निर्णय करने के

लिए पर्याप्त नहीं है तो अपना उत्तर ''दी गई सूचना अपर्याप्त है'' दें। ये मामले आपके समक्ष 1.9.2020 को प्रस्तुत किए गए हैं।

13. विजय गुप्ता की आयु 24 वर्ष है और उसे प्रवेश परीक्षा में 58% अंक मिले हैं। उसने स्नातकोत्तर की परीक्षा में 63% और एम.फिल में 55% अंक प्राप्त किए हैं। उसने सांख्यिकी में डिप्लोमा प्राप्त किया है और उसने अपने शोध का विषय तय कर लिया है।

A. उसे अध्येतावृत्ति प्रदान की जाएगी
B. उसका मामला डीन को भेज दिया जाएगा
C. उसका मामला चेयरमैन को भेजा जाएगा
D. उसका नाम प्रतीक्षा सूची में रखा जाएगा
E. दी गई सूचना अपर्याप्त है

14. अजय द्विवेदी को स्नातकोत्तर की परीक्षा में 65% अंक मिले हैं और उसे शोध कार्य का 5 वर्ष का अनुभव है। उसे प्रवेश परीक्षा में 65% अंक मिले हैं और उसने अपने शोध का विषय तय कर लिया है। उसकी जन्म तिथि 11.8.1992 है।

A. उसे अध्येतावृत्ति प्रदान की जाएगी
B. उसका नाम प्रतीक्षा सूची में डाला जाएगा
C. उसका मामला डीन को भेजा जाएगा
D. दी गई सूचना अपर्याप्त है
E. इनमें से कोई नहीं

15. मदन सौरेन ने 60% अंक के साथ सांख्यिकी में डिप्लोमा प्राप्त किया है और स्नातकोत्तर की परीक्षा में उसे 56% अंक मिले हैं। उसकी जन्म तिथि 12.12.1995 है। उसे शोध कार्य का 1 वर्ष का अनुभव है और वह अभी एम.फिल कर रहा है। उसे प्रवेश परीक्षा में 60% अंक मिले हैं और उसने अपने शोध का विषय भी तय कर लिया है।

A. उसे अध्येतावृत्ति प्रदान कर दी जाएगी
B. उसे अध्येतावृत्ति प्रदान नहीं की जाएगी
C. उसका मामला डीन को भेजा जाएगा
D. दी गई सूचना अपर्याप्त है
E. उसका नाम प्रतीक्षा सूची में डाला जाएगा

16. 26 वर्षीय ममता कुलकर्णी ने 60% अंक सहित एम.फिल की उपाधि प्राप्त की है। उसे प्रवेश परीक्षा में 70% अंक प्राप्त हुए हैं और उसने अपने शोध का विषय तय कर लिया है। उसे सांख्यिकी में डिप्लोमा भी प्राप्त है।

A. उसे अध्येतावृत्ति प्रदान की जाएगी
B. उसे अध्येतावृत्ति प्रदान नहीं की जाएगी
C. उसका मामला चेयरमैन को भेजा जाएगा
D. उसका मामला डीन को भेजा जाएगा
E. दी गई सूचना अपर्याप्त है

17. चंदर मनोज को शोधकार्य का 5 वर्ष का अनुभव है और उसने अपने शोध का विषय तय कर लिया है। उसे स्नातकोत्तर की परीक्षा में 56% और प्रवेश परीक्षा में 60% अंक प्राप्त हुए हैं। उसकी जन्म तिथि 15.2.1993 है। उसने सांख्यिकी में डिप्लोमा भी किया है।

A. उसे अध्येतावृत्ति प्रदान की जाएगी
B. उसे अध्येतावृत्ति प्रदान नहीं की जाएगी
C. उसका मामला डीन को भेजा जाएगा
D. दी गई सूचना अपर्याप्त है
E. इनमें से कोई नहीं

18. रमण हूडा की आयु 28 वर्ष है तथा उसे स्नातकोत्तर की परीक्षा में 65% और एम.फिल. में 60% अंक प्राप्त हुए हैं। उसे प्रवेश परीक्षा में 65% अंक प्राप्त हुए हैं और उसने अपने शोध का विषय तय कर लिया है। उसने सांख्यिकी में डिप्लोमा भी किया है।

A. उसे अध्येतावृत्ति प्रदान की जाएगी
B. उसे अध्येतावृत्ति प्रदान नहीं की जाएगी
C. उसका मामला डीन को भेजा जाएगा
D. उसका मामला चेयरमैन को भेजा जाएगा
E. दी गई सूचना अपर्याप्त है

19. 26 वर्षीय सुश्री जानकी देव ने 58% अंक सहित स्नातकोत्तर की उपाधि प्राप्त की है। उसे शोध कार्य का चार वर्ष का अनुभव है और उसने अपने शोध का विषय तय कर लिया है। उसे सांख्यिकी डिप्लोमा में 70% अंक प्राप्त हुए हैं और उसे प्रवेश परीक्षा में 54% अंक प्राप्त हुए हैं।

A. उसे अध्येतावृत्ति प्रदान नहीं की जाएगी
B. उसका मामला डीन को भेजा जाएगा
C. उसका मामला चेयरमैन को भेजा जाएगा
D. उसे अध्येतावृत्ति प्रदान की जाएगी
E. दी गई सूचना अपर्याप्त है

निर्देश (प्रश्न 20 से 27) : *निम्नलिखित जानकारी का ध्यानपूर्वक अध्ययन करें और नीचे दिए गए प्रश्नों के उत्तर दें:*

किसी संगठन में कनिष्ठ अधिकारियों के संवर्ग से वरिष्ठ अधिकारियों के संवर्ग में पदोन्नति के लिए पात्रता मानदंड नीचे दिए गए हैं :

उम्मीदवार के लिए आवश्यक है कि

(*a*) उसने संगठन में कम-से-कम 5 वर्ष पूरा कर लिया हो।

(*b*) उसे पदोन्नति हेतु आयोजित लिखित परीक्षा में 65% या उससे अधिक अंक मिले हों।

(*c*) उसे ग्रुप डिस्कशन में 60% अंक मिले हों।

(*d*) उसे साक्षात्कार परीक्षा में 70% अंक मिले हों।

(*e*) उसके कार्य-निष्पादन का रिकार्ड सराहनीय हो।

(*f*) वह अपनी बात प्रभावशाली रूप में संप्रेषित करने में सक्षम हो और उसका अपने सहयोगियों के साथ मधुर संबंध हो।

(*g*) 1.9.2020 को उसकी आयु 40 वर्ष से अधिक और 30 वर्ष से कम न हो।

(*h*) उसका शैक्षणिक रिकार्ड अच्छा हो तथा उसने स्कूल-कॉलेज की परीक्षाओं में औसतन 65% अंक प्राप्त किए हों।

तथापि, यदि कोई उम्मीदवार

(*i*) उपर्युक्त (*d*) को छोड़कर अन्य सभी शर्तों को पूरा करता हो किंतु लिखित परीक्षा में उसे 75% और ग्रुप डिस्कशन में 65% अंक मिले हों, तो उसका मामला विचार-विमर्श हेतु महाप्रबंधक (कार्मिक) को भेजा जाएगा।

(*j*) उपर्युक्त (*h*) को छोड़कर अन्य सभी शर्तों को पूरा करता हो किंतु उसने औसतन 60% से अधिक अंक प्राप्त किए हों तो उसका मामला संगठन के प्रबंध निदेशक को भेजा जाएगा।

अब नीचे के प्रत्येक प्रश्न में प्रत्येक उम्मीदवार के मामले में दी गई जानकारी को ध्यानपूर्वक पढ़ें तथा दी गई सूचना और ऊपर उल्लिखित शर्तों के आधार पर यह निर्णय करें कि आप वर्णित मामले में क्या निर्णय लेंगे। ये मामले आपके समक्ष 5.9.2020 को प्रस्तुत किए गए हैं। (याद रखें कि प्रत्येक प्रश्न में दी गई जानकारी के अतिरिक्त आपको अन्य कुछ मानकर नहीं चलना है)। यदि पूर्ण सूचना नहीं दी गई है तो अपना उत्तर 'दी गई सूचना अपर्याप्त है' दें।

20. 38 वर्षीय राजेश को पदोन्नति हेतु आयोजित लिखित परीक्षा में 65% अंक, साक्षात्कार परीक्षा में 73% अंक और ग्रुप डिस्कशन में 62% अंक मिले हैं। उसके कार्य-निष्पादन का रिकार्ड सराहनीय है, तथा वह अपने विचारों को प्रभावशाली रूप में संप्रेषित करने में सक्षम है और उसका अपने सहयोगियों के साथ मधुर संबंध है। उसका शैक्षणिक रिकार्ड अच्छा है और उसे स्कूल-कॉलेज की परीक्षाओं में औसतन 61% अंक मिले हैं और उसने संगठन में 7 वर्ष पूरा कर लिया है।

A. उसका मामला महाप्रबंधक (कार्मिक) को भेजा जाएगा

B. उसक मामला प्रबंध निदेशक को भेजा जाएगा

C. उसे पदोन्नत कर दिया जाएगा

D. उसे पदोन्नत नहीं किया जाएगा

E. दी गई सूचना अपर्याप्त है

21. 34 वर्षीय सुधा को पदोन्नति हेतु आयोजित की गई लिखित परीक्षा में 60% अंक, साक्षात्कार परीक्षा में 72% अंक और ग्रुप डिस्कशन में 69% अंक मिले हैं। वह अपने विचारों को प्रभावशाली रूप में संप्रेषित करने में सक्षम है और उसका अपने सहयोगियों के साथ मधुर संबंध है। उसके कार्य-निष्पादन का रिकार्ड सराहनीय है और उसने संगठन में 6½ वर्ष पूरे कर लिए हैं।

A. उसका मामला प्रबंध निदेशक को भेजा जाएगा

B. उसे पदोन्नति नहीं दी जाएगी

C. उसका मामला महाप्रबंधक (कार्मिक) को भेजा जाएगा

D. उसे पदोन्नति दे दी जाएगी

E. दी गई सूचना अपर्याप्त है

22. सुरेखा को पदोन्नति हेतु आयोजित की गई लिखित परीक्षा में 70% अंक, ग्रुप डिस्कशन में 69% अंक और साक्षात्कार परीक्षा में 72% अंक मिले हैं। उसका शैक्षणिक रिकार्ड अच्छा है और उसे स्कूल-कॉलेज की परीक्षाओं में औसतन 67% अंक मिले हैं। उसके कार्य-निष्पादन का रिकार्ड सराहनीय है और उसका अपने सहयोगियों के साथ मधुर संबंध है। वह अपने विचारों को प्रभावशाली रूप में संप्रेषित करने में सक्षम है और उसने संगठन में 7 वर्ष पूरे कर लिए हैं।

A. उसे पदोन्नति नहीं दी जाएगी

B. उसे पदोन्नत कर दिया जाएगा

C. उसका मामला महाप्रबंधक (कार्मिक) को भेजा जाएगा

D. उसका मामला प्रबंध निदेशक को भेजा जाएगा

E. दी गई सूचना अपर्याप्त है

23. 39 वर्षीय पवन को पदोन्नति हेतु आयोजित की गई लिखित परीक्षा में 66% अंक मिले हैं तथा उसका शैक्षणिक रिकॉर्ड सराहनीय है और उसने स्कूल-कॉलेजों की परीक्षा में औसतन 62% अंक प्राप्त किए हैं। उसे ग्रुप डिस्कशन में 65% और साक्षात्कार परीक्षा में 72% अंक मिले हैं। उसके कार्य-निष्पादन का रिकार्ड सराहनीय है तथा वह अपने विचारों को प्रभावशाली रूप में संप्रेषित करने में सक्षम है और उसके अपने सहयोगियों के साथ मधुर संबंध है। उसने संगठन में छह वर्ष की सेवा की है।

A. उसे पदोन्नत नहीं किया जाएगा

B. उसका मामला प्रबंध निदेशक को भेज दिया जाएगा

C. उसका मामला महाप्रबंधक (कार्मिक) को भेजा जाएगा

D. उसे पदोन्नति दे दी जाएगी

E. दी गई सूचना अपर्याप्त है

24. 34 वर्षीय सुधीर को पदोन्नति के लिए आयोजित की गई लिखित परीक्षा में 76% अंक, ग्रुप डिस्कशन में 66% अंक और साक्षात्कार परीक्षा में 67% अंक मिले हैं। उसका शैक्षणिक रिकार्ड अच्छा है और स्कूल-कॉलेज की परीक्षाओं में उसे औसतन 68% अंक मिले हैं। वह अपने विचारों को प्रभावशाली रूप में संप्रेषित करने में सक्षम है और उसका अपने सहयोगियों के साथ मधुर संबंध है। उसके कार्य-निष्पादन का रिकार्ड सराहनीय है और उसने संगठन में 6 वर्ष पूरे कर लिए हैं।

A. उसे पदोन्नति दे दी जाएगी

B. उसका मामला प्रबंध निदेशक को भेजा जाएगा

C. उसका मामला महाप्रबंधक (कार्मिक) को भेजा जाएगा

D. उसे पदोन्नति नहीं दी जाएगी

E. दी गई सूचना अपर्याप्त है

25. 32 वर्षीय मंजुला का शैक्षणिक रिकार्ड अच्छा है और स्कूल-कॉलेज की परीक्षाओं में उसे औसतन 66% अंक मिले हैं। उसे पदोन्नति हेतु आयोजित ग्रुप डिस्कशन में 67% अंक, साक्षात्कार परीक्षा में 75% अंक और लिखित परीक्षा में 60% अंक मिले हैं। वह अपने विचारों को प्रभावशाली रूप में संप्रेषित करने में सक्षम है और अपने सहयोगियों के साथ उसका मधुर संबंध है। उसके कार्य-निष्पादन का रिकार्ड सराहनीय है और उसने संगठन में 7 वर्ष पूरे कर लिए हैं।

A. उसे पदोन्नत नहीं किया जाएगा

B. उसका मामला प्रबंध निदेशक को भेज दिया जाएगा

C. उसे पदोन्नत कर दिया जाएगा

D. उसका मामला महाप्रबंधक (कार्मिक) को भेजा जाएगा

E. दी गई सूचना अपर्याप्त है

26. 31 वर्षीय कृष्णा को पदोन्नति हेतु आयोजित की गई लिखित परीक्षा में 65% अंक, साक्षात्कार परीक्षा में 72% अंक और ग्रुप डिस्कशन में 62% अंक मिले हैं। उसका शैक्षणिक रिकार्ड अच्छा है और स्कूल-कॉलेज की परीक्षाओं में उसे औसतन 67% अंक मिले हैं तथा वह अपने विचारों को प्रभावशाली रूप में संप्रेषित करने में दक्ष है। उसने संगठन में 9 वर्ष पूरे कर लिए हैं। वह बहुत जल्दी क्रोधित हो जाता है और उसकी अपने सहयोगियों से बात-बात पर ठन जाती है तथा गत दो वर्षों से उसके कार्य-निष्पादन का रिकार्ड बहुत अच्छा न होकर केवल औसत दर्जे का रह गया है।

A. उसे पदोन्नत कर दिया जाएगा

B. उसका मामला महाप्रबंधक (कार्मिक) को भेजा जाएगा

C. उसका मामला प्रबंध निदेशक को भेजा जाएगा

D. उसे पदोन्नत नहीं किया जाएगा

E. दी गई सूचना अपर्याप्त है

27. 33 वर्षीय नीलिमा को पदोन्नति हेतु आयोजित ग्रुप डिस्कशन में 63% अंक, साक्षात्कार परीक्षा में 71% अंक और लिखित परीक्षा में 66% अंक मिले हैं। उसका शैक्षणिक रिकार्ड अच्छा है तथा स्कूल-कॉलेज की परीक्षाओं में उसे औसतन 68% अंक मिले हैं और वह अपने विचारों को प्रभावशाली रूप में संप्रेषित करने में दक्ष है। उसका अपने सहयोगियों के साथ मधुर संबंध है तथा उसके कार्य निष्पादन का रिकार्ड सराहनीय है। उसने संगठन में 6 वर्ष पूरे कर लिए हैं।

A. उसका मामला महाप्रबंधक (कार्मिक) को भेजा जाएगा

B. उसे पदोन्नत नहीं किया जाएगा

C. उसे पदोन्नत कर दिया जाएगा

D. उसका मामला प्रबंध निदेशक को भेजा जाएगा

E. दी गई सूचना अपर्याप्त है

निर्देश (प्रश्न 28 से 35) : *निम्नलिखित जानकारी का सावधानीपूर्वक अध्ययन करें और दी गई जानकारी के आधार पर पूछे गए प्रश्नों के उत्तर दें।*

'मेडिकल पाठ्यक्रम में प्रवेश के लिए छात्रों' की चयन सूची बनाने के पात्रता मानदंड नीचे दिए गए हैं।

छात्र के लिए आवश्यक है कि :

(*a*) उसने जीवविज्ञान सहित विज्ञान विषयों में बारहवीं की परीक्षा कम-से-कम 60% अंक सहित उत्तीर्ण किया हो

(*b*) 1 सितंबर, 2019 को उसकी आयु 18 वर्ष हो

(*c*) उसे प्रवेश परीक्षा में 70% अंक मिले हों

(*d*) प्रवेश के समय 20,000 रु. भुगतान करने में सक्षम हो

यदि कोई उम्मीदवार निम्नलिखित को छोड़कर अन्य सभी मानदंडों को पूरा करता हो—

I. उपर्युक्त (*c*) किंतु यदि उसने विज्ञान विषयों सहित बारहवीं की परीक्षा 90% अंक सहित उत्तीर्ण की हो, तो उसका मामला प्रिंसिपल के पास विचारार्थ भेजा जाएगा

II. उपर्युक्त (*d*) किंतु यदि वह प्रवेश के समय 10,000 रु. भुगतान करने में सक्षम हो तो उसे अंतिम प्रवेश दिया जा सकता है।

आपके समक्ष निम्नलिखित मामले 1 सितंबर, 2019 को प्रस्तुत किए गए हैं। प्रत्येक मामले में दी गई सूचना और ऊपर उल्लिखित मानदंडों के आधार पर अपना निर्णय करें। प्रश्नों में दी गई जानकारी के अतिरिक्त आपको अन्य कुछ मानकर नहीं चलना है। अपना उत्तर निम्नवत् दें :

A. यदि छात्र को प्रवेश दिया जाना हो।

B. यदि छात्र को प्रवेश नहीं दिया जाना हो।

C. यदि छात्र के प्रवेश का मामला प्रिंसिपल को विचारार्थ भेजा जाना हो।

D. यदि छात्र को अंतिम रूप से प्रवेश दिया जाना हो, और

E. यदि दी गई सूचना अपर्याप्त हो।

28. महेश सागर ने प्रवेश परीक्षा में 75% अंक प्राप्त किए हैं और वह प्रवेश के समय 15,000 रु. प्रवेश शुल्क का भुगतान कर सकता है। उसे जीवविज्ञान सहित विज्ञान विषयों में बारहवीं की परीक्षा में 60% अंक मिले हैं।

29. सुनील अग्रवाल को जीवविज्ञान सहित विज्ञान विषयों में बारहवीं की परीक्षा में 95% अंक मिले हैं। उसकी जन्मतिथि 15 जुलाई, 2001 है। उसे प्रवेश परीक्षा में 60% अंक मिले हैं। वह प्रवेश के समय प्रवेश शुल्क के रूप में 20,000 रु. का भुगतान कर सकता है।

30. 11 सितंबर, 2018 को जयेश ओझा की आयु 17 वर्ष थी। उसे जीवविज्ञान सहित विज्ञान विषयों में बारहवीं की परीक्षा में 90% अंक मिले हैं। उसे प्रवेश परीक्षा में 75% अंक मिले हैं और वह प्रवेश के समय प्रवेश शुल्क के रूप में 20,000 रु. का भुगतान कर सकता है।

31. प्रमोद लोहिया की जन्म तिथि 5 अप्रैल, 1998 है। उसे जीवविज्ञान सहित विज्ञान विषयों में बारहवीं की परीक्षा में 80% अंक मिले हैं और वह प्रवेश शुल्क के रूप में 20,000 रु. का भुगतान कर सकता है। उसे प्रवेश परीक्षा में 85% अंक मिले हैं।

32. ऊषा जेठमलानी को जीवविज्ञान सहित विज्ञान विषयों में बारहवीं की परीक्षा में 68% अंक मिले हैं और प्रवेश परीक्षा में उसे 75% अंक मिले हैं। उसकी जन्म तिथि 20 अक्टूबर, 2000 है। वह प्रवेश शुल्क के रूप में 20,000 रु. का भुगतान कर सकती है।

33. सुधा मल्होत्रा को प्रवेश परीक्षा में 70% अंक और जीव-विज्ञान सहित विज्ञान विषयों में बारहवीं की परीक्षा में 60% अंक मिले हैं। वह प्रवेश शुल्क के रूप में 20,000 रु. का भुगतान कर सकती है और उसकी जन्म तिथि 7 नवंबर, 2003 है।

34. राजेश गुप्ता को जीवविज्ञान सहित विज्ञान विषयों में बारहवीं की परीक्षा में 90% अंक और प्रवेश परीक्षा में 60% अंक मिले हैं। उसकी जन्म तिथि 3 अक्टूबर, 1998 है। वह प्रवेश शुल्क के रूप में 20,000 रु. का भुगतान कर सकता है।

35. प्रसाद मेहरा की जन्म तिथि 4 जुलाई, 2001 है। उसे प्रवेश परीक्षा में 80% अंक और जीवविज्ञान सहित विषयों में बारहवीं की परीक्षा में 85% अंक मिले हैं। वह प्रवेश शुल्क के रूप में 15,000 रु. का भुगतान कर सकता है।

निर्देश (प्रश्न संख्या 36 से 45) : *निम्नलिखित जानकारी का ध्यानपूर्वक अध्ययन करें और दी गई जानकारी के आधार पर नीचे दिए गए प्रश्नों के उत्तर दें।*

विभिन्न होटलों में किसी संस्थान का प्रशिक्षण कार्यक्रम आयोजित करने के लिए पात्रता मानदंड नीचे दिए गए हैं।

ताज होटल में कार्यक्रम आयोजित करने के लिए निम्नलिखित पात्रता मानदंडों को पूरा करना आवश्यक है :

(*i*) कार्यक्रम समन्वयक उप-निदेशक या संयुक्त निदेशक रैंक का होना चाहिए।

(*ii*) कार्यक्रम मानव संसाधन विकास (HRD), विज्ञापन, कंप्यूटर या सांख्यिकी में से किसी भी एक विषय पर आयोजित किया जाना चाहिए।

(*iii*) कार्यक्रम सात दिनों से अधिक की अवधि का नहीं होना चाहिए।

(*iv*) प्रत्येक प्रतिभागी के लिए शुल्क 5,000 रु. से कम नहीं होना चाहिए।

(*v*) प्रतिभागियों की संख्या कम-से-कम 50 होनी चाहिए।

यदि निम्नलिखित को छोड़कर अन्य सभी मानदंड पूरे किए जाते हों—

(*a*) प्रशिक्षण कार्यक्रम सात से अधिक दिनों तक चलाए जाने हों तो कार्यक्रम का आयोजन रिट्ज होटल में किया जाएगा।

(*b*) कार्यक्रम समन्वयक सहायक निदेशक रैंक का अधिकारी हो किंतु प्रत्येक प्रतिभागी के लिए शुल्क 7,000 रु. से अधिक हो तो कार्यक्रम का आयोजन ताज होटल में किया जाएगा।

(*c*) प्रतिभागियों की संख्या 50 से कम किंतु 30 से अधिक हो तो कार्यक्रम का आयोजन होटल साइडवेज में किया जाएगा।

(*d*) प्रत्येक प्रतिभागी के लिए शुल्क 5000 रु. से कम किंतु 3,500 रु. से अधिक हो, तो कार्यक्रम का आयोजन होटल सैन्सी में किया जाएगा।

(*e*) कार्यक्रम का विषय उपर्युक्त (*ii*) में उल्लिखित विषयों से हट कर एक भिन्न विषय हो किंतु कार्यक्रम समन्वयक संयुक्त निदेशक स्तर का अधिकारी हो तो कार्यक्रम का आयोजन साइडवेज होटल में किया जाएगा।

उपर्युक्त मानदंडों और प्रत्येक प्रश्न में दी गई जानकारी के आधार पर उपयुक्त कार्रवाई का निर्णय करें। दी गई जानकारी के अतिरिक्त आपको अन्य कुछ मानकर नहीं चलना है। यदि कार्रवाई से संबंधित निर्णय करने के लिए अपेक्षित कोई जानकारी उपलब्ध नहीं कराई गई हो तो आपका उत्तर ''दी गई सूचना अपर्याप्त है'' होगा।

अपना उत्तर निम्नवत् दें :

A. यदि कार्यक्रम ताज होटल में आयोजित किया जाएगा।

B. यदि कार्यक्रम साइडवेज होटल में आयोजित किया जाएगा।

C. यदि कार्यक्रम का आयोजन होटल रिट्ज में किया जाएगा।

D. यदि कार्यक्रम का आयोजन होटल सैन्सी में किया जाएगा, और

E. यदि दी गई सूचना अपर्याप्त है।

36. संस्थान में सहायक निदेशक के पद पर कार्य कर रहे प्रो. वी.डी. दीक्षित ने मानव संसाधन विकास (HRD) के क्षेत्र में 60 प्रतिभागियों के लिए चार-दिवसीय प्रशिक्षण कार्यक्रम को आयोजित करने का प्रस्ताव किया है। प्रत्येक प्रतिभागी के लिए शुल्क की राशि 8,000 रु. है।

37. संस्थान में संयुक्त निदेशक डॉ. अश्विनी डोल्के अनुसंधान-विधि पर पाँच-दिवसीय प्रशिक्षण कार्यक्रम आयोजित करने जा रहे हैं। इसमें प्रतिभागियों की कुल संख्या 60 है और प्रत्येक प्रतिभागी के लिए शुल्क की राशि 7,000 रु. है।

38. संस्थान में उप-निदेशक के पद पर तैनात डॉक्टर (श्रीमती) सरोज राव 55 उम्मीदवारों के लिए एक कार्यक्रम आयोजित करना चाहती हैं और प्रत्येक प्रतिभागी के लिए शुल्क की राशि 6,000 रु. निर्धारित की गई है। यह चार-दिवसीय कार्यक्रम है और इसका विषय कंप्यूटर से संबंधित है।

39. विज्ञापन विषय पर 45 प्रतिभागियों के लिए एक प्रशिक्षण कार्यक्रम आयोजित किया जाना है। यह छह दिवसीय कार्यक्रम है और इसमें भाग लेने वाले प्रत्येक प्रतिभागी के लिए शुल्क की राशि 6,000 रु. निर्धारित की गई है।

40. संस्थान के उपनिदेशक द्वारा 50 प्रतिभागियों के लिए 3,30,000 रु. के शुल्क पर सांख्यिकी-विषय पर 8 दिवसीय प्रशिक्षण पाठ्यक्रम आयोजित करने का प्रस्ताव है।

41. संस्थान के संयुक्त निदेशक द्वारा सांख्यिकी विषय पर पाँच-दिवसीय प्रशिक्षण कार्यक्रम आयोजित करने का प्रस्ताव है। 50 प्रतिभागियों के लिए आयोजित किए जाने वाले इस प्रशिक्षण पाठ्यक्रम के लिए शुल्क के रूप में कुल 2,10,000 रु. की राशि व्यय की जाएगी।

42. संस्थान के संयुक्त निदेशक निखिल मुकेश एक कंप्यूटर विशेषज्ञ हैं। उनके द्वारा 60 प्रतिभागियों के लिए गणित विषय पर पाँच-दिवसीय प्रशिक्षण पाठ्यक्रम आयोजित किया जाना है। प्रत्येक प्रतिभागी के लिए निर्धारित की गई शुल्क की राशि 5,300 रु. है।

43. संस्थान के सहायक निदेशक श्री जैकब सिंह द्वारा 55 प्रतिभागियों के लिए पाँच-दिवसीय प्रशिक्षण कार्यक्रम आयोजित किया जाना है। प्रत्येक प्रतिभागी के लिए ली जाने वाली शुल्क की राशि 8,000 रु. है।

44. संस्थान के उप-निदेशक डॉक्टर नारायण शिव द्वारा प्रत्येक प्रतिभागी के लिए शुल्क के रूप में 5,500 रु. की दर से कुल 1,92,500 रु. के व्यय पर मानव संसाधन विकास (HRD) विषय पर एक प्रशिक्षण पाठ्यक्रम आयोजित किया जाना है। इस पाठ्यक्रम की अवधि पाँच दिनों की है।

45. संस्थान में उप-निदेशक के पद पर तैनात श्रीमती शीला डिसूजा ने कंप्यूटर विषय पर चार-दिवसीय प्रशिक्षण पाठ्यक्रम आयोजित करने का एक प्रस्ताव प्रस्तुत किया है। 60 प्रतिभागियों के लिए आयोजित किए जाने वाले इस पाठ्यक्रम के लिए प्रत्येक प्रतिभागी हेतु शुल्क की राशि 4,000 रु. है।

निर्देश (प्रश्न संख्या 46 से 55) : *निम्नलिखित जानकारी का सावधानीपूर्वक अध्ययन करके नीचे दिए गए प्रश्नों के उत्तर दीजिए।*

किसी संगठन द्वारा अपने कर्मचारियों को आवास आवंटित करने के लिए निम्नलिखित पात्रता मानदंड निर्धारित किए गए हैं :

आवास प्राप्त करने के लिए पात्रता हेतु किसी कर्मचारी के लिए आवश्यक है कि :

(*a*) उसने संगठन की उस यूनिट में कम से कम 10 वर्ष पूरे कर लिए हों और उनमें से कम-से-कम 4 वर्ष उसने पर्यवेक्षक संवर्ग में काम किया हो।

(*b*) उसके परिवार में पाँच से अधिक सदस्य न हों।

(*c*) संगठन से सेवा-निवृत्त होने में अभी उसके 5 वर्ष शेष हों (संगठन द्वारा अपने कर्मचारियों की सेवानिवृत्ति की आयु 58 वर्ष निर्धारित की गई है)।

(*d*) शहर में उसका अपना कोई मकान नहीं हो।

(*e*) वह अपने पति/पत्नी के घर में नहीं रह रहा/रही हो।

यदि कोई कर्मचारी

I. उपर्युक्त (*a*) को छोड़कर अन्य सभी मानदंडों को पूरा करता हो और संगठन में प्रबंधक के पद पर काम करता हो तो उसका मामला निदेशक, वित्त को भेजा जाएगा।

II. उपर्युक्त (*c*) को छोड़कर अन्य सभी मानदंडों को पूरा करता हो और मौजूदा समय में संगठन में वरिष्ठ प्रबंधक के रूप में काम कर रहा हो तो उसका मामला प्रबंध निदेशक को भेजा जाएगा।

III. किसी अन्य शहर से उस यूनिट में स्थानांतरित होकर आया हो उसे आवास आवंटन में उपर्युक्त शर्त (*a*) से छूट दी जा सकती है।

उपर्युक्त मानदंडों और निम्नलिखित में से प्रत्येक प्रश्न में प्रत्येक कर्मचारी के संबंध में दी गई सूचना के आधार पर आपको यह निर्णय करना है कि उस कर्मचारी को आवास आवंटित किया जाएगा अथवा नहीं और क्या उसे आवास आवंटित करने के मामले को उच्चाधिकारियों के निर्णयार्थ भेजा जाएगा। कृपया ध्यान रखें कि किसी भी कर्मचारी के मामले में दी गई सूचना के अतिरिक्त आपको अन्य कुछ मानकर नहीं चलना है। ये सभी मामले आपके समक्ष 31 जुलाई, 2018 को प्रस्तुत किए गए हैं।

अपना उत्तर निम्नवत् दें :

A. यदि कर्मचारी को आवास आवंटित किया जाना हो।

B. यदि कर्मचारी को आवास आवंटित नहीं किया जाना हो।

C. यदि प्रश्न में उपर्युक्त सभी मानदंडों के बारे में पूर्ण सूचना उपलब्ध नहीं कराई गई हो।

D. यदि मामला निदेशक, वित्त को भेजा जाना हो।

E. यदि मामला प्रबंध निदेशक को भेजा जाना हो।

46. हेमंत अधिकारी की इस संगठन में चार वर्ष पूर्व अधिकारी के पद पर नियुक्ति हुई। वे अपनी पत्नी और दो बच्चों के साथ रहते हैं। इस शहर में न तो उनका और न ही उनकी पत्नी का अपना कोई मकान है।

47. मेधा प्रधान 2001 में जब 28 वर्ष की थी, इस संगठन में अधिकारी के रूप में शामिल हुई। वह अविवाहित है और अपनी माँ के साथ एक किराये के मकान में रहती है। सुश्री प्रधान का शहर में अपना कोई मकान नहीं है।

48. श्रीमती गीता गोखले इस संगठन में गत दस वर्षों से कार्य कर रही हैं जिनमें से पाँच वर्षों से वे अधिकारी के पद पर हैं। उनकी जन्म तिथि 8 जून, 1966 है। वे अपने पति और तीन बच्चों के साथ रहती हैं। शहर में न तो उनका और न ही उनके पति का अपना कोई मकान है।

49. विपिन घाडे इस संगठन में हाल ही में किसी दूसरे शहर से स्थानांतरित होकर आए हैं और 8 फरवरी, 2018 को उनकी आयु 53 वर्ष थी। वे इस संगठन में पिछले 20 वर्षों से कार्य कर रहे हैं जिनमें से 10 वर्ष वे प्रबंधक के पद पर रहे हैं। उनके परिवार में कुल चार सदस्य हैं। शहर में न तो उनका और न ही उनकी पत्नी का अपना कोई मकान है।

50. अशोक पाटकर इस संगठन में वर्ष 2012 में प्रबंधक के रूप में शामिल हुए तथा 15 अगस्त, 2015 को उनकी आयु 30 वर्ष थी। उनके परिवार में चार सदस्य हैं तथा शहर में न तो उनके स्वयं का और न ही उनकी पत्नी का अपना कोई मकान है।

51. 5 मई 2016 को विकास कुलकर्णी की आयु 52 वर्ष थी। वे इस संगठन में गत 8 वर्षों से काम कर रहे हैं जिनमें से 5 वर्ष वे अधिकारी के पद पर रहे हैं। वे अपनी पत्नी और एक पुत्र के साथ रहते हैं। शहर में न तो उनका और न ही उनकी पत्नी का अपना कोई मकान है।

52. शिरीष आप्टे इस संगठन में बारह वर्षों से काम कर रहे हैं और पिछले चार वर्षों से वरिष्ठ प्रबंधक के पद पर हैं। उनके परिवार में उन्हें मिलाकर कुल तीन सदस्य हैं। शहर में न तो उनका और न ही उनकी पत्नी का अपना कोई मकान है। वे वर्ष 2024 में सेवानिवृत्त हो जाएँगे।

53. श्रीमति सुधा कड़कड़े इस संगठन में वर्ष 2005 में लिपिक के रूप में नियुक्त होने के बाद पाँच वर्ष पहले पर्यवेक्षक के रूप में पदोन्नत हुईं। वे एक किराये के मकान में अपने पति और दो बच्चों के साथ रहती हैं और शहर में उनका अपना कोई मकान नहीं है। 23 अप्रैल, 2017 को उनकी आयु 42 वर्ष थी।

54. श्री कुबल दास अपनी पत्नी और तीन बच्चों के साथ रहते हैं। वे संगठन में बारह वर्षों से काम कर रहे हैं और पिछले पाँच वर्षों से वे प्रबंधक के पद पर तैनात हैं। उनकी जन्म तिथि 2 जुलाई, 1971 है। वे एक किराये के मकान में रहते हैं।

55. सतीश अग्रवाल इस यूनिट में पिछले 15 वर्षों से काम कर रहे हैं तथा उनके परिवार में उनकी पत्नी सहित एक पुत्र और दो पुत्रियाँ हैं। शहर में न तो उनका और न ही उनकी पत्नी का कोई मकान है। उनकी जन्म तिथि 20 जनवरी, 1976 है।

निर्देश (प्रश्न संख्या 56 से 63) : *निम्नलिखित जानकारी का सावधानीपूर्वक अध्ययन करें और नीचे दिए गए प्रश्नों के उत्तर दें:*

सॉफ्टवेयर और संबद्ध सेवाएँ उपलब्ध कराने वाली एक प्रतिष्ठित कंपनी में पर्यवेक्षक स्तर के पदों पर नियुक्ति हेतु आयोजित की गई लिखित परीक्षा के बाद साक्षात्कार परीक्षा में उम्मीदवारों को आमंत्रित किए जाने के लिए उम्मीदवारों की सूची बनाने के वैकल्पिक पात्रता मानदंड नीचे दिए गए हैं : उम्मीदवार के लिए आवश्यक है कि

(*a*) उसे बेसिक साइंस में 60% और उससे अधिक अंक सहित स्नातक की उपाधि या 45% और उससे अधिक अंक सहित इंजीनियरिंग की उपाधि प्राप्त हो।

(*b*) उसने लिखित परीक्षा में 65% या अधिक अंक प्राप्त किए हों।

(*c*) 1.4.2021 को वह 24 से 30 वर्ष के आयु वर्ग में हो।

(*d*) उसने कंप्यूटर में 60% या अधिक अंक सहित डिप्लोमा प्राप्त करने के बाद किसी कंप्यूटर कंपनी में काम का कम-से-कम 3 वर्ष का अनुभव प्राप्त किया हो।

(*e*) वर्तमान में उसका मासिक वेतन 8,000 रु. या उससे अधिक हो।

यदि कोई उम्मीदवार निम्नलिखित को छोड़कर अन्य सभी मानदंड पूरे करता हो :

I उपर्युक्त (*a*) तो उसका मामला प्रबंधक (भर्ती) को भेजा जाएगा।

II. उपर्युक्त (b) किंतु यदि उसने एम.एस-सी. या इंजीनियरिंग की डिग्री 75% और अधिक अंकों से प्राप्त की हो तो उसका मामला सहायक महाप्रबंधक को भेजा जाएगा।

III. उपर्युक्त (c) तो उसका मामला महाप्रबंधक को भेजा जाएगा।

इन मानदंडों और नीचे दी गई सूचना के आधार पर प्रत्येक मामले में की जाने वाली कार्रवाई से संबंधित निर्णय करें। प्रत्येक प्रश्न में दी गई जानकारी के अतिरिक्त आपको अन्य कुछ मानकर नहीं चलना है। यदि दी गई जानकारी कार्रवाई के संबंध में निर्णय करने के लिए पर्याप्त न हो, तो आपका उत्तर 'दी गई सूचना अपर्याप्त है' होगा। ये मामले आपके समक्ष 1.4.2021 को प्रस्तुत किए गए हैं।

56. 27 वर्षीय बिंबादेवी ने विज्ञान में स्नातक की डिग्री और कंप्यूटर में डिप्लोमा प्राप्त किया है और वह पिछले साढ़े तीन वर्षों से एक कंप्यूटर फर्म में काम कर रही है। वर्तमान में उसका मासिक वेतन 10,500 रु. है। उसे स्नातक की डिग्री, डिप्लोमा और लिखित परीक्षा में क्रमश: 55%, 70% और 68% अंक मिले हैं।

A. उसे साक्षात्कार परीक्षा के लिए आमंत्रित नहीं किया जाएगा

B. उसका मामला महाप्रबंधक को भेजा जाएगा

C. उसका मामला प्रबंधक (भर्ती) को भेजा जाएगा

D. दी गई सूचना अपर्याप्त है

E. उसे साक्षात्कार परीक्षा के लिए आमंत्रित किया जाएगा

57. बाबू भूरे ने बी.एस-सी. में 70% अंक और कंप्यूटर डिप्लोमा में 69% अंक प्राप्त किए हैं। वह 9,700 रु. के मासिक वेतन पर जून, 2017 से एक कंप्यूटर फर्म में काम कर रहा है। उसका जन्म अक्टूबर 1997 में हुआ था। उसे लिखित परीक्षा में 72% अंक मिले हैं।

A. उसे साक्षात्कार के लिए आमंत्रित किया जाएगा

B. उसका मामला प्रबंधक (भर्ती) को भेजा जाएगा।

C. दी गई सूचना अपर्याप्त है

D. उसका मामला महाप्रबंधक को भेजा जाएगा

E. उसे साक्षात्कार के लिए आमंत्रित नहीं किया जाएगा।

58. कमलनाथ 62% अंक सहित कंप्यूटर डिप्लोमा करके पिछले 6 वर्षों से एक कंप्यूटर कंपनी में काम कर रहा है। उसने इंजीनियरिंग की डिग्री और भर्ती के लिए आयोजित लिखित परीक्षा में क्रमश: 55% और 68% अंक अर्जित किए हैं। सितंबर, 2019 में उसकी आयु 28 वर्ष थी।

A. दी गई सूचना अपर्याप्त है

B. उसे साक्षात्कार के लिए आमंत्रित नहीं किया जाएगा

C. उसे साक्षात्कार के लिए आमंत्रित किया जाएगा

D. उसका मामला महाप्रबंधक को भेजा जाएगा।

E. उसका मामला सहायक महाप्रबंधक को भेजा जाएगा।

59. निरंजन सिंह ने बी.एस-सी. करने के बाद 22 वर्ष की आयु में कंप्यूटर में डिप्लोमा किया। डिप्लोमा करने के तत्काल बाद उसे एक कंप्यूटर कंपनी में नौकरी मिल गई और पिछले चार वर्षों से वह उस कंपनी में 10,500 रु. के मासिक वेतन पर काम कर रहा है। उसे लिखित परीक्षा सहित सभी परीक्षाओं में 65% से अधिक अंक मिले हैं।

A. दी गई सूचना अपर्याप्त है

B. उसका मामला प्रबंधक (भर्ती) को भेजा जाएगा

C. उसे साक्षात्कार के लिए आमंत्रित नहीं किया जाएगा

D. उसका मामला सहायक महाप्रबंधक को भेजा जाएगा

E. उसे साक्षात्कार के लिए आमंत्रित किया जाएगा

60. दीपा साहनी 55% अंक सहित इंजीनियरिंग की डिग्री और 70% अंकों से कंप्यूटर में डिप्लोमा करने के बाद एक कंप्यूटर कंपनी में पिछले चार वर्षों से पर्यवेक्षक के रूप में कार्य कर रही है। उसे लिखित परीक्षा में 72% अंक मिले हैं तथा उसकी जन्म तिथि 15 जनवरी, 1991 है और उसका वर्तमान वेतन 10,000 रु. प्रति माह है।

A. दी गई सूचना अपर्याप्त है

B. उसे साक्षात्कार के लिए आमंत्रित किया जाएगा

C. उसे साक्षात्कार के लिए आमंत्रित नहीं किया जाएगा

D. उसका मामला प्रबंधक (भर्ती) को भेजा जाएगा

E. उसका मामला महाप्रबंधक को भेजा जाएगा

61. मीना खान ने 21 वर्ष की आयु में बी.एस-सी. किया और उसके तुरंत बाद कंप्यूटर में एक-वर्षीय डिप्लोमा करने के बाद जून, 2018 से वह किसी कंपनी में काम कर रही है। उसका मासिक वेतन 11,000 रु. है। वह लिखित परीक्षा सहित सभी परीक्षाओं में न्यूनतम 68% अंकों से उत्तीर्ण हुई है।

A. उसका मामला महाप्रबंधक को भेजा जाएगा

B. उसका मामला सहायक महानिदेशक को भेजा जाएगा
C. उसका मामला प्रबंधक (भर्ती) को भेजा जाएगा
D. उसे साक्षात्कार के लिए नहीं बुलाया जाएगा
E. दी गई सूचना अपर्याप्त है

62. जेमी डिसूजा का जन्म 12. 2. 1992 को हुआ। वह पिछले पाँच वर्षों से एक कंप्यूटर कंपनी में काम करती है और इस समय प्रतिमाह 9,500 रु. वेतन प्राप्त कर रही है। उसे इंजीनियरिंग की डिग्री में 64% अंक, कंप्यूटर डिप्लोमा में 65% अंक और लिखित परीक्षा में 60% अंक मिले हैं।

A. उसे साक्षात्कार परीक्षा हेतु आमंत्रित नहीं किया जाएगा
B. उसे साक्षात्कार परीक्षा हेतु आमंत्रित किया जाएगा
C. दी गई सूचना अपर्याप्त है
D. उसका मामला महाप्रबंधक को भेजा जाएगा
E. उसका मामला प्रबंधक (भर्ती) को भेजा जाएगा

63. आनंद गुप्ता ने एम.एस-सी. की उपाधि प्राप्त करने के पश्चात् एक प्रतिष्ठित संस्थान से 64% अंक सहित कंप्यूटर में डिप्लोमा किया। पिछले चार वर्षों से वह एक कंप्यूटर कंपनी में काम कर रहा है। उसकी आयु 27 वर्ष है और उसका वर्तमान वेतन 8,500 रु. मासिक है। उसे लिखित परीक्षा में 68% अंक मिले हैं।

A. उसका मामला प्रबंधक को भेजा जाएगा
B. दी गई सूचना अपर्याप्त है
C. उसे साक्षात्कार परीक्षा के लिए आमंत्रित किया जाएगा
D. उसे साक्षात्कार हेतु आमंत्रित नहीं किया जाएगा
E. उसका मामला सहायक महाप्रबंधक को भेजा जाएगा

निर्देश (प्रश्न 64 से 70) : *ट्रिनिटी हेल्थ क्लब निम्नलिखित में से किसी भी एक मानदंड को पूरा करने वाले व्यक्तियों को मासिक शुल्क में 40% की छूट देता है।*

(*i*) निम्न आय समूह के 5 से 12 आयु वर्ग के सभी बच्चों को, आय प्रमाण-पत्र और जन्म प्रमाण-पत्र प्रस्तुत करने पर।
(*ii*) क्रीड़ाओं और खेलों में अपने स्कूल या कॉलेज का प्रतिनिधित्व करने वाली 25 वर्ष तक की आयु की सभी लड़कियाँ/महिलाएँ।
(*iii*) 35 से 50 वर्ष के आयु वर्ग की सभी बेरोजगार विवाहित महिलाएँ।
(*iv*) 50 वर्ष और अधिक आयु के वरिष्ठ नागरिक।
(*v*) सभी शारीरिक रूप से विकलांग व्यक्ति जो अपनी विकलांगता प्रमाण-पत्र प्रस्तुत करते हैं।
(*vi*) वर्ष में एक बार रक्तदान करने वाले व्यक्ति या पंजीकृत सामाजिक/सांस्कृतिक संगठनों के सामाजिक कार्यकर्ता/स्वयंसेवक।
(*vii*) पुलिस/रक्षा बलों के वर्तमान/भूतपूर्व सिपाही।
(*viii*) ट्रिनिटी हेल्थ क्लब के दानदाताओं/संस्थापक सदस्यों के पुत्र/पुत्रियाँ।

निम्नलिखित प्रत्येक मामले में यह निर्णय करें कि क्या उल्लिखित व्यक्ति छूट प्राप्त करने के लिए पात्र है अथवा नहीं। उन श्रेणी/श्रेणियों का पता लगाएँ जो निर्णय लेने के लिए उस व्यक्ति (स्त्री/पुरुष) पर लागू होती है और तदनुसार अपना उत्तर सूचित करें। दिए गए विकल्पों में कोष्ठकों में दी गई संख्या उपर्युक्त श्रेणी/श्रेणियों को सूचित करती है। ध्यान रखें कि प्रश्न में दी गई जानकारी के अतिरिक्त आपको अन्य कुछ मानकर नहीं चलना है।

64. 9 वर्षीय बेला जो एक स्कूली छात्रा है और जिसके पिता व्यापारी हैं, ने नृत्य और संगीत प्रतियोगिता में भाग लिया है। उसके 55 वर्षीय पिता ने रक्तदान शिविर आयोजित करने के लिए काफी बड़ी धनराशि दान में दी है। उसके चाचा ट्रिनिटी क्लब के एक संस्थापक सदस्य हैं।

A. केवल उपर्युक्त (*i*) के अंतर्गत पात्र
B. उपर्युक्त (*i*), (*ii*), (*iv*) और (*viii*) के अंतर्गत पात्र
C. केवल उपर्युक्त (*ii*) और (*viii*) के अंतर्गत पात्र
D. केवल उपर्युक्त (*i*), (*ii*) और (*vi*) के अंतर्गत पात्र
E. पात्र नहीं है

65. 22 वर्षीय नीना गुप्ता जो एक कॉलेज में पढ़ रही विवाहिता बेरोजगार महिला है, शारीरिक रूप से विकलांग छात्रों के लिए चंदा एकत्रित करती है। उसने राज्य-स्तरीय भाषण प्रतियोगिता में अपने कॉलेज का प्रतिनिधित्व किया है।

A. केवल उपर्युक्त (*viii*) के अंतर्गत पात्र है
B. पात्र नहीं है
C. केवल उपर्युक्त (*ii*) के अंतर्गत पात्र है
D. केवल उपर्युक्त (*ii*), (*iii*) के अंतर्गत पात्र है
E. उपर्युक्त (*ii*), (*iii*), (*vii*) और (*viii*) के अंतर्गत पात्र

66. मृदुला एक विवाहिता युवती है और वह एक महिला पुलिस अधिकारी है। उसके पति सेना में कैप्टेन हैं। वह एक अच्छी खिलाड़ी है और राष्ट्रीय स्तर की प्रतियोगिता

में पुलिस बल का प्रतिनिधित्व करती है। वह अपनी 55 वर्षीय बीमार माँ के लिए यदा-कदा रक्तदान भी करती है।

A. केवल उपर्युक्त (*vii*) के अंतर्गत पात्र
B. केवल उपर्युक्त (*ii*) और (*iii*) के अंतर्गत पात्र
C. पात्र नहीं
D. केवल उपर्युक्त (*ii*), (*iii*) और (*iv*) के अंतर्गत पात्र
E. केवल उपर्युक्त (*vi*) और (*vii*) के अंतर्गत पात्र

67. मेजर रवि सिंह की पत्नी श्रीमती रत्ना संध्याकालीन पार्टियों और क्लबों में जाती रहती हैं। वे लोगों को ट्रिनिटी क्लब के लिए धनराशि दान देने के लिए प्रोत्साहित करती हैं। वे 32 वर्षीया महिला हैं और किसी रोजगार से नहीं जुड़ी हुई हैं।

A. पात्र नहीं है
B. केवल उपर्युक्त (*iii*) के अंतर्गत पात्र
C. केवल उपर्युक्त (*viii*) के अंतर्गत पात्र
D. केवल उपर्युक्त (*vii*) के अंतर्गत पात्र
E. उपर्युक्त (*iii*), (*vi*), (*vii*) और (*viii*) के अंतर्गत पात्र

68. मि. राणे ने 48 वर्ष की आयु में सेना से सेवानिवृत्त होने के बाद सामाजिक कार्य के लिए एक पंजीकृत ट्रस्ट स्थापित किया। तब से लेकर आज तक पिछले 8 वर्षों से वे सक्रिय समाज सेवा से जुड़े हैं। उनका पुत्र ट्रिनिटी क्लब का संस्थापक सदस्य है।

A. केवल उपर्युक्त (*iv*) के अंतर्गत पात्र
B. पात्र नहीं
C. केवल (*iv*) और (*vi*) के अंतर्गत पात्र
D. (*iv*), (*vi*) और (*vii*) के अंतर्गत पात्र
E. (*iv*), (*vi*), (*vii*) और (*viii*) के अंतर्गत पात्र

69. रीता 11 वर्षीया स्कूली छात्रा है और वह अपना जन्म प्रमाण-पत्र प्रस्तुत कर सकती है। उसके माता-पिता वरिष्ठ नागरिक हैं और वे नियमित रूप से रक्तदान करते हैं। उसके पास शारीरिक विकलांगता का डाक्टरी प्रमाण-पत्र है और वह शारीरिक रूप से विकलांग लोगों के लिए राष्ट्रीय स्तर पर आयोजित प्रतियोगिता में अपने स्कूल का प्रतिनिधित्व करती है।

A. उपर्युक्त (*i*), (*ii*) और (*iv*) के अंतर्गत पात्र
B. केवल उपर्युक्त (*ii*) और (*v*) के अंतर्गत पात्र
C. पात्र नहीं
D. केवल (*iv*) और (*v*) के अंतर्गत पात्र
E. केवल (*i*), (*ii*) और (*vi*) के अंतर्गत पात्र

70. 14 वर्षीया दिप्ती, जो बैंडमिंटन में अपने स्कूल का प्रतिनिधित्व करती है, के शारीरिक रूप से विकलांग माता-पिता की आय बहुत कम है। उसकी माँ की आयु 40 वर्ष है और वह एक बेरोजगार महिला है। दिप्ती के पास जन्म प्रमाण-पत्र और निम्न आय समूह में होने का प्रमाण-पत्र है।

A. केवल (*i*) के अंतर्गत पात्र
B. केवल (*ii*) के अंतर्गत पात्र
C. (*i*), (*ii*) और (*v*) के अंतर्गत पात्र
D. केवल (*i*), (*ii*), (*iii*) और (*v*) के अंतर्गत पात्र
E. पात्र नहीं

निर्देश (प्रश्न 71 से 80) : *एक प्रतिष्ठित शैक्षणिक संस्थान द्वारा विदेशों में उच्च अध्ययन हेतु छात्रवृत्ति प्रदान करने के लिए ऐसे मेधावी स्नातक छात्रों का चयन किया जाना है जो निम्नलिखित पात्रता मानदंडों को पूरा करते हों :*

(*i*) आयु 1.4.2021 को 20 वर्ष से अधिक किंतु 25 वर्ष से कम।
(*ii*) न्यूनतम अंक प्रतिशत : बी.एस-सी. 60% या बी.ए. 50% या बी.कॉम. 55%.
(*iii*) पुरस्कार : निबंध, वाद-विवाद या खेल प्रतियोगिता में पुरस्कार प्राप्त किया हो।
(*iv*) परिवार की वार्षिक आय : 1,00,000 रु. से अधिक नहीं।
(*v*) निवास : 1.4.2021 को भारत का पिछले 15 वर्षों या अधिक समय से निवासी हो।

रियायतें : प्रत्येक उम्मीदवार द्वारा उपर्युक्त सभी शर्तों का पालन किया जाना है, तथापि निम्नलिखित श्रेणियों में कुछ रियायतें उपलब्ध हैं :

(*a*) किसानों के बच्चे—अधिकतम आयु सीमा में 5 वर्ष तक की छूट
(*b*) अनुसूचित जाति/अनुसूचित जनजाति के उम्मीदवार—प्राप्तांकों में 5% तक की छूट तथापि, यदि कोई उम्मीदवार
(*c*) उपर्युक्त (*iii*) में उल्लिखित मानदंड को पूरा नहीं करता हो तो उसका मामला संस्थान के सचिव को भेजा जाएगा
(*d*) उपर्युक्त (*iv*) में उल्लिखित मानदंड पूरा नहीं करता हो तो उसका मामला संस्थान के चेयरमैन को भेजा जाएगा

निम्नलिखित में से प्रत्येक मामले में उम्मीदवार के संबंध में दी गई सूचना का ध्यानपूर्वक अध्ययन करें और उसके विषय में तय करें कि किस प्रकार का निर्णय लिया जाना है।

अपना उत्तर दें

A. यदि उम्मीदवार का चयन किया जाना है

B. यदि उम्मीदवार का किसी छूट या रियायत की श्रेणी के अंतर्गत चयन किया जाना हो

C. यदि मामला सचिव को भेजा जाना हो

D. यदि मामला चेयरमैन को भेजा जाना हो

E. यदि उम्मीदवार का चयन नहीं किया जाना हो

टिप्पणी : उम्मीदवार को चयन नहीं किए जाने का निर्णय तभी लिया जाएगा जबकि उसके विषय में उपर्युक्त (*i*) से (*v*) में उल्लिखित कोई अपेक्षित सूचना उपलब्ध नहीं कराई गई हो।

71. वर्ष 1974 से राउरकेला के निकट के किसी गाँव में रह रहे एक गरीब अनुसूचित जनजाति के परिवार में जन्म लेने वाले 21 वर्षीय रतन ने 46% अंक सहित बी.ए. की उपाधि प्राप्त की है। उसके पिता 4,200 रु. मासिक वेतन पर एक स्कूल में टीचर हैं और यही उसके परिवार की आय का एकमात्र साधन है। रतन को जिला स्तरीय एक निबंध प्रतियोगिता में प्रथम स्थान प्राप्त हुआ है।

72. 22 वर्षीय एंटनी का परिवार वर्ष 1993 से कोचीन में रह रहा है। उसने 59% अंक सहित बी.ए. की उपाधि प्राप्त की है और ऑल इंडिया लायन्स क्लब द्वारा आयोजित की गई निबंध प्रतियोगिता में उसे स्वर्ण पदक मिला है। उसके पिता एक किसान हैं और उनकी वार्षिक आय 79,000 रु. है।

73. योगेश की आयु 1.1.2023 को 23 वर्ष हो जाएगी। उसने 51% अंक सहित बी.कॉम. की उपाधि प्राप्त की है। उसके पिता एक सरकारी नौकर हैं और वे 2003 से श्रीनगर में तैनात हैं। उनकी वर्तमान मासिक आय 8,200 रु. है। योगेश को राज्य स्तरीय निबंध प्रतियोगिता में तीसरा स्थान मिला है।

74. तेईस वर्षीय मंदाकिनी ने 58% अंक सहित बी.कॉम. की उपाधि प्राप्त की है और उसे कॉलेज में बी.कॉम. के अंतिम वर्ष में आयोजित की गई वाद-विवाद प्रतियोगिता में प्रथम पुरस्कार मिला था। उसके परिवार की वार्षिक आय लगभग 1.25 लाख रु है। उसके पिता पिछले 21 वर्षों से शिलांग में बसे हुए हैं।

75. महाश्वेता का जन्म 4.3.2003 को हुआ था और उसने हाल ही में 63% अंक सहित बी.एस-सी. की उपाधि प्राप्त की है। उसके पिता 2002 से रांची स्थित एक जूनियर कॉलेज में लेक्चरर हैं तथा इस परिवार की वार्षिक आय 82,000 रु. है। उसे राज्य स्तरीय खेल प्रतियोगिता में तीसरा पुरस्कार मिला है।

76. इंडोनेशिया में किसी कारखाने में फोरमैन के रूप में काम कर रहे इरफान के पिता 1994 में अपने परिवार के साथ भारत आ गए और उसके बाद से ही उनका परिवार अलीगढ़ में रह रहा है। इरफान को एक अंतर्राष्ट्रीय वाद-विवाद प्रतियोगिता में प्रथम पुरस्कार प्राप्त हुआ है। उसने 69% अंक सहित विज्ञान में स्नातक की उपाधि प्राप्त की है। उसके परिवार की वार्षिक आय 96,000 रु. है।

77. 24 वर्षीय जगदीप ने 57% अंक सहित बी.कॉम. की डिग्री प्राप्त की है और कॉलेज में आयोजित संगीत प्रतियोगिता में उसे प्रथम पुरस्कार प्राप्त हुआ है। उसके पिता किसी कारखाने में काम करते हैं और वही उसके परिवार के एकमात्र कमाऊ सदस्य हैं। इस परिवार की आय 7,800 रु. मासिक है और यह परिवार वर्ष 1982 से नासिक में रह रहा है।

78. 26 वर्षीय रुक्मिणी अपने जन्म के बाद से ही त्रिपुरा के चाँदबाली गाँव में अपने पिता के साथ रह रही है। उसके किसान पिता की वार्षिक आय 78,000 रु. है। उसे बी.कॉम. की डिग्री परीक्षा में 59% अंक मिले हैं और उसने कॉलेज की खेल प्रतियोगिता में पुरस्कार प्राप्त किया था।

79. 21.2.2000 को जन्मी रचना ने मार्च, 2020 में बी.एस-सी. की उपाधि प्राप्त की। उसके पिता एक किसान हैं और पिछले 32 वर्षों से यह परिवार मध्य प्रदेश के एक गाँव में रह रहा है। रचना ने बैडमिंटन में राज्य स्तरीय प्रतियोगिता में प्रथम पुरस्कार प्राप्त किया है। उसके परिवार की वार्षिक आय 91,000 रु. है।

80. पिछले पाँच दशकों से हरियाणा के किसी एक गाँव में रह रहे एक किसान परिवार में 3.9.1998 को जन्मे चेलाराम ने 51% अंक सहित बी.ए. की उपाधि प्राप्त की है। उसे जिला स्तरीय भारोत्तोलन प्रतियागिता में द्वितीय पुरस्कार प्राप्त हुआ है। इस परिवार की वार्षिक आय 83,000 रु. है।

81. सूची-I (मत) को सूची-II (विचारक) से सुमेलित कीजिए और सूचियों के नीचे दिए गए कूट का प्रयोग कर सही उत्तर चुनिए–

सूची-I (मत)	सूची-II (विचारक)
(*a*) उत्पादन/उत्पादकता पर अनौपचारिक संगठन के प्रभाव का पता लगाना	1. हरबर्ट साइमन
(*b*) प्रशासनिक व्यवहार में सम्पूर्ण तर्कसंगतता की संकल्पना को विवाद में डालना	2. चैस्टर बर्नार्ड
(*c*) अनौपचारिक संगठन के निर्माण की सम्प्रेषण एवं संशक्ति के माध्यम के रूप में सिफारिश करना	3. एफ.एम. मार्क्स
(*d*) अधिकारी तंत्र का अभिजातीय, योग्यता आधारित, संरक्षक एवं जाति अधिकारी तंत्रों में वर्गीकरण	4. एल्टन मेयो
	5. मैक्स वेबर

कूट

	(*a*)	(*b*)	(*c*)	(*d*)
A.	4	2	3	1
B.	5	1	2	3
C.	5	2	3	1
D.	4	1	2	3
E.	2	3	4	1

82. हरबर्ट साइमन के निर्णयन सिद्धान्त के अनुसार निर्णायक–

A. सभी विकल्प जानते हैं
B. सभी विकल्पों की उपयोगिताएँ या मूल्य जानते हैं
C. सभी विकल्पों के बीच क्रमबद्ध अधिमान रखते हैं
D. ऐसी कार्य प्रक्रिया का चयन करते हैं जो साधारण रूप से संतोषजनक हो
E. उपर्युक्त में से कोई नहीं

83. निम्नलिखित कथनों पर विचार कीजिए–
निर्णयन के सन्दर्भ में मानव व्यवहार–

1. पूर्णरूपेण तर्कसंगत होता है।
2. पूर्णरूपेण अतर्कसंगत होता है।
3. सन्तुष्टि की मात्रा पर निर्भर होता है।
4. असन्तुष्टि की मात्रा पर निर्भर होता है।

इन कथनों में से कौन-सा/से सही है/हैं?

A. केवल 1   B. 1 व 3
C. 2 व 4   D. 3 व 4
E. 3 व 2

84. हरबर्ट साइमन के अनुसार, यदि कोई निर्णय व्यक्ति विशेष के उद्देश्य की दिशा में निर्देशित हो, तो वह है–

A. संगठनजन्य रूप से तर्कसंगत
B. व्यक्तिगत रूप से तर्कसंगत
C. वस्तुपरक रूप से तर्कसंगत
D. व्यक्तिसापेक्ष रूप से तर्कसंगत
E. उपर्युक्त में से कोई नहीं

85. निम्नलिखित में से कौन-सा एक कथन सही नहीं है?

A. साइमन ने प्रशासकीय व्यवहार में पूर्ण तर्कसंगत आचरण की अवधारणा में विश्वास किया है
B. साइमन ने वास्तविक मानव व्यवहार में न तो पूर्ण तर्कसंगत आचरण और न ही पूर्ण अतर्कसंगत आचरण में विश्वास किया है
C. साइमन ने सीमित तर्कसंगत आचरण में विश्वास किया है
D. साइमन ने विभिन्न प्रकार के तर्कसंगत आचरण में विभेदीकरण किया है
E. उपर्युक्त में से कोई नहीं

86. सूची-I को सूची-II से सुमेलित कीजिए और सूचियों के नीचे दिए गए कूट का प्रयोग कर सही उत्तर चुनिए–

सूची-I	सूची-II
(*a*) निर्णय-निर्माण में पूर्वाग्रह की गुंजाइश	1. 'तथ्य और मूल्य'
(*b*) विकल्पों को सीमित करने में मदद	2. अभिवृद्धिवाद
(*c*) निर्णय-निर्माण में आम राय उपागम के कारण धीमा परिवर्तन	3. नान-प्रोग्राम्ड
(*d*) एक संगठन का सामाजिक-आर्थिक पर्यावरण	4. एम.आई.एस.

कूट

	(*a*)	(*b*)	(*c*)	(*d*)
A.	3	4	1	2
B.	3	4	2	1
C.	4	3	2	1
D.	4	3	1	2
E.	3	1	2	4

87. साइमन के अनुसार संगठन निर्णायकों की एक संरचना है एवं निर्णयन प्रशासकीय कृत्य का सार तत्व है। साइमन के अनुसार निम्नलिखित में से कौन निर्णयन प्रक्रिया में सम्मिलित है?

A. बहुत से कार्यों की एक जटिल प्रक्रिया
B. संगठनात्मक परिवेश का सर्वेक्षण
C. अनेक क्रियाओं की शृंखला जिसमें क्रमशः आसूचना, रूपरेखा एवं चुनाव आते हैं
D. कार्यवाही के विभिन्न विकल्पों में से चुनाव
E. उपर्युक्त में से कोई नहीं

88. निम्नलिखित में से कौन-सा हरबर्ट साइमन का कथन नहीं है?

A. निर्णयों में मूल्य प्रतिज्ञप्तियाँ शामिल नहीं होतीं
B. प्रत्येक निर्णय तथ्य एवं मूल्य प्रतिज्ञप्तियों का संयोजन होता है
C. निर्णयन में सम्पूर्ण तर्कसंगतता सम्भव नहीं है
D. निर्णय अनेक विकल्पों के बीच एक वरण होता है
E. उपर्युक्त में से कोई नहीं

89. निर्णयकर्त्ता हर समस्या और इसके विकल्पों के बारे में सभी सम्भव पहलुओं और सूचना पर विचार नहीं कर सकते और इसलिए इसके कुछ अर्थपूर्ण उपसमुच्चय को निपटाना बेहतर समझते हैं। यह पूर्वधारणा कहलाती है–

A. सन्तुष्ट करना
B. अनुभवाश्रय
C. परिबद्ध तर्कबुद्धि
D. स्व-प्रतिक्रिया
E. उपर्युक्त में से कोई नहीं

90. हरबर्ट साइमन के निर्णय-निर्माण मॉडल को जाना जाता है–

A. असम्बद्ध बढ़ोतरी के रूप में
B. व्यवहार विकल्प के रूप में
C. मिश्रित सूक्ष्मदर्शन के रूप में
D. नीति विज्ञान के रूप में
E. उपर्युक्त में से कोई नहीं

91. निम्नलिखित में से कौन-सा एक सामरिक निर्णय है? यह निर्णय जो लिया गया है–

A. लाइसेंस के प्रार्थना-पत्र पर अधिकारी तंत्र के सदस्य द्वारा
B. उत्पादक इकाई की कार्य प्रणाली में परिवर्तन लाने के लिए निदेशक मण्डल द्वारा नये नियम लागू करने के सम्बन्ध में
C. संगठन में एक नया विभाग खोलने के लिए प्रबन्ध-निदेशक द्वारा
D. किसी अधिकारी के कार्यशाला से मुख्यालय में स्थानान्तरण के सम्बन्ध में प्रबन्ध-निदेशक द्वारा
E. उपर्युक्त में से कोई नहीं

92. हरबर्ट साइमन का 'प्रशासनिक पुरुष' अपनी निर्णय क्रिया-प्रक्रिया में विकल्पों को अधिकतम बनाने में बाधित अनुभव करता है, क्योंकि–

A. वह परिवर्तन विरोधी होता है
B. वह 'स्टैट्स' प्राप्त करना चाहता है
C. वह सम्प्रेक्षण का बोझ महसूस करता है
D. वह आदतों का कैदी होता है
E. उपर्युक्त में से कोई नहीं

93. "शासन में निर्णय करना बहुल क्रिया है," कथन किसका है?

A. सेक्लर-हड्सन
B. ग्रोवर
C. टेरी
D. हरबर्ट ए. साइमन
E. उपर्युक्त में से कोई नहीं

94. अपनी पुस्तक 'एडमिनिस्ट्रेटिव बिहेवियर' में लोक प्रशासन के अध्ययन के लिए एच. साइमन ने जिस उपागम का प्रयोग किया है, वह है–

A. सैद्धान्तिक उपागम
B. सामाजिक एवं मनोवैज्ञानिक उपागम
C. अनुभववादी उपागम
D. व्यवस्था उपागम
E. उपर्युक्त में से कोई नहीं

95. साइमन ने किस प्रकार के मनुष्य की पहचान की?

A. आर्थिक मनुष्य
B. सामाजिक मनुष्य
C. राजनीतिक मनुष्य
D. प्रशासनिक मनुष्य
E. उपर्युक्त में से कोई नहीं

96. प्रशासनिक निर्णय साइमन की शब्दावली में कहे गये हैं–

A. कार्यक्रमिक निर्णय (Programmed Decisions)
B. अकार्यक्रमिक निर्णय (Unprogrammed Decisions)

C. मध्यमस्तरीय निर्णय (Middle Level Decisions)
D. क्रियात्मक निर्णय (Operational Decisions)
E. उपर्युक्त में से कोई नहीं

97. निम्नलिखित में से किसने एक सही निर्णय लेने के लिए रणनीतिक कारकों तथा असंगत कारकों के मध्य विभेद की वकालत की थी?

A. फेयोल B. बर्नार्ड
C. साइमन D. फॉलेट
E. मैक्स

98. साइमन का निर्णय-सिद्धान्त सामान्यतया निम्नलिखित में से किस एक को आधार मानकर प्रतिपादित होता है?

A. प्रभावकता B. कुशलता
C. युक्तिसंगतता D. तथ्य-मूल
E. उपर्युक्त में से कोई नहीं

99. निर्णयन के सम्बन्ध में निम्नलिखित कथनों में से कौन-कौन से कथन साइमन के माने जा सकते हैं?

1. साधनों से साध्यों का विच्छेद गलत है।
2. साधनों में भी मूल्य-कल्पनाएँ निहित रहती हैं।
3. साध्य-साधन का पारस्परिक उपागम तर्कसंगत नहीं है।
4. व्यवहार वैकल्पिक प्रतिमान अधिक अच्छा होता है।

नीचे दिये कूट में से सही उत्तर चुनिए–

कूट–

A. 1 और 2 B. 2 और 3
C. 1, 2 और 3 D. 1, 2 और 4
E. 4, 2 और 3

100. साइमन के निर्णयन सिद्धान्त के सम्बन्ध में निम्नलिखित कथनों में कौन-सा गलत है?

A. निर्णय करना उतना ही महत्वपूर्ण है जितना कि कार्य करना
B. अन्तिम विश्लेषण की स्थिति में निर्णय संश्लिष्ट होते हैं
C. प्रशासनिक व्यक्ति की व्याख्या अतिवादी होती है
D. साधन-साध्य सम्बन्ध सदैव बने रहते हैं
E. उपर्युक्त में से कोई नहीं

101. जिन्दगी में सफल तभी हो सकते हैं जब केवल–

A. दूसरे मदद करें
B. अच्छे स्वास्थ्य से
C. मेहनत व आत्मविश्वास से
D. सिफारिश से
E. उपर्युक्त में से कोई नहीं

102. बिजली के तार रबड़ से कवर होते हैं क्योंकि

A. इससे तार मजबूत होते हैं
B. इससे तार आसानी से पकड़ सकते हैं
C. रबड़, बिजली का कुचालक है
D. इससे तार पर पानी का प्रभाव नहीं पड़ता
E. उपर्युक्त में से कोई नहीं

103. यदि कोई विकलांग आपको सड़क पर मिले तो आप

A. उस पर ध्यान नहीं देंगे
B. उसको एक तरफ खींचकर ला देंगे
C. उसे सड़क पर खड़ा होकर बाधा बनने के लिये क्रोधित होंगे
D. उसे उसकी जगह पर पहुँचने में मदद करेंगे
E. उपर्युक्त में से कोई नहीं

104. कुछ लोगों को चीनी खाना बिल्कुल अच्छा नहीं लगता क्योंकि–

A. वे चीनी पर पैसे नहीं खर्च करते
B. वे मधुमेह के रोगी हैं
C. वे चीनी से घृणा करते हैं
D. चीनी उन्हें सहजता से नहीं मिलती
E. उपर्युक्त में से कोई नहीं

105. स्त्रियां गहने पहनती हैं क्योंकि

A. वे अपने गहने चोरी से बचा सकें
B. वे अपने अवगुण छिपा सकें
C. वे ज्यादा सुन्दर लगें
D. गहने पहनना सौभाग्य का प्रतीक है
E. उपर्युक्त में से कोई नहीं

106. ग्रीष्म ऋतु में सभी हल्के रंगों के कपड़े पहनते हैं क्योंकि

A. हल्के रंग के कपड़े ज्यादा पैसों के नहीं होते
B. हल्के रंग के कपड़े बाहर की गर्मी स्वयं सोख लेते हैं
C. हल्के रंगे के कपड़ों में वे अच्छे एवं चुस्त लगते हैं
D. हल्के रंगे के कपड़े बाहर की गर्मी से सुरक्षा रखते हैं
E. उपर्युक्त में से कोई नहीं

107. रक्त दाब से पीड़ित मनुष्य अक्सर पहाड़ों पर जाते हैं क्योंकि

A. शीत ऋतु रक्त दाब के रोगी के लिए लाभकारी है

B. उनको वहां डॉक्टर भेजते हैं

C. वहां जाकर उनकी आबोहवा परिवर्तित होती है

D. सागर तल से ऊँचे जाने पर स्थलों का वायु दाब कम होता है

E. उपर्युक्त में से कोई नहीं

108. अक्सर नवयुवक पढ़ी-लिखी पत्नी चाहते हैं। क्योंकि

A. वह ज्यादा विश्वास योग्य होती हैं

B. वह गृह सलीके से रखती हैं

C. जरूरत पड़ने पर नौकरी भी कर सकती है

D. वह अक्सर सुन्दर होती है

E. उपर्युक्त में से कोई नहीं

109. पुलिस वाला निर्धारित वर्दी पहनता है क्योंकि

A. इससे अपराधी दूर रहते हैं

B. यह सरकार द्वारा मान्य है

C. इससे वह चुस्त रहता है

D. वह आसानी से पहचाना जा सकता है

E. उपर्युक्त में से कोई नहीं

110. आजकल नौजवान ऊँची एड़ी के जूते प्रयोग करते हैं क्योंकि

A. इस तरह के जूतों से उनके शरीर का संतुलन सही रहेगा

B. आजकल यही फैशन है

C. इससे ऊँचाई में वृद्धि होती है

D. इससे वे सुरक्षित रहते हैं

E. उपर्युक्त में से कोई नहीं

उत्तरमाला

1	2	3	4	5	6	7	8	9	10
E	D	C	C	A	A	D	E	E	B
11	**12**	**13**	**14**	**15**	**16**	**17**	**18**	**19**	**20**
C	A	A	C	B	E	E	A	A	B
21	**22**	**23**	**24**	**25**	**26**	**27**	**28**	**29**	**30**
B	E	B	C	A	D	C	E	C	B
31	**32**	**33**	**34**	**35**	**36**	**37**	**38**	**39**	**40**
A	A	B	C	D	A	B	A	E	C
41	**42**	**43**	**44**	**45**	**46**	**47**	**48**	**49**	**50**
D	B	E	B	D	C	A	A	B	A
51	**52**	**53**	**54**	**55**	**56**	**57**	**58**	**59**	**60**
B	E	A	C	C	C	D	A	E	E
61	**62**	**63**	**64**	**65**	**66**	**67**	**68**	**69**	**70**
D	A	B	C	C	E	A	D	B	B
71	**72**	**73**	**74**	**75**	**76**	**77**	**78**	**79**	**80**
B	A	E	D	E	E	A	B	E	A
81	**82**	**83**	**84**	**85**	**86**	**87**	**88**	**89**	**90**
D	D	D	B	A	B	C	A	B	D
91	**92**	**93**	**94**	**95**	**96**	**97**	**98**	**99**	**100**
B	D	A	B	D	B	C	C	A	C
101	**102**	**103**	**104**	**105**	**106**	**107**	**108**	**109**	**110**
C	C	D	B	C	D	B	C	D	B

★★★

सामान्य सचेतता
(General Awareness)

हमारा भारत

भारत एक दृष्टि में

- **राजधानी-**नई दिल्ली
- **क्षेत्रफल-**32,87,263 वर्ग कि.मी.
- **क्षेत्रफल की दृष्टि से विश्व में स्थान-**सातवां
- **स्थित-**भूमध्य रेखा के उत्तर में 8°4′ और 37°6′ उत्तरी अक्षांश और 68°7′ तथा 97°25′ पूर्वी देशांतर के मध्य
- **विस्तार-**उत्तर से दक्षिण तक 3,214 किमी., पूर्व से पश्चिम तक 2,933 किमी.
- **भूमि सीमा-**15,200 किमी.
- **समुद्री तट-**7,516.6 किमी.
- **सीमावर्ती देश-**उत्तर-पश्चिम में पाकिस्तान और अफगानिस्तान, उत्तर में चीन, नेपाल और भूटान, पूर्व में म्यांमार और बंगलादेश, दक्षिण में मन्नार की खाड़ी और पाक-जलडमरूमध्य श्रीलंका से अलग करते हैं।
- **प्राकृतिक संरचना-**मुख्य भूमि चार भागों में विभक्त–विस्तृत पर्वतीय क्षेत्र, सिंधु और गंगा के मैदान, रेगिस्तानी क्षेत्र, दक्षिणी प्रायद्वीप
- **प्रमुख नदियाँ**–(क) हिमालय समूह : गंगा, यमुना, सिन्धु तथा ब्रह्मपुत्र; (ख) दक्षिणी नदियाँ : कृष्णा, कावेरी, गोदावरी, महानदी, दामोदर, भरतपुझा, नर्मदा, ताप्ती, पम्बा, पेरियार, पेन्नार, शरावती, नेत्रवती
- **जलवायु-**ऊष्ण कटिबंधीय चार ऋतुएँ–शीत ऋतु, ग्रीष्म ऋतु, वर्षा ऋतु, शरद ऋतु
- **जीव-जंतु-**लगभग 89,451 किस्म के
- **राष्ट्रीय उद्यान-**106 (मार्च 2025)
- **वन्य जीव अभ्यारण्य-**573 (मार्च 2025)
- **राजभाषा-**हिन्दी
- **उच्च न्यायालयों की संख्या-**25

भारत की जनगणना 2011

भारत में जनगणना का विधिवत् कार्य 1881 में आरम्भ हुआ। 2011 की जनगणना (अंतिम) के अनुसार भारत की कुल जनसंख्या 121,08,54,977 थी। जबकि 10 वर्ष पूर्व 2001 में कुल जनसंख्या 102,70,15,247 थी। वर्ष 2011 की जनगणना के प्रमुख तथ्य निम्नलिखित हैं:

- **कुल जनसंख्या-**121,08,54,977
- **पुरुष-**62,32,70,258
- **महिला-**58,75,84,719
- **कुल जनसंख्या में पुरुषों का प्रतिशत-**51.53%
- **कुल जनसंख्या में महिलाओं का प्रतिशत-**48.46%
- **भारत की जनसंख्या का विश्व जनसंख्या में भाग-**17.5%
- **दशकीय वृद्धि दर (2001-2011)-**17.7%
- **सर्वाधिक वृद्धि दर-**मेघालय 27.9%
- **न्यूनतम वृद्धि दर-**नगालैंड–0.6%
- **सर्वाधिक जनसंख्या वाला राज्य-**उत्तर प्रदेश (19,98,12,341)
- **न्यूनतम जनसंख्या वाला राज्य-**सिक्किम (6,10,577)
- **स्त्री-पुरुष अनुपात-**943 : 1000
- **सर्वाधिक लिंगानुपात-**केरल, 1084 : 1000
- **न्यूनतम लिंगानुपात-**हरियाणा 879 : 1000
- **जनसंख्या घनत्व-**382 व्यक्ति प्रति वर्ग किलोमीटर
- **सर्वाधिक घनत्व-**बिहार (1,106)
- **न्यूनतम घनत्व-**अरुणाचल प्रदेश (17)
- **केन्द्रशासित प्रदेशों में सर्वाधिक घनत्व-**दिल्ली (11,320)
- **केन्द्रशासित प्रदेशों में न्यूनतम घनत्व-**अण्डमान निकोबार द्वीप समूह (46)
- **साक्षरता प्रतिशत-**73%
- **पुरुष साक्षरता-**80.9%
- **महिला साक्षरता-**64.6%
- **सर्वाधिक साक्षरता-**केरल (94%)
- **न्यूनतम साक्षरता-**बिहार (61.8%)

भारत के प्रमुख पर्यटन स्थल

पर्यटन स्थल	स्थान एवं राज्य
कन्हेरी की गुफाएँ	मुम्बई (महाराष्ट्र)
एलीफेण्टा की गुफाएँ	मुम्बई (महाराष्ट्र)
अजन्ता की गुफाएँ	छत्रपति संभाजीनगर (महाराष्ट्र)
एलोरा की गुफाएँ	छत्रपति संभाजीनगर (महाराष्ट्र)
कन्दरिया महादेव मन्दिर	खजुराहो (मध्य प्रदेश)
मृगनयनी का महल	ग्वालियर (मध्य प्रदेश)
गोलकुण्डा का किला	हैदराबाद (तेलंगाना)
जूनागढ़ किला	बीकानेर (राजस्थान)
ताजमहल	आगरा (उत्तर प्रदेश)
हजरतबल मस्जिद	श्रीनगर (जम्मू और कश्मीर)
जन्तर-मन्तर	जयपुर (राजस्थान)
नाहरगढ़ का किला	जयपुर (राजस्थान)
भरतपुर का किला	भरतपुर (राजस्थान)
हवा महल	जयपुर (राजस्थान)
उम्मेद भवन महल	जोधपुर (राजस्थान)
आराम बाग	आगरा (उत्तर प्रदेश)
लाल किला	दिल्ली
हुमायूँ का मकबरा	दिल्ली
शालीमार बाग	श्रीनगर
सेंट जॉर्ज किला	चेन्नई (तमिलनाडु)
शेरशाह का मकबरा	सासाराम (बिहार)
फतेहपुर सीकरी	आगरा (उत्तर प्रदेश)
आगरा फोर्ट	आगरा (उत्तर प्रदेश)
पुराना किला	दिल्ली
जहाँगीर महल	आगरा फोर्ट (उत्तर प्रदेश)
अकबर का मकबरा	सिकन्दरा (उत्तर प्रदेश)
अकबर का किला	प्रयागराज (उत्तर प्रदेश)
विजय स्तम्भ	चित्तौड़गढ़ (राजस्थान)
कुतुबमीनार	दिल्ली
अढ़ाई दिन का झोपड़ा	अजमेर (राजस्थान)
प्रिन्स ऑफ वेल्स म्यूजियम	मुम्बई (महाराष्ट्र)
फिरोज शाह कोटला	दिल्ली
बूँदी का किला	बूँदी (राजस्थान)
पिछोला झील	उदयपुर (राजस्थान)
काकरिया झील	अहमदाबाद (गुजरात)
दरगाह अजमेर शरीफ	अजमेर (राजस्थान)
जोधपुर दुर्ग	जोधपुर (राजस्थान)
निशात बाग	जम्मू और कश्मीर
फतेह सागर	उदयपुर (राजस्थान)
जय समन्द	उदयपुर (राजस्थान)
शीश महल	आगरा (उत्तर प्रदेश)
खास महल	आगरा (उत्तर प्रदेश)
दीवाने खास	आगरा फोर्ट (उत्तर प्रदेश)
नाखुदा मस्जिद	कोलकाता (प. बंगाल)
बड़ा इमामबाड़ा	लखनऊ (उत्तर प्रदेश)
टीपू का महल	मैसूर (कर्नाटक)
गोलघर	पटना (बिहार)
कोणार्क मन्दिर	पुरी (ओडिशा)
जगन्नाथ मन्दिर	पुरी (ओडिशा)
चौसठ योगिनी मन्दिर	खजुराहो (मध्य प्रदेश)
चेन्ना केशव मन्दिर	वैलूर (कर्नाटक)
लक्ष्मण मन्दिर	छतरपुर (मध्य प्रदेश)
दिलवाड़ा का जैन मन्दिर	माउण्ट आबू (राजस्थान)
हर मन्दिर	पटना (बिहार)
स्वर्ण मन्दिर	अमृतसर (पंजाब)
काली का मन्दिर	कोलकाता (प. बंगाल)
बाँके बिहारी मन्दिर	वृन्दावन (उत्तर प्रदेश)
लक्ष्मी नारायण मन्दिर	दिल्ली
द्वारकाधीश का मन्दिर	मथुरा (उत्तर प्रदेश)
शेरशाही मस्जिद	पटना (बिहार)
मक्का मस्जिद	हैदराबाद (तेलंगाना)
चरार-ए-शरीफ	श्रीनगर (जम्मू और कश्मीर)
पत्थर मस्जिद	जम्मू और कश्मीर
जामा मस्जिद	दिल्ली
मोती मस्जिद	दिल्ली
विलियम फोर्ट	कोलकाता (प. बंगाल)
बीबी का मकबरा	छत्रपति संभाजीनगर (महाराष्ट्र)
चश्मा शाही	जम्मू और कश्मीर
एतमादुद्दौला का मकबरा	आगरा (उत्तर प्रदेश)
कोच्चि का किला	केरल
सफदरजंग का मकबरा	दिल्ली
जन्तर-मन्तर	दिल्ली
विवेकानन्द रॉक मैमोरियल	कन्याकुमारी (तमिलनाडु)
वैलूर मठ	कोलकाता (प. बंगाल)
लक्ष्मण झूला	ऋषिकेश (उत्तराखंड)
शान्ति निकेतन	पश्चिम बंगाल
साबरमती आश्रम	अहमदाबाद (गुजरात)
गेटवे ऑफ इंडिया	मुम्बई (महाराष्ट्र)
जिम कार्बेट पार्क	नैनीताल (उत्तराखंड)
विक्टोरिया मैमोरियल	कोलकाता
सनसेट प्वॉइण्ट	माउण्ट आबू (राजस्थान)
चार मीनार	हैदराबाद (तेलंगाना)
काँचीपुरम का मन्दिर	चेन्नई (तमिलनाडु)
सहेलियों की बाड़ी	उदयपुर (राजस्थान)

विभिन्न राज्यों/संघ शासित प्रदेशों में मिलने वाली जनजातियां

प्रदेश	जनजातियां
उत्तर प्रदेश, उत्तराखंड	बुक्सा, थारू, बिड़कोल, भोटिया, खरवार, जौनसारी, राजी
पश्चिम बंगाल, बिहार, झारखंड	संथाल, भुइया, कोरबा, उरांव, हो, विरहोर, असुर, मुंडा, कोल
राजस्थान	मीणा, भील, गरासिया, सहरिया, सांसी, दमोर, मेव, मेरात, कोली
अण्डमान-निकोबार द्वीप समूह	ओंग, सोपन, आरबा, अण्डमानी, निकोबारी
हिमाचल प्रदेश, जम्मू एवं कश्मीर, लद्दाख	बकरवाल, गद्दी, गुर्जर, लाहौल लांबा, पंगवाला, किन्नर
असम, अरुणाचल प्रदेश, नगालैंड, मेघालय, मणिपुर	गुरूंग, रियांग, चकमा, मिनीपोंग, पासी, ग्लोंग, सिंगपो, रेंगमा, सेंगमा, यांग, नागा, गारो
मिजोरम	खासी
गुजरात	टोड़िया, भील, डाफर, रैवारी, पटेलिया, डूबला, कथोड़ी, सिद्दीस
केरल	कडर, इरुला, मुथुवन, कनिक्कर, मलनकुरावन, मलयारायन, मलावेतन, मलायन, मन्नान, उल्लातन, यूराली, पनियां, पुलायन, मल्लार, कुरुम्बा
तमिलनाडु, ओडिशा	जुवांग, खोंड, गोंड, बड़गा, बोंडो, जुआंग, परजा, भूमिज
महाराष्ट्र, आन्ध्र प्रदेश, तेलंगाना	भील, गोंड, अगरिया, असुरा, भारिया, कोया, वर्ली, कोली, डुका, बैगा, गडावास, कामर, खडिया, खोंडा, कोल, कोलम, कोरबा, मुन्डा
मध्य प्रदेश, छत्तीसगढ़	कोरकू, भील, बैगा, गोंड, अगरिया, भारिया, कोरबा, कोल, उरांव, प्रधान, नगेशिया, हल्वा, भतरा, माड़िया, सहरिया, कमार, कंवर
त्रिपुरा	लुभाई, माग, हलम, खशिया, भूटिया, मुन्डा, संथाल, भील, जमनिया, रियांग, उचाई
कर्नाटक	गौडालू, हक्की, पिक्की, इरुगा, जेनु, कुरुव, मलाईकुड, भील, गोंड, टोडा, वर्ली, चेन्चू, कोया, अर्नादन, चेरवा, होलेया, कोरमा
पंजाब	गद्दी, स्वांगला, भोट

विशेष दर्जा प्राप्त राज्य

राज्य	विशेष दर्जा प्राप्त करने का वर्ष	राज्य	विशेष दर्जा प्राप्त करने का वर्ष
असम	1969	त्रिपुरा	1972
नगालैंड	1969	सिक्किम	1975-76
हिमाचल प्रदेश	1971	मिजोरम	1986-87
मणिपुर	1972	अरुणाचल प्रदेश	1986-87
मेघालय	1972	उत्तराखंड	2001-02

भारत में प्रथम

नोबेल पुरस्कार प्राप्तकर्ता

1. **साहित्यः** रवीन्द्रनाथ टैगोर (1913)
2. **भौतिकीः** सी॰वी॰ रमन (1930)
3. **शान्तिः** मदर टेरेसा (1979)
4. **अर्थशास्त्रः** अमर्त्य सेन (1998)

स्वतंत्र भारत के प्रथम एवं अंतिम भारतीय गवर्नर जनरल	चक्रवर्ती राजगोपालाचारी
महिला राष्ट्रपति	प्रतिभा पाटिल
महिला राज्यपाल	श्रीमती सरोजिनी नायडू
सुप्रीम कोर्ट की महिला न्यायाधीश	श्रीमती मीरा साहिब फातिमा बीबी
महिला प्रधानमंत्री	श्रीमती इंदिरा गांधी
महिला मुख्यमंत्री	श्रीमती सुचेता कृपलानी
संयुक्त राष्ट्र महासभा की महिला अध्यक्ष	श्रीमती विजयालक्ष्मी पंडित (1954)
अंतर्राष्ट्रीय न्यायालय के भारतीय अध्यक्ष	डॉ॰ नगेन्द्र सिंह
इंगलिश चैनल तैरकर पार करने वाली भारतीय महिला	आरती गुप्ता
इंगलिश चैनल तैरकर पार करने वाला भारतीय पुरुष	मिहिर सेन
ब्रिटिश पार्लियामेंट के भारतीय सदस्य	दादा भाई नौरोजी
फील्ड मार्शल	एस॰एच॰एफ॰जे॰ मानेकशा
विक्टोरिया क्रॉस विजेता	खुदादाद खां
एवरेस्ट शिखर पर चढ़ने वाला भारतीय	शेरपा तेंजिंग (29 मई, 1953)
एवरेस्ट पर चढ़ने वाली भारतीय महिला	कु॰ बचेन्द्रीपाल (23 मई, 1984)
एवरेस्ट पर दो बार विजय प्राप्त करने वाली भारतीय महिला	संतोष यादव (10 मई, 1992; 10 मई, 1993)
भारतीय अंतरिक्ष यात्री (पुरुष)	राकेश शर्मा (3 अप्रैल, 1984)
भारतीय अंतरिक्ष यात्री (महिला)	कल्पना चावला (19 नवम्बर, 1997)
भारत रत्न से विभूषित महिला	श्रीमती इंदिरा गांधी
संयुक्त राष्ट्र संघ की महासभा में हिन्दी में भाषण देने वाला प्रथम भारतीय	अटल बिहारी वाजपेयी
भारतीय महिला मिस यूनिवर्स	कु॰ सुष्मिता सेन
भारतीय महिला मिस वर्ल्ड	रीता फारिया
समाचार-पत्र	बंगाल गजट (27 जनवरी, 1780)
डाक टिकट	1852
तार लाइन	1851 (कलकत्ता-डायमंड हार्बर)
रेल	16 अप्रैल, 1853 (बम्बई-थाणे)
विद्युत रेल	1925 (बम्बई-कुर्ला)
उपग्रह	आर्यभट्ट (1975)
रॉकेट	रोहिणी (1967)
आणविक रियेक्टर	अप्सरा (1956)
आणविक बिजलीघर	तारापुर आणविक बिजलीघर (1969)
भारतीय वायु सेना की महिला पायलट	हरित कौर देओल
फास्ट ब्रीडर आणविक रियेक्टर	कलपक्कम
बिना ऑक्सीजन एवरेस्ट की चोटी पर पहुंचने वाला भारतीय	फु दोरजी (1987)
मेट्रो रेलवे	कोलकाता (1984)

फिल्म (मूक)	राजा हरिश्चन्द्र (1913)
फीचर फिल्म (बोलती हुई)	आलम आरा (1931)
इंडियन नेशनल कांग्रेस की प्रथम महिला अध्यक्ष	श्रीमती एनी बेसेंट
इंडियन नेशनल कांग्रेस के प्रथम अध्यक्ष	व्योमेशचन्द्र बनर्जी (1888)
आई॰सी॰एस॰ में सफल होने वाला प्रथम भारतीय	सत्येन्द्र नाथ टैगोर
चीफ ऑफ डिफेंस स्टाफ (CDS)	जनरल बिपिन रावत

भारत में सबसे बड़ा/लम्बा/ऊँचा आदि

सबसे ऊंची चोटी*-के-2

सर्वाधिक आबादी वाला शहर-मुम्बई

सबसे लम्बी नदी-गंगा (2525 कि॰मी॰)

सबसे बड़ा राज्य (क्षेत्रफल में)-राजस्थान

सबसे बड़ा राज्य (आबादी में)-उत्तर प्रदेश

सबसे लम्बा पुल (सड़क)-असम में लोहित नदी पर भूपेन हजारिका सेतु (9.15 कि॰मी॰)

सर्वाधिक जनसंख्या घनत्व वाला राज्य-बिहार (1,106 प्रति वर्ग कि॰मी॰)

सर्वाधिक साक्षर राज्य-केरल (साक्षरता लगभग 94%)

सबसे बड़ा अजायबघर-इण्डिया म्यूजियम, कोलकाता

सबसे लम्बा बांध-हीराकुड (ओडिशा)

सबसे लम्बी सुरंग (सड़क)-डॉ. श्यामा प्रसाद मुखर्जी सुरंग (जम्मू–कश्मीर 9.28 किमी.)

सबसे लम्बी सुरंग (रेलवे)-जम्मू–कश्मीर में खारी और सम्बेर सेक्शन के मध्य T-50 सुरंग (12.77 किमी.)

सबसे बड़ा चिड़ियाघर-अरिगनार अन्ना जूलॉजिकल पार्क, चेन्नई, तमिलनाडु

सबसे लम्बी सड़क-राष्ट्रीय राजमार्ग (NH)-44 (3745 किमी.)

सबसे ऊंची मीनार-कुतुबमीनार, दिल्ली (72.5 मी॰)

सबसे बड़ी मस्जिद-जामा मस्जिद, दिल्ली

बहादुरी के लिए सबसे बड़ा पुरस्कार-परमवीर चक्र

सबसे बड़ा रेगिस्तान-थार (राजस्थान)

सबसे बड़ा डेल्टा-सुन्दरवन डेल्टा, (75,000 वर्ग कि॰मी॰)

सबसे बड़ा गुम्बज-गोल गुम्बज (बीजापुर-42 मी॰ व्यास)

सबसे ऊँचा दरवाजा-बुलंद दरवाजा (फतेहपुर सीकरी : 176 फीट)

सबसे बड़ी मीठे पानी की झील-वुलर झील (जम्मू–कश्मीर)

सबसे लम्बा प्लेटफार्म-श्री सिद्धारूढ़ा स्वामी जी रेलवे स्टेशन (हुब्बल्लि, कर्नाटक 1507 मी. लम्बा)

सर्वाधिक वर्षा (वार्षिक औसत)-चेरापूंजी के निकट मासिनराम (12,000 मि॰मी॰)

झरना, सबसे ऊँचा-कुंचिकल (कर्नाटक : 455 मी.)

सबसे बड़ा पशुओं का मेला-सोनपुर (बिहार)

सबसे बड़ा गुफा मंदिर-कैलाश मंदिर (एलोरा)

सबसे अधिक वन क्षेत्रफल वाला राज्य-मध्य प्रदेश

सबसे बड़ी कृत्रिम झील-गोविन्द सागर (भाखड़ा)

* विश्व की सबसे ऊंची चोटी मांउट एवरेस्ट है जो नेपाल में है। के-2 विश्व की दूसरी सबसे ऊँची और भारत की सबसे ऊँची (8611 मी॰) चोटी है।

✧✧✧✧✧

राष्ट्रीय प्रतीक

राष्ट्रीय ध्वज

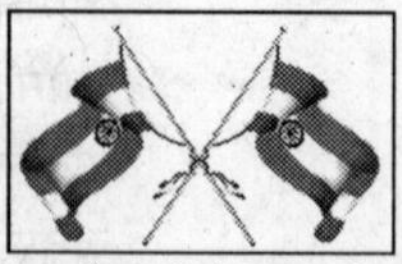

भारत का राष्ट्रीय ध्वज **तिरंगा** है। यह आयताकार तीन पट्टियों से बना है। इसमें सबसे ऊपर केसरिया, मध्य में श्वेत और नीचे हरा रंग है। केसरिया शक्ति, श्वेत शांति और हरा समृद्धि का प्रतीक माना जाता है। झण्डे की लम्बाई-चौड़ाई का अनुपात 3 : 2 है। श्वेत पट्टी के मध्य नीले रंग का एक चक्र है। चक्र में 24 तीलियाँ हैं। झण्डा फहराने के संबंध में भारत सरकार ने कुछ नियम बनाए हैं जिनका पालन करना अति आवश्यक है। संविधान सभा ने इसे 22 जुलाई 1947 को अंगीकार किया था।

राजचिह्न

भारत का राजचिह्न सारनाथ में अशोक निर्मित सिंह स्तम्भ की अनुकृति है। इस चिह्न में चार सिंह हैं, जो एक दूसरे के विपरीत दिशा में घूम कर बैठे हुए हैं। इन चार में से केवल तीन सिंह दिखाई देते हैं, चौथा पीछे की ओर छिपा हुआ है और दिखाई नहीं देता। नीचे चौरस पट्टी के मध्य में उभरी हुई नक्काशी में एक चक्र है, जिसके दाईं ओर एक सांड़ और बाईं ओर एक घोड़ा है। नीचे मुण्डकोपनिषद से लिया गया सूत्र 'सत्यमेव जयते' देवनागरी लिपि में लिखा गया है। इसका अर्थ है 'सत्य की ही विजय होती है'। सरकार ने राजचिह्न को 26 जनवरी 1950 को स्वीकृत किया।

राष्ट्र गीत

श्री बंकिम चन्द्र चटर्जी द्वारा रचित गीत 'वन्दे मातरम्' को राष्ट्र गान के समकक्ष स्थान दिया गया है। उनके विख्यात उपन्यास 'आनन्द मठ' से उद्धृत यह गीत राष्ट्रीय आन्दोलन में एक महान प्रेरणा-स्रोत रहा है। इस गीत को सबसे पहले 1896 में भारतीय राष्ट्रीय कांग्रेस के अधिवेशन में गाया गया था।

राष्ट्र गान

रवीन्द्र नाथ टैगोर के गीत 'जन गण मन' को 24 जनवरी, 1950 को राष्ट्र गान के रूप में स्वीकार किया गया। यह गीत 'भारत-विधाता' शीर्षक से सर्वप्रथम 'तत्व-बोधिनी' पत्रिका के जनवरी 1912 के अंक में प्रकाशित हुआ था। यह गीत पहली बार 27 दिसम्बर 1911 को भारतीय कांग्रेस के कलकत्ता (कोलकाता) अधिवेशन में गाया गया था। पूरे गीत के 5 पद हैं। इसमें से प्रथम पद को राष्ट्र गान स्वीकार किया गया है। इसे गाने का निर्धारित समय लगभग 52 सेकण्ड है।

राष्ट्रीय पंचांग

सरकारी कार्यों में प्रयोग हेतु राष्ट्रीय पंचांग 22 मार्च, 1957 से अपनाया गया है। यह पंचांग शक संवत् पर आधारित है। 78 ई. में प्रारम्भ हुए शक संवत् का पहला महीना चैत्र है और वर्ष 365 दिन का है। इस पंचांग के दिन स्थायी रूप से ग्रेगेरियन कैलेंडर से सम्बद्ध दिनों के अनुरूप बैठते हैं। इस प्रकार सामान्य वर्षों में इस पंचांग का पहला दिन 22 मार्च के दिन आता है और लौंद (लीप) वर्ष में 21 मार्च के दिन।

राष्ट्रीय पंचांग के माह इस प्रकार हैं: 1. चैत्र, 2. बैशाख, 3.ज्येष्ठ, 4. आषाढ़, 5. श्रावण, 6. भाद्रपद, 7. आश्विन, 8. कार्तिक, 9. मार्गशीर्ष, 10. पौष, 11. माघ, 12. फाल्गुन।

राष्ट्रीय पशु : बाघ (पैंथरा टाइग्रिस-लिन्नायस)

राष्ट्रीय पक्षी : मोर (पावो क्रिस्टेटस)

राष्ट्रीय पुष्प : कमल

✧✧✧✧✧

हमारी पृथ्वी

पृथ्वी सूर्य के अलावा आठ अन्य ग्रहों बुध, शुक्र, पृथ्वी, मंगल, बृहस्पति, शनि, यूरेनस और नेपच्यून वाले सौर मण्डल का एक सदस्य ग्रह है। ग्रहों के पास अपना स्वयं का प्रकाश नहीं होता और शुक्र और यूरेनस के अलावा सभी ग्रह अपनी धुरी पर पश्चिम से पूर्व की ओर परिक्रमा करते हैं। अनेक उपग्रह संबंधित ग्रह की परिक्रमा करते हैं। अंतरिक्ष में हजारों पुच्छल तारे और करोड़ों उल्काएं भी मौजूद हैं। पृथ्वी का एक ही उपग्रह है 'चन्द्रमा'। बुध और शुक्र का कोई भी उपग्रह नहीं है। सूर्य से पृथ्वी की औसत दूरी $1,496 \times 10^8$ कि.मी. है। पृथ्वी सूर्य का तीसरा सबसे निकट और पांचवाँ सबसे बड़ा ग्रह है।

पृथ्वी : तथ्य और आँकड़े

पृथ्वी का द्रव्यमान	5.882×10^{21} टन
पृथ्वी का घनत्व	पानी की अपेक्षा 5.517 गुणा
पृथ्वी का आयतन	1.083×10^{11} घन किमी.
भूमध्यरेखीय परिधि	4.007×10^4 किमी.
ध्रुवीय व्यास	12,714 किमी.
विषुवतीय व्यास	12,756 किमी.
ध्रुवीय परिधि	4.0×10^4 किमी.
अनुमानित आयु	लगभग 4600 करोड़ वर्ष
भू-पृष्ठ	148,951,000 वर्ग किमी.
जलीय सतह	361,150,000 वर्ग किमी.
भू-सतह का सबसे उच्च बिन्दु	माउंट एवरेस्ट (8,848 मीटर)
भू-सतह का सबसे निम्न बिन्दु	मृत सागर का तट (समुद्र तल से 396 मीटर नीचे)
महासागर की सर्वाधिक गहराई	फिलीपींस के पूर्व में प्रशान्त महासागर में मेरियाना ट्रेंच (समुद्र तल से 11,033 मीटर नीचे)

सौरमण्डल

सबसे बड़ा ग्रह	बृहस्पति (Jupiter)
सबसे छोटा ग्रह	बुध (Mercury)
पृथ्वी का उपग्रह	चन्द्रमा (Moon)
सूर्य के सबसे निकट ग्रह	बुध (Mercury)
सूर्य से सबसे दूर स्थित ग्रह	वरुण (Neptune)
पृथ्वी के सबसे निकट स्थित ग्रह	शुक्र (Venus)
सबसे अधिक चमकीला ग्रह	शुक्र (Venus)
सबसे अधिक चमकीला तारा	साइरस (Dog Star)
सबसे अधिक ठण्डा ग्रह	वरुण (Neptune)
सबसे अधिक गर्म ग्रह	शुक्र (Venus)
रात्रि में लाल दिखाई देने वाला ग्रह	मंगल (Mars)
सबसे बड़ा उपग्रह	गैनीमेड (Gannymede)
सबसे छोटा उपग्रह	डिमोस (Deimos)
नीला ग्रह	पृथ्वी (Earth)
भोर का तारा	शुक्र (Venus)
साँझ का तारा	शुक्र (Venus)
पृथ्वी की बहन	शुक्र (Venus)
हरा ग्रह	वरुण (Neptune)
विशाल लाल धब्बे वाला ग्रह	बृहस्पति (Jupiter)

पृथ्वी का आकार : पृथ्वी का आकार पूर्णरूप से वृत्तीय नहीं है बल्कि अंडाकार है। ऐसा इस वजह से है क्योंकि यह ध्रुवों पर चपटी और विषुवत पर उभरी हुई है। पृथ्वी का ध्रुवीय व्यास विषुवतीय व्यास से 42 किलोमीटर छोटा है। अत: पृथ्वी अंडाकार है।

पृथ्वी की गतियाँ : पृथ्वी अपनी धुरी पर किसी लट्टू की भांति घूमती है और 24 घंटे में एक चक्कर पूरा कर लेती है जबकि सूर्य की परिक्रमा करने में उसे 365 दिन, 5 घंटे, 45 मिनट और 46 सेकेंड लगते हैं। पृथ्वी की दैनिक गति के कारण रात और दिन होते हैं जबकि वार्षिक गति (परिक्रमा) के कारण ऋतु परिवर्तन होता है। पृथ्वी गैर-ज्योतिर्मय वृत्त है। पृथ्वी का जो भाग सूर्य के सामने आ जाता है वहाँ दिन होता है और जो भाग सूर्य के सामने नहीं होता वहाँ रात होती है। पृथ्वी का आवर्तन पश्चिम से पूर्व की तरफ होता है। इसी कारणवश हमें यह प्रतीत होता है कि सूर्य, चन्द्रमा और तारे विपरीत दिशा में घूम रहे हैं।

आवर्तन के प्रभाव : (क) दिन और रात होते हैं। (ख) देशांतर और समय में अंतर आ जाता है। (ग) वायु और तरंगों की दिशा में परिवर्तन होता है। (घ) दिन में दो बार समुद्र में लहरें उठती हैं।

परिक्रमा के प्रभाव : पृथ्वी दीर्घवृत्तीय कक्षा में सूर्य की परिक्रमा करती है। पृथ्वी को एक बार सूर्य का चक्कर लगाने में 365.25 दिन लग जाते हैं। एक सामान्य वर्ष 365 दिन का होता है जबकि चार वर्षों में 5 घंटे 45 मिनट और 46 सेकेंड एक दिन बना देते हैं और हर चौथा वर्ष अधि वर्ष (लीप ईयर) बन जाता है, जिसमें 366 दिन होते हैं। ऋतु में परिवर्तन मुख्यत: परिक्रमण की वजह से ही होता है।

21 जून : इस समय उत्तरी गोलार्द्ध में ग्रीष्मकाल होता है जबकि दक्षिणी गोलार्द्ध में शरदकाल होता है। दोपहर में सूर्य की सीधी किरणें कर्क रेखा पर पड़ती हैं।

22 दिसम्बर : इस समय उत्तरी गोलार्द्ध में शरदकाल और दक्षिणी गोलार्द्ध में ग्रीष्मकाल होता है। दोपहर में सूर्य की सीधी किरणें मकर रेखा पर पड़ती हैं।

सम्पात : 21 मार्च और 23 सितम्बर को पृथ्वी का प्रत्येक भाग सूर्य के सामने आ जाता है और सूर्य ठीक भूमध्य रेखा के ऊपर होता है। इन अवस्थाओं में पृथ्वी के प्रत्येक भाग में रात और दिन बराबर होते हैं। 21 मार्च को वसन्त सम्पात (Vernal equinox) और 23 सितम्बर को शरद सम्पात (Autumnal equinox) कहते हैं।

चट्टानों का रूपान्तरण

मूल चट्टान	रूपान्तरित चट्टान
शैल	स्लेट
चूना पत्थर	संगमरमर
चॉक तथा डोलोमाइट	संगमरमर
बलुआ पत्थर	क्वार्ट्जाइट
ग्रेनाइट	नीस
बेसाल्ट	सिस्ट
स्लेट	फाइलाइट
कांग्लोमरेट	क्वार्ट्जाइट

वायुमण्डल की संरचना

मण्डल	ऊँचाई (किमी)	विशेष तथ्य
क्षोभमण्डल	0-18	मौसमी घटनाएँ होती हैं।
समतापमण्डल	18-50	वायु परिवहन होता है तथा ओजोन परत पाई जाती है।
मध्यमण्डल	50-80	ऊँचाई के साथ तापमान में गिरावट होती है।
आयनमण्डल	80-640	विद्युत आवेशित कण पाए जाते हैं। रेडियो तरंगें इसी मण्डल से वापस पृथ्वी पर लौटती हैं।
बाह्यमण्डल	640 किमी से ऊपर	तापमान 5000ºC होता है।

✧✧✧✧✧

विश्व बोध

विभिन्न देशों के राष्ट्रीय प्रतीक

देश	प्रतीक
ऑस्ट्रेलिया	कंगारू
फ्रांस	लिली
ईरान	गुलाब
जापान	गुलदाउदी
यूनाइटेट किंगडम	गुलाब
कनाडा	सफेद लिली
जर्मनी	कार्न फ्लावर
आयरलैंड	तीन पत्ती वाली घास
पाकिस्तान	अर्द्धचंद्र
यू.एस.ए.	सुनहरी छड़ी
डेनमार्क	वुलिन
भारत	सिंह स्तम्भ
इटली	सफेद लिली
स्पेन	बाज

शहरों, राज्यों एवं देशों के परिवर्तित नाम

पुराना नाम	परिवर्तित नाम
एबिसीनिया	इथियोपिया
अंगोरा	अंकारा
औरंगाबाद	संभाजी नगर
बनारस	वाराणसी
बड़ौदा	बड़ोदरा
बताविया	जकार्ता
बसुतोलैण्ड	लिसोथो
बेचुआनालैण्ड	बोत्सवाना
बॉम्बे	मुम्बई
ब्रिटिश गुयाना	गुयाना
बर्मा	म्यांमार
कालीकट	कोझीकोड
कलकत्ता	कोलकाता
केप केनवरल	केप केनेडी
काउनपुर	कानपुर
सेंट्रल प्रोविंसेज	मध्य प्रदेश
अपर बोल्टा	बुर्कीना फासो
जुबुलपोर	जबलपुर
लियोपोलदविले	किन्हास
मेडागास्कर	मालागासी
मद्रास	चेन्नई
मलाया	मलेशिया
जुलन्धर	जालंधर
मंयुक्यिो	मंचूरिया
मैसोपोटामिया	इराक
सिलोन	श्रीलंका
क्रिस्टिना	ओस्लो
जायरे	कांगो (डेमोक्रेटिक रिपब्लिव
कांस्टेटिनपोल	इस्तान्बूल
डाका	ढाका
डहोमे	बेनिन
डच ईस्ट इंडीज	इंडोनेशिया
डच गुयाना	सूरीनाम
लोर सेई	पूर्वी तिमोर
एलिस आइसलैंड	तुवालू
फार्मोसा	ताइवान
गौहाटी	गुवाहाटी
गोल्ड कोस्ट	घाना
हालैण्ड	नीदरलैण्ड
रोडेशिया	जिम्बाब्वे
सैगोन	हो चिन मिन्ह सिटी
सेलिसबरी	हरारे
सैंडविच आइसलैंड	हवाईअन द्वीप
तंजानिका व जंजीबार	तंजानिया
सियाम	थाईलैंड
सिमला	शिमला
साउथ वेस्ट अफ्रीका	नामीबिया
स्पेनिस गुयाना	विषुवतीय गुयाना
न्यू हेब्रिडस	वनुआतु
उत्तरी रोडेशिया	जाम्बिया
न्यासालैण्ड	मालावी

पुराना नाम	परिवर्तित नाम
पंजिम	पणजी
पीकिंग	बीजिंग
पर्शिया	ईरान
पूना	पुणे
तंजौर	तंजावुर
यूनाइटेड प्रोविंसेज	उत्तर प्रदेश
यू.एस.एस.आर.	सीआईएस
विशाखापट्नम	विशाखापत्तनम
यूगोस्लाविया	सर्बिया
बंगलौर	बेंगलुरु
इलाहाबाद	प्रयागराज
उत्तरांचल	उत्तराखंड
पांडिचेरी	पुडुचेरी
पूर्वी पाकिस्तान	बांग्लादेश
रंगून	यंगून
उड़ीसा	ओडिशा
तुर्की	तुर्किए
फैजाबाद	अयोध्या

महत्त्वपूर्ण सीमा रेखाएं

- **डूरंड लाइन :** यह भारत और अफगानिस्तान के बीच सीमा के विभाजन को परिलक्षित करती थी। इसका सीमांकन सर मोर्टीमर डूरंड ने 1896 में किया था। अब यह पाकिस्तान और अफगानिस्तान के बीच की सीमा रेखा है।
- **हिंडेनवर्ग लाइन :** यह वह रेखा है जहां से विश्व युद्ध के दौरान जर्मनी की सेना वापस लौट गई थी। यह रेखा पोलैण्ड और जर्मनी के बीच की सीमा रेखा है।
- **मैकमोहन रेखा :** यह भारत और चीन के बीच सीमा रेखा है जिसका सीमांकन सर हेनरी मैकमोहन ने किया था।
- **मैगिनोट रेखा :** यह फ्रांस और जर्मनी के बीच सीमा रेखा है।
- **रेडक्लिफ रेखा :** यह भारत और पाकिस्तान के बीच सीमा रेखा है जिसका सीमांकन सर सिरिल रेडक्लिफ ने किया था।
- **17वां पैरेलल :** यह उत्तरी एवं दक्षिणी वियतनाम के बीच की सीमा रेखा है।
- **38वां पैरेलल :** यह उत्तर और दक्षिण कोरिया के बीच सीमा रेखा है।
- **49वां पैरलल :** यह यू.एस. और कनाडा के बीच सीमा रेखा है।
- **अदूर निसे रेखा :** यह रेखा पोलैण्ड और पूर्वी जर्मनी के बीच की सीमा रेखा है जो द्वितीय विश्व युद्ध में खींची गई थी।
- **सिंगफ्रेड रेखा :** प्रथम विश्व युद्ध में फ्रांस और जर्मनी के बीच की सीमा रेखा।

विश्व के प्रमुख जल प्रपात

जल प्रपात	स्थान	ऊँचाई (मी॰)
एंजिल	वेनेजुएला	979 (यह कैरो नदी पर स्थित संसार का सबसे ऊँचा जल प्रपात है।)
योसेमाइट	कैलिफोर्निया	739
दक्षिण-मर्डालफोसेन	नार्वे	655
तुगेला	द॰ अफ्रीका	614
कुकवेनन	वेनेजुएला	610
सूथरलैंड	न्यूजीलैंड	580
रिब्बोन	कैलिफोर्निया	491
ग्रेट-कामारना	गुयाना	488
कुंचिकल	भारत	455
डेल्ला	कनाडा	440
गवार्नी	फ्रांस	422
नियाग्रा	कनाडा एवं अमेरिका की सीमा	120

विश्व की प्रमुख नहरें

नाम	स्थिति	स्थान
ईरी	ईरी झील और मिशीगन झील को जोड़ती है।	अमेरिका
सू नहर	सुपीरियर झील और ह्यूइन झील को जोड़ती है।	अमेरिका
कील नहर	उत्तरी सागर को बाल्टिक सागर से जोड़ती है।	जर्मनी
पनामा नहर	कैरीबियन सागर और प्रशांत महासागर	पनामा
स्वेज नहर	लाल सागर और भूमध्य सागर	मिस्र
मैनचेस्टर नहर	मैनचेस्टर एवं लिवरपूल के बीच	ग्रेट ब्रिटेन

विश्व की प्रमुख नदियाँ

नाम	उद्गम स्थल	गिरने का स्थान	लम्बाई (किमी)	प्रमुख स्थान
नील (विश्व की सबसे लम्बी नदी)	विक्टोरिया झील	भूमध्य सागर	6670	आस्वान बाँध व नासिर झील स्थित है।
अमेजन (आयतन की दृष्टि से विश्व की सबसे बड़ी नदी)	एण्डीज पर्वत	अटलांटिक महासागर	6448	
मिसीसिपी मिसौरी	अलास्का झील	मैक्सिको की खाड़ी	6300	पक्षीपाद डेल्टा बनाती है।
यांग्टिसीक्यांग	तिब्बत का पठार	चीन सागर	5494	
ह्वांग हो	कुललुन पर्वत	चीन की खाड़ी	4840	
कांगो / जायरे	लुआलिया और लुआपुआ का संगम	अटलाण्टिक महासागर	4800	विषुवत् रेखा को दो बार काटती है।
अमूर	शिल्का रूस, आरगून का संगम	टार्टइ स्ट्रेट	4510	चीन और रूस की सीमा बनाती है।
वोल्गा	बल्डाई पठार	कैस्पियन सागर	3700	यूरोप की सबसे लम्बी नदी
डेन्यूब	ब्लैक फॉरेस्ट	काला सागर	2820	बेलग्रेड, बुखारेस्ट, बुडापेस्ट और वियना शहर स्थित है।
सेंट लारेंस	आण्टेरियो झील	सेंट-लॉरेंस की खाड़ी	3058	नियाग्रा जल प्रपात स्थित है।
कोलोरेडो	ग्रैण्ड कंट्री	कैलीफोर्निया की खाड़ी	2333	ह्यूबर बाँध स्थित
नाइजर	गिनी	गिनी की खाड़ी	4800	तेल नदी कहलाती है।
मेकांग	तिब्बत का पठार	दक्षिण चीन सागर	4023	द.पू. एशिया की सबसे लम्बी नदी।
सिन्धु	मानसरोवर झील के पास	अरब सागर	3180	
ब्रह्मपुत्र	मानसरोवर झील	बंगाल की खाड़ी	2900	
डार्लिंग-मर्रे	ऑस्ट्रेलिया आल्पस	हिन्द महासागर	3720	ऑस्ट्रेलिया की सबसे बड़ी नदी।

विश्व की प्रमुख झीलें

झील का नाम	भौगोलिक क्षेत्र	क्षेत्रफल (वर्ग.किमी.)	विशेष तथ्य
कैस्पियन सागर	पूर्व सोवियत संघ तथा ईरान	3,94,299	खारे पानी की सबसे बड़ी झील
सुपीरियर झील	संयुक्त राज्य अमेरिका एवं कनाडा	82,414	ताजे पानी की सबसे बड़ी झील
विक्टोरिया झील	केन्या, युगाण्डा तथा तंजानिया	69,485	
अरल सागर झील	कजाकिस्तान एवं उज्बेकिस्तान	64,457	
ह्यूरन झील	संयुक्त राज्य अमेरिका तथा कनाडा	59,600	
मिशीगन झील	संयुक्त राज्य अमेरिका	57,800	
बैकाल झील	रूस	31,500	यह सबसे गहरी (1940 मी॰) झील है।

ग्रेट बेरियर झील	कनाडा	31,080	
ग्रेट स्लेव झील	कनाडा	28,438	
विनीपेग झील	कनाडा	24,341	
ओण्टेरियो झील	सं.रा. अमेरिका तथा कनाडा	19,529	
टिटिकाका	पेरू-बोलीविया	9,065	यह विश्व की सबसे ऊँची (3811 मी॰) झील है।
आयर झील	ऑस्ट्रेलिया	9,583	

विश्व की प्रमुख खाड़ियाँ

खाड़ी	क्षेत्रफल (वर्ग.किमी.)	खाड़ी	क्षेत्रफल (वर्ग.किमी.)
मैक्सिको की खाड़ी	15,44,000	हडसन की खाड़ी	12,33,000
अरब की खाड़ी	2,38,000	सेंट लॉरेन्स की खाड़ी	2,37,000
कैलिफोर्निया की खाड़ी	1,62,000		

महासागरों की प्रमुख जलधाराएं

जलधारा का नाम	प्रकृति	विशेष विवरण	महासागर का नाम
• उत्तरी विषुवतीय जलधारा	उष्ण अथवा गर्म		अटलांटिक महासागर
• गल्फस्ट्रीम धारा	उष्ण	हेटेरस अंतरीप तक इसे फ्लोरिडा धारा कहते हैं।	अटलांटिक महासागर
• कनारी धारा	ठंडी		अटलांटिक महासागर
• फ्लोरिडा की धारा	उष्ण		अटलांटिक महासागर
• लेब्राडोर की धारा	ठंडी		अटलांटिक महासागर
• बैंगुला की धारा	ठंडी		अटलांटिक महासागर
• फाकलैंड की धारा	ठंडी		अटलांटिक महासागर
• विपरीत भूमध्यरेखीय जलधारा	गर्म	इसे गिनी की धारा भी कहते हैं।	अटलांटिक महासागर
• उत्तरी भूमध्यरेखीय जलधारा	गर्म		प्रशांत महासागर
• क्यूरोसीवो जलधारा	गर्म	जापानी लोग इसे काली धारा भी कहते हैं।	प्रशांत महासागर
• कैलिफोर्निया जलधारा	ठंडी		प्रशांत महासागर
• पूर्वी ऑस्ट्रेलिया की जलधारा	गर्म	इसे न्यू साउथवेल्स की धारा के नाम से भी जाना जाता है।	प्रशांत महासागर
• अलास्का धारा	गर्म		प्रशांत महासागर
• दक्षिणी विषुवतीय जलधारा	गर्म		हिन्द महासागर
• मोजाम्बिक धारा	गर्म		हिन्द महासागर
• अगुलहास धारा	गर्म		हिन्द महासागर
• पश्चिमी ऑस्ट्रेलिया की धारा	ठंडी		हिन्द महासागर
• ग्रीष्मकाल मानसून प्रवाह	गर्म		हिन्द महासागर
• शीतकालीन मानसून प्रवाह	परिवर्तनशील		हिन्द महासागर

विश्व की प्रमुख जनजातियाँ

जनजाति	सम्बन्धित क्षेत्र/देश
माओरी	न्यूजीलैंड
बुशमैन	कालाहारी मरुस्थल (बोत्सवाना)
वेद्दा	श्रीलंका
बद्दू	अरब
आइनू	जापान
यूकाधिर	साइबेरिया
एस्कीमो	ग्रीनलैंड, कनाडा
मसाई	पूर्वी अफ्रीका
बोरो	ब्राजील
सेमांग	मलेशिया
जूलू	नेटाल (दक्षिण अफ्रीका)
खिरगीज	मध्य एशिया
रेड इंडियन	उ॰ अमेरिका
पिग्मीज	कांगो बेसिन
नीग्रो	मध्य एशिया
याइ	टुण्ड्रा प्रदेश

विश्व की प्रमुख भौगोलिक खोजें

1. **क्रिस्टोफर कोलम्बस**—प॰ द्वीप समूह (1492), द॰ अमेरिका (1498 ई॰)
2. **जॉन कैवेट**—न्यूफाउण्डलैण्ड (1497 ई॰)
3. **कोपरनिकस**—सौरमंडल (1540 ई॰)
4. **केपलर**—ग्रहों की गति नियम (1600 ई॰)
5. **मैगलन**—विश्व का भ्रमण, अटलांटिक के दक्षिण से प्रशांत महासागर की खोज (1519 ई॰)
6. **वास्को-डि-गामा**—केप ऑफ गुड होप होकर भारत आगमन (1498 ई॰)
7. **कैप्टन कुक**—हवाई द्वीप समूह (1770 ई॰)
8. **फ्रिड्टजौफ नानसेन**—ग्रीनलैंड एवं उत्तरी ध्रुव का पहाड़ी भाग (1888 ई॰)
9. **आर. एमण्डसन**—दक्षिणी ध्रुव पर पहुँचने वाला प्रथम व्यक्ति (1911 ई॰)
10. **रॉबर्ट पियरे**—उत्तरी ध्रुव की खोज (1909 ई॰)

विश्व के प्रसिद्ध स्थान

1. झुकी हुई मीनार : पीसा (इटली)
2. मर्डेका पैलेस : जकार्ता (इण्डोनेशिया)
3. रेड स्क्वायर, क्रेमलिन : मास्को
4. स्फिंक्स, पिरामिड : मिस्र
5. पोर्सलिन टावर : नानकिंग (चीन)
6. लोवर, एफिल टावर : पेरिस (फ्रांस)
7. पोटाला : ल्हासा (तिब्बत)
8. श्वेत डेगेन पैगोडा : यंगून
9. ओपेरा हाउस : सिडनी
10. ब्राडवे स्ट्रीट, स्टेच्यू ऑफ लिबर्टी, एंपायर स्टेट बिल्डिंग : न्यूयार्क (सं. रा. अमेरिका)
11. अल अक्सा, वेलिंग वाल, टेंपल माउंट : जेरूसलम (इजरायल)

विश्व के प्रमुख भौगोलिक उपनाम

उपनाम	देश/स्थान
एण्टीलीज का मोती	क्यूबा
गगनचुम्बी इमारतों का नगर	न्यूयॉर्क (सं.रा.अमेरिका)
एटरनल सिटी (होली सिटी)	रोम
क्वेकर सिटी	फिलाडेल्फिया
चीन का शोक	ह्वांगहो नदी (पीली नदी)
निरंतर-बाही झरनों का शहर	क्विटो (इक्वेडोर)
शुगर बाऊल ऑफ द वर्ल्ड	क्यूबा
सात पहाड़ियों का नगर	रोम (इटली)
पर्ल ऑफ दी ऑरियण्ट	सिंगापुर
गार्डन सिटी	शिकागो
पूर्व का मोती	श्रीलंका
लैंड ऑफ मॉर्निंग काम	कोरिया
लैंड ऑफ थाउजेण्ड लेक्स	फिनलैंड
भूमध्यसागर का द्वार	जिब्राल्टर
लैंड ऑफ दी थाउजैंड एलीफैन्ट्स	लाओस
स्वर्णिम पैगोडा का देश	म्यांमार
सिटी ऑफ गोल्डन गेट	सैन फ्रांसिस्को
क्वीन ऑफ एड्रियाटिक	वेनिस (इटली)
पिलर्स ऑफ हरक्यूलिस	स्ट्रेट ऑफ जिब्राल्टर
श्वेत शहर	बेलग्रेड
पूर्व का मैनचेस्टर	ओसाका (जापान)
लिली का देश	कनाडा
होली लैंड	जेरूसलम (इजरायल)
सूर्योदय का देश	जापान
कॉकपिट ऑफ यूरोप	बेल्जियम

उपनाम	देश/स्थान
आंसुओं का प्रवेश द्वार	बाब-अल-मंडब जलडमरूमध्य
लैंड ऑफ मिडनाइट सन	नार्वे
अरब सागर की रानी	कोच्चि (भारत)
लैंड ऑफ ह्वाइट एलीफैंट्स	थाइलैंड
दक्षिण का ब्रिटेन	न्यूजीलैंड
वेनिस ऑफ द वर्ल्ड	स्टॉकहोम (स्वीडन)
स्मारकों की नगरी	वियना (ऑस्ट्रिया)
पवनचक्कियों की भूमि	नीदरलैण्ड
आइलैंड ऑफ क्लोव्ज	जंजीवार (तंजानिया)
नील नदी का देश	मिस्र
एमराल्ड द्वीप	आयरलैंड
लैंड ऑफ थंडरवोल्ट	भूटान
मोतियों का द्वीप	बहरीन

नदियों के तट पर बसे विश्व के प्रमुख नगर

नगर	नदी
लन्दन (इंग्लैंड)	टेम्स
कैन्टन (चीन)	सीक्यांग
मास्को (रूस)	मस्कोवा
न्यूयार्क (सं.रा.अ.)	हडसन
बर्लिन (जर्मनी)	स्प्री
बेलग्रेड	डेन्यूब
पेरिस (फ्रांस)	सीन
बुडापेस्ट (हंगरी)	डेन्यूब
पर्थ (ऑस्ट्रेलिया)	स्वान
वाशिंगटन	पोटोमेक
बगदाद (इराक)	टाइग्रिस
वियाना (ऑस्ट्रिया)	डेन्यूब
आस्वान (मिस्र)	नील
टोकियो (जापान)	अराकावा
सेंट लुईस (अमेरिका)	मिसिसिपी
शंघाई (चीन)	यांग्टिसीक्यांग
रोम (इटली)	टाइबर
यंगून (म्यांमार)	इरावदी
प्राग	वितावा
ओटावा (कनाडा)	सेंट लारेंस
सिडनी (ऑस्ट्रेलिया)	डार्लिंग
मैड्रिड (स्पेन)	मैजेनसेस
लिस्बन	टेगस
लिस्बन (पुर्तगाल)	टेगस
अंकारा (तुर्किए)	किजिल
लाहौर (पाकिस्तान)	रावी
मॉण्ट्रियल (कनाडा)	सेंट लारेंस
कराची (पाकिस्तान)	सिंधु
बोन (जर्मनी)	राइन
डबलिन (आयरलैंड)	लीफें
काहिरा (मिस्र)	नील
दिल्ली (भारत)	यमुना
ब्यूनस आयर्स (अर्जेंटीना)	लाप्लाटा
शिकागो (सं.रा.अ.)	शिकागो
लिवरपुल (इंग्लैंड)	मर्सी
ब्रिस्टल (इंग्लैंड)	एवन्
बसरा (इराक)	दजला एवं फरात
कीव (यूक्रेन)	नीपर

विश्व के प्रमुख घास के मैदान

घास के मैदान	सम्बन्धित देश/क्षेत्र
पम्पास	अर्जेन्टीना
प्रेयरी	अमेरिका
वेल्ड	दक्षिण अफ्रीका
डाउन्स	ऑस्ट्रेलिया
केन्टरबरी	न्यूजीलैण्ड
स्टेपी	सेंट्रल एशिया और ईस्टर्न यूरोप, रूस, यूक्रेन, चीन, उज्बेकिस्तान, तुर्कमेनिस्तान

प्रमुख देशों में स्थानान्तरित कृषि

कृषि	देश
चेन्ना	श्रीलंका
कैगिन	फिलीपीन्स
लैडान	इण्डोनेशिया एवं मलेशिया
रोका	ब्राजील
तमाराई	थाइलैण्ड
कोनुको	वेनेजुएला

✧✧✧✧✧

संयुक्त राष्ट्र संघ

स्थापना	:	24 अक्टूबर, 1945
संस्थापक सदस्य	:	50
मुख्यालय	:	न्यूयार्क
वर्तमान सदस्य संख्या	:	193 (इस संगठन का सदस्य बनने वाला अन्तिम देश दक्षिण सूडान है)।
ध्वज	:	ध्वज की पृष्ठभूमि हल्की नीली है और उस पर श्वेत रंग से राष्ट्र संघ का प्रतीक बना हुआ है।
कार्यकारी भाषाएँ	:	अंग्रेजी तथा फ्रेंच
अन्य मान्यता प्राप्त भाषाएँ	:	रशियन, अरबी, स्पेनिश तथा चीनी।

संयुक्त राष्ट्र संघ के लक्ष्य और उद्देश्य

संयुक्त राष्ट्र के कार्यों को तीन भागों में विभाजित किया जा सकता है, यथा–सुरक्षा, कल्याण और मानव अधिकार। संयुक्त राष्ट्र संघ के सदस्य-राष्ट्रों से चार कर्त्तव्यों के पालन की अपेक्षा की जाती है कि–(क) वे अपने विवादों को शांतिपूर्वक ढंग से निपटायेंगे, (ख) वे सैन्यबल का प्रयोग नहीं करेंगे, (ग) घोषणा-पत्र के पालन में सहायता करेंगे और (घ) आक्रामक की सहायता नहीं करेंगे। संयुक्त राष्ट्र संघ–जाति, भाषा, लिंग और धर्म का विचार किए बिना सब मनुष्यों के मानवीय अधिकारों को मान्यता देता है।

संयुक्त राष्ट्र संघ के प्रमुख अंग

प्रमुख अंग 6 हैं–**1.** साधारण महासभा, **2.** सुरक्षा परिषद्, **3.** आर्थिक व सामाजिक परिषद्, **4.** अंतर्राष्ट्रीय न्यायालय, **5.** प्रन्यास परिषद्, **6.** सचिवालय

प्रमुख अंतर्राष्ट्रीय संगठनों के मुख्यालय और स्थापना वर्ष

अंतर्राष्ट्रीय संगठन	मुख्यालय	स्थापना वर्ष
संयुक्त राष्ट्र संघ (UNO)	न्यूयार्क	1945
अंतर्राष्ट्रीय मुद्रा कोष (IMF)	वाशिंगटन डी.सी.	1945
विश्व स्वास्थ्य संगठन (WHO)	जेनेवा	1948
खाद्य एवं कृषि संगठन (FAO)	रोम	1945
अंतर्राष्ट्रीय श्रम संगठन (ILO)	जेनेवा	1919
यूनेस्को (UNESCO)	पेरिस	1946
अंतर्राष्ट्रीय न्यायालय	हेग	1945
विश्व डाक संघ (UPU)	बर्न	1874
अंतर्राष्ट्रीय नागरिक उड्डयन संगठन (ICAO)	मांट्रियल	1947

अंतर्राष्ट्रीय संगठन	मुख्यालय	स्थापना वर्ष
सं॰ रा॰ औद्यो॰ विकास संगठन (UNIDO)	वियना	1966
अंतर्राष्ट्रीय परमाणु ऊर्जा अभिकरण (IAEA)	वियना	1957
अंतर्राष्ट्रीय वित्त निगम (IFC)	वाशिंगटन डी.सी.	1956
सं॰ रा॰ विकास कार्यक्रम (UNDP)	न्यूयॉर्क	1965
यूनिसेफ (UNICEF)	न्यूयॉर्क	1946
अंतर्राष्ट्रीय समुद्री संगठन (IMO)	लंदन	1948
विश्व मौसम विज्ञान संगठन (WMO)	जेनेवा	1950
अंतर्राष्ट्रीय दूर संचार संघ (ITU)	जेनेवा	1865
अरब लीग	काहिरा	1945
राष्ट्रमंडल (Commonwealth)	लंदन	1931
विश्व व्यापार संगठन (WTO)	जेनेवा	1995
अंतर्राष्ट्रीय विकास संघ (IDA)	वाशिंगटन डी.सी.	1960
अंतर्राष्ट्रीय पुनर्निर्माण एवं विकास बैंक (विश्व बैंक) (IBRD)	वाशिंगटन डी.सी.	1944
विश्व बौद्धिक संपदा संगठन (WIPO)	जेनेवा	1967
मुस्लिम राष्ट्रों का संघ (OIC)	जेद्दा	1969
यूरोपियन संघ	ब्रुसेल्स	(1958 में स्थापित EEC का परिवर्तित रूप)
रेडक्रास	जेनेवा	1863
इंटरपोल (INTERPOL)	लियोन	1923
एशियाई विकास बैंक (ADB)	मनीला	1966
उत्तरी अटलांटिक संधि संगठन (NATO)	ब्रुसेल्स	1949
आसियान (ASEAN)	जकार्ता	1967
BRICS बैंक	शंघाई	2014
संयुक्त राष्ट्र व्यापार एवं विकास सम्मेलन (UNCTAD)	जेनेवा	1964
जी-15	जेनेवा	1989
दक्षेस (SAARC)	काठमांडू	1985

✧✧✧✧✧

भारत का भूगोल

प्रसिद्ध पर्वत शिखर

पर्वत शिखर	समुद्र तल से ऊंचाई (मीटर में)
1. K-2	8,611 पाकिस्तान के कब्जे में
2. कंचनजंगा	8,598
3. नंगा पर्वत	8,126
4. गशेर ब्रुम	8,068 पाकिस्तान के कब्जे में
5. ब्रॉड पीक	8,047 पाकिस्तान के कब्जे में
6. डिस्तगिल सर	7,885 पाकिस्तान के कब्जे में
7. माशेर ब्रुम (पूर्वी)	7,821
8. नंदा देवी	7,817
9. माशेर ब्रुम (पश्चिम)	7,806 पाकिस्तान के कब्जे में
10. राकापोशी	7,788 पाकिस्तान के कब्जे में

भारत के प्रमुख दर्रे

दर्रे	राज्य/केन्द्रशासित प्रदेश
काराकोरम	लद्दाख
माना	उत्तराखण्ड
जोजिला	लद्दाख
नीति	उत्तराखण्ड
पीरपंजाल	जम्मू-कश्मीर
नाथूला	सिक्किम
बनिहाल	जम्मू-कश्मीर
जैलेप्ला	सिक्किम
बुर्जिल	जम्मू-कश्मीर
बोम्डिला	अरुणाचल प्रदेश
शिपकी	हिमाचल प्रदेश
यांग्याप	अरुणाचल प्रदेश
रोहतांग	हिमाचल प्रदेश
दिफू	अरुणाचल प्रदेश
बड़ालाचा	हिमाचल प्रदेश
तुजु	मणिपुर
लिपुलेख	उत्तराखण्ड

पश्चिमी घाट के दर्रे

दर्रा	ऊं. (मी.)	स्थिति
थालघाट	580	नासिक एवं मुम्बई के बीच का संपर्क मार्ग
भोरघाट	520	मुम्बई एवं पुणे के बीच का संपर्क मार्ग
पालघाट	530	कोयंबटूर एवं कोचीन के बीच का संपर्क मार्ग
सिनकोट	280	तिरुवनंतपुरम एवं मदुरै के बीच का संपर्क मार्ग

प्रमुख जल–अन्तराल

नाम	अवस्थिति
8° चैनल	मालदीव व मिनीकॉय के मध्य
9° चैनल	लक्षद्वीप व मिनीकॉय के मध्य
10° चैनल	छोटा अंडमान व कारनिकोबार के मध्य
ग्रैण्ड चैनल	सुमात्रा (इंडोनेशिया) व निकोबार के मध्य
पाक स्ट्रेट	तमिलनाडु व श्रीलंका के मध्य
डुंकन पास	दक्षिण अंडमान व लघु अंडमान के मध्य
पाक खाड़ी	तमिलनाडु व श्रीलंका के मध्य
कोको स्ट्रेट	काको द्वीप (म्यांमार) व उ. अंडमान के मध्य
मन्नार खाड़ी	द.पू. तमिलनाडु व श्रीलंका के मध्य
लक्षद्वीप सागर	लक्षद्वीप व मालाबार तट के मध्य

भारत की महत्वपूर्ण झीलें

झीलें	राज्य/केन्द्रशासित प्रदेश
चिल्का	ओडिशा
कोलेरू, पुलीकट	आन्ध्र प्रदेश
लोकटक	मणिपुर
सुकना	चण्डीगढ़
लोनार	महाराष्ट्र
निजाम सागर	तेलगाना
उमियम झील	मेघालय
नैनीताल, भीमताल	उत्तराखंड
वुलर, डल	जम्मू-कश्मीर
पुल्ह झील	उत्तर प्रदेश
अष्टमुदी	केरल
परशुराम कुण्ड	अरुणाचल प्रदेश
पोगांग शो	लद्दाख

भारत की प्रमुख नदियाँ

नदी	उद्गम	मुहाना	लम्बाई (किमी.)	विशेष तथ्य
सिन्धु	मानसरोवर झील (तिब्बत)	अरब सागर	3100 (भारत में 1114)	सतलज, रावी, व्यास, झेलम इसकी सहायक नदियाँ हैं। लद्दाख में यह नदी गिलगित गॉर्ज का निर्माण करती है।
सतलज	राक्षसताल	चिनाब	1450 (भारत में 1050)	भाखड़ा, नांगल व नाथपा झांकरी बाँध।
गंगा	गंगोत्री के पास गोमुख से	बंगाल की खाड़ी	2525	देव प्रयाग में भागीरथी अलकनंदा से मिलती है और संयुक्त धारा का नाम गंगा हो जाता है। फरक्का बाँध एवं भागीरथी पर टिहरी बाँध।
यमुना	यमुनोत्री के पास बंदरपूंछ से	गंगा	1376	चम्बल, बेतवा, केन सहायक नदियाँ हैं।
चम्बल	महूँ (जानपाव पहाड़ी)	यमुना	1050	गाँधीनगर, राणासागर तथा जवाहर सागर बाँध स्थित है।
गण्डक	धौलाधार पर्वत	गंगा	300	त्रिवेणी के पास बाँध
सोन	अमरकंटक पहाड़ी	गंगा	784	बाणसागर व रिहन्द बाँध
ब्रह्मपुत्र	मानसरोवर झील (तिब्बत)	बंगाल की खाड़ी	2900 (भारत में 916)	ब्रह्मपुत्र नदी अरुणाचल प्रदेश में दिहांग, तिब्बत में शांग-पो और बांग्लादेश में 'जमुना' के नाम से प्रसिद्ध।
नर्मदा	अमरकंटक	अरब सागर	1290	इंदिरा सागर, महेश्वर, सरदार सरोवर बाँध। डेल्टा के बजाए एश्चुअरी बनाती है।
ताप्ती	मुलताई (बैतूल)	खम्भात की खाड़ी	720	काकरापार व ऊकाई बाँध / यह नदी डेल्टा के बजाए एश्चुअरी बनाती है।
महानदी	सिहावा के समीप	बंगाल की खाड़ी	890	हीराकुड, तिरकपाड़ा बाँध स्थित है, डेल्टा बनाती है।
कृष्णा	पश्चिमी घाट की पहाड़ी (महाबलेश्वर के पास)	बंगाल की खाड़ी	1290	शैलम तथा नागार्जुन सागर बाँध स्थित है। डेल्टा बनाती है।
गोदावरी	त्रयम्बक गाँव की पहाड़ी	बंगाल की खाड़ी	1450	दक्षिण की गंगा कहा जाता है। एनीकट बाँध स्थित है। डेल्टा बनाती है।
कावेरी	ब्रह्मगिरि की पहाड़ी	बंगाल की खाड़ी	760	शिवसमुद्रम जल प्रपात स्थित है। डेल्टा बनाती है।
तुंगभद्रा	कर्नाटक के पश्चिमी घाट	कृष्णा	331	कुमुदवती, वर्धा, मगारी आदि सहायक नदियाँ हैं।
माही	विन्ध्याचल पर्वत	खम्भात की खाड़ी	533	वनकवोरी बाँध।

भारत के महत्वपूर्ण जल प्रपात

जल प्रपात	ऊँचाई (मी.)	नदी	राज्य
कुंचिकल	455	वरही	कर्नाटक
दूधसागर	310	मांडवी	गोवा
गरसोप्पा	260	शरावती	कर्नाटक
येन्ना	183	नर्मदा	मध्य प्रदेश
रकीमकुण्ड	168	गायघाट	बिहार
केवटी	98	महाना	मध्य प्रदेश

नदियों के किनारे बसे प्रमुख नगर

नगर	नदी	नगर	नदी
दिल्ली	यमुना	गुवाहाटी	ब्रह्मपुत्र
आगरा	यमुना	जबलपुर	नर्मदा
बद्रीनाथ	अलकनंदा	कोटा	चम्बल
प्रयागराज	गंगा, यमुना	कटक	महानदी
हरिद्वार	गंगा	नासिक	गोदावरी
कानपुर	गंगा	श्रीरंगपट्टनम	कावेरी
पटना	गंगा	जौनपुर	गोमती
श्रीनगर	झेलम	हैदराबाद	मूसी
अयोध्या	सरयु	मथुरा	यमुना
सूरत	ताप्ती	जमशेदपुर	स्वर्णरेखा
कोलकाता	हुगली	भागलपुर	गंगा
लखनऊ	गोमती	वाराणसी	गंगा
उज्जैन	क्षिप्रा		

प्रमुख बहुउद्देशीय नदी घाटी परियोजनाएँ

परियोजना का नाम	नदी	लाभान्वित राज्य
दामोदर घाटी परियोजना	दामोदर	झारखंड, पश्चिम बंगाल
टिहरी बाँध परियोजना	भागीरथी	उत्तराखंड
नागार्जुन सागर परियोजना	कृष्णा	आन्ध्र प्रदेश, तेलंगाना
कोसी परियोजना	कोसी	बिहार तथा नेपाल
हीराकुड बाँध परियोजना	महानदी	ओडिशा
व्यास परियोजना	व्यास	राजस्थान, पंजाब, हरियाणा, हिमाचल प्रदेश
चम्बल परियोजना	चम्बल	राजस्थान, मध्य प्रदेश
मयूराक्षी परियोजना	मयूराक्षी	पश्चिम बंगाल
तुंगभद्रा परियोजना	तुंगभद्रा	आन्ध्र प्रदेश, कर्नाटक
गण्डक परियोजना	गण्डक	बिहार, नेपाल
फरक्का परियोजना	गंगा, भागीरथी	पश्चिम बंगाल
काकरापारा परियोजना	ताप्ती	गुजरात
नागपुर शक्तिगृह परियोजना	कोराडी	महाराष्ट्र
इन्दिरा गाँधी नहर परियोजना	सतलज	राजस्थान, पंजाब तथा हरियाणा
रिहन्द परियोजना	रिहन्द	उत्तर प्रदेश
महानदी डेल्टा परियोजना	महानदी	ओडिशा
कुण्डा परियोजना	कुण्डा	तमिलनाडु
इडुक्की परियोजना	पेरियार	केरल
कोयना परियोजना	कोयना	महाराष्ट्र
सतलज परियोजना	चिनाब	जम्मू-कश्मीर
रंजीत सागर बाँध परियोजना	रावी	पंजाब
नाथपा-झाकरी परियोजना	सतलज	हिमाचल प्रदेश
शरावती परियोजना	शरावती	कर्नाटक
नर्मदा सागर परियोजना	नर्मदा	मध्य प्रदेश, गुजरात
जवाहर सागर परियोजना	चम्बल	राजस्थान
तुलबुल परियोजना	झेलम	जम्मू कश्मीर
सरदार सरोवर परियोजना	नर्मदा	गुजरात, मध्य प्रदेश, महाराष्ट्र एवं राजस्थान
दुलहस्ती परियोजना	चिनाब	जम्मू-कश्मीर
तिलैया परियोजना	बराकर	झारखंड

कृषि क्रांतियाँ

क्रांति	क्षेत्र
हरित क्रांति	खाद्यान्न उत्पादन
लाल क्रांति	टमाटर उत्पादन
श्वेत क्रांति	दुग्ध उत्पादन
गोल क्रांति	आलू उत्पादन
भूरी क्रांति	उर्वरक उत्पादन
रजत क्रांति	अंडा उत्पादन
नीली क्रांति	मत्स्य उत्पादन
सुनहरी क्रांति	बागवानी उत्पादन
पीली क्रांति	तिलहन उत्पादन
गुलाबी क्रांति	झींगा उत्पादन

राष्ट्रीय उद्यान और अभयारण्य

मार्च 2025 तक हमारे देश में 106 राष्ट्रीय उद्यान और 573 वन्यजीव अभयारण्य हैं। कुछ महत्त्वपूर्ण अभयारण्यों और उद्यानों के नाम नीचे दिए गए हैं।

- कान्हा राष्ट्रीय उद्यान (म.प्र.)
- शिवपुरी राष्ट्रीय उद्यान (म.प्र.)
- जलदापाड़ा अभयारण्य (प. बंगाल)
- काजीरंगा अभयारण्य (असम)
- मानस अभयारण्य (असम)
- हजारीबाग राष्ट्रीय उद्यान (झारखंड)
- पलामू राष्ट्रीय उद्यान (झारखंड)
- डालमा वन्य जीव अभयारण्य (झारखंड)
- सेमलीपाल राष्ट्रीय पार्क (ओडिशा)
- वनकटना वन्य जीव अभयारण्य (उ.प्र.)
- भरतपुर वन्य जीव अभयारण्य (राजस्थान)
- डर्राह वन्य जीव अभयारण्य (राजस्थान)
- कॉर्बेट राष्ट्रीय उद्यान (उत्तराखंड)
- चन्द्रप्रभा अभयारण्य (उ.प्र.)
- डाचीगाम अभयारण्य (जम्मू-कश्मीर)
- दुधवा राष्ट्रीय उद्यान (उ.प्र.)
- नन्दा देवी कस्तूरी मृग वन (उत्तराखंड)
- माउंट आबू वन्य जीव अभयारण्य (राजस्थान)
- रणथम्भौर वन्य जीव अभयारण्य (राजस्थान)
- सरिस्का क्रीड़ा अभयारण्य (राजस्थान)
- रंगथिट्टू पक्षी अभयारण्य (कर्नाटक)
- बांदीपुर अभयारण्य (कर्नाटक)
- डंडेली अभयारण्य (कर्नाटक)
- महावीर अभयारण्य (गोवा-कर्नाटक सीमा)
- पेरियार अभयारण्य (केरल)
- वेदान्त-गाल पक्षी अभयारण्य (तमिलनाडु)
- गिरि वन (गुजरात)
- बोरीवल्ली राष्ट्रीय उद्यान (महाराष्ट्र)
- मोलेम क्रीड़ा अभयारण्य (गोवा)
- कोट्टीगांव क्रीड़ा अभयारण्य (गोवा)
- नागजीरा वन्य जीव अभयारण्य (महाराष्ट्र)
- वान्धवगढ़ राष्ट्रीय उद्यान (मध्य प्रदेश)
- घाट प्रभा पक्षी अभयारण्य (कर्नाटक)
- खगचन्दजेन्दा राष्ट्रीय उद्यान (सिक्किम)
- पेंच राष्ट्रीय उद्यान (महाराष्ट्र)
- रोहिया राष्ट्रीय उद्यान (हिमाचल प्रदेश)
- सुल्तानपुर सरोवर पक्षी अभयारण्य (हरियाणा)
- तोदोवा राष्ट्रीय उद्यान (महाराष्ट्र)
- मुदमलाई अभयारण्य (तमिलनाडु)
- नगर होल अभयारण्य (कर्नाटक)
- नाल सरोवर पक्षी अभयारण्य (गुजरात)
- बोंडला क्रीड़ा अभयारण्य (गोवा)
- तनसा झील वन्य जीव अभयारण्य (महाराष्ट्र)
- बनारघट्टा राष्ट्रीय उद्यान (कर्नाटक)
- ईराविकुलम राजमल्ली राष्ट्रीय उद्यान (केरल)

भारत के प्रसिद्ध पर्वतीय स्थल

स्थान	राज्य/केन्द्रशासित प्रदेश
अल्मोड़ा	उत्तराखंड
माउण्ट आबू	राजस्थान
चेरापूंजी	मेघालय
मसूरी	उत्तराखंड
कोडईकनाल	तमिलनाडु
नैनीताल	उत्तराखंड
डलहौजी	हिमाचल प्रदेश
ऊटकमंड	तमिलनाडु
दार्जिलिंग	पश्चिम बंगाल
पंचमढ़ी	मध्य प्रदेश
गुलमर्ग	जम्मू और कश्मीर
रानीखेत	उत्तराखंड
कसौली	हिमाचल प्रदेश
शिलांग	मेघालय
महाबलेश्वर	महाराष्ट्र
शिमला	हिमाचल प्रदेश

◇◇◇◇◇

रक्षा

भारत की रक्षा सेनाओं का सर्वोच्च कमाण्डर भारत का राष्ट्रपति होता है। भारत की सशस्त्र सेनाओं में तीन मुख्य सेवाएं हैं–थल सेना, नौ सेना और वायु सेना। तीनों सेनाओं के प्रमुख क्रमशः थल सेनाध्यक्ष, नौ सेनाध्यक्ष और वायु सेनाध्यक्ष होते हैं।

सेना में कमीशंड पद (Commissioned Ranks)

थल सेना

1. जनरल
2. लेफ्टिनेंट जनरल
3. मेजर जनरल
4. ब्रिगेडियर
5. कर्नल
6. लेफ्टिनेंट कर्नल
7. मेजर
8. कैप्टन
9. लेफ्टिनेंट

वायु सेना

1. एयर चीफ मार्शल
2. एयर मार्शल
3. एयर वाइस मार्शल
4. एयर कॉमोडोर
5. ग्रुप कैप्टन
6. विंग कमाण्डर
7. स्क्वाड्रन लीडर
8. फ्लाइट लेफ्टिनेंट
9. फ्लाइंग ऑफिसर

नौ सेना

1. एडमिरल
2. वाइस एडमिरल
3. रियर एडमिरल
4. कॉमोडोर
5. कैप्टन
6. कमाण्डर
7. लेफ्टिनेंट कमाण्डर
8. लेफ्टिनेंट
9. सब लेफ्टिनेंट

थल सेना कमाण्ड :

कमाण्ड	मुख्यालय
पश्चिमी कमाण्ड	चांडी मंदिर (चंडीगढ़)
पूर्वी कमाण्ड	कोलकाता
उत्तरी कमाण्ड	ऊधमपुर
दक्षिणी कमाण्ड	पुणे
मध्य कमाण्ड	लखनऊ
द.प. कमाण्ड	जयपुर
ट्रेनिंग कमाण्ड	शिमला

जल सेना कमाण्ड :

कमाण्ड	मुख्यालय
पूर्वी कमाण्ड	विशाखापट्टनम
दक्षिणी कमाण्ड	कोच्चि
पश्चिमी कमाण्ड	मुम्बई

वायु सेना कमाण्ड :

कमाण्ड	मुख्यालय
पूर्वी कमाण्ड	शिलांग
पश्चिमी कमाण्ड	नई दिल्ली
केन्द्रीय कमाण्ड	प्रयागराज
दक्षिणी कमाण्ड	तिरुअनंतपुरम
द.-प. कमाण्ड	गांधीनगर
ट्रेनिंग कमाण्ड	बेंगलुरु
मेन्टेनेन्स कमाण्ड	नागपुर

थल सेना प्रशिक्षण संस्थान :

कमाण्ड	मुख्यालय
नेशनल डिफेन्स एकेडमी (NDA)	खड़कवासला
नेशनल डिफेन्स कॉलिज	नई दिल्ली
इंडियन मिलिट्री एकेडमी (IMA)	देहरादून
डिफेन्स सर्विस स्टाफ कॉलिज	विलिंग्टन
इन्फेनटरी स्कूल	महू
आर्म्ड सेण्टर	अहमदनगर
आर्टीलरी स्कूल	देवलाली

वायु सेना प्रशिक्षण संस्थान :

कमाण्ड	मुख्यालय
एयर फोर्स एडमिनिस्ट्रेटिव कॉलिज	कोयम्बटूर
एयर फोर्स एकेडमी	हैदराबाद
पैराटूपर ट्रेनिंग स्कूल	आगरा
एयर फोर्स टेक्निकल कॉलिज	जलाहली (बेंगलुरु)
एलीमेन्ट्री फ्लाइंग स्कूल	बिदर

नौ सेना प्रशिक्षण संस्थान :

कमाण्ड	मुख्यालय
आइ.एन.एस. चिल्का	भुवनेश्वर
आइ.एन., बेन्दुरथी	कोच्चि
आइ.एन.एस. तसिरकार्स	विशाखापट्टनम
इण्डियन नेवल एकेडमी	कोच्चि
आइ.एन.एस. शिवाजी	लोनावाला

आंतरिक सुरक्षा के संगठन

संगठन	स्थापना वर्ष	मुख्यालय
असम राइफल्स	1835	शिलांग
केन्द्रीय रिजर्व पुलिस बल	1939	नई दिल्ली
भारत-तिब्बत सीमा पुलिस	1962	नई दिल्ली
सीमा सुरक्षा बल (BSF)	1965	नई दिल्ली
केन्द्रीय औद्योगिक सुरक्षा बल	1969	नई दिल्ली
तट रक्षक बल	1978	नई दिल्ली
राष्ट्रीय सुरक्षा गार्ड	1984	नई दिल्ली

रक्षा स्टाफ प्रमुख (सीडीएस)

देश में उच्चतर रक्षा प्रबंधन में सुधार लाने के लिए सेवा प्रमुख समतुल्य वेतन और अतिरिक्त सुविधाओं वाले रक्षा स्टाफ प्रमुख (सीडीएस) का पद गठित किया गया है जो फोर स्टार वाले जनरल रैंक का है। रक्षा स्टाफ प्रमुख (चीफ ऑफ डिफेंस स्टाफ) रक्षा मंत्रालय में बनाये गए सैन्य मामलों के विभाग (डीएमए) के भी मुखिया हैं और इसके सचिव के रूप में कार्य करते हैं। जनरल विपिन रावत ने 1 जनवरी, 2020 से 08 दिसम्बर, 2021 तक देश के प्रथम सीडीएस के रूप में कार्य किया। जनरल अनिल चौहान ने 30 सितम्बर, 2022 से देश के दूसरे सीडीएस के रूप में पदभार संभाला।

◇◇◇◇◇

कला एवं साहित्य

भारत के प्रमुख चित्रकार एवं उनकी कृतियां

अवनीन्द्र नाथ टैगोर	शाहजहाँ का ताज को देखना, बुद्ध और सुजाता, कमल के पत्ते पर अश्रुकण, वन साम्राज्ञी, औरंगजेब का बुढ़ापा, भारतमाता आदि।
गगनेन्द्र नाथ टैगोर	माँ से विदा लेते चैतन्य, कल्कि अवतार आदि।
राजा रवि वर्मा	दुष्यन्त को प्रेम-पत्र लिखती शकुन्तला, नायर लेडी, शकुन्तला वियोग आदि।
नन्द लाल बोस	उमा की तपस्या, घायल बकरी को ले जाते भगवान बुद्ध, कृष्णार्जुन, उड़ीसा की एक दुकान, प्रणाम, बसन्त, गोपिनी आदि।
के॰ वेंकटप्पा	हनुमान द्वारा लंका दहन, स्वर्ण मृग, राम और मृग तृष्णा आदि।
जॉर्ज कीट	कृष्ण जन्म, कर्ण जन्म, यम मार्कण्डेय, निराभरण गोपियाँ आदि।
भवेश चन्द्र सन्याल	आश्रयहीन लड़की, गोल मार्केट के भिखारी आदि।
मनीषी डे	नारी-शृंगार, पनघट की ओर, बंगाली शरणार्थी।
अमृता शेरगिल	एलिफेन्ट्स बाथिंग इन ग्रीन पुल, हिल साईड, भारतीय लड़कियाँ आदि।
नारायण श्रीधर बेन्द्रे	स्टेशन पर यात्री, बुद्ध पूजा आदि।
देवी प्रसाद राय चौधरी	लेपचा कुमारी, भौटिया आदि।
शोभा सिंह	हीर-रांझा
सतीश गुजराल	काला चांद

संगीत

भारत में चार प्रकार के संगीत-साज मिलते हैं—तंतु या तार वाले, समीर या वायु वाले, अवनाद अथवा थाप से संचालित होने वाले और घन जिसमें घंटियाँ, मंजीरे, घड़ियाल आदि शामिल हैं। तंतु या तार वाले सामान्य साज हैं जैसे—वीणा, सितार, सारंगी, सरोद, दिलरुबा, इसराज, एकतारा, तानपुरा और मयूरी। वायु संचालित साज हैं शहनाई, बाँसुरी, नादस्वरम, निनकिर्नस और पोंगी। थाप अथवा संघात से संचालित होने वाले साज हैं: तबला, मृदंग, ढोलक, पखावज, घटाम तथा कंजीरा-मंजीरा। करतल, जल तरंग आदि अन्य भारतीय साज हैं। गायन के क्षेत्र में विष्णु नारायण भातखण्डे, बेगम अख्तर, बड़े गुलाम अली, हीराबाई बरोडकर, भीमसेन जोशी, केसरभाई केलकर, ओंकारनाथ ठाकुर, सिद्धेश्वरी देवी, त्यागराज, विष्णु दिगंबर पलुसकर, पंकज मलिक, एम.एस. सुब्बालक्ष्मी, पंडित जसराज, गंगूभाई हंगल, मल्लिकार्जुन मंसूर, डागर बंधु, डी.के. जयरामन, के.जे. यशुदास, गुलाम मुस्तफा खान, कुमार गंधर्व, के.एल. वसंधा कुमारी, किशोरी अमोनकर, गिरिजा देवी, वी.के. नारायण स्वामी दीक्षित, तानसेन, श्यामा शास्त्री, स्वाति तिरूनल आदि साजपरक संगीत के कुछ दिग्गज कलाकार रहे हैं।

साजपरक संगीत के कुछ दिग्गज कलाकार निम्न हैंः–

बाँसुरी—हरि प्रसाद चौरसिया, पन्नालाल घोष, टी.आर. महालिंगम, एन. रमानी, विजय राघव राव, रघुनाथ सेठ, राजेन्द्र कुलकर्णी

जंजीरा—वी. नागराजन

घटाम—टी.एच. विनायाकरम

गिटार—पंडित विष्णु मोहन भट्ट, मोहन भट्ट, बृजभूषण कालरा, श्रीकृष्ण नलिन

हारमोनियम—पुरुषोत्तम वालावाकर, एम. धौलपुरी

मृदंग—पालघात आर. रघु, यू.एस. वर्मन

पखावज—गोविन्द राव, अनोखे लाल, कंठी महाराज

रूद्रवीणा—जिया मोहिउद्दीन डागर, असद अली खान

संतूर—शिव कुमार शर्मा, तरुण भट्टाचार्य

सितार—पंडित रविशंकर, बिलायत खान, देबू चौधरी, अब्दुल हलीम, जफर खान

सरोद—अली अकबर खान, अमजद अली खान, अलाउद्दीन खान, सरेन रानी, बज नारायण, मुकेश शर्मा, चंदन राय

शहनाई—बिस्मिल्ला खान, सुरबहार इमरत खान, दयाशंकर जगन्नाथ

वायलिन—लालगुडी जयारमण, एल. सुब्रह्मण्यम, एम.एस. गोपालकृष्णन, एस. सुब्रह्मण्यम, वी.जी. जोग, एन. राजन

तबला—अल्लारखा खां, गुदई महाराज, जाकिर हुसैन, लतीफ खाँ, किशन महाराज आदि।

नृत्य

- **भरतनाट्यम :** इस नृत्य शैली का ताल्लुक तमिलनाडु से है। यह कर्नाटक संगीत के साथ किया जाने वाला एकांतिक नृत्य है। अपने शुद्ध रूप में यह नृत्य शरीर की विभिन्न हलचलों, कोणों व घुमाव के जरिए लय-ताल का एक बेहतरीन नमूना पेश करता है।
- **ओडिसी :** इसकी उत्पत्ति ओडिशा में हुई है। यह नृत्य भरतनाट्यम के समानांतर है। 'गीत-गोविन्द' नामक काव्य की संरचना इस नृत्य शैली के काव्य तथा संगीत घटकों पर हावी रही है।
- **मणिपुरी :** यह मणिपुर का लयबद्ध नृत्य है। यह राधा-कृष्ण और गोपियों की अवधारणा के इर्द-गिर्द संकेद्रित रही है। नगाड़ों और मंजीरों पर बजने वाले कई प्रकार के ताल इस नृत्य के साथ-साथ चलते हैं।
- **कत्थक :** यह उत्तरी भारत का एक विशिष्ट शहरी नृत्य है। पूर्व में इसे दरबारों से जुड़ी नृत्य परंपरा के रूप में लिया जाता था। इस नृत्य के दौरान गायन चलता रहता है, मृदंग बजते रहते हैं तथा एक और कलाकार साज बजाता रहता है। कलाकारों का यह समूह सुर-ताल का आकर्षक नजारा पेश करता है।
- **कथकली :** यह केरल की शास्त्रीय नृत्य नाटिका है। अपने स्वरूप में यह नृत्य वर्णात्मक होने के बजाय नाट्यरूप में होता है। यह नृत्य महाकाव्यों के मिथकीय घटनाओं पर आधारित होता है जिसे अतिनाटकीय अंदाज में प्रस्तुत किया जाता है। नाटकीय कथा आँखों और भौहों के संचालन से, हाथों की भाव-भंगिमाओं से तथा शरीर के विशिष्ट संचालन से आगे बढ़ती है।
- **कुचिपुड़ी :** इस नृत्य का अभ्युदय आंध्र प्रदेश में हुआ माना जाता है। पारंपरिक रूप से यह नृत्य-नाटिका मंदिरों से संबद्ध रही है।

विभिन्न राज्यों के कुछ महत्वपूर्ण लोक-नृत्य :

- **महाराष्ट्र :** तमाशा, दही हण्डी, गोफ, दीपक, डिंडी
- **गुजरात :** गरबा, रासलीला, तिप्पनी, डांडिया
- **ओडिशा :** छऊ, माया शवरी, दलचाई
- **राजस्थान :** घूमर, कठपुतली, तेरा ताली
- **मध्य प्रदेश/छत्तीसगढ़ :** लोटा नृत्य, जवारा
- **हिमाचल प्रदेश :** दशहरा नृत्य, हिकत, नेतियो
- **पंजाब :** गिद्धा, भांगड़ा, पणिहारी
- **उत्तर प्रदेश/उत्तराखंड :** रासलीला, नौटंकी, थाली, धुरंग, झुमेला, हुड़का बोल, कजरी
- **नगालैण्ड :** बांस नृत्य, केदोहोह
- **असम :** बिहू, केली गोपाल, सतरिया
- **पश्चिम बंगाल :** कीर्तन, कालत्री, असुरबध, वृता, काली नाच
- **बिहार/झारखंड :** छऊ, मगही, दुर्गा नृत्य
- **तमिलनाडु :** तेरुकलथु, कबलतम, कर्गम, पुली वेशम
- **केरल :** मोहिनी अट्टम, पदायुनी
- **कर्नाटक :** यक्षगान, कुजीता, कोडवास
- **जम्मू-कश्मीर/लद्दाख :** दुम्हल, हिकत, चाकरी
- **त्रिपुरा :** हजागिरि
- **आंध्र प्रदेश/तेलंगाना :** डंडारिया, बंजारा, घण्टा मरदाला
- **गोवा :** गोडे मोदनी, ढकनी
- **मेघालय :** नोंगकरेम, बांग्ला
- **मणिपुर :** ढोल चोलम, बसंत रस
- **हरियाणा :** धमचाल, लहूर, भांगड़ा, गिद्दा
- **झारखंड :** सरहुल, सोहराई

शास्त्रीय नृत्य के कुछ प्रख्यात कलाकार :

- **भरतनाट्यम :** यामिनी कृष्णमूर्ति, रुक्मिणी देवी अरुण्डेल, स्वप्न सुन्दरी, सोनल मानसिंह, वैजयंती माला, मृणालिनी साराभाई, चंद्रलेखा, इंद्राणी, राम गोपाल, बाल सरस्वती
- **कथकली :** गोपीनाथ, के.के. नायर, कुंजुकुरुप, टी.के. चंदू, शांताराव, उदयशंकर
- **कुचिपुड़ी :** स्वप्न सुंदरी, राजा रेड्डी, राधा रेड्डी, शोभा नायर, वेदांतम सत्यनारायण, विम्पत्ति चिन्ना सत्यम
- **कत्थक :** बिरजू महाराज, गोपीकृष्ण, शंभू महाराज, सितारा देवी, उमा शर्मा, दुर्गा लाल, शोभना नारायण
- **मणिपुरी :** उदय शंकर, दरोहरा झावेरी, चैतम्बि सिंह, बिपिन सिंह, सूर्यमुखी
- **ओडिसी :** केलुचरण महापात्र, इंद्राणी रहमान, माधवी मुद्गल, प्रोतिमा बेदी, संयुक्ता पाणिग्रही, सोनल मानसिंह, देवू दास, प्रियवंदा मोहन्ती, मिनाती दास

✧✧✧✧✧

महत्वपूर्ण दिवस

दिवस	महत्व
9 जनवरी	प्रवासी दिवस
15 जनवरी	थल सेना दिवस
25 जनवरी	भारतीय पर्यटन दिवस
26 जनवरी	भारतीय गणतंत्र दिवस
30 जनवरी	शहीद दिवस, विश्व कुष्ठ निवारण दिवस (महात्मा गाँधी की पुण्य तिथि)
1 फरवरी	तटरक्षक दिवस, डाक जीवन बीमा दिवस
4 फरवरी	विश्व कैंसर दिवस
20 फरवरी	विश्व सामाजिक न्याय दिवस
21 फरवरी	विश्व मातृभाषा दिवस
22 फरवरी	पल्स पोलियो दिवस
28 फरवरी	राष्ट्रीय विज्ञान दिवस (रमन प्रभाव की स्मृति में)
8 मार्च	अन्तर्राष्ट्रीय महिला दिवस
15 मार्च	विश्व उपभोक्ता अधिकार दिवस, विश्व विकलांगता दिवस
21 मार्च	विश्व वानिकी दिवस, विश्व रंगभेद उन्मूलन दिवस
22 मार्च	विश्व जल दिवस
23 मार्च	शहीद दिवस, विश्व मौसम विज्ञान दिवस
24 मार्च	विश्व तपेदिक दिवस
7 अप्रैल	विश्व स्वास्थ्य दिवस
18 अप्रैल	विश्व विरासत दिवस
22 अप्रैल	विश्व पृथ्वी दिवस
1 मई	मई दिवस (अन्तर्राष्ट्रीय श्रम दिवस)
8 मई	विश्व रेडक्रॉस दिवस
9 मई	अन्तर्राष्ट्रीय थैलीसीमिया दिवस
11 मई	राष्ट्रीय प्रौद्योगिकी दिवस
24 मई	कॉमनवेल्थ दिवस
31 मई	धूम्रपान विरोध दिवस
1 जून	अन्तर्राष्ट्रीय बाल दिवस
5 जून	विश्व पर्यावरण दिवस
14 जून	वर्ल्ड ब्लड डोनर डे
20 जून	शरणार्थी दिवस
21 जून	विश्व योग दिवस
11 जुलाई	विश्व जनसंख्या दिवस
6 अगस्त	विश्व शांति दिवस, हिरोशिमा दिवस
10 अगस्त	अंतर्राष्ट्रीय युवा दिवस
29 अगस्त	राष्ट्रीय खेल दिवस
5 सितम्बर	शिक्षक दिवस
8 सितम्बर	विश्व साक्षरता दिवस
14 सितम्बर	हिन्दी दिवस
16 सितम्बर	विश्व ओजोन दिवस
21 सितम्बर	अन्तर्राष्ट्रीय शांति दिवस
27 सितम्बर	विश्व पर्यटन दिवस
2 अक्टूबर	गाँधी जयन्ती / अन्तर्राष्ट्रीय अहिंसा दिवस
3 अक्टूबर	विश्व पर्यावास दिवस
5 अक्टूबर	विश्व आवास दिवस
9 अक्टूबर	विश्व डाक़ दिवस
16 अक्टूबर	विश्व खाद्य दिवस
17 अक्टूबर	विश्व गरीबी उन्मूलन दिवस
20 अक्टूबर	राष्ट्रीय एकता दिवस, विश्व सांख्यिकी दिवस
14 नवम्बर	विश्व मधुमेह दिवस
19 नवम्बर	अन्तर्राष्ट्रीय नागरिक दिवस
26 नवम्बर	विश्व पर्यावरण संरक्षण दिवस
1 दिसम्बर	विश्व एड्स दिवस
10 दिसम्बर	अन्तर्राष्ट्रीय मानवाधिकार दिवस
18 दिसम्बर	अन्तर्राष्ट्रीय प्रवास दिवस
29 दिसम्बर	विश्व जैव विविधता दिवस

खेल जगत

खेलों से जुड़ी शब्दावली

- **एथलेटिक्सः** ऐली, स्प्रॉम, बैटन, बेंड, ब्लाइंड पास, बॉक्स, सर्किल, क्लियरेंस, क्रासबार, हीट्स, फाल्स स्टार्ट, फ्लॉप स्टाइल, फाउल, हर्डलेस, लेन, लैप, डेकाथलॉन, हैप्टेथलॉन, मैराथन, पेंटाथलोन, स्क्रैच, शॉट पुट, स्प्रिंट, स्टार्टिंग ब्लॉक स्टेपल चेज, स्ट्रॅडल, टाई, जोन।
- **बैडमिंटनः** एश, एली, बैक हैण्ड, ब्लाक, कैरी, चैकिंग द स्मैस, कोर्ट, क्रास कोर्ट, डबल हिट, ड्राप शाट, फाल्ट, फोरहैण्ड, फ्रेम, गेम प्वाइंट, किल, लोब, लव, नेट, रैकेट, रैली, सर्व, शार्ट सर्व, शटल (बर्ड भी कहते हैं) साइड आउट, अंडर हैंड।
- **बेसबॉलः** आर्म थ्रोअर, एराउंड द हार्न, बल्क, बाल, बाल हॉक, बेस ओपन बेस रनर, बैट, बैटर, कैचर, काक्ड आर्म, क्रास फायर, डाउनर, होम, हाट कार्नर, इनफील्ड फ्लाई, की स्टोन सैक, लेट अप, पेग, पिंच हिटर, पॉपी, पंच, रबर, इनअप, सिंकर, स्लाइडर, थ्री फुट लाइन।
- **बास्केट बॉलः** बैक डोर, बैंग बोर्ड, बैंक शाट, बाउंस पास, चार्ज, चेस्ट पास, कार्नर प्लेयर, कट, डेड बॉल, डबल फाउल, ड्रिबल, फेक, फील्ड गोल, फाउल, फ्री थ्रो, गोल, हेल्ड बॉल, जम्प बॉल, पायवोट, रिवाइंड, रिस्ट्रेनिंग सर्कल, टी, टैक्नीकल फाउल, थ्रो इन।
- **बिलियर्डस एंड स्नूकरः** एंगल, राउण्ड द टेबल, बल्क, बॉल, ब्रेक, ब्रिज, केनन, क्यू बॉल, कॉप, फॉलो, हजार्ड, पाकेट, पॉट, पिरामिड, रेडबॉल, रेस्ट्स, रन, सेट अप, शार्ट स्विंग, टेबल।
- **बॉक्सिंगः** स्प्रॉन, अटैक, ब्लैक पेडल, बैक हैंड पंच, ब्लाकिंग, बोली, बाउट, बट, चॉप, कम्बीनेशन, कट, डाइव, एलबोइंग, फर्स्ट ब्लड, फ्लोर, फुल काउंट, ग्लोब्स, हीलिंग, होल्डिंग, हुक, जब, माउथपीस, पंच, रिंग, स्कोरिंग, सेकेण्ड, स्पॉट, वार्निंग।
- **क्रिकेटः** ऑल राउण्डर, ऐशेज, बैकफुट, बेल्स, बॉल, बैट, बैटिंग, बैट्समैन, बीमर, बाउंसर, बाउण्ड्री, बॉलर, बॉलिंग क्रीज, बाई, कॉट एण्ड बोल्ड, कॉल, कैच, कॉट बिहाइंड, सेंचुरी, क्लीन बोल्ड, कवर प्वाइंट, क्रास बैट, कट, कटर, डेड बॉल, एक्स्ट्राज, फास्ट मीडियम, फॉलोआन, फ्रंट फुट, फुलटॉस, ग्लास, गुगली, गार्ड, गिल्ली, हाफ वॉली, हैट्रिक, हिट विकेट, हुक, इनस्वींगर, लेटकट, लेग ब्रेक, लेग साइड, मेडन, मिड ऑफ, मिड ऑन, मिड विकेट, नाइट वाचमैन, प्वाइंट, ओपनर, ओवर, ओवर थ्रो, ओवर द विकेट, पिच, पुल-राउण्ड द विकेट, स्क्वायर कट, स्क्वायर लेग, स्वीप, टॉस, अम्पायर, विकेट कीपर, यार्कर।
- **गोल्फः** एश, एड्रेस, एयर शॉट, एप्रोन, अवे, बॉल मार्क, ब्रिडी, बोगी, बाई, चिप, क्लब, कप, ड्राइव, ईगल, फ्लफ्फ, हाल्वड्, हैण्डीकैप, हजार्ड, होल, ऑनर, हुक, जिग्गर, लाई, पार, पिन, पुट, रन, स्लाइस, स्टांस, स्विंग, टी, वेज।
- **हॉकीः** बैकपास, बुली, कैरिंग द बॉल, सेंटर फारवर्ड, चार्जिंग, कार्नर, डी, डिफेंडर, ड्रिवलिंग, फ्लिक, फारवर्ड, फाउल, फ्रीहिट, फुल बैक्स, गोल, हाब्स, हिट, हुकिंग, इंटरसेप्टिंग, लांग कार्नर, शार्ट पेनल्टी स्ट्रोक, पुश, रिवर्स स्टिक, स्कूप, सिक्सटीन यार्ड हिट, स्टिक, स्ट्राइकिंग सर्कल, टैकलिंग, थ्रू पास, ट्रैपिंग, ट्वेन्टी फाइव यार्ड लाइन, अंडरकटिंग।
- **सॉकरः** बाईसाईकिल किक, बाड़ी सर्व, बाक्स या पेनल्टी एरिया, कैरिंग, चेस्टिंग, क्लीयरिंग, कार्नर किक, कार्नर फ्लैग, क्रास, क्रास ओवर, डी, डायरेक्ट फ्री किक, डाइव, डबल फाउल, ड्रिवल, ड्राप वॉल, एक्स्ट्रा टाइम, फिनिशिंग, फ्लैंक, फाउल, गोल किक, गोल पोस्ट, गोल्स, हॉफ वॉली, हैट्रिक, हैडिंग, इनडायरेक्ट फ्री किक, इंटरसेप्सन, किक ऑफ, लाइंस मैन, लिंक मैन, लोब, मार्किंग, न्यूटमैग, ऑफ साइड, पास, पेनल्टी स्पॉट, रिवर्स पास, सीजर्स किक, शैडो मार्किंग, साइड लाइंस, स्ट्राइकर, स्वीपर, टेंकल, थ्रोइन, ड्रिपिंग, विंगर, येलो कार्ड।
- **स्क्वैशः** एंगल, बोर्ड कोर्ट, कट लाइन, ड्राइव, फुट फाउल्ट, हॉफ कोर्ट लाइन, हैमर, हैंड इन, किल, निक, पेनल्टी प्वाइंट, रैली, सर्विस बाक्स, सेट, शार्ट लाइन, वॉली, वेल्स।
- **स्वीमिंगः** बैकस्ट्रोक, बटरफ्लाई, ब्रेस्ट स्ट्रोक, कैसल, क्राउल, फाल्स स्टार्ट, फ्री स्टाइल, किकिंग, लेग, मेडले रिले, पुल, टच।

- **टेबल टेनिस:** एश, बैकहैण्ड, शॉट, ब्लेड, ब्लॉक शॉट, ड्यूस, ड्राप शॉट, गेम, ग्रिप, रैली, सर्विस, स्मैश, टॉप स्पिन, रिवर्स सेंटर लाइन।
- **टेनिस:** एश, एडवांटेज, बैक कोर्ट, बैक हैण्ड, बॉल ब्वाय या बॉल गर्ल, ब्रेक, बाई, सेंट्रल लाइन, चिप, चाप, कोर्ट, डेड, ड्यूस, डबल फाल्ट, डाउन द लाइन, ड्राप शॉट, ड्राप वॉली, इरर, फेस या रैकेट, फाउल्ट, फोर कोर्ट, फ्रेम, गेम, गेम प्वाइंट, ग्राउंड स्ट्रोक, लेट, लाइन बॉल, लोब, लव, मैच प्वाइंट, नेट, नेट बॉल, ओवर हैड, स्मैश, पासिंग शॉट, रैली रिटायर, रिटर्न, सर्व, सर्विस, सेट, सेटप्वाइंट, शार्ट बाल, स्मैश, स्ट्रोक, टॉस, अंडरहैंड, वॉली।
- **वॉलीबॉल:** एश, एड ऑन, बैकलाइन, ब्लॉक, बॉडी फाउल, कैरिंग द बॉल, चेस्टपास, कवर, क्रास कोर्ट शाट, ड्यूस, डिग, डबल हिट, फुट फाउल्ट, गेम प्वाइंट, किल, हेल्ड, बॉल, मल्टीपल टचेज, नेट, ओवर नेट, प्वांइट, पावर सर्व, सर्व, सेट, साइड आउट, स्मैश, स्पाइकर टाइम आउट।

खेल के मैदान की माप

- **बैडमिंटन कोर्ट** : 20 फीट × 44 फीट (युगल); 17 फीट × 44 फीट (एकल)
- **बेसबॉल** : डायगोनल बेस में से निकटतम आधार के बीच की दूरी 90 फीट और 127 फीट 3⅜ इंच होती है। पिचर के सर्किल और बॉलर के बीच 60½ फीट की दूरी होती है।
- **बास्केटबॉल कोर्ट** : 85 फीट × 46 फीट।
- **बिलियर्ड्स टेबल** : 12 फीट × 6 फीट 1½ इंच।
- **बॉक्सिंग रिंग** : 20 फीट वर्ग।
- **क्रिकेट** : दोनों विकेट 22 गज की दूरी पर होते हैं। बॉल का व्यास लगभग 9 से.मी. और वजन 5½ से 5¾ ओंस होता है।
- **हैंडबॉल कोर्ट** : 126 से 147 फीट लम्बा और 60 से 73 फीट चौड़ा।
- **हॉकी का मैदान** : 100 गज × 55 गज।
- **रग्बी मैदान** : यह मैदान अंडाकार होता है जिसकी अधिकतम लम्बाई 150 से 200 गज और अधिकतम चौड़ाई 120 से 170 गज होती है।
- **रोविंग** : एकल नौका चालन हेतु नौका की लम्बाई 27 फीट और युगल के लिए 34 फीट होती है। कॉक्स्ड जोड़ा 35 फीट, काक्सलेस फोर 44 फीट, कॉक्स्ड फोर 45 फीट और कॉक्स्ड एट 62 फीट होता है।
- **फुटबॉल मैदान** : 100 से 130 गज लम्बा और 50 से 100 गज चौड़ा।
- **स्क्वैश कोर्ट** : 32 फीट × 21 फीट, कट लाइन 6 फीट का और टिन 19 इंच का होता है।
- **स्वीमिंग पुल** : 50 मीटर लम्बा।
- **टेबल टेनिस** : टेबल 9 फीट × 5 फीट का होता है तथा नेट की ऊंचाई 6 इंच होती है।
- **टेनिस कोर्ट** : एकल के लिए 78 फीट × 27 फीट और युगल के लिए 78 फीट × 36 फीट।
- **वालीबॉल कोर्ट** : 18 मीटर × 9 मीटर।
- **मैराथन दौड़** : 26 मील 385 गज।

ओलंपिक

प्राचीन काल में अपने नागरिकों को स्वस्थ एवं फिट बनाए रखने के लिए यूनानवासी प्रतियोगी खेल स्पर्द्धाओं का आयोजन करते थे। जौस देवता के सम्मान में प्रथम ओलम्पिक खेलों का आयोजन ओलम्पस माउंट में ईसा पूर्व 776 में किया गया था। इसके बाद 394 ईस्वी जबकि यूनानी सभ्यता का पतन हो गया, प्रत्येक 4 वर्षों के अंतराल के बाद ओलम्पिक खेलों का आयोजन किया जाता रहा। आधुनिक समय में फ्रांस के धनकुबेर पियरे डी कुबर्टिन ने आधुनिक खेलों को पुनर्जीवित किया। प्रथम आधुनिक ओलम्पिक खेल का आयोजन 1896 में एथेंस (यूनान) में किया गया। इसके बाद से विश्व युद्धों को छोड़कर प्रत्येक 4 वर्ष के अंतराल पर ओलम्पिक खेलों का आयोजन होता रहा है। ओलम्पिक खेलों का ध्वज श्वेत रंग का है जिस पर 5 रंगीन छल्ले बने हैं। प्रत्येक रिंग एक महादेश का प्रतिनिधित्व करता है। एक ही वर्ष में ग्रीष्मकालीन और शीतकालीन ओलंपिक खेलों का आयोजन किया जाता है।

एशियाई खेल

द्वितीय विश्व युद्ध के पश्चात् अनेकों एशियाई देशों ने स्वतंत्रता प्राप्त की। ओलंपिक खेलों की तर्ज पर प्रत्येक चार वर्षों बाद एशियाई खेलों के आयोजन की योजना बनायी गई। भारत ने 1951 में नई दिल्ली में प्रथम एशियाई खेलों का आयोजन किया।

राष्ट्रमंडल खेल

राष्ट्रमंडल खेल भी प्रत्येक चार वर्ष बाद आयोजित किए जाते हैं उसी वर्ष में जिसमें एशियाई खेल आयोजित होते हैं। सभी राष्ट्रमंडल देश (ब्रिटेन के पूर्व उपनिवेश) इसमें भाग ले सकते हैं। प्रथम राष्ट्रमंडल खेल 1930 में हैमिल्टन (कनाडा) में आयोजित हुआ जिसे ''ब्रिटिश अम्पायर गेम'' के नाम से जाना गया। 1954 में इनका नाम बदलकर ''ब्रिटिश अम्पायर एण्ड कॉमनवेल्थ गेम्स'' कर दिया गया। 1970 में एक बार फिर इनका नाम परिवर्तन कर 'ब्रिटिश कॉमनवेल्थ गेम्स' किया गया। वर्ष 1978 से इन्हें कामनवेल्थ गेम्स अथवा राष्ट्रमंडल खेलों के नाम से जाना जा रहा है।

प्रमुख खेल एवं उससे संबंधित जानकारी

क्रिकेट : क्रिकेट खेल का जन्मदाता इंग्लैंड को माना जाता है। दुनिया का पहला क्रिकेट क्लब हैम्बल्डन में 1760 के दशक में बना और मेरिलबॉन क्रिकेट क्लब (MCC) 1787 में।

हॉकी : हॉकी का पहला संगठित क्लब 1861 में स्थापित 'ब्लैकहीथ एबी एण्ड क्लब' (इंग्लैंड) है। हॉकी की सर्वोच्च संस्था 'फेडरेशन इंटरनेशल दि हॉकी' (एफ. आई. एच.) है, जिसकी स्थापना 1884 ई. में की गयी थी। हॉकी का पहला अन्तर्राष्ट्रीय मैच 26 जून, 1895 को राइल में वेल्स एवं आयरलैंड के बीच खेला गया। ओलम्पिक में सर्वाधिक आठ बार हॉकी का खिताब भारत ने जीता है।

फुटबॉल : फुटबॉल का जन्म इंग्लैंड में हुआ। 1857 ई. में इंग्लैंड में विश्व का पहला फुटबॉल क्लब 'शेफील्ड फुटबॉल क्लब' का गठन हुआ। भारत में फुटबॉल अंग्रेजों के द्वारा लाया गया और भारत का पहला फुटबॉल क्लब 'डलहौजी क्लब' था।

टेबल टेनिस : इस खेल का जन्मदाता इंग्लैंड है। 'इंटरनेशनल टेबल टेनिस एसोसिएशन' की स्थापना 1926 ई. में की गयी थी। टेबल टेनिस विश्व चैम्पियनशिप का मैच पहली बार 1927 ई. में हुआ।

लॉन टेनिस : आधुनिक संदर्भ में इस खेल का विकास इंग्लैंड में हुआ। टेनिस की सर्वोच्च संस्था इंटरनेशनल टेनिस फेडरेशन (I.T.F.) की स्थापना 1913 ई. में पेरिस में की गई।

बास्केटबॉल : इस खेल का आविष्कार जेम्स स्मिथ ने सन् 1891 में अमेरिका में किया। इसके अन्तर्राष्ट्रीय संघ की स्थापना सन् 1932 में फेडरेशन इंटरनेशनल डे बास्केटबॉल एसोसिएशन (FIBA) के नाम से हुई। भारत में प्रथम बास्केटबॉल खेल सन् 1930 में खेला गया। इसका पहला विश्व चैम्पियन मैच 1950 ई. में आयोजित हुआ।

बैडमिंटन : आधुनिक बैडमिंटन का विकास संभवत: इंग्लैंड में हुआ था। इसकी सर्वोच्च संस्था इंटरनेशनल बैडमिंटन फेडरेशन की स्थापना 1934 में की गयी थी। विश्व बैडमिंटन चैम्पियनशिप की शुरुआत 1977 ई. में हुई थी।

पोलो : आमतौर से यह माना जाता है कि पोलो का जन्म फारस में हुआ था। फारस में 525 ई.पू. में 'पुलु' के नाम से यह खेल खेला जाता था। कुछ लोगों का मानना है कि पोलो का जन्म भारत के मणिपुर में हुआ।

एथलेटिक्स : पहला ओलंपिक जो ई.पू. 8वीं सदी में हुआ था उसमें यह एक मात्र खेल था। ई.पू. 8वीं शताब्दी में होमर द्वारा लिखित इलियड में पैदल दौड़ का वर्णन मिलता है। एथलेटिक्स इंग्लैंड में ईसा बाद 12वीं सदी में प्रारंभ हुई।

कुश्ती : ई.पू. 708 में यूनानियों ने अपने ओलंपिक में कुश्ती को शामिल कर लिया था। कुल मिलाकर कुश्ती के 50 प्रकार हैं। ओलंपिक में ग्रीको रोमन और फ्री स्टाइल कुश्ती आर्मेचर होती है।

शतरंज : सामान्यत: ऐसा माना जाता है कि भारत में यह खेल ईसा बाद 7वीं सदी में शुरू हुआ।

गोल्फ : आधुनिक गोल्फ का खेल सर्वप्रथम स्कॉटलैंड में शुरू हुआ। आधुनिक गोल्फ में पुरुषों के ग्रैंड स्लैम में चार टूर्नामेंट होते हैं। मास्टर ओपन, यूनाइटेड स्टेट्स ओपन, ब्रिटिश ओपन और प्रोफेशनल गोल्फर्स एसोसिएशन ऑफ अमेरिका (पी.जी.ए.) चैम्पियनशिप।

वाटर पोलो : यह खेल सन् 1860 ई. में इंग्लैंड में शुरू हुआ। इस खेल को शुरू करने का श्रेय मुख्यत: ग्लासगो के विलियम विल्सन को जाता है।

बेसबॉल : यह खेल 19वीं सदी के मध्य में अमेरिका में विकसित हुआ। ऐसा माना जाता है कि इसकी खोज अबनेर डबलडे ने सन् 1839 ई. में की। इस खेल के नियमों को एलेक्जेंडर कार्टराइट ने लिखा।

तैराकी : द फेडरेशन इंटरनेशनल डी नेशनल एमैच्योर (FINA) तैराकी एवं अन्य सभी गैर-पेशेवर जल-क्रीड़ाओं को संचालित करती है।

स्पोर्ट्स से जुड़े प्रमुख खिलाड़ी

- **एथलेटिक्स :** कार्ल लुईस, मौरिस ग्रीन, माइकल जानसन, लिंडफोर्ड क्रिस्टी, जैकी जायनर, मेरियन जोंस, बेन जानसन, कैल्विन स्मिथ, जेसी ओवंस, सर्गेई बुबका, सेबेस्टियन को, मिल्खा सिंह, पीटी उषा, उसैन बोल्ट, ज्योतिर्मय सिकदर।
- **बॉक्सिंग :** कैसियस क्ले (मोहम्मद अली), जो फ्रेजर, माइक टायसन, लैरी टोलम्स, फैंक ब्रूनो, हेनरी कूपर, आर्ची मूर, इवांडर होलीफील्ड, विजेंद्र कुमार, एम.सी. मैरीकॉम।
- **बैडमिंटन :** प्रकाश पादुकोण, सैय्यद मोदी, दिनेश खन्ना, जेमी पोलसन, नंदू नाटेकर, लिम स्वीकिंग, सायना नेहवाल।
- **बिलियर्ड :** गीत सेठी, माइकल फरेरा, पंकज आडवाणी।
- **शतरंज :** बोरिस स्पॉस्की, गैरी कास्परोव, अंतोली कार्पोव, विक्टर कोरकोनी, विश्वनाथन आनंद, कोनेरू हम्पी, प्रवीण थिप्से, रोहिणी खादिलकर, सूर्य शेखर गांगुली, गुकेश डी.।
- **क्रिकेट :** सुनील गावस्कर, बिशन सिंह बेदी, कपिल देव, मुहम्मद अजहरुद्दीन, सचिन तेंदुलकर, जी.आर. विश्वनाथ, लाला अमरनाथ, अजित वाडेकर, वी एस चंद्रशेखर, ईएएस प्रसन्ना, एस. वेंकटराघवन, डान ब्रैडमेन, रिचर्ड हैडली, गैरी सोबर्स, इयान बाथम, विवियन रिचर्डस, क्लाइव लायड, इमरान खान, ज्योफ बायकाट, टोनी ग्रेग, वसीम अकरम, हनीफ मोहम्मद, रिची बेनो, माल्कम मार्शल, माइकल होल्डिंग, ग्रेग चैपल, जावेद मियांदाद, विजय मांजरेकर, फैंकवारेल, बिल लॉरी, क्लाइब राइस, विराट कोहली, मार्क टेलर, जीएल गारनर, अर्जुन राणातुंगा, अरविन्द डीसिल्वा, सौरव गांगुली, विनोद कांबली, नयन मोंगिया, अजित अगरकर, जैक कालिस, इयान हिली, जान ट्राइकास, क्रेग मैकडरमोट, ब्रायन मैकलिमन, डब्ल्यू आर हैमंड, सनत जयसूर्या, ब्रायन लारा, एंडी फ्लावर, बी.वी.एस. लक्ष्मण, राहुल द्रविड़, डेनियल विटोरी, वीरेन्द्र सहवाग, एम. एस. धोनी, युवराज सिंह, रिकी पोन्टिंग।
- **हॉकी :** ध्यान चंद, अशोक कुमार, अजित सिंह, परगट सिंह, प्रीतपाल सिंह, जफर इकबाल, शंकर लक्ष्मण, चारू चार्ल्सवर्थ, बलबीर सिंह, टेरी वाल्स, किशनलाल, धनराज पिल्लै।
- **फुटबॉल :** पेले, डियागो माराडोना, फ्रेंज बेकनबोर, सोक्रेट्स, रूड गुलिट, गैरी लिनेकर, कोरेका, पी सी बनर्जी, अरुणलाल घोष, युनी गोस्वामी, इंदर सिंह, डावर सूकर, रोनाल्डो, रिवाल्डो, डिसचैम्पस, ओलिवर कॉन, लुईस फिगो, वाइचुंग भूटिया।
- **टेनिस (लान) :** ब्योन बोर्ग, जिमी कानर्स, जान मैकनरो, इवान लेंडल, पीट सम्प्रास, मार्टिना नवरातिलोवा, स्टेफी ग्राफ, स्टीफन एडवर्ग, आंद्रे अगासी, माइकल चांग, रमेश कृष्णन, बोरिस बेकर, लिएण्डर पेस, महेश भूपति, विजय अमृतराज, आनंद अमृतराज, जयदीप मुखर्जी, राड लीवर, राय इमर्सन, नरेश कुमार, प्रेमजीत लाल, मार्टिना हिंगिस, मेरी पियर्स, सेरेना विलियम्स, वीनस विलियम्स, सानिया मिर्जा, सोमदेव वर्मन, रोजर फेडरर, राफेल नडाल, मारिया शरापोवा।
- **गोल्फ :** ग्रेग नारमेन, निक प्राइस, जीव मिलखा सिंह, एस. चौधरी, आर.के. पीतांबर, विक्रमजीत सिंह, अर्जुन अटवाल।
- **जिम्नास्टिक :** नादिया कोमानिय, एल लेतीनीना, वी. कस्लावस्का, ई.जेबो, डब्ल्यू. किंम, वाई मा, श्रूसोनोवा, डेनिएला सिलीवास, ए ब्रेगलिया, वी युकारिन, एन एंद्रियानोव, सर्गेई स्पिट्ज।
- **स्वीमिंग :** आरती गुप्ता, अरुण कुमार शा, वैद्यनाथ, डाउन फ्रेजर, मिहिर सेन, आरती शाहा, मार्क स्पिट्ज, माइकल फेल्प्स।
- **कुश्ती :** दारा सिंह, भीमसेन, मुख्तार सिंह, सुदेश कुमार, चांदगी राम, सुशील कुमार।
- **निशानेबाजी:** अंजली भागवत्, राज्यवर्धन सिंह राठौर, समरेश जंग, अभिनव बिंद्रा, गगन नारंग।

विश्व के प्रसिद्ध कप और ट्राफियाँ

✦ अमेरिकन कप	याच रेसिंग
✦ एशेज	क्रिकेट (इंग्लैंड बनाम आस्ट्रेलिया)
✦ कनाडा कप	गोल्फ (विश्व चैम्पियनशिप)
✦ कोलम्बो कप	सॉकर
✦ चैम्पियन ट्राफी	हाकी (पुरुष) विश्व की 6 श्रेष्ठ टीमों के मध्य
✦ डेविस कप	लान टेनिस (पुरुष)
✦ डर्बी	घोड़ा दौड़ (इंग्लैंड)
✦ इंदिरा गांधी गोल्फ कप	हॉकी (महिला) (भारत)
✦ जुलस रिमेट कप	सॉकर—विश्व कप (पुरुष)
✦ किंग्स कप	एयर रेसेज (इंग्लैंड)
✦ मर्डेका	सॉकर (पुरुष)(मलेशिया)
✦ प्रिंस ऑफ वेल्स कप	गोल्फ (इंग्लैंड)
✦ रोथमेंस कप	क्रिकेट
✦ रायडर कप	गोल्फ (इंग्लैंड)
✦ स्वेथलिंग कप	विश्व टेबल टेनिस (पुरुष)
✦ थामस कप	विश्व बैडमिंटन (पुरुष)
✦ उबेर कप	विश्व बैडमिंटन (महिला)
✦ वाकर कप	गोल्फ (इंग्लैंड)
✦ विटमैन कप	लान टेनिस (महिला)
✦ विम्बलडन कप	लान टेनिस (इंग्लैंड)

कप और ट्राफियाँ—भारत

- आगा खाँ कप — हॉकी (मुंबई)
- ऑल इंडिया महाराजा रणजीत सिंह गोल्ड कप — हॉकी
- बर्ना बेलक कप — टेबल टेनिस (पुरुष)
- बेटन कप — हॉकी (पुरुष)
- मुंबई गोल्ड कप — हॉकी
- बर्दवान ट्राफी — वेट लिफ्टिंग
- सीके नायडू ट्राफी — क्रिकेट
- डीसीएम ट्राफी — फुटबॉल
- ध्यान चंद ट्राफी — हॉकी
- डॉ. बीसी राय ट्राफी — राष्ट्रीय जूनियर फुटबॉल
- दिलीप ट्राफी — क्रिकेट
- डूरंड कप — फुटबॉल
- एजरा कप — पोलो
- आईएफए शील्ड — फुटबॉल
- ईरानी कप — क्रिकेट
- देवधर ट्राफी — क्रिकेट
- जयलक्ष्मी कप — राष्ट्रीय महिला टेबल टेनिस
- कुप्पुस्वामी नायडू ट्राफी — हॉकी
- लेडी रतन टाटा ट्राफी — हॉकी
- मौलाना आजाद ट्राफी — अंतर विश्वविद्यालय खेल
- मुरुगप्पा गोल्ड कप — हॉकी
- राष्ट्रीय लीग — फुटबॉल
- नेहरू कप — हॉकी
- ओबेदुल्ला गोल्ड कप — हॉकी
- राधामोहन कप — पोलो
- राजकुमारी चैलेंज कप — जूनियर गर्ल्स टेबल टेनिस
- रामानुजम ट्राफी — जूनियर ब्वाय टेबल टेनिस
- रंगास्वामी कप — राष्ट्रीय पुरुष हॉकी
- रणजी ट्राफी — राष्ट्रीय पुरुष क्रिकेट
- रोवर्स कप — फुटबॉल
- संतोष ट्राफी — राष्ट्रीय पुरुष फुटबॉल
- सुब्रतो कप — अंतर स्कूल फुटबॉल
- वेलिंगटन ट्राफी — नौकाचालन

प्रसिद्ध खेल मैदान एवं उनसे सम्बन्धित खेल

खेल-मैदान	खेल	स्थान
इन्द्रप्रस्थ स्टेडियम	इन्डोर गेम	दिल्ली
जवाहरलाल नेहरू स्टेडियम	एथलेटिक्स	दिल्ली
अरुण जेटली स्टेडियम	क्रिकेट	दिल्ली
अम्बेडकर स्टेडियम	फुटबॉल	दिल्ली
शिवाजी स्टेडियम	हॉकी	दिल्ली
नेशनल स्टेडियम	हॉकी	दिल्ली
वानखेडे स्टेडियम	क्रिकेट	मुम्बई
ब्रेबोर्न स्टेडियम	क्रिकेट	मुम्बई
ईडन गार्डन	क्रिकेट	कोलकाता
ग्रीन पार्क स्टेडियम	क्रिकेट	कानपुर
कीनन स्टेडियम	क्रिकेट	जमशेदपुर
नेहरू (चेपक) स्टेडियम	क्रिकेट	चेन्नई
वाराबती स्टेडियम	क्रिकेट	कटक
इप्सम	डर्बी घुड़दौड	ब्रिटेन
हेडिंग्ले मैनचेस्टर	क्रिकेट	ब्रिटेन
लार्ड्स, ओवल, लीड्स	क्रिकेट	ब्रिटेन
ब्लैक हीथ	रगबी फुटबॉल	लन्दन
विम्बलडन	लॉन टेनिस	लन्दन
वेम्बले स्टेडियम	फुटबॉल	लन्दन
ब्रुकलैण्ड	फुटबॉल	इंग्लैंड
टिबंकहम	रगबी फुटबॉल	इंग्लैंड
पटनी मार्टलेक	नौका दौड	इंग्लैंड
टेंट ब्रिज	क्रिकेट	इंग्लैंड
एण्ट्री	घुड़दौड़	इंग्लैंड
व्हाइट सिटी	कुत्तों की दौड	इंग्लैंड
हरलिघम	पोलो	इंग्लैंड
पर्थ, ब्रिस्बेन, मेलबोर्न	क्रिकेट	आस्ट्रेलिया
यांकी स्टेडियम	बॉक्सिंग	न्यूयार्क
ब्रूकलिन	बेसबॉल	न्यूयार्क
फोरस्ट हिल	टेनिस	न्यूयार्क
नरेन्द्र मोदी स्टेडियम	क्रिकेट	अहमदाबाद

✧✧✧✧✧

पुरस्कार एवं सम्मान

राष्ट्रीय पुरस्कार

- **भारत रत्न**–यह भारत का सर्वोच्च असैनिक सम्मान है। यह कला, साहित्य, विज्ञान एवं खेलकूद के क्षेत्र में अतिविशिष्ट सेवाओं तथा सार्वजनिक क्षेत्र में उत्कृष्टतम योगदान के लिए प्रदान किया जाता है। सरकारी सेवाओं में लगे व्यक्तियों को यह पुरस्कार नहीं दिया जाता है।
- **पद्म विभूषण**–यह अलंकरण सभी क्षेत्रों में उल्लेखनीय योगदान के लिए दिया जाता है। सरकारी सेवाओं में लगे व्यक्ति भी इसके पात्र माने जाते हैं।
- **पद्म भूषण**–सभी क्षेत्रों में उल्लेखनीय योगदान के लिए यह उपाधि प्रदान की जाती है। सरकारी सेवाओं में रत व्यक्ति भी इसे पाने के हकदार हैं।
- **पद्म श्री**–विविध क्षेत्रों में उत्तम कार्य करने के उपलक्ष्य में यह उपाधि प्रदान की जाती है। सरकारी सेवा में लगे लोगों को भी इस उपाधि से अलंकृत किया जा सकता है।

शौर्य पदक

- **परमवीर चक्र**–शत्रु के समक्ष दृढ़ता से वीरता-प्रदर्शन के फलस्वरूप दिया जाने वाला यह सबसे बड़ा पुरस्कार है। यह अत्यन्त वीरतापूर्ण कार्य जल, थल तथा नभ में से किसी भी सेना के कर्मचारी द्वारा किये जाने पर दिया जाता है।
- **महावीर चक्र**–यह दूसरा सर्वोच्च पदक है जो शत्रु के समक्ष अद्वितीय शौर्य प्रदर्शन के फलस्वरूप प्रदान किया जाता है। इस प्रकार का वीरतापूर्ण कार्य थल, जल एवं नभ सेनाओं में से किसी के भी द्वारा किया गया हो सकता है।
- **वीर चक्र**–यह तीसरी श्रेणी का सेना पदक है जो शत्रु के समक्ष वीरता-प्रदर्शन करने के उपलक्ष्य में प्रदान किया जाता है। यह पदक जल, थल और नभ सेना के किसी भी वर्ग के कर्मचारी को वीरतापूर्ण कार्य के लिए प्राप्त हो सकता है।
- **अशोक चक्र**–यह ऐसा पदक है जो जल, थल और नभ कहीं पर भी उत्कृष्ट वीरतापूर्ण कार्य करने अथवा आत्म-बलिदान होने के फलस्वरूप प्रदान किया जाता है। लेकिन इस प्रकार का काम शत्रु के समक्ष होना आवश्यक नहीं। गुणों के आधार पर इस पदक के तीन वर्ग हैं– प्रथम, द्वितीय तथा तृतीय। द्वितीय पदक का नाम कीर्ति चक्र तथा तृतीय पदक का नाम शौर्य चक्र है।

अन्य राष्ट्रीय पुरस्कार/सम्मान

- **ज्ञानपीठ पुरस्कार**–यह पुरस्कार सांस्कृतिक एवं साहित्यिक संस्था 'भारतीय ज्ञानपीठ' द्वारा वर्ष 1965 से प्रदान किया जाता है। प्रत्येक वर्ष यह पुरस्कार संविधान की आठवीं अनुसूची में सम्मिलित 22 भारतीय भाषाओं और अंग्रेजी में से चयनित भारतीय लेखकों को प्रदान किया जाता है। इस पुरस्कार से पुरस्कृत साहित्यकार को 21 लाख रुपए नकद, एक स्मृति चिह्न, एक प्रशस्ति-पत्र तथा वाग्देवी (सरस्वती) की प्रतिमा प्रदान की जाती है।
- **दादा साहब फाल्के पुरस्कार**–इस पुरस्कार की स्थापना भारतीय फिल्म उद्योग के संस्थापक दादा साहब फाल्के की याद में भारत सरकार के सूचना एवं प्रसारण मंत्रालय द्वारा की गई है। इस पुरस्कार की धनराशि 15 लाख रुपए है।
- **जमनालाल बजाज पुरस्कार**–यह पुरस्कार रचनात्मक सामाजिक कार्य क्षेत्र में महत्त्वपूर्ण योगदान, ग्रामीण विकास हेतु विज्ञान एवं प्रौद्योगिकी के उपयोग तथा महिलाओं एवं बच्चों के उत्थान व कल्याण कार्यों हेतु प्रदान किया जाता है। इन पुरस्कारों के तहत 10-10 लाख की पुरस्कार राशि अब प्रदान की जाती है।
- **सरस्वती सम्मान**–15 लाख रुपये का यह पुरस्कार उत्कृष्ट साहित्यिक कृति पर दिया जाता है।
- **व्यास सम्मान**–के॰ के॰ बिड़ला फाउंडेशन द्वारा स्थापित यह पुरस्कार किसी एक साहित्यिक कृति को प्रदान किया जाता है। इसके तहत एक प्रशस्ति पत्र तथा 4 लाख रुपये की धनराशि प्रदान की जाती है।
- **मेजर ध्यानचंद खेल रत्न पुरस्कार**–1992 में स्थापित यह पुरस्कार भारत सरकार द्वारा खेलों में सराहनीय प्रदर्शन करने वाले खिलाड़ियों को प्रदान किया जाता है। इसमें 25 लाख रुपये की धनराशि, एक पदक और एक प्रशस्ति पत्र प्रदान किया जाता है। पहले इस पुरस्कार का नाम राजीव गांधी खेल रत्न पुरस्कार था।

✦ **अर्जुन पुरस्कार**–1961 में स्थापित यह पुरस्कार भारत सरकार द्वारा विभिन्न खेलों में विशेष उपलब्धि प्राप्त करने वाले खिलाड़ियों को प्रदान किया जाता है। इसमें अर्जुन की काँस्य प्रतिमा, प्रशस्ति पत्र तथा 15 लाख रुपये की धनराशि और समारोह परिधान प्रदान किया जाता है।

✦ **द्रोणाचार्य पुरस्कार**–1985 में स्थापित यह पुरस्कार भारत सरकार द्वारा खेल प्रशिक्षकों द्वारा की गयी उत्कृष्ट सेवाओं के लिए प्रदान किया जाता है। यह पुरस्कार दो वर्गों आजीवन और नियमित में प्रदान किया जाता है। आजीवन वर्ग में 15 लाख रुपये तथा नियमित वर्ग में 10 लाख रुपये, गुरु द्रोणाचार्य की प्रतिमा, प्रशस्ति पत्र, तथा समारोह परिधान प्रदान किया जाता है।

अंतर्राष्ट्रीय पुरस्कार

✦ **नोबेल पुरस्कार**–इस पुरस्कार का प्रवर्तन सन् 1901 में डाइनामाइट के आविष्कारक अल्फ्रेड बर्नहर्ड नोबेल (1833-1896 ई॰) द्वारा व्यक्त की गई इच्छा के परिणामस्वरूप किया गया था। नोबेल पुरस्कार प्रति वर्ष रसायन शास्त्र, भौतिकी, साहित्य, चिकित्सा, शान्ति-प्रोत्साहन और अर्थशास्त्र (अर्थशास्त्र के लिए यह पुरस्कार 1969 से दिया जाना शुरू किया गया) के क्षेत्र में दिये जाते हैं। निम्न भारतीय अब तक इस पुरस्कार से सम्मानित किए जा चुके हैं: *(i)* डॉ॰ रवीन्द्रनाथ टैगोर (1913) उनकी कृति 'गीतांजलि' के लिए, *(ii)* डा॰ सी॰ वी॰ रमन (1930) भौतिकी के लिए, *(iii)* मदर टेरेसा (1979) शान्ति के लिए, *(iv)* प्रो॰ अमर्त्य सेन (1998) अर्थशास्त्र के लिए और *(v)* कैलाश सत्यार्थी (2014) शान्ति के लिए। इसके अलावा भारतीय मूल के चार लोगों सुब्रमण्यन चंद्रशेखर (भौतिक विज्ञान), हर गोविंद खुराना (चिकित्सा विज्ञान), वेंकटरामन रामकृष्णन (रसायन विज्ञान) और अभिजीत बनर्जी (अर्थशास्त्र) को भी यह पुरस्कार मिल चुका है।

✦ **रेमन मैग्सेसे पुरस्कार**–एशिया महाद्वीप का सबसे बड़ा पुरस्कार फिलीपीन्स के भूतपूर्व राष्ट्रपति की स्मृति में वर्ष 1957 से प्रदान किया जाता है। इसमें एक स्वर्ण पदक तथा पचास हजार डॉलर प्रदान किये जाते हैं। इसे एशिया का नोबेल पुरस्कार भी कहा जाता है।

✦ **शान्ति, निःशस्त्रीकरण व विकास के लिए इन्दिरा गांधी पुरस्कार**–1986 में स्थापित यह पुरस्कार भारत सरकार द्वारा अन्तर्राष्ट्रीय शान्ति, निरस्त्रीकरण एवं विकास के क्षेत्र में उल्लेखनीय योगदान हेतु प्रदान किया जाता है। पुरस्कार राशि 25 लाख रुपये नगद व साथ में एक स्मृति-चिन्ह दिया जाता है।

✦ **महात्मा गांधी अन्तर्राष्ट्रीय पुरस्कार**–एक करोड़ रु॰ की राशि का यह पुरस्कार भारत सरकार का सर्वोच्च असैनिक अन्तर्राष्ट्रीय पुरस्कार है जो 1995 में शुरू किया गया था। यह पुरस्कार अहिंसा के जरिए सामाजिक, आर्थिक और राजनीतिक परिवर्तन के लिए काम करने वाले व्यक्ति को दिया जाता है।

✦ **मैन बुकर पुरस्कार**–ब्रिटेन की संस्था बुकर मैकोनल कंपनी एंड पब्लिशर्स एसोसिएशन के द्वारा यह पुरस्कार 1969 में स्थापित हुआ। यह प्रतिवर्ष किसी लेखक को अंग्रेजी भाषा की उत्कृष्ट रचना हेतु प्रदान किया जाता हैं। इसकी पुरस्कार राशि 50,000 पाउण्ड है।

✦ **ऑस्कर पुरस्कार**–संयुक्त राज्य अमेरिका की 'नेशनल एकेडमी ऑफ मोशन पिक्चर आर्ट्स एण्ड साइंसेज' द्वारा फिल्म जगत का अत्यन्त प्रतिष्ठित यह पुरस्कार प्रतिवर्ष प्रदान किया जाता है।

प्रमुख देशों के सर्वोच्च सम्मान

देश	सर्वोच्च सम्मान
भारत	भारत रत्न
पाकिस्तान	निशान-ए-पाकिस्तान
कुवैत	मुबारक अल कबीर पदक
सऊदी अरब	शाह अब्दुल अजीज पदक
अर्जेन्टीना	द ऑर्डर ऑफ सॉन मार्टिन
निकारागुआ	आगस्टोसीजर सैण्डिनो ऑर्डर
हंगरी	द ऑर्डर ऑफ वैनर
वियतनाम	द ऑर्डर ऑफ द गोल्डेन स्टार
ब्रिटेन	मेम्बर ऑफ ब्रिटिश एम्पायर, विक्टोरिया क्रॉस
जापान	ऑर्डर आफ मौलोवनिश सन
डेनमार्क	आर्डर ऑफ द डैने ब्रोग
फ्रांस	लेजेण्ड ऑफ ऑनर
अमेरिका	प्रेसिडेंशियल मेडल ऑफ फ्रीडम
जर्मनी	पोर ली मैरिट आयरन क्रॉस
नीदरलैण्ड्स	नीदरलैण्ड्स लॉयन

✧✧✧✧✧

कम्प्यूटर ज्ञान

कम्प्यूटर : एक परिचय

✦ कंप्यूटर एक ऐसी इलेक्ट्रॉनिक युक्ति है जो दिए गए निर्देशन समूह के आधार पर सूचना को संसाधित करती है। इस निर्देशन समूह को प्रोग्राम कहते हैं। कंप्यूटर का हिन्दी रूपांतर 'संगणक' है।

✦ कंप्यूटर के विकास की दिशा में प्रथम प्रयास 19वीं शताब्दी में चार्ल्स बैवेज ने किया था, इसलिए उन्हें कम्प्यूटर का पितामह कहा जाता है। विश्व के प्रथम कम्प्यूटर मार्क-I का विकास वर्ष 1944 में हार्वर्ड विश्वविद्यालय में किया गया था।

✦ भारत में बना पहला कम्प्यूटर सिद्धार्थ है।

✦ कंप्यूटर में प्रयुक्त उच्चस्तरीय भाषाएं—फोरट्रॉन, कोबोल, बेसिक, अल्गोल, पास्कल, कोमाल, लोगो, प्रोलॉग तथा फोर्थ हैं। कंप्यूटर की भाषा में जानकारी को 'डाटा' और हिदायतों को 'प्रोग्राम' कहा जाता है।

कम्प्यूटर के प्रकार

✦ **माइक्रो कम्प्यूटर :** ये वस्तुतः एक ही व्यक्ति द्वारा उपयोग में लाए जाने के कारण व्यक्तिगत कम्प्यूटर (PC) कहलाते हैं।

✦ **मिनी कम्प्यूटर :** आकार तथा कार्यक्षमता की दृष्टि से ये छोटे होते हैं तथा एक बड़ी मेज पर आ सकते हैं। इन पर एक साथ बीस-तीस टर्मिनल पर कार्य किया जाता है।

✦ **मेन फ्रेम कम्प्यूटर :** ये बड़े आकार के कम्प्यूटर होते हैं जिनका डिजाइन स्टील के फ्रेम में लगाकर किया जाता है। इसकी मेमोरी उपर्युक्त दोनों से अधिक होती है।

✦ **सुपर कम्प्यूटर :** ये कम्प्यूटर बहुत अधिक शक्तिशाली होते हैं तथा जटिल संक्रियाओं को भी बहुत शीघ्र गति से करते हैं। इसकी संग्रहण क्षमता भी अधिक होती है।

कम्प्यूटर के मुख्य घटक

कंप्यूटर के मुख्य रूप से चार घटक होते हैं—

✦ **हार्डवेयर :** हार्डवेयर कम्प्यूटर के वे घटक होते हैं, जिन्हें हम देख और छू सकते हैं। हार्डवेयर के अंतर्गत सेन्ट्रल प्रोसेसिंग यूनिट (CPU), डीवीडी ड्राइव, मॉनीटर, की-बोर्ड, मॉउस, स्पीकर्स आदि आते हैं।

✦ **सॉफ्टवेयर :** सॉफ्टवेयर कंप्यूटर के उन घटकों को कहा जाता है जिन्हें हम देख और छू नहीं सकते हैं किन्तु उनकी सहायता से कंप्यूटर के द्वारा वांछित परिणाम प्राप्त कर सकते हैं। ये निर्देशों के समुच्चय होते हैं, जिनके द्वारा कंप्यूटर एक या एक से अधिक कार्यों को सम्पन्न करता है।

✦ **ऑपरेटिंग सिस्टम :** कंप्यूटर के हार्डवेयर रिसोर्सेज जैसे मेमोरी, प्रोसेसर तथा इनपुट-आउटपुट डिवाइसेस को व्यवस्थित करने के लिए बनाए गए सॉफ्टवेयर को ऑपरेटिंग सिस्टम कहते हैं।

✦ **एप्लीकेशन प्रोग्राम :** उन सॉफ्टवेयर्स को एप्लीकेशन प्रोग्राम कहा जाता है जिनकी सहायता से हम कंप्यूटर को दिए गए किसी निश्चित आदेश का पालन करवाते हैं। उदाहरण के तौर पर वर्ड प्रोसेसर्स जैसे कि एमएस ऑफिस, एकाउंटिंग सॉफ्टवेयर्स, टैली आदि।

कम्प्यूटर के मुख्य कार्य

कंप्यूटर मुख्य रूप से चार प्रकार के कार्य करता है :

(1) डाटा का संकलन तथा निवेशन
(2) डाटा का संचयन
(3) डाटा संसाधन
(4) डाटा/इन्फॉर्मेशन का निर्गमन या पुनर्निर्गमन

कम्प्यूटर के विभिन्न भाग

✦ **सीपीयू (CPU):** यह सेन्ट्रल प्रोसेसिंग यूनिट का संक्षिप्त रूप है। यह कम्प्यूटर का सबसे प्रमुख भाग है, जो कि निर्देशों का उपयोग कर संपूर्ण कंप्यूटर प्रणाली को संचालित करता है। इसे कम्प्यूटर का मस्तिष्क कहा जाता है।

✦ **रैम (RAM):** यह रैण्डम एक्सेस मेमोरी का संक्षिप्त रूप है। यह कम्प्यूटर की मेन मेमोरी का एक महत्वपूर्ण हिस्सा होता है। कम्प्यूटर में संप्रेषित सभी डाटा रैम में ही जमा होते हैं।

✦ **रोम (ROM):** यह रीड ऑनली मेमोरी का संक्षिप्त रूप है। रोम स्थायी स्मृति है, जो कम्प्यूटर के निर्माण के समय ही स्थापित कर दी जाती है। इसमें मौजूद डाटा को केवल पढ़ा जा सकता है।

✦ **मदर बोर्ड (Mother Board):** यह सर्किट बोर्ड होता है, जिसमें कम्प्यूटर के प्रत्येक भाग को जोड़ा जाता है।

✦ **सीडी रोम (CD-ROM):** सीडी रोम यानी कॉम्पैक्ट डिस्क छोटे-से आकार में होते हुए भी बहुत बड़ी मात्रा में आंकड़ों एवं चित्रों को ध्वनियों के साथ संग्रहित करने में सक्षम होता है।

✦ **कम्प्यूटर वायरस (Computer Virus):** यह एक प्रकार का इलेक्ट्रॉनिक कोड है, जिसका उपयोग कम्प्यूटर में समाहित सूचनाओं को समाप्त करने के लिए होता है। कुछ मुख्य कम्प्यूटर वायरस हैं—माइकेल एंजेलो, डार्क एवेंजर, फिलिप, सी ब्रेन, ब्लडी आदि।

इन्टरनेट

✦ दुनिया के विभिन्न स्थानों पर स्थापित टेलिफोन लाइनों अथवा उपग्रहों की सहायता से एक-दूसरे के साथ जुड़े कम्प्यूटर नेटवर्क 'इंटरनेट' कहलाते हैं।

✦ ई-मेल, ईलर्निंग, ई-कॉमर्स, वर्ल्ड वाइड वेब इंटरनेट की सेवाएं हैं।

नेटवर्किंग

✦ इसका अर्थ विभिन्न कम्प्यूटरों को आपस में जोड़ना है, जिसमें ये सर्वर से जुड़े होते हैं। प्रत्येक कम्प्यूटर का अपना प्रोसेसर होता है। नेटवर्किंग के अनेक लाभ हैं जैसे—डाटा का आदान-प्रदान, फाइलों का स्थानान्तरण फ्लॉपीज के बिना सम्भव होना, चिकित्सा, अभियन्त्रण आदि में स्पष्ट लाभ, डाटा, सुरक्षा, कम स्मृति संग्राहक का उपयोग आदि।

✦ नेटवर्किंग के मुख्यतः तीन प्रकार होते हैं—
लैन : स्थानीय क्षेत्र (लोकल एरिया) नेटवर्क
मैन : महानगर क्षेत्र (मेट्रोपोलिटन एरिया)
वैन : व्यापक क्षेत्र (वाइड एरिया) नेटवर्क

कंप्यूटर का आधुनिक विकास

✦ **स्मार्ट फोन :** यह एक ऐसा मोबाइल फोन है, जिसमें कंप्यूटर की क्षमता तथा फोन की सभी सुविधा एक साथ उपलब्ध है।

✦ **आई पैड (i-Pad):** यह टैबलेट है, जिसे Apple द्वारा डिजाइन तथा विकसित किया गया है।

✦ **टैबलेट :** यह एक प्रकार का लैपटॉप पीसी है जिसमें आकर्षक टूल्स तथा टच-स्क्रीन लगा होता है।

✦ **ब्लूटूथ :** यह एक वायरलैस तकनीक है, जिसका प्रयोग कम दूरी पर डाटा आदान-प्रदान के लिए किया जाता है।

जैविक कम्प्यूटर

✦ यह एक ऐसा कम्प्यूटर है, जिनमें इनपुट और आउटपुट दोनों ही जीवन्त हैं। डीएनए प्रयुक्त यह नैनो कंप्यूटर जीवित प्रणाली से संचालित है। इसमें डीएनए चिप का प्रयोग होता है। इजराइल स्थित वेजमान इंस्टीट्यूट ऑफ साइंस के वैज्ञानिक इहुड शोप्रियो के नेतृत्व में पहला जैविक कंप्यूटर तैयार किया गया है।

कम्प्यूटर शब्दावली

✦ **एप्लीकेशन प्रोग्राम :** एक ऐसा प्रोग्राम जो कोई निश्चित कार्य ही करता हो जैसे—वर्ड प्रोसेसिंग या डेटाबेस प्रबंधन अथवा एकाउंटिंग का कार्य करने वाला सॉफ्टवेयर। इनमें वर्ड प्रोसेसिंग के लिए M.S. Word, डेटाबेस प्रबंधन के लिए Visual FOX PRO, डिजायनिंग के लिए Adobe Photoshop अथवा एकाउंटिंग के लिए Tally एवं Busy प्रसिद्ध एप्लीकेशनल प्रोग्राम है।

✦ **बिट (Bit):** इलेक्ट्रॉनिक डेटा को मापने की एक यूनिट बिट कहलाती है। 8 बिट मिलकर एक बाइट का निर्माण करती है।

✦ **बूट (Boot):** कम्प्यूटर को कार्यावस्था में लाने के लिए आपरेटिंग सिस्टम द्वारा किया जाने वाला प्रारम्भिक कार्य बूट कहलाता है।

✦ **चिप (Chip):** प्रायः सिलिकन की बनी हुई यह एक पतली चिप्पी है, जिस पर विशेष प्रक्रिया से सर्किट बनाए जाते हैं।

✦ **कम्पाइलर (Compiler):** वह प्रोग्राम जो उच्चस्तरीय भाषा को मशीनी भाषा में परिवर्तित करता है, कम्पाइलर कहा जाता है।

✦ **कर्सर 'की' (Cursor 'Key'):** की-बोर्ड पर पाये जाने वाले वे बटन जिन पर तीर के निशान बने होते हैं, कर्सर 'की' कहलाता है।

✦ **एरर मैसेज (Error Message):** किसी सॉफ्टवेयर द्वारा किसी गड़बड़ी के बारे में दर्शाया जाने वाला संदेश एरर मैसेज कहलाता है।

✦ **फाइल (File):** डेटा का वह संग्रह जिसे किसी नाम से सेव किया जाता है, फाइल कहलाता है।

✦ **प्रोग्राम (Program):** कम्प्यूटर के कार्य निर्देशन के लिए निम्न या उच्चस्तरीय भाषा में लिखे गए आदेशों की शृंखला, कम्प्यूटर प्रोग्राम कहलाता है।

✧✧✧✧✧

सामान्य विज्ञान

विज्ञान की विविध शाखाएं

नाम	अध्ययन	नाम	अध्ययन
एरोनॉटिक्स	वैमानिकी का अध्ययन	फिलाटेली	टिकट संग्रह कला
एनाटोमी	मानव शरीर की रचना	हार्टीकल्चर	बागवानी
आर्कियोलॉजी	पुरातत्व अध्ययन	सीस्मोलॉजी	भूकंप का अध्ययन
एकॉस्टिक	ध्वनि से संबंधित अध्ययन	ऑस्टोलॉजी	हड्डियों का अध्ययन
एस्ट्रोनामी	खगोल अध्ययन	जेनेटिक्स	आनुवंशिकी का अध्ययन
एण्टोमोलॉजी	कीटाणुओं का अध्ययन	जूलॉजी	जन्तु विज्ञान
एस्ट्रोफिजिक्स	ग्रह-मंडल का अध्ययन	बायलॉजी	प्राणी विज्ञान
कैलिस्थेनिक्स	व्यायाम विद्या का अध्ययन	जिओलॉजी	भूगर्भ की बनावट का अध्ययन
क्रोनोलॉजी	ऐतिहासिक क्रम का अध्ययन	पैथॉलाजी	रोगों का अध्ययन
बॉटनी	वनस्पति का अध्ययन	फिजिक्स	भौतिक विज्ञान
केमिस्ट्री	रसायन का अध्ययन	बायोकेमिस्ट्री	प्राणी का रासायनिक अध्ययन
सेरामिक्स	चीनी के बर्तनों के निर्माण का अध्ययन	युजेनिक्स	नस्ल सुधार का अध्ययन
इकोलॉजी	जीव एवं पर्यावरण संबंधों का अध्ययन	एटिमोलॉजी	शब्द व्युत्पत्ति का अध्ययन
एन्टोमोलॉजी	कीट-पतंगों का अध्ययन		

आविष्कार और आविष्कारक

आविष्कार	आविष्कारक	देश	सन्
वायुयान	ओरविल और विलबर राइट	अमेरिका	1903
बॉल-पांइट	जॉन जे॰ लाउड	अमेरिका	1888
बैरोमीटर	इवेंजलिस्ता टौरीसेली	इटली	1644
बाईसिकिल	कर्कपैट्रिक मैकमिलन	इंग्लैंड	1839-40
बाईफोकल लेंस	बेन्जामिन फ्रैंकलिन	अमेरिका	1780
बनसेन बर्नर	आर॰ विल्हेम वोंन बनसेन	जर्मनी	1855
कार (पेट्रोल)	कार्ल बेन्ज	जर्मनी	1888
सीमेंट (पोर्टलैंड)	जोसेफ एस्पडिन	इंग्लैंड	1824
सिनेमा	निकोलस और जीन लूमियर	फ्रांस	1895
क्लॉक (मैकेनिकल)	आई.सिंग और लियांग लिंग-तसान	चीन	1725
डीजल इंजन	रूडोल्फ डीजल	जर्मनी	1895
डायनेमो	हाइपोलाइट पिक्सी	फ्रांस	1832
इलैक्ट्रिक लैम्प	थॉमस अल्वा एडिसन	अमेरिका	1879
सेफ्टी पिन	वाल्टर हन्ट	अमेरिका	1849
सिलाई मशीन	बार्थलेमी थिम्मोनियर	फ्रांस	1829
जहाज (भाप)	जे.सी॰ पेरियर	फ्रांस	1775

जहाज (टरबाइन)	होन॰ सर सी॰ पारसंस	इंग्लैंड	1894
स्लाइड रूल	विलियम ऑग्ट्रेड	इंग्लैंड	1621
भाप का इंजन	जेम्स वॉट	इंग्लैंड	1765
स्टेनलेस स्टील	हेरि ब्रियरले	इंग्लैंड	1913
समुद्री जहाज	डेविड बुशनेल	अमेरिका	1776
टैंक	सर अर्नस्ट स्विनटन	इंग्लैंड	1914
टेलीग्राफ	एम॰ लम्मोंड	फ्रांस	1787
टेलीग्राफ कोड	सैमुअल एफ॰ बी॰ मोर्स	अमेरिका	1837
टेलीफोन (परफैक्टेड)	अलेक्जैण्डर ग्राहम बेल	अमेरिका	1876
टेलीस्कोप	हेन्स लिप्परशे	नीदरलैंड्स	1608
टेलीविजन (मैकेनिकल)	जे.एल॰ बेयर्ड	इंग्लैंड	1926
टेलीविजन (इलेक्ट्रॉनिक)	पी.टी॰ फार्न्सवर्थ	अमेरिका	1927
थर्मामीटर	गैलिलियो गैलिली	इटली	1593
ट्रांसफार्मर	माइकल फैराडे	इंग्लैंड	1831
ट्रांजिस्टर	बरडीन, शोकले तथा ब्राट्टेन	अमेरिका	1948
टाइपराइटर	पेलेग्रिन टेर्री	इटली	1808
कपड़ा धोने की मशीन (विद्युत)	हर्ले मशीन कम्पनी	अमेरिका	1907
घड़ी	बारथोलोम्यू मैनफ्रेडी	इटली	1462

माप/तौल की इकाइयां

वॉट	बिजली की शक्ति की इकाई
ओम	विद्युत प्रतिरोध
हर्ट्ज	तरंगों की आवृत्ति
डाइन	बल की सापेक्ष इकाई
कैलोरी	ऊष्मा की इकाई
कूलम्ब	विद्युत की मात्रा
एम्पियर	विद्युत धारा
नॉट	समुद्र पोतों की गति
बार	वायुमंडलीय दाब की इकाई
डेसीबल	सापेक्ष ध्वनि की तीव्रता
एंगस्ट्रम	प्रकाश तरंगों की लम्बाई
कैरेट	बहुमूल्य पत्थर की तौल
फैदम	समुद्र की गहराई की इकाई
न्यूटन	बल
कैन्डला	ज्योति तीव्रता
प्रकाश वर्ष	आकाश के ग्रहों आदि की दूरी की इकाई

चिकित्सा विज्ञान संबंधी आविष्कार

रफ-बैटिन	इन्सुलिन (डायबिटीज के उपचार के लिए)
ब्रह्मचारी यू.एन.	काल-ज्वर बुखार की चिकित्सा
डॉ. क्रिश्चियन बर्नार्ड	हृदय प्रत्यारोपण
जी. डोमाग	सल्फा ड्रग्स
राबर्ट कोच	हैजे का टीका
डॉ. पाल मुलर	डी.डी.टी.
आइजकमेन	बेरी-बेरी की चिकित्सा
आर्थर बर्ग तथा जेम्स वाटसन	आर.एन.ए.
जेम्स वाटसन तथा क्रिक	डी.एन.ए.
ड्रेसर	एस्प्रिन
रेबी	क्लोरोक्वीन (कुनैन)
हरगोविन्द खुराना	कृत्रिम जीन
फिनले	टेरामाइसिन
ल्यूवेनहॉक	बैक्टीरिया
रोबर्थ	टायफायड के जीवाणु
रीड	पीले बुखार की चिकित्सा
फिन्सेन	अल्ट्रा वायलेट रेंज द्वारा चिकित्सा
पाल एरिक	सिफलिस की चिकित्सा
सर अलेक्जेंडर फ्लेमिंग और फ्लोरे	पेन्सिलिन
विलियम हार्वे	रक्त परिवहन (संचरण)
कार्ल लैंडस्टीनर	रक्त-आधान

हैनीमेन	होम्योपैथी की स्थापना
फंक	विटामिन
मैकुलन	विटामिन 'ए'
मैकुलन	विटामिन 'बी'
यूजोक्ट होल्कट	विटामिन 'सी'
एफ.जी. हॉपकिन्स	विटामिन 'डी'
एडवर्ड जेनर	चेचक का टीका
राबर्ट कोच	टी.बी. की चिकित्सा
लेनेक	स्टेथॉस्कोप
लार्डजोसेफ लिस्टर	एण्टीसेप्टिक द्वारा चिकित्सा
लुई पाश्चर	हाइड्रोफोबिया की चिकित्सा
डॉ. रोनेल्ड रॉस	मलेरिया की चिकित्सा
डॉ. जोन्स इ. साल्क	एण्टी पोलियो वैक्सीन
सर जेम्स हैरीसन	क्लोरोफार्म की खोज
वैक्समैन	स्ट्रेप्टोमाइसिन
हैनीमेन	होम्योपैथी

विटामिन की कमी से होने वाले रोग

विटामिन	रोग	स्रोत
विटामिन A	रतौंधी	गाजर, दूध, अंडा
विटामिन B_{12}	अरक्तता	कलेजी, अंडा
विटामिन B_1	बेरी-बेरी	दाल, अंडा, मूंगफली
विटामिन C	स्कर्वी	संतरा, टमाटर
विटामिन B_2	मुँह की त्वचा	कलेजी, दूध, मांस
विटामिन D	सूखा रोग	सूर्य का प्रकाश,
विटामिन B_6	एनीमिया और होंठ फटना	कलेजी, दूध, मांस मछली का तेल
विटामिन E	बांझपन	हरी सब्जियाँ, दूध, कलेजी
विटामिन B_3	पेलाग्रा	मछली, अंडा
विटामिन K	रक्त का थक्का जमने में कमी	हरी सब्जी

प्रमुख बीमारियों द्वारा प्रभावित अंग

बीमारी	प्रभावित अंग
निमोनिया	फेफड़े
टायफाइड	आँत
डिफ्थीरिया	श्वसन नलिका
सिफलिस	जनन अंग
मेनिनजाइटिस	मस्तिष्क
आर्थ्राइटिस	जोड़ों की सूजन
एग्जीमा	चमड़ी
पीलिया	यकृत
अतिसार	आँत का अग्रभाग
सुजाक, श्वेत प्रदर	मूत्र मार्ग
प्लूरिसी	छाती
पायरिया	दाँत तथा मसूड़े
गठिया या ट्यूमैटिज्म	जोड़ों में
टिटनेस	तंत्रिका तंत्र, मांसपेशी
कुष्ठ	त्वचा, तंत्रिकाएं
हैजा	आँत, आहार नाल
रिकेट्स	हड्डियाँ
गोइटर (गण्डमाला)	थाइराइड ग्रंथि
काली खाँसी	श्वसन तंत्र
बॉट्यूलिज्म	तंत्रिका-तंत्र
एड्स	सम्पूर्ण शरीर
प्लेग	फेफड़े, लाल रक्त कणिकाएं
रेबीज या हाइड्रोफोबिया	तंत्रिका तंत्र
खसरा	सम्पूर्ण शरीर
कालाजार	रुधिर, प्लीहा व अस्थि मज्जा
हरपीस	त्वचा, श्लेष्मकला
क्षय रोग	शरीर का कोई भी अंग, विशेषकर फेफड़े
केटेरेक्ट, ग्लाइकोमा, ट्रेकोमा, मायोपिया	आँख
चेचक	सम्पूर्ण शरीर, विशेषकर चेहरा तथा हाथ-पैर

प्रमुख पाचक एन्जाइम एवं उनके कार्य

पाचक एन्जाइम	स्रोत	कार्य
टाइलिन	लार ग्रन्थि	स्टार्च का माल्टोस में परिवर्तन
एमाइलेज	लार ग्रन्थि, अग्न्याशय	पॉलीसैकेराइड का डाइसैकेराइड में परिवर्तन
पेप्सिन	आमाशय	प्रोटीन को पेप्टाइड खण्डों में तोड़ना
ट्रिप्सिन एवं काइमोट्रिप्सिन	अग्न्याशय	प्रोटीन एवं पॉलीपेप्टाइड को पेप्टाइड खण्डों में तोड़ना
लाइपेस	अग्न्याशय	ट्राइग्लिसराइड को वसीय अम्ल एवं मोनोग्लिसराइड में तोड़ना

मानव शरीर से सम्बन्धित महत्वपूर्ण तथ्य

तथ्य	स्थिति/मात्रा
अस्थियों की कुल संख्या	206
सबसे छोटी अस्थि	स्टेपीज (मध्य कर्ण में)
सबसे लम्बी अस्थि	फीमर (जंघा में)
कशेरुकाओं की कुल संख्या	33
पेशियों की कुल संख्या	+639
सबसे लम्बी पेशी	सारटोरियस
बड़ी आँत की लम्बाई	1.5 मी (4.9 फीट)
छोटी आँत की लम्बाई	6.25 मी (20 फीट)
यकृत का भार (पुरुष में)	1.4-1.8 किग्रा
यकृत का भार (महिला में)	1.2-1.4 किग्रा
सबसे बड़ी ग्रन्थि	यकृत
सर्वाधिक पुनरुद्भवन की क्षमता	यकृत में
सबसे कम पुनरुद्भवन की क्षमता	मस्तिष्क में
शरीर का सबसे कठोर भाग	दाँत का इनेमल
सबसे बड़ी लार ग्रन्थि	पैरोटिड ग्रन्थि
शरीर का सामान्य तापमान	98.4°F (37°C)
शरीर में रुधिर की मात्रा	5.5 ली
हीमोग्लोबिन की औसत मात्रा (पुरुष में)	13.16 g/dl
हीमोग्लोबिन की औसत मात्रा (महिला में)	11.5-14 g/dl
श्वेत रुधिर कोशिकाओं (WBCs) की संख्या	5000-10000/cu mm
सबसे छोटी श्वेत रुधिर कोशिका	लिम्फोसाइट
सबसे बड़ी श्वेत रुधिर कोशिका	मोनोसाइट कोशिका
श्वेत रुधिर कोशिकाओं का जीवनकाल	120 दिन
लाल रुधिर कोशिकाओं (RBCs) का जीवनकाल	2-5 दिन
रुधिर का थक्का बनने का समय	3-6 मिनट
सर्वग्राही रुधिर वर्ग	AB
सर्वदाता रुधिर वर्ग	O
सामान्य रुधिर दाब	120/80 Hg
वयस्क में हृदय गति	72 बार प्रति मिनट

श्वसन अंग और उसके उदाहरण

श्वसन अंग	उदाहरण
फेफड़े	मनुष्य, मेंढक, पक्षी, छिपकली, पशु इत्यादि
त्वचा	मेंढक, केंचुआ
गिल्स	टैडपोल, मछली प्रॉन
श्वसन नाल	कीट
शरीर सतह	अमीबा, युग्लीना

जन्तु विज्ञान से सम्बन्धित महत्वपूर्ण तथ्य

विशेषता **नाम**

- सबसे बड़ी स्तनी–**नीली व्हेल**
- सबसे विशाल स्थलीय स्तनी–**हाथी**
- सबसे बड़ी अस्थि–**फीमर (जंघा में)**
- सबसे बड़ा अण्डा–**शतुरमुर्ग**
- सबसे बड़ा शिरा–**इन्फीरियर वेना केवा**
- सबसे बड़ा स्थलीय पक्षी–**शतुरमुर्ग**
- विशालतम जीवित सरीसृप–**टर्टिल**
- विश्व में सबसे विषैला सर्प–**ऑस्ट्रेलिया का पेनिन्सुलर टाइगर सर्प**
- सबसे लम्बा स्तनी–**जिराफ**
- सबसे छोटी चिड़िया–**हमिंग बर्ड**
- दाँत रहित स्तनी–**चींटीखोर**
- शरीर का सबसे व्यस्त अंग–**यकृत**
- शरीर का सबसे भारी अंग–**यकृत**
- सबसे भारी कशेरुका–**लुम्बर**
- सबसे मजबूत पेशी–**जबड़े की पेशी**
- सबसे पुराना प्राइमेट–**लीमर**
- सबसे पुरानी स्तनी–***एकिडना***
- सबसे पुराना कपि–**गिब्बन**
- सबसे विषैला भारतीय सर्प–**किंग कोबरा**
- विषैली छिपकली–***हीलोडर्मा***
- विषैली मछली–**स्टोन मछली**
- अण्डा देने वाली स्तनी–***एकिडना,* डक बिल्ड प्लेटीपस**
- सबसे छोटा स्तनी–**छछुँदर**
- सबसे तेज दौड़ने वाला जन्तु–**चीता**
- सबसे बड़ा सर्प–**पाइथन**
- घोंसला बनाने वाला साँप–**किंग कोबरा**

◇◇◇◇◇

वस्तुनिष्ठ प्रश्नोत्तर

1. मोहनजोदड़ो और हड़प्पा के प्राचीन नगर अब कहाँस्थित हैं?
A. भारत में B. पाकिस्तान में
C. बांग्लादेश में D. तिब्बत में

2. सिन्धु सभ्यता से प्राप्त मुहरें निम्नलिखित में से किससे बनी थीं?
A. लाजवर्द B. कांस्य
C. रजत D. स्टेटाइट

3. निम्नलिखित में से कौन-सा वेद गद्य एवं पद्य में रचित है?
A. ऋग्वेद B. यजुर्वेद
C. सामवेद D. अथर्ववेद

4. ऋग्वैदिककालीन आर्यों के युद्ध के देवता कौन थे?
A. मंगल B. इन्द्र
C. रुद्र D. शिव

5. महावीर स्वामी को किस स्थान पर ज्ञान प्राप्त हुआ?
A. ऋजुपालिका नदी के तट पर
B. पुनपुन नदी के तट पर
C. गंगा नदी के तट पर
D. कोसी नदी के तट पर

6. अशोक के अभिलेखों को पढ़ने का प्रथम श्रेय प्राप्त है–
A. विल्किन्स को B. विलियम जोन्स को
C. जेम्स विलियम को D. जेम्स प्रिंसेप को

7. किसने भारत में सर्वप्रथम स्वर्ण सिक्के को चलाया था?
A. कुषाण B. मौर्य
C. हिन्द यवन D. गुप्त

8. गुप्तकाल में प्रमुख गणितज्ञ एवं खगोलशास्त्री था–
A. वराहमिहिर B. आर्यभट्ट
C. रामानुजाचार्य D. उपर्युक्त सभी

9. निम्नलिखित का काल क्रम है–
1. हल्दीघाटी युद्ध
2. बैरम खाँ का पतन
3. असीरगढ़ की विजय
4. अबुल फजल की हत्या
A. 1, 2, 3, 4 B. 3, 2, 4, 1
C. 1, 4, 2, 3 D. 2, 4, 3, 1

10. विदेशी आक्रमणकारियों को ऐतिहासिक क्रम में लिखिए–
1. मुहम्मद-बिन-कासिम 2. मुहम्मद गोरी
3. महमूद गजनवी 4. चंगेज खाँ
A. 1, 3, 4, 2 B. 4, 3, 2, 1
C. 1, 3, 2, 4 D. 4, 2, 3, 1

11. किस शासक के दरबार में सर्वाधिक हिन्दू पदाधिकारी थे?
A. अकबर B. शाहजहाँ
C. जहाँगीर D. औरंगजेब

12. किस शासक ने सिंचाई कर लगाया था?
A. मुहम्मद तुगलक B. फिरोज तुगलक
C. अलाउद्दीन खिलजी D. सिकन्दर लोदी

13. कबीर की मृत्यु किस स्थान पर हुई?
A. प्रयाग B. काशी
C. मगहर D. मथुरा

14. अंग्रेजों ने सर्वप्रथम अपना व्यापारिक कारखाना लगाया था–
A. मुम्बई में B. हुगली में
C. सूरत में D. बंगलौर में

15. भारतीय राष्ट्रीय कांग्रेस के प्रथम मुस्लिम अध्यक्ष थे–
A. बदरुद्दीन तैयबजी
B. मौलाना अबुल कलाम आजाद
C. सर सैयद अहमद खाँ
D. मो. जिन्ना

16. ऑल इण्डिया ट्रेड यूनियन के प्रथम अध्यक्ष थे–
A. लाला लाजपत राय B. एम.एन. जोशी
C. स्वामी सदानन्द D. बाल गंगाधर तिलक

17. भारत में सर्वप्रथम टेलीग्राफ व्यवस्था प्रारम्भ हुई थी–
A. 1850 में B. 1853 में
C. 1854 में D. 1856 में

18. असहयोग आन्दोलन वापस ले लिया गया था–
A. रौलट एक्ट के बाद
B. प्रथम विश्व युद्ध के बाद
C. जलियाँवाला बाग हत्याकाण्ड के बाद
D. चौरी-चौरा घटना के बाद

19. क्रिप्स मिशन को किसने 'उत्तर तिथिय चैक' की संज्ञा दी?
A. महात्मा गांधी
B. पं. जवाहर लाल नेहरू
C. राजेन्द्र प्रसाद
D. मोतीलाल नेहरू

20. थियोसोफिकल सोसाइटी का अन्तर्राष्ट्रीय मुख्यालय है–
A. अड्यार
B. सैनफ्रांसिस्को
C. न्यूयार्क
D. जेनेवा

21. सत्यशोधक समाज की स्थापना किसने की थी?
A. गोपाल कृष्ण गोखले
B. महादेव गोविन्द रानाडे
C. ज्योतिबा फूले
D. गोपाल हरि देशमुख

22. तैमूर ने किसके शासनकाल में भारत पर आक्रमण कियाथा?
A. बलबन
B. इल्तुतमिश
C. फिरोजशाह तुगलक
D. नासिरुद्दीन महमूदशाह तुगलक

23. समुद्रगुप्त ने अपने दक्षिण अभियान में किस वेंगी शासक को हराया था?
A. नंदी वर्मन
B. हस्ती वर्मन
C. देव वर्मन
D. नीरू वर्मन

24. मुहम्मद-बिन-तुगलक द्वारा अपनाया गया सांकेतिक मुद्रा किस धातु का बना हुआ था?
A. कांसा
B. पीतल और तांबा
C. चाँदी
D. लोहा

25. अकबर के शासन काल में मुगल सेना का सेनापति कौन था?
A. राजा मान सिंह
B. टोडरमल
C. भगवंत दास
D. फकीर अजीउद्दीन

26. इनमें से दिल्ली के सिंहासन पर बैठने वाला पहला अफगान शासक कौन था?
A. सिकन्दर लोदी
B. शेरशाह
C. बहलोल लोदी
D. इनमें से कोई नहीं

27. महमूद गवाँ का सम्बन्ध निम्नलिखित में किस दक्षिण राज्य से था?
A. बीजापुर
B. वारंगल
C. काकतीय
D. बहमनी

28. राष्ट्रीय कांग्रेस ने किस वर्ष ''पूर्ण स्वराज्य'' का प्रस्ताव पारित किया?
A. 1929 में
B. 1916 में
C. 1924 में
D. 1930 में

29. कांग्रेस तथा मुस्लिम लीग के बीच लखनऊ समझौता कब हुआ था?
A. 1906 में
B. 1916 में
C. 1924 में
D. 1929 में

30. सुभाष चन्द्र बोस के राजनीतिक गुरु कौन थे?
A. चित्तरंजन दास
B. अरविन्द घोष
C. महात्मा गांधी
D. बाल गंगाधर तिलक

31. पाकिस्तान के प्रथम प्रधानमंत्री कौन थे?
A. मुहम्मद अली जिन्ना
B. लियाकत अली खाँ
C. फीरोज खाँ नून
D. मौलाना मुहम्मद अली

32. भारतीय स्वतंत्रता के समय ब्रिटेन का प्रधानमंत्री कौन था?
A. लॉर्ड एटली
B. विंस्टन चर्चिल
C. रैम्से मैक्डोनाल्ड
D. रॉबर्ट वॉलपोल

33. 15 अगस्त, 1947 से 26 जनवरी, 1950 तक भारत का राजनीतिक दर्जा क्या था?
A. ब्रिटिश उपनिवेश
B. ब्रिटिश न्यास क्षेत्र
C. ब्रिटिश संरक्षण प्रदेश
D. ब्रिटिश राष्ट्रमंडल का एक अधिराज्य

34. किस वायसराय ने 1878 में भारतीय भाषाओं के समाचार-पत्रों पर अंकुश लगाया था?
A. लॉर्ड रिपन
B. लॉर्ड नार्थबुक
C. लॉर्ड लिटन
D. लॉर्ड एलगिन

35. निम्नलिखित में से किस अधिवेशन में राष्ट्रीय कांग्रेस के नरम एवं गरम दलों का पुनः विलय हो गया?
A. लाहौर (1929)
B. पुणे (1917)
C. लखनऊ (1916)
D. मद्रास (1915)

36. मुस्लिम लीग द्वारा ''प्रत्यक्ष कार्यवाही दिवस'' कब मनाया गया था?
A. 24 मार्च, 1946
B. 30 मार्च, 1946
C. 17 जून, 1946
D. 16 अगस्त, 1946

37. सिन्धु घाटी सभ्यता के लोग किस धातु से परिचित नहीं थे?
A. लोहा
B. चाँदी
C. ताँबा
D. सोना

38. सिन्धु घाटी सभ्यता का वह नगर कौन-सा है जहाँ बृहत् स्नानागार (Great Bath) के अवशेष मिले हैं?

A. लोथल
B. मोहनजोदड़ो
C. कालीबंगा
D. हड़प्पा

39. विक्रम संवत् कब-से प्रारम्भ हुआ?

A. 38 ई.पू.
B. 58 ई.पू.
C. 78 ई.पू.
D. 87 ई.पू.

40. पंचमार्क सिक्के सर्वाधिक रूप से किस धातु के बने थे?

A. सोना
B. चाँदी
C. ताँबा
D. काँच

41. निम्नलिखित में से कौन-सा ग्रह सबसे कम समय में सूर्य का चक्कर लगाता है?

A. शुक्र
B. बुध
C. पृथ्वी
D. शनि

42. पृथ्वी के अलावा किस आकाशीय पिंड पर जीवन की सम्भावना है, क्योंकि वहाँ का पर्यावरण जीवन के लिए अनुकूल है–

A. बृहस्पति
B. मंगल
C. यूरोपा-बृहस्पति का चन्द्रमा
D. चन्द्रमा-पृथ्वी का चन्द्रमा

43. दो ग्रह जिनके उपग्रह नहीं हैं, वे हैं–

A. पृथ्वी एवं बृहस्पति
B. बुध एवं शुक्र
C. बुध एवं शनि
D. शुक्र एवं मंगल

44. मानक समय क्या होता है?

A. किसी देशान्तर का सूर्य के अनुसार समय
B. ग्रीनविच औसत का समय
C. देश के लगभग बीच से गुजरने वाले देशान्तर का स्थानीय समय
D. उपर्युक्त में से कोई नहीं

45. रात और दिन होने की प्रक्रिया में कौन-सा तथ्य सही है?

A. पृथ्वी का अक्ष का 66½° अंश का झुका होना
B. पृथ्वी का सूर्य के चारों ओर परिक्रमण
C. पृथ्वी का अपनी (अक्ष) धुरी पर घूमना
D. उपर्युक्त में से कोई नहीं

46. ओजोन पर्त अवस्थित है–

A. क्षोभमंडल में
B. क्षोभसीमा में
C. समतापमंडल में
D. प्रकाशमंडल में

47. विली-विली है–

A. एक प्रकार का वृक्ष जो शीतोष्ण कटिबंध में उगता है
B. एक प्रकार की हवा जो मरुस्थल में चलती है
C. उत्तर-पश्चिम आस्ट्रेलिया का उष्णकटिबंधीय चक्रवात
D. लक्षद्वीप समूह के निकट सामान्यतः पाई जाने वाली मछली का एक प्रकार

48. चावल की खेती के लिए आदर्श जलवायु परिस्थितियाँ हैं–

A. 100 सेमी. से ऊपर वर्षा और 25ºC से ऊपर ताप
B. फसल की पूरी अवधि के लिए ठण्डी और नम जलवायु
C. 100 सेमी. से कम वर्षा व 25ºC से कम ताप
D. पूरी फसल अवधि में कुछ गरम और शुष्क जलवायु

49. सदाबहार वर्षा वन पाए जाते हैं–

A. आस्ट्रेलिया में
B. ब्राजील में
C. कनाडा में
D. फ्रांस में

50. सूची-I तथा सूची-II को सुमेलित कीजिए तथा सूचियों के नीचे दिए गए कूट का प्रयोग कर सही उत्तर चुनिए–

सूची-I (अग्रणी उत्पादक देश)	**सूची-II (पदार्थ)**
(*a*) चीन	1. प्राकृतिक रबड़
(*b*) भारत	2. दूध
(*c*) सउदी अरब	3. लौह-अयस्क
(*d*) थाइलैण्ड	4. पेट्रोलियम

कूट :

	(*a*)	(*b*)	(*c*)	(*d*)
A.	1	2	3	4
B.	4	3	2	1
C.	3	2	4	1
D.	2	3	1	4

51. किस घास के मैदान में वृक्ष नहीं पाए जाते हैं?

A. लैनॉस
B. पम्पास
C. सवाना
D. स्टेपी

52. माओरी जनजाति का निवास स्थान है–

A. इंग्लैण्ड
B. न्यूजीलैण्ड
C. ग्रीनलैण्ड
D. आयरलैण्ड

53. क्षेत्रफल की दृष्टि से भारत का सबसे बड़ा राज्य है–

A. बिहार
B. पंजाब
C. राजस्थान
D. उत्तर प्रदेश

54. पश्चिमी घाटों के मालाबार तट पर स्थित माहे निम्नलिखित में से किसका भाग है?

A. केरल B. महाराष्ट्र

C. पुदुचेरी D. तमिलनाडु

55. निम्नलिखित में से कहाँ प्राचीन चट्टानें पाई जाती हैं?

A. अरावली B. हिमालय

C. शिवालिक D. उपर्युक्त सभी

56. भारत में 'मरुस्थल की राजधानी' किसे कहते हैं?

A. उदयपुर B. जैसलमेर

C. जयपुर D. पालामऊ

57. 'मानसून प्रस्फोट' से क्या तात्पर्य है?

A. वर्षा की कृत्रिम वैज्ञानिक प्रक्रिया

B. आकाश में बादलों का गलत सघन रूप में आच्छादित होना

C. मेघाच्छन्न मौसम, जिसमें एक लम्बे समय तक वर्षा होती रहे

D. मानसून के समय विद्युत चमकने, बादल गरजने के साथ तीव्र मूसलाधार वर्षा

58. भारत में उगाई जाने वाली अधिकतर कॉफी की किस्म है–

A. ओल्ड चिक्स B. कुर्ग्स

C. अरेबिका D. केन्ट्स

59. सूची-I को सूची-II से सुमेलित कीजिए तथा सूचियों के नीचे दिए गए कूट का प्रयोग कर सही उत्तर चुनिए–

सूची-I	सूची-II
(*a*) कोयम्बटूर	1. तेलशोधन
(*b*) राउरकेला	2. रेल डिब्बा
(*c*) कपूरथला	3. लौह-इस्पात
(*d*) बरौनी	4. सूती वस्त्र

कूट :

	(*a*)	(*b*)	(*c*)	(*d*)
A.	4	3	2	1
B.	1	2	3	4
C.	2	3	4	1
D.	4	2	3	1

60. 'दचिगाम अभयारण्य' स्थित है :

A. जम्मू-कश्मीर में

B. महाराष्ट्र में

C. हिमाचल प्रदेश में

D. उत्तराखण्ड में

61. पक्की सड़कों की कुल लम्बाई का सर्वाधिक हिस्सा निम्नलिखित में से किस प्रांत में है?

A. पंजाब B. महाराष्ट्र

C. उत्तर प्रदेश D. बिहार

62. भारत का सुदूर दक्षिण-बिन्दु कौन है?

A. कन्याकुमारी

B. लक्षद्वीप

C. रामेश्वरम्

D. ग्रेट निकोबार स्थित इंदिरा प्वाइंट

63. 'हजार झीलों की भूमि' किसे कहा जाता है?

A. स्वीडन B. फिनलैण्ड

C. डेनमार्क D. फ्रांस

64. नागार्जुन सागर बाँध किस नदी पर बनाया गया है?

A. कृष्णा (आन्ध्र प्रदेश)

B. गोदावरी (महाराष्ट्र)

C. कृष्णा (कर्नाटक)

D. गोदावरी (गुजरात)

65. निम्नलिखित में से किस प्रदेश में काली मिट्टी वाले क्षेत्र में सबसे अधिक खेती होती है?

A. बिहार B. उत्तर प्रदेश

C. महाराष्ट्र D. गुजरात

66. भू-वैज्ञानिकों की दृष्टि में भारत में सबसे पुरानी पर्वतमालाएँ कौन-सी हैं?

A. विन्ध्य B. सतपुड़ा

C. हिमालय D. अरावली

67. निम्नलिखित में से कौन-सी नदी समुद्र में नहीं मिलती है?

A. गंगा B. यमुना

C. नर्मदा D. गोदावरी

68. मानसून निवर्तन से अधिकतम वर्षा कहाँ पर होती है?

A. मुम्बई B. चेन्नई

C. दिल्ली D. कोलकाता

69. प्राचीन भारतीयों को वर्मा (म्यांमार) किस नाम से ज्ञात था?

A. सुवर्णभूमि B. सुवर्णद्वीप

C. यवद्वीप D. मलयमण्डलम्

70. चीन का शोक है:

A. लिन पियाओ B. सिकियांग

C. ह्वांगहो D. सैंग हो

71. चाय की खेती निम्नलिखित में से किसका उदाहरण है?
A. बृहत् (Extensive) कृषि
B. सघन (Intensive) कृषि
C. जीविकोपार्जन (Subsistence) कृषि
D. रोपण (Plantation) कृषि

72. मानचित्र में समुद्र तल से समान ऊँचाई वाले स्थानों को दर्शाने वाली रेखाओं को कहते हैं–
A. आइसोनेफ B. कंटूर रेखा
C. आइसोबार D. आइसोहेल

73. ब्राजील स्थित अमेजन बेसिन के वन कहलाते हैं–
A. पम्पास B. सेल्वास
C. कैम्पोस D. लानोस

74. किस महासागर में द्वीपों की संख्या सर्वाधिक है?
A. प्रशान्त महासागर में
B. हिन्द महासागर में
C. उत्तरी अटलाण्टिक महासागर में
D. दक्षिण अटलाण्टिक महासागर में

75. लूनी नदी किस राज्य में प्रवाहित होती है?
A. महाराष्ट्र B. बिहार
C. पंजाब D. राजस्थान

76. सम दिवारात्रि (Equinox) कब होता है?
A. 21 जून
B. 22 दिसम्बर
C. 21 मार्च एवं 22 सितम्बर
D. 21 जून एवं 22 दिसम्बर

77. दक्षिणी अमरीका के वृक्ष रहित घास के मैदान को क्या कहते हैं?
A. पम्पास B. डाउन्स
C. प्रेयरीज D. लानोस

78. मिट्टी का वैज्ञानिक एवं क्रमबद्ध अध्ययन कहलाता है–
A. विश्व रचना विज्ञान B. भौतिक भूगोल
C. मृत्तिका विज्ञान D. इनमें से कोई नहीं

79. गोबी रेगिस्तान कहाँ है?
A. पश्चिमी अफ्रीका में B. दक्षिणी अमरीका में
C. दक्षिणी आस्ट्रेलिया में D. मंगोलिया में

80. भारत निम्नलिखित में से किस संगठन का सदस्य नहीं है?
A. जी-15 B. आसियान
C. यूएनओ D. राष्ट्रमंडल

81. भारत की संविधान सभा का प्रथम अधिवेशन कब शुरूहुआ?
A. 10 जून, 1946 B. 9 दिसम्बर, 1946
C. 19 दिसम्बर, 1947 D. 30 जून, 1949

82. भारतीय संविधान सभा के किस अनुच्छेद में देवनागरी लिपि में हिन्दी को भारत की राजकीय भाषा के रूप में मान्यता दी गई है?
A. अनुच्छेद 343 B. अनुच्छेद 345
C. अनुच्छेद 348 D. अनुच्छेद 347

83. भारत के संविधान में अंतर्राष्ट्रीय शान्ति और सुरक्षा की अभिवृद्धि का उल्लेख है–
A. संविधान की उद्देशिका में
B. राज्य की नीति के निर्देशक तत्वों में
C. मूल कर्त्तव्यों में
D. नवीं अनुसूची में

84. सूची-I को सूची-II से सुमेलित कीजिए तथा सूचियों के नीचे दिए गए कूट का प्रयोग कर सही उत्तर चुनिए–

सूची-I	सूची-II
(*a*) अन्तर्राज्यीय परिषद्	1. अनुच्छेद 315
(*b*) वित्त आयोग	2. अनुच्छेद 280
(*c*) प्रशासनिक अधिकरण	3. अनुच्छेद 263
(*d*) संघ लोक सेवा आयोग	4. अनुच्छेद 323(ए)

कूट :

	(*a*)	(*b*)	(*c*)	(*d*)
A.	2	4	3	1
B.	3	2	1	4
C.	1	2	4	3
D.	3	2	4	1

85. राष्ट्रपति के उम्मीदवार के लिए क्या आवश्यक नहीं है?
A. आयु 35 वर्ष हो
B. पढ़ा-लिखा हो
C. सांसद चुने जाने की योग्यता रखता हो
D. देश का नागरिक हो

86. सर्वसम्मति से निर्वाचित भारत के राष्ट्रपति थे–
A. एस. राधाकृष्णन B. वी.वी. गिरि
C. एन. संजीवारेड्डी D. ज्ञानी जैल सिंह

87. संसद/विधान सभा के किसी सदस्य की सदस्यता तब समाप्त समझी जाती है, यदि वह बिना सदन को सूचित किए अनुपस्थित रहता है–
A. 60 दिन B. 90 दिन
C. 120 दिन D. 150 दिन

88. किस सभा का सभापति उसका सदस्य नहीं होता है?

A. राज्य सभा B. लोक सभा
C. विधान सभा D. विधान परिषद्

89. शिक्षा का विषय–

A. संघीय सूची में B. राज्य सूची में
C. समवर्ती सूची में है D. अवशिष्ट विषयों में है

90. सूची-I को सूची-II से सुमेलित कीजिए तथा सूचियों के नीचे दिए गए कूट का प्रयोग कर सही उत्तर चुनिए–

सूची-I (स्थापना वर्ष)	**सूची-II (राज्य)**
(*a*) 1960	1. सिक्किम
(*b*) 1962	2. गोआ
(*c*) 1975	3. महाराष्ट्र
(*d*) 1987	4. नागालैण्ड

कूट :

	(*a*)	(*b*)	(*c*)	(*d*)
A.	2	4	3	1
B.	3	4	1	2
C.	4	3	1	2
D.	3	4	2	1

91. प्रथम पंचायती राजव्यवस्था का उद्‌घाटन पं. जवाहर लाल नेहरू द्वारा 2 अक्टूबर, 1959 को किया गया था–

A. साबरमती में B. वर्धा में
C. नागौर में D. सीकर में

92. निम्नलिखित विधेयकों में से किसी एक का भारतीय संसद के दोनों सदनों द्वारा अलग-अलग विशेष बहुमत से पारित होना आवश्यक है?

A. साधारण विधेयक
B. धन विधेयक
C. वित्त विधेयक
D. संविधान संशोधन विधेयक

93. भाषा के आधार पर राज्यों के गठन हेतु राज्य पुनर्गठन आयोग की स्थापना कब की गई थी?

A. 1856 B. 1956
C. 1957 D. 1960

94. पंचायतों के निर्वाचन में चुनाव लड़ने के लिए उम्मीदवार की न्यूनतम आयु कितनी होनी चाहिए?

A. 21 वर्ष B. 18 वर्ष
C. 25 वर्ष D. 30 वर्ष

95. भारतीय संविधान के किस अनुच्छेद के तहत् जीवन रक्षा तथा व्यक्तिगत स्वतंत्रता का प्रावधान है?

A. अनुच्छेद 20 B. अनुच्छेद 21
C. अनुच्छेद 22 D. अनुच्छेद 23

96. संविधान निर्माण का कार्य पूरा करके संविधान सभा ने संविधान को कब स्वीकार किया?

A. 15 अगस्त, 1947 को B. 26 जनवरी, 1950 को
C. 26 नवम्बर, 1949 को D. 24 जनवरी, 1950 को

97. निम्नलिखित में से किस संविधान संशोधन के अनुसार राष्ट्रपति निर्वाचन के निर्वाचक मण्डल में पुडुचेरी तथा दिल्ली विधान सभा के निर्वाचित सदस्यों को भी रखा गया है?

A. 71वाँ B. 42वाँ
C. 73वाँ D. इनमें से कोई नहीं

98. भारतीय संविधान के किस भाग को उसकी 'आत्मा' की संज्ञा दी जाती है?

A. मौलिक अधिकारों को
B. राज्य के नीति-निर्देशक सिद्धान्तों को
C. संविधान की प्रस्तावना को
D. अनुसूचियों को

99. भारत की संचित निधि से धन का व्यय निम्नलिखित में से किस माध्यम से किया जा सकता है?

A. संसद की अनुमति से
B. नीति आयोग की अनुमति से
C. भारत के नियंत्रक एवं महालेखा परीक्षक की अनुमति से
D. राष्ट्रपति की अनुमति से

100. नीति आयोग की स्थापना हुई–

A. 26 नवम्बर, 1950 B. 15 जून, 1950
C. 1 जनवरी, 2015 D. 15 जनवरी, 1950

101. भारत में संविधान के किस अनुच्छेद में अस्पृश्यता समाप्त की गई है?

A. अनुच्छेद 42 B. अनुच्छेद 15
C. अनुच्छेद 14 D. अनुच्छेद 17

102. वह रिट, जो भारत में उच्च न्यायालय अथवा सर्वोच्च न्यायालय द्वारा किसी व्यक्ति अथवा व्यक्ति समुदाय को आदेश देती है कि वह अपना कर्त्तव्य पालन करे, है–

A. बन्दी प्रत्यक्षीकरण रिट
B. उत्प्रेक्षण रिट
C. परमादेश रिट
D. इनमें से कोई नहीं

103. संविधान में जोड़ी गई दसवीं अनुसूची किससे सम्बन्धित है?
A. मिजोरम राज्य के लिए विशेष प्रावधानों से
B. दल-बदल के आधार पर अयोग्यता सम्बन्धी प्रावधानोंसे
C. सिक्किम के स्तर से सम्बन्धित शर्तों से
D. उपर्युक्त में से किसी से नहीं

104. राज्यसभा के सदस्यों की कुल संख्या .... हो सकती है।
A. 240 B. 260
C. 241 D. 250

105. सर्वोच्च न्यायालय के न्यायाधीशों की नियुक्ति के पूर्व मुख्य न्यायाधीश से विचार-विमर्श करना राष्ट्रपति के लिए–
A. बाध्यकारी है
B. बाध्यकारी नहीं है
C. विवेक का प्रश्न है
D. संविधान इस विषय पर मौन है

106. निम्नलिखित में से कौन-सा पदाधिकारी संसद के किसी भी सदन की कार्यवाही में भाग ले सकता है?
A. भारत का मुख्य न्यायाधीश
B. भारत का महान्यायवादी (एटॉर्नी जनरल)
C. भारत का रक्षा सचिव
D. भारत का गृह सचिव

107. भारत में वस्तु एवं सेवा कर (GST) किस वर्ष से लागू हुआ है?
A. 2016 B. 2017
C. 2018 D. 2019

108. भारतीय संविधान की कौन-सी विशेष व्यवस्था इंग्लैंड से ली गई है?
A. संसदीय प्रणाली B. संघीय प्रणाली
C. मूल अधिकार D. सर्वोच्च न्यायपालिका

109. संविधान के किस संशोधन द्वारा सम्पत्ति के अधिकार को मूल अधिकारों की श्रेणी से निकाल दिया गया है?
A. 42वें संशोधन B. 44वें संशोधन
C. 48वें संशोधन D. 24वें संशोधन

110. भारत के राष्ट्रपति की मर्जी तक निम्नलिखित में से कौन अपने पद पर रह सकता है?
A. सर्वोच्च न्यायालय के न्यायाधीश
B. चुनाव आयुक्त
C. राज्यपाल
D. लोकसभा अध्यक्ष

111. निम्न में से किसका उपयोग ऊँचाई नापने के लिए होता है?
A. बैरोमीटर B. प्लानोमीटर
C. अल्टीमीटर D. हाइड्रोमीटर

112. फ्लक्स घनता और चुम्बकीय क्षेत्र की क्षमता का अनुपात किसी माध्यम में होता है उसका–
A. चुम्बक की घनता B. ग्रहणशीलता
C. सम्बन्धित व्याकता D. पारगम्यता

113. ध्वनि तरंगें हैं–
A. अनुदैर्ध्य
B. अनुप्रस्थ
C. आंशिक लम्बवत्, आंशिक अनुदैर्ध्य
D. कभी-कभी अनुदैर्ध्य, कभी-कभी अनुप्रस्थ

114. कैमरे में किस प्रकार का लेन्स उपयोग में लाया जाता है?
A. उत्तल B. अवतल
C. वर्तुलाकार D. समान मोटाई का

115. एक स्वतंत्र रूप से लटका हुआ चुम्बक सदा ठहरता है (स्थिर होता है) वह दिशा है–
A. पूर्व-उत्तर B. उत्तर-पश्चिम
C. उत्तर-दक्षिण D. दक्षिण-पश्चिम

116. प्रकाश संश्लेषण में पौधे कौन-सी गैस का अवचूषण करते हैं?
A. CO_2 B. O_2
C. N_2 D. H_2

117. विद्युत मात्रा की इकाई है–
A. ऐम्पियर B. ओम
C. वोल्ट D. कूलॉम

118. 1 किग्रा. राशि का वजन है–
A. 1 न्यूटन B. 10 न्यूटन
C. 9.8 न्यूटन D. 9 न्यूटन

119. एक्स-रे के आविष्कारक थे–
A. आइन्स्टीन B. डब्ल्यू.एच. ब्रॅग
C. रॉन्जन D. हेनरी बेकरेल

120. नाड़ी गति द्वारा डॉक्टर ज्ञात करता है–
A. रक्तचाप B. साँस गति
C. हृदय की धड़कन D. उपर्युक्त में से कोई नहीं

121. निम्न में से कौन आवेश की इकाई नहीं है?
A. फैराडे B. फ्रैंकलीन
C. कुलम्ब D. एम्पीयर/सेकण्ड

122. मानव शरीर में क्रोमोसोम की संख्या होती है–

A. 46 B. 48

C. 49 D. 50

123. एक प्रकाशवर्ष इससे सर्वाधिक समीप है–

A. 10^8 मीटर B. 10^{12} मीटर

C. 10^{16} मीटर D. 10^{20} मीटर

124. हवाई जहाज के 'ब्लैक बॉक्स' का क्या रंग होता है?

A. काला B. लाल

C. बैंगनी D. नारंगी

125. निम्नांकित में से कौन एक कीट के शरीर से निकलास्राव है?

A. मोती B. मूँगा

C. लाख D. गोंद

126. निम्नांकित में से कौन-सी धातु किसी नगर की वायु को, जहाँ बहुत अधिक संख्या में मोटर कारें आदि हों, प्रदूषित करती है?

A. कैडमियम B. क्रोमियम

C. सीसा D. ताँबा

127. परमाणु के नाभिक में होते हैं–

A. इलेक्ट्रॉन तथा न्यूट्रॉन B. इलेक्ट्रॉन तथा प्रोट्रॉन

C. प्रोट्रॉन तथा न्यूट्रॉन D. प्रोट्रॉन तथा रेडान

128. निम्नांकित में कौन कठोरतम है?

A. सोना B. हीरा

C. लोहा D. टंगस्टन

129. शरीर के किस भाग में पित्त का निर्माण होता है?

A. यकृत B. तिल्ली

C. पित्ताशय की थैली D. पैन्क्रियाज

130. एन्जाइम मूलतः क्या है?

A. वसा B. शर्करा

C. प्रोटीन D. विटामिन

131. मानव शरीर में सबसे छोटी ग्रन्थि कौन है?

A. एड्रीनल B. थाइरॉइड

C. पैन्क्रियाज D. पिट्यूटरी

132. रेफ्रीजरेटर में थर्मोस्टेट का कार्य है–

A. तापमान को कम करना

B. हिमायन ताप को बढ़ाना

C. एक समान तापमान को बनाए रखना

D. गलनांक को घटाना

133. सूर्य की ऊर्जा उत्पन्न होती है–

A. आयनन द्वारा

B. नाभिकीय संलयन द्वारा

C. नाभिकीय विखण्डन द्वारा

D. ऑक्सीकरण द्वारा

134. द्रव क्रिस्टल प्रयुक्त होते हैं–

A. कलाई घड़ियों में B. प्रदर्शन युक्तियों में

C. पॉकेट कैलकुलेटरों में D. उपर्युक्त सभी में

135. निम्नांकित में से कौन-सा उर्वरक मृदा में सर्वाधिक अम्ल छोड़ता है?

A. यूरिया

B. अमोनियम सल्फेट

C. अमोनियम नाइट्रेट

D. कैल्सियम अमोनियम नाइट्रेट

136. खाद्य पदार्थों के संरक्षण हेतु निम्नांकित में से कौन-सा प्रयुक्त होता है?

A. सोडियम कार्बोनेट B. एसीटिलीन

C. बेंजोइक अम्ल D. सोडियम क्लोराइड

137. कृष्ण-छिद्र सिद्धान्त को प्रतिपादित किया था–

A. सी.वी. रमन ने B. एच.जे. भाभा ने

C. एस. चन्द्रशेखर ने D. हरगोविन्द खुराना ने

138. साइनोकोबालमिन है–

A. विटामिन सी B. विटामिन बी-2

C. विटामिन बी-6 D. विटामिन बी-12

139. निम्नांकित जोड़ों में किसका सुमेल है?

A. निमोनिया-फेफड़े

B. मोतिया बिन्द-थायराइड ग्रन्थि

C. पीलिया-आँख

D. मधुमेह-यकृत

140. दूध उदाहरण है–

A. एक शिलिषि का B. एक पायस का

C. एक निलम्बन का D. एक फेन का

141. भारत के राष्ट्रीय ध्वज में केसरिया, सफेद और हरे रंग की तीन–

A. आड़ी पट्टियाँ हैं

B. खड़ी पट्टियाँ हैं

C. एक दूसरे को काटती हुई पट्टियाँ हैं

D. तिरछी पट्टियाँ हैं

142. हमारे राष्ट्रीय ध्वज की लम्बाई और चौड़ाई का अनुपात–
A. 2 : 3 है B. 3 : 4 है
C. 4 : 3 है D. 3 : 2 है

143. भारत के राष्ट्रीय ध्वज के बीच में एक गोल चक्र है; यह चक्र–
A. तीनों रंग की पट्टियों पर है
B. केसरिया रंग की पट्टी पर है
C. सफेद रंग की पट्टी पर है
D. हरे रंग की पट्टी पर है

144. किसी भाषा को किसी राज्य की राजभाषा के रूप में अंगीकार करने का अधिकार किसे है?
A. राष्ट्रपति B. संसद
C. राज्य विधान सभा D. राजभाषा आयोग

145. हमारे राष्ट्रीय ध्वज में तीन पट्टियाँ हैं; उनमें सबसे नीचे वाली पट्टी किस रंग की है?
A. केसरिया B. सफेद
C. हरे D. इनमें से कोई नहीं

146. हमारे राष्ट्रगान 'जन-गण-मन' में कुल कितने पद हैं?
A. तीन B. पाँच
C. चार D. दो

147. राष्ट्र गीत 'वन्देमातरम्', 'आनन्दमठ' नामक ग्रंथ से लिया गया है, जिसके लेखक हैं–
A. बंकिम चन्द्र चटर्जी B. रवीन्द्र नाथ टैगोर
C. व्योमेश चन्द्र बनर्जी D. सुरेन्द्रनाथ बनर्जी

148. हमारे राजचिह्न में ऊपर चार सिंह बने हैं (तीन दिखाई पड़ते हैं) और उनके नीचे देवनागरी लिपि में 'सत्यमेव जयते' लिखा है। यह 'सत्यमेव जयते' कहाँ से उद्धृत किया गया है?
A. भगवद्गीता से B. मुण्डक उपनिषद से
C. ऋग्वेद से D. स्कन्द पुराण से

149. भारत का राष्ट्रीय पंचांग–
A. शक् संवत् पर आधारित है
B. हिजरी संवत् पर आधारित है
C. विक्रमी संवत् पर आधारित है
D. विक्रमांक-चालुक्य संवत् पर आधारित है

150. भारत का राष्ट्रीय पशु है–
A. गाय B. हाथी
C. अश्व D. बाघ

151. होमगार्ड का गठन कब हुआ था?
A. 1972 B. 1962
C. 1968 D. 1965

152. स्थल सेना के निम्नलिखित पदों में सबसे छोटा कौन-सा है?
A. लेफ्टिनेंट B. ब्रिगेडियर
C. कर्नल D. कैप्टन

153. प्रादेशिक सेना का गठन कब हुआ था?
A. 1949 B. 1957
C. 1962 D. 1972

154. प्रादेशिक सेना में भर्ती होने के लिए क्या आयु होनी चाहिए?
A. 21 से 30 वर्ष B. 21 से 35 वर्ष
C. 18 से 35 वर्ष D. 20 से 35 वर्ष

155. एन.सी.सी. में कितने डिवीजन हैं?
A. चार B. पांच
C. तीन D. दो

156. एयरफोर्स अकादमी कहां है?
A. बेलगाम B. कोयम्बटूर
C. हैदराबाद D. सिकन्दराबाद

157. असम राइफल्स का मुख्यालय कहाँ है?
A. इंफाल B. आइजोल
C. दिसपुर D. शिलांग

158. हर साल 7 दिसम्बर को भारत में मनाया जाता है–
A. वायु सेना दिवस
B. झंडा दिवस
C. नौसेना दिवस
D. कोस्ट गार्ड दिवस

159. भारत में नौसेना दिवस किस दिन मनाया जाता है?
A. 8 अक्टूबर B. 15 जनवरी
C. 21 दिसम्बर D. 7 दिसम्बर

160. भारत की सेना के प्रथम भारतीय सेनापति थे–
A. जनरल के.एम. करियप्पा
B. फील्ड मार्शल मानेकशा
C. जनरल राजेन्द्र सिंह
D. उपरोक्त में से कोई भी नहीं

161. वीटो का अधिकार–
A. संयुक्त राष्ट्र के सभी सदस्यों को प्राप्त है
B. सुरक्षा परिषद् के सभी सदस्यों को प्राप्त है
C. सुरक्षा परिषद् के सभी स्थायी सदस्यों को प्राप्त है
D. सुरक्षा परिषद् के सभी अस्थायी सदस्यों को प्राप्त है

162. संयुक्त राष्ट्र संघ का मुख्यालय कहाँ है–
A. वाशिंगटन B. न्यूयार्क
C. बोस्टन D. शिकागो

163. संयुक्त राष्ट्र संघ का ध्वज किस रंग का है?
A. हल्के नीले रंग का
B. हल्के गुलाबी रंग का
C. गहरे केसरिया रंग का
D. आधा हल्के रंग का और आधा केसरिया रंग का

164. संयुक्त राष्ट्र संघ की बैठकों में आमतौर से काम-काज किस भाषा में होता है?
A. अंग्रेजी B. रूसी
C. फ्रेंच D. अंग्रेजी और फ्रेंच

165. अंतर्राष्ट्रीय न्यायालय का मुख्यालय कहाँ है?
A. हेग B. जेनेवा
C. रोम D. बर्न

166. राष्ट्रमंडल के सदस्य वे देश हैं, जो–
A. ब्रिटेन के अधीन हैं
B. ब्रिटेन से आर्थिक सहायता पाते हैं
C. पहले ब्रिटेन के अधीन थे किन्तु अब स्वाधीन हैं
D. ब्रिटेन से अस्त्र-शस्त्र प्राप्त करते हैं

167. सार्क (दक्षिण एशियाई सहयोग संगठन) में कितने देश सदस्य हैं?
A. पांच B. छः
C. आठ D. सात

168. निम्नलिखित देशों में से कौन-सा देश सार्क (SAARC) का सदस्य नहीं है?
A. भारत B. पाकिस्तान
C. बांग्लादेश D. म्यांमार

169. गुट निरपेक्ष देशों का पहला शिखर सम्मेलन किस वर्ष हुआ था?
A. 1955 में B. 1961 में
C. 1983 में D. 1976 में

170. गुट निरपेक्ष आन्दोलन के सदस्य देश–
A. शक्तिशाली देशों के गुटों से दूर रहते हैं
B. परस्पर एक-दूसरे की रक्षा के लिए वचनबद्ध हैं
C. एक दूसरे को सैनिक सहायता देते हैं
D. एक सैनिक संधि के सदस्य हैं

171. जमनालाल बजाज पुरस्कार किस क्षेत्र में सराहनीय योगदान के लिए प्रदान किया जाता है?
A. शांति व निःशस्त्रीकरण B. कृषि
C. रचनात्मक कार्य D. साहित्य

172. भारत वर्ष में प्रथम रेमन मैग्सेसे पुरस्कार विजेता कौन था?
A. सी.डी. देशमुख B. जय प्रकाश नारायण
C. डॉ. वर्गीज कुरियन D. आचार्य विनोबा भावे

173. भारतीय ज्ञानपीठ पुरस्कार किसे प्रदान किया जाता है?
A. उत्कृष्ट हिन्दी कविता के लिए
B. भारतीय साहित्य में उत्कृष्ट योगदान के लिए
C. हिन्दी साहित्य में उत्कृष्ट योगदान के लिए
D. भारतीय दर्शन की उत्कृष्ट समीक्षा के लिए

174. अध्यापकों के लिए राष्ट्रीय पुरस्कारों की घोषणा कब की जाती है?
A. 14 नवम्बर B. 5 सितम्बर
C. 30 जनवरी D. 26 जनवरी

175. निम्नलिखित में से किस विषय पर नोबेल पुरस्कार नहीं दिया जाता है?
A. चिकित्सा B. गणित
C. अर्थशास्त्र D. रसायन शास्त्र

176. बुकर पुरस्कार किस क्षेत्र में प्रदान किया जाता है?
A. कल्पना साहित्य लेखन
B. औषधि
C. साहस के कार्य
D. विज्ञान

177. हर गोविन्द खुराना को नोबेल पुरस्कार किस क्षेत्र में योगदान के लिए मिला था?
A. चिकित्सा शास्त्र B. भौतिक शास्त्र
C. अर्थशास्त्र D. शांति

178. सर्वोच्च शौर्य पुरस्कार 'परमवीर चक्र' के प्रथम विजेता कौन थे?
A. मेजर ध्यान सिंह B. के. गुरुवचन सिंह
C. मेजर शैतान सिंह D. मेजर सोमनाथ शर्मा

179. धन्वन्तरि पुरस्कार किस क्षेत्र में विशिष्ट योगदान के लिए दिया जाता है?
A. संगीत B. नृत्य
C. दर्शन D. चिकित्सा

180. कलिंग पुरस्कार किस क्षेत्र में दिया जाता है?
A. साहित्य के क्षेत्र में
B. विज्ञान के क्षेत्र में
C. सामाजिक कल्याण के लिए किए गए कार्य के लिए
D. अन्तर्राष्ट्रीय शान्ति एवं सद्भावना के लिए

181. नोबेल पुरस्कार का आरम्भ कब से हुआ?
A. सन् 1901 से B. सन् 1905 से
C. सन् 1896 से D. सन् 1934 से

182. अर्थशास्त्र के लिए नोबेल पुरस्कार कब से आरम्भ हुआ?
A. सन् 1969 ई. से
B. सन् 1939 ई. से
C. सन् 1901 ई. से
D. सन् 1935 ई. से

183. निम्नलिखित किस अफ्रीकी नेता को भारत-रत्न से सम्मानित किया गया है?
A. होस्नी मुबारक B. जोमो केन्योटा
C. अनवर सादात D. नेल्सन मंडेला

184. विज्ञान को सर्वसुलभ व सर्वोपयोगी बनाने में सर्वाधिक योगदान देने वाले व्यक्ति को भारतीय नाम वाले किस अन्तर्राष्ट्रीय पुरस्कार से सम्मानित किया जाता है?
A. कालिंजर पुरस्कार
B. कलिंग पुरस्कार
C. मानवता पुरस्कार
D. ऐसा कोई पुरस्कार नहीं है

185. नेहरू पुरस्कार कौन-सी संस्था प्रदान करती है?
A. इंडियन कौंसिल ऑफ कल्चरल रिलेशन्स
B. इंडो-सोवियत कल्चरल सोसाइटी
C. भारतीय राष्ट्रीय कांग्रेस
D. भारतीय ज्ञानपीठ

186. वीरता का सर्वोच्च सम्मानसूचक पदक जो शत्रु के सामने असीम शौर्य और अदम्य साहस दिखाने या आत्म-बलिदान करने पर भेंट किया जाता है, उसका क्या नाम है?
A. चक्रव्यूह B. अशोक चक्र
C. महावीर चक्र D. परमवीर चक्र

187. प्रथम मरणोपरान्त 'भारत-रत्न' अलंकरण किसे प्रदान किया गया था?
A. के. कामराज नाडार B. आचार्य विनोबा भावे
C. लाल बहादुर शास्त्री D. एम.जी. रामचन्द्रन

188. निम्नलिखित में से कौन-सा पुरस्कार केवल एशियावासियों को दिया जाता है?
A. नेहरू सद्भावना पुरस्कार
B. पुलित्जर पुरस्कार
C. इन्दिरा गांधी शान्ति पुरस्कार
D. मैग्सेसे पुरस्कार

189. अर्जुन पुरस्कार कब से प्रारम्भ हुए?
A. 1961 ई. से B. 1962 ई. से
C. 1963 ई. से D. 1964 ई. से

190. ऑस्कर अवॉर्ड जीतने वाले पहले भारतीय थे–
A. नरगिस दत्त B. शशि कपूर
C. सत्यजीत रे D. भानु अथैया

191. अपर कट शब्द किस खेल में प्रयोग किया जाता है?
A. टेनिस B. वॉलीबॉल
C. क्रिकेट D. बॉक्सिंग

192. निम्नलिखित में से कौन-सा कप/ट्रॉफी फुटबॉल से सम्बन्धित नहीं है?
A. मर्डेका कप B. डूरण्ड कप
C. सन्तोष ट्रॉफी D. दिलीप ट्रॉफी

193. फिनिस शब्द का प्रयोग किस खेल में होता है?
A. शतरंज B. ब्रिज
C. बिलियड्र्स D. रग्बी

194. एक दिवसीय क्रिकेट तथा टेस्ट मैचों में सर्वाधिक रन बनाने का रिकॉर्ड किसके नाम है?
A. सौरभ गांगुली B. सचिन तेन्दुलकर
C. डॉन ब्रैडमैन D. ब्रायन लारा

195. निम्नलिखित में से कौन-सी अन्तर्राष्ट्रीय टेनिस खेल प्रतियोगिता घास के मैदान पर खेली जाती है?
A. यू.एस. ओपन B. फ्रेंच ओपन
C. विम्बलडन D. ऑस्ट्रेलियाई ओपन

196. 'विम्बलडन ट्रॉफी' का सम्बन्ध किस खेल से है?
A. पोलो (इंग्लैंड) से B. समुद्री दौड़ से
C. घुड़दौड़ से D. टेनिस से

197. निम्नलिखित में से किस पदक का सम्बन्ध हॉकी से नहीं है?
A. आगा खां कप B. वर्दवान ट्रॉफी
C. ध्यानचन्द ट्रॉफी D. बम्बई गोल्ड कप

198. 'रिवर्स स्विंग' एवं 'बीमर' नामक शब्दावलियां किस खेल से संबंधित हैं?
A. नौकायन B. क्रिकेट
C. फुटबॉल D. हॉकी

199. निम्नलिखित में से किस ट्रॉफी का सम्बन्ध हॉकी से है?
A. सिन्धिया गोल्ड कप B. संतोष ट्रॉफी
C. रोहिंगटन बेरिया ट्रॉफी D. सुब्रतो मुखर्जी ट्रॉफी

200. 'ज्यूल्स रिमेट ट्रॉफी का सम्बन्ध किस खेल से है?
A. फुटबॉल (विश्व) से B. गोल्फ से
C. हॉकी (भारत) से D. लॉन टेनिस (विश्व) से

201. 'मर्डेका' का सम्बन्ध किस खेल से है?
A. फुटबाल (विश्व) से
B. फुटबाल (भारत) से
C. फुटबाल (एशिया) से
D. क्रिकेट (आस्ट्रेलिया-इंग्लैंड) से

202. प्रथम ओलम्पिक खेल ओलम्पिया (ग्रीस) में कब खेले गए थे?
A. 233 ई.पू. में B. 1500 ई.पू. में
C. 500 ई.पू. में D. 776 ई.पू. में

203. 394 ई. में रोम के बाद एक सम्राट ने ओलम्पिक खेलों को बंद कर दिया था। इसको पुनः किसने शुरू किया?
A. मि. स्पोर्ट्समैन ने
B. बैरन पीयरे डी कोबर्टिन ने
C. जनरल फ्रैंको ने
D. अब्राहम लिंकन ने

204. सर्वप्रथम आधुनिक ओलिम्पिक ध्वज कब फहराया गया?
A. 1896 में B. 1908 में
C. 1920 में D. 1924 में

205. ग्रैंड स्लेम निम्नलिखित में से किस खेल से सम्बन्धित है?
A. फुटबॉल B. टेनिस
C. हॉकी D. पोलो

206. प्रथम आधुनिक ओलम्पिक खेल कब और कहां खेले गए?
A. रोम, 1894 ई. में B. मैड्रिड, 1840 ई. में
C. लिस्बन, 1800 ई. में D. एथेन्स, 1896 ई. में

207. फीफा विश्व कप फुटबॉल-2022 का विजेता कौन है?
A. ब्राजील B. अर्जेन्टीना
C. फ्रांस D. इटली

208. भारत में खेल सम्बन्धी दो राष्ट्रीय इंस्टीट्यूट हैं। एक नेताजी सुभाष बोस के नाम से पटियाला में है, दूसरा किसके नाम से ग्वालियर में है?
A. राणा प्रताप B. पृथ्वीराज चौहान
C. शिवाजी D. रानी लक्ष्मीबाई

209. सबसे बड़े मैदान में खेला जाने वाला खेल कौन-सा है?
A. हॉकी B. क्रिकेट
C. पोलो D. कबड्डी

210. लॉन टेनिस जाल की ऊँचाई कितनी होती है?
A. 2 फुट 6 इंच B. 3 फुट 6 इंच
C. 4 फुट D. 2 फुट 2 इंच

211. 'ए सूटेबल ब्वाय' पुस्तक का लेखक कौन है?
A. खुशवंत सिंह B. अरुण शोरी
C. विक्रम सेठ D. उपरोक्त में से कोई नहीं

212. 'कैन्टरबरी टेल्स' पुस्तक का लेखक कौन है?
A. ज्योफरी चासर B. लियो टॉलस्टाय
C. गुन्नार मिर्डल D. विलियम शेक्सपियर

213. निम्नलिखित में से कौन-सी पुस्तक प्रेमचन्द द्वारा रचित नहीं है?
A. गोदान B. गबन
C. प्रेम पचीसी D. आनंदमठ

214. बांग्लादेश की लेखिका तस्लीमा नसरीन को किस पुस्तक से ख्याति मिली?
A. शर्म B. लज्जा
C. नारी स्वातंत्र्य D. अबला

215. 'पावर्टी एण्ड अन-ब्रिटिश रूल इन इण्डिया' का लेखक कौन है?
A. लाला लाजपत राय
B. लाला हरदयाल
C. विनायक दामोदर सावरकर
D. दादाभाई नौरोजी

216. 'मुद्राराक्षस' ग्रंथ का लेखक कौन है?
A. विशाखदत्त B. कालिदास
C. भारवि D. माघ

217. 'माई प्रेसिडेंशल ईयर्स' पुस्तक का लेखक कौन है?
A. ज्ञानी जैल सिंह B. वी.वी. गिरि
C. आर. बेंकटरमन D. डॉ. शंकर दयाल शर्मा

218. 'जय सोमनाथ' किसकी कृति है?
A. के.एम. मुंशी B. वृन्दावन लाल वर्मा
C. अमृत लाल नागर D. मदन मोहन मालवीय

219. वर्शिपिंग फाल्स गॉड्स पुस्तक के लेखक हैं–
A. विक्रम सेठ B. अरुण शौरी
C. सलमान रुश्दी D. खुशवन्त सिंह

220. निम्नलिखित पुस्तकों में से कौन-सी पुस्तक सलमान रुश्दी की है?
A. दि वर्ल्ड ऑफ फतवाज
B. दि मूर्स लास्ट साई
C. दि अदर हॉफ
D. फूल्स पैराडाइज

221. मार्ग्रेट थैचर द्वारा रचित पुस्तक है–
A. लांग वॉक टु फ्रीडम B. दि पाथ टु पावर
C. इमेज एंड इमेजिनेशन D. 10 डाउनिंग स्ट्रीट

222. 'फ्रीडम एट मिडनाइट' के लेखक कौन हैं?
A. जवाहरलाल नेहरू तथा डॉ. राजेन्द्र प्रसाद
B. एम.ओ. मथाई तथा फ्रैंक मोरेस
C. मैक्सिम गोर्की तथा दोस्तोवस्की
D. लैरी कॉलिन्स और डोमिनिक लापियर

223. 'अंकल टॉम्स केबिन' के लेखक का क्या नाम है?
A. एच.बी. स्टोव B. एडम स्मिथ
C. टॉल्स्टॉय D. थामस मूर

224. 'वार एण्ड पीस' और 'अन्ना कैरेनिना' दोनों एक ही अन्तर्राष्ट्रीय ख्याति प्राप्त लेखक की कृतियाँ हैं; उस लेखक का क्या नाम है?
A. ओलीवर गोल्डस्मिथ B. श्वेतलाना
C. लुई ब्रोमफील्ड D. लियो टाल्स्टॉय

225. नीरज चोपड़ा का संबंध किस खेल से है?
A. हॉकी B. क्रिकेट
C. फुटबॉल D. भाला फेंक

226. 'दास कैपिटल' के लेखक कौन हैं?
A. शेक्सपियर B. कौटिल्य
C. कर्नल जॉन हण्ट D. कार्ल मार्क्स

227. 'मदर' के लेखक का क्या नाम है?
A. मैक्सिम गोर्की B. पर्ल एस. बक
C. कैथराइन मेयो D. टी.एस. इलियट

228. 'कलम का सिपाही' में किसकी जीवनी प्रस्तुत की गई है?
A. शरतचन्द्र B. प्रेमचन्द
C. राहुल सांकृत्यायन D. जोश मलीहाबादी

229. 'झण्डा ऊँचा रहे हमारा' गीत किस कवि की रचना है?
A. श्यामलाल गुप्त 'पार्षद' B. मैथिलीशरण गुप्त
C. सोहनलाल द्विवेदी D. रामधारी सिंह 'दिनकर'

230. 'आइने अकबरी' का लेखक कौन था?
A. इब्न बतूता B. अकबर
C. अबुल फजल D. अकबर मुरादाबादी

231. कम्प्यूटर–
A. एक उपकरण है जो गणितीय और तार्किक संक्रियायें सम्पन्न करता है
B. एक उपकरण है, जो केवल गणितीय संक्रियायें सम्पन्न करता है
C. एक स्मृति उपकरण है
D. एक गणना उपकरण है

232. 'PC' का अर्थ है–
A. प्राइवेट कम्प्यूटर B. पर्सनल कल्कुलेटर
C. पर्सनल कम्प्यूटर D. प्रोफेसनल कम्प्यूटर

233. 'बाइनरी अंक प्रणाली' में अधिकतम अंक (digit) कितने होते हैं?
A. 1 B. 10
C. 2 D. 4

234. निम्नलिखित में से कौन-सा 'इनपुट' उपकरण है?
A. मॉनीटर B. प्रिंटर
C. प्लॉटर D. माउस

235. CPU का पूरा नाम है–
A. सेन्ट्रल प्रोग्रामिंग यूनिट
B. सेन्ट्रल प्रोसेसिंग यूनिट
C. सेन्ट्रल प्रोग्रामिंग अण्डरस्टैंडिंग
D. सेन्ट्रल प्रोसेसिंग अण्डरस्टैंडिंग

236. गणना हेतु प्रयोग में लाया गया पहला उपकरण था
A. ENIAC B. ABACUS
C. एनालिटिकल इंजन D. EDSAC

237. ABACUS का प्रयोग कब शुरू हुआ था?
A. 250 ई. B. 450 ई.पू.
C. 1200 ई.पू. D. 1200 ई.

238. किस अंग्रेज को 'कम्प्यूटर का जनक' कहा जाता है?
A. ब्लेज पास्कल B. लेबनित्ज
C. चार्ल्स बैबेज D. जे.पी. एकर्ट

239. निम्नलिखित में से कौन-सी कम्प्यूटर की सेकेण्डरी मेमोरी है?
A. RAM B. ROM
C. रजिस्टर्स D. फ्लॉपी

240. निम्नलिखित में से कौन पैकेज नहीं है?
A. BASIC B. dBASE
C. वर्ड परफेक्ट D. पेज मेकर

241. कौन-सा बेमेल है?
A. वर्ड स्टार B. वर्ड परफेक्ट
C. DOS Editor D. विण्डो

242. डाटा के समुच्चय (Set) को क्या कहते हैं?
A. फील्ड B. रेकार्ड
C. फाइल D. इनमें से कोई नहीं

243. Keyboard है?
A. इनपुट यूनिट है
B. आउटपुट यूनिट है
C. इनपुट यूनिट और आउटपुट यूनिट दोनों हैं
D. उपरोक्त में से कोई भी नहीं है

244. प्रिंटर–
A. आउटपुट यूनिट है
B. इनपुट यूनिट है
C. उपरोक्त दोनों हैं
D. उपरोक्त में से कोई भी नहीं है

245. फ्लॉपी–
A. इनपुट यूनिट है
B. आउटपुट यूनिट है
C. इनपुट यूनिट और आउटपुट यूनिट दोनों हैं
D. उपरोक्त में से कोई भी नहीं है

246. कम्प्यूटर की विशेषताएं हैं–
1. तेज रफ्तार 2. स्वचालन
3. कार्यशीलता 4. परिवर्तनशीलता

निम्नलिखित में से कौन-सी विशेषता सही है?
A. 1 और 2 सही हैं B. 1, 2 और 4 सही हैं
C. 1, 2 और 3 सही हैं D. उपरोक्त सभी सही हैं

247. 1 बाइट बराबर है–
A. 8 बिट B. 16 बिट
C. 36 बिट D. 64 बिट

248. असंसाधित तथ्य को क्या कहा जाता है?
A. डाटम B. डाटा
C. फाइल D. फील्ड

249. कम्प्यूटर–
A. सूचना ग्रहण करता है
B. सूचना को निर्दिष्ट प्रयोजन के लिए अनुकूल बनाता है
C. परिणाम प्रदर्शित करता है
D. उपरोक्त सभी बातें सही हैं

250. डाटा क्या है–
A. संसाधित तथ्य
B. असंसाधित तथ्य
C. अंक और अक्षर
D. उपरोक्त में से कोई भी नहीं

251. 'जीने की कला' (आर्ट ऑफ लिविंग) के प्रतिपादक और प्रचारक कौन हैं?
A. महर्षि महेश योगी B. श्री श्री रवि शंकर
C. स्वामी चिन्मयानंद D. भगवान रजनीश

252. डंकन पैसेज निम्नलिखित में से किसके बीच स्थित है?
A. दक्षिणी और लिटिल अंडमान
B. उत्तरी और दक्षिणी अंडमान
C. उत्तरी और मध्य अंडमान
D. अंडमान और निकोबार

253. निम्नलिखित में से किस शहर को 'इलेक्ट्रॉनिक सिटी' के रूप में जाना जाता है?
A. गुरुग्राम B. जयपुर
C. बेंगलुरु D. हैदराबाद

254. रासायनिक रूप से 'मिल्क ऑफ मैग्नेशिया' क्या होता है?
A. मैग्नीशियम कार्बोनेट
B. सोडियम बाइकार्बोनेट
C. कैल्सियम हाइड्रॉक्साइड
D. मैग्नीशियम हाइड्रॉक्साइड

255. वन अनुसंधान संस्थान कहाँ स्थित है?

A. देहरादून में B. भोपाल में

C. लखनऊ में D. दिल्ली में

256. निम्नलिखित कलाकारों और उनके कला-रूपों के मेल मिलाइए–

कलाकार	**कला-रूप**
(*a*) पन्नालाल घोष	1. चित्रकला
(*b*) पंडित भीमसेन जोशी	2. कर्नाटक संगीत (कंठ संगीत)
(*c*) अंजलि ईला मेनन	3. बाँसुरी
(*d*) मदुराई मणि अय्यर	4. हिन्दुस्तानी संगीत (कंठ संगीत)

कूट :

	(*a*)	(*b*)	(*c*)	(*d*)
A.	1	3	2	4
B.	2	1	4	3
C.	3	4	1	2
D.	4	2	3	1

257. त्वचा का रंग किसके कारण होता है?

A. एन्जाइम B. एपीडरमिस

C. हारमोन्स D. मेलानिन

258. किस क्षेत्र में अधिकांश मौसम सम्बन्धी गतिविधियाँ होती हैं?

A. आयनमंडल B. क्षोभमंडल

C. समतापमंडल D. क्षोभसीमा

259. निम्नलिखित में से वह पर्वत श्रेणी कौन-सी है जो भारत में सबसे पुरानी है?

A. हिमालय B. विंध्याचल

C. अरावली D. सहयाद्रि

260. निमज्जित वस्तु का पता लगाने के लिए किस उपकरण का प्रयोग किया जाता है?

A. राडार B. सोनार

C. क्वासार D. पल्सार

उत्तरमाला

1	**2**	**3**	**4**	**5**	**6**	**7**	**8**	**9**	**10**
B	D	B	B	A	D	C	B	A	C
11	**12**	**13**	**14**	**15**	**16**	**17**	**18**	**19**	**20**
D	B	C	C	A	A	B	D	A	A
21	**22**	**23**	**24**	**25**	**26**	**27**	**28**	**29**	**30**
C	D	B	B	C	C	D	A	B	A
31	**32**	**33**	**34**	**35**	**36**	**37**	**38**	**39**	**40**
B	A	D	C	C	D	A	B	B	B
41	**42**	**43**	**44**	**45**	**46**	**47**	**48**	**49**	**50**
B	B	B	C	C	C	C	A	B	C
51	**52**	**53**	**54**	**55**	**56**	**57**	**58**	**59**	**60**
D	B	C	C	A	B	D	C	A	A
61	**62**	**63**	**64**	**65**	**66**	**67**	**68**	**69**	**70**
B	D	B	A	C	D	B	B	A	C
71	**72**	**73**	**74**	**75**	**76**	**77**	**78**	**79**	**80**
D	B	B	A	D	C	A	C	D	B
81	**82**	**83**	**84**	**85**	**86**	**87**	**88**	**89**	**90**
B	A	B	D	B	C	A	A	C	B
91	**92**	**93**	**94**	**95**	**96**	**97**	**98**	**99**	**100**
C	D	B	A	B	C	D	C	A	C
101	**102**	**103**	**104**	**105**	**106**	**107**	**108**	**109**	**110**
D	C	B	D	A	B	B	A	B	C

111	112	113	114	115	116	117	118	119	120
C	B	A	A	C	A	D	C	C	C
121	122	123	124	125	126	127	128	129	130
D	A	C	D	C	C	C	B	A	C
131	132	133	134	135	136	137	138	139	140
D	C	B	D	B	C	C	D	A	B
141	142	143	144	145	146	147	148	149	150
A	D	C	C	C	B	A	B	A	D
151	152	153	154	155	156	157	158	159	160
B	A	A	C	C	C	D	B	C	A
161	162	163	164	165	166	167	168	169	170
C	B	A	D	A	C	C	D	B	A
171	172	173	174	175	176	177	178	179	180
C	D	B	B	B	A	A	D	D	B
181	182	183	184	185	186	187	188	189	190
A	A	D	B	A	D	C	D	A	D
191	192	193	194	195	196	197	198	199	200
D	D	B	B	C	D	B	B	A	A
201	202	203	204	205	206	207	208	209	210
C	D	B	B	B	D	B	D	C	B
211	212	213	214	215	216	217	218	219	220
C	A	D	B	D	A	C	A	B	B
221	222	223	224	225	226	227	228	229	230
B	D	A	D	D	D	A	B	A	C
231	232	233	234	235	236	237	238	239	240
A	C	C	D	B	B	A	C	D	A
241	242	243	244	245	246	247	248	249	250
D	A	A	A	C	D	A	B	D	B
251	252	253	254	255	256	257	258	259	260
B	A	C	D	A	C	D	B	C	B

✧✧✧✧✧